Das große Buch

Dr. Christian Fleischhauer

Visual C++ 5

DATA BECKER

1. Auflage 1997 fg

Umschlaggestaltung Grafikteam DATA BECKER

Lektorat Oliver Marohn

Schlußredaktion Sibylle Feldmann

ISBN 3-8158-1261-5

Wichtiger Hinweis

Die in diesem Buch wiedergegebenen Verfahren und Programme werden ohne Rücksicht auf die Patentlage mitgeteilt. Sie sind für Amateur- und Lehrzwecke bestimmt.

Alle technischen Angaben und Programme in diesem Buch wurden vom Autor mit größter Sorgfalt erarbeitet bzw. zusammengestellt und unter Einschaltung wirksamer Kontrollmaßnahmen reproduziert. Trotzdem sind Fehler nicht ganz auszuschließen. DATA BECKER sieht sich deshalb gezwungen, darauf hinzuweisen, daß weder eine Garantie noch die juristische Verantwortung oder irgendeine Haftung für Folgen, die auf fehlerhafte Angaben zurückgehen, übernommen werden kann. Für die Mitteilung eventueller Fehler ist der Autor jederzeit dankbar.

Wir weisen darauf hin, daß die im Buch verwendeten Soft- und Hardwarebezeichnungen und Markennamen der jeweiligen Firmen im allgemeinen warenzeichen-, marken- oder patentrechtlichem Schutz unterliegen.

Das große Buch zu Visual C++ 5

In den alten Tagen, als Männer noch Männer waren, Programmierer noch Programmierer und in denen man ein Stück Code mit der Steinaxt zurechtklopfte, bis es funktionierte, in diesen Tagen waren die Programmierer den größten Teil ihrer Zeit damit beschäftigt, Lösungen für die absurden Schwierigkeiten zu finden, die ihre Maschinen ihnen auferlegten. Sie mußten ihre Programme in winzige Arbeitsspeicher quetschen, hatten oft bizarre Schwierigkeiten, Daten in den Computer und wieder herauszubekommen, und mußten sich mit beschränkten und oft geradezu seltsamen Befehlssätzen herumschlagen. Programmierung war eine schwarze Kunst, die nur von wenigen Gurus beherrscht wurde, die ihr „Geheimwissen" eifersüchtig hüteten ...

Fleischhauer, Christian: Das große Buch zu Visual C++ 5, 1997

Hat sich eigentlich irgend etwas geändert?

Eine Art Vorwort

Dieses Buch ist für alle diejenigen gedacht, die sich schnell und effizient in Visual C++ 5, die Sprache C++ und die Windows-Programmierung einarbeiten wollen und die Grundlagen der Programmierung in einer anderen Sprache bereits beherrschen.

Mögen Sie gerne langweilige Computerbücher? Lieben Sie den Kitzel, in schlechten Übersetzungen aus dem Englischen herauszufinden, was der Autor eigentlich mitteilen will? Brennen Sie darauf, anstelle einer kompakten Darstellung mehrere Wälzer über C++, Windows-Programmierung und die Microsoft-Foundation-Classes durchzuackern? Sind Sie der Meinung, daß Programmieren kein ernstes, sondern ein todernstes Thema ist? Dann sollten Sie dieses Buch wieder ins Regal zurückstellen - möglichst an einer **gut sichtbaren Stelle** für den nächsten Leser. Danke.

Das vorliegende Buch verfolgt einen integrativen Ansatz. In einem einzigen Buch soll dem Leser der Umgang mit Visual C++ 5.0, die Sprache C++ wie auch die Windows-Programmierung (mit Hilfe der Microsoft-Foundation-Classes) nahegebracht werden. Fortgeschrittene Themen wie ActiveX, COM-Objekte und Datenbank-Programmierung mit Visual C++ 5.0 runden das Buch ab.

Das Buch gliedert sich dementsprechend in fünf Kapitel. Das erste Kapitel enthält erste Gehversuche mit der Entwicklungsumgebung in Form kleiner Konsolen-, Windows-, MFC- und ATL-Programme, einen Streifzug durch die Entwicklungsumgebung Visual Studio und eine Übersicht über die in der Entwicklungsumgebung und im Microsoft Internet Explorer integrierte Skriptsprache VBScript.

Das zweite Kapitel konzentriert sich auf den eher konventionellen Subset der Sprache Visual C++ 5.0. Hier werden die Grundlagen gelegt, um später im dritten Kapitel besser die objektorientierten Eigenschaften von Visual C++ 5.0 zu verstehen und sich klarzumachen, wie diese auf den konventionellen Sprachelementen aufbauen. Der konventionelle Teil von Visual C++ 5.0 ist ein Superset von ANSI-C und sollte daher auch für C-Programmierer von Interesse sein. Auch wenn C++ auf C aufbaut, hat diese Sprache doch eine deutlich andere Philosophie als die Vorgängersprache und legt mehr Wert auf die Unterstützung eines „sicheren" Programmierstils.

Das dritte Kapitel führt die objektorientierten Sprachelemente von Visual C++ 5.0 im Detail ein und bringt einen ersten Überblick über die Windows-Programmierung mit den **M**icrosoft-**F**oundation-**C**lasses (MFC). Behandelte Themen dieses Teils sind unter anderem abstrakte Datentypen, Klassen und Objekte als Erweiterung des Typkonzepts, Vererbung, Verkapselung und Polymorphie als Mittel des Softwareentwurfs. Als Anschauungsobjekt für eine komplexe Klassenhierarchie und viele andere C++-Konzepte und Sprachelemente dienen die Microsoft-Foundation-Classes.

Im vierten Kapitel schließlich wird unter Verwendung der Microsoft-Foundation-Classes und der unterstützenden Werkzeuge der Entwicklungsumgebung schrittweise eine ausgewachsene Windows-Anwendung entwickelt. Die behandelten Themen reichen von der Grafischen Geräte-Schnittstelle (GDI) über geräteabhängige und -unabhängige Bitmaps, Palettenunterstützung in indizierten Bildschirmmodi, Werkzeugleisten und Statuszeilen, Menüs und Kontextmenüs, Dialoge und Standarddialoge bis hin zur Verwendung der Dokument/Ansicht-Architektur. Da es schlichtweg unmöglich ist, ein so weites Feld wie die MFC erschöpfend zu behandeln oder zu beherrschen, wird in diesem Teil des Buchs besonderer Wert darauf gelegt aufzuzeigen, wie man von einem gewissen Grundverständnis ausgehend mit Hilfe der Online-Dokumentation und der mit Visual C++ (VC++) mitgelieferten Werkzeuge Problemlösungen erarbeitet.

Haben Sie sich in diesen beiden Kapiteln des Buchs mit Klassen und Objekten als Bausteinen der Softwareentwicklung beschäftigt, so werden Sie im fünften Kapitel Komponenten in einem größeren Maßstab kennenlernen. Hier lernen Sie die Erstellung und Anwendung dynamischer Bibliotheken (DLLs), das **C**omponent **O**bject **M**odel (COM) und ActiveX kennen. Ein eigenes Kapitel ist Microsofts neuer ATL-Bibliothek gewidmet, die neue Wege zur Erstellung schlanker und effizienter Komponentensoftware nicht zuletzt für den Einsatz im Internet bereitstellt. Schließlich finden Sie in diesem Teil ein Kapitel über Datenbankprogrammierung mit Visual C++ 5.0.

K. Fleischauer *im August '97*

INHALTSVERZEICHNIS

INHALTSVERZEICHNIS

INHALTSVERZEICHNIS

INHALTSVERZEICHNIS

1. Keine Panik! – Der leichte Umgang mit Visual Studio

Seit den Hochsprachen-Compilern für die ersten PCs hat Visual C++ 5.0 einen weiten Weg zurückgelegt. Ich erinnere mich an einen Microsoft-C-Compiler (an die genaue Versionsnummer kann ich mich nicht mehr erinnern), der mit einem Benutzerhandbuch und einem Referenzhandbuch im DIN-A5-Ringordner geliefert wurde, beide mit recht locker bedruckten Seiten. Andere Compiler kamen inklusive Entwicklungsumgebung mit einem 300seitigen, gebundenen Handbuch und einer 360-KByte-Diskette aus.

Die letzten C++-Compiler, die noch mit vollständig gedruckter Dokumentation ausgeliefert wurden, brachten dagegen bereits über 10 kg auf die Waage und benötigten ca. einen halben Meter Platz im Regal. Der Umfang der Dokumentation ist seitdem nicht unbedingt kleiner geworden, sie wurde jedoch nicht zuletzt aus Kostengründen mehr und mehr auf CD-ROM verlagert.

Umfang und Leistungsfähigkeit moderner Entwicklungsumgebungen sind entmutigend. Glücklicherweise wird das Wachstum der Komplexität und Leistungsfähigkeit von Entwicklungsumgebungen und Compilern durch die immer einfacher und intuitiver bedienbaren Benutzeroberflächen der Entwicklungssysteme wenigstens zum Teil aufgefangen. Die aktuellste Oberfläche von Microsoft ist das mit Visual C++ 5.0 erschienene Microsoft Visual Studio (vormals Developer Studio[1]).

Visual C++ 5.0 gibt es in drei unterschiedlich umfangreichen Editionen. Die am häufigsten gekaufte Version wird wahrscheinlich die „Professional Edition" sein. Diese enthält Entwicklungsumgebung, Compiler und alle Werkzeuge, die zur Entwicklung professioneller C++-Anwendungen erforderlich sind.

Gegenüber der Professional Edition leistungs- und umfangsmäßig reduziert ist die „Einsteiger Edition". Wie der Name schon sagt, ist diese als preiswertes Paket für Einsteiger gedacht, die Visual C++ 5.0 kennenlernen wollen, ohne direkt die Investition für das professionelle Paket zu tätigen. Die Weitergabe von Anwendungen, die mit der Einsteiger Edition erstellt wurden, ist ausdrücklich untersagt.

Da die Einsteiger Edition ausdrücklich zu Lernzwecken gedacht ist, sind einige für den professionellen Entwickler unabdingbare Eigenschaften herausgelassen worden. Die Einsteiger Edition unterstützt weder die Optimierung des erzeugten Codes noch

1 Der alte Name spiegelt sich noch an vielen Stellen in Hilfedateien und in den neuen Endungen von Projekt- und Arbeitsbereichsdateien wieder.

das statische Binden der MFC-Bibliotheken. Weiterhin fehlen der „Profiler" und einige Steuerungselemente für den Datenbankzugriff.

Das Spektrum der Visual C++ 5.0-Editionen wird in die andere Richtung durch die „Enterprise Edition" abgerundet. Wie der Name schon andeutet, ist diese Edition für die Entwicklung großer unternehmensweiter und verteilter Lösungen gedacht. Zur Unterstützung großer Entwicklerteams und komplexer verteilter Anwendungen enthält diese Edition eine Reihe weiterer mächtiger Werkzeuge mit dem Schwerpunkt Datenbankentwicklung und Teamunterstützung:

- den Microsoft Transaction Server zum Erstellen transaktionsbasierter Datenbankanwendungen,
- die Visual Database Tools zum grafischen Entwerfen von Datenbanken und SQL-Abfragen,
- höhere Geschwindigkeit beim Testen von Datenbankverbindungen,
- erweiterte SQL-Datentyp-Unterstützung,
- SQL-Editor und Debugger,
- die Quellcodeversionsverwaltung Visual SourceSafe. Dieses neuartige, projektorientierte Versionskontrollsystem war so revolutionär, daß Microsoft dafür das eigene Produkt Delta aufgab und zusammen mit Source Safe direkt die ganze Herstellerfirma aufkaufte.

Das vorliegende Buch richtet sich an Visual C++ 5.0-Anwender, die schon eine gewisse Erfahrung mit anderen Programmiersprachen (und Entwicklungsumgebungen) haben. C und C++ sind ganz klar keine Sprachen für den Programmieranfänger, was auch von der Reichhaltigkeit und Komplexität des Visual C++ 5.0-Pakets unterstrichen wird.

Im Laufe seiner Geschichte ist Visual C++ 5.0 zu einem extrem umfangreichen und komplexen Paket herangewachsen. Der Kern von Visual C++ ist natürlich immer noch der C++-Compiler. Auf der sicheren Beherrschung der Sprache C++ bauen alle weiteren Möglichkeiten auf, weshalb der Sprache C++ selbst in diesem Buch ein verhältnismäßig breiter Raum eingeräumt wurde. Zwar ist es möglich, mit Hilfe der Assistenten Anwendungsgerüste mit wenigen Mausklicks zusammenzustöpseln, doch spätestens wenn es daran geht, den generierten Code zu verstehen, zu modifizieren und mit Leben zu erfüllen, sind solide Kenntnisse der Sprache C++ unabdingbar.

Visual C++ richtet sich in erster Linie an Windows-Entwickler. Eigenschaften von C++, die in der Windows-Programmierung (zur Zeit noch) keine oder nur eine geringere Rolle spielen, wurden daher nur gestreift.

Die Entwicklung von Anwendungen und Komponenten in Visual C++ wird sehr weitgehend von sogenannten Assistenten unterstützt, Codegeneratoren, welche die grundlegenden Eigenschaften einer Anwendung oder von Komponenten in einigen Dialogen abfragen und dann den benötigten Code generieren. Diese stützen sich weitgehend auf die Microsoft-Foundation-Classes oder kurz MFC, die dementsprechend auch erheblichen Raum in diesem Buch einnehmen. Aufgrund der Mächtigkeit und des Umfangs der MFC ist an eine erschöpfende Behandlung des Themas hier jedoch nicht mehr zu denken. Vielmehr wird das Buch die wesentlichen Strukturen und Zusammenhänge erklären und Ihnen die Hilfsmittel an die Hand geben, Ihr Wissen bei Bedarf selbständig zu erweitern.

Weitere Themen neben Windows- und MFC-Programmierung, mit denen sich das Buch beschäftigt, sind das **C**omponent **O**bject **M**odel (COM) und ActiveX-Komponenten, die neue Active Template Library zur einfacheren Entwicklung von Komponenten für Internet und Komponentensoftware und schließlich die Entwicklung von Datenbankanwendungen mit Visual C++.

Auch wenn das vorliegende Buch in erster Linie für Anwender der „Professional Edition" konzipiert wurde, sollte es auch zum Erlernen von Visual C++ mit der Einsteigerversion gute Dienste leisten.

1.1 Crash-Kurs – Eine Reise durch das Visual Studio

Das vielleicht bekannteste aller Programmbeispiele ist das berüchtigte Hallo-Welt-Programm, das in diesem Kapitel durch mehrere Inkarnationen gehetzt werden soll. Zuvor mag jedoch noch ein kurzer Blick auf die Entwicklungsumgebung angebracht sein.

Visual Studio – Eine Übersicht

Das Visual C++ Developer Studio, seit Visual C++ 5.0 kurz Visual Studio, ist die zentrale Schaltstelle der Programmentwicklung in Microsoft Visual C++ und anderen Microsoft-Sprachen (mit Ausnahme von Visual Basic). Es enthält einen ausgezeichneten Editor, einen exzellenten Ressourcen-Editor, ein integriertes Hilfesystem, die Projektverwaltung sowie Zugriffsmöglichkeiten auf integrierte Komponenten wie den Anwendungs-Assistenten, den Klassen-Assistenten, den integrierten Debugger und den Profiler. Andere von Microsoft getrennt erhältliche Produkte wie die Sprachen Fortran oder Java, das Versionskontrollsystem Microsoft Visual SourceSafe oder die Microsoft Development Library integrieren sich, wenn vorhanden, nahtlos in die Umgebung.

Die Arbeitsfläche von Visual Studio wird standardmäßig durch zwei verschiebbare horizontale und vertikale Balken in drei Hauptbereiche unterteilt[2]. Links oben liegt

2 Anordnung und Layout der Fenster und Bereiche von Visual Studio können nahezu beliebig an persönliche Vorstellungen angepaßt werden. Zur Vereinheitlichung soll hier jedoch immer mit der Standardanordnung gearbeitet werden.

der Projektbereich. In diesem Fenster werden hierarchisch strukturierte Informationen über das aktuelle Projekt oder z. B. der Verzeichnisbaum des InfoViewers angezeigt. Der untere Bereich der Arbeitsfläche wird vom Nachrichtenbereich eingenommen. Hier erscheinen z. B. die Meldungen von Compiler und Linker. Was verbleibt, ist die eigentliche Arbeitsfläche, in der Fenster mit Quelldateien oder Hilfeinformationen geöffnet werden können. Wie bei normalen MDI-Anwendungen können in diesem Bereich beliebig viele Fenster geöffnet und nach Wunsch angeordnet, gekachelt oder kaskadiert werden.

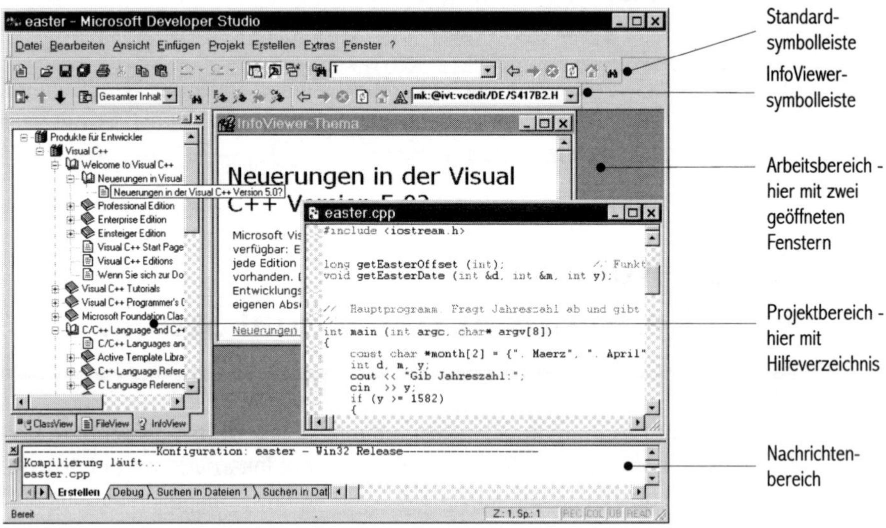

Abb. 1: Die Arbeitsfläche des Microsoft Developer Studio zerfällt in drei Hauptbereiche: ganz links der Projektbereich, in dem ein hierarchisches Hilfeverzeichnis oder das Projekt in Dateien oder Klassen strukturiert angezeigt werden können, unten der Nachrichtenbereich, in dem z. B. Fehlermeldungen erscheinen, und rechts schließlich der Arbeitsbereich, in dem alle übrigen Fenster erscheinen

Zur strukturierten Darstellung des Projekts oder der Hilfedokumente dient seit Version 4 von Visual C++ das Projektbereichsfenster. Neben der herkömmlichen Darstellung eines Projekts als einer Ansammlung von Quelldateien werden seit dieser Version zwei neue Sichtweisen eines Projekts unterstützt: zum einen die Klassenansicht (ClassView), welche die Klassen des aktuellen Projekts zeigt, sowie zum anderen die Ressourcenansicht (ResourceView), mit der alle Ressourcen in strukturierter Form dargestellt sind.

Auch die Hilfeinformationen werden in hierarchischer Form dargestellt. Seit Version 5 dient nicht mehr der alte (und sehr schnelle) InfoViewer-Mechanismus zur Darstellung der Hilfeinformationen, sondern der Microsoft Internet Explorer.

Das hat den Vorteil höherer Flexibilität und Aktualität (via Links auf die neuesten Informationen im Internet), geht aber deutlich auf Kosten der Geschwindigkeit. Im Zuge dieser Umstellung wurde auch die Organisation der Hilfeinformationen vollständig überarbeitet.

Durch Mausklick auf die Plus- bzw. Minus-Markierungen oder Doppelklick auf die rechts davon angeordneten Symbole in der Baumdarstellung können Teilbäume ausgefaltet oder wieder kollabiert werden. Ein Doppelklick auf ein Symbol, das keinen Teilbaum mehr repräsentiert, öffnet auf der Arbeitsfläche ein geeignetes Fenster mit dem gewünschten Objekt - z. B. ein Hilfefenster, einen Quelltext-Editor oder einen Bitmap-Editor.

Hallo Konsole – Ein Windows-Programm ohne Windows

Das erste Programm in C/C++ ist traditionell das berüchtigte Hallo-Welt-Programm. Im folgenden werden Sie verschiedene, zunehmend komplexer werdende Varianten dieses Programms kennenlernen und sich dabei auch mit den Grundlagen der Bedienung des Developer Studios vertraut machen. Diese Beispiele brauchen im Rahmen dieses Crash-Kurses gar nicht bis ins letzte verstanden werden. Sie dienen vielmehr ersten Gehversuchen mit Entwicklungsumgebung und Compiler und illustrieren gleichzeitig die Komplexitäten der Windows-Programmierung, die Sie letztlich durch **o**bjekt**o**rientierte **P**rogrammierung (OOP) und die Verwendung der Microsoft-Foundation-Classes in den Griff bekommen werden.

Bei Kenntnis einer anderen prozeduralen Programmiersprache sollten die wesentlichen Ideen herüberkommen, ohne daß die verwendeten Konstrukte und Anweisungen bereits formal eingeführt werden.

Zunächst öffnen Sie ein neues Projekt, indem Sie im Hauptmenü des Developer Studio das Menü *Datei* und dort den Unterpunkt *Neu* auswählen. Da Visual Studio es erlaubt, eine große Anzahl verschiedener Dateien, Projekte und ähnlicher Objekte zu erzeugen, sind diese mit der Version 5 nun übersichtlich in einem einzigen Dialog mit den vier Eigenschaftsseiten *Dateien*, *Projekte*, *Arbeitsbereiche* und *Andere Dokumente* organisiert. Wählen Sie den Reiter *Projekte*.

Sie gelangen in eine Eigenschaftsseite, in der Sie die Art des zu erzeugenden Projekts festlegen können. Hier wählen Sie im Listenfeld auf der linken Seite den Eintrag *Win32 Console Application* und tragen in das Eingabefeld *Projektname* den Namen „HalloConsole" ein. Die Optionsschaltfläche *Neuen Arbeitsbereich erstellen* können Sie angewählt lassen, da Sie mit dem neuen Projekt hier auch einen neuen Arbeitsbereich erstellen wollen. Zur Erstellung des Projekts schließen Sie die Eingabe mit der Schaltfläche *OK* ab.

Um solche langatmigen Beschreibungen von Eingabeaktionen zu vermeiden, wird in diesem Buch häufig eine kompaktere Ausdrucksweise für diese Art von Anwendereingaben verwendet werden. Die obigen Aktionen lesen sich dann etwa wie folgt: Menüauswahl *Datei/Neu*, Reiter *Projekte*, Projekttyp *Win32 Console Application*, Projektname *HalloConsole/OK*.

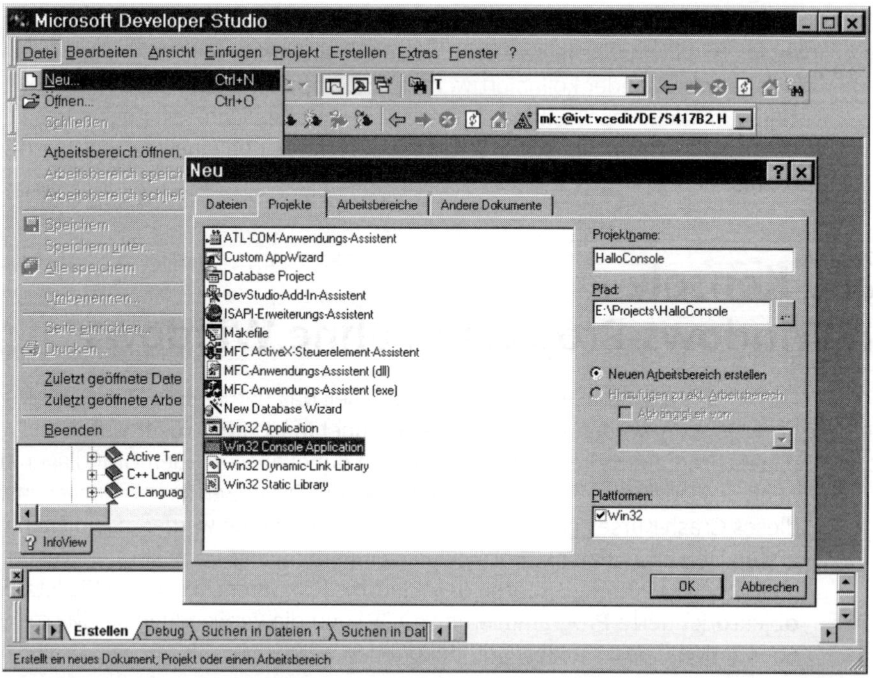

Abb. 2: Anlegen eines neuen Projekts für eine Win32-Konsolenanwendung HalloConsole

Im Projektbereich ist nun die Wurzel des Klassenverzeichnisses unseres Projekts *HalloConsole* zu sehen.

Am unteren Rand des Projektbereichs sind drei Reiter zu erkennen, mit denen zwischen den drei alternativen Klassenansicht (ClassView), Dateiansicht (FileView) und Hilfeansicht (InfoView) gewechselt werden kann.

Die Ressourcenansicht (ResourceView) fehlt hier noch, da eine Konsolenanwendung keine Ressourcen unterstützt. Klappen Sie die Wurzel der Klassenansicht auf, sehen Sie, daß im Projekt keine Klassen vorhanden sind.

Mit *Datei/Neu*, Dialogeingabe „TextDatei" oder der am weitesten links stehenden Schaltfläche der Standardwerkzeugleiste erzeugen Sie nun eine neue Textdatei mit Namen *Hello.cpp*.

Ganz wichtig ist, daß Sie auch im Listenfeld auf der linken Seite *C++-Quellcodedatei* auswählen.

Wenn Sie das Markierungsfeld *Dem Projekt hinzufügen* markieren, können Sie außerdem angeben, welchem Projekt die Datei zugeordnet werden soll.

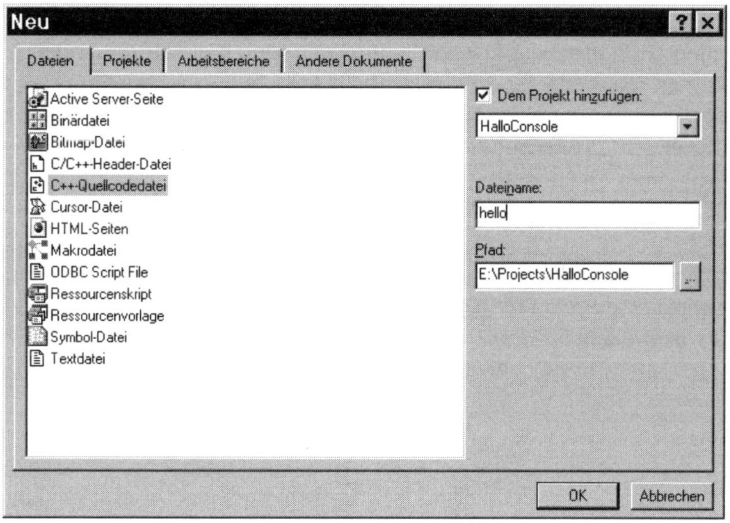

Abb. 3: Visual Studio unterstützt die Erzeugung unterschiedlichster Dateitypen und erlaubt es, diese sofort einem Projekt zuzuordnen

In die neue Quellcodedatei geben Sie folgendes ein:

```
#include <iostream.h>

int main()
{
    cout << "Hallo Welt!\n";
    return 0;
}
```

Dies ist das kleinste sinnvolle C++-Programm (abgesehen vom trivialen Programm *main(){}*, das überhaupt nichts tut). Mit *int main()* wird eine Funktion definiert (in anderen Sprachen auch Prozedur, Unterprogramm oder Subroutine genannt), welche keine Parameter erhält und einen Ergebniswert vom Typ *int* zurückliefert. In jedem C- oder C++-Programm muß genau eine Funktion dieses Namens vorhanden sein.

C und C++ enthalten im Gegensatz zu älteren Sprachen keine expliziten Sprachelemente zur Ein- und Ausgabe, sondern stellen die entsprechende Funktionalität in Sammlungen vorgefertigter C- bzw. C++-Funktionen zur Verfügung, in sogenannten Bibliotheken. Damit der Compiler von der Existenz der in einer solchen Bibliothek vorhandenen Funktionen und Variablen erfährt, muß ihm ihre Existenz durch Angabe einer sogenannten Definitionsdatei oder Header-Datei[3] mitgeteilt werden. Durch die Zeile

```
#include <iostream.h>
```

3 Gelegentlich auch „Kopfdatei". Ich persönlich ziehe den Begriff Definitionsdatei dem „denglischen" Wort „Hädder-Datei" vor, da dieses Wort den Zweck dieser Datei als Gegenstück zur Implementationsdatei am besten wiedergibt.

wird der Compiler veranlaßt, die Definitionsdatei für C++-Ein-/Ausgabeströme (das sind sequentiell zugreifbare Dateien) einzulesen. Durch die als gewöhnliche Bibliotheksroutinen realisierte Ein- und Ausgabe braucht ein Programm, das diese Funktionalität *nicht* benötigt (wie z. B. die meisten Windows-Programme), nicht den zugehörigen Code für Ein-/Ausgabeströme mit sich herumzuschleppen. Ebenso steht es einem Programm frei, anstatt der C++-Funktionen völlig andere Ein-/Ausgabe-Mechanismen wie z. B. die ANSI-C-Funktionen zur Ein- und Ausgabe zu wählen.

Durch *cout << "Hallo Welt!\n";* wird die in doppelte Anführungszeichen eingeschlossene Zeichenkette *Hallo Welt!\n* auf die Standardausgabe *Cout* ausgegeben. *\n* ist die Ersatzdarstellung für den Zeilenvorschub. Die Standardausgabedatei *cout* und der Ausgabeoperator << sind dem Compiler aus der Definitionsdatei *iostream.h* bekannt.

Nachdem das Programm, oder genauer die Funktion *main()*, nun ihre schwierigen und bedeutsamen Ausgabeoperationen abgeschlossen hat, muß sie wieder verlassen werden, um das Programm zu beenden. Dies geschieht durch die Anweisung *return 0;* durch welche die Funktion verlassen und das Ergebnis *0* zurückgeliefert wird. Ein Funktionswert *0* signalisiert der Laufzeitumgebung bzw. dem Betriebssystem, daß bei der Ausführung des Programms kein Fehler aufgetreten ist.

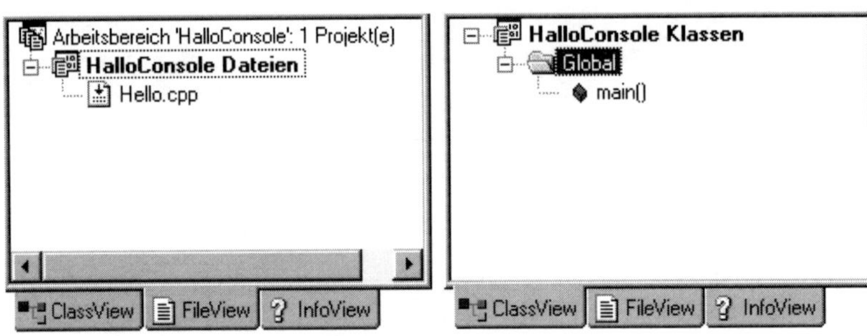

Abb. 4: Montage aus Dateiansicht (links) und Klassenansicht (rechts) der Konsolenanwendung HalloConsole

Nachdem Sie das Programm eingegeben haben, speichern Sie die neue Datei mit *Datei/Speichern* ab. Wenn Sie nun in der Dateiansicht des Projektbereichs die Wurzel des Dateibaums mit einem Doppelklick aufklappen, sehen Sie die neu eingefügte Datei. Wechseln Sie wieder in die Klassenansicht, sehen Sie zwar immer noch keine Klassen, dafür aber beim Aufklappen des Teilbaums *Globals* die globale Funktion *main()*. Mit den Menübefehlen *Erstellen/HalloConsole.exe erstellen* oder der Funktionstaste F7 übersetzen Sie das Programm und linken (binden) es mit den nötigen Bibliotheken zum fertigen Programm. Starten Sie dieses, z. B. mit Strg+F5, erscheint die Ausgabe des Programms im Konsolenfenster.

So einfach ist C++! ☺

Abb. 5: Die Ausgabe des ersten Hallo-Welt-Programms

Durch die Auswahl eines geeigneten Projekttyps, Eingabe einer Quelldatei mit einigen Zeilen C++-Code und einen *Erstellen*-Lauf haben Sie ein vollständiges und lauffähiges C++-Programm erzeugt. Unter der Oberfläche hat sich natürlich etwas mehr getan. Ein kurzer Blick in den Ordner *HalloConsole* zeigt neben der Datei *Hello.cpp* noch die Dateien *HalloConsole.dsw*, *HalloConsole.dsp* und *HalloConsole.ncb*.

HalloConsole.ncb ist die von Visual Studio angelegte Projektdatenbank für die Darstellung der Klassenansicht. Die Namenserweiterung *ncb* steht für **N**o **C**ompile **B**rowser. Damit wird darauf angespielt, daß die Projektansicht ähnlich wie ein Quellcode-Browser funktioniert, anders als der ebenfalls vorhandene alte Quellcode-Browser jedoch ohne Informationen auskommt, die erst durch einen (erfolgreichen!) Compilerlauf bereitgestellt werden.

Mit der Version 5 hat Visual C++ nun eine klare Trennung zwischen Arbeitsbereichen und Projekten eingeführt, wobei ein Arbeitsbereich auch mehrere Projekte verwalten kann. *HalloConsole.dsw* ist die Arbeitsbereichsdatei - die Namenserweiterung *dsw* steht für „**D**eveloper **S**tudio **W**orkspace"; dieser Dateityp ersetzt die *mdp*-Dateien früherer Versionen von Visual C++. *HalloConsole.dsp* ist die Projektdatei - die Namenserweiterung *dsp* steht für „**D**eveloper **S**tudio **P**rojekt"; dieser Dateityp ersetzt die *mak*-Dateien früherer Versionen von Visual C++. Wer weiterhin Make-Dateien alten Stils benötigt, kann sich diese jedoch von Visual Studio erzeugen lassen.

Die Arbeitsbereichsdatei *HalloConsole.dsw* und die Projektdatei *HalloConsole.dsp* enthalten Informationen über Arbeitsbereich und Projekt - durch Doppelklick auf die Datei *HalloConsole.dsw* etwa wird Visual Studio gestartet und der Arbeitsbereich und darin enthaltene Projekte geladen. Die Projektdatei *HalloConsole.dsp* wie auch die optionale externe Make-Datei *HalloConsole.mak* enthalten Informationen über die wechselseitigen Abhängigkeiten aller am Projekt beteiligten Dateien und darüber, welche Übersetzungsprogramme und Werkzeuge in welcher Reihenfolge zu starten sind, um die verschiedenen Bestandteile des Projekts zu übersetzen und zusammenzufügen[4].

---

4 Im Gegensatz zu anderen Herstellern benutzte Microsoft die MAKE-Datei in früheren Versionen von Visual C++, um neben den Abhängigkeiten und zu startenden Compilern, Werkzeugen etc. wichtige Projektinformationen abzuspeichern. Manuelle Änderungen in der MAKE-Datei konnten daher leicht dazu führen, daß das Projekt korrupt wurde und damit neu erstellt werden mußte. Die Einführung einer proprietären Projektdatei auch bei Microsoft schiebt dieser Gefahr nun einen Riegel vor.

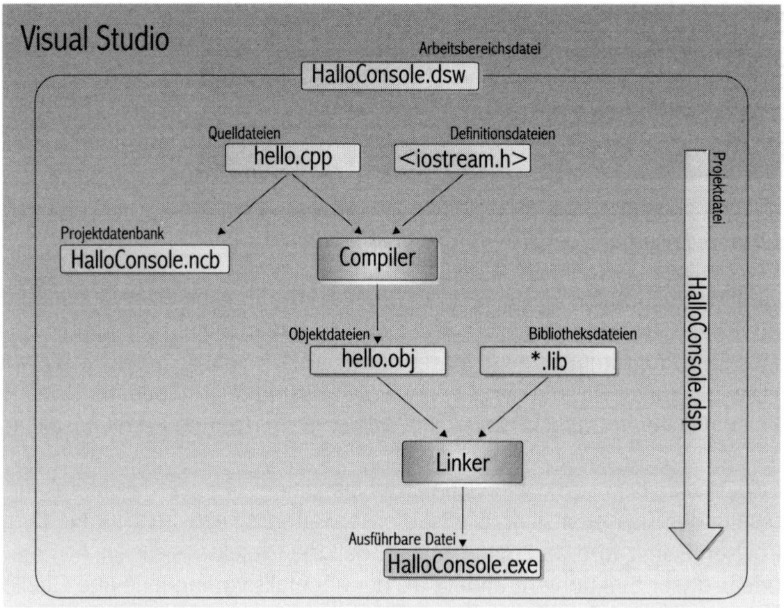

Abb. 6: Der Erstellungsprozeß einer Konsolenanwendung als einfachstes Beispiel eines C++-Programms

Durch das *Erstellen*-Kommando wird ein Prozeß in Gang gesetzt, der, gesteuert durch die Projektdatei, im fehlerfreien Fall schließlich in die Erstellung einer lauffähigen Anwendung mündet. Zunächst werden Quell- und Definitionsdateien auf Änderungen untersucht und entsprechend den gegenseitigen Abhängigkeiten neu übersetzt. In unserem Fall war das nur die Datei *Hello.cpp,* die in die Objektdatei *Hello.obj* übersetzt wurde. Der Terminus Objektdatei ist übrigens historisch bedingt und hat nichts mit Objekten im Sinne der OOP zu tun. Eine Objektdatei enthält binären sogenannten Objektcode vermischt mit Informationen über noch nicht aufgelöste Bezüge zu anderen Objektdateien wie z. B. der Ein-/Ausgabe-Bibliothek. Diese offenen Bezüge werden durch den Linker aufgelöst, der alle alten und neuen Objektdateien schließlich zur fertigen Anwendung zusammenbindet.

Wollen Sie zu einem späteren Zeitpunkt einen Arbeitsbereich erneut laden, etwa weil Sie das Visual Studio zwischenzeitlich beendet haben, stehen Ihnen verschiedene Möglichkeiten zur Verfügung. Die einfachste besteht darin, den Namen des Arbeitsbereichs im *Datei*-Menü, unter *Zuletzt geöffnete Arbeitsbereiche* aus der Liste der zuletzt bearbeiteten Objekte auszuwählen. Ist dies nicht möglich oder steht der Arbeitsbereich hier nicht mehr zur Verfügung, weil die Bearbeitung zu lange zurückliegt, können die Arbeitsbereichs- oder Projektdatei mit *Datei/Arbeitsbereich öffnen* über einen Standarddatei-Dialog geöffnet werden. Eine weitere Möglichkeit besteht darin, Arbeitsbereichs- oder Projektdateien auf das Visual Studio oder das Visual Studio-Icon zu ziehen oder die Arbeitsbereichsdatei mit einem Doppelklick zu öffnen.

Windows minimal – Das kürzeste Windows-Programm

Die erste Variante des Hallo-Welt-Programms war eine sogenannte Konsolenanwendung. Eine Konsolenanwendung ist ein 32-Bit-Windows-Programm und sollte nicht mit einem DOS-Programm verwechselt werden - in einer althergebrachten DOS-Umgebung ist eine solche Konsolenanwendung nicht mehr lauffähig. Konsolenanwendungen sind für Einsatzfelder gedacht, in denen eine aufwendige Fensteroberfläche überflüssig oder kontraproduktiv ist.

Wollen Sie ein Windows-Programm im eigentlichen Sinne erstellen, müssen Sie etwas mehr Aufwand treiben. Zunächst erstellen Sie ein neues Projekt mit der Menüauswahl *Datei/Neu*, Reiter *Projekte*, Projekttyp *Win32 Application*, Projektname *HalloWindows/OK*.

Die Programmierschnittstelle oder API[5] (engl. **A**pplication **P**rogram **I**nterface) von Windows ist nicht unbedingt dafür berühmt, daß sie die Erstellung kleiner, kompakter Programme begünstigt. Das klassische Hallo-Welt-Programm ist, wenn man es entsprechend den Vorgaben in Microsofts **S**oftware **D**evelopment **K**it SDK erstellt, mehrere hundert Zeilen lang. Das folgende Beispiel zeigt jedoch, daß es in manchen Fällen auch kürzer geht. Erzeugen Sie eine neuen Datei, vielleicht diesmal mit der Schaltfläche *Neue Textdatei* der Standardsymbolleiste und geben Sie den folgenden Code ein:

```
#include <windows.h>

int WINAPI WinMain (HINSTANCE, HINSTANCE, LPSTR, int)
{
    MessageBox(NULL, "Hallo Welt!", MB_OK);
}
```

Diesmal speichern Sie die neue Datei mit dem Menübefehl *Datei/Speichern unter* unter dem Namen *hello.cpp* ab. Visual Studio erkennt an der Endung, daß dies eine C++-Datei ist, und schaltet die Syntaxhervorhebung für C++ ein. Nun fügen Sie die Quelldatei mit einem Befehl des Kontextmenüs des Editors zum Projekt hinzu. Dazu klicken Sie mit der rechten Maustaste in das Editorfenster mit *hello.cpp* und wählen *Datei in Projekt einfügen/HalloWindows1*.

---

5 Ursprünglich bezeichnet der Begriff API eine sachlich zusammengehörige Gruppe von Funktionen, Bezeichnern und Konventionen wie z. B. die Windows-API. Im neueren engl. Sprachgebrauch wird der Begriff API aber inzwischen gelegentlich auch für einzelne Funktionen verwendet.

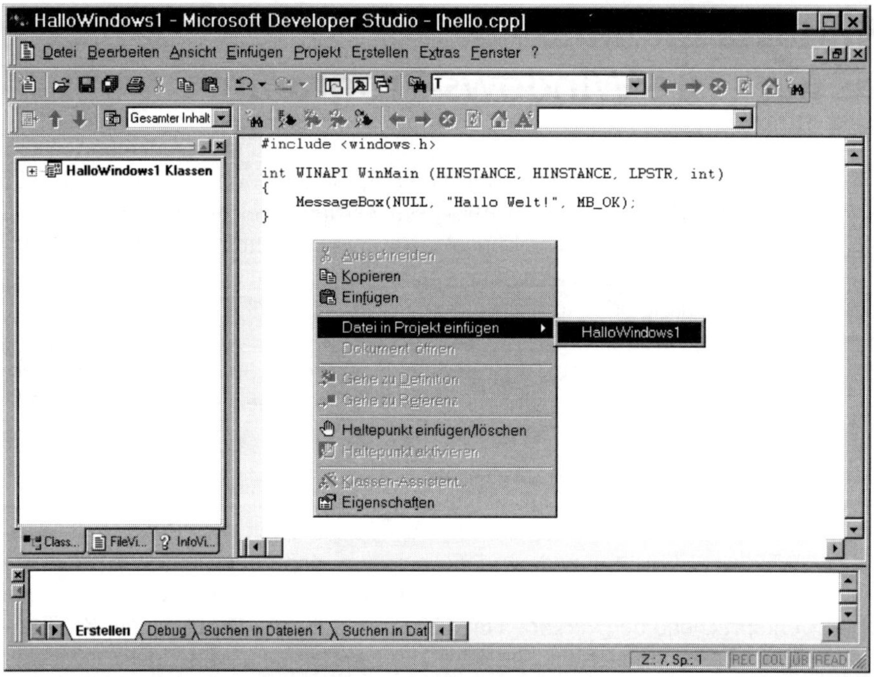

Abb. 7: Eine neue Quelldatei kann auch nachträglich zu einem Projekt hinzugefügt werden. Hier geschieht dies mit Hilfe des Kontextmenüs des Editors

Starten Sie diesmal mit der Taste F7 den Compiler; sie ist gleichbedeutend mit *Erstellen/HalloWindows1 erstellen*.

Leider ist bei der Eingabe des kleinen Programms ein (beabsichtigter) Fehler unterlaufen, und Sie erhalten im Mitteilungsfenster die folgenden Fehlermeldungen:

```
---Konfiguration: HalloWindows1 - Win32 Debug------------------
Kompilierung läuft...
hello.cpp
E:\Projects\HalloWindows1\hello.cpp(5) : error C2660:
                'MessageBoxA' : Funktion akzeptiert keine 3 Parameter
E:\Projects\HalloWindows1\hello.cpp(6) : warning C4508: 'WinMain' :
 Funktion sollte einen Wert zurueckgeben; Ergebnistyp 'void' angenommen
Fehler beim Ausführen von cl.exe.

HalloWindows1.exe - 1 Fehler, 1 Warnung(en)
```

Zunächst informiert Sie die Ausgabe, daß Sie am Projekt *HalloWindows1* arbeiten, in der Konfiguration *Win32 Debug*.

Zweitens ist in der Zeile (5) ein Fehler aufgetreten - die Funktion *MessageBox()* hat nicht drei Parameter, sondern eine andere Anzahl Parameter. Ein Doppelklick auf die Fehlermeldung im Mitteilungsfenster bringt uns zur fehlerhaften Stelle im Quelltext.

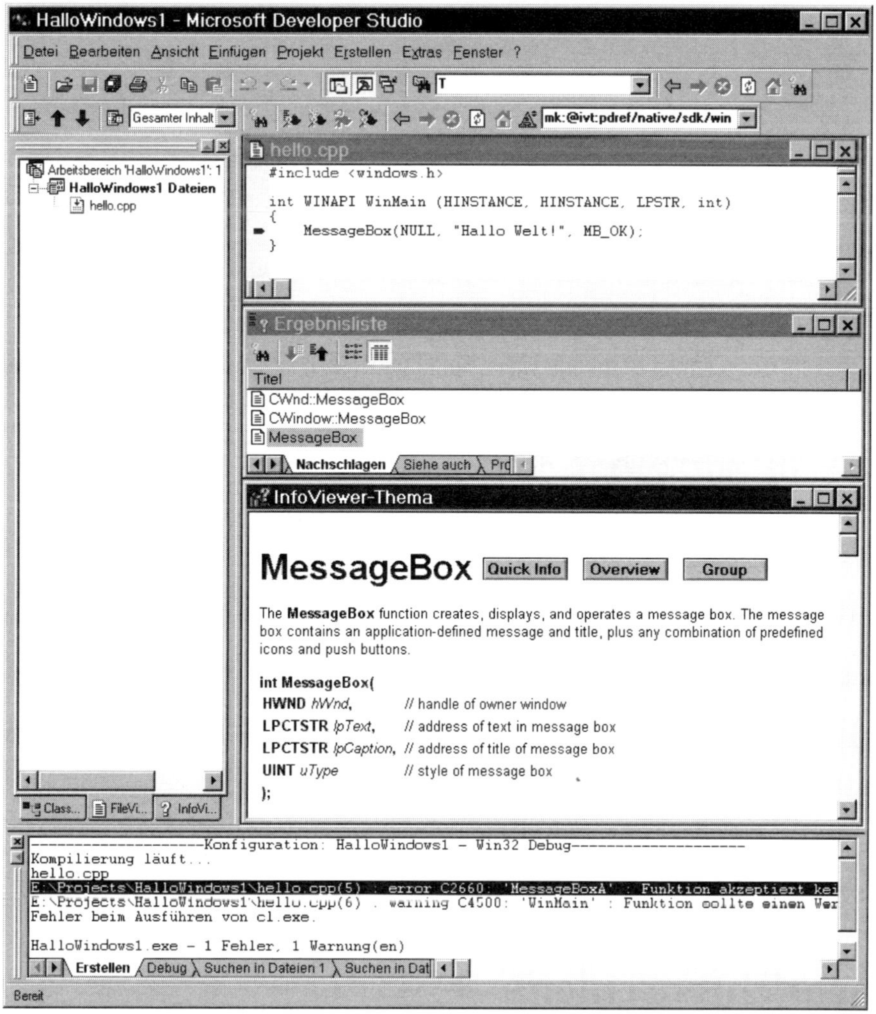

Abb. 8: Bei Fehlern erlaubt es die Hilfefunktion von Visual Studio, mögliche Ursachen rasch nachzuschlagen. Hier wurde die Funktion MessageBox() mit zu wenigen Parametern aufgerufen

Da zunächst nicht klar ist, wo das Problem liegt, positionieren Sie den Cursor auf dem Wort *MessageBox* und rufen mit [F1] die eingebaute Hilfefunktion auf.

Da es offensichtlich in mehr als einer der Online-Referenzen Fundstellen gibt, präsentiert die Hilfe in einer Ergebnisliste drei mögliche Referenzen. Wählen Sie aus der Auswahlliste den Eintrag *MessageBox* mit dem in der Abbildung gezeigten Ergebnis (die Anordnung der Fenster in der Abbildung ist natürlich nachträglich geändert, um die drei Phasen der Fehlersuche gleichzeitig sichtbar zu machen).

Offensichtlich benötigt die Funktion *MessageBox()* nicht drei, sondern vier Parameter, und Sie haben den dritten „vergessen".

Bei der Gelegenheit können Sie auch gleich die in der Warnung reklamierte *return*-Anweisung nachtragen. Damit sieht das Programm aus wie folgt:

```
#include <windows.h>

int WINAPI WinMain (HINSTANCE, HINSTANCE, LPSTR, int)
{
    MessageBox(NULL, "Hallo Welt!", "Hallo Welt 2", MB_OK);
    return 0;
}
```

Das Programm läßt sich nun beim zweiten Versuch ohne Probleme mit F7 kompilieren und linken und kann wieder mit Strg+F5 gestartet werden. Durch einen Klick auf die *OK*-Schaltfläche wird das Programm wieder beendet.

Abb. 9:
Bereits ein richtiges Windows-Programm: die zweite Version von Hallo Welt

Der Quelltext für das zweite Programm hat große Ähnlichkeit mit der ersten Version. Anstelle der Definitionsdatei *iostream.h* wird nun *windows.h* eingelesen, die Funktion *main()* ist durch *WinMain()* ersetzt, und die Ausgabe der Zeichenkette wird nun durch die Funktion *MessageBox()* geleistet, die eine einfache Möglichkeit bietet, aus einem Programm Mitteilungen für den Anwender anzuzeigen. Die in C-/C++-Programmen zwingend erforderliche Funktion *main()* ist in einer Bibliothek verschwunden und ruft *WinMain()* mit den richtigen Parametern auf[6].

Nachrichtenschleife – Ereignisgesteuerte Programmierung

Die Windows-Programmierung ist für ihre Komplexität berüchtigt. Bis jetzt haben Sie von dieser Komplexität jedoch nicht viel zu sehen bekommen. Die nächste Version des Hallo-Welt-Programms geht ein kleines Stückchen in diese Richtung weiter.

Erzeugen Sie wieder ein neues Projekt mit denselben Einstellungen wie im letzten Beispiel, nur nennen Sie das Projekt diesmal *HalloWindows2.* Fügen Sie zum Projekt eine Quelldatei *Hello.cpp* mit dem folgenden C++-Code (eigentlich C-Code) hinzu:

```
#include <windows.h>
```

---

6 Zumindestens konzeptionell, da der C++-Standard die Existenz der Funktion *main()* vorschreibt. Tatsächlich aber scheint Microsoft in der üblichen sorgfältigen Beachtung fremder Standards *main()* schlicht weggelassen zu haben.

```
int WINAPI WinMain (HINSTANCE hInst, HINSTANCE, LPSTR, int)
{
    MSG msg;
    HWND hwnd;

    hwnd = CreateWindow("BUTTON", "Hallo Windows",
        WS_VISIBLE|BS_CENTER, 100, 100, 100, 80,
        NULL, NULL, hInst, NULL);

    while (GetMessage(&msg, NULL, 0, 0))
    {
        if (msg.message == WM_LBUTTONUP)
        {
            DestroyWindow(hwnd);
            PostQuitMessage (0);
        }
        DispatchMessage (&msg);
    }
    return msg.wParam;
}
```

Dieses Programm sieht nun schon deutlich komplizierter aus als das letzte. Zunächst wird durch den Aufruf der Funktion *CreateWindow()* ein neues Fenster der Fensterklasse *BUTTON*, d. h. vom Typ Schaltfläche erzeugt. Da der Name des Fensters *Hallo Windows* bei Schaltflächen zugleich die Beschriftung darstellt, brauchen Sie sich um die Ausgabe der Zeichenkette nicht mehr zu kümmern. Das Projekt sollte ohne Probleme kompiliert und gelinkt werden.

Worum Sie sich dagegen kümmern müssen, ist ein zentrales Element aller Windows-Programme, die sogenannte Nachrichtenschleife, hier beginnend mit dem Schlüsselwort *while*. Windows nimmt vom Anwender ununterbrochen Interaktionen entgegen und schickt diese in Form von Nachrichten an die verschiedenen laufenden Anwendungen, die diese Nachrichten ihrerseits an die zuständigen Fenster weiterreichen. Ihr Programm fragt daher ständig mit *GetMessage()* ab, ob Nachrichten vorliegen, und schickt sie ggf. mit *DispatchMessage()* an das Zielfenster weiter. Vorher wird noch mit *if (msg.message == WM_LBUTTONUP)* überprüft, ob es sich um eine *WM_LBUTTONUP*-Mitteilung[7] handelt. In diesem Fall beendet sich die Anwendung, indem sie zunächst ihr Fenster zerstört und dann sich selbst mit *PostQuitMessage()* eine *WM_QUIT*-Mitteilung schickt.

Abb. 10:
Die dritte Version von Hallo Welt verwendet eine Schaltfläche, um den programmtechnischen Aufwand in Grenzen zu halten

7 Diese wird von Windows an das angeklickte Fenster geschickt, wenn die linke Maustaste auf diesem Fenster wieder gelöst wurde.

Freundliche Assistenz – Mit Assistenten schneller zum Erfolg

Das Problem der letzten beiden Beispiele ist, daβ sie einfach zu simpel sind. Die Windows-Programmierschnittstelle enthält Hunderte von Funktionen und Tausende von Bezeichnern, die richtig angewendet sein wollen. Das zweite Hallo-Welt-Programm verbirgt sämtliche Details der Fensterverwaltung, Nachrichtenbearbeitung und Benutzerinteraktion in der Funktion *MessageBox()*. Das dritte Programm zeigt zwar das Kernstück eines jeden Windows-Programms, die Nachrichtenschleife, mogelt sich aber durch die Zweckentfremdung der eingebauten Fensterklasse *BUTTON* um die Definition einer eigenen Fensterklasse und eine saubere Bearbeitung der empfangenen Nachrichten herum. Das Thema soll an dieser Stelle jedoch nicht weiter vertieft, sondern auf ein späteres Kapitel verschoben werden.

Hier sollen Sie nun dagegen einen ersten Eindruck davon gewinnen, wie Sie C++, die MFC und die Assistenten von Visual Studio verwenden können, um schnell und einfach Windows-Programme zu erstellen. Zunächst legen Sie, wie gehabt, mit *Datei/ Neu*, Reiter *Projekte* ein neues Projekt mit Namen *HalloMFC* an. Diesmal wählen Sie jedoch als Anwendungstyp im Listenfeld auf der linken Seite *MFC-Anwendungs-Assistent (exe)*. Über die *OK*-Schaltfläche wird der eigentliche Anwendungs-Assistent gestartet.

T

Assistenten erstellen Programme

▶ Die Assistenten sind im Grunde Programmgeneratoren, die nach den Vorgaben des Anwenders neue Programme erstellen oder in bestehenden Programmen Ergänzungen vornehmen. Der Anwendungs-Assistent für selbständige Anwendungen (*exe*-Dateien) besteht aus sechs Dialogen, die Schritt für Schritt die gewünschten Eigenschaften des zu erzeugenden Codegerüsts abfragen. Zwischen den einzelnen Schritten können Sie mit den Schaltflächen *Weiter* und *Zurück* wechseln, mit der Schaltfläche *Fertigstellen* kann aus jedem Schritt des Anwendungs-Assistenten heraus die Anwendung fertig generiert werden.

Im ersten Schritt des Anwendungs-Assistenten werden Sie nach dem gewünschten Typ der Anwendung gefragt. Abweichend von der Voreinstellung wählen Sie *Einzelnes Dokument*. Die schematische Darstellung der zu erzeugenden Anwendung links oben im Dialog ändert sich entsprechend. In den übrigen fünf Schritten (*Datenbankunterstützung*, *Verbunddokumente*, *Oberflächenmerkmale*, *Codeerzeugung* und *Klassenmerkmale*) belassen Sie es bei den Voreinstellungen.

Sie können die sechs Dialoge durchblättern oder direkt mit der Schaltfläche *Fertigstellen* die Generierung der Anwendung anstoβen. In einem weiteren Dialog zeigt der Anwendungs-Assistent die vorgenommenen Einstellungen. Falls diese nicht in Ordnung sind, können Sie immer mit der Schaltfläche *Abbrechen* zurückkehren und die

Eingaben noch einmal abändern. Erst wenn Sie jetzt die Schaltfläche *OK* anklicken, tritt der *Zauberer*[8] in Aktion und erzeugt das Projekt und alle notwendigen Dateien.

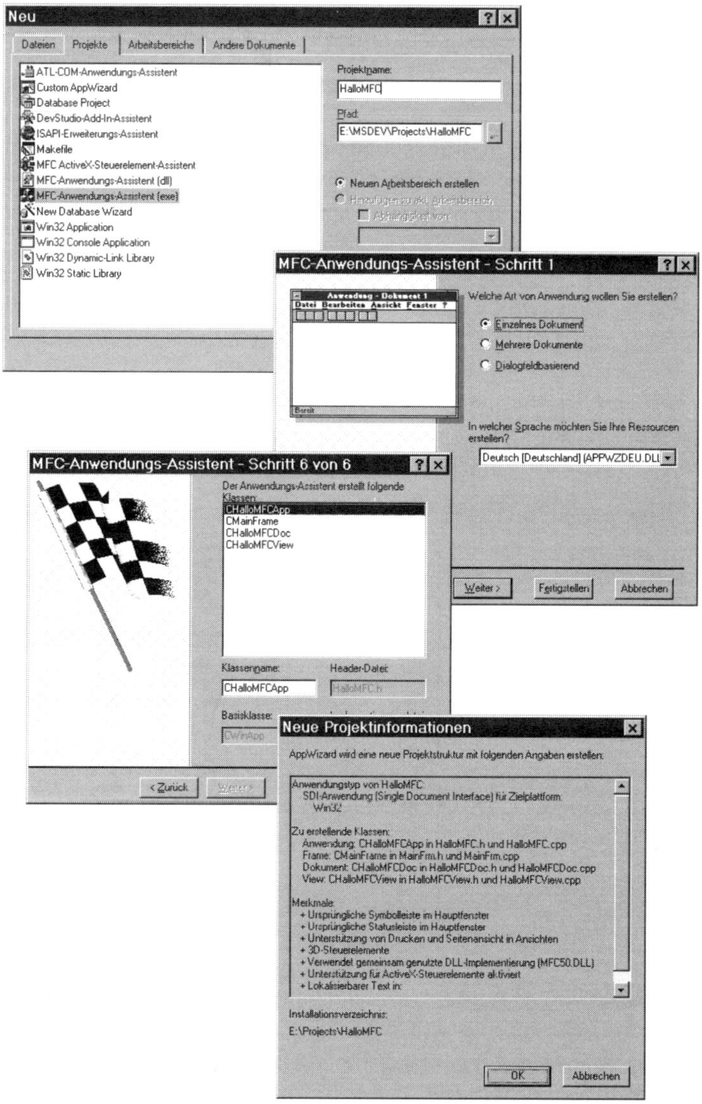

Abb. 11: Der Anwendungs-Assistent für Anwendungen wird im Dialog Neu ausgewählt und führt in sechs Schritten zur vollständigen Anwendung. Hier sind der erste und der sechste Schritt sowie der Projektinformations-Dialog unmittelbar vor der Erzeugung der Anwendung dargestellt

---

8 Die englische Originalbezeichnung für den Anwendungs-Assistenten ist *AppWizard*, also zu deutsch etwa „Anwendungszauberer". Leider hat sich Microsoft Deutschland, vermutlich aus falsch verstandener Seriosität, entschlossen, die sehr bildhafte Bezeichnung *Wizard* in den deutschen Versionen von Microsoft-Produkten nicht zu übernehmen.

Das vom Anwendungs-Assistenten erzeugte Anwendungsgerippe ist so vollständig, daß es sich auf Anhieb mit [F7] übersetzen und linken läßt. Ein schneller Test mit [Strg]+[F5] zeigt, daß Sie eine vollständig funktionsfähige Windows-Anwendung komplett mit Menüs, Symbolleiste, Statuszeile und sogar Tooltips erzeugt haben.

Ein Blick in die aufgefaltete Dateiansicht zeigt, daß sich das neue Projekt aus einer ganzen Reihe von Dateien zusammensetzt. Die Dateien des Projekts *HalloMFC* sind im Baum *HalloMFC Dateien* in drei Teilbäumen *Source Files*, *Header Files* und *Resource Files* zusammengefaßt. Der Zweig *Source Files* enthält die Quelldateien *HalloMFC.cpp*, *HalloMFCDoc.cpp*, *HalloMFCView.cpp*, *MainFrm.cpp* und *StdAfx.cpp*, aber auch die Ressourcenskriptdatei *HalloMFC.rc*.

Der Zweig *Header Files* enthält die Definitionsdateien *HalloMFC.h*, *HalloMFCDoc.h*, *HalloMFCView.h*, *MainFrm.h*, *StdAfx.h* und *Resource.h*.

Der Zweig *Resource Files* enthält die einzelnen Ressourcendateien. Die Textdatei *ReadMe.txt* schließlich gehört keinem der drei Zweige an und enthält Erläuterungen zu den erzeugten Dateien. Ein Doppelklick auf eine der Dateien öffnet im Arbeitsbereich ein Fenster mit einem passenden Editor.

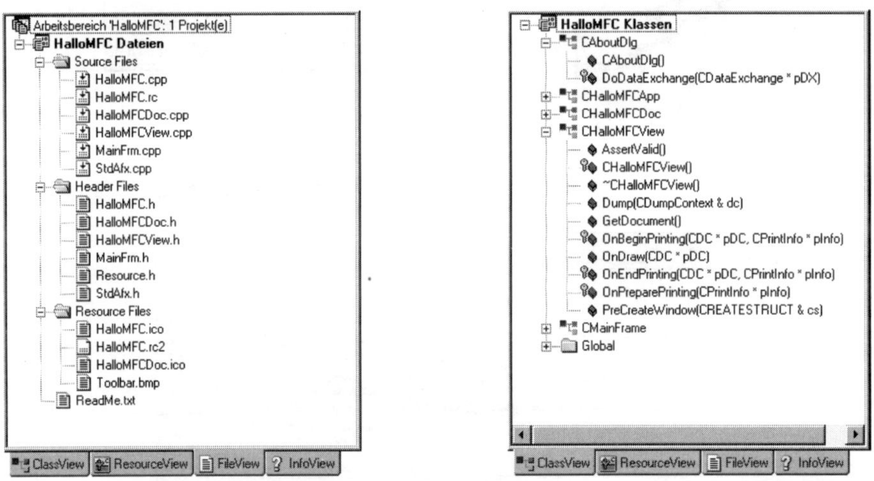

***Abb. 12:** Die Dateien des mit dem Assistenten erzeugten Projekts sind in drei Teilbäumen der Dateiansicht (links) organisiert. Die erzeugten Klassen und Funktionen können in der Klassenansicht (rechts) betrachtet (und angesprungen) werden*

Eine andere Ansicht des Projekts liefert die Klassenansicht. Klappen Sie die Wurzel der Klassenansicht auf, sehen Sie fünf Klassen, die ihrerseits wieder aufgefaltet werden können und so einen Blick auf die innere Struktur der Klassen erlauben.

So enthält die Klasse *CHalloMFCView* neben neun weiteren Funktionen eine Funktion *OnDraw()*. Diese Funktion wird immer dann aufgerufen, wenn die Anwendung ihre Daten in ein Fenster oder auf den Drucker ausgeben will.

Ein Doppelklick auf den Namen der Funktion öffnet automatisch im Arbeitsbereich ein Fenster mit der Datei, die diese Funktion enthält, und positioniert den Cursor auf dem Anfang der Funktion:

```
void CHalloMFCView::OnDraw(CDC* pDC)
{
    CHalloMFCDoc* pDoc = GetDocument();
    ASSERT_VALID(pDoc);

    // ZU ERLEDIGEN: Hier Code zum Zeichnen der
    //                ursprünglichen Daten hinzufügen
}
```

Alles, was Sie tun müssen, ist, diese Funktion für das Hallo-Welt-Programm passend abzuändern in:

```
void CHalloMFCView::OnDraw(CDC* pDC)
{
    CRect rect;
    GetClientRect (&rect);
    pDC->DPtoLP(&rect);
    pDC->DrawText("Hallo Welt!", &rect,
                  DT_CENTER | DT_VCENTER | DT_SINGLELINE);
}
```

Übersetzen Sie die Anwendung mit [F7] und starten Sie sie mit [Strg]+[F5]. Der Text *Hallo Welt!* wird übrigens nicht nur im Fenster der Anwendung, sondern auch in der Druckvorschau angezeigt und kann sogar ausgedruckt werden.

Abb. 13: Die vierte Version von Hallo Welt ist trotz minimalen Aufwands eine vollständige Windows-Anwendung mit allem Drum und Dran

Ressourcen bearbeiten – Der Ressourceneditor von Visual Studio

Im Unterschied zu den drei vorherigen Beispielen ist nun auch eine Ressourcenansicht (ResourceView) vorhanden. Bei Ressourcen handelt es sich um Daten, die Eigenschaften eines Windows-Programms wie Dialoge, Menüs, Zeichenketten, Bitmaps oder Icons darstellen und auf die das Programm nur lesend zugreift. Ressourcen werden durch ein spezielles Ressourcenskript beschrieben, das von einem Ressourcencompiler in binäre Form übersetzt und schließlich vom Linker in die ausführbare Datei eingebunden wird.

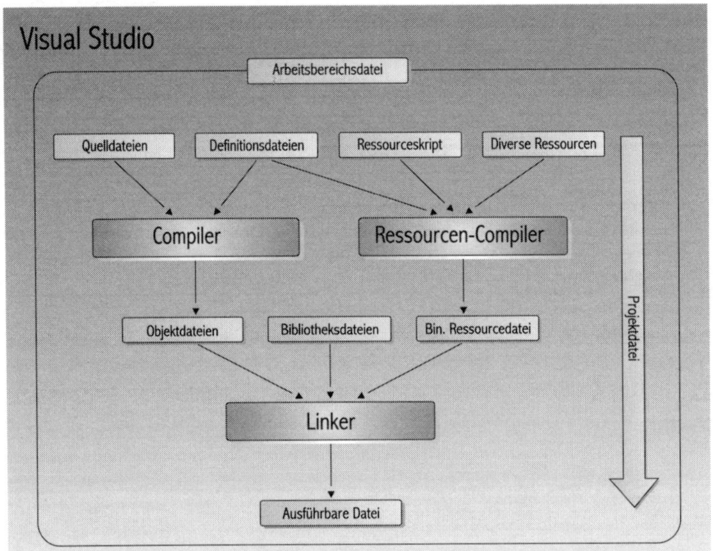

Abb. 14: Das Zusammenspiel aller an der Entstehung einer Windows-Anwendung beteiligten Komponenten. Definitionsdateien können sowohl vom C++-Compiler als auch vom Ressourcencompiler gelesen werden und stellen so das Bindeglied zwischen C++-Code und Ressourcen dar

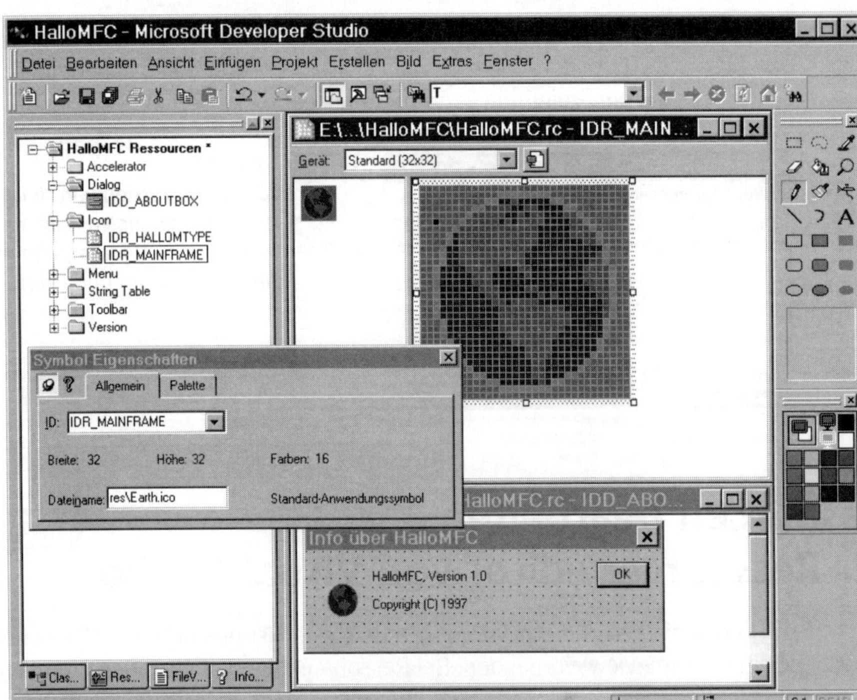

Abb. 15: Die in der Ressourcenansicht angezeigten Ressourcen können mit Doppelklick in den passenden Editor geladen werden. Hier werden gleichzeitig das Anwendungs-Icon und der Info-Dialog bearbeitet

Der Vorteil dieses Konzepts besteht vor allem darin, daß es mit geeigneten Werkzeugen wie z. B. Ressourcen-Editoren möglich ist, die Ressourcen und damit bestimmte Eigenschaften eines Windows-Programms zu ändern, ohne daß dazu der Quellcode geändert werden oder auch nur vorliegen muß.

Die Ressourcenansicht des Visual Studio hat einen Teilbaum für jeden vorhandenen Ressourcentyp und erlaubt so auf sehr einfache Weise, alle im Programm vorhandenen Ressourcen zu bearbeiten.

Expandieren Sie zunächst den Icon-Teilbaum. Hier ist unter anderem ein Eintrag für ein Icon mit dem von den MFC vorgegebenen symbolischen Bezeichner *IDR_MAINFRAME* zu finden.

Ein Doppelklick auf den Eintrag startet im Arbeitsbereich den Icon-Editor und lädt das Icon.

Da Sie für die Anwendung ein anderes als das generische MFC-Icon verwenden wollen, wählen Sie erneut das Icon in der Ressourcenansicht aus und löschen den Eintrag mit der Löschtaste. Falls ein Bearbeitungsfenster für diese Ressource offen war, wird es automatisch geschlossen.

Mit der rechten Maustaste lassen sich an vielen Stellen im Developer Studio kontextabhängige Menüs aufrufen, so auch, wenn man mit der rechten Maustaste auf den Icon-Eintrag in der Ressourcenansicht klickt.

Wählen Sie im Kontextmenü *Importieren* und verwenden Sie dann den anschließend angezeigten Dateiauswahl-Dialog, um eine geeignete ICON-Datei (z. B. die Datei *Earth.ico* im Verzeichnis *Icons* auf der Buch-CD) zu öffnen.

Anschließend wählen Sie im Kontextmenü des neuen Icons *Eigenschaften* und fixieren den dadurch erscheinenden Eigenschaftsdialog durch einen Klick auf das Reißbrettstiftsymbol. Klappen Sie das Kombinationsfeld *ID* aus und wählen Sie unter den angebotenen Bezeichnern *IDR_MAINFRAME*.

Ein Blick in das Eingabefeld *Dateiname* zeigt, daß das Icon beim Import bereits in den Ressourcenordner *res* des Projekts kopiert wurde und Änderungen sich somit nicht auf das Original auswirken werden.

Sollte das Icon jetzt nach Neuübersetzung und Programmstart nicht in der Kopfleiste des Hallo-Welt-Programms auftauchen, läßt sich das Problem durch *Erstellen/Alle Abhängigkeiten aktualisieren* und erneute Übersetzung beheben.

Andere Ressourcen lassen sich ähnlich leicht ändern. Öffnen Sie z. B. die Dialogressource *IDD_ABOUTBOX* im Teilbaum *Dialog* durch einen Doppelklick, wird im Arbeitsbereich der Dialog Editor gestartet und der Dialog geladen.

Da der Properties-Dialog immer noch angezeigt wird, können Sie durch Anklicken der einzelnen Elemente des Info-Dialogs sofort deren Eigenschaften sehen und verändern.

Wählen Sie z. B. die obere Textzeile aus, können Sie im Eingabefeld *Beschriftung* des Eigenschaftsdialogs den Text ändern. Der Befehl *Erstellen/HalloMFC.exe erstellen* bzw. F7 führt dann wieder alle notwendigen Schritte aus, um die Änderungen in unser Programm zu übernehmen.

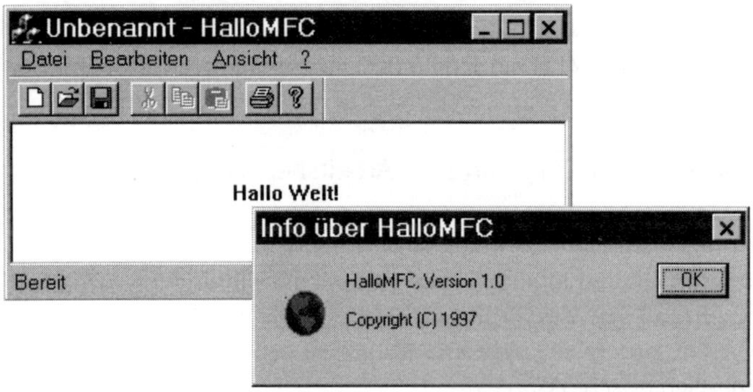

Abb. 16: Anwendung HalloMFC mit geändertem Anwendungs-Icon

Schlank und aktiv – ATL-Anwendungen

Visual C++ unterstützt neben MFC-Anwendungen und herkömmlichen Windows- und Konsolenanwendungen auch noch weitere Assistenten, von denen hier noch der ATL-Assistent demonstriert werden soll. Die ATL (**A**dvanced **T**emplate **L**ibrary) ist eine brandneue Klassenbibliothek speziell zum Entwurf von ActiveX-Komponenten, die auf ganz anderen Prinzipen beruht als die MFC. ActiveX-Steuerungselemente können beispielsweise in HTML-Seiten für das WWW eingebettet werden. Auch die Entwicklung von ATL-Programmen wird durch leistungsfähige Anwendungs-Assistenten unterstützt.

Um ein ATL-Steuerungselement, beispielsweise zur Einbettung in eine Web-Seite, zu erzeugen, müssen Sie zunächst eine ATL-COM-Anwendung quasi als Rahmen für das Steuerungselement erstellen. Erst dann können Sie ein oder mehrere ActiveX-Steuerungselemente oder *COM*-Objekte[9] in diese Rahmenanwendung einfügen.

Dazu wählen Sie *Datei/Neu* und dann im Listenfeld *ATL-COM-Anwendungs-Assistent*. Als Namen des neuen Projekts wählen Sie *HalloATL*. Mit der Schaltfläche *OK* gelangen Sie nun in den eigentlichen Assistenten. Für den *Server-Typ* wählen Sie hier die effizienteste Lösung, eine dynamische angebundene Bibliothek (DLL).

---

9 COM steht für **C**omponent **O**bject **M**odel, einen von Microsoft geschaffenen Standard für binäre Softwarekomponenten.

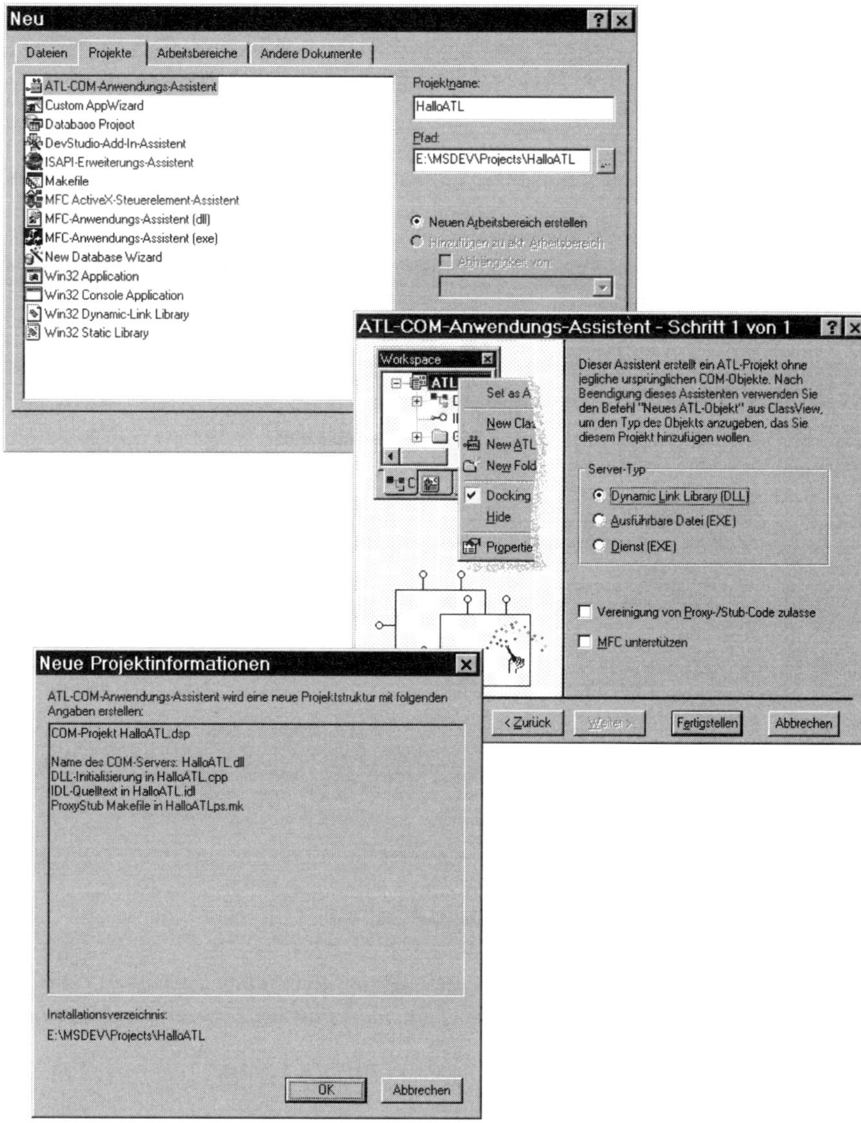

Abb. 17: Erzeugung einer ActiveX-Serveranwendung als Grundlage für ActiveX-Steuerungselemente

Die so erzeugte Serveranwendung bildet die Grundlage für ActiveX-Steuerungselemente oder andere *COM*-Objekte. Zum Einfügen neuer *COM*-Objekte dient der ATL-Objekt-Assistent. Diesen erreichen Sie nicht wie die bisher verwendeten Assistenten über den Befehl *Datei/Neu*, sondern über *Einfügen/Neues ATL-Objekt*.

Der ATL-Objekt-Assistent organisiert ATL-*COM*-Objekte im linken Listenfeld in Objekte (*Objects*), Steuerungselemente (*Controls*) und Verschiedenes (*Miscellaneous*). Wählen Sie *Steuerungselemente* und *vollständiges Steuerungselement* (*Full Control*). Die Schaltfläche *Weiter* bringt Sie zu einem Eigenschaftsdialog, in dem Sie die Eigenschaften des neuen Steuerungselements eingeben können. Geben Sie für den Namen des Steuerungselements die Kurzbezeichnung "HalloCtl" ein. Alle übrigen benötigten Bezeichner leitet der Assistent automatisch von dieser Vorgabe ab. Es steht Ihnen natürlich frei, die vom Assistenten erzeugten Namen zu ändern, doch ist dies normalerweise nicht nötig.

Die übrigen Eigenschaftsseiten können für dieses Beispiel ignoriert werden. Beenden Sie den ATL-Objekt-Assistenten mit der Schaltfläche *OK*.

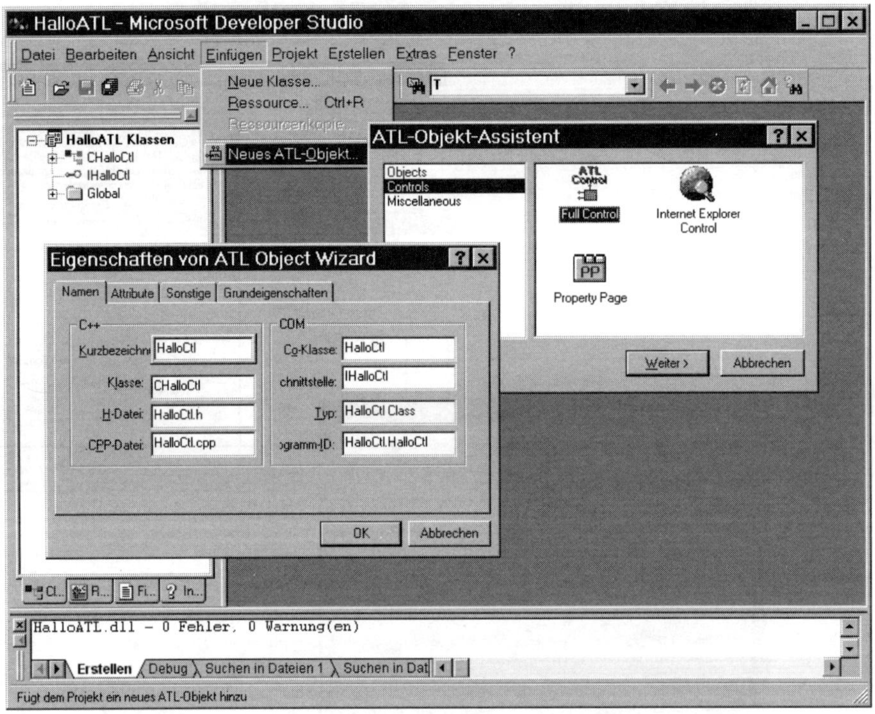

Abb. 18: ActiveX-Steuerungselemente und andere COM-Objekte werden mit dem ATL-Objekt-Assistenten in das Gerüst der Serveranwendung eingefügt

Der Assistent erzeugt eine ATL-Klasse *CHalloCtl* für das Steuerungselement und eine COM-Schnittstellendefinition (Interface) *IHalloCtl*. Bevor Sie die Server-DLL übersetzen, können Sie diese noch anpassen. Wählen Sie in der Klassenansicht die Steuerungselementklasse *CHalloCtl* und expandieren Sie diese durch einen Doppelklick auf das Klassensymbol. Aktivieren die nun den Editor für die Funktion *OnDraw()* dieser Klasse, indem Sie auf den Funktionsnamen doppelklicken. Ändern Sie die Funktion im Editorfenster wie folgt (die geänderte Zeile ist hervorgehoben):

```
HRESULT CHalloCtl::OnDraw(ATL_DRAWINFO& di)
{
    RECT& rc = *(RECT*)di.prcBounds;
    Rectangle(di.hdcDraw, rc.left, rc.top, rc.right, rc.bottom);
    DrawText(di.hdcDraw, _T("Hallo ATL 2.0"),
             -1, &rc, DT_CENTER | DT_VCENTER | DT_SINGLELINE);
    return S_OK;
}
```

Nachdem Sie die Serveranwendung übersetzt haben, können Sie diese testen. Eine Möglichkeit dazu ist, die HTML-Testseite zu verwenden, die der ATL-Objekt-Assistent automatisch zusammen mit dem Quellcode für das Objekt erzeugt hat. Öffnen Sie mit dem Befehl *Datei/Öffnen* oder der entsprechenden Symbolleistenschaltfläche die Datei *HalloCtl.htm*:

```
<HTML>
<HEAD>
<TITLE>ATL 2.0 test page for object HalloCtl</TITLE>
</HEAD>
<BODY>
<OBJECT ID="HalloCtl" <
 CLASSID="CLSID:1C4EEDEF-D6AF-11D0-B18B-004001423EDC">
>
</OBJECT>
</BODY>
</HTML>
```

Dieser HTML-Code definiert eine HTML-Seite, die ein ActiveX-Steuerungselement der COM-Klasse *HalloCtl* einbindet. Genau genommen wird die COM-Klasse des Steuerungselements über die längliche Zeichenkette identifiziert, die auf *CLASSID=* folgt.

Da der Microsoft Internet Explorer in Form der neuen Version des InfoViewers in das Visual Studio integriert ist, ist es kein Problem, beliebige HTML-Seiten direkt anzusehen.

Um die HTML-Seite zu testen, wählen Sie im Kontextmenü des HTML-Codes im Editor den Befehl *Vorschau HalloCtl.htm*.

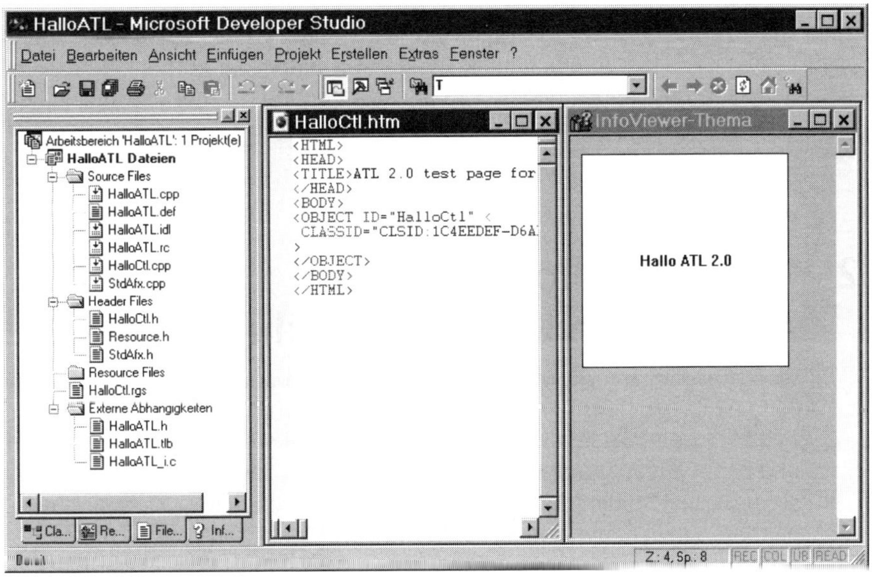

Abb. 19: ActiveX-Steuerungselemente wie HalloCtl können im Visual Studio direkt in einer HTML-Testseite ausprobiert werden

Zusammenfassung

In diesem Kapitel haben Sie erste Erfahrungen mit der Entwicklungsumgebung von Visual C++ 5.0 gesammelt und die ersten kleinen Visual C++-Programme erzeugt.

Microsoft Visual Studio ist die zentrale Schaltstelle der Programmentwicklung in Microsoft Visual C++ und erlaubt durch Dateiansicht, Klassenansicht und Ressourcenansicht eine schnelle und bequeme Navigation im Projekt. Die integrierte Projektverwaltung koordiniert automatisch alle bei der Erstellung und Übersetzung eines Projekts notwendigen Vorgänge und erlaubt es dem Entwickler, sich auf seine eigentliche Arbeit zu konzentrieren.

Mit dem Visual Studio können leicht Projekte unterschiedlichen Typs erzeugt und verwaltet werden. Das erste so erstellte Programm war das klassische Hallo-Welt-Programm als Konsolenanwendung. Ein Hallo-Welt-Programm für die Windows-Oberfläche kann ähnlich knapp formuliert werden, zeigt aber nicht die mit der Programmierung von Windows-Anwendungen normalerweise verbundene Komplexität.

Eine Möglichkeit, die Komplexität der Programmierschnittstelle von Windows in den Griff zu bekommen, ist die Verwendung objektorientierter Methoden und der Microsoft-Foundation-Classes.

Mit Hilfe des Anwendungs-Assistenten lassen sich vollständige MFC-Anwendungen praktisch auf Knopfdruck erzeugen. Die objektorientierte Struktur der so erzeugten Skelettanwendung macht es sehr einfach, die gewünschte Funktionalität hinzuzufügen. Auch die Ressourcen der Skelettanwendung lassen sich durch die hierarchische Ressourcenansicht leicht überblicken und ggf. ändern.

Neu in Visual C++ 5.0 ist die Advanced Template Library (ATL). Auch zur Vereinfachung der ATL-Programmierung stehen Assistenten zur Verfügung. ActiveX-Steuerungselemente und andere *COM*-Objekte lassen sich damit mit wenigen Mausklicks erzeugen. Zum Test wird automatisch eine HTML-Testseite generiert, die ebenfalls direkt in Visual Studio betrachtet werden kann.

1.2 Visual Studio – Arbeiten mit der Entwicklungsumgebung

Das Microsoft Visual Studio ist die zentrale Schaltstelle für die Arbeit mit Visual C++ und bietet Zugang zu den meisten Komponenten des Visual C++-Entwicklungssystems. Visual Studio integriert die Komponenten des Entwicklungssystems derartig nahtlos, daß in den meisten Fällen der Eindruck entsteht, mit einem einzigen Werkzeug zu arbeiten. Die Verbindung Quellcode-basierter und visueller Werkzeuge mit den verschiedenen strukturierten Projektansichten führt trotz des extrem umfangreichen Gesamtpakets zu einem einzigartig einfachen und intuitiven Umgang mit dem System.

Die Bedienung des Visual Studios ist derart intuitiv und einfach, daβ jeder, der die allgemeine Bedienung von Windows-Anwendungen (insbesondere die aus dem Hause Microsoft) beherrscht, keine Probleme mit der Umgebung haben sollte. Gegen eine detaillierte Beschreibung aller Funktionen und Befehle von Visual Studio an dieser Stelle spricht auch, daβ solche Darstellungen ungeheuer langweilig zu lesen (und zu schreiben ☺) sind. Das folgende Kapitel will daher eher einen Überblick über die Möglichkeiten der Umgebung geben.

Übersicht ist Trumpf – Die Umgebung

Wie Sie im letzten Kapitel bereits gesehen haben, zerfällt die Arbeitsfläche von Visual Studio in drei Teilbereiche. In der Standardanordnung finden Sie im unteren Bereich des Hauptfensters von Visual Studio in voller Breite ein Ausgabefenster, den Rest teilen sich auf der linken Seite eine hierarchische Darstellung der Klassen oder der Dateien des Projekts oder auch der Hilfeinformation und der Editor. Rechts befindet sich der für Editoren frei nutzbare Bereich des Visual Studio. Im oberen Bereich des Hauptfensters sind Menü- und Symbolleiste angeordnet.

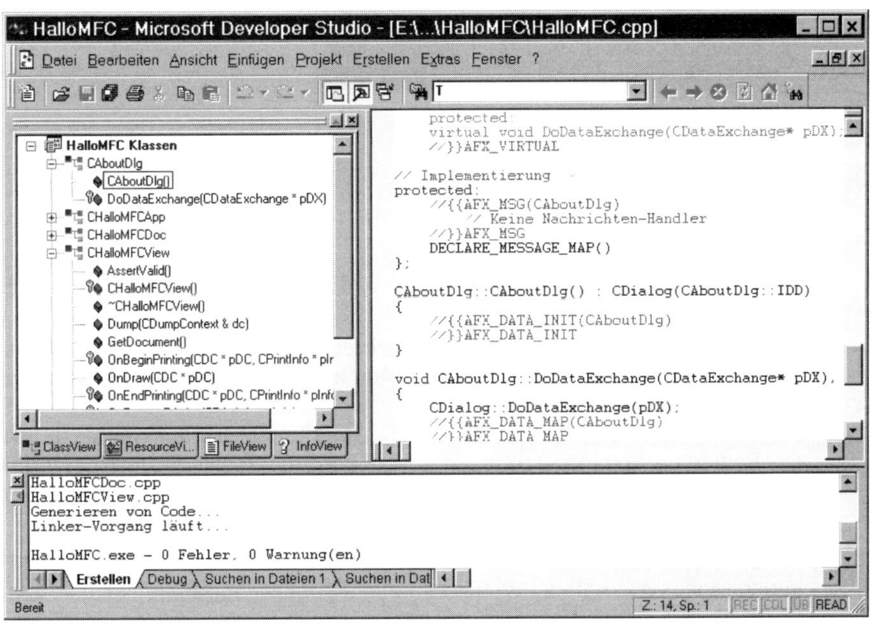

Abb. 20: Das Hauptfenster von Visual Studio zerfällt in drei Teilbereiche: den Ausgabebereich, den Projektarbeitsbereich und den Bereich zur Bearbeitung von Quell- und anderen Dateien

Der hierarchisch strukturierte Bereich ist der Projektarbeitsbereich oder kurz Arbeitsbereich. Der eigentliche Arbeitsbereich dagegen, in dem Dokumentenfenster für Quell- und sonstige Dateien wie in einer gewöhnlichen MDI-Anwendung angeordnet sind, hat keine eigenen Namen, wird jedoch an einzelnen Stellen der Dokumentation gelegentlich auch als Arbeitsbereich bezeichnet.

Projektarbeitsbereich, Ausgabebereich, Symbolleiste und sogar die Menüleiste sind seit Version 5 sämtlich verankerbare Fenster. Je nach Orientierung besitzen sie im verankerten Zustand am oberen oder am linken Rand eine erhaben erscheinende Doppellinie, die dazu dienen kann, das verankerte Fenster „anzufassen“ und mit der Maus zu verschieben oder „abzureißen“. Verankerbare Fenster können an den Rändern des Anwendungsfensters als Symbol- oder Menüleisten verankert oder als Paletten frei auf dem Bildschirm positioniert werden. Sogar das Hauptmenü kann auf dieses Weise neuerdings „abgerissen“ und verschoben werden.

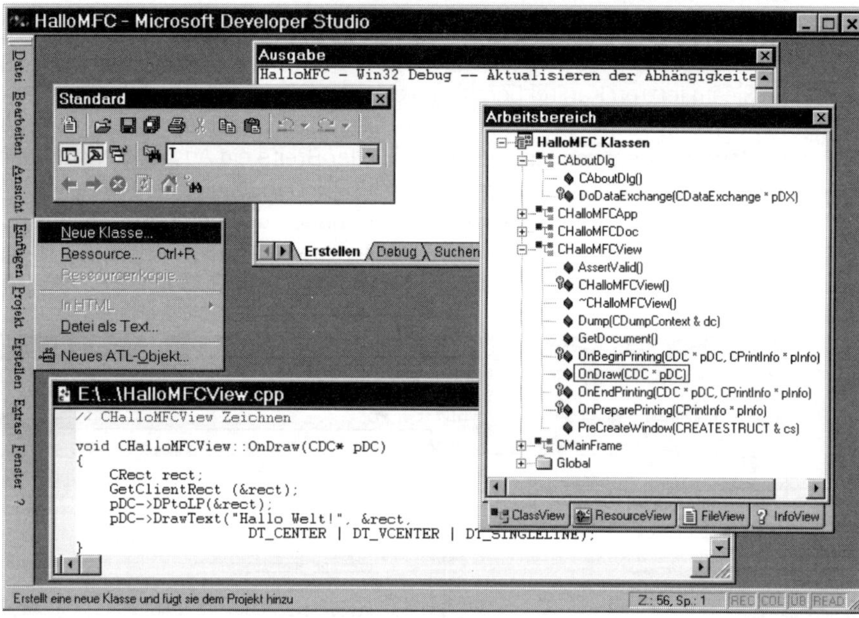

Abb. 21: Ein extremes Beispiel für mögliche Fenster- und Menüanordnungen mit Visual Studio; Projektarbeitsbereich, Werkzeugleiste und Ausgabefenster als frei bewegliche Fenster. Sogar das Hauptmenü wurde „abgerissen“ und statt dessen am linken Rand eingerastet plaziert

Die Bedienung von Visual Studio kann auf ganz unterschiedliche Weise erfolgen. Einmal lassen sich alle Befehle und Einstellungen über verschachtelte Menüs vom Hauptmenü oder von den mit der rechten Maustaste aktivierbaren Kontextmenüs aus erreichen. Entsprechend den neuesten Microsoft-Design-Empfehlungen werden in den Menüs nun neben den Bezeichnungen der Menüpunkte auch die zugehörigen Symbolleistensymbole gezeigt. Dies dient dazu, Sie rasch mit den Symbolen des Programms vertraut zu machen und Ihnen so ohne großen Lernaufwand den Zugang zu den Symbolleisten zu erleichtern.

Die Menübefehle sind, soweit sinnvoll, in den üblichen Menüs *Datei*, *Bearbeiten*, *Ansicht*, *Einfügen*, *Extras*, *Fenster* und *?* (Hilfe) organisiert. Hinzu kommen die beiden Menüs *Projekt* und *Erstellen*, die aus dem Menü *Project* der Vorversion hervorgegangen sind.

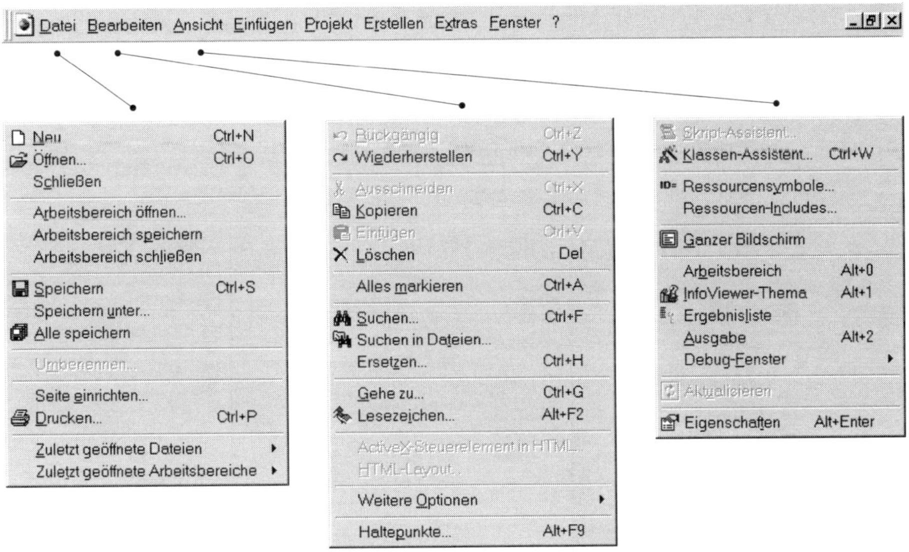

Abb. 22: Das Menü Datei (links) dient zum Öffnen von Arbeitsbereichen und einzelnen Dateien, Speichern und Drucken. Die Listen der zuletzt geöffneten Dateien bzw. Arbeitsbereiche haben nun eigene Untermenüs

Im Menü *Bearbeiten* (Mitte) sind die üblichen Funktionen zum *Einfügen*, *Ausschneiden* und *Suchen* versammelt. Auch der Befehl *Suchen in Dateien* ist nun aus dem *Datei*-Menü zu den übrigen Befehlen für das Suchen und Ersetzen gewandert. Eine ganze Reihe weiterer nützlicher Funktionen vor allem zur Darstellung und Umwandlung von Zeichen sind über das Untermenü *Weitere Optionen* erreichbar.

Im Menü *Ansicht* (rechts) sind Funktionen zum Einblenden unterschiedlicher Arbeitsfenster und verschiedener Bildschirmdarstellungen zu finden. Außerdem befindet sich hier (etwas deplaziert) der Befehl zum Start des Klassen-Assistenten.

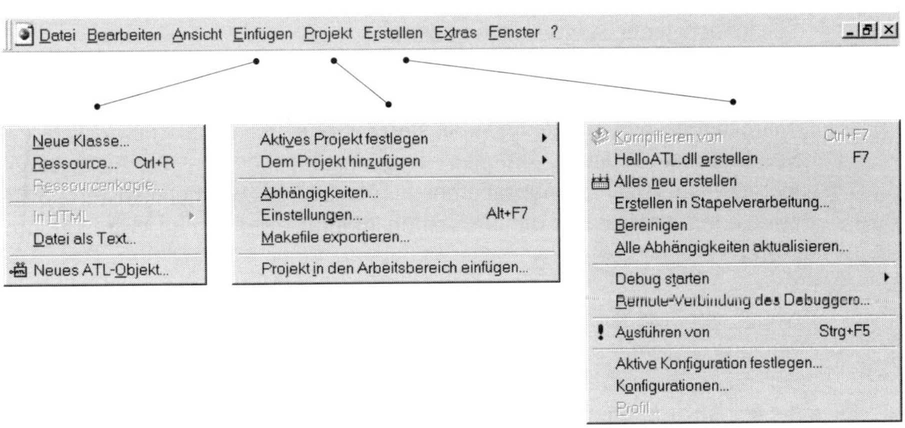

Abb. 23: Im Menü Einfügen (links) finden sich Befehle zum Einfügen neuer Klassen, Ressourcen und Dateien. Hier steht auch der Befehl zum Starten des ATL-Klassen-Assistenten

Das Menü *Projekt* (Mitte) enthält die Befehle zum Management von Projekten. Die Befehle zum Erstellen und Testen von Programmen sind dagegen in das neue Menü *Erstellen* (rechts) verlegt worden.

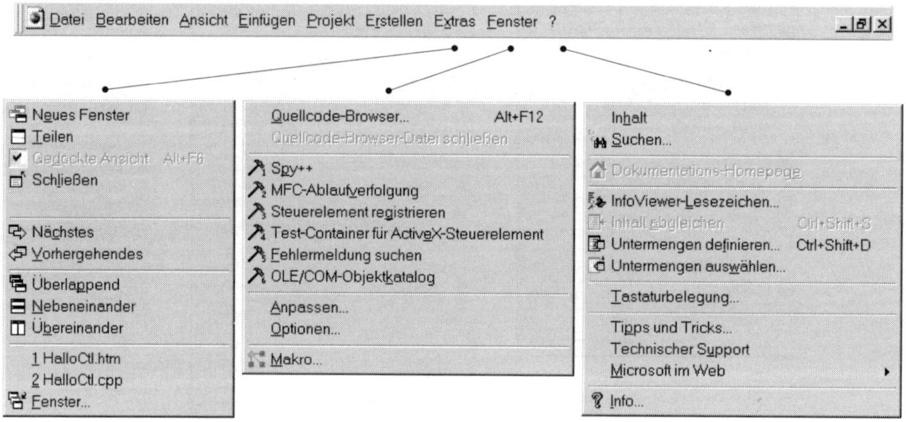

Abb. 24: Das Menü Fenster (links) faßt alle Befehle zur Anordnung und Navigation zwischen Fenstern zusammen

Das Menü *Extras* (Mitte) stellt entsprechend seinem besser passenden englischen Namen *Tools* zusätzliche, teilweise externe Werkzeuge zur Verfügung. Weitere Werkzeuge können vom Anwender problemlos hinzugefügt werden.

Das Hilfe-Menü (rechts) ermöglicht gezielten Zugriff auf die Informationen des InfoViewers, die eingebaute Sammlung von Tips und Tricks und nicht zuletzt auf Microsofts Web-Seiten für Entwickler. Hier finden sich beispielsweise kostenlose Werkzeuge zum Herunterladen, Fragen und Antworten, Online-Unterstützung und Zugang zur Online-Version des MSDN (**M**icro**s**oft **D**eveloper **N**etwork).

Die zweite Möglichkeit, Visual Studio zu steuern, besteht darin, Befehle über die Schaltflächen der Symbolleiste aufzurufen.

Die standardmäßig eingeblendete Symbolleiste trägt den Namen *Standard* und enthält Schaltflächen für die am häufigsten gebrauchten Funktionen wie Dateien Öffnen, Speichern und Drucken, Aktionen rückgängig Machen, Ein- und Ausschalten von Projektarbeitsbereich und Ausgabefenster, Navigation zwischen Fenstern, Suchen in Dateien oder der Hilfe und der Navigation im InfoViewer und im Microsoft Internet Explorer.

Neben der Standardsymbolleiste stehen je nach Betriebszustand noch mindestens vierzehn weitere fertige Symbolleisten zur Verfügung, weitere Symbolleisten mit anderen Zusammenstellungen von Befehlen kann sich jeder Anwender von Visual Studio selbst zusammenstellen.

Das Ein- und Ausblenden von Symbolleisten wie auch das Verändern und Erstellen eigener Symbolleisten kann beispielsweise über das Kontextmenü einer beliebigen Symbolleiste erfolgen.

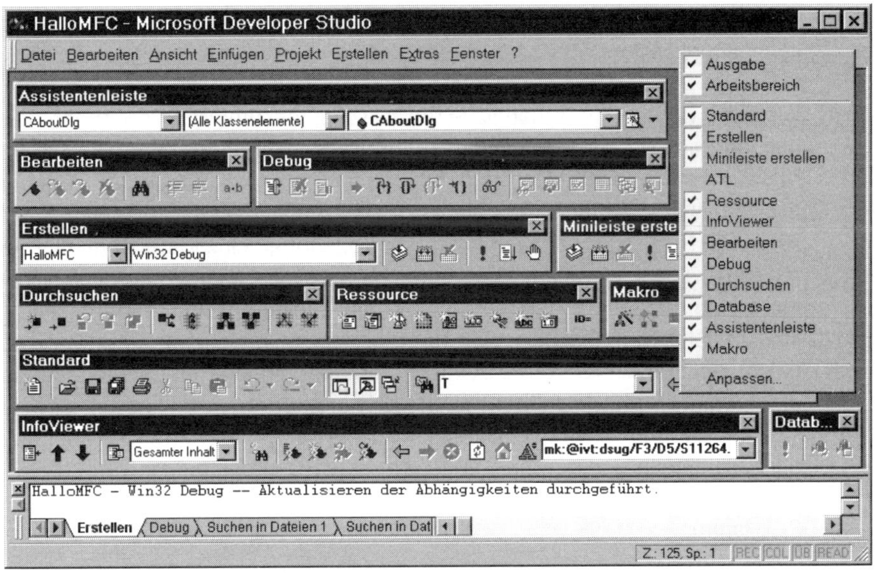

Abb. 25: Die Symbolleisten von Visual Studio können unter anderem durch das Kontextmenü der Symbolleisten ein- und ausgeschaltet werden. Weitere Symbolleisten können mit dem Befehl Anpassen erzeugt werden

Neben der Standardsymbolleiste häufig genutzte Leisten sind die Symbolleisten *Debug*, *Erstellen* oder *Minileiste erstellen*[10] und *InfoViewer*.

Die dritte Möglichkeit der Steuerung von Visual Studio besteht in Funktions- und Abkürzungstasten. Hier wird die begrenzte Merkfähigkeit des durchschnittlichen Entwicklers jedoch normalerweise zu einer Beschränkung auf die am häufigsten benutzten Befehle führen. Gute Kandidaten hierfür sind die Funktionen *Erstellen*, *Suchen* bzw. *Suchen und ersetzten*, *Sichern von Dateien* und die Tastenbefehle des Debuggers bzw. die zur Ablaufsteuerung.

Letztlich wird jeder Anwender von Visual Studio seine eigene Arbeitsweise entwikkeln. Die Möglichkeit, die meisten Aktionen auf ganz unterschiedliche Art und Weise auszuführen, macht es Visual Studio einfach, den unterschiedlichsten persönlichen Vorlieben entgegenzukommen.

Arbeitsbereiche und Projekte

Ein Programmiervorhaben in Visual C++ oder einer beliebigen anderen Sprache umfaßt eine Vielzahl verschiedener Ausgangsdateien, Zwischendateien und Ergebnisdateien. In alten Zeiten, als Programmierer noch richtige Programmierer waren, ver-

---

10 Der Name dieser Symbolleiste ist ziemlich irreführend gewählt. Es geht nicht darum, eine Minileiste zu erstellen, sondern um eine Minileiste zum Erstellen von Anwendungen. Diese Leiste gibt also Zugriff auf Funktionen des Menüs *Erstellen*.

wendete man zur Verwaltung dieser Wechselbeziehungen und Abhängigkeiten die sogenannte Make-Datei, so benannt nach der Unix-Utility *make*.

Für *make* werden die Abhängigkeiten zwischen bestimmten Dateitypen oder auch bestimmten Dateien durch eine standardisierte Syntax beschrieben. So wird in einer Make-Datei etwa festgelegt, daß man die fertige Anwendung erhält, indem man sie mit dem angegebenen Linker bindet, und daß man die Objektdateien eines bestimmten Namens erhält, wenn man die zugehörige Quelldatei übersetzt. Des weiteren wird festgelegt, welche Werkzeuge wie Compiler oder Linker mit welchen Parametern aufgerufen werden müssen. Der allgemeine Ansatz und die Möglichkeit, Makros zu definieren, machen *make* (und Microsofts Version *nmake*) zu einem äußerst mächtigen Werkzeug. Da die Syntax von Make-Dateien weitgehend standardisiert ist, dient *make* als plattformübergreifendes standardisiertes Hilfsmittel zur Programmerstellung. Besonders im Unix-Bereich wird viel mit *make* gearbeitet, aber auch hinter der Ablaufsteuerung der meisten PC-Entwicklungsumgebungen verbergen sich transparent für den Anwender mehr oder weniger standardmäßige Versionen des *make*-Programms.

Bis zur letzten Version 4.x war dies auch bei Visual C++ der Fall. Dabei ging Microsoft so weit, alle für das eigentliche Projekt wichtigen Informationen (also mal abgesehen von Lage und Größe von Editorfenstern etc.) in der Make-Datei abzulegen. Die Projektinformationen wurden außerdem in einer Projektdatei mit der Namenserweiterung *mdp* abgelegt. In dieser Datei wurden außerdem Informationen für den Quelltext-Browser und beispielsweise Lage und Art der zuletzt im Projekt geöffneten Fenster gespeichert.

Die Informationen in der *mdp*-Datei waren jedoch sämtlich nicht lebenswichtig oder redundant. Bei zerstörter *mdp*-Datei konnte ein Projekt auch mit Hilfe der Make-Datei geöffnet werden, da diese alle wesentlichen Informationen enthielt.

Die Kehrseite der Medaille war, daß die Make-Datei mit Informationen überfrachtet wurde und beispielsweise der manuellen Bearbeitung nur noch schwer zugänglich war. Ein Fehler, und die Make-Datei wurde für die Entwicklungsumgebung unbrauchbar.

Mit der aktuellen Version 5 von Visual C++ macht Microsoft nun mit dieser gewachsenen Praxis Schluß. Die Aufgaben der alten Make-Datei übernimmt nun eine Projektdatei mit der Namenserweiterung *dsp*. Dabei steht *dsp* für **D**eveloper **S**tudio **P**roject. Die *dsp*-Datei ist wie die frühere Make-Datei eine Textdatei und weist große Ähnlichkeiten zum alten Format auf. Sie ist jedoch nun auf die Bedürfnisse der Projektverwaltung von Visual C++ hin optimiert worden und kann daher mit *nmake* nicht mehr benutzt werden.

Muß aus irgendeinem Grund dennoch mit dem Programm *nmake* gearbeitet werden, etwa zum Einbinden externer Werkzeuge, kann eine externe Make-Datei jedoch weiterhin explizit erzeugt werden. Diese wird vom Visual Studio im Normalfall jedoch nicht mehr genutzt, geschweige denn zum Zentrum des Projekts gemacht.

Dateien, Projekte und Informationen, die nicht direkt in die Projektdatei passen, wie etwa Lage und Größe der Fenster, werden in Visual C++ 5.0 nun vom eigentlichen Projekt getrennt und im Projektarbeitsbereich oder kurz Arbeitsbereich zusammengefaßt. Ein Projektarbeitsbereich kann mehrere Projekte enthalten, die auch untereinander Abhängigkeiten aufweisen können. Dadurch ist es möglich, daß ein von ci nem Projekt abhängiges Projekt neu übersetzt und gebunden wird, wenn sich ein Unterprojekt ändert.

Die visuelle Entsprechung des Projektarbeitsbereichs ist das Projektarbeitsbereichsfenster. Alle Projekte eines Projektarbeitsbereichs sind in diesem Fenster als auffaltbare (Wurzel-)Symbole vorhanden. Die Darstellung eines oder mehrerer Projekte als Baum richtet sich nach der gewählten Art der Projektansicht. In der Klassenansicht werden alle Klassen und Funktionen eines Projekts, unabhängig von der Lage in Dateien oder den Namen der am Projekt beteiligten Dateien, dargestellt. Ist die Dateiansicht aktiv, werden dagegen alle am Projekt beteiligten Dateien, geordnet nach Quelldateien, Definitionsdateien, externen Abhängigkeiten und Ressourcen, dargestellt.

Wie die älteren Versionen von Visual C++ vor der Version 4.x erlaubt die aktuelle Version 5 von Visual C++ nun wieder die Gruppierung von Dateien innerhalb eines Projekts. Dazu können in der Dateiansicht auf allen Ebenen neue Ordner hinzugefügt, verschoben oder gelöscht werden. Die Dateien der Dateiansicht können zwischen diesen Ordnern einfach durch Drag & Drop bewegt werden.

Auch die alten *mdp*-Projektdateien können mit Visual C++ 5.0 geöffnet werden; nach einer Warnung konvertiert Visual C++ ein solches Projekt vollautomatisch in das neue Format. Damit *ClassView* und andere Funktionen von Visual Studio korrekt funktionieren, müssen die Definitionsdateien und die Ressourcendateien Bestandteil des Projekts sein. Visual Studio versucht beim Konversionsvorgang, alle relevanten Dateien zu finden und in den richtigen Ordnern des Projekts zu plazieren. Da hier aber nicht alle Situationen vorausgesehen werden können, sollte das Ergebnis anschließend überprüft werden.

Die meisten „Probleme" bei der Konversion sind harmlos. So werden die vom Anwendungs-Assistenten erzeugten Readme-Dateien wie in der Abbildung im Quellenordner plaziert. Bei einem neuerstellten Projekt dagegen liegt die Datei im übergeordneten Ordner des gesamten Projekts. Da die Readme-Datei normalerweise nicht mehr geändert wird, ist dieser „Glitch" ohne Folgen, doch es ist völlig problemlos, das Dateisymbol per Drag & Drop an die richtige Position zu ziehen.

Wird im konvertierten Projekt ein Ordner mit der Bezeichnung *Externe Abhängigkeiten* angezeigt, enthält dieser Dateien, die nicht als Bestandteil des Projekts erkannt wurden. Sie sollten die Dateien dieses Ordners sorgfältig überprüfen und ggf. in den richtigen Ordner des Projektbaums ziehen. Enthält das konvertierte Projekt dagegen Dateien, die eigentlich externe Abhängigkeiten darstellen, können Sie diese einfach aus dem Projekt löschen - sie werden dann automatisch im Ordner *Externe Abhängigkeiten* angezeigt.

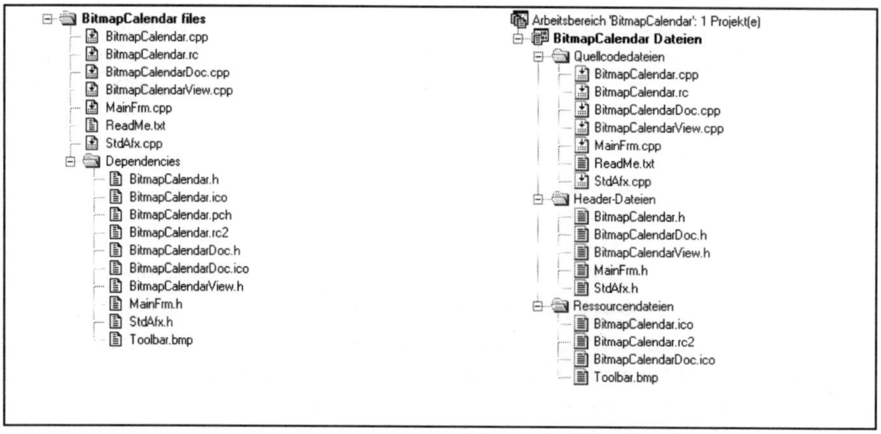

Abb. 26: Dateiansicht eines alten Visual C++-4.x-Projekts vor (links) und nach der automatischen Umwandlung in ein Visual C++-5.0-Projekt (rechts). Die Textdatei ReadMe.txt wurde fälschlicherweise den Quelldateien zugeordnet

Konfigurationen – Unterschiedliche Programmversionen in einem Projekt

Einstellungen für Compiler, Linker oder Debugger oder auch allgemeine Einstellungen wie z. B. der Arbeitsverzeichnisse, um nur einige zu nennen, werden in Visual C++ in sogenannten Konfigurationen zusammengefaßt. Dadurch kann zwischen verschiedenen Sätzen von Einstellungen, z. B. für die Entwicklungsversion oder die Auslieferungsversion einer Anwendung, einfach durch Wechsel der Konfiguration hin- und hergeschaltet werden. Die Einstellungen können sich sowohl auf einzelne Dateien oder Dateigruppen als auch auf ganze Projekte beziehen.

In neuen Projekten definiert Visual C++ automatisch eine standardmäßige Entwicklungskonfiguration *Win32 Debug* und eine Konfiguration für die Auslieferungsversion *Win32 Release*. Weitere Konfigurationen können nach Bedarf zu einzelnen Projekten hinzugefügt oder wieder gelöscht werden.

Die drei Menübefehle zur Bearbeitung von Konfigurationen verteilen sich auf die Menüs *Erstellen* und *Projekt*. Zum Hinzufügen, Löschen und Aktivieren von Konfigurationen dienen die Menüpunkte *Aktive Konfiguration festlegen* und *Konfigurationen*.

Um eine Konfiguration zu löschen oder eine neue zum Projekt hinzuzufügen, wählen Sie den Befehl *Konfigurationen*. Im daraufhin erscheinenden Dialog *Konfigurationen* sind als Baum-Ansicht alle Projekte und die darin enthaltenen Konfigurationen aufgelistet. Gelöscht werden Konfigurationen mit der Schaltfläche *Entfernen* und hinzugefügt mit der Schaltfläche *Hinzufügen*. In diesem Falle fragt Visual Studio anschließend nach der Konfiguration, die als Vorlage für die neue Konfiguration dienen soll, d. h., diese Konfiguration wird kopiert und unter neuem Namen dem Projekt hinzugefügt. Die Bearbeitung der neuen Konfiguration muß dagegen später mit dem Befehl *Projekt/Einstellungen* vorgenommen werden.

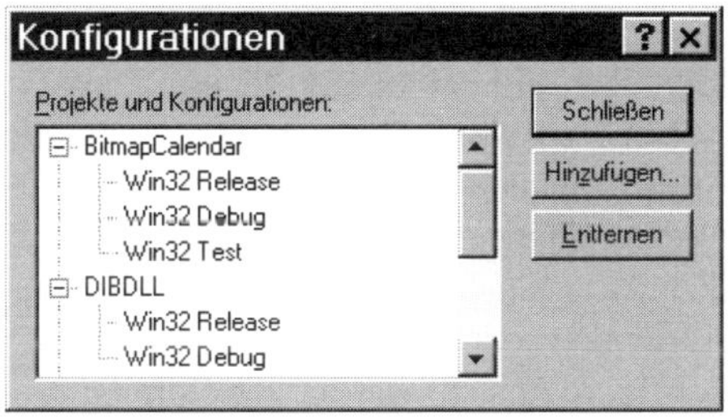

Abb. 27:
Im Dialog Konfigurationen werden für jedes Projekt des Arbeitsbereichs die vorhandenen Konfigurationen gezeigt. Neue Konfigurationen können angelegt und alte entfernt werden

Da Visual Studio mehrere Projekte und Konfigurationen in einem Arbeitsbereich zuläßt, muß zu jedem Zeitpunkt ein Projekt und eine Konfiguration aktiv sein. Konkret heißt das, daß das aktive Projekt dasjenige ist, daß z. B. mit der Taste [F7] unter Verwendung eben dieser Konfiguration übersetzt wird. Das aktive Projekt ist in der Projekt-Ansicht durch fettere Schrift hervorgehoben.

Ausgewählt wird das aktive Projekt durch einen entsprechenden Befehl aus dem Kontextmenü oder durch den Befehl *Erstellen/Aktive Konfiguration festlegen*. In diesem Fall erscheint der Dialog *Konfiguration für aktives Projekt festlegen*, der in einem Listenfeld alle vorhandenen Kombinationen von Projekten und Konfigurationen anzeigt.

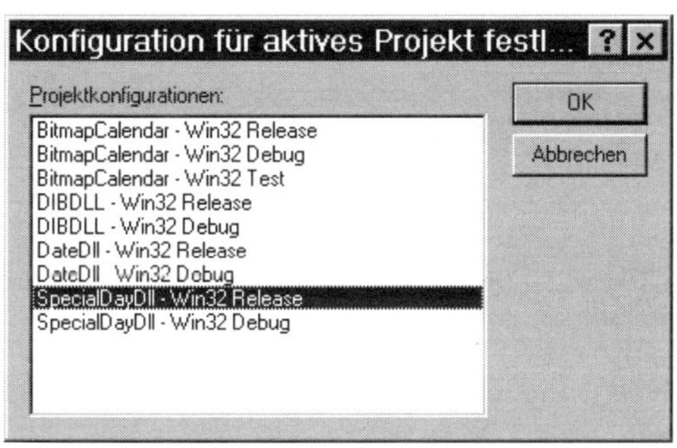

Abb. 28:
Das aktive Projekt und die aktive Konfiguration werden mit dem Dialog Konfiguration für aktives Projekt festlegen ausgewählt

Eine bequeme Möglichkeit, jederzeit das aktive Projekt und die aktive Konfiguration zu überprüfen und diese ebenfalls schnell zu wechseln, ist die Symbolleiste *Erstellen*.

Diese hat in der Standardausführung ganz links zwei Kombinationsfelder zur Anzeige und Änderung des aktiven Projekts und der aktiven Konfiguration.

Die übrigen Schaltflächen der Leiste stellen von links nach rechts die folgenden Funktionen zur Verfügung: Übersetzen einer Datei, Projekt erstellen (also alles übersetzen und binden), laufende Übersetzung abbrechen, Ausführen der Anwendung ohne und mit Debugger-Kontrolle und schließlich das Setzen und Entfernen von Haltepunkten.

Abb. 29: Die Symbolleiste Erstellen. Die beiden Kombinationsfelder auf der linken Seite bieten eine Alternative zur Festlegung aktiver Projekte und Konfigurationen

Zur Bearbeitung der in Konfigurationen gespeicherten Einstellungen dient der bereits erwähnte Befehl *Projekt/Einstellungen*. Der dadurch aufgerufenen Dialog *Projekt-Einstellungen* zerfällt in zwei Hauptbereiche. Links befindet sich ein Kombinationsfeld für die Konfiguration und eine Baum-Ansicht ähnlich der Dateiansicht. Wurzeln der Bäume sind auch hier die einzelnen Projekte, allerdings werden in diesem Fall nur die Projekte angezeigt, welche die im Kombinationsfeld angewählte(n) Konfiguration(en) besitzen. Alle Projekte und Ordner können wie in der Dateiansicht bis zur Dateiebene hin ausgeklappt werden. In dieser Baum-Ansicht werden die Dateien, Dateigruppen, Projekte oder Projektgruppen ausgewählt, auf die sich die auf der rechten Seite vorgenommenen Einstellungen beziehen sollen.

Der rechte Bereich des Dialogs enthält eine wechselnde Anzahl Eigenschaftsseiten. Welche Eigenschaftsseiten dabei genau zur Verfügung stehen, hängt sehr stark davon ab, welche Dateien, Ordner oder ganzen Projekte auf der linken Seite angewählt sind. Im Falle eines oder mehrerer Projekte sind das alle existierenden Eigenschaftsseiten, im Falle beispielsweise einer C++-Quelldatei ist das lediglich die Seite mit dem Namen *Allgemein* und die Seite mit dem Namen *C/C++*.

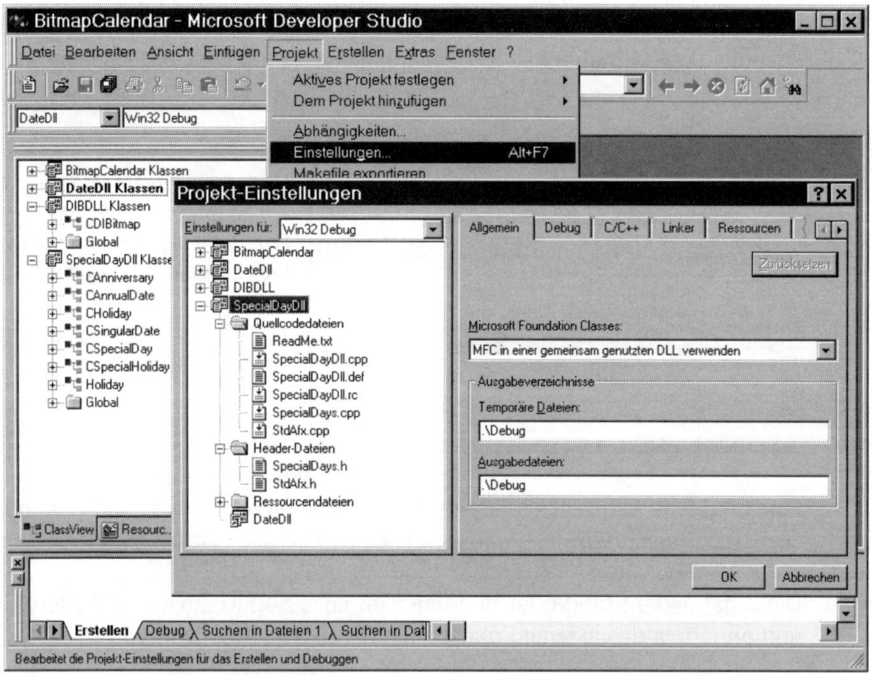

Abb. 30: Konfigurationseinstellungen können für einzelne Dateien, ganze Gruppen von Dateien, für Projekte oder mehrere Projekte vorgenommen werden. Die Einstellungen gelten immer für die im oberen Kombinationsfeld angezeigten Konfiguration (oder Gruppen von Konfigurationen). Rechts werden immer nur die Eigenschaftsseiten angezeigt, die für die ausgewählte(n) Datei(en) Sinn machen

Existieren mehr als die standardmäßigen zwei Konfigurationen im Arbeitsbereich, kann außer der Auswahl einer einzelnen Konfiguration oder aller Konfigurationen auch die Auswahl *Mehrere Konfigurationen* vorgenommen werden.

In diesem Fall erscheint ein weiterer Dialog, der es erlaubt, jede gewünschte Konfiguration zu markieren. Wird auf diese oder eine andere Weise mehr als eine Konfiguration bearbeitet, können nur solche Einstellungen angezeigt oder eingegeben werden, die in den gewählten Konfigurationen übereinstimmen!

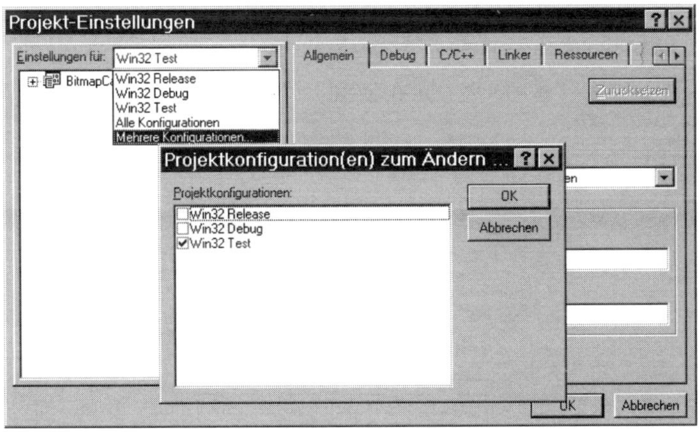

Abb. 31: Konfigurationseinstellungen können auch für mehrere ausgewählte Konfigurationen gleichzeitig festgelegt werden

Der Editor von Visual Studio

Der in Visual Studio integrierte Editor bietet alle Eigenschaften eines hochentwickelten Programmeditors bis hin zu farbiger Syntaxhervorhebung, automatischer syntaxgesteuerter Einrückung und voller Drag & Drop-Unterstützung. Außerdem ist er in hohem Maße konfigurierbar.

Zur Konfigurierung dienen insbesondere zwei Befehle aus dem Menü *Extras*. Der Befehl *Anpassen* dient zum Anpassen des Menüs *Extras* selbst, der Menübefehle, der Symbolleisten und der Tastenabkürzungen für jede denkbare Aktion von Visual Studio einschließlich der Bedienung des Editors.

Der zweite Befehl *Optionen* dient dazu, die Optionen und Eigenschaften von Visual Studio und seiner Komponenten einzustellen. Die Einstellmöglichkeiten sind so umfassend, daß zu ihrer halbwegs übersichtlichen Präsentation elf Eigenschaftsseiten nötig sind:

- *Editor:* Allgemeine Fenster- und Speicheroptionen für den Editor
- *Tabulatoren:* Tabulatorenlänge, Ersetzen durch Leerzeichen und automatischer/intelligenter Einzug für unterschiedliche Dateitypen
- *Debug:* Eigenschaften des Debuggers
- *Kompatibilität:* Verhaltensweise und Emulationen, hier kann die Arbeitsweise des Editors an beliebte Programmierer-Editoren wie *Brief* oder *Epsilon* angeglichen werden
- *Erstellen:* externe Make-Datei bzw. Protokoll automatisch erzeugen

- *Verzeichnisse:* Wo sind Include-Dateien, Bibliotheken etc. zu finden, sofern sie nicht Bestandteile des Projekts sind?
- *Arbeitsbereich:* Eigenschaften des Arbeitsbereichs des Visual Studio-Fensters. Hier ist diesmal nicht der Projektarbeitsbereich gemeint
- *DataView:* für den SQL-DataView
- *Makros:* Einstellungen für Visual Studio-Makros
- *Format:* Wie sollen zur Syntax-Hervorhebung die unterschiedlichen Textsorten dargestellt werden?
- *InfoViewer:* Eigenschaften des integrierten Hilfe-Browsers

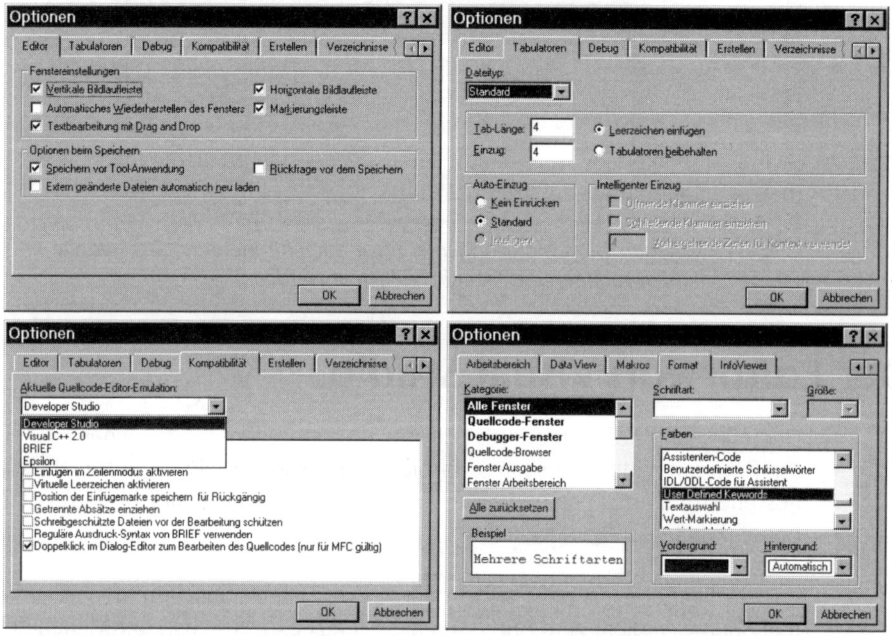

Abb. 32: Allein vier Eigenschaftsseiten des Optionsdialogs beschäftigen sich mit Einstellungen für den Editor

Ressourcen mit Visual Studio bearbeiten

Visual Studio enthält integrierte Editoren für jeden existierenden Typ von Ressource. Als Steuerungszentrale dient dabei die Ressourcenansicht.

Jedes Projekt des Arbeitsbereichs besitzt einen Ressourcen-Baum, der für jeden im Projekt enthaltenen Typ von Ressource einen Ordner enthält.

Durch Doppelklick kann der Ordner geöffnet werden und zeigt dann alle im Projekt enthaltenen Ressourcen des gegebenen Typs an.

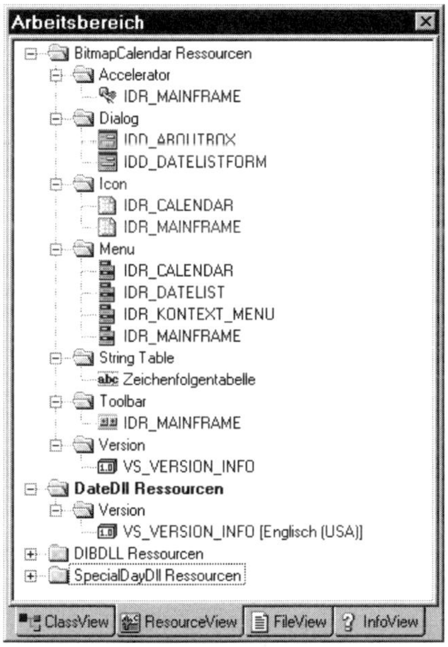

Abb. 33:
Die zentrale Steuerung der Ressourcen-Editoren von Visual Studio obliegt der Ressourcenansicht

Es gibt unterschiedliche Wege, eine neue Ressource in ein Projekt einzufügen. So kann aus dem Hauptmenü von Visual Studio der Befehl *Einfügen/Ressource* gewählt werden. Eine andere Möglichkeit ist der Befehl *Einfügen* aus dem Kontextmenü der Ressourcenansicht. In beiden Fällen gelangen Sie in den Dialog *Ressource einfügen*.

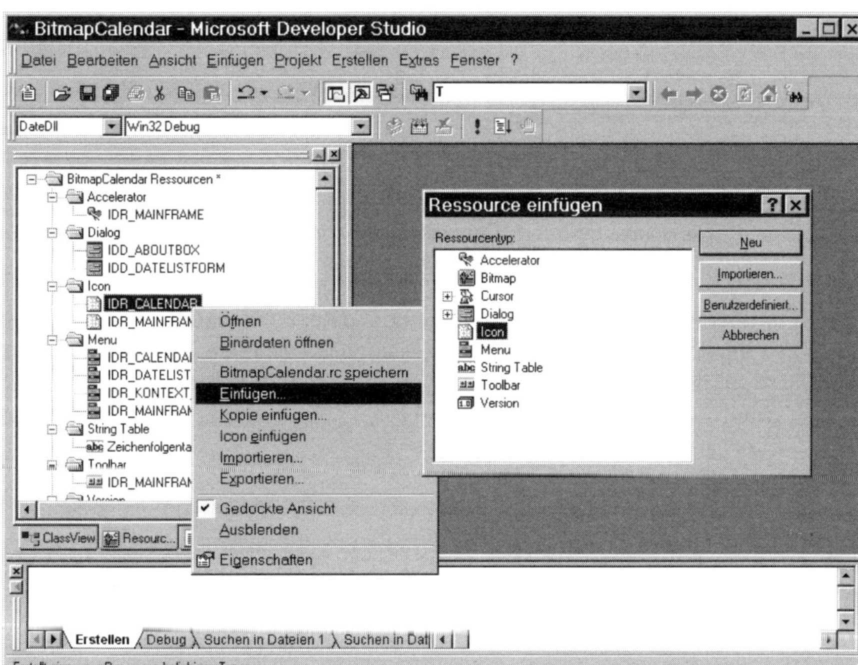

Abb. 34: Einfügen einer beliebigen Ressource, hier über das Kontextmenü der Ressourcenansicht

Weitere Möglichkeiten bieten die speziellen Befehle zum Einfügen und Importieren von Ressourcen in den Kontextmenüs der verschiedenen Ressourcenarten der Ressourcenansicht. So kann beispielsweise aus dem Kontextmenü einer Icon-Ressource eine Kopie des ausgewählten Icons oder ein ganz neues Icon eingefügt oder ein Icon importiert werden. Andere Ressourcentypen bieten hier analoge Möglichkeiten.

In einer *Accelerator*-Ressource sind Abkürzungstasten oder Tastenkürzel zusammengefaßt, das sind Tastenkombinationen, die es erlauben, häufig benötigte Funktionen einer Anwendung ohne den langwierigen Weg über die Menüs oder Symbolleisten zu erreichen. Durch Doppelklick auf eine *Accelerator*-Ressource wird der Editor für Tastenkombinationen gestartet. Er zeigt die Tabelle aller in dieser Ressource definierten Tastenkombinationen.

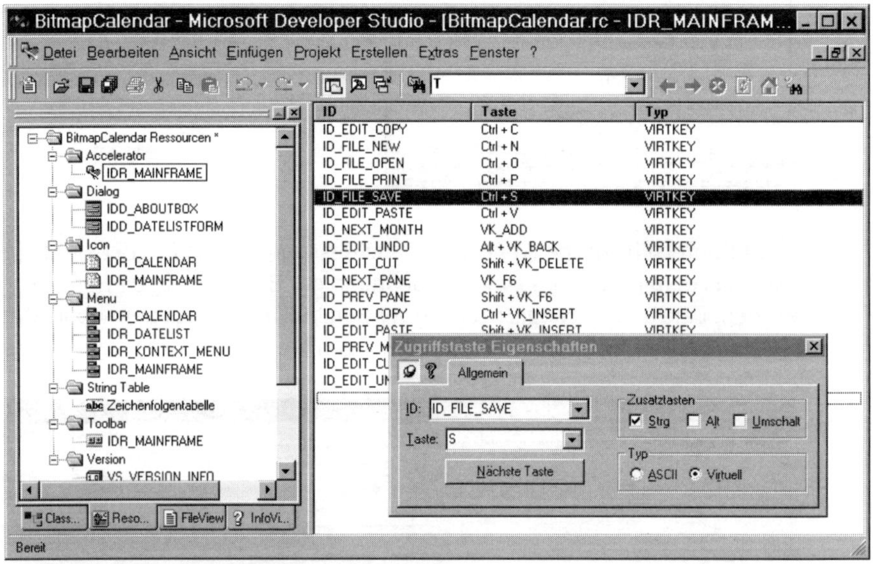

Abb. 35: Der Editor für Abkürzungstasten wird über eine Doppelklick auf die Accelerator-Ressource gestartet. Über den Eigenschaftsdialog erlaubt er die Festlegung beliebiger Tastenkombinationen und Befehls-IDs

Zur Bearbeitung bestehender und neuer Tastenkombinationen dient wie bei vielen anderen Ressourcenarten auch der Dialog *Eigenschaften*. Dieser kann auf unterschiedliche Art und Weise gestartet werden - z. B. durch einen Doppelklick auf den gewünschten Tabelleneintrag oder Auswahl eines Eintrags und Drücken der [Enter]-Taste.

Der Dialog *Eigenschaften* dient im Falle von Tastenkombinationen dazu, Tastenkombinationen und die damit verknüpften Befehls-IDs festzulegen. Über die Optionsschaltfläche *Typ* können Sie festlegen, ob als Tastenkürzel der ASCII-Wert des gewählten Zeichens, eine virtuelle Taste oder eine Tastenkombination dienen soll.

Wollen Sie mehr als eine Ressource bearbeiten, empfiehlt es sich, den Dialog *Eigenschaften* am Bildschirm zu fixieren. Hierzu dient die Schaltfläche mit dem Reißbrettstiftsymbol oben links im Dialog.

Zur Eingabe neuer Tastenkombinationen steht am Ende der Tabelle der Tastenkombinationen immer ein leerer Eintrag. Sobald Sie diesen mit Werten versehen haben, wird automatisch ein neuer leerer Eintrag angefügt. Diese Methode wird in gleicher Weise auch von anderen Editoren wie dem Menü-Editor oder dem Werkzeugleisten-Editor eingesetzt. Noch etwas schneller als die direkte Auswahl dieses leeren Eintrags mit der Maus ist übrigens die Verwendung der Einfg-Taste, die automatisch den Auswahlbalken auf den leeren Eintrag positioniert und ggf. den Dialog *Eigenschaften* öffnet. Gelöscht werden Tabelleneinträge mit der Entf-Taste oder dem Befehl *Ausschneiden* im Kontextmenü des Tabelleneintrags.

Zur Bearbeitung von Dialogfeldern steht ein leistungsfähiger Dialog-Editor zur Verfügung. Dieser gestattet das Einfügen beliebiger Steuerungselemente in ein Dialogfeld, die präzise Ausrichtung und den Test des Dialogs. Für eine gegebene Dialogressource wird der Dialog-Editor durch Doppelklick auf das Symbol des Dialogs im Dialogfenster gestartet.

Da der Dialog-Editor viele Befehle benötigt, die in Visual Studio in anderen Situationen nicht zur Verfügung stehen, ändert sich bei der Aktivierung eines Dialog-Editor-Fensters übrigens auch das Hauptmenü.

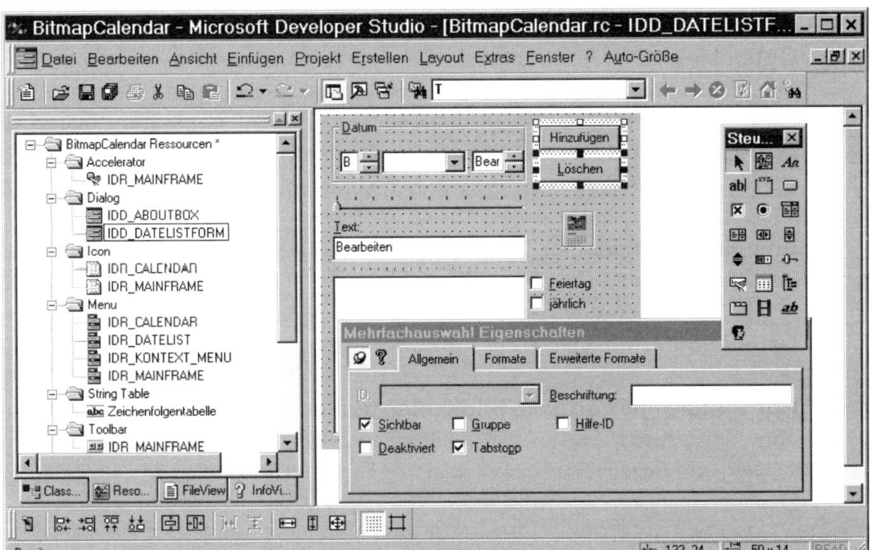

Abb. 36: Bearbeitung eines Dialogfelds im Dialog-Editor. Die Eigenschaften, Befehls-ID etc. eines ausgewählten Dialogelements werden im Eigenschaftsdialog festgelegt

Zur Bearbeitung eines Dialogs sind zwei weitere Symbolleisten oder Paletten hilfreich. Die eine ist die Palette der verfügbaren Steuerungselemente. Den augenblicklichen Zustand des Editors (Bearbeiten oder Einfügen einer bestimmten Art Steuerungselement) kann man dem Zustand der entsprechenden Schaltflächen auf dieser Symbolleiste entnehmen. Im einzelnen sind die folgenden Steuerungselemente verfügbar:

Auswählen: Kein Steuerelement, sondern der normale Arbeitsmodus, wenn nicht gerade ein neues Element eingefügt wird.

Bild: Fügt einen Rahmen, ein Rechteck, ein Symbol (Icon), eine Bitmap oder eine Metadatei als Gestaltungselement in den Dialog ein.

Textfeld: Zur Anzeige konstanter oder auch wechselnder alphanumerischer Informationen.

Eingabefeld: Zur Eingabe alphanumerischer Informationen.

Gruppenfeld: Faßt optisch eine Reihe von Steuerungselementen zu einer Gruppe zusammen; welche Steuerungselemente tatsächlich technisch eine Gruppe bilden, wird dagegen über die Tabulatorreihenfolge und die Eigenschaftsdialoge der einzelnen Steuerungselemente festgelegt.

Schaltfläche: Eine einfache, beschriftete Schaltfläche.

Kontrollkästchen: Markierungsfelder dienen zur Anzeige und Änderung gleichzeitig möglicher Zustände oder Einstellungen.

Optionsfeld: Optionsschaltflächen dienen zur Anzeige und Änderung sich gegenseitig ausschließender Zustände oder Einstellungen. Die bildhafte englische Bezeichnung „radio button“ nimmt Bezug auf die Eigenschaft von Stationstasten am Radio, von denen auch immer nur eine gleichzeitig gedrückt sein kann. Die Gruppenbildung erfolgt durch die Eigenschaften der Schaltflächen und die Tabulator-Reihenfolge.

Kombinationsfeld: Eine Mischung aus Eingabefeld und Auswahl einer (optional aufklappbaren) Liste.

Listenfeld: Auswahl aus einer Liste vorgegebener möglicher Werte.

Horizontale und vertikale Bildlaufleiste: Rollbalken zur analogen Anzeige und/ oder Eingabe von Werten, die in einem vorgegebenen Bereich verändert werden können; die Bezeichnung Bildlaufleiste bezieht sich auf die am häufigsten genutzte Einsatzmöglichkeit von Rollbalken.

Drehfeld: Spezieller Mini-Rollbalken zur Einstellung von Werten; Drehfelder, zu englisch „spin button“, sind normalerweise mit einem Eingabefeld zur Werteingabe verknüpft.

Statusanzeige: Fortschrittsanzeige, ähnlich einem Rollbalken, aber nicht zur Eingabe zu verwenden.

Regler: Ersetzt in vielen Situationen den früher eingesetzten Rollbalken; Regler erinnern visuell an einen Schieberegler und können anders als Rollbalken Rastpositionen für feste Werte besitzen.

Zugriffstaste: spezialisiertes Eingabefeld zur Eingabe von Tasten und Tastenkombinationen.

Liste: Listen von Symbolen und/oder Namen ähnlich den Dateifenstern des Microsoft-Windows Explorers.

Strukturansicht: Baum-Ansicht von Symbolen und/oder Namen ähnlich dem linken Fenster des Microsoft-Windows Explorers oder der Ressourcenansicht.

Registerkarte: Eine Eigenschaftsseite.

Animation: Steuerungselement zum Abspielen einfacher *avi*-Animationen.

Rich-Edit-Textfeld: Textfeld zur Eingabe, Anzeige und Bearbeitung von Texten in Microsofts Rich-Edit-Format.

Benutzerdefiniertes Steuerungselement: Vom Benutzer definiertes Steuerungselement.

Die zweite zur Bearbeitung von Dialogen nützliche Symbolleiste trägt den Namen *Dialogfeld*. Hier finden Sie neben einer Vielzahl von Schaltflächen zur präzisen Ausrichtung von Dialogelementen ganz links eine Schaltfläche mit einem Schaltersymbol zum Test des Dialogs. Den äquivalente Befehl *Testen* finden Sie im Menü *Layout*.

Um einen Dialog in einer MFC-Anwendung zu benutzen, ist außer der Dialogressource auch eine Dialogklasse erforderlich. Zur Erstellung und Bearbeitung dieser Klasse dient der Klassen-Assistent, den Sie hier auch aus dem Kontextmenü des Dialogfelds aufrufen können.

Drei unterschiedliche Arten von Ressourcen sind im wesentlichen Bitmaps, also rechteckige Anordnungen von Pixeln. Die grundlegendste Ressource dieser Art ist die Bitmap-Ressource, die z. B. im Bild-Steuerungselement eines Dialogs benutzt oder von der Anwendung explizit geladen werden kann.

Cursor-Ressourcen und Icon-Ressourcen weisen gegenüber einfachen Bitmap-Ressourcen noch zusätzliche Funktionalität auf. Die Cursor-Ressource enthält von Ihnen für die Anwendung vorgegebene, spezielle Varianten des Mauszeigers, während Icons zur Darstellung von Symbolen in festen Größen dienen.

Zusätzlich zur Bitmap des Cursors bzw. Icons muß noch eine Transparenzmaske verwaltet und bearbeitet werden, die bei der Darstellung zur Ausmaskierung des Hintergrunds verwendet wird. Im Editor wird diese Maske durch transparente und invertierende „Farben“ dargestellt.

Zusätzlich zur eigentlichen Bitmap muß ein Cursor außerdem die Position des sogenannten Hotspots in der Bitmap enthalten, während eine Icon-Ressource verschiedenen Darstellungen des Icons enthalten kann, die für unterschiedliche Bildschirmauflösungen und Farbtiefen optimiert sind.

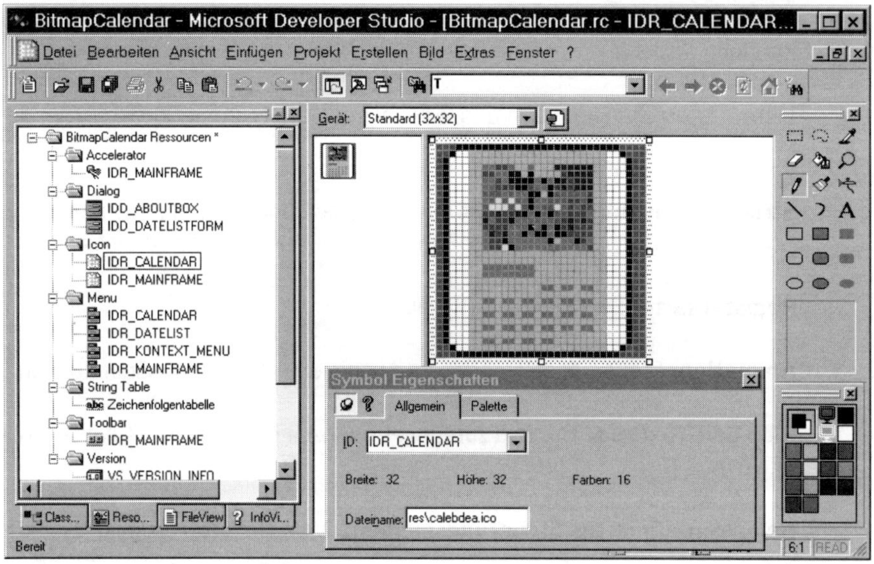

Abb. 37: Stellvertretend für Bitmap-, Cursor- und Icon-Editor hier der Editor zur Bearbeitung von Icon-Ressourcen. Der Eigenschaftsdialog zeigt den Namen der jeweils zugehörigen Ressourcendatei

Unverzichtbar für die Bearbeitung aller Bitmaps sind die Paletten (oder Werkzeugleisten) *Grafiken* bzw. *Farben*, die im Beispiel rechts oben bzw. links unten eingeblendet werden. Die Palette *Grafiken* stellt die Standardwerkzeuge zur Bearbeitung von Bitmap-Grafiken zur Verfügung:

- Rechteckige und unregelmäßig berandete Auswahl
- Pipette zur Aufnahme von Farben aus der Bitmap als neue Malfarbe
- Radiergummi zum Löschen
- Farbeimer zum Füllen von Flächen im Floodfill-Verfahren
- Lupe zum Vergrößern
- Bleistift, Pinsel und Airbrush zum Malen
- Linien, Kurven und Text
- ungefüllte, gefüllte und unberandete Rechtecke, gerundete Rechtecke und Ellipsen
- zwölf verschiedene Pinselformen

Eine Besonderheit speziell des Icon-Editors ist das Kombinationsfeld *Gerät* oberhalb des eigentlichen Zeichenbereichs. Hier kann die Auflösung bzw. Farbtiefe gewählt oder zwischen verschiedenen Varianten des Icons gewechselt werden.

Zur Bearbeitung von Menüs dient der Menü-Editor, den Sie durch doppeltes Anklikken einer Menüressource in der Ressourcenansicht erreichen. Jede Menüressource besteht aus einem horizontalen Hauptmenü und beliebig vielen, auch kaskadierenden Popup-Menüs. Wie bereits im Editor für Tastenkombinationen sind sowohl im Hauptmenü als auch in den Popup-Menüs leere Einträge für die Ergänzung neuer

Menüs oder Menüeinträge vorhanden. Da es bei Menüs jedoch auch auf die Anordnung der Optionen im Menü ankommt, können Menüeinträge genau wie der Platzhalter für neue Einträge mit der Maus beliebig verschoben werden.

Zur Bearbeitung der Eigenschaften eines Menupunkts dient wieder der Dialog *Eigenschaften*. Hier können Sie die Befehls-ID, die Beschriftung, den Hilfetext für die Statusleiste und die Tooltips (den Text nach */n* im Eingabefeld *Statuszeilentext*[11] bearbeiten). Für Trennlinien, Popup-Menüs, aktive oder inaktive Felder etc. stehen Markierungsfelder zur Verfügung.

Zur automatischen Erzeugung von (leeren) Bearbeitungsfunktionen zur Bearbeitung der mit den Menüs verknüpften Befehls-IDs dient wieder der aus dem Kontextmenü erreichbare Klassen-Assistent.

Zur Bearbeitung von Zeichenketten dient der Zeichenketten-Editor, der alle im Projekt vorhandenen Zeichenketten-Ressourcen zu einer einzigen Tabelle zusammenfaßt. Einzelne Zeichenketten werden wiederum mit Doppelklick oder über die [Enter]-Tasten zur Bearbeitung ausgewählt. Im so aktivierten Dialog *String-Eigenschaften* können die Ressourcen-IDs der Zeichenkette und ihr Inhalt bearbeitet werden. In unserem Beispiel handelt es sich um eine Zeichenkette, die als Hilfetext für eine Menüauswahl dient und daher bereits weiter oben im Menü-Editor zu sehen war.

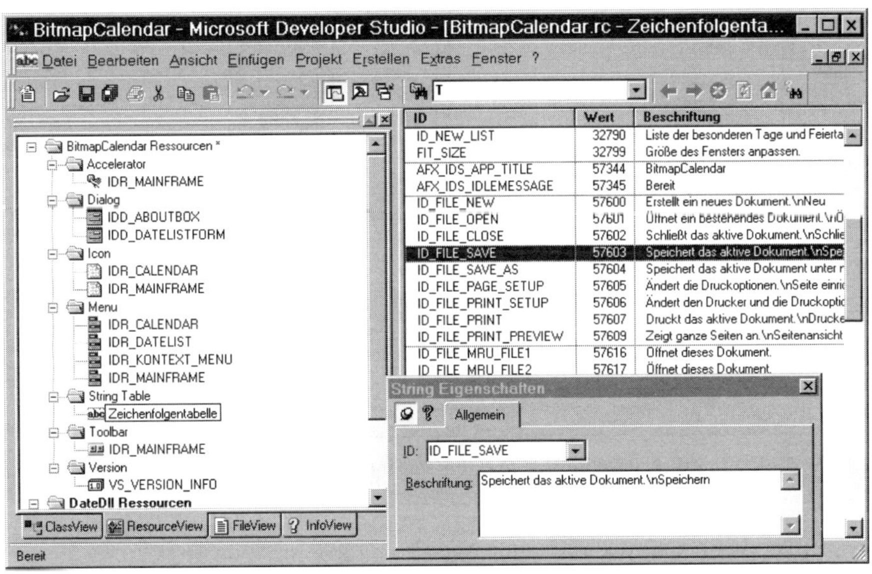

Abb. 38: Zur Bearbeitung von Zeichenketten- oder String-Ressourcen dient der String-Editor

---

11 Windows-Menü-Ressourcen kennen eigentlich keine Hilfetexte und Tooltips. Dies ist eine durch die MFC gebotene zusätzliche Funktionalität, indem Menüpunkte der Menü-Ressource und Einträge einer Zeichenketten-Ressource mit gleichlautenden Bezeichnern automatisch als zusammengehörig erkannt werden.

Zu Bearbeitung von Symbolleisten existiert ein eigener Symbolleisten-Editor. Die Symbolleiste ist eigentlich eine Ressource, die nur die IDs der Schaltflächen und die Positionen von Separatoren enthält. Die Bitmaps der Schaltflächen sind in einer Bitmap der gesamten Symbolleiste zusammengefaßt, und die Erläuterungstexte und Tooltips sind in Zeichenketten-Ressourcen abgelegt.

Die Synchronisation der Erklärungstexte mit den Symbolleistenschaltflächen erfolgt wie bei den Menüs über die gleichlautenden Befehls-IDs. Dadurch existiert zu einem einzelnen Befehl auch immer nur ein einheitlicher Erläuterungstext, unabhängig davon, ob der Befehl nun über die Symbolleiste oder ein Menü aufgerufen wird.

Die Integration dieser drei Ressourcenarten zur Symbolleiste im Symbolleisten-Editor ist derartig nahtlos, daß die Symbolleiste als eine Einheit, bestehend aus einzelnen Schaltflächen-Bitmaps mit zugeordneten Befehlen und Hilfetexten, erscheint.

So lassen sich Schaltflächen in der Symbolleiste verschieben oder einfach aus der Leiste herausziehen, wenn sie gelöscht werden sollen.

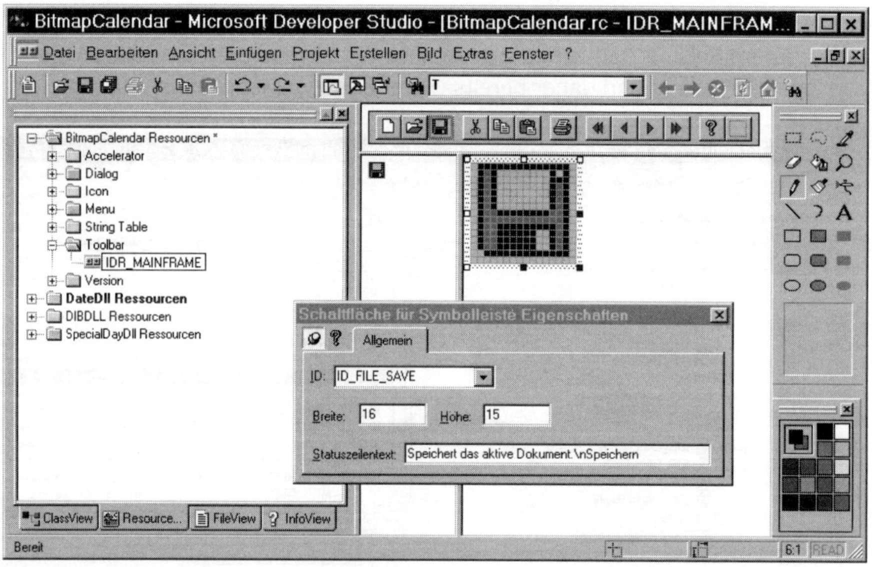

Abb. 39: Zur Bearbeitung von Symbolleisten-Ressourcen existiert ein eigener Symbolleisten-Editor

Der Symbolleisten-Editor kann wie die übrigen Ressourcen-Editoren aus der Ressourcenansicht durch Doppelklick auf eine Symbolleisten-Ressource gestartet werden.

Das Fenster des Symbolleisten-Editors zerfällt in drei Bereiche. Ganz oben ist eine Vorschau auf die Symbolleiste zu sehen.

Hier werden zu bearbeitende Schaltflächen ausgewählt oder wird durch Doppelklick der Dialog mit den Eigenschaften der Schaltfläche aufgerufen. Die Symbolleistenvorschau enthält außerdem eine leere Schaltfläche (normalerweise ganz rechts), die zur Eingabe einer neuen Symbolleisten-Schaltfläche dient. Sowohl neue (leere) als auch existierende Schaltflächen können beliebig innerhalb der Symbolleiste umhergeschoben worden. Die damit verbundene Verschiebung der Bitmaps in der Symbolleisten-Bitmap erfolgt automatisch und für den Entwickler durchschaubar.

Der Rest des Fensters nimmt der normale Bitmap-Editor mit den Paletten *Grafiken* bzw. *Farben* ein.

Der letzte der Ressourcen-Editoren ist der Editor für die Versions-Ressource. Um jede Anwendung und Version der Anwendung eindeutig zu kennzeichnen und um weitere Informationen wie beispielsweise Copyright-Vermerke etc. auf eine standardisierte Art und Weise in eine Anwendung einbinden zu können, fügt der Anwendungs-Assistent zu jeder Anwendung automatisch eine Versions-Ressource hinzu, deren Pflege über den Versionsinfo-Editor erfolgt.

Die Informationen sind in der Form *Schlüssel, Wert* aufgebaut, wobei sich bei den meisten Einträgen der Wert direkt editieren läßt.

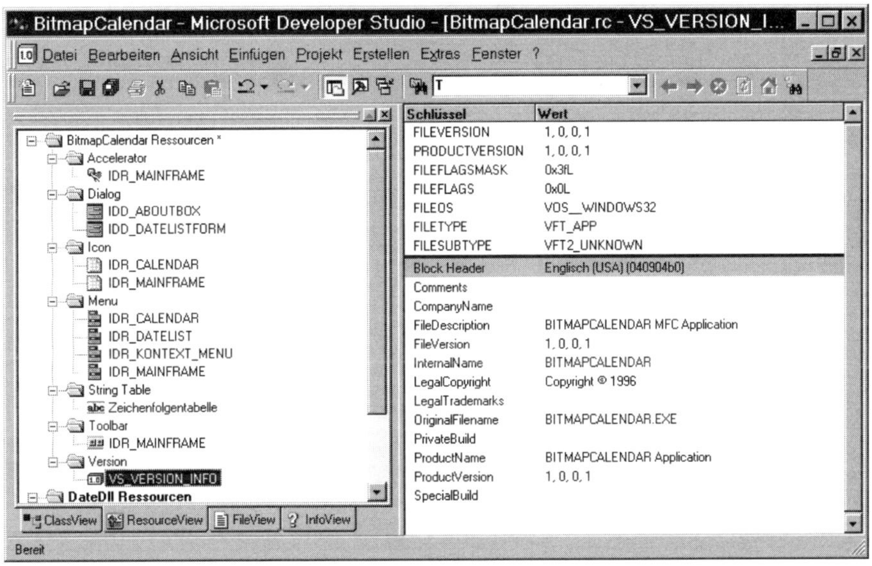

Abb. 40: In den Ressourcen gespeicherte Versionsinformationen können mit dem Versionsinfo-Editor gepflegt werden

Informationen auf Knopfdruck – Probleme lösen mit dem InfoViewer

Bereits seit der letzten Version besitzt Visual C++ kein Hilfesystem im herkömmlichen Sinne mehr, sondern den InfoViewer, der ursprünglich aus der Suchmaschine der MSDN-CDs hervorgegangen ist.

In der vorliegenden Version nun wurde der InfoViewer auf der Basis des Microsoft Internet Explorer neu implementiert.

Dies bietet einerseits die Möglichkeit einer nahtlosen Integration der von Microsoft im Internet angebotenen aktuellen Informationen und ermöglicht andererseits den Einsatz aller für den Explorer zur Verfügung stehenden Multimedia-Funktionen. Leider geht die so gewonnene Flexibilität merklich auf Kosten der Geschwindigkeit; die alte Suchmaschine war über Jahre hinweg auf Schnelligkeit und Effizienz optimiert worden.

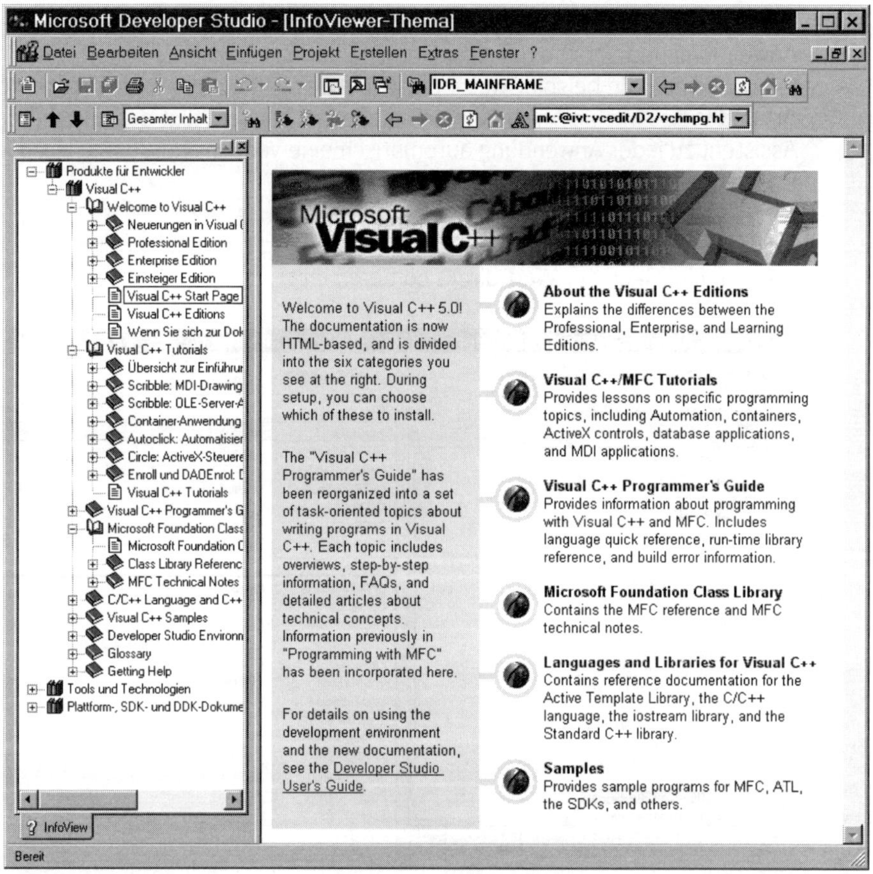

Abb. 41: Viele Seiten des neuen InfoViewers können ihre Herkunft aus der bunten Welt des Web nicht verleugnen. Die strukturierte Ansicht auf der linken Seite ermöglicht ein rasches und übersichtliches Navigieren. Weitere Navigationsmöglichkeiten bietet die hier zugeschaltete Symbolleiste InfoViewer (zweite Symbolleiste)

Zu so gut wie jeder Fragestellung bezüglich Visual C++, der Entwicklungsumgebung, der enthaltenen Bibliotheken etc. sind hilfreiche Informationen in der Online-Hilfe von Visual C++ vorhanden; das Problem besteht lediglich darin, diese zu lokalisieren.

Bei dieser Aufgabe helfen die umfangreichen Such-Funktionen des Hilfe-Menüs und der InfoViewer-Symbolleiste.

Außerdem können zu jedem Stichwort, in dem sich die Schreibmarke gerade befindet, automatisch alle relevanten Stellen in der Online-Dokumentation aufgefunden werden.

Die erste Gruppe von Schaltflächen in der Symbolleiste des InfoViewers beschäftigt sich mit der weiteren Navigation, wenn eine relevante Informationsseite gefunden wurde. Die Schaltfläche *Inhalt abgleichen* synchronisiert die strukturierte Hilfeansicht mit der gefundenen Seite, so daß Sie das Umfeld dieser Seite sehen können; die Schaltflächen *Vorhergehendes Thema* und *Nächstes Thema* wandern in dieser Liste einen Eintrag nach oben bzw. nach unten.

Die zweite Gruppe von Schaltflächen gestattet die Definition und Auswahl von Teilbereichen für die Suche, während die dritte die direkte Index- oder Volltextsuche erlaubt.

Die vierte Gruppe von Schaltflächen dient dem Umgang mit Lesezeichen; Lesezeichen können angezeigt, neu definiert und vorwärts und rückwärts durchlaufen werden.

Die fünfte und letzte Gruppe von Schaltflächen macht die eigentliche Neuerung des InfoViewers in dieser Version der Entwicklungsumgebung sichtbar - es handelt sich schlicht um die Navigationsschaltflächen des Microsoft Internet Explorer *Zurück*, *Vorwärts*, *Ladevorgang abbrechen*, *Seite erneut laden*, *Homepage*, *Schriftgrad* und eine Liste von URLs[12].

Die wichtigste Funktion eines Hilfesystems ist natürlich das Suchen von Informationen zu einem gegebenen Stichwort. Hier stehen zwei Möglichkeiten zur Verfügung: die schnellere Index-Suche und die vollständigere Recherche mit einer regelrechten Abfrage.

Wählen Sie die Schaltfläche *Suchen* in der Standard- oder der *InfoViewer*-Symbolleiste. So oder über den Befehl *Suchen* im Hilfe-Menü gelangen Sie in den Dialog *Suchen*. Dieser besteht aus zwei Seiten mit den Namen *Index* und *Abfrage*. Die Seite *Index* ist für die schnellere und direktere Indexsuche zuständig.

Geben Sie im Eingabefeld den Suchbegriff (im Beispiel „if") ein. Sofort erscheinen im Listenfeld in der Mitte des Dialogs der eingegebene und ähnliche Begriffe, die im Index vorhanden sind. Wählen Sie unter diesen Begriffen einen aus.

Sie erhalten im untersten Listenfeld eine Reihe von Textstellen, in denen der gesuchte Begriff ausführlich genug behandelt wird, um in den Index aufgenommen zu werden.

---

12 Die Abkürzung steht für „uniform resource locator", also zu deutsch etwa „einheitlicher Ressourcen-Lokalisierer". Ein URL hat immer die Form *protocol://host/localinfo*.

Ein Doppelklick auf den gewünschten Eintrag lädt die Hilfeseite mit der gesuchten Information in das *InfoViewer*-Fenster von Visual Studio.

Im Beispiel wurde außerdem mit der Schaltfläche *Inhalt abgleichen* das Inhaltsverzeichnis im linken Fenster synchronisiert.

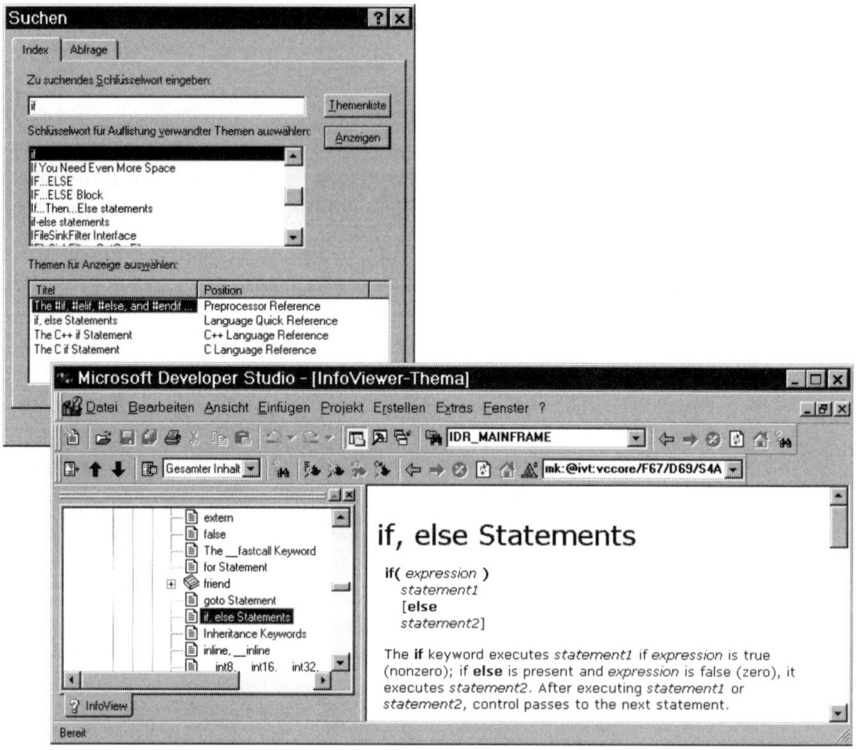

Abb. 42: Mit der Indexsuche lassen sich relevante Informationen zu den meisten Fragestellungen rasch finden

Ist die gewünschte Information im Index nicht zu finden oder wird zur Auffindung eine komplexere Fragestellung benötigt, muß die Dialogseite *Abfrage* benutzt werden.

Im obersten Kombinationsfeld kann hier ein Suchbegriff oder Ausdruck angegeben werden, im zweiten kann der Suchbereich eingeschränkt werden. Ebenfalls können Sie spezifizieren, wo und wie gründlich gesucht werden soll.

Als Resultat der Suche präsentiert Ihnen der InfoViewer eine Ergebnisliste, in der Fundstellen (zunächst) nach vermutlicher Relevanz geordnet aufgeführt werden.

Sie können die Ergebnisse aber ebenso nach Fundstelle oder Titel sortieren.

Erst ein Doppelklick auf den Titel eines Funds führt Sie schließlich zu der Seite mit der gesuchten (oder auch irrelevanten) Information.

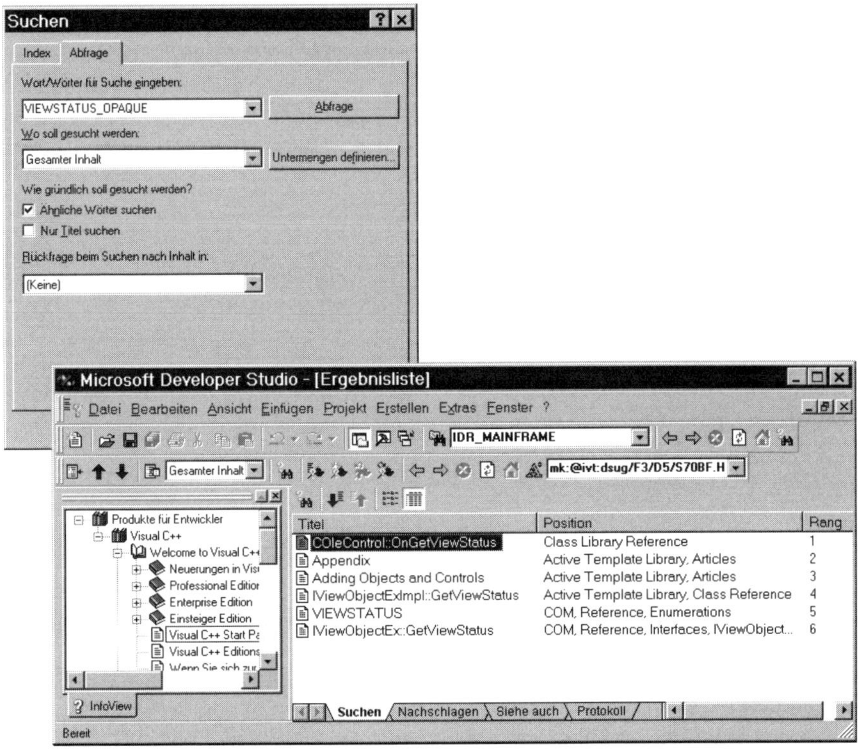

Abb. 43: Ist ein gesuchter Begriff nicht indiziert oder die Abfrage komplexer, hilft eine detaillierte Suche meist weiter. Die eigentliche Fundstelle wird jedoch nicht direkt angesprungen, sondern auf dem Weg über eine Ergebnisliste

Kommandozeilenwerkzeuge

Unter der Haube von Visual C++ arbeitet immer noch der gute alte Kommandozeilen-Compiler *cl* - inzwischen in der Version 11:

```
E:\Programme\DevStudio\VC\bin>cl
Optimierender Microsoft (R) 32-Bit C/C++-Compiler,
                                   Version 11.00.7022, fuer x86
Copyright (C) Microsoft Corp 1984-1997. Alle Rechte vorbehalten.

Verwendung: cl [ Option... ] Dateiname... [ /link Linker-Option... ]
```

Dieser ist natürlich kein DOS Programm mehr, sondern ein Beispiel für eine sinnvolle Win32-Konsolenanwendung. Damit der Compiler beim Start aus dem DOS-Fenster seine DLLs, Bibliotheken etc. findet, müssen außerdem entsprechende Umgebungsvariablen in der DOS-Sitzung eingestellt werden. Zu diesem Zweck dient die Stapeldatei *Vcvars32.bat* im *bin*-Verzeichnis von Visual C++. Wird der Compiler von Visual Studio aufgerufen, sorgt Visual Studio seinerseits dafür, daß dem Compiler alle benötigten Informationen zur Verfügung stehen.

Für einfache Beispiele ist die Verwendung der Kommandozeilenversion des Compilers oft einfacher als das Anlegen eine Projekts etc. mit der integrierten Entwicklungsumgebung. Wenn Sie zum Beispiel *cl* mit dem Namen einer Quelldatei ohne alle weiteren Angaben aufrufen, wird *cl* die Datei übersetzen und linken[13] (vorausgesetzt natürlich, es tritt kein Fehler auf):

```
cl hallo.cpp
```

Geben Sie außerdem andere Objektdateien und/oder Bibliotheken an, werden diese beim Link-Schritt automatisch miteinbezogen:

```
cl hallo.cpp mystuff.obj mylib.lib
```

Falls Sie die Datei nur übersetzen wollen, können Sie die Option */c* verwenden.

```
cl hallo.cpp /c
```

Weitere Optionen können Sie mit der Eingabe von */?* erhalten. Sie sollten sich auf eine recht umfangreiche Ausgabe gefaßt machen.

Der Grund für diese große Anzahl von Schaltern und Optionen ist natürlich, daß bei der Verwendung konventioneller Make-Dateien alle Einstellungen des Projekts an Compiler und Linker auf konventionellem Wege kommuniziert werden müssen. Eine sehr einfache, herkömmliche Make-Datei sieht etwa wie folgt aus:

```
test.exe: test.obj
    link test.obj

test.obj: test.cpp
    cl /c test.c
```

Die Make-Datei definiert, wie an anderer Stelle bereits erwähnt, Abhängigkeiten zwischen Quelldateien, ausführbaren Dateien und allen nötigen Zwischenschritten. Die obige Make-Datei ist etwa wie folgt zu lesen:

- *test.exe* hängt von der Datei *test.obj* ab. Wenn *test.exe* nicht existiert oder *test.obj* neuer ist als *test.exe*, dann führe die nächste Kommandozeile des Betriebssystems zum Start des Linkers aus.
- *test.obj* hängt von der Datei *test.cpp* ab. Wenn *test.obj* nicht existiert oder *test.cpp* neuer ist als *test.obj*, dann führe die nächste Kommandozeile des Betriebssystems zum Start des Compilers aus.

In dieser Weise kann selbst bei kompliziertesten Abhängigkeitsverhältnissen durch einfache Regeln immer festgelegt werden, wie alle Teile eines Projekts miteinander zusammenhängen. Die Make-Utility kann daraus schließen, welche Dateien zur Erzeugung des angestrebten Ergebnisses (was nicht immer eine ausführbare Datei sein

13 Das *l* in *cl* steht für „link". Analog heißt z. B. Microsofts Fortran-Compiler *fl*.

muß!) bearbeitet werden müssen und welche Kommandos zu diesem Zweck ausgeführt werden müssen.

Zusammenfassung

Microsofts Visual C++ Developer Studio oder kurz Visual Studio ist das Kernstück des Visual C++-Entwicklungssystems. Es organisiert Projekte in Arbeitsbereichen und liefert unterschiedlich strukturierte Ansichten dieser Projekte im Projektansichtsfenster. In der Klassenansicht erhält man die Projekte in Form von Klassen und Funktionen organisiert, in der Dateiansicht dagegen in herkömmlicher Art in Dateien. Die Ressourcenansicht liefert eine übersichtlich strukturierte Darstellung der Ressourcen eines Projekts.

Ein Arbeitsbereich kann ein oder mehrere Projekte enthalten, die ihrerseits wiederum Unterprojekte enthalten können. Für jedes Projekt verwaltet Visual Studio mehrere Konfigurationen mit den Einstellungen und Informationen, die erforderlich sind, um das Projekt neu zu „erstellen". Bei der Erstellung eines neuen Projekts werden von Visual Studio in den meisten Fällen zwei Konfigurationen erstellt - für eine Auslieferungsversion (Release) und für eine Entwicklungs- und Testversion (Debug).

Quelldateien können in Visual Studios leistungsfähigem Editor bearbeitet werden. Dieser unterstützt die syntaxabhängige Hervorhebung und Einrückung und kann in seinem Verhalten weitgehend an die Wünsche des Entwicklers angepaßt werden.

Visual Studio ist mit Editoren für jede existierende Art von Ressourcen ausgestattet. Über die Ressourcenansicht sind diese Editoren nahtlos in die Entwicklungsumgebung integriert. Ressourcen, die mit Visual Studio bearbeitet werden können, umfassen beispielsweise Shortcuts, Menüs, Dialoge, Symbolleisten, Icons, Cursor, Bitmaps, Zeichenkettentabellen und Versions-Ressourcen.

Wegen der ungeheuren Menge verfügbarer Online-Informationen benutzt Visual C++ seit der letzten Version nicht mehr das traditionelle Windows-Hilfe-System, sondern ein System namens InfoViewer. Zu so gut wie jeder Fragestellung bezüglich Visual C++ und der Entwicklungsumgebung sind hilfreiche Informationen im InfoViewer von Visual C++ vorhanden. Seit der aktuellen Version benutzt der InfoViewer die Technologie des Microsoft Internet Explorer. Dies kommt der Allgemeingültigkeit des InfoViewers und der Aktualität der gebotenen Informationen zugute, hat aber die Geschwindigkeit des InfoViewers definitiv nicht positiv beeinflußt.

Visual C++ basiert nach wie vor auf kommandozeilenorientierten Werkzeugen wie dem C++-Compiler cl (inzwischen in Version 11). Anders als in den ersten Versionen von Visual C++ ist diese Integration jedoch derartig geschickt erfolgt, daß sie vollständig unsichtbar für den Anwender ist. Für denjenigen, der die Kommandozeilenwerkzeuge braucht (und für richtige Programmierer ☺), sind die Kommandozeilenversionen jedoch weiterhin erreichbar

1.3 Visual Studio programmieren – MakroMania

Es entbehrt nicht einer gewissen Ironie, in einem Buch über ein C++-Entwicklungssystem ein Kapitel über die Sprache Basic zu finden, noch bevor das erste C++-Sprachkonstrukt ernsthaft besprochen wurde. Diese paradoxe Situation resultiert aus der Entscheidung Microsofts, die Sprache Visual Basic als universelle, systemweite Skriptsprache für alle Microsoft-Anwendungen zu standardisieren. In der neuesten Version 5 ist nun auch Visual Studio mit einer leicht eingeschränkten Version von **V**isual **B**asic für **A**nwendungen (VBA) ausgestattet, die auch als VBScript bezeichnet wird.

Skriptsprachen für Entwicklungssysteme zur Vereinfachung monotoner oder sich wiederholender Aufgaben bis hin zu komplexen Steuerungsprogrammen für die Entwicklungsumgebung sind im Bereich professioneller Entwicklungssysteme nichts Neues, doch besaßen diese früheren Systeme proprietäre Sprachen oder aber Dialekte der Sprache C als Skriptsprachen. Die Standardisierung auf Visual Basic für Anwendungen als Makrosprache für alle Microsoft-Anwendungen hat den Vorteil, daß die einmal erworbenen Kenntnisse einer Skriptsprache für alle Microsoft-Anwendungen (und Anwendungen anderer Hersteller, die VBA lizensiert haben) gleichermaßen nützlich sind. Weitere Synergieeffekte ergeben sich daraus, daß VBScript ebenfalls als Skriptsprache für den Microsoft Internet Explorer dient und hier dazu eingesetzt werden kann, HTML-Seiten durch eingebettete Basic-Skripten mit zusätzlicher Funktionalität auszustatten.

Das Akronym Basic steht für „**B**eginners **A**ll-purpose **S**ymbolic **I**nstruction **C**ode"[14] und spiegelt die Ursprünge von Basic als ein stark vereinfachtes, interpretierendes Derivat die Sprache Fortran mit zusätzlichen Funktionen zur Zeichenkettenbearbeitung wider. Da zum Zeitpunkt der Erschaffung von Basic strukturierte Programmierung und erst recht die objektorientierte Programmierung noch in weiter Ferne lagen, kannte dieses frühe Basic nur die Programmierung mit numerischen Sprungmarken, globale Variablen und keine echten Unterprogramme und ermutigte so zu undurchdringlichem Spaghetti-Code. Mit dem Aufkommen der ersten Mikrocomputer wurde die Situation noch dadurch verschlimmert, daß die eingebauten Basic-Interpreter Betriebssystembefehle[15] und Basic-Befehl miteinander mischten - das eingebaute Basic *war* das Betriebssystem. Da Basic damals noch keine Unterprogramme, Funktionsbibliotheken oder ähnliches enthielt, führte der Zwang, für jede Funktion des Rech-

---

14 Bei diesem Akronym kann man sich wie in vielen anderen Fällen nicht des Eindrucks erwehren, daß zuerst der Name da war und erst dann eine Interpretation der Buchstaben gesucht wurde.

15 Sofern man bei diesen Basic-Maschinchen bereits von einem Betriebssystem im heutigen Sinne sprechen kann.

ners einen geeigneten Basic-Befehle zur Verfügung zu stellen, zu einer wahren Explosion von Schlüsselworten. Der GW[16]-Basic-Interpreter der ersten PCs beispielsweise dürfte über einhundert Schlüsselworte gehabt haben.

Der Basic-Dialekt Visual Basic weist mit diesen frühen Vorläufern nur noch geringe Ähnlichkeiten auf. Vom ursprünglichen Basic hat diese Sprache eigentlich nur die Schlüsselwörter zur Ablaufsteuerung und die generelle Syntax geerbt. Moderne Basic-Dialekte sind strukturiert und unterstützen lokale Variablen und echte Unterprogramme. Bis zu einem gewissen Grade sind Visual Basic und VBScript auch objektorientiert - sie kennen Objekte und können mit ihnen umgehen, sind aber nicht in der Lage, selbst neue Arten von Objekten zu definieren.[17] Weggefallen sind dagegen alte Spezialbefehle, etwa zum Laden von Programmen vom Kassettenrekorder. Die einfache Syntax macht Basic weiterhin leicht erlernbar und damit zur idealen Sprache für Anwender, die „nur mal eben" ein Makro für ihre Anwendung erstellen oder ändern wollen.

Arbeitsabläufe vereinfachen mit Makros

Visual Studio verwaltet VBScript-Makros in Dateien mit der Namenserweiterung *dsm* für „**D**eveloper **S**tudio **M**acro". Eine Datei mit Beispielen *sample.dsm* ist von Anfang an vorhanden, weitere mit Namen *MyMacros.dsm*, *MyMacros2.dsm* usw. werden von Visual Studio automatisch angelegt, wenn neue Makros ohne eine Zieldatei erzeugt werden. Da Makros ab dem Start von Visual Studio zur Verfügung stehen, müssen eine oder mehrere Makrodateien automatisch mit dem Start von Visual Studio geladen werden. Welche das sein sollen, können Sie in *Extras/Anpassen*, Reiter *Add-Ins und Makrodateien* festlegen.

Die einfachste Möglichkeit, ein Makro zu erstellen, besteht sicher darin, eine Folge von Aktionen mit Hilfe des Makrorecorders aufzuzeichnen. Zugang zu allen Funktionen im Zusammenhang mit Makros erhalten Sie über den Dialog *Makro*, den Sie mit dem Befehl *Makro* des Menüs *Extras* erreichen. Einige der von diesem Dialog aus (über die Schaltfläche *Optionen*) erreichbaren Dialoge zum Einstellen von Optionen und zum Anpassen von Menüleisten und Tastenbefehlen sind schneller über *Anpassen/Optionen* im Menü *Extras* erreichbar. Ein möglicher Einsatz von Makros ist z. B. das Einfügen von C++-Kontrollstrukturen wie *if/else* auf Knopfdruck. Damit Sie ein solches Makro aufzeichnen können, sollten Sie vorsorglich ein Textfenster öffnen. Nun beginnen Sie mit der Aufzeichnung des Makros. Zunächst wählen Sie den Befehl *Makro* im Menü *Extras*. Es erscheint ein kleiner Dialog, der Sie darauf hinweist, daß

16 GW-Basic steht für GeeWizz-Basic. GeeWizz ist ein unübersetzbarer Ausruf des Erstaunens ob der magisch anmutenden Möglichkeiten dieser revolutionären Sprache ☺. Schon damals hatte Microsoft eine Vorliebe für Zauberisches („Wizardry", engl. für Zauberei).

17 Zumindest nicht Objekte im herkömmlichen (C++-)Sinne. Mit Visual BASIC 5.0 ist es möglich, *COM*-Objekte zu erzeugen, die auf derselben Grundlage basieren wie die mit Visual C++ erzeugten *COM*-Objekte.

beim Abspielen eines Makros in der Task-Leiste immer das Makro-Symbol erscheint und daß dieses genutzt werden kann, um die Ausführung eines Makros zu unterbrechen. Da Sie diesen Hinweis sicher nicht jedesmal sehen wollen, wenn Sie den Befehl *Extras/Makro* verwenden, sollten Sie die Markierung im Markierungsfeld *Nächstes Mal anzeigen* entfernen. Wenn Sie nun die *OK*-Schaltfläche betätigen, gelangen Sie in den Dialog *Makro*. Dieser Dialog ist die zentrale Schaltstelle des Makrorecorders. Von hier aus können Makros ausgeführt, bestehende Makros bearbeitet und neue Makros aufgezeichnet werden. Die Schaltfläche *Optionen* bietet Zugang zu weiteren Möglichkeiten wie der Verwaltung von Makrodateien und dem Verbinden von Makros mit Symbolleistenschaltflächen und Tastenkombinationen. Um ein Makro aufzuzeichnen, geben Sie einen neuen Namen - hier *ifTemplate* - in das Eingabefeld *Makro-Name* ein. Das Listenfeld zeigt die Namen anderer Makros in der gegenwärtig ausgewählten Makrodatei (im Kombinationsfeld *Makrodatei*), diese Liste sollte noch leer sein. Mit der Schaltfläche *Aufzeichnen* gelangen Sie in einen weiteren Dialog, in dem Sie noch eine Beschreibung des Makros eingeben können (und sollten). Diese Beschreibung wird automatisch als Kommentar in den VBScript-Code geschrieben und dient an verschiedenen Stellen der näheren Beschreibung des Makros. Mit der Schaltfläche *OK* lösen Sie nun den eigentlichen Aufzeichnungsvorgang aus.

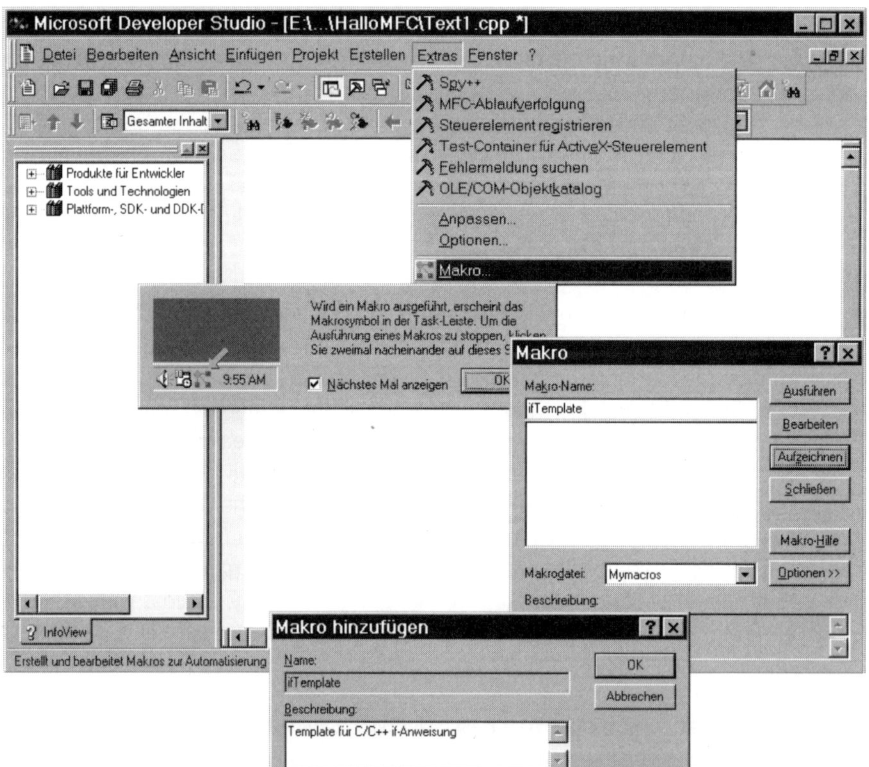

Abb. 44: Alle Makro-Funktionen lassen sich über den Befehl Makro im Menü Extras erreichen. Um ein Makro aufzuzeichnen, gibt man im Dialog Makro einen neuen Namen ein und klickt die Schaltfläche Aufzeichnen an

Mit dem Beginn der Aufzeichnung sollte auch die Symbolleiste *Aufzeichnen* entweder als frei bewegliche Palette oder, falls sie zuvor verankert wurde, als Symbolleiste auftauchen. Die Leiste trägt zwei Schaltflächen mit den bei Recordern üblichen Symbolen für *Anhalten* und *Pause*. Die erste Schaltfläche dient dazu, die Aufzeichnung zu beenden, die zweite kann verwendet werden, um die Aufzeichnung vorübergehend anzuhalten, etwa um Aktionen auszuführen, die nicht Bestandteil des Makros werden sollen. Geben Sie nun den Text der leeren C++-Kontrollstruktur ein:

```
if ()
{
}
else
{
}
```

Zur Beendigung der Aufnahme klicken Sie Sie die Schaltfläche *Aufzeichnung beenden* der Symbolleiste *Aufzeichnen* an. Die Symbolleiste verschwindet. Dafür öffnet Visual Studio die Datei *Mymacros.dsm* mit dem aufgezeichneten Makro.

```
'------------------------------------------------------------------
'FILE DESCRIPTION: Neue Makrodatei
'------------------------------------------------------------------

Sub ifTemplate()
'DESCRIPTION: Template für C/C++ if-Anweisung


'Begin Recording
    ActiveDocument.Selection = "if ()"
    ActiveDocument.Selection.NewLine
    ActiveDocument.Selection = "{"
    ActiveDocument.Selection.NewLine
    ActiveDocument.Selection = "}"
    ActiveDocument.Selection.NewLine
    ActiveDocument.Selection = "else"
    ActiveDocument.Selection.NewLine
    ActiveDocument.Selection = "{"
    ActiveDocument.Selection.NewLine
    ActiveDocument.Selection = "}"
    ActiveDocument.Selection.NewLine
'End Recording
End Sub
```

Das eigentliche Makro beginnt mit dem Schlüsselwort *Sub* zur Einleitung eines Unterprogramms[18] (engl. subroutine) und endet mit den Schlüsselworten *End Sub*. Groß- und Kleinschreibung ist in Basic anders als in C/C++ nicht signifikant, doch hat es sich für Visual Basic eingebürgert, Schlüsselworte mit einem Großbuchstaben zu

18 Bisweilen hört oder liest man auch den Begriff Prozedur für ein Basic-Unterprogramm. Diese Sprechweise ist zusammen mit der Unterstützung strukturierter Sprachkonstrukte von Pascal her in Basic eingewandert, jedoch immer etwas irritierend, da das Schlüsselwort schließlich nicht *Proc* lautet, sondern *Sub*.

beginnen. Zeilen, die mit einem Hochkomma beginnen, enthalten Kommentare[19], einige Kommentare mit fester Form dienen der Verwaltung der Dateibeschreibung und der Beschreibungen der Makros in der Datei.

Der Rest ist objektorientierter Visual Basic-Code - dem Unterobjekt *Selection* des Objekts *ActiveDocument* werden Zeichenketten zugewiesen, um diese so in das aktive Dokument einzutragen. Die Methode *NewLine* des Objekts *Selection* wird nach jeder neuen Zuweisung außerdem benutzt, um einen Zeilenwechsel auszulösen.

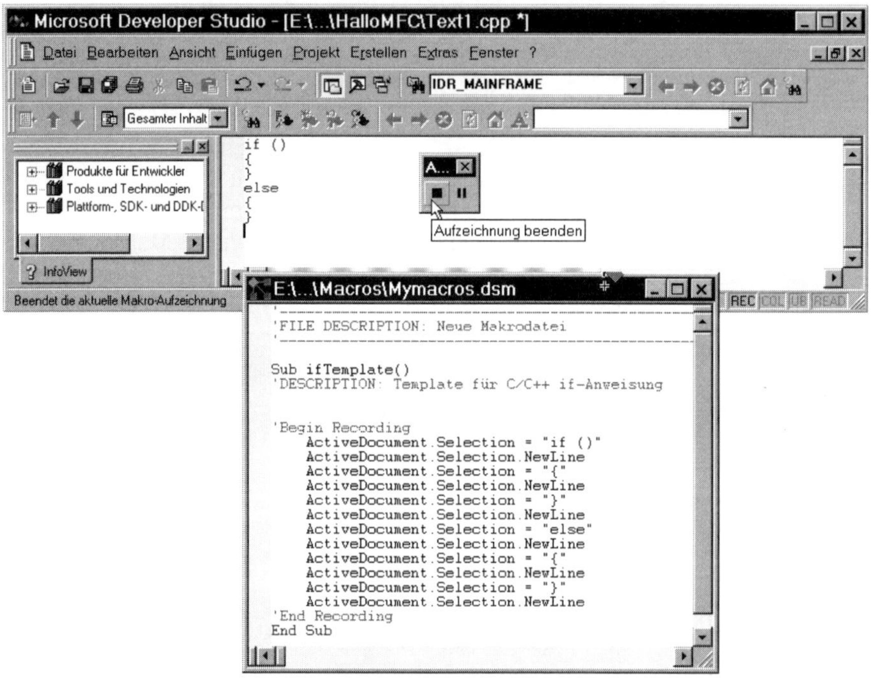

Abb. 45: Beim Aufzeichnen des Makros erscheint eine Palette oder Symbolleiste mit Schaltflächen für Beenden und Pause. Nach dem Ende der Aufzeichnung wird ein Fenster mit dem aufgezeichneten Makro gezeigt

Ein aufgezeichnetes Makro bringt natürlich erst Nutzen, wenn es abgespielt wird. Ohne weitere Vorkehrungen kann jedes Makro mit der Schaltfläche *Ausführen* des Dialogs *Makro* gestartet werden. Für häufig gebrauchte Makros ist dieser Weg aber sicher zu umständlich.

Einfacher zu verwenden sind die Makros, wenn sie Schaltflächen auf einer Symbolleiste oder Tastenkombinationen zugewiesen werden. Dies kann über die Schaltflächen *Symbolleisten* bzw. *Tastatureingaben* des mit der Schaltfläche *Optionen* erweiterten Dialogs *Makro* geschehen. Beide Schaltflächen führen Sie zu Seiten des bereits bekannten Dialogs *Anpassen*. Im Gegensatz zu anderen Methoden zum Starten dieses

19 Tatsächlich kann das Hochkomma an jeder Stelle (außer innerhalb einer Zeichenkette) stehen - alles was nach dem Hochkomma folgt, wird als Kommentar aufgefaßt.

Dialogs wird bei dieser Aufrufmethode das Kombinationsfeld *Kategorie* richtig auf den Wert *Makros* eingestellt.

Die etwas einfachere der beiden Möglichkeiten ist die Zuordnung des Makros zu einer Tastenkombination. Für das *if*-Makro z. B. bietet sich die Kombination [Strg]+[Umschalt]+[I] an. Um diese Tastenkombination zuzuweisen, wählen Sie im Dialog *Makro* die Schaltfläche *Tastatureingaben*. Sie gelangen in die Seite *Tastatur* des Dialogs *Anpassen*. Wählen Sie hier im Listenfeld *Befehle* das Makro *ifTemplate*. Da diesem Makro noch keine Kombination zugewiesen ist, sollte das rechte Listenfeld *Aktuelle Tasten* leer bleiben. Positionieren Sie nun die Schreibmarke im Eingabefeld *Neue Tastenkombination* und greifen Sie auf der Tastatur die Tastenkombination genauso, wie sie später verwendet werden soll. Im Eingabefeld erscheint eine formale Darstellung der Tastenkombination, beispielsweise [Strg]+[Umschalt]+[I]. (Dieses Eingabefeld ist übrigens ein Beispiel für das im letzten Kapitel im Zusammenhang mit dem Dialog-Editor besprochene Steuerungselement *Zugriffstaste*.) Nach der Eingabe der Tastenkombination erscheint diese immer im Listenfeld *Aktuelle Tasten*, wenn im Listenfeld *Befehle* das entsprechende Makro ausgewählt wird.

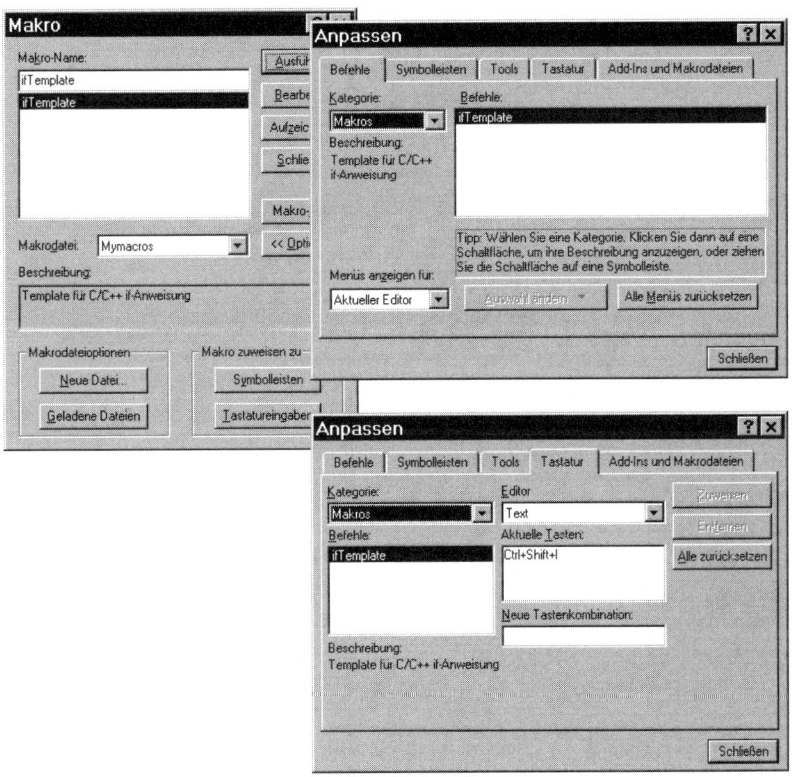

Abb. 46: Makros können mit der Schaltfläche Ausführen des Dialogs Makro ausgeführt werden oder einer Tastenkombination (unten rechts) oder Symbolleisten-schaltfläche zugewiesen werden (oben rechts)

Die Zuweisung eines Makros mit der Schaltfläche *Symbolleisten* im Dialog *Makros* an eine Symbolleiste ist im Prinzip nicht viel schwieriger. Doch da es sinnvoll ist, für Makros eine eigene Symbolleiste vorzusehen, muß eine solche neue Leiste zunächst einmal angelegt werden. Auch sind die vorhandenen Symbole für Symbolleistenschaltflächen in den seltensten Fällen wirklich brauchbar. Da die Bitmaps für die Symbole aus der Zwischenablage geholt werden müssen, sollte auch ein Symbol für die geplante Schaltfläche vorbereitet werden.

Die Anlage einer neuen Symbolleiste ist einfach. Sie wählen aus dem Kontextmenü der Symbolleisten oder dem Menü *Extras* den Befehl *Anpassen*, Reiter *Symbolleisten*, wählen die Schaltfläche *Neu* und geben den Namen, z. B. „Eigene Makros", ein.

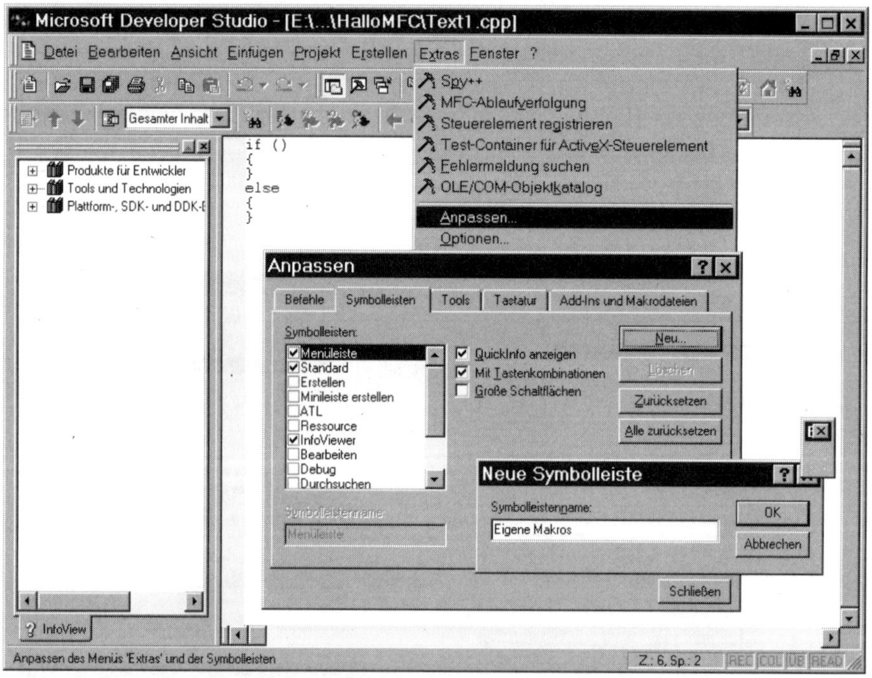

Abb. 47: Anlegen einer neuen Symbolleiste mit der Schaltfläche Neu des Dialogs Anpassen, Seite Symbolleisten. Nach der Eingabe des Namens erscheint die neue Symbolleiste ganz rechts

Nachdem Sie eine neue Symbolleiste erzeugt haben, können Sie nun darangehen, diese mit Schaltflächen zu füllen. Dies geschieht, wie schon gesagt, mit Hilfe der Seite *Befehle* des Dialogs *Anpassen*. Achten Sie darauf, daß die gewählte Kategorie *Makros* ist (mit anderen Kategorien können Sie auch andere Funktionen von Visual Studio auf neue oder vorhandene Symbolleisten plazieren).

Ist der Dialog *Anpassen* aktiv, können Schaltflächen einfach von Symbolleisten herunter oder auf diese draufgezogen werden. Um das Makro in die Symbolleiste einzufügen, ziehen Sie einfach das gewünschten Makro aus der Liste *Befehle* des Dialogs in die Zieldialogleiste (die zu diesem Zweck natürlich aktiviert und sichtbar sein muß). Wenn Sie das Makro in der Zielposition loslassen, fragt Sie Visual Studio im Dialogfeld *Schaltflächen-Erscheinungsbild*, wie die neue Schaltfläche dargestellt werden soll. Zur Wahl stehen die Optionen *Nur Symbol*, *Nur Text* und *Symbol und Text*. Einen eventuellen Schaltflächentext können Sie unabhängig vom Namen des Makros mit dem Eingabefeld *Schaltflächentext* festlegen. Wählen Sie die Option *Nur Symbol*.

Visual Studio bietet im Gruppenfeld *Symbole* eine Reihe vorgefertigter Symbole an, von denen eines mit der Maus ausgewählt werden kann. Das ausgewählte Symbol ist am Auswahlrahmen zu erkennen. Da jedoch meist keines der vorhandenen Symbole besonders gut paßt, ist es im Grunde egal, welches Sie wählen - eigene Symbole können später aus der Zwischenablage eingefügt werden. Abschließend bestätigen Sie mit der Schaltfläche *OK*. Das Symbol erscheint an der gewünschten Stelle der Symbolleiste.

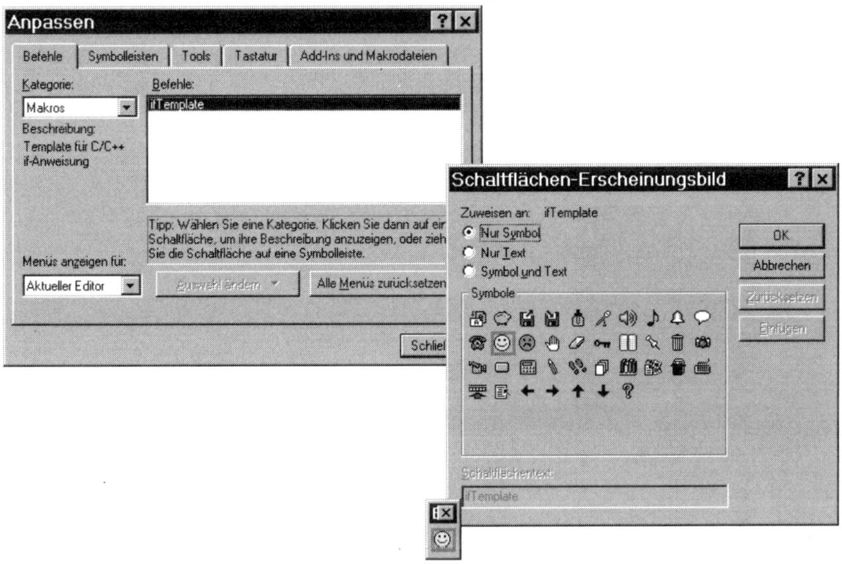

Abb. 48: Makros (oder andere Befehle) können einfach aus der Liste der Befehle auf die gewünschte Zielsymbolleiste (ganz unten) gezogen werden. In einem weiteren Dialog Schaltflächen-Erscheinungsbild kann auch ein Symbol oder Text für die neue Schaltfläche festgelegt werden

In der Seite *Befehle* des Dialogs *Anpassen* gibt es auch eine Schaltfläche *Auswahl ändern*, die zugänglich wird, wenn in einer Symbolleiste eine Schaltfläche durch Anklicken ausgewählt wird. Die ausgewählte Schaltfläche erkennen Sie wieder am Auswahlrahmen. Falls Sie wie zuletzt eine neue Schaltfläche eingefügt haben, ist diese automatisch ausgewählt. Wählen Sie ggf. eine Schaltfläche aus und drücken Sie die Schaltfläche *Auswahl ändern*. Das herunterklappende Menü bietet Ihnen eine Reihe von Möglichkeiten, wie Sie das Symbol löschen, kopieren oder einfügen oder das Erscheinungsbild ändern. Der Befehl *Schaltsymbol einfügen* ist allerdings nur aktiviert, wenn eine Bitmap in der Windows-Zwischenablage bereitliegt. Diese Bitmap können Sie sich mit dem darüberstehenden Befehl *Bitmap kopieren* von einer anderen Schaltfläche in die Zwischenablage kopieren. Normalerweise werden Sie aber ein eigenes Symbol verwenden wollen. Um ein eigenes Schaltflächensymbol zu erstellen, können Sie im Prinzip jeden beliebigen Bitmap-Editor verwenden. Praktisch ist zu diesem Zweck der spezielle Werkzeugleisten-Editor, der direkt Bitmaps mit passenden Abmessungen und Farbtiefen erzeugt. Wollen Sie die Bitmap erstellen, während

Sie an der Anpassung Ihrer neuen Symbolleiste arbeiten, können Sie jedoch nicht die laufende Instanz des Visual Studios verwenden. Glücklicherweise kann Visual Studio in mehreren Instanzen gleichzeitig ablaufen, so daß Sie lediglich eine weitere Instanz von Visual Studio starten müssen. Zu Ihrer gegenwärtigen Sitzung kehren Sie dann einfach zurück, wenn Ihre neue Bitmap fertig in der Zwischenablage vorliegt.

In der neuen Instanz von Visual Studio können Sie, ohne zuvor ein Projekt zu öffnen, eine neue Werkzeugleisten-Ressource mit *Einfügen/Ressource* und der Auswahl des Ressourcentyps *Toolbar* anlegen. Visual Studio öffnet daraufhin zwei Fenster - das eine stellt ähnlich der Ressourcenansicht eines Projekts den Ressourcenbaum des hier automatisch erzeugten Ressourcenskripts dar, das zweite enthält die neue und bisher leere Werkzeugleiste. Nun können Sie den Bitmap-Editor verwenden, um die noch leere Schaltfläche mit Leben zu füllen. Im vorliegenden Fall mag eine optische Repräsentation der C++-Kontrollstruktur genügen, die durch das Makro in den Quelltext eingefügt wird. Verwenden Sie also des Textwerkzeug des Bitmap-Editors, um das Schlüsselwort *if* in einer geeigneten Schriftart und Punktgröße[20] in die Bitmap der Schaltfläche zu schreiben. Die Position der beiden Buchstaben kann anschließend durch Ausschneiden und Verschieben so geändert werden, das sie grafisch wirksam dichter zusammenliegen.

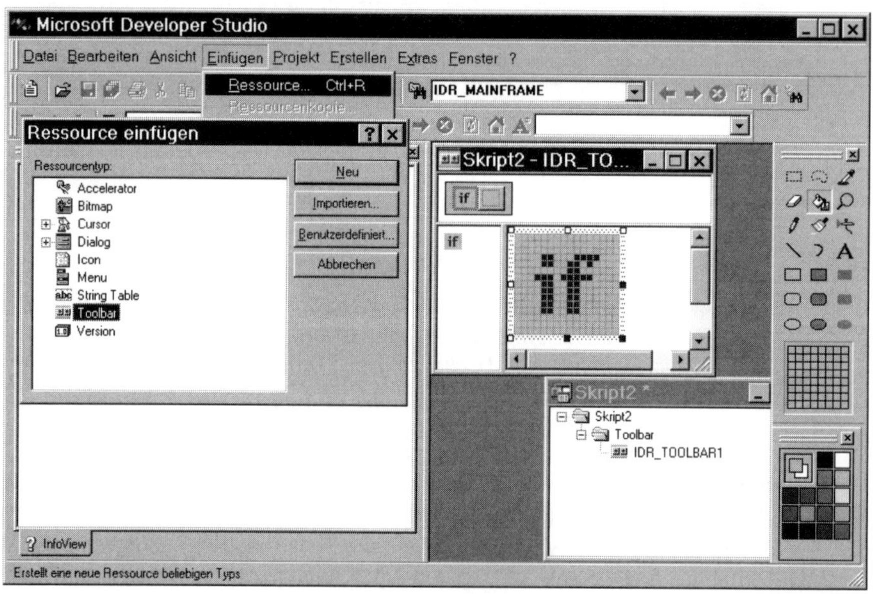

Abb. 49: Ressourcen wie die hier benötigte Bitmap für eine Symbolleistenschaltfläche können auch erzeugt oder bearbeitet werden, ohne zuvor ein Projekt zu öffnen

Die resultierende Schaltflächen-Bitmap können Sie nun markieren und in die Zwischenablage kopieren. Kehren Sie nun zur ersten Instanz von Visual Studio zurück. Hier sollte die Seite *Befehle* des Dialogs *Anpassen* angezeigt werden und die Ziel-

20 Im Beispiel wurde die Schriftart LettrGoth12 BT in 10 Punkt und fetter Darstellung gewählt.

schaltfläche markiert sein. Wählen Sie hier nun die Schaltfläche *Auswahl ändern* und im resultierenden Menü den nun aktiven Befehl *Schaltfläche einfügen*. Als Ergebnis ändert sich die ausgewählte Schaltfläche der Symbolleiste oben rechts.

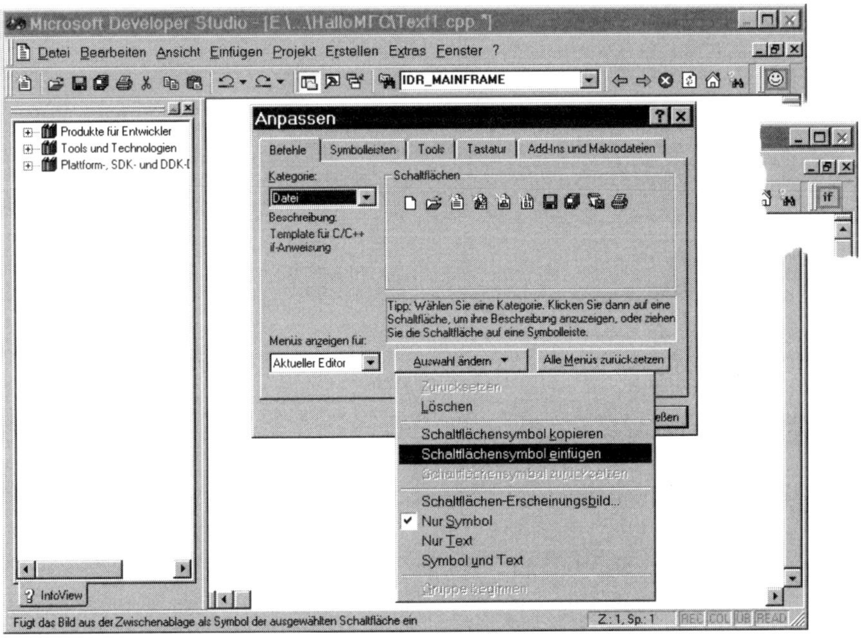

Abb. 50: Änderung des Symbols auf einer Schaltfläche durch das Einfügen einer Bitmap für das Symbol aus der Zwischenablage

Das Makro kann nun zu jedem Zeitpunkt mit der neuen Symbolleistenschaltfläche oder der entsprechenden Tastenkombination aufgerufen und abgespielt werden. In einem Text-Editor fügt es an der Position der Schreibmarke eine leere C++-*if*-Kontrollstruktur ein.

Ein Test außerhalb des korrekten Anwendungsbereichs, etwa innerhalb eines Bitmap-Editors, führt allerdings zu einer ziemlich unfreundlichen Fehlermeldung. Für robuste Makros für den täglichen Einsatz muß offensichtlich mehr Aufwand betrieben werden. Zweckmäßig ist beispielsweise eine Abfrage des Dateityps. Eine etwas robustere Version des Makros könnte also wie folgt aussehen (Änderungen sind hervorgehoben):

```
'------------------------------------------------------------
'FILE DESCRIPTION: Neue Makrodatei
'------------------------------------------------------------

Sub ifTemplate()
'DESCRIPTION: Template für C/C++ if-Anweisung

    If ActiveDocument.Language = dsCPP Then
    'Begin Recording
        ActiveDocument.Selection = "if ()"
        ActiveDocument.Selection.NewLine
        ActiveDocument.Selection = "{"
```

```
        ActiveDocument.Selection.NewLine
        ActiveDocument.Selection = "}"
        ActiveDocument.Selection.NewLine
        ActiveDocument.Selection = "else"
        ActiveDocument.Selection.NewLine
        ActiveDocument.Selection = "{"
        ActiveDocument.Selection.NewLine
        ActiveDocument.Selection = "}"
        ActiveDocument.Selection.NewLine
    'End Recording
    Else
        MsgBox ("Sorry - keine C++-Datei!")
    End If
End Sub
```

Zum Testen müssen Sie die Makrodatei übrigens unbedingt vorher speichern, da sonst VBScript die Änderung nicht bemerkt!

Variablen in VBScript

Wie jede prozedurale Programmiersprache unterscheidet VBScript zwischen Daten und Code. Daten werden an bestimmten Adressen des Arbeitsspeichers des Computers angelegt. Der VBScript-Programmierer kennt diese Adressen jedoch nicht und braucht sie auch nicht zu kennen. Vielmehr erfolgt der Zugriff auf die Daten über Variablen.

Eine Variable tritt im Programm in Form eines Namens oder Bezeichners auf. Anhand dieses Bezeichners können die Daten vom Programmcode beliebig manipuliert werden. Um die dabei nötige Buchführung, etwa wo die Variable im Speicher abgelegt ist und welchem Typ sie entspricht, kümmert sich der VBScript-Interpreter.

Variablen werden durch Bezeichner identifiziert. Ein Bezeichner muß, damit er von anderen Sprachelementen unterschieden werden kann, bestimmten Bedingungen genügen. Die Regeln für die Bildung gültiger Bezeichner ähneln sich in den meisten Sprachen stark; in Visual Basic gelten die folgenden Regeln:

- Ein Bezeichner darf nur Buchstaben, Ziffern und Unterstriche enthalten. Er darf nicht mit einer Ziffer beginnen.
- Bezeichner müssen innerhalb ihres Gültigkeitsbereichs eindeutig sein. Gleiche Bezeichner in verschiedenen Gültigkeitsbereichen überdecken sich, d. h., ein lokaler Bezeichner in einem Unterprogramm macht gleichlautende globale Bezeichner unzugänglich.
- Ein Bezeichner darf maximal 255 Zeichen lang sein.
- Groß- und Kleinschreibung sind nicht signifikant:

```
Sub test()
'DESCRIPTION: Demonstriert die Äquivalenz von Groß-
              und Kleinschreibung
  GROSS = 22
```

```
  gross = 11
  MsgBox (Gross)  'liefert 11 !
End Sub
```

In VBScript ist im Normalfall ein Bezeichner mit seinem ersten Auftreten automatisch auch definiert, es ist also nicht nötig, wie in sogenannten typisierten Sprachen jede Variable vor dem Gebrauch zu vereinbaren.

Diese Bequemlichkeit trägt aber auch die Gefahr in sich, daß der Interpreter einen „vertippten" Variablennamen als neue Variable auffaßt, anstatt einen Fehler zu melden. Solche Fehler sind im allgemeinen schwer zu finden, weshalb Sie besonders bei etwas größeren und komplexeren Skripten dieses Verhalten mit der Anweisung *Option Explizit* ändern sollten. Die Anweisung *Option Explizit* sollte die erste Anweisung Ihres Skripts sein.

Explizit werden Bezeichner mit der *Dim*-Anweisung vereinbart. Wie der Name andeutet, dient *Dim* auch zur Vereinbarung von Feldern. Die *Dim*-Anweisung besteht aus dem Schlüsselwort *Dim* gefolgt von einer Liste von Bezeichnern. Für Felder wird der höchste Index des Felds in runden Klammern hinter dem Namen angegeben. Der erste Index eines Felds ist immer 0. Das folgende Codefragment zeigt einige mögliche *Dim*-Anweisungen:

```
Dim DegreesFahrenheit
Dim Top, Bottom, Left, Right
Dim i, k, array(10)
Dim Table(5,10)
```

Das Feld *array* beispielsweise hat elf Elemente mit Indizes von 0 bis 10. Die letzte Zeile zeigt, daß auch mehrdimensionale Felder kein Problem darstellen. Das Feld *Table* hat 6 Zeilen und 11 Spalten. Mehrdimensionale Felder in VBScript können bis zu 60 Dimensionen haben.

Neben Feldern mit statisch festliegenden Feldgrenzen beherrscht Basic auch dynamische Felder, deren Größe zur Laufzeit des Programms mit der Anweisung *ReDim* angepaßt werden. Ein dynamisches Feld wird in der *Dim*-Anweisung ohne festgelegte Grenzen vereinbart. Wird die *ReDim*-Anweisung mit dem Schlüsselwort *Preserve* verwendet, bleibt der Inhalt des Felds (soweit möglich) bei der Größenänderung erhalten:

```
Dim MyArray()
ReDim MyArray(25)
. . . .
ReDim Preserve MyArray(30)
```

Ein Kernkonzept in Verbindung mit Variablendefinitionen ist das Konzept des Gültigkeitsbereichs. Frühe Basic-Dialekte besaßen nur einen globalen Gültigkeitsbereich für alle Variablen. Eine Variable, die in irgendeinem Unterprogramm benutzt (und damit implizit vereinbart) wurde, war von jeder beliebigen anderen Stelle des Basic-Codes aus sichtbar und damit auch (absichtlich oder versehentlich) veränderbar[21].

In modernen Basic-Dialekten wie Visual Basic können Variablen wie in anderen strukturierten Sprachen lokal oder global vereinbart werden. Eine Variable, die lokal in einem Unterprogramm oder einer Funktion vereinbart ist, ist nur innerhalb dieses Unterprogramms sichtbar und existiert auch nur so lange, wie dieses Unterprogramm abläuft. Eine Gefahr von Namenskollisionen mit gleichnamigen Variablen in anderen Unterprogrammen existiert nicht mehr.

Eine Variable, die außerhalb jedes Unterprogramms definiert ist, ist dagegen global. Sie lebt so lange wie das Programm und behält ihren Wert, da sie nicht an die Lebensdauer von Unterprogrammen und Funktionen gebunden ist. Sie kann aus allen Unterprogrammen und Funktionen heraus angesprochen werden - es sei denn, sie ist durch eine gleichnamige Variable innerhalb des Unterprogramms verdeckt.

Diese letzte Eigenschaft ist übrigens ein weiterer wichtiger Grund, Variablen immer ausdrücklich zu deklarieren. Nur so ist gewährleistet, daß eine ursprünglich lokal gemeinte (und nur implizit durch den ersten Gebrauch vereinbarte) Variable durch die Einführung einer gleichnamigen globalen Variablen an einer anderen Stelle des Programms plötzlich gar nicht mehr so lokal ist, weil die implizite Vereinbarung plötzlich schlicht die Benutzung einer globalen Variablen ist. Ist die lokale Variable explizit mit einer *Dim*-Anweisung vereinbart, verdeckt sie eine mögliche globale Variable, so daß jeder Gebrauch der Variable in Unterprogramm oder Funktion immer die richtige, lokale Variable anspricht.

Andere Visual Basic-Dialekte kennen eine Vielzahl unterschiedlicher Datentypen für Variablen, die ebenfalls in der *Dim*-Anweisung festgelegt werden. VBScript unterstützt dagegen nur den einzigen Datentyp *Variant*, der mit Werten aller denkbaren Datentypen von ganzen Zahlen, Fließkommazahlen, Datumsangaben, Zeichenketten bis hin zu Objekten umgehen kann. Die Werte haben natürlich immer einen bestimmten Datentyp, doch wird dieser zusammen mit dem Wert in der Variablen gespeichert. Bei der Verknüpfung von Variablen mit Werten unterschiedlicher Datentypen in Berechnungen werden die nötigen Umwandlungen automatisch vorgenommen. Für die explizite Umwandlung eines Werts stehen jedoch auch Umwandlungsfunktionen zur Verfügung.

Der Typ eines in einer Variablen gespeicherten Werts kann mit der Funktion *VarType* ermittelt werden. Die möglichen Ergebnisse können mit vordefinierten Konstanten von VBScript verglichen werden, z. B. *vbEmpty* für den Typ *Empty*, *vbInteger* für den Typ *Integer* etc.:

---

21 Das war die Quelle von allerlei bizarren Fehlern. So konnte die Verwendung einer Zählvariable *i* in einer Schleife eines Unterprogramms die Variable *i* einer Zählschleife eines aufrufenden Programms ändern – in Wirklichkeit waren beide ja ein und dieselbe Variable. Das Ergebnis solcher Wirrungen sind im allgemeinen Endlosschleifen oder unerwartetes Programmverhalten.

- *Empty:* Der Variablen wurde noch kein Wert zugewiesen. Der Wert ist Null für numerische Variablen oder die leere Zeichenkette für Zeichenkettenvariablen.
- *Null:* Die Variable enthält (absichtlich) keine gültigen Daten.
- *Boolean:* Die Variable enthält den Wert „Wahr“ oder „Falsch“.
- *Byte:* Die Variable enthält eine ganze Zahl im Bereich von 0 bis 255.
- *Integer:* Die Variable enthält eine ganze Zahl im Bereich von -32768 bis 32767.
- *Currency:* Die Variable enthält eine Zahl im Bereich von 922337203685477.5808 bis 922337203685477.5807.
- *Long:* Die Variable enthält eine ganze Zahl im Bereich von -2147483648 bis 2147483647.
- *Single:* Die Variable enthält eine einfach genaue Fließkommazahl im Bereich von -3.402823E38 bis -1.401298E-45 für negative Zahlen und 1.401298E-45 bis 3.402823E38 für positive Zahlen.
- *Double:* Die Variable enthält eine doppelt genaue Fließkommazahl im Bereich von -1.79769313486232E308 bis -4.94065645841247E-324 für negative Zahlen und 4.94065645841247E-324 bis 1.79769313486232E308 für positive Zahlen.
- *Date (Time):* Die Variable enthält eine Zahl, die ein Datum zwischen dem 1. Januar 100 und dem 31. Dezember 9999 repräsentiert.
- *String:* Die Variable enthält eine Zeichenkette variabler Länge mit bis zu 2 Milliarden! Zeichen.
- *Object:* Die Variable enthält ein Objekt.
- *Error:* Die Variable enthält eine Fehlernummer.

Literalkonstanten sind konkrete Werte für Zahlen, Zeichenketten oder beispielsweise auch Datumswerte. Eine ganzzahlige Literalkonstante enthält Ziffern und ggf. Vorzeichen, eine Fließkommakonstante zusätzlich einen Dezimalpunkt. Datumswerte werden mit dem Zeichen # geklammert, Zeichenketten mit doppelten Anführungszeichen.

VBScript unterstützt gegenwärtig keine echten Konstanten, also symbolische Bezeichner, die eine Literalkonstante repräsentieren. VBScript enthält zwar ein Schlüsselwort *Const* zur Vereinbarung von Konstanten, doch werden diese genauso wie andere Variablen behandelt, können also während des Programmablaufs beliebig geändert werden.

```
Const MyString
MyString = "Dies ist eine Zeichenkette"
Const MyAge
MyAge = 49

Const CutoffDate
CutoffDate = #1-1-90#
```

Um versehentliches Ändern von Konstanten im Programm zu vermeiden, empfiehlt Microsoft daher, diese vollständig in Großbuchstaben zu schreiben.

Dies kann zumindestens dem VBScript-Programmierer selbst helfen, als Konstante gemeinte Variablen auch als solche zu erkennen. In VBScript fest eingebaute Konstanten sind am Präfix *vb* zu erkennen.

Werte werden Variablen über die Zuweisungs-Anweisung zugewiesen:

```
variable = expression
array(indexexpression) = expression
```

Dabei wird zunächst der Ausdruck *expression* rechts vom Gleichheitszeichen berechnet und dann der resultierende Wert der Variablen *variable* zugewiesen. Feldelemente werden mit Ausdrücken in runden Klammern indiziert.

Zur Berechnung von Ausdrücken stehen eine Reihe leistungsfähiger Operatoren zur Verfügung.

Visual Basic unterscheidet drei Arten von Ausdrücken. Von diesen haben die arithmetischen Ausdrücke die höchste Priorität, gefolgt von den Vergleichsoperatoren. Die logischen Operatoren schließlich haben die niedrigste Priorität.

Arithmetische Operatoren sind in der Reihenfolge abnehmender Priorität die folgenden Operatoren[22]:

- ^ Exponentiation
- - Negation (Vorzeichenwechsel)
- * Multiplikation
- / Division
- \ Ganzzahlige Division
- *mod* Modulo-Division
- + Addition
- - Subtraktion
- & Verkettung (von Zeichenketten)

Die Vergleichsoperatoren haben alle die gleiche Priorität. Wenn keine Klammern gesetzt werden, werden sie in der Reihenfolge von links nach rechts abgearbeitet.

Eine Vergleichsoperation liefert als Ergebnis immer einen Wahrheitswert, also den Wert Wahr oder Falsch.

Die Vergleichsoperatoren von VBScript testen den Operanden auf der linken und den auf der rechten Seite auf:

---

22 Der Verkettungsoperator ist nicht im strengen Sinne ein arithmetischer Operator; er ist an dieser Stelle wegen seiner Präzedenz eingeordnet.

- **=** Gleichheit
- **<>** Ungleichheit
- **<** kleiner als
- **>** größer als
- **<=** kleiner oder gleich
- **>=** größer oder gleich
- **Is** Objekt-Äquivalenz

Die dritte Gruppe von Operatoren verknüpft Wahrheitswerte in logischen Ausdrükken miteinander. Bei der Anwendung auf ganzzahlige Werte werden die beiden Operanden bitweise miteinander verknüpft. Die logischen Operatoren sind hier in der Reihenfolge ihrer Operatorpräzedenz angegeben:

- *Not* Logische Negation
- *And* Logische Konjunktion
- *Or* Logische Disjunktion
- *Xor* Logische Exklusion
- *Eqv* Logische Äquivalenz
- *Imp* Logische Implikation

Der Sprachumfang von VBScript

Jedes Programm besteht aus einer Sequenz von Anweisungen, die Daten manipulieren. Ohne Kontrollstrukturen könnte eine solche Folge nur linear durchlaufen werden. Selbst die simpelsten Algorithmen wären unter diesen Umständen nicht realisierbar. Kontrollstrukturen erlauben es, abhängig von den Ergebnissen einer Berechnung den Programmfluß, d. h. den Ort der nächsten auszuführenden Anweisung, zu beeinflussen.

Frühe Kontrollstrukturen waren die heute verpönten *GoTo* und *GoSub*-Anweisungen. *If*-Anweisungen zur Auswertung einer Bedingung erlaubten nur die Ausführung einer einzigen Anweisung abhängig vom Ergebnis des logischen Ausdrucks - dies war in den meisten Fällen wieder ein Sprunganweisung.

Moderne Basic-Dialekte haben mit diesen Wurzeln nicht mehr viel gemeinsam. Unter Beibehaltung der vertrauten Basic-Syntax übernahmen sie die Konzepte der strukturierten Programmierung, besonders von Pascal, derartig gründlich, daß heutige Basic-Dialekte als echte strukturierte Sprachen gelten können.

Kontrollstrukturen kann man grob in zwei Gruppen teilen. Die einen führen alternative Befehlsfolgen abhängig vom Ergebnis eines logischen Ausdrucks aus, während die anderen abhängig von einer Bedingung Befehlsfolgen mehrfach durchlaufen können. Der erste Typ Kontrollstruktur wird in VBScript durch die verschiedenen Varianten der *If*-Anweisung repräsentiert.

Die erste Variante ist die alte einzeilige *If*-Anweisung, die abhängig von dem Ergebnis eines logischen Ausdrucks genau eine Anweisung ausführen kann, die in derselben Zeile wie die *If*-Anweisung nach dem Schlüsselwort *Then* folgt (im Beispiel eine Zuweisung):

```
myDate = #12/13/96#
If myDate < Now Then myDate = Now
```

Um den Kontrollfluß zwischen Gruppen von mehreren Anweisungen zu steuern, hatten die früheren Basic-Programmierer nur die Möglichkeit, die *If*-Anweisung mit einer *GoTo*-Anweisung zu kombinieren. Mit der Aufnahme der strukturierten *If*-Anweisung in die Sprache kann auf solche Klimmzüge verzichtet werden - die Anweisungsfolgen werden mit *If* und *End If* sauber geklammert:

```
If EndLine < StartLine Then
    Temp = StartLine
    StartLine = EndLine
    EndLine = Temp
End If
```

In der vorstehenden Variante der *If*-Anweisung werden die Anweisungen zwischen *Then* und *End If* nur ausgeführt, wenn die Bedingung *pos > 0* zutrifft. Eine noch leistungsfähigere Variante erlaubt die Ausführung zweier alternativer Anweisungsfolgen abhängig von der Bedingung:

```
If TypeOfFile = 6 Then
    CommentType = " ' "
    lang = "VBScript"
Else
    CommentType = " ; "
    lang = "def"
End If
```

Die komplexeste Form der strukturierten *If*-Anweisung überprüft nach der ersten Bedingung noch eine Reihe weiterer Alternativen. Für diese dient der *ElseIf*-Zweig, der hinter dem *If*-Zweig und dem optionalen *End If*-Zweig beliebig oft eingefügt werden kann:

```
If ext = ".rc" Or ext = ".rc2" Then
    FileType = 4
ElseIf doc.Language = dsCPP Then
    FileType = 1
ElseIf ext = ".def" Then
    FileType = 7
Else
    FileType = 0
End If
```

An Schleifenanweisungen kennt VBScript die *Do-Loop*-Schleife, die *While-Wend*-Schleife und als ältesten Vertreter die *For-Next*-Schleife. Alle Schleifenanweisungen können geschachtelt werden. Diese Schachtelung sollte durch eine entsprechende Einrückung für den menschlichen Leser des VBScript-Codes verdeutlicht werden.

Die *For-Next*-Schleife erlaubt es, eine Folge von Anweisungen gesteuert durch eine Zählvariable eine bestimmte Anzahl von Malen zu durchlaufen. Die *For-Next*-Schleife beginnt mit dem Schlüsselwort *For*, gefolgt von einem Ausdruck, der die ganzzahlige Zählervariable initialisiert, gefolgt vom Schlüsselwort *To* und dem Ausdruck, der den letzten Wert der Zählvariable angibt. Alle Anweisungen bis zum Schlüsselwort *Next* werden so oft durchlaufen, bis die Zählvariable den Endwert erreicht hat. Wird keine weitere Angabe gemacht, wird die Zählvariable mit jedem Durchlauf um den Wert 1 erhöht:

```
Dim sum, i
sum = 0
For i = 1 To 50
    sum = sum + i
Next
```

Neben der Schrittweite 1 sind auch andere Schrittweiten möglich, die in diesem Falle mittels des *Step*-Schlüsselworts angegeben werden müssen. Die Schrittweite kann auch negativ sein:

```
Dim sum, i
sum = 0
For i = 100 To 0 Step -2
    sum = sum + i
Next
```

Der Wert der Zählvariablen sollte während des Schleifendurchlaufs nicht manipuliert werden; muß eine *For-Next*-Schleife vorzeitig abgebrochen werden, steht die Anweisung *Exit For* zur Verfügung.

Eine weitere einfache Schleifenanweisung ist die *While-Wend*-Anweisung. Diese wird so lange durchlaufen, wie die nach dem Schlüsselwort *While* angegebene Bedingung zutrifft. Das obige Beispiel einer *For-Next*-Schleife hätte umgeschrieben als *While-Wend*-Schleife die folgende Form:

```
Dim sum, i
sum = 0
i = 100
While i >= 0
    sum = sum + i
    i = i - 2
Wend
```

Der dritte und jüngste Schleifentyp ist die *Do-Loop*-Schleife. Eine *Do-Loop*-Schleife beginnt mit dem Schlüsselwort *Do* und endet mit dem Schlüsselwort *Loop*. Die Schleifenbedingung folgt auf das Schlüsselwort *While*. Ahhängig davon, ob die Schleife abweisend oder nichtabweisend sein soll (wird mindestens einmal durchlaufen), wird das Schlüsselwort *While* mit der Schleifenbedingung entweder hinter dem Schlüsselwort *Do* oder dem Schlüsselwort *Loop* plaziert. Die erste Variante ergibt eine der *While-Wend*-Schleife äquivalente Schleife *abweisende Schleife*, weshalb die *While-Wend*-Schleife nur noch aus historischen Gründen unterstützt wird:

```
Sub ChkFirstWhile()
    Dim counter, myNum
    counter = 0
    myNum = 20
    Do While myNum > 10      'abweisende Schleife"
        myNum = myNum - 1
        counter = counter + 1
    Loop
    MsgBox "The loop made " & counter & " repetitions."
End Sub

Sub ChkLastWhile()
    Dim counter, myNum
    counter = 0
    myNum = 9
    Do                       ' nichtabweisende Schleife
        myNum = myNum - 1
        counter = counter + 1
    Loop While myNum > 10
    MsgBox "The loop made " & counter & " repetitions."
End Sub
```

Anstelle des Schlüsselworts *While* kann auch das Schlüsselwort *Until* in der Schleifenbedingung der *Do-Loop*-Schleife verwendet werden.

Derselbe Effekt kann natürlich einfach durch eine Negierung der Schleifenbedingung erreicht werden, doch erscheint vielen Basic-Anwendern die Verwendung eines zusätzlichen Schlüsselworts *Until* klarer.

Wie die *For*-Schleife kann auch die *Do-Loop*-Schleife vorzeitig verlassen werden. Die dazu bestimmte Anweisung heißt *Exit Do* - in diesem Fall können die Schlüsselwörter *While* und *Until* auch ganz fehlen:

```
Do
    ActiveDocument.Selection = CurrText
    If InStr(CurrText, "//") = 1 Then   'is a "//" available?
        ActiveDocument.Selection.SelectLine
        CurrText = LTrim(ActiveDocument.Selection)
                                    'Remove whitespace.
        ContSearch = False    ' Looking at // style comments,
                                      'don't look for a /* style.
    Else
        Exit Do
    End If
Loop
```

Insgesamt kommt die *Do-Loop*-Schleife also in fünf unterschiedlichen Geschmacksrichtungen vor:

```
Do While expr
    '...
Loop

Do
    '...
```

```
Loop While expr

Do Until expr
    '...
Loop

Do
    '...
Loop Until expr

Do
    '...
    If expr Then
        Exit Do
    End If
    '...
Loop
```

Funktionen und Prozeduren in VBScript

Die ersten Basic-Programme waren monolithische Monster, mit *GoTo*- und *GoSub*-Spaghetti lose vernäht. Visual Basic und seine Dialekte kennen dagegen zur Zerlegung eines Programms oder eines Problems in mundgerechte Häppchen das Mittel des Unterprogramms (*subroutine*) und der Funktion (*function*). Der Hauptunterschied zwischen beiden besteht in der Tatsache, daβ Funktionen im Gegensatz zu Unterprogrammen einen Ergebniswert zurückliefern, und in der unterschiedlichen Aufrufsyntax.

Einer der Grundgedanken der strukturierten Programmierung ist die Zerlegung eines komplexen Problems in immer einfachere Teilprobleme, bis jedes einzelne durch ein einfaches Unterprogramm oder eine Funktion gelöst werden kann. Diese sind einfach zu verstehen und zu warten und sollten so geschrieben sein, daβ zu ihrer Verwendung die Kenntnis ihrer Arbeitsweise nicht erforderlich ist. Dadurch werden einerseits die übergeordneten Funktionen bis hin zur eigentlichen Problemlösung selbst einfach, und man hat die Chance, allgemein formulierte Funktionen und Unterprogramme in neuen Projekten wiederzuverwenden. Dieser Ansatz des „Teilens und Herrschens" wird oft auch als Top-Down-Programmierung bezeichnet.

Ein Unterprogramm beginnt mit dem Schlüsselwort *Sub* gefolgt vom Namen des Unterprogramms und einer - möglicherweise auch leeren - Parameterliste. Abgeschlossen wird das Unterprogramm durch die Schlüsselworte *End Sub*. Eine Funktionsdefinition unterscheidet sich von der Definition eines Unterprogramms lediglich dadurch, daβ anstelle des Schlüsselworts *Sub* das Schlüsselwort *Function* steht und im Funktionsrumpf dem Namen der Funktion mindestens einmal ein Ergebniswert zugewiesen werden muβ:

```
Sub ExampleSub()
    Dim var1, var2
    ' ...
End Sub
```

```
Sub AnotherSub(param1, param2)
    Dim var1, var2
    ' ...
End Sub

Function ExampleFunc(param)
    Dim result, var1, var2
    ' ...
    ExampleFunc = result
End Function
```

Die Parameter der Funktion oder des Unterprogramms sind symbolische Namen für die Variablen, mit denen als Argument die Funktion oder das Unterprogramm tatsächlich aufgerufen wird.

Visual Basic und seine Dialekte übergeben Parameter standardmäßig per Referenz, d. h., die Funktion erhält als Parameter die übergebene Variable selbst und nicht nur eine Kopie der Variablen.

Dadurch ist ein Unterprogramm oder eine Funktion - zum Guten wie zum Bösen - auch in der Lage, den Inhalt der übergebenen Variablen zu verändern!

Die Syntax eines Funktionsaufrufs entspricht dem, was man erwartet - in einem Ausdruck wird die Funktion aufgerufen durch den Funktionsnamen, gefolgt von einer Parameterliste in runden Klammern.

```
    a = ExampleFunc(b)
```

Der Aufruf eines Unterprogramms kann auf zwei Arten erfolgen - durch eine *Call*-Anweisung (hier schimmern wieder einmal die Fortran-Wurzeln von Basic durch) oder ohne das Schlüsselwort *Call*. Im zweiten Fall dürfen keine Klammern angegeben werden[23]!

Tückisch ist daran, daß Klammern auch akzeptiert werden, dann der Funktionsaufruf aber eine andere Bedeutung erhält - in diesem Fall werden die Parameter als Wertparameter übergeben!

```
Call AnotherSub(a, b)             'Erste Variante
AnotherSub  a, b                  'Zweite Variante
```

23 Ziel diese bizarren Besonderheit war es vermutlich, den Aufruf eines Unterprogramms syntaktisch der Verwendung einer eingebauten Basic-Anweisung so ähnlich wie möglich zu machen. So kommt es, daß nun Unterprogramme und Funktionen, obwohl nahe verwandt, mit völlig unterschiedlicher Syntax aufgerufen werden.

Der Einsatz von Objekten in VBScript

Aufgabenstellungen im Visual Studio können durch VBScript-Makros, Add-Ins oder externe Anwendungen wie Visual Basic oder Excel[24] automatisiert werden. In der Sichtweise von Visual Basic und VBScript bedeutete dies, daß die Visual Studio-Anwendung ein Objekt mit definierten Unterobjekten ist, deren Eigenschaften und Methoden von Basic aus zugänglich sind.

Eine Eigenschaft kann vom funktionellen Standpunkt als Variable innerhalb eines Objekts aufgefaßt werden[25]. Methoden sind Funktionen oder Unterprogramme, die Bestandteil eines Objekts sind und es so erlauben, bestimmte definierte Operationen mit dem Objekt vorzunehmen. Anders als gewöhnliche Unterprogramme sind Methoden immer an ein Objekt gebunden. Ein Beispiel für den Zugriff auf Objekte bieten die ersten aufgezeichneten Zeilen des weiter oben dargestellten Makros:

```
ActiveDocument.Selection = "if ()"
ActiveDocument.Selection.NewLine
```

Im Makro fällt zunächst der ständige Gebrauch des Bezeichners *ActiveDocument* auf. *ActiveDocument* ist eine Eigenschaft des Anwendungsobjekts. Die Anwendung Visual Studio kann eine große Anzahl von Dokumenten-Objekten unterschiedlichen Typs verwalten, über *ActiveDocument* ist immer das aktive Dokument zugänglich.

Um auf Eigenschaften und Methoden eines Objekts zuzugreifen, wird die Punkt-Notation verwendet. Die Eigenschaft *Selection* ist eine Eigenschaft von Textdokumenten, d. h. von Objekten des Typs *TextDocument*. *ActiveDocument. Selection* ist damit also die Eigenschaft *Selection* des aktiven Dokuments, vorausgesetzt, es ist ein Textdokument (die Fehlermeldung beim Zugriff auf ein Dokument eines anderen Typs haben Sie ja bereits kennengelernt). Die Eigenschaft *Selection* gibt Zugriff auf ein Objekt des Typs *TextSelection*. *TextSelection* hat Eigenschaften wie

- *Application*, *Parent:* Anwendungsobjekt, Elternobjekt
- *BottomLine*, *Topline:* letzte und oberste Zeile der Auswahl
- *CurrentColumn*, *CurrentLine:* Spalte und Zeile der Schreibmarke
- *Text:* Text der Auswahl. Bei Zuweisungen von Text an die Auswahl braucht die *Text*-Eigenschaft nicht angegeben zu werden; die obige Zuweisung einer Zeichenkette an die Auswahl ist daher eine zulässige abkürzende Schreibweise für:

```
ActiveDocument.Selection.Text = "if ()"
```

---

24 Voraussetzung ist, das diese Anwendungen als sogenannte Automations-Clienten arbeiten können. Mehr dazu im letzten Teil des Buches.

25 Genaugenommen ist eine Eigenschaft eines COM- oder ActiveX-Objekts keine (Komponenten-)Variable. In den für den Basic-Programmierer wesentlichen Belangen verhält sie sich aber so.

Die Methoden von *TextSelection* ermöglichen die Manipulation des ausgewählten Texts und der Schreibmarkenposition. Dies geschieht z. B. in jeder zweiten Zeile des Beispiels durch den Aufruf der Methode *NewLine*. Einen Eindruck von den Möglichkeiten eines Objekts wie des Auswahl-Objekts vermitteln seine Methoden, deren Namen sich zumeist selbst erklären: *Backspace, Cancel, ChangeCase, CharLeft, CharRight, ClearBookmark, Copy, Cut, Delete, DeletWhitespace, DestructiveInsert, EndOfLine, EndOfDocument, FindText, GoToLine, Indent, LineDown, LineUp, MoveTo, NewLine, NextBookmark, PageDown, PageUp, Paste, PreviousBookmark, ReplaceText, SelectAll, SelectLine, SetBookmark, SmartFormat, StartOfDocument, StartOfLine, Tabify, Unindent, Untabify, WordLeft* und *WordRight*.

Aus der Sicht von Basic besteht Visual Studio also aus einem Anwendungsobjekt und vielen Komponentenobjekten. Alle Objekte haben Eigenschaften, die häufig den Zugriff auf enthaltene Objekte ermöglichen, sowie Methoden, mit denen die Objekte von außen manipuliert werden können.

Visual Studio besteht aus der Sicht von Basic aus den folgenden Komponenten:

- **Application:** das Anwendungsobjekt

Die Anwendung Visual Studio ist allen anderen Objekten übergeordnet. Dadurch können über die Eigenschaften des Anwendungsobjekts und der untergeordneten Objekte alle Objekte baumartig erreicht werden. Umgekehrt haben viele Objekte auch Eigenschaften, die es erlauben, das übergeordnete Anwendungsobjekt zu ermitteln.

Die untergeordneten Objekte von Visual Studio lassen sich grob in drei Gruppen einteilen. Die erste befaßt sich mit Editoren und Dokumenten:

- **TextEditor:** der Visual Studio-Text-Editor
- **Document:** ein offenes Dokument
- **TextDocument:** ein offenes Textdokument
- **Documents:** eine Sammlung (Kollektion) aller offenen Dokumente
- **TextSelection:** ausgewählter Text in einem offenen Dokument
- **TextWindow:** Fenster mit einem offenen Textdokument
- **Window:** Fenster mit einem offenen Dokument
- **Windows:** eine Sammlung (Kollektion) aller offenen Fenster

Die zweite Gruppe von Objekten dient der Darstellung von Projekten und Konfigurationen:

- **Project:** eine Gruppe von zusammengehörigen Dateien und einer oder mehrerer Konfigurationen
- **Projects:** eine Sammlung (Kollektion) aller Projekte des offenen Arbeitsbereichs
- **Configuration:** eine bestimmte Konfiguration bzw. die mit diesen Einstellungen von einem Projekt erstellte Anwendung oder Bibliothek

- **Configurations:** eine Sammlung (Kollektion) aller Konfigurationen eines Objekts
- **BuildProject:** hat alle Eigenschaften eines Project-Objekts, enthält zusätzlich aber auch eine Konfigurationseigenschaft

Die dritte Gruppe repräsentiert den Debugger und verspricht so eine bisher noch nicht dagewesene Flexibilität, da der Entwickler den Debugger nun mit eigenen Basic-Skripten fernsteuern kann:

- **Debugger:** der Debugger
- **Breakpoint:** ein Breakpoint-Objekt für den Debugger
- **Breakpoints:** eine Sammlung (Kollektion) aller Breakpoints einer Sitzung mit Visual Studio

Beispielmakros von Visual Studio

Ein ganzes Bündel nützlicher Beispiele hat Microsoft in Form der Makrodatei *Sample.dsm* beigefügt. In alphabethischer Reihenfolge sind diese die Makro-Prozeduren:

- **AddFunctionDescription:** Erzeugt zu einem markierten Funktionsprototyp einen Kommentarblock mit Rückgabetyp und Parametern.
- **AddRevisionMarks:** Ergänzt eine Datei um Kommentare, die durchgeführte Änderungen dokumentieren.
- **AutoCompleteFromFile:** Durchsucht die Datei nach einer sinnvollen Fortführung für das begonnene Wort.
- **CloseExceptActive:** Schließt alle übrigen Editorfenster.
- **CommentOut:** Kommentiert den markierten Code-Bereich aus.
- **ifdefOut:** Umgibt den markierten Bereich mit einer *#ifdef*-Direktive.
- **ifndefOut:** Umgibt den markierten Bereich mit einer *#ifndef*-Direktive.
- **MultiplePaste:** Fügt den Inhalt der Zwischenablage mehrfach ein, schönes Beispiel für die Verwendung eines Dialogs in einem Makro.
- **OneTimeInclude:** Modifiziert die aktive C/C++-Definitionsdatei so, daß sie vom *#include*-Mechanismus nur ein einziges Mal eingelesen wird.
- **PrintAllOpenDocuments:** Druckt alle offenen Dokumente.
- **ToggelCommentStyle:** Wechselt Kommentarstil zwischen /* und //.

Neben diesen als ausführbaren Makros gedachten Unterprogrammen finden sich noch einer Reihe weiterer nützlicher Funktionen und Unterprogramme:

- **FileType:** Untersucht das übergebene Dokument auf den Typ und gibt für unterschiedliche Dateitypen Werte von 1 bis 7 zurück.
- **ValidId:** Untersucht, ob eine Zeichenkette ein gültiger C/C++-Bezeichner ist.
- **StripTabs:** Beseitigte Tabulatorzeichen.
- **PoundDefOut:** Helfer für *ifdefOut* und *ifndefOut*.

- **ExtractNextCompletionWord:** Helfer für *AutoCompleteFromFile.*
- **FillCompletionWords:** Helfer für *AutoCompleteFromFile.*
- **SuggestNextCompletionWord:** Helfer für *AutoCompleteFromFile.*

Die Makros dieser Beispieldatei sind teilweise bereits recht komplexe Programme. Einige kürzere Beispiele zeigen jedoch, wieviel man schon mit wenigen Zeilen Basic erreichen kann.

- Das erste dieser Beispiele ist die Funktion *FileType*, die in vielen der Makro-Unterprogramme benutzt wird, um festzustellen, ob ein Dokument vom richtigen Typ ist. Dokumenten-Objekte besitzen eigentlich eine Eigenschaft *Language*, die bestimmte vordefinierte Werte annehmen kann. (Dieser Wert ist schlicht eine Zeichenkette wie „C/C++" oder „HTML 2.0, RFC 1866"). Leider berücksichtigt die Eigenschaft *Language* nicht alle Möglichkeiten, da sie eigentlich nur für die automatische Syntaxhervorhebung gedacht ist. Aus diesem Grund muß eine etwas allgemeingültigere Lösung z. B. bei Ressourcendateien oder Linkerdefinitionsdateien die Namenserweiterung des Dateinamens auswerten. Zu diesem Zweck wird zunächst der Dateiname einer Variablen zugewiesen und anschließend der vordere Teil des Namens entfernt.

Dies geschieht, indem wiederholt die Position des Punkts im Namen mit der Basic-Funktion *Instr* ermittelt wird. Der Teil des Namens wird anschließend hinter dem Punkt mit *Mid* herausgeschnitten und als neuer Wert verwendet. Schließlich wird die verbleibende Namenserweiterung für die einfachere Vergleichbarkeit noch mit *LCase* in Kleinbuchstaben umgewandelt.

Der Rest der Funktion ist im wesentlichen eine große *If-Then-ElseIf-End If*-Konstruktion, wobei entweder die Namenserweiterung getestet wird oder aber der Rückgabewert der Eigenschaft *Language* mit vordefinierten Konstanten verglichen wird. Beachten Sie, daß die Rückgabe des Funktionswerts durch mehrfache Zuweisung an den Namen der Funktion erfolgt:

```
Function FileType (ByVal doc)
    ext = doc.Name
    FileType = 0
    pos = Instr(ext, ".")
    if pos > 0 then
        Do While pos <> 1
            ext = Mid(ext, pos, Len(ext) - pos + 1)
            pos = Instr(ext, ".")
        Loop
        ext = LCase(ext)
    end if
    If ext = ".rc" Or ext = ".rc2" Then
        FileType = 4
    ElseIf doc.Language = dsCPP Then
        FileType = 1
    ElseIf doc.Language = dsJava Then
        FileType = 2
    ElseIf doc.Language = dsIDL Then
        FileType = 3
```

```
    ElseIf doc.Language = dsHTML_IE3 Or doc.Language =
                                                  dsHTML_RFC1866 Then
        FileType = 5
    ElseIf doc.Language = dsVBSMacro Then '
        FileType = 6
    ElseIf ext = ".def" Then
        FileType = 7
    Else
        FileType = 0
    End If
End Function
```

Eine andere nützliche kleine Funktion für alle Arten von Quelltext-Utilities ist *ValidId*. Diese Funktion überprüft, ob eine übergebene Zeichenkette einen gültigen C/C++-Bezeichner darstellt. *ValidId* arbeitet noch stärker als das letzte Beispiel mit mehrfacher Zuweisung des Ergebnisses. Die Funktion geht zunächst einmal davon aus, daß ein gültiger Bezeichner übergeben wurde, und weist dem Ergebnis direkt den Wert *True* zu. In der Folge versucht sie dann, diese Annahme zu falsifizieren, und korrigiert den Rückgabewert gegebenenfalls. Der wohl krasseste Fall liegt vor, wenn der übergebene Bezeichner leer ist - ein leerer Bezeichner kann kaum etwas bezeichnen. In diesem Fall wird die Funktion mit *Exit Function* vorzeitig abgebrochen, nicht ohne daß zuvor dem Rückgabewert ein neues Ergebnis zugewiesen wurde.

Für die weitere Untersuchung des Bezeichners wird die Zeichenkette mit einer *For*-Schleife vom ersten bis zum letzten Buchstaben durchlaufen. Beachten Sie, daß die Zählung der Buchstaben bei 1 beginnt. Jeder Buchstabe wird mit *Mid* aus der Zeichenkette herausgepickt und einzeln getestet, ob er in Bezeichnern zulässig ist. Schließlich wird noch mit *IsNumeric* der unzulässige Fall einer Ziffer als erstes Zeichen getestet:

```
Function ValidId(Id)
    ValidId = True

    if Id = "" then
      ValidID = False
      Exit Function
    End If

    For i = 1 To Len(Id)
      if Mid(Id, i, 1) < "a" Or Mid(Id, i, 1) > "z" Then
        if Mid(Id, i, 1) < "A" Or Mid(Id, i, 1) > "Z" Then
            if Mid(Id, i, 1) < "0" Or Mid(Id, i, 1) > "9" Then
                if Mid(Id, i, 1) <> "_" Then
                    ValidId = False
                End if
            End If
        End If
      End If
    Next
    If IsNumeric(Left(Id, 1)) = True Then
        ValidId = False
    End If
End Function
```

Die nächste Funktion beseitigt führende Tabulatoren und demonstriert die *Do-While-Loop*-Schleife. Solange noch ein Tabulator mit *Instr* gefunden wird, berechnet die Funktion die verbleibenden Zeichen hinter dem Tabulator und benutzt *Right*, um diese Zeichen abzuschneiden und der Variablen *MyStr* als neuen Wert zuzuweisen. Der Algorithmus ist offensichtlich etwas rabiat, da alles links vom ganz rechten Tabulator abgeschnitten wird:

```
Function StripTabs (ByVal MyStr)
    Do While InStr(MyStr, vbTab) <> 0
        MyStr = Right(MyStr, Len(MyStr) - InStr(MyStr, vbTab))
    Loop
    StripTabs = Trim(MyStr)
End Function
```

Das Unterprogramm *CloseExceptActive* schließt alle Fenster außer dem aktiven Fenster. Dabei macht es sich zunutze, daß das aktive Fenster in der Liste aller Felder immer den Index 1 hat und alle übrigen Fenster einen höheren Index haben:

```
Sub CloseExceptActive ()
    do while Windows.Count > 1
        Windows.Item(2).Close(dsSaveChangesPrompt)
    Loop
End Sub
```

Die Funktion *MultiPaste* zeigt mehrere zusätzliche Besonderheiten. Benötigt ein Makro Eingaben vom Anwender, können diese auf sehr einfache Art mit der Funktion *InputBox* abgefragt werden. In dieser Zeile wird auch eine Fortsetzungszeile demonstriert. Da Basic nicht wie C/C++ „formatfrei" ist, haben Zeilenenden eine syntaktische Bedeutung (als Anweisungsende). Ist eine Anweisung länger, als bequem in einer Zeile unterzubringen ist, muß mit Fortsetzungszeilen gearbeitet werden. Eine Zeile, die fortgesetzt wird, endet, um dieses anzuzeigen, mit einem Unterstrich.

Ein weiterer Trick betrifft das Auswahlobjekt selbst. Um die Auswahl zu „löschen", ohne die Position der Schreibmarke zu verlieren, wird am Ende jeder Einfügung die Selektion eine Zeile hoch und wieder zurück bewegt:

```
Sub MultiplePaste ()
    NumPastes = InputBox("Number of pastes to make",
                         "Multiple Paste Macro",_
                         "1")
    For i = 1 To CInt(NumPastes)
        ActiveDocument.Selection.Paste
        'Because the selection remains active, the following two lines
        'clear the selection, while keeping the cursor in the
        'same place.
        ActiveDocument.Selection.LineUp
        ActiveDocument.Selection.LineDown
        ActiveDocument.Selection = vbLf
    Next
End Sub
```

Das letzte Beispiel zeigt den Vorteil, der sich ergibt, wenn komplexe, aber ähnliche Funktionen wie *ifdefOut* und *ifndefOut* auf eine gemeinsame Grund-Funktion zurückgeführt werden. Der einzige Unterschied zwischen beiden Funktionen besteht darin, daß das Makro einmal eine *#ifdef*- und einmal eine *#ifndef*-Direktive in den Code einsetzt. Die ziemlich komplexe Funktionalität der beiden Funktionen muß nur einmal im Unterprogramm *PoundDefOut* implementiert werden:

```
Sub ifdefOut ()
    PoundDefOut (False)
End Sub

Sub ifndefOut ()
    PoundDefOut (True)
End Sub
```

Zusammenfassung

Seit der Version 5 besitzt Visual C++ auch eine Skriptsprache in Form des Visual Basic-Dialektes VBScript. VBScript dient sowohl der Automatisierung und Programmierung von Makros für die Entwicklungsumgebung Visual Studio als auch als Skriptsprache für den Internet Explorer. Dort können VBScript-Programme direkt in HTML-Seiten eingebettet werden.

Die einfachste Methode, ein VBScript-Makro zu erstellen, besteht darin, dieses mit dem Makrorecorder aufzuzeichnen. Aufgezeichnete Makros werden in Makrodateien mit der Erweiterung *dsm* gespeichert und können bearbeitet oder ausgeführt werden. Da der Weg über die Menüs für den Start häufig benutzter Makros etwas lang ist, können diese Tastenkombinationen oder Schaltflächensymbolen zugewiesen werden.

Wie in jeder prozeduralen Sprache bestehen VBScript-Programme aus Daten (d. h. Variablen) und ausführbarem Programmcode. Variablennamen bestehen aus Buchstaben und Ziffern und dürfen maximal 255 Zeichen lang sein. Namen mit unterschiedlicher Groß- und Kleinschreibung werden von VBScript nicht unterschieden.

Zur Speicherung von Daten kennt VBScript nur den Datentyp *Variant*, dafür ist dieser in der Lage, mit jedem möglichen Typ von Daten fertigzuwerden. Variablen werden in VBScript implizit bei der ersten Benutzung angelegt, dieses Verhalten kann jedoch zur Vermeidung von Fehlern mit der Option *Explizit* abgeschaltet werden.

Explizit werden Bezeichner mit der *Dim*-Anweisung vereinbart. Wie der Name andeutet, dient *Dim* auch zur Vereinbarung von Feldern. Neben Feldern mit statisch festliegenden Feldgrenzen beherrscht VBScript auch dynamische Felder, deren Größe zur Laufzeit des Programms mit der Anweisung *ReDim* angepaßt werden.

Ein Kernkonzept in Verbindung mit Variablendefinitionen ist das Konzept des Gültigkeitsbereichs. In modernen Basic-Dialekten wie Visual Basic können Variablen wie in anderen strukturierten Sprachen lokal oder global vereinbart werden.

Visual Basic unterscheidet drei Arten von Ausdrücken. Von diesen haben die arithmetischen Ausdrücke die höchste Priorität, gefolgt von den Vergleichsoperatoren. Die logischen Operatoren schließlich haben die niedrigste Priorität.

Kontrollstrukturen kann man grob in zwei Gruppen teilen. Die einen verzweigen den Befehlsfluß abhängig vom Ergebnis eines logischen Ausdrucks, während die anderen abhängig von einer Bedingung Befehlsfolgen mehrfach durchlaufen können. Der erste Typ Kontrollstruktur wird in VBScript durch die If-Anweisung repräsentiert, der zweite Typ durch die Schleifenanweisungen Do-Loop, While-Wend und For-Next.

Ein VBScript-Programm besteht aus Funktionen und Unterprogrammen. Funktionen liefern einen Rückgabewert (durch Zuweisung an den Funktionsnamen), Unterprogramme nicht. Funktionen und Unterprogramme stellen einen Gültigkeitsbereich für Bezeichner dar. Der Aufruf einer Funktion in einem Ausdruck erfolgt durch die Angabe des Funktionsnamens, gefolgt von der Parameterliste in runden Klammern. Unterprogramme haben, obwohl nahe verwandt, eine völlig andere Aufrufsyntax; die Argumente folgen dem Unterprogrammnamen beim Aufruf als kommaseparierte Liste ohne Klammern.

Aufgabenstellungen in Visual Studio können durch VBScript-Makros automatisiert werden. In der Sichtweise von VBScript bedeutetet dies, daß die Visual Studio-Anwendung ein Objekt mit definierten Unterobjekten ist, deren Eigenschaften und Methoden von Basic aus zugänglich sind. Dies wird auch bei der Aufzeichnung von Makros ausgenutzt, um die aufgezeichneten Aktionen mit den Mitteln von VBScript darstellen zu können.

Ein ganzes Bündel nützlicher Beispiele für einfache und komplexe Makros zur Verwendung mit Visual Studio hat Microsoft schließlich in Form der Makrodatei *Sample.dsm* beigefügt.

2. Klassische Grundlagen

Im Unterschied zu sogenannten reinen OOP-Sprachen ist C++ eine hybride Programmiersprache. Objekte und Klassen spielen zwar eine zentrale Rolle, sind aber nicht die Grundbausteine der Sprache, sondern setzen sich aus anderen grundlegenderen Bausteinen zusammen, wie z. B. primitiven Datentypen oder Funktionen. Um die OOP-Eigenschaften und Konstrukte von C++ verstehen zu können, müssen wir uns daher zunächst mit dem konventionellen Teil von C++ beschäftigen, der von manchen auch als ein besseres C betrachtet wird.

2.1 Code konventionell – Die elementaren C++-Grundlagen

Bis auf einige C- bzw. C++-spezifische Besonderheiten bringt dieser Teil Kennern anderer blockorientierter Programmiersprachen wie Pascal oder sogar moderner Basic-Dialekte keine grundlegend neuen Konzepte – nicht umsonst stammen alle diese Sprachen direkt oder indirekt von der Urmutter aller strukturierten Sprachen, von Algol 60 ab. Unterschiede liegen vor allem in der von C geerbten, sehr knappen Syntax und einigen maschinennahen Konzepten, wie dem Zeiger- und Feldkonzept von C/C++.

Der konventionelle Kern von C++ wird in den folgenden Kapiteln recht kompakt abgehandelt. Beispiele werden, da die Objekteigenschaften der Sprache und die MFC noch nicht zur Verfügung stehen, als simple Konsolenanwendungen und sehr einfache Windows-Anwendungen dargestellt.

H

Die Unterschiede, die C zu C++ machen!

- C++ ist nicht C. Trotz großer äußerlicher Ähnlichkeiten des konventionellen Teils von C++ mit ANSI-C gibt es teilweise erhebliche Unterschiede, Erweiterungen und Verbesserungen gegenüber ANSI-C. Leser, die C bereits kennen, sollten die folgenden Kapitel daher nicht überspringen, sondern besonders in Hinblick auf Unterschiede zu C (z. B. Referenzen, Inline-Funktionen, Überladen, Standardparameter, konsequentere Typisierung und eine Reihe ziemlich subtiler Unterschiede) sorgfältig lesen!

2.2 Ein erstes Beispiel – Zellers Zauberei

Zu Beginn soll uns ein einfaches Beispiel einen Einblick in die Programmiersprache C++ geben. Es ist so angelegt, daß es auch ohne Kenntnisse von C oder C++ verstanden werden kann. Es vermittelt bereits eine Vorstellung, wie ein C++-Programm aussieht (einschließlich einiger C++-Spezialitäten), und ermöglicht es dadurch, die später in den folgenden Kapiteln über uns hereinbrechenden Informationen besser einordnen zu können. Das vollständige Projekt ist auf der Begleit-CD im Verzeichnis *easter* zu finden.

Das Beispiel ist in schönster Top-Down-Manier angeordnet. Zuerst kommt als oberstes Element das Hauptprogramm *main()*, gefolgt von einigen Funktionen, die die Aufgabenstellung in immer detaillierterer Form lösen.

Ein Hinweis noch vorweg: Alle Zeilen, die mit Typnamen wie *int*, *long* oder *char* beginnen, vereinbaren Variablen oder Funktionen. Kommentare beginnen mit *//* oder sind in */* */* eingeschlossen.

```
/*  Dieses Programm berechnet für jede eingegebene Jahreszahl den
    genauen Ostertermin nach der von Chr. Zeller in Acta Math. 9,
    1886, p133 ff. angegebenen Osterformel.
                             (c) 1996 by Dr. Christian Fleischhauer
*/

#include <iostream.h>


long getEasterOffset (int year);              // Funktionsdeklarationen
void getEasterDate (int &day, int &month, int year);


//  Hauptprogramm. Fragt Jahreszahl ab und gibt ggf. Ostertermin aus
//
int main (int argc, char* argv[])
{
    const char *month[2] = {". Maerz", ". April"};
    int d, m, y;
    cout << "Gib Jahreszahl:";
    cin  >> y;
    if (y >= 1582)
    {
        getEasterDate (d, m, y);
        cout << "\nIm Jahr " << y << " ist Ostern am "
             << d << month[m-3] << "\n";
    }
    else
    {
        cerr << "\n Ungueltige Eingabe. "  // Fortsetzung nächste Zeile!
                "Der Gregorianische Kalender gilt erst ab 1582!\n";
    }
```

```
    return 0;
}


//  Berechnet Tag und Monat des Ostertermins für gegebenes Jahr y
//  Die eigentliche Arbeit tut die Funktion getEasterOffset()
//
void getEasterDate (int &d, int &m, int y)
{
    m = 3;                          // Frühling beginnt am 21.3.
    d = 21 + getEasterOffset (y);   // Wie viele Tage noch vom 21.?
    if (d > 31)                     // Fällt wohl in den April
    {
        d = d - 31;                 // Tag im April berechnen
        m++;                        // Monat um 1 erhöhen.
    }
}


//  Mathematisch korrekte Modulo-Funktion. Der %-Operator liefert
//  für negative Zahlen fälschlich negative Ergebnisse.
//
inline int mod (int n, int d)
{
    int q = n % d;                  // modulo berechnen die Erste
    return (q < 0) ? (q+d) % d : q; // falls < 0 nachbessern.
}


//  Zellers Zauberei: liefert für jedes Jahr ab 1582 die Anzahl
//  der Tage vom Frühlingsbeginn am 21. März bis Ostern. Die
//  Funktionsweise ist in Zellers Artikel in Acta Mathematika 9,
//  1886 (in Worten 1886) ab Seite 131 im einzelnen nachzulesen.
//
long getEasterOffset (int y)        // Osterformel nach Zeller
{
    int J = y / 100;                // Zahl des Jahrhunderts
    int K = y % 100;                // Jahreszahl im Jahrhundert

    int a = y % 19;                 // 19jährige Mondperiode
    int g = J-J/4-(8*J+13)/25;      // Schalttage + Mondphase
    int b = mod (19*a+15+g, 30);    // Ostervollmondzahl, Tage ..
                                    //   .. ab 21.3. (Frühlingspkt)
    int d = mod (b+K+K/4+J/4+2-2*J, 7); // Wochentag des Vollmonds
    if ((d==0) && (b==29 || (b==28 && a > 10))) d=7;//Sonderfälle

    return b + (7-d);               // Vollmond + Tage bis Sonntag
}
```

Alles klar. Fast alles? Fein!

Gehen wir das Programm noch einmal durch.

Zunächst definiert ein Kommentar den Sinn und Zweck des Programms, gefolgt von einer *#include*-Direktive, die die benötigte Definitionsdatei *iostream.h* einliest.

Als nächstes folgen die zwei Funktionsdeklarationen der Funktionen *getEasterOffset()* und *getEasterDate()*. Da diese Funktionen vor ihrer eigentlichen Definition bereits gebraucht werden, muß dem Compiler die Existenz dieser durch eine Funktionsdeklaration, einen sogenannten Funktionsprototyp, mitgeteilt werden. Der Datentyp *int&* in *getEasterDate()* bedeutet übrigens, daß es sich bei den ersten beiden Parametern um Referenz- oder Variablenparameter handelt, eine ganz entscheidende Verbesserung von C++ gegenüber ANSI-C.

Als nächstes folgt die *main()*-Funktion. Diese hat zwei Parameter *argc* und *argv[]*, über die ggf. Kommandozeilenparameter ausgewertet werden können. Im Funktionsrumpf der *main()*-Funktion wird zunächst ein lokales Feld mit zwei schreibgeschützten Monatsnamen und drei ganzzahligen Variablen *d* (day), *m* (month) und *y* (year) angelegt. Da diese Variablen nur in einem sehr begrenzten Bereich vorkommen und die Bedeutung aus dem Kontext klar ersichtlich ist, würden längere Bezeichner den Code eher unübersichtlicher machen. Nach dem Einlesen einer Jahreszahl von der Standardeingabe *cin* wird die Berechnung abhängig vom Wert durchgeführt und auf *cout* ausgegeben oder ein Fehler auf *cerr* gemeldet. Die eigentliche Arbeit jedoch findet nicht in *main()*, sondern in einer untergeordneten Funktion statt.

Eine Besonderheiten innerhalb der Funktion *main()* sollte vielleicht noch angemerkt werden. Da Felder in C und C++ immer mit dem Index 0 beginnen, hat die Zeichenkette *". Maerz"* im Feld *month* den Index 0 und *". April"* den Index 1. Die Funktion *getEasterDate()* liefert dagegen für März und April die Werte 3 bzw. 4. Das muß bei der Ausgabe der Monatsnamen berücksichtigt werden!

main() verwendet die nun folgende Funktion *getEasterDate()*, um aus der Jahreszahl das Osterdatum zu ermitteln. Dazu ruft die Funktion *getEasterDate()* die Funktion *getEasterOffset()* auf, welche die Anzahl Tage zwischen dem Frühlingsanfang am 21. März und Ostern liefert. Fällt der ermittelte Zeitpunkt bereits in den April, wird das Datum entsprechend korrigiert.

Zur Berechnung des Osterdatums nach Chr. Zeller werden Modulo-Berechnungen benötigt. Der in die Sprachen C und C++ eingebaute Modulo-Operator % verhält sich jedoch bei negativen Zahlen nicht wie die mathematische Modulo-Funktion. Daher definieren wir eine neue Modulo-Funktion *mod()*, die das beschriebene Problem nicht hat. Zur Verbessung der Effizienz ist die Funktion *mod()* als Inline-Funktion definiert. Das bedeutet, daß der Compiler an Stellen, an denen *mod()* aufgerufen wird, nicht einen Aufruf der Funktion generiert, sondern den Code der Funktion selbst einsetzt (in-line!). Die Funktion benutzt den Fragezeichen-Operator, um abhängtig vom Wert *q* entweder *(q+d)%d* oder *q* selbst zurückzuliefern.

Die eigentliche Arbeit wird schließlich von der letzten Funktion *getEasterOffset()* verrichtet. Wie diese Funktion ihre Arbeit verrichtet, scheint zunächst an Zauberei zu grenzen. Die Rechnung beruht auf dem 19jährigen Mondzyklus und berücksichtigt zusätzlich gewisse Korrekturterme *g* für Schalttage und die langsame Verschiebung der Mondphase, die sogenannte aequatio solaris und aequatio lunaris. Garniert wird das Ganze mit einer spezialisierten Fassung von Zellers Kongruenz (Zellers Wochentagsformel) zur Berechnung der Wochentagsnummer *d* des Frühjahrsvollmonds.

Namensfragen – Sinnvolle Benennung von Variablen

Diese Stelle bietet sich an, noch einige Bemerkungen zum Programmierstil loszuwerden, bevor wir uns ins Getümmel stürzen.

Oft hört oder liest man, Bezeichner sollten möglichst lang und aussagekräftig sein. Ich halte das nur bedingt für richtig. Richtig ist sicherlich, daβ Bezeichner für Programmobjekte, die global über ein ganzes, möglicherweise 100000 und mehr Zeilen langes Programm sichtbar sind, ohne jeden Zweifel selbsterklärend sein müssen. Bezeichner, die nur in einem engbegrenzten Kontext vorkommen, sollten dagegen in erster Linie klar und damit kurz sein, um die Struktur des Algorithmus nicht zu vernebeln. Das ist kein Plädoyer für unverständliche Variablennamen. Kurz heiβt so kurz wie möglich und so lang wie nötig. Schleifenvariablen in kurzen Schleifen über wenige Zeilen wird man z. B. *l*, *c*, *i* oder *k* nennen, in längeren Schleifen dagegen deskriptivere Namen wie *lineno* oder *column* wählen. Eine Schleifenvariable *forceFieldLineIndex* mag zwar selbsterklärend sein, lesbar ist sie nicht:

```
for (int forceFieldLineIndex = 0;
        forceFieldLineIndex < maxNumForceFieldLines;
        forceFieldLineIndex++)
    {
        result[forceFieldLineIndex] = 0;
        for (int forceFieldColumnIndex = 0;
            forceFieldColumnIndex < maxNumForceFieldCols;
            forceFieldColumnIndex++)
        {
            result[forceFieldLineIndex] +=
                ForceField[forceFieldLineIndex][forceFieldColumnIndex]
                * displacementOfMolecules[forceFieldColumnIndex];
        }
    }
```

Viel klarer wird der Algorithmus wie hier mit kurzen Namen:

```
    for (int l = 0; l < numLines; l++)
    {
        r[l] = 0;
        for (int k = 0; k < numCols; k++)
        {
            r[l] += FF[l][k]*displ[k];
        }
    }
```

Die Kodierung von möglichst viel Typinformation in Variablennamen, die sogenannte ungarische Notation (weil Programme damit so unleserlich werden wie Ungarisch für einen Amerikaner) hat in stark typisierten Sprachen wie C++ auch nichts zu suchen. Sie stammt noch aus den vor-ANSI-Zeiten von C, als diese Schreibweise die Programmierer vor Typfehlern schützen sollte (da der Compiler alles schluckte). Heute hingegen lenkt diese Notation eher vom Algorithmus ab, da sie den Code mit unwesentlichen Detailinformationen überfrachtet. Dummerweise wird sie bis heute im Hause

Microsoft gepflegt und immer wieder in Umlauf gebracht. In den Beispielen dieses Buchs wird an den Stellen, an denen Namen nicht von den MFC oder der Windows-API vorgegeben sind, höchstens eine eher informelle Art der Namenskonvention verwendet: Variablen, die mit Buchstaben *i* bis *n* beginnen, bezeichnen, den gängigen mathematischen Konventionen entsprechend, häufig ganzzahlige (Zähler-)Variablen. Buchstaben vom Anfang und insbesondere vom Ende des Alphabets deuten auf Fließkommazahlen hin, und ein *p* am Anfang kann ein expliziter Hinweis auf einen Zeiger sein.

Beispiel:

```
date->m_lpszMonth = "Fastnacht";                    // ungarische Notation
date->month = "Fastnacht";                          // C++-Notation
```

In welcher Sprache sollen Bezeichner gewählt werden? Ich halte mich in dieser Beziehung an Bjarne Stroustrup, der sich (abgesehen von dem Zeichensatzproblem, das wir im Deutschen auch haben) dänische Bezeichner verkneift und sich auf den Standpunkt gestellt hat: Englisch ist die Weltsprache für Programmierer. Würden die meisten Programmierer muttersprachliche Bezeichner verwenden, hätte das weitreichende Verständigungsprobleme zur Folge. Außerdem ist (das ist allerdings nur meine persönliche Meinung) die Mischung von englischen Schlüsselwörtern und deutschen Bezeichnern unästhetisch.

Letztendlich bleibt die Entscheidung jedoch jedem selbst überlassen, sofern er sich in einem größeren Team nicht ohnehin an gemeinsame Richtlinien halten muß.

Die Sprachbestandteile von C++

Ein C++-Programm besteht aus einer oder mehreren Dateien, die in mehreren Phasen übersetzt werden. Die erste Phase ist der Präprozessorlauf, der an anderer Stelle detaillierter betrachtet wird.

Der Präprozessor verarbeitet die mit dem Zeichen # beginnenden Präprozessoranweisungen wie z. B. die *#include*-Direktive, die Sie bereits in den einführenden Beispielen kennengelernt haben. Das Ergebnis des Präprozessorlaufs ist eine Folge von Token.

Token

Token sind gewissermaßen die Worte, aus denen jedes Hochsprachenprogramm aufgebaut ist. C++ kennt fünf verschiedene Arten von Token: Bezeichner, Schlüsselworte, Literale, Operatoren und andere Trennzeichen. Leerzeichen, Tabulatoren, Zeilenvorschübe, Seitenwechsel und Kommentare heißen Zwischenräume und werden ignoriert, sofern sie nicht zwei Token voneinander trennen. Zwischenräume sind dann nötig, wenn dadurch zwei andernfalls ununterscheidbare Token voneinander getrennt werden.

Beispiele für Token:

```
x     DontPanic  0x1234    ++       ->*
if    else       main      4711L    0x2ab
```

Im Fall von Mehrdeutigkeiten gilt die Regel, daß ein Token die längste Folge von aufeinanderfolgenden Zeichen ist, die als ein einziges Token interpretiert werden können.

Beispiel:

```
a = i+++j;
```

Diese Anweisung kann ohne die besagte Regel auf zwei mögliche Weisen interpretiert werden:

```
a = i + (++j);                    // mögliche Interpretation
a = (i++) + j;                    // tatsächliche Interpretation
```

Da der Parser die längste mögliche Folge von Zeichen als Token interpretiert, ist die zweite Interpretation die zutreffende. In der Regel sollte man solche Mehrdeutigkeiten jedoch durch die freigebige Verwendung von Leerzeichen vermeiden und im vorliegenden Beispiel je nach Absicht eine der beiden folgenden Varianten schreiben:

```
a = i + ++j;
a = i++ + j;
```

Dies vermeidet Mißverständnisse und erhöht generell die Lesbarkeit des Codes.

Kommentare

Kommentare sind erklärende Texte im Programm, die nur für den Leser (oder auch den Autor) eines Programms gedacht sind. Sie werden vom Compiler ignoriert und vergrößern den erzeugten Code nicht.

Kommentare können Algorithmen verdeutlichen, Variablen erklären oder wichtige Programmstellen hervorheben. Gelegentlich dienen sie auch dazu, Codeteile vorübergehend „auszukommentieren" und so für den Compiler unsichtbar zu machen.

C++ kennt zwei unterschiedliche Typen von Kommentaren. Ein Kommentar im C-Stil wird durch /* eingeleitet und durch */ abgeschlossen. Diese Art Kommentar darf nicht geschachtelt werden. Ein Kommentar im neuen C++-Stil beginnt mit // und geht bis zum Ende der Zeile. Alte und neue Kommentare können ineinander geschachtelt werden – so wird ein /* oder */ hinter einem // genauso ignoriert wie ein // innerhalb eines Blocks aus /* */.

Kommentare sollen dazu dienen, die Vorgänge in einem Programm zu verdeutlichen, nicht zu verdunkeln. Kommentare wie

```
int a = -1;                  // a wird mit -1 initialisiert
int *p = 0;                  /* Zeiger auf Integer */
int minimum(int a, int b);   // Bestimmung des Minimums von a und b
```

schaden mehr, als sie nutzen, da sie von den wirklich wichtigen Dingen ablenken. Kommentare sollten auf keinen Fall nur beschreiben, was aus dem Code ohnehin hervorgeht, sondern die große Linie eines Programms oder einer Funktion nachvollziehen, auf schwierige oder trickreiche Stellen hinweisen oder notwendige und hinreichende Bedingungen für die erfolgreiche Ausführung einer Funktion oder eines Programmteils dokumentieren. Im übrigen sollte Programmcode möglichst klar formuliert und übersichtlich formatiert werden, so daß der Sinn aus dem Code direkt ersichtlich ist.

> Man kann in jeder Sprache FORTRAN-Programme schreiben!

Bezeichner

Bezeichner sind beliebig lange Folgen von Buchstaben und Ziffern, die mit einem Buchstaben beginnen. Der Unterstrich zählt als Buchstabe. Groß- und Kleinschreibung ist signifikant, die Bezeichner *ident* und *Ident* sind voneinander verschieden.

Schlüsselworte

Die folgenden Bezeichner sind als Schlüsselworte reserviert und dürfen nicht anderweitig verwendet werden.

```
asm          delete        if               short        typedef
auto         do            inline           signed       typeid
bad_cast     double        int              sizeof       union
bad_typeid   dynamic_cast  long             static       unsigned
break        else          namespace        static_cast  using
case         enum          new              struct       virtual
catch        except        operator         switch       void
char         extern        private          template     volatile
class        finally       protected        this         while
const        float         public           throw        xalloc
const_cast   for           register         try
continue     friend        reinterpret_ca   st
default      goto          return           type_info
```

Zusätzlich sind Bezeichner, die mit einem doppelten Unterstrich beginnen, für den Gebrauch durch einzelne C++-Implementationen reserviert und sollten vom Anwender gemieden werden. Visual C++ 5.0 reserviert die folgenden Bezeichner:

```
__asm       __finally  naked
__based     __inline   __single_inheritance
__cdecl     __int8     __stdcall
__declspec  __int16    thread
dllexport   __int32    __try
dllimport   __int64    __virtual_inheritance
```

```
__except    __leave
__fastcall  __multiple_inheritance
```

Die folgenden Bezeichner sind im ANSI-C-Standard festgelegt und stehen für Makros, die durch den Präprozessor vordefiniert werden. Sind sie in der Quelldatei vorhanden, werden sie durch den Präprozessor expandiert:

```
__DATE__    __FILE__        __LINE__    __STDC__
__TIME__    __TIMESTAMP__
```

Die folgenden Bezeichner sind Microsoft-spezifische Präprozessor-Makros:

```
_CHAR_UNSIGNED  __cplusplus  _CPPRTTI  _CPPUNWIND
_DLL            _M_IX86      _MSC_VER  _MT       _WIN32
```

C++-Programme verwenden die folgenden Sonderzeichen für Operatoren oder als Trennzeichen:

```
!   %   ^   &   *   (   )   -   +   =   {   }   |   ~
[   ]   \   ;   '   :   "   <   >   ?   ,   .   /
```

Die folgenden Zeichenkombinationen werden für Operatoren benutzt:

```
->  ++  --  .*  ->*  <<   >>   <=  >=  ==  !=  &&
||  *=  /=  %=  +=   -=   <<=  >>= &=  ^=  |=  ::
```

Jede dieser Kombinationen ist ein Token.

Start und Beendigung

Jedes C++-Programm muß genau eine Funktion mit dem Namen *main()* enthalten. Diese Funktion definiert den Eintrittspunkt jedes Programms. Ist die Funktion *main()* fertig abgearbeitet und diese mit der *return*-Anweisung verlassen, endet auch das C++-Programm (nachdem es noch alle notwendigen Aufräumarbeiten vorgenommen hat). Im Gegensatz zu C darf die Funktion *main()* nicht von anderen Funktionen aufgerufen werden. Die Funktion *main()* kann zwei Formen annehmen:

```
int main (int argc, char* argv[])
{
    // berechne den Sinn des Lebens, des Universums, und überhaupt
    return 42;
}
```

oder

```
int main ()
{
    // Mrs. Brunners letztes Programm
    // return 0;
}
```

In der ersten Form werden *main()* von der Laufzeitumgebung zwei Parameter übergeben: die Anzahl *argc* der Parameter in der Kommandozeile und das Feld *argv* mit Zeigern auf Zeichenketten mit den einzelnen Parametern der Kommandozeile. Der erste Parameter *argv[0]* enthält den Namen des Programms. In der zweiten Form von *main()* werden die Kommandozeilenparameter ignoriert. Der Rückgabetyp *int* kann übrigens aus historischen Gründen auch weggelassen werden – C und C++ nehmen in diesem Fall automatisch den Rückgabetyp *int* an.

Windows-Programme verletzen übrigens diese Forderung des C++-Standards, da sie jedes Programm mit der Funktion *WinMain()* starten:

```
int WINAPI WinMain(HINSTANCE  hInstance, HINSTANCE  hPrevInstance,
                   LPSTR  lpCmdLine, int  nShowCmd  )
{
    /* .... */
}
```

Da Windows-Programme beim Start andere Informationen als herkömmliche Kommandozeilenprogramme benötigen, hat sich Microsoft seinerzeit entschieden, als Startpunkt für Windows-Programme die *WinMain()*-Funktion zu definieren. Man kann sich natürlich vorstellen, daß sich die Funktion *main()* in einer der Windows-Bibliotheken befindet und automatisch mit jedem Windows-Programm gelinkt wird. Sie ruft dann ihrerseits *WinMain()* auf. Tatsächlich wird dieser Schritt jedoch in allen mir bekannten Implementationen ausgelassen und *WinMain()* direkt vom Laufzeitsystem aufgerufen.

Durch die Beendigung des Hauptprogramms *main()* mit *return* wird auch das gesamte C++-Programm beendet. Das Laufzeitsystem ruft dazu die in *<stdlib.h>* deklarierte Funktion *exit()* mit dem mit *return* zurückgegebenen Wert auf. *exit()* kann auch aus dem Anwenderprogramm heraus aufgerufen werden, um ein Programm zu beenden. Soll ein Programm nicht ordnungsgemäß beendet, sondern sofort (d. h. ohne alle weiteren Aufräumarbeiten) abgebrochen werden, kann die ebenfalls in *<stdlib.h>* definierte Funktion *abort()* verwendet werden.

Zusammenfassung

C++ ist eine hybride Programmiersprache, d. h., sie enthält sowohl prozedurale als auch OOP-Elemente. Objekte und Klassen spielen zwar eine zentrale Rolle, sind aber nicht die Grundbausteine der Sprache, sondern setzen sich aus anderen grundlegenderen Bausteinen zusammen. Um die OOP-Eigenschaften und Konstrukte von C++ verstehen zu können, muß man sich daher zunächst mit dem konventionellen Teil von C++ beschäftigen. Dieser Teil von C++ bringt für Kenner anderer prozeduraler Programmiersprachen keine grundlegend neuen Konzepte, ist aber aufgrund der von C geerbten knappen Syntax und einiger sehr maschinennahen Konzepte, wie dem Zeiger- und Feldkonzept, etwas gewöhnungsbedürftig. Der konventionelle Kern von C++ wird in diesem und den folgenden Kapiteln recht kompakt abgehandelt. Trotz weitgehender Aufwärtskompatibilität des konventionellen Teils von C++ mit ANSI-C ist C++ nicht C. Es gibt teilweise erhebliche Differenzen, Erweiterungen und Verbesserungen, aber auch teilweise sehr subtile Unterschiede.

Zu Beginn vermittelt „Zellers Zauberei" ein einfaches Beispielprogramm zur Berechnung des Ostertermins, eine Vorstellung, wie ein prozedurales C++-Programm aussieht. Es ist so angelegt, daß es auch ohne Kenntnisse von C oder C++ verstanden werden kann.

Bei der Wahl von in Programmen verwendeten Bezeichnern sollte jeweils zwischen Aussagekraft und Kürze abgewogen werden. Bezeichner, die nur in einem engbegrenzten Kontext vorkommen, sollten in erster Linie klar und damit kurz sein, um die Struktur der Algorithmen nicht zu vernebeln, Bezeichner mit einem weiten Geltungsbereich sollten dagegen möglichst aussagekräftig sein. Die Kodierung von möglichst viel Typinformation in Variablennamen, die sogenannte ungarische Notation, ist ein Relikt aus K&R-C-Tagen (K&R sind **K**erninghan & **R**itchie, die Erfinder von C) und hat in stark typisierten Sprachen wie C++ nichts mehr zu suchen. Da Englisch die Weltsprache der Programmierer ist und auch die Schlüsselwörter der Sprache durchweg englisch sind, sollten aus praktischen und ästhetischen Erwägungen nach Möglichkeit englische Bezeichner gewählt werden.

Ein C++-Programm besteht aus einer oder mehreren Dateien, die in mehreren Phasen übersetzt werden. Die erste Phase ist der Präprozessorlauf, bei dem die mit dem Zeichen # beginnenden Präprozessoranweisungen wie z. B. die *#include*-Direktive verarbeitet werden. Der Präprozessor entfernt auch Kommentare aus dem Quelltext.

Das Ergebnis des Präprozessorlaufs ist eine Folge von Token, die als Eingabedaten für den eigentlichen Compiler dient. C++ kennt fünf verschiedene Arten von Token: Bezeichner, Schlüsselworte, Literale, Operatoren und andere Trennzeichen.

Groß- und Kleinschreibung sind signifikant, die Bezeichner *ident* und *Ident* sind voneinander verschieden. Jedes C++-Programm besitzt genau eine Funktion *main()*, die den Eintrittspunkt und das reguläre Ende jedes Programms vorgibt.

2.3 Datentypen und die Adressierung von Daten

Ein wesentlicher Bestandteil eines jeden Programms sind die Daten, die von diesem Programm manipuliert werden oder die selbst den Programmablauf beeinflussen.

Daten können in einem Programmtext als Konstanten, sogenannte Literale, vorkommen oder an bestimmten durch Variablennamen symbolisch bezeichneten Speicherstellen abgelegt werden.

Um unterschiedliche Arten von Daten sowohl hinsichtlich der mit ihnen möglichen Operationen als auch des benötigten Speicherplatzes zu unterscheiden, wird jedem Datum ein Typ oder Datentyp zugeordnet.

Datenspion - Debuggen mit dem symbolischen Debugger

Daten und Datentypen können ein reichlich trockenes und unanschauliches Thema sein, vor allem wenn man fortgeschrittene Konzepte wie Zeiger, Felder und Strukturen behandelt. Zum Glück ist Visual C++ mit einem sehr leistungsfähigen Debugger ausgestattet, der es uns erlaubt, die vorgestellten Konstrukte direkt „live" in Augenschein zu nehmen. Dies ist auch eine gute Gelegenheit, sich mit dem Gebrauch des Debuggers vertraut zu machen.

Viele professionelle Entwickler lehnen bis heute den Gebrauch von symbolischen Debuggern ab mit den Argumenten, daβ erstens richtige Programmierer auch ohne ein solch dekadentes Werkzeug auskommen und zweitens symbolische Debugger einen schlampigen Programmierstil fördern und damit verhindern, daβ man seinen Code vor der Niederschrift ordentlich durchdenkt (da man sich auf den Debugger verließe, um Fehler nachträglich zu beseitigen). Sie verlassen sich lieber auf Werkzeuge wie „Code-Walk-Throughs" (gemeinsame Code-Lesungen) oder allenfalls ein paar in den Code eingestreute Ausgabeanweisungen. Bei Licht besehen sind dies jedoch (in anderer Form) dieselben Macho-Argumente, mit denen früher Assembler-Gurus die Verwendung von Hochsprachen generell ablehnten oder K&R-C-Fans jede Form von Typisierung und Fehlersuche durch den Compiler für eine Einschränkung ihrer persönlichen Freiheit hielten (denn der Programmierer weiβ immer, was er tut). In der Praxis sind auch die besten Programmierer Menschen, die (wenn auch wenige) Fehler machen, und jedes Hilfsmittel, das es erlaubt, einige dieser Fehler zu vermeiden oder schneller aufzuspüren, führt letztlich zu besseren Programmen.

Zur Untersuchung der Beispiele im Text mit dem Debugger dient ein fertiges Projekt *DatenMaterial* auf der Begleit-CD, in welchem die meisten Beispiele dieses Kapitels in übersetzungs- und lauffähiger Form vorliegen. Um dieses Projekt zu verwenden, kopieren Sie, falls dies noch nicht geschehen ist, das Verzeichnis *DatenMaterial* auf die Festplatte und öffnen das Projekt. Es handelt sich um eine Windows-Anwendung mit der üblichen Hauptfunktion *WinMain()* und 26 Beispielfunktionen *example_1()* bis *example_26()*. *WinMain()* hat die Form

```
int WINAPI WinMain (HINSTANCE, HINSTANCE, LPSTR, int)
{
    example_1();

    return 0;
}
```

Je nachdem, welches Beispiel wir untersuchen wollen, können wir den Funktionsaufruf *example_xx()* in der Hauptfunktion entsprechend ändern. Nachdem das Programm mit [F7] übersetzt wurde, wird nun z. B. in der Funktion *example_1()* mit [F9] ein Haltepunkt gesetzt und der Entkäferer mit [F5] gestartet. Klappt das nicht, etwa weil es an Debug-Informationen fehlt, haben Sie möglicherweise die falsche Konfiguration des Projekts geladen. Beim Anlegen eines neuen Projekts erzeugt Visual C++ automatisch zwei unterschiedliche Konfigurationen für die Erzeugung einer Debug-

und einer Release-Version. Weitere Konfigurationen kann der Anwender nach Belieben hinzufügen. Jede Konfiguration faßt einen Satz Compiler- und Linkereinstellungen sowie weitere Projektinformationen zusammen. Gegebenenfalls kann zwischen den verschiedenen Konfigurationen durch *Erstellen/Aktive Konfiguration festlegen* und einer entsprechenden Dialogauswahl sehr einfach gewechselt werden.

Beim Start des Debuggers verschwindet links der Projektbereich, dafür erscheinen (falls Sie nicht in früheren Sitzungen etwas anderes eingestellt haben) ein Variablen- und ein Überwachungsfenster sowie eine zusätzliche Symbolleiste mit Debugger-Befehlen. Die augenblickliche Position im Programm wird durch einen gelben Pfeil am linken Rand des Quellfensters gekennzeichnet, Haltepunkte (die Sie mit [F9] setzen oder löschen können) durch einen roten Kreis. Einzelne Programmzeilen können Sie durch die Funktionstasten für Einzelschritte [F11] oder [F10] oder die entsprechenden Schaltflächen ausführen. Dabei führt [F10] eine Anweisung, die einen Funktionsaufruf umfaßt, vollständig aus, springt also über den Funktionsaufruf, während [F11] in die Funktion hinein springt.

Falls keine zusätzliche Symbolleiste für den Debugger erscheint, sollte diese mit *Extras/Anpassen* auf der Seite *Symbolleisten* mit einer Markierung bei *Debug* eingeschaltet werden. Diese Symbolleiste ist wie die übrigen „verankerbar", kann also horizontal oder vertikal ausgerichtet und am Rand des Fensters verankert werden oder aber als Palette vor dem Fenster „schweben".

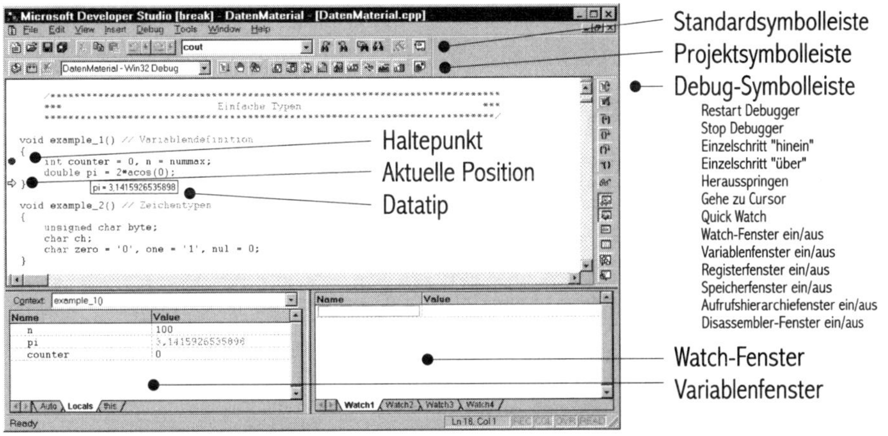

Abb. 51: Der integrierte Debugger von Visual C++ erlaubt die einfache Untersuchung von Programmabläufen und Daten auf symbolischer Ebene

Im Variablenfenster zeigt der Debugger den Zustand der Variablen im gegenwärtigen Kontext. Durch drei Reiter kann man bei der Anzeige zwischen den Varianten *Auto*, *Lokal* und *this* wählen. Über ein Kontext-Kombinationsfeld im Kopf des Variablenfensters kann außerdem der angezeigte Kontext verändert werden. Mit der Einstellung *Auto* zeigt der Debugger alle lokalen oder auch globalen Variablen, die beim letzten und nächsten Programmschritt angesprochen werden. Die Einstellung *Lokal* zeigt alle lokalen Variablen des aktuellen Sichtbarkeitsbereichs. Die Einstellung *this* dagegen ist erst bei objektorientierter Programmierung von Interesse. Ein Reiter *Global* fehlt leider, jedoch kann man globale Variablen direkt untersuchen, indem man den Namen in der ersten Spalte des Überwachungsfensters eingibt und die Schnellüberwachung oder das Datatip-Feature verwendet. Das Datatip-Feature wird aktiv, wenn im Quelltextfenster der Mauszeiger für einen Moment über einem Variablennamen bleibt. Die Schnellüberwachung kann durch [Umschalt]+[F9], das Kontextmenü (rechte Maustaste) oder die entsprechende Schaltfläche in der Debugger-Symbolleiste ausgelöst werden und zeigt den Inhalt der Variablen unter dem Cursor an. Variablenfenster, Überwachungsfenster und Schnellüberwachungs-Dialog haben prinzipiell alle den gleichen Aufbau: links eine Spalte mit den Variablennamen (der im Fall des Überwachungsfensters auch selektiert und geändert werden kann) und rechts der Wert der Variablen. Die Werte können ähnlich wie in einer Tabellenkalkulation geändert werden. Ist eine Variable strukturiert oder zeigt sie auf ein anderes Datenelement, erscheint zusätzlich vor dem Namen der Variablen ein +-Symbol, über das die Variable „aufgeklappt" und genauer untersucht werden kann. Eine Variable im Schnellüberwachungsfenster kann auf Knopfdruck dem normalen Überwachungsfenster hinzugefügt werden; Namen im Variablenfenster lassen sich einfach ins Überwachungsfenster hinüberziehen. Leider wird in den diversen Datenfenstern der Typ einer Variablen oder eines Ausdrucks nicht angezeigt. Falls man sich für diesen Interessiert, kann man mit dem Kontextmenü (rechte Maustaste) mit der Auswahl *Properties* einen nicht-modalen Eigenschaftsdialog anzeigen lassen, dem man unter anderem auch die Typinformationen entnehmen kann (bei komplizierteren Typen allerdings öfter falsch dargestellt).

Beenden läßt sich der Debugger über die Funktionstaste [Umschalt]+[F5] oder die zweite Schaltfläche der Debugger-Symbolleiste.

Primitive Typen – Die grundlegenden Datentypen

Frühe Programmiersprachen wie erste Versionen von FORTRAN unterschieden nur zwischen ganzen Zahlen und Fließkommazahlen unterschiedlicher Präzision. Bei späteren Sprachen kamen noch weitere fest eingebaute Typen wie z. B. Zeichenketten (Strings) hinzu. Diese elementaren Typen, die fest in die Sprache eingebaut sind, heißen primitive Typen.

C und C++ kennen die folgenden primitiven oder elementaren Typen; ein echter Zeichenkettentyp oder ein logischer Typ fehlen und werden durch Zeichenvektoren bzw. ganze Zahlen nachgebildet:

```
char    int    float    double    void
```

Variablendefinition

Variablen müssen wie alle anderen benutzerdefinierten Bezeichner (mit der Ausnahme von Sprungmarken) vor der ersten Benutzung deklariert werden. Variablen eines gegebenen primitiven Typs werden durch den Namen des Typs vereinbart, gefolgt von einer Liste von Variablennamen. Jede so definierte Variable kann direkt bei der

Definition mit einem Wert belegt (initialisiert) werden. Hinsichtlich des Orts des Definition gibt es gegenüber älteren Sprachen wie C oder Pascal wenig Einschränkungen. Insbesondere die Einschränkung, daß Variablen nur am Anfang eines Blocks (d. h. vor allen ausführbaren Anweisungen) definiert werden dürfen, entfällt. In C++ gilt es dagegen sogar als guter Stil, die Definition einer Variablen so dicht wie möglich an den Ort ihrer ersten Verwendung heranzubringen und sie bei der Definition direkt zu initialisieren. Dies vermeidet Fehler durch vergessene Initialisierungen und verbessert die Lesbarkeit.

Beispiel (vgl. *example_1*):

```
int counter = 0, n = nummax;
double pi = 2*acos(0);
```

Zeichentypen

Als Zeichen (*char*) deklarierte Variablen sind groß genug, um jedes Element des der Implementation zugrundeliegenden Zeichensatzes aufzunehmen. Damit ist aber nicht gesagt, daß ein *char* immer ein 8-Bit-Wert sein muß – auch wenn das in allen PC-Implementationen der Fall ist. Wenn ein Zeichen in einer *char*-Variablen gespeichert ist, ist der Wert der Variablen der Zahlencode des Zeichens. *char* ist also strenggenommen ein numerischer Datentyp, der auch dazu verwendet werden kann, Zeichen abzuspeichern. *char*-Variablen können explizit als *signed* (vorzeichenbehaftet) oder *unsigned* (nicht vorzeichenbehaftet) vereinbart werden. *char*, *signed char* und *unsigned char* werden als drei unterschiedliche zuweisungskompatible Typen aufgefaßt. Ob *char* selbst vorzeichenbehaftet oder nicht vorzeichenbehaftet ist, ist implementationsabhängig (und eine ständige Quelle von Portabilitätsproblemen). In Microsoft Visual C++ ist *char* vorzeichenbehaftet. Variablen können direkt bei der Vereinbarung mit einem Anfangswert belegt werden.

Beispiel (vgl. *example_2*):

```
unsigned char byte;
char ch;
char zero = '0', one = '1', nul = 0;
```

Integer-Typen

Die natürliche Art, Zahlen im Computer zu speichern und zu verarbeiten ist als ganze Zahl oder Integer-Zahl. Jede ganze Zahl läßt sich als Binärzahl eindeutig und ohne Genauigkeitsverlust darstellen, und das Rechnen mit Binärzahlen bestimmter Längen wird vom Prozessor direkt durch entsprechende Prozessorbefehle unterstützt. Es gibt außer *char* noch bis zu drei weitere unterschiedlich große und damit unterschiedlich genaue ganzzahlige Typen in C/C++: *int*, *short int* und *long int*. *short int* bzw. *long int* können, da die Bedeutung beim Weglassen von *int* eindeutig bleibt, als *short* bzw. *long* abgekürzt werden. Alle ganzzahligen Typen stehen sowohl als vorzeichenbehaftete Größen (Voreinstellung) oder vorzeichenlose Größen (*unsigned short int, unsigned int*, etc.) zur Verfügung. Auch hier kann das Schlüsselwort *int* wieder weggelassen werden. Die Größe von *int* ist die durch den Prozessor des Zielsystems vorgegebene Wortgröße. *int* kann auf unterschiedlichen Systemen unterschiedlich lang sein, hat jedoch immer die Größe, die sich auf dem gegebenen Prozessor am effizientesten implementieren läßt. Für spezielle Zwecke können die Typen *short* bzw. *long* mit geringerer oder höherer Genauigkeit verwendet werden.

Die Größe eines Typs oder einer Variablen, angegeben in *char*, kann in C und C++ mit dem *sizeof*-Operator ermittelt werden (vgl. *example_3*). Für die Genauigkeit/Größe der ganzzahligen Typen ist sonst nur festgelegt, daß die folgenden Beziehungen gelten müssen (Typnamen müssen mit dem *sizeof*-Operator in Klammern angegeben werden, für Ausdrücke können die Klammern entfallen):

```
sizeof (char) ≤ sizeof (short) ≤ sizeof (int) ≤ sizeof (long)
```

Die Größe von *char* ist per definitionem immer 1. Für Visual C++ 5.0 (32 Bit) und Visual C++ 1.5 (16 Bit) gelten die Werte:

Größe des Datentyps in Byte	Visual C++ 1.5	Visual C++ 5.0:
sizeof (char)	1	1
sizeof (short)	2	2
sizeof (unsigned short)	2	2
sizeof (int)	2	4
sizeof (unsigned)	2	4
sizeof (long)	4	4
sizeof (unsigned long)	4	4

Alle ganzzahligen Typen von C++ sind untereinander zuweisungskompatibel.

Wenn Informationen durch Abschneiden oder Bereichsüberschreitung verlorengehen können, kann der Compiler Warnmeldungen ausgeben. Die vorzeichenlosen Typen gehorchen einer Modulo-2^n-Arithmetik. Dies impliziert, daß es keine Warnungen wegen Bereichsüberschreitungen gibt.

Beispiele:

```
int i;
int i, k = 0;
unsigned ui;
long l;
```

Die kleinsten und größten möglichen Werte für ganzzahlige Typen sind in der ANSI-C Definitionsdatei *<limits.h>* festgelegt und sind implementationsabhängig.

So ist eine ganze Zahl vom Typ *int* in Visual C 1.5 (16 Bit) zwei Bytes groß und damit von derselben Breite wie eine Zahl vom Typ *short*, hingegen in Visual C 5.0 (32 Bit) vier Bytes und damit von der gleiche Breite wie *long*.

Fließkommatypen

Da sich nicht alle Größen durch ganze Zahlen darstellen lassen, kannten bereits die ersten Programmiersprachen Fließkommazahlen. Fließkommazahlen sind immer aus zwei Teilen aufgebaut: Mantisse und Exponent.

Zahl = Mantisse * $10^{Exponent}$ bzw. Zahl = Mantisse * $2^{Exponent}$

Durch diese Darstellung ist es möglich, so unterschiedliche Größen wie den Durchmesser eines Atoms oder die Entfernung nach Alpha Centauri darzustellen. Die mögliche relative Genauigkeit einer Fließkommazahl wird durch die Genauigkeit, d. h. die Länge der Mantisse gegeben. Je mehr Bits in der Mantisse zur Verfügung stehen, um so feiner kann der Bereich von 1 bis 10 (bei Dezimaldarstellung) bzw. 1 bis 2 (bei Binärdarstellung) unterteilt werden. Aus der Größe des Exponenten ergibt sich der Zahlenbereich, der mit den Werten der Mantisse überdeckt wird, und die absolute Genauigkeit. Je größer der Wert des Exponenten, um so größer sind die darstellbaren Zahlen, aber desto gröber ist auch die absolute Auflösung.

C++ kennt die Fließkommatypen *float* (einfach genaue Fließkommazahl), *double* (doppelt genaue Fließkommazahl) und *long double* (extra genaue Fließkommazahl). Dabei legt der Standard fest, daß die Genauigkeit von *double* nicht schlechter als die von *float* und diejenige von *long double* nicht schlechter als die von *double* sein soll. In Visual C++ 5.0 ist eine *float*-Variable 4 Bytes groß, eine *double*-Variable 8 Bytes.

Der Typ *long double* verhält sich wie der Typ *double*, wird aber als eigener Typ behandelt. In der 16-Bit-Version des Compilers Visual C++ 1.5 wird *long double* dagegen mit höherer Genauigkeit dargestellt.

	float	double	long double (Visual C++ 1.5)
sizeof	4	8	10
Bits	32	64	80
Vorzeichen	1	1	1
Mantisse	23	52	64
Exponent	8	11	15
Gültige Stellen	6-7	15-16	19-20
Bereich ca +/-	$3.4 * 10^{+38}$	$1.8 * 10^{+308}$	$1.2 * 10^{+4932}$

Der Typ void

Eine Sonderstellung unter den primitiven Typen nimmt der Typ *void* (*leer*) ein, der einen Datentyp mit einer leeren Wertemenge bezeichnet. Es ist nicht möglich, eine Variable vom Typ *void* zu definieren (da eine Variable, die keine Werte annehmen kann, herzlich sinnlos ist).

Der Typ *void* wird seinen Sinn erst in Verbindung mit abgeleiteten Typen wie Zeigern erhalten oder als Rückgabetyp von Funktionen, die keinen Wert zurückliefern.

Literale (Konstanten)

Literale dienen dazu, konstante Werte im Programm niederzuschreiben. C++ unterscheidet zwischen

- Integerkonstanten,
- Zeichenkonstanten,
- Konstanten für Fließkommazahlen und
- Zeichenkettenkonstanten.

Integerkonstanten

Integerkonstanten kommen in verschiedenen Darstellungsformen vor - die Zahl Zwölf kann z. B. als 12, 014 oder 0xC geschrieben werden:

- dezimal, z. B. 0, 2, 63, 83. Jede Ziffernfolge, die nicht oktal oder hexadezimal interpretiert werden muß.
- oktal, z. B. 0, 02, 077, 0123. Oktale Zahlen werden durch die führende Null gekennzeichnet („0" ähnlich „O" wie oktal). Daher dürfen führende Nullen auf keinen Fall verwendet werden, um etwa tabellarische Daten im Quellcode gefällig zu formatieren. Oktale Ziffern können Werte von 0 bis 7 annehmen.
- hexadezimal, z. B. 0x0, 0x2, 0X3f, 0x53. Die hexadezimale Schreibweise für Konstanten ist eine Erweiterung der oktalen Schreibweise, nur beginnen die Werte nun nicht mit 0, sondern mit 0x oder 0X. Als Ziffern dienen die Ziffern [0] bis [9] und die Buchstaben [A] bis [F]. Alle Buchstaben in hexadezimalen Konstanten können sowohl groß als auch klein geschrieben werden.

Der Typ einer Integerkonstanten hängt von Form, Wert und Suffix ab. Ist die Konstante dezimal und besitzt kein Suffix, hat sie den ersten der folgenden Typen, der groß genug ist, den Wert zu repräsentieren: *int*, *long*, *unsigned long*. (Genau genommen *const int*, *const long* oder *const unsigned long*. Da das *const*-Attribut hier aber nur ablenkt, ist es im folgenden weggelassen.) Ist die Konstante oktal oder hexadezimal, ist sie vom ersten hinreichend großen Typ aus der folgenden Folge: *int*, *unsigned*, *long*, *unsigned long*. Hat sie ein Suffix *l* oder *L*, ist sie vom Typ *long* oder *unsigned long*. Mit dem Suffix *u* oder *U* ist sie vom kleinsten passenden vorzeichenlosen Typ. Ist eine Kombination von *l* oder *L* mit *u* oder *U* an die Konstante angehängt, hat sie den Typ *unsigned long*.

Beispielsweise ist bei Visual C++ 5.0 (32 Bit) die Zahl 100000 vom Typ *int*, mit einem 16-Bit-Compiler aber vom Typ *long int*. Ähnlich ist die Konstante 0xA000 vom Typ *int* mit einem 32-Bit-Compiler, aber *unsigned int* bei einer 16-Bit-Umgebung. Diese Implementationsabhängigkeit kann normalerweise durch die Verwendung von Suffixen vermieden werden: 100000L ist *long int* auf allen Maschinen und 0xA000u vom Typ *unsigned int* auf allen Maschinen, auf denen eine vorzeichenlose Integerzahl mindestens 16 Bit groß ist.

Beispiele (vgl. *example_4*):

```
0,   2,   63,   83,   100000,  100000L              // dezimal
0,   02,  077,  0123, 0303240, 0303240ul            // dasselbe oktal
0x0, 0x2, 0X3f, 0x53, 0x186a0, 0x186a0u             // und hexadezimal
```

Zeichen- und Stringkonstanten

Eine Zeichenkonstante sind ein oder mehrere Zeichen in Hochkommas eingeschlossen (nicht zu verwechseln mit den einfachen Anführungszeichen). Zeichenkonstanten mit einem Zeichen haben den Typ *char*. Der Wert einer solchen Zeichenkonstanten ist der Zeichencode im Zeichensatz des verwendeten Computers bzw. Betriebssystems.

In C sind alle Zeichenkonstanten vom Typ *int*, in C++ vom Typ *char*. Da aber C++ in gemischten Ausdrücken *char*-Werte automatisch nach *int* erweitert, ergeben sich in den meisten Fällen keine praktischen Unterschiede. Einer der wenigen Unterschiede stellt die Anwendung des *sizeof*-Operators auf eine Zeichenkonstante dar. Da eine Zeichenkonstante in diesem Kontext nicht nach *int* erweitert wird, liefert der Ausdruck *sizeof('A')* unter C++ einen Wert von 1, unter C aber den Wert *sizeof(int)*.

Multizeichenkonstanten haben den Typ *int*. Die Art und Weise, wie die Zeichen in der Multizeichenkonstanten codiert werden, ist implementationsabhängig. Im Fall von Visual C++ 5.0 weist z. B. die Anweisung *int id='ABCD';* der Variablen *id* den Wert 0x41424344 zu, eine andere Implementation könnte dagegen den Wert 0x44434241 liefern. Multizeichenkonstanten sollten daher vermieden werden.

Nicht zu verwechseln mit Zeichen- und Multizeichenkonstanten sind Zeichenketten oder Strings. Eine Stringkonstante ist eine in doppelte Anführungszeichen („Gänsefüßchen oben") eingeschlossene Folge von Zeichen. Benachbarte Zeichenketten werden automatisch, über mehrerer Zeilen hinweg, miteinander verschmolzen.

Für eine Reihe von nicht druckbaren Sonderzeichen sind Ersatzdarstellungen, sogenannte Escape-Sequenzen, vorgesehen. Der Name kommt daher, daß die normale Interpretation der Zeichen im Eingabestrom des Compilers vorübergehend durch ein sogenanntes Fluchtsymbol (engl. escape) geändert wird. Eine Escape-Sequenz ist hier eine Zeichenfolge von zwei oder mehr Zeichen, die genau ein Zeichen des Zeichensatzes des Computers codiert. Die folgenden Ersatzdarstellungen für Zeichen in Zeichenkonstanten (oder Zeichenketten) sind definiert (vgl. *example_5*):

```
Zeilenvorschub        (new line)    \n
horizontaler Tabulator              \t
vertikaler Tabulator                \v
Rückschritt (Backspace)             \b
Wagenrücklauf (CR)                  \r
Seitenvorschub (FF)                 \f
Alarm (BEL)                         \a
Backslash (\)                       \\
Fragezeichen                        \?
```

```
Hochkomma (')                        \'
Doppelte Anführung (")               \"
Oktaler Wert ooo                     \ooo
Hexadezimaler Wert hh                \xhh
```

Für andere als die aufgeführten Fälle ist das Verhalten undefiniert. Ein oktaler Wert endet nach drei oktalen Ziffern, oder wenn ein Zeichen folgt, das nicht als oktale Ziffer interpretiert werden kann. Ein hexadezimaler Wert endet bei dem ersten Zeichen, das nicht als hexadezimale Ziffer interpretiert werden kann. Falls die Gefahr der Fehlinterpretation (vgl. *example_5* im Debugger) einer Zeichenkette besteht, oder die Zeichenkette über mehrere Zeilen verteilt werden soll, kann man die Zeichenkette aufspalten:

```
"\x0dAlle meine Entchen"             // falsch
"\x0d" "Alle meine Entchen"          // richtig
"\rAlle meine Entchen"               // andere Lösung
```

Eine Zeichenkonstante, der das Zeichen L unmittelbar vorausgeht (z. B. L'A') ist ein Multi-Byte-Zeichen vom Typ *wchar_t* zur Unterstützung von (multilingualen) Zeichensätzen, die nicht in ein Byte passen. Analog ist eine Zeichenkette, der das Zeichen L unmittelbar vorausgeht, eine Zeichenkette aus Multi-Byte-Zeichen.

Beispiele für Zeichenkonstanten und Zeichenketten:

```
'A', 'c', '\0', '\r'                      // Zeichenkonstanten
'ABCD'                                    // Multizeichenkonstante
L'A'                                      // Zeichen Multilingual
"Hallo Welt!\n"                           // Zeichenkette
L"Bleite Chalacter blaucht del Chinaman!" // Zeichenkette multilingual
```

Multi-Byte-Zeichenketten werden allerdings vom integrierten Debugger von Visual C++ 5.0 nicht als Zeichenkette unterstützt. Will man in die Zeichenkette hinein schauen, kann man den Wert der Zeigervariablen auf diese Zeichenkette in das Speicherfenster ziehen, das man mit der dritten Schaltfläche von rechts der Debugger-Symbolleiste aktivieren kann.

Fließkommakonstanten

Eine Fließkommakonstante besteht aus einem ganzzahligen Anteil, einem Dezimalpunkt, den Nachkommastellen, einem *e* oder *E*, um den Zehnerexponenten zu kennzeichnen, und dem Zehnerexponenten. Das Zeichen *e* oder der Dezimalpunkt dürfen fehlen, nicht aber beide. Der Typ einer Fließkommakonstanten ist immer *double*, es sei denn, sie ist durch ein Suffix f oder F ausdrücklich auf *float* festgelegt. Ein Suffix *l* oder *L* spezifiziert eine Konstante vom Typ *long double*.

Beispiele für Fließkommakonstanten (vgl. *example_6*):

```
2.0, 2., 0.2e1, .2e1, .1             // legale double-Konstanten
2.0F, 20e-1F                         // float-Konstanten
2.L                                  // long double
```

Automatische Datentypumwandlung

Einige Operatoren können abhängig vom Typ der beteiligten Operanden Typumwandlungen verursachen. C++ nimmt diese Umwandlungen automatisch auch dann vor, wenn Daten abgeschnitten oder uminterpretiert werden. Werden Daten abgeschnitten, geben die meisten C++ Compiler einschließlich Visual C++ eine Warnung aus. Bei Zuweisungen zwischen den eingebauten numerischen Typen verhält sich C++ daher wie eine schwach typisierte Sprache. Das ist bequem, da in Formeln keine endlosen expliziten Typumwandlungen erforderlich sind, birgt aber auch einige Fallstricke für unvorsichtige Programmierer.

Ganzzahlige Erweiterung

Ein *char* oder *short int* oder andere noch zu besprechende skalare Typen wie Bit-Felder oder Aufzählungstypen können überall dort verwendet werden, wo ein Integer verwendet werden kann. Wenn ein *int* alle Werte des ursprünglichen Typs repräsentieren kann, wird nach *int* konvertiert, sonst nach *unsigned int*. Dieser Vorgang heißt ganzzahlige Erweiterung (integral promotion). Bei der ganzzahligen Erweiterung bleibt der Wert erhalten.

Ganzzahlige Umwandlung

Wenn eine vorzeichenbehaftete ganze Zahl zu einem nicht vorzeichenbehafteten Typ mit der Breite von *n* Bits konvertiert wird, ist der resultierende Wert die kleinste vorzeichenlose ganze Zahl, die zu Modulo 2^n der Ausgangszahl kongruent ist. In der üblichen Darstellung negativer Zahlen als Zweierkomplement bleibt das Bitmuster erhalten, nur die Interpretation der Zahl ändert sich. Positive Zahlen behalten ihren Wert, wenn sie nicht zu groß sind, negative werden als positive Zahl interpretiert.

Wenn eine ganze Zahl zu einer vorzeichenbehafteten Größe konvertiert wird, bleibt der Wert unverändert, sofern er vom neuen Typ repräsentiert werden kann, andernfalls ist das Ergebnis undefiniert.

Vereinfacht kann man sagen, daß C++ bei Konversionen zwischen ganzzahligen Typen zunächst die Konversion wählt, die den Wert erhält, und, wenn das nicht möglich ist, wenigstens das Bitmuster zu erhalten versucht. „Überstehende" Bits werden dabei abgeschnitten.

Einfach und doppelt genaue Fließkommazahlen

Bei der Umwandlung von *double* nach *float* bleibt der Wert erhalten. Bei der umgekehrten Umwandlung kann es zu einem Genauigkeitsverlust kommen. Liegt der Ausgangswert außerhalb des darstellbaren Bereichs, ist das Verhalten undefiniert. Bei Visual C++ 5.0 wird in diesem Fall ein Laufzeitfehler ausgelöst.

Fließkommazahlen und Ganzzahlen

Die Umwandlung von einem Fließkommatyp zu einem Integer schneidet den gebrochenen Teil ab. Solche Umwandlungen sind prozessorabhängig, die Richtung der Umwandlung von negativen Zahlen beispielsweise variiert von Prozessor zu Prozessor. Visual C++ schneidet (wie andere PC-C++-Compiler) den gebrochenen Anteil des Betrags ab und verhält sich damit genau umgekehrt wie die mathematische Abschneide-Funktion (Gaußklammer). In mathematischen Algorithmen, die auf solchen Abschneide-Funktionen oder der Modulo-Arithmetik basieren, muß man dies durch Fallunterscheidungen berücksichtigen!

Umwandlungen von ganzzahligen Typen in Fließkommazahlen sind mathematisch so weit exakt, wie es die Hardware erlaubt. Genauigkeitsverluste können entstehen, wenn eine ganze Zahl (z. B. vom Typ *long*) nicht exakt durch eine Fließkommazahl (z. B. vom Typ *float*) repräsentiert werden kann.

Arithmetische Umwandlungen

Viele Operatoren (also +, -. * etc.) verursachen Typumwandlungen. Die Ergebnistypen hängen auf ähnliche Weise von den Ausgangstypen ab. Generell gilt in einem Ausdruck mit einer beliebigen Operation ⊕

```
Teilausdruck1 ⊕ Teilausdruck2
```

daß die Umwandlung immer zum Typ mit der höheren Genauigkeit erfolgt. Im einzelnen gilt:

- Ist ein Operand vom Typ *long double*, wird der andere Operand zum Typ *long double* konvertiert.
- Ist einer der Operanden *double*, wird auch der andere nach *double* konvertiert.
- Ist einer der Operanden *float*, wird auch der andere nach *float* konvertiert.
- Greift keine dieser Regeln, sind beide Operanden ganzzahlig. Nach den Regeln der ganzzahligen Erweiterung werden Operanden geringerer Genauigkeit zum Typ *int* oder *unsigned int* konvertiert.
- Falls nun einer der beiden Operanden vom Typ *unsigned long* ist, wird auch der andere Operand nach *unsigned long* gewandelt.
- Ist dies nicht der Fall und ein Operand *long int* und der andere *unsigned int*, wird der letztere nach *long int* gewandelt, falls dies ohne Genauigkeitsverlust möglich ist, sonst nach *unsigned long int.*
- Wenn ein Operand vom Typ *long* ist, wird auch der andere Operand nach *long* gewandelt.
- Ist einer der beiden Operanden vom Typ *unsigned*, wird auch der andere zum Typ *unsigned* gewandelt.
- In allen übrigen Fällen sind beide Operanden vom Typ *int.*

Beispiel 1 (vgl. *example_7*):

```
int a = 8;
a *= .5;               // kürzer für a = a * 0.5;
```

Die Operandentypen sind *int* und *double*, daher wird der Wert in *a* nach *double* gewandelt. Damit das Ergebnis wieder in *a* abgelegt werden kann, wird es nach der Berechnung wieder nach *int* gewandelt. Visual C++ gibt wegen des möglichen Informationsverlusts eine Warnung aus.

Beispiel (vgl. *example_7*):

```
float f = 8.;  // Warnung : Konversion von 8. (double) nach float
f *= 1/2;      // Kürzer für f = f * (1/2); Keine Warnung !
```

Der oben stehende Ausdruck liefert nicht das Ergebnis, das man beim ersten Lesen vermuten würde. Da im Ausdruck sowohl *float*- als auch *int*-Größen vorkommen, erwartet man, daß die Operanden zunächst nach *float* gewandelt werden. Tatsächlich wird jedoch zunächst der Ausdruck 1/2 abgearbeitet. Da beide Operanden vom Typ *int* sind, wird eine ganzzahlige Division mit dem Ergebnis 0 durchgeführt. Erst das Ergebnis wird nach *float* gewandelt und mit *f* multipliziert, so daß *f* den Wert 0.F und nicht den Wert 4.F annimmt.

H

Regeln zur Typumwandlung

Die Regeln für die automatischen und arithmetischen Typumwandlungen sind also nicht ganz unkompliziert, man braucht fast einen Rechtsanwalt, um sie richtig anzuwenden. In der Regel reicht es aber, sich das Folgende zu merken:

- Typumwandlungen zwischen vorzeichenbehafteten und vorzeichenlosen Integertypen gleicher Größe sind nicht sicher. Der Compiler spricht keine Warnung aus!
- Da „gleiche Größe" zweier Typen implementationsabhängig ist, können Umwandlungen, die mit einem Compiler sicher sind, mit einem anderen unsicher werden. Beispiel: *unsigned* => *long* ist für Visual C++ 1.5 (16 Bit) sicher, aber für Visual C++ 5.0 (32 Bit) unsicher.
- Typumwandlungen von „längeren" zu „kürzeren" Typen sind nicht sicher. Immerhin warnt der Compiler.
- Umwandlungen zwischen ganzzahligen und Fließkommatypen sind je nach Richtung mit Abschneide- und Rundungsfehlern verbunden.
- Arithmetische Typumwandlung in Ausdrücken erfolgt immer zum Typ höherer Genauigkeit. Die Einzelheiten regelt ein Bundesgesetz.

- Die Ermittlung des genaueren Typs und die arithmetische Typumwandlung erfolgen nicht für einen ganzen Ausdruck auf einmal, sondern immer für Operatoren und die zwei dazugehörigen Operanden in der Reihenfolge der Auswertung des Ausdrucks.
- Geben Sie acht, was auch immer Sie tun!

▶ Die ursprüngliche Idee hinter der Vielzahl von ganzzahligen und Fließkommatypen in C und C++ war, Berechnungen nach Möglichkeiten in der natürlichen Genauigkeit der Maschine durchzuführen, Ergebnisse aber ggf. kompakter abspeichern zu können. Sie fahren daher am sichersten, wenn Sie sich nach dieser Grundidee richten und an die folgenden Regeln halten:

- Verwenden Sie in Berechnungen und Zwischenergebnissen nach Möglichkeit nur die Typen *int* und *double*. Verwenden Sie kürzere Typen nur zur speicherplatzoptimierten Aufbewahrung von Werten.
- Vermeiden Sie alle Varianten von *unsigned*. Ist die Verwendung vorzeichenfreier Zahlen sachlich geboten, vermischen Sie sie nicht mit vorzeichenbehafteten Zahlen.
- Lassen Sie bei der gemischten Verwendung von Integerzahlen und Fließkommazahlen in einem Ausdruck äußerste Vorsicht walten.

Explizite Umwandlungen

Zusätzlich zu den verschiedenen Arten automatischer Typumwandlungen stehen in C++ explizite Typumwandlungen zur Verfügung:

- Funktionale C++-Schreibweise: *typname(operand)*
- Alte Cast-Schreibweise (aus ANSI-C): *(typname) operand*

Beide Schreibweisen haben gemeinsam, daß sie den durch *operand* gegebenen Wert in einen Wert des durch *typname* gegebenen Typs umwandeln.

Die erste funktionale Schreibweise ist nur für Typen möglich, die einen einfachen Namen als Typnamen haben, wie z. B. in *r = double(5)*. Die zweite Schreibweise ist die ursprüngliche C-Schreibweise und kann in Fällen angewandt werden, in denen die erste Schreibweise nicht möglich ist, wie in *uc = (unsigned char) 'A'*.

Man kann die alte Schreibweise aber auch als Klammerung des Typnamens auffassen, auch die Schreibweise *three = (int)(pi)* ist möglich.

Insbesondere wenn der Operand ein Ausdruck ist, ergeben sich solche gemischten Schreibweisen ganz natürlich: *(char *) (item->data + sizeof(int))*.

Abgeleitete Typen

Die primitiven Typen, die wir bisher kennengelernt haben, sind das Rohmaterial, aus denen C++ weitere sogenannte abgeleitete Typen bildet. Felder (manchmal auch als Vektoren bezeichnet) und Zeiger sind wahrscheinlich schon aus anderen Programmiersprachen geläufig. Hinzu kommen Referenzen, die als Verallgemeinerung des Konzepts der Parameterübergabe an Funktionen entstanden sind, und Funktionen selbst, die in C/C++ auch als Datentyp aufgefaßt werden!

Vereinbarungen

Zunächst jedoch noch eine wichtige Begriffsklärung, die nicht in allen Werken über C oder C++ in der nötigen Klarheit vorgenommen wird. In C++ muß jeder Bezeichner vor der ersten Verwendung in einer Programmeinheit deklariert werden. Mit der Deklaration wird dem Compiler mitgeteilt, welche Art Programmobjekt durch den Bezeichner bezeichnet wird. Eine Reservierung von Speicherplatz findet durch die Deklaration im Gegensatz zur Definition nicht statt. (Der Begriff Programmobjekt wird im folgenden verwendet, um Objekte eines C++-Programms wie Funktionen oder Variablen von Objekten im OOP-Sinne zu unterscheiden.)

In genau einer Programmeinheit (hier werden Bibliotheken in die Betrachtung mit einbezogen) muß das durch den Bezeichner bezeichnete Programmobjekt auch definiert sein. Deklarierte Programmobjekte, die nicht benutzt werden, brauchen keine Definition. Mit der Definition wird das Programmobjekt wirklich angelegt, d. h., es wird Speicherplatz belegt. Bei einer Variablen z. B. ist dies der Speicher, in dem ihr Dateninhalt abgelegt ist, im Fall einer Funktion der vom Objektcode benötigte Speicherplatz. Eine Definition eines Bezeichners ist auch immer zugleich eine Deklaration.

Deklarationen und Definitionen werden im Deutschen unter dem Oberbegriff Vereinbarungen zusammengefaßt. Ein Teil der Verwirrung mag daher rühren, daß diese Trennung im Englischen nicht möglich ist und daher das Wort Definition auch noch als Oberbegriff für Deklarationen und Definitionen verwendet wird.

Der Deklarationszwang speziell für Funktionen ist eine Errungenschaft von C++ gegenüber dem klassischen K&R-C. Er ermöglicht es dem Compiler, die konsistente Verwendung von Funktionen und Variablen über mehrere Quelldateien hinweg zu überwachen und damit eine der hauptsächlichen Fehlerquellen in K&R-C zu beseitigen. Speziell diese Eigenschaft von C++ erwies sich als derart erfolgreich, daß sie ihren Weg zurück nach ANSI-C fand und damit die Art und Weise, wie in C programmiert wird, grundlegend revolutioniert hat.

Deklaration

Der Teil der Sprache C, mit dem sich auch Bjarne Stroustrup am wenigsten anfreunden konnte, war die Deklarationssyntax. Speziell dieser Teil der Sprache C ist sicher nicht unbeteiligt an dem Ruf von C, kryptisch und unverständlich zu sein. Leider war der Widerstand der C-Programmierer gegen jede Änderung in diesem Bereich derart vehement, daß Stroustrup zähneknirschend nachgab und die Dinge beließ, wie sie waren. Wir werden allerdings sehen, daß man auch in C/C++ nicht gezwungen ist, unleserliche Typvereinbarungen zu schreiben.

Wie Sie bereits gesehen haben, haben Variablendefinitionen für elementare Datentypen die Form

```
typname name1, name2, ..., nameN;
```

Aus den elementaren Datentypen lassen sich mit Hilfe der Operatoren *, &, *[]* und *()* weitere Typen ableiten:

name: Eine Variable des angegebenen Typs. Geht dem Typnamen nicht das Schlüsselwort für die Speicherklasse *extern* voraus, handelt es sich um eine Definition.

**name*: Zeiger, ein Präfix-Operator. Ein Zeiger zeigt auf eine Variable eines bestimmten Typs. Durch den Dereferenzierungs-Operator * kann auf den Inhalt dieser Variablen zugegriffen werden, auch können mit den Zeigern eine Vielzahl arithmetischer Operationen durchgeführt werden.

In ANSI-C dienen Zeiger auch zur Simulation der Parameterübergabe „per Referenz". Geht dem Typnamen nicht das Schlüsselwort *extern* voraus, handelt es sich um eine Definition.

&name: Referenz (Präfix-Operator). Eine Referenz ist ein „Alias" für eine Variable eines bestimmten Typs, muß immer initialisiert werden und kann danach nicht mehr verändert werden. Alle weiteren Operationen mit der Referenz nach der Initialisierung beziehen sich nicht mehr auf die Referenzvariable, sondern auf die von ihr referenzierte Originalvariable. Referenzen sind daher keine vollwertigen Typen. In C++ ermöglichen Referenzen im Gegensatz zu ANSI-C eine echte Parameterübergabe „per Referenz".

name[]: Feld oder Vektor (Postfix-Operator). Eine Abfolge von Variablen des gleichen Typs, die über einen Index angesprochen werden. Felder in C/C++ sind mit Zeigern nahe verwandt. Ist weder eine Elementeanzahl noch eine Initialisierungsliste angegeben, handelt es sich um eine Deklaration, sonst um eine Definition.

name(): Funktion (Postfix-Operator). Eine selbständige Folge von Anweisungen, die in der Regel aus einem Satz von Eingabewerten einen Rückgabewert produziert. In der hier gezeigten Form eine Deklaration, d. h., der Körper der Funktion ist an anderer Stelle definiert.

Abgeleitete Typen werden deklariert, indem die Variablennamen mit diesen Operatoren „dekoriert" werden. Als Richtschnur gilt dabei die C-Philosophie „Die Definition einer Variablen sieht aus wie die spätere Verwendung". Ein solcher „dekorierter" Variablenname heißt Deklarator.

Eine Vereinbarung sieht dann wie folgt aus:

```
typname declarator1, declarator2, ..., declaratorN;
```

Einfache Beispiele (vgl. *example_8*):

```
int i;              // eine einfache Integer-Variable
int *a;             // a ist vom Typ "Zeiger auf int"
int &b = i;         // b ist vom Typ "Referenz auf int", Alias für i
int c[100];         // c ist ein Feld mit 100 Elementen vom Typ int
int f();            // f ist eine Funktion mit dem Rückgabetyp int
```

Eine Alternative (vgl. *example_9*):

```
int i, &b=a, c[100], f();   // bei gleichem Ausgangstyp können
                            // mehrere Variablen unterschiedlichen
                            // abgeleiteten Typs in einem Rutsch
                            // vereinbart werden
```

i, *&b*, *c[100]* und *f()* sind Deklaratoren. Deklaratoren können durch die Kombination verschiedener Operatoren beliebig verwickelt werden. Die Situation wird noch dadurch komplizierter, daß diese Operatoren unterschiedliche Priorität haben – *[]* und *()* haben eine höhere Priorität als * und &, binden also stärker. Deklaratoren werden nicht von links nach rechts, sondern von innen nach außen gelesen! Die Bindung kann durch die Setzung von Klammern beeinflußt werden (vgl. *example_10*):

Beispiel:

```
char *arg[];        // arg ist ein Feld ...
char *arg[];        // ... von Zeigern
char *arg[];        // ...  auf char
```

Dagegen:

```
int (*p)[];         // p ist ein Zeiger ...
int (*p)[];         // ... auf ein Feld
int (*p)[];         // ... von Integer-Zahlen
```

Will man diesen letzten Typ als Typnamen, d. h. ohne Bezeichner verwenden, z. B. für eine Typumwandlung oder in einem Funktionsprototyp, müssen die Klammern, obwohl scheinbar überflüssig, stehenbleiben, um dem Compiler klarzumachen, von wo aus der Deklarator „aufzudröseln" ist. Sie können z. B. den im letzten Beispiel verwendeten Typ auch als Funktionsargument im folgenden Beispiel benutzen.

Beispiel:

```
char * (*f)(int (*)[])          // f ist ein Zeiger ...
char * (*f)(int (*)[])          // ... auf eine Funktion
char * (*f)(int (*)[])          // ... mit einem Parameter-Zeiger
                                //     auf ein Feld von int (s.o.)
char * (*f)(int (*)[])          // ... die als Ergebnis einen Zeiger
char * (*f)(int (*)[])          // ... auf ein Zeichen liefert
```

Attribute const und volatile

In Deklaratoren können zusätzlich die Attribute *const* und *volatile* auftreten. Mit *const* wird dem Compiler mitgeteilt, daβ eine Speicherstelle nach der Initialisierung nicht mehr gelesen, sondern nur noch geschrieben werden darf. Wird eine *const*-Variable bereits zum Übersetzungszeitpunkt initialisiert, kann sie (in C++, nicht in C!) auch in konstanten Ausdrücken verwendet werden. Wird eine *const*-Variable nur wie ein Literal verwendet, wird dies vom Compiler erkannt und kein Speicherplatz reserviert. Anders als in ANSI-C sind Variablen, die mit dem Attribut *const* deklariert wurden, nur in der Datei sichtbar, in der sie definiert wurden. Das Attribut *volatile* besagt das Gegenteil von *const*, nämlich daβ der Compiler davon ausgehen muβ, daβ sich die so bezeichnete Speicherstelle jederzeit ändern kann.

const und *volatile* sind *linksassoziativ*, d. h. sie beeinflussen den unmittelbar links von ihnen stehenden Operator (* oder &) oder Typnamen. In letzteren Fall darf das Attribut auch vor dem Typnamen stehen, dies ist tatsächlich die meist anzutreffende und auch besser lesbare Schreibweise. So sind die folgenden beiden Definitionen äquivalent, die jeweils zwei Zeiger *text1* und *text2* auf die konstante Zeichenkette *"text"* definieren:

```
const char *text1 = "text", *text2 = text1;
char const *text1 = "text", *text2 = text1;
```

Dagegen definiert

```
char * const text3 = "text";
```

einen konstanten Zeiger auf eine nicht konstante Zeichenkette, d. h., man kann über den Zeiger auf die Zeichen zugreifen, den Zeiger selbst aber nicht ändern. Einen konstanten Zeiger auf einen konstanten Text erhält man durch die Vereinbarung:

```
const char * const text4 = "text";
```

Hier noch einmal ein etwas komplizierteres Beispiel:

```
char * const * (*next) ();          // next ist ein Zeiger ...
char * const * (*next) ();          // ... auf Funktion ohne Parameter
char * const * (*next) ();          // ... mit einem Zeiger
char * const * (*next) ();          // ... auf einen konstanten Zeiger
char * const * (*next) ();          // ... Zeichen als Rückgabewert
```

typedef

Es ist sicherlich unpraktisch, immer die volle Deklaration hinzuschreiben, wenn man Variablen eines kompliziert aufgebauten Typs benötigt. C und C++ erlauben es aber auch, anstelle einer Variablen einen Typ zu definieren. Dies geschieht ganz einfach durch das Voranstellen des Schlüsselworts *typedef* vor die Definition. Dadurch bezeichnen diese nicht Variablennamen, sondern Typnamen.

Beispiel:

```
typedef double Matrix[3][3], (*PMatrix)[3][3];
typedef Matrix *PMatrix;    // andere Möglichkeit PMatrix zu definieren
```

Die zweite Variante zeigt eine Möglichkeit, *typedef* einzusetzen, um Typvereinbarungen lesbarer zu gestalten. Das fundamentale Problem der Typ- und Variablenvereinbarungen bei C und damit leider auch C++ ist, daß die Notation nicht linear ist, sondern die auf der Operatorpriorität basierende Ausdruckssyntax wiedergibt. Beispielsweise ist ein Typ „Zeiger auf ein Feld von Zeigern auf Funktionen, die ein *int*-Argument benötigen und einen Zeiger auf ein Zeichen zurückliefern" in natürlicher Sprache einfach zu sagen oder hinzuschreiben. Es ist nicht einfach oder verständlich, dasselbe in C++ zu schreiben:

```
char*(*(*p)[10])(int)
```

Durch *typedef* kann die Vereinbarung jedoch in übersichtlicher Form niedergeschrieben werden.

```
typedef char     *CharFunc(int);            // unser Funktionstyp
typedef CharFunc *FuncPointerArray[10];  // Feld von Funktionszeigern
FuncPointerArray *p;                     // Zeiger auf das Feld.
```

Die Darstellung in einem Stück ist sicherlich kürzer und kommt der Neigung vieler C-Programmierer zur „Prägnanz" entgegen. Sie ist jedoch bestimmt nicht auf Anhieb lesbar! Die folgende Analyse des Deklarators der kryptischen Form zeigt, daß es sich tatsächlich um denselben Typ handelt.

```
char*(*(*p)[10])(int);          // p ist ein Zeiger ...
char*(*(*p)[10])(int);          // ... auf ein Feld mit 10 Elementen
char*(*(*p)[10])(int);          // ... auf Zeiger auf
char*(*(*p)[10])(int);          // ... Funktionen mit int-Argument
char*(*(*p)[10])(int);          // ... einen Zeiger auf ein Zeichen
                     //         //     als Ergebnis liefern.
char*(*(*p)[10])(int);          //
```

Das Aufbrechen undurchdringlicher Definitionen durch *typedef* in der oben beschriebenen Weise gilt übrigens bei einigen alten Macho-C-Programmierern als schlechter Stil – richtige Männer haben so etwas nicht nötig. Für C++-Programmierer ist dieser Stil ausdrücklich empfohlen. Die Möglichkeit, die undurchdringliche Deklarationssyntax von C mit *typedef* zu entwirren, war der ausschlaggebende Grund dafür, daß Bjarne Stroustrup sich schließlich doch dazu entschloß, die Deklarationssyntax von C trotz ihrer offensichtlichen Mängel beizubehalten.

Speicherklassen

In C und C++ besitzt jedes Programmobjekt eine Speicherklasse. Speicherklassen existieren auch in anderen Sprachen, die sich weniger dicht am nackten Silizium des Prozessors orientieren, sind jedoch nur für den internen Gebrauch des Compilers bestimmt. In C und C++ kann die Speicherklasse im Gegensatz zu anderen Sprachen vom Programmierer beeinflußt werden. Variablen können in C/C++ automatisch oder statisch sein. Statische Variablen existieren für die gesamte Lebensdauer des Programms und liegen im Datenbereich. Automatische Variablen werden erst in dem Augenblick angelegt, in dem das Programm ihren Gültigkeitsbereich betritt, und hören mit dem Verlassen dieses Gültigkeitsbereichs auch wieder auf zu existieren.

Automatische Variablen werden in der Regel auf dem Stack abgelegt. (Stack, deutsch Stapelspeicher oder Halde – der englische Terminus ist jedoch so geläufig, daß wir dabei bleiben wollen.)

Variablen, die lokal in einer Funktion oder innerhalb eines Blocks definiert sind (d. h. innerhalb einer mit geschweiften Klammern abgeschlossenen Untereinheit des Programms) sind per Voreinstellung automatisch; globale Variablen, also Variablen außerhalb jedes Blocks, sind statisch.

Abweichend von den Voreinstellungen kann die Speicherklasse durch Voranstellen eines der Schlüsselwörter *auto*, *static* oder *register* vor den Typnamen beeinflußt werden.

- *auto* – Den Preis für das überflüssigste Schlüsselwort der Sprachen C und aus historischen Gründen auch C++ dürfte das Schlüsselwort *auto* gewinnen. Seine Verwendung ist nur in Kontexten möglich, in denen eine Variable per Voreinstellung ohnehin automatisch ist. Seine Existenz geht auf die Zeit zurück, als lokale Variablen in Unterprogrammen und Funktionen eben nicht automatisch waren, sondern im globalen Datenbereich abgelegt wurden. Sprachen mit diesen Eigenschaften erlauben keine Rekursion und sind seit dem unbetrauerten FORTRAN IV (✝1977) ausgestorben. Dennoch scheinen früheste PC-Implementationen lokale Variablen nicht automatisch als „automatisch" angelegt zu haben, daher die ursprüngliche Notwendigkeit für dieses Schlüsselwort.
- *register* – Über die Existenzberechtigung auch dieses Schlüsselworts läßt sich trefflich streiten. Ursprünglich eine Anweisung an den Compiler, eine häufig benutzte lokale Variable aus Geschwindigkeitsgründen nicht im Arbeitsspeicher, sondern in einem Prozessorregister anzulegen, wird *register* seit ANSI-C und C++ nur noch als eine Empfehlung an den Compiler aufgefaßt. *register*-Variablen haben immer die Speicherklasse „automatisch".
- *static* – Eines der schillerndsten Schlüsselwörter in C++. Je nach Stellung im Programm kann es als Speicherklassenspezifikation oder als Bindevorschrift (Linkage Specification) auftreten. Weitere verwandte Bedeutungen kommen im OOP-Teil von C++ hinzu. Angewendet auf eine lokale Variable erhält diese die Speicherklasse „statisch", d. h., die Variable behält ihren Wert zwischen zwei Aufrufen der Funktion bei. Wird die statische lokale Variable durch einen Ausdruck initialisiert, wird die Initialisierung unmittelbar vor der ersten Verwendung der Variablen durchgeführt und später ignoriert. Die Verwendung statischer Variablen in Funktionen sollte besonderen Fällen vorbehalten bleiben, da sie Rekursion und Wiedereintrittsfähigkeit einer Funktion beeinträchtigt – die Variable wird nur ein einziges Mal im globalen Datenbereich angelegt.

Beispiele:

```
int a;                 // a ist statisch (Voreinstellung)

int main()
{
    int b;             // b ist automatisch (Voreinstellung)
    auto int c;        // c ist auch automatisch (explizit)
    register int d;    // d ist automatisch und soll nach
                       // ... Möglichkeiten in ein Register
    static int e;      // e ist statisch
    // ..
}
```

Formal verhält sich auch das *typedef*-Schlüsselwort, das Sie bereits kennengelernt haben, wie eine Speicherklassenspezifikation. Es weist den Compiler an, sich die Typdeklaration unter einem gegebenen Namen zu merken, statt eine Variable dieses Typs anzulegen.

Bindevorschriften

Bindevorschriften beeinflussen im wesentlichen die Sichtbarkeit von Programmobjekten über Dateigrenzen hinweg. Sie können nur auf Programmobjekte auf Dateiebene angewendet werden, also nicht auf lokale Variablen. Die dazugehörigen Schlüsselwörter sind das bereits bekannte *static* sowie die Schlüsselworte *extern* und *inline*.

Per Voreinstellung haben alle auf Dateiebene definierten Programmobjekte eine externe Bindung, d. h., sie sind für den Linker sichtbar. Einzige Ausnahme von dieser Regel stellen unter C++ (aber nicht unter C!) mit dem Attribut *const* definierte Variablen dar, da es andernfalls dem Compiler nicht möglich wäre, diese ggf. zu optimieren und durch echte Konstanten zu ersetzen.

Durch Voranstellen des Schlüsselworts *static* kann nun die Sichtbarkeit von Programmobjekten auf die Datei beschränkt werden, in der sie definiert werden. Da sich unter C und C++ (zumindest bisher) alle globalen Objekte denselben Namenraum teilen müssen, ist es generell empfehlenswert, Programmobjekte, die man nicht ausdrücklich exportieren möchte, als *static* zu definieren.

Programmobjekte, deren Deklaration man über Definitionsdateien anderen Programmteilen zur Verfügung stellt, werden nicht als *static* deklariert.

Dafür tritt bei globalen Variablen, auf die man von mehr als einem Programmteil aus zugreifen möchte, ein anderes Problem auf. Wie deklariert man eine Variable, ohne sie zu definieren? Genau hierzu dient in Verbindung mit Variablen das Schlüsselwort *extern*. Es teilt dem Compiler mit, daß die folgende Vereinbarung nicht als Definition aufzufassen ist, sondern als reine Deklaration.

Alle übrigen Deklarationen (z. B. alle Funktionen) sind automatisch „extern".

Beispiel aus einer fiktiven Definitionsdatei *header.h*:

```
extern int a;         // Deklaration von a ohne Speicher anzulegen
int b[];              // Deklaration von b, Feld wird ohne Größen-
                      // angabe nicht angelegt
extern int c[10];     // hier ist extern nötig für Deklaration
int f();              // Funktionsdeklaration (Prototyp) ist
                      // automatisch extern
```

Beispiel aus einer fiktiven Quelldatei;

```
#include "header.h"

int a, b[10], c[10]; // Definition von a, b und c
static int i;        // i ist nach außen nicht sichtbar

int f()              // Definition von F
{
    return 4711;
}

static void g()      // g() ist nicht nach außen sichtbar
{
    // ...
}
```

Das Schlüsselwort *extern* kann allerdings auch noch zu einem andern Zweck eingesetzt werden. Manchmal ist es notwendig, Funktionen zu deklarieren, die mit einer anderen Sprache z. B. C, Pascal oder FORTRAN geschrieben worden sind. Um die Namens- und Parameterübergabekonventionen an andere Sprachen anzupassen, wird ebenfalls das *extern*-Schlüsselwort verwendet:

```
extern "C" {
    // .. Vereinbarungen
}
```

Alle Deklarationen, die zwischen der öffnenden und schließenden geschweiften Klammer stehen, werden als Vereinbarung von C-Funktionen verstanden.

Das heißt nicht, daß man nun nur eine C-kompatible Untermenge von C++ zur Implementation der Funktionen verwenden muß, die Bindevorschrift bezieht sich nur auf die Schnittstellen der Funktionen nach außen. *extern „C“* wird z. B. verwendet, um die Funktionen der ANSI-C-Standardbibliothek auch unter C++ verfügbar zu machen.

Das Schlüsselwort *inline* läßt sich nur zusammen mit Funktionsdefinitionen verwenden. Es bewirkt, daß die Funktion gar nicht an dieser Stelle übersetzt wird, sondern an der Stelle des Aufrufs der Funktion vollständig „inline“ in den Code eingefügt wird.

Dies ist besonders dann von Vorteil, wenn die Funktion so klein ist, daß der Aufwand eines Funktionsaufrufs verglichen mit der eigentlichen Funktionalität groß ist.

Typnamen

Um Typumwandlungen explizit als Argument für die Operatoren *sizeof* oder *new* oder in Funktionsprototypen zu spezifizieren, muß der Typname angegeben werden. Dies geschieht durch einen „Typnamen", der syntaktisch einer Deklaration eines Programmobjekts entspricht, in dem aber der Bezeichner weggelassen wird. In der Regel sollen Sie anstelle solcher komplexer Typnamen jedoch lieber mit *typedef* arbeiten.

Beispiele für Typnamen mit korrespondierender Deklaration (vgl. *example_11*):

```
int                    // int i
int *                  // int *pi
int *[3]               // int *p[3]
int (*)[3]             // int (*p3i)[3]
int *()                // int *f()
int (*) (double)       // int (*pf) (double)
char*(*(*)[10])(int)   // char*(*(*p1)[10])(int)
FuncPointerArray *     // FuncPointerArray *pf1
```

H

Übersichtliche Typvereinbarungen machen Quellcode lesbar

Typnamen, Typ- und Variablenvereinbarungen können in C und C++ extrem unübersichtlich werden. Es schadet sicher nicht zu lernen, wie man auch komplizierte Typvereinbarungen durch Abarbeiten von innen nach außen auflösen kann - es gibt leider immer noch genügend Programmierer, die einen solchen Stil für elegant halten. Für C++-Programme wird ein solcher Stil definitiv nicht empfohlen. Für die eigenen Programme sollten wir uns daher an die folgenden Regeln halten, um auch vom Menschen jederzeit lesbare Vereinbarungen zu erhalten:

- In der Regel nicht mehr als zwei Operatoren in einem Deklarator.
- Komplizierte abgeleitete Typen in mehreren Schritten mit *typedef* definieren.
- Für alle häufiger verwendeten abgeleiteten Typen *typedef* verwenden.
- Die folgenden Deklaratoren für abgeleiteten Typen sind so häufig, daß sie den Charakter von idiomatischen Ausdrücken (Idiom, Redewendung) haben. Sie können und sollen ohne Bedenken direkt verwendet werden (vgl. *example_12*):

*atype *p*	Zeiger auf Variablen vom Typ *atype*
atype a[]	Feld (Vektor) von Variablen vom Typ *atype*

atype &r	Referenz auf eine Variable vom Typ *atype*
*atype *&r*	Referenz auf Zeiger auf Variable vom Typ *atype*
*atype *p[]*	Feld von Zeigern
*atype **p*	Zeiger auf Zeiger. Oft synonym mit **p[]* verwendet.
atype f()	Funktion mit Rückgabetyp *atype*
*atype *f()*	Funktion mit Rückgabetyp „Zeiger auf *atype*"
*atype(*f)()*	Zeiger auf Funktion mit Rückgabetyp *atype*

- Beachten Sie, daß sich die Operatoren auf den angegebenen neuen Bezeichner und nicht auf den Ausgangstyp beziehen. Der Ausdruck *int* p1, p2* definiert nicht zwei Zeiger auf *int*, sondern einen Zeiger auf *int p1* und eine *int*-Variable *p2*. In Vereinbarungen mit mehr als einem Bezeichner wird daher die Schreibweise *int *p1, p2* empfohlen. Der Ausdruck *pint p1, p2* definiert dagegen zwei Zeiger auf *int* – sofern *pint* zuvor mit *typedef int *pint* als Zeiger auf *int* definiert worden ist.

Referenzen, Zeiger und Felder

Referenzen, Zeiger und Felder sind in C++ eng miteinander verwandte Konzepte.

- Referenzen stellen nicht das Programmobjekt selbst dar, sondern nur einen Verweis auf ein solches Programmobjekt. Im Gegensatz zu Zeigern verhalten sich Referenzen syntaktisch wie das Objekt selbst. Man betrachtet eine Referenz am besten als einen Aliasnamen für ein anderes Objekt, auch wenn eine Referenz in den meisten Situationen intern wie ein Zeiger dargestellt wird. Ist eine Referenz erst einmal initialisiert, sind keine weiteren Operationen mit der Referenz selbst mehr möglich. Alle angewandten Operationen beziehen sich auf das referenzierte Programmobjekt, nicht auf die Referenzvariable. Insofern ist eine Referenz in C++ kein vollwertiger Typ.
- Wie Referenzen verweisen auch Zeiger auf ein anderes Programmobjekt. Im Gegensatz zu Referenzen sind Zeiger jedoch „Bürger erster Klasse", d. h., eine Zeigervariable ist eine richtige Variable, deren Inhalt durch eine ganze Palette zeigertypischer Operationen manipuliert werden kann. Um Operationen, die sich auf die Zeigervariable beziehen, von solchen unterscheiden zu können, die sich auf das Programmobjekt beziehen, auf welches der Zeiger zeigt, muß für letztere die Zeigervariable durch den Inhalts- oder Dereferenzierungs-Operator * dereferenziert werden.
- Felder oder Vektoren sind in C und C++ auf einer niedrigen Abstraktionsebene angesiedelt und weisen starke Überschneidungen mit dem Zeigerkonzept auf. Das Feldkonzept von C/C++ orientiert sich dicht an den hardwarenahen Konzepten von Speicher und Adressen. Es ist einfach, sehr allgemein und potentiell von maximaler Effizienz. Ein Feld ist eine lineare Abfolge von gleichartigen Program-

mobjekten im Speicher. Der Feldname selbst bezeichnet einen konstanten Zeiger auf den Anfang des Felds. Der Zugriff auf Feldelemente über einen Index kann in syntaktisch ununterscheidbarer Weise sowohl über den Feldnamen als auch über einen Zeiger erfolgen. Höhere Konzepte wie mehrdimensionale Felder oder Felder variabler Dimensionen werden von diesem Feldkonzept nicht oder nur unzureichend unterstützt. Allerdings stellt C++ an anderer Stelle geeignete Sprachmittel zur Verfügung, um solche höheren Konzepte selbst zu implementieren.

Referenzen

Eine Referenz ist im Prinzip nur ein Aliasname für ein anderes Programmobjekt. Ihre Bedeutung gewinnt sie insbesondere in Verbindung mit Funktionen, da sie im Gegensatz zu ANSI-C die Übergabe von Parametern, aber auch Ergebnissen „per Referenz" ermöglicht. Eine Referenz wird durch die Verwendung des Adreß-Operators & im Deklarator definiert. Eine Referenzvariable muß immer initialisiert sein, es sei denn, sie ist als extern definiert. Referenzparameter in Funktionen werden bei Aufruf durch die Aktualparameter initialisiert.

Beispiele für Referenzen und ihre Eigenschaften (vgl. *example_13*):

```
int  i = 1;             // Zuerst brauchen wir etwas zum Referenzieren
int &r = i;             // r wird synonym mit i
int  x = r;             // x erhält den Wert von i zugewiesen.
r = r + 5;              // i wird um 5 erhöht.
out << &i << ", " << &r; // gibt zweimal die Adresse von i aus.

int &one = 1;           // geht nicht, da 1 vom typ const int ist und eine
      // nichtkonstante Referenzvariable vom const-Attribut
      // nichts weiß und so den Schreibschutz verletzen könnte.
const int &one = 1;  // ist ok. one verhält sich wie const.
```

Nützliche Anwendungen für Referenzen (im Vorgriff auf Funktionen):

```
void swap (int &i, int &j)          // Vertauschung des Variableninhalts
{
    int t = i;
    i = j;
    j = t;
}

int& intarray(int ndx)              // Rückgabe per Referenz
{
    static int ia[100];             // statisches lokales Feld
    return ia[ndx];                 // es wird eine Referenz auf
}                                   // .. ia[ndx] zurückgegeben.

void example_14()
{
    int a = 47, b = 11;
    swap (a, b);                    // vertausche Inhalt von a und b!
    intarray(a) = 4711;             // schreib 4711 in Feldelement no. 11
    cout << intarray(11) << "\n";   // und hol's wieder raus
}
```

Zeiger

Ein Zeiger vom Typ *T** ist eine Variable, die auf ein anderes Objekt vom Typ *T* zeigt, d. h. eine Variable, die die Adresse dieses Objekts enthält und aufgrund der Typinformation auch „weiß“, wie die Daten an dieser Adresse zu interpretieren sind. Ein Zeiger *p* auf ein Programmobjekt *x* vom Typ *T* wird mit dem Inhalts-Operator * dereferenziert, d. h., man kann mit **p* bzw. *(*p)* alle Operationen ausführen, die man auch direkt mit dem Programmobjekt *x* selbst ausführen könnte. Entsprechend der C-Philosophie, daß die Definition eines Programmobjekts wie seine Verwendung aussehen soll, wird *p* durch die folgende Vereinbarung definiert und (optional) durch die Zuweisung der Adresse *&x* von *x* initialisiert (vgl. *example_15*):

```
T x, y;                 // x und y sind vom Typ T
T *p = &x;              // Definition und Initialisierung des Zeigers
```

oder

```
T *p;                   // Definition ohne Initialisierung
p = &x;                 // Zuweisung der Adresse, Zeiger zeigt jetzt auf x

*p = y;                 // Zuweisung eines Werts vom Typ y an x
*p = 0;                 // Die Variable, auf die p zeigt, wird Null;
p = 0;                  // Der Zeicher wird NULL, zeigt also auf nichts mehr
```

Eine andere Möglichkeit, einen Zeiger zu initialisieren, ist die Verwendung des *new*-Operators, der eine neue anonyme Variable vom Typ *T* im Freispeicher (engl. *Heap*) alloziert. Eine anonyme Variable heißt anonym, da sie nicht wie **p* im obigen Beispiel in Form von *x* einen eigenen Namen besitzt. Die Speicherzuweisung erfolgt mit:

```
p = new T;                         // eine einzelne Variable vom Typ T
p = new T[n];                 // ein ganzes Feld mit n Elementen vom Typ T
p = (T*) malloc(sizeof(T));        // C-Methode: möglichst vermeiden!
```

Nicht mehr benötigter Speicher kann durch die Anwendung des *delete*-Operators bzw. des *delete[]*-Operators wieder freigegeben werden.

```
delete p;               // zuvor mit new T angefordert
delete[] p;             // zuvor mit new T[n] angefordert
free(p);                // C-Methode, nur falls auch mit malloc alloziert!
```

Sie sollten unbedingt darauf achten, daß jedes Objekt, das im Freispeicher mit einer der oben genannten Methoden angelegt worden ist, auch mit genau einem Aufruf der passenden Freigabemethode wieder freigegeben wird. Versäumnis der Freigabe führt nach einiger Zeit zum Vollaufen des Freispeichers (Speicherleck), doppelte Freigabe dagegen zur Zerstörung der Freispeicherverwaltung mit meist fatalen Folgen. Es ist daher äußerst empfehlenswert, nicht mehr benötigte Zeigerinhalte nach der Rückgabe des Speichers an den Freispeicher mit *p = 0;* oder *p = NULL;* zu löschen. Der Zeigerwert *0* oder *NULL* bezeichnet einen Zeiger auf „Nichts“ und ist bei versehentlicher oder absichtlicher erneuter Freigabe harmlos. (Der Bezeichner NULL ist kein Bestandteil der Sprache C++, wird aber meist in einer der Definitionsdateien definiert.)

Zeigerarithmetik

Da es sich bei Zeigern in Wirklichkeit um Adressen von Variablen handelt, erlauben C und C++ es, mit Zeigern zu rechnen. Die Addition von *1* zu einem Zeiger führt jedoch nicht, wie man zunachst annehmen möchte, um eine Erhöhung des Zeigerwerts um *1*, sondern um *sizeof(T)*. Zeigt der Zeiger *p* auf ein Feldelement, zeigt *p+1* auf das darauffolgende Element. Die Differenz zweier Zeiger liefert folgerichtig auch nicht die Differenz der beiden Adressen in Bytes, sondern die Anzahl der Elemente vom Typ T zwischen diesen Zeigern. Offenbar hat sich das Zeigerkonzept von C/C++ ein Stück von der Idee des Zeigers als Adresse entfernt, zugunsten eines Konzepts des Zeigers als effiziente Zugriffsmöglichkeit auf Felder.

Starke Typisierung von Zeigern

Da ein Zeiger nicht einfach eine Adresse im Speicher ist, sondern ein Zeiger auf ein sinnvolles Objekt (vom Typ T), spielt der Typ bei Zeigern eine viel größere Rolle als bei den primitiven Typen. Bei diesen war es möglich und sinnvoll, Standardkonversionen in alle nur denkbaren Richtungen zu vorzunehmen. Bei Zeigern ist dies nicht sinnvoll. Nehmen wir z. B. Zeiger auf *short int* und *long int* (vgl. *example_10*):

```
float *pf;
short int *ps;
int *pi;
long int *pl = new long;
ps = pl;          // geht nicht, *ps und *pl wären verschieden groß
pf = pl;         // geht nicht, gleiche Länge, aber verschiedene Struktur
pi = pl;         // geht auch nicht - int und long sind selbst bei
                 // gleicher Länge zwei verschiedene Paar Schuhe!
```

Obwohl die Datentypen *long int*, *int* und *short int* strukturell ähnlich aufgebaut sind, können sie doch unterschiedlicher Länge sein, so daß die Daten bei einem Zugriff über den Zeiger zu unsinnigen Interpretation des Bitmusters führen würden. Dasselbe gilt für Zeiger auf *float* und auf *long*. Obwohl die Datenelemente, auf die sie zeigen, die gleiche Größe haben, unterliegt das Bitmuster doch einer anderen Interpretation, und es gibt keine Möglichkeit, eine sinnvolle Konversion durchzuführen. Ähnlich könnte die Zuweisung von Zeigern auf schreibgeschützte Variablen eines Typs an einen Zeiger auf nicht schreibgeschützte Variablen dieses Typs dazu führen, daß der Schreibschutzmechanismus unabsichtlich unterlaufen wird. Für alle Zeiger gilt daher in C und C++:

Zeiger auf verschiedene Typen sind nicht kompatibel!

Eine Sonderrolle spielen Zeiger vom Typ *void**. Wie wir bereits gesehen haben, stellt der Typ *void* einen Typ mit leerer Wertemenge, d. h. auch der Größe 0 dar. Eine Variable vom Typ *void* ist nicht möglich, da eine Variable immer eine von 0 verschiedene Größe haben muß. Ein Zeiger vom Typ *void** zeigt nicht auf ein bestimmtes Programmobjekt, sondern nur an eine bestimmte Adresse (nicht etwa auf ein Speicherbyte!). Das Objekt, auf das *void** zeigt, hat auch keine Größe, so daß mit Zeigern vom Typ *void** auch nicht gerechnet werden kann.

Der Typ *void** wird verwendet, um das Konzept der Adresse darzustellen. Eine Adresse ist nichts anderes als ein Punkt im Speicher. Ein normaler Zeiger ist dagegen eine Anfangsadresse (echt gespeichert) plus einer Länge, plus der Information, wie die vorgefundenen Bytes zu interpretieren sind (aus dem Typ). Folgerichtig ist es möglich, einem Zeiger vom Typ *void** Zeiger jeden anderen Typs zuzuweisen; eine Adresse beschreiben sie schließlich alle. Die umgekehrte Zuweisung ist in C++ im Gegensatz zu C (zumindest ohne explizite Typumwandlung) nicht möglich, da sie das Typensystem aufbrechen würden. Auf diesem Umweg ist es in ANSI-C z. B. möglich, ohne explizite Typumwandlung Zeiger verschiedener Typen einander zuzuweisen In ANSI-C liefert die Bibliotheks-Funktion zur Speicheranforderung *malloc()* einen Zeiger vom Typ *void** auf den neuen Speicher zurück. Durch die Kompatibilitätsregel von C ist garantiert, daß das Ergebnis der Speicheranforderung jedem Zeiger zugewiesen werden kann. In C++ steht statt *malloc()* der Operator *new* zur Verfügung, der die vom Freispeicher angeforderten Datenobjekte direkt mit dem richtigen Typ zurückliefert. *malloc()* sollte in C++ vermieden werden.

Nullzeiger

Oben wurde bereits der sogenannte Nullzeiger erwähnt, d. h. der Zeiger, der auf kein Objekt zeigt. Er wird mit der Ziffer 0 dargestellt (vgl. *example_17*):

```
T *p;
p = 0;        // Der Nullzeiger wird in C++ mit der Ziffer 0 dargestellt
p = NULL;     // Auch diese Schreibweise ist häufig.
p = NIL;      // Für Simula-67- und Pascal-Fans. Muß man selbst machen.
```

In C und C++ hat der Nullzeiger kein eigenes Schlüsselwort. Statt dessen dient der Wert 0 zur Darstellung des Nullzeigers. Das heißt nicht, daß die interne Darstellung des Nullzeigers das Bitmuster 0000 haben muß – ein häufiges Mißverständnis, das schon zu heftigen Flamewars geführt hat. Der Wert 0 ist einfach eine Verwendung der Zahl Null, um den Nullzeiger zu symbolisieren. Der Compiler kann ohne weiteres aus dem Zusammenhang erkennen, wann die 0 als Zahl und wann sie als Symbol für den Nullzeiger gemeint ist.

Für den menschlichen Leser ist es dagegen nicht immer sofort ersichtlich, wann mit dem Wert 0 der Nullzeiger und wann die Zahl 0 gemeint ist. Daher wird in C und C++ häufig der Bezeichner NULL für den Nullzeiger verwendet. In C ist NULL üblicherweise in *stdio.h* als *(void *)0* definiert:

```
#define NULL ((void*)0)
```

Damit ist der Typ des Nullzeigers zumindest in ANSI-C klar als ein Zeigertyp auf ein undefiniertes Objekt typisiert. In C++ ist diese Konvention leider unbrauchbar, da der Typ *void**, im Gegensatz zur symbolischen Schreibweise mit der Zahl 0, mit keinem anderen Zeigertyp verträglich ist. Man behilft sich damit, NULL einfach als Synonym für die Zahl 0 zu definieren und die folgende Definition in den Definitionsdateien der Laufzeitbibliothek festzulegen:

```
#define NULL 0
```

Felder (Vektoren)

Ein Feld oder Vektor ist eine sequentielle Abfolge von gleichartigen Variablen im Speicher, auf die mit einem Index zugegriffen wird. Ein Feld mit Namen *a* mit *n* Elementen des Typs *T* wird vereinbart durch:

```
T a[n];
```

Die Zählung der Elemente beginnt immer mit dem Index *0*, der Index des letzen Elements ist *n-1*! Ein Feld kann bei der Definition durch ein sogenanntes Aggregat initialisiert werden, z. B. (vgl. *example_18*):

```
int arr[4] = {90, 180, 270, 360};
```

Die Initialisierungsliste darf höchstens so viele Elemente wie das zu initialisierende Feld haben. Feldelemente, für die keine Einträge in der Initialisierungsliste mehr vorhanden sind, werden mit Null vorbelegt. Ist eine Initialisierungsliste vorhanden, kann auf die Angabe der Feldgröße auch verzichtet werden, C++ ermittelt in diesem Fall die Feldgröße aus der Initialisierungsliste.

```
int arr[] = {90, 180, 270, 360};
int num = sizeof(arr) / sizeof(arr[0]);          // Anzahl Feldelemente
```

C/C++ behandelt den Namen des Felds wie einen konstanten Zeiger auf den Feldanfang. So würde nach den völlig legalen Anweisungen

```
int *pa;
pa = arr;                              // Zeiger pa zeigt auf Feldanfang
int *const cp = arr;    // Konstanter Zeiger cp zeigt auf Feldanfang
```

auch der Zeiger *pa* auf das erste Feldelement zeigen. Der Feldname ist jedoch nicht wirklich ein konstanter Zeiger auf den Feldanfang. In anderen Zusammenhängen wird er geringfügig unterschiedlich behandelt. Beispielsweise liefert *sizeof(arr)* die Größe des Felds in *chars*, dagegen liefern *sizeof(pa)* oder *sizeof(cp)* die Größe der Zeigervariablen. Bei der Vereinbarung eines Felds wird auch der Speicherplatz für das Feld reserviert und initialisiert, bei der Vereinbarung eines Zeigers wird dagegen nur der für die Zeigervariable selbst benötigte Platz reserviert.

Zugegriffen wird auf die Feldelemente mit dem *[]*-Operator. In C/C++ ist die Verwendung des *[]*-Operators jedoch nicht auf Feldnamen beschränkt. Wegen der nahen Verwandtschaft von Zeigern und Feldern kann der *[]*-Operator auch mit Zeigern verwendet werden. Mit den in den letzten zwei Beispielen getroffenen Festlegungen liefern alle der folgenden Zuweisungen das gleiche Ergebnis, nämlich 270:

```
int i = arr[2];
i = p[2];
i = cp[2];
```

Wie Sie gesehen haben, zeigt *p+1* auf das Datenelement, das unmittelbar auf das Datenelement folgt, auf das *p* zeigt, *p+2* wiederum auf das unmittelbar folgende nächste Element hinter diesem usw. Das gleiche gilt für den Feldnamen selbst, der in diesem Zusammenhang wie ein Zeiger interpretiert wird. Im Beispiel zeigt *arr* auf das erste Element mit dem Index *0*, *arr+1* auf das Element mit dem Index *1* usw. Mit dem Inhalts- oder Dereferenzierungs-Operator * können Sie die Datenelemente ansprechen, auf die diese Zeiger zeigen:

```
*p              ist äquivalent zu          p[0]
*(p+1)          ist äquivalent zu          p[1]
*(p+n)          ist äquivalent zu          p[n]
*(arr+n)        ist äquivalent zu          arr[n]
```

Damit bieten Zeiger eine sehr effiziente Möglichkeit, auf aufeinanderfolgende Feldelemente zuzugreifen:

```
int a[3], *p = a;   // Feld a und Zeiger p auf a definieren
*p = 47;            // Zuweisung an a[0]
p = p + 1;          // Zeiger auf a[1] weitersetzen
*p = 11;            // Zuweisung an a[1]
p++;                // Andere Schreibweise für p = p + 1;
*p = 4711;          // Zuweisung an a[2]
```

Diese äußerst effiziente, wenn auch hardwarenahe Methode des Feldzugriffs von C/C++ hat sicherlich nicht zuletzt zur großen Beliebtheit von C beigetragen.

Tatsächlich wird jeder Zugriff mit *a[i]* auf ein Feldelement mit dem *[]*-Operator vom Compiler intern auf eine Zeigerdereferenzierung **(a+i)* abgebildet. Dies ist auch der Grund, warum Felder in C grundsätzlich mit dem Index *0* beginnen und nicht, wie in manchen anderen Sprachen möglich, beliebige (problemangepaßte) untere Grenzen für Felder möglich sind. Zugleich macht es die Flexibilität von C/C++ aber einfach, zumindestens für die Übertragung von Programmen aus anderen Sprachen von Null verschiedene untere Feldgrenzen zu simulieren:

```
VAR a: ARRAY[b..e] OF INTEGER; {Feld a mit Genzen von b bis e in Pascal}
```

läßt sich in C nicht schön, aber wirkungsvoll simulieren als:

```
int aa[e - b + 1], *const a = aa - b; // simuliertes Feld a in C
```

Die Kommutativität (Vertauschbarkeit) führt gleichzeitig dazu, daß in C/C++ einige bizarre Konstrukte möglich und gültig sind:

```
p[2] = 4711;        // So kennt man es
*(p+2) = 4711;      // So sieht das der Compiler
*(2+p) = 4711;      // Das ist dann äquivalent (Vertauschung)
2[p] = 4711;        // Ist damit auch äquivalent und legal ☠
```

Zur Nachahmung in ernstgemeinten Programmen ausdrücklich nicht empfohlen.

Mehrdimensionale Felder

Mehrdimensionale Felder werden in C (und damit im konventionellen Teil von C++) als Felder von Feldern implementiert (vgl. *example_19*):

Beispiel:

```
double matrix[5][3];
```

Wird diese Deklaration in der bewährten Weise von innen nach außen zerlegt, erhalten Sie:

```
double matrix[5][3];  // matrix ist ein
double matrix[5][3];  //    ... Feld bestehend aus 5 Elementen
double matrix[5][3];  //    ... vom Typ Feld mit 3 Elementen
double matrix[5][3];  //    ... vom Typ double
```

Das Feld *Matrix* ist also aus fünf dreielementigen Feldern von Fließkommavariablen vom Typ *double* aufgebaut. Die Anordnung der Elemente im Speicher ist also *matrix[0][0], matrix[0][1], matrix[0][2], matrix[1][0]* usw., d. h., so ähnlich wie die Ziffern beim Hochzählen einer Dezimalzahl läuft der letzte Index am schnellsten. Davon kann man sich auch mit dem Debugger überzeugen, indem man nachschaut, in welcher Reihenfolge die Elemente der Initialisierungsliste in *example_19()* den Feldelementen zugeordnet werden.

Leider sind mehrdimensionale Felder dieser Form recht inflexibel, wenn es darum geht, sie als Funktionswerte zu übergeben. Um aus einem gegebenen Index die Adresse im Feld zu berechnen, müssen alle Felddimensionen bis auf die erste (am weitesten links stehende, im Beispiel die 5) auch in der aufgerufenen Funktion festgeschrieben sein. Für mathematische Funktionsbibliotheken sind die mehrdimensionalen Felder von C damit praktisch unbrauchbar.

Eine wenig befriedigende und fehleranfällige Methode ist es, völlig auf mehrdimensionale Felder zu verzichten und die Adreßberechnung innerhalb von eindimensionalen Feldern, welche das mehrdimensionale Feld in linearisierter Form aufnehmen, quasi per Hand selbst durchzuführen.

Eine weitere Möglichkeit besteht darin, mehrdimensionale Felder durch Felder von Zeigern auf Vektoren zu simulieren. Die Anwendung ist syntaktisch nicht von einfachen mehrdimensionalen Feldern zu unterscheiden, die Initialisierung der entsprechenden Datenstruktur aber relativ aufwendig.

Beispiel:

```
double *matrix[];    // Ein Feld von Zeigern auf double
double **matrix;     // oder noch allgemeiner Zeiger auf Zeiger
```

Im obigen Beispiel wird beispielsweise *matrix* als ein Feld von Zeigern auf *double* (oder noch allgemeiner mit der gleichen Wirkung als *double***, d. h. für jede Dimension einen Zeiger) implementiert. Jeder dieser Zeiger kann wiederum auf einen ganzen Vektor von *double*-Variablen zeigen. Bei einem Zugriff in der Form *matrix[i][k]* liefert *matrix[i]* zunächst den *i*-ten Zeiger auf einen *double*-Vektor und der Zugriffs-Operator *[k]* dann das Element dieses Vektors mit dem Index *k*.

Nachteile des Verfahrens: Obwohl es aus der Syntax des Feldelementezugriffs nicht unmittelbar ersichtlich ist, muß der Rechner beim Zugriff auf die Elemente mehr arbeiten, da die Adresse nicht in einem geschlossenen Ausdruck berechnet werden kann, sondern für jede Dimension eine zusätzliche Zeigerdereferenzierung nötig wird. Der zweite, etwas schwerwiegendere Nachteil ist, daß solche Datenstrukturen vor der Verwendung zur Laufzeit zusammenzubauen sind, was einen erhöhten Kodierungsaufwand bedeutet. Die Vorteile: Mehrdimensionale Felder müssen nicht mehr rechteckig sein, da die Teilvektoren unterschiedlich lang sein können. Ein großes Feld braucht nicht mehr am Stück gespeichert werden, was bei segmentierten Architekturen wie 16-Bit-Windows vorteilhaft sein kann.

Eine dritte Möglichkeit schließlich ist es, das zu diesen Zwecken unbrauchbare niedrige Feldkonzept von C zu vergessen und die hohen Eigenschaften von C++ zu nutzen, um abstraktere und sichere Feldtypen zu konstruieren.

Zeichenketten

In den Beispielen und im Text sind uns bereits hin und wieder Zeichenketten als Konstanten begegnet. Inzwischen haben wir das Rüstzeug, um zu verstehen, wie solche Zeichenketten in C/C++ intern dargestellt werden, welchen Typ sie haben und wie man mit ihnen arbeiten kann.

Eine Zeichenkette in C/C++ ist nichts anderes als ein Feld oder Vektor von Zeichen. Beispielsweise definiert *char s[80]* eine Zeichenkette, die 80 Zeichen aufnehmen kann. Nicht jede Zeichenkette ist jedoch exakt 80 Zeichen lang.

Wir benötigen daher noch eine Konvention, wie wir das Ende einer Zeichenkette markieren. In C/C++ dient dazu das Nullzeichen mit dem ASCII-Code 0. Symbolisch wird dafür auch gerne der Bezeichner NUL (im Unterschied zu NULL) verwendet. Möchte man den Bezeichner NUL verwenden, muß man ihn in einer eigenen Definitionsdatei definieren. Um die Fallunterscheidung zu vermeiden, ob die Zeichenkette genau paßt – in dem Fall ist NUL redundant – oder kürzer als der zur Verfügung stehende Speicherplatz ist, wurde für C/C++ festgelegt, daß Zeichenketten immer mit NUL abgeschlossen sein müssen.

Felder und Zeiger sind in C/C++ zwei verschiedene Seiten ein und derselben Medaille. Daher werden auch Zeichenketten (Felder von Zeichen, in denen die Zeichenkette abgelegt ist) und Zeiger auf Zeichenketten (die Feldnamen oder Zeigervariablen vom Typ *char**) in C meist gedanklich gleichgesetzt.

Um Zeichenketten bequem initialisieren zu können, braucht eine Zeichenkette, also ein Feld von Zeichen, nicht mit einem Aggregat initialisiert zu werden. Den gleichen Zweck erfüllt hier eine Zeichenkettenkonstante (vgl. *example_20*):

```
char string1[] =                    // Initialisierung wie andere Felder
     {'Z','e','i','c','h','e','n','k','e','t','t','e','\0'};
char string2[]   = "Zeichenkette";  // Übliche Initialisierung
char string3[13] = "Zeichenkette";  // Längenangabe muß groß genug sein
char string4[12] = "Zeichenkette";  // Fehler, kein Platz für NUL
```

Eine wegen der engen Verwandtschaft von Zeigern und Feldern naheliegende andere Möglichkeit, eine Zeichenkette zu definieren, ist die Definition als Zeiger:

```
char *string5 = "Zeichenkette";
```

Der Unterschied zwischen der Definition als Zeiger und der als Feld ist klein, aber bedeutsam: Wird eine Zeichenkette als initialisiertes Feld angelegt, wird der benötigte Speicher im Datenbereich des Programms (oder auf dem Stack) reserviert und anschließend mit der gegebenen Initialisierungszeichenfolge beschrieben. Wird die Zeichenfolge dagegen als initialisierter Zeiger definiert, erhält man einen Zeiger auf die zur Initialisierung verwendete Zeichenkonstante. Solange man auf die Zeichenfolge nur lesend zugreifen will, ist das in Ordnung, ja sogar wünschenswert, da keine Kopie der Zeichenfolge angelegt werden muß. Man sollte jedoch keinesfalls versuchen, auf die Elemente dieser Zeichenkette schreibend zuzugreifen – die Ergebnisse sind undefiniert.

Die Zeichenkette *"Zeichenkette"* hat, obwohl möglicherweise im „Nur-Lese-Speicher" angelegt, den Typ *char** und nicht *const char**. Dies hat historische Gründe. Vereinbarungen des Typs *char *string = "Zeichenkette";* sind in C und C++-Programmen sehr häufig. Sie alle wären mit einem Schlag falsch und würden zu einem Typenfehler führen, wenn der Typ von Zeichenkettenkonstanten in *const char** geändert würde.

Ein in C und C++ häufig gebrauchtes Idiom sind Felder von Zeichenketten. Effektiv handelt es sich dabei um Vektoren, die Zeiger auf Zeichenketten enthalten.

Beispiel:

```
char *daysOfWeek[] = {"Montag","Dienstag","Mittwoch","Donnerstag",
                      "Freitag","Samstag","Sonntag",NULL};
```

In diesem Beispiel ist *daysOfWeek* ein Feld von acht Zeigern auf Zeichenketten. Die ersten sieben Zeiger sind durch die Initialisierungsliste mit den Adressen der Zeichenkettenkonstanten *"Montag"* bis *"Sonntag"* initialisiert, der achte Zeiger ist ein Nullzeiger und soll nach der Konvention für Zeichenketten das Ende des Zeichenkettenvektors markieren.

Betreibt man in einem C++-Programm ernsthaft Zeichenkettenbearbeitung mit C-Zeichenketten, wird man im allgemeinen nicht umhinkommen, den benötigten Speicher vom Freispeicher anzufordern.

```
char *buf = new char[80];          // Neuer Arbeitspuffer mit 80 Zeichen
delete[] buf;                      // Puffer später wieder freigeben
```

Bei Operationen mit C-Zeichenketten ist zu beachten, daß diese immer als Zeiger oder Felder (was in C/C++ fast auf das gleiche herausläuft) behandelt werden:

```
char *name, firstname[] = "Christian", lastname[] = "F.";
name = firstname;    // Weist Zeiger zu, nicht den String selbst
```

Will man eine Zeichenkette wirklich kopieren und nicht nur einen Zeiger auf die Quellzeichenkette, wird die Sache ein wenig umständlicher:

```
int len = strlen(firstname);        // Wie lang ist Zeichenkette (ohne 0)
name = new char[len+1];             // Speicher für Kopie inkl. 0-Zeichen
strcpy(name,firstname);             // Kopieren
```

Zunächst muß die Länge des Quellstrings mit der Funktion *strlen()* (deklariert in der Definitionsdatei *string.h*) bestimmt werden. Da *strlen()* beim Zählen der Zeichen in der Zeichenkette das abschließende Nullzeichen nicht berücksichtigt, muß bei der anschließenden Speicheranforderung mindestens ein Zeichen mehr „bestellt" werden. Jetzt kann mit der Funktion *strcpy()* der Inhalt der Zeichenkette vom Quellstring *firstname* in den Zielstring *name* kopiert werden.

Die kryptischen Namen der Standard-Funktionen von ANSI-C, wie der Funktionen aus *string.h*, rühren daher, daß zu dem Zeitpunkt, als diese Funktionen entstanden, die Länge von Bezeichnern durch die gebräuchlichen Linker auf effektiv sieben Zeichen für C-Namen eingeschränkt war.

Die in die Sprache C/C++ eingebauten Zeichenketten sind also eng an das Zeiger- und Feldkonzept von C angelehnt. Da das Zeiger- und Feldkonzept von C sehr hardwarenah ist, gilt das auch für die Zeichenketten von C/C++. Sie sind dadurch sehr effizient (d. h., man hantiert meist nur mit Zeigern, nicht mit den ganzen Zeichenketten), aber auch unkomfortabel und unsicher. Das Klassenkonzept von C++ erlaubt es jedoch, neue Zeichenkettentypen zu definieren, die auf einem höheren Abstraktionsniveau angesiedelt sind und diese Probleme nicht haben. Sie werden später einen solchen Zeichenkettentyp in den MFC kennenlernen.

Funktionstypen

Ein zentrales Objekt aller prozeduralen Programmiersprachen ist die abgeschlossenen Untereinheit eines Programms, welche in C/C++ Funktion heißt. Wie bei anderen Programmobjekten in C/C++ unterscheidet man zwischen Definition und Deklaration. Die eigentliche Definition einer Funktion soll hier nur am Rande interessieren, da in diesem Abschnitt über Datentypen eher die Funktion als Datentyp erläutert wird.

Eine Funktion verhält sich teilweise wie ein Datenobjekt – eine Funktion hat einen Wert und einen Typ und kann einer Funktionsvariablen passenden Typs zugewiesen werden. Andererseits ist eine Funktion aber auch eine Kontrollstruktur; sie kann ausgeführt werden, bildet aus den Parametern einen Rückgabewert, ändert möglicherweise auch die Parameter (wenn es sich um Referenzparameter handelt) und kann globale Seiteneffekte haben.

Eine Funktion kommuniziert über ihre Parameter mit der Außenwelt und liefert ggf. ein Ergebnis von einem festgelegten Rückgabetyp zurück. Die Art und Anzahl der Parameter in der Parameterliste werden als Signatur bezeichnet. Funktionen mit gleicher Signatur und gleichem Rückgabewert haben denselben Typ.

Beispiele:

```
typedef double oneDim (double);
typedef double twoDim (double,double);

// folgende Funktionen (aus <math.h>) sind vom gleichen Typ oneDim:
double sin(double);
double cos(double);
double log(double);
double log10(double);
double exp(double);

// folgende Funktionen (aus <math.h>) sind vom gleichen Typ twoDim:
double atan2(double, double);
double fmod(double, double);
double pow(double, double);
```

Ähnlich wie der Wert eines Felds der konstante Zeiger auf seinen Anfang, also seine Adresse, war, ist der Wert einer Funktion der konstante Zeiger auf die Funktion, d. h. ihre Adresse. Definiert man entsprechende Zeigervariablen vom Typ „Zeiger auf Funktion vom Typ so und so", kann man ihnen die Funktion zuweisen und die zugewiesene Funktion anschließend über die Funktionsvariable aufrufen:

Beispiel (anknüpfend an oben, vgl. *example_21*):

```
oneDim f;           // Deklaration einer Funktion double f(double).
                    // muß aber irgendwo anders als Code definiert
sein!

oneDim *f1 = sin;   // Deklaration eines Zeigers auf eine
                    // Funktion (mit Initialisierung)
                    // äquivalent double (*f1)(double) = ..;
f1 = cos;
f1 = &cos;          // äquivalent zu f1 = cos;
twoDim *f2;         // äquivalent double (*f2)(double,double);

double pi = 3.14;
double r = f1(pi);  // Funktionsvariable kann wie Funktion verwendet
                    // werden, da für Compiler Wert von Funktion
                    // und Funktionsvariablen beidemal Adresse
                    // ist, auf die der ()-Operator angewendet wird.

r = (*f1)(pi);      // Alte C-Schreibweise
```

Der Aufruf einer Funktion über eine Funktionsvariable kann seit ANSI-C genauso aussehen wie der Aufruf über den (konstanten) Funktionsnamen. In beiden Fällen ermittelt der Compiler den Wert, bei der Funktion die (konstante) Adresse bzw. bei der Funktionsvariable die gespeicherte Adresse, und wendet darauf den Funktionsaufrufs-Operator () an. Funktionsvariablen können daher genauso wie Funktionen transparent verwendet werden. Für den Aufruf von Funktionen über Funktionsvariablen gibt es noch eine zweite mögliche Methode. Da die Funktionsvariable mit **f()* definiert wurde, ist es gemäß der C-Philosophie „Definition sieht aus wie Verwendung" möglich, in Funktionsvariablen gespeicherte Funktionen über *(*f)()* aufzurufen. Diese Schreibweise betont stärker die Tatsache, daß es sich bei der Funktionsvariablen um einen Zeiger auf eine Funktion handelt, der erst durch einen Zugriff mit dem Dereferenzierungs-Operator * wieder den Zugriff auf das referenzierte Objekt, also die Funktion selbst zuläßt.

Strukturierte Typen

Neben der Möglichkeit, neue Typen von anderen Typen abzuleiten, stellt C++ noch eine weitere Möglichkeit zur Verfügung, problemangepaßte Datentypen zu konstruieren. Syntaktisch haben diese Typen alle einen ähnlichen Aufbau:

```
keyword tag {type_description} opt_identifier_list;
```

Ein Schlüsselwort, das die Art des benutzerdefinierten Typs kennzeichnet, dann ein sogenanntes Etikett (engl. *tag*) und in geschweiften Klammern eine von der Art des Typs abhängige Beschreibung. Diese Typbeschreibung kann optional noch von einer Liste von Variablennamen gefolgt werden, die mit diesem Typ definiert (oder deklariert) werden sollen. Die Typvereinbarung wird durch ein Semikolon abgeschlossen. Am Semikolon erkennt der Compiler das Ende der Typvereinbarung und das Ende der ggf. leeren Liste von Deklaratoren. Daher ist dies auch eine der wenigen Stellen in C/C++, an denen ein Semikolon hinter einer sich schließenden geschweiften Klammer signifikant ist und nicht weggelassen werden darf. Die Deklaratoren können wie gehabt jede mögliche Kombination von „Dekorationen" tragen.

Wird der neue Typ an einer späteren Stelle des Programms noch einmal benötigt, muß nicht wieder die volle Beschreibung des Typs geschrieben werden, die Art und Weise, wie der benutzerdefinierte Typ angesprochen werden kann, ist einer der entscheidenden Unterschiede von C und C++. In C++ trägt der neue Typ den Namen *tag*, d. h., er kann genauso angewendet werden wie alle anderen Typen in C++, von eingebauten bis zu mit *typedef* definierten Typen. In C ist *tag* kein Typname, sondern nur ein Etikett, d. h., es kann nur mit der Typartbezeichnung *keyword* zusammen als Typ verwendet werden. Bedingt dadurch kann der Name *tag* in C-Programmen nicht mit anderen Bezeichnern wie z. B. Variablennamen kollidieren. C++ läßt aus Gründen der Aufwärtskompatibilität die alte C-Schreibweise noch zu, verwendet werden sollte sie jedoch nach Möglichkeit nicht.

Der Hintergrund dieser Änderung: In C++ soll ein benutzerdefinierter Typ sich in nichts von den eingebauten Typen unterscheiden. Die C-Schreibweise *keyword tag* anstelle von *tag* für den neuen Typ macht dagegen benutzerdefinierte (strukturierte) Typen zu Typen zweiter Klasse. Die Sichtweise eines benutzerdefinierten Typs als vollwertiger neuer Typ ist ein Kernelement der C++-Philosophie und war Bjarne Stroustrup so wichtig, daß er die daraus resultierenden Inkompatibilitäten von C++ zu C bewußt in Kauf nahm.

Dies alles ist in dieser Form reichlich abstrakt, sollte hier aber vorausgeschickt werden, da es eine allgemeine Eigenschaft aller folgenden benutzerdefinierten Typen ist. Sie werden sehen, daß in den nächsten Abschnitten einiges klarer und leichter verständlich sein wird.

Aufzählungen

Aufzählungen fallen eigentlich nicht unter die übrigen hier besprochenen strukturierten Typen, da sie nicht strukturiert sind, sondern eine spezielle Form von ganzzahligen Typen darstellen. Da sie aber syntaktisch eine nahe Verwandtschaft mit anderen benutzerdefinierten Typen aufweisen, sollen sie an dieser Stelle besprochen werden.

Oft hat man einen Bereich von (sachlich) zusammenhängenden Werten, denen man symbolische Namen zuordnen möchte, um die Lesbarkeit des Programms zu erhöhen. Im alten K&R-C ließen sich solche symbolischen Namen nur über den archaischen textbasierten *#define*-Mechanismus festlegen:

```
#define RED 0
#define GREEN 1
#define BLUE 2
```

Seit ANSI-C existiert das Schlüsselwort *enum,* um solche Aufzählungen innerhalb der Sprache selbst (*#define*-Direktiven werden vom Präprozessor bereits vor dem eigentlichen Compilerlauf verarbeitet) und wesentlich eleganter zu vereinbaren. Die Schreibweise der symbolischen Namen oben in Großbuchstaben ist übrigens eine Konvention, um mit dem Präprozessor definierte Namen von anderen zu unterscheiden. Daher sind die Namen in der folgenden Aufzählung jetzt klein geschrieben (vgl. *example_22*):

```
enum color {red, green, blue};
```

In C wird auf diese Weise ein neuer Typ mit Namen *enum color* vereinbart, der die Werte *red*, *green* oder *blue* annehmen kann. Namen in verschiedenen Aufzählungen (im selben Geltungsbereich) müssen sich unterscheiden, d. h., eine Aufzählung definiert keinen neuen Geltungsbereich. In C++ ist der Typname einfach *color*, obwohl die Schreibweise *enum color* auch zulässig ist. Will man in C *color* allein als Typname verwenden, muß man den Typnamen mit *typedef* definieren:

```
typedef enum color {red, green, blue} color;          // oft in ANSI-C !
```

In C ist diese (ziemlich umständliche) Schreibweise sehr häufig, und daher durch eine Sonderregelung auch für C++ zugelassen. Eigentlich bedeutet die Vereinbarung eine zweimalige Definition des Typs *color*.

Im obigen Beispiel haben die definierten symbolischen Namen die numerischen Werte 0, 1 und 2, d. h., der erste Name einer Aufzählung hat den Wert 0, der nächste den Wert 1 und so weiter. Der Aufzählungstyp von C/C++ ist aber flexibler, er erlaubt es, den Wert einzelner Namen in der Aufzählungsliste beliebig festzulegen. Folgende Namen werden dann von diesem neuen Wert hochgezählt.

Beispiele:

```
enum month   {jan = 1, feb, mar, apr, may, jun,
              jul, aug, sept, okt, nov, dez};
enum special {nul, bell='\a', backspace='\b', tab='\t',
              newline='\n', vtab='\v', ret='\r', cr = ret};
```

In ANSI-C sind alle Aufzählungen zum Typ *int* äquivalent, stellen also nur einen bequemen Weg dar, Konstanten zu schreiben. In C++ mit seinem wesentlich strengeren Typsystem sind Aufzählungstypen zu den ganzzahligen Typen nur in dem Sinne kompatibel, daß sie durch die Regeln der ganzzahligen Erweiterung und der impliziten Typumwandlung in solche umgewandelt werden können. Der umgekehrte Weg, also die Zuweisung einer beliebigen ganzen Zahl an eine Variable von einem Aufzählungstyp ist (ohne eine explizite Typumwandlung) nicht möglich und schränkt so z. B. die praktische Brauchbarkeit des Typs *boolean* im folgenden Beispiel etwas ein.

Beispiel:

```
enum boolean {false, true};         // "Nachbessern" des in C++ (noch)
                                    // fehlenden logischen Typs.
boolean b;                          // logische Variable
b = false;                          // Zuweisung     ok,
if (b) explode();                   // b wird für if nach int gewandelt.
b = apples >= grapes;               // geht nicht, da logischer Ausdruck
                                    // apples >= grapes vom Typ int ist.
```

Andererseits ist es natürlich sinnvoll, die Zuweisung von Integerwerten mit ihrem vollen Wertebereich an Aufzählungsvariablen mit ihrem beschränkten Wertebereich und festgelegten Wertbedeutungen zu verbieten. Die Zuweisung *boolean b = 4711* macht schließlich genau so wenig Sinn wie *month m = backspace*, selbst wenn die Zahlenwerte zufällig passen sollten.

Will man nur einige numerische Konstanten definieren, kann man übrigens auch anonyme Aufzählungen verwenden, beispielsweise:

```
enum
{
  false, true, tab='\t', newline='\n', vtab='\v', ret='\r', cr = ret
};
```

Strukturen

Oftmals ist es sinnvoll, mehrere verschiedenartige zusammengehörige Informationen in einem Datentyp zusammenzufassen. Zu diesem Zweck dienen in C und C++ die sogenannten Strukturen. Die Definition einer Struktur wird durch das Schlüsselwort *struct* eingeleitet.

Beispiel (vgl. *example_23*):

```
struct Point {int x, y;} p1, p2, *pp, ap[100];
struct Date  {char day, month; short year;};
Date date1, date2;                  // Definition zweier Variablen in C++
struct Date date3, date4;           // ANSI-C, auch in C++ noch zulässig
```

Sie sehen wieder den gleichen prinzipiellen Aufbau wie bei den Aufzählungen. Zunächst kommt das Schlüsselwort *struct*, das angibt, daβ es sich um eine Strukturdefinition handelt, gefolgt von einem Typnamen (in ANSI-C einem Etikett). Darauf folgt eine genauere Beschreibung des neuen Datentyps in geschweiften Klammern, optional gefolgt von einer Liste von Bezeichnern von Variablen des neuen Typs oder von einem abgeleiteten Typ. Wie bei den Aufzählungen gilt auch hier wieder, daβ in C der Name des neuen Typs *struct name*, in C++ aber einfach *name* ist.

Die eigentliche Strukturdefinition in den geschweiften Klammern hat die gleiche Form wie eine Liste von Variablendefinitionen, nur daβ hier keine eigenständigen Variablen, sondern Feldelemente oder Komponenten definiert werden. Eine Struktur führt einen neuen Geltungsbereich ein. Da Strukturkomponenten immer nur in Verbindung mit einem Datenobjekt dieses Typs angesprochen werden können, können die Namen der Strukturelemente nicht mit anderen im Programm definierten Variablen kollidieren.

Die Form der Definition in den obigen Beispielen mag übrigens bei sehr einfachen Typen wie z. B. *Point* noch angehen, in komplizierteren Fällen spendiert man lieber jeder Komponente eine eigene Zeile. Auch sollte man die Strukturvereinbarungen und Variablendefinitionen trennen:

Beispiel:

```
struct Date
{
    char day;
    char month;
    short year;
};
Date date1, date2, *pdate;
```

Zugriffe auf Strukturkomponenten erfolgen durch den Punkt-Operator bei Variablen und den Pfeil-Operator bei Zeigern:

```
date1.day = 29;
date1.month = 2;
date1.year = 1996;

pdate = &date2;

pdate->day = 24;
pdate->month = 12;
(*pdate).year = 2000;               // äquivalent pdate->year
```

Die letzte Zeile des Beispiels zeigt, weshalb in C/C++ anders als z. B. in Pascal für Strukturzugriffe über einen Zeiger mit dem Pfeil-Operator ein eigener Operator eingeführt werden mußte. Durch die teilweise (vorsichtig ausgedrückt) unglücklichen Prioritätsregelungen für Operatoren bindet der Punkt-Operator stärker als der Zeigerdereferenzierungs-Operator, so daß bei der Anwendung von *-Operator und Punkt-Operator die richtige Ausführung nur durch Klammern sichergestellt werden kann. Das ist - sagen wir einmal - unhandlich.

Wird eine Struktur definiert, ist der neue Typname (wenn auch noch ohne die Größeninformation) von Anfang an definiert. Daher ist es in C/C++ sehr einfach, Strukturen zu definieren, die auf sich selbst Bezug nehmen. Nehmen wir einmal an, Sie haben eine Reihe von Namen berühmter Kinder, die Sie in einer doppelt verketteten Liste organisieren wollen (vgl. *example_24*):

```
struct Kid
{
    char*   lastname;
    char*   firstname;
    short   age;
    Kid*    next;      // Der Name Kid ist schon bekannt, mehr
    Kid*    prev;      // ... brauchen wir an dieser Stelle nicht.
};
```

In Strukturen, und generell wenn nur ein neuer Bezeichner definiert wird, ist es übrigens besser, wie oben Zeiger und Referenz-Operatoren mit dem Typnamen des Ausgangstyps statt mit dem neuen Bezeichner zu kombinieren. Mögliche Mißverständnisse (der Grund für die andere Schreibweise in den bisherigen Variablenvereinbarungen) sind ausgeschlossen, da nur eine Variable neu definiert wird, die Typinformation steht kompakt auf der linken Seite und gibt den Typnamen genau in der Form an, wie er auch in expliziten Typumwandlungen oder Funktionsprototypen auftritt.

Variablen des Typs *Kid* können Sie genauso mit Werten vorbelegen, wie Sie das schon mit Feldern demonstriert haben:

```
Kid charly = {"Brown", "Charly",  8};
```

Komponenten, für die Sie keine Initialisierungswerte vorgeben, werden automatisch mit Null vorbelegt. Sie können auch gleich ein ganzes Feld mit Werten vorbelegen. Dabei dürfen sogar Adressen von Datenobjekten sowie (Zeiger-)Ausdrücke verwendet werden, sofern dem Compiler alle Informationen zur Verfügung stehen, um die Ausdrücke zur Initialisierungszeit auszuwerten.

```
Kid table[] =
{
    "Derkins",      "Susi",  7, &table[1], &table[3],
    "Blocksberg",   "Bibi",  9, table+2,   table,
    "Langstrumpf",  "Pipi",  9, table+3,   table+1,
    "Knopf",        "Jim",  10, table,     table+2
};
```

Es fällt auf, daß alle Daten ohne Berücksichtigung der feineren inneren Struktur von *table* einfach hintereinander gehängt worden sind. C und C++ erzwingen hier nicht, daß die Strukturierung der Initialisierungsdaten die innere Struktur eines Datenobjekts widerspiegelt – eine häufige Quelle von Initialisierungsfehlern! Man kann jedoch die Daten für die einzelnen Feldelemente vom Typ *Kid* noch einmal durch Klammern zusammenfassen. Das ist besonders dann empfehlenswert, wenn nicht alle Elemente einer Struktur vorbelegt werden sollen. Nicht explizit belegte Elemente werden mit Null aufgefüllt:

```
Kid table2[] =
{
    {"Derkins",      "Susi",  7},
    {"Blocksberg",   "Bibi",  9},
    {"Langstrumpf",  "Pipi",  9},
    {"Knopf",        "Jim",  10}
};
```

Komponentenzeiger

Eine Besonderheit von C++ gegenüber ANSI-C sind übrigens Komponentenzeiger für eine gegebene Struktur. Ein Komponentenzeiger kann nur auf Komponenten von Strukturen eines ganz bestimmten Typs zeigen. So kann z. B. der folgende Komponentenzeiger

```
char* Kid::*pname;
```

nur auf Komponenten von Datenobjekten des Typs *Kid* zeigen, und zwar nur auf solche, die selbst vom Typ *char** sind. So wie Zeiger im wesentlichen die typisierte Adresse eines Objekts im Speicher darstellen, sind Komponentenzeiger der typisierte Offset einer Komponente innerhalb eines strukturierten Datentyps. Sie machen daher auch nur in Verbindung mit Datenobjekten dieses Typs Sinn und benötigen zum Zugriff auf eine Komponente nicht nur den Komponentenzeiger selbst, sondern auch ein Datenobjekt passenden Typs, auf dessen Komponenten sie mit dem Zeiger zugreifen können. In C gibt es keine Komponentenzeiger.

Analog dem Zugriff mittels Pfeil-Operator und Punkt-Operator auf den Inhalt gewöhnlicher Zeiger erfolgt der Zugriff auf Strukturkomponenten vermittels eines Komponentenzeigers mit speziellen Dereferenzierungs-Operatoren:

```
Kid  charly = {"Brown", "Charly",  8};
Kid* pCharly = &charly;

pname = &Kid::lastname;            // pname zeigt auf Feld lastname in
                                   // ... Strukturen vom Typ Kid
char *name = charly.*pname;        // Zugriff auf Komponente *pname
                                   // innerhalb von Datenobjekt charly
name = pCharly->*pname;            // Zugriff mit Zeiger pCharly
```

Bit-Felder

Eine besondere Variante von Strukturelementen sind die sogenannten Bit-Felder (nicht zu verwechseln mit Feldern im Sinne von Vektoren). Ein Bit-Feld ist ein ganzzahliges Feldelement, dessen Bitbreite explizit hinter einem Doppelpunkt als konstanter Ausdruck angegeben ist. Als Basistyp sind alle ganzzahligen Typen von *char* bis *long* in den Varianten *signed* und *unsigned* möglich (in C dagegen nur *int* und *unsigned*). Da benachbarte Bit-Felder so dicht wie möglich nebeneinander in ganzzahlige Strukturelemente des Basistyps gepackt werden, stellen Bit-Felder eine elegante Möglichkeit dar, Daten sehr kompakt abzulegen. Da die Daten aber bei jedem Zugriff durch Maskierungs- und Bitschiebeoperationen ausgepackt werden müssen, muß für die kompakte Repräsentation der Daten ein Preis in Form verminderter Laufzeiteffizient gezahlt werden. Kommen wir hierzu noch einmal auf den Datentype *Date* zurück. Ein Monat hat immer weniger als 32 Tage, kann also in 5 Bit repräsentiert werden. Ein Jahr hat nicht mehr als 12 Monate, hier reichen 4 Bit aus. Um die Jahreszahl in voller Schönheit zu speichern, benötigten wir 11 Bit, gäben wir noch ein Bit zu, kämen wir sogar bis zum Jahr 4095. Beschränken wir uns dagegen auf die letzten zwei Ziffern des Datums, kommen wir schon mit 7 Bit aus (vgl. *example_25*):

```
struct Date
{
    unsigned short day   : 5;
    unsigned short month : 4;
    unsigned short year  : 7;
};
```

Sie können also ein komplettes Datum in 16 Bit speichern. Der Zugriff auf die Strukturkomponenten erfolgt dabei transparent, d. h., zumindestens im Quellcode der Anwendung brauchen Sie sich nicht mehr darum zu kümmern, daβ Sie mit einem Bit-Feld arbeiten. Auch die Initialisierung sieht genauso aus wie bei anderen Strukturelementen.

```
Date date = {29,2,96};
int month = date.month;
int day = date.day;
int year = 1900 + date.year;
```

Hier noch ein weiteres Beispiel, das die Verwendung von Bit-Feldern für Flag-Variablen und die Mischung mit anderen Strukturkomponenten zeigt:

```
struct Font
{
    char *fontname;
    char bold : 1;
    char undl : 1;
    char ital : 1;
    char smal : 1;
    char caps : 1;
    char ansi : 1;
    char pointsize;
};
```

Unions

Unions (engl. ausgesprochen!) werden im Deutschen auch als Varianten bezeichnet. Der Begriff Union für diesen Typus benutzerdefinierter Typen in C/C++ hat sich allerdings derartig eingebürgert, daß ich dabei bleiben möchte. Formal sieht eine Union wie eine Struktur aus. Der feine Unterschied (abgesehen vom Schlüsselwort) besteht lediglich darin, daß die Strukturkomponenten nicht hintereinander, sondern übereinander, d. h. an derselben Speicheradresse, abgelegt werden. Unions sind in erster Linie ein Werkzeug zur (schmutzigen) systemnahen Programmierung und können allenfalls noch eingesetzt werden, um Speicherplatz zu sparen, indem verschiedenen Daten, die niemals gemeinsam anfallen (sogenannte Varianten) am gleichen Speicherplatz abgelegt werden. Die Größe einer Union ist die Größe ihrer größten Komponente.

Beispiel:

```
union example
{
    int           i;
    void*         p;
    short         s[2];
    signed   char c[4];
    unsigned char b[4];
} ex, *pex;
```

Das vorstehende Beispiel erlaubt es, den Inhalt der Variablen *ex* oder die Speicherstelle, auf die der Zeiger *pex* zeigt, als Integer, als Speicheradresse, als kurze Integerzahl, als Zeichen oder als Byte zu betrachten. Der Zugriff erfolgt wie bei Strukturen über den Punkt- bzw. den Pfeil-Operator.

Beispiele:

```
ex.i = 4711;
ex.c[2] = -1;
pex->s[1] = pex->s[0];
```

Anders als ANSI-C läßt C++ auch sogenannte anonyme Unions zu. Eine anonyme Union ist eine Union, für die weder ein Name noch eine Variablendefinition angegeben ist. Sie bezeichnet ein unbenanntes Objekt, nicht einen Typ. Auf die Komponenten dieses Objekts kann unter Angabe des Komponentennamens direkt zugegriffen werden. Eine auf Dateiebene global definierte Union muß als statisch definiert sein (vgl. *example_26*):

Beispiele:

```
static union        // globale anonyme union muß statisch sein
{
    int a;
    unsigned b;
};
```

```
void main()
{
    union                // lokale anonyme union
    {
        int aa;
        unsigned bb;
    };
    a = -1;              // Zugriff auf Komponente von unbenanntem Objekt
    aa = -1;             // Zugriff auf Komponente von unbenanntem Objekt
}
```

Innerhalb von Strukturen können anonyme Unions dazu dienen, die varianten Rekords von Pascal mit ihrem festen und varianten Teil nachzubilden:

```
    struct Person
    {
        char *name;
        enum {male, female} sex;
        union
        {
            int age;         // Für Männer: Altersangabe
            int mass;        // eine Dame fragt man nicht nach dem Alter
        };
    } aperson;

    int anage;
    if (aperson.sex == aperson.male) anage = aperson.age;
```

Maskerade – Windows-spezifische Datentypen

Dies ist nicht nur ein Buch über C++, sondern auch über Windows-Programmierung. Da die Sprache C/C++, wie wir gesehen haben, keine definitive Aussage über die Länge der einzelnen Datentypen macht, hat Microsoft für die Windows-API mit *typedef*-Anweisungen eigene Datentypen definiert. Ein Teil dieser Typen dient der besseren Portabilität, indem beispielsweise ein *WORD* unter Windows immer 16 Bit und ein *DWORD* immer 32 Bit breit ist. Dies machte es beispielsweise wesentlich einfacher, die Windows-API unabhängig davon zu definieren, ob der verwendete Compiler ein 16 oder ein 32Bit-Compiler ist. Die wichtigsten Windows-Datentypen sind im folgenden aufgelistet:

- *BOOL:* ein logischer Typ mit den Werten TRUE und FALSE
- *BYTE:* ein vorzeichenloser 8-Bit-Wert
- *COLORREF:* ein 32-Bit-Wert zur Darstellung eines Farbwerts
- *DWORD:* eine 32 Bit breite vorzeichenlose Ganzzahl
- INT*:* eine ganze Zahl von 16 Bit bei 16-Bit-Windows (Windows 3.x) und 32 Bit bei 32-Bit-Windows (Windows 95 und Windows NT)
- *LONG:* eine vorzeichenbehaftete Zahl von 32 Bit Breite
- *LPARAM:* ein 32 Bit breiter Parametertyp für Fensterprozeduren und Rückruf-Funktion

- *LPCSTR:* ein Zeiger auf eine konstante Zeichenkette
- *LPSTR:* ein Zeiger auf eine nichtkonstante Zeichenkette
- *LPCTSTR:* ein Zeiger auf eine konstante Unicode-kompatible Zeichenkette
- *LPTSTR:* ein Zeiger auf eine nichtkonstante Unicode-kompatible Zeichenkette
- *LPVOID:* ein anderer Name für einen reinen Adreßzeiger vom Typ *void**
- *LRESULT:* ein 32-Bit-Rückgabewert für Fensterprozeduren und Rückruf-Funktionenen
- *UINT:* eine vorzeichenlose ganze Zahl von 16 Bit bei 16-Bit-Windows (Windows 3.x) und 32 Bit bei 32-Bit-Windows (Windows 95 und Windows NT)
- *WNDPROC:* ein Zeiger auf eine Fensterprozedur
- *WORD:* ein vorzeichenlose ganze Zahl von 16 Bit Breite
- *WPARAM:* ein Parametertyp für Fensterprozeduren und Rückruf-Funktionen. Bei 16-Bit-Windows, wie der führende Buchstabe „W" für Wort andeutet, tatsächlich ein Wort breit, bei Win32 jedoch 32 Bit wie LPARAM.

Neben diesen häufigsten Typen kennt Windows noch eine Vielzahl von weiteren Typen und Datenstrukturen.

- Namen von Windows-Datenstrukturen sind immer in Großbuchstaben.
- *LPXXX:* „Langer Zeiger". 32 Bit breiter Zeiger auf ein Datenobjekt vom Typ XXX. Da bei 16-Bit-Compilern zwischen kurzen und langen Zeigern unterschieden werden muß und die Voreinstellung von Compilerschaltern abhängig ist, stellte die Schreibweise *LPXXX* mit einem als langer Zeiger (32 Bit) geeigneten definierten Namen die Konsistenz des Datentyps sicher. In Win32 könnte man genauso gut XXX* schreiben. Ironischerweise sind die „Langen Zeiger" im 32-Bit-Modus tatsächlich kurze Zeiger. Lange 32-Bit-Zeiger sind 48 Bit breit ...
- *HXXX:* Ein Handle (engl. für „Griff") für ein Windows-Datenobjekt des Typs *XXX*. Handles kennzeichnen ein Objekt eindeutig, ohne jedoch den Zugriff auf den Inhalt zu erlauben. Solange ein Windows-Objekt nur als Handle angesprochen werden kann, hat Windows die alleinige Kontrolle über das Objekt.

Um für den Compiler unterscheidbare Handle-Datentypen zu generieren, die der strengsten möglichen Typprüfung unterliegen, verwenden die Definitionsdateien von Windows übrigens einen Trick. Ein Handletyp *HXXX* wird mit dem Makro *DECLARE_HANDLE(HXXX)* erzeugt, dessen Aufruf zum folgenden Code expandiert:

```
struct HXXX__ {int unused;};
typedef struct HXXX__ *HXXX;
```

Es wird also eine Dummy-Datenstruktur mit dem Namen *HXXX__* erzeugt und der Handletyp *HXXX* als ein Zeiger auf eine Struktur dieses Namens definiert.

Damit unterliegen Handles den Typregeln für Zeiger auf unterschiedliche Typen und sind damit untereinander vollständig inkompatibel.

Zusammenfassung

C++ ist eine stark typisierte Sprache, die streng zwischen verschiedenen Datentypen unterscheidet. Zwischen den numerischen Typen werden automatische Umwandlungen nach einem ausgefeilten Regelsystem durchgeführt, andere Datentypen müssen vom Anwender normalerweise explizit ineinander umgewandelt werden.

Damit das Typensystem in C++ den gewünschten Schutz entfalten kann, muß jedes Programmobjekt vor der ersten Verwendung zumindestens einmal deklariert worden sein. Deklaration und Definition eines Programmobjekts, wie auch mehrfache Deklarationen, ob Variable oder Funktion, müssen zusammenpassen. Jedes Programmobjekt, das in einem Programm verwendet wird, muß genau einmal definiert worden sein. Deklarationen und Definitionen werden unter dem Oberbegriff Vereinbarungen zusammengefaßt.

C++ besitzt primitive und abgeleitete Datentypen und bietet darüber hinaus die Möglichkeit, weitere Datentypen, von Aufzählungen bis zu strukturierten Typen, zu vereinbaren. Zwischen den primitiven Datentypen werden weitgehend automatische Typumwandlungen durchgeführt, die meisten anderen Typen müssen vom Anwender explizit umgewandelt werden. An abgeleiteten Datentypen kennt C++ Referenzen (die praktisch ein Alias für eine andere Variable passenden Typs darstellen), Zeiger (die im wesentlichen die Adresse einer benannten oder anonymen Variable enthalten), Felder (die eine Reihe gleichartiger Datenelemente des Basistyps enthalten) und Funktionstypen. Felder und Zeiger sind in C++ eng miteinander verwandte, aber verschiedene Konzepte. An benutzerdefinierten Datentypen haben Sie bisher Aufzählungen, Strukturen und Unions kennengelernt. Letztere können in C++ auch anonym sein, d. h. weder Variablennamen noch Typnamen haben.

Windows benutzt die Möglichkeiten von C++, mit *typedef* eigene Typnamen zu definieren, dazu, die Windows-API für einen Satz portabler Datentypen zu definieren.

Ausdrucksstark – Operanden und Operatoren in der Übersicht

Der grundlegendste Baustein überhaupt für eine Berechnung ist der Ausdruck. Das gilt für C und C++ mehr noch als in anderen Sprachen, da in C/C++ viele Operationen als Ausdruck betrachtet werden, die in anderen Sprachen feste syntaktische Strukturen sind, wie Feldzugriff, Funktionsaufruf oder Zuweisung. Man kann daher ohne allzu große Übertreibung sagen, daß in C und C++ so gut wie alles ein Ausdruck ist.

Intuitiv dürfte jedem, der bereits mit einer Programmiersprache gearbeitet hat, klar sein, was ein Ausdruck ist: eine Folge von Operatoren und Operanden, die eine Berechnung spezifiziert. Eine Berechnung mag zu einem Ergebnis führen (muß aber nicht) und kann Seiteneffekte haben.

Operatoren können überladen sein, d. h., ihre Bedeutung hängt vom Kontext ab. So bedeutet in vielen Sprachen der /-Operator angewandt auf Fließkommazahlen eine Fließkommadivision, angewandt auf ganze Zahlen eine Integerdivision. Weitere Beispiele in C/C++: der &-Operator (Adresse oder binäres „Und"), der -Operator (Vorzeichen oder Subtraktion) und der *-Operator (Zeigerdereferenzierung oder Multiplikation). Im Gegensatz zu anderen Sprachen, die überladene Bezeichner und Operatoren nur für in die Sprache fest eingebaute Sprachelemente zulassen, erlaubt C++ aber auch das Überladen vorhandener Operatoren und beliebiger Bezeichner durch den Anwender (sofern die Bedeutung fest eingebauter Operationen dabei nicht geändert wird - so ist es z. B. nicht möglich, die Integerdivision durch Überladen in ihrem Verhalten zu ändern). Beispielsweise bewirken die <<- und >>- Operatoren mit Integeroperanden normalerweise eine Bitschiebeoperation nach links oder rechts. Mit einem Ein-/Ausgabestrom als Parameter werden sie jedoch als Ausgabe- bzw. Eingabe-Operator überladen.

Auch zu diesem Kapitel existiert ein Beispielprojekt *Ausdrucksstark* auf der Begleit-CD dieses Buchs. Leider läßt der integrierte Debugger von Visual C++ 5.0 keine schrittweise Auswertung von Ausdrücken zu. Die kleinste Einheit, die mit dem Debugger auf symbolischer Ebene bearbeitet werden kann, ist die Anweisung bzw. in diesem Fall die Ausdrucksanweisung. Dennoch ist es instruktiv, den Debugger dazu zu verwenden, einfache Ausdrücke abzuarbeiten und Eingabedaten und Ergebnisse gegenüberzustellen. Da es der Debugger sehr einfach macht, Variablen mit neuen dezimalen oder hexadezimalen Werten zu belegen (Eingabe in üblicher C/C++-Notation, Ausgabe über das Kontextmenü im Variablenfenster umstellen), können leicht verschiedene Eingangswerte für einen Ausdruck ausprobiert werden.

L-Werte

Ausdrücke können einen Wert ergeben und/oder ein Programmobjekt (d. h. eine Speicherstelle) bezeichnen. Liefern sie einen Bezug auf ein adressierbares Programmobjekt, können sie auf der linken Seite einer Zuweisung auftreten. Sie heißen dann „lvalue" („left value") oder L-Wert, da sie in der Regel auf der linken Seite einer Zuweisung stehen, im Unterschied zum „rvalue" („right value") oder R-Wert auf der rechten Seite des Gleichheitszeichens.

Eine andere Deutung der Bezeichnungen ist übrigens „location value" für L-Wert, da dieser immer eine Stelle im Speicher bezeichnet und „read value" für *rvalue*, da der Wert dieses Ausdrucks nur gelesen werden kann. (Welche der beiden Deutungen die ursprüngliche ist, verliert sich dabei im Nebel der Vergangenheit.)

Beispiele:

```
                    // Mit den folgenden Vereinbarungen
int i, f(), a[10]; // int Variable, int Funktion und int Vektor.
void g(), (*pg)(); // Funktion ohne Rückgabewert, Zeiger auf Funktion
int &r();     // Diese Funktion liefert Referenz auf eine Speicherstelle
int *p();     // Diese Funktion liefert Zeiger auf eine Speicherstelle
```

```
// linker Ausdruck als L-Wert:
i = f();        // der Ausdruck f() liefert einen Wert, der Ausdruck
                // ... i bezeichnet die Speicherstelle für das Ergebnis
a[5] = i+3;     // Ausdruck i liefert hier Wert für Zuweisung an k,
                // der Ausdruck a[5] bezeichnet Speicherstelle
*(a+5) = i+3;   // äquivalent a[5] = i;
i + 3 = a[5];   // geht nicht, da i+3 kein Programmobjekt im Speicher,
                // ... also kein lvalue ist. a[5] liefert hier Wert.
r() = 47;       // r() liefert Referenz auf Speicherobjekt
*p() = 11;      // p() liefert Zeicher auf Programmobjekt, damit
                // bezieht sich *p() auf eine Speicherstelle.
pg = g;         // der Wert von g ist die Adresse der Funktion g(),
                // ... Ausdruck pg bezeichnet Speicherstelle.

                // keine L-Werte:
g();            // Ausdruck hat keinen Wert und bezeichnet auch
                // .. keine Speicherstelle.
 (*pg)()        // Wert in pg ermöglicht Aufruf der Funktion g(), der
                // Ausdruck (*pg)() liefert weder Wert noch Speicherstelle
```

Prioritäten

Ein Ausdruck kann entweder ein einfacher Ausdruck oder vermittels Operatoren aus mehreren Ausdrücken zusammengesetzt sein. Die Zerlegung in Teilausdrücke wird durch die Priorität der Operatoren und explizite Klammerung vorgegeben. Die Auswertungsreihenfolge wird dadurch jedoch nicht festgelegt und hängt vom Einzelfall ab. Es ist nur garantiert, daß beim Erreichen sogenannter Sequenzpunkte (Komma, Semikolon und logischem „Und" und „Oder") die Auswertung aller Teilausdrücke bis zu diesem Punkt abgeschlossen ist. Dies sollte insbesondere dort berücksichtigt werden, wo die Auswertung von Teilausdrücken mit Nebeneffekten (z. B. bei Funktionsaufrufen) verbunden ist:

Beispiel:

```
double f(), g(), h(), x, y, z;
x = f() * g() * h();
y = f() *(g() * h());
z = f() *(g() + h());
```

Im obigen Beispiel wird durch die Klammerung (sofern vorhanden) festgelegt, wie die Zwischenergebnisse zum Endergebnis zusammengebaut werden. Nicht vorgegeben wird, in welcher Reihenfolge die Funktionen *f()*, *g()* und *h()* ausgewertet werden, um diese Zwischenergebnisse zu erzielen!

Primärausdrücke

Auch die kompliziertesten Ausdrücke sind aus einfacheren Ausdrücken, den sogenannten Primärausdrücken, zusammengesetzt. Primärausdrücke sind Namen, Konstanten, konstante Zeichenketten oder Ausdrücke in Klammern. Ferner sind Namen, die durch eine Form des Bereichs-Operators *::* qualifiziert werden, Primärausdrücke. Primärausdrücke stehen in der Auswertungshierarchie an höchster Stelle.

Beispiele für Primärausdrücke:

```
calvin
4711L
"Susi Derkins ist doof"
(x + 47 * 11)
::hobbes
EMSV::ErsterTiger                    // kriegen wir später ☺
```

Postfixausdrücke

Postfix-Operatoren haben nach Primärausdrücken die höchste Priorität, binden also am stärksten. Postfixausdrücke werden von links nach rechts zusammengefaßt, d. h. vom Operanden aus gesehen von innen nach außen. Die Beispiele zu Postfixausdrücken sind im Beispielprojekt in der Funktion *example_1()* zu finden.

Postfix-Operatoren sind:

- Index-Operator oder Feldzugriff *[]*
- Funktionsaufrufs-Operator *()*
- Komponentenzugriff . und ->
- Postinkrement ++ und Postdekrement –

Die gleiche Hierarchiestufe wie die *Postfix*-Operatoren hat die

- explizite Typumwandlung *typename ()*

Index-Operator

Ein Ausdruck der Form *expr1[expr2]* ist ein Indexausdruck. Er dient normalerweise dazu, auf die Feldelemente vom Typ *T* eines Felds mit Namen *expr1* zuzugreifen. Aufgrund seiner Definition ist der Index-Operator jedoch allgemeiner gefaßt. *expr1* muß vom Type „Zeiger auf *T*" und *expr2* von einem ganzzahligen Typ sein (oder umgekehrt!). Da auch der Feldname vom Typ „Zeiger auf *T*" bzw. mit ihm kompatibel ist, kann mit dem *Index* Operator auf Feldelemente zugegriffen werden. Der Typ des Ergebnisses ist *T*.

Nach Definition ist *expr1[expr2]* äquivalent **(expr1+expr2)*. Da die Addition eines „Zeigers auf *T*" und eines ganzzahligen Werts wieder einen „Zeiger auf *T*" ergibt, kann so auf das Element vom Typ *T* zugegriffen werden, auf das der neue Zeiger zeigt. Wegen der Kommutativität der Addition ist zugleich *expr1[expr2]* äquivalent *expr2[expr1]*.

Beispiel (vgl. *example_1*):

```
char *hexdigit = "0123456789ABCDEF";
char digit = hexdigit[val];
```

Funktionsaufrufe

Eine Funktion wird durch den Funktionsaufrufs-Operator aufgerufen. Der Funktionsaufruf hat die Form *expr(arg1,arg2,..argn)*. Dabei muß der Ausdruck *expr* deklariert sein und vom Typ *Funktion mit Rückgabetyp T* oder *Zeiger auf Funktion mit Rückgabetyp T* oder *Referenz auf Funktion mit Rückgabetyp T* sein. Die Ausdrücke *arg1* bis *argn* liefern, falls vorhanden, die *Aktualparameter* für den Funktionsaufruf. Das Ergebnis ist vom Typ T.

Beispiele:

```
x = sin(pi);
y = cos(pi);
double (*func[8])(double);
z = func[i](pi);                // rufe i-te Funktion aus Feld func auf.
                                // ... func[i] entspricht hier expr
```

Komponentenzugriff

Ein Ausdruck der Form *expr.name* ist ein Komponentenzugriff auf die mit *name* benannte Komponente des strukturierten Datenobjekts, das durch den Ausdruck *expr* bezeichnet wird. *expr* muß ein L-Wert sein.

Ein Ausdruck der Form *expr->name* ist ein Komponentenzugriff auf die mit *name* benannte Komponente des strukturierten Datenobjekts, auf das der durch den Ausdruck *expr* bezeichnete Zeiger zeigt.

Die Operatoren für den Komponentenzugriff sind keine binären Operatoren, da hinter dem Operator kein Ausdruck, sondern nur ein Name zur genaueren Spezifikation des Komponentenzugriffs folgt. Der eigentliche Komponentenzugriff wird durch die Postfix-Operatoren *.name* bzw. *->name* festgelegt.

Beispiele:

```
struct point {int x, y;} p1, p2, *pp = &p2;
p1.x = 1;
p1.y = 1;
p2 = p1;
pp->x = 2;
```

Postinkrement und Postdekrement

Der Wert, den man erhält, wenn man den Postinkrement-Operator ++ oder den Postdekrement-Operator – auf einen Ausdruck anwendet, ist der Ausdruck selbst. Jedoch wird, nachdem der Wert des Ausdrucks ermittelt wurde, die durch den Ausdruck bezeichnete Variable um eins erhöht oder vermindert. Dazu muß der Ausdruck auf ein Datenobjekt verweisen, also ein L-Wert sein. Postinkrement- und Postdekrement-Operator können nur auf ganzzahlige Typen und auf Zeiger, nicht aber auf Aufzählungstypen angewendet werden. Zweck der Operatoren ist es, den Wert einer Variablen für eine Berechnung zur Verfügung zu stellen und anschließend die Variable auf den nächsten Wert zu setzen. Die beiden Operatoren werden normalerweise verwendet, um vermittels einer Zeigervariablen ein Feld zu durchlaufen und dabei eine Berechnung durchzuführen.

Beispiele: Zeichenkette kopieren

```
char *q = ..., *q = ..;

// Zeichenkette kopieren, so kapiert es jeder
while (*p != 0)     // kürzer: while (*p), da while nur auf != 0 testet.
{
    *q = *p;
    p = p + 1;              // kürzer: p++, Wert ist p
    q = q + 1;              // kürzer: q++, Wert ist q
}

// Zeichenkette kopieren, so kopiert es sich kompakter
while (*p)                  // gleicher Wert wie Ausdruck unten !
{
    *q++ = *p++;            // Verwendung der Werte von q,p mit * für
                            // Zuweisung, danach p und q mit ++ hochzählen.
}

// Zeichenkette kopieren, so kopiert es jeder
while (*q++ = *p++);       // Darüber, ob das noch "schön" ist, kann
                           // ... man streiten. Aber kurz ist es!
```

Explizite Typumwandlung

Die explizite Typumwandlung in funktionsaufrufähnlicher Schreibweise ist zwar nicht im eigentlichen Sinne ein Postfix-Operator, teilt aber mit dem Funktionsaufruf die Prioritätsstufe. Ein einfacher Typname, gefolgt von einer Liste von Argumenten in runden Funktionsklammern, bildet ausgehend von diesen Argument(en) einen Wert des angegebenen Typs.

Beispiel:

```
int i = int (1.2);
```

Unäre Operatoren

Unäre oder Präfix-Operatoren haben nach Postfix-Operatoren die höchste Priorität, nur Postfix-Operatoren binden also stärker. Unäre Ausdrücke werden von rechts nach links zusammengefaßt, d. h. vom Operanden aus gesehen wieder von innen nach außen. Die Beispiele zu Ausdrücken mit unären Operatoren sind im Beispielprojekt in der Funktion *example_2()* zu finden.

Präfixinkrement und -dekrement

Die Präfixinkrement- und Dekrement-Operatoren unterscheiden sich von den entsprechenden Postfix-Operatoren dadurch, daß sie dem Operanden nicht nachgestellt, sondern vorangestellt werden und die Operationen der Wertermittlung und der Inkrementierung bzw. Dekrementierung des Operanden in umgekehrter Reihenfolge ausführen. Durch den Ausdruck

```
*++p = 0;              // Inkrement
*--q = 4711;           // Dekrement
```

wird also zuerst der Zeiger *p* auf das nächste Element gesetzt und dann der neue Wert des Zeigers verwendet, um mittels des Dereferenzierungs-Operators auf dieses Element zuzugreifen. Der Operand muß ein L-Wert sein, das Ergebnis ist dagegen kein L-Wert. Ein Ausdruck wie *+++p* ist daher laut Standard unzulässig. Visual C++ läßt ihn dagegen zu.

Adreß-Operator

Der sogenannte Adreß-Operator *&* liefert angewandt auf einen Operanden vom Typ *T* streng genommen nicht nur dessen Adresse, sondern einen Zeiger vom Typ *T** auf dieses Objekt. (Ein Zeiger ist mehr als eine Adresse, da er nicht nur einen Punkt im Speicher bezeichnet, sondern auch die Länge und Interpretation der Daten im Speicher festlegt.) Der Operand muß ein L-Wert sein, also ein wirkliches Datenobjekt bezeichnen. Die Anwendung des Adreß-Operators auf Variablen der Speicherklasse *register* und Bit-Felder ist nicht möglich, da diesen keine sinnvolle Adreßinformation zugeordnet werden kann.

Beispiel:

```
Point pt, *pp;
pp = &pt;              // Bilde Zeiger auf Punkt pt und weise ihn pp zu.
```

Man kann den Adreß-Operator zusammen mit einem Strukturnamen auch dazu verwenden, Komponentenzeiger von Strukturkomponenten zu ermitteln:

```
char* Kid::*pname;
pname = &Kid::lastname;          // pname zeigt auf Feld lastname in
```

Inhalts-Operator

Der Inhalts- oder Dereferenzierungs-Operator * ist die Umkehroperation zum Adreß-Operator. Angewendet auf einen Operanden vom Typ *Zeiger* auf Typ *T* liefert er das Programmobjekt vom Typ *T*, auf das der Zeiger zeigt (d. h. den L-Wert dieses Programmobjekts). Da **operand* ein L-Wert ist, können mit dem Ausdruck dieselben Operationen durchgeführt werden, die mit dem Objekt selbst möglich sind. Das Ergebnis des Inhalts-Operators ist nur definiert, wenn der dereferenzierte Zeiger wirklich auf ein gültiges Objekt vom Typ *T* zeigt. Speziell der Zugriff auf bereits gelöschte Objekte oder den Nullzeiger kann von mysteriösen Fehlern an anderen Stellen des Programms bis zur nuklearen Kernschmelze alles bewirken.

Beispiel:

```
Point p2 = *pp;
```

Vorzeichen

Der Operand eines Vorzeichens + oder - muß einen arithmetischen Typ besitzen. Ggf. wird für den Wert des Operanden eine ganzzahlige Erweiterung durchgeführt. Der Wert des Ausdrucks ist bei + der Wert des Operanden selbst, bei - der Wert des Operanden mit umgekehrten Vorzeichen. (Der +-Operator ist eigentlich überflüssig, wurde aber mit ANSI-C aus Symmetriegründen eingeführt.)

Beispiel:

```
k = -i;
```

Negation

Der logische Negations-Operator *!* verlangt als Operand einen arithmetischen Wert oder einen Zeiger. Das Ergebnis ist vom Typ *int* und hat den Wert 1 („Wahr") falls der Operand Null oder der Nullzeiger war, andernfalls 0 („Falsch"). Der Negations-Operator wird im allgemeinen in logischen Ausdrücken verwendet.

Komplement

Der Komplement-Operator ~ liefert als Wert des Ausdrucks *~operand* das Gegenteil des Operanden, der einen ganzzahligen Typ haben muß, d. h., er klappt jedes Bit um. Ggf. wird eine ganzzahlige Erweiterung durchgeführt.

Beispiel:

```
k =  ~i;
```

sizeof-Operator

Der *sizeof*-Operator liefert die Größe des Operanden in Bytes gemessen (oder genauer gesagt in *char*!). Der Operand ist entweder ein Ausdruck (der nicht ausgewertet wird) oder ein Typname in Klammern. Der *sizeof*-Operator kann nicht auf Programmobjekte angewandt werden, für die eine sinnvolle Größenangabe in Bytes nicht möglich ist, wie z. B. Bit-Felder, Funktionen oder Felder unbekannter Größe. Auf eine Referenzvariable angewendet, liefert *sizeof* die Größe des referenzierten Objekts, nicht die der Referenzvariablen. Der Operator *sizeof* liefert die Größe von Variablen einschließlich eventueller Füllbytes, die bei einer gegebenen Prozessorarchitektur nötig sind, um Variablen dieses Typs effizient im Speicher abzulegen.

Beispiel:

```
struct odd{int i; char c;} anOdd;
int size = sizeof(odd);              // liefert für VC 8 Bytes, nicht 5 !
size = sizeof anOdd;                 // sizeof mit Ausdruck
```

Für die meisten Prozessoren (einschließlich der Prozessoren der x86er-Familie) ist es ineffizient, auf Daten zuzugreifen, die nicht an Wortgrenzen liegen. Für die 32-Bit-Prozessoren sind diese Maschinenworte 32 Bit, also vier Byte lang. Variablen werden daher nach Möglichkeit (ggf. auch durch Füllbytes) an Wortgrenzen ausgerichtet. Daraus ergibt sich auch, daß die Größe einer Struktur nicht die Summe aus den Größen ihrer Komponenten ist.

new-Operator

Der *new*-Operator erzeugt ein oder mehrere neue Datenobjekte vom angegebenen Typ und gibt im Erfolgsfall einen richtig typisierten Zeiger auf das erzeugte Datenobjekt zurück. Falls die Bereitstellung fehlschlägt, z. B. wegen Speichermangel, wird ein Nullzeiger zurückgegeben. Der *new*-Operator ersetzt in C++ die Verwendung der älteren *malloc()*-Funktion von ANSI-C. Letztere sollte in C++ nicht mehr verwendet werden, da sie ein Loch im Typsystem von C++ darstellt.

Mit *new* erzeugte Datenobjekte existieren solange, bis sie explizit mit *delete* wieder gelöscht werden. Insbesondere sind sie nicht von irgendwelchen Variablengültigkeitsbereichen abhängig. Um sogenannte Speicherlecks zu vermeiden, ist unbedingt darauf zu achten, daß alle allozierten Datenobjekte auch wieder gelöscht werden.

Die allgemeinste Form der Verwendung des *new*-Operators ist nur für einige Spezialanwendungen von Interesse, daher hier exemplarisch die üblicherweise genutzten Varianten:

```
Point *pp  = new Point;          // Datenobjekt vom Typ Point erzeugen
double *pi = new double(3.14);   // Erzeugen und initialisieren
char* s    = new char[80];       // Vektor für 80 Zeichen allozieren
char** t   = new char*[16];      // Vektor von Zeigern auf Zeichen(ketten)
```

Seine volle Leistungsfähigkeit erreicht der *new*-Operator erst im Zusammenspiel mit dem Klassenkonzept von C++, daher wird an späterer Stelle noch mehr zu diesem Thema zu berichten sein.

delete-Operator

Der *delete*-Operator dient dazu, Datenobjekte, die zu einem früheren Zeitpunkt mit *new* angelegt worden sind, wieder loszuwerden. Der Operator *delete* kommt in zwei Varianten vor, abhängig davon, ob das zu löschende Objekt als Feld oder nicht als Feld alloziert worden ist:

```
delete p;               // Löschen eines Einzelobjekts *p
delete[] a;             // Löschen eines Felds beginnend bei *a;
```

Die unterschiedliche Schreibweise für Felder und Einzelobjekte ist darauf zurückzuführen, daß sich das Laufzeitsystem beim Anlegen eines Felds mit *new* zusätzliche Informationen merkt, die zum korrekten Abbau des Felds nötig sind. Da der Compiler bzw. *delete* aus dem Typ von *p* bzw. *a* oder aus den Zeigerwerten selbst nicht feststellen kann, ob das Datenobjekt ursprünglich als Feld angelegt worden ist oder nicht, ist der Hinweis für den Compiler in Form des *delete[]*-Operators nötig.

Für die Konsistenz der Freispeicherverwaltung ist es wichtig, daß *delete* nur für mit *new* allozierte Objekte und immer in der richtigen Variante angewendet wird. Das folgende Beispiel zeigt einige abschreckende Beispiele:

```
int  i;
int* p = &i;
delete p;               // Fehler: Stack oder globalen Datenbereich
p = new int[10];
p++;
delete p;               // Fehler: falscher Zeiger zum Löschen
p = new int[10];
delete p;               // Falsch: eckige Klammern fehlen
delete p;               // Objekt ist schon gelöscht
p = 0;                  // immer sinnvoll nach dem Löschen, denn ...
delete p;               // ... das ist harmlos!
```

Im allgemeinen ist es für den Compiler oder das Laufzeitsystem unmöglich, solche fehlerhaften Löschoperationen zu entdecken. Die Wirkung solche Fehler ist dagegen meist unerfreulich, da sie sehr schwer zu finden und auszumerzen sind. Fehler in der Freispeicherverwaltung machen sich normalerweise durch unreproduzierbares Verhalten des Programms und Fehlfunktionen an völlig anderen Stellen bemerkbar.

Explizite Typumwandlungen

Explizite Typumwandlungen können entweder in der bereits besprochenen funktionalen Schreibweise oder durch einen sogenannten *Cast*-Operator ausgedrückt werden. Das englische Wort *cast* bezeichnet eine Gußform und deutet an, daß der Wert eines Ausdrucks mehr oder minder gewaltsam in eine neue Form gepreßt wird.

Der *Cast*-Operator steht in der Rangfolge der Operatorprioritäten zwischen Präfix-Operationen auf der einen und den Operatoren für den Komponentenzeigerzugriff und Multiplikation auf der anderen Seite. Er hat die Form

```
(typname) operand
```

wobei *typname* kein einfacher Typname sein muß, sondern auch ein kompliziert aufgebauter zusammengesetzter Typname sein darf. Das Ergebnis einer Typumwandlung ist kein L-Wert!

Ja nach den beteiligten Typen kann ein *cast*-Operator unterschiedliche Wirkungen haben. Sind zwischen Typen unterschiedlicher Größe auch Umwandlungen definiert, wird durch den *Cast*-Operator eine Umwandlung vom alten in den neuen Typ verursacht. Dies ist beispielsweise bei den eingebauten arithmetischen Typen der Fall.

Ist dem Compiler keine Umwandlung zwischen Ausgangs- und Zieltyp bekannt und sind die Typen strukturiert, ist auch eine explizite Umwandlung nicht möglich.

Zeigertypen können dagegen jederzeit explizit ineinander umgewandelt werden, ebenso wie Zeigertypen und ganze Zahlen. Dieses Verhalten bietet übrigens auch ein Schlupfloch, völlig beliebige Typen zwar nicht ineinander umzuwandeln, aber doch aufeinander abzubilden (siehe Beispiel unten).

Beispiele (vgl. *example_3*):

```
int i = 4711, *pi = &i;
double x;
char c;
void *pv = pi;
pi = (int*) pv;
x = (double)i + c;

struct A {int i;} a;
struct B {char c[4];} b;
a = (A) b;              // das geht im Normalfall nicht
a = *(A*)&b;            // so geht es immer (über Zeiger), aber Vorsicht!
```

Komponentenzeigerzugriff

Schwächer als die Typumwandlungen, aber stärker als die Multiplikations-Operatoren bindet der Zugriff auf Komponentenzeiger, also Zeiger, die nur relativ zu Strukturen eines gegebenen Namens Sinn machen.

Die Operatoren für den Zugriff auf Strukturelemente über Komponentenzeiger sind binäre Ausdrücke der Form *expr1.*expr2* bzw. *expr1->*expr2*. Dabei ist *expr1* einen

L-Wert vom strukturierten Typ *T* bzw. ein Zeiger auf *T* und *expr2* ein Wert vom Typ *Zeiger auf Komponente* vom Typ *TK* des Typs *T*. Das Ergebnis hat den Typ *TK*.

Beispiel (vgl. *example_4*):

```
char* Kid::*pname;                   // Komponentenzeiger
Kid   kid;                           // Nur sinnvoll relativ hierzu
Kid*  pKid = &kid;                   // oder relativ hierzu

char *name = kid.*pname;             // Zugriff auf Komponente *pname
                                     // innerhalb von Datenobjekt charly
name = pKid->*pname;                 // Zugriff mit Zeiger pCharly
```

Multiplikation

Die Multiplikations-Operatoren stehen in der Operatorhierarchie hinter Postfix- und Präfix, Cast- und Komponentenzeigerzugriffs-Operatoren und vor den Additions-Operatoren. In Ausdrücken mit mehreren Multiplikations-Operatoren werden sie von links nach rechts zusammengefaßt. Die Multiplikations-Operatoren sind * (Multiplikation), / (Division) und % (Modulo-Division). Die Operanden von % müssen ganzzahlig, die von * und / ganzzahlig oder von einem Fließkommatyp sein.

Das Ergebnis des Divisionsrestes *a % b* ist positiv, wenn *a* und *b* positiv sind. Ansonsten ist nur garantiert, daß der Divisionsrest betragsmäßig kleiner als der Divisor ist, er kann also auch negativ werden.

Es gilt immer die Beziehung, daß *(a / b) * b + a % b* gleich *a* ist. Das Vorzeichen des Divisionsrestes ist damit von der Abschneiderichtung bei der Integerdivision festgelegt.

Addition

Die binären (d. h. zweistelligen) Additions-Operatoren + und - (nicht zu verwechseln mit den unären, d. h. einstelligen Vorzeichen-Operatoren) stehen in der Operatorhierarchie zwischen den stärker bindenden Multiplikations-Operatoren und den schwächer bindenden Bitschiebe-Operatoren. Mehrere Additions-Operationen in Folge werden von links nach rechts abgearbeitet.

Der Operator + liefert die Summe seiner Operanden, die beide einen arithmetischen oder einen ganzzahligen und einen Zeigertyp haben müssen. Ist einer der Operanden ein Zeiger vom Typ *T**, ist auch die Summe des Zeigers und der ganzen Zahl ein Zeiger vom Typ *T** und zeigt auf ein Datenelement vom Typ *T*, welches *n* Elemente von der Position der Ausgangsposition entfernt liegt. Die Addition eines Zeigers vom Typ *T** und einer ganzen Zahl ist nur möglich, wenn der Zeiger auf Programmobjekte mit einer definierten Größe zeigt; mit Zeigern auf Funktionen oder Zeigern auf *void** kann nicht gerechnet werden.

Der Operator - liefert die Differenz seiner Operanden, die beide entweder einen arithmetischen Typ, den gleichen Zeigertyp oder einen Zeiger als ersten und eine ganze Zahl als zweiten Operanden haben müssen. Sind beide Operanden Zeiger vom Typ *T**, ist das Ergebnis die Anzahl der Elemente vom Typ *T*, die zwischen den beiden Adressen Platz finden. Ist der erste Operand ein Zeiger vom Typ *T** und der zweite Operand eine ganze Zahl, ist das Ergebnis ein Zeiger vom Typ *T** auf ein Element *n* Elemente vor dem Ausgangspunkt.

Beispiele (vgl. *example_5*):

```
int i, n, k, *p1, *p2, *p3, *p4;
i = k + 1;
p2 = p1 + n;
i = p2 - p1;
p2 = p1 + (p2 - p3);
p2 = p1 + p2 - p3;  // geht nicht, da (p1+p2)-p3 zur Addition
                    // zweier Zeiger führt.
```

Schieben

Die Bitschiebe-Operatoren << und >> schieben das durch den ersten Operanden gegebene Bitmuster um die durch den zweiten Operanden festgelegte Anzahl von Stellen nach links bzw. nach rechts. Beide Operanden unterliegen der ganzzahligen Erweiterung, der Wert des zweiten Operanden darf nicht negativ sein. Der Typ des Ergebnisses ist der Typ des ersten Operanden. Das Ergebnis der Operation entspricht der Multiplikation mit einer Zweierpotenz im Fall des Operators << und einer Division im Fall des Operators >>. Ist der erste Operand negativ, ist das Ergebnis der >>-Operation aufgrund der unterschiedlichen Behandlung des Vorzeichens implementationsabhängig.

Die Bitschiebe-Operatoren binden schwächer als die Addition, aber stärker als Vergleichs-Operatoren. Das ist kontraintuitiv, da es sich bei den Schiebeoperationen eigentlich um eine Art Multiplikation handelt. Um Mißverständnisse zu vermeiden, sollten Schiebeoperationen daher immer geklammert werden.

Beispiele (vgl. *example_5*):

```
w = m + b << 4;     // Auswertung wie (m+b) << 4
w = m + (b << 4);   // das ist was vermultich gemeint war!
```

Die Operatoren << und >> werden in der Standardbibliothek von C++ mit zusätzlichen Bedeutungen zur Ein- und Ausgabe belegt; diese Verhaltensweise ist aber kein Bestandteil der Sprache selbst!

Vergleich

Die Sprache C++ kennt, wie schon C, keinen eigenen logischen Datentyp. Wahrheitswerte, wie sie die Vergleichs-Operatoren und andere logische Ausdrücke liefern, werden daher durch die Zahlen 0 für Falsch und 1 für Wahr dargestellt. An Stellen, an denen logische Ausdrücke erwartet werden, wird Null ebenso wie der Nullzeiger (Zeiger auf nichts) als Falsch und alle übrigen Werte als Wahr aufgefaßt.

Vergleiche auf größer >, größer-gleich >=, kleiner < und kleiner-gleich <= binden schwächer als die arithmetischen Operatoren, aber stärker als der Vergleich auf Gleich- und Ungleichheit. Sie werden wie die meisten anderen Operatoren von links nach rechts gruppiert. Das ist aber ziemlich nutzlos, da so der Ausdruck $a < b < c$ nicht als $a < b$ und $b < c$ interpretiert wird, sondern als $(a < b) < c$, d. h., der aus dem Vergleich von *a* und *b* resultierende Wahrheitswert von *0* oder *1* wird mit dem Wert von *c* verglichen.

Die Operanden von Vergleichen dürfen entweder beide beliebigen arithmetischen Typen oder beide kompatiblen Zeigertypen angehören. Im Fall arithmetischer Operanden werden die üblichen arithmetischen Umwandlungen angewandt, ein Vergleich der Form $3 < 3.14$ ist also wohldefiniert. Zeiger folgen den Regeln der Zeigerumwandlung. Das bedeutet insbesondere, daß Zeiger mit dem Nullzeiger mit Zeigern vom Typ *void**, sonst aber nur mit Zeigern gleichen Typs verglichen werden. Das Ergebnis des Vergleichs ergibt sich aus der relativen Position der Zeigerwerte im Adreßraum. Das Ergebnis von Zeigervergleichen ist nur für Zeiger garantiert, die in dasselbe Feld oder Datenobjekt zeigen. Andere Zeigervergleich sind implementationsabhängig.

Gleichheit

Vergleiche auf Gleichheit werden mit dem ==-Operator durchgeführt, Vergleiche auf Ungleichheit mit dem *!=*-Operator. Für den Vergleich auf Gleichheit bzw. Ungleichheit gilt hinsichtlich Operanden und Ergebnisse des Vergleichs dasselbe, das bereits über die anderen Vergleichs-Operatoren gesagt wurde. Der Hauptunterschied besteht in der Operatorenrangfolge; die Operatoren == und *!=* binden schwächer als die übrigen Vergleichs-Operatoren. Dadurch wird der Ausdruck $a < b == c < d$ genau dann wahr, wenn die Ausdrücke $a < b$ und $c < d$ den gleichen Wahrheitswert liefern.

Bit-Operatoren

Da es in C und C++ keinen logischen Datentyp gibt, müssen bitweise und logische Operationen durch unterschiedliche Operatoren voneinander unterschieden werden. Das war nicht immer der Fall. In den ersten experimentellen Implementationen von C gab es nur einen Satz logischer Operatoren & (Und) und | (Oder). Aus dem Zusammenhang entschied der Compiler, ob diese Operatoren logisch oder bitweise zu verstehen waren. Da Konzept und Regeln des Wahrheitswertkontexts sich jedoch als schwer vermittelbar erwiesen, wurde schließlich ein zweiter Satz reiner logischer Operatoren && (logisches Und) und || (logisches Oder) zur Sprache C hinzugefügt.

Die Stellung der ursprünglichen &- und |-Operatoren in der Rangfolge der Operatoren resultiert aus dieser Zeit. In logischen Ausdrücken möchte man z. B. schreiben können: *if (a < b & p != 0)*, d. h., die logischen Operatoren müssen schwächer binden als die Vergleichs-Operatoren. Leider wurde die Stellung der bitweisen Operatoren nach der Abspaltung eigener logischer Operatoren nicht mehr geändert. Schließlich wären zu diesem Zeitpunkt einige hundert KByte Quellcode und drei C-Implementationen von einer solchen Änderung betroffen gewesen ...

Leider führte dies dazu, daß die *Bit*-Operatoren heute die „falsche" Priorität haben und schwächer binden als Vergleiche. Die Zeile

```
if (m & b == 4)
```

wird vom Compiler nicht, wie beabsichtigt, verstanden als „wenn *m* maskiert mit *b* die Zahl *4* ergibt" sondern als „wenn *m* maskiert mit dem Ergebnis des Äquivalenzvergleichs von *b* mit *4* einen Wert verschieden von Null ergibt". Bitweise Operationen sollten daher immer geklammert werden, um unangenehme Überraschungen zu vermeiden.

Es gibt drei Operatoren für Bitmanipulationen, das sind in der Reihenfolge abfallender Priorität die Operatoren:

- & - bitweises „Und", nicht zu verwechseln mit dem Adreß-Operator,
- ^ - bitweises (ausschließendes) „Entweder-Oder" und
- | - bitweises (einschließendes) „Oder".

Alle bitweisen Operatoren erwarten zwei ganzzahlige Operanden, ggf. werden die Regeln der ganzzahligen Erweiterung angewandt. Die Operatorenrangfolge ergibt sich aus dem Umstand, daß man das bitweise „Und" als eine Art Multiplikation und das bitweise „Oder" als eine Art Addition auffassen kann. Die Wertetabelle von „Und" ähnelt der Multiplikation mit den Werten 0 und 1, die von „Oder" der Addition. (In der Sprache Modula-2 werden die Bitoperationen tatsächlich sogar mit den Operatorsymbolen * für „Und" und + für „Oder" geschrieben!). Bei gleicher Priorität erfolgt die Gruppierung von links nach rechts.

Das bitweise „Und" kann verwendet werden, um festzustellen, ob Bits, die im ersten Operanden gesetzt sind, auch im zweiten Operanden gesetzt sind; in diesem Fall ist das Ergebnis von Null verschieden. Die Zeile

```
if (4 & b)
```

testet also, ob das Bit mit dem Wert *4* in der Variablen *b* gesetzt ist. Eine andere häufige Verwendung des &-Operators ist das Ausmaskieren von Bits, da im zweiten Operanden nur dort Bits stehenbleiben, wo im ersten Operanden Bits gesetzt sind (und natürlich auch umgekehrt, die Bit-Operatoren sind kommutativ).

Das bitweise „Oder“ kann verwendet werden, um Bits, die in dem einen Operanden gesetzt sind, auch im anderen Operanden zu setzen. Das „Entweder-Oder“ kann verwendet werden, um Bits, die in einem Operanden gesetzt sind, im andern umzuschalten, also zu invertieren.

Dazu, Bits unkonditional zu invertieren, also als bitweises „Nicht“, dient der bereits weiter oben besprochene Komplement-Operator ~. Das Zurücksetzen von Bits kann dann durch die Redewendung „und nicht“, also &~ durchgeführt werden. Der Ausdruck *operand1 &~ operand2* liefert also als Ergebnis einen Wert, in dem alle Bits von *operand1*, die in *operand2* gesetzt sind, zurückgesetzt sind.

Logische Operatoren

Auf die bitweisen Operatoren folgen unmittelbar in der Rangfolge die logischen Operatoren && (Und) und || (Oder), wobei ähnlich wie bei den Bitoperationen der „Und“-Operator stärker bindet als der „Oder“-Operator. Ansonsten erfolgt die Gruppierung von links nach rechts.

Die logischen Operatoren akzeptieren als Operanden beliebige arithmetische und Zeigerwerte, wobei alle von Null verschiedenen Werte als Wahr und der Wert Null als Falsch interpretiert werden. Das Ergebnis des logischen Ausdrucks ist vom Typ *int* und hat den Wert 0 für Falsch und 1 für Wahr.

Die Auswertung logischer Ausdrücke und Teilausdrücke wird abgebrochen, sobald sich am Ergebnis des Ausdrucks nichts mehr ändern kann. Das ist besonders dann zu berücksichtigen, wenn die Auswertung von Teilausdrücken durch Funktionsaufrufe möglicherweise mit sogenannten Nebenwirkungen verbunden ist! Diese Form der Auswertung logischer Ausdrücke wird auch als Shortcut-Evaluation bezeichnet. Auf diese Weise kann z. B. in ein und demselben Ausdruck zunächst getestet werden, ob der Rest des Ausdrucks überhaupt zulässig ist und ausgewertet oder übersprungen werden soll.

Beispiele:

```
if (g() || f())                 // liefert g() das Ergebnis "wahr"
                                // ... wird f() nicht mehr ausgeführt!
if (p && p->i > p->k)           // Zugriff über p nur wenn nicht NULL
```

Bedingungs-Operator

Der Bedingungs-Operator *?* ist der einzige ternäre (dreistellige) Operator in C und C++. Er erlaubt es, abhängig von dem Ergebnis eines logischen Ausdrucks alternativ einen von zwei Teilausdrücken auszuwerten. Er bindet schwächer als alle anderen Operatoren mit Ausnahme der Zuweisungs-Operatoren und des Komma-Operators.

Ein mit dem *?*-Operator gebildeter bedingter Ausdruck hat die Form *expr1 ? expr2 : expr3*. Abhängig vom Ergebnis des ersten Ausdrucks *expr1* wird entweder der zweite oder der dritte Ausdruck ausgewertet. Der Operand *expr2* wird ausgewertet, wenn *expr1* zu einem von Null verschiedenen Wert evaluiert, der Operand *expr3*, wenn der erste Ausdruck Null wird.

Obwohl nur genau einer der beiden Ausdrücke *expr2* und *expr3* ausgewertet wird, ergibt sich der Ergebnistyp aus den Typen des zweiten und dritten Operanden. Sind beide von einem arithmetischen Typ, werden die üblichen arithmetischen Umwandlungen angewandt, um beide in einen gemeinsamen Typ zu wandeln. Wenn zweiter und dritter Operand zwei Zeiger oder ein Zeiger und ein Wert oder konstanter Ausdruck mit dem Wert Null sind, werden die üblichen Zeigerumformungen ausgeführt, um den gemeinsamen Typ zu ermitteln.

Beispiele (vgl. *example_5*):

```
m = a > b ? a : b;                           // maximum von a und b
r = n >= 0 ? n % d : ((n % d) + d) % d;      // korrigiertes modulo
```

Das Ergebnis ist ein L-Wert, wenn der zweite und dritte Operand beide L-Werte vom selben Typ sind. Unter diesen Umständen kann ein bedingter Ausdruck also auch auf der linken Seite des Gleichheitszeichens in einer Zuweisung auftreten.

Beispiel:

```
int a, b, x;
x>0 ? a : b = 4711;          // weist entweder a oder b Wert 4711 zu
```

Der *?*-Operator ist praktisch, um bedingungsabhängig verschiedene Teilausdrücke innerhalb eines Ausdrucks auszuwerten. Bei exzessiver Verwendung neigt er aber dazu, den Code schwerer lesbar zu machen. Wenn die Verwendung eines Bedingungs-Operators nicht sachlich geboten ist und wirkliche Vorteile bringt, sollte man daher einer *if*-Anweisung den Vorzug geben.

Zuweisungs-Operatoren

Anders als in anderen Sprachen ist in C/C++ sogar die Zuweisung ein Ausdruck mit einen wohldefinierten Ergebnis. Und da die Ursprungssprache C in erster Linie auf maximale Effizienz abzielt, gibt es nicht nur einen, sondern gleich elf verschiede Zuweisungs-Operatoren für unterschiedliche Zwecke. Eine Zuweisung hat die Form *lexpr = expression*, wobei hier = sowohl für die einfache Zuweisung als auch stellvertretend für die übrigen Zuweisungs-Operatoren steht. Der linke Operand muß ein modifizierbarer L-Wert sein. Der Wert einer Zuweisung ist der zugewiesene Wert.

Zuweisungs-Operatoren binden sehr schwach, schwächer bindet nur noch der Komma-Operator. Dadurch verhalten sich Zuweisungen in Ausdrücken wie erwartet, d. h., die Zuweisung wird erst ausgeführt, nachdem alle übrigen Operationen ausgeführt wurden. Anders als alle anderen binären Operatoren werden Zuweisungsoperationen von rechts nach links zusammengefaßt, d. h., in einer Reihe aufeinanderfolgender Zuweisungen wird die am weitesten rechts stehende Zuweisung zuerst ausgeführt.

Beispiele (vgl. *example_6*):

```
a = b + c;          // bindet, wie man erwartet, als a = (b + c)
a = b = c + 4711;   // bindet als a = (b = (c + 4711))
a = b = c = 0;      // typische Verwendung
if (a = b)          // typische Falle. Zuweisung, nicht
                    // Vergleich. Bedeutet if ((a=b)!=0)
```

Neben der einfachen Zuweisung durch den =-Operator gibt es noch zehn weitere Zuweisungs-Operatoren, die jeweils eine Berechnung und eine Zuweisung in einem Schritt zusammenfassen. Dies dient nicht nur zur Abkürzung der Schreibweise mancher Ausdrücke, sondern erlaubt es in vielen Situationen, wesentlich effizienteren Code zu schreiben.

Die kombinierten Zuweisungs-Operatoren haben alle die Form *op=*, wobei *op* die durchzuführende Berechnung angibt. Es gibt die folgenden kombinierten Zuweisungs-Operatoren:

```
*=    /=    %=    +=    -=
<<=   >>=   &=    ^=    |=
```

Eine kombinierte Zuweisung der Form *lexpr op= expression* wird wie *lexpr = lexpr op (expression)* ausgewertet, der linke Ausdruck *lexpr* wird jedoch nur einmal ausgewertet. Die Klammer um *expression* deutet die Auswertungsreihenfolge an. Besonders bei komplizierten Indexberechnungen kann dies zu einer merklichen Einsparung an Rechenaufwand führen.

Beispiele:

```
int i, j, k, *p;
double x, *px, a[3][3][3];
unsigned b, w1, w2, m;

i += 1;               // äquivalent ++i (nicht i++, da der Wert i+1 ist)
x += 1;               // geht nicht mit ++-Operator
p += 3;               // Zeiger um drei Elemente weitersetzen
a[i][j][k] *= x;      // aufwendige Adreßberechnung nur einmal nötig!
b ? w1 : w2 <<= 4;    // w1 oder w2 um 4 Bits nach rechts schieben
w1 |= m;              // alle Bits in m auch in w1 setzen
w2 &= ~m;             // alle in m gesetzten Bits in w2 zurücksetzen
```

Komma-Operator

Der Komma-Operator ist an Stellen nützlich, an denen syntaktisch nur ein Ausdruck erlaubt ist, aber mehrere unterschiedliche Ausdrücke benötigt werden. Der Komma-Operator reiht zwei Ausdrücke aneinander, der Wert des Kommaausdrucks ist der Wert des zweiten Ausdrucks. Komma-Operatoren werden von links nach rechts gruppiert. Wo der Komma-Operator mit den Kommata in Vereinbarungen oder in den Variablenlisten von Funktionsaufrufen verwechselt werden kann, muß die beabsichtigte Bedeutung durch eine geeignete Klammerung verdeutlicht werden. Der Komma-Operator ist ein sogenannter Sequenzpunkt, d. h., es wird garantiert, daß bei Erreichen des Kommas alle bis dahin offenen Auswertungen abgeschlossen sind.

Beispiele:

```
f(a, (t=3,t+2), c);          // Klammerung wegen Funktionsaufruf,
                             // ... t wird 3, übergeben wird 5
i = 1, 2;                    // welchen Wert hat i, welchen der
                             // gesamte Ausdruck (i = 1, 2)
r = ( i++, a(i) + b(i));     // i vorher inkrementieren, da bei
                             // a(i++) + b(i) Auswertungsreihenfolge
                             // unbestimmt ist, garantiert Reihenfolge
```

Konstante Ausdrücke

An verschiedenen Stellen erfordert C++ Ausdrücke, die sich bereits zur Übersetzungszeit zu einer Konstante zusammenfassen lassen - z. B. in der Definition von Feldgrenzen, Aufzählungstypen, Bit-Feldlängen und *case*-Marken. Konstante Ausdrücke unterliegen einer Reihe von Einschränkungen. So dürfen sie nur ganzzahlige Werte und Typumwandlungen enthalten, Fließkommazahlen müssen in ganze Zahlen gewandelt werden. Operationen, die dynamischer Natur sind, wie Zuweisungen und Komma-Operator, oder erst zur Laufzeit ausgeführt werden, wie Funktionsaufrufe, sind, außer als Argumente für *sizeof*-Ausdrücke, nicht zugelassen.

Tabelle der Operatoren

In der folgenden Tabelle sind alle Operatoren nochmals in der Reihenfolge absteigender Priorität aufgelistet. Operatoren gleicher Priorität sind jeweils in einem eigenen Abschnitt der Tabelle zusammengefaßt.

Primärausdrücke	
name	Bezeichner
literal	Konstante, Zeichenkettenkonstante
::name	Globaler Bezeichner
T::name	Qualifizierter Bezeichner
( )	Klammerausdruck
Postfixausdrücke	
[]	Index-Operator oder Feldzugriff
()	Funktionsaufrufs-Operator
.	Komponentenzugriff
->	Komponentenzugriff
++	Postinkrement
--	Postdekrement
T ()	Explizite Typumwandlung, funktionale Schreibweise

Unäre Operatoren	
++	Postinkrement
--	Postdekrement
&	Adreß-Operator
*	Inhalts-Operator, Zeigerdereferenzierung
-	Vorzeichen
+	Vorzeichen
!	Negations-Operator
~	Komplement (alle Bits invertieren)
sizeof	Größe von Variablen und Typen
new	Neues Objekt im Freispeicher erzeugen
delete	Objekt im Freispeicher löschen
(T)	Explizite Typumwandlung, cast-Schreibweise
Komponentenzeigerzugriff	
.*	Komponentenzeigerzugriff
->*	Komponentenzeigerzugriff
Multiplikation und Division	
*	Multiplikation
/	Division
%	Modulo-Division
Addition und Subtraktion	
+	Addition
-	Subtraktion
Bitschiebe-Operatoren	
<<	Bitmuster nach links schieben
>>	Bitmuster nach rechts schieben
Vergleich	
>	größer
>=	größer oder gleich
<	kleiner
<=	kleiner oder gleich
Gleichheit und Ungleichheit	
==	gleich
!=	ungleich
Bitweises Und	
&	Bitweises UND
Bitweises Entweder-Oder	
^	Bitweises ENTWEDER-ODER
Bitweises ODER	
|	Bitweises ODER
Logisches UND	
&&	Loqisches UND
Logisches ODER	
||	Logisches ODER

Bedingungs-Operator	
? :	Fragezeichen-Operator
Zuweisungs-Operatoren	
=	Einfache Zuweisung
*=	Multiplikation und Zuweisung des Ergebnisses
/=	Division und Zuweisung des Ergebnisses
%=	Modulo-Division und Zuweisung des Ergebnisses
+=	Addition und Zuweisung des Ergebnisses
-=	Subtraktion und Zuweisung des Ergebnisses
<<=	Bits links schieben und Zuweisung des Ergebnisses
>>=	Bits rechts schieben, Zuweisung des Ergebnisses
&=	Bitweises AND und Zuweisung des Ergebnisses
^=	Bitweises XOR und Zuweisung des Ergebnisses
|=	Bitweises OR und Zuweisung des Ergebnisses
Komma-Operator	
,	Nacheinanderausführung

Ausdrucksanweisung

Bis jetzt haben Sie viel über Ausdrücke gelernt, aber wenig darüber, was Sie damit anfangen können. Auch steht immer noch unbewiesen die Behauptung im Raum, in C/C++ sei so gut wie alles ein Ausdruck. Hier nun die Auflösung der Frage nach dem Sinn des Lebens, des Universums und überhaupt, der fulminante Abschluß dieses Unterkapitels: die Ausdrucksanweisung (Tusch).

Ein Programm besteht im wesentlichen aus Vereinbarungen und Anweisungen. Vereinbarungen wurden bereits erschöpfend (ich fürchte auch im Wortsinn) abgehandelt; die Anweisungen scheinen noch zu fehlen. Der wichtigste und häufigste Typ Anweisung in C und C++ ist die Ausdrucksanweisung. Sie entsteht aus einem Ausdruck einfach dadurch, daß man an einen Ausdruck *expression* ein Semikolon anhängt!

Ausdrucksanweisung:

```
Ausdruck;
```

Das Semikolon ist also nicht wie in Pascal und verwandten Sprachen ein Trennzeichen zwischen Anweisungen, sondern ein integraler Teil der Anweisung (und übrigens auch jeder Vereinbarung) selbst. Dieser subtile, aber bedeutsame Unterschied führt dazu, daß Semikolons an Stellen stehen, wo sie dem Pascal-Programmierer widersinnig erscheinen, und an anderen wegfallen, wo sie nach den Regeln von Pascal notwendig wären.

Das Ergebnis des Ausdrucks wird weggeworfen! Dieses Verhalten ist normal, erwünscht und notwendig! Jeder Zuweisungsausdruck z. B. liefert ein Ergebnis, das aber nach der Zuweisung zumeist nicht mehr interessiert. Funktionen mit Rückgabewerten können auf diese Weise je nach Bedarf auch als Funktionen ohne Rückgabewert behandelt werden. Die meisten C- und C++-Funktionen haben Rückgabewerte, die gelegentlich nützlich sind, aber auf diese Weise auch ignoriert werden können. Die *printf()*-Funktion von ANSI-C zur formatierten Ausgabe beispielsweise soll in erste Linie eine Ausgabeoperation durchführen, liefert aber für alle Fälle auch die Anzahl der ausgegebenen Zeichen als Funktionswert zurück.

Normalerweise wird diese Information einfach ignoriert. Der Ausdruck *cout << operand* liefert als Ergebnis eine Referenz auf *cout* und kann dadurch beliebig verkettet werden: *cout << op1 << op2 << op3*. Die Ausgabeoperationen (definiert in der Standardbibliothek) werden von links nach rechts gruppiert *((cout << op1) << op2) << op3*, das letzte Ergebnis wieder ignoriert.

Dieses Verhalten ist sehr praktisch und hat sicher auch viel zur Popularität von C und später C++ beigetragen. Es trägt aber auch zur geringen Redundanz von C- und C++-Programmen bei – Programmcode, der eigentlich sinnlos ist, muß aufgrund der Flexibilität der Sprache vom Compiler anstandslos akzeptiert werden. Ein hübsches Beispiel ist hier ein Fehler, der im Frühjahr 1993 einen Verkauf mit einem Volumen von 20 Millionen Dollar bei Sun Microsystems blockierte. Das Problem wurde schließlich zurückgeführt auf eine Programmzeile der Art

```
x == 2;
```

Dies war offensichtlich ein Tippfehler, gemeint war die Anweisung:

```
x = 2;
```

Die falsche Zeile, möglicherweise durch ein Tastenprellen hervorgerufen, ist eine völlig legale C/C++-Anweisung. Sie vergleicht den Inhalt von x mit 2 und wirft das Ergebnis weg!

Einige Beispiele für Ausdrucksanweisungen:

```
printf("Hallo Welt!");      // Nebeneffekt: Ausgabe des Texts
                            // Ergebnis: Anzahl der ausgegebenen
                            // Zeichen wird ignoriert.
42;                         // Die Anwort auf die Frage nach dem
                            // Sinn des Lebens, des Universums und
                            // überhaupt. Legale Anweisung, tut
                            // nichts, der Wert wird ignoriert.
x == 2;                     // Vergleicht x mit zwei und wirft das
                            // Ergebnis fort. Der $20-Millionen-Bug!
x = 2;                      // Zuweisung. Zuweisung ist Nebeneffekt,
                            // Wert des Ausdrucks ist 2, wird ignoriert.
p++, i++;                   // Zeiger und Zähler weitersetzen.
cout << "Gib Jahreszahl:";    // Anweisung, Ergebnis ist L-Wert von cout,
                            // wird ignoriert
cout << "x=" << x;          // (cout << "x=") << x, Wert der letzten
                            // Stufe der Auswertung wird ignoriert.
getEasterDate (d, m, y);    // Ausdrucksanweisung, Ausdruck ohne Wert.
int q = n % d;              // Keine Ausdrucksanweisung, sondern
                            // initialisierte Variablenvereinbarung!
```

```
int a = 47, b = 11;         // Initialisierte Vereinbarungen mit Komma-
                           // separierter Variablenliste, keine Anweisung!
a = 47, b = 11;             // Ausdrucksanweisung mit Komma-Ausdruck mit
                            // Wert 11, der zwei Zuweisungen enthält.
(a = 47, b = 11);           // Zu Verdeutlichung des Komma-Ausdrucks
```

Wie man an den letzten Beispielen sieht, verschwimmt der Unterschied von Anweisungen und Vereinbarungen bei C++ gegenüber C ein wenig, da in C++ die Plazierung von Vereinbarungen kaum noch Einschränkungen unterliegt. Insbesondere ist es guter C++-Stil, Variablen immer erst zu vereinbaren, wenn sie tatsächlich gebraucht werden, und sie dann auch sofort zu initialisieren. Dieses Prinzip maximaler Lokalität aller Bezeichner minimiert Initialisierungsfehler und macht Programme generell lesbarer (wenn man sich erst einmal umgewöhnt hat ☺).

Zusammenfassung

Ausdruck und Ausdrucksanweisung sind zentrale Konzepte der Sprache C++. C++ besitzt einen außergewöhnlichen Reichtum an Operatoren, mit denen sich auf sehr flexible Weise leistungsfähige Ausdrücke bilden lassen.

Ausdrücke können einen Wert ergeben und/oder ein Programmobjekt (d. h. eine Speicherstelle) bezeichnen. Liefern sie einen Bezug auf ein adressierbares Programmobjekt, können sie auf der linken Seite einer Zuweisung auftreten. Sie heißen dann „lvalue" oder L-Wert.

Die Auswertung komplexer Ausdrücke wird durch die Operatorprioritäten und explizite Klammerung gesteuert. Damit ist jedoch die Auswertungsreihenfolge von Teilausdrücken und Funktionsaufrufen nicht unbedingt festgelegt, es wird lediglich garantiert, daß beim Erreichen sogenannter Sequenzpunkte (Komma, Semikolon und logisches „Und" und „Oder") alle bis dahin begonnenen Teilauswertungen abgeschlossen sind.

Die Ausdrücke mit der höchsten Priorität sind Primärausdrücke, d. h. Namen, Konstanten oder Ausdrücke in Klammern. Mit abnehmender Priorität folgen ihnen Postfixausdrücke, unäre Operatoren, explizite Typumwandlungen, Komponentenzeigerzugriffe, Multiplikation und Division, Addition und Subtraktion, Bitschiebeoperationen, Vergleiche auf größer und kleiner, Äquivalenzvergleiche, Bit-Operatoren, logische Operatoren, bedingte Ausdrücke, eine Vielzahl an spezialisierten Zuweisungs-Operatoren, der Komma-Operator und schließlich die konstanten Ausdrücke. In Einzelfällen ist die Operatorpriorität aus historischen Gründen nicht so, wie man sie intuitiv erwarten würde.

Durch einfaches „Anhängen" eines Semikolons an einen Ausdruck wird aus diesem eine Ausdrucksanweisung. Das Semikolon ist in C++ und C nicht das Trennzeichen zwischen zwei Anweisungen, sondern integraler Bestandteil der Anweisungen selbst. Dies erlaubt einen sehr flexiblen Umgang mit Ausdrücken und Funktionsaufrufen, führt aber auch zu einer geringen Redundanz und einer entsprechend geringen Fähigkeit des Compilers gewisse Typen von Fehlern aufzudecken.

2.4 Flußkontrolle – Funktionen und Kontrollstrukturen steuern den Programmablauf

Mit Daten und Ausdrücken allein läßt sich noch nicht viel Staat machen. Abgesehen von der sequentiellen Ausführung von Berechnungen benötigen Sie weitere Mittel zur Kontrolle des Programmflusses in der Form von Funktionen und Kontrollstrukturen.

Beispiele zu diesem Kapitel zur schrittweisen Ausführung und zum Herumspielen mit dem Debugger finden sich in den Projekten *Functions, Multiply*, *Overload* und *FlowControl* auf der Buch-CD. Um die Dinge möglichst einfach zu halten, handelt es sich, anders als bei den beiden letzten Projekten, um Konsolenanwendungen. Dies erlaubt auch in Beispielen, die Ausgaben tätigen, eine Beschränkung auf das Wesentliche.

Funktionen

Funktionen sind ihnen bereits bei den Vereinbarungen begegnet. Wir haben uns bisher aber mehr auf Funktionen als Datentyp konzentriert und uns um einige kompliziertere Aspekte von Funktionsprototypen in C++ und speziell um die eigentliche Definition von Funktionen herumgedrückt, da dies ein eigenes Thema ist.

Funktionen werden eingesetzt, um Programme in leichter verständliche Teile zu untergliedern. Sie stellen seit den ersten Anfängen der Programmierung das klassische Mittel dar, die Komplexität großer Programme durch die Unterteilung in kleinere überschaubare Einheiten in den Griff zu bekommen. Es gibt zwei prinzipielle Vorgehensweisen. Einmal kann durch die Zerlegung komplizierter Problemstellungen in zunehmend speziellere Untereinheiten das Problem immer weiter untergliedert werden, bis die Lösung für jedes Teilproblem trivial ist. Diese Vorgehensweise wird Top-Down-Methode genannt und wurde für das (zugegebenermaßen ziemlich triviale) Osterdatumsprogramm am Anfang des Kapitels verwendet. Der umgekehrte Weg besteht darin, alle möglicherweise benötigten Detaillösungen zuerst zusammenzustellen und dann zur fertigen Problemlösung zusammenzufügen, dies wird als Bottom-Up-Methode bezeichnet. Praktisch wird man zumeist eine Mischung von beiden Methoden haben; die anfängliche Analyse der Aufgabenstellung kann eigentlich nur in Top-Down-Manier erfolgen, die eigentliche Lösung kann dann in beliebiger Richtung erfolgen.

Eine wichtige Eigenschaft von Funktionen (und später Objekten) besteht darin, daß für die Anwendung der Funktion die eigentliche Implementation unwichtig ist. Dies ermöglicht es, Funktionen für komplexe Teillösungen einzusetzen, ohne sich mit den Details der Problemlösung auseinandersetzen zu müssen. Alle Informationen, die für die Anwendung einer Funktion bekannt sein müssen, sind

- der Name der Funktion,
- Anzahl, Reihenfolge und Typen der formalen Parameter, in C++ auch als Signatur der Funktion bezeichnet,
- der Ergebnistyp und
- eine informelle Beschreibung, was die Funktion leistet, welche Nebenwirkungen sie ggf. hat und welche sonstigen Einschränkungen zu beachten sind.

Diese Trennung von Schnittstelle und Implementation von Funktionen wird in C++ durch die Trennung in Funktionsprototypen (Deklarationen) und Funktionsimplementation (Definitionen) unterstützt. Die Schnittstelleninformationen werden üblicherweise in eigenen Dateien, den sogenannten Definitions- oder Header-Dateien, zusammengefaßt.

Definition und Parameter

Eine Funktion kann, anders als in den übrigen Sprachen der Algol-Sprachfamilie, in C und C++ nur auf Dateiebene definiert werden. Funktionen lokal zu anderen Funktionen sind nicht möglich. Damit entfallen alle Schwierigkeiten (für die Compilerbauer ☺) mit der abgestuften Sichtbarkeit lokaler Variablen und der Übergabe zusätzlicher verdeckter Parameter zur Laufzeit. Eine Aufnahme geschachtelter Funktionen in C++ wird immer wieder diskutiert, doch kann eine ähnliche Funktionalität im Rahmen des Klassenkonzepts von C++ erreicht werden[26]. Eine Funktion wird in C++ und seit ANSI-C auch in C definiert in der Form:

```
rtype fname (type1 arg1, ..., typeN argN)
{
   /* Anweisungsfolge */
}
```

Nach der schließenden geschweiften Klammer steht hier kein Semikolon! Die Formalparameter *arg1* bis *argN* sind nur innerhalb der Funktion bekannt und verhalten sich (meistens) wie lokale Variablen. Sie werden später beim Aufruf der Funktion mit den Werten der Aktualparameter initialisiert. Formalparameter wie auch die lokalen Variablen sind unabhängig von der Lebensdauer (statisch oder automatisch) nur innerhalb der Funktion sichtbar.

Beispiel (vgl. Projekt *Functions*):

```
int factorial (int n)
{
   if (n > 1)
      return n * factorial(n - 1);
```

26 Man vereinbart lokale Funktionen als private Komponentenfunktionen und globale Funktionen als öffentliche Komponentenfunktionen. Die lokalen Variablen der öffentlichen Komponentenfunktion werden über private Komponentenvariablen simuliert. Dadurch kann die lokale Funktion problemlos auf diese Variablen zugreifen.

```
    else
        return 1;
}

int factorial (int n)  // Variante für Fans eines "kompakten" Stils
{
    return n > 1 ? n * factorial(n - 1) : 1;
}

// Vertauschung des Variableninhalts. i, j sind keine richtigen lokalen
// Variablen, sondern Refernzen (Typ: int &), d. h. Variablenparameter.
//
void swap (int &i, int &j)
{
    int t = i;
    i = j;
    j = t;
}

// Vertauschung von Variableninhalten, wie man sie in C definieren
// würde. C kennt keine Referenzen und simuliert den Effekt über Zeiger.
// p und q sind echte lokale Variablen, aber etwas umständlicher in der
// Handhabung.
//
void swap_C (int *p, int *q)
{
    int t = *p;
    *p = *q;
    *q = t;
}
```

Wird kein Ergebnistyp angegeben, wird aus historischen Gründen ein Ergebnistyp von *int* angenommen. Dieses Verhalten ist ein Erbteil von K&R-C, welches noch keinen Ergebnistyp *void* kannte, aber es erlaubte, Funktionen auch ohne Rückgabetyp zu definieren. Es wird in künftigen Versionen von C++ wahrscheinlich verschwinden.

Für jeden Parameter in der Parameterliste ist eine eigene Typangabe erforderlich, Kurzschreibweisen anlog Pascal in der Art

```
int f (int a, b, c)
```

sind nicht zulässig, da es dann zu Mehrdeutigkeiten in der Parameterliste kommen könnte. Für Funktionen, die keine Parameter haben, wird sowohl bei der Definition als auch beim Aufruf eine leere Parameterliste angegeben. Hier ist die Syntax deutlich systematischer als in Pascal, da Funktionen immer an den Funktionsklammern zu erkennen sind (daher auch die Schreibweise von Funktionsnamen in diesem Buch auch im laufenden Text immer mit Funktionsklammern – der reine Name der Funktion bezeichnet nur ihre Adresse).

Die Vereinbarung einer Funktion mit leeren Klammern hat übrigens in C++ eine andere Bedeutung als in C! In C++ ist ein leeres Paar runder Klammern tatsächlich eine leere Parameterliste, in C dagegen ein bewußt gelassenes Loch im Schutzsystem der Funktionsprototypen, um mit der Masse des in Prä-ANSI-C geschriebenen Codes kompatibel zu bleiben. Daher bedeutet in C eine Funktionsdeklaration (also ein Prototyp) mit leeren Klammern „Funktion mit unbekannter Anzahl Parameter unbekannten Typs, alle Sicherheitsvorkehrungen aus!". Eine Funktion ohne Parameter hat in C die (häßliche[27]) Schreibweise *f(void)*. Diese Schreibweise ist auch in C++ zulässig, sollte aber nur verwendet werden, wo Prototypen sowohl von C als auch von C++ inklusive der Typüberprüfung richtig verstanden werden sollen (z. B. in *externen „C"-{ /* */ }*-Deklarationen).

Beispiele:

```
dummy()                // Parameterlose Funktion in C++
{
    /* ... */
}

dummy (void)           // Parameterlose Funktion in C (und C++)
{
/* ... */
}

dummy (){}             // minimale Funktion
```

Auch der Funktionsrumpf einer Funktion darf leer sein. Die minimale Funktion in C++ zeigt das letzte Beispiel. Sie kann normal aufgerufen werden, tut aber nichts. Die drei obigen Beispiele zeigen übrigens auch die implizite Verwendung des Rückgabetyps *int* (häufig wie hier reine Faulheit des Programmierers, der auch explizit *int* oder *void* hätte hinschreiben können). Neuere Compiler wie Visual C++ geben hier eine Warnung aus, daß die Funktion zwar mit einem Rückgabetyp von *int* spezifiziert worden ist, aber nichts zurückgibt.

Damit der Compiler beim Aufruf die korrekte Übergabe der Parameter auch dann prüfen kann, wenn er die Definition der Funktion nicht gesehen hat, führte C++ (das ja ursprünglich auf K&R-C und nicht auf ANSI-C aufbaut) gemäß der Devise: „Jeder verwendete Bezeichner muß zuvor deklariert worden sein" erstmals Funktionsprototypen und eine neue Syntax für Funktionsvereinbarungen ein.

Diese neuen Konzepte waren so erfolgreich, das sie heute Bestandteile von ANSI-C sind und von den meisten C-Programmierern nicht mehr als nachträglicher Bugfix der Sprache C wahrgenommen werden. Ein Funktionsprototyp kann als Vorwärtsdeklaration im Sinne von Pascal aufgefaßt werden.

Der Funktionsprototyp sieht genauso aus wie die Funktionsdefinition mit dem einzigen Unterschied, daß der Funktionsrumpf fehlt. Der so definierte Prototyp ist mit dem Rückgabetyp zusammen eine Deklaration, muß also mit einem Semikolon abgeschlossen werden. Wie sich Prototypen formal unter die übrigen Deklarationen ein-

27 Häßlich besonders insofern, daß dies der klassischen C-Philosophie „Definition sieht aus wie Verwendung" widerspricht. Auch ist die C-Schreibweise weit weniger intuitiv als die C++-Schreibweise.

ordnen, haben Sie ja bereits im Abschnitt über die Vereinbarungssyntax von C++ gesehen. Entscheidend für den Prototyp sind Rückgabewert, Namen und Signatur der Funktion. Nicht von Bedeutung sind die Namen der Formalparameter, sie können sich zwischen Deklaration und Definition unterscheiden, ja bei der Deklaration sogar wegfallen. Sinnvoll ist das im allgemeinen nicht - die in der Definitionsdatei zusammengefaßten Prototypen stellen so etwas wie eine Minimaldokumentation der Schnittstelle dar und sollten daher selbsterklärend sein. Eher noch kann man für die Implementation kürzere Bezeichner wählen.

Bezeichner von Parametern, die in der vorliegenden Implementation der Funktion, aus welchen Gründen auch immer, nicht verwendet werden, können in der Definition der Funktion in der Liste der Formalparameter weggelassen werden. In diesem Fall bleibt nur die Typangabe stehen. Der Compiler kann daraus erkennen, daß der Parameter im Rumpf der Funktion mit Absicht nicht benutzt wird, und auf die Ausgabe einer Warnung verzichten.

Beispiele (vgl. Projekt *Functions*):

```
void swap  (int &a, int &b);                          // Prototyp

void swap (int &i, int &j)                            // Definition
{
    int t = i;
    i = j;
    j = t;
}

void printStuff (int a, int)
{
    cout << a;
}
```

Typenumwandlung bei der Parameterübergabe

Wenn eine Funktion aufgerufen wird, wird für jeden formalen Parameter Speicherplatz reserviert und mit dem Wert oder einer Referenz des Aktualparameters initialisiert. Die standardmäßige Form der Parameterübergabe bei C und C++ ist die Wertübergabe. Die Reihenfolge der Auswertung der Parameter ist undefiniert. Beim Aufruf wird der Typ des Formalparameters mit dem des Aktualparameters und ggf. eine Typumwandlung durchgeführt.

Beispiel (vgl. Projekt *Functions*):

```
void intprint(int i)
{
    cout << "i=" << i;
}

main()
{
//  ...
```

```
    float pi=3.14f;
    intprint (pi);          // gibt wegen Typumwandlung 3 aus, nicht 3.14
}
```

Starke Typisierung

Solche ggf. durchzuführenden Typumwandlungen sind allerdings nicht immer sinnvoll. Angenommen, Sie haben eine Funktion, die das Minimum zweier ganzen Zahlen bestimmt:

```
int min (int a, int b) { return a < b ? a : b; }
```

Ein Aufruf vom min (10,20) liefert sicher das erwartete Ergebnis. Aber was ist mit Fällen wie:

```
min (17.7, 22.9);
min ("klein","groß");
min (2000);
```

Schon im ersten Fall ist das Ergebnis nur begrenzt brauchbar. In den anderen beiden Fällen gibt es jedoch kaum eine sinnvolle Reaktion. Diese Art von Fehlern durch unpassende Argumenttypen spürt C++ als stark typisierte Sprache daher schon bei der Übersetzung auf. Sowohl die Argumentenliste als auch der Rückgabetyp eines jeden Funktionsaufrufs werden bei der Übersetzung streng typüberprüft. Wenn Unstimmigkeiten zwischen den aktuellen Typen des Aufrufs und den Typen der Funktionsvereinbarung entdeckt werden, wird zunächst versucht, eine sinnvolle implizite Typumwandlung anzuwenden.

Wenn eine solche Typumwandlung nicht möglich oder nicht eindeutig oder die Anzahl der Parameter falsch ist, erfolgt eine Fehlermeldung des Compilers.

Der Compiler greift hierzu auf die Informationen aus der Vereinbarung der Funktion – Deklaration oder Definition – zurück. Dies ist der Grund, weshalb eine Funktion nicht verwendet, d. h. aufgerufen werden kann, solange der Compiler keine Vereinbarung der Funktion gesehen hat.

Im ersten Fall kann eine sinnvolle Typumwandlung nach *int* durchgeführt werden. Das ist im vorliegenden Beispiel vielleicht nicht sinnvoll, aber im Kontext der Behandlung arithmetischer Typen in C++ konsistent. Da es sich aber um eine Konversion handelt, bei der auch Informationen verloren gehen können, wird der Compiler eine Warnmeldung ausgeben, um auf eine mögliche Inkonsistenz hinzuweisen.

Nicht nur Funktionswerte werden in C++ streng typgeprüft. Jede Initialisierung und jede Zuweisung unterliegt den gleichen Regeln. Wenn eine sinnvolle oder eindeutige Umwandlung nicht möglich ist, wird ein Übersetzungsfehler gemeldet. Wollen Sie dennoch eine bestimmte Regel anwenden, müssen Sie dies explizit tun. Damit werden wir darauf hingewiesen, daß wir etwas potentiell Unsicheres tun.

Beispiel:

```
(char*) min ((int) "klein", (int) "groß");  // weder schön noch sinnvoll
```

Liefert die Zeichenkette mit der kleineren Speicheradresse zurück.

Parameterübergabe

Zur Übergabe von Parametern an Funktionen stehen unter C++, anders als unter C, zwei prinzipiell unterschiedliche Methoden zur Verfügung. Welche dieser beiden Methoden gewählt wird, hängt davon ab, ob der Formalparameter als Referenztyp (Übergabe des L-Werts) oder als sonstiger Typ (Übergabe des R-Werts) definiert ist. Die Wertübergabe oder „call by value" ist der standardmäßige Übergabemechanismus von C und C++, wenn kein Referenztyp als Formalparameter verwendet wurde. Beim Aufruf der Funktion wird eine lokale Variable mit dem Namen des Formalparameters angelegt. Diese lokale Variable wird mit dem Wert des Aktualparameters initialisiert, folglich haben Änderungen des Werts des Formalparameters innerhalb der Funktion keinen Einfluß auf den Aktualparameter.

Die Alternative zur Wertübergabe ist die Übergabe als Referenz oder „call by reference". Übergibt man eine Referenz auf ein Datenelement, kann die Funktion den Wert des aktuellen Parameters selbst verändern und so einen Seiteneffekt erzeugen. In unserem *swap()*-Beispiel weiter oben sind die Übergabeparameter nicht vom Typ *int*, sondern vom Typ *int&*.

Eine Referenz ist, wie der Name schon sagt, ein Verweis auf ein anderes Objekt und verhält sich wie ein Alias für dieses Objekt. Bei der Übergabe via Referenz wird der L-Wert des referenzierten Aktualparameters übergeben. Für jeden Zugriff auf den Inhalt des Parameters müssen daher unter der Oberfläche zwei Operationen ausgeführt werden. Zunächst muß über diese Adresse das ursprüngliche Datenobjekt lokalisiert werden, um dann im zweiten Schritt die eigentliche Operation darauf auszuführen. Dies macht den Umgang mit Referenzen geringfügig weniger effizient als den Umgang mit Wertparametern. Andererseits ist gerade bei großen Datenelementen der Aufwand für die Übergabe selbst wesentlich geringer, da nicht das ganze Objekt kopiert werden muß, sondern nur seine Adresse.

Insbesondere bei kleinen Datenobjekten ist dagegen die Wertübergabe deutlich effizienter als die Übergabe einer Referenz oder eines Zeigers, da alle Operationen mit einer lokalen Kopie des Datenelements durchgeführt werden, deren Herstellung nicht viel kostet und die Zugriffsoperationen wesentlich schneller macht.

Beispiel (vgl. Projekt *Functions*):

```
void f(int val, int& ref)
{
    val++;          // lokale Kopie wird geändert
    ref++;          // Aktualparameter (Original!) wird geändert
}
```

```
// ..
int a = 47, b = 11;
f (a,b);              // a bleibt unverändert, b wird 12
```

Wie kann man nun den Hauptvorteil der Werteparameter – die garantierte Freiheit von Nebenwirkungen – mit der Effizienz von Referenzparametern für komplizierte Datentypen verbinden? Zu diesem Zweck dient in diesem Zusammenhang das Schlüsselwort *const*, das Sie im Abschnitt über Vereinbarungen bereits kennengelernt haben. Tatsächlich war gerade diese Problemstellung der Hauptgrund für die Aufnahme dieses Schlüsselworts in die Sprache C++ und später auch ANSI-C.

Wird ein Formalparameter mit dem Schlüsselwort *const* vereinbart, kann der Wert des Parameters, unabhängig davon, ob Wert- oder Referenzparameter, innerhalb des Funktionsrumpfs (ohne schmutzige Tricks) nicht mehr verändert werden. Sein Auftreten in der Funktionsvereinbarung stellt damit eine Zusicherung an den Anwender der Funktion dar, daß diese hinsichtlich dieses Parameters nicht zu Nebeneffekten führt.

In Verbindung mit einfachen Werteparametern vom Typ *int* z. B. macht das relativ wenig Sinn (obwohl es natürlich zulässig ist), mit Referenzparametern dagegen können Referenzparameter mit einer ähnlichen Semantik wie Wertparameter verwendet werden. Ein Beispiel sind die Zeichenketten-Funktionen aus der Standardbibliothek von ANSI-C. Der Prototyp

```
strcpy (char* destination, const char* source);
```

garantiert z. B., daß die Funktion *strcpy()* den Inhalt der Zeichenkette *source* nicht ändert.

Zeiger und Vektoren

Mit dem letzten Beispiel haben wir bereits den Übergang zu einem weiteren wichtigen Punkt bei der Parameterübergabe von Funktionen gemacht. Ein wichtiger Spezialfall in C und daher auch in C++ ist die Übergabe von Vektoren und insbesondere auch Zeichenketten als Parameter. Das ursprüngliche C kennt nur die Übergabe von Wertparametern. Die Übergabe von Referenzen muß in C durch Zeiger simuliert werden. Beispiel war hier die bereits weiter oben gezeigte C-Version der *swap()*-Funktion:

```
void swap (int *p, int *q)
{
    int t = *p;
    *p = *q;
    *q = t;
}
```

Die Lösung ist also einfach: anstelle der Variablen selbst wird ein Zeiger auf diese Variable übergeben. Der Zeiger wiederum erlaubt alle denkbaren Operationen mit dem Datenobjekt, auf das er zeigt. Einziger Schönheitsfehler dieser Lösung – die mangelnde Schönheit. Immer wenn das Datenobjekt manipuliert werden soll, muß zuvor der Zeiger dereferenziert werden. Das macht die Ausdrücke nicht eben übersichtlicher. Anderseits sieht man direkt, was passiert. Bei einer Referenz laufen genau dieselben Dereferenzierungsprozesse ab, nur sind sie für uns nicht sichtbar oder manipulierbar. Viele ehemalige C-Programmierer ziehen daher immer noch die Übergabe von Referenzvariablen derjenigen über echte Referenzen vor.

Was tut nun eine auf maximale Effizienz getrimmte Sprache wie C, die nur die Wertübergabe kennt, bei der Übergabe von Feldern? Es ist nicht gerade der effizienteste Weg, jedes Feld, das übergeben werden soll, komplett in den lokalen Datenbereich der Funktion zu kopieren. Die Lösung ist so genial wie einfach und hängt mit dem Feldkonzept der Sprache C zusammen. Eine Sprache wie Pascal, für die Felder und Zeiger zwei konzeptionell völlig disparate Konstrukte sind, würde tatsächlich das ganze Feld kopieren (wenn man es nicht ausdrücklich als variablen Parameter übergibt). Für C ist ein Feld zwar auf der einen Seite ein zusammenhängender Speicherbereich mit einer bestimmten Anzahl Elemente (denken wir nur an das Ergebnis des *sizeof*-Operators, wenn er auf Felder angewendet wird), auf der anderen Seite aber sind Feldnamen gleichbedeutend mit (konstanten) Zeigern auf den Anfang des Datenvektors. Wenn ein Feld als Parameter an eine Funktion übergeben wird, wird daher nur die Anfangsadresse übergeben. Ein Seiteneffekt dieser Methode ist allerdings natürlich, daß man nicht sicher vor Seiteneffekten ist. Vektoren werden in C effektiv „per Referenz" übergeben! Einige Beispiele sollen das verdeutlichen (vgl. Projekt *Multiply*).

```
double multiply (double v[], double w[], int n)
{
    int i = 0;
    double result = 0.;
    while (i < n)
    {
        result += v[i] * w[i];
        i++;
    }
    return result;
}

double multiply (double *v, double *w, int n)
{
    int i = 0;
    double result = 0.;
    while (n--)
        result += *v++ * *w++; // schneller, da Indexberechnung entfällt
    return result;
}
```

Tatsächlich sind bei der Deklaration von Funktionsparametern (und nur dort![28]) die beiden Schreibweisen *T name[]* und *T* name* vollständig äquivalent. Beide Versionen

28 Diese Einschränkung ist so wichtig, daß ich blinkende Farbe genommen hätte, stünde sie mir hier zur Verfügung. In allen übrigen Vereinbarungskontexten bezeichnen *name[]* und **name* zwei grundverschiedene Dinge. **name* ist ein Zeiger und *name[]* ist ein Feld, dessen Name manchmal in Ausdrücken wie ein Zeiger behandelt wird.

der Funktion *multiply()* akzeptieren sowohl Zeiger als auch Felder vom Elementtyp *double*, beide multiplizieren zwei Vektoren mit *n* Elementen und liefern die Ergebnisse als Fließkommazahl vom Typ *double* zurück. Da wegen der Äquivalenz von Zeigern und Feldern in diesem Kontext die Länge des Felds in der Funktion nicht mehr zur Verfügung steht, muß die Anzahl der Elemente durch einen zusätzlichen Parameter übergeben werden. Die beiden Versionen demonstrieren außerdem zwei Varianten, die Berechnung nach demselben Algorithmus und mit dem gleichen Ergebnis durchzuführen. Die erste Variante betont mehr den Vektorcharakter und ist vermutlich für Nicht-C-Programmierer etwas leichter zu lesen, die zweite betont mehr den Zeigercharakter und ist etwas effizienter, da durch die Verwendung von Zeigern und Postinkrement-Operatoren die sonst notwendigen Indexberechnungen eingespart werden. Die folgenden beiden Beispiele demonstrieren, daß der Übergabemechanismus (in diesem Fall erwünschte) Nebeneffekte wie die Änderung von Feldelementen zuläßt. Im vorliegenden Beispiel wird ein Vektor mit einem skalaren Wert multipliziert und das Ergebnis wieder im Vektor selbst gespeichert.

```
void multiply (double s, double v[], int n)
{
    int i = 0;
    while (i < n)
        v[i++] *= s;
}

void multiply (double s, double *v, int n)
{
    while (n--)
        *v++ *= s;                  // schneller, da Indexberechnung entfällt
}
```

Wollte man in den Beispielen sicherstellen (und auch dem anwendenden Programmierer zusichern), daß keine Änderung der Feldparameter erfolgen kann, müßte man vereinbaren

```
double multiply (const double *v, const double *w, int n);         // oder
double multiply (const double v[], const double w[], int n);

void multiply (double s, const double v[], int n);                 // oder
void multiply (double s, const double *v, int n);
```

Daß für Felder immer Zeiger übergeben werden, ist übrigens unabhängig davon, ob Feldgrenzen angegeben werden oder nicht. So sind die folgenden Deklarationen alle zulässig.

Bei Feldern mit mehreren Dimensionen ist allerdings darauf zu achten, daß nur die letzte Feldgrenze frei bleiben kann, da sonst keine Indexberechnungen mehr möglich sind:

```
void mult3d (double r[3], const double M[3][3], const double v[3]);
```

Funktionen als Parameter

Genauso wie man Felder als Parameter übergeben kann, kann man auch Funktionen als Parameter übergeben. Angenommen, Sie wollten eine Zeichenroutine schreiben, die Ihnen verschiedene Funktionen auf den Bildschirm zeichnen kann, die Sie als Parameter übergeben wollen.

Zunächst ist es zweckmäßig, für den zu übergebenen Funktionszeiger einen Funktionstyp zu definieren, um die Definition unserer Plot-Funktion nicht zu kompliziert werden zu lassen. Die Plot-Funktion selbst soll dann mit Hilfe dieser Funktionen Werte ermitteln und diese darstellen:

```
// Zeiger auf Funktion mit double-Argument und Rückgabetyp double
typedef double(*dblfunc)(double);

// Die Plot-Funktion für Funktionen vom Typ dblfunc
void plot (double xmin, double xmax, double dx, dblfunc f)
{
   double x = xmin, y = f(x);      // Aufruf mit (*f)(x) auch möglich
   moveTo (x,y);
   while (x < xmax)
   {
      x += dx;
      lineTo (x, f(x));
   }
}
```

Ergebnisrückgabe

Berechnungen liefern Ergebnisse, und Teilberechnungen liefern Teilergebnisse. Dieses Verhalten ist auch für die von einem Programm oder seinen Untereinheiten durchgeführten Operationen so fundamental, daß alles, was in anderen Sprachen so fein säuberlich in Unterprogramme, Prozeduren und Funktionen unterschieden wird, in C und C++ unter dem Begriff Funktion zusammengefaßt wird. Selbst kein Ergebnis ist in dieser Sicht der Dinge ein Ergebnis, nämlich eines vom Typ *void*. Der einzige Ergebnistyp, der für eine Funktion nicht möglich ist, ist *T[]*. Diese Aufgabenstellung wird zwanglos mit Zeigern als Rückgabewerten erledigt.

Der Ergebniswert einer Funktion wird durch die *return*-Anweisung bestimmt, der wir später bei den strukturierten Sprunganweisungen noch einmal begegnen werden. Die *return*-Anweisung hat die Form *return expression;*, auf das Schlüsselwort folgt also eine Ausdrucksanweisung, deren Wert als Ergebnis, nötigenfalls nach einer Typumwandlung, zurückgegeben wird. Die Anweisung *return* veranlaßt das Beenden der Funktion und kann an mehr als einer Stelle der Funktion stehen.

Hat die Funktion den Rückgabetyp *void*, ist der Ausdruck in der *return*-Anweisung leer. Wird sie nicht benutzt, um an einer beliebigen Stelle die vorzeitige Beendigung der Funktion zu bewirken, kann sie hier auch ganz entfallen. Eine Funktion endet implizit immer mit dem Ende des Funktionskörpers.

Ein wenig Vorsicht ist bei der Rückgabe von Zeiger- und Referenztypen, also Funktionen vom Strickmuster *T* f()* und *T& f()* angebracht. In diesen Fällen kommt es sehr darauf an, was zurückgegeben wird. Eine Rückgabe von statischen, globalen und sonstigen Objekten, deren Lebensdauer länger als die Funktion ist, ist unproblematisch.

Die Rückgabe von lokalen Variablen auf diese Weise ist unsinnig. Lokale Variablen werden beim Aufruf der Funktion auf dem Stack angelegt. Mit der Beendigung der Funktion steht dieser Speicher wieder zur Verfügung. Gibt eine Funktion nun eine Referenz oder einen Zeiger auf eine solche Variable zurück, wird diese zum Zeitpunkt ihrer Verwendung auf Unsinn verweisen, da der referenzierte Speicherbereich inzwischen einer neuen Nutzung zugeführt worden ist. Müssen unbedingt Zeiger auf neu erzeugte Datenobjekte zurückgegeben werden, sollten diese mit Hilfe des *new*-Operators aus dem Freispeicher angefordert worden sein. (In diesem Fall später das Löschen nicht vergessen!)

Variable Parameterzahl

C++ erlaubt aus Gründen der Kompatibilität zu C und seinen Standardbibliotheken weiterhin die Verwendung von Funktionen mit variabler Parameterzahl. Der Punkt, an dem in der Liste der Formalparameter der variable (und ungeprüfte!) Teil beginnt, wird durch eine Ellipse aus drei Punkten gekennzeichnet:

```
void test(...);                       // Alle Parameter beliebig
int printf(const char*, ...);         // aus stdio.h
```

Die klassischen Funktionen mit variabler Parameterzahl aus der Standardbibliothek wie *printf()* und *scanf()* haben mindestens einen Parameter, aus dessen Interpretation sich ergibt, wie die folgenden Parameter zu interpretieren sind. Ob Argumente in der erwarteten Form und Anzahl zur Laufzeit dann auch vorhanden sind, kann weder vom Compiler noch vom Laufzeitsystem festgestellt werden. Das Verfahren ist daher äußerst unsicher, und es wird dringend davon abgeraten, es in C++ noch für neue Funktionen zu benutzen, zumal C++ wesentlich bessere Möglichkeiten bietet, ähnliche Effekte mit wesentlich sichereren Methoden zu erzielen. Die Stichworte heißen „Default-Parameter" und „Überladen von Funktionen".

Default-Argumente

In der Deklaration (nicht in der Definition!) von Funktionen können Default- oder Standardargumente angegeben werden. Diese erlauben es, die Funktion mit variabler Parameterzahl aufzurufen. Parameter, die beim Aufruf der Funktion nicht angegeben werden, können so vom Compiler nachgetragen werden.

Nehmen wir beispielsweise die oben definierten Multiplikations-Funktionen für Vektoren. Falls Sie es in der Anwendung im Normalfall mit vierkomponentigen Vektoren zu tun haben, können Sie das in die Prototypen schreiben (vgl. Projekt *Multiply*):

```
double multiply (double v[], double w[], int n = 4);
void   multiply (double s,   double v[], int n = 4);
void   multiply (double s,   double v[], int = 4);        // auch möglich
```

Eine Funktion kann so viele Default-Argumente haben, wie sie Parameter hat, diese müssen aber immer am Ende der Parameterliste stehen. Der Aufruf der Funktionen kann dann wie folgt geschehen:

```
double a[3], b[3], c[4], d[4];
double r1 = multiply (a, b, 3);     // Länge abweichend vom Default
double r2 = multiply (c, d);        // Aufruf mit Default
```

Überladene Funktionen

Die andere Möglichkeit, zu Funktionen mit unterschiedlichen Parametern zu kommen, ist das Überladen der Funktion. Überladene Funktionen und Operatoren kennt man auch in anderen Sprachen, eine schönes Beispiel ist die *writeln()*-Prozedur in Pascal. Nur in C++ (und Ada und Algol 68) jedoch haben die Anwender der Sprache selbst die Möglichkeit, Funktionen und Operatoren zu überladen.

Die Grundidee ist dabei, Funktionen (und Operatoren), die Vergleichbares für unterschiedliche Typen leisten, auch gleich zu benennen. Dann ist es nicht nötig, wie in Modula-2 für die Ausgabe eines jeden Typs einen eigenen Namen zu verwenden: *WriteInt()*, *WriteCard()*, *WriteString()* usw. Tatsächlich sind in C++ der <<- und der >>-Operator aus der *iostream.h*-Bibliothek auf genau diese Weise überladen. So steht für jeden ein- oder auszugebenden Datentyp der passende optimierte Operator unter dem Namen << bzw. >> zur Verfügung, ohne daß sich der Anwender darum kümmern muß. Greifen wir noch einmal auf das Beispiel *min()* zurück. Hier sind eine ganze Reihe sinnvoller Varianten denkbar, die im alten Beispiel zu Fehlermeldungen des Compilers führten (vgl. Projekt *OverLoad*):

```
int min (int a, int b)
{
   return a < b ? a : b;
}

double min (double a, double b)
{
   return a < b ? a : b;
}

char * min (char *a, char *b)
{
   return strcmp(a,b) < 0 ? a : b;
}

// ..
int a = min (10,20);
double b = min (17.7, 22.9);
char *c = min ("klein","groß");
```

Durch Überladen der *min()*-Funktion mit verschiedenen Varianten kann also auf einfache Weise eine Funktion mit vergleichbarer Funktionalität für ganz unterschiedliche Argumenttypen zur Verfügung gestellt werden.

Der Compiler unterscheidet die verschiedenen überladenen Funktionen gleichen Namens anhand ihrer unterschiedlichen Signatur. Dieser Begriff ist Ihnen schon begegnet und bezeichnet die Gesamtheit der Typ- und Parameterinformation in der Parameterliste. Werden zwei Funktionen mit gleichem Namen, aber unterschiedlichen Signaturen vereinbart, wird die Funktion überladen. Der Rückgabetyp gehört übrigens nicht zur Signatur, in Verbindung mit den Regeln zur impliziten Typumwandlung in Ausdrücken hätten Funktionen, die nur anhand des Rückgabetyps unterschieden werden, zu großen Problemen geführt. Zwei Vereinbarungen mit gleichem Namen und gleicher Signatur (und im gleichen Geltungsbereich), aber mit unterschiedlichem Rückgabetyp werden daher vom Compiler als Fehler behandelt! Signaturen gelten dann als gleich, wenn sie den gleichen Typ bezeichnen. Durch *typedef* wird in diesem Sinne übrigens kein neuer Typ eingeführt, sondern nur ein anderer Name für einen vorhandenen Typ. Ebenso sind **T* und *T[]* in diesem Zusammenhang äquivalent.

Beim Aufruf überladener Funktionen muß der Compiler aufgrund der ihm zur Übersetzungszeit vorliegenden Informationen entscheiden, welche der überladenen Funktionen nun tatsächlich gemeint ist. Dieser Prozeß ist in den meisten Fällen durchaus nicht trivial, die Typübereinstimmung wird festgestellt, indem nacheinander die folgenden Regeln angewandt werden:

- Typübereinstimmung, die durch keine oder unvermeidbare Typumwandlungen (wie die Umwandlung von Arraynamen in Zeiger oder von Type *T* in Typ *const T*) zustandekommt,
- Typübereinstimmung durch ganzzahlige Erweiterung bei ganzen Zahlen und Erweiterung von *float* nach *double* im Bereich der Fließkommazahlen,
- Typübereinstimmungen, die durch standardmäßige Typumwandlungen zustande kommen (z. B. *int* nach *double*, *unsigned* nach *int* oder zwischen Zeigern – zu letzteren zählen später besonders auch Zeiger auf Klassenobjekte),
- Typübereinstimmung, die durch freidefinierte automatische Typumwandlungen auf eindeutige Weise in einem Umwandlungsschritt erreicht werden können und
- Typübereinstimmung durch die Ellipse (...).

Für den praktischen Gebrauch überladener Funktionen genügt es normalerweise, sich zu merken, daß die Funktion aufgerufen wird, deren Signatur die größte Ähnlichkeit mit den Aktualparametern hat. Das System ist so flexibel, daß es bei Bedarf sowohl zwischen den Typen *char* und *int* unterscheiden als auch automatisch eine Umwandlung in eine Fließkommazahl durchführen kann.

Beispiel (vgl. Projekt *Overload*):

```
{
   print ('A');          // Welche Funktion ruft diese Zeile auf?
   // ...
}
```

```
void print (char ch);     // Falls vorhanden diese, paßt genau
void print (int i);       // greift, falls keine Funktion
                          // ... print(char) existiert
void print (double x);    // greift, falls weder print(char) noch
                          // ... print (int) existieren
void print (int *p);      // führt zu einem Fehler, falls die anderen
                          // ... drei Funktionen fehlen. Paßt
                          // ... einfach nicht.

    // ...
    print (NULL);         // ruft print(int) auf, da der Compiler
                          // ... der NULL nicht ansieht, daß
                          // ein Zeiger gemeint ist.
    print ((int*)NULL);   // so klappt's
    print ((void*)0);     // so klappt's nicht (Definition von NULL in C)
```

Im Fall von Problemen wie z. B. Mehrdeutigkeiten genügt es normalerweise, dem Compiler in Form einer Typumwandlung oder sonstigen Typangabe auf die Sprünge zu helfen. Besonders beim Nullzeiger als Argument ist das häufig der Fall, da er aufgrund der Darstellung als Wert 0 von numerischen Parametern nicht zu unterscheiden ist.

Anstelle prinzipiell nicht überprüfbarer und kompliziert zu programmierender Funktionen mit variablen Parameterlisten stellt C++ somit den Mechanismus des Überladens von Funktionsnamen zur Verfügung. Dadurch können für alle benötigten Parameterkombinationen (ggf. unter Hinzunahme von Default-Argumenten) wohldefinierte Funktionen mit sauberen und überprüfbaren Schnittstellen zur Verfügung gestellt werden.

Wie alle Eigenschaften einer Programmiersprache kann natürlich auch diese dazu mißbraucht werden, absolut unverständliche Programme zu schreiben[29]. Niemand außer dem Programmierer garantiert, daß Funktionen mit gleichem Namen nicht völlig unterschiedliche Dinge tun! Hier ist die Disziplin des Programmierers gefordert, überladene Funktionen nur dort anzuwenden, wo es sachlich geboten ist.

Inline-Funktionen

Ist eine Funktion sehr kurz, kann der Aufwand des Funktionsaufrufs und der Parameterübergabe gegenüber der eigentlichen Funktionalität unverhältnismäßig groß werden. Mit dem der Funktionsdefinition vorausgestellten Schlüsselwort *inline* läßt sich erreichen, daß die Funktion nicht an der Stelle der Definition übersetzt wird, sondern erst an der Stelle des Aufrufs vollständig inline in den Code eingefügt wird. Voraussetzung dafür, daß das funktioniert, ist natürlich, daß der Compiler zum Zeitpunkt

---

29 Ich erinnere mich in diesem Zusammenhang z. B. an ein in einer amerikanischen Fachzeitschrift veröffentlichtes innovatives Programm, das den <=-Operator (kleiner-gleich) mit der Bedeutung „ist verbunden mit" überlud. Das sind zwar nette Spielereien, die die Flexibilität der Sprache demonstrieren, haben aber in ernstgemeinten Programmen absolut nichts zu suchen!

des Funktionsaufrufs bereits die gesamte Funktionsdefinition der Inline-Funktion gesehen hat.

Ein gutes Beispiel ist wieder die *min()*-Funktion:

```
inline int min (int a, int b) { return a < b ? a : b;}
```

Die Definition einer Funktion als *inline* ist nur bei sehr kleinen und häufig benutzten Funktionen angebracht. Im übrigen steht es dem Compiler frei, das Schlüsselwort *inline* zu ignorieren. Das wird im allgemeinen geschehen, wenn die als *inline* vereinbarte Funktion zu kompliziert ist oder eine Rekursion enthält.

Kontrollstrukturen

Wesentliche Teile eines jeden Programms haben Sie bis jetzt kennengelernt: Vereinbarungen, die die Datenobjekte eines Programms anlegen und initialisieren, sowie Ausdrücke und Ausdrucksanweisungen, die mit diesen Daten Berechnungen anstellen und die Ergebnisse wieder in Datenobjekten ablegen. Auch Funktionen als Zwitter zwischen Programmobjekten und Kontrollstrukturen sind Ihnen zur Untergliederung und Strukturierung Ihrer Programme bereits begegnet. Bisher wurden jedoch (bis auf den einen oder anderen Vorgriff) alle Berechnungen und Anweisungen (abgesehen von Funktionsaufrufen) streng sequentiell, d. h. von oben nach unten, ausgeführt.

Für ein richtiges Programm reicht das natürlich nicht (obwohl es durchaus experimentelle, sogenannte funktionale Programmiersprachen gibt, die versuchen, ohne herkömmliche Kontrollstrukturen auszukommen). Sie benötigen die Möglichkeit, Berechnungsschritte, wo nötig, mehrmals zu wiederholen, und müssen in der Lage sein, basierend auf Daten Entscheidungen zu treffen. Zu diesem Zweck dienen Kontrollstrukturen.

Im Grunde würden bedingte und unbedingte Sprünge ausreichen, um jede Form von Ablaufsteuerung zu implementieren. Der Prozessor unter der Oberfläche tut ja auch nichts anderes. Eine Reihe von Befehlen wird ausgeführt, eine Bedingung geprüft und abhängig vom Ergebnis die Befehlsausführung an anderer Stelle fortgesetzt. Die Erfahrungen im Zeitalter des Chaos führten allerdings zu der Einsicht, daß man abstraktere und spezialisiertere Kontrollstrukturen benötigt, um abstraktere und spezialisiertere Probleme zu lösen. Diese abstrakteren Kontrollstrukturen sind - neben den noch immer nicht völlig entbehrlichen Sprüngen - Auswahlanweisungen und Schleifen.

Verbundanweisung oder Block

Die Verbundanweisung oder Block ist nicht im eigentlichen Sinne eine Kontrollstruktur. Sie enthält eine Reihe von Anweisungen und wird sequentiell von oben nach unten durchlaufen. Nach außen verhält sie sich syntaktisch jedoch wie eine einzelne Anweisung und erlaubt es so, in Kontrollstrukturen eine ganze Anweisungsfolge, ja ein beliebig kompliziertes Stück Code überall dort zu plazieren, wo in den Kontrollstrukturen eine einzelne Anweisung zugelassen ist. Damit erlaubt die Verbundanweisung überhaupt erst eine vernünftige Strukturierung des Programmcodes.

Erstmals in einer Mainstream-Programmiersprache tauchte der Block in Algol 60 auf. Alle Nachfolgesprachen von Algol einschließlich C und C++ werden daher auch als blockstrukturierte Sprachen bezeichnet und besitzen als wesentliches Strukturelement eben diesen Block oder äquivalente Konstrukte zur Klammerung von Code.

Dadurch, daß ein Block nur einen Eingang und einen Ausgang hat und Sprünge aus einem Block heraus zumindest verpönt sind, ist der Code leichter nachvollziehbar und verifizierbar. Es ist schlicht einfacher, zwei Verbindungen nach außen zu verfolgen, als zwanzig.

Ein Block besteht aus einer sich öffnenden geschweiften Klammer, einer Folge von Anweisungen (die auch leer sein kann) und einer sich schließenden geschweiften Klammer. In vielem verhält sich ein Block wie der Körper einer Funktion: Der Kontrollfluß läuft vom Anfang zum Ende und führt einen eigenen neuen Gültigkeitsbereich (engl. scope) ein. Variablen, die innerhalb eines Blocks definiert werden, sind lokale Variablen und außerhalb des Blocks nicht sichtbar. Bezeichner, die außerhalb des Blocks definiert worden sind, sind weiterhin zugänglich, es sei denn, sie werden von neu definierten gleichlautenden Bezeichnern innerhalb des Blocks überdeckt. Auf einen solchen verdeckten Bezeichner kann aber mit sogenannten *Bereichs-* oder *::*-Operatoren weiterhin zugegriffen werden (letzterer ist eigentlich kein Operator, wird aber im normalen Sprachgebrauch meistens so bezeichnet). Allerdings kann mit dem *::*-Operator in diesem Kontext nur auf den globalen Gültigkeitsbereich zugegriffen werden – auf verdeckte lokale Variablen außerhalb des Blocks kann nicht zugegriffen werden.

Beispiel (vgl. Projekt *FlowControl*):

```
int x = 42;

void f()
{
    char* x = " Der Sinn des Lebens ... ";
    {                               // hier beginnt ein Block
        double x = 3.14;            // verdeckt ::x
        cout <<    x << '\n';
        cout <<  ::x << "\n";
        cout << f::x << '\n';       // Diese Syntax wäre naheliegend
                                    // ... aber hier kommen wir leider
                                    // ... nicht dran!
    }
}
```

Hier noch ein kurzes Wort zur Formatierung des Codes. Es ist üblich, innerhalb von Blöcken und sonstigen Kontrollstrukturen die Logik der Verschachtelung durch Einrückung besser sichtbar zu machen. Den C++-Compiler läßt diese Einrückung kalt, im Gegensatz zu einigen anderen Sprachen ist C/C++ eine formatfreie Sprache, d. h., die Bedeutung der Sprachelemente folgt allein aus ihrem Zusammenhang, nicht aber aus der Position in der Zeile (keine Regel ohne Ausnahme: für den //-Kommentar von C++ und Präprozessoranweisungen ist das Zeilenende durchaus signifikant). Über die richtige Form der Einrückung sind schon heftige Debatten geführt worden. Eine *if*-Anweisung mit einer Blockanweisung kann z. B. in den folgenden Varianten geschrieben werden:

```
if (expr) {                          // Variante 1
    statement;
    // ...
}

if (expr)                            // Variante 2
{
    statement;
    // ...
}

if (expr)                            // Variante 3
    {
        statement;
        // ...
    }

if (expr)                            // Variante 4
    {
    statement;
    // ...
    }
```

Für jede dieser Varianten lassen sich gute Gründe anführen; man sollte sich einfach für eine bestimmte Formatierung entscheiden und diese dann konsequent durchhalten (ohne sich dadurch zum Sklaven machen zu lassen – entscheidendes Kriterium ist immer die Lesbarkeit des Codes). Ich habe mich für dieses Buch und meinen eigenen Code für die zweite Variante entschieden, weil sie in meinen Augen die lesbarste ist (und natürlich die einzig richtige ☺).

Auswahlanweisung

Die Sprache C/C++ kennt zwei verschiedene Auswahlanweisungen, die basierend auf einer Entscheidung unterschiedliche Anweisungen durchlaufen.

if-Anweisung

Die einfacherere der beiden Auswahlanweisungen ist die *if*-Anweisung. Sie hat die allgemeine Form:

```
if (expression)
    statement1
else
    statement2
```

Abhängig davon, ob der Ausdruck *expression* den Wert Null (falsch) oder nicht Null (wahr) ergibt, wird die Anweisung *statement1* oder die Anweisung *statement2* ausgeführt. Der *else*-Zweig kann entfallen, falls er nicht benötigt wird. An Stelle der Anweisungen kann jede einzelne Anweisung der Sprache C/C++ oder eine Verbundanweisung stehen.

Beispiele (vgl. Projekt *FlowControl*):

```
if (x == 0)
    x = 3;         // das Semikolon stimmt von der Ausdrucksanweisung!

if (y >= 5)
    y = 3 * y;     // das Semikolon stimmt von der Ausdrucksanweisung!
else
    y = 0;

if (next)
{
    next->data = 4711;
    next = next->next;
}     // hier steht kein Semikolon !
```

Da der *else*-Zweig optional ist, muß bei mehren verschachtelten *if*-Anweisungen festgelegt werden, auf welches *if* sich ein *else* bezieht. Es gilt die Regel, daß sich ein *else* immer auf das nächste mögliche *if* bezieht, wie z. B.:

```
if (n>0)
    if(a>b)
        z = a;
    else
        z = b;
```

Die Einrückung macht hier deutlich, auf welches *if* sich das *else* bezieht. Diese Einrückung ist aber nur eine Hilfe für den menschlichen Leser, das folgende Codefragment hat genau dieselbe Bedeutung wie das letzte, täuscht aber durch die Einrükkung eine andere Zusammengehörigkeit vor:

```
if (n>0)
    if(a>b)
        z = a;
else
    z = b;
```

Will man solche schwer zu lokalisierenden Fehler vermeiden, sollte man durch explizite Klammerung verdeutlichen, was gemeint ist:

```
if (n>0)
{
    if(a>b)
        z = a;
}
else
    z = b;
```

Ein besonderer Fall ist eine Fallunterscheidung, die sich über mehrere Alternativen erstreckt. Nach den obigen Regeln läßt sich diese wie folgt ausdrücken:

```
if (expression1)
    statement1
else if (expression2)
    statement2
else if (expression3)
    statement3
// ...
else if (expressionN)
    statementN
else
    statement
```

Die logischen Ausdrücke *expression1* bis *expressionN* werden der Reihe nach bewertet und die erste (Verbund-)Anweisung ausgeführt, deren Bedingung richtig ist. Ist keine der Bedingungen wahr, wird der (optionale) *else*-Zweig ausgeführt. Die *if*-Anweisungen sind hier übrigens nicht entsprechend ihrer zunehmend tieferen Verschachtelung eingerückt, sondern untereinander geschrieben, um das Konzept einer Liste von Fallunterscheidungen auch optisch anzudeuten. Hier gilt wie überall, daß man sich nicht sklavisch an irgendeine starre Formatierungsregel (hier: nach *if* wird immer eingerückt) halten soll, sondern daß das primäre Ziel der Formatierung die optimale Lesbarkeit und Verständlichkeit des Codes sein soll.

switch-Anweisung

Für den Fall, daß die Unterscheidung zwischen mehreren Fällen vom Ergebnis eines einzigen Ausdrucks abhängt, der verschiedene ganzzahlige Werte annehmen kann, steht mit der *switch*-Anweisung noch eine weitere Auswahlanweisung zur Verfügung. Diese hat die allgemeine Form:

```
switch (expression)
{
case const1:
    expression1;     // hier kann auch eine Anweisungsfolge stehen!
    break;
case const2:
    expression2;     // hier kann auch eine Anweisungsfolge stehen!
    break;
default:
    expressionN;     // hier kann auch eine Anweisungsfolge stehen!
    break;
}
```

Die *switch*-Anweisung ist wesentlich „dichter am Metall" (= am Ursprung) als die abstraktere *case*-Anweisung von Pascal und kann ihre Herkunft von der berechneten Sprunganweisung älterer Sprachen nicht verleugnen. Nicht umsonst heißen die Zeilen *case constN: case*-Label oder Marken und erinnern auch formal an die Sprungmarken der *goto*-Anweisung. Diese *case*-Marken haben die Form *case constExpr:*, wobei *constExpr* eine Konstante oder ein konstanter Ausdruck sein muß. Ergibt der

Ausdruck *expression* den Wert einer solchen *case*-Marke, verzweigt der Programmfluß zu dieser Marke, andernfalls, sofern vorhanden, zum *default*-Zweig. Das war's dann auch schon. Wären die optionalen *break*-Anweisungen nicht, würde der Kontrollfluß einfach zum nächsten Zweig der *switch*-Anweisung durchfallen. Da die *switch*-Anweisung keine Bereichsangaben oder „Aufzählungen" wie die *case*-Anweisung Pascals erlaubt, ist dies auch die einzige Möglichkeit, eine ähnliche Funktionalität zu erhalten.

Beispiel (vgl. Projekt *FlowControl*):

```
switch (dayNo)
{
case 0:                // Durchfallen zum nächsten Fall
case 6:
    s = "Wochenende";
    break;
case 1:
    s = "Montag";
    break;
case 2:
    s = "Dienstag";
    break;
case 3:
    s = "Mittwoch";
    break;
case 4:
    s = "Donnerstag";
    break;
case 5:
    s = "Freitag";
    break;
default:
    s = "Das glaubst du wohl selbst nicht!";
    break;             // dieses break ist redundant. Schützt aber
                       // vor Problemen, falls man Fälle umordnet!
}
```

Noch ein anderes Beispiel zur Verdeutlichung. Das Codefragment

```
char ch = '0';

switch (ch)
{
    case '0': cout << "Null";
    case '1': cout << "Eins";
    default : cout << "Weder Null, noch Eins";
}
```

liefert als Ergebnis nicht die Ausgabe „Null", wie wahrscheinlich beabsichtigt, sondern „Null Eins Weder Null, noch Eins".

Untersuchungen haben übrigens ergeben, daß C/C++-Programmierer in über 95 % der Fälle nach einem *case*-Zweig aus der *switch* Anweisung herausspringen und nicht standardmäßig zum nächsten Fall durchfallen wollen. Allerdings ist es jetzt eventuell ein bißchen spät, das Standardverhalten der *switch*-Anweisung noch zu verändern.

In der *switch*-Anweisung dürfen auch normale Sprungmarken stehen, wodurch beliebig zwischen den einzelnen Zweigen hin und her gesprungen werden kann. Zur Nachahmung ist das nicht empfohlen. Zu Problemen führt das allerdings dann, wenn eine *case*-Marke vertippt wurde und wie eine gewöhnliche Sprungmarke aussieht. Ein *default*-Zweig mit der Marke *defau1t:* statt *default:* würde z. B. niemals ausgeführt. Weder der Compiler noch ausgetüftelte Analysewerkzeuge wie Lint können einen solchen Fehler finden!

Der Umstand, daß das Programm bei einer *case*-Marke in die *switch*-Anweisung hineinspringt und dann abhängig vom Gebrauch des Sprungbefehls *break* entweder durchfallen kann oder auch nicht, führt speziell für C++ zu einer weiteren Besonderheit der *switch*-Anweisung: Obwohl der auf die *switch*-Anweisung folgende Block eine spezielle Form der Verbundanweisung ist, dürfen innerhalb dieses Blocks keine lokalen Variablen vereinbart werden! Der Grund ist einfach: Würde eine Variable in einem *case*-Zweig vereinbart und initialisiert, wäre sie auch in den folgenden *case*-Zweigen sichtbar, ohne daß ihre Initialisierung sichergestellt wäre. Insbesondere für benutzerdefinierte Typen erwies sich dies als unlösbares Problem, so daß dieses Verbot ausgesprochen werden mußte. Benötigt man in einem Zweig der *case*-Anweisung dennoch eine spezielle lokale Variable, die man nicht außerhalb der *switch*-Anweisung definieren möchte, ist das trotzdem kein wirkliches Problem: Man packt einfach die Anweisungen des betreffenden *case*-Zweigs in einen eigenen Block.

Schleifenanweisung

Soll eine gegebene Anweisungsfolge mehrere Male durchlaufen werden, benötigt man eine Schleifenanweisung.

while-Schleife

Die einfachste der Schleifenanweisungen von C und C++ ist die *while*-Schleife. Sie hat die allgemeine Form

```
while (expression)
    statement
```

Beachten Sie wieder das fehlende Semikolon. Wenn eines vorkommt, ist *statement* mit Sicherheit eine Ausdrucksanweisung oder eine leere Anweisung. Die *while*-Anweisung bewirkt, daß die auf *while* folgende einfache Anweisung oder Verbundanweisung solange immer wieder ausgeführt wird, solange der Ausdruck *expression* wahr ist, also einen Wert ungleich von Null ergibt. Schauen Sie sich als Beispiel noch einmal die Schleife zum Kopieren einer Zeichenkette an (vgl. Projekt *FlowControl*):

```
                    // Zeichenkette kopieren, die erste
while (*p != 0)     // Solange Ausdruck wahr
```

```
{
    *q = *p;
    p++;
    q++;
}                       // kein Semikolon !

while (*p)              // Solange Ausdruck wahr, d.h Zeichen != 0
    *q++ = *p++;        // kopieren. Hier erledigt eine Ausdrucksanweisung
                        // ... (komplett mit Semikolon) die Arbeit

while (*q++ = *p++); // Manche mögen's. Semikolon bezeichnet
                        // leere Ausdrucksanweisung. Besser wäre
while (*q++ = *p++)
    ;                   // oder

while (*q++ = *p++) {} // um anzudeuten, daß Anweisung absichtlich
                        // leer geblieben ist

while (*p);             // Legal, aber sicher nicht so gemeint
    *q++ = *p++;        // Daher NIE ";" unmittelbar hinter while!
                        // Hinweis: while (1) ist Endlosschleife.
```

do-while Schleife

Bisweilen soll eine Schleifenbedingung nicht am Anfang der Schleife geprüft werden, sondern die Schleife garantiert einmal durchlaufen werden. Zu diesem Zwecke dient die *do-while*-Schleife. Diese hat die allgemeine Form:

```
do
    statement
while (expression);                    // Semikolon!
```

Die (Verbund-)Anweisung *statement* wird solange immer wieder ausgeführt, wie der Ausdruck *expression* wahr, also von Null verschieden ist. Da die Bedingung erst am Ende der *do-while*-Schleife geprüft wird, wird die Anweisung *statement* mindestens einmal ausgeführt. Die do-while-Schleife wird durch ein Semikolon abgeschlossen! Die *do-while*-Schleife läßt sich durch die äquivalente einfache *while*-Schleife ausdrükken in der Form:

```
statement
while (expression)
   statement
```

for-Schleife

Die meisten Programmiersprachen besitzen einen weiteren Schleifentyp, der eine Kontrollvariable in festen Schritten hochzählt, bis ein bestimmter Endwert erreicht wird. Auch C und C++ haben mit der *for*-Schleife eine solche Konstruktion, die jedoch wesentlich allgemeiner ausgelegt ist als in anderen Sprachen. Leider geht diese Allgemeingültigkeit ein wenig auf Kosten der Lesbarkeit. Die *for*-Schleife hat die allgemeine Form:

```
for (statement1; expression2; expression3)
    statement4
```

statement1 ist eine Ausdrucksanweisung oder Laufvariablenvereinbarung und initialisiert die Laufvariable(n). Als solche ist *statement1* implizit immer mit einem Semikolon abgeschlossen. Hier definierte Bezeichner und Schleifenvariablen sind auch außerhalb der Schleife sichtbar und zugreifbar. Normalerweise ist dieses Verhalten von Vorteil, kann aber in Einzelfällen zu unschönen Effekten führen. In der zweiten Schleife des folgenden Beispiels muß man entweder eine andere Laufvariable nehmen oder die alte wieder verwenden (vgl. Projekt *FlowControl*):

```
for (int i = 0; i < 100; i++) { /* ... */ }    // erste Schleife!
for (int i = 0; i < 100; i++) { /* ... */ }    // Redefinitionsfehler
```

expression2 ist ein Ausdruck, dessen Wert darüber entscheidet, ob die Schleife fortgesetzt wird. Ist der Ausdruck von Null verschieden (wahr) wird die Schleife fortgesetzt, ist er Null (falsch) wird sie abgebrochen. *expression3* ist ein weiterer Ausdruck, dessen Zweck es ist, die Laufvariablen nach jedem Durchlauf weiterzustellen. Die Anweisung oder Verbundanweisung *statement4* schließlich ist der eigentliche Schleifenkörper, der so lange ausgeführt wird, bis die Schleifenbedingung *expression2* nicht mehr wahr ist.

Eine Schleife, die die Zahlen von 1 bis 100 addiert, hat beispielsweise die Form:

```
int i, sum = 0;
for (i = 1; i <= 100; i++)
{
    sum += i;
}
```

Da Variablen in der *for*-Anweisung nicht nur initialisiert, sondern auch vereinbart werden können, kann man das auch kürzer schreiben. Man beachte den Unterschied zwischen Komma und Semikolon!

```
for (int i = 1, sum = 0; i <= 100; i++) sum += i;  // klar, aber kompakt
for (int i = 1, sum = 0; i <= 100; sum += i++) {}  // ziemlich kryptisch
```

Die Flexibilität der *for*-Anweisung macht es einfach, Schleifen zu formulieren, die in anderen Sprachen so nicht möglich sind, so z. B. Fließkommazahlen als Laufvariablen und geometrisch wachsende Schrittweiten:

```
double sum = 0.;
for (double x = 1; x < 100.; x *= 1.1)
    sum += x;
```

Andererseits führt diese Allgemeinheit aber auch dazu, daß *for*-Schleifen in C und C++ etwas weniger effizient sind als beispielsweise die *for*-Schleife von Pascal mit ihrer äußerst bescheidenen Funktionalität. Insbesondere muß man beachten, daß anders als in Pascal die Schleifenbedingung bei jedem Durchlauf wieder vollständig neu bewertet wird. Man sollte die Schleifenbedingung daher immer so einfach wie möglich halten. Die *for*-Schleife von C/C++ läßt sich in den meisten Fällen ausdrücken durch eine äquivalente *while*-Schleife. Welche Form man letztendlich wählt, hängt auch stark davon ab, welche für die gegebene Problemstellung leichter verständlich ist.

```
Statement1                    // (fast) äquivalent zur obigen for Schleife
while (expression2)
{
    statement4
    expression3;
}
```

Zunächst werden die Initialisierungen durchgeführt und abhängig vom Schleifenausdruck *expression2* die Schleife mit *statement4* solange durchlaufen, bis die Schleifenbedingung falsch wird. Jedesmal, nachdem *statement4* ausgeführt wurde, werden in *expression3* die Schleifenvariablen weitergestellt. Der einzige Unterschied zur *for*-Schleife tritt dann auf, wenn der Schleifenkörper eine *continue*-Anweisung enthält – in diesem Fall wird *expression3* nur in der expliziten *for*-Schleife erneut ausgewertet.

Oft lassen sich Ideen, für die zunächst die Verwendung einer *for*-Schleife naheliegt, durch die Verwendung einer *while*-Schleife kürzer oder effizienter ausdrücken. Schauen wir uns noch mal das Vektormultiplikationsbeispiel an. Welche Variante man letztendlich wählt, ist jedoch auch Geschmackssache (vgl. Projekt *Multiply*).

```
void multiply (double s, double *v, int n)
{
    for (int i = 0; i < n; i++, v++)    // beachte Komma-Operator hier
        *v *= s;
}

void multiply (double s, double *v, int n)
{
    while (n--)                         // kürzer mit while !
        *v++ *= s;
}
```

Endlosschleifen

Bisweilen ist es zweckmäßig, eine Schleifenbedingung nicht am Anfang oder am Ende einer Schleife abzutesten, sondern in der Mitte. Dazu benötigen Sie eine Schleife, die endlos immer wieder durchlaufen wird, nachdem sie einmal vom Kontrollfluß betreten worden ist. Ist an einem gegebenen Punkt im Schleifenkörper dann die Abbruchbedingung erfullt, können Sie die Schleife mit der bereits informell eingeführten *break*-Anweisung abbrechen. *Break* springt nicht nur bei der *switch*-Anweisung, sondern auch bei allen Schleifen immer aus der innersten Schleife heraus.

Leider stellt uns die Sprache C/C++ kein eigenes Schlüsselwort für eine Endlosschleife zur Verfügung, dieselbe Funktionalität kann jedoch mit der *for*-Schleife erreicht werden. Es ist nicht erforderlich, bei der *for*-Schleife die Schleifenbedingung *expression2* oder den Inkrementierungsausdruck *expression3* anzugeben. Wird der Schleifenausdruck in der *for*-Schleife weggelassen, erhalten wir eine Endlosschleife. Daher ist die zumeist für eine Endlosschleife gebrauchte Redewendung *for (;;) {}*, man findet aber auch häufig die Variante *while (1) {}*. Wer gerne ein eigenes „Schlüsselwort" für Endlosschleifen haben möchte, kann es sich daraus mit Hilfe des Präprozessors erzeugen:

```
#define forever for(;;)
#define loop while(1)
```

Sprunganweisung

Selbst mit den schönsten strukturierten Kontrollstrukturen kommt man nicht ganz ohne Sprunganweisungen aus. Einige Sprunganweisungen sind Ihnen sogar schon als unverzichtbare Bestandteile anderer Kontrollstrukturen begegnet. So sind *switch*-Anweisungen ohne *break* oder Funktionen ohne *return* wenig sinnvoll. Gemeinhin kann man zwischen strukturierten und unstrukturierten Sprunganweisungen unterscheiden. Strukturierte Sprunganweisungen sind *break*, *continue* und *return*, da sie nur einen Sprung an ganz bestimmte Punkte einer aktiven Kontrollstruktur auslösen. Das berühmt-berüchtigte *goto* hingegen unterliegt keinen solchen Einschränkungen und kann beliebig mißbraucht werden.

break-Anweisung

Die *break*-Anweisung hat die allgemeine Form:

```
break;
```

Sie dient dazu, aus Schleifen und *switch*-Anweisungen herauszuspringen. Die Programmausführung wird hinter dem Ende der innersten die *break*-Anweisung umschließende Schleife oder *switch*-Anweisung fortgesetzt. In der *switch*-Anweisung haben Sie *break* bereits zur Genüge bewundern können.

Das folgende Beispiel zeigt die Verwendung von *break* in einer Schleife. Die Funktion *trim()* entfernt Trennzeichen vom Ende einer Zeichenkette. Die *break*-Anweisung wird verwendet, um die *for*-Schleife zu verlassen, wenn bei der Suche von hinten beginnend das erste Zeichen gefunden wird, das kein Trennzeichen ist (vgl. Projekt *FlowControl*):

```
void trim(char s[])
{
    for (int n = strlen(s)-1; n >= 0; n--)
    {
        char ch = s[n];
        if (ch != ' ' && ch != '\t' && ch != '\n') break;
    }
    s[n+1] = 0;
}
```

continue-Anweisung

Die *continue*-Anweisung hat die allgemeine Form:

```
continue;
```

Sie wird wie die *break*-Anweisung dazu verwendet, an das Ende einer Schleife zu springen. Allerdings springt sie nicht unmittelbar hinter das Ende der Schleife, sondern unmittelbar vor das Ende der Schleife. Der Effekt der *continue*-Anweisung ist also, daß der gesamte Code zwischen der *continue*-Anweisung und dem Schleifenende übersprungen wird und die Schleife normal fortgesetzt wird.

Anders als die verwandte *break*-Anweisung kann *continue* nicht in einer *switch*-Anweisung verwendet werden, führt also insbesondere nicht zu einer erneuten Auswertung der *switch*-Anweisung. Ist eine *switch*-Anweisung in eine Schleife eingebettet, führt ein Aufruf der *continue*-Anweisung zum Sprung an das Ende der umschließenden Schleife, die damit ggf. erneut durchlaufen wird.

Die *continue*-Anweisung wird im allgemeinen seltener benötigt als die *break*-Anweisung. Eine mögliche Anwendung zeigt das folgende Beispiel. Bei der Bearbeitung eines Vektors werden alle negativen Elemente übersprungen:

```
for (i = 0; i < n; i++)
{
    if (a[i] < 0) continue;
    // ...
}
```

Dies ist äquivalent zu:

```
for (i = 0; i < n; i++)
{
    if (a[i] >= 0)
    {
        // ...
    }
}
```

Die *continue*-Anweisung wird oft benutzt, wenn der anschließend folgende Teil einer Schleife so kompliziert ist, daß eine andere Formulierung, wie z. B. eine *if*-Abfrage, zu einer sehr tiefen Verschachtelung im Programm führen würde.

return-Anweisung

Die *return*-Anweisung wirkt noch etwas radikaler als die *break*- und *continue*-Anweisungen. Durch den Aufruf der *return*-Anweisung springt der Kontrollfluß nicht vor oder hinter das Ende der aktiven Schleife, sondern an das Ende der aktiven Funktion. Dadurch bewirkt ein Aufruf der *return*-Anweisung das Verlassen der Funktion. Zugleich dient die *return*-Anweisung bei Funktionen, die einen Rückgabewert liefern, dazu, diesen zu spezifizieren. Die Form der *return*-Anweisung ist:

```
return;
```

oder

```
return expression;
```

Der Ergebnistyp von *expression* wird ggf. in den Rückgabetyp der Funktion gewandelt.

goto-Anweisung

Trotz aller Verdikte verfügen C und C++ immer noch über die berühmt-berüchtigte *goto*-Anweisung. Die *goto*-Anweisung hat die Form:

```
goto label;
```

Die Sprungmarke *label* muß an einer anderen Stelle der gleichen Funktion einer Anweisung vorausgehen:

```
label: statement
```

Eine Sprungmarke muß (leider) nicht deklariert werden. Dadurch können durch Tippfehler manche Ausdrücke, die Doppelpunkte enthalten, vom Compiler fälschlicherweise als Sprungmarken interpretiert werden.

Die *goto*-Anweisung sollte nicht leichtfertig verwendet werden. Bei exzessiver Anwendung neigt sie dazu, Programme komplizierter und damit schwerer verständlich und schwerer wartbar zu machen. Sie erinnern sich vielleicht daran, daß durch die reichliche Verwendung von *goto* ein Programm zu einem azyklisch durchlaufenen Netzwerk von Anweisungen wird, im Gegensatz zum geordnet Ablauf des Kontrollflusses von „oben" nach „unten" in einem strukturierten Programm. Für den Computer sind *goto*-Anweisungen perfekt – für menschliche Leser normalerweise nicht!

In manchen Situationen kann eine *goto*-Anweisung aber dennoch wie ein Befreiungsschlag wirken. Ein Beispiel, welches mit anderen Sprachmitteln nicht so klar und einfach gelöst werden kann, ist der Sprung aus mehrfach tief geschachtelten Kontrollstrukturen und Schleifen heraus zu einer nicht trivialen Abschlußbehandlung. Mit *break* kann man ja nur aus der innersten Schleife ausbrechen.

Beispiel:

```
void wizzbang()
{
    for ( ... )
        for ( ... )
        {
```

```
                if (wizz) goto bang;
            }

    // noch mehr Code ..

bang:
    // Aufräumungsarbeiten
}
```

Ein einfaches Beispiel, welches diese Struktur aufweist, ist die Suche übereinstimmender Elemente in zwei Feldern (vgl. Projekt *FlowControl*):

```
for (i = 0; i < n; i++)
    for (j = 0; j < m; j++)
        if (a[i] == b[j]) goto found;

// kein gleiches Element gefunden

found:

// ein Paar gefunden a[i] == b[j]
```

Man kann dieses Beispiel auch ohne *goto* formulieren, jedoch wird es dadurch komplizierter und weniger effizient:

```
enum {FALSE, TRUE} found;              // logische Merkervariable

for (i = 0; i < n && !found; i++)      // Schleifenbedingung wird
    for (j = 0; j < m && !found; j++)  // komplizierter & langsamer.
        if (a[i] == b[j]) found = TRUE;

if (found)
{
                                      // ein Paar gefunden a[i] == b[j]
}
else
{
                                      // kein gleiches Element gefunden
}
```

Grundsätzlich läßt sich jedes Programm mit *goto* auch ohne *goto* formulieren – man benötigt vielleicht wie oben eine zusätzlich Variable oder muß Bedingungen mehrfach angeben.

Der Sinn des Bannes auf *goto* besteht aber darin, Programme einfacher und leichter überschaubar zu machen. In einzelnen, seltenen Situationen kann sich eine Formulierung mit *goto* als klarer oder effizienter erweisen als die Alternative.

Man sollte in solchen Fällen nicht dogmatisch sein und *goto* tatsächlich verwenden.

Generell sollte jedoch der Leitsatz gelten, daß die *goto*-Anweisung, wenn überhaupt, nur selten und nach gründlicher Prüfung der Alternativen eingesetzt werden sollte.

Zusammenfassung

Puh, das war ziemlich viel Holz. Die letzten vier Abschnitte beschrieben im wesentlichen eine Obermenge der kompletten Sprache C. Sie haben in sehr komprimierter und vollständiger Form die Grundlagen der konventionellen Programmierung in C++ kennengelernt. Diese werden Ihnen als Grundstock dienen, wenn Sie sich in späteren Kapiteln mit der objektorientierten Programmierung und anderen fortgeschrittenen Konzepten von C++ beschäftigen. Konzepte, die in der Windows-Programmierung nur eine untergeordnete Rolle spielen, wie die Ein- und Ausgabe auf die Konsole mit der iostream-Bibliothek, haben wir dagegen nur gestreift.

Das traditionelle Mittel, größere Programme in sinnvolle Einheiten zu zerlegen, ist die Funktion. Funktionen berechnen aus einem Satz von Eingangsparametern ein Ergebnis, das den Wert des Funktionsaufrufs darstellt, oder sie bewirken Nebeneffekte. Die Parameterübergabe an Funktionen kann als Wertübergabe oder als Referenzübergabe erfolgen. Felder werden immer als Zeiger übergeben und sind in diesem Kontext mit Zeigern äquivalent. Funktionsparameter können mit Default-Argumenten für häufig benutzte Fälle definiert werden. Funktionen können überladen werden, d. h., mehrere Versionen einer Funktion mit unterschiedlichen Parametertypen werden vom Compiler anhand ihrer sogenannten Signatur auseinandergehalten. Geschwindigkeitsrelevante kleine Funktionen können als Inline-Funktionen vereinbart werden.

C++ kennt die üblichen Kontrollstrukturen blockorientierter Sprachen. Die Verbundanweisung, auch als Block bezeichnet, faßt eine Reihe von Anweisungen zu einer Verbundanweisung zusammen und führt einen neuen Gültigkeitsbereich für Bezeichner ein. Zur Ablaufsteuerung dienen die Auswahlanweisungen if-else und switch, zur Schleifenbildung while, do-while und for und die (strukturierten) Sprunganweisungen break, continue, return und goto.

2.5 Großprojekt – Aufteilung eines Projekts auf mehrere Dateien

Mit dem letzten Abschnitt haben wir nun die konventionellen Sprachelemente von C++ beisammen, die es uns ermöglichen, beliebig komplexe Programme zu entwikkeln. Die wenigsten Programme kommen dabei mit einigen Dutzend bis einigen Hundert Zeilen aus, die Größenordnungen bewegen sich eher im Bereich von einigen 10000 bis einigen Millionen Programmzeilen. Solche Projekte lassen sich nicht mehr, wie noch die letzten Beispiele, mit einer einzelnen Quelldatei bewältigen. Vielmehr muß der Quellcode nach sachlichen Gesichtspunkten auf eine geeignete Anzahl von Dateien aufgeteilt werden. Bevor Sie dies aber an einem Beispiel nachvollziehen können, müssen Sie sich zunächst mit dem C/C++-Präprozessor beschäftigen. Dieser Präprozessor ist eigentlich kein Bestandteil der Sprache, sondern verrichtet seine Arbeit vor dem eigentlichen Compilerlauf. Er ist für C und C++ nahezu identisch. In vielen C- und C++-Implementationen ist der Präprozessor sogar ein eigenes Programm, das seine Arbeit vor dem eigentlichen Compilerlauf verrichtet. Da der Präprozessor eine entscheidende Rolle in der Programmierung größerer, aus mehreren Dateien aufgebauter Anwendungen spielt, wird er in diesem Kapitel behandelt.

Präprozessor

Der Präprozessor von C/C++ hat keine Entsprechung in anderen Hochsprachen und kann noch am ehesten mit den Makroprozessoren vieler Assembler verglichen werden. Da C seine Karriere als niedrige Hochsprache mit einem starken Hintergrund der Systemprogrammierung begonnen hat, dürfte hier auch der Ursprung des Präprozessors zu suchen sein.

Phasen

Eine C++-Quelldatei wird konzeptionell in mehreren Phasen übersetzt. Die erste Phase ist der Lauf des Präprozessors. Der Präprozessor wird durch die sogenannten Präprozessordirektiven gesteuert. Dies sind Zeilen im Quellcode, deren erstes Zeichen (das kein Leerzeichen ist) das Zeichen # ist. Das Ergebnis des Präprozessorlaufs ist eine Folge von Token, die als Übersetzungseinheit bezeichnet wird. Nicht eine einzelne Datei ist also die Übersetzungseinheit, sondern das möglicherweise aus mehreren Dateien zusammengefügte Ergebnis des Präprozessorlaufs! Gesteuert von den Präprozessordirektiven nimmt der Präprozessor eine Vorverarbeitung des Quelltexts vor und liefert als Resultat dem Parser des Compilers eine Folge von Token zur syntaktischen Analyse. Präprozessordirektiven sind daher den Sprachelementen von C/C++ wie Anweisungen, Vereinbarungen und Kontrollstrukturen vollständig wesensfremd. Der Präprozessor weiß nichts von C oder C++ und könnte im Prinzip ohne Änderung auch mit anderen Sprachen eingesetzt werden.

Im wesentlichen ist der Präprozessor ein Werkzeug, das eine Reihe lexikalischer Veränderungen am Quelltext vornimmt. Er kann sogenannte Makros (Textersetzungen) definieren und ersetzen, liest zusätzlich benötigte Quelldateien ein und entfernt die Kommentare. Über Direktiven zur bedingten Kompilierung können, abhängig vom Wert oder dem Vorhandensein bestimmter Symbole, Teile des Programmcodes übersetzt oder ignoriert werden.

#include

Die wahrscheinlich am häufigsten verwendete Direktive ist die *#include*-Direktive. Sie hat eine der beiden Formen:

```
#include "filename"
#include <filename>
```

Die *#include*-Direktive bewirkt, daß an der Stelle der Direktive die Datei mit dem Namen *filename* eingelesen und verarbeitet wird. *#include*-Direktiven dürfen geschachtelt werden, d. h., die eingeschlossene Datei kann wiederum *#include*-Direktiven enthalten. Ist der Dateiname in Anführungszeichen angegeben, beginnt die Suche nach der Datei im aktuellen Verzeichnis und setzt die Suche unter Umständen in den Systemverzeichnissen fort. Steht er dagegen in spitzen Klammern, wird die Datei direkt in den Systemverzeichnissen gesucht.

Der *#include*-Mechanismus dient in C und C++ in erster Linie dazu, einer Quelldatei die Schnittstelleninformationen von Funktionen und Datentypen anderer Programmodule und Bibliotheken zur Verfügung zu stellen, kann aber auch für den Einschluß beliebiger Quellcodedateien verwendet werden. Dieser Mechanismus funktioniert allein auf textueller Basis, Prototypen und Deklarationen werden also an der Stelle der *#include*-Direktive in die Datei hineinkompiliert, als ob sie ein Bestandteil dieser Datei wären. Echte Schnittstellenverwaltungen für Module existieren dagegen in C und C++ nicht. In C++ sind solche Schnittstellen unabhängig von der Aufgliederung eines Projekts in Dateien (Module) in den Objektdefinitionen und den ganz neuen Namenräumen eingebaut, so daß man mit den historischen Mängeln der *#include*-Direktive teilweise leben kann.

Ein anderes Problem, das sich aus dem Konzept der textuellen Ersetzung der *#include*-Direktiven ergibt, ist das der Kontextabhängigkeit der per *#include*-Direktive eingelesenen Definitionsdateien. Abhängig von der Reihenfolge, in der Definitions- der Header-Dateien eingelesen werden, kann die Bedeutung ein und derselben Definitionsdatei variieren:

```
// a.h -- Definitionsdatei a.h
#define USEBOOL
// ...
// *end a.h*

// b.h -- Definitionsdatei b.h
#ifdef USEBOOL
    enum boolean (FALSE, TRUE);
#endif
//
// *en b.h*

// c.cpp -- Hier werden a.h und b.h benutzt!
#include "a.h"
#include "b.h"
typedef int boolean;          // nur Fehler, wenn b.h nach a.h kommt!
#define FALSE 0
#define TRUE  1
```

Das Beispiel erscheint hier ziemlich konstruiert, doch ist dieser Fehlertyp gar nicht mal so selten und ziemlich schwer zu lokalisieren, vor allem, wenn man es noch mit den Definitionsdateien von Drittanbietern zu tun hat.

Da sich Definitionsdateien oft gegenseitig inkludieren, ist die tatsächliche Reihenfolge der Inklusion oft nur schwer zu rekonstruieren. Eine Abhilfe, um reproduzierbare Verhältnisse zu erhalten, besteht darin, für ein Projekt eine Standarddefinitionsdatei zu erstellen, die *#include*-Direktiven für alle im Projekt benötigten Definitionsdateien enthält. Dies widerspricht zwar der Grundidee der Modularisierung, jedem Modul nur die Informationen zur Verfügung zu stellen, die diese auch benötigt. Doch mag es besser sein, allen Modulen alle Informationen zu offenbaren, da sich alle Module spätestens beim Linken ohnehin einen gemeinsamen Namenraum für alle globalen Bezeichner teilen müssen. Ein echtes Problem dieses Ansatzes jedoch, daß so jede Quelldatei von jeder Definitionsdatei abhängig wird und eine Änderung einer Definitionsdatei die Rekompilierung des gesamten Projekts erforderlich macht. Das beste ist es daher, in eine solche Sammeldefinitionsdatei nur die Definitionsdateien aufzunehmen, von denen relativ sicher ist, daß sie sich nicht mehr ändern.

Bedingt durch die gegenseitige Inklusion von Definitionsdateien kann es auch dazu kommen, daß ein und dieselbe Definitionsdatei mehrfach eingelesen wird. Das stellt im Moment noch kein Problem dar, da die Redeklaration von Bezeichnern zulässig ist, sofern die Deklarationen äquivalent sind. Da aber der mehrfache Einschluß von Quelldateien sehr viel Übersetzungszeit kosten kann, hat sich als guter Stil die Konvention etabliert, Definitionsdateien grundsätzlich mit einer Direktive zur bedingten Compilation einzuklammern, die gewährleistet, daß eine gegebene Definitionsdatei immer nur genau einmal in einer Übersetzungseinheit kompiliert wird:

```
// Definitionsdatei filename.h

#ifndef filename_h                  // schon mal kompiliert ?
#define filename_h                  // Nein! Schutzsymbol definieren
// ...
// Eigentlicher Inhalt der Definitionsdatei
// ...
#endif                              // Ende der Deklarationen
```

Einfache Makros

Eine einfache Makrodefinition ist eine Präprozessordirektive der Form:

```
#define identifier replacement
```

und bewirkt, daß bei jedem folgenden Auftreten des Bezeichners *identifier* statt dessen der Ersetzungstext *replacement* eingesetzt wird. Normalerweise ist der Ersetzungstext der Rest der Zeile. Eine lange Definition kann jedoch über mehrere Zeilen fortgesetzt werden, indem man \ an das Ende der Zeile stellt, die fortgesetzt werden soll. Achtung: hinter dem \ darf außer dem Zeilenvorschub auch kein Leerraum mehr folgen!

Der Ersetzungstext *replacement* darf auch leer sein. In diesem Fall wird das Makro bei Aufruf zu Nichts expandiert. Das Symbol *identifier* ist mit dieser *#define*-Direktive jedoch definiert.

Eine Makrodefinition ein und desselben Makros darf mehrfach erfolgen, jedoch nur mit einer äquivalenten Definition. Sie bleibt unabhängig von allen Sichtbarkeitsregeln für C++-Vereinbarungen bis zum Ende der Übersetzungseinheit gültig. Soll ein Makro dagegen umdefiniert werden oder ein definiertes Makro wieder gelöscht werden, kann dies mit der *#undef*-Direktive geschehen. Von der Verwendung dieser Direktive muß jedoch dringend abgeraten werden, da auf diese Weise unter Garantie Abhängigkeiten von der Reihenfolge der Definitionsdateien eingeführt werden. Die *#undef*-Direktive hat die Form:

```
#undef identifier
```

Wird eine Makrodefinition durch ein Semikolon abgeschlossen, ist das Semikolon Teil des Ersetzungstexts *replacement*. Im Beispiel

```
#define MAX 256;
int upperbound = MAX-1;
```

expandiert die zweite Zeile zu

```
int upperbound = 256;-1;            // legal, -1 wird "weggeworfen"
```

Es darf mit einiger Wahrscheinlichkeit angenommen werden, daß das in diesem Fall nicht exakt das ist, was der Programmierer beabsichtigt hat.

Eine Makrodefinition darf keine andere Makrodefinition oder andere Präprozessor-Direktiven enthalten. Die Verwendung anderer Makros innerhalb eines Makros ist dagegen problemlos möglich. Nach der Ersetzung wird der expandierte Text erneut auf weitere mögliche Makroexpansionen untersucht.

Die Ersetzung erfolgt nach der Tokenisierung des Quelltexts und daher auf Tokenbasis, nicht auf reiner Textbasis. Das bedeutet, daß einmal erkannte Token, wenn sie nicht aufgrund einer Makroexpansion ersetzt werden, erhalten bleiben. So wird das durch die Zeile

```
#define MINUS -
```

definierte Makro *MINUS* in der Ausdrucksanweisung *i MINUS-;* nicht (bedeutungsmäßig!) zu *i --;* sondern zu *i - -;* expandiert, d. h., das einmal erkannte Token „-“ hinter dem expandierten Makro MINUS bleibt als einfaches „-“ erhalten. (Einige alte C-Präprozessoren, die nicht tokenbasiert, sondern textbasiert arbeiten, würden dagegen *i--* liefern.)

Einfache Makros dieser Form werden häufig verwendet, um symbolische Konstanten oder Abkürzungen für häufig verwendete Konstrukte zu definieren.

Beispiele:

```
#define forever  for(;;)         // Endlosschleife
#define loop     while(1)        // auch Endlosschleife
#define PI       3.141593        // Kreiszahl
#define MAXINDEX 100
#define FALSE    0               // Konstanten "falsch"
#define TRUE     1               // ... und "wahr" definieren
#define NULL     0               // Symbolischer Nullzeiger
```

```
#define NUL     '\0'              // Symbolisches Nullzeichen
#define not     !                 // logische Negation
#define and     &                 // logisches "Und"
#define or      |                 // logisches "Oder"
```

Die Definitionen von *forever* und *loop* sind uns bereits im letzten Kapitel begegnet, um ein in C/C++ fehlendes Schlüsselwort für Endlosschleifen zu simulieren. Die Definitionen von *PI*, *MAXINDEX*, *FALSE* und *TRUE* demonstrieren die Verwendung von *#define*, um Konstanten zu definieren. Im klassischen K&R-C war dies die einzige Möglichkeit, Konstanten zu definieren. In ANSI-C und mehr noch in C++ haben Sie bessere Methoden kennengelernt, die Bestandteil der normalen C++-Syntax sind.

Das Hauptproblem der Konstantendefinitionen via *#define* besteht darin, daß mit dem Präprozessor definierte Symbole keine Gültigkeitsbereiche kennen und daher auch nicht z. B. lokal in einer Funktion definiert werden können. Der Präprozessor ist quasi blind für den C/C++-Code und fischt nur Präprozessordirektiven und die Verwendung von Makrosymbolen aus dem Code heraus.

Mit dem Präprozessor definierte Symbole werden üblicherweise vollständig in Großbuchstaben geschrieben, um sie als Makros kenntlich zu machen. Allerdings hat der Autor eines Makros oft Gründe, sich nicht an diese Konvention zu halten. Die Pseudoschlüsselwörter *forever* und *loop* oben sollten beispielsweise ähnlich wie andere Schlüsselwörter aussehen und sind daher klein geschrieben. Auch viele Funktionen der C-Standardbibliothek sind als Makros implementiert, jedoch nicht als solche zu erkennen.

Die letzten drei Definitionen schließlich nehmen die entsprechenden Schlüsselwörter des kommenden C++-Standards voraus. Durch ihre Anwendung werden logische Ausdrücke, die noch eine Vielzahl anderer Operatorsymbole enthalten, deutlich lesbarer (weil optisch besser gegliedert).

Man sollte solche Änderungen jedoch nicht bis zum Exzeß treiben – C++ sollte als C++ erkennbar und für jeden C++-Kenner lesbar bleiben. Ein besonders extremes Beispiel für ein „verkleidetes" C stellt in diesem Zusammenhang der Quelltext der sogenannten Bourne-Shell dar. Die Bourne-Shell ist eine weit verbreitete, in den späten Siebzigern geschriebene Kommandooberfläche für Unix. Der Autor Steve Bourne fand Algol 68 wesentlich lesbarer als C und vereinbarte unter anderem per *#define*:

```
#define  STRING   char*
#define  IF       if(
#define  THEN     ){
#define  ELSE     }else{
#define  FI       ;}
#define  WHILE    while(
#define  DO       ){
#define  OD       ;}
#define  INT      int
#define  BEGIN    {
#define  END      }
```

Dies versetzte ihn in die Lage, Code wie den folgenden Vergleich zweier Zeichenketten zu schreiben:

```
INT compare (STRING s1, STRING s2)
BEGIN
    WHILE *s1++ == *s2
    DO  IF *s2++ == 0
        THEN return(0);
        FI
    OD
    return (*--s1 - *s2);
END
```

Die BSD-4.3-Bourne-Shell ist bis heute in diesem Bournegol-C geschrieben und inspirierte insbesondere auch die jährliche „International Obfuscated C Code Competition" (internationaler Wettbewerb für vernebelten C-Code), bei der die besten C-Programmierer der Welt ihr Schlechtestes tun.

Makros mit Parametern

Die Verwendung von Makros ist nicht auf die einfache Textersetzung beschränkt; Makros können vielmehr auch parametrisiert werden. Wichtig ist, daß die öffnende Klammer unmittelbar auf den Makronamen folgt:

```
#define name(arg1,..argN) replacement
```

Findet der Präprozessor nach der Definition die Zeichenkette *name*, ersetzt er sie durch den Text von *replacement*, wobei jeder symbolische Bezeichner *arg1* bis *argN* durch den Text der aktuellen Argumente ersetzt wird. Da der Ersetzungsmechanismus rein auf Textbasis funktioniert, kann natürlich keinerlei Typüberprüfung durchgeführt werden. Bei der Definition von Makros mit Parametern sollte man auch nicht sparsam mit Klammern umgehen, um alle möglichen Mißverständnisse zu vermeiden – die Ersetzung erfolgt auf Textbasis, und erst nach dieser Ersetzung bekommt der Compiler den resultierenden Ausdruck zu sehen.

Beispiel:

```
#define min(a,b) a < b ? a : b                  // Falsch !
#define min(a,b) ((a) < (b) ? (a) : (b))        // Richtig !

a = min(x=47,11);                               // Der Makroaufruf wird
a = x = 47 < 11 ? x=47 : 11;                    // <- expandiert zu (*)
a = ((x = 47) < (11) ? (x = 47) : (11));        // <- anstatt diesem (**)
```

Expandiert man für *min(x=47,11)* die erste Makrodefinition, erhält man einen Ausdruck, der aufgrund der Operatorpriorität ganz anders als beabsichtigt interpretiert wird. Der Variablen *x* wird das Ergebnis des gesamten *?*-Operators (also 11) und nicht nur der Wert 47 zugewiesen. Nur durch die explizite Klammerung aller Argumente und durch die Ersetzung in der zweiten Definition von *min* wird sichergestellt, daß alle Operationen in der beabsichtigen Reihenfolge ausgeführt werden.

Einem weiteren Problem von Makros mit Parametern kommt man aber auf diese Weise auch nicht bei, und zwar den Argumenten mit Nebeneffekten. Um beim obigen Beispiel zu bleiben:

```
z = min(x++,y++);                          // Argumente mit Nebeneffekt
z = ((x++) < (y++) ? (x++) : (y++));       // <- expandiert zu
```

Da die Ersetzung der Argumente auf Textbasis erfolgt und nicht wie bei Funktionsaufrufen auf der Basis des R- oder L-Werts des Arguments, werden Nebeneffekte von Argumenten einmal, keinmal oder mehrmals ausgelöst, ganz danach, wie oft das Argument im expandierten Ausdruck ausgewertet wird. Der obige Ausdruck liefert daher nicht das Minimum von *x* und *y* und zählt beide Variablen um eins hoch, sondern liefert abhängig von den Werten von *x* und *y* entweder *x+1* oder *y+1* und zählt außerdem die kleinere Variable ein weiteres Mal hoch.

Dieses unkalkulierbare Verhalten von parametrisierten Makros war einer der Gründe für die Einführung von Inline-Funktionen in C++. In der Standardbibliothek von C werden viele sehr kleine Funktionen (z. B. die Zeichenklassifikations-Funktionen in *ctype.h*) aus Gründen der Effizienz als Makros implementiert. Von keinem Programmierer kann aber erwartet werden, daß er die Interna aller Bibliotheks-Funktionen verinnerlicht hat. Umgekehrt sollen Funktionen (und parametrisierte Makros sehen zumeist auch wie Funktionen aus) ja grade die Implementationsdetails vor dem Programmier, der sie anwendet, verbergen. Inline-Funktionen sind genauso effektiv wie Makros, kennen aber die beschriebenen Probleme nicht. Sie haben eine saubere Parameterübergabe. Typüberprüfung und Funktionen für verschiedene Parametertypen können auf dem Wege des Überladens zur Verfügung gestellt werden.

Assertations

Eine unbestreitbare Existenzberechtigung haben einfache und parametrisierte Makros dagegen bei der Fehlersuche. Abgesehen davon, daß man bestimmte Programmteile oder Datendefinitionen durch bedingte Kompilierung nur in der Entwicklungsphase des Programms übersetzt, gibt es auch Funktionen, bei deren Aufruf nur in der Entwicklungsphase eines Programms Code erzeugt wird. In der Auslieferungsversion eines Programms ist dann der gesamte Code zur Unterstützung der Fehlersuche nicht mehr vorhanden, ohne daß nur eine Zeile Quellcode geändert werden müßte. Diese Funktionen sind in Wirklichkeit Makros. In den C-Bibliotheken ist z. B. in der Datei *assert.h* das *assert*-Makro in zwei Varianten definiert:

```
#define assert(exp) ((void)0)
#define assert(exp) (void)((exp) || (_assert(#exp,
                                        __FILE__, __LINE__), 0))
```

Die Pseudo-Funktion *assert()* ist eine sogenannte Zusicherung (engl. *assertation*), die in der Entwicklungsphase sicherstellt, daß der Ausdruck *exp* wahr ist. Ist das nämlich nicht der Fall, wird das Programm mit einer entsprechenden Fehlermeldung abgebrochen. Ein solches Verhalten ist in einer Auslieferungsversion natürlich völlig inakzeptabel, weshalb Programme in der Entwicklungsphase mit aktiven Assertations gründlich getestet und dann alle Assertations deaktiviert werden. Die erste Variante der Makrodefinition kommt (via bedingte Kompilierung) in der Auslieferungsversion eines Programms zum Zuge. Der Parameter *exp* wird ignoriert und *assert(exp)* expandiert zu dem „Un"-Wert *(void)0*. Eine Anweisung *assert(exp);* ist damit eine leere Anweisung und erzeugt keinen Code.

In der Entwicklungsphase dagegen wird die zweite Variante des *assert*-Makros zu einem logischen Oder-Ausdruck expandiert. Ist der Teilausdruck *(exp)* wahr, kann der Gesamtausdruck nicht mehr falsch werden. Die Auswertung wird abgebrochen und das Ergebnis ignoriert. Ist der Teilausdruck *(exp)* dagegen falsch, wird auch der zweite Teilausdruck ausgewertet, der als Nebeneffekt eine Fehlermeldung ausgibt und evtl. einen Programmabbruch bewirkt. Dieser erhält als Parameter den inkriminierenden Ausdruck als Zeichenkette sowie Namen und Zeilennummer der Quelldatei, in der die verletzte Assertation zu finden ist.

Assertations oder Zusicherungen sind ein extrem wichtiges Mittel in der Entwicklungsphase, um Schnittstellen und sogenannte Invarianten (Bedingungen, die z. B. in einer Schleife immer wahr sind) abzusichern. So kann bei einer Funktion, die einen Zeiger auf eine Datenstruktur als Eingangsparameter erhält, getestet werden, ob dieser Zeiger wirklich auf ein gültiges Objekt zeigt. Ebenso kann vor Verlassen oder während des Ablaufs der Funktion ein Zwischenergebnis auf Plausibilität geprüft werden. Gerade bei Schnittstellen wie Funktionsaufruf und Rückgabe von Werten kommt es bei größeren Projekten oft zu Mißverständnissen. So erwartet eine Funktion immer einen gültigen Zeiger mit bestimmten Eigenschaften, bekommt aber einen Nullzeiger, oder der Aufrufer erwartet, daß das Ergebnis eines Aufrufs immer ein gültiger Zeiger ist, erhält dann aber einen Nullzeiger. Assertations stellen sicher, daß solche Zusicherungen in der Testphase geprüft werden, ohne die endgültige Anwendung zu belasten.

Beispiel:

```
void foobar (catch22* p)
{
    assert (p && p->guard == 4711);
    // jetzt können wir uns beruhigt an die Arbeit machen!
    // ...
    catch22 *q = new catch22;
    assert (q && (p->guard = 4711));  // test q und Zuweisung an guard!
    // q ist jetzt garantiert alloziert und gard initialisiert!
}
```

#-Operator

Der #-Operator bewirkt die Umwandlung eines ohne Zwischenraum folgenden Makroparameters in eine Zeichenfolge. Am besten läßt sich das durch ein Beispiel demonstrieren:

```
#define PRINT(expr) cout << #expr " = " << (expr)
```

Der Makroaufruf

```
PRINT (p->guard);
```

expandiert damit zu

```
cout << "p->guard" " = " << (p->guard);
```

und lieferte damit in obigen Beispiel die Ausgabe (Stringkonstanten werden verkettet)

```
p->guard = 4711
```

Ein Beispiel für die Anwendung des #-Operators findet sich auch in der Definition des *assert()*-Makros.

##-Operator

Steht der ##-Operator im Ersetzungstext zwischen zwei Token, werden diese zwei Token beim Ersetzungsprozeß zu einem neuen Token verschmolzen. Das resultierende Token wird nach Ersetzung und Verschmelzung erneut auf eine mögliche Makrosubstitution getestet. Der ##-Operator hat besondere Bedeutung in Makros, in denen komplette Codefragmente mit garantiert einzigartigen Bezeichnern generiert werden sollen. Seit der Einführung von Templates in die Sprache C++ hat dieser Operator stark an Bedeutung verloren, da mit dem Template-Mechanismus eine wesentlich sauberere Möglichkeit zur parametrisierten Erzeugung von Code besteht.

Beispiel:

```
// Makro COPYTO(a,b) - a muß Name einer Zeichenkettenvariablen sein
#define COPYTO(a,b)                                    \
for (int ndx_##a##b=0;a[ndx_##a##b];ndx_##a##b++) \
    a[ndx_##a##b]= b[ndx_##a##b];

char dest[80], buf[80], *src =
                            "And now for something competely different";
COPYTO (dest,src);
COPYTO (buf,src);
```

expandiert zu

```
for ( int ndx_destsrc = 0 ; a [ ndx_destsrc ] ; ndx_destsrc ++ )
    a [ndx_destsrc ] = b [ndx_destsrc ] ; ;
for ( int ndx_bufsrc = 0 ; a [ ndx_bufsrc ] ; ndx_bufsrc ++ )
    a [ ndx_bufsrc] = b [ ndx_bufsrc] ; ;
```

Im Beispiel wird der ##-Operator benutzt, um für jeden Aufruf des Makros, abhängig von den Namen der beteiligten Parameter, eine neue Laufvariable zu erzeugen. Das Beispiel demonstrierte übrigens auch den Gebrauch von Fortsetzungszeilen in längeren Makrodefinitionen.

H

Kritische Anmerkung zu Makros

- Makros ohne und besonders mit Parametern sind ein unglaublich flexibles Werkzeug, welches sicher sehr zur Beliebtheit von C beigetragen hat. Gleichzeitig aber sind sie eine offene Wunde im Sicherheitskonzept von C++. Bjarne Stroustrup hat vehement für die langfristige Entfernung der Makros aus der Sprache C++ gestritten, konnte sich aber bisher in dieser Frage nicht durchsetzen.
- Man sollte Makros mit äußerster Vorsicht benutzen, besonders im Bereich der Fehlersuche haben sie aber nach wie vor ihre Berechtigung. Wenn man einen bestimmten Effekt auch auf andere Weise erreichen kann, sollte man jedoch auf die Verwendung von Makros verzichten. Nebenbei bemerkt: Auch zentrale Mechanismen der MFC wie die Nachrichtentabellen beruhen auf parametrisierten Makros.

Bedingte Compilation

Die bedingte Compilation haben wir bereits in bei der Vorstellung der Konvention kennengelernt, die den mehrfachen Einschluß von Definitionsdateien verhindert. Nützliche Einsatzfelder der bedingten Compilation sind:

- bedingte Übersetzung von Debugging-Code nur in der Entwicklungsphase,
- Unterstützung mehrerer Versionen der Anwendung, z. B. für verschiede Zielsysteme, für verschiedene Compiler oder für verschiede Kunden mit einem einzigen Satz Quellen,
- Definitionsdateien so zu formulieren, daß die betreffenden Libraries in allen denkbaren Umständen, insbesondere sowohl mit C als auch mit C++ funktionieren,
- mehrfache Übersetzung von Definitionsdateien abzublocken und
- anstelle des Auskommentierens von Code, um Teile des Programms von der Übersetzung auszuschließen, ohne sie physikalisch zu entfernen. Die /* */-Kommentare dürfen ja bekanntlich nicht geschachtelt werden.

Zur Unterstützung der bedingten Compilation stehen eine Reihe von Direktiven und der unäre Präprozessor-Operator *defined* zur Verfügung. Die bedingte Compilation wird durch die folgende allgemeine Konstruktion gesteuert:

```
#if expression1
    // Code und Präprozessor-Direktiven
#elif expression2
    // Code und Präprozessor-Direktiven
#elif expression3
    // Code und Präprozessor-Direktiven
    // ...
```

```
    // ...
#elif expressionN
    // Code und Präprozessor-Direktiven
#else
    // Code und Präprozessor-Direktiven
#endif
```

Die Ausdrücke *expression1* bis *expressionN* stehen für konstante Ausdrücke. Diese können mit allen in C++ für konstante Ausdrücke geltenden Regeln gebildet werden, der *sizeof*-Operator kann jedoch leider nicht verwendet werden. Code und Präprozessoranweisungen im ersten *#if*- oder *#elif*-Zweig, dessen konstanter Ausdruck einen von Null verschiedenen Wert hat (wahr) werden normal kompiliert, die übrigen Zweige werden ignoriert. Ist keiner der Ausdrücke wahr, wird der im *#else*-Zweig stehende Quellcode übersetzt. *#elif*- und *#else*-Zweige sind optional.

In den konstanten Ausdrücken kann der Operator *defined* verwendet werden. Er liefert den Wert 1 (wahr) wenn das nachstehende, eventuell auch eingeklammerte Symbol dem Präprozessor bekannt ist – entweder weil es fest eingebaut ist oder an anderer Stelle mit *#define* definiert worden ist.

Beispiele:

```
#if !defined NDEBUG
    // Das Symbol NDEBUG, dessen Existenz auf eine Auslieferungs-
    // version hindeuten würde, ist nicht definiert (!defined)
    // Debugging-Code folgt hier !
    // ...
#endif
```

Tatsächlich werden die Formulierungen *#if !defined identifier* und *#if defined identifier* so oft benötigt, daß es dafür eigene Varianten der *#if*-Direktive gibt:

```
#ifdef  identifier  äquivalent zu #if  defined identifier
#ifndef identifier  äquivalent zu #if !defined identifier
```

Ein schönes Beispiel für die Art und Weise, wie die bedingte Kompilierung besonders in Definitionsdateien eingesetzt wird, ist die Definition der Pseudo-Funktion *assert()* in der mit Visual C++ ausgelieferten Datei *assert.h*. Der Code ab Zeile 42 ist hier allerdings durch sinnvolles Einrücken neu formatiert und neu kommentiert, das Original in *assert.h* kann dagegen nur als abschreckendes Beispiel gelten, wie man es nicht machen sollte. Durch die Vermeidung von *//*-Kommentaren wird der Code übrigens „C-sicher".

```
/* Define _CRTIMP */

#ifndef _CRTIMP
    #ifdef _NTSDK                    /* Windows NT SDK? */
        #define _CRTIMP
    #else                            /* nicht Windows NT! */
        #ifdef _DLL                  /* Gibt dies eine DLL? */
            #define _CRTIMP __declspec(dllimport)
        #else                        /* Nein, keine DLL */
```

```
            #define _CRTIMP
        #endif                          /* _DLL */
    #endif                              /* _NTSDK */
#endif                                  /* _CRTIMP */


/* Definiere __cdecl für C-Compiler nicht von Microsoft */

#if ( !defined(_MSC_VER) && !defined(__cdecl) )
    #define __cdecl
#endif

#undef assert                           /* ggf. fremde Definition */
                                        /* ... löschen. Schlecht!! */

#ifdef NDEBUG                           /* Auslieferungsversion ? */
    #define assert(exp) ((void)0)       /* ja: assert "wegdefinieren" */
#else                                   /* nein: Debug-Version */
    #ifdef __cplusplus                  /* Falls C++ */
        extern "C" {                    /* ... extern "C" benutzen */
    #endif
                                        /* Prototyp (für ANSI-C) */
    _CRTIMP void __cdecl _assert(void *, void *, unsigned);
    #ifdef __cplusplus                  /* Falls C++ */
    }                                   /* extern "C" beenden */
    #endif
                                        /* assert-Makro definieren */
    #define assert(exp) (void)( (exp) ||
                                (_assert(#exp, __FILE__, __LINE__), 0) )
#endif
```

Vordefinierte Namen

Der Präprozessor kennt eine Reihe vordefinierter Makros und Symbole. Diese Symbole können nicht gelöscht oder redefiniert werden! Die folgenden Symbole sind auch im ANSI-C Standard festgeschrieben und expandieren bei Verwendung zu Zeichenketten oder numerischen Werten.

Zeichenketten:

```
__DATE__            // Datum der Übersetzung
__FILE__            // Dateiname
__TIME__            // Uhrzeit der Übersetzung
__TIMESTAMP__       // Zeit und Datum
```

Numerische Werte:

```
__cplusplus         // definiert nur in C++-Programmen
__LINE__            // Zeilennummer als dezimale Konstante
__STDC__            // wahr für ANSI-C
```

Die folgenden Bezeichner sind Microsoft-spezifische Präprozessormakros. Die meisten können mit *#ifdef* eingesetzt werden, um bestimmte Einstellungen des Compilers und des aktuellen Compilerlaufs abzufragen.

```
_CHAR_UNSIGNED
_CPPRTTI
_CPPUNWIND
_DLL
_M_IX86
_MSC_VER
_MT
_WIN32
```

#error

Die *#error*-Direktive dient dazu, gezielt einen Übersetzungsfehler auszulösen. Das kann z. B. sinnvoll sein, wenn man weiß, daß der Programmcode unter bestimmten Bedingungen nicht funktionieren kann und bereits bei der Compilation des entsprechenden Codes darauf hinweisen will. Oder man will sich und andere darauf hinweisen, daß ein entscheidendes Stück Code noch fehlt und eine Übersetzung und Erprobung des Moduls zum jetzigen Zeitpunkt noch nicht sinnvoll ist.

Beispiele:

```
#ifndef _WIN32
#error Sorry aber wir brauchen hier wirklich 32 Bit-Code
#endif

#error Ooops - hier fehlt noch die Funktion Ooops()
```

#pragmas

Eine Zeile der Form

```
#pragma token-string
```

verursacht ein implementationsabhängiges Verhalten, wenn die Folge von Token *token-string* eine Form hat, die von dieser Implementation des Compilers verstanden wird. Eine nicht erkannte *#pragma*-Direktive wird ignoriert.

H

#pragma und gcc1.34

- **Der Implementor des GNU C-Compilers *gcc 1.34* nahm die Definition der *#pragma*-Direktive als implementationsabhängig übrigens sehr wörtlich, fand dieser Compiler irgendwo im Code eine *#pragma*-Direktive, brach er die Übersetzung ab und startete das Spiel Rogue (im deutschen Sprachraum auch bekannt als Höhle) ...**

Modularisierung

Wie bereits erwähnt, muß jedes halbwegs realistische Programm auf mehrere Dateien aufgeteilt werden. Anders als Sprachen aus der Verwandtschaft von Ada, Modula-2 und auch neuere Pascal-Dialekte wird die Art und Weise dieser Aufteilung nicht durch die Sprache C++ vorgegeben. Die erwähnten Sprachen vertreten alle in der einen oder anderen Form das Konzept des Moduls, das weitgehend mit einer Übersetzungseinheit identisch ist. Im Fall von Modula-2 hat man für jedes Modul genau eine Definitionsdatei, in der Prototypen und Deklarationen exportiert werden, und eine Implementationsdatei, in die Programmobjekte implementiert sind. (Ich verwende hier die C/C++-Terminologie, um keine zusätzliche Verwirrung zu erzeugen.) In Borland-Pascal sind Definitionen und Implementationen in einer Datei zusammengefaßt. Um Funktionen, Variablen oder andere Bezeichner eines Moduls in einem eigenen Modul zu verwenden, muß man diese zunächst ausdrücklich in den Namenraum des neuen Moduls importieren. Obwohl alle Funktionen eines Moduls in einer Quelldatei stehen, werden beim Linken des Programms nur diejenigen Funktionen eingebunden, die im Programm tatsächlich angesprochen werden. Man bezeichnet diese Eigenschaft auch als schlaues Binden (engl. smart linking).

In C/C++ gibt es eine solche Koppelung des Modulkonzepts mit den Übersetzungseinheiten nicht, und auch eine automatische Abschirmung der Namenräume der einzelnen Übersetzungseinheiten existiert nicht. Alle übersetzten Programmobjekte landen (sofern sie nicht statisch definiert wurden) automatisch im globalen Namenraum. Aufgrund des einfachen textbasierten *#include*-Konzepts von C/C++ ist es dem Entwickler im Grunde vollständig freigestellt, wie er seine Prototypen, Typ- und Variablendefinitionen und die Funktionsdefinitionen auf Dateien aufteilt. In C-Programmen findet man sogar häufig Prototypen von anderweitig implementierten Funktionen explizit in eine Implementationsdatei geschrieben. Die Sprache läßt solche Mißbräuche sogar zu, man darf sich aber auch nicht wundern, wenn man auf diese Weise sämtliche Sicherheitsmechanismen aushebelt. Anders als ANSI-C unterstützt C++ allerdings das sogenannte typsichere Linken, da Funktionen mit unterschiedlichen Signaturen in C++ vom Linker unterschieden werden können.

Wie sollen wir nun unsere Projekte in unabhängige Übersetzungseinheiten aufspalten, wenn die Freiheit praktisch grenzenlos ist? Um die Übersicht zu wahren, hat der oben erwähnte Ansatz „ein Modul, eine Definitionsdatei, eine Implementationsdatei" sicherlich viel für sich. Leider sind die mit vielen C-Compilern ausgelieferten Linker zur Zeit immer noch alles andere als schlau. Visual C++ unterstützt glücklicherweise Smart-Linking, jedoch muß man schon etwas suchen, um die entsprechende Option einzuschalten (Menüauswahl *Projekt/Einstellungen,* Reiter *C/C++,* Kategorie *Anpassen,* Auswahlbox: *Verknüpfung auf Funktionsebene aktivieren*). Wenn ansonsten ein Programm eine Funktion aus einer Übersetzungseinheit anspricht, wird die gesamte Übersetzungseinheit vom Linker eingebunden und in Folge wiederum alle von dieser referenzierten Übersetzungseinheiten usw. Die einzige andere (herkömmliche) Strategie, die dagegen Erfolg verspricht, ist die Aufteilung der (logischen) Module in möglichst viele kleine Übersetzungseinheiten. Das bedeutet übrigens nicht unbedingt die Strategie „eine Funktion - eine Datei". Zum einen rufen sich viele Funktionen gegenseitig auf, und zum anderen ist es oft sehr wahrscheinlich, daß bei Verwendung einer Funktion aus einem Modul auch die anderen verwendet werden.

Die Entscheidung, wie die Definitionen und Deklarationen eines Moduls auf Dateien aufzuteilen sind, ist letztlich dem einzelnen selbst überlassen. Entwickelt man ein Modul neu, wird es ohnehin nur Funktionen enthalten, die man auch zu verwenden beabsichtigt. Es spricht also nichts dagegen, alle sachlich zu einem Modul gehörenden Funktions- und Variablendefinitionen auch in einer Datei zusammenzufassen. Wenn man einen Compiler mit einem „schlauen" Linker wie Visual C++ hat, wird man wahrscheinlich ohnehin für jedes Modul genau eine Definitionsdatei und eine Implementationsdatei verwenden.

Definitionsdateien

Unabhängig von der Anzahl der Implementationsdateien sollte es zu jedem sachlichen Modul eines Programms genau eine Definitionsdatei geben. Diese Definitions- oder Header-Datei enthält Deklarationen aller zum Modul gehörigen und nach außen sichtbaren Programmobjekte. Mit der Ausnahme von Typvereinbarungen und der Definition von Inline-Funktionen enthält sie keine Definitionen. Zur expliziten Kennzeichnung von Deklarationen z. B. bei Variablen dient ggf. das Schlüsselwort *extern*. Im übrigen sollten globale Variablen nach Möglichkeit vermieden werden, da sie schwer nachvollziehbare Nebeneffekte begünstigen.

Die Definitionsdatei ist normalerweise das mindeste, was ein Programmierer von einer Bibliothek oder von einem von einer anderen Person programmierten Modul zu Gesicht bekommt. Die Definitionsdatei sollte daher eine Art Minimaldokumentation darstellen. Dazu gehören vernünftige Namen für Funktionen, Parameter und globale Variablen (auch wenn die Formalparameter in der Implementation vielleicht kürzere Namen tragen) und Kommentare, die den Zweck und ggf. die Vorbedingungen für jede Funktion kurz erläutern.

Implementationsdateien

Implementations- oder Quelldateien enthalten die Definitionen von globalen Variablen und Funktionen, die in der zugehörigen Definitionsdatei deklariert worden sind, ferner möglicherweise lokale (statische) Funktionen und Variablen sowie andere lokale Vereinbarungen bis hin zu lokalen Typvereinbarungen. Typvereinbarungen und Inline-Funktionen, die nur innerhalb einer Übersetzungseinheit definiert sind, haben keine Wirkung nach außen. Globale Programmobjekte innerhalb einer Übersetzungseinheit können mit gleich benannten Objekten anderer Module kollidieren, wenn sie nicht als statisch definiert worden sind. Zu letzterem Zweck dient das Schlüsselwort *static*.

In jede Quelldatei eines Moduls muß neben anderen eventuell benötigten Definitionsdateien auch die zugehörige Definitionsdatei des betreffenden Moduls per *#include*-Direktive zur Verfügung stehen. Die Sprachdefinition erzwingt dies zwar nicht, doch ist dies die einzige Möglichkeit, um sicherzustellen, daβ die veröffentlichte Schnittstelle des Moduls mit seiner Implementation konsistent ist.

Kalenderstudien

Das mag alles bisher etwas abstrakt erscheinen. Um zu demonstrieren, wie man ein gegebenes Projekt in Module aufteilt, wollen wir nun ein Programm entwickeln, das für ein gegebenes Jahr und einen gegebenen Monat ein Kalendarium erstellt. Feiertage sollen in diesem Kalendarium markiert sein. Später wird dieses Beispiel in einer Windows-Anwendung wieder aufgegriffen, doch zunächst wollen wir uns auf eine Konsolenanwendung beschränken. Dieses Projekt ist zwar nicht grade ein groβes Programm, doch ist es gut geeignet, die Vorgehensweise bei der Aufteilung auch gröβerer Programme zu zeigen.

Zunächst müssen wir analysieren, welche sonstige Funktionalität wir benötigen, um letztendlich ein Kalendarium auszugeben. Der eigentliche Ausdruck des Kalendariums dürfte dabei das geringste Problem sein.

Um das Kalendarium für einen gegebenen Monat auszugeben, benötigen Sie eine Möglichkeit festzustellen, an welchem Wochentag ein Monat anfängt und wie viele Tage er hat. Da viele Feiertage nicht absolut, sondern relativ zum Oster- bzw. zum Weihnachtstermin festgelegt sind, benötigen Sie auβerdem die Möglichkeit, mit Datumsangaben zu rechnen. Die geradlinigste Form, dies zu tun, ist eine eindeutige Umrechnung eines jeden Datums in eine eindeutige Tageszahl und umgekehrt. Damit erschlagen wir auch das Wochentagsproblem, da die Wochentage zyklisch aufeinander folgen und alle möglichen Daten durch die Tageszahl fortlaufend durchnumeriert sind.

Modul DateFormulas

Die grundlegendsten Funktionen des Programms werden sich also mit Datumsumrechnungen und sonstigen Kalenderformeln beschäftigen. Verwenden Sie hierfür ein Modul *DateFormulas* mit einer Definitionsdatei *DateFormulas.h* und einer Implementationsdatei *DateFormulas.cpp*.

Zunächst legen Sie jedoch im Developer Studio ein neues Projekt mit Namen *Calendar* an. Zur Erinnerung: Menüauswahl *Datei/Neu*, Dialogeingabe: Reiter *Projekte*, Typ *Win32 Console Application,* Projektname *Calendar, OK*.

Zur Eingabe des Programmtexts öffnen Sie auβerdem mit der Symbolleistenschaltfläche *Neue Textdatei* eine neue Textdatei. Sie können sie bereits jetzt mit *Datei/Speichern unter* unter dem Namen *DateFormulas.cpp* speichern und mit der Menüauswahl *Datei in Projekt einfügen/Calendar* des Kontextmenüs des Textfensters zum Projekt hinzufügen. Einfacher geht es jedoch über die Menüauswahl *Datei/Neu*, Reiter *Dateien*, Typ *C++-Quellcodedatei*, Auswahlbox *Dem Projekt hinzufügen* ist markiert, Projekt *Calendar*, Dateiname *DateFormulas.cpp, OK*.

Die Aufgabe, zu einem gegebenen Datum eine eindeutige und fortlaufende Tageszahl zu berechnen, zerlegen Sie in zwei Teile, einmal berechnen Sie die Tageszahl des 31.12. des Vorjahres und zweitens die Anzahl des laufenden Jahres bis zum gegebenen Datum:

```
int getDayNumber(int d, int m, int y)              // Tageszahl für d.m.y
{
    return getDayNumber(y-1) + getRelDayNo(d,m,y);
}
```

Die Tageszahl für den 31.12. eines jeden Jahres nach der Zeitenwende läßt sich einfach berechnen, indem man die Anzahl der Jahre mit der Anzahl der Tage multipliziert und zusätzlich um die verschiedenen Schaltregelungen korrigiert.

Die Formel geht davon aus, daß die Gregorianische Schaltregelung schon immer galt, macht aber natürlich für Jahre vor der Einführung des Gregorianischen Kalenders keinen Sinn. Wegen der Ähnlichkeit der Funktion mit der vorstehenden Funktion ist der Name der Funktion *getDayNumber* übrigens überladen!

```
int getDayNumber(int y)                              // Tageszahl für
31.12.y
{
    return (y >= 0) ? 365L * y + y/4 - y/100 + y/400 : 0;
}
```

Die Anzahl der Tage des laufenden Jahres einschließlich des aktuellen Datums liefert *getRelDayNo()*. Da es effizienter ist, die Summe der Tage der Vormonate in einer Tabelle nachzuschauen, als sie aus der Summe der Einzelmonate auszurechnen, wird ein Feld *daysBefore[]* vereinbart und entsprechend initialisiert. Dieses ist als *static* vereinbart, da es sich um ein Implementationsdetail handelt, das nicht nach außen sichtbar sein soll. Für Monate nach dem Februar müssen Sie zusätzlich noch berücksichtigen, ob es sich um ein Schaltjahr handelt.

```
static int daysBefore[] = {0, 0, 31, 59, 90, 120, 151, 181,
                           212, 243, 273, 304, 334, 365};

int getRelDayNo(int d, int m, int y)
{
    return daysBefore[m] + (m > 2 && isLeapYear(y)) + d;
}
```

Die Funktion *isLeapYear()* testet, ob ein gegebenes Jahr ein Schaltjahr ist, und liefert entsprechend den Wert 1 oder 0 zurück:

```
int isLeapYear(int y)
{
    return (y % 4 == 0) && ((y % 400 == 0) || (y % 100 != 0));
}
```

Aus der Tageszahl läßt sich sofort die Nummer des Wochentages ermitteln, ein Ergebnis 0 entspricht dem Montag, eine 6 dem Sonntag:

```
int dayOfWeek (int d, int m, int y)
{
    return (getDayNumber(d,m,y)+6) % 7;
}
```

Auch die Bestimmung der Länge eines gegebenen Monats in einem bestimmten Jahr kann mit Hilfe der Tabelle *daysBefore[]* erfolgen:

```
int getDayCount (int m, int y)
{
    return daysBefore[m+1] - daysBefore[m] + (m == 2 && isLeapYear(y));
}
```

Die umgekehrte Berechnung eines Datums aus der Tageszahl ist etwas komplizierter. Die Gregorianische Schaltjahrreglung kennt 400-Jahreszyklen, 100-Jahreszyklen, 4-Jahreszyklen und einzelne Jahre. Beginnend mit den längsten Zyklen wird die Jahreszahl um die entsprechende Anzahl Jahre erhöht und die Tageszahl um die entsprechende Anzahl Tage erniedrigt. Die logische Variable *adj* stellt dabei sicher, daß man bei bestimmten Grenzfällen nicht ins falsche Jahr rutscht.

Nach der Berechnung der richtigen Jahreszahl wird mit einer Näherungsformel der Monat berechnet. Dabei wird ausgenutzt, daß außer Februar alle Monate zwischen 30 und 31 Tage lang sind. Aus den verbliebenen Tagen und dem Monat kann der Tag im Monat bestimmt werden. Ist dieser unplausibel, muß nochmals eine kleine Korrektur angebracht werden; wie gesagt wurde für den Monat eine Näherungsformel verwendet.

```
void getDate (int& d, int& m, int& y, int n)
{
    int adj;
    const int y1 = 365, y4 = 4*y1+1, y100 = 25*y4-1, y400 = 4*y100+1;
    n--;
    y  = n / y400 * 400,     n %= y400,  adj = n == y400-1;
    y += n / y100 * 100,     n %= y100;
    y += n / y4 * 4,         n %= y4,    adj = adj || n == y4-1;
    y += n / y1,             n %= y1;
    if (adj) y--, n = 365;
    int nn = n - 59 - isLeapYear(++y);
    m = (nn >= 0) ? nn * (12. / 366.) + 3 : n * (12. / 366.) + 1;
    d = n - (daysBefore[m] + (m > 2 && isLeapYear(y))) + 1;
    if (d == 0) m--, d = 31;
}
```

Zur Bestimmung der Monats- und Wochentagsnamen aus den Ergebnissen der Funktionen *getDate()* und *dayOfWeek()* können die Felder *nameOfMonth[]* und *nameOfDay[]* verwendet werden:

```
char *nameOfMonth[] = { 0, "Januar", "Februar", "Maerz", "April",
                        "Mai", "Juni", "Juli", "August",
                        "September", "Oktober", "November", "Dezember" };
char *nameOfDay[] =   {"Montag", "Dienstag", "Mittwoch", "Donnerstag",
                        "Freitag", "Samstag", "Sonntag"};
```

Damit haben wir die Funktionalität unseres Moduls zusammen. Es ist übrigens bemerkenswert, daß dieses ganze Modul mit so gut wie keinen Kontrollstrukturen mit Ausnahme von Funktionen und einem einsamen *if* auskommt. Durch die Aufgliederung in Teilprobleme sind die meisten Funktionen des Moduls extrem einfach. Dennoch sind sie alle potentiell allgemein nützlich und wurden daher mit der (impliziten) Speicherklasse *extern* definiert. Dadurch ist es möglich, die Funktionen nach Erstellung einer entsprechenden Definitionsdatei auch außerhalb des Moduls zu benutzen.

Versuchen wir die Datei mit der Funktionstaste [Strg]+[F7] oder der entsprechenden Menüauswahl des *Erstellen*-Menüs zu übersetzen, werden wir zunächst eine herbe Enttäuschung erleben – wegen nicht deklarierter Bezeichner und Folgefehlern spuckt der Compiler ca. zehn Fehlermeldungen aus. Sie könnten das Problem lösen, indem Sie die Funktionen so umordnen, daß jede vor ihrem ersten Gebrauch auch definiert ist. Die bessere Alternative ist, am Anfang der Datei die zugehörige Definitionsdatei *DateFormulas.h* per *#include*-Direktive einzubinden.

```
#include "DateFormulas.h"
```

Nur auf diese Weise ist auch die Konsistenz der Funktionen mit ihren Prototypen sichergestellt. Die Definitionsdatei *DateFormulas.h*, die Sie jetzt noch anlegen müssen, enthält die Prototypen und globalen Tabellendefinitionen. Um eine mehrfache Inklusion zu verhindern, wird, wie schon beschrieben, die Definitionsdatei zusätzlich mit einer #ifndef-Direktive geklammert

```
#ifndef DateFormulas_h
#define DateFormulas_h

int getDayNumber(int dd, int mm, int yyyy);
                            // Anzahl Tage bis einschließlich dd.mm.yyyy
int getDayNumber(int yyyy);
                            // Anzahl Tage bis einschließlich 31.12.yyyy
int getRelDayNo (int dd, int mm, int yyyy);
                                 // Tage in Jahr yyyy bis zum dd.mm.yyyy
int dayOfWeek   (int dd, int mm, int yyyy);
                                      // Wochentag des Datums dd.mm.yyyy
int getDayCount (int mm, int yyyy);   // Tage des Monats mm im Jahr yyyy
int isLeapYear  (int yyyy);   // Testet, ob Jahr yyyy ein Schaltjahr ist
void getDate    (int& dd, int& mm, int& yyyy, int dayNo);
                          // Rechnet Tageszahl in Datum um und speichert
                          // Ergebnis nach dd, mm und yyyy.

char *nameOfMonth[];                  // Liste der Monatsnamen. Jan = 1!
char *nameOfDay[];               // Liste der Wochentage. Mo = 0, So = 6

#endif // DateFormulas_h
```

Versuchen wir nun erneut, das Modul zu übersetzen, sollte der Compiler ohne Fehler durchlaufen (falls nicht, hilft es, die Definitionsdatei auch zu sichern ☺). Einzig eine Warnung über eine möglicherweise nicht koschere Typumwandlung trübt noch das Bild. Warnungen weisen meistens auf Probleme im Code hin und sollten nicht einfach ignoriert werden. Sie sollten es sich daher zur Angewohnheit machen, alle Warnungsmeldungen durch entsprechende Änderungen am Code zu beseitigen. In diesem Fall ist das Problem die Zuweisung eines durch eine Fließkommanäherungsformel berechneten Monats an eine ganzzahlige Variable in der Funktion *getDate()*. Sie können die Warnung leicht beseitigen, indem Sie den Compiler durch eine explizite Typumwandlung der Form *int(expression)* darauf hinweisen, daß Sie wissen, was Sie tun.

Modul Calendar

Die Funktionen zur Ausgabe eines Kalendariums sind gegenüber den Datums-Funktionen weit weniger grundlegend – wir verfrachten sie daher in ein eigenes Modul *Calendar* mit entsprechenden Definitions- und Implementationsdateien *Calendar.h* bzw. *Calendar.cpp*. Lassen wir die Feiertage zunächst außen vor, werden die Funktionen zum Ausdruck eines ganzen Jahres *printYear()* und zum Ausdruck eines Monats *printMonth()* ziemlich einfach.

Die Definitionsdatei *Calendar.h* enthält neben der obligatorischen *#ifndef*-Direktive die Prototypen:

```
#ifndef Calendar_h
#define Calendar_h

void printYear  (int year);                   // Monat drucken
void printMonth (int month, int year);        // Jahr drucken

#endif // Calendar_h
```

und die Quelldatei *Calendar.cpp* den zugehörigen Code:

```
#include "DateFormulas.h"
#include "Calendar.h"
#include <iostream.h>
#include <iomanip.h>

void printYear (int y)
{
    for (int m = 1; m <= 12; m++) printMonth (m,y);
}

void printMonth (int m, int y)
{
    cout << nameOfMonth[m] << "\n\n  Mo  Di  Mi  Do  Fr  Sa  So\n\n";
    int col = dayOfWeek(1,m,y);
    int num = getDayCount (m,y);

    for (int i = 0; i < col; i++)
        cout << setw(4) << " ";

    for (int d = 1; d <= num; d++)
    {
        cout << setw(4) << d;
        if (++col == 7)
        {
            col = 0;
            cout << endl;
```

```
        }
    }
    cout << "\n\n\n";
}
```

Zuerst kommen die *#include*-Direktiven, um die Deklarationen des Moduls *DateFormulas* verfügbar zu machen und die Konsistenz dieser Datei mit den Prototypen in *Calendar.h* sicherzustellen. Die Standarddefinitionsdateien *iostream.h* und *iomanip.h* werden zur Konsolenausgabe und Manipulation des Ausgabestroms benötigt. In der normalen Windows-Programmierung spielen diese Dateien keine Rolle.

Die Funktion *printMonth()* gibt zunächst den Namen des Monats, einige Zeilenvorschübe und eine Überschriftszeile für das Kalendarium aus. Danach werden die Datums-Funktionen benutzt, um die Anzahl der Tage des Monats und die Spalte zu bestimmen, in die der erste des Monats fällt. Ist eine Zeile voll, wird der Spaltenzähler *col* wieder zurückgesetzt und ein Zeilenende ausgegeben. Die Funktion *setw()* stammt aus *iomanip.h* und erlaubt, für Ausgaben mittels << eine Spaltenbreite festzulegen.

CalendarApp

Die schönsten Funktionen nützen nichts, wenn man sie nicht benutzt. Da die Hauptfunktion *main()* des Programms noch spezieller als das Modul *Calendar* und garantiert nur für diese eine Anwendung brauchbar ist, erhält *main()* eine eigene Datei *CalendarApp.cpp*. Da dieses Modul nur konsumiert, aber nichts nach außen zur Verfügung stellt, besitzt es keine Definitionsdatei! Auch das Hauptprogramm ist wieder sehr einfach, da die Arbeit in den Modulen erledigt wird. Es bindet übrigens nur *Calender.h* und nicht *DateFomulas.h* ein, da es die Datums-Funktionen selbst ja gar nicht benötigt. Generell sollte man sich zur Regel machen, die expliziten gegenseitigen Abhängigkeiten zwischen Definitions- und Quelldateien zu minimieren. Eine Änderung in *DateFormulas.h* beeinflußt hier z. B. nur *Calendar.cpp*, nicht aber *CalendarApp.cpp*.

```
#include "Calendar.h"
#include <iostream.h>

int main()
{
    int year;
    cerr << "Gib Jahreszahl ein:";
    cin >> year;
    printYear(year);

    return 0;
}
```

Ein Druck auf die Taste [F7] oder die entsprechende Menüauswahl sollte nun das ganze Projekt übersetzen und linken. Mit [Strg]+[F5] oder im DOS-Fenster kann das Programm dann gestartet werden. Die Ausgabe des Programms kann übrigens auch auf die übliche Weise in eine Datei umgeleitet werden. Das ist der Grund, weshalb *cerr*, eigentlich der Standardfehlerausgabestrom, zur Ausgabe der Eingabeaufforderung verwendet wird – auf diese Weise ist sichergestellt, daβ er nicht in einer Datei verschwindet.

Modul Holidays

Um das interessanteste Problem haben wir uns bis jetzt gedrückt – die Berechnung der Feiertage. Dieser Komplex ist relativ kompliziert und paβt nicht gut zu den allgemeinen Datums-Funktionen, obwohl er natürlich auf ihnen aufbaut. Die Lösung des Problems, ob ein gegebener Tag ein Feiertag ist, und wenn ja, welcher, gehört aber auch nicht zu den Dingen, die nur spezifisch für die Ausgabe eine Kalendariums sind. Wir sehen daher für die Feiertage ein weiteres Modul mit Namen *Holidays* vor.

Ein Modul wie das beschriebene benötigt sicher zunächst einmal eine interne Liste der Feiertage. Für einen einzelnen Feiertag ist eine Datenstruktur erforderlich, die alle relevanten Daten diese Feiertages speichert, wie Tag, Monat und Markierung (für den Kalender). Leider liegen viele Feiertage nicht auf einem festen Datum, sondern sind an das Osterdatum oder den ersten Advent gekoppelt. Eine Möglichkeit, dies in den Daten der Feiertage auszudrücken, besteht darin, den an Ostern gekoppelten Feiertagen den fiktiven Monat 13 und den an den 1. Advent gekoppelten Feiertagen den fiktiven Monat 14 zuzuordnen. Ein weiterer Sonderfall ist der Tag der deutschen Einheit.

```
struct Holiday
{
    short  day;
    char   month;
    char   mark;
    char*  name;
};

const Holiday HolidayList [] =
{
     0,  0, ' ', " ",
     1,  1, '*', "Neujahr",
     1,  5, '*', "Maifeiertag",
     1, 11, '*', "Allerheiligen",
    25, 12, '*', "1. Weihnachtstag",
    26, 12, '*', "2. Weihnachtstag",
   -48, 13, '+', "Rosenmontag",
   -46, 13, '+', "Aschermittwoch",
    -2, 13, '*', "Karfreitag",
     0, 13, '*', "Ostersonntag",
     1, 13, '*', "Ostermontag",
    39, 13, '*', "Christi Himmelfahrt",
    49, 13, '*', "Pfingstsonntag",
    50, 13, '*', "Pfingstmontag",
    60, 13, '*', "Fronleichnam",
   -11, 14, '+', "Buss- und Bettag",
     0, 14, '+', "1. Advent",
     7, 14, '+', "2. Advent",
    14, 14, '+', "3. Advent",
```

```
    21, 14, '+', "4. Advent",
     0, 15, '*', "Tag der deutschen Einheit",
     1, 15, '*', "Tag der deutschen Einheit"
};
```

Für die Feiertage, die relativ zum Oster- bzw. Adventsdatum definiert sind, benötigen wir Formeln, die analog der Funktion *getDayNumber()* für den Oster- bzw. Adventstermin eines gegebenen Jahres die Tageszahl berechnen. Damit haben wir die größtmögliche Flexibilität und Allgemeinheit. Damit passen die beiden folgenden Funktionen, die bekannte Osterformel und die einfachere Adventsformel, aber besser in das Modul *DateFormulas*:

```
int getEasterDayNumber (int year)        // nach Zeller, ab 1582, bis 4200
{
    int a, b, c, d, e;
    a = year % 19;
    b = year / 100, c = year % 100;
    d = (19*a+15+b-b/4-b/3) % 30;
    e = (d+c+c/4+b/4+2-2*b+70) %  7;
    if ((e==0) && (d==29 || (d==28 && a > 10))) d=7;     // Spezialfälle
    return getDayNumber(21,3,year)+d+7-e;
}

int getAdventDayNumber (int year)
{
    long n = getDayNumber (25,12,year);
    return n - (n+6) % 7 - 22;
}
```

Die entsprechende Ergänzung der Datei *DateFormulas.h* ist:

```
int getEasterDayNumber (int year);        // Osterdatum nach Zeller
int getAdventDayNumber (int year);        // Termin des ersten Advents
```

Eine naheliegende Möglichkeit, einen Feiertag zu repräsentieren, ist es, einen Index in die obige Tabelle einzufügen, so z. B. durch eine Funktion *getHolidayNdx()*. Da die Tabelle vor dem Anwender versteckt werden soll, ist es sicherlich nicht sinnvoll, diese Funktion außerhalb der Datei verfügbar zu machen. Sie ist daher mit der Bindevorschrift *static* vereinbart (nicht zu verwechseln mit der Speicherklasse *static* der lokalen statischen Variablen).

Wenn einzelne Daten darauf getestet werden, ob es sich um Feiertage handelt, ist es sehr wahrscheinlich, daß aufeinanderfolgende Daten sich auf dasselbe Jahr beziehen. Andererseits ist es sehr aufwendig, für jede Abfrage alle möglichen Feiertage zu testen. Die Funktion benutzt daher statische lokale Variablen, um sich die Ergebnisse vom letzten Aufruf zu merken. Die Tabelle *holidayLookup[367]* enthält für jeden Tag mit Index 1 bis 366 einen Eintrag, der ggf. den Index eines Feiertags des aktuellen Jahres enthält. Ist das Jahr der aktuellen Abfrage mit dem der letzten Abfrage identisch, braucht der Tag nur in dieser Tabelle nachgeschlagen zu werden. Ändert sich dagegen das Jahr, muß die Tabelle zunächst neu aufgebaut werden. Beim ersten Aufruf der Funktion, wenn die Tabelle noch nicht initialisiert wurde, ist das übrigens immer der Fall, da eine Jahreszahl hier nie -1 sein kann.

In diesem Fall ermittelt die Funktion das relative Oster- und Adventsdatum, löscht die Tabelle mit *memset()* aus *<string.h>* und durchläuft anschließend die Liste der Feiertage. Für jeden möglichen Wert des Monats-Felds dieser Liste ist in einer *switch*-Anweisung eine entsprechende Rechenvorschrift angegeben, wie die Position des Feiertags im Jahr zu ermitteln ist. Sowohl für normale, d. h. feste Feiertage, als auch für bewegliche Feiertage wird der Tag des Jahres in fortlaufender Zählung und damit der Index in der Tabelle *holidayLookup[]* ermittelt. In dieses Feld wird dann der Index dieses Feiertags eingetragen.

```
static int getHolidayNdx (int d, int m, int y)
{
    assert (y>0);                     // damit Erkennung von -1 klappt
    static short currYear = -1;       // Init. nur beim 1. Aufruf (-1)
    static char holidayLookup[367]; // Ergebnisse merken

    if (y != currYear)                // Tabelle aktualisieren.
    {
        currYear = y;
        long offset = getDayNumber(y-1);
        long easter = getEasterDayNumber(y) - offset;
        long advent = getAdventDayNumber(y) - offset;
        memset (holidayLookup, 0, sizeof(holidayLookup));
        const Holiday *p = HolidayList + 1;
        int size = sizeof(HolidayList) / sizeof(Holiday);
        for (int i = 1; i < size; i++, p++)
        {
            short hday = 0;
            switch (p->month)
            {
            case 1:
            case 2:
            case 3:
            case 4:
            case 5:
            case 6:
            case 7:
            case 8:
            case 9:
            case 10:
            case 11:
            case 12:
                hday = getRelDayNo (p->day, p->month, currYear);
                break;
            case 13:
                hday = easter + p->day;
                break;
            case 14:
                hday = advent + p->day;
                break;
            case 15:
                switch (p->day)
                                        // hier kann man alle Sonderfälle abhandeln
                {
                case 0:
                    if (currYear < 1990) hday =
                                        getRelDayNo (17,6,currYear);
```

```
                    break;
                case 1:
                    if (currYear >= 1990) hday =
                                            getRelDayNo (3,10,currYear);
                    break;
                default:
                    assert(0);
                }
                break;

            default:
                assert (0);
                break;
            }
            if (hday) holidayLookup[hday] = i;
        }
    }

    return holidayLookup[getRelDayNo(d,m,y)];
}
```

Was uns eigentlich interessiert, ist jedoch nicht der Index in einer obskuren Tabelle, sondern die Information, ob an einem gegebenen Datum ein Feiertag ist *isHoliday()*, der Name des Feiertags *getHolidayName()* und die Markierung, die für diesen Tag im Kalendarium verwendet werden soll *getHolidayMark()*. Die Funktionen bzw. die zugrundliegenden Daten sind im übrigen so angelegt, daß sie auch für Nicht-Feiertage sinnvolle Werte liefern. Dadurch muß nicht für jeden Tag zunächst *isHoliday()* aufgerufen werden.

```
int isHoliday (int d, int m, int y)
{
    return HolidayList[getHolidayNdx(d,m,y)].name[0] != ' ';
}

char* getHolidayName (int d, int m, int y)
{
    return HolidayList[getHolidayNdx(d,m,y)].name;
}

char getHolidayMark (int d, int m, int y)
{
    return HolidayList[getHolidayNdx(d,m,y)].mark;
}
```

Damit haben wir auch den Inhalt der Definitionsdatei *Holidays.h*:

```
#ifndef Holidays_h
#define Holidays_h

int   isHoliday      (int day, int month, int year);
char* getHolidayName (int day, int month, int year);
char  getHolidayMark (int day, int month, int year);

#endif // Holidays_h
```

Zur Sicherung der Konsistenz muß diese Include-Datei natürlich auch wieder in *Holidays.cpp* eingebunden werden! Damit das Ganze funktioniert, müssen außerdem die Schnittstellen *<assert.h>* (*assert()*), *<string.h>* (*memset()*) und *„DateFormulas.h"* eingebunden werden.

```
#include <assert.h>
#include <string.h>
#include "Holidays.h"
#include "DateFormulas.h"
```

Um die Feiertage nun auch anzuzeigen, müssen Sie *Holidays.h* auch in *Calendar.cpp* einbinden und in der Funktion *printMonth()* die unten hervorgehobenen Änderungen bzw. Ergänzungen vornehmen.

```
void printMonth (int m, int y)
{
    cout << nameOfMonth[m] << "\n\n  Mo   Di   Mi   Do   Fr
                                                          Sa   So\n\n";
    int col = dayOfWeek(1,m,y);
    int num = getDayCount (m,y);

    for (int i = 0; i < col; i++)
        cout << setw(5) << " ";

    for (int d = 1; d <= num; d++)
    {
        cout << setw(4) << d
             << setw(1) << getHolidayMark(d,m,y);

        if (++col == 7)
        {
            col = 0;
            cout << endl;
        }
    }
    cout << endl;
    for (d = 1; d <= num; d++)
        if (isHoliday(d,m,y))
            cout << "\n  " << setw(2) <<d << "." << m << ". - "
                 << getHolidayName(d,m,y);
    cout << "\n\n\n";
}
```

Wenn Sie jetzt keine Fehler gemacht haben, sollte das Programm sich vollständig übersetzen, linken und starten lassen.

Die Module

Bei der Zerlegung des Problems haben wir also festgestellt, daß sich die Lösungen der Teilprobleme in thematisch zusammengehörige Module unterschiedlicher Allgemeingültigkeit gliedern lassen. Das allgemeinste Modul war im Fall der Kalenderanwendung *DateFormulas* und das darauf aufbauende Modul *Holidays*. Recht speziell war dagegen das Modul *Calendar*. In einer Anwendung realistischer Größe sind natürlich sehr viel mehr Module beteiligt, und zu einem Modul gehört auch häufig mehr als eine Quelldatei. Das generelle Muster findet sich aber immer wieder; jede nichttriviale Anwendung sollte in verschiedene Lagen aufeinander aufbauender, zunehmend speziellerer Module gegliedert sein. Die Anzahl der Abhängigkeiten zwischen den Modulen sollte dabei so klein wie möglich gehalten werden.

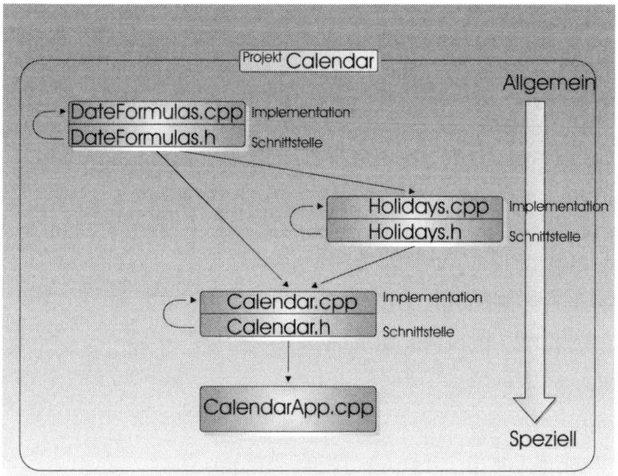

Abb. 52: Die Pfeile deuten die Abhängigkeitsverhältnisse zwischen den Modulen, ihren Schnittstellen und den Quelldateien an

Standardbibliotheken

Zur Lösung immer wiederkehrender Aufgaben besitzt C/C++ eine Reihe von Standardbibliotheken. Echte C++-Bibliotheken gibt es dabei wenige, da der größte Teil der benötigten Funktionalität bereits in den von ANSI-C geerbten Standardbibliotheken zur Verfügung steht. Von den echten C++-Bibliotheken sind eigentlich nur die Module zur Strom-basierten Ein- und Ausgabe und als kommender Standard die STL[30] von Bedeutung.

C++-Ein-/Ausgabe

Wie C besitzt auch C++ keine eigenen Sprachkonstrukte zur Ein- und Ausgabe, vielmehr wird diese Funktionalität von Bibliotheken abgedeckt. Im Fall von C sind die Prototypen dieser Funktionen in *<stdio.h>* deklariert. C++ verwendet dagegen ein ganz anders geartetes Konzept, das eher der C++-Philosophie entspricht und Opera-

30 Die **S**tandard **T**emplate **L**ibrary – Eine hochentwickelte Bibliothek von Algorithmen und verallgemeinerten Datentypen, die zum neuen C++-Standard gehören wird. STL-Programmierung ist möglicherweise die zukünftige Methode, leistungsfähige Anwendungen schnell zu entwickeln. Aufgrund ihrer fortgeschrittenen Konzepte wirkt STL-Programmierung aber zunächst eher wie die Verwendung einer neuen Programmiersprache und ist eher ein Thema für ein eigenes Buch.

toren zur Ein- und Ausgabe auf Datenstrom-Objekte benutzt. Um die Details dieses Konzepts zu verstehen, fehlt an dieser Stelle des Buchs aber noch der Hintergrund.

Da unter Windows die Ein- und Ausgabeströme der Standardbibliothek ohnehin keine Rolle spielen, wollen wir hier auf eine gründliche Erörterung über die überall in den Konsolen-Beispielen verwendeten Ein- und Ausgabe-Operatoren und *#include*-Direktiven hinaus verzichten. Für diejenigen, die das Thema anhand der ausgezeichneten Online-Dokumentation von Visual C++ weiter vertiefen möchten, hier noch einige Anknüpfungspunkte. Eine ausführliche Beschreibung findet sich im Kapitel „iostream Reference" im Buch Visual C++ Books, Band C/C++; die Prototypen der Ein- und Ausgabe-Operatoren (und Klassen) finden sich in den folgenden Definitionsdateien:

- *fstream.h* - Dateipuffer und E/A-Ströme in Dateien
- *iomanip.h* - Formatierte Ausgabe durch Manipulation der E/A-Ströme
- *iostream.h* - Hauptdefinitionsdatei für E/A-Ströme
- *istream.h* - Eingabeströme
- *ostream.h* - Ausgabeströme
- *stdiostr.h* - E/A-Ströme auf die Standard-Ein-/Ausgabe.
- *streamb.h* - Puffer für E/A-Ströme
- *strstream.h* - In Zeichenketten lesen und schreiben.

ANSI-C-Ein-/Ausgabe

Vor allen Dingen von ehemaligen C-Programmierern werden auch in C++-Programmen die Funktionen aus *<stdio.h>* eingesetzt. Auch in den MFC finden sich neben Elementen, die an die C++-Ausgabefunktionen erinnern, noch Anklänge speziell an die formatierte Ausgabe unter C. Die wichtigsten Funktionen der *<stdio.h>* sind hier im folgenden kurz aufgelistet. Sie sind zwar im Prinzip mit C++ kompatibel, durchbrechen aber das Typsystem und wurden in C++ durch E/A-Ströme ersetzt. Detaillierte Beschreibungen stellt im Bedarfsfall die Online-Dokumentation zur Verfügung. Die folgenden Dateioperationen sind höchstens noch für Konsolenanwendungen interessant, da sowohl die Windows-API als auch die MFC eigene Dateibehandlungsfunktionen zur Verfügung stellen:

- *fopen()* - Text oder Binärdatei zum Lesen oder Schreiben öffnen.
- *fflush()* - Ggf. gepufferte Informationen schreiben und die Puffer leeren.
- *fclose()* - Datei schließen.
- *remove()* - Datei löschen.
- *rename()* - Datei umbenennen.
- *tmpfile()* - Temporäre Datei öffnen, die beim Schließen wieder gelöscht wird.
- *tmpnam()* - Erzeugt einen eindeutigen Namen für eine temporäre Datei.
- *setbuf()* - Dateioperationen-Datenpuffer anlegen; der Datei zur Verfügung stellen.

Formatierte Ein- und Ausgabe

Diese Funktionen durchlöchern das Typsystem, sind inhärent unsicher und sollten unter C++ vermieden werden.

- *printf()* – Formatierte Ausgabe. Der erste Parameter ist eine Format-Zeichenkette, die die Interpretation der folgenden Parameter unabhängig von ihrem tatsächlichen Typ steuert. Die Format-Zeichenkette wird ausgegeben, wobei die Steuerzeichen „%" gefolgt von einer Formatangabe der Reihe nach durch die restlichen Argumente des Funktionsaufrufs ersetzt werden.
- *fprintf()* – Wie *printf()*, doch erfolgt die Ausgabe in eine Datei. Ein zusätzlicher Parameter vor der Format-Zeichenkette gibt die Datei an.
- *sprintf()* – Wie *printf()*, doch erfolgt die Ausgabe in eine Zeichenkette. Ein zusätzlicher Parameter vor der Format-Zeichenkette gibt die Zeichenkette an.
- *scanf()* – Formatierte Eingabe. Der erste Parameter ist wie bei *printf()* eine Format-Zeichenkette, die die Interpretation der folgenden Parameter unabhängig von ihrem tatsächlichen Typ steuert. Da C keine Referenzparameter kennt, werden nicht die einzulesenden Variablen, sondern ihre Adressen übergeben. Die Format-Zeichenkette steuert die Umwandlung, wobei das Steuerzeichen „%" gefolgt von einer Formatangabe die genaue Umwandlung festlegt.
- *fscanf()* – wie *scanf()*, jedoch für die Eingabe aus Dateien
- *sscanf()* – wie *scanf()*, jedoch für die Eingabe aus Strings

Weitere (unproblematische) Operationen zur Ein- und Ausgabe sind:

- *fgetc()* – Einzelnes Zeichen aus einer Datei einlesen.
- *fgets()* – Zeichenkette aus einer Datei einlesen.
- *fputc()* – Einzelnes Zeichen in Datei schreiben.
- *fputs()* – Zeichenkette in Datei ausgeben.
- *getchar()* – Einzelnes Zeichen von der Konsole lesen.
- *gets()* – Zeichenkette von der Standardeingabe lesen.
- *putchar()* – Einzelnes Zeichen auf die Standardausgabe schreiben.
- *puts()* – Gibt Zeichenkette als ganze Zeile auf die Standardausgabe aus.
- *ungetc()* – Stellt das letzte gelesene Zeichen in den Eingabepuffer zurück. Äußerst nützlich für Funktionen, die den Eingabestrom analysieren müssen.
- *fread()* – ungepufferte Dateieingabe
- *fwrite()* – ungepufferte Dateiausgabe

Positionieren in Dateien:

- *fseek()* – Schreib-/Leseposition in Datei ändern.
- *ftell()* – Schreib-/Leseposition in Datei ermitteln.
- *rewind()* – Datei an den Anfang zurücksetzen.

- *fgetpos()* – Schreib-/Leseposition in großer Datei ermitteln.
- *fsetpos()* – Schreib-/Leseposition in großer Datei ändern.

Zeichentypen testen

Test und Umwandlung für verschiedene Zeichenklassen finden sich in der Definitionsdatei *<ctype.h>*:

- *isalnum()* – Ist Zeichen Ziffer oder Buchstabe?
- isalpha() – Ist Zeichen Buchstabe?
- *iscntrl()* – Ist Zeichen Steuerzeichen?
- isdigit() – Ist Zeichen Ziffer?
- *islower()* – Ist Zeichen Kleinbuchstabe?
- isprint() – Ist Zeichen druckbar?
- *isspace()* – Ist Zeichen Leerzeichen?
- *isupper()* – Ist Zeichen Großbuchstabe?
- *isxdigit()* – Ist Zeichen Hexadezimalziffer?
- *tolower()* – Umwandlung in Kleinbuchstaben
- *toupper()* – Umwandlung in Großbuchstaben

Zeichenketten

Zeichenkettenoperationen sind in der Definitionsdatei *<string.h>* zusammengefaßt. Diese enthält auch die thematisch verwandten Funktionen zum Verschieben und Füllen von Speicherblöcken. Funktionen für null-terminierte Zeichenketten beginnen mit *„str"*, für beliebige Folgen von Bytes mit *„mem"*. Ein *„n"* in der Mitte deutet an, daß die Funktion maximal eine gegebene Anzahl von Zeichen bearbeitet. Wegen der Beschränkung der ersten C-Compiler auf Namen mit maximal sieben Zeichen sind die Funktionsnamen teilweise nicht gerade selbsterklärend:

- *strcpy()* – Zeichenkette kopieren.
- *strncpy()* – Zeichenkette maximaler Länge kopieren.
- *strcat()* – Zeichenketten verketten.
- *strncat()* – Zeichenketten maximaler Länge verketten.
- *strcmp()* – Zeichenketten vergleichen.
- *strncmp()* – Zeichenketten maximaler Länge vergleichen.
- *strchr()* – Zeichen in Zeichenkette suchen.
- *strrchr()* – Zeichen in Zeichenkette von hinten suchen.
- *strspn()* – Vorkommen eines Zeichens in Zeichenkette zählen.
- *strcspn()* –Zeichen in Zeichenkette zählen, die nicht der Vorgabe entsprechen.
- *strpbrk()* – Sucht die Zeichen einer Zeichenkette in einer anderen Zeichenkette.

- *strstr()* - Sucht Zeichenkette in Zeichenkette.
- *strlen()* - Bestimmt die Länge einer Zeichenkette.
- *strtok()* - Zerlegt (tokenisiert) eine Zeichenkette.
- *memcpy()* - Speicherbereich kopieren.
- *memmove()* - Speicherbereich verschieben.
- *memcmp()* - Speicherbereiche vergleichen.
- *memchr()* - Sucht Zeichen in einem Speicherbereich.
- *memset()* - Setzt alle Bytes eines Speicherbereichs auf den gegebenen Wert.

Mathematische Funktionen

Die Prototypen der mathematischen Funktionen der ANSI-C-Standardbibliothek befinden sich in der Definitionsdatei *<math.h>*:

- *sin()* - Sinus
- *cos()* - Cosinus
- *tan()* - Tangens
- *asin()* - Umkehrfunktion des Sinus
- *acos()* - Umkehrfunktion des Cosinus
- *atan()* - Umkehrfunktion des Tangens
- *atan2()* - Umkehrfunktion des Tangens mit erweitertem Geltungsbereich
- *sinh()* - Sinus hyperbolicus
- *cosh()* - Cosinus hyperbolicus
- *tanh()* - Tangens hyperbolicus
- *exp()* - Exponentialfunktion
- *log()* - natürlicher Logarithmus
- *log10()* - Logarithmus zur Basis 10
- *pow()* - Potenz
- *sqrt()* - Quadratwurzel
- *ceil()* - nächster größer oder gleicher ganzzahliger Wert
- *floor()* - nächster kleiner oder gleicher ganzzahliger Wert
- *fabs()* - Absolutwert für Fließkommazahlen
- *ldexp()* - Zweierexponent
- *modf()* - Zerlegt Zahl in Modulus und Rest.
- *fmod()* - Fließkomma Modulo-Division

Häufige Hilfsfunktionen

Die folgenden, häufig benötigten Hilfsfunktionen sind in der Definitionsdatei <*stdlib.h*> zusammengefaßt:

- *atof()* - Zeichenkette in Fließkommazahl umwandeln.
- *atoi()* - Zeichenkette in Integerzahl umwandeln.
- *atol()* - Zeichenkette in lange Integerzahl umwandeln.
- *strtod()* - Zeichenkette in Fließkommazahl umwandeln.
- *strtol()* - Zeichenkette in lange Integerzahl umwandeln.
- *strtoul()* - Zeichenkette in lange positive Zahl umwandeln.
- *rand()* -Pseudo-Zufallszahl im Bereich 0 bis *RAND_MAX* berechnen.
- *srand()* - Neue Folge von Pseudo-Zufallszahlen initialisieren.
- *calloc()* - Einen Vektor gleichartiger Variablen allozieren. In C++ sollte statt dessen grundsätzlich der typsichere *new*-Operator verwendet werden.
- *malloc()* - Einen Speicherblock allozieren. In C++ sollte statt dessen grundsätzlich der typsichere *new*-Operator verwendet werden.
- *free()* - Mit *malloc()* oder *calloc()* allozierten Speicherblock wieder freigeben. Hat in C++-Programmen im Normalfall nichts zu suchen.
- *abort()* - Abnormale Beendigung des Programms.
- *exit()* - Normale Beendigung des Programms.
- *atexit()* - Funktion festlegen, die bei der normalen Beendigung des Programms automatisch aufgerufen wird (z. B. für Aufräumarbeiten).
- *bsearch()* - Sortierten Vektor binär durchsuchen.
- *qsort()* - Vektor mit dem *Quicksort*-Algorithmus sortieren.
- *abs()* - Absolutwert für ganze Zahlen.
- *labs()* - Absolutwert für lange ganze Zahlen.

Zusammenfassung

Nichttriviale Programme müssen im allgemeinen auf mehrere Dateien aufgeteilt werden. Wie eine solche Aufteilung erfolgen kann, ist das Thema dieses Kapitels.

Eine wichtige Rolle bei der Programmierung im Großen und der Verwaltung von Projekten mit vielen Dateien spielt der Präprozessor von C++. Der Präprozessor ist einzigartig für C/C++. Er bearbeitet den Quelltext, bevor ihn der Compiler zu sehen bekommt, wandelt ihn in Token um und kann weitreichende Textersetzungen und Manipulationen vornehmen. Unter anderem ist er für das Einbinden weiterer Dateien in die Übersetzungseinheit vermittels der *#include*-Direktive zuständig. Mit der *#define*-Direktive können parametrisierte und parameterlose Makros definiert werden. Über Direktiven zur bedingten Kompilierung kann abhängig von den aktuellen Erfordernissen gesteuert werden, welche Teile des Quellcodes zum Übersetzer weitergereicht werden und welche nicht.

Ein äußerst wichtiges Hilfsmittel zur Erstellung korrekter Programme ist in diesem Zusammenhang das *assert()*-Makro. Ohne die Auslieferungsversion einer Anwendung zu belasten, können damit für die Entwicklungsphase beliebige Sicherungen und Zusicherungen in ein Programm eingebaut werden.

Makros sind aber auch ein zweischneidiges Werkzeug, weil sie quasi außerhalb der Sprache und ohne Netz und doppelten Boden arbeiten. Ein weiterer Problempunkt bei parametrisierten Makros ist, daß Argumente immer frei von Nebenwirkungen sein müssen. Wo man Makros durch reguläre C++-Konstrukte ersetzen kann, sollte man genau das daher auch tun, einige Erweiterungen von C++ gegenüber C haben nur diesen Zweck.

Bei der Aufteilung großer Programme hat sich das Modulkonzept als hilfreich erwiesen. Ein Modul ist eine Gruppe sachlich zusammengehöriger Programmobjekte in einer oder mehrerer Quelldateien. Die nach außen sichtbaren Deklarationen und Prototypen eines Moduls sind in der Definitions- oder Header-Datei des Moduls zusammen gefaßt. Um die Konsistenz von Schnittstelle und Quelldateien sicherzustellen, sollten die Quelldateien eines Moduls die Schnittstellendatei des Moduls immer per *#include*-Direktive einbinden.

Eine Anwendung sollte in Lagen von Modulen unterschiedlicher Allgemeingültigkeit so organisiert sein, daß die Anzahl der Abhängigkeiten zwischen den Modulen immer so gering wie möglich bleibt. Sehr allgemein gehaltene Module sind zumeist gut für eine Wiederverwendung in anderen Projekten geeignet, spezielle Module dagegen weniger.

Zur Lösung immer wiederkehrender Aufgaben besitzt C/C++ eine Reihe von Standardbibliotheken. Echte C++-Bibliotheken gibt es dabei wenige, da der größte Teil der benötigten Funktionalität bereits in den von ANSI-C geerbten Standardbibliotheken zur Verfügung steht. An echten C++-Bibliotheken sind eigentlich nur die Module zur Strom-basierten Ein- und Ausgabe und die STL von Bedeutung. Die wichtigsten ANSI-C Definitionsdateien sind:

- *stdio.h* - formatierte und unformatierte (Datei-)Ein- und Ausgabe
- *ctype.h* - Zeichentypen testen und umwandeln
- *string.h* - Zeichenketten und Speicherbereiche
- *math.h* - mathematische Funktionen
- *stdlib* - häufig benutzte Hilfsfunktionen

3. Mit Klasse programmieren – Grundlagen der objektorientierten Programmierung

Um die Komplexität moderner Software zu meistern, besteht seit den Anfängen der Programmierung ein Trend zu immer abstrakteren Konzepten. Dies erlaubt den Entwicklern, Probleme auf einer möglichst hohen, d. h. abstrakten Ebene zu lösen, ohne sich mit den bereits gelösten Details herumschlagen zu müssen.

3.1 Ein Hauch von Klasse – Objektorientierte Programmierung mit Visual C++ 5

Abstrakte Datentypen und objektorientierte Programmierung sind nach der strukturierten Programmierung die weiteren logischen Schritte in diesem Prozeß.

Abstrakte Datentypen

Die herkömmlichen Ausdrucksmittel der strukturierten Programmierung sind Daten und Funktionen. Mit wachsender Komplexität der Problemstellungen zeigte sich jedoch, daß Funktionen und Daten allein nicht optimal geeignet sind, die „Wirkliche Welt" zu modellieren. Die Erkenntnis, daß Funktionen immer auf bestimmten zugehörigen Daten(typen) operieren und es vorteilhaft ist, die internen Details dieser Datenstrukturen und der Algorithmen vor dem Rest der Welt zu verbergen, führte zum Konzept des abstrakten Datentyps (ADT).

Darunter versteht man die Zusammenfassung eines Datentyps und der zugehörigen Operationen zu einer konzeptionellen Einheit. Der Anwender eines ADTs soll sich nicht mehr um die interne Repräsentation seiner Daten kümmern, sondern von der speziellen Implementation abstrahieren.

Das erlaubt es ihm, seine Datenobjekte als abstrakte Entitäten zu sehen, mit denen nur bestimmte natürliche Operationen möglich sind. Dem Entwickler des ADTs erlaubt das auf der anderen Seite, die Implementation des ADTs jederzeit zu verändern und zu verbessern, ohne daß der abhängige Code davon beeinträchtigt wird. Gerade bei großen Programmsystemen, die aus Tausenden von Modulen bestehen, ist dies eine unschätzbarer Vorteil. Einzig die Schnittstelle des ADTs muß gleich bleiben.

Das Datumsbeispiel aus dem letzten Kapitel läßt sich gut als Beispiel einsetzen. Dort hatten wir ein Modul mit Datumsformeln:

```
int getDayNumber(int dd, int mm, int yyyy);
int getDayNumber(int yyyy);
int getRelDayNo (int dd, int mm, int yyyy);
int dayOfWeek   (int dd, int mm, int yyyy);
int getDayCount (int mm, int yyyy);
int isLeapYear  (int yyyy);
void getDate    (int& dd, int& mm, int& yyyy, int dayNo);

int getEasterDayNumber (int year);
int getAdventDayNumber (int year);

char *nameOfMonth[];
char *nameOfDay[];
```

In diesem Modul sind alle Formeln für Datumsmanipulationen versammelt. Berechnung einer eindeutigen fortlaufenden Tageszahl, Nummer des Tags im laufenden Jahr, Wochentag, Tage eines Monats, Test auf Schaltjahr, Umrechnung der Tageszahl zurück in Datumsangaben und Formeln zur Bestimmung des Oster- und Adventstermins. Ferner sind zwei Vektoren mit den Namen der Wochentage und der Monate vorhanden. Von einem besonderen Abstraktionsgrad kann man aber trotzdem nicht reden. Es gibt keinen Datumstyp, und der Anwender des Moduls rechnet frei zwischen Tagen, Monaten, Jahren und Tageszahlen hin und her.

Im folgenden Beispiel werden Sie sehen, wie man mit konventionellen Mitteln das abstrakte Konzept „Datum“ durch einen ADT realisieren kann. Später wird dieses Beispiel dann in Richtung echter objektorientierter Programmierung weiterentwikkelt.

Wir können entweder das alte Beispielprojekt *Calendar* ändern oder ein neues Projekt *CalendarWithADT* anlegen. Im letzteren Fall legen Sie ein neues Konsolenprojekt an und kopieren die Quell- und Definitionsdateien mit Hilfe des Windows Explorers ins neue Projekt. Für den ADT *Date* legen Sie eine neue Quelldatei *Date.cpp* und Definitionsdatei *Date.h* an.

Danach wählen Sie *Projekt/Dem Projekt hinzufügen/Dateien*, markieren alle Quelldateien außer *DateFormulas.cpp* und fügen sie mit der Schaltfläche *OK* dem Projekt hinzu. Ganz Eilige können natürlich auch das fertige Beispiel von der Buch-CD laden.

Um eine mehrfache Inklusion der Definitionsdatei zu vermeiden, klammern Sie den gesamten Inhalt der Datei wieder mit der *#ifndef*-Direktive.

```
#ifndef Date_h
#define Date_h

// Prototypen und Deklarationen hier !

#endif // Date_h
```

Zunächst benötigen Sie eine Datenstruktur, welche ein Datum vollständig beschreibt. Eigentlich genügt die Angabe von Monat, Tag und Jahr oder der Tageszahl, um ein Datum vollständig zu beschreiben. Da aber für manche Zwecke die eine und für andere Zwecke die andere Darstellung günstiger ist und Sie innerhalb der Datums-Funktionen nicht ständig hin und her konvertieren wollen, sehen Sie einfach beide Darstellungen vor. Dabei soll die Darstellung als Tageszahl die ausschlaggebende sein, die Darstellung als Tag, Monat und Jahr wird bei Bedarf neu ermittelt. Davon wird der Anwender des ADTs aber nichts merken! Das Inkrementieren von Daten läßt sich effektiver durchführen, wenn für den aktuellen Monat zusätzlich die Zahl der Tage vorgehalten wird. Um die Daten effektiv unterzubringen, verwenden Sie Bit-Felder. So kommt die gesamte Datenstruktur Date mit zwei 32-Bit-Worten aus:

```
struct Date
{
    unsigned short day    : 6;
    unsigned short mdays  : 6;
    unsigned short month  : 4;
    short year;
    int dayNumber;
};
```

Damit ist der Datentyp *Date* definiert. Um ein neues Datenobjekt vom Typ *Date* richtig zu initialisieren, benötigen Sie eine Funktion *makeDate()*.

```
Date    makeDate (int day, int month, int year);
```

Sie könnten zwar im Prinzip auch direkt auf die Komponenten von *Date* zugreifen, aber das widerspricht der Grundidee der Kapselung des abstrakten Datentyps. Der Anwender soll keine Kenntnis vom inneren Aufbau des Datentyps haben (oder zumindestens so tun, als ob). Leider läßt sich die Typdefinition von *Date* nicht vermeiden (z. B. indem man sie in die Quelldatei stellt und in der Definitionsdatei durch die Deklaration *struct Date;* ersetzt), da dann der Compiler in anderen Modulen nicht mehr in der Lage wäre, Datenobjekte vom Typ *Date* anzulegen. Die Vorschrift, daß der Anwender nicht direkt, sondern nur über Funktionen auf die Komponenten zugreift, ist eine reine Konvention, um die innere Konsistenz der Datenobjekte sicherzustellen – der Compiler hat keine Möglichkeiten, Regelverstöße zu entdecken.

Um mit Daten zu rechnen, benötigen wir Funktionen zur Differenzbildung, zur Addition einer Anzahl Tage zu einem Datum und zum Inkrementieren. Oster- und Adventsformel liefern nun nicht mehr Tageszahlen, sondern ein Datum:

```
int     daysBetweenDates (Date &d1, Date &d2);
void    offsetDate (Date &date, int numDays);
void    incrDate (Date &date);
Date    getEasterDate (int year);
Date    getAdventDate (int year);
```

Da wir nicht direkt auf die Komponenten von *Date* zugreifen wollen, benötigen wir außerdem noch eine Reihe von Zugriffsfunktionen, die die jeweils gewünschte Information aus einem Datenobjekt vom Typ *Date* extrahieren:

```
int     getDayOfWeek  (Date &date);

int     getDay        (Date &date);
int     getMonth      (Date &date);
int     getLenOfMonth (Date &date);
int     getYear       (Date &date);

char*   getNameOfMonth(Date &date);
char*   getNameOfDay  (Date &date);

int     getDayInYear  (Date &date);
```

Unabhängig vom Datumstyp nützliche Funktionen sind Bestimmung der Monatslänge und der Test, ob ein gegebenes Jahr ein Schaltjahr ist. Außerdem ist es sicher besser, den Zugriff auf Monats- und Wochentagsnamen in eigenen Funktionen zu verkapseln.

Damit ist die Schnittstelle unseres abstrakten Datentyps *Date* fertig. Die Implementation beginnt zunächst wieder mit der Einbindung der Include-Dateien *Date.h* (Schnittstellenkonsistenz) und *assert.h* (logische Konsistenz).

```
#include "Date.h"
#include <assert.h>
```

Danach werden die benötigten Tabellen definiert, diesmal allesamt statisch, damit ihr Wirkungsbereich auf diese Datei beschränkt bleibt:

```
static int daysBefore[]     = {0, /* ... */, 365};
static char *nameOfMonth[] = { 0, /* ... */, "Dezember" };
static char *nameOfDay[]   = { "Montag", /* ... */, "Sonntag"};
```

Einen Teil der Funktionen, die bereits im Modul *DateFormulas* die Arbeit gemacht haben, benötigen wir weiterhin und können sie von dort übernehmen. Da sie aber nun zu Interna des ADT *Date* werden, werden sie mit dem Attribut *static* definiert.

```
static int getDayNumber(int y)               { /*...*/ }
static int getRelDayNo (int d, int m, int y) { /*...*/ }
static int getDayNumber(int d, int m, int y) { /*...*/ }
```

Von der *getDate()*-Funktion aus *DateFormulas* abgeleitet ist die statische Funktion *fixDate()*. Sie dient zur Anpassung der gespeicherten Werte für Tag, Montat etc., wenn sich aus irgendeinem Grund die in Date gespeicherte Tageszahl *dayNumber* ändert. Aus Gründen der Effizienz werden die Zwischenergebnisse in lokalen *int*-Variablen gespeichert und erst nach Abschluß der Berechnung nach *date* zurückgeschrieben.

```
static void fixDate (Date &date)    // Umrechnung Tageszahl in Datum
{
    int adj, d, m, y;
    int n = date.dayNumber;

    const int y1 = 365, y4 = 4*y1+1, y100 = 25*y4-1, y400 = 4*y100+1;
    n--;
```

```
    y  = n / y400 * 400,     n %= y400,  adj = n == y400-1;
    y += n / y100 * 100,     n %= y100;
    y += n / y4 * 4,         n %= y4,    adj = adj || n == y4-1;
    y += n / y1,             n %= y1;
    if (adj) y--, n = 365;
    int nn = n - 59 - isLeapYear(++y);
    m = int((nn >= 0) ? nn * (12./366.) + 3 : n * (12./366.) + 1);
    d = n - (daysBefore[m] + (m > 2 && isLeapYear(y))) + 1;
    if (d == 0) m--, d = 31;

    date.day   = d;      // Nur zum Speichern nehmen
    date.month = m;      // ... Rechnen effektiver mit
    date.year  = y;      // ... lokalen ints
    date.mdays = getDayCount(m,y);

    assert (y >= 0);
}
```

Die Funktion *makeDate()* erzeugt ein lokales Datumsobjekt, initialisiert es vollständig und gibt es dann als Resultat zurück:

```
Date makeDate (int day, int month, int year)
{
    Date date;
    date.day = day;
    date.mdays = getDayCount(month,year);
    date.month = month;
    date.year = year;
    assert (year >= 0);
    date.dayNumber = getDayNumber (day, month, year);

    return date;
}
```

Die Differenz zwischen zwei Daten ist trivial. Wird jedoch zu einem Datum eine positive oder negative Zahl addiert, muß anschließend sichergestellt werden, daß die redundanten Datumsangaben wieder konsistent sind.

```
int daysBetweenDates (Date &d1, Date &d2)
{
    return d1.dayNumber - d2.dayNumber;
}

void offsetDate (Date &date, int numDays)
{
    date.dayNumber += numDays;
    fixDate (date);
}

void incrDate (Date &date)    // Zählt Tage ohne Rücksicht auf Verluste
{                             // hoch. Normalisieren mit offsetDate(..,0)
    date.dayNumber++;
    if (++date.day > date.mdays) fixDate(date);
}
```

Die Funktionen zur Berechnung der gleitenden Feiertage müssen so geändert werden, daß sie nicht mehr die Tageszahl, sondern ein Datum zurückgeben. Dies wird hier am Beispiel von *getAdventDate()* gezeigt, die Anpassung der Funktion *getEasterDate()* verläuft analog:

```
Date getAdventDate (int year)
{
    Date advent;
    long n = getDayNumber (25,12,year);
    advent.dayNumber = n - (n+6) % 7 - 22;
    fixDate (advent);
    return advent;
}
```

Die der übrigen Funktionen sind trivial und werden dem Leser zur Übung überlassen.

Damit haben wir den abstrakten Datentyp *Date* komplett beisammen (Speichern und probeweise Kompilierung nicht vergessen). Um den ADT zu verwenden, entfernen Sie aus den übrigen Dateien alle Bezüge auf *DateFormulas.h* und ersetzen sie durch solche auf *Date.h*. Erwartungsgemäß sind auch in *Holidays* und *Calendar* eine Reihe von Anpassungen nötig.

Das Modul *Holidays* müssen Sie so ändern, daß es mit dem neuen Datumstyp arbeitet. Dazu ändern Sie die Definitionsdatei *Holidays.h* wie folgt:

```
struct Date;

int   isHoliday      (Date &date);
char* getHolidayName (Date &date);
char  getHolidayMark (Date &date);
```

Da die Funktionen nur Referenzen auf Datumsobjekte, nicht aber diese selbst übergeben, benötigt der Compiler die genaue Struktur von *Date* nicht. Durch die Deklaration *struct Date;* wird dem Compiler daher nur mitgeteilt, daß *Date* ein benutzerdefinierter Typ ist. Dadurch kann die zusätzliche Einbindung der Definitionsdatei *Date.h* in diese Definitionsdatei vermieden werden, wodurch wiederum keine zusätzlichen indirekten Abhängigkeiten entstehen zwischen Modulen, die *Holidays.h* importieren, und *Date.h*. Dies ist eine generell empfehlenswerte Vorgehensweise.

In der Quelldatei *Holidays.cpp* sind neben der Änderung der entsprechenden *#include*-Direktive die folgenden Änderungen nötig. Die Funktion *getHolidayNdx()* ändert sich in den hervorgehobenen Bereichen:

```
static int getHolidayNdx (Date &date)
{
    static short currYear = -1;
    static char holidayLookup[367];

    if (getYear(date) != currYear)  // Tabelle aktualisieren.
    {
        currYear = getYear(date);
        int easter = getDayInYear (getEasterDate(currYear));
```

```
        int advent = getDayInYear (getAdventDate(currYear));
        memset (holidayLookup, 0, sizeof(holidayLookup));

        /* ... */
    }
}

    return holidayLookup[getDayInYear(date)];
}
```

Ferner müssen in drei Zeilen die Ausdrücke der Form:

```
hday = getRelDayNo (d, m, y);
```

geändert werden in:

```
hday = getDayInYear (makeDate(p->day, p->month, currYear));
```

Die exportierten Funktionen *isHoliday()*, *getHolidayName* und *getHolidayMark* erhalten den Parameter *Date &date* und die Aufrufe von *getHolidayNdx()* die Form *getHolidayNdx(date)*. In der Datei *Calendar.cpp* schließlich muß (neben einer *#include*-Direktive) die Funktion *printMonth()* in den hervorgehobenen Zeilen geändert werden:

```
void printMonth (int m, int y)
{
    cout << getNameOfMonth(m) << "\n\n  Mo   Di   Mi   Do   Fr
                                                    Sa   So\n\n";
    Date first = makeDate(1,m,y),
         last  = makeDate(getDayCount (m,y),m,y);
    int col = getDayOfWeek(first);

    for (int i = 0; i < col; i++)
        cout << setw(5) << " ";

    for (Date date = first;daysBetweenDates(last,date) >= 0;
                                                   incrDate(date))
    {
        cout << setw(4) << getDay(date)
             << setw(1) << getHolidayMark(date);

        if (++col == 7)
        {
            col = 0;
            cout << endl;
        }
    }

    cout << endl;
    for (date = first;daysBetweenDates(last,date) >= 0; incrDate(date))
        if (isHoliday(date))
            cout << "\n  " << setw(2) << getDay(date) << "."
                                                   << m << ". - "
                 << getHolidayName(date);
```

```
    cout << "\n\n\n";
}
```

Wenn alles gutgegangen ist, sollten wir jetzt eine neue Version des Kalenderprogramms haben. Die Funktionalität hat sich nicht geändert, aber wir arbeiten jetzt überall mit dem abstrakten Datentyp *Date*. Wie dieser Datentyp implementiert ist, ob effizient oder ineffizient, wie das Layout der Datenstruktur ist, all das braucht uns aus der Sicht des Anwendungsprogrammierers nicht mehr zu interessieren. Und das ist das eigentlich Wichtige; die Implementation des abstrakten Datentyps kann jederzeit geändert werden, wenn uns z. B. bessere Algorithmen einfallen, ohne eine Zeile der Programme und Module zu ändern, die vom ADT abhängen.

Leider bekommt man diese Vorteile nicht umsonst. Der zusätzliche Aufwand der Verkapselung macht das neue Datumsmodul, sowohl was die Schnittstelle, als auch was die Implementation angeht, wesentlich komplizierter. Auch ist die Anwendung des Datumtyps teilweise etwas umständlich und unintuitiv. Andererseits sind die vollständige Trennung von Schnittstelle und Implementation beim ADT bei komplizierteren Softwareprojekten unverzichtbar.

Das Klassenkonzept

Vom abstrakten Datentyp ist es nur noch ein kleiner Schritt zum Klassenkonzept der objektorientierten Sprachen. Die „wirkliche Welt" ist nicht aus Funktionen und Datenstrukturen aufgebaut, sondern aus Objekten, die bestimmte Verhaltensweisen und Interaktionen zeigen. Objekte ähnlicher Verhaltensweisen lassen sich zu Klassen von Objekten zusammenfassen (daher auch der Name!) und ähnliche Klassen wiederum zu Oberklassen. Die Eigenschaften eines speziellen Objekts im Vergleich zu andern ähnlichen Objekten (d. h. Objekten der gleichen Klasse) bzw. seinen inneren Zustand kann man mit einer Datenstruktur beschreiben, das Verhalten und die Interaktionen des Objekts mit seiner „Umwelt" durch die zugehörigen Funktionen. Die inneren Vorgänge eines Objekts dagegen spielen wie beim abstrakten Datentyp nach außen keine Rolle.

Objektorientierte Sprachen unterstützen all diese Konzepte im Gegensatz zu konventionellen Sprachen direkt auf der Sprachebene. Bei C++ ist die Klasse von Objekten eine ganz natürliche Erweiterung des Typsystems. Die Hauptunterschiede zwischen herkömmlichen strukturierten Typen und Klassen lassen sich in wenigen Punkten zusammenfassen:

- Klassen enthalten nicht nur Daten, sondern auch die Funktionen, die auf diesen Daten operieren.
- Klassen unterstützen das Konzept der Verkapselung von Implementationsdetails direkt auf Sprachebene.
- Abgestufte Ähnlichkeiten zwischen Klassen werden durch die Konzepte Ober- und Unterklassen und Vererbung unterstützt. Oberklassen heißen in C++ im allgemeinen Basisklassen, da sie die Basis für weiter spezialisierte abgeleitete Klassen darstellen.

Im folgenden wollen wir nun zum ersten Beschnuppern des Klassenkonzepts unseren abstrakten Datentyp *Date* in eine Klasse umbauen. Wieder haben Sie die Wahl, Ihr bestehendes Projekt (erneut) zu ändern oder ein neues auf gleiche Weise wie beim letzten Mal anzulegen.

Der Hauptunterschied zur letzten Version der Datei *Date.h* ist zunächst, daß aus dem Schlüsselwort *struct* das Schlüsselwort *class* geworden ist und die Funktionen in die Strukturdeklaration mit hinein gerutscht sind. Von diesen beiden Änderungen ist die zweite die wichtigere, Sie hätten das Schlüsselwort *struct* auch mit dem gleichen Effekt stehen lassen können. Der Unterschied zwischen *struct* und *class* ist minimal. Das Schlüsselwort *class* wurde aus demselben Grund in die Sprache eingeführt, aus dem Sie ihn hier verwenden: um deutlich sichtbar zumachen, daß Sie hier ein neues Konzept vor sich sehen.

```
class Date
{
private:
    unsigned short  day   : 6;
    unsigned short  mdays : 6;
    unsigned short  month : 4;

    short           year;
    int             dayNumber;

    int             getDayNumber(int y);
    int             getRelDayNo (int d, int m, int y);
    int             getDayNumber(int d, int m, int y);
    void            fixDate();

public:
                    Date ();
                    Date (int day, int month, int year);

//  Mit Datumsobjekten rechnen

    friend int      operator-  (Date &d1, Date &d2);

    friend int      operator>  (Date &d1, Date &d2);
    friend int      operator>= (Date &d1, Date &d2);
    friend int      operator<  (Date &d1, Date &d2);
    friend int      operator<= (Date &d1, Date &d2);
    friend int      operator== (Date &d1, Date &d2);
    friend int      operator!= (Date &d1, Date &d2);

    Date&           operator+= (int ndays);
    Date&           operator-= (int ndays);
    Date            operator++ ();                 // Präinkrement !
    Date            operator-- ();                 // Prädekrement !

//  Datumsformeln

    Date            getEasterDate ();
    Date            getAdventDate ();
```

```
//  Datumsobjekte abfragen

    int             getDayOfWeek  ();

    int             getDay        () {return day;}
    int             getMonth      () {return month;}
    int             getYear       () {return year;}

    int             getDaysOfMonth();
    char*           getNameOfMonth();
    char*           getNameOfDay  ();

    int             getDayInYear  ();

    // Sonstige Funktionen

    int             isLeapYear    (int year);
    static char*    GetNameOfMonth(int month);
    static char*    GetNameOfDay  (int day);
};
```

Gehen wir diese Klassendefinition einmal durch. Wie im letzten Beispiel handelt es sich um eine Typdefinition, auch wenn einige Komponenten (die Funktionen) an anderer Stelle getrennt definiert werden.

Neu ist zunächst das Schlüsselwort *private*. Es bewirkt, daß von außerhalb nicht auf die darauf folgenden Komponenten zugegriffen werden kann. Hier liefert also die Sprache den Schutzmechanismus, der beim ADT noch auf reiner Selbstdisziplin (oder eben auch nicht ☺) beruhte. An dieser Stelle dient es übrigens nur zur Verdeutlichung und hätte auch wegfallen können, die Schutzstufe *private* ist bei Klassen die Voreinstellung (und das war auch schon der einzige Unterschied zum Schlüsselwort *struct*!).

Nun folgen genau die Datenkomponenten, die wir auch schon im vorigen Beispiel hatten, gefolgt von einigen Funktionen, die wir im ADT noch schamhaft mit dem Attribut *static* in der Quelldatei versteckt hatten, um sie unsichtbar zu machen. Es fällt auf, daß *fixDate()* keinen Parameter mehr hat!

Als nächstes folgt das Schlüsselwort *public*. Es hat die gegenteilige Wirkung wie *private* und ist die Voreinstellung für Strukturen.

Die nächsten zwei Funktionen fallen als ungewöhnlich auf. Sie haben den gleichen Namen wie der Datentyp, und es fehlt ihnen ein Rückgabetyp. Hierbei handelt es sich um Konstruktoren. Konstruktoren (und die hier nicht verwendeten Destruktoren) sind die einzigen Funktionen in C++, die keinen Rückgabetyp, auch nicht vom Typ *void*, besitzen. Konstruktoren tragen Sorge dafür, daß jedes Objekt ordentlich initialisiert wird. Konstruktorennamen können wie andere Funktionen überladen werden, so daß man für unterschiedliche sinnvolle Initialisierungsdaten passende Konstruktoren bereithalten kann.

Unter der Überschrift „Mit Datumsobjekten rechnen" folgen nun anstelle von Funktionen mit kruden Namen eine ganze Reihe von Operatordefinitionen. Eine der schönsten Eigenschaften von C++ ist, daß diese Sprache es erlaubt, für benutzerdefinierte Datentypen Operatoren zu überladen. Damit lassen sich viele Operationen mit Objekten auf eine viel natürlichere und intuitive Weise mit den normalen mathematischen Operatoren hinschreiben.

Ein Teil der Operatoren ist zusätzlich mit dem Attribut *friend* geschmückt. Das bedeutet, daß sie eigentlich gar nicht zu dieser Klasse gehören, sondern nur Freunde sind, sie könnten sogar an anderer Stelle noch einmal getrennt deklariert sein. Als Freund unterliegen sie jedoch nicht den Schutzmechanismen der Klasse, sondern können auf alle Implementationsdetails voll zugreifen. Zu Freunden können auch andere Funktionen, Komponentenfunktionen anderer Klassen und sogar ganze Klassen erklärt werden.

Unter den Überschriften „Datumsformeln“ und „Datumsobjekte abfragen“ folgen eine ganze Reihe von Funktionen, die offensichtlich ihre Parameter verloren haben. Der Grund dafür ist, daß Komponentenfunktionen, außer in einigen Spezialfällen, ohnehin immer Zugriff auf das Objekt haben, das sie aufgerufen hat. Tatsächlich wird an alle diese Komponentenfunktionen ein Zeiger auf das zugehörige Objekt als verdeckter Parameter übergeben.

Interessant sind unter diesen Funktionen die Funktionen *getDay()*, *getMonth()* und *getYear()*. Bei diesen ist das Semikolon, das normalerweise einen Prototyp abschließt, durch einen Funktionsrumpf ersetzt. Es handelt sich also um Funktionsdefinitionen direkt innerhalb der Klassendefinition. Funktionen, die auf diese Weise definiert sind, sind Inline-Funktionen. Inline-Funktionen können aber auch genauso, wie Sie das bereits kennengelernt haben, explizit durch das Attribut *inline* als solche gekennzeichnet werden; in diesem Fall muß die Definition an anderer Stelle nachgeholt werden.

Unter den letzten Funktionen sind zwei mit dem Attribut *static* in einer neuen Rolle gekennzeichnet. In diesem Kontext verwendet bedeutet es, daß die Funktion zwar zu der Klasse gehört, aber auch ohne ein Klassenobjekt existieren und aufgerufen werden kann. Trotzdem liegt sie nicht im globalen Namenraum, sondern im Namenraum der Klasse. Wie schon bei Strukturen kollidieren Namen innerhalb der einen Klasse nicht mit Namen, die innerhalb einer anderen Klasse oder außerhalb definiert worden sind.

Wie bereits statische Variablen in Funktionen sind auch statische Variablen und Komponentenfunktionen in Klassen nicht an die Lebensdauer ihrer Wirtsobjekte gebunden, sondern leben, solange das Programm läuft. In C++ ist es eine weitverbreitete Konvention, andere Objekte mit Programmlebensdauer wie Klassen- und Typnamen groß zu schreiben und Komponentenfunktionen[31] und Variablen klein. Da es nützlich ist, statische und globale Programmobjekte auf den ersten Blick von den Objekten mit dynamischer Lebensdauer unterscheiden zu können, schreibe ich in meinen C++-Programmen gerne alle statisch oder global definierten Bezeichner groß

31 Natürlich alle außer einer gewissen Firma in Redmond.

und alle übrigen klein[32]. Letztlich ist das aber Geschmackssache, wie schon bei der Formatierung sollte man einfach einen bestimmten Stil konsistent durchhalten.

In der Quelldatei *Date.cpp* ändert sich nun einiges. Zunächst ändern sich die Namen aller statischen Daten und Funktionen in Großschreibung – aber das ist eher eine kosmetische Änderung. Funktionen, die in der Klassendefinition deklariert worden sind, können in der Quelldatei natürlich nicht mehr statisch sein, da diese Variante von *static* sie bekanntlich für den Linker unsichtbar macht.

Die Funktionen, die zu Komponentenfunktionen der Klasse *Date* geworden sind, gehören nicht mehr dem globalen Namenraum an, sondern dem eigenen Namenraum der Klasse *Date*. Glücklicherweise gibt es den Gültigkeitsbereichs- oder *::*-Operator, mit dem Namen qualifiziert werden können. Stellt man irgendeinem Namen diesen Operator in der Form *T::* voraus (wobei *T* ein Klassenname ist), ordnet der Compiler den Namen dem lokalen Sichtbarkeitsbereich von *T* zu. Die Namen aller Komponentenfunktionen von *Date* müssen auf diese Weise qualifiziert werden. Eine Ausnahme bilden die *friend*-Funktionen, bei denen es sich ja nicht um Komponentenfunktionen handelt.

Beispiel:

```
void Date::fixDate ()     // Synchronisiert Datum mit Tageszahl
{
    int adj, d, m, y;
    int n = dayNumber;

    const int y1 = 365, y4 = 4*y1+1, y100 = 25*y4-1, y400 = 4*y100+1;
    n--;
    y  = n / y400 * 400,      n %= y400,  adj = n == y400-1;
    y += n / y100 * 100,      n %= y100;
    y += n / y4 * 4,          n %= y4,    adj = adj || n == y4-1;
    y += n / y1,              n %= y1;
    if (adj) y--, n = 365;
    int nn = n - 59 - isLeapYear(++y);
    m = int((nn >= 0) ? nn * (12./366.) + 3 : n * (12./366.) + 1);
    d = n - (DaysBefore[m] + (m > 2 && isLeapYear(y))) + 1;
    if (d == 0) m--, d = 31;

    day   = d;          // Nur zum Speichern nehmen
    month = m;          // ... Rechnen effektiver mit
    year  = y;          // ... lokalen ints
    mdays = getDaysOfMonth();

    assert (y >= 0);
    assert (d > 0 && d <= mdays);
}
```

32 Das gilt allerdings nur für echtes, objektorientiertes C++. Benutze ich den konventionellen Subset von C++, wie im ersten Teil des Buches, halte ich mich eher an die ANSI-C-Gepflogenheit, gnadenlos alles klein zu schreiben.

In diesem Beispiel sieht man auch, wie auf die Komponentenfunktionen und Variablen zugegriffen wird – für eine Komponentenfunktion, die ja im Sichtbarkeitsbereich der Klasse liegt, sind alle Komponenten uneingeschränkt sichtbar und können normal verwendet werden. Das gilt für die Mitgliedsvariablen (*day, month, year, dayNumber*) genauso wie für Funktionen (*isLeapYear(), getDaysOfMonth()*).

Einen Sonderfall stellten bereits bei der Deklaration die Konstruktoren dar. Auch bei der Definition zeigen sie einige Besonderheiten:

```
Date::Date (int d, int m, int y)
{
    day = d;
    month = m;
    year = y;

    mdays = getDaysOfMonth();
    assert (y >= 0);
    assert (d > 0 && d <= mdays);
    dayNumber = getDayNumber (d,m,y);
}

Date::Date () : day(0), mdays(0), month(0), year(0), dayNumber(0)
{
}
```

Die erste Variante weist den Komponentenvariablen die als Argumente übergebenen Werte zu und initialisiert sie so. Dann benutzt der Konstruktor die Komponentenfunktion *getDaysOfMonth()* um die Zahl der Tage im Monat zu berechnen. Die Funktion *getDaysOfMonth(); g*reift dabei auf die bereits initialisierten Variablen zu, die ihr als normaler Komponentenfunktion ja ebenfalls zugänglich sind.

In der zweiten Konstruktorvariante werden die Komponenten über eine Initialisierungsliste initialisiert, der Rumpf bleibt leer (muß aber nicht). Der Hauptunterschied ist, daß die Initialisierungsliste vor dem Rumpf des Konstruktors bearbeitet wird und manche „Komponenten" sich nur über die Initialisierungsliste initialisieren lassen.

Die Operator-Funktionen sind teilweise so einfach, daß sie keiner weiteren Erläuterung bedürfen. Diejenigen Operatoren, die im globalen Sichtbarkeitsbereich liegen, brauchen auch nicht durch *Date::* qualifiziert zu werden. Hier nur einige Beispiele:

```
int operator- (Date &d1, Date &d2)
{
    return d1.dayNumber - d2.dayNumber;
}

int  operator>  (Date &d1, Date &d2)
{
    return d1.dayNumber > d2.dayNumber;
}
```

Operatoren, die als Komponentenfunktionen wie hier *operator+=()*definiert sind, beziehen sich immer auf das Objekt selbst als ersten Operanden. Der Ausdruck *date*

+= *n;* ruft also für das Objekt *date* den Operator += auf und addiert den übergebenen Wert hinzu. Hier tritt übrigens auch der vordefinierte Zeiger *this* auf, der immer auf das Objekt selbst zeigt. *this->dayNumber* bedeutet also das gleiche wie nur *dayNumber* (kann aber benutzt werden, um Mehrdeutigkeiten aufzulösen). Hier wird er dazu verwendet, das Objekt selbst (als Referenz) zurückzugeben. Der ++-Operator funktioniert ähnlich, benötigt aber kein weiteres Argument.

```
Date& Date::operator+= (int numDays)
{
    dayNumber += numDays;
    fixDate();
    return *this;
}

Date& Date::operator++ ()
{
    dayNumber++;
    if (++day > mdays) fixDate();
    return *this;
}
```

Die übrigen Funktionen sind wieder sehr einfach anzupassen. Wo gegenüber früheren Versionen Parameter abhanden gekommen zu sein scheinen, wird wie im Fall von *getAdventDate()* und *getEasterDate()* auf die entsprechenden Komponenten des Objekts selbst zurückgegriffen. Sollten Schwierigkeiten bei der Umformulierung und Ergänzung der Quelldatei auftreten, ist da immer noch die Buch-CD ...

Leider müssen auch wieder die Module *Holiday* und *Calendar* an die neuen Gegebenheiten angepaßt werden, immerhin haben wir wieder massiv die Schnittstelle des Moduls *Date* verändert. In *Holiday.h* wird das Schlüsselwort *struct* in *class* geändert, und in *Holiday.h* wie in *Holiday.cpp* werden die globalen Funktionsnamen auf Großschreibung umgestellt. Der Quellcode von *GetHolidayNdx (Date &date)* muß an den hervorgehobenen Stellen an die neue Klassenschreibweise angepaßt werden:

```
static int GetHolidayNdx (Date &date)
{
    static short currYear = -1;
    static char holidayLookup[367];

    if (date.getYear() != currYear)  // Tabelle aktualisieren.
    {
        currYear   = date.getYear();
        int easter = date.getEasterDate().getDayInYear();
        int advent = date.getAdventDate().getDayInYear();
        memset (holidayLookup, 0, sizeof(holidayLookup));

        /* ... */
    }

    return holidayLookup[date.getDayInYear()];
}
```

Der Zugriff auf die Komponentenfunktionen der Klasse *Date* sieht dabei genauso aus wie früher der Komponentenzugriff auf Komponentenvariablen. Liefert eine Funktion ein Ergebnis vom Typ *Date* oder *Date&*, kann auch mit diesem eine Komponentenfunktion aufgerufen werden.

Die drei Ausdrücke der Form:

```
hday = getDayInYear (makeDate(d,m,y));
```

erhalten nun die Form:

```
hday = Date(d,m,y).getDayInYear();
```

Der Konstruktor wird wie eine Funktion oder explizite Typumwandlung benutzt, um ein temporäres Objekt vom Typ *Date* zu erzeugen. Statt es aber einer Variablen zuzuweisen, wird nur eine Komponentenfunktion aufgerufen, um für dieses Datum festzustellen, um welchen Tag des Jahres in fortlaufender Zählung es sich handelt.

Auch im Modul *Calendar* und der Datei *CalendarApp* werden die globalen Funktionen (außer *main()* natürlich) auf Großschreibung umgestellt. Viel entscheidender aber sind die Änderungen in *PrintMonth()*. Die geänderten Zeilen sind wieder hervorgehoben.

```
void PrintMonth (int m, int y)
{
    cout << Date::GetNameOfMonth(m) << "\n\n  Mo   Di   Mi   Do
                                                  Fr   Sa   So\n\n";
    Date first(1,m,y), last(first.getDaysOfMonth(),m,y);
    int col = first.getDayOfWeek();

    for (int i = 0; i < col; i++)
        cout << setw(5) << " ";

    for (Date date = first; date <= last; ++date)
    {
        cout << setw(4) << date.getDay()
             << setw(1) << GetHolidayMark(date);

        if (++col == 7)
        {
            col = 0;
            cout << endl;
        }
    }

    cout << endl;
    for (date = first; date <= last; ++date)
        if (IsHoliday(date))
            cout << "\n  " << setw(2) << date.getDay() << "."
                 << m << ".   " << GetHolidayName(date);

    cout << "\n\n\n";
}
```

Verschiedene Punkte fallen auf. Die Funktion *GetNameOfMonth(m)* muß jetzt mit *Date::* qualifiziert werden, da sie zwar kein Objekt vom Typ *Date* zum Aufruf benötigt, aber im lokalen Sichtbarkeitsbereich von *Date* liegt.

In der Zeile

```
Date first(1,m,y), last(first.getDaysOfMonth(),m,y);
```

werden zwei Variablen vom Typ *Date* vereinbart. Die Argumente in Klammern dienen zur Initialisierung und führen zum Aufruf des passenden Konstruktors. Die Variablen *first* und *last* enthalten danach das Datum des ersten und des letzten Tags des Monats.

Auch die *for*-Anweisungen sehen nun durch <=-Operator und Inkrement-Operator im Gegensatz zum ADT-Beispiel wieder sehr klar und aufgeräumt aus.

```
for (Date date = first; date <= last; ++date)
```

Das Beispiel sollte jetzt, falls wir nichts vergessen oder vertippt haben, wieder anstandslos funktionieren. Nicht gerade überwältigend neu, was da herauskommt, aber entscheidend ist hier das Wie. Das war's. So einfach ist objektorientierte Programmierung ☺. Nun gut - ein paar klitzekleine Feinheiten fehlen uns noch.

Vererbung

Wie bereits erwähnt, deckt das Klassenkonzept nicht nur Klassen von gleichartigen Objekten ab, sondern eignet sich auch, um Klassen nur ähnlicher Objekte, also Klassen von Klassen, zu bilden. Solche Oberklassen fassen das gleichartige Verhalten von Objekten verschiedener Klassen, der sogenannten Unterklassen der Oberklasse, zusammen.

Die Eigenschaften, die allen Objekten der Ober- und Unterklassen gemeinsam sind, werden von der Oberklasse beschrieben, Eigenschaften, die spezifisch für einzelne Unterklassen sind, werden erst in den Unterklassen festgelegt. In der objektorientierten Programmierung bezeichnet man diesen Prozeß, aus allgemeineren Klassen speziellere abzuleiten, folgerichtig als Ableitung und sagt, die abgeleiteten Klassen erben die Eigenschaften der Ober- oder Basisklasse. Der Terminus Basisklasse macht dabei deutlicher, daß es sich bei der Oberklasse um die Basis einer weiteren Spezialisierung handelt. Ableitung und Vererbung sind Kernstücke der objektorientierten Programmierung, da sie es erlauben, abgestufte Ähnlichkeiten zwischen den Objekten bzw. Datentypen sehr genau zu modellieren und zwanglos in das Typsystem der Sprache einzubetten.

Um ein besseres Gefühl auch für diese Eigenschaften von C++ zu bekommen, wollen wir uns noch ein letztes Mal die Datumsklasse vornehmen. (Das ist die endgültig letzte Konsolenanwendung - versprochen!)

Vor 1582 verwendete man überall in Europa den Julianischen Kalender, der alle vier Jahre einen Schalttag einfügt. Dieser Kalender paßt die mittlere Jahreslänge recht gut an die tatsächliche Länge eines Umlaufs der Erde um die Sonne an, jedoch ist die mittlere Jahreslänge immer noch ein paar Minuten zu lang. Dies führte dazu, daß mit dem Ende des Mittelalters der Frühlingspunkt und der Ostertermin immer mehr in den Sommer zu rutschen drohten. Abhilfe schaffte der Gregorianische Kalender mit einer verfeinerten Schaltregelung und einer neuen Vorschrift zur Berechnung des Ostertermins. Um die bisherigen Verschiebungen wieder auszugleichen, wurden außerdem zehn Tage gestrichen, d. h., auf den 4. Oktober 1582 nach alter Rechnung folgte der 15. Oktober 1582 nach neuer Rechnung. Besonders diese „gestohlenen" Tage führen zu sehr zögerlicher Akzeptanz des neuen Kalenders, die sich über mehrere Jahrhunderte hinzog. Dies führte dazu, daß bis in die Neuzeit beide Kalender in Europa nebeneinander existierten. In den angelsächsischen Ländern galt der Julianische Kalender sehr viel länger als in Kontinentaleuropa, und Rußland wechselte erst in diesem Jahrhundert zum neuen Kalender. Es ist daher sicher für viele Zwecke nützlich, für einen gegebenen Tag sowohl das Julianische als auch das Gregorianische Datum angeben zu können.

Ein Datum stellt nichts anderes dar als die Benennung eines Tags nach den Vorschriften eines bestimmten Kalenders. Wie das Datum für diesen Tag ermittelt wird, ist dagegen eine Sache des verwendeten Kalenders. Das Datum an sich ist also ein allgemeines Konzept, von dem das Gregorianische Datum und das Julianische Datum spezielle Ausprägungen sind. Diese Beziehungen lassen sich leicht durch eine allgemeinere Basisklasse *Date* und zwei abgeleitete Klassen *JulianDate* und *GregorianDate* beschreiben.

Wie bei den vergangenen Malen können wir mit dem bisherigen Projekt weitermachen oder ein neues Projekt *MultiCalendar* mit den Kopien der alten Quell- und Definitionsdateien anlegen.

Da die Datumsklasse nun als Basisklasse dienen soll und keine für den Gregorianischen Kalender spezifischen Eigenschaften enthält, müssen wieder einmal ein Paar Umbauarbeiten vorgenommen werden. Die neue Definition der Klasse Date sieht wie folgt aus (geänderte Zeilen hervorgehoben, Rechen-Funktionen werden nicht gezeigt, da unverändert):

```
class Date
{
protected:        //  Zugriff nur von abgeleitetetn Klassen !
    unsigned short  day    : 6;
    unsigned short  mdays  : 6;
    unsigned short  month  : 4;

    short           year;
    int             dayNumber;

    int             getRelDayNo (int d, int m, int y);
    virtual int     getDayNumber(int y)                  = 0;
    virtual int     getDayNumber(int d, int m, int y)    = 0;
    virtual void    fixDate()                            = 0;
```

```
public:
                    Date ();
                    Date (int day, int month, int year);

//  Mit Datumsobjekten rechnen

//  ...

//  Datumsformeln

    virtual Date&   getEasterDate () = 0;
    virtual Date&   getAdventDate () = 0;

//  Datumsobjekte abfragen

    int             getDayOfWeek  () const;

    int             getDay        () const {return day;}
    int             getMonth      () const {return month;}
    int             getYear       () const {return year;}
    int             getDayNumber  () const {return dayNumber;}

    int             getDaysOfMonth() const;
    char*           getNameOfMonth() const;
    char*           getNameOfDay  () const;

    int             getDayInYear  () const;
    int             getDayInYear  (int day, int month, int year) const;

    // Sonstige Funktionen

    virtual int     isLeapYear    (int year) const = 0;
    static char*    GetNameOfMonth(int month);
    static char*    GetNameOfDay  (int day);

    // Freunde

    friend class JulianDate;
    friend class GregorianDate;
};
```

Zunächst fällt auf, daß das Schlüsselwort *private* durch das Schlüsselwort *protected* ersetzt wurde. Das Schlüsselwort *private* bedeutet nämlich wirklich privat – nicht einmal eine abgeleitete Klasse hat mehr Zugriff auf so definierte Komponenten. Komponenten, die mit *protected* geschützt sind, sind weiterhin von außen nicht zugreifbar, können jedoch in abgeleiteten Klassen angesprochen werden.

Die Funktionen *getDayNumber()*, *getDayNumber()* und *fixDate()* sind vom verwendeten Kalender abhängig. Sie sind hier durch das zusätzliche Attribut *virtual* zu virtuellen Funktionen geworden. Abgeleitete Klassen können eigene Versionen von Funktionen definieren, die bereits in der Basisklasse definiert sind. Virtuelle Funktionen haben dabei die Eigenschaft, daß sich erst zur Laufzeit beim Aufruf der Funktion auf der Basis des (wirklichen) Typs des aufrufenden Objekts entscheidet, welche Variante aufgerufen wird. Ohne das Schlüsselwort *virtual* würde dagegen der Compiler aus dem statischen Kontext festlegen, welche Funktion dieser Klasse oder einer Basisklasse aufgerufen wird. *Date* enthält z. B. eine Reihe von Funktionen, die auf eine dieser drei Funktionen zurückgreifen. Da die Funktionen virtuell sind, ist sichergestellt, daß die im dynamischen Kontext richtige Funktion aufgerufen wird.

Da für die Basisklasse *Date* nicht festliegt, welches Kalendersystem verwendet wird, sind keine sinnvollen Implementationen dieser Funktionen möglich. Dies wird durch die Schreibweise = *0* in der Funktionsdeklaration gekennzeichnet. Klassen, in denen solche sogenannten reinen virtuellen Funktionen definiert werden, heißen abstrakte Basisklassen, da es nicht möglich (d. h. verboten) ist, Objekte dieses unvollständigen Typs zu erzeugen. Reine virtuelle Funktionen und abstrakte Basisklassen dienen zur Definition von Schnittstellen, ohne daß bereits Definitionen der Definitionen nötig sind. Reine virtuelle Funktionen sind auch die Funktion *isLeapYear()* und die Funktionen zur Bestimmung des Oster- und Adventdatums *getEasterDate()* und *getAdventDate()*. Die letzten beiden Funktionen geben auch kein Objekt vom Typ *Datum* mehr zurück, da solche nicht mehr selbständig existieren können. Statt dessen übergeben sie eine Referenz auf ein Datumsobjekt, das einen der beiden abgeleiteten Typen haben kann.

Eine ganze Reihe von Funktionen haben sich außerdem insofern verändert, daß sie mit einem zusätzlichen *const*-Attribut hinter dem Funktionskopf verziert worden sind, beispielsweise *getDayOfWeek() const;*. Diese Veränderung steht nicht in Zusammenhang mit dem Ableitungsmechanismus und stellt nur eine Mitteilung an den Compiler dar, daß die betreffende Funktion den Inhalt des Objekts nicht ändert. Daher können solche Funktionen auch mit konstanten Objekten und aus anderen konstanten Komponentenfunktionen heraus aufgerufen werden.

Die letzte Ergänzung der Klassendefinition sind zwei *friend*-Deklarationen. Sie teilen der Klasse *Date* mit, daß die Klassen *JulianDate* und *GregorianDate* auch in Situationen auf alle Interna der Klasse *Date* zugreifen können, die mit der Schutzklasse *protected* eigentlich nicht zugelassen sind.

Die Definition der abgeleiteten Klasse *GregorianDate* folgt auf die Definition der Klasse *Date* und sieht so aus (die Ableitung von *JulianDate* aus *Date* ist dann vollkommen analog):

```
class GregorianDate : public Date
{
protected:
    int             getDayNumber(int d, int m, int y);
    int             getDayNumber(int y);
    void            fixDate();
public:
                    GregorianDate ();
                    GregorianDate (const Date& date);
                    GregorianDate (int day, int month, int year);

    GregorianDate&  operator=     (const Date& from);

    Date&           getEasterDate ();
    Date&           getAdventDate ();
```

```
    int               isLeapYear    (int year) const;
                                    // Testet, ob Jahr ein Schaltjahr ist
};
```

Die Klassendefinition ist nun durch die Spezifikation *: public Date* erweitert worden. Damit erbt *GregorianDate* von *Date* alle Komponentenvariablen und Funktionen.

Die Spezifikation *public* legt hier fest, daß über die in *Date* getroffenen Zugriffsbeschränkungen hinaus kein zusätzlicher Zugriffschutz gewünscht ist (man kann eine Basisklasse auch mit *private* an dieser Stelle quasi als Blackbox behandeln). Es folgt die Deklaration aller Funktionen, die in *GregorianDate* abweichend oder zusätzlich zu *Date* vorhanden sind. Neue Komponentenvariablen wären auch möglich, werden hier aber nicht benötigt. Die Funktionen, die in der Basisklasse bereits als virtuell deklariert worden sind, brauchen hier übrigens nicht erneut als virtuell deklariert werden (auch wenn die explizite Angabe natürlich möglich wäre).

Hervorzuheben sind noch der Kopierkonstruktor *GregorianDate (const Date& date)* und der Zuweisungs-Operator *operator= (const Date& from)*, die so formuliert sind, daß sie die beliebige Zuweisung von Datumsobjekten von unterschiedlichen von *Date* abgeleiteteten Typen untereinander zulassen. Damit genügt zur Ermittelung des Julianischen oder Gregorianischen Datums eines Tags eine einfache Zuweisung oder Typumwandlung.

Die Funktionen, die in der Klasse *Date* als reine virtuelle Funktionen und in *GregorianDate* neu definiert werden, müssen natürlich auch aus der Implementation von *Date* herausgenommen werden. Am besten faßt man sie an einer Stelle der Quelldatei zusammen, z. B. am Ende und ändert die Qualifizierung in *GregorianDate::*. Die Konstruktoren von *Date* initialisieren nur noch die Komponentenvariablen mit den Vorgaben. Eine Berechnung von *dayNumber* ist nicht sinnvoll, da diese vom Kalendersystem abhängt.

Die Funktionen zur Berechnung des Oster- und Adventtermins geben nun eine Referenz zurück. Da diese auch nach dem Ende der Funktion gültig bleiben müssen, da über die Referenz auf sie zugegriffen werden kann, muß die zurückgegebene lokale Variable statisch werden. Am Beispiel von *getAdventDate()* demonstriert, bedeutet dies eine Änderung in:

```
Date& GregorianDate::getAdventDate ()
{
    static GregorianDate Advent;
    int n = getDayNumber (25,12,year);
    Advent.dayNumber = n - (n+6) % 7 - 22;
    Advent.fixDate();
    return Advent;
}
```

Interessant sind auch die neuen Konstruktoren für *GregorianDate*. Der erste Konstruktor ruft über die bereits bekannte Initialisierungsliste zunächst den Konstruktor der Basisklasse auf, um anschließend die vom Kalendersystem abhängigen Initialisierungen von *mdays* und *dayNumber* durchzuführen. Der parameterlose Konstruktor scheint dagegen gar nichts zu tun. Da er in der Initialisierungsliste keinen Konstruktor von *Date* explizit anspricht, verwendet er implizit den Standard-Konstruktor *Date()*.

```
GregorianDate::GregorianDate (int d, int m, int y) : Date (d,m,y)
{
    mdays = getDaysOfMonth();
    assert (y >= 0);
    assert (d > 0 && d <= mdays);
    dayNumber = getDayNumber (d,m,y);
}

GregorianDate::GregorianDate () {}
```

Um schließlich noch die Zuweisung zwischen verschiedenen Datumsvariablen oder die Initialisierung einer Datumsvariablen mit einer anderen zu ermöglichen, benötigen wir noch einen passenden Kopierkonstruktor und Zuweisungs-Operator:

```
GregorianDate::GregorianDate (const Date& date)
{
    dayNumber = date.dayNumber;      // hierfür friend-Deklaration nötig!
    fixDate();
}

GregorianDate&  GregorianDate::operator= (const Date& date)
{
    dayNumber = date.dayNumber;
    fixDate();
    return *this;
}
```

Die Definition der Komponentenfunktionen für die Klasse *JulianDate* erfolgt analog. Die Datums-Funktionen für den Julianischen Kalender sehen anders aus als für den Gregorianischen Kalender. Die Datums-Funktion *getDayNumber(int y)* berücksichtigt die einfachere Schaltregelung und wird durch die Subtraktion von 2 mit der Tageszahl für den Gregorianischen Kalender synchronisiert. Ebenso muß die Umkehrfunktion *fixDate()* an die einfachere Regelung angepaßt und synchronisiert werden:

```
int JulianDate::getDayNumber(int y)
{
    return (y >= 0) ? 365L * y + y/4 - 2: 0;
}

void JulianDate::fixDate ()       // Synchronisiert Datum mit Tageszahl
{
    int adj, d, m, y;
    int n = dayNumber + 2;

    const int y1 = 365, y4 = 4*y1+1;
    n--;
    y  = n / y4 * 4,          n %  y4,     adj = (n == y4-1);
    y += n / y1,              n %= y1;
    if (adj) y--, n = 365;
    int nn = n - 59 - isLeapYear(++y);
```

```
    m = int((nn >= 0) ? nn * (12./366.) + 3 : n * (12./366.) + 1);
    d = n - (DaysBefore[m] + (m > 2 && isLeapYear(y))) + 1;
    if (d == 0) m--, d = 31;

    day   = d;                      // Nur zum Speichern nehmen
    month = m;                      // ... Rechnen effektiver mit
    year  = y;                      // ... lokalen ints
    mdays = getDaysOfMonth();

    assert (y >= 0);
    assert (d > 0 && d <= mdays);
}
```

Die Julianischen Versionen für das Osterdatum und den 1. Advent haben die folgende Form:

```
Date& JulianDate::getEasterDate ()              // nach Zeller, bis 1582
{
    int year = this->year;
    int a, b, c, d, e;
    static JulianDate Easter;
    a = year % 19;
    b = year / 100, c = year % 100;
    d = (19*a+15) % 30;
    e = (d+c+c/4-b)%7;
    Easter.dayNumber = getDayNumber(21,3,year)+d+7-e;
    Easter.fixDate ();
    return Easter;
}

Date& JulianDate::getAdventDate ()
{
    static JulianDate Advent;
    int n = getDayNumber (25,12,year);
    Advent.dayNumber = n - (n+6) % 7 - 22;
    Advent.fixDate();
    return Advent;
}
```

Die einfachere Schaltregelung spiegelt sich auch in der Test-Funktion *isLeapYear()* wieder:

```
int JulianDate::isLeapYear(int y) const         // Testet auf Schaltjahr
{
    return y % 4 == 0;
}
```

Die Konstruktoren *JulianDate (int d, int m, int y)*, *JulianDate ()* und *JulianDate (const Date& date)* sowie der Zuweisungs-Operator können (natürlich bis auf den Klassennamen) direkt von den Versionen der Klasse *GregorianDate* abgeschrieben werden. Sie müssen in jeder Klasse neu definiert werden.

Die Anpassungen der restlichen Anwendung an die neuen Datumstypen sind minimal. Sie gehen im wesentlichen darauf zurück, daß Objekte des Datentyps *Date* nicht mehr erzeugt werden dürfen. In *Calendar.cpp* muß der Datentyp *Date* geändert werden in *GregorianDate,* und in *Holiday.cpp* sind die Ausdrücke der Form:

```
hday = Date(d,m,y).getDayInYear();
hday = date.getDayInYear(d,m,y);
```

abzuändern in

```
hday = date.getDayInYear(d,m,y);
```

Zusammenfassung

Die Komplexität moderner Software läßt sich nur durch immer abstraktere Konzepte meistern. Abstrakte Datentypen und objektorientierte Programmierung sind nach der strukturierten Programmierung die nächsten logischen Schritte in diesem Prozeß.

Abstrakte **D**aten**t**ypen (ADT) lassen sich mit den Mitteln konventioneller Sprachen implementieren und nehmen einige Kernkonzepte der objektorientierten Programmierung vorweg, insbesondere die Kapselung von Implementationsdetails und die vollständige Trennung von Schnittstelle und Implementation. Ein ADT faßt einen Datentyp und die dazugehörigen natürlichen Operationen zu einer konzeptionellen Einheit zusammen. Durch die Trennung von Schnittstelle und Implementation kann die Implementation geändert werden, ohne vom ATD abhängende, möglicherweise sehr große Programmsysteme zu beeinträchtigen.

Eleganter und leistungsfähiger als die ADTs ist das Klassenkonzept. Objekte ähnlicher Verhaltensweisen lassen sich zu Klassen von Objekten zusammenfassen, und ähnliche Klassen zu Oberklassen. Klassen in C++ sind eine logische Erweiterung des Konzepts der Datenstruktur. Klassen enthalten jedoch nicht nur Daten, sondern auch die Funktionen, die auf diesen Daten operieren. Das Konzept der Kapselung wird von Klassen direkt auf Sprachebene unterstützt. Abgestufte Ähnlichkeiten zwischen Klassen werden durch die Konzepte der Ober- und Unterklassen und der Vererbung unterstützt. Eigenschaften, die allen Objekten der Ober- und Unterklassen gemeinsam sind, werden von der Oberklasse beschrieben, Eigenschaften, die spezifisch für einzelne Unterklassen sind, werden erst in den Unterklassen festgelegt. Der Prozeß, aus allgemeineren Klassen speziellere Klassen abzuleiten, wird als Ableitung bezeichnet. Die abgeleiteten Klassen erben die Eigenschaften der Ober- oder Basisklasse.

3.2 Rahmenwerk – Die Microsoft-Foundation-Classes

Der Schnelldurchgang in objektorientierter Programmierung mit C++ im vorangegangen Abschnitt versetzt uns nun endlich in die Lage, uns mit dem Kernstück der Windows-Programmierung in Visual C++ zu befassen – mit den Microsoft-Foundation-

Classes. Klassenbibliotheken und Hierarchien gibt es auch von Drittherstellern zur Lösung vieler Problembereiche wie Datenbankprogrammierung, mathematische Klassenbibliotheken, Datenerfassung und Echtzeitgrafik oder 3-D-Grafik. Klassenbibliotheken, die ein vollständiges Grundgerüst für eine Anwendung bereitstellen, bezeichnet man auch als Anwendungsgrundgerüste oder Anwendungsgerüste[33] (engl. Application Framework).

Die **M**icrosoft-**F**oundation-**C**lasses (MFC) sind ein komplexes Grundgerüst aus Klassen, die alles enthalten, was man für eine Windows-Anwendung benötigt. Dabei verkapseln die Klassen der MFC die Details der Windows-Programmierung und versetzen Sie in die Lage, sich auf die eigentliche Funktionalität unserer Anwendung zu konzentrieren. Die Programmierung von MFC-Anwendungen wird durch den MFC-Anwendungs-Assistenten von Visual C++ optimal unterstützt. Dialoggeführt werden vom Anwender alle gewünschten Eigenschaften der Anwendung festgelegt, dann wird vom Anwendungs-Assistenten das Projekt mit allen benötigten Dateien automatisch erstellt. In Kapitel 1.1 haben wir mit den Projekten *HalloWindows2* und *HalloMFC* sowohl eine herkömmliche Windows-Anwendung als auch eine MFC-Anwendung bereits kennengelernt.

Fenstertechnik – Der Aufbau eines Fensters

Die Entwurfsphilosophie von Microsoft Windows war von Anfang an stark von objektorientierten Konzepten durchdrungen, auch wenn die Windows-API selbst eher wie ein alphabetisch geordnetes Sammelsurium von C-Funktionenen, Datenstrukturen und vordefinierten Konstanten aussieht. Alle wesentlichen Konzepte, ob Fenster, Zeichensatz, Ausgabegerät oder Gerätekontext werden durch Windows-Objekte realisiert, deren konkrete Realisierung vor dem Programmierer verborgen bleibt. Im Regelfall erhält dieser keinen Zeiger auf die Datenstruktur des Windows-Objekts, sondern nur eine Zahl als sogenanntes Handle (engl. für Griff). Insofern entsprechen Windows-Objekte sehr viel eher abstrakten Datentypen als die entsprechenden Strukturen des Macintosh-Betriebssystems, bei dem alle Strukturen für den Programmierer (zum Guten wie zum Schlechten) vollkommen offenliegen.

Die Objektorientierung von Windows geht soweit, daß Fenster verschiedenen Fensterklassen angehören und einander Nachrichten schicken (ein Smalltalk-Konzept, das dem Aufruf von Komponentenfunktionen in C++ entspricht). Windows ist sogar geradezu um dieses nachrichtenbasierte Konzept herum aufgebaut, viele Aktionen lassen sich auf der API-Ebene überhaupt nur durch den Versand einer entsprechenden Botschaft erreichen.

Die grundsätzliche Architektur einer Windows-Anwendung beruht auf Fenstern. Fenster sind in Windows eigenständige Objekte, die Nachrichten empfangen und ver-

33 Gelegentlich findet man in der deutschsprachigen Literatur auch die falsche Übersetzung „Anwendungsrahmen". Framework muß in diesem Kontext korrekt als Gerüst, nicht als Rahmen(werk) übersetzt werden.

senden können. Damit die Fenster einer Anwendung jedoch auf die Nachrichten reagieren können, muß ihnen (neben anderen Eigenschaften) eine Fensterfunktion zugeordnet werden. Diese Zuordnung geschieht durch die sogenannte Registrierung der Fensterklasse. Eine Anwendung kann dabei beliebig viele Fensterklassen mit verschiedenen Fensterfunktionen und sonstigen Eigenschaften definieren. Wenn die Anwendung nun ein neues Fenster benötigt, kann dieses unter Angabe der gewünschten (eingebauten oder selbst registrierten) Fensterklasse erzeugt werden. Im Beispiel *HalloWindows2* haben wir hier zur Vereinfachung die eingebaute Fensterklasse *BUTTON* verwendet, die normalerweise für Schaltflächen verwendet wird. Dadurch konnten wir vermeiden, eine eigene Fensterklasse zu registrieren.

Jedem Fenster ist über die Fensterklasse eine Fensterfunktion zugeordnet. Diese Fensterfunktion wird von Windows immer aufgerufen, wenn das Fenster eine Nachricht empfängt. Im Grunde stellt der Versand einer Nachricht an ein Fenster nichts anderes dar als den Aufruf der Fensterfunktion desjenigen Fensters mit Parametern, die näheren Aufschluß über die Art der Nachricht geben. Fensterfunktionen selbst enthalten typischerweise sehr große und unübersichtliche *switch*-Anweisungen, die für jede Nachricht, die das Fenster versteht, einen *case*-Zweig enthalten müssen.

Windows verschickt diese Nachrichten an die Fensterfunktionen jedoch nicht direkt. Vielmehr muß die Anwendung selbst in einer sogenannten Nachrichtenschleife mit der Funktion *GetMessage()* bei Windows anfragen, ob eine Nachricht vorliegt. Dies gab Windows 3.x und früheren Version die Gelegenheit, die Kontrolle an eine andere laufende Anwendung zu übertragen (kooperatives Multitasking). Hat Windows eine Nachricht für die Anwendung, kehrt der Aufruf von *GetMessage()* mit der neuen Nachricht zurück. Mit *DispatchMessage()* wird die Nachricht (evtl. nach zusätzlichen Verarbeitungsschritten) schließlich an das zuständige Fenster weitergeleitet. Dies kann ein Fenster mit einer vordefinierten Fensterklasse wie z. B. ein Kontrollelement oder ein von der Anwendung selbst registriertes Fenster sein.

Bei der Windows-Programmierung wird ein Programm also quasi von innen nach außen gestülpt. Anstatt eine Reihe vorgegebener Verarbeitungsschritte zu durchlaufen und ggf. nötige Informationen beim Anwender abzufragen, wird statt dessen das Programm (oder genauer die Fensterfunktionen des Programms) bei Bedarf von Windows aus aufgerufen. Das Hauptprogramm dient nur noch der Initialisierung und zur Aufnahme der Hauptnachrichtenschleife. Beim Umstieg von konventioneller Programmierung auf die Windows-Programmierung erfordert dies ein erhebliches Umdenken für den Programmierer.

Um die Grundprinzipien der herkömmlichen Windows-Programmierung besser zu verstehen und die Vorzüge der MFC würdigen zu können, schauen wir zunächst ein konventionelles Windows-Programm an. Da das frühere Beispiel *HalloWindows2* ohne eigene Fensterfunktion doch etwas minimalistisch ausgefallen ist, legen Sie ein neues Projekt an mit Menüauswahl *Datei/Neu*, Dialogeingabe Reiter *Projekte*, Typ: *Win32 Application*, Projektname: *HalloWindows3*, *OK* und legen dann eine Datei *Hello.cpp* an, die Sie mit *Datei/Neu*, Reiter *Dateien*, Typ: *C++-Quellcodedatei*, Dateiname: *Hello.cpp*, *OK* zu unserem neuen Projekt hinzufügen. Als Hauptprogramm benötigen Sie wie in allen Windows-Programmen wieder die Funktion *WinMain()*. Diese enthält den benötigten Initialisierungscode und die Hauptnachrichtenschleife:

```
int WINAPI WinMain (HINSTANCE hinst, HINSTANCE hprevinst,
                                            LPSTR, int cmdShow)
{
   if (hprevinst == NULL)
   {
       WNDCLASS wclass;
       memset (&wclass, 0, sizeof(wclass));
       wclass.style = CS_HREDRAW | CS_VREDRAW;
       wclass.lpfnWndProc = WndProc;
       wclass.hInstance = hinst;
       wclass.hCursor = LoadCursor (NULL, IDC_ARROW);
       wclass.hbrBackground = (HBRUSH)(COLOR_WINDOW+1);
       wclass.lpszClassName = "HALLO";
       if (!RegisterClass (&wclass)) return FALSE;
   }

   HWND hwnd = CreateWindow("HALLO", "HALLO", WS_OVERLAPPEDWINDOW,
                              CW_USEDEFAULT, 0, CW_USEDEFAULT, 0,
                              NULL, NULL, hinst, NULL);
   ShowWindow(hwnd, cmdShow);
   UpdateWindow(hwnd);

   MSG msg;
   while (GetMessage(&msg, NULL, 0, 0))
   {
       DispatchMessage(&msg);
   }

   return msg.wParam;
}
```

Zunächst wird in einer *if*-Anweisung abgefragt, ob bereits eine Instanz des Programms aktiv ist. Wenn ja, kennt Windows den vom Programm benötigten speziellen Fenstertyp schon, die sogenannte Registrierung einer neuen Fensterklasse kann übersprungen werden. (Fensterklassen im Windows-Sinn dürfen nicht mit Fensterklassen im MFC-Sinn verwechselt werden – wir werden auf diesen Unterschied in diesem Kapitel noch einmal zurückkommen.) Wenn noch keine Instanz des Programms aktiv ist, muß für die Anwendung eine neue Fensterklasse bei Windows registriert werden. Dazu wird eine Datenstruktur vom Typ *WNDCLASS* angelegt und mit Angaben zu Stil, Fensterfunktion, Instanz-Handle, Cursor, Hintergrundmuster und Name der Fensterklasse initialisiert. Wichtig ist besonders die Adresse der Fensterfunktion, welche die Reaktionen auf die Windows-Nachrichten vorgibt.

Nachdem so sichergestellt ist, daß die Fensterklasse unserer Beispielanwendung bereitsteht, kann mit *CreateWindow()* ein Fenster dieser Klasse erzeugt werden. *ShowWindow()* und *UpdateWindow()* stellen sicher, daß das Fenster sichtbar ist und neu gezeichnet wird. Wie dieses Zeichnen auszusehen hat, wird dagegen wie andere Funktionen des Fensters durch die Fensterfunktion festgelegt.

Nachdem ein Hauptfenster für die Anwendung existiert, kann nun die Hauptnachrichtenschleife gestartet werden. Dazu wird zunächst eine Datenstruktur *msg* vom Typ *MSG* zur Aufnahme der Nachrichten festgelegt und anschließend mit *while (GetMessage(&msg, NULL, 0, 0))* die nächste Nachricht abgefragt und mit *DispatchMessage()* weitergereicht. Einzig wenn eine *WM_QUIT* Nachricht empfangen wird, liefert *GetMessage()* den Wert „falsch". Diese Nachricht wird daher auch nicht per *DispatchMessage()* weitergeschickt, sondern führt zum Abbruch der Hauptnachrichtenschleife und damit zum Ende des Programms. Das Herzstück einer Windows-Anwendung ist die Fensterfunktion:

```
LRESULT CALLBACK WndProc(HWND hwnd, UINT msg, WPARAM wparam,
                                                      LPARAM lparam)
{
    switch(msg)
    {
    case WM_PAINT:
        Paint(hwnd);
        break;
    case WM_DESTROY:
        PostQuitMessage(0);
        break;
    default:
        return DefWindowProc (hwnd, msg, wparam, lparam);
    }
    return 0;
}
```

Die vorliegende Fensterfunktion ist anders als in wirklichen Anwendungen sehr einfach. Im wesentlichen sieht sie eigene Reaktionen auf zwei Windows-Nachrichten vor: *WM_PAINT* und *WM_DESTROY*. Für alle übrigen Nachrichten wird die Nachricht an die API-Funktion *DefWindowProc()* weitergereicht, die für diese Fälle die Standardverarbeitung durchführt. Bei Empfang der Nachricht *WM_DESTROY* wird die API-Funktion *PostQuitMessage()* aufgerufen. Dies führt dazu, daß die Anwendung an sich selbst eine *WM_QUIT*-Nachricht schickt, um so die Hauptnachrichtenschleife zu verlassen. Die WM_PAINT-Nachricht teilt mit, daß das Fenster oder Teile davon neu gezeichnet werden müssen. Dies geschieht zur besseren Übersichtlichkeit in einer eigenen Funktion *Paint()*:

```
void Paint (HWND hwnd)
{
    PAINTSTRUCT ps;
    HDC hdc = BeginPaint(hwnd, &ps);
    if (hdc)
    {
        RECT rect;
        GetClientRect (hwnd, &rect);
        DPtoLP(hdc, (LPPOINT)&rect, 2);
        DrawText(hdc, "Hallo Welt!", -1, &rect,
            DT_CENTER | DT_VCENTER | DT_SINGLELINE);
        EndPaint(hwnd,&ps);
    }
}
```

Paint() ist ein schönes Beispiel für das prinzipielle Vorgehen, aber auch für die Umständlichkeiten der direkten Programmierung mit der Windows-API. Zunächst wird eine Hilfsdatenstruktur *PAINTSTRUCT ps* angelegt und dann mit *BeginPaint()* ein Handle *HDC hdc* für den Gerätekontext des Fensters besorgt.

Wenn das gutgeht, werden die Koordinaten des Anwenderbereichs mit *GetClientRect()* ermittelt und mit *DPtoLP()* von Gerätekoordinaten in logische Koordinaten des Fensters umgerechnet. Anschließend wird *DrawText()* verwendet, um unsere frohe Botschaft in diesem Rechteck zentriert unter das Volk zu bringen. Ganz wichtig ist schließlich der Aufruf von *EndPaint()*, um den Gerätekontext für anderweitige Verwendung an Windows zurückzugeben. Geschieht das nicht, gehen Windows binnen kurzem die Gerätekontexte aus - mit fatalen Folgen.

Um das Beispiel jetzt fehlerfrei zu übersetzen, muß übrigens auf die Reihenfolge der drei Funktionen geachtet, oder es müssen zusätzliche Funktionsdeklarationen an den Anfang der Datei geschrieben werden. Schließlich darf auch ein *#include <windows.h>* am Anfang der Datei nicht vergessen werden.

Besonders abschreckend sieht das Beispiel mit seinen ca. 63 Zeilen freilich nicht aus. Das ändert sich jedoch schlagartig, wenn man wirkliche Programme schreibt und die Fensterfunktionen zu mehrseitigen Monstren anschwellen. Das Beispiel *generic.c*, das in den „guten alten Zeiten" (als Männer noch Männer waren und man Dinosaurier mit einem Brocken Assemblercode niederschlug etc. etc.) dem Windows-SDK beilag, ist ca. 500 Zeilen lang zuzüglich einer 200zeiligen Ressourcendatei. Diese Anwendung tat nichts anderes, als ein Fenster mit einigen Standardelementen anzuzeigen und ferner eine Hilfe, eine *About* und eine *Exit*-Funktion anzubieten. Kein Wunder, daß die meisten Programmierer Windows zunächst einmal furchteinflößend fanden.

Anatomie einer MFC-Anwendung

Eine Alternative zu diesen unübersichtlichen, schlecht strukturierbaren und schlecht wartbaren Programmonstren bieten nun die Microsoft-Foundation-Classes. Eine MFC-Anwendung ist sicherlich nicht kleiner oder weniger kompliziert als eine herkömmliche Windows-Anwendung, doch ist sie wesentlich besser strukturierbar und mit Hilfe der Assistenten leichter zu erstellen und zu ergänzen.

Bevor wir einen Überblick über die MFC geben, ist es zunächst sicher sinnvoll, wenn wir uns das Beispielprojekt *HalloMFC* noch einmal näher ansehen - wir kennen nun genug C++, um zu verstehen, was hier vor sich geht. Dazu öffnen Sie das Projekt mit *Datei/Arbeitsbereich öffnen* und Doppelklick auf den im Dialog angezeigten Ordner *HalloMFC* und dann auf die Datei *HalloMFC.mdp*.

Durch Klicken auf die Reiter können Sie im Projektbereich nach Bedarf zwischen Dateiansicht und Klassenansicht hin und her springen und Objekte durch Doppelklicken auffalten oder auswählen. In der Dateiansicht finden Sie nach dem Aufklappen von *HalloMFC Dateien* und *Header-Dateien* die Definitionsdateien *HalloMFC.h*, *Hallo-*

MFCDoc.h, *HalloMFCView.h*, *MainFrm.h* und *StdAfx.h*. In der Klassenansicht dagegen finden Sie die Klassen des Projekts, die Sie ebenfalls auffalten können, um Komponentenfunktionen und Variablen in näheren Augenschein zu nehmen.

Die Definitionsdatei *StdAfx.h* bindet nur einige häufig gebrauchte Definitionsdateıen ein. Da *StdAfx.h* vom Präcompiler vermittels *StdAfx.cpp* getrennt übersetzt und als *HalloMFC.pch* vorgehalten wird, kann angesichts der gewaltigen Definitionsdateien von Windows und der MFC die Übersetzungszeit stark reduziert werden (Man kann dieses Verhalten unter dem Menüpunkt *Projekt/Einstellungen*, Reiter: *C/C++*, Kategorie *Vorkompilierte Header* ändern).

Die Anwendungsklasse

Der wesentliche Inhalt der Datei *HalloMFC.h* ist die Definition einer Klasse *CHalloMFCApp* (leicht gekürzt um einige Kommentare):

```
class CHalloMFCApp : public CWinApp
{
public:
    CHalloMFCApp();

// Overrides
    // ClassWizard generated virtual function overrides
    //{{AFX_VIRTUAL(CHalloMFCApp)
    virtual BOOL InitInstance();
    //}}AFX_VIRTUAL

// Implementation

    //{{AFX_MSG(CHalloMFCApp)
    afx_msg void OnAppAbout();
    //}}AFX_MSG
    DECLARE_MESSAGE_MAP()
};
```

Zunächst fallen Kommentarzeilen der merkwürdigen Form *//{{AFX_VIRTUAL*, *//}}AFX_VIRTUAL*, *//{{AFX_MSG* und *//}}AFX_MSG* ins Auge. Diese und änliche Markierungen sind nicht für den menschlichen Leser, sondern für den Klassen-Assistenten von Visual C++ gedacht. Sie markieren die Bereiche, die für den Klassen-Assistenten bestimmt sind. Jede manuelle Änderung der Markierungen oder innerhalb dieser Bereiche sollte unterbleiben, da dies den Klassen-Assistent später aushebeln würde.

Betrachten wir nur die hervorgehobenen Bereiche der Klassendefinition, bleiben nur drei Komponentenfunktionen und ein Makro übrig (in dem allerdings einige weitere Deklarationen versteckt sind).

```
class CHalloMFCApp : public CWinApp
{
public:
    CHalloMFCApp();
    virtual BOOL InitInstance();
```

```
    afx_msg void OnAppAbout();
    DECLARE_MESSAGE_MAP()
};
```

CHalloMFCApp ist die Anwendungsklasse der Anwendung. Die Anwendung selbst ist ein Objekt dieser Klasse, das in *HalloMFC.cpp* als globale Variable *CHalloMFCApp theApp* definiert ist: *CHalloMFCApp* ist von einer allgemeineren Anwendungsklasse *CWinApp* abgeleitet, die bereits die vollständige Funktionalität einer MFC-Anwendung zur Verfügung stellt. In der speziellen Anwendungsklasse *CHalloMFCApp* müssen lediglich einige Funktionen (neu) definiert werden, die für die Anwendung spezifisch sind, wie Initialisierung und Anzeige der About-Box.

Von diesen drei in *HalloMFC.cpp* definierten Funktionen tut der Konstruktor *CHalloMFCApp()* scheinbar gar nichts. Tatsächlich ruft er aber seinerseits den Konstruktor der Basisklasse *CWinApp* auf. Dieser stellt unter anderem sicher, daß nicht mehr als ein Objekt dieser Klasse erzeugt wird, und lädt einen Zeiger im Inneren der MFC mit der Adresse dieses Objekts. Dadurch können die Funktionen der MFC das Applikationsobjekt jederzeit wiederfinden, ohne zu wissen, wo es genau angelegt worden ist.

Startup-Code

Initialisierungen des Objekts der speziellen Anwendungsklasse finden jedoch im Konstruktor noch nicht statt, diese führt erst die Funktion *InitInstance()* durch. Schauen wir uns den Start einer MFC-Anwendung einmal genauer an. Dies geschieht in der hier vereinfacht dargestellten Funktion *AfxMinMain()* in der MFC-Quelldatei *winmain.cpp* (in voller Schönheit im Ordner *\msdev\mfc\src):*

```
int AFXAPI AfxWinMain (HINSTANCE hInstance, HINSTANCE hPrevInstance,
    LPTSTR lpCmdLine, int nCmdShow)
{
    int nReturnCode = -1;
    CWinApp* pApp = AfxGetApp();

    if (!AfxWinInit(hInstance, hPrevInstance, lpCmdLine, nCmdShow))
        goto InitFailure;

    if (!pApp->InitApplication())
        goto InitFailure;

    if (!pApp->InitInstance())
    {
        // ...
        goto InitFailure;
    }

    nReturnCode = pApp->Run();

InitFailure:
    AfxWinTerm();
    return nReturnCode;
}
```

Zunächst besorgt sich die Funktion mit *AfxGetApp()* einen Zeiger auf das Anwendungsobjekt *theApp*. Da dieses als globale Variable definiert ist, ist sichergestellt, daβ das Objekt bereits angelegt und vom Konstruktor initialisiert worden ist. Anschlieβend ruft *AfxWinMain()* die Funktion *AfxWinInit()* zur Initialisierung der MFC, die Komponentenfunktionen des Anwendungsobjekts *InitApplication()* und *InitInstance()* zur Initialisierung des Anwendungsobjekts auf. Für die letztere virtuelle Funktion hat *HalloMFCApp* eine eigene Version definiert, die nun ausgeführt wird. Schlägt eine dieser drei Funktionen fehl, wird zur Fehlerbehandlung verzweigt und der Startversuch abgebrochen.

Geht dagegen alles gut, wird die Komponentenfunktion *Run()* des Anwendungsobjekts (virtuelle Funktion in der Basisklasse definiert) aufgerufen. In *Run()* sind die gesamten Details der Nachrichtenschleife und der Nachrichtenbehandlung verkapselt, die Sie in vereinfachter Form im Projekt *HalloWindows2* bereits kennengelernt haben. Wird diese Funktion schlieβlich beendet, endet auch das Programm.

Initalisierungs-Funktion

Schauen wir uns nun einmal die Initalisierungs-Funktion von *HalloMFCApp* in *HalloMFC.cpp* näher an. Auch diese Funktion ist wieder stark vereinfacht, um den Blick auf das Wesentliche zu beschränken, die volle Version steht ja in *HalloMFC.cpp* zur Verfügung.

```
BOOL CHalloMFCApp::InitInstance()
{
    Enable3dControls();
    LoadStdProfileSettings();

    CSingleDocTemplate* pDocTemplate;
    pDocTemplate = new CSingleDocTemplate(
        IDR_MAINFRAME,
        RUNTIME_CLASS(CHalloMFCDoc),
        RUNTIME_CLASS(CMainFrame),
        RUNTIME_CLASS(CHalloMFCView));
    AddDocTemplate(pDocTemplate);

    CCommandLineInfo cmdInfo;
    ParseCommandLine(cmdInfo);
    if (!ProcessShellCommand(cmdInfo)) return FALSE;

    return TRUE;
}
```

Die ersten Aktionen der Initialisierungs-Funktion sind das Einschalten des 3-D-Looks und Laden der *ini*-Datei. Der wichtigste Schritt der Initialisierung für normale Anwendungen ist danach sicherlich die Erzeugung einer Dokumentenschablone *CSingleDocTemplate*. Diese Information versetzt die Anwendung später in die Lage, auf die Erzeugung neuer Dateien mittels *Datei/Neu* hin die richtigen Aktionen auszuführen.

Nachrichtentabelle

In der Definition der Klasse *CHalloMFCApp* war bereits das Makro *DECLARE_MESSAGE_MAP()* aufgefallen. In diesem sind weitere Deklarationen versteckt, die die Klassenansicht von Visual C++ leider nicht anzeigt. Sucht man die Definition des Makros in *AfxWin.h* heraus, findet man, daß es expandiert zu:

```
private:
    static const AFX_MSGMAP_ENTRY _messageEntries[];
protected:
    static AFX_DATA const AFX_MSGMAP messageMap;
    static const AFX_MSGMAP* PASCAL _GetBaseMessageMap();
    virtual const AFX_MSGMAP* GetMessageMap() const;
```

Dies ist übrigens auch ein hübsches Beispiel für die unkalkulierbaren Nebeneffekte von Makros. Das Makro ändert nämlich den Zugriffsschutz aller darauf folgenden Klassenkomponenten. Das ist auch der Grund, warum es hier erst am Ende der Klassendefinition steht.

Das Makro ist ein Bestandteil der MFC-eigenen Nachrichtenverarbeitung. Es werden vier weitere Klassenkomponenten definiert: eine private Tabelle *_messageEntries*[], welche mögliche Nachrichten und die Reaktionen darauf enthält, eine Variable *messageMap*, die bei genauerer Betrachtung Zeiger auf diese und andere Nachrichtentabellen enthält, und die Zugriffsfunktionen *_GetBaseMessageMap()* und *GetMessageMap()* zum Zugriff auf die Nachrichtentabellen. Die Datenkomponenten sind statisch vereinbart. Dies bewirkt, daß sie eigentlich nicht Bestandteil der Datenstruktur sind, sondern für diese Klasse nur genau ein einziges Mal angelegt werden. Die Zugriffsfunktion *GetMessageMap()* ist dagegen virtuell. Das stellt sicher, daß Objekte mit Nachrichtentabellen unter allen Umständen immer die richtige Nachrichtentabelle ansprechen. Die zu diesen Deklarationen gehörigen Definitionen in *HalloMFC.Cpp* sind ebenfalls in Makros verpackt.

```
BEGIN_MESSAGE_MAP(CHalloMFCApp, CWinApp)
    ON_COMMAND(ID_APP_ABOUT, OnAppAbout)
    ON_COMMAND(ID_FILE_NEW, CWinApp::OnFileNew)
    ON_COMMAND(ID_FILE_OPEN, CWinApp::OnFileOpen)
    ON_COMMAND(ID_FILE_PRINT_SETUP, CWinApp::OnFilePrintSetup)
END_MESSAGE_MAP()
```

Der Makroaufruf BEGIN_MESSAGE_MAP(theClass,baseClass) expandiert zu:

```
const AFX_MSGMAP* PASCAL theClass::_GetBaseMessageMap()
{
    return &baseClass::messageMap;
}

const AFX_MSGMAP* theClass::GetMessageMap() const
{
    return &theClass::messageMap;
}

AFX_DATADEF const AFX_MSGMAP theClass::messageMap =
```

```
{
    &theClass::_GetBaseMessageMap,
    &theClass::_messageEntries[0]
};

const AFX_MSGMAP_ENTRY theClass::_messageEntries[] =
{
```

Er definiert also automatisch die mit *DECLARE_MESSAGE_MAP()* deklarierten Komponentenfunktionen und Variablen *_GetBaseMessageMap(), GetMessageMap(), messageMap* und den Anfang der Tabelle *_messageEntries[]*. Man beachte dabei, daß die Stellvertreterargumente *theClass* und *baseClass* zu den tatsächlichen Namen von Klasse und Basisklasse expandiert werden. *END_MESSAGE_MAP()* expandiert dagegen zu einem abschließenden Dateneintrag zur Schlußmarkierung und der abschließenden geschweiften Klammer.

```
    {0, 0, 0, 0, AfxSig_end, (AFX_PMSG)0 } \
};
```

Die Makros zwischen Anfang und Ende der Nachrichtentabelle

```
ON_COMMAND(ID_APP_ABOUT, OnAppAbout)
ON_COMMAND(ID_FILE_NEW, CWinApp::OnFileNew)
ON_COMMAND(ID_FILE_OPEN, CWinApp::OnFileOpen)
ON_COMMAND(ID_FILE_PRINT_SETUP, CWinApp::OnFilePrintSetup)
```

expandieren zu den Einträgen der Nachrichtentabelle, deren genaue Struktur uns hier nicht zu interessieren braucht. Sie tragen jedenfalls die Kenndaten der Nachricht und die Adresse der zur Bearbeitung gewünschten Funktion ein. Neben dem Makro *ON_COMMAND* zur Festlegung der Reaktion auf Menüeingaben existieren in den MFC noch eine große Anzahl anderer Makros zur Erstellung von Einträgen in die Nachrichtentabelle. Normalerweise nimmt uns zum Glück der Klassen-Assistent die Aufgabe ab, diese Tabelle manuell zu pflegen.

Eine MFC-Anwendung nutzt diese an verschiedenen Stellen niedergelegten Tabellen, um auf jede Benutzerinteraktion und jede Windows-Nachricht die entsprechende Reaktion nachzuschlagen. Dies ist nun nicht gerade die reine objektorientierte Lehre. Eigentlich sollte für jede mögliche Nachricht eine virtuelle Funktion in der Basisklasse existieren, die bei Wunsch nach einer spezifischen Reaktion in einer der abgeleiteten Klassen redefiniert wird. Nicht umsonst wird der Aufruf von Mitglieds-Funktionen von Objekten in anderen Sprachen auch als „Senden einer Nachricht an das Objekt" bezeichnet. Und dann dieses Hantieren mit Hunderten von häßlichen Makros – Brrr.

Die Rechtfertigung für die Vorgehensweise der MFC ist jedoch überzeugend: Nachrichtentabellen sind geschickt eingesetzt nicht wesentlich langsamer als virtuelle Funktionen, dafür aber wesentlich flexibler (weil nicht an die Struktur des Klassenbaums gebunden) und sparen eine Menge Platz. Hat man eine Basisklasse mit hunderten von virtuellen Methoden, werden entsprechend große interne Tabellen (die sogenannte *VTables*) nötig, um den Zugriff auf diese zu organisieren. Und mit jeder abgeleiteten Klasse muß eine weitere Kopie dieser Tabelle angelegt werden. Schaut man sich zum Vergleich Anwendungsgerüste an, die der reinen Lehre folgen, wie z. B. C++/Views, stellt man bei vergleichbarer Leistungsfähigkeit der Klassenbibliotheken fest, daβ MFC-Anwendungen wesentlich schlanker sind.

Hauptrahmen

Als nächstes nehmen wir uns einmal die Dateien *MainFrm.h* und *MainFrm.cpp* vor. Diese enthalten den sogenannten Hauptrahmen oder engl. MainFrame der Anwendung. In der deutschsprachigen Literatur findet man auch hierfür gelegentlich die Bezeichnung Anwendungsrahmen.

In einer einfachen Nicht-MFC-Windows-Anwendung würde man typischerweise ein Fenster erzeugen und dieses verwenden, um die Ausgaben des Programms anzuzeigen. MFC-Anwendungen auf der anderen Seite benutzen dagegen mindestens zwei Fenster, ein Rahmenfenster und ein Ansichtsfenster. Dies dient vor allen Dingen zur Trennung der generellen Verwaltungsaufgaben der Anwendung von den spezielleren Aufgaben des Ansichtsfensters, das vor allem zur Interaktion mit den Daten der Anwendung dient. Die Daten sind in einem weiteren Objekt zusammengefaβt, dem Dokument. Diese Dreiteilung ist ein Konzept, das erstmals bei Smalltalk auftrat und als MVC-Paradigma (Model-View-Controller) bezeichnet wird[34]. Im Fall einer MFC-Anwendung ist das Dokument das *Model*, das Ansichtsfenster der *View* und der Hauptrahmen der *Controller*. Zweck der Aufteilung ist es, das Daten-Model soweit wie möglich von der Anzeige abzukoppeln und beide wiederum von der Benutzerinteraktion weitgehend zu isolieren. Dadurch können alle drei Bereiche unabhängig voneinander gepflegt werden. Der Hauptrahmen verwaltet das Hauptfenster der Anwendung mit Symbolleiste, Menüs usw. Für die Anwendung *HalloMFC* ist die Hauptrahmenklasse (wieder gnadenlos zusammengestrichen) wie folgt definiert:

```
class CMainFrame : public CFrameWnd
{
protected: // create from serialization only
    CMainFrame();
    DECLARE_DYNCREATE(CMainFrame)

public:
    virtual BOOL PreCreateWindow(CREATESTRUCT& cs);
    virtual ~CMainFrame();

protected:  // control bar embedded members
    CStatusBar  m_wndStatusBar;
    CToolBar    m_wndToolBar;

    afx_msg int OnCreate(LPCREATESTRUCT lpCreateStruct);
    DECLARE_MESSAGE_MAP()
};
```

34 Microsoft bezeichnete das Konzept dagegen als Document-View-Architektur und tut so, als wäre das ganze in Redmond erfunden worden.

Zunächst kommt der Standard-Konstruktor, der wegen des Zugriffsschutzes jedoch nur von dieser Klasse und Unterklassen aus ansprechbar ist, dann ein Makro, das eine statische Komponentenfunktion *CreateObject()* deklariert, mit der Objekte dieses Typs erzeugt werden können.

Die Funktion *PreCreateWindow()* ist vorgesehen, um noch vor der Erzeugung des Hauptrahmenfensters auf dessen Erzeugung Einfluß zu nehmen. Hier tut sie nichts, außer den Aufruf an die entsprechende Funktion der Basisklasse weiterzureichen.

Die folgende Komponente ist uns bisher noch nicht begegnet. Es handelt sich um einen Destruktor, eine Komponentenfunktion, die automatisch wieder aufräumt, wenn ein Objekt, aus welchen Gründen auch immer, seine Existenz beendet. Zur Kennzeichnung des Destruktors gegenüber dem ansonsten gleich aussehenden Konstruktor wird das Symbol des Komplement-Operators verwendet (wohl weil der Destruktor das Komplement des Konstruktors ist). Dieser Destruktor allerdings tut (noch) nichts.

Die (geschützten) Komponentenvariablen *m_wndStatusBar* und *m_wndToolBar* enthalten die Statusanzeige und die Symbolleiste. Abgeschlossen wird die Definition durch die Komponentenfunktion *OnCreate()* und das bereits bekannte Nachrichtentabellenmakro.

Bis auf die Funktion *OnCreate()* bietet *MainFrm.cpp* wenig Interessantes. Letztere ist mit dem Makro *ON_WM_CREATE()* als Reaktion auf die Windows-Nachricht *WM_CREATE* in die Nachrichtentabelle eingetragen. Die (gekürzte) Funktion sieht wie folgt aus:

```
int CMainFrame::OnCreate(LPCREATESTRUCT lpCreateStruct)
{
    if (CFrameWnd::OnCreate(lpCreateStruct) == -1)
        return -1;

    if (!m_wndToolBar.Create(this) ||
        !m_wndToolBar.LoadToolBar(IDR_MAINFRAME))
            return -1;      // fail to create

    if (!m_wndStatusBar.Create(this) ||
        !m_wndStatusBar.SetIndicators(indicators,
          sizeof(indicators)/sizeof(UINT)))
              return -1;      // fail to create

    m_wndToolBar.SetBarStyle(m_wndToolBar.GetBarStyle() |
        CBRS_TOOLTIPS | CBRS_FLYBY | CBRS_SIZE_DYNAMIC);

    m_wndToolBar.EnableDocking(CBRS_ALIGN_ANY);
    EnableDocking(CBRS_ALIGN_ANY);
    DockControlBar(&m_wndToolBar);

    return 0;
}
```

Zunächst wird die *OnCreate()*-Funktion der Basisklasse aufgerufen, um dann bei Erfolg Symbolleiste und Statuszeile zu erzeugen. Anschließend werden noch einige Einstellungen bezüglich der Symbolleiste vorgenommen.

Man sieht hier übrigens schön die MFC-Philosophie, Windows-Objekte konzeptionell von den zugehörigen MFC-Objekten zu trennen. Das MFC-Objekt wird durch den Konstruktor initialisiert und den Destruktor wieder abgebaut. Das zugehörige Windows-Objekt, hier die Symbolleisten- und Statuszeilenfenster, werden getrennt davon mit *Create()* erzeugt und mit *DestroyWindow()* wieder zerstört.

Dokumentenklasse

Bleiben noch die Dateien *HalloMFCDoc.h* und *HalloMFCView.h* bzw. die zugehörigen Quelldateien zu näheren Betrachtung. Die Dokumentenklasse hat die (abgekürzte) Definition:

```
class CHalloMFCDoc : public CDocument
{
protected: // create from serialization only
    CHalloMFCDoc();
    DECLARE_DYNCREATE(CHalloMFCDoc)

public:
    virtual BOOL OnNewDocument();
    virtual void Serialize(CArchive& ar);

    virtual ~CHalloMFCDoc();

    DECLARE_MESSAGE_MAP()
};
```

Neu sind für Sie hier nur die Funktionen *OnNewDocument()*, die bei der Eingabe von *Datei/Neu* die Dokumentendatenstruktur neu initialisieren muß, und *Serialize()*, welche die Daten des Dokuments zwischen einer Archivdatei und dem Dokument hin und her transportieren kann.

```
BOOL CHalloMFCDoc::OnNewDocument()
{
    if (!CDocument::OnNewDocument()) return FALSE;

    // Hier eigenen Code einsetzen !!

    return TRUE;
}

void CHalloMFCDoc::Serialize(CArchive& ar)
{
    if (ar.IsStoring())
    {
        // Hier eigenen Code zum Speichern einsetzen !!
    }
    else
```

```
    {
        // Hier eigenen Code zum Laden einsetzen !!
    }
}
```

Alle diese Funktionen sind allerdings in diesem einfachen Beispiel ziemlich zweckfrei.

Ansichtsklasse

Die Ansichtsklasse unseres Beispiels hat die (vereinfachte) Definition:

```
class CHalloMFCView : public CView
{
protected: // create from serialization only
    CHalloMFCView();
    DECLARE_DYNCREATE(CHalloMFCView)

public:
    CHalloMFCDoc* GetDocument();

    virtual void OnDraw(CDC* pDC);  // overridden to draw this view
    virtual BOOL PreCreateWindow(CREATESTRUCT& cs);

protected:
    virtual BOOL OnPreparePrinting(CPrintInfo* pInfo);
    virtual void OnBeginPrinting(CDC* pDC, CPrintInfo* pInfo);
    virtual void OnEndPrinting(CDC* pDC, CPrintInfo* pInfo);

    virtual ~CHalloMFCView();

    DECLARE_MESSAGE_MAP()
};
```

Die Funktion *GetDocument()* bietet Zugriff auf das zugehörige Dokument, *OnDraw()* wird aufgerufen, wenn das Ansichtsobjekt Ausgaben auf Bildschirm oder Drucker durchführen will, z. B. als Reaktion auf eine *WM_PANT*-Nachricht.

PreCreateWindow() gibt uns wie schon beim Hauptrahmenfenster wieder die Möglichkeit, in den Erzeugungsprozeß des Fensters einzugreifen. Die restlichen neuen Funktionen erlauben Eingriffe in die Druckausgabe.

Alle diese Funktionen tun nichts, außer teilweise die gleichnamigen Funktionen der Basisklasse aufzurufen. Die einzige Funktion mit einer wirklichen Funktionalität ist *OnDraw()*, die Sie benutzt haben, um jene wichtige Mitteilung auszugeben:

```
void CHalloMFCView::OnDraw(CDC* pDC)
{
    CRect rect;
    GetClientRect (&rect);
    pDC->DPtoLP(&rect);
    pDC->DrawText("Hallo Welt!", &rect,
                  DT_CENTER | DT_VCENTER | DT_SINGLELINE);
}
```

Vergleichen wir das mit der Funktion *Paint()* aus der konventionellen Windows-Anwendung *HalloWindows3*, sind die ähnliche Struktur, aber auch die Vorteile der MFC-Version unübersehbar. *Paint()* muß sich um eine Menge zusätzlicher Details kümmern, die bei der MFC-Version *OnDraw()* automatisch erledigt werden:

```
void Paint (HWND hwnd)
{
    PAINTSTRUCT ps;
    HDC hdc = BeginPaint(hwnd, &ps);
    if (hdc)
    {
        RECT rect;
        GetClientRect (hwnd, &rect);
        DPtoLP(hdc, (LPPOINT)&rect, 2);
        DrawText(hdc, "Hallo Welt!", -1, &rect,
            DT_CENTER | DT_VCENTER | DT_SINGLELINE);
        EndPaint(hwnd,&ps);
    }
}
```

MFC und Anwendungen

Eine typische MFC-Anwendung wird wie unser letztes Beispiel typischerweise mit dem MFC-Anwendungs-Assistenten von Visual C++ erstellt. Es ist natürlich genauso möglich (wenn auch mühsamer), eine MFC-Anwendung per Hand zu erstellen. Ebensowenig sind MFC-Anwendungen auf Windows beschränkt. Fensterobjekte, Nachrichtenschleifen etc. machen natürlich nur in diesem Zusammenhang Sinn. Viele Allzweckklassen können aber genauso gut in Konsolenanwendungen eingesetzt werden:

```
#include <afx.h>

CFile& operator<<(CFile& file, const CString& string)
{
    file.Write(string, string.GetLength());
    return file;
}

void main ()
{
    CFile file((int)GetStdHandle(STD_OUTPUT_HANDLE));
    CString string = "Hallo MFC !";
    file << string;
}
```

Entweder Sie legen ein neues Projekt *HalloMFCKonsole* als Konsolenprojekt an und fügen die obige Datei *main.cpp* ein, teilen dem Developer Studio durch *Projekt/Einstellungen,* Reiter *Allgemein* im Kombinationsfeld mit Namen *Microsoft Foundation Classes* mit, daß Sie eben diese zu benutzen gedenken, und übersetzen und linken wie gehabt z. B. mit [F7]. Oder Sie kehren den richtigen Macho-Programmierer heraus und tippen auf der DOS-Kommandozeile ein:

```
cl /MT main.cpp.
```

Der Hauptzweck der MFC ist natürlich die Kapselung der nackten Windows-API. Die wichtigeren Klassen wie *CWnd*, *CDialog* oder *CGdiObject* sind aus dieser Design-Philosophie entstanden. Im Idealfall braucht eine MFC-Anwendung niemals direkt eine Funktion der Windows-API aufzurufen, statt dessen konstruiert sie Objekte geeigneten Typs und benutzt die Komponentenfunktionen dieser Objekte. Die Konstruktoren und Destruktoren der Objekte kümmern sich um alle notwendigen Initialisierungs- und Aufräumarbeiten.

Muß eine Anwendung wie *HalloMFC* beispielsweise in ein Fenster zeichnen, kann sie ein *CClientDC*-Objekt erzeugen, welches die innere Fläche des Fensters als Ausgabegerät darstellt, und dann eine der Funktionen des Objekts aufrufen (die wiederum den Funktionen des GDI, des **G**raphic **D**evice **I**nterface entsprechen). Der Konstruktor der Klasse *CClientDC* tätigt alle nötigen Aufrufe, um einen Gerätekontext (DC) zu erstellen, sorgt für den korrekten Abbildungsmodus und führt andere Initialisierungen durch. Wenn das Programm den Gültigkeitsbereich des Objekts verläßt oder das Objekt mit dem *delete*-Operator gelöscht wird, gibt der Destruktor den Gerätekontext automatisch wieder frei. Diese Art der Verkapselung würde das Schreiben von Anwendungen selbst ohne Developer Studio, Anwendungs-Assistent oder Klassen-Assistent schon wesentlich einfacher machen.

Das Problem mit Anwendungsgerüsten und komplexen Klassenbibliotheken ist ihre reichlich steile Lernkurve. Natürlich ist es einfach, ein paar Zeilen Code zu schreiben, wie etwa

```
CClientDC *pDC;
pDC = new CClientDC (this);
pDC->Rectangle (0,0,100,100)
delete pDC;
```

Allerdings nur, wenn wir genau wissen, was wir tun. Andernfalls müssen wir nämlich erst einmal herausfinden, daß es da tatsächlich eine Klasse gibt, welche die Zeichenfläche eines Fensters repräsentiert. Als nächstes müssen wir die Komponentenfunktionen von *CClientDC* und seine Basisklassen nach passenden Funktionen abgrasen, um ein Rechteck auszugeben. Eine solche Ausgabefunktion könnte aber natürlich auch in der *CWnd* Klasse oder in einer Klasse *CRectangle* zu suchen sein – das ist alles eine Frage der Design-Philosophie. Und schließlich sind wir uns unserer C++ Kenntnisse auch noch nicht so sicher, eine ganze Reihe von Kapiteln über die Feinheiten des Klassenkonzepts liegt noch vor uns.

Glücklicherweise hat Visual C++ eine ausgezeichnete Online-Hilfe, die einem sehr schnell weiterhilft, wenn man einmal die grundlegenden Zusammenhänge begriffen hat. Und dann sind da noch der Anwendungs-Assistent und der Klassen-Assistent, die uns einen großen Teil der Arbeit abnehmen.

Es hilft jedoch erheblich, wenn man einen Überblick über das große Bild und die Grundzusammenhänge hat. Erst das versetzt einen in die Lage, Detailinformationen richtig einzuordnen. Nachdem wir nun bereits die Innereien und die Grundstruktur einer einfachen MFC-Anwendung kennengelernt haben, sollen uns nun die folgenden Abschnitte diesen Überblick vermitteln.

Grundlegendes zu den MFC

Die Architektur der MFC ist ein schönes Beispiel für eine Klassenhierarchie, in der von grundlegenden Klassen immer speziellere Klassen abgeleitet werden. Die meisten Klassen der MFC sind von einer gemeinsamen Wurzel abgeleitet, der *CObject*-Klasse. Die Klassen der MFC lassen sich lose in mehrere Kategorien organisieren, von denen Anwendungsarchitekturklassen und die Fensterklassen die Wichtigsten sind. Andere Kategorien sind GDI, Systemdienste und vermischte Klassen. Alle Klassennamen der MFC beginnen übrigens mit einem großen C. Das dient dazu, sie von den Klassen anderer Klassenhierarchien zu unterscheiden, die ähnliche Namenskonventionen verwenden.

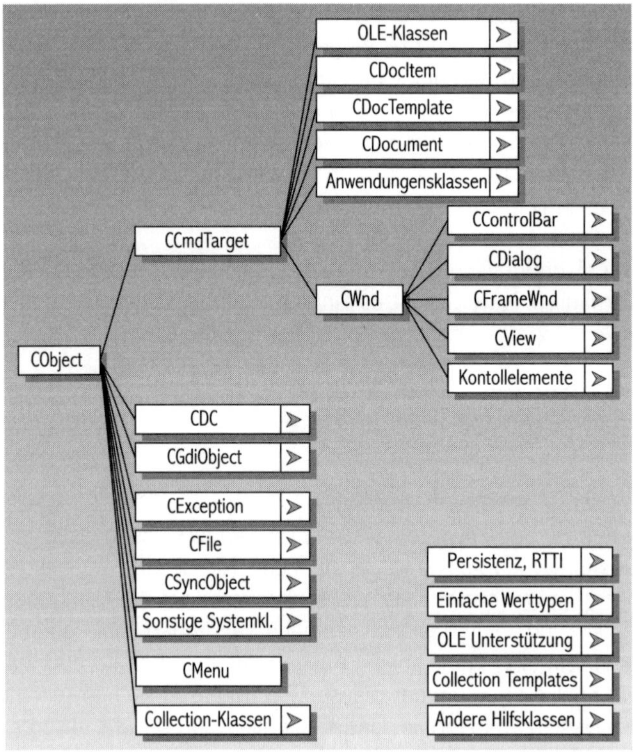

Abb. 53: Überblick über die Microsoft-Foundation-Classes. Klassen oder Sachgruppen mit einem Pfeilsymbol auf der rechten Seite expandieren zu Teilbäumen bzw. Gruppen von Klassen

Klassenhierarchie

In den MFC ist *CObject* die Mutter (fast) aller Klassen. Man verwendet in Klassenhierarchien meistens eine gemeinsame Wurzelklasse, die das abstrakte Konzept eines Objekts an sich verkörpert. Da in C++ die Adresse eines Objekts immer auch einem Zeiger auf ein Basisklassenobjekt zugewiesen werden kann, hat man so einen Zeigertyp, der Zeiger auf beliebige Objekte aufnehmen kann. Das so referenzierte

Objekt behält trotzdem seinen Typ – Aufrufe virtueller Funktionen rufen nicht die Funktionen der Basisklasse auf, sondern die für das spezielle Objekt richtige Version. (Das gilt jedoch nur für virtuelle Funktionen; bei normalen Funktionen wird die aufzurufende Funktion bereits zur Übersetzungszeit aus dem Typ des Zeigers oder der Referenz bestimmt.) Von der Wurzel *CObject* sind die folgenden Klassen abgeleitet:

- *CCmdTarget* umfaßt alle Klassen, die mit Hilfe einer Nachrichtentabelle auf Nachrichten und Kommandos reagieren können. Eine Nachricht, die zunächst an den Hauptrahmen geschickt wird, wird z. B. ggf. an Unterrahmenfenster weitergeleitet, dann an Ansichtsfenster, Dokumente und schließlich an Dialogfenster, bis sie an einer Stelle verarbeitet wird. *CCmdTarget* umfaßt als Unterklassen alle Fensterklassen (*CWnd* und Unterklassen), ferner Thread und Anwendungsklassen (*CWinThread* und davon abgeleitet *CWinApp*), Dokumentenklassen (*CDocument*) und Dokumentschablonenklassen (*CDocTemplate*).
- CDC ist die Oberklasse der Gerätekontextklassen: CClientDC, CMetaFileDC, CPaintDC und CWindowDC. Gerätekontexte (DC – Device Context) repräsentieren Geräte, auf die grafische Ausgaben durchgeführt werden können.
- *CException* umfaßt eine Reihe von Klassen zur Ausnahmebehandlung
- *CFile* repräsentiert Dateien auf Massenspeicher oder auch im Arbeitsspeicher
- *CGdiObject* repräsentiert GDI-Objekte wie Bitmaps (*CBitmap*), Pinsel (*CBrush*), Schriften (*CFont*), Paletten (*CPalette*), Stifte (*CPen*) und Regionen (*CRgn*)
- eine ganze Reihe von Kollektions- und Wörterbuch-Klassen. Diese sind (leider) nicht unter einer eigenen Basisklasse zusammengefaßt, so daß sie zwar verwandte Leistungen, aber keine echte gemeinsame Schnittstelle bieten.

Der größte Teilbaum in der Klassenhierarchie der MFC sind die Unterklassen von *CCmdTarget*, und hier speziell die Unterklassen von *CWnd*. *CWnd* repräsentiert alle Fenster in Windows durch geeignete Unterklassen. Von *CWnd* sind die folgenden Klassen und Teilbäume abgeleitet:

- *CFrameWnd* mit den Unterklassen *CMainFrame*, *CMDIChildWnd*, *CMDIFrameWnd* und *CMiniFrameWnd*. Rahmenfenster dienen zur Organisation der Anwendung und enthalten häufig andere Fenster, speziell Ansichtsfenster (s. u.).
- *CView*, die Ansichtsklasse. In einem Ansichtsfenster werden die Daten der Anwendung angezeigt. Wir können die eigenen Ansichtsfenster direkt von *CView* oder einer der Unterklassen wie *CEditView*, *CScrollView* oder *CFormView* ableiten.
- *CDialog*, die Dialogklasse. Von dieser werden die meisten eigenen Dialoge abgeleitet, aber auch eingebaute Dialogklassen wie *CAboutDialog*, *CPropertyPage* und *CCommonDialog* samt Unterklassen.
- *CControlBar*: Symbolleisten und Statuszeilen mit den Unterklassen *CDialogBar*, *CStatusBar* und *CToolBar*
- Kontrollelemente. Da zur Implementation von Kontrollelementen die Schnittstelle von *CWnd* vollkommen ausreicht, wurde im Interesse einer möglichst flachen Klassenhierarchie auf eine eigene Oberklasse *CControl* verzichtet. Statt dessen wurden die Kontrollelemente direkt von *CWnd* abgeleitet.

CObject und Serialisierung

Die Wurzel der Klassenhierarchie der MFC ist die *CObject*-Klasse. Neben dem Konzept des „Objekts an sich" unterstützt *CObject* für alle Objekte sinnvolle Eigenschaften wie Persistenz und Typbestimmung zur Laufzeit.

Unter Persistenz versteht man die dauerhafte Existenz eines Objekts über die Lebensdauer des Programms hinaus. Oder einfacher ausgedrückt, einen Mechanismus, ein Objekt in eine Datei oder einen anderen Datenbehälter (Zwischenablage oder OLE) zur schreiben oder von dort wieder einzulesen. Da dabei möglicherweise komplexe oder verzeigerte Objektstrukturen in eine serielle Form gebracht werden müssen, bezeichnet man den Vorgang auch als Serialisierung.

Wozu nun Serialisierung? Warum nicht einfach schreiben:

```
cout << object;
```

Auf der einen Seite ist die Ausgabe von Datenstrukturen, die Zeiger enthalten, in eine Datei zumindest kniffelig. Wenn man später das Objekt aus der Datei einliest, kann man ziemlich sicher sein, daß die Zeiger irgendwohin, aber nicht auf eine sinnvolle Speicherstelle zeigen. Auf was auch immer sie einmal gezeigt haben, es ist bestimmt nicht mehr an dieser Stelle im Speicher vorhanden.

Die MFC-Bibliothek benutzt *CArchive*-Objekte, um Persistenz zu implementieren. Ein *CArchive*-Objekt organisiert die dauerhafte Speicherung komplexer Netzwerke von Objekten (ohne daß der Anwender der Klasse sich darum kümmern muß, wie das genau geschieht). Andererseits „weiß" das *CArchive*-Objekt natürlich nicht, wie ein gegebenes Objekt abzuspeichern ist. Gemäß der Philosophie, daß jedes Objekt selbst am besten weiß, welche Komponenten es bei seiner Rekonstruktion wieder benötigt, definiert *CObject* daher eine virtuelle Funktion *Serialize()*, die jedes abgeleitete Objekt dann geeignet implementieren kann.

Wird ein Objekt mit den üblichen <<-Operatoren an ein *CArchive* ausgegeben, ruft das Archiv an irgendeinem Punkt der Verarbeitung die *Serialize()*-Funktion des Objekts auf. Das Objekt gibt daraufhin die Komponenten, die zur Rekonstruktion benötigt werden, wiederum mit dem <<-Operator aus. Der Prozeß wiederholt sich, bis die gesamte Information vom *CArchive* in serieller Form organisiert und ausgegeben worden ist. Einlesen und Rekonstruktion des Objekts erfolgen analog. Auf diese Weise ist *CArchive* in der Lage, beliebig komplexe Netzwerke von Objekten zu speichern und wieder mit der gleichen (Zeiger-)Struktur zu rekonstruieren. Man bezeichnet dies als isomorphe Persistenz, da die logische Struktur des Netzwerks erhalten bleibt.

Am besten läßt sich das mit einem einfachen Beispiel illustrieren. Angenommen, Sie entwerfen eine (sehr schlichte) Klasse *String*, um das Konzept einer Zeichenkette in einer flexibleren Form zu repräsentieren, als das mit C-Strings möglich ist:

```
class String : public CObject
{
    DECLARE_SERIAL(String)
```

```
private:
    short           len;
    char*     str;
public:
    virtual void Serialize(CArchive &a)
    //...
}
```

Die Klasse ist von *CObject* abgeleitet, um die dort definierte Schnittstelle für die Serialisierung zu erben. Das *DECLARE_SERIAL*-Makro fügt eine Version des Ausgabe-Operators >> und die statische Funktion *CreateObject()* zur Objektdefinition hinzu, damit *CArchive* Objekte einlesen und rekonstruieren kann.

Die Variable *len* enthält die Länge der Zeichenkette und *str* die Zeichenkette selbst. Da die Länge der Zeichenkette separat gespeichert ist, ist das Nullzeichen jetzt nicht mehr als String-Endezeichen reserviert. Die Variable *len* ist vom Typ *short*, da dieser sowohl bei 16-Bit- als auch bei 32-Bit-Compilern immer 16 Bit breit ist. So ist sichergestellt, daß die geschriebenen Daten sowohl von 16- als auch von 32-Bit-Versionen des Programms geschrieben und gelesen werden können. Eine Alternative zu diesem Typ ist der in *Windows.h* definierte „Typ" *WORD*. Auch dieser ist in allen Implementationen immer 16 Bit breit (obwohl das eigentlich im Widerspruch zu seinem Namen steht). *Windows.h* definiert eine große Anzahl solcher Typen, die abhängig von der Umgebung mit unterschiedlichen eingebauten Typen gleichgesetzt werden.

Die Implementation der *Serialize()*-Funktion für den neuen Zeichenkettentyp sieht wie folgt aus (*IMPLEMENT_SERIAL* implementiert die im *DECLARE_SERIAL*-Makro deklarierten Funktionen zur Unterstützung der Serialisierung):

```
IMPLEMENT_SERIAL(String, CObject, 0)

void String::Serialize(CArchive &a)
{
    if (a.IsStoring())
    {
        a << len;
        a.Write(str,len);
    }
    else
    {
        a >> len;
        str = new char[len];
        a.Read(str, len);
    }
}
```

Da *Serialize()* sowohl zum Lesen als zum Schreiben der Daten verwendet wird, wird das Archiv zunächst gefragt, ob es gerade schreibt oder liest. Die Zusammenfassung beider Aktionen in einer Funktion hilft dabei, den Code für Ein- und Ausgabe konsistent zu halten.

Bei einer Ausgabe wird zunächst die Länge *len* der Zeichenkette ausgegeben, danach der Inhalt. Für letzteren wird die *Write()*-Funktion verwendet, die die Daten ungeachtet ihres Inhalts binär überträgt. (An dieser Stelle könnten auch beliebige andere Komponenten mit << ausgegeben werden, einschließlich anderer Objekte, die dieses Objekt enthält oder per Zeiger referenziert.)

Bei einer Leseoperation wird die Länge in gewohnter Weise aus dem Archiv wieder eingelesen, ein neuer String-Puffer angelegt und die Zeichenkette binär in diesen Puffer eingelesen. Wichtig ist, daß sich Ausgabe und Eingabeoperationen vollständig entsprechen.

Laufzeit-Typ-Information

Um diesen Persistenzmechanismus zu implementieren, benötigen wir eine Methode, um den Typ eines Objekts zur Laufzeit feststellen und Objekte dieses Typs erstellen zu können. Zu der Zeit, zu der die MFC Bibliothek und andere gängige Anwendungsgerüste entworfen wurden, war Laufzeittyperkennung (RTTI – **R**un**t**ime **T**ype **I**dentification) noch nicht Bestandteil des Sprachstandards von C++. Anwendungsgerüste implementieren daher alle in der einen oder anderen Weise eine eigene Variante der Typenerkennung zur Laufzeit.

In den MFC geschieht dies durch eine Metaklasse (eine Klasse, die andere Klassen beschreibt) mit Namen *CRuntimeClass* und eine Reihe von Unterstützungsmakros. Die Metaklasse *CRuntimeClass* hat Komponentenvariablen für den Klassennamen der beschriebenen Klasse, für die Größe der Klassenobjekte, einen Zeiger auf die statische Funktion *Create()* der zugehörigen Klasse und Funktionen, um die essentiellen Informationen der Metaklasse in einem Archiv abzulegen.

Anwendungen benutzen die Metaklasse selten direkt. Statt dessen verlassen sie sich auf eine Reihe von Makros, um in der Implementationsdatei einer Klasse ein richtig initialisiertes Metaklassenobjekt einzubetten und die zugehörigen Deklarationen in die Klassendefinition einzufügen. Es gibt drei Paare solcher Makros, die zunehmend mehr Funktionalität zur Verfügung stellen. Die Leistung eines jeden dieser Makros schließt also die Leistungen der vorangegangenen Makros mit ein:

- *DECLARE_DYNAMIC* und *IMPLEMENT_DYNAMIC*: Fügt der Klasse Laufzeitinformationen (in Form eines Metaklassenobjekts) hinzu. Ermöglicht die Benutzung der Komponentenfunktion *IsKindOf()*.
- *DECLARE_DYNCREATE* und *IMPLEMENT_DYNCREATE*: Ermöglicht es, zusätzlich ein Objekt der Klasse durch die Metaklassen-Funktion *CRuntimeObject::CreateObject()* zu erzeugen.
- *DECLARE_SERIAL* und *IMPLEMENT_SERIAL*: Fügt zu den vorgenannten Möglichkeiten noch die Fähigkeit zur Serialisierung der Klassenobjekte mit den Operatoren << und >> hinzu.

Das *DECLARE_XXX()*-Makro wird in die Klassendefinition, das zugehörige *IMPLEMENT_XXX()*-Makro in die Quelldatei der Klasse eingefügt, wie Sie es im *String*-Beispiel gesehen haben. Da Makros in Klassendefinitionen den Zugriffsschutz verändern können, sollte hinter einem Makro der Zugriffsschutz immer neu angegeben werden. Mehrfachvererbung wird von *CRuntimeClass* übrigens nicht unterstützt!

MFC und Windows-Objekte

Wie Sie bereits gesehen haben, war die Entwurfsphilosophie von Microsoft Windows bereits von Anfang an stark von objektorientierten Konzepten durchdrungen. Dies führt dazu, daß viele Windows-Termini auf objektorientierte Konzepte wie Instanzen, Nachrichten, Fensterklassen und Unterklassen anspielen. In Verbindung mit dem Objekt- und Klassenkonzept von C++ und den MFC kann das allerdings oft zu Verwirrungen führen. Der Terminus „Fensterklasse" kann sich z. B. auf eine Fensterklasse von Windows oder eine Fensterklasse der MFC beziehen, was zwei völlig verschiedene Paar Schuhe sind. Hinzu kommt, daß die meisten Konzepte in Windows genaue Entsprechungen in den MFC haben.

Dies hat oft zu dem Mißverständnis geführt, daß die MFC nur eine dünne Schicht um die alte Windows-API darstellen. Die MFC sind jedoch genauso umfangreich und ausgefeilt wie andere vergleichbare Klassenbibliotheken und Anwendungsgerüste. Die Redmonder sahen nur keinen Sinn darin, nachdem sie sich einmal für einen bestimmten Satz von Abstraktionen für ihre grafische Benutzeroberfläche entschieden hatten, diese anschließend wieder in einen anderen Satz völlig anderer Abstraktionen für die Klassenbibliothek einzuwickeln. So kommt es, daß jedes Konzept der Windows-API eine direkte Entsprechung in den Microsoft-Foundation-Classes hat.

Einem Umsteiger von der direkten Programmierung per API zur Programmierung via Foundation Classes macht dies die Sache natürlich leichter. Auch umgekehrt hat man als MFC-Programmierer ein ziemlich gutes Gefühl für die Konzepte der Windows-API. Andere Klassenbibliotheken legen dagegen eine dicke Schicht von anderen Abstraktionen um die Windows-API. Diese Paradigmen mögen eleganter oder auch objektorientierter sein – die Folge ist jedoch, daß man sich im Zweifelsfall mit zwei inkompatiblen Sätzen von Abstraktionen herumschlagen muß.

Die direkte Korrespondenz zwischen den Konzepten der Windows-API und den Konzepten der MFC führt dazu, daß viele MFC-Klassen Windows-Objekte repräsentieren. Windows-Objekte wie Fenster, Gerätekontexte oder GDI-Objekte haben direkte Entsprechungen in den Microsoft-Foundation-Classes. Es ist jedoch wichtig, sich klar zu machen, daß z. B. ein *CWnd*-Objekt ein Windows-Fenster nur repräsentiert und nicht selbst eines ist. Das gleiche gilt für andere MFC-Klassen. Die Existenz eines Windows-Objekts bedeutet nicht automatisch, daß auch ein dazugehöriges MFC-Objekt existiert, und umgekehrt impliziert die Existenz eines MFC-Objekts auch nicht die Existenz eines Windows-Objekts. In vielen Fällen wird zunächst ein „nacktes" MFC-Objekt erzeugt und erst später mit einem neuen oder existierenden Windows-Objekt assoziiert. In anderen Fällen werden temporäre MFC-Objekte erzeugt, um vorübergehend einen bequemen Zugriff auf existierende Windows-Objekte zu erhalten.

Fensterklassen

Fenster sind das zentrale Konzept von Windows (hört man irgendwie schon aus dem Namen ☺). In Windows ist fast alles ein Fenster. Nicht nur offensichtliche Fälle wie – nun ja – Fenster, auch Rollbalken, Schaltflächen, Auswahllisten, Markierungsfelder etc. sind Fenster. Diese Stellung der Fenster spiegelt sich in der Klassenbibliothek wieder, wo sie den Löwenanteil der Klassen stellen.

Fenster übernehmen in Windows auch Aufgaben, die man normalerweise nicht unbedingt mit Fenstern assoziiert. So erfolgt die gesamte Kommunikation zwischen Windows und Anwendungen und unter verschiedenen Anwendungen über Fenster. Auch Zeitgeber (Timer) sind beispielsweise Fenstern zugeordnet, da sie im Auslösungsfall Nachrichten nur an bestimmte Fenster absetzen können. Diese Funktionsvielfalt spiegelt sich auch in der Vielzahl der Komponentenfunktionen von *CWnd* wieder.

Alle weiteren Fensterklassen sind von der Klasse *CWnd* abgeleitet, einer Unterklasse von *CCmdTarget*. Unterklassen von *CWnd* umfassen Rahmen und Ansichtsfenster, Dialogfenster und Kontrollen. *CWnd* verkapselt die Funktionalität, die allen Fenstern gemeinsam ist. Die große Anzahl von Komponentenfunktionen kann in mehrere Kategorien zusammengefaßt werden:

- **Erzeugung:** Aufbau und Abbau von CWnd-Objekten
- **Initialisierung:** Erzeugen von Windows-Fenstern und verschiedenen Funktionen, um diesen Vorgang zu beeinflussen.
- **Fensterzustand:** Eingaben zulassen oder sperren, Maus „fangen", aktives Fenster und Eingabefokus setzen und abfragen, Schreibtischoberfläche und Vordergrundfenster (etc.).
- **Größe und Position:** Fenstergröße sowie minimierten und maximierten Zustand setzen und abfragen, Innen- und Außenabmessungen des Fensters.
- **Fensterzugriff:** Fenster finden, Eltern- und Kindfenster, Eigentümer und Fenster-IDs.
- **Fensterausgaben:** Fenster neu zeichnen, spezielle Gerätekontexte, gültige und ungültige Regionen, Fenster verstecken und zeigen, Popup-Fenster zeigen, Scrollbars ein/aus.
- **Koordinatensysteme:** Zwischen Problem- und Gerätekoordinatensystem umrechnen.
- **Fenstertext:** Fenstertext und Schriftart des Fensters setzen und abfragen. Wo der Text auftaucht, ist vom Fenstertyp abhängig.
- **Rollenbalken:** Rollbalken setzen und abfragen, Fensterinhalt verschieben.
- **Drag & Drop:** Abfragen, ob Drag & Drop möglich.
- **Schreibmarke:** Textcursor setzen, verstecken, verändern.
- **Dialog-Funktionen:** Fensterfunktionen zur Unterstützung von Dialogen und Kontrollelementen.
- **Menü:** Menüs setzen, abfragen, neu zeichnen, hervorheben.
- **Timer:** Systemtimer setzen und zerstören.

- **Alarm:** Blinkendes Fenster und Mitteilungs-Dialog.
- **Nachrichten:** Windows-Nachrichten senden und filtern.
- **Zwischenablage:** Unterstützung der Zwischenablage
- **Standardbearbeiter:** Funktionen mit Standardreaktionen auf alle denkbaren Windows-Nachrichten. Können in abgeleiteten Klassen durch eigene Versionen ersetzt werden. Zur Verwendung in Nachrichtentabellen.

Rahmenfenster

Rahmenfenster verkapseln typischerweise die Funktionalität des Hauptfensters einer Anwendung und verwalten Menüleiste, Symbolleiste und Statuszeile einer Anwendung. Sie werden normalerweise als Basisklasse für eine anwendungsspezifische Rahmenklasse verwendet.

In enger Beziehung zu den Rahmenklassen stehen Kontrolleisten wie Symbolleisten und Statuszeilen.

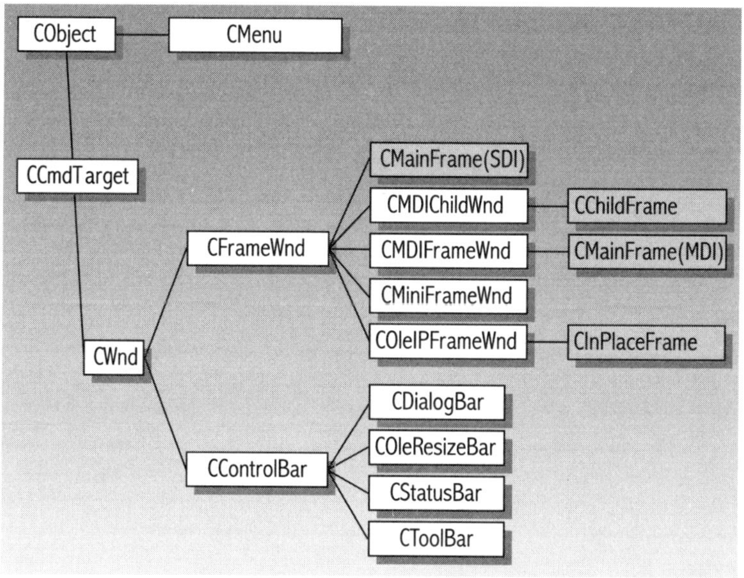

Abb. 54: Rahmenfenster und damit eng verknüpfte Klassen. Klassen, die ggf. vom Anwendungs-Assistenten beim Generieren einer Anwendung automatisch erstellt werden, sind grau unterlegt

Ansichtsfenster

Ansichtsfenster werden verwendet, um dem Anwender den Inhalt eines Dokuments zur Interaktion zu präsentieren. Es gibt verschiedene Typen von Ansichtsfenstern, welche die unterschiedlichen Möglichkeiten verkörpern, den Inhalt eines Dokuments darzustellen. Es gibt Ansichtsfenster zur Unterstützung verschiebbarer Fensterinhalte, zur Textbearbeitung, mit Listen und Baumdarstellungen sowie dialogartige Formulare. Alle Ansichtsklassen sind direkt oder indirekt von der Klasse *CView* abgeleitet. Wie Rahmenfenster dienen Ansichtsklassen üblicherweise als Basisklassen eigener anwendungsspezifischer Ansichtsklassen.

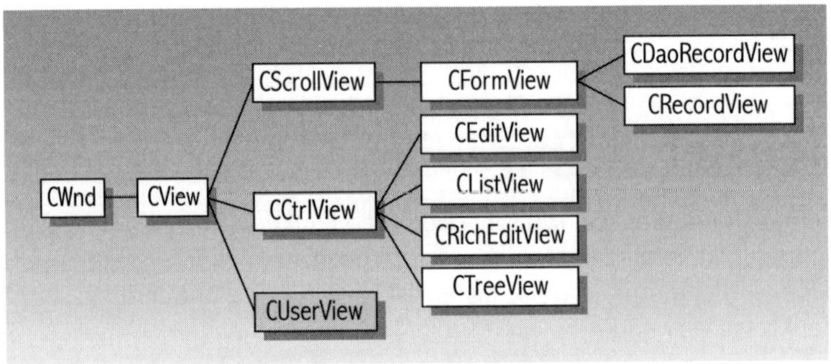

Abb. 55: Die Ansichtsfensterklassen der MFC 4.0. Im allgemeinen wird der Anwender von einer der Ansichtsklassen die spezifische(n) Ansichtsklasse(n) seiner Anwendung ableiten. Klassen, die ggf. vom Anwendungs-Assistenten beim Generieren einer Anwendung automatisch erstellt werden, sind grau unterlegt

Dialoge

Dialoge verkapseln die Funktionalität sowohl benutzerdefinierter Dialoge wie auch von Standarddialogen. Da Dialoge eine eigene Nachrichtenschleife haben, sind sie von der Nachrichtenschleife in der Ansichtsklasse unabhängig und können auch in herkömmlichen Windows-Programmen verwendet werden.

Beispiel:

```
#include <afx.h>
#include <afxdlgs.h>

int WINAPI WinMain (HINSTANCE,HINSTANCE,LPSTR,int)
{
    CColorDialog dlg;
    dlg.doModal();
    return 0;
}
```

Beim Ausprobieren sollten Sie daran denken, ein Projekt vom Typ *Win32 Application* zu erzeugen und in *Projekt/Einstellungen* die MFC-Unterstützung einzuschalten. Mit der Kommandozeile lautet der Befehl wieder *cl /MT colordlg.cpp.*

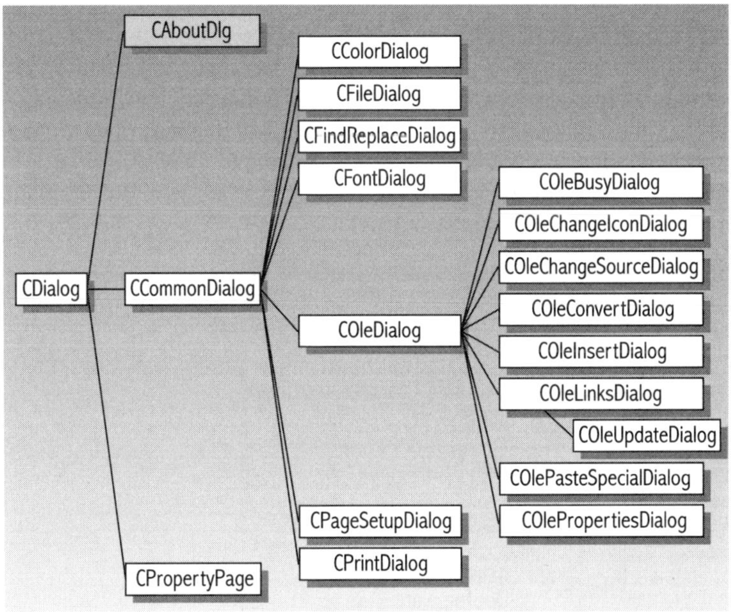

Abb. 56: Die Dialogklassen der Microsoft-Foundation-Classes. CAboutDialog ist nicht Bestandteil der Klassenbibliothek, sondern wird vom Anwendungs-Assistenten generiert

Steuerelemente

Steuerelemente verkapseln die Funktionalität der Standardsteuerelemente von Windows-, Windows 95-Standardsteuerelementen und von OLE-Steuerelementen (OLX). Sie haben keine eigene Basisklasse (z. B. *CControl*), sondern sind direkt von der Fensterklasse *CWnd* abgeleitet.

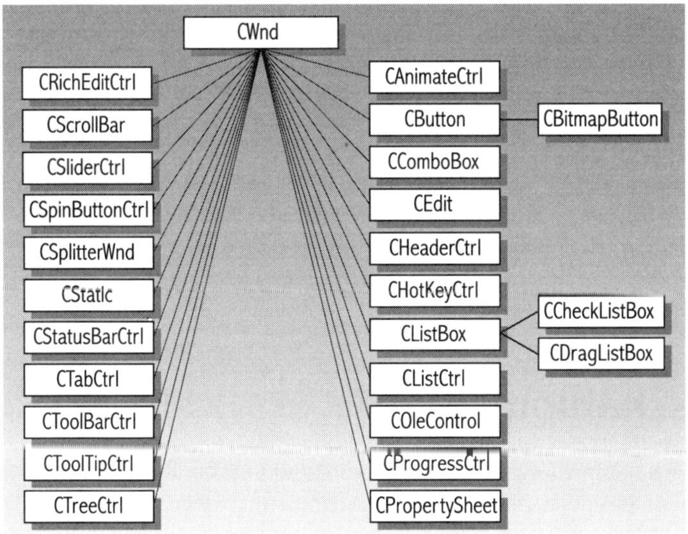

Abb. 57: Die Klassen zur Kapselung der Kontrollelemente von Windows 95

Anwendungsarchitekturklassen

Anwendungsarchitekturklassen sind von der Klasse *CCmdTarget* abgeleitet. Damit besitzen sie eine Nachrichtentabelle und können genauso wie Fensterobjekte Nachrichten verarbeiten. Anwendungsarchitekturklassen umfassen Dokumentenklassen, Dokumentschablonenklassen, Dokumentgegenstandsklassen, Anwendungsobjektklassen und einige OLE-verknüpfte Klassen.

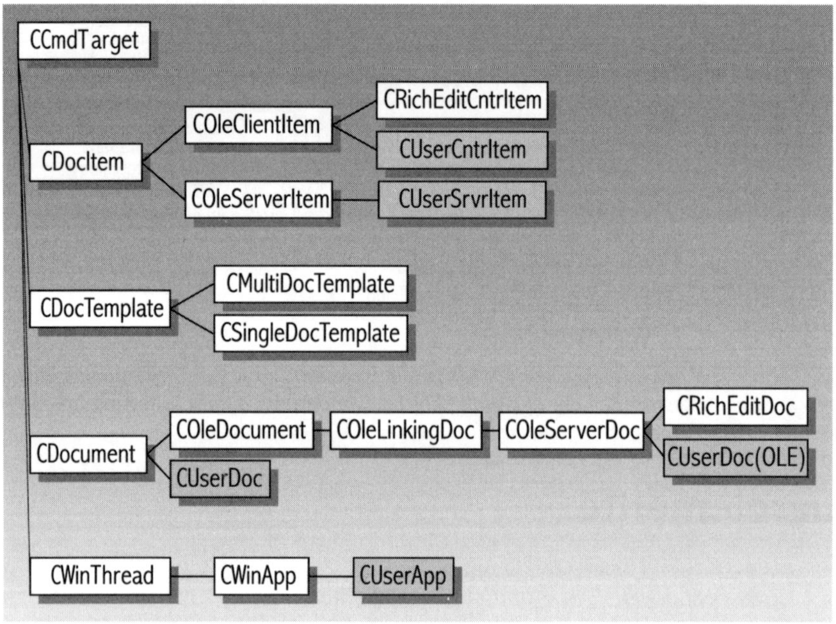

Abb. 58: Die Anwendungsarchitekturklassen der MFC 4.0. Von oben nach unten sind dies Dokumenten-Objekte (CDocItem), Dokumentenschablonen (CDocTemplate), Dokumente (CDocument) und Anwendungsobjekte (CWinThread). Klassen, die ggf. vom Anwendungs-Assistenten beim Generieren einer Anwendung automatisch erstellt werden, sind grau unterlegt

Dokumentklassen

Dokumente sind Datenobjekte, die eine Einheit von Daten repräsentieren, die der Anwender öffnet und manipuliert. Dokumenten-Objekte kooperieren normalerweise eng mit zugehörigen Ansichtsobjekten, die die Repräsentation der Daten und die Benutzerinteraktion vornehmen.

Dokumentschablonen

Dokumentschablonen oder Dokumentenvorlagen beschreiben das grundlegende Verhalten von anwenderdefinierten Dokumenten und Ansichtsklassen. Sie organisieren die Verbindung zwischen dem Rahmenfenster, der Ansicht und dem Dokument.

Anwendungsobjekte

Anwendungsobjekte repräsentieren eine Anwendung oder einen Ausführungsfaden (Thread). Jede MFC-Anwendung hat ein Anwendungsobjekt, das die Hauptnachrichtenschleife enthält.

Dokumentobjekte

Dokumenten-Objekte sind Objekte, aus denen ein Dokument aufgebaut ist. Die Dokumenten-Objekte eines Zeichenprogramms beispielsweise könnten die verschiedenen geometrischen Objekte sein, aus denen sich die Zeichnung zusammensetzt. Die MFC benutzen Dokumenten-Objekte beispielsweise auch, um OLE-Server und Client-Objekte darzustellen.

Verschiedene Klassen

GDI-Funktionalität wird unterstützt durch Gerätekontextklassen und Klassen zur Verkapselung der GDI-Objekte wie Bitmaps, Füllmuster, Zeichensätze, Paletten, Stifte und Regionen.

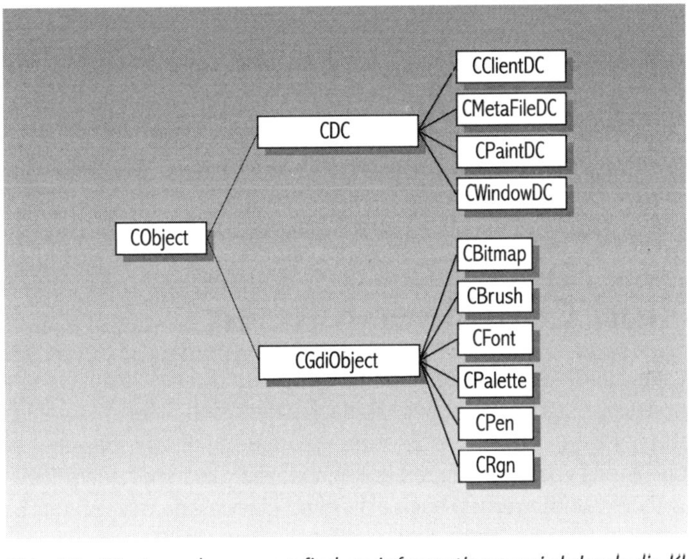

Abb. 59: Die Ausgabe von grafischen Informationen wird durch die Klassen CDC und CGdiObject und deren Unterklassen erledigt

Systemdienste

Die MFC enthalten auch eine Vielzahl von Klassen zur Unterstützung von Systemdiensten. In diesem Zusammenhang sind besonders Dateiklassen, Synchronisationsklassen und Klassen zur Repräsentationen von Ausnahmesituationen zu nennen.

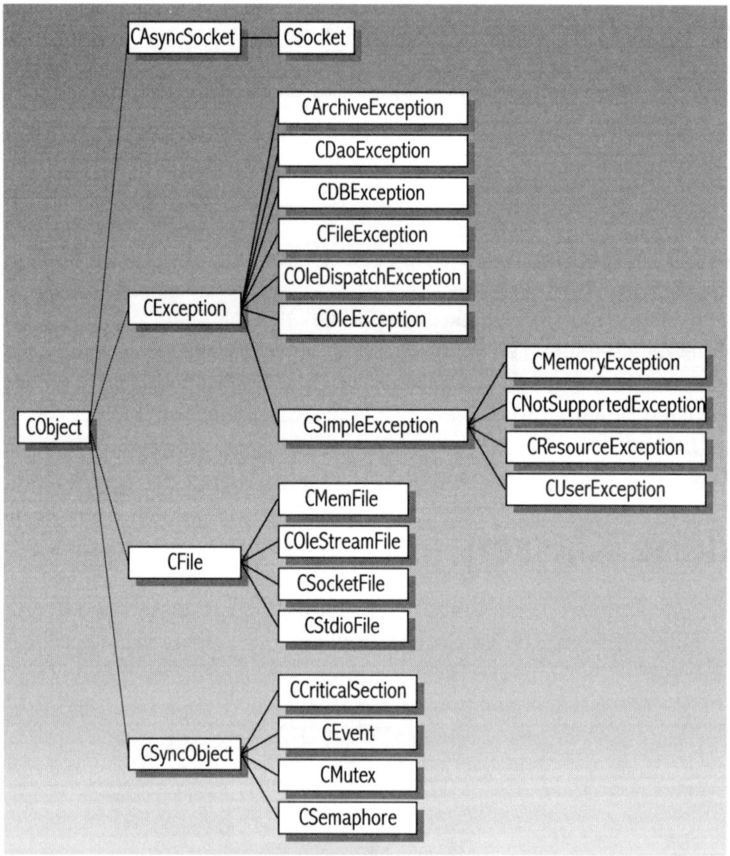

Abb. 60: Die Microsoft-Foundation-Classes verkapseln eine weite Palette von Systemdiensten von der Ausnahmebehandlung über Dateioperationen bis zu Klassen zur Prozeßsynchronisation in entsprechende Klassen

Collection- und Container-Klassen

Wie jede ausgewachsene Klassenbibliothek enthalten die MFC auch eine ganze Reihe von Collection- und Container-Klassen. Je nach Zweck und innerer Organisation unterscheidet man Felder, Listen und Zuordnungsklassen (Maps). Klassen, die Objekte unterschiedlichster Typen aufnehmen können (soweit diese nur von der Wurzelklasse *CObject* abgeleitet sind), werden auch als Collection-Klassen bezeichnet. Ein *CObArray* kann beispielsweise beliebige andere Objekte einschließlich anderer *CObArray*-Objekte aufnehmen.

Man unterscheidet zwischen Feldern, die den Zugriff über einen Index zulassen, Listen, auf deren Elemente besser sequentiell zugegriffen wird, und Zuordnungsklassen, die Paare von Werten aufnehmen, von denen einer als Schlüssel und einer als Wert dient.

Die Collection- und Container-Klassen der MFC sind direkt von *CObject* abgeleitet. Sie haben zwar ähnliche Schnittstellen und Funktionalität, aber keine gemeinsamen Basisklassen, die die typischen Eigenschaften von Feldern, Listen oder Zuordnungen verkapseln würden. Microsoft hat hier eindeutig auf maximale Effizient auf Kosten der Flexibilität gesetzt.

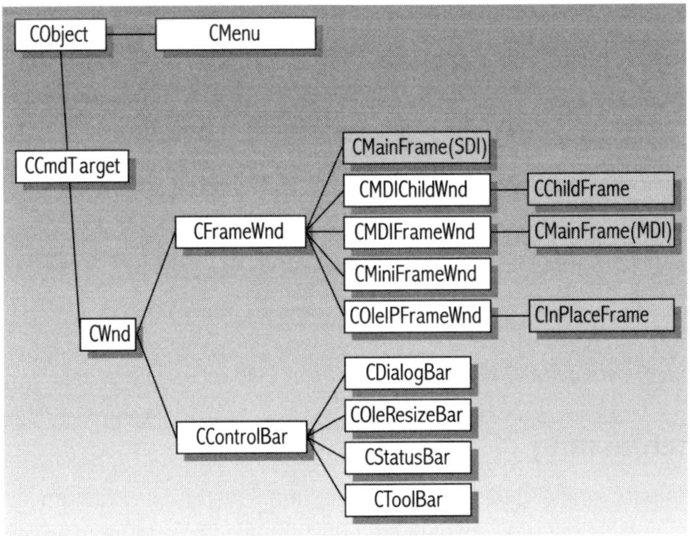

Abb. 61: Die Collection- und Container-Klassen der MFC

Nicht-CObject Klassen

Neben der komplexen Hierarchie von Klassen, die sich von *CObject* herleiten, besitzen die MFC noch eine ganze Reihe Klassen, die keine gemeinsame Basisklasse haben. Auch hier gilt wieder der Grundsatz Effektivität vor Flexibilität. Ungeachtet dessen lassen sich die Klassen in eine Reihe von Gruppen einordnen:

- RTTI und Persistenz: *CArchive*, *CDumpContext*, *CRuntimeClass*
- Einfache Werte: *CPoint*, *CRect*, *CSize*, *CString*, *CTime*, *CTimeSpan*
- Strukturen: *CCommandLineInfo*, *CCreateContext*, *CFileStatus*, *CMemoryState*, *CPrintInfo*
- Hilfsklassen: *CCmdUI*, *CDaoFieldExchange*, *CDateExchange*, *CFieldExchange*, *COleDataObjekt*, *COleDispatchDriver*, *CPropExchange*, *CRectTracker* und *CWaitCursor*
- Typisierte Kollektionen: *CTypedPtrArray*, *CTypedPtrList* und *CTypedPtrMap*
- OLE Hilfsklassen: *CFontHolder*, *CPictureHolder*, *COleCurrency*, *COleDateTime*, *COleDateTimeSpan*, *COleVariant*
- Synchronisation: *CMultiLock* und *CSingleLock*.

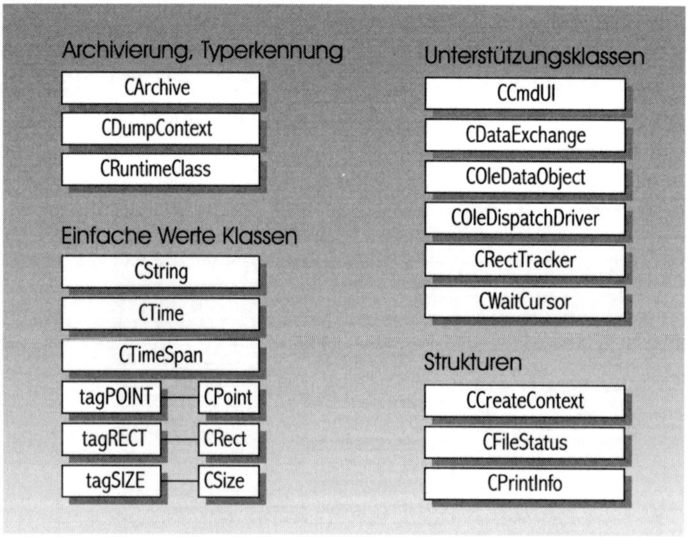

Abb. 62: Einige wichtige MFC-Klassen, die nicht von CObject abgeleitet sind

Zusammenfassung

Die Kernelemente eines Windows-Programms sind Fenster, Nachrichten, Fensterfunktionen und Nachrichtenschleifen. Ein konventionelles Windows-Programm enthält eine Nachrichtenschleife und Fensterfunktionen für alle Fensterklassen der Anwendung, um Nachrichten zu verarbeiten. Eine Windows-Anwendung ist zwar vom Grundprinzip her nicht kompliziert, neigt aber aufgrund der mangelnden Kapselung von Details dazu, allzuschnell sehr unübersichtlich zu werden.

Abhilfe schaffen hier Anwendungsgerüste wie die Microsoft-Foundation-Classes. Auch ohne die Unterstützung automatischer Werkzeuge wie den Assistenten sind die Vorteile durch Kapselung der Details und die Konzentration auf das Wesentliche bereits erheblich.

Die MFC sind ein leistungsfähiges Gerüst zur Konstruktion von Windows-Anwendungen. Die Klassen verkapseln den größten Teil der Windows-Funktionalität einschließlich Anwendungen, Fenster, Dialoge, Kontrollelemente, grafische Objekte, Gerätekontexte und vielem mehr. Der Gebrauch von MFC-Klassen ist nicht auf reine MFC-Anwendungen beschränkt, auch andere Windows-Programme und sogar Konsolenanwendungen können aus den MFC ihren Nutzen ziehen.

Die Wurzel der MFC ist die *CObject*-Klasse. Diese Klasse implementiert einen eigenen Mechanismus zur Typerkennung zur Laufzeit und isomorphe Persistenz durch Serialisierung. Diese erlaubt es, Objekte und komplexe Netzwerke von Objekten zu einem späteren Zeitpunkt von einem Datenträger oder z. B. auch aus der Zwischenablage zu rekonstruieren.

Die wichtigsten Kategorien von MFC-Klassen sind Anwendungsarchitekturklassen, Fensterklassen und andere Klassen, die Systemdienste, das GDI und sonstige Funktionalität verkapseln. Fensterklassen entsprechen den unterschiedlichen Fenstertypen, die von Windows oder den MFC her zur Verfügung stehen. Diese umfassen Rahmenfenster, Ansichten, Dialoge und Kontrollelemente. Alle Fensterklassen sind von der Klasse *CWnd* abgeleitet, welche die grundlegende Funktionalität aller Fenster verkapselt.

Typischerweise werden MFC-Anwendungen mit dem MFC-Anwendungs-Assistenten erzeugt. Das Herz jeder MFC-Anwendung ist ein von *CWinApp* abgeleitetes Anwendungsobjekt, welches die Initialisierung der Anwendung und die Hauptnachrichtenschleife enthält. Die Verteilung der Nachrichten erfolgt durch die Nachrichtentabellen, die eine Eigenschaft der Fensterklassen (und einiger anderer Klassen) darstellen.

Die visuelle Darstellung, die Verwaltung der Anwendungsdaten und die Interaktion mit dem Anwender sind das Ergebnis des Zusammenspiels von Dokumenten-Objekten, Ansichtsfenstern und dem Hauptrahmenfenster. Das Dokument enthält die Daten der Anwendung und korrespondiert normalerweise mit einer Datei. Das Ansichtsfenster wird verwendet, um den Inhalt des Dokuments zu präsentieren und Benutzereingaben zu akzeptieren. Das Ansichtsfenster arbeitet Hand in Hand mit dem Rahmenfenster, das andere Elemente der Benutzerschnittstelle verwaltet wie z. B. Menübalken, Symbolleiste und Statuszeile.

3.3 Klassenarbeit – Klassen im Detail

Abstrakte Konzepte oder Objekte der „wirklichen Welt" lassen sich in OOP-Sprachen durch Klassen und Objekte repräsentieren. Objekte ähnlicher Verhaltensweisen lassen sich dabei zu Klassen von Objekten und ähnliche Klassen zu Oberklassen zusammenfassen. In C++ sind Klassen eine Erweiterung des C-Konzepts des strukturierten Datentyps und als solche benutzerdefinierte Typen. Eine Klassendefinition spezifiziert die Repräsentation von Objekten und den Satz von Operationen, die auf diese Objekte angewandt werden können. Objekte sind Variablen eines Klassentyps.

Klassen sind das Schlüsselkonzept von C++ und stellen die sprachlichen Mittel zur Datenabstraktion, für das Verbergen von Informationen und für Polymorphie mittels virtueller Funktionen zur Verfügung. Klassen stellen in C++ auch die natürliche Einheit der Modularisierung dar. Tatsächlich stellt eine Klasse, die nur statische Komponenten enthält, die Funktionalität von Modulen, Units oder Paketen in Sprachen wie Modula-2, Pascal oder Ada zur Verfügung: eine Sammlung von Objekten und Funktionen in ihrem eigenen Namenraum.

In Kapitel 3.1 haben wir am Beispiel einiger einfacher Datumsklassen einen eher informellen Überblick über das Klassenkonzept von C++ gewonnen. In Kapitel 3.2 haben wir dann gesehen, wie Klassenhierarchien wie die Microsoft Foundation-Classes zur Repräsentation auch sehr komplizierter Sachverhalte eingesetzt werden können. In diesem Kapitel nun werden wir Klassen und Objekte in C++ genauer betrachten.

Klassendefinition

Eine Klasse ist ein benutzerdefinierter Datentyp. Strukturen und Unions, die Sie im konventionellen Teil der Sprache bereits kennengelernt haben, sind Spezialfälle dieses Sprachkonstrukts. Eine Klassendefinition besteht aus einem Klassenkopf, aus dem hervorgeht, daß nun eine Klassendefinition folgt, und einer möglicherweise auch leeren Liste von Klassenkomponenten in geschweiften Klammern. Nach der schließenden Klammer und vor dem abschließenden Semikolon folgen möglicherweise noch optionale Variablendefinitionen. Eine Klasse gilt nach der schließenden Klammer als vollständig definiert, auch wenn die Komponentenfunktionen noch nicht definiert sind.

Klassendefinition:

```
class-head
{
    member-list
} opt-decl-list;
```

Klassenkopf

Der Klassenkopf *class-head* steht für die verschiedenen Möglichkeiten, eine Klassendefinition zu beginnen. Die klassischen Varianten *struct T* und *union T* (wobei *T* für den neuen Typnamen steht) haben wir bereits kennengelernt – in Strukturen sind die Komponenten an verschiedenen Speicheradressen abgelegt, in Unions alle an der gleichen Adresse. Zur Betonung der Klasseneigenschaft kommt nun mit dem Schlüsselwort *class* noch die Variante *class T* hinzu. Das Schlüsselwort entspricht in seiner Wirkung dem Schlüsselwort *struct* mit dem einzigen Unterschied, daß der Zugriffsschutz unterschiedlich voreingestellt ist. Durch die sogenannte ausführliche Typspezifikation *class-key T* wird ein neuer Klassenname eingeführt.

Außer den Schlüsselwörtern *class*, *struct* und *union* und dem Klassennamen kann der Klassenkopf noch Angaben zu Basisklassen enthalten. Basisklassen und Vererbung werden Gegenstand dieses Kapitels sein.

Unbenannte und anonyme Klassen

Wie bereits bei ANSI-C ist die Angabe eines Typnamens nicht unbedingt erforderlich – man kann strukturierte Variablen auch definieren, ohne der Struktur einen eigenen Namen zu geben. Allerdings ist in einem solchen Fall die Übergabe einer Variablen dieser Struktur an eine Funktion oder die Definition von Konstruktoren etc. nicht möglich, da kein zugehöriger Typname existiert. Dies sollte übrigens nicht mit anonymen Klassenobjekten, Strukturen und Unions verwechselt werden. Letztere entstehen auch wenn auf die Angabe eines Variablennamens verzichtet wird. Die Komponenten der anonymen Klasse, Struktur oder Union können wie Elemente des umgebenden Gültigkeitsbereichs angesprochen werden, verhalten sich also teilweise so, als wären sie nicht in der anonymen Klasse, sondern außerhalb definiert worden.

Anonyme Klassen können global, lokal oder innerhalb einer anderen Klasse definiert werden. Im letzeren Fall können anonyme Unions dazu dienen, die varianten Rekords von Pascal nachzubilden.

Klassennamen

Der Klassenname der neuen Klasse ist spätestens ab dem Klassenkopf dem Compiler bekannt und kann daher in der Komponentenliste verwendet werden.

Beispiel:

```
class Link
{
    Link *next;
};
```

Nicht möglich sind dagegen natürlich Konstrukte der Form:

```
class AClass
{
    int x;
    AClass t;                          // falsch !
};
```

Durch die Schachtelung eines Datentyps in sich selbst entstünde eine unendliche Rekursion. (Möglich ist dagegen *class AClass { static AClass t;};* da in letzterem Fall die Komponente nicht innerhalb der Datenstruktur selbst, sondern nur einmal im globalen Datenbereich angelegt wird.)

Eine Klassendefinition führt einen neuen Typ und einen neuen Typnamen ein. Beispielsweise definieren die folgenden Vereinbarungen drei Variablen unterschiedlicher inkompatibler Typen. Die Funktionen *f(A)* und *f(B)* bezeichnen nicht Redeklarationen ein und derselben Funktion *f()*, sondern zwei verschiedene überladene Funktionen *f()*.

```
class A {int a;} a;
class B {int a;} b;
int c;
int f(A);
int f(B);
```

Da eine Klassendefinition eine Definition und keine Deklaration ist, darf sie auch nur einmal auftreten. Eine Situation wie die folgende muß daher zu einer Fehlermeldung des Compilers führen:

```
struct C {int a;};
/* ... */
struct C {int a;};
```

Anders als in ANSI-C ist das Typsystem von C++ rein an Namen und nicht an struktureller Äquivalenz orientiert. In ANSI-C wäre das obige Beispiel ausdrücklich erlaubt.

Da in C++ der Überlademechanismus und die Funktionssignaturen auf dem Typkonzept basieren, mußte die strukturelle Typäquivalenz zugunsten der namentlichen Typäquivalenz fallengelassen werden. Der Klarheit hat dies sicher nicht geschadet.

Gültigkeitsbereich

Eine Klassendefinition führt den Klassennamen in den Gültigkeitsbereich ein, in dem die Klasse vereinbart wird, und verdeckt alle gleichlautenden Namen äußerer Gültigkeitsbereiche. Auch dies ist wieder ein von ANSI-C abweichendes Verhalten, das unterschiedliche Namenräume für die verschiedenen Arten benutzerdefinierter Typen und für sonstige Bezeichner kennt.

In dem Bestreben, benutzerdefinierte Typen und speziell Klassen in ihrem Verhalten soweit wie möglich mit eingebauten Typen gleichzustellen, mußte die Aufteilung auf unterschiedliche Namenräume fallen. Da aber normalerweise kein vernünftiger Mensch Typen und Variablen identische Namen gibt, führt dieser Unterschied bei Portierungen von C zu C++ selten zu echten Problemen.

Dennoch kann es in C++ vorkommen, daß für eine Struktur und eine Variable der gleiche Name verwendet wurde und der Name der Variablen den Typnamen nach den Regeln von C++ verdeckt.

```
struct color { /* .. */ } c;

/* ... */

{
    struct color color;     /* ab hier ist in C++ der Typname color
                               durch die Variable color verdeckt */

    /* ... */
    struct color rgb;       /* so geht's trotzdem */
}
```

In diesem Fall kann durch die Verwendung des ausführlichen Typnamens im C-Stil die Verdeckung aufgehoben werden.

Vorwärtsdeklaration

Durch Angabe des ausführlichen Typnamens kann eine Klasse auch nur deklariert werden. Dies ist z. B. nützlich, wenn in einer anderen Klassendefinition oder sonstigen Schnittstelle Bezug auf Klassentypen genommen wird, ohne daß der genaue Aufbau des Typs dem Compiler bekannt sein muß. Beispiel hierfür sind Zeiger- und Referenzvariablen, entsprechende Funktionsparameter und *friend*-Deklarationen. Durch die Vorwärtsdeklaration von Typnamen können oft Bezüge auf andere Definitionsdateien vermieden und so die wechselseitigen Abhängigkeiten verringert werden.

Beispiele für Vorwärtsdeklaration von Typen:

```
struct A;
union B;
class C;
```

In lokalen Kontexten verdecken solche Deklarationen ebenso wie Definitionen in äußeren Gültigkeitsbereichen definierte Bezeichner. Im folgenden Beispiel verdeckt die lokale Klasse *C* daher die globale Klasse *C*:

```
class C {int a;};                   // globaler Typ C

{                                   // Verbundanweisung!
    class C;                        // verdeckt globalen Typ C
    C* p;                           // Zeiger von lokalem Typ C
    class C { char* c;};            // der lokale Typ C
}
```

Vorwärtsdeklarationen können auch verwendet werden, um wechselseitige (kreisförmige) Bezüge aufzulösen. Im folgenden Beispiel ermöglicht die Vorwärtsdeklaration des Typs *Vector* die andernfalls nicht zulässige Verwendung des Typs *Vector* innerhalb der Klassendefinition der Klasse *Matrix*, ohne daß der Typ *Vector* bereits voll definiert sein muß.

```
class Vector;

class Matrix
{
    // ...
    friend Vector operator* (Matrix&, Vector &);
};

class Vector
{
    // ...
    friend Vector operator* (Matrix&, Vector &);
};
```

Klassenkomponenten

In der Klassendefinition werden die Komponenten der Klasse in der Komponentenliste aufgeführt. Die Komponentenliste besteht aus beliebigen Deklarationen und Definitionen, wie wir sie bereits aus dem konventionellen Teil der Sprache kennen, sowie optionalen Schlüsselwörtern, die den Zugriffsschutz für die Klassenkomponenten spezifizieren. Komponenten einer Klasse können z. B. Daten, Funktionen, Aufzählungstypen, Bit-Felder oder Typdefinitionen (einschließlich lokaler Klassendefinitionen) sein. Im Unterschied zu global definierten Programmobjekten liegen diese jedoch im lokalen Namenraum der Klasse und unterliegen den Mechanismen des Zugriffsschutzes. Hinzu kommen noch *friend*-Deklarationen, die es außerhalb der Klasse definierten Funktionen und Klassen ermöglichen, unter Umgehung des Zugriffsschutzes auf Klassenkomponenten zuzugreifen (also so, als wären sie selbst Komponenten der Klasse). Die Komponentenliste einer Klasse definiert die Komponenten der Klasse vollständig. Es ist nicht möglich, zu einem späteren Zeitpunkt weitere Klassenkomponenten hinzuzufügen[35].

Beispiel:

```
class AClass                        // Klassenkopf
{
                                    // Zugriffsschutz = privat
    typedef int AInt;               // Klassenlokaler Typ, privat

    AInt     a, b;                  // Komponentenvariablen
    char*    aName;

public:                             // Zugriff von außen freigeben
    enum Number
     {one = 1, two, three};         // Lokale Aufzählung, öffentlich

    int      getA ();               // Komponentenfunktionsdeklaration
    int      getB () {return b;}    // Komponentenfunktionsdefinition

private:                         // Zugriff erneut sperren
    void     foobar (Number);    // private Komponentenfunktion

public:                          // Zugriff erneut freigeben
    friend   BClass;             // Früher deklarierte Klasse ist "Freund"
    friend   class CClass;       // Auch Klasse CClass ist "Freund"
    friend   foo(int);           // Globale Funktion foo(int) ist "Freund"
    friend   void X::g();        // Funktion g() der Klasse X ist Freund

};                               // Ende der Klassendefinition. Keine
                                 // weiteren Vereinbarungen möglich.
```

Die Namen von Klassenelementen müssen eindeutig sein; es ist also nicht möglich, verschiedene Klassenkomponenten gleichen Namens zu definieren (oder auch mit gleichen Namen zu redefinieren). Eine Ausnahme bilden überladene Funktionen, die aufgrund unterschiedlicher Signaturen unterschieden werden können. Ein und denselben Namen für eine Funktion und ein Datenelement gleichzeitig zu verwenden, ist dagegen nicht möglich.

```
class DClass
{
    int     f(int);
    double  f(double);                // ok, f() ist überladen
    float   f;                        // das geht nicht - Fehler
};
```

35 Das ist alleine schon deshalb nötig, um eine Durchlöcherung des Zugriffsschutzes durch nachträglich hinzugefügte öffentliche Komponentenfunktionen zu verhindern.

Einschränkungen

Anders als konventionelle Deklarationen können die Deklarationen von Klassenkomponenten keinen Initialisierungsteil enthalten. Dies liegt daran, daß in der Klassendefinition keine Datenobjekte, sondern ein Typ definiert wird. Initialisierungen machen erst an der Stelle Sinn, wo Objekte dieses Typs erzeugt werden. Zu diesem Zweck dienen Konstruktoren.

Speicherklassen wie *auto*, *extern* oder *register* machen in Klassendefinitionen auch keinen Sinn und sind daher nicht zugelassen. Die Speicherklasse *static* dagegen ist zulässig und tritt mit einer neuen Bedeutungsnuance auf.

Datenkomponenten müssen in einer Klassendefinition vollständig spezifiziert werden. Für Funktionen, Aufzählungstypen und lokale Klassendefinitionen genügt dagegen auch eine Deklaration, um die Zugehörigkeit zur Klasse zu erreichen; bei Funktionen ist dies sogar die Regel.

Komponenten, die nur deklariert wurden, müssen jedoch unter Angabe einer Gültigkeitsbereichsangabe außerhalb der Klassendefinition definiert werden.

```
class AClass                    // Klassenkopf
{
public:
    enum Number;                // Lokale Aufzählung
    int     getA ();            // Komponentenfunktionsdeklaration
    // ...
};

enum AClass::Number             // Definition der Aufzählung Number
{
    one = 1, two, three
};

int AClass::getA ()             // Definition der Funktion getA ()
{
    return a;
}
```

Für Zeiger, Referenzen, Argumenttypen etc. genügt es, wenn der Ausgangstyp zuvor deklariert wurde, also der Compiler eine Deklaration oder den Klassenkopf bis zur öffnenden geschweiften Klammer gesehen hat. Bei Datenelementen dagegen muß der Compiler an der Stelle der Vereinbarung bereits eine vollständige Definition des Datentyps (d. h. die schließende geschweifte Klammer) gesehen haben.

Andernfalls ist es nicht möglich, den für dieses Objekt nötigen Speicherplatz zu ermitteln. Aus diesem Grund ist es auch nicht möglich, innerhalb einer Klassendefinition ein Datenelement eben dieser Klasse zu definieren.

Statische Datenelemente können dagegen vereinbart werden, da es sich hier technisch nicht um eine Definition, sondern um eine Deklaration handelt.

Beispiel:

```
class Example
{
                        Example();

            Example*    pt;
            Example&    ref;
//          Example     exa;     // das hier geht nicht !
    static  Example     Exa;     // geht, da nur Deklaration

            Example     f ();
    void                g (Example);
    int                 h () {return sizeof(Example);};
};
```

Im ersten Moment mag es hier so aussehen, daß in der Funktion *h()* die Größe der Klasse verwendet wird, noch bevor die Definition der Klasse abgeschlossen ist.

Da jedoch die Rümpfe innerhalb einer Klasse definierter Funktionen erst nach dem Ende der Klassendefinition bearbeitet werden, entstehen hier keine Probleme. (Andernfalls könnten in der Klasse definierte Funktionen auch keine Variablen vom Klassentyp verwenden.)

Wenn ein Feld innerhalb einer Klasse definiert wird, müssen im Gegensatz zu ANSI-C alle Dimensionen des Felds angegeben werden. Der alte C-Trick, eine Struktur mit einem Feld unspezifizierter Länge zu beenden und über dieses Feld auf Daten hinter den anderen Komponenten der Struktur zuzugreifen, ist in C++ illegal. Insbesondere in Verbindung mit abgeleiteten Klassen und virtuellen Methoden könnten solche Techniken zum Chaos führen.

Nichtstatische Datenkomponenten werden im Speicher mit aufsteigenden Adressen angeordnet, sofern sie nicht von Zugriffsschutzschlüsselwörtern wie *private* oder *public* unterbrochen werden.

Komponentenfunktionen

Eine Funktion, die als Komponente (d. h. auch ohne *friend*-Schlüsselwort) deklariert wird, wird Komponentenfunktion genannt (engl. member-function). Der Smalltalk-Terminus Methode für eine Komponentenfunktion ist in C++ unüblich, da er eine nicht vorhandene Wesensverschiedenheit von normalen Funktionen und Komponentenfunktionen vortäuscht.

Die Namen von Komponentenfunktionen können anhand unterschiedlicher Signaturen genauso überladen werden wie die Namen globaler C++-Funktionen. Eine Komponentenfunktion wird genauso wie Datenkomponenten vereinbart und auch aufgerufen. Der Knoten eines Baums, der Objekte vom Typ *CObject* verwaltet, könnte z. B. so aussehen:

```
class Node
{
    CObject *obj;
    Node *left;
    Node *right;

public:
    void set(Node *l, Node *r);
    // ...
};

void linkNodes (Node &node, Node *leaf1, Node *leaf2)
{
    node.set(leaf1,leaf2);
    leaf1->set(0,0);
    leaf2->set(0,0);
}
```

Damit die Definition einer Klassenkomponente wie eine Komponentenfunktion einer Klasse außerhalb der eigentlichen Klassendefinition auch der richtigen Klasse zugeordnet werden kann, muß der Name der Komponente bei der Definition mit dem Klassennamen qualifiziert werden. Die Definition einer Komponentenfunktion einer Klasse liegt dadurch im Sichtbarkeitsbereich dieser Klasse. Die Komponentenfunktion kann daher die Namen von Klassenkomponenten ohne weitere Spezifikation direkt verwenden. Da eine (nichtstatische) Komponentenfunktion immer von einem Objekt dieses Typs aufgerufen wird, ist auch immer ein Datenobjekt definiert, auf dessen Komponenten die Funktion zugreifen kann.

```
void Node::set(Node *l, Node *r);
{
    left  = l;
    right = r;
}
```

Statische Komponentenfunktionen dagegen können auch ohne ein Klassenobjekt aufgerufen werden und haben daher nur Zugriff auf statische Datenkomponenten und andere dem Wesen nach statische Komponenten der Klasse wie z. B. Aufzählungen.

Der this-Zeiger

In einer nichtstatischen Komponentenfunktion bezeichnet das Schlüsselwort *this* einen Zeiger auf das Objekt, für welches die Komponentenfunktion aufgerufen wurde. Hat die Klasse eine Komponente *data*, sind die Ausdrücke *data* und *this->data* äquivalent. In anderen OOP-Sprachen, beispielsweise Smalltalk oder Object-Pascal, heißt das äquivalente Konstrukt *self*.

Der *this*-Zeiger kann verwendet werden, wenn auf das Objekt selbst zugegriffen werden muß oder um andernfalls durch lokale Variablen verdeckte Klassenkomponenten anzusprechen. Die häufigste Verwendung von *this* findet sich jedoch in Listen, in denen das Objekt selbst zur Liste hinzugefügt wird.

```
XClass XClass::getStuff()
{
    return *this;               // this-Zeiger wird benutzt, um eine Kopie
                                // des Objekts selbst zurückzugeben.
}

void XClass::setData(void *data)
{
    this->data = data;          // Zugriff auf verdeckte Komponente data
}

void XClass::insert (XClass &obj)       // this hinter obj "einhängen"
{
    next = obj->next;
    obj->next = this;
}
```

Der einfachste Weg für einen Compiler, eine Komponentenfunktion zu implementieren, besteht darin, eine Komponentenfunktion wie eine gewöhnliche Funktion zu behandeln und einen Zeiger auf das Klassenobjekt verdeckt als *this*-Zeiger zu übergeben. Damit bedeutet die Verwendung einer Komponentenfunktion aber auch bis auf die Übergabe eines zusätzlichen Zeigerarguments keinen größeren Aufwand, als es der Aufruf einer gewöhnlichen C-Funktion ist.

Der Typ des *this*-Zeigers einer Komponentenfunktion einer Klasse *X* ist *X *const*, also ein konstanter (d. h. schreibgeschützter) Zeiger auf ein veränderbares Objekt vom Typ *X*.

Konstante Funktionen

Eine Komponentenfunktion kann durch das Nachstellen des Schlüsselworts *const* oder *volatile* in Deklaration und Definition modifiziert werden. Im Fall von *const* kann die Funktion nicht mehr schreibend auf Komponenten des Objekts zugreifen und auch keine Funktionen verwenden, die nicht mit *const* modifiziert worden sind. Der *this*-Zeiger einer solchen Nur-Lese-Funktion hat den Typ *const C *const*, zeigt also auf ein schreibgeschütztes Objekt. Will man diesen Schutz umgehen und z. B. eine nicht schreibgeschützte Komponentenfunktion verwenden, von der man überzeugt ist, daß sie sicher ist ☺, die man aber aus irgendeinem Grund nicht ändern kann oder will, kann man mit einer expliziten Typumwandlung den Schreibschutz „wegcasten", z. B. durch *((X*)this)->f()*. Funktionen, die als *volatile* deklariert sind, haben analog einen *this*-Zeiger vom Typ *volatile X *const*, d. h., das Objekt vom Typ *X* kann seinen Wert im Speicher durch äußere Umstände jederzeit ändern und sollte daher bei jeder Verwendung neu eingelesen werden und nicht in einem Prozessorregister oder ähnlichem gepuffert werden.

Beispiel:

```
struct S
{
    int  a;
    int  f() const;
```

```
    int  g()          {return a++;}
    int  h() const {return a++;}          // Fehler, *this ist const!
}

int S::f() const                          // const hier wiederholen!
{
    return a;
}
```

Das *a++* im Rumpf von *h()* ist ein Fehler, da das Objekt **this* selbst und damit auch die Komponente *a* durch *const* gegen Veränderungen geschützt ist. Eine Funktion, die mit *const* qualifiziert wurde, kann sowohl für konstante als auch für nichtkonstante Objekte verwendet werden, während eine normale, nichtkonstante Funktion nicht für konstante Objekte verwendet werden darf. Die Konstanz von Funktionen und Argumenten wird auch beim Überlademechanismus berücksichtigt, so daß man für konstante und nichtkonstante Objekte verschiedene Varianten einer Funktion bereitstellen kann.

Inline-Funktionen

Bereits in Kapitel 2.1 haben wir die Möglichkeit kennengelernt, Funktionen durch Voranstellen des Schlüsselworts *inline* als Inline-Funktionen zu vereinbaren. Dies ist in gleicher Weise auch für Komponentenfunktionen möglich. Sehr kurze Komponentenfunktionen können auch dadurch als Inline-Funktionen deklariert werden, daß in der Klassendefinition auf die Deklaration anstelle eines Semikolons direkt der Funktionsrumpf folgt. Letzteres geht natürlich nicht nur mit kurzen Funktionen, doch führt die Methode bei längeren Inline-Funktionen zu ziemlich unaufgeräumten Klassendefinitionen.

Semantisch sind Inline-Funktionen immer außerhalb der Klassendefinition definiert und verhalten sich genauso wie normale Komponentenfunktionen, d. h., die Bedeutung der Funktion ist unabhängig davon, wo ihre Vereinbarung in der Klassendefinition steht. Dadurch können Inline-Funktionen beispielsweise auch Variablen oder Rückgabewerte vom Klassentyp haben und auf alle Komponenten der Klasse zugreifen.

Beispiel:

```
int b;
class B
{
    int f() {return b;}
    int b;
};
```

Die Inline-Funktion liefert den Wert der Klassenkomponente *b* zurück, nicht den der globalen Variablen *b*. Neben der bereits diskutierten Möglichkeit, durch Inline-Funktionen parametrisierte Präprozessor-Makros weitgehend zu ersetzten und den Aufruf kleiner, häufig gebrauchter Funktionen zu beschleunigen, spielen Inline-Funktionen im Zugriffsschutzkonzept der Sprache C++ eine zentrale Rolle.

Um die Implementationsdetails einer Klasse zu verbergen, soll auf den direkten Zugriff auf Datenkomponenten grundsätzlich verzichtet werden und diese Komponenten mit der Schutzstufe *private* oder *protected* vereinbart werden. Der Zugriff soll nur über öffentliche Funktionen *getXY() const* erfolgen. Damit diese Funktionen aber genauso effektiv wie der direkte Zugriff auf die Komponentenvariable sein können, muß die Zugriffsfunktion als Inline-Funktion definiert werden. Der Compiler kann dann beim Übersetzungsvorgang den Funktionsaufruf durch den Code des Funktionsrumpfs ersetzen. Da eine Zugriffsfunktion nichts tut, außer einen Wert aus einer Klassenkomponente zu extrahieren, kann der Compiler diese effektiv wegoptimieren. Ineffiziente Zugriffsfunktionen wären vom Großteil der sehr effizienzbewußten Umsteiger von C nicht akzeptiert (d. h. nicht benutzt) worden.

Statische Komponenten

Das Schlüsselwort *static* haben wir bereits in zwei unterschiedlichen, wenn auch verwandten Bedeutungen kennengelernt. Im Klassenkontext kommen zwei weitere verwandte Bedeutungen hinzu.

Statische Vielfalt

Im konventionellen Teil von C++ wird das Schlüsselwort auf Dateiebene als Bindespezifikation verwendet. Ein als *static* vereinbartes Programmobjekt, ob Funktion oder Variable, ist für den Linker nicht mehr sichtbar und gehört damit lokal zu der Datei. Da auf Dateiebene definierte Objekte aber grundsätzlich dieselbe Lebensdauer wie das Programm haben, sind sie in einem gewissen Sinne auch statisch.

Auf lokaler Ebene in Funktionen oder Verbundanweisungen ändert sich die Bedeutung des Schlüsselworts *static* dagegen. Es hat keinen Einfluß mehr auf den Linker, da lokale Objekte für den Linker ohnehin unsichtbar sind. Dafür werden die Datenobjekte jetzt im eigentlichen Sinne statisch, d. h. sie existieren ab dem Moment der ersten Benutzung für die Dauer des Programms und werden nicht bei jedem Betreten und Verlassen des lokalen Gültigkeitsbereichs erzeugt oder zerstört. Eine statische lokale Variable existiert daher nur an einer einzigen festen Stelle des Speichers, die für die gesamte Dauer des Programms für sie reserviert bleibt.

In Klassenvereinbarungen können sowohl Daten- als auch Funktionskomponenten durch Voranstellen des Schlüsselworts *static* als statisch definiert werden. Statische Klassenkomponenten sind nicht an die Existenz von Klassenobjekten gebunden, sondern existieren unabhängig von diesen für die Lebensdauer des Programms.

Komponentenvariablen

Wird eine Komponentenvariable als statisch vereinbart, existiert für alle Objekte dieser Klasse gemeinsam nur eine einzige Kopie dieser Variablen. Eine statische Komponentenvariable existiert für die gesamte Dauer des Programms, also unabhängig von der ersten Benutzung eines Objekts dieser Klasse. Da statische Komponentenvariablen unabhängig von den übrigen Klassenkomponenten existieren, müssen sie unabhängig von Objekten der Klasse definiert und initialisiert werden. Insbesondere sind Konstruktoren nicht der geeignete Platz, um statische Komponenten zu initialisieren.

Die Vereinbarung einer statischen Variablen in einer Klassendefinition ist technisch keine Definition, sondern eine Deklaration; die statische Variable muß in einer Implementationsdatei unter Angabe des Klassengültigkeitsbereichs genau einmal definiert und ggf. initialisiert werden. Im Gegensatz zu den bisherigen statischen Objekten hat eine statische Klassenkomponente jedoch die Bindespezifikation *extern* und wird vom Linker berücksichtigt.

In der Definitionsdatei:

```
class AClass
{
    static char* ClsName;                          // Deklaration
    static int Count;                              // Deklaration
    // ...
};
```

In der Implementationsdatei:

```
char * AClass::ClsName = "AClass"; // Definition + Initialisierung
int AClass::Count;                 // Nur Definition
```

Der Zweck statischer Komponenten besteht in erster Linie darin, den Gebrauch globaler Variablen zu vermeiden und eine bessere Alternative zur Verfügung zu stellen. Nebeneffekte aufgrund der unkontrollierten Veränderung globaler Variablen sind eine der unangenehmsten Fehlerquellen größerer C-Programme. Eine statische Komponentenvariable verhält sich in allen Beziehungen wie eine globale Variable mit der Ausnahme, daß sie innerhalb der Klasse liegt und so nicht mit anderen globalen Variablen kollidieren und daß nicht unkontrolliert auf sie zugegriffen werden kann. Damit können die Vorteile globaler Variablen mit dem Zugriffsschutz und den sauberen Schnittstellendefinitionen von C++-Klassen kombiniert werden.

Komponentenfunktionen

Auch eine Komponentenfunktion kann durch Voranstellen des Schlüsselworts *static* als statisch definiert werden. Eine statische Komponentenfunktion kann nur auf statische Klassenkomponenten zugreifen, da sie keinen *this*-Zeiger besitzt und auch beim Aufruf keine verdeckte Parameterübergabe stattfindet. Auf die nichtstatischen Komponenten von Klassenobjekten kann die statische Funktion nur unter expliziter Nennung des Objekts und Verwendung des .- oder des ->-Operators zugreifen.

Statische Komponentenfunktionen verhalten sich also wie herkömmliche C-Funktionen mit dem einen Unterschied, daß sie nicht im globalen Namespace (Namenraum), sondern im Namespace der Klasse liegen. Soll eine Komponentenfunktion von außerhalb der Klasse angesprochen werden, muß sie mit dem Gültigkeitsbereichs-Operator qualifiziert werden. Aus einer anderen Komponentenfunktion der Klasse heraus kann die statische Funktion jedoch ganz normal aufgerufen werden.

In der Definitionsdatei:

```
class AClass
{
    // ...
public:
    static char* GetClassName();                    // Deklaration
    void foobar();
};
```

In der Implementationsdatei:

```
char* AClass::GetClassName()                        // Definition
{
    return ClsName;
}

void main()
{
    char *clsname = AClass::GetClassName();  // Qualifizierter Aufruf
}

void AClass::foobar()
{
    char *clsname = GetClassName();     // Aufruf von Komponentenfunktion
}
```

Konstante Komponenten

Neben anderen Klassenkomponenten ist es oft auch wünschenswert, Konstanten zu definieren, deren Geltungsbereich auf eine Klasse beschränkt ist.

Im konventionellen Teil der Sprache C++ haben wir die Verwendung des Schlüsselworts *const* zur Erzeugung von Konstanten als Alternative zum primitiven *#define*-Mechanismus kennengelernt. Letzterer paßt als rein textbasierter Ersetzungsmechanismus nicht zu einer strukturierten Sprache mit ihren Sichtbarkeitsregeln etc.

Da *const*-Variablen statisch gebunden werden, kann der Compiler sie ggf. wegoptimieren und im Code durch echte Konstanten ersetzen.

In Klassenobjekten kann *const* auf diese Weise nicht funktionieren. Eine mit dem Attribut *const* vereinbarte Datenkomponente besitzt zwar einen Schreibschutz, wird aber für jedes Objekt neu angelegt und ggf. unterschiedlich initialisiert.

Sie kann daher nicht als echte Konstante verwendet werden. Einen Ausweg scheint zunächst die Verwendung statischer konstanter Komponenten darzustellen:

In der Definitionsdatei:

```
class Universe
{
    static const int TheAnswer;
};
```

In der Implementationsdatei:

```
const int Universe::TheAnswer = 42;
```

Nun existiert nur noch ein einzelnes Exemplar der schreibgeschützten Variablen. Tatsächlich ist dies jedoch keine Lösung. Da aufgrund der externen Bindung der statischen Klassenkomponenten die Initialisierung der statischen Konstanten von der Deklaration getrennt ist, kennt der Compiler nur aufgrund der Definitionsdatei den Wert der Konstanten überhaupt nicht. Statische konstante Komponenten müssen daher immer als schreibgeschützte Variablen behandelt werden.

Für die am häufigsten benötigten ganzzahligen Konstanten gibt es jedoch noch eine andere weit verbreitete Lösungsmöglichkeit, um innerhalb einer Klasse Konstanten zu definieren: die Aufzählung. Das folgende Beispiel definiert eine Konstante *Universe::TheAnswer* mit dem Wert 42. Bei Bedarf können natürlich beliebig viele Konstanten auf diese Weise in einer anonymen Aufzählung definiert werden.

```
class Universe
{
    enum {TheAnswer=42};
};
```

Lokale Klassen

Da es sich bei Klassen um Typvereinbarungen handelt, können Klassen außer im globalen Gültigkeitsbereich auch überall dort definiert werden, wo Typdefinitionen zulässig sind.

Klassen in Klassen

So können Klassen, wie andere benutzerdefinierte Typen auch, innerhalb anderer Klassen definiert werden. Lokal zu einer Klasse definierte Typnamen, ob *typedef*, Aufzählung oder Klasse, müssen bei Verwendung außerhalb der Klasse mit dem Klassennamen qualifiziert werden.

Klassen, die innerhalb anderer umschließender Klassen definiert werden, heißen verschachtelte Klassen. Die Verschachtelung bezieht sich dabei einzig auf den Gültigkeitsbereich der Klasse, weder wird durch die Vereinbarung einer verschachtelten Klasse ein neues Objekt erzeugt, noch steht die verschachtelte Klasse in irgendeiner anderen Beziehung zur umschließenden Klasse. Insbesondere hat weder die eingeschachtelte Klasse besonderen Zugriff auf Komponenten der umschließenden Klasse, noch umgekehrt – der Zugriff auf die Komponenten unterliegt den üblichen Zugriffsregeln. Da eine verschachtelte Klasse keine Unterklasse der umschließenden Klasse ist und keine Komponenten dieser Klasse enthält, hat sie auch keinen Zugriff auf nichtstatische Komponenten der umschließenden Klasse. Dem Wesen nach statische Elemente der umschließenden Klasse wie Typnamen, Aufzählung oder statische Komponenten der umschließenden Klasse, also Elemente, die nicht von der Existenz eines *this*-Zeigers abhängen, können dagegen von der eingeschachtelten Klasse ohne weitere Qualifizierung angesprochen werden. Verschachtelte Klassen werden am häufigsten für kleine Hilfsklassen oder Strukturen verwendet, die zu den Implementationsdetails der umschließenden Klasse gehören. Die Verschachtelung der Klassen spiegelt sich in der Qualifizierung der Komponentendefinitionen wieder. Der volle (qualifizierte) Name der inneren Klasse im folgenden Beispiel ist *Outer::Inner* und kann durch eine *typedef*-Vereinbarung abgekürzt werden.

```
class Outer
{
public:                                    // public nur für typedef unten nötig
    class Inner
    {
        static int X;
        void f();
    };
};

int Outer::Inner::X = 1;                   // Definition

typedef Outer::Inner OI;                   // Anderer Name für Typ Outer::Inner

void OI::f()                               // Definition über abgekürzten Typ
OI
{
    // ...
}
```

Häufig ist es jedoch unerwünscht, die Klassendefinitionen klassenlokaler Hilfsklassen in der Klassendefinition offenzulegen: zum einen, da es sich um ein Implementationsdetail der umschließenden Klasse handelt, das weder der Anwender der Klasse noch der Compiler benötigt, zum anderen, da häufige Änderungen solcher Details die ständige Rekompilation aller abhängigen Programmteile erforderlich machen würden. Aus diesem Grund können verschachtelte Klassen, wie einige andere Klassenkomponenten auch, auch außerhalb der Klasse definiert werden (vorausgesetzt natürlich, daß die äußere Klasse nicht aus irgendeinem anderen Grund die volle Klassendefinition, z. B. für Datenkomponenten, bereits benötigt). In der Klasse selbst verbleibt, wie z. B. bei den meisten Komponentenfunktionen, nur eine reine Deklaration. Typischerweise verschwinden die Definitionen solcher klassenlokaler Hilfsklassen dann auch in einer Implementationsdatei.

```
class Outer
{
    class Inner;
};
```

```
// Implementation:

class Outer::Inner
{
    static int X;
    void f();
};

int Outer::Inner::X = 1;            // Definition

void Outer::Inner::f()
{
    // ...
}
```

Klassen in Funktionen

Eine Klasse kann auch innerhalb einer Funktionsdefinition oder innerhalb einer Verbundanweisung definiert werden. Der Name der Klasse ist lokal zum umgebenden Gültigkeitsbereich. Lokale Klassen unterliegen einer Reihe von Einschränkungen, die sie für den praktischen Gebrauch ziemlich uninteressant machen.

Da der Gültigkeitsbereich einer lokalen Klasse nicht mit einem Namen qualifiziert werden kann, ist es nicht möglich, Funktionen oder statische Komponenten für die lokale Klasse zu definieren. Ebenso kann eine lokale Klasse nicht von einer anderen Klasse abgeleitet werden.

Schnittstellen

In C++ dient die Klassendefinition als Schnittstelle für Benutzer, Entwickler von Komponentenfunktionen und Compiler gleichermaßen. Eine direkte Unterstützung für Konzepte wie Schnittstellen für Klassenanwender und eine davon unabhängige Implementation ist nicht vorgesehen. Das hat zur Folge, daß jede Änderung auch reiner Implementationsdetails wie des Datenlayouts einer Klasse oder privater Funktionen zur Rekompilation aller von der Klasse abhängigen Module führt, auch wenn solche Änderungen offensichtlich nur die Entwickler einer Klasse, aber nicht deren Anwender betreffen.

Die Ursache für dieses Verhalten ist darin zu suchen, daß C++ Objekte nicht nur mit den Operatoren *new* und *delete* im Freispeicher verwaltet, sondern anders als andere OOP- und Hybridsprachen die Verwendung von Objekten als reguläre globale, lokale (automatische) oder Komponentenvariablen zuläßt. Dazu müssen dem Compiler aber zu jeder Zeit auch alle Implementationsdetails der Klasse wie insbesondere das Speicherlayout bekannt sein. Die Vorteil dieses Ansatzes: Geschwindigkeit.

Klassische OOP-Sprachen wie Simula implementieren Objekte grundsätzlich über Zeiger auf im Freispeicher allozierte Datenobjekte. Jedesmal, wenn ein Objekt erzeugt oder vernichtet wird, sind entsprechende zeitaufwendige Speicherverwaltungsroutinen auszuführen. Durch ständiges Allozieren und Freigeben von Objekten wird zudem der Freispeicher fragmentiert. Der Speicherbedarf für Objekte wird größer, da grundsätzlich immer Platz für zusätzliche Verwaltungsinformationen für die Speicherverwaltung benötigt wird und Anforderungen vom Freispeicher immer mit einer gewissen Granularität geschehen, also besonders bei sehr kleinen Objekten recht verschwenderisch sind. Der Zugriff auf die Objekte über Zeiger erlaubt zwar, die Implementationsdetails wirksamer zu verbergen, führt aber zu einer zusätzlichen Indirektion und damit zu unnötigem Zeitaufwand beim Zugriff auf Objektkomponenten.

C++ dagegen behandelt Objekte in dieser Hinsicht wie normale Datenstrukturen. Objekte können genauso wie andere Variablen verwendet werden. Wird ein Objekt beispielsweise als automatische lokale Variable in einer Funktion verwendet, wird das Objekt auf dem Stack angelegt und später automatisch wieder freigegeben. Dieser Prozeß läuft sehr viel effektiver als Speicheranforderungen von der Freispeicherverwaltung ab. Voraussetzung dafür, daß dies funktioniert, ist allerdings die vollständige Offenlegung der Datenstruktur einer Klasse in der Klassendefinition.

Da es so unvermeidlich ist, daß der Anwender einer Klasse auch Implementationsdetails der Klasse zu sehen bekommt, kann in C++ der Zugriff auf Klassenkomponenten durch die Schutzattribute *private*, *protected* und *public* gesteuert werden. Vom Anwender einer Klasse wird erwartet, daß er sich an diese Schnittstelle hält und nicht versucht, auf irgendeine Weise die Schutzmechanismen auszutricksen.

Namenräume

In diesem Kapitel war schon mehrfach die Rede davon, daß Klassen eigene Namenräume darstellen. Das heißt, ein Bezeichner, der innerhalb einer Klasse definiert ist, ist (ohne explizite Qualifizierung mit dem Bereichs-Operator *::*) nur innerhalb der Klasse sichtbar und kann so nicht mit gleichlautenden Bezeichnern anderer Klassen bzw. Geltungsbereiche kollidieren. Alle übrigen Bezeichner, ob aus den Definitionsdateien der Entwicklungsumgebung, Bibliotheken von Drittherstellern oder unserem eigenen Code, liegen in einem globalen Namenraum und können so zu Konflikten führen. Die Windows-API allein beispielsweise „verschmutzt" den globalen Namenraum mit Tausenden von Bezeichnern. Modulare Programmierung mit sauber definierten und möglichst kleinen Schnittstellen zwischen den Modulen wird so nicht gerade begünstigt.

Andere moderne Programmiersprachen wie Ada, Modula-2 oder die verbreitetsten Pascal-Dialekte beschränken die Sichtbarkeit von Bezeichnern dagegen auf Module[36] bzw. Dateien. Bezeichner, die aus anderen Modulen benötigt werden, müssen explizit importiert werden, entweder indem alle Bezeichner eines anderen Moduls oder auch nur bestimmte Bezeichner dieses Moduls importiert werden. Dies schafft kleine, selbstdokumentierende Schnittstellen zwischen den Teilen eines großen Projekts und schützt vor unangenehmen Überraschungen. C++ verwendet dagegen aus histo-

36 Units in Pascal, Packages in ADA, Modul in Modula-2.

rischen Gründen den primitiven textbasierten Include-Mechanismus von C, d. h., alle benötigten Definitionsdateien werden immer wieder eingelesen und im aktuellen Kontext neu übersetzt. Eine vernünftige Abgrenzung der Module gegeneinander ist so nicht möglich, zumal alle Bezeichner später für den Linker im gleichen Namenraum sichtbar sind. Lokal benötigte Bezeichner lassen sich nur durch das Attribut *static* auf eine Datei einschränken; eine genaue Kontrolle, welche Bezeichner wo sichtbar sein sollen und wo nicht, ist so nicht möglich. Zusammen mit dem Umstand, daß ein und dieselbe Definitionsdatei an unterschiedlichen Stellen durch Präprozessordirektiven und Makros eine unterschiedliche Semantik haben kann, führt dies dazu, daß große Programme in der Sprache C fehleranfällig und schwer zu warten sind.[37]

C++ ist dagegen ausdrücklich für die Unterstützung großer und größter Programme gedacht. Die Einheit der Kapselung ist in C++ jedoch nicht die Datei oder das Modul, sondern die Klasse. Die Bezeichner im globalen Namenraum sollten im Idealfall nur noch Klassennamen und die eine oder andere globale Funktion oder Variable sein. Die Funktionalität eines Moduls oder einer Pascal-Unit kann man mit einer Klasse nachbilden, in der alle Funktionen und globalen Variablen als statische Komponenten vereinbart sind. Auch weitere Klassendefinitionen und Aufzählungstypen lassen sich ohne weiteres in der Modulklasse vereinbaren. Da alle Funktionen und globalen Variablen statisch vereinbart sind, benötigt man keine Instantiierung der Klasse (sprich kein Objekt), um auf die gekapselten Funktionen zuzugreifen. Ein weiterer Pluspunkt ist, daß die Komponenten der Modulklasse nun dem Zugriffsschutz unterliegen, der Entwickler also genau bestimmen kann, welche Funktionen und Variablen die Schnittstelle des Moduls nach außen darstellen und bei welchen es sich um private Implementationsdetails handelt:

```
class Module
{
public:
            enum Items {nothing, something};
    static  void    DoThis();
    static  void    DoThat();
    static  Items   PublicVar;

private:
    static  void    DoImplDetail1();
    static  void    DoImplDetail1();
    static  int     InnerState;
};
```

Leider ist dieser Ansatz mit allerlei Unbequemlichkeiten verbunden, da sich normale globale Deklarationen nicht ohne Änderung in eine Klassendefinition übernehmen lassen. So müssen alle Deklarationen um das Attribut *static* ergänzt werden, einige Deklarationen wie z. B. Konstantendefinitionen ändern ihre Bedeutung, und Initialisierungen sind in Klassendefinitionen generell nicht möglich.

---

37 Allerdings war die Sprache C entsprechend der UNIX-Philosophie „small is beautiful" auch nie für große Programmsysteme gedacht!

Zur Lösung dieser Probleme stellen ANSI-C++ und Visual C++ neuerdings das Konzept benannter Namenräume[38] bereit. Damit wird es möglich, zusammengehörige Bezeichner in einem eigenen Namenraum zu vereinbaren und so den unbenannten globalen Namenraum sauber zu halten. Gleichlautende Bezeichner aus unterschiedlichen Namenräumen können so nicht mehr kollidieren[39]. Anders als das Modulkonzept anderer Sprachen sind Namenräume jedoch nicht dateibezogen. Vielmehr ist es möglich, Funktionen, Variablen, Typen, Klassen und andere Programmobjekte jeweils nach sachlichen Kriterien dem geeigneten Namenraum zuzuordnen. Da ein Namenraum anders als eine Klasse mehrfach geöffnet, ergänzt und wieder geschlossen werden kann, können Namenräume sowohl Bezeichner aus unterschiedlichen Dateien als auch einzelne Dateien Bezeichner für unterschiedliche Namenräume enthalten.

Zur Unterstützung benannter Namenräume führt ANSI-C++ zwei neue Schlüsselworte *namespace* und *using* ein, durch die vier grundlegende Mechanismen eingeführt werden:

- Jeder Bezeichner gehört einem Namenraum an. Bezeichner, die keinem benannten Namenraum angehören, liegen im unbenannten Namenraum. Bezeichner in einem Namenraum können wie auch z. B. Komponenten in den von Klassen gebildeten Namenräumen durch eine explizite Qualifizierung mit dem Bereichs-Operator *::* angesprochen werden.
- Für einen Namenraum kann lokal ein kürzeres Synonym vereinbart werden. Das erlaubt es, für die Namenräume kommerzieller Bibliotheken lange deskriptive Namen zu verwenden und diese im eigentlichen Code abzukürzen. Auch können so verschiedene Versionen einer Bibliothek transparent für den Anwendercode in unterschiedlichen Namenräumen liegen.
- Einzelne Bezeichner aus einem Namenraum können durch eine *using*-Deklaration explizit in den aktuellen Gültigkeitsbereich importiert werden. Die *using*-Deklaration deklariert im Sichtbarkeitsbereich ein Synonym *x* für den Bezeichner *A::x*.
- Die *using*-Direktive macht alle Bezeichner eines Namenraumes im augenblicklichen Sichtbarkeitsbereich zugänglich.

Um Deklarationen oder Definitionen in einem benannten Namenraum zu plazieren, schließt man sie in die geschweiften Klammern einer *namespace*-Vereinbarung ein.

```
namespace A
{
    // Deklarationen
    void f();
```

38 Engl. namespace. In der deutschsprachigen Literatur findet man gelegentlich auch die falsche Übersetzung „Namenbereich".

39 So benutzt Visual C++ unterschiedliche Namenräume, um Konflikte zwischen den MFC und der STL (**S**tandard **T**emplate **L**ibrary) zu vermeiden.

```
    // und Definitionen
    int a, b, c;

    void h()
    {
    };

    // ...
}
```

Ein Namenraum kann geschlossen und wieder geöffnet und ergänzt werden. Auf diese Weise können Definitionen und Deklarationen für einen Namenraum auch über mehrere Dateien verteilt werden. Bezeichner aus anderen Namenräumen können mit Qualifizierung verwendet werden.

```
namespace A                          // Namenraum A
{
    // Deklarationen
    void f();

    // und Definitionen
    int a, b, c;

    void h()
    {
    };

    // ...
}
namespace B             // Deklarationen in Namenraum B
{
    void g();
    double x, y;
}

namespace A             // und noch eine Definition für Namenraum A
{
    void f()
    {
        int c = a + b;
        double z = B::x + B::y;  // verwende Bezeichner aus Namenraum A
        // ...
    }
}
```

Definitionen von Funktionen und globalen Variablen können wie die Definitionen von Klassenkomponenten auch explizit qualifiziert werden.

Durch eine *using*-Direktive werden alle Bezeichner des Namenraum *namespace A* lokal sichtbar

```
void B::g()
{
    using namespace A;
```

```
    int c = a + b;
    double z = x + y;
    // ...
}
```

Die wichtigste Aufgabe der *using*-Direktive besteht jedoch darin, die Kompatibilität mit altem C- und C++-Code zu erhalten, da in ANSI-C++ die Standardbibliotheken von C und C++ eigene Namenräume erhalten werden. So könnte die Definitionsdatei der C-Standard-I/O-Bibliothek (abgesehen von den nötigen *#ifdef*-Direktiven zur Kompatibilität mit ANSI-C) etwa so aussehen:

```
// stdio.h

namespace std                   // Bezeichner verschwinden im Namenraum std
{
    // ...
    int printf(const char* ...);
}
using namespace std;   // ... und werden sofort wieder verfügbar gemacht
```

Bindet man eine solche Definitionsdatei per *#include*-Direktive in eine Datei ein, sieht sie für den Code genauso aus wie die alte Fassung vor Einführung benannter Namenräume. Die Verwendung benannter Namenräume ist also, soweit man weiterhin die alten Definitionsdateien verwendet, für das Programm transparent. Die neuen ANSI-C++-Definitionsdateien werden dagegen die alte Namenserweiterung *.h* nicht mehr aufweisen. Dadurch wird für den Einschluß der Definitionsdateien die etwas natürlichere Schreibweise *#include <stdio>* möglich. In den neuen Definitionsdateien sind alle Bezeichner wohlaufgeräumt in einem Namenraum verstaut und müssen bei Gebrauch explizit qualifiziert oder per *using*-Direktive oder besser *using*-Deklaration verfügbar gemacht werden:

```
// stdio

namespace std                  // Bezeichner verschwinden im Namenraum std
{
    // ...
    int printf(const char* ...);
}
                                          // ... und und bleiben da auch !
```

Zum alten Standard kompatible Definitionsdateien lassen sich übrigens auch hieraus auf sehr einfache Weise gewinnen:

```
// stdio.h

#include <stdio>
using namespace std;
```

Um Bezeichner aus einem Namenraum zu verwenden, stehen drei unterschiedliche Möglichkeiten zur Verfügung. Sicherlich die schlechteste davon ist die *using*-Direktive, die alle Bezeichner eines Namenraumes im lokalen Sichtbarkeitsbereich einblendet. Um Verwechslungen mit der *using*-Deklaration zu vermeiden, muß immer auch das Schlüsselwort *namespace* angegeben werden:

```
using namespace std;  // Alle Bezeichner in std werden verfügbar gemacht
```

Um einzelne Bezeichner in einen Sichtbarkeitsbereich oder anderen Namenraum einzuführen, gibt es als zweite Möglichkeit die *using*-Deklaration. Im Gegensatz zur *using*-Direktive macht sie für jeden Bezeichner unmißverständlich klar, aus welchem Namenraum der Bezeichner stammt. Gegenüber einer schlichten *#include*- oder auch einer *using*-Directive erleichtert eine solche selbstdokumentierende Schnittstelle enorm das Verständnis von (fremdem oder eigenem) Code:

```
#include <stdio>

using std::printf;
// ...
```

Leider benötigt man für jeden Bezeichner eine eigene *using*-Deklaration; eine Auflistung mehrerer Deklaratoren wie in anderen C++-Deklarationen ist leider nicht möglich ☹. Die dritte Möglichkeit ist die explizite Qualifizierung mit dem Bereichs-Operator ::. Sie erzeugt sicher den am besten verständlichen Code, ist aber vor allen Dingen bei häufig benutzten Bezeichnern gelegentlich etwas lästig zu schreiben.

Hier muß jeder selbst den für ihn optimalen Weg finden – gemäß der C++-Philosophie, daß die Sprache viele sehr unterschiedliche Programmierstile unterstüzt, dem Programmierer aber keinen bestimmten Stil aufzwingt. Als Mittelweg lassen sich zur Abkürzung langer Namen für Namenräume auch Alias-Namen vereinbaren.

Dann kann man zur Qualifizierung einen kurzen Bezeichner verwenden und macht doch unmißverständlich den Import aus einem anderen Namenraum kenntlich:

```
void main()
{
    using A::a;             // using-Deklarationen
    using A::b;
    using B::x;
    double z = a + x;

    A::f();                 // explizite Qualifizierung
    B::g();

    namespace C = A;        // alias, etwas albernes Beispiel
    C::f();                 // und explizite Qualifizierung mit Alias
}
```

Durch Alias-Namen kann man übrigens auch die Abhängigkeit von den Namen von Namenräumen der Bibliotheken lokalisieren.

```
Namespace mylib = MyLittleLibraryVersion47_11
Namespace comlib = WizzWares_Ingenious_Communication_Library_V1
```

Zusammenfassung

Abstrakte Konzepte und Objekte der realen Welt werden in C++ durch Klassen und Objekte repräsentiert. Eine Klasse ist ein benutzerdefinierter Datentyp, Objekte sind die Variablen dieses Typs. Strukturen und Unions sind in C++ Spezialfälle von Klassen. Eine Klassendefinition spezifiziert die Datenstruktur von Objekten und den Satz von Operationen, die auf diese Objekte angewandt werden können. Sie besteht aus einem Klassenkopf und einer Liste von Vereinbarungen von Klassenkomponenten in geschweiften Klammern.

Klassen sind die natürliche Einheit der Modularisierung in C++. Sie bilden eigene abgeschlossene Gültigkeitsbereiche für Bezeichner und entlasten so den globalen Namenraum. Klassen sind die grundlegenden Bausteine der Softwareentwicklung in C++.

Die Komponentenliste der Klassendefinition besteht aus Vereinbarungen von Klassenkomponenten wie Variablen, Funktionen, Aufzählungstypen, Bit-Feldern oder Typdefinitionen, sowie optionalen Schlüsselwörtern, die den Zugriffsschutz für die Klassenkomponenten festlegen. Die Komponenten liegen im Namenraum der Klasse und können nur über ein Klassenobjekt oder ggf. mit dem Gültigkeitsbereichs-Operator qualifiziert angesprochen werden. Mit *friend*-Deklarationen kann eine Klasse den Zugriffschutz partiell aufweichen. Die Komponentenliste einer Klassendefinition definiert die Komponenten der Klasse vollständig, es ist nicht möglich, Klassenkomponenten „nachzudefinieren" und so die Schutzmechanismen zu durchlöchern.

Aufrufe von Komponentenfunktionen werden in der üblichen Komponentenzugriffsschreibweise von C-Strukturen geschrieben. Auf die Komponenten eines Objekt, dessen Komponentenfunktion so aufgerufen wurde, kann diese direkt oder durch den speziellen *this*-Zeiger zugreifen.

Eine Komponentenfunktion kann durch das Nachstellen des Schlüsselworts *const* (oder *volatile*) modifiziert werden. Im Fall von *const* kann die Funktion nicht mehr schreibend auf Komponenten des Objekts zugreifen und auch keine Funktionen verwenden, die nicht mit *const* modifiziert worden sind.

Der Aufruf kleiner, häufig gebrauchter Komponentenfunktionen kann durch die Verwendung von Inline-Funktionen beschleunigt werden. Inline-Funktionen spielen eine zentrale Rolle für den Zugriff auf geschützte Klassenkomponenten,.

Sowohl Daten- als auch Funktionskomponenten können als statisch vereinbart werden. Ist eine Komponentenvariable statisch, existiert für alle Objekte dieser Klasse gemeinsam nur eine einzige Kopie dieser Variablen. Der Zweck statischer Komponenten besteht in erster Linie darin, eine bessere Alternative zum Gebrauch globaler Variablen zur Verfügung zu stellen.

Eine statische Komponentenfunktion besitzt keinen *this*-Zeiger und kann unabhängig von der Existenz eines Klassenobjekts aufgerufen werden. Sie kann daher nur auf statische Klassenkomponenten zugreifen. Statische Komponentenfunktionen verhalten sich wie herkömmliche C-Funktionen mit dem einen Unterschied, daβ sie nicht im globalen Namenraum, sondern im Namenraum der Klasse liegen.

Da es sich bei Klassen um benutzerdefinierte Typen handelt, können Klassen außer im globalen Gültigkeitsbereich auch überall dort definiert werden, wo Typdefinitionen zulässig sind. Verschachtelte Klassen werden am häufigsten für kleine Hilfsklassen oder Strukturen verwendet, die zu den Implementationsdetails der umschließenden Klasse gehören. Lokale Klassen in Funktionen dagegen unterliegen so vielen Einschränkungen, daβ sie nur von geringem Nutzen sind.

Aus Gründen der Laufzeiteffizienz sind in der Klassendefinition Schnittstelleninformationen für den Klassenanwender wie auch alle für den Compiler relevanten Informationen zusammengefaβt. Änderungen an Implementationsdetails erfordern daher, soweit sie mit einer Änderung von Teilen der Klassendefinition einhergehen, eine Neuübersetzung aller abhängigen Module, auch wenn die öffentliche Schnittstelle einer Klasse gar nicht betroffen ist. Implementationsdetails eines Datentyps liegen so zwar offen, doch sind sie durch die Zugriffsschutzmechanismen zumindest gegen versehentliche Verwendung geschützt.

Die durch Klassen gebildeten Sichtbarkeitsbereiche reichen jedoch für die Strukturierung großer Projekte oder die Integration von Bibliotheken unterschiedlicher Herkunft nicht aus. Zur Lösung dieses Problems stellt C++ neuerdings das Konzept des benannten Namenraumes bereit. Damit wird es möglich, zusammengehörige Bezeichner in einem eigenen Namenraum zu plazieren und so den unbenannten globalen Namenraum „sauber" zu halten. Gleichlautende Bezeichner aus unterschiedlichen Namenräumen können nicht mehr kollidieren, und die Zusammengehörigkeit der Komponenten in größeren Sinnzusammenhängen wird betont. Anders als das Modulkonzept anderer Sprachen sind Namenräume jedoch nicht dateibezogen. Vielmehr ist es möglich, Funktionen, Variablen, Typen, Klassen und andere Programmobjekte jeweils nach sachlichen Kriterien dem geeigneten Namenraum zuzuordnen.

3.4 Viel Gestalt – Polymorphie

Dieses Kapitel beschäftigt sich mit den nach dem eigentlichen Klassenkonzept wichtigsten Konzepten der objektorientierten Programmierung, mit Vererbung und Polymorphie. Das Klassenkonzept ist nicht nur zur Beschreibung von Klassen gleichartiger Objekte geeignet, sondern auch, um Klassen ähnlicher Objekte, also Klassen von Klassen zu bilden. Die Eigenschaften, die allen Objekten der Ober- und Unterklassen gemeinsam sind, werden von der Oberklasse beschrieben, Eigenschaften, die spezifisch für einzelne Unterklassen sind, werden erst in den Unterklassen festgelegt. Die abgeleiteten Klassen erben die Eigenschaften der Ober- oder Basisklasse.

Ableitung und Vererbung sind Kernstücke der objektorientierten Programmierung, da sie es erlauben, abgestufte Ähnlichkeiten zwischen Objekten bzw. Datentypen sehr genau zu modellieren und zwanglos in das Typsystem der Sprache einzubetten.

So ist in den MFC jedes Objekt vom Typ *CView* auch ein Objekt vom Typ *CWnd*, *CCmdTarget* und letztendlich *CObject*. Auch *CDocument* ist vom Typ *CCmdTarget* und *CObject*, nicht aber vom Typ *CWnd*. Ein Zeiger auf ein Objekt vom Typ *CObject* kann auf jedes beliebige Objekt dieses Typs einschließlich aller abgeleiteten Typen zeigen.

Dennoch wird der Aufruf der Komponentenfunktion *Serialize()* von *CObject* über diesen Zeiger nicht etwa die in *CObject* definierte *Serialize()*-Funktion starten, sondern beispielsweise die der Klasse *CDocument*, da *Serialize()* als sogenannte virtuelle Funktion definiert ist.

Diese Fähigkeit, Objekte mit gleicher Schnittstelle, aber unterschiedlicher Klassenzugehörigkeit und Implementation ohne Kenntnis des genauen Typs richtig zu benutzen, wird als Polymorphie (Vielgestaltigkeit) bezeichnet. Dahinter steht die OOP-Idee, daß Objekte über Botschaften miteinander interagieren und beim Empfang einer Botschaft selbst entscheiden können, welches die angemessene Reaktionsmethode oder kurz Methode zu dieser Botschaft ist.

In C++ entspricht einer Botschaft an ein Objekt der Aufruf der Komponentenfunktionen (die mit diesem Hintergrund manchmal auch als Methoden bezeichnet werden). Polymorphe Objekte haben bezüglich einer bestimmten Funktionalität die gleiche (virtuell definierte) Schnittstelle, aber unterschiedliche Implementationen. Die definierten virtuellen Funktionen entsprechen den Botschaften, die die Objekte einer Klasse samt Unterklassen verstehen.

Die auf dem tatsächlichen Typ des Objekts basierende Entscheidung, welche Komponentenfunktion tatsächlich aufgerufen wird, wird auch als spätes Binden bezeichnet. Da das späte Binden trotz der sehr effizienten Realisierung in C++ mit einem geringen zusätzlichen Laufzeitbedarf behaftet ist, gibt es in C++ ebenso die Möglichkeit, basierend auf dem Variablentyp bereits zur Übersetzungszeit festzulegen, welche Funktion aufgerufen wird (frühes Binden).

Auch für die Vorgehensweise bei der Softwareentwicklung und für die Wiederverwendbarkeit bereits vorhandenen Codes hat das Vererbungskonzept weitreichende Folgen. Wollte man mit einer konventionellen Sprache fertigen Programmcode aus einem früheren Projekt wiederverwenden und an die Erfordernisse des neuen Projekts anpassen, blieb einem nichts anders übrig, als den Code in das neue Projekt zu kopieren und so lange zu modifizieren, bis er den neuen Anforderungen entspricht.

Daß ein zuvor gründlich getestetes und fehlerfreies Modul nach einer solchen Aktion mit einiger Wahrscheinlichkeit nicht mehr fehlerfrei ist, braucht nicht besonders betont zu werden. In objektorientierten Sprachen wird es sich dagegen bei dem alten Code um eine fertige und gründlich geprüfte Klasse handeln, von der der Entwickler eine neue Klasse mit modifizierter Funktionalität ableiten kann.

Auch dieser Prozeß wird normalerweise nicht völlig ohne Probleme (sprich Fehler) ablaufen, doch besteht zumindestens nicht die Gefahr, den getesteten Code der alten Klasse zu zerstören. Hier können auch virtuelle Funktionen eingesetzt werden, um dem Anwender von vornherein die Möglichkeit zu geben, die innere Arbeitsweise einer Klasse durch die Redefinition virtueller Funktionen zu modifizieren.

Die Möglichkeiten von Klassenkonzept, Vererbung und Polymorphie zur Entwicklung wiederverwertbarer Softwarekomponenten werden allerdings oft überschätzt, da es im allgemeinen wesentlich aufwendiger ist, eine Klasse so zu entwerfen, daß sie sich dazu eignet: Alle Eigenschaften, die bei einer Wiederverwendung eine Rolle spielen könnten, müssen in die Schnittstelle für abgeleitete Klassen eingearbeitet werden. Das hat zwangsläufig eine Aufblähung der Schnittstellen und damit eine Verkomplizierung und Verteuerung des Gesamtprojekts zur Folge. Für die meisten Projekte ist es daher effektiver, benötigte Klassen nur so weit auszuarbeiten, wie es für das konkrete Projekt nötig ist, und die Entwicklung absolut wasserdichter Klassen und Komponenten Drittherstellern zu überlassen.[40] Will man eine Klasse erneut verwenden, ist es früh genug, sich über eine Verallgemeinerung den Kopf zu zerbrechen.

Vererbung

In Kapitel 3.3 haben wir gesehen, daß eine Klassendefinition in C++ immer die folgende Form hat:

```
class-head
{
    member-list
}
```

Basisklassen

Der Klassenkopf *class-head* beginnt immer mit einem der Schlüsselworte *class*, *struct* oder *union* und ggf. einem Klassennamen. Im Fall von *class* und *struct* ist es möglich, die zu definierende Klasse durch weitere Angaben von bereits definierten Klassen abzuleiten. Diese Klassen werden als Basisklassen bezeichnet. Der Regelfall wird dabei die Ableitung von einer Klasse sein, aber auch mehrere Basisklassen sind möglich. Die Basisklassen folgen dabei nach einem Doppelpunkt durch Komma getrennt und optional durch eine Zugriffsschutzspezifikation ergänzt auf den Klassennamen:

```
class A : public B, public C
{
    // ...
}
```

---

40 Dem Autor ist mindestens ein Fall bekannt, bei dem die Umstellung eines großen CAD-Paketes von C nach C++ schließlich daran scheiterte, daß die Entwickler von den Möglichkeiten des Klassenkonzeptes so fasziniert waren, daß sie sich bei der Entwicklung absolut allgemeingültiger und wasserdichter Klassen verzettelten und das Budget und den Zeitrahmen sprengten.

Da die angegebenen Basisklassen Bestandteil des Speicherlayouts der neuen Klasse werden, müssen sie Klassen bezeichnen, die zuvor vollständig definiert wurden. Eine Klasse, die zuvor nur deklariert wurde, z. B. mit *class B;*, kann nicht als Basisklasse verwendet werden, da der Compiler den erforderlichen Speicherplatzbedarf und die innere Struktur der Klasse nicht ermitteln kann.

Namenkonflikte

Die abgeleitete Klasse stellt praktisch eine Erweiterung der Basisklasse dar. Alle Komponenten der Basisklasse(n) sind auch in der abgeleiteten Klasse verfügbar, sofern sie nicht durch neue Komponenten gleichen Namens verdeckt werden oder einem Zugriffsschutz unterliegen. Falls Komponenten verdeckt werden oder mehrdeutig sind - z. B. weil von verschiedenen Basisklassen verschiedenen Komponente gleichen Namens geerbt wurden - kann die gewünschte Komponente durch die explizite Angabe des Gültigkeitsbereichs mit dem *::*-Operator ausgewählt werden.

Typumwandlungen

Zeiger und Referenzen auf einen Klassentyp können implizit in Zeiger bzw. Referenzen auf einen Basisklassentyp konvertiert werden. Da neue Klassen beim Ableiten quasi durch den Anbau neuer Eigenschaften und Komponenten entstehen, ist gewährleistet, daß alle durch den Basisklassenzeiger ansprechbaren Komponenten auch wirklich definiert sind.

Da im Fall der Einfachvererbung die Basisklasse am Anfang der Datenstruktur der abgeleiteten Klasse liegt, ändert sich dabei nicht einmal der Zeigerwert. Bei mehr als einer Basisklasse müssen dagegen bei Umwandlungen des Zeigertyps vom Compiler die Werte von Basisklassenzeigern angepaßt werden.

Beispiele:

```
class Base                          // simple Basisklasse
{
public:
    int a;
    int b;
};

class Derived : public Base         // abgeleitete Klasse
{
public:
    int b;                          // verdeckt Base::b
    int c;
};

void foobar()
{
    Derived d:
    d.a = 1;                  // Komponente eindeutig von Basisklasse
```

```
    d.Base::b = 2;          // Verdeckte Komponente qualifizieren
    d.b = 3;                // Komponente verdeckt Base::b
    d.c = 4;                // Komponente von abgeleiteter Klasse

    Base *p = &d;           // Implizite Typumwandlung von
                            // Derived* nach Base*
}
```

Die umgekehrte Umwandlung von einem Basisklassenzeiger zu einem Zeiger der abgeleiteten Klasse ist dagegen nur explizit mit einer Typumwandlung möglich, da nicht automatisch sichergestellt ist, daß diese Umwandlung auch sinnvoll ist. Zuweisungen zwischen Basisklassen-Objekten und Objekten eines abgeleiteten Typs sind ohne weitere Vorkehrungen nur in einer Richtung möglich.

Wird ein abgeleitetes Objekt einem Basisklassenobjekt zugewiesen, wird nur der Basisklassenanteil kopiert, das Objekt also quasi durch Beschneidung passend gemacht. Die umgekehrte Zuweisung ist auch mit einer expliziten Typumwandlung nicht möglich, da es *a priori* keinen sinnvollen Weg gibt, die Werte der fehlenden Komponenten zu ergänzen. Dies ist allerdings nur das Standardverhalten. Umwandlungen zwischen beliebigen Klassentypen können vom Anwender definiert werden und werden dann auch automatisch zur Anwendung gebracht.

```
    Derived derived, *pd = &derived;
    Base base, *pb = &base;

    pb = pd;                   // implizit von Derived* nach Base*
    pd = (Derived*) pb;        // nur explizit von Base* nach Derived*
    base = derived;            // kopiert nur Basisklassenanteil
    derived = base;            // Fehler, das geht überhaupt nicht
```

Super- und Subklasse

Die in C++ üblichen Termini Basisklasse und abgeleitete Klasse wurden übrigens abweichend von gängiger OOP-Praxis gewählt, da die Simula-Bezeichnungen Superklasse und Subklasse oft zu Mißverständnissen führen. Die Super- oder Oberklasse umfaßt oft nur eine Teilmenge der Eigenschaften abgeleiteter Klassen, während die Sub- oder Unterklasse mehr und detailliertere Eigenschaften aufweist.

Die Namen Super- und Subklasse scheinen jedoch auf den ersten Blick genau das Gegenteil zu implizieren. Um hier unnötige Verwirrung zu vermeiden, werden in C++ die Ausdrücke Basisklasse und abgeleitete Klasse bevorzugt.

Direkte Basisklasse

Eine Klasse heißt direkte Basisklasse, wenn sie in der Basisklassenliste des Klassenkopfes aufgeführt wird, und indirekte Basisklasse, wenn sie die Basisklasse einer der Basisklassen ist. Die im obigen Beispiel verwendete Schreibweise *Base::b* bedeutetet nicht, daß *b* eine in der Klasse *Base* definierte Komponente ist; vielmehr handelt es sich um eine Anweisung an den Compiler, die Suche nach Klassenkomponenten mit Namen *b* im Namenraum der Klasse *Base* vorzunehmen.

Hätte *Base* direkte oder indirekte Basisklassen gehabt, könnte das Feld *b* auch in einer dieser Basisklassen definiert gewesen sein.

Vererbung und Komponentenklassen

Wenn man nur einen Hammer hat, neigt man dazu, jedes Problem als Nagel zu betrachten. Nicht immer jedoch ist die Vererbung die beste Lösung eines Entwurfsproblems. In vielen Fällen ist es günstiger, ein Objekt aus anderen Objekten zusammenzusetzen, d. h., Objekte eines bestimmten Typs als Komponentenvariablen zu verwenden.

Zusammensetzung und Vererbung

Sowohl Zusammensetzung als auch Vererbung stellen Unterobjekte in die neue Klasse. Dies ist im Fall der Vererbung nur nicht so augenfällig, da ähnlich wie bei anonymen Strukturen die Komponenten der ererbten Klasse sich genauso wie diejenigen der neuen Klasse verhalten.

Die Komponenten von Komponentenvariablen müssen dagegen immer zusätzlich über den Namen der Komponente angesprochen werden.

Eine abgeleitete Klasse erbt von der Basisklasse nicht nur die interne Repräsentation, sondern auch die Schnittstelle, sprich die Komponentenfunktionen. Eine Komponentenklasse andererseits fügt ihre eigene Datenstruktur auf genau gleiche Weise zur neuen Klasse hinzu, nur werden die Komponenten nicht selbst zu Komponenten der neuen Klasse, sondern können nur über den Namen der Komponentenvariablen angesprochen werden.

Die Eigenschaften des Komponentenobjekts stehen daher der neuen zusammengesetzten Klasse zwar für interne Zwecke (und bei einer öffentlichen Komponente auch außerhalb) zur Verfügung, werden aber nicht im eigentlichen Sinne zu Eigenschaften der neuen Klasse.

Bei der Entscheidung, ob Komponentenobjekt oder Ableitung, sollte man sich von der Frage leiten lassen, durch welchen Satz man die Beziehung von Objekten der potentiellen Komponenten- bzw. Basisklasse zur neuen zusammengesetzten oder abgeleiteten Klasse besser beschreiben kann: „A enthält ein B!“ oder „A ist ein B!“. Im ersten Fall sollte man sich für ein Komponentenobjekt B entscheiden, im zweiten für Ableitung der Klasse A von B.

In manchen Fällen ist die Zusammensetzung sogar durch die Struktur des Problems bereits so eindeutig vorgegeben, daß man die Komponenten öffentlich und damit wie im folgenden Beispiel für den Klassenanwender transparent macht.

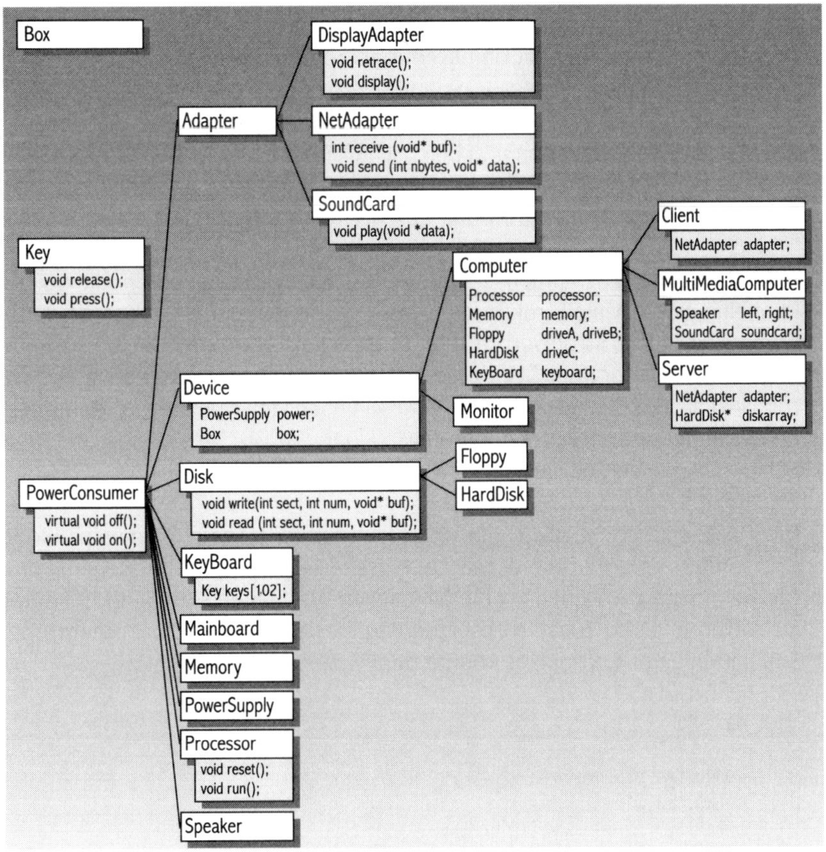

Abb. 63: Zur Modellierung der meisten Probleme benötigt man sowohl Vererbung als auch Zusammensetzung von Klassen – hier am Modell eines Computers, der einerseits von einem Gerät mit Spannungsversorgung und Gehäuse abgeleitet werden kann, seinerseits aber aus Objekten wie Prozessor, Speicher, Laufwerken und Tastatur aufgebaut ist. Sowohl das Gerät als auch die meisten Komponenten sind ihrerseits Stromverbraucher

Beispiel: Computer

Als Beispiel sowohl für die Verwendung von zusammengesetzten Komponenten als auch für die Ableitung von Klassen mag das Beispielprojekt *Computer* (auf der Buch-CD) dienen. Hier werden in den Dateien *computer.h* und *computer.cpp* die Grundlinien einer Klasse zur Modellierung von PCs skizziert. Es ist allerdings wenig anschaulich, sich den Code anzuschauen, wesentlich informativer ist das obige Klassendiagramm.

Ein Computer ist ein Objekt vom Typ *Device* und enthält als solches eine Spannungsversorgung *Power power* und ein Gehäuse *Box box*. Da diese Komponenten aber allen elektrischen Geräten wie Computern und Bildschirmen gemein sind, erben diese Klassen diese Komponenten von *Device* und definieren sie nicht selbst.

Andere Komponentenklassen sind für Komponenten der Klasse *Computer* selbst verwendet. So enthält ein Computer über die Charakteristika anderer elektrischer Geräte hinaus einen Prozessor, Speicher, Laufwerke und eine Tastatur. Spezialfälle der Klasse *Computer*, wie die Klassen *Server*, *Client* und *MultiMediaComputer* enthalten über die Komponenten und Eigenschaften eines einfachen Computers hinaus noch weitere Komponenten. Auch dies kann zwanglos durch eine Kombination von Zusammensetzung und Vererbung beschrieben werden.

Auch die bei der Zusammensetzung verwendeten Komponentenobjekte können bereits eine nichttriviale Struktur aufweisen. So sind die meisten Komponenten eines Computers selbst Stromverbraucher und als solche von der Klasse *PowerConsumer* abgeleitet, von der über *Device* auch *Computer* selbst abgeleitet ist. *PowerConsumer* tritt also als Basisklasse von *Computer* wie auch vieler benötigter Komponenten in Erscheinung. Andere Komponenten wie *Floppy driveA, driveB* und *HardDisk driveC* gehen auf eine gemeinsame Basisklasse *Drive* zurück.

Die Klassenhierarchie allein gibt also nicht das vollständige Bild eines Modells wieder, sondern zeigt nur die Verwandschaftsbeziehungen der Klassen, die uns zur Entwicklung der eigentlichen Problemlösung zur Verfügung stehen. Erst die Kombination aus Vererbung und Zusammensetzung ergibt das volle Bild. Das Hauptprogramm der Simulation eines Computers könnte dann vielleicht so aussehen:

```
int main()
{
    Computer computer;
    computer.on();
    computer.processor.run();
    return 0;
}
```

Beim Einschalten des Computers muß sichergestellt werden, daß alle Komponenten eingeschaltet werden:

```
void Computer::on()
{
    memory.on();
    processor.on();
    driveA.on();
    driveB.on();
    driveC.on();
    keyboard.on();
}
```

Im Fall eines Multimediacomputers (oder eines anderen von *Computer* abgeleiteten Objekts) müssen natürlich auch die hinzugekommenen Komponenten eingeschaltet werden. Zunächst muß aber auch hier die *on()*-Funktion der Basisklasse angewandt werden.

```
void MultiMediaComputer::on()
{
    Computer::on();
    left.on();
```

```
    right.on();
    soundcard.on();
}
```

Beispiel: CBitmapButton

Ein Beispiel für zusammengesetzte und abgeleitete Objekte aus der MFC-Praxis ist die Klasse *CBitmapButton*. *CBitmapButton* ist ein *CButton* und enthält vier *CBitmap*-Objekte. Beide Klassen leiten sich über diverse Zwischenstufen von der Klasse *CObject* her, *CBitmapButton* über die Zwischenstufen *CButton*, *CWnd* und *CCmdTarget*, *CBitmap* über *CGdiObject*.

```
// CBitmapButton - Schaltfläche mit 1 - 4 Bitmaps, leicht vereinfacht

class CBitmapButton : public CButton
{
    DECLARE_DYNAMIC(CBitmapButton)
public:
// Konstruktion
    CBitmapButton();

    BOOL LoadBitmaps(LPCTSTR /*...*/);
    BOOL LoadBitmaps(UINT    /*...*/);
    BOOL AutoLoad(UINT nID, CWnd* pParent);

// Operationen
    void SizeToContent();

// Implementation:
protected:
    CBitmap m_bitmap;           // normal image (REQUIRED)
    CBitmap m_bitmapSel;        // selected image (OPTIONAL)
    CBitmap m_bitmapFocus;      // focused but not selected (OPTIONAL)
    CBitmap m_bitmapDisabled;   // disabled bitmap (OPTIONAL)

    virtual void DrawItem(LPDRAWITEMSTRUCT lpDIS);
};
```

Virtuelle Funktionen

Aufrufe von Komponentenfunktionen in C++ werden wie bei normalen C-Funktionen normalerweise bereits zur Übersetzungszeit fest zugeordnet. Der Compiler legt bereits zur Übersetzungszeit ausgehend vom Typ des zum Aufruf verwendeten Objekts oder Zeigers endgültig fest, welche Komponentenfunktion welcher Klasse aufgerufen wird und baut die Adresse dieser Funktion fest in die Anwendung ein.

Das Schlüsselwort virtual

Anders und flexibler verhalten sich Komponentenfunktionen, die als virtuelle Funktionen vereinbart werden. Dies geschieht durch Voranstellung des Schlüsselworts *vir-*

tual vor die Deklaration der Funktion in der Klassendefinition. Ist eine Funktion als virtuell (= potentiell, möglich) definiert, sind auch Funktionen gleichen Namens und Typs (also einschließlich der Signatur) in abgeleiteten Klassen virtuell. Man sagt, die neue Funktion in der abgeleiteten Klasse überschreibt oder redefiniert (engl. overrides) die Funktion der Basisklasse. Man sollte dies keinesfalls mit dem Überladen von Bezeichnern (engl. overload) verwechseln[41]. Beim Überladen werden Funktions- oder Operatornamen überladen, die aufgrund unterschiedlicher Signaturen unterschieden werden können, beim Überschreiben oder Umdefinieren wird für eine abgeleitete Klasse eine neue Version einer virtuellen Funktion definiert. Es genügt also, eine Funktion bei der ersten Vereinbarung in der Basisklasse als virtuell zu vereinbaren. Bei virtuellen Funktionen wird erst zum Zeitpunkt des Aufrufs anhand des tatsächlichen Typs des aufrufenden Objekts die tatsächlich aufzurufende Komponentenfunktion ausgewählt.

Wenn eine Basisklasse *B* also eine virtuelle Funktion *f()* und eine abgeleitete Klasse *D* eine Funktion *f()* derselben Signatur vereinbart, wird ein Aufruf der Komponentenfunktion *f()* die Funktion *D::f()*selbst dann aufrufen, wenn auf das Objekt über einen Zeiger oder eine Referenz des Basisklassentyps *B* zugegriffen wird. Wenn die Funktionen unterschiedliche Signaturen haben, werden die Funktionen dagegen als unterschiedlich betrachtet, und eine Virtualisierung der Funktion findet nicht statt.

Ein häufiges Problem mit virtuellen Funktionen gleichen Namens, aber unterschiedlicher Signatur entsteht, wenn in einer abgeleiteten Klasse nur eine der Funktionen umdefiniert wird. In diesem Fall werden die übrigen Funktionen dieses Namens von der abgeleiteten Klasse aus unzugänglich, da der abgeleitete Namen gleichlautende Namen der Basisklasse verdeckt. Der korrekte Zugriff auf die Funktionen über einen Basisklassenzeiger wird davon jedoch ebensowenig berührt wie die Neudefinition von Funktionen in weiter abgeleiteten Klassen. Ist es erforderlich, auch von der abgeleiteten Klasse aus auf alle überladenen Funktionsnamen zuzugreifen, bestand vor der Einführung des *using*-Schlüsselwortes in die Sprache C++ nur die Möglichkeit, alle überladenen Varianten einer virtuellen Funktion neu zu definieren. Notfalls leistet eine solche umdefinierte virtuelle Funktion nichts anderes, als die Funktion der Basisklasse aufzurufen. Neuerdings gibt es durch die Verwendung der neuen Sprachkonstrukte *namespace* und das damit verknüpfte *using*-Schlüsselwort allerdings auch die effizientere Möglichkeit, Komponenten ausdrücklich in den Namenraum der abgeleiteten Klasse zu bringen, ohne sie neu definieren zu müssen.

```
class B
{
public:
    virtual void f(char);
    virtual void f(int);
};
```

41 In einigen Werken zu C++ wie dem ansonsten wirklich lesenswerten „Design und Entwicklung von C++" von Bjarne Stroustrup sind diese beiden Begriffe „overload" und „override" in der deutschen Fassung beide mit „überladen" übersetzt (3.5.2). Dies ist inhaltlich schlicht falsch und für den Leser reichlich verwirrend. Peinlich.

```
class D : public B
{
public:
    using B::f;
    void f(int);
};
```

Typerkennung in den MFC

Da Typerkennung zur Laufzeit (RTTI) eine ziemlich neue Eigenschaft der Sprache C++ ist, verwenden Klassenbibliotheken häufig virtuelle Funktionen, um ein eigenes Schema zur Typerkennung zur Laufzeit zu implementieren.

Die MFC bilden hier keine Ausnahme und benützen Makros, um die benötigten Klassenkomponenten für den Typerkennungsmechanismus zu vereinbaren.

Das Makro *DECLARE_DYNAMIC* (und ebenso die noch mächtigeren Makros *DECLARE_DYNCREATE* und *DECLARE_SERIAL*) fügt zu einer Klassendefinition der Klasse *T* unter anderem ein statisches Metaklassenobjekt *CRuntimeClass T::classT* und die virtuelle Funktion *T::GetRuntimeClass()* hinzu, die zugehörigen Makros *IMPLEMENT_XXX* besorgen die Implementation dieser Komponenten.

Da jede Klasse höchstens ein sie beschreibendes Metaklassenobjekt besitzt, kann die Adresse des Metaklassenobjekts verwendet werden, um die Klasse eindeutig zu repräsentieren. Um den Zugriff auf das etwas unhandlich benannte Metaklassenobjekt *T::classT* zur Klasse *T* bzw. auf seine Adresse zu vereinfachen, existiert außerdem ein Makro *RUNTIME_CLASS*(). Leicht vereinfacht sieht der Quellcode mit den expandierten Makros wie folgt aus:

```
class Derived : public Base
{
                    //          expandiertes DECLARE_DYNAMIC-Makro
protected:
    static  CRuntimeClass* _GetBaseClass();        // statische Funktion
public:
    static  CRuntimeClass  classDerived;
                                         // statisches Metaklassenobjekt
    virtual CRuntimeClass* GetRuntimeClass() const;      // Typ abfragen
    // ...
}

//   Ein Hilfsmakro:

#define RUNTIME_CLASS(class_name) (&class_name::class##class_name)

//                  expandiertes IMPLEMENT_XXX-Makro

CRuntimeClass* Derived::_GetBaseClass()
                              // Zeiger auf Basisklassenmetaklassenobjekt
{
    return RUNTIME_CLASS(Base);
}
```

```
CRuntimeClass Derived::classDerived =
                                // Initialisierung des Metaklassenobjekts
{
    "Derived",                  // Name
    sizeof(class Derived),      // Größe
    // ...
    & Derived::_GetBaseClass,   // Funktion Basisklassenmetaklassenobjekt
    NULL
};

CRuntimeClass* Derived::GetRuntimeClass() const
{
    return &Derived::classDerived;
}
```

Die Klasse *Derived* enthält also ein öffentliches statisches Metaklassenobjekt *Derived::classDerived* vom Typ *CRuntimeClass*, dessen Adresse dazu dienen kann, die Klasse eindeutig zu charakterisieren. Für den Fall, daß nähere Informationen nötig sind, enthält das Metaklassenobjekt Zeiger auf den Klassennamen, auf eine Funktion zur Ermittlung der Basisklasse (oder genauer gesagt des Metaklassenobjekts der Basisklasse), die Größe der Klasse und eventuell eine Funktion zur Erzeugung eines Objekts der Klasse.

Die virtuelle Funktion *GetRuntimeClass*() liefert für jedes Objekt den Zeiger auf das zugehörige Metaklassenobjekt, welcher die Klasse des Objekts eindeutig charakterisiert. Da die Funktion virtuell ist, spielt dabei keine Rolle, auf welchem Weg die Funktion aufgerufen wird, für ein Objekt vom Typ *T* erhält man immer die Adresse von *T::classT*. Dies nutzt beispielsweise die Funktion *IsKindOf*() (in *objcore.cpp*), die nur einmal in *CObject* definiert ist, jedoch von allen abgeleiteten Klassen der MFC-Hierarchie verwendet werden kann, um festzustellen, ob das aufrufende Objekt von einer gegebenen Klasse abgeleitet ist. Mit *GetRuntimeClass()* besorgt sich diese Funktion immer einen Zeiger auf die richtige Metaklasse:

```
BOOL CObject::IsKindOf(const CRuntimeClass* pClass) const
{
    CRuntimeClass* pClassThis = GetRuntimeClass();
    return pClassThis->IsDerivedFrom(pClass);
}

// Test auf Typgleichheit:
if (obj->GetRuntimeClass() == RUNTIME_CLASS(AClass))

// Test auf Klassenzugehörigkeit:
if (obj->IsKindOf(RUNTIME_CLASS(AClass)))
```

Typerkennung zur Laufzeit sollte übrigens äußerst sparsam eingesetzt werden, da sie erstens sehr viel zeitaufwendiger ist als der eingebaute sehr effiziente Polymorphie-Mechanismus über virtuelle Funktionen und zweitens dazu neigt, zu Typabfragen in Funktionen oder Klassen zu führen, in denen sie sachlich nicht geboten sind. Typerkennung zur Laufzeit ist ähnlich leicht anzuwenden und ähnlich verheerend in der Wirkung auf die Programmstruktur wie die berüchtigte *goto*-Anweisung. Dies ist der Grund, aus dem die in C++ eingebauten RTTI-Mechanismen syntaktisch nicht unbedingt zur Benutzung einladen, sondern bewußt häßlich gewählt wurden. Typerkennung zur Laufzeit macht am ehesten dort Sinn, wo in der Entwicklungsphase des Programms durch eine Assertation (*assert*()- oder *ASSERT()*-Makros) sichergestellt werden soll, daß ein Objekt tatsächlich von einem bestimmten (erwarteten) Typ ist. Wo immer möglich, sollten virtuelle Funktionen vorgezogen werden, um klassenspezifisches Verhalten zu implementieren.

Reine virtuelle Funktionen

Virtuelle Funktionen ermöglichen es, für unterschiedliche Klassen eine gemeinsame Schnittstelle festzulegen und die resultierenden Objekte ungeachtet ihres tatsächlichen Typs als Objekte des Basisklassentyps zu behandeln. Implementationsdetails werden dann im Idealfall in der abgeleiteten Klasse unabhängig von der Basisklassendefinition behandelt und können so in vielen Fällen wirksamer verborgen werden. Soll eine Basisklasse nur zur Schnittstellendefinition dienen, d. h. ohne die Absicht, jemals ein Objekt des Basisklassentyps zu definieren, können virtuelle Funktionen auch als reine virtuelle Funktionen vereinbart werden. Eine reine virtuelle Funktion stellt eine reine Schnittstellendefinition dar, ohne daß tatsächlich in der Klasse eine Komponentenfunktion dieses Typs vorhanden wäre. Reine virtuelle Funktionen werden in der Klassendefinition durch die etwas eigenwillige Notation ... *= 0;* gekennzeichnet. (Reine virtuelle Funktionen waren eine sehr späte Ergänzung kurz vor der Freigabe der Version 2.0 von C++. Zu diesem Zeitpunkt gab es keine Möglichkeit mehr, noch ein weiteres Schlüsselwort wie etwa *pure* oder *abstract* in die Sprache einzufügen. Das Konzept war Stroustrup jedoch so wichtig, daß er unter keinen Umständen darauf verzichten wollte. Die Notation = *0* schließt sich an die Gepflogenheit in C++ an, Dinge, die nicht da sind, wie z. B. ein Zeiger auf nichts, durch den Wert 0 zu repräsentieren.)

Abstrakte Basisklassen

Klassen, die reine virtuelle Funktionen enthalten, heißen abstrakte Basisklassen, da es nicht möglich ist, ein Objekt dieses Typs zu erzeugen. Reine virtuelle Funktionen werden auch als reine virtuelle Funktionen vererbt, d. h. eine von einer abstrakten Klasse abgeleitete Klasse ist wieder eine abstrakte Klasse. Erst wenn eine abgeleitete Klasse alle ererbten reinen virtuellen Funktionen auch tatsächlich implementiert, ist es möglich, Objekte dieses Typs zu erzeugen. Ein gutes Beispiel für reine virtuelle Funktionen und eine abstrakte Basisklasse ist die hier auszugsweise gezeigte Klassendefinition der abstrakten Basisklasse *Date* aus unserem Projekt *MultiCalendar*. *Date* diente dort als Basisklasse der Klassen *GregorianDate* und *JulianDate* mit identischen Schnittstellen, aber unterschiedlich definierten virtuellen Funktionen.

```
class Date
{
//  ...
    virtual int    getDayNumber(int y)                = 0;
    virtual int    getDayNumber(int d, int m, int y)  = 0;
    virtual void   fixDate()                          = 0;
```

```
//  ...
    virtual Date&   getEasterDate () = 0;
    virtual Date&   getAdventDate () = 0;
//  ...
    virtual int     isLeapYear    (int year) const = 0;
};
```

VTable

Der Funktionsweise virtueller Funktionen wird verständlicher, wenn man sich klar macht, was unter der Oberfläche geschieht. Klassen, die virtuelle Funktionen besitzen oder von Klassen mit virtuellen Funktionen abgeleitet sind, verfügen über eine sogenannte *VTable*, eine Tabelle mit den Adressen der virtuellen Funktionen. Wird eine Funktion als virtuell definiert, wird ihre Adresse in einem Feld der *VTable* eingetragen und dessen Index dieser gegebenen virtuellen Funktion für diese und alle abgeleiteten Klassen fest zugeordnet. Abgeleitete Klassen erhalten eine Kopie dieser Tabelle. Redefiniert eine abgeleitete Klasse die virtuelle Funktion, verweist in dieser und allen von ihr abgeleiteten Klassen der entsprechende Tabelleneintrag auf die neue Version der Funktion, bis diese in einer weiter abgeleiteten Klasse erneut redefiniert wird. Objekte, für die der Aufruf virtueller Funktionen möglich ist, enthalten außer den explizit definierten Datenkomponenten einen unsichtbaren Zeiger auf die *VTable* der zugehörigen Klasse. Der Aufruf virtueller Funktionen erfolgt nicht durch den direkten Aufruf der Funktion über eine direkt im Objektcode eingebaute Adresse, sondern indirekt über die *VTable*. Da jedes Objekt ggf. einen Zeiger auf die korrekte *VTable* mitführt, ist der Aufruf der richtigen Komponentenfunktion auch dann gewährleistet, wenn der Compiler beim Aufruf keine Information über den tatsächlichen Typ des Objekts besitzt. Da zum Aufruf immer zunächst die Adresse der Funktion in der *VTable* nachgeschlagen werden muß, ist der Aufruf virtueller Funktionen geringfügig weniger effizient als der Aufruf normaler Komponentenfunktionen. Andererseits sind Polymorphie und Variablen, die nach Bedarf auf Objekte (fast) beliebigen Typs verweisen, ohne virtuelle Funktionen nicht zu haben.

virtual und static

Da der Zugriff auf virtuelle Funktionen über einen im Objekt selbst gespeicherten Zeiger erfolgt, ist die Verwendung von virtuellen Funktionen immer an die Existenz eines Objekts gebunden. Statische Funktionen und Funktionen, die keine Klassenkomponenten sind, können daher nicht virtuell sein.

virtual und inline

Virtuelle Funktionen müssen jedoch nicht immer über die *VTable* aufgerufen werden. Ist für den Compiler aus dem Kontext eindeutig klar, welche Funktion aufgerufen werden wird, kann er den virtuellen Aufrufmechanismus durch einen etwas effizienteren direkten Aufruf ersetzen. Das ist z. B. typischerweise der Fall, wenn ein Objekt selbst (also nicht über Zeiger oder Referenz) eine virtuelle Funktion aufruft.

Für normale Funktionen ist der so erzielbare Geschwindigkeitsgewinn natürlich marginal. Ganz anders sieht die Sache dagegen aus, wenn die virtuelle Funktion gleichzeitig als Inline-Funktion definiert ist. In diesem Fall kann vom Compiler an der Stelle des Aufrufs der virtuellen Funktion der Funktionsrumpf der Funktion in den Code eingefügt werden. Die Kombination der Attribute *inline* und *virtual* ist daher nicht nur zulässig, sondern in vielen Fällen sogar ausgesprochen sinnvoll!

Qualifizierung mit ::

Eine andere Möglichkeit, den virtuellen Aufrufmechanismus außer Gefecht zu setzen, besteht in der Benutzung des *::*-Operators. Gibt man beim Aufruf mit Hilfe des Gültigkeitsbereichs-Operators einen Klassennamen an, wird die in dieser Klasse gültige Variante der virtuellen Funktion direkt unter Umgehung der *VTable* aufgerufen.

Beispiel:

```
class Alpha
{
public:
    virtual void f();
};

class Beta : public Alpha
{
                            // keine eigene Version von f();
};

class Gamma : public Beta
{
public:
    void f(); };            // Schlüsselwort virtual wäre hier redundant
};

void Gamma::f()
{
    // ...
    Beta::f();              // ruft nicht Gamma::f() sondern die in Beta
                            // gültige Version Alpha::f() DIREKT auf.
}
```

Diese Art der expliziten Qualifizierung sollte übrigens nach Möglichkeit vermieden werden, da sie explizite Kenntnis der Details der Schnittstelleninformation im Programm verstreut. Als Daumenregel sollte gelten, daß man explizite Qualifizierung virtueller Funktionen nur dann verwendet, wenn man aus einer abgeleiteten Klasse heraus die Version der Funktion der Basisklasse ansprechen muß. Im Fall des Beispiels war die Qualifizierung nötig, um eine unendliche Rekursion zu vermeiden.

Schlüsselwort inherited

Auch in einem solchen Fall muß man den Namen der Basisklasse nicht explizit verwenden; es gibt die Möglichkeit, einen klassenlokalen Typnamen *inherited* zu spezifizieren, der ein Alias für den Namen der Basisklasse darstellt. Damit simuliert man das in C++ fehlende Schlüsselwort *inherited* (das tatsächlich nur fehlt, weil es auf die beschriebene Weise so einfach zu simulieren ist):

```
class Beta : public Alpha
{
    typedef Alpha inherited;      // lokaler Typ Beta::inherited = Alpha
                                  // keine eigene Version von f();
};

class Gamma : public Beta
{
    typedef Beta inherited;      // lokaler Typ Gamma::inherited = Beta
public:
    void f();
};

void Gamma::f()
{
// ...
    inherited::f();
}
```

Damit wird der explizite Zugriff auf Komponenten der Basisklasse unabhängig vom Namen der Basisklasse selbst. Der Name der Basisklasse taucht nur noch in der Klassendefinition auf. Der Klassenname *inherited* kann übrigens auch zur Initialisierung der Basisklasse in der Initialisierungsliste von Konstruktoren verwendet werden.

Virtuelle Funktionen und Windows-Nachrichten

An die Grenze seiner Leistungsfähigkeit kommt das Konzept der virtuellen Funktionen allerdings, wenn eine Klasse Hunderte von virtuellen Funktionen enthält und die Wurzel eines tiefen Klassenbaums ist, da für jede der abgeleiteten Klassen eine Kopie der (möglicherweise großen) *VTable* erforderlich wird. Dies ist der tiefere Grund dafür, daß in den MFC die meisten Reaktionen auf Windows-Nachrichten nicht über virtuelle Funktionen, sondern über einen unabhängigen Mechanismus zur Nachrichtenverarbeitung realisiert sind. Der Ansatz, der der reinen Lehre entspräche, bestünde darin, in der Klasse *CCmdTarget* für jede mögliche Windows-Nachricht eine eigene virtuelle Funktion zu definieren und diese bei Empfang der Nachricht aufzurufen.

Jede Unterklasse von *CCmdTarget* hätte dann die Möglichkeit gehabt, für Nachrichten, die in dieser Klasse einer speziellen Behandlung bedürfen, eigene Versionen der entsprechenden virtuellen Funktionen zu definieren. Nachteil dieser Methode wären jedoch die erwähnten großen *VTables* für alle abgeleiteten Klassen und die Tatsache, daß virtuelle Funktionen für jede denkbare Windows-Nachricht bereits in der Basisklasse *CCmdTarget* hätten definiert werden müssen. Der makrobasierte Ansatz der MFC widerspricht zwar in einigen Punkten der objektorientierten Philosophie von C++, ist jedoch flexibler, führt zu kleineren Programmen und erlaubt es, Reaktionen auf Nachrichten in den Klassen zu lokalisieren, die diese Nachrichten auch bearbeiten müssen.

Smart-Linking

Einige Nachteile virtueller Funktionen wurden bereits angesprochen, wie der geringfügig größere Aufwand für den Funktionsaufruf oder der Platzbedarf der *VTable*s. Auch ein weiterer Nachteil virtueller Funktionen ist prinzipbedingt.

Da es zur Übersetzungszeit nicht möglich ist, festzustellen, welche virtuellen Funktionen im Programm tatsächlich aufgerufen werden und welche nur unbenutzte Einträge in der *VTable* sind, kann auch ein schlauer Linker unbenutzte virtuelle Funktionen nicht aus der gelinkten Anwendung herausoptimieren.

Mehrfachvererbung

Eine Eigenschaft, die C++ von anderen OOP-Sprachen abhebt, ist die Unterstützung der Mehrfachvererbung. Für die Einführung der Mehrfachvererbung in die Sprache gab es im wesentlichen zwei Motive. Zum einen gibt es Situationen, in denen sich Problemstellungen der realen Welt durch Mehrfachvererbung einfach besser modellieren lassen.

Angenommen, Sie wollten für ein Spiel eine Spriteklasse entwickeln. Da ein Sprite eine (maskierte) Bitmap ist, die sich auf dem Bildschirm bewegt, aber auch ein Ziel für Benutzerinteraktionen ist, könnte man eine solche Klasse *Sprite* gleichzeitig von den Klassen *CBitmap* und *CCmdTarget* ableiten. (Allerdings sind die MFC nicht auf Mehrfachvererbung ausgelegt, so daß die Mehrfachvererbung in diesem Fall tatsächlich mehr Probleme schafft, als sie löst).

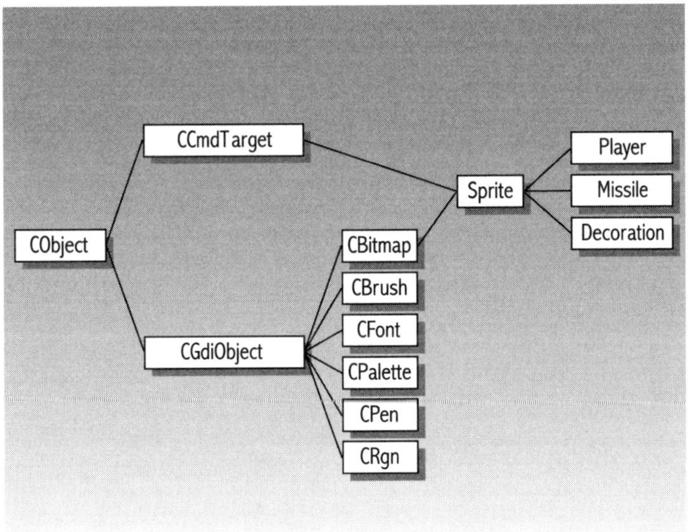

Abb. 64: Ein Beispiel für Mehrfachvererbung: die Klasse Sprite wird sowohl von CBitmap (Darstellung) als auch CCmdTarget (Interaktion) abgeleitet

Klassen kombinieren

Die andere Motivation für die Mehrfachvererbung ist der Entwurf kleiner orthogonaler Klassenhierarchien anstelle einer großen Hierarchie. Ein Objekt, das eine bestimmte Funktionalität benötigt, kann diese dann von verschiedenen Klassen erben. So ist es z. B. denkbar, die Persistenz nicht in die Basis der allgemeinen Klassenhierarchie zu stecken, sondern in eine eigene (kleine) Klassenhierarchie. Eine Klasse, die Persistenz benötigt, wird diese dann realisieren, indem sie (unter anderem) von z. B. einer Klasse *YPersistent* abgeleitet wird.

Einen entgegengesetzten Ansatz wählen Smalltalk-artige große Klassenbibliotheken und Anwendungsgerüste wie die MFC. Diese leiten alle (oder die meisten) Klassen von einer gemeinsamen Basisklasse ab, die das Konzept eines abstrakten Objekts an sich verkörpert. Gemeinsame Funktionalität eines Teilbaums ist in den jeweiligen Basisklassen zusammengefaßt. Dadurch entfällt die Notwendigkeit der Mehrfachvererbung als Entwurfsmethode weitgehend. Aber auch Mehrfachvererbung zur Modellierung einer Problemstellung wird durch diese Entwurfsphilosophie problematisch, so daß die meisten OOP-Sprachen ganz auf Mehrfachvererbung verzichten.

Mehrfach erben

Solange eine Klasse von mehreren völlig unabhängigen Klassen erbt, ist Mehrfachvererbung sowohl syntaktisch wie auch in der Anwendung absolut problemlos. Syntaktisch wird eine Klasse von mehr als einer Basisklasse abgeleitet, indem einfach alle gewünschten Basisklassen im Kopf der Klassendefinition aufgeführt werden.

Nehmen wir an, wir hätten eine Klasse *MyData*, auf deren Basis Sie eine Listenstruktur aufbauen wollten. Zur Verwaltung doppelt verketteter Listen stünde uns bereits eine fertige und getestete Klasse *DoubleLink* zur Verfügung:

```
class DoubleLink
{
protected:
    DoubleLink *next, *prev;
public:
    insert (DoubleLink *p, DoubleLink *n);
    remove ();
    DoubleLink *getNext() {return next;};
    DoubleLink *getPrev() {return prev;};
};

class MyData : public CObject
{
    int x, y;
    // ...
};
```

Indem Sie die neue Klasse *MyLinkedData* sowohl von der Klasse *MyData* als auch von der Klasse *DoubleLink* ableiten, erbt *MyLinkedData* die Eigenschaften beider Basisklassen.

```
class MyLinkedData : public MyData, public DoubleLink
{
    // das war hier schon alles !
};

void main ()
{
    MyLinkedData data;
    // ..
    MyLinkedData *next = (MyLinkedData*) data.getNext();
    // ..
}
```

Die Objekte der resultierenden Klasse *MyLinkedData* verhalten sich also sowohl wie Objekte vom Typ *DoubleLink*, lassen sich also zu doppelt verketteten Listen zusammenfügen, als auch wie Objekte vom Typ *MyData*.

Typumwandlungen

Wie schon bei der Einfachvererbung können Zeiger und Referenzen auf einen Klassentyp implizit in Zeiger bzw. Referenzen auf einen Basisklassentyp konvertiert werden. Da es jetzt aber mehr als eine Basisklasse gibt, können die Datenstrukturen der Basisklassen nicht mehr alle an derselben Startadresse wie das abgeleitete Objekt liegen. Bei der (impliziten) Umwandlung eines Zeigers in einen der Basisklassenzeiger kann daher der Compiler ggf. Änderungen am Zeigerwert vornehmen.

Der so gebildete Zeiger zeigt immer auf den Anfang des passenden Basisklassenanteils. Umgekehrt kann ein so ermittelter Basisklassenzeiger auch wieder in einen Zeiger auf die abgeleitete Klasse umgewandelt werden. Im Fall einer expliziten Typumwandlung von einem der Basisklassentypen in den abgeleiteten Typ korrigiert der Compiler den Zeigerwert wieder so, daß der Zeiger auf den Anfang des Objekts zeigt.

```
{
    MyLinkedData data, *p1, *p2;
    MyData       *pdata = &data;
    DoubleLink   *plink = &data;
    p1 = (MyLinkedData*) pdata;
    p2 = (MyLinkedData*) plink;

    cout << (void*) pdata << "  " << (void*) p1 << endl;
    cout << (void*) plink << "  " << (void*) p2 << endl;

    assert ((void*) pdata != (void*) plink);
    assert ((void*) p1 == (void*) p2);
}
```

In diesem Beispiel hat der Zeiger *pdata* einen anderen Wert als der Zeiger *plink*, da beide auf unterschiedliche Basisklassenanteile desselben Objekts zeigen. Dennoch werden beide bei der (expliziten) Konvertierung in den Typ *MyLinkedData** in einen Zeiger auf den Anfang des abgeleiteten Objekts umgewandelt.

Mehrdeutigkeiten

Die Auflösung von Mehrdeutigkeiten stellt ein weiteres Problem dar, das bei der Verwendung der Mehrfachvererbung gelöst werden muß. Es kommt nicht selten vor, daß Komponenten der beteiligten Basisklassen den gleichen Namen haben. In diesem Fall ist nicht mehr eindeutig, welche der Komponenten gemeint ist, wenn beispielsweise eine Funktion *print()* angesprochen wird:

```
class Fruit
{
public:
    void print () { cout << "Fruit"; }
};

class Sauce
{
public:
    void print () { cout << "Sauce"; }
};

class FruitSauce : public Fruit, public Sauce
{
};

{
    FruitSauce fruitsauce;
    fruitsauce.print();                    // geht nicht. Mehrdeutig
}
```

Der Compiler wird den Aufruf der mehrdeutigen Funktion *print()* hier nicht zulassen, es sei denn, die Mehrdeutigkeit wird durch eine explizite Qualifizierung ausdrücklich aufgehoben, z. B.

```
{
    FruitSauce fruitsauce;
    fruitsauce.Sauce::print();        // Wähle explizit eine Möglichkeit
}
```

Meist wird man in solchen Fällen ohnehin eine neue Funktion für die abgeleitete Klasse definieren, die eine für diese Klasse passendere Funktionalität bereitstellt. Eine solche Funktion ist dann wieder eindeutig, da sie die gleichlautenden Funktionen der Basisklassen verdeckt. Muß dabei auf gleich benannte Funktionen der Basisklassen zurückgegriffen werden, kann dies durch eine ausdrückliche Qualifizierung geschehen:

```
class FruitSauce : public Fruit, public Sauce
{
public:
    void print () { Fruit::print(); Sauce::print(); }
};
```

Unvermeidlich ist Mehrdeutigkeit, wenn die beteiligten Basisklassen ihrerseits auf eine gemeinsame Basisklasse zurückgehen. Dies ist z. B. bei der *Sprite*-Klasse im obigem MFC-Beispiel der Fall, die zwei Kopien der Klasse *CObject* erbt.

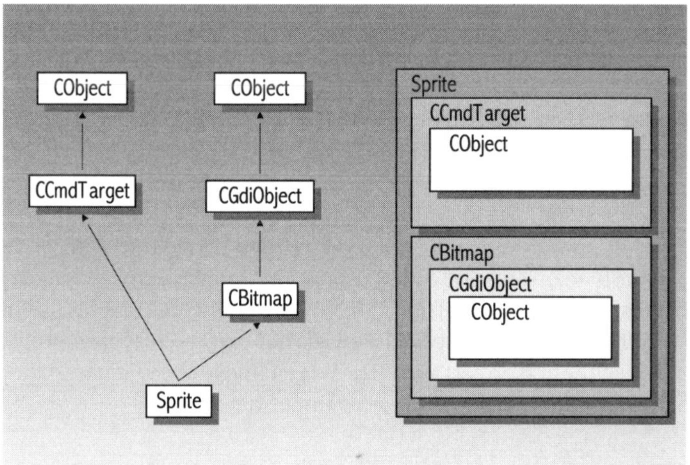

Abb. 65: Gerichteter azyklischer Graph (rechts) und Klassenlayout (links) der Klasse Sprite. Die Klasse CObject ist in Sprite zweimal enthalten; alle Bezüge auf Komponenten von CObject sind daher mehrdeutig

Virtuelle Basisklassen

Zu Behebung dieses Problems stellt die Sprache C++ das Konzept der virtuellen Basisklassen zur Verfügung. Ein Klasse kann eine Basisklasse auch virtuell erben. In diesem Fall enthält sie die Basisklasse nicht als Teil ihres Speicherlayouts, sondern nur einen Zeiger auf diese Klasse (d.h die Basisklasse ist nicht tatsächlich, sondern nur von der Wirkung her da – daher der Terminus virtuelle Basisklasse).

Die Verwendung einer Basisklasse als virtuelle Basisklasse wird bei der Ableitung durch das Schlüsselwort *virtual* gekennzeichnet. Ein (hypothetisches) Beispiel:

```
class CCmdTarget : public virtual CObject
{
   /// ...
};

class CGdiObject : virtual public CObject
{
   /// ...
};
```

Es ist offensichtlich, daß diese Möglichkeit im Fall der MFC nicht zur Verfügung steht, da wir hierzu die MFC selbst umbauen müßten. Soll eine Klasse als virtuelle Basisklasse dienen, muß das von vornherein beim Entwurf der Klassenbibliothek berücksichtigt werden.

Wird eine Klasse von mehreren Klassen mit derselben virtuellen Basisklasse abgeleitet, wird die virtuelle Basisklasse nicht mehrfach angelegt, sondern ein und dieselbe Kopie der Klasse durch verdeckte Zeiger referenziert. Es ist klar, daβ eine Klassenhierarchie, die virtuelle Basisklassen enthält, weniger effizient sein kann als eine Hierarchie, die diese meidet. Bei jedem Zugriff auf eine Komponente der virtuellen Basisklasse wird eine zusätzliche Indirektion fällig.

Zusammenfassend kann zum Thema Mehrfachvererbung gesagt werden, daβ diese in den meisten Fällen mehr Probleme schafft, als sie löst. Solange keine Diamanten im Ableitungsdiagramm auftreten, ist Mehrfachvererbung in der Anwendung zwar recht unkompliziert, doch kann sie in den meisten Fällen durch einen besseren Programmentwurf vermieden werden. Im Beispiel der *Sprite*-Klasse ist es z. B. besser, diese nicht von *CBitmap* abzuleiten, da für ein Sprite nicht alle Eigenschaften der *CBitmap*-Klasse sinnvoll sind und die nachträgliche Einschränkung der Eigenschaften abgeleiteter Klassen eigentlich fast immer ein Hinweis auf einen schlechten Programmentwurf ist. Schließlich repräsentiert eine Basisklasse diejenigen Eigenschaften, die allen von der Basisklasse abgeleiteten Klassen gemeinsam sind.

Die mehrfache Vererbung wurde einmal als das „Goto der 90er Jahre" bezeichnet. Das ist nicht ganz unberechtigt - schließlich führen beide Konzepte bei sorgloser Benutzung (wenn auch auf unterschiedlicher Ebene) zu komplizierten und schlecht verständlichen Netzwerken, sind aber andererseits gelegentlich auch regelrechte Lebensretter. Am besten meidet man sie, wo möglich, und greift nur in Notfällen darauf zurück. Insbesondere virtuelle Basisklassen müssen aufgrund der damit verbundenen Komplexitäten und Effizienzeinbußen als absoluter Notnagel betrachtet werden. Wer feststellt, daβ er Mehrfachvererbung häufig verwendet, sollte die Gründe dafür noch einmal sorgfältig analysieren. Eine gute Methode, um festzustellen, ob Mehrfachvererbung wirklich nötig ist, ist die Frage, ob man wirklich auch Basisklassenzeiger auf Objekte dieser Klasse benötigt. Ist dies nicht der Fall, ist es zumeist einfacher, auf Mehrfachvererbung von dieser Basisklasse zu verzichten und statt dessen besser die Klasse als Komponente einzubetten. Benötigte Teile des Interfaces können im allgemeinen leicht reproduziert werden.

Klasse erkennen – Typenerkennung zur Laufzeit (RTTI)

In den Versionen 1.2 und 2.0 besaβ C++ aus wohlerwogenen Gründen keinen Mechanismus zur Typerkennung zur Laufzeit. Abgesehen davon, daβ ein solcher Mechanismus mit den vorhandenen Mitteln der Sprache leicht nachzurüsten ist, wie Klassenbibliotheken wie die MFC beweisen, verführt er zu einem Programmierstil mit dem Bjarne Stroustrup bereits zu in seinen Simula 67-Zeiten schlechte Erfahrungen gemacht hatte und der nach Bjane Stroustrup „die Laufzeiteffizienz von Smalltalk mit der syntaktischen Eleganz von herkömmlichen C verbindet". Gerade Programmierer, die von prozeduralen Sprachen herkommen, haben im allgemeinen Schwierigkeiten, dieses prozedurale Denken abzulegen, und neigen dazu, ihre Programme mit Code wie dem folgenden zu verunzieren (hier unter Verendung der MFC-Typerkennung):

```
if (fruit ->IsKindOf(RUNTIME_CLASS(AppleClass)))
{
    eatApple(fruit);
}
else if (fruit ->IsKindOf(RUNTIME CLASS(PearClass)))
{
    eatPear(fruit);
}
else if (fruit ->IsKindOf(RUNTIME_CLASS(OrangeClass)))
{
    eatOrange(fruit);
}
else if (fruit ->IsKindOf(RUNTIME_CLASS(GrapeClass)))
{
    eatGrape(fruit);
}
```

Dieser Codierstil bringt zwei Probleme mit sich. Einmal ist er äußerst ineffizient. Um den Typ der Zeigervariablen *fruit* zu bestimmen, müssen im ungünstigsten Fall mehrere *if*-Anweisungen abgearbeitet werden, bis die richtige Alternative gefunden ist. Und auch die Bestimmung des Typs mit der MFC-Funktion *CObject::IsKindOf()* ist nicht umsonst. Vielmehr muß diese Funktion bei jedem Aufruf die statische Metaklassen-Datenstruktur der MFC nach der benötigten Klasseninformation abgrasen. Das zweite Problem bekommen wir, wenn wir in unserer Anwendung eine weitere Fruchtklasse, sagen wir einmal *class PinappleClass*, einführen wollen. In diesem Fall müssen sämtliche Stellen des Programms, in denen Fallunterscheidungen der obigen Art vorkommen, geändert werden – was im besten Fall eine fehlerträchtige Übung ist, und nicht gerade ein Musterbeispiel in Datenkapselung und modularer Programmierung darstellt.

Viel eleganter und effizienter ist dagegen die Verwendung virtueller Funktionen. Sind alle Fruchtklassen – was anzunehmen ist – von einer gemeinsamen Basisklasse *class FruitClass* abgeleitet, kann man statt den vielen speziellen Funktionen *eatApple()*, *eatPear()* etc. virtuelle Funktionen *eatFruit()* definieren, die für die verschiedenen Klassen die benötigte Funktionalität implementieren. Die obige Umständlichkeit wird dann durch das viel klarere und effizientere Stück Code ersetzt:

```
fruit->eatfruit();
```

Warum nun also RTTI wieder in die Sprache C++ einführen? Zum einen hat so gut wie jede Klassenbibliothek inzwischen ihren eigenen RTTI-Mechanismus implementiert, natürlich vollständig inkompatibel zum Rest der Welt. Zum anderen gibt es tatsächlich zwei unterschiedliche Typen von Situationen, in denen man RTTI vorteilhaft einsetzen kann. Das sind z. B. einmalig auftretende Sonderbehandlungen, für die es sich nicht lohnt, direkt eine eigene virtuelle Funktion vorzusehen. Auch gibt es oft Klassenbibliotheken von Drittherstellern, über deren Code man keine Kontrolle hat und in denen man für zusätzliche Problemstellungen schlecht virtuelle Funktionen nachrüsten kann. Der andere Einsatzbereich ist die Absicherung von Typumwandlungen. Zumindestens in der Entwicklungsversion eines Programms, in der die Performance noch nicht die entscheidende Rolle spielt, ist es wünschenswert, bei der Umwandlung von einem Basisklassenzeiger in einen Zeiger auf eine abgeleitete Klasse sicherzustellen, daß diese Umwandlung für das konkrete Objekt auch sinnvoll und zulässig ist. Um bei solchen Problemen zu helfen und eine Vereinheitlichung der Typerkennungsmechanismen zur Laufzeit zu erreichen, umfaßt der neue Sprachstandard von C++ nun auch RTTI.

Der Operator typeid

Zur Abfrage des exakten Typs eines Objekts zur Laufzeit dient der *typeid*-Operator. Da in C++ Klassen und Typen keine Objekte im eigentlichen Sinne sind, muß auch der *typeid*-Operator zur Darstellung des Ergebnistyps ein Metaklassenobjekt verwenden. Dieses ist vom Typ *class type_info* und hat die folgenden Klassendefinition (in *typeinfo.h*):

```
class type_info
{
private:
    type_info(const type_info& rhs);
    type_info& operator=(const type_info& rhs);
public:
    virtual ~type_info();
    int operator==(const type_info& rhs) const;
    int operator!=(const type_info& rhs) const;
    int before(const type_info& rhs) const;
    const char* name() const;
    const char* raw_name() const;        // Microsoft-spezifisch
// ...
};
```

Der *typeid*-Operator verhält sich, als wäre er wie folgt definiert:

```
const type_info& typeid(typename);
const type_info& typeid(expression);
```

Er akzeptiert einen Typnamen oder einen Ausdruck beliebigen Typs und liefert eine konstante Referenz auf ein Metaklassenobjekt zurück, das verwendet wird, um diesen konkreten Typ eindeutig zu repräsentieren. Mit den Komponentenfunktionen, welche die Klasse *type_info* zur Verfügung stellt, kann nun die Typinformation verglichen oder der Name des Typs abgefragt werden.

Ein Blick auf die Klassendefinition von *type_info* zeigt, daß Konstruktor und Zuweisungs-Operator als private Komponentenfunktionen vereinbart sind. Damit ist es dem Anwender nicht möglich, selbst Objekte vom Typ *type_info* zu erzeugen oder einander zuzuweisen. Auch der *typeid*-Operator liefert nicht ein *type_info*-Objekt selbst, sondern nur eine schreibgeschützte Referenz auf ein solches. Durch den Schreibschutz ist gewährleistet, daß der Anwender die Integrität des RTTI-Systems nicht beeinträchtigen kann. Der Operator *typeid* liefert eine Referenz und keinen Zeiger auf das Metaklassenobjekt, da es keine Zeigeroperationen gibt, die mit einem Zeiger auf ein Metaklassenobjekt sinnvollerweise ausgeführt werden können. Insbesondere der Vergleich zweier Zeiger zur Ermittlung der Äquivalenz zweier Metaklassenobjekte wird so von vornherein unterbunden, da ein fester Zusammenhang zwischen den Adressen der *type_info*-Objekte und der Typidentität nicht in allen C++-Implemenationen als gegeben vorausgesetzt werden kann[42]. Durch die Verwendung von Referenzen wird immer sichergestellt, daß ein echter Vergleich auf Typidentität durchgeführt wird, z. B. mit

```
if (typeid(anObjekt) == typeid(AClass)) // ...
```

Besonders für diagnostische Zwecke oder zur Realisierung von Persistenzmechanismen dient die Komponentenfunktion *name()*. Eine Spezialität von Microsoft ist die Funktion *raw_name()*, welche den Namen in der internen codierten Darstellung (in der auch der Linker die Namen sieht) zur Verfügung stellt. Erst die Funktion *name()* wandelt diese Darstellung im Fall von Visual C++ in eine lesbare Darstellung um. Nicht zuletzt deshalb, aber auch wegen des dazu nötigen expliziten Zeichenkettenvergleichs, sollte man diese Funktionen nicht zum Vergleich von Klassenidentitäten verwenden.

```
class A{};
typedef char *string;

void main()
{
    const type_info &infoA = typeid(A);
                                         // nur konstante Referenz möglich
    const type_info &infoInt = typeid(int);
                                             // Auch mit eingebauten Typen

    cout << infoA.name() << endl;                // "class A"
    cout << infoInt.name() << endl;              // "int"
    cout << typeid(int*).name() << endl;         // "int *"
    cout << typeid(string).name() << endl;       // "int *"
    cout << typeid(3.14).name() << endl;         // "double"
    cout << typeid(3.14f).name() << endl;        // "float"
```

Schließlich gibt es noch eine Komponentenfunktion *before()*, welche eine feste Ordnungsbeziehung (etwa in der Art eines Adressenvergleichs) zwischen den Metaklassenobjekten definiert. Diese Ordnung hat jedoch nichts mit der Klassenstruktur zu tun und ist ansonsten vollständig implementationsabhängig.

Alles in allem ist der *typeid/type_info*-Mechanismus in C++ ziemlich spartanisch ausgefallen. Da man kaum alle benötigten Informationen und Fähigkeiten für einen RTTI-Mechanismus bei unterschiedlichen Anwendern voraussehen konnte und auch nicht alle Anwender mit Funktionen belasten wollte, die evtl. nur von wenigen benötigt werden, hat sich das Standardisierungskomitee auf das absolute Minimum an Funktionalität beschränkt: Vergleich auf Gleichheit und Ungleichheit und Ermittlung des

42 In einfachen Implementationen wird die *type_info*-Information zusammen mit der *VTable* generiert und kann bei Klassen mit mehr als einer Implementationsdatei für ein und dieselbe Klasse mehrfach vorhanden sein. In diesem Fall könnte der Typvergleich mittels Vergleich der Adressen der *type_info*-Datenstruktur einen ganz hübsch aufs Glatteis führen.

Typnamens in lesbarer Form. Alle andere Möglichkeiten, wie sie etwa der *RUNTIME_CLASS*-Mechanismus der MFC bietet, wie die Bestimmung der Typgröße, Serialisierung und Erzeugung neuer Klassenobjekte, fehlen. Die Abhilfe, die Stroustrup hier vorschlägt, ist die Verwendung assoziativer Behälterklassen, in denen das Resultat von *typeid* als Schlüssel zum Nachschlagen erweiterter Klasseninformationen dient (die jedoch dann auch vom Anwender/Klassenentwickler bereitgestellt werden müssen).

MFC: CRuntimeClass

Wegen der genannten Einschränkungen steht zu erwarten, daß sich der neue *typeid*-Mechanismus, wenn überhaupt, nur sehr zögerlich durchsetzten wird und die MFC auch auf lange Sicht mit ihrem eigenen Mechanismus, beruhend auf dem *RUNTIME_CLASS*-Makro und der Klasse *CRuntimeClass*, zur Typerkennung arbeiten werden. Zur Erinnerung: Wird eine von *CObject* abgeleitete Klasse mit den entsprechenden *DECLARE_XXX* und *IMPLEMENT_XXX*-Makros vereinbart, kann zur Laufzeit der Typ mit den Komponentenfunktionen *CObject::GetRuntimeClass*() und *CObject::IsKindOf(const CRuntimeClass* pClass)* oder dem Makro *RUNTIME_CLASS* untersucht werden. Ersteres entspricht in der Wirkung dem *typeid*-Operator, funktioniert aber natürlich nur mit geeignet vereinbarten Objekten vom Typ *CObject* (und abgeleiteten Typen). Wie bei der Metaklasse *type_info* können die relevanten Informationen bei den MFC der Metaklasse *CRuntimeClass* entnommen werden, wobei letztere deutlich mehr Funktionalität zur Verfügung stellt; hier die leicht vereinfachte Definition der MFC-Metaklasse:

```
struct CRuntimeClass                // MFC-Metaklasse, leicht vereinfacht
{
// Attribute
    LPCSTR m_lpszClassName;         // Klassenname
    int m_nObjectSize;              // Benötigter Speicher für ein Objekt
    UINT m_wSchema;                 // Zusatzinfo
    CObject* (*m_pfnCreateObject)();  // Zeiger auf "Erzeuger"
    CRuntimeClass* m_pBaseClass;      // Zeiger auf Metaklasse
                                      // der Basisklasse

// Operationen
    CObject* CreateObject();          // Objekt der Klasse erzeugen
    BOOL IsDerivedFrom(const CRuntimeClass* pBaseClass) const;

// ...
};
```

Das Makro *RUNTIME_CLASS (AClass)* ermittelt aus dem Klassennamen einen Zeiger auf das zugehörige Metaklassenobjekt, dessen Adresse unter anderem dazu verwendet werden kann, die Klasse eindeutig zu charakterisieren.

Für Klassenobjekte vom Typ *CObject* dient zum gleichen Zweck die Funktion *CObject::GetRuntimeClass()*. Die obigen Beispiele für den *typeid*-Operator sehen dann umgeschrieben (soweit das möglich ist) etwa so aus:

```
// Vergleich (nur exakte Klassengleichheit, dafür aber schnell)
if (anObjekt.GetRuntimeClass() == RUNTIME_CLASS(AClass)) // ...

// Vergleich (auf Zugehörigkeit, langsamer aber meist sicherer)
if (anObjekt.IsKindOf(RUNTIME_CLASS(AClass))) // ...

class A : public CObject { /* ... DECLARE_XXX etc. ... */};
A a;

void main()
{
    CRuntimeClass *infoA = RUNTIME_CLASS(A);
    CRuntimeClass *infoInt = RUNTIME_CLASS(int);    // Das geht *NICHT*

    cout << infoA->m_lpszClassName << endl;
    cout << a.GetRuntimeClass()->m_lpszClassName << endl;
```

Neue Gußformen

Wichtiger als die explizite Abfrage des genauen Typs mit dem *typeid*-Operator ist die durch RTTI geschaffene Möglichkeit, sichere Typumwandlungen nicht nur in Richtung der Basisklasse (*upcast*), sondern auch in umgekehrter Richtung (*downcast*) vorzunehmen. Den Typumwandlungs- oder Cast[43]-Operator hat C++ bereits von C geerbt und lediglich eine zweite funktionale Schreibweise neben die von K&R-C ererbte gestellt. Analysiert man die Verwendung des *cast*-Operators, stellt man fest, daß er für sehr unterschiedliche Zwecke eingesetzt wird, ohne daß dies der jeweiligen Verwendung auf den ersten Blick anzusehen ist.

Einmal wird er gerne verwendet, um einem Bitmuster durch Neuinterpretation einfach eine neue Bedeutung zu geben; die deutsche Bezeichnung Typumwandlung für diesen Vorgang kann eigentlich nur als Euphemismus bezeichnet werden. Die zweite Verwendung ist die echte Typumwandlung. Diese findet z. B. statt, wenn von Ganzzahlen zu Fließkommazahlen, zwischen Klassentypen oder von Zeigern zu Basisklassenzeigern umgewandelt wird. Diesem Typ Umwandlungen ist gemeinsam, daß sie wohldefinierte Ergebnisse haben und normalerweise sicher eingesetzt werden können. Die dritte Art der Typumwandlung ist diejenige von Basisklassenzeigern zu Zeigern auf eine abgeleitete Klasse („Downcast"). Der Compiler sorgt dafür, daß zumindest technische Details wie ggf. die Anpassung von Zeigerwerten etc. korrekt sind, doch kann der Compiler nicht sicherstellen, daß die Umwandlung legal ist. Nur wenn der Basisklassenzeiger tatsächlich auf ein Objekt von einem bestimmten abgeleiteten Typ zeigt, ist eine solche Umwandlung sinnvoll. Der vierte und letzte Typ Umwandlung ist schließlich die Beseitigung des Schreibschutzes, eine zwar prinzipiell etwas heikle, aber gelegentlich durchaus nötige und legale Operation.

---

43 Die englische Bezeichnung „cast" (Gußform) charakterisiert sehr bildhaft, was hier vor sich geht: Der Inhalt des alten Datentyps wird durch Reinterpretation oder echte Umwandlung mehr oder weniger gewaltsam in eine neue Form gegossen oder gezwängt.

Alle diese Arten von Typumwandlungen wurden bis zur Sprachversion 2.x in C++ durch ein und denselben Typumwandlungs-Operator abgedeckt, eben den klassischen Typumwandlungs-Operator in Cast- oder Funktionsschreibweise. Dies führt jedoch gerade, wenn man sich alten Code noch einmal vornimmt oder fremden Code warten muß, oft zu Verständnisproblemen. Man sieht zwar, daß eine Typumwandlung durchgeführt wird, aber was der Autor damit bezweckt hat, bleibt oftmals im dunkeln. Auch ist die alte Schreibweise für eine so heikle und unsichere Operation wie sie die Typumwandlung darstellt, nicht gerade auffällig und kann im Code leicht übersehen werden. Suchoperationen mit den Menübefehlen wie etwa *Bearbeiten/Suchen* oder *Bearbeiten/Suchen in Dateien* sind aufgrund der minimalistischen Syntax erst recht nicht möglich. Als Anwort auf diese Probleme wurden im neuen C++-Standard vier neue *cast*-Operatoren mit den folgenden grundsätzlichen Eigenschaften eingeführt:

- Am Operator selbst kann direkt erkannt werden, um welche Art von Typumwandlung es sich handelt. Automatisches Suchen mit Textwerkzeugen ist möglich.
- Die vergleichsweise geschwätzige und „häßliche" Schreibweise macht auf die prinzipielle Unschönheit von Typumwandlungen aufmerksam und entmutigt exzessiven Gebrauch.
- Durch Rückgriff auf die RTTI-Mechanismen der Sprache können „Downcasts" nun sicherer gemacht werden.

Von den neuen Typumwandlungs-Operatoren gibt es vier unterschiedliche Geschmacksrichtungen:

dynamic_cast<type-id>(expr) – Dieser Operator ist die wirkliche Neuerung, da er es erlaubt, unter Ausnutzung der RTTI-Informationen typsichere Umwandlungen zwischen Zeigern auf polymorphe Typen in beliebigen Richtungen vorzunehmen. Anwendbar jedoch nur für polymorphe Zeiger! In den meisten übrigen Fällen verwendet man eher den:

static_cast<type-id>(expr) – Die Art der Typumwandlung wird bereits zur Übersetzungszeit aus den vorhandenen statischen Typinformationen endgültig festgelegt. Eine Laufzeitüberprüfung auf Zulässigkeit bei Zeigerumwandlungen findet nicht statt. Dieser Umwandlungs-Operator entspricht im wesentlichen der alten expliziten Typumwandlung von C/C++ mit zwei Ausnahmen:

reinterpret_cast<type-id>(expr) – Die brutalste Art der Typumwandlung; das Bitmuster eines Datenobjekts wird ohne jede Änderung übernommen, aber im Sinne des neuen Typs interpretiert. Nur für schmutzige Tricks oder Systemprogrammierung; die Ergebnisse sind garantiert absolut unportabel und extrem implementationsabhängig.

const_cast<type-id>(expr) – Anders als mit den alten *cast*-Operatoren ist es mit den übrigen drei neuen Operatoren nicht mehr möglich, von einer Variablen, Referenz oder einen Zeiger den Schreibschutz (oder das *volatile*-Attribut) zu entfernen. Zu diesem Zweck muß explizit ein eigener Operator verwendet werden.

Der Operator dynamic_cast

Die Syntax des *dynamic_cast*-Operators ist

```
dynamic_cast < type-id > ( expression )
```

Die ursprüngliche Motivation für die Einführung der dynamischen Typumwandlung war die Beobachtung, daß man normalerweise gar nicht am konkreten Typ eines polymorphen Objekts interessiert ist, sondern sich vielmehr dafür interessiert, ob eine bestimmte Operation mit diesem Objekt ausgeführt werden kann oder nicht. Dazu muß man zum einen klären, ob das Objekt einen passenden Typ hat, und zum anderen einen Zeiger oder eine Referenz passenden Typs bereitstellen, um auf das Objekt bzw. die Funktion auch zugreifen zu können. Beides wird im *dynamic_cast*-Operator zusammengefaßt (wobei der Aufwand für die Typumwandlung selbst minimal ist). Verwendet man den Operator mit einem geeigneten Zeigertyp, erhält man einen Zeiger vom gewünschten Typ, falls die Umwandlung möglich und sinnvoll ist, und einen Nullzeiger im anderen Fall. Durch Abfrage des Ergebnisses ist es damit wie im Beispiel einfach möglich sicherzustellen, daß nur Äpfel gegessen werden:

```
FruitClass *fruit = choose ? new AppleClass : new PearClass;

AppleClass *apple = dynamic_cast< AppleClass*>(fruit);
if (apple)
{
    apple->eatApple();
}
```

Die dynamische Typumwandlung ist nur bei polymorphen Objekten möglich und sinnvoll, also Objekten, die virtuelle Funktionen und damit eine *VTable* enthalten. Der RTTI-Mechanismius verwendet einen Eintrag in dieser Tabelle, um eine Verbindung zu den Typinformationsdaten herzustellen. Dies ist jedoch keine Einschränkung, da „Downcasts" ohnehin nur bei Zeigern auf polymorphe Objekte Sinn machen.

Dynamische Typumwandlungen sind auch mit Referenzen möglich, doch da hier kein Zeiger zurückgegeben wird, gibt es keine Möglichkeit abzufragen, ob eine Typumwandlung erfolgreich war. Schlägt die Typumwandlung fehl, wird ein Laufzeitfehler (genauer gesagt eine *bad_cast*-Ausnahme) ausgelöst. Der *dynamic_cast*-Operator sollte daher nur dann mit Referenzen verwendet werden, wenn es (ziemlich) sicher ist, daß es sich bei dem Objekt um ein Objekt des Zieltyps handelt. Die dynamische Typumwandlung liefert dann (neben der eigentlichen Typumwandlung) die Sicherheit, daß die Umwandlung korrekt war.

```
void applesauce (fruitClass &fruit) // kann eigentlich nur ein Apfel
sein
{
    appleClass &apple = dynamic cast<Appleclass &>(fruit),
    apple.simmerTillTender();
}
```

Häufig möchte man nur während der Entwicklungsphase eine dynamische Typumwandlung haben, z. B. weil möglicherweise die dafür nötige Zeit in der Auslieferungsversion nicht mehr tragbar ist und man Typenfehler bis dahin vollständig eliminiert zu haben hofft. In diesem Fall können Sie die *#define*-Direktive des Präprozessors dazu nutzen, einen eigenen Typumwandlungs-Operator zu vereinbaren:

```
#ifndef NDEBUG
#define checked_cast dynamic_cast
#else
#define checked_cast static_cast
#endif
```

Damit der Visual C++-Compiler die dynamische Typumwandlung akzeptiert, muß übrigens die RTTI-Unterstützung mit *Projekt/Einstellungen*, Reiter *C/C++*, Kategorie *Programmiersprache C++*, Checkbox: *Run-Time-Type-Informationen (RTTI) aktivieren* eingeschaltet werden.

Der Operator static_cast

Von der Unterstützung durch RTTI oder polymorphe Klassen unabhängig sind die übrigen *cast*-Operatoren. Explizite Typumwandlungen zwischen Typen, für die eine (möglicherweise sogar automatische) Umwandlung definiert ist, oder zwischen Zeigertypen können mit dem Operator *static_cast* durchgeführt werden. Bei der Anwendung auf Zeigertypen ähnelt *static_cast* dem *dynamic_cast*-Operator insofern, als auch hiermit „Upcasts" und „Downcasts" durchgeführt werden können[44]. Anders als bei *dynamic_cast* beruht die Umwandlung jedoch ausschließlich auf der zur Übersetzungszeit (statisch) zur Verfügung stehenden Information. Daher nimmt *static_cast* auch keine Überprüfung der Typen zur Laufzeit vor und paßt allenfalls bei Mehrfachvererbung die Zeigerwerte an. Da die Umwandlung ohne eine Typüberprüfung abläuft, ist sie im Fall von Zeigern auf polymorphe Klassen jedoch schneller als das dynamische Gegenstück, dafür aber inhärent unsicher. Hier liegt es in der Verantwortung des Programmierers, dafür zu sorgen, daß die Typumwandlungen sicher sind.

Die Syntax des *static_cast*-Operators ist

```
static_cast < type-id > ( expression )
```

Der Operator kann z. B. für Operationen wie die Konversion eines Zeigers in einen Basisklassenzeiger (sicher) oder umgekehrt (unsicher) verwendet werden:

```
class Base                { /* ... */ };
class Derived : public Base { /* ... */ };
```

44 Wobei „Upcasts" natürlich ziemlich uninteressant sind, da sie auch implizit durchgeführt werden und daher normalerweise nur dann explizit hingeschrieben werden müssen, wenn die Eindeutigkeit einer Typumwandlung anders nicht gegeben ist.

```
void foobar(Base* pb, Derived * pd)
{
    Derived* pd2 = static_cast< Derived *>(pb);  // Unsicher, "downcast"
    Base* pb2 = static_cast<Base*>(pd);           // Sicher, "upcast"
    // ...
}
```

Sowohl *static_cast*- als auch *dynamic_cast*-Operatoren bewegen einen Zeiger durch die Klassenhierarchie. Nur der *dynamic_cast*-Operator prüft jedoch zur Laufzeit das Ergebnis:

```
class Base { ... };
class Derived : public Base { ... };

void f(Base* pb)
{
    Derived* pd1 = dynamic_cast<Derived*>(pb);
    Derived* pd2 = static_cast<Derived*>(pb);
}
```

Wenn *pd* wirklich auf ein Objekt vom Typ *Derived* zeigt, werden *pd1* und *pd2* denselben Adressenwert enthalten. Wenn der Zeiger jedoch beispielsweise nur auf ein Objekt der Basisklasse *Base* zeigt, wird *dynamic_cast* dies erkennen und den Wert *0* liefern. Der Operator *static_cast* dagegen verläßt sich darauf, daß der Programmierer weiß, was er tut, und liefert einen Zeiger auf ein Objekt vom angenommenen Typ *Derived*. Da dieser Typ jedoch möglicherweise größer als der Typ *Base* ist, kann ein Zugriff auf die Variable verheerende Folgen haben.

Das folgende Beispiel gibt Gelegenheit, mit Compiler und Debugger ein wenig mit dynamischen und statischen Typumwandlungen zu experimentieren.

```
class A
{
    virtual ~A(){};
};

class B : public A
{
};

class C : public A
{
    int a;
};

void main()
{
    A *pa  = new B;
    B *pb1 = dynamic_cast<B*>(pa);
    C *pc1 = dynamic_cast<C*>(pa);
    B *pb2 = static_cast <B*>(pa);
    C *pc2 = static_cast <C*>(pa);   // Klasse C ist größer als B!
}
```

Was geschieht, wenn man in der Klasse *A* das Schlüsselwort *virtual* wegläßt oder *pa* auf eine mehr oder weniger zufällige Stelle im Speicher zeigen läßt (etwa mit *pa = (A*) new int;*)? Welche Werte nehmen die Variablen *pb1* bis *pc2* an (Einzelschrittbetrieb im Debugger verwenden und Inhalt der Zeigervariablen untersuchen)?

Die Grundannahme, daß der Programmierer weiß, was er tut, gilt auch für die Umwandlung zwischen anderen Typen mittels *static_cast*. So kann *static_cast* verwendet werden, um implizite Umwandlungen rückgängig zu machen. Beispielsweise kann *static_cast* verwendet werden, um von einem *int* zu einem *char* zu konvertieren. Dieser Typ hat aber abhängig vom konkreten Fall möglicherweise keine ausreichende Genauigkeit, um das Ergebnis aufzunehmen. Wie die alten *cast*-Operatoren kann *static_cast* sowohl für explizite, möglicherweise problematische, als auch zur expliziten Angabe eigentlich impliziter Umwandlungen verwendet werden:

```
typedef unsigned char BYTE

void foobar()
{
    char ch;
    int i = 42;
    float f = 47.11;
    double dbl;

    ch = static_cast<char>(i);       // int nach char
    dbl = static_cast<double>(f);   // float nach double
    // ...
    i = static_cast<BYTE>(ch);
}
```

Der *static_cast*-Operator kann auch explizit einen ganzzahligen Typ in einen Aufzählungstyp umwandeln. Fällt der umgewandelte Wert jedoch nicht in den Wertebereich der Aufzählung, ist das Ergebnis undefiniert.

Der Operator reinterpret_cast

Der *reinterpret_cast*-Operator ermöglicht die Umwandlung jedes Zeigertyps in jeden anderen Zeigertyp, völlig ungeachtet der Frage, ob diese Typen zueinander passen oder das Ergebnis überhaupt einen Sinn macht. Ebenfalls kann damit ein Zeiger in einen ganzzahligen Typ und umgekehrt umgewandelt werden, selbst wenn die Größen der Typen unterschiedlich sind. Solange die beabsichtigte Umwandlung nicht sehr hardwarenah ist, sollte man andere Typumwandlungs-Operatoren verwenden, da der *reinterpret_cast* sehr unportabel und unsicher ist. Die Syntax des *reinterpret_cast*-Operators ist

```
reinterpret_cast < type-id > ( expression )
```

Der Operator const_cast

Der *const_cast*-Operator dient dazu, die Attribute *const*, *volatile* oder das Microsoft-spezifische Attribut *unaligned* von einem Typ zu entfernen. Die Syntax gleicht den anderen neuen *cast*-Operatoren.

```
const_cast < type-id > ( expression )
```

Doch der durch *type-id* gegebene Zieltyp muß bis auf das Fehlen des zu entfernenden Attributs mit dem Typ des Ausdrucks *expression* übereinstimmen.

Für Zeiger und Referenzen bezieht sich das Ergebnis der Typumwandlung auf das Originalobjekt, es wird also keine Kopie der Daten angelegt, sondern nach der Beseitigung des Schreibschutzes wird es möglich, direkt auf die Daten zuzugreifen. Da ein C++-Compiler jedoch im Prinzip frei ist, schreibgeschützte Daten in einem physikalisch schreibgeschützten Speicher abzulegen, muß mindestens prinzipiell damit gerechnet werden, daß der Zugriff auf die Daten über den neuen Zeiger oder die Referenz undefiniert sein kann[45]. Bei Klassenobjekten mit Konstruktoren ist dies jedoch im allgemeinen nicht der Fall, da deren Konstruktion und Initialisierung in einem physikalisch schreibgeschützten Speicherbereich nicht möglich wäre.

Eine wichtige Anwendung des *const_cast*-Operators ist die Aufhebung des Schreibschutzes des *this*-Zeigers bei konstanten Funktionen. Oft hat man eine Komponentenfunktion, die den Wert (zumindestens den logischen Wert) eines Objekts nicht ändert, aber dennoch Komponenten des Objekts manipulieren oder nichtkonstante Komponentenfunktionen aufrufen muß. Das geht nur, indem man in der konstanten Komponentenfunktion den Schreibschutz des *this*-Zeigers aufhebt:

```
void AClass::foo () const
{
    constcast<AClass*> (this) -> bar();      // bar() ist nicht "const"
}
```

Zusammenfassung

Die nach dem eigentlichen Klassenkonzept wichtigsten Konzepte der objektorientierten Programmierung sind Vererbung und Polymorphie. Ableitung und Vererbung erlauben es, abgestufte Ähnlichkeiten zwischen Objekten bzw. Datentypen sehr genau zu modellieren und zwanglos in das Typsystem der Sprache einzubetten. Polymorphie ermöglicht es, Objekte mit gemeinsamer Schnittstelle auch ohne Kenntnis des genauen Typs richtig zu benutzen. Die auf dem tatsächlichen Typ des Objekts basierende Entscheidung, welche Komponentenfunktion aufgerufen wird, wird auch als spätes Binden bezeichnet. Auch für die Vorgehensweise bei der Softwareentwicklung

45 Das kann bei sogenannten eingebetteten Anwendungen der Fall sein, wie z. B. beim Steuerungscomputer eines Videorecorders oder einer Maschinensteuerung. Um die Kosten niedrig zu halten, packt man nicht nur den Code, sondern auch Daten so weit wie möglich ins ROM.

und die Wiederverwendung bereits vorhandenen Codes hat die Vererbung weitreichende Folgen, da es möglich wird, neue Klassen durch Ableitung und Spezialisierung aus vorhandenen zu entwickeln.

Die abgeleitete Klasse stellt praktisch eine Erweiterung der Basisklasse dar, die Komponenten der Basisklasse sind auch in der abgeleiteten Klasse verfügbar. Zeiger und Referenzen auf einen Klassentyp können implizit in Zeiger bzw. Referenzen auf einen Basisklassentyp konvertiert werden.

Nicht immer jedoch ist die Vererbung die beste Lösung eines Entwurfsproblems. In vielen Fällen ist es günstiger, ein Objekt aus Komponentenobjekten zusammenzusetzen. Bei der Entscheidung sollte man sich von der Frage leiten lassen, ob der Satz „A enthält ein B!“ oder „A ist ein B!“ besser die Beziehung zwischen den Klassen beschreibt.

Polymorphie wird durch virtuelle Funktionen realisiert. Dazu definiert eine Basisklasse durch virtuelle Funktionen eine gemeinsame Schnittstelle für abgeleitete Klassen. Virtuelle Funktionen können in abgeleitete Klassen umdefiniert werden; der indirekte Aufrufmechanismus stellt sicher, daß unabhängig vom statischen Typ einer Objektreferenz immer die für ein Objekt richtige Komponentenfunktion aufgerufen wird. Virtuelle Funktionen werden auch von den MFC verwendet, um einen eigenen Mechanismus zur Typerkennung zur Laufzeit zu implementieren. Virtuelle Funktionen, die als reine Schnittstellenbeschreibung ohne eigene Implementation dienen, heißen reine virtuelle Funktionen, eine Klasse, die solche Funktionen enthält, abstrakte Basisklasse. Abstrakte Basisklassen sind reine Schnittstellenbeschreibungen und können nicht zur Erzeugung konkreter Objekte verwendet werden.

Eine Eigenschaft, die C++ von anderen OOP-Sprachen abhebt, ist die Unterstützung der Mehrfachvererbung. Es gibt gelegentlich Situationen, in denen sich Problemstellungen der realen Welt durch Mehrfachvererbung besser modellieren lassen als durch Einfachvererbung. Eine andere Motivation für die Einführung der Mehrfachvererbung war der Entwurf kleiner orthogonaler Klassenhierarchien anstelle einer einzelnen großen Hierarchie. Die MFC als Vertreter der letzteren Entwurfsphilosophie sind nicht für den Einsatz von Mehrfachvererbung ausgelegt.

In den meisten Fällen schafft Mehrfachvererbung mehr Probleme, als sie löst, und kann in vielen Fällen durch einen besser durchdachten Entwurf vermieden werden. In Einzelfällen kann Mehrfachvererbung aber auch wie das berüchtigte *goto* ein echter Lebensretter und völlig unverzichtbar sein. Mehrfachvererbung und insbesondere die Verwendung virtueller Basisklassen sind Sprachmittel, die aus C++ nicht wegzudenken sind, tatsächlich aber nur selten benötigt werden.

Trotz ursprünglicher Bedenken besitzt C++ in der aktuellen Version auch einen Mechanismus zur Bestimmung des Typs von Objekten zur Laufzeit. Für polymorphe Objekte basiert dieser Mechanismus auf dem mit den virtuellen Funktionen gespeicherten tatsächlichen Typ des Objekts, für alle übrigen Typen wird das Ergebnis bereits zur Übersetzungszeit ermittelt. Die direkte Ermittlung des Objekttyps mittels des *ty-*

peid-Operators sollte jedoch gegenüber den wesentlich effizienteren und eleganteren virtuellen Funktionen nur im Ausnahmefall eingesetzt werden.

Wichtiger als die explizite Bestimmung des Typs eines Objekts ist die durch RTTI und eine neue Syntax für Typumwandlungen möglich gewordene typsichere Umwandlung der Zeiger auf polymorphe Objekte mittels *dynamic_cast*. Auch für die verschiedenen übrigen Anwendungsfälle des *cast*-Operators in C/C++ wurden neue Operatoren eingeführt, die Typumwandlungen im Code besser sichtbar machen und den Sinn der jeweiligen Umwandlung dokumentieren.

3.5 Zugriff kontrolliert – Öffentliche und private Klassen

Klassen und Objekte dienen nicht nur dazu, natürliche Problemlösungen zu entwerfen, sie sind in C++ auch die kleinste Einheit der Modularisierung. Eine Klasse stellt nicht nur einen abstrakten Datentyp dar, sondern definiert auch eine Schnittstelle nach außen und verbirgt die Details der Implementation. Da für den Compiler aus Gründen der Code-Effizienz die gesamte Klassendefinition sichtbar sein muß, bietet C++ mit seinen Mechanismen zur Zugriffssteuerung die Möglichkeit, Teile einer Klassendefinition wahlweise als öffentlich oder privat festzulegen. Diese Zugriffssteuerung dient dem Schutz der definierten Schnittstellen vor versehentlicher Verletzung durch den Klassenanwender. Sie dient nicht dazu, die Integrität der Klasse gegen böswillige Verletzungen oder Betrug zu schützen, da letztendlich jeder Schutzmechanismus bewußt ausgehebelt werden kann.

Die Schutzebenen „privat" und „öffentlich" ermöglichen es, den Gebrauch von Komponenten durch den Klassenentwickler und den Anwender zu unterscheiden. Diese Unterscheidung ist auch zur Unterstützung der herkömmlichen Datenabstraktion gut geeignet. Eine abgeleitete Klasse stellt dagegen eine dritte Art von Klassenanwendern dar, die im herkömmlichen privat/öffentlich-Schema nicht ausreichend unterstützt wird. Aus diesem Grund existiert in C++ eine mittlere Schutzebene „geschützt", welche Schnittstelleninformationen für abgeleitete Klassen, nicht aber nach außen verfügbar macht.

Wie wir bereits gesehen haben, wird die Zugriffskontrolle durch die Schlüsselwörter *private, protected* und *public* in der Klassendefinition organisiert. Deklarationen vom Typ *friend* ermöglichen es einer Klasse, anderen Klassen oder Funktionen Zugriff auf ihre geschützten Bereiche zu gewähren. Schließlich ist es möglich, Klassen *public* oder *private* abzuleiten. Zugriffskontrolle wirkt auf alle Klassenkomponenten, ob Funktion, Variable oder Typvereinbarung gleichermaßen. Zugriffskontrolle beeinflußt nicht die Sichtbarkeit von Namen, sondern schränkt lediglich ein, wer sie verwenden darf.

Zugriffsrechte

Der Zugriffsschutz bezieht sich auf alle Namen von Komponenten, klassenlokal definierte Typen, Namen von Aufzählungen, etc. in einer Klassendefinition. Eine Name kann eine der folgenden drei Schutzstufen haben:

- *private* – privat: Der Name kann nur innerhalb von Komponentenfunktionen, Initialisierungsausdrücken der Klasse selbst und innerhalb von als Freunden deklarierten Klassen und Funktionen verwendet werden.
- *public* – öffentlich: Der Name kann von jeder Komponentenfunktion und jedem Initialisierungsausdruck benutzt werden.
- *protected* – geschützt: Eine Abstufung zwischen öffentlich und privat. Der Name kann nur innerhalb von Komponentenfunktionen, Initialisierungsausdrücken der Klasse selbst und von ihr abgeleiteter Klassen und innerhalb von als Freunden deklarierten Klassen und Funktionen verwendet werden.

Die Schlüsselwörter private und public

Zur Erklärung des Zugriffsschutzes werden die Schlüsselworte *private*, *protected* oder *public* ähnlich Labels in die Klassendefinition eingefügt. Wird keine Angabe zum Zugriffsschutz gemacht, sind die Komponenten von C-Strukturen (*struct*) und -Unions (*union*) per Voreinstellung öffentlich, die Komponenten von C++-Klassen (*class*) per Voreinstellung privat.

Eine Klassendefinition kann beliebig viele Zugriffsschutzspezifikationen in beliebiger Reihenfolge enthalten. Benachbart definierte Komponentenvariablen der gleichen Schutzstufe werden auch benachbart gespeichert. Unterbrechen Zugriffsschutzspezifikationen die Variablendefinitionen, steht es dem Compiler frei, die so getrennten Bereiche zweckmäßig anzuordnen, die Anordnung ist dann implementationsabhängig.

Beispiel:

```
class AClass
{
    int a;          // privat per Voreinstellung für "class"
public:
    int b;          // öffentlich. b und c liegen auch im Speicher
    int c;          // ... nebeneinander.
private:
    int d;          // wieder explizit privat. d könnte im Speicher
                    // auch z. B. hinter a liegen,
protected:
    int e;          // e ist "geschützt"
}
```

Der Zugriffsschutz hat keinen Einfluß auf die Sichtbarkeit von Namen. Dadurch kann die Änderung der Schutzstufen die Bedeutung eines Programms nicht unerwartet verändern, z. B. indem eine zuvor private Komponente plötzlich eine andere Variable verdeckt. Da auch private Namen immer sichtbar sind, können sie im umschließenden Gültigkeitsbereich definierte Namen überdecken, auch wenn sie selbst nicht zugreifbar sind:

```
int i;

class BClass
{
private:
    int i;
}

class CClass : public BClass
{
    void f()
    {
        i++;          // Fehler BClass::i ist privat und verdeckt ::i
    }
}
```

Das Schlüsselwort protected

Die ersten Versionen von C++ kannten nur die Stufen *public* und *private*, um Namen vollständig als öffentlich oder privat zu einer Klasse zu vereinbaren. Dies erwies sich jedoch als zu inflexibel, da abgeleitete Klassen oft Zugriff auf Implementationsdetails einer Basisklasse benötigen. Sind die entsprechenden Namen aber als privat deklariert, hat auch eine abgeleitete Klasse keinen Zugriff mehr auf die Komponenten, ansonsten wäre es zu einfach, jeden Zugriffsschutz durch Ableitung zu unterlaufen. Werden Namen, die die abgeleitete Klasse benötigt, aber als öffentlich erklärt, sind sie sogleich ohne Wenn und Aber der Öffentlichkeit zugänglich. Als *protected* vereinbarte Namen nehmen dagegen eine Zwischenstellung ein. Sie sind nicht nur von der Klasse selbst, sondern auch in allen (nicht privat) von der Klasse abgeleiteten Klassen und deren Freunden zugänglich, nicht aber von anderen Klassen oder globalen Funktionen und Initialisierungsausdrücken aus.

Geschützte Klassen sind zwar gegen den versehentlichen Zugriff von außerhalb geschützt, doch müssen sie eher der öffentlichen Schnittstelle als den verborgenen Details zugeordnet werden. Jeder Anwender ist in der Lage, von einer Klasse weitere Klassen abzuleiten und so auch den geschützten Teil der Schnittstelle zu benutzen. Eine Änderung im geschützten Teil einer Klasse bleibt auch in ihren Auswirkungen nicht auf die eine Klasse beschränkt, sondern erstreckt sich auf alle von ihr abgeleiteten Klassen. Wirklich verborgen sind also nur als privat deklarierte Implementationsdetails. Aus diesem Grund sollte man bei der Definition einer Klasse zunächst so viele Namen und Komponenten wie möglich als privat vereinbaren und dann nach Bedarf öffentliche Zugriffs(Inline)-Funktionen hinzufügen. Nur Komponenten, die wirklich auch in abgeleiteten Klassen benötigt werden, sollten als geschützt vereinbart werden, da sie dann nicht mehr verborgen und so später nicht mehr ohne weiteres zu ändern oder zu verbessern sind. Auch ist es einfach, sich jederzeit mit einem legalen Trick Zugriff auf geschützte Komponenten zu verschaffen:

```
class X                          // Klasse mit geschützter Komponente
{
   protected int x;
}

class AccessX : public X         // Zugriffsklasse, ermöglicht Y über
{                                // AccessX Zugriff auf X
   friend class Y;
}

void Y::f(X* px )
{
   ((AccessX*) px) -> x = 4711;  // Zugriff von Y
}
```

Interviews

Letztlich bildete die Klassenbibliothek *Interviews* für X-Windows den Anstoß für die Einführung der Schutzebene *protected* in C++, da es unter Schutzgesichtspunkten nicht möglich war, Inline-Funktionen der Schnittstelle und Datenkomponenten öffentlich an neue Klassen zu vererben. Etwa fünf Jahre später wurde das Konzept von *protected* wieder aus der Klassenbibliothek herausgeworfen, da es sich als ernst zu nehmende Fehlerquelle entpuppt hatte, und dazu führte, daß „Anfänger an Dingen herumschraubten, die sie nichts angehen!". Auch führte es zu enormen Wartungsaufwand, da jede als geschützt deklarierte Komponente im Prinzip in abgeleiteten Klassen (auch in solchen der Anwender) vorkommen kann.

Bei jeder Änderung von als *protected* deklarierten Details mußte man sich daher jedesmal die Frage stellen: „Hat das hier wohl irgend jemand da draußen benutzt?". Und im Zweifelsfall hat das dann auch jemand. Zurückblickend hält Stroustrup die Entscheidung, eine Schutzstufe *protected* in die Sprache einzubauen, für eine Fehlentscheidung. Vor allem von der Verwendung in Verbindung mit Datenkomponenten wird abgeraten. Vom Standpunkt des Softwaredesigns her hat *protected* in den Weiterungen eher Ähnlichkeiten mit der Schutzstufe *public*.

Virtuelle Funktionen

Der Zugriffsschutz von C++ ist dem Wesen nach statisch, d. h., der Compiler bestimmt aus dem statischen Kontext, wie auf eine Klassenkomponente zugegriffen werden darf. Wird über einen Basisklassenzeiger auf eine virtuelle Funktion zugegriffen, sind die Schutzebenen ausschlaggebend, die für die einzelnen Komponenten der Basisklasse vereinbart worden sind.

Abweichende Festlegungen für in abgeleiteten Klassen umdefinierte virtuelle Funktionen sind zwar möglich, für den Zugriff über den Basisklassenzeiger aber bedeutungslos, da der Compiler außer dem Basisklassenzeiger keine Möglichkeit hat, einem polymorphen Objekt einen Typ zuzuordnen.

Zugriffsrechte für Basisklassen

Auch beim Ableiten von Klassen sind Ihnen die Schutzstufen bereits begegnet. Nicht nur für Komponenten einer Klasse, sondern auch für Basisklassen (die ja eigentlich auch eine Art Komponente darstellen) kann eine Schutzstufe vereinbart werden. So kann man eine mit der Schutzstufe *private* geerbte Basisklasse als private (anonyme) Komponente der abgeleiteten Klasse auffassen. Daher werden die Schutzstufen der ererbten Komponenten ggf. an die schärfere Schutzstufe angeglichen, mit der die Basisklasse spezifiziert ist. Basisklassen können öffentlich (*public*), geschützt (*protected*) oder privat (*private*) vererbt werden. Die Voreinstellung für Klassen ist *private*, für Strukturen *public*.

Mehrfach erben

Die Schutzstufe der Basisklasse wird jeweils vor dem Klassennamen der Basisklasse angegeben. Im Fall mehrerer Basisklassen ist für jede Basisklasse eine eigene Schutzklasse anzugeben, andernfalls gilt die Voreinstellung:

```
class MultipleA : public A, B, C { /* ... */};
class MultipleB : public A, public B, private C  { /* ... */};
```

Die Klasse *MultipleA* erbt die Klasse *A* öffentlich und die Klassen *B* und *C* privat. Da diese Schreibweise sehr mißverständlich ist, sollte wie im Fall der Klasse *MultipleB* immer für alle Basisklassen die Schutzstufe explizit angegeben werden.

Öffentlich erben

Eine öffentlich vererbte Basisklasse *Base* ist ein öffentlicher Bestandteil der abgeleiteten Klasse *Derived*. Das bedeutet insbesondere, daß öffentliche Komponenten der Basisklasse auch öffentliche Komponenten der abgeleiteten Klasse sind und sich ein Objekt der abgeleiteten Klasse *Derived* entsprechend der Devise „*Derived* ist ein *Base*" (abgesehen von Spezialisierungen) auch wie ein Objekt vom Typ *Base* verhält.

```
class Derived : public Base { /* ... */ };
```

Da man normalerweise eine Klasse von einer anderen Klasse ableitet, wenn man eine ist-ein-Beziehung ausdrücken will, ist die öffentliche Vererbung der Normalfall. Da die Voreinstellung der Schutzebene für die Basisklasse bei Klassen *private* ist, muß die Schutzstufe *public* bei der Ableitung immer ausdrücklich angegeben werden. Bei Strukturen ist die Schutzebene *public* die Voreinstellung.

Privat erben

Eine privat vererbte Basisklasse ist ein privater Bestandteil der abgeleiteten Klasse. Da damit alle öffentlichen und geschützten Komponentenfunktionen der Basisklasse private Komponenten der neuen Klasse werden, ist die ist-ein-Beziehung nach außen nicht mehr sichtbar, und die neue Klasse verhält sich eher entsprechend einer hat-ein-Beziehung. Da diese sich aber einfacher durch eine Komponentenklasse ausdrükken lassen, gibt es nur wenige praktische Anwendungen für private Vererbung.

```
class Derived : private Base { /* ... */ };
```

Obwohl die private Vererbung die Voreinstellung bei Klassen ist, sollte die Schutzstufe explizit angegeben werden, um Mißverständnisse zu vermeiden.

Geschützt erben

Die letzte, am wenigsten häufig genutzte Form der Vererbung ist die geschützte Vererbung. Eine geschützt geerbte Basisklasse verhält sich innerhalb der abgeleiteten Klasse und allen davon abgeleiteten Klassen wie die Basisklasse, nach außen aber wie eine privat ererbte Klasse. Von einer geschützt geerbten Basisklasse ererbte Komponenten sind geschützt, sofern sie nicht in der Basisklasse bereits als privat deklariert sind. Auch geschützt geerbte Klassen sollte man lieber durch eine geschützte Komponentenklasse ersetzen, da im Fall der geschützten Vererbung nicht von einer deutlichen ist-ein-Beziehung geredet werden kann.

Zugriffsdeklaration

Wird eine Klasse von einer geschützten oder privaten Basisklasse abgeleitet, läßt sich die Schutzstufe einzelner Komponenten der direkten Basisklasse noch durch eine Zugriffsdeklaration beeinflussen. Auch für geschützt oder öffentlich vereinbarte Komponenten in einer Basisklasse läßt sich die Schutzstufe in einer abgeleiteten Klasse noch verändern. Dabei kann eine Klasse den Zugriff auf alle Komponenten einer direkten Basisklasse, auf die sie nach den Zugriffsregeln und Sichtbarkeitsregeln selbst direkten Zugriff hat, ändern. Die Änderung der Schutzstufe wird vorgenommen, indem der qualifizierte Name aus einer direkten Basisklasse ohne weitere Typangaben in der Klassendefinition der abgeleiteten Klasse in einem Abschnitt mit der gewünschten Schutzstufe wiederholt wird. In einer solchen Zugriffsdeklaration wird nur der Name ohne weitere Typangaben angegeben.

Zugriffsdeklarationen können dazu dienen, bei privater oder geschützter Vererbung doch noch Teile der Schnittstelle der privat vererbten Klasse oder geschützte Komponenten einer normalen Basisklasse allgemein zugänglich zu machen. Die Zugriffsstufe von Komponenten tieferer Basisklassen kann mit Zugriffsdeklarationen nicht mehr geändert werden.

Beispiele:

```
class Base          // Basisklasse
{
    int b_priv;     // privat: nur in Base zugänglich
protected:
```

```
    int b_prot;      // geschützt, in abgeleiteten Klassen zugänglich
public:
    int b_publ;      // öffentlich, immer zugänglich
};

class Derived : public Base // öffentliche Vererbung von Base
{
public :
    Base::b_priv;    // Zugriffsschutzfehler: b_priv ist private
                     // Komponente von Base, daher in Derived gesperrt
    Base::b_prot;    // geschützte Komponente b_prot wird öffentlich
private:
    Base::b_publ;    // Ursprünglich öffentliches b_publ wird privat
public :
    int d_publ;      // öffentliche Komponente von Klasse Derived
    int f();
protected:
    int f(int);
};

class MoreDerived : private Derived    // private Vererbung von Derived
{
public :
    Base::b_prot;     // geht nicht, da Base keine direkte Basisklasse
    Derived::d_publ; // privat, da privat geerbt, wird öffentlich
    Derived::f;       // Für überladene Funktionen läßt sich nur für
                      // alle gemeinsam eine neue Schutzstufe festlegen
};
```

Freunde! – Aufheben des Zugriffschutzes

Ein Freund einer Klasse ist eine Funktion, die nicht ein Mitglied dieser Klasse ist, der aber durch eine *friend*-Deklaration in der Klassendefinition Zugriff auf alle Namen innerhalb der Klasse gewährt wird. Eine Klasse kann also durch eine *friend*-Deklaration für ausgewählte Funktionen den Zugriffsschutz auf Klassenkomponenten aufheben. Die *friend*-Funktionen verhalten sich damit hinsichtlich des Zugriffsschutzes wie Komponentenfunktionen, ohne wirklich Klassenmitglieder dieser Klasse zu sein. So verhalten sie sich z. B. insofern ähnlich wie statische Komponentenfunktionen in dem Sinne, daß sie keinen *this*-Zeiger enthalten, werden aber nicht an abgeleitete Klassen vererbt. Da *friend*-Funktionen jedoch außerhalb der Klasse definiert sind, liegen globale *friend*-Funktionen im globalen Namenraum und können so einfacher aufgerufen werden als statische Komponentenfunktionen. Globale *friend*-Funktionen dienen besonders zum Überladen von Operatoren für eine neue Klasse. In *friend*-Deklarationen müssen Funktionsnamen immer komplett mit der gesamten Typinformation und Signatur angegeben werden.

```
class AClass
{
    int X;

public:
           void    setX (int val);
    friend void    setX (AClass &a, int val);
```

```
    static  void    setX (AClass &a, int val);
};

void AClass::setX (int val)          // "echte" Komponentenfunktion
{
    x = val;
}

void setX (AClass &a, int val)       // Freund (im globalen Namenraum!)
{
    a.x = val;
}

void AClass::setX (AClass &a, int val) // statische Komponentenfunktion
{
    a.x = val;
}

void f()
{
    AClass a;

    a.setX(4711);                     // Komponentenfunktion
    setX(a,4711);                     // Befreundete Funktion
    AClass::setX(a,4711);             // Statische Funktion
}
```

Im vorstehenden Beispiel wird zum Zugriff auf die geschützte Komponente *x* der Klasse *AClass* eine *friend*-Funktion *setX()* definiert. Um die Unterschiede und Gemeinsamkeiten mit normalen und statischen Komponentenfunktionen zu demonstrieren, sind außerdem weitere Zugriffsfunktionen definiert. Die echte Komponentenfunktion *setX()* hat als Klassenkomponente Zugriff auf die geschützte Variable *x* und kann diese setzen. Der Aufruf erfolgt mit der typischen Komponentenschreibweise. Die statische Komponentenfunktion ist überladen und kann von der nichtstatischen Komponentenfunktion dadurch unterschieden werden, daß sie in Ermangelung eines *this*-Zeigers einen weiteren expliziten Parameter zur Übergabe des zu ändernden Objekts benötigt. Da die statische Funktion jedoch als Klassenkomponente nicht im globalen Namenraum liegt, muß beim Aufruf durch eine explizite Qualifizierung mit *AClass::* der Namenraum angegeben werden. Im Fall der Ableitung einer Klasse von *AClass* würde die Funktion vererbt.

Die *friend*-Funktion hat den gleichen Zugriff auf Klassenkomponenten von *AClass* wie die statische Komponentenfunktion. Da sie aber in einem anderen Namenraum liegt als die beiden anderen Zugriffsfunktionen, ist sie einerseits von außerhalb der Klasse *AClass* einfacher aufzurufen als die statische Funktion und kollidiert andererseits auch nicht namentlich mit den Komponentenfunktionen. Die *friend*-Funktion ist nicht überladen, sondern liegt schlicht in einem anderen Gültigkeitsbereich. Manche Programmierer ziehen übrigens die Schreibweise *setX(a,val)* der Komponentenschreibweise *a.setX(val)* vor. Ihnen kann durch die Verwendung von *friend*-Funktionen anstelle von Komponentenfunktionen geholfen werden. Da bei dieser Konvention der erste Parameter immer einen Klassentyp der zugeordneten Klasse hat, sind trotz der Lage im globalen Namenraum aufgrund unterschiedlicher Signaturen für solche *friend*-Funktionen keine Namenkonflikte zu befürchten.

Viel friend, viel Ehr

Eine *friend*-Deklaration ist genauso ein Teil der Klassendefinition wie eine Komponente. Allerdings unterliegen die *friend*-Deklarationen nicht dem Zugriffsschutz wie andere Komponenten. Anders als andere Komponenten einer Klassendefinition kann eine *friend*-Deklaration auch in mehreren Klassen vorkommen.

```
class Vector;    // damit Vector bereits als Typ erkannt wird

class Matrix
{
    // ...
    friend Vector operator* (const Matrix&, const Vector&);
};

class Vector
{
    // ...
    friend Vector operator* (const Matrix&, const Vector&);
};
```

Freunde und Prototypen

Eine *friend*-Deklaration kann eine gesonderte Deklaration einer globalen Funktion ersetzen. Allerdings gibt es einige Fälle, in denen es zweckmäßig ist, auf eine gesonderte Deklaration einer Funktion außerhalb der Klassendefinition nicht zu verzichten. Sinnvoll ist das besonders dann, wenn zum Prototyp Festlegungen zu treffen sind, die in einer *friend*-Deklaration selbst nicht zulässig sind, oder die Funktion statische Bindung haben soll. Im folgenden Beispiel werden zwei *friend*-Funktionen deklariert. Die erste kann auch aus C-Programmen heraus aufgerufen werden, erlaubt aber dennoch den Zugriff auf alle Klassenkomponenten. Sie ist damit eine C-verträgliche Alternative zu einer Komponentenfunktion zum Klassenzugriff. Die zweite Funktion ist mit statischer Bindung deklariert und kann daher nur innerhalb dieser Quelldatei verwendet werden. Innerhalb der Klassendefinition hätte *static* eine andere Bedeutung gehabt, und eine *extern*-Spezifikation wäre überhaupt nicht zulässig gewesen.

```
class T;

extern "C" void foo (T*);
static int bar();

class T
{
    friend void foo (T*);
    friend int bar();
    // ...
};
```

Klassenfreundschaften

friend-Funktionen dürfen auch Mitglieder einer anderen Klasse sein. In diesem Fall müssen sie neben Typ- und Signaturangabe mit dem Klassennamen der Herkunftsklasse ausdrücklich qualifiziert werden. Damit der Compiler die Existenz einer als *friend* deklarierten Komponentenfunktion verifizieren kann, muß er zuvor die vollständige Klassendefinition der Komponentenklasse gesehen haben. Alternativ ist es möglich, alle Komponentenfunktionen einer Klasse *A* auf einmal zu Freunden der Klasse *B* zu erklären. In diesem Fall genügt es, wenn Klasse *A* zum Zeitpunkt der *friend*-Deklaration in der Klasse *B* nur deklariert ist. Die Klassendeklaration (nicht Definition!!!) kann sogar innerhalb der *friend*-Deklaration stattfinden, indem der ausführliche Klassenname *class A* oder *struct A* verwendet wird. Kann man mit der relativ groben Granularität einer *friend*-Deklaration für eine ganze Klasse leben, hat das Verfahren den Vorteil, daß es die Abhängigkeiten zwischen Definitionsdateien verschiedener Klassen drastisch vermindert.

Freundschaft gewähren

Wie im wirklichen Leben muß Freundschaft gewährt werden. Keine Funktion oder Klasse kann sich selbst zum Freund einer anderen Klasse erklären und sich so den Zugriff auf deren Komponenten verschaffen. Aus diesem Grund wird Freundschaft auch nicht vererbt, d. h., eine von einem Freund abgeleitete Klasse ist nicht auch Freund der Freundschaft gewährenden Klasse. Andernfalls wäre es jedem Klassenanwender möglich, sich durch die Ableitung einer neuen Klasse Zugriff auf die Innereien dritter Klassen zu verschaffen, die so unvorsichtig waren, irgend einer anderen Klasse oder Komponentenfunktion Freundschaft zu gewähren.

Zusammenfassung

C++ unterscheidet öffentliche, private und geschützte Teile einer Klassendefinition, um Datenabstraktion und das Verbergen von Implementationsdetails zu unterstützen. Der Zugriffsschutzmechanismus ist dabei so konzipiert, daß er die Integrität der Schnittstellen gegen versehentliche Verletzung sicherstellt, nicht aber gegen bewußten Betrug schützt.

Der Zugriffsschutz wird über die in die Klassendeklaration eingestreuten Schlüsselwörter *private*, *public* und *protected* gesteuert. Öffentlich (*public*) vereinbarte Schnittstellenelemente stellen die Benutzerschnittstelle einer Klasse dar, privat (*private*) vereinbarte Namen gehören zu den verborgenen Implementationsdetails. Geschützte (*protected*) Komponenten sind dagegen auf einer mittleren Schutzebene angesiedelt – sie sind (ohne Tricks) nicht allgemein zugänglich, können aber von abgeleiteten Klassen verwendet werden. Geschützte Komponenten, besonders Datenkomponenten, können allerdings nicht wirklich als verborgene Implementationsdetails aufgefaßt werden und sollten daher möglichst wenig verwendet werden.

Der Zugriffsschutz von C++ ist eine Zugriffskontrolle, keine Sichtbarkeitskontrolle. Geschützte Namen sind weiterhin sichtbar und können andere Namen verdecken.

Die Zugriffskontrolle ist dem Wesen nach statisch, d. h., sie richtet sich bei virtuellen Funktionen und polymorphen Objekten nach dem statischen Kontext zur Übersetzungszeit, d. h. dem Typ des Basisklassenzeigers.

Nicht nur Komponenten unterliegen den Schutzmechanismen, auch Vererbung erfolgt immer mit einer der drei Schutzstufen, die so die Zugänglichkeit von Komponenten der Basisklasse in und außerhalb der neuen Klasse einschränken können. Der Normalfall ist die öffentliche Vererbung, die immer explizit mit dem Schlüsselwort *public* angegeben werden muß und keine Einschränkung der Komponentenzugänglichkeit bewirkt. Bei privater Vererbung werden alle zuvor nicht privaten Komponenten der Basisklasse zu privaten Komponenten der abgeleiteten Klasse. Bei öffentlicher wie auch bei privater Vererbung kann die Schutzstufe von Komponenten der direkten Basisklasse(n) nachträglich durch Zugriffsdeklarationen beeinflußt werden.

Globalen Funktionen, Komponentenfunktionen anderer Klassen und ganzen Klassen kann eine Klasse durch eine *friend*-Deklaration gleichberechtigten Zugriff auch auf geschützte und private Komponenten einräumen. Freundschaft muß von einer Klasse ausdrücklich gewährt werden und kann nicht auf andere Weise übertragen oder vererbt werden. Dadurch wird die Konsistenz des Zugriffsschutzes gewährleistet.

3.6 Spezialisten – Klassen mit Operator-Funktionen

Ein Großteil der Leistungsfähigkeit des Klassen- und Typkonzepts von C++ beruht darauf, daß sich geeignet definierte Klassen in jeder Beziehung wie eingebaute Typen verhalten. Objekte können initialisiert, einander zugewiesen, verglichen, multipliziert oder addiert werden, kurz: jeder Operation unterzogen werden, die im Kontext sinnvoll ist.

Ermöglicht wird dieses Verhalten zum einen durch eine Reihe von Komponentenfunktionen, die die Art und Weise beeinflussen, in der der Compiler Objekte behandelt. So können diese Spezialisten die Semantik einer Klasse selbst dann bestimmen, wenn sie nicht explizit aufgerufen werden. Zum anderen gibt es in der Form weiterer Komponenten- und *friend*-Funktionen die Möglichkeit, selbst Operatoren zu definieren (oder genauer gesagt, den vordefinierten Operatoren im Zusammenhang mit neuen Klassen neue Fähigkeiten zu geben).

Anwenderdefinierte Operatoren

Eine der wichtigsten Zielsetzungen von C++ besteht darin, daß anwenderdefinierte Typen (sprich Klassen) sich in allen Belangen wie die eingebauten Typen der Sprache verhalten. Dazu gehört, daß Berechnungen auf natürliche Weise durch Ausdrücke, bestehend aus Variablen und Operatoren, ausgedrückt werden können. Da eine Programmiersprache jedoch kaum in der Lage sein kann, für beliebige benutzerdefinierte Typen sinnvolle Operatoren zur Verfügung zu stellen, erlaubt C++ dem Anwender, solche neuen Operatoren passend zu definieren.

Der Schlüssel zu dieser Fähigkeit von C++ ist die bereits erörterte Möglichkeit, Funktionsbezeichner zu überladen. Bei mehreren in Frage kommenden Funktionen gleichen Namens wird die Funktion aufgerufen, deren Parameter unter Berücksichtigung der Typkonversionsregeln am besten zu den Typen der tatsächlichen Argumente passen. Operatoren sind schlicht Funktionen mit speziellen Namen. Durch den Überlademechanismus ist es möglich, für Typen, für die Operatoren von der Sprache nicht zur Verfügung gestellt werden, eigene überladene Versionen der Operator-Funktionen zu definieren. Da es aber nicht möglich sein darf, existierende Operatoren wie z. B. die ganzzahlige Addition mit einer neuen Semantik zu belegen, ist die Möglichkeit, Operator-Funktionen zu definieren, auf solche Operator-Funktionen eingeschränkt, die entweder Komponentenfunktionen einer Klasse sind oder mindestens einen Parameter mit Klassentyp haben.

Anders als die Sprachen Algol 68 und Ada erlaubt es C++ nicht, beliebige neue Operatorsymbole zu definieren oder die Bindungshierarchie der Operatoren zu ändern. Das hätte die Sprache und den Parser von C++ wesentlich komplizierter gemacht, ohne einen wesentlichen Nutzeffekt zu bringen. Benutzerdefinierte Operatoren in C++ sind eigentlich nur dazu gedacht, die vorhandene Funktionalität eingebauter Typen auf Klassentypen auszudehnen; zu diesem Zweck sind die vorhandenen Sprachmittel hervorragend geeignet. Ein binärer Multiplikations-Operator * bindet also auch für benutzerdefinierte Typen immer stärker als ein benutzerdefinierter binärer Additions-Operator +.

Überladene Operatoren als Erweiterung vorhandener Operatoren für neue Klassentypen sollten immer den Erwartungen des Anwenders einer Klasse entsprechen, d. h., ein Vergleichs-Operator sollte vergleichen, ein Additions-Operator sollte eine Art von Addition durchführen und ein Zuweisungs-Operator sollte zuweisen. Besonders die kombinierten Zuweisungs-Operatoren, die gleichzeitig eine Berechnung und eine Zuweisung ausführen, sollten mit den entsprechenden Einzel-Operatoren konsistent sein. Hat man beispielsweise eine Zuweisung = und eine Addition + definiert, sollte auch ein passender +=-Operator zu Verfügung gestellt werden. Der Compiler ist weder dazu in der Lage, kombinierte Operatoren automatisch zur Verfügung zu stellen, noch kann er Inkonsistenzen in der Funktionalität der Operatoren entdecken, da sich diese auf der semantischen Ebene bewegen, der Compiler aber nur für die syntaktische Ebene eine Programms zuständig ist.

Gegen das Überladen von Operatoren ist oft das Argument ins Feld geführt worden, daβ man damit praktisch unwartbare Programme schreiben kann, indem man selbstdefinierten Operatoren eine willkürliche und daher unintuitive Semantik unterlegt. Hier gilt aber wie bei allen Spracheigenschaften, daβ jedes Sprachmittel mit genug bösem Willen auch miβbraucht werden kann. Gerade benutzerdefinierte Operatoren erlauben es, komplexe Ausdrücke mit Objekten in einer natürlichen und damit leicht verständlichen Form schreiben.

Ein abschreckendes Beispiel in diesem Zusammenhang sollten übrigens die Operatoren >> und << sein. Als Bitschiebe-Operatoren erwartet man in Verbindung mit Klassenobjekten eine verwandte Semantik, also eine Art Multiplikations- oder Bitmusterschiebeaktion. Tatsächlich werden jedoch in der C++-Standard-E/A-Bibliothek die Operatoren als Ein- und Ausgabe-Operatoren überladen.

Einzige Rechtfertigung ist, daβ diese Festlegung zu einem sehr frühen Zeitpunkt der Entwicklung von C++ getroffen wurde und damit heute praktisch ein Teil der Sprache ist, damit also für den Programmierer kein überraschendes Verhalten darstellt. Die Verwendung von << und >> für Ein- und Ausgabe-Operatoren ist einfach, elegant und nach kurzer Gewöhnung auch intuitiv und hat sich daher durchgesetzt. Zur Regel sollte man sich solche Zweckentfremdung von Operatoren aber nicht machen.

Halten Sie sich an Standards!

- **Eiserne Regel: Verwenden Sie überladene Operatoren NIE entgegen den Erwartungen der Programmierer! Insbesondere Äquivalenzen müssen sich erwartungsgemäß verhalten, z. B. *a += b* wie *a = a + b* oder *a+= 1* wie *++a* oder *a < b* wie *!(a >=b)*.**

Überladbare Operatoren

Fast alle Operatoren in C++ können überladen werden. Der Name der Operator-Funktion hat die Form

```
operator ⊕
```

wobei das Symbol ⊕ für eines der folgenden Operator-Token steht:

```
+    -    *    /    %
^    &    |    ~    !
=    <    >    +=   -=
*=   /=   %=   ^=   &=
|=   <<   >>   <<=  >>=
==   !=   <=   >=   &&
||   ++   --   ->*  ->
[]   ()   new  delete
```

Binäre (d. h. zweistellige) Operatoren können nur wieder als zweistellige Operatoren überladen werden und unäre (einstellige) Operatoren nur als einstellige. Die folgenden Operatoren kommen an unterschiedlichen Stellen der Operatorhierarchie sowohl als unäre als auch als binäre Operatoren vor.

Hier können beide Varianten überladen werden:

```
+    -    *    &
```

Die folgenden Operatoren können dagegen nicht überladen werden:

```
.    .*    ::    ?:    sizeof
```

Im Fall von ., .*, *::* und *sizeof* haben die Operatoren bereits eine Bedeutung für Klassenobjekte, und das Überladen von Operatoren soll ja eingebaute Funktionen nicht verändern, sondern nur ergänzen. Im Fall des ternären *?*-Operators erschien die Möglichkeit des Überladens einfach den Aufwand nicht wert.

Binäre Operatoren

Die Operanden eines Operators werden der Operator-Funktion als Argumente übergeben. Mit welchen Formalparametern eine solche Operator-Funktion im Einzelfall definiert wird, hängt dabei sowohl von der Art der Operator-Funktion als auch vom beabsichtigten Verhalten des Operators und von anderen Überlegungen ab.

Ein binärer Operator kann entweder als (nichtstatische) Komponentenfunktion mit einem Parameter oder als *friend*-Funktion oder sogar als normale Funktion mit zwei Parametern definiert werden. Die Eindeutigkeit des Operators ist in diesem Fall durch seine einzigartige Signatur gewährleistet. Definiert man einen binären Operator als Funktion oder *friend*-Funktion, besitzt die Operator-Funktion zwei Formalparameter. Bei Aufruf der Operator-Funktion werden diese beiden Parameter symmetrisch behandelt. So können für beide Operatoren bei Bedarf Typumwandlungen durchgeführt werden, wenn die Typen der Operanden nicht genau passen und der Compiler eine geeignete (benutzerdefinierte) Typumwandlung ermitteln kann.

Alle denkbaren Varianten, binäre Operatoren zu definieren, findet man in der String-Klasse der MFC. Die Vergleichs-Operatoren für Zeichenketten beispielsweise sind als gewöhnliche Funktionen implementiert. Da sie nur syntaktischen Zucker für eine von *CString* zur Verfügung gestellte öffentliche Komponentenfunktion *CString::Compare()* darstellen, sind sie als globale Funktionen mit gewöhnlichen Prototypen (und einer Implementation als Inline-Funktionen) realisiert:

```
class CString
{
    // ...
};

// Deklarationen außerhalb der Klasse:

BOOL operator<(const CString& s1, const CString& s2);
BOOL operator<(const CString& s1, LPCTSTR s2);
BOOL operator<(LPCTSTR s1, const CString& s2);
```

Andere Operatoren, die Zugriff auf die privaten Teile von *CString* benötigen, sind als *friend*-Funktionen implementiert. Auch diese Funktionen sind im Prinzip global, nur müssen sie in der Klassendefinition als Freunde deklariert sein. Eine zusätzliche Deklaration der globalen Funktion durch einen regulären Prototyp außerhalb der Klassendefinition kann dann in den allermeisten Fällen entfallen:

```
class CString
{
// ...
    friend CString operator+ (const CString& string1,
                              const CString& string2);
};
```

Vorausgesetzt, es steht eine Umwandlung von herkömmlichen C-Zeichenketten in Objekte der Klasse *CString* zur Verfügung, kann dieser neue Additions-Operator mit verschiedenen Kombinationen von Operandentypen fertigwerden (tatsächlich stehen aus Effizienzgründen für die String-Klasse der MFC geeignete Additions-Operatoren für alle denkbaren Kombinationen von Parametertypen zur Verfügung, auf diese Weise können unnötige Typumwandlungen vermieden werden):

```
CString s1;                      // Leerer String, Standard-Konstruktor
CString s3("Hobbes");            // Konstruktion von einem C-String-Literal

s1 = operator+ ("Calvin & ", s3);  // als Funktion geschrieben
s1 = "Calvin & " + s3;             // als Operator geschrieben

s1 = s1 + s3;                      // andere Typkombinationen
s1 = s1 + "Hobbes";
```

Operatorkomponenten

Die Additionsoperation hätte auch als echte Komponentenfunktion der *CString*-Klasse implementiert werden können. In diesem Fall wäre eine *friend*-Deklaration natürlich überflüssig, da Komponentenfunktionen immer vollen Zugriff auf die Klassendetails haben.

```
class CString
{
// ...
    CString operator+ (const CString& string2) const;
};
```

In diesem Fall ist der erste Operand das Objekt, für welches die Komponentenfunktion aufgerufen wird. Man kann in diesem Fall eine Addition in der herkömmlichen Weise oder unter Verwendung der Operator-Funktion schreiben:

```
s3 = s1 + "Hobbes";                // Operatorschreibweise
s3 = s1.operator+("Hobbes");       // Funktionale Schreibweise
```

Es ist offensichtlich, daß die Symmetrie der beiden Operanden hier verloren geht; nur der zweite Operand bleibt ein normales Funktionsargument und kann bei Bedarf Typumwandlungen unterzogen werden. Der erste Operand jedoch ist jetzt das Objekt, für das die Komponentenfunktion „Addiere den zweiten Operanden zu diesem String-Objekt" aufgerufen wird. Typumwandlungen des ersten Objekts sind daher nicht mehr möglich. Mit einem so definierten Additions-Operator sind die beiden Operanden nicht mehr gleichberechtigt, und der Additions-Operator ist nicht mehr kommutativ:

```
s1 = s3 + " & Hobbes";              // Dieser Ausdruck ist legal
s1 = "Calvin & " + s3;              //   ... dieser nicht mehr.
```

Nicht für alle Operatoren ist es jedoch möglich, Komponentenfunktionen zu verwenden. Sobald der erste Operand nicht vom Typ der Klasse ist, kann er nicht mehr als Komponentenfunktion operiert werden. Das ist z. B. regelmäßig bei Ein- und Ausgabefunktionen der Fall:

```
class CString
{
    // ...
    friend CDumpContext& operator<< (CDumpContext& dc,const
                                              CString& string);
    friend CArchive& operator<< (CArchive& ar, const CString& string);
    friend CArchive& operator>> (CArchive& ar, CString& string);
    // ...
};
```

Es ist zulässig, für einen Operator gleichzeitig eine Operator-Funktion als globale Funktion und als Komponentenfunktion zu definieren. Die Operator-Funktionen liegen in unterschiedlichen Gültigkeitsbereichen und haben unterschiedliche Signaturen. Trotzdem ist ein solches Vorgehen (abgesehen vom zweifelhaften praktischen Nutzen) in den meisten Fällen wenig sinnvoll, da die Anwendung des Operators in einem Ausdruck häufig zu Mehrdeutigkeiten führt. Diese können dann nur durch die explizite Schreibweise in Funktionsform wieder aufgehoben werden, wodurch der Vorteil der übersichtlicheren Operatorschreibweise wieder dahin ist. Um die Programme auch in Fällen, in denen keine Mehrdeutigkeiten vorkommen, einfach und nachvollziehbar zu halten, sollte man jedoch keine solchen doppelt definierten Operator-Funktionen verwenden.

Unäre Operatoren

Auch bei den Operatoren mit nur einem Operanden hat man die Wahl zwischen der Implementation als globale (*friend*-)Funktion oder als Komponente. Nehmen wir als Beispiel den Negations-Operator, der „falsch" zurückliefert, wenn das Objekt wahr oder vorhanden ist, und sonst „wahr".

```
class CString
{
    // ...
    friend int operator! (const CString& string); // Variante 1,
                                 // globale (friend)-Funktion
    int operator! () const;      // Variante 2,
                                 // Komponentenfunktion

// ...
};
```

(Diese Funktion gibt es nicht in der Klasse *CString*, sie dient hier nur als Beispiel). Natürlich kann nur eine der beiden Varianten verwendet werden, da andernfalls der

Compiler nicht mehr entscheiden kann, welche Funktion bei einem Aufruf einzusetzen ist. Welche Version man im Endeffekt wählt, hängt von den Anforderungen ab.

Zuweisung

Für die meisten C++-Operatoren ist das Überladen ganz unproblematisch. Einige überladene Operator-Funktionen haben jedoch ganz spezielle Eigenschaften und müssen im einzelnen diskutiert werden. Besonders eigenwillig zeigt sich hier der Zuweisungs-Operator.

Der Zuweisungs-Operator muß immer eine Komponentenfunktion der Klasse sein. Ist er geschützt, ist eine Zuweisung an Objekte der Klasse nicht möglich oder entsprechend dem Schutzattribut zumindestens eingeschränkt. Anders als die übrigen Operator-Funktionen wird der Zuweisungs-Operator nicht vererbt, sondern vom Compiler generiert, falls für eine Klasse ein Zuweisungs-Operator nicht explizit definiert wird. Im Gegensatz zu anderen Operator-Funktionen gibt es für die Zuweisung eine vernünftige Verallgemeinerung, die der Compiler zugrunde legen kann, nämlich die komponentenweise Zuweisung der Komponenten einer Klasse. Bei Komponenten mit einfachen Datentypen oder Klassentypen mit eigener Zuweisung ist dies eine vernünftige Standardannahme, spätestens bei Komponenten wie Zeigern (z. B. C-Zeichenketten) oder verzeigerten Datenstrukturen jedoch sind Probleme vorprogrammiert. In solchen Fällen sollte daher immer ein passender Zuweisungs-Operator für die Klasse definiert werden und die Zuweisung durch einen privaten oder geschützten Zuweisungs-Operator unterbunden werden.

Der vom System automatisch generierte Zuweisungs-Operator für eine Klasse *AClass* hat die Form:

```
AClass& AClass::operator=(const AClass& source)
{
    // Basisklasse und alle Komponenten von AClass kopieren
}
```

Die kombinierten Zuweisungs-Operatoren sind dagegen nicht vordefiniert und sollten bei Bedarf konsistent zu den einfachen Operatoren definiert werden. Praktisch ist es sogar meist sinnvoller, zunächst den kombinierten Zuweisungs-Operator als optimierte Version zu entwerfen und den einfachen Operator davon herzuleiten.

Der Zuweisungs-Operator hat zwei Operanden, den linken Operanden, dem ein neuer Wert zugewiesen wird, und den rechten Operanden, der diesen Wert darstellt. Da der Zuweisungs-Operator immer eine Komponentenfunktion ist, ist der linke Operand das Objekt selbst und der rechte Operand das Funktionsargument der Operator-Funktion. Der Rückgabewert berücksichtigt, daß in C++ der Wert eines Zuweisungsausdrucks immer der zugewiesene Wert ist und für weitere Zuweisungen zur Verfügung steht. Um unnütze Kopierarbeit zu vermeiden, werden standardmäßig eine konstante Referenz als Parameter und eine Referenz auf das Ergebnis als Rückgabewert verwendet. Da der Rückgabewert einer überladenen Funktion für den Überlademechanismus nicht von Belang ist, könnte jedoch auch ein anderer Rückgabetyp wie z. B. *void* verwendet werden. In diesem Fall verliert man allerdings die Möglichkeit, eine Zuweisung wie andere Ausdrücke zu behandeln und zu verketten.

Argument- und Rückgabetypen sind beim Zuweisungs-Operator nicht festgelegt, wie es im letzten Absatz erschienen sein mag. Dies waren lediglich die Argumente und Rückgabetypen des ggf. vom System generierten Zuweisungs-Operators, die so festgelegt sind, daß eine maximale Kompatibilität mit der herkömmlichen C-Semantik der Zuweisung bei gleichzeitig effizienter Übergabe von Parametern und Rückgabewerten erreicht wird. Da Funktionen überladen werden können, kann man z. B. auch unterschiedliche Zuweisungs-Operatoren für unterschiedliche rechte Seiten definieren. Auch der Typ des Rückgabewerts ist nicht festgelegt.

Bei nichttrivialen Klassen hat der Zuweisungs-Operator vor allen Dingen zwei Hauptfunktionen (sofern er nicht durch das Schutzattribut „privat" abgeklemmt ist): Er muß die Zuweisung des Objekts an sich selbst verhindern (was bei komplexen Objekten verheerende Folgen haben kann), und er garantiert bei komplexen Objekten die logische Konsistenz des kopierten Objekts. So könnten beispielsweise für Komponenten, die auf C-Zeichenketten zeigen, neue Kopien dieser Zeichenketten angelegt werden oder Komponenten, die eine verkettete Liste implementieren, vor Veränderungen geschützt werden, so daß nur der Wert, nicht aber die Verkettung eines Objekts sich ändert. Eine Klasse, für die sich eine Selbstzuweisung verhängnisvoll auswirken würde (und bei der auch die komponentenweise Zuweisung nicht sinnvoll ist) zeigt das Beispiel:

Beispiel:

```
class Blob
{
    BYTE * data;
    int size;
public:
    // ...
    Blob& operator=(const Blob& from);
};

Blob& Blob::operator=(const Blob& from)
{
    if (&from != this)              // Schutz vor Selbstzuweisung !
    {
        delete[] data;
        data = new BYTE[from.size];
        memcpy (data, from.data, size);
    }
}
```

Funktionsaufruf

Der Funktionsaufruf

```
expression ( expression-list )
```

wird von C++ als binärer Ausdruck mit dem ersten Operanden *expression* und einem (möglicherweise leeren) zweiten Operanden *expression-list* aufgefaßt.

Die Operator-Funktion ist eine Komponentenfunktion mit Namen *operator()* (also als Funktion geschrieben *operator()()*). Angenommen, wir haben eine Klasse *AClass*, die den Funktionsaufrufs-Operator überlädt:

```
class AClass
{
// ...
public:
    int  operator() (int i);
    void operator() (int i, int k);
};
```

In der Klassendefinition werden also zwei überladene Versionen des Funktionsaufrufs-Operators definiert, die anhand unterschiedlicher Signaturen unterschieden werden können - der eine nimmt einen, der andere zwei Parameter. Die unterschiedlichen Rückgabewerte spielen für den Überlademechanismus dagegen auch hier keine Rolle. Die Definition der Operator-Funktionen in einer Quelldatei sieht wie folgt aus:

```
int AClass::operator() (int i)
{
    // Funktionsrumpf
    return result;
}

void AClass::operator() (int i, int k);
{
    // Funktionsrumpf
}
```

Die Anwendung des Funktionsaufrufs-Operators sieht wie ein Funktionsaufruf aus:

```
AClass functor;         // Vereinbarung eines Objekts vom Typ AClass
int i = functor(3);     // Aufruf der einen ()-Operator-Funktion
functor(47,11);         // Aufruf der zweiten ()-Operator-Funktion
```

Zunächst scheinen die überladenen Funktionsaufrufs-Operatoren ein etwas obskures Feature zu sein. Dennoch gibt es eine ganze Reihe vernünftiger Anwendungen dafür:

- **Zugriff auf multidimensionale Felder:** Zwar läßt sich auch der Index-Operator *[]* in C++ überladen, doch ist dieser nur für eindimensionale Felder geeignet. Will man mehrdimensionale Felder mit dem Index-Operator realisieren, muß ein erheblicher Aufwand in Form mehrerer aufeinander abgestimmter Klassen getrieben werden. Da ist es oft einfacher, den *()*-Operator anstelle des *[]*-Operators zum Zugriff auf echte mehrdimensionale Felder zu verwenden.
- **Reinitialisierungen:** Ein Konstruktor-Aufruf wird durch die Definition eines Objekts mit einer kommaseparierten Liste von Ausdrücken in runden Klammern angestoßen. Mit dem *()*-Operator lassen sich für die Reinitialisierung eines Objekts

Komponentenfunktionen zur Verfügung stellen, deren Anwendung im Code (bis auf die Typangabe) genauso aussieht wie ein Konstruktor-Aufruf.

- **Funktoren:** Auch Funktionen verkapseln Implementationsdetails, doch anders als bei richtigen Objekten ist es nicht möglich, mehrere Instanzen einer Funktion mit unterschiedlichen permanenten inneren Zuständen zu haben. Funktoren - also Objekte, die sich teilweise wie Funktionen verhalten - kombinieren die Eigenschaften von Funktionen und Objekten. Sie lassen sich wie Funktionen aufrufen (mit einem geringfügig größeren Aufwand) und besitzen einen permanenten inneren Zustand, der z. B. mit dem Objekt gespeichert werden kann. Funktoren könne polymorphe Funktionen implementieren, indem sie intern einen Zeiger auf eine normale Funktion oder Komponentenfunktion enthalten oder indem sie mit virtuellen *()*-Operatoren arbeiten.

Index-Operator

Auch der Index-Operator

```
expression1 [ expression2 ]
```

wird in C++ als binärer Operator aufgefaßt. Für ein Klassenobjekt *x* wird der Indexausdruck *x[y]* interpretiert als Aufruf einer Komponentenfunktion *x.operator[](y)*. Die Funktion *operator[]* muß eine nichtstatische Komponentenfunktion sein.

Die Verwendung des Index-Operators ist eine intuitive Methode, um auf Klassen zuzugreifen, die eine Vielzahl gleicher Elemente enthalten und auf die über einen Index von einem beliebigen Typ zugegriffen werden kann. Ein solcher Index kann von jedem Typ sein, also auch z. B. ein Schlüsselwort für den Zugriff auf eine assoziative Behälterklasse sein. In der *CString*-Klasse der MFC wird der Index-Operator benutzt, um auf einzelne Zeichen einer Zeichenkette wie auf die Elemente eines Zeichenvektors zugreifen zu können.

```
class CString
{
public:
    // ...
    char GetAt(int nIndex) const;         // 0 based
    char operator[](int nIndex) const;    // same as GetAt
```

Bei genauem Hinsehen fällt auf, daß der Index-Operator in diesem Fall nicht die Referenz auf ein Zeichen, sondern nur den Wert des Zeichens als Ergebnis zurückliefert. Daher kann ein Indexausdruck mit einer MFC-Zeichenkettenvariable nur als R-Wert auf der rechten Seite einer Zuweisung, nicht aber als L-Wert auf der linken Seite einer Zuweisung auftreten.

Etwas anders ist die Sachlage bei den Behälterklassen der MFC. Klassen vom Typ *C...Array*, hier am Beispiel der Klassen *CByteArray* und *CStringArray*, besitzen zwei Varianten des Index-Operators:

```
class CByteArray : public CObject
{
    // ...
public:
    BYTE  operator[](int nIndex) const;
    BYTE& operator[](int nIndex);
    // ...
};

class CStringArray : public CObject
{
    // ...
public:
    CString  operator[](int nIndex) const;
    CString& operator[](int nIndex);
    // ...
};
```

Abhängig davon, ob der Index-Operator von einem konstanten oder einem nicht konstanten Objekt aufgerufen wird, kommt die erste oder die zweite Variante des Index-Operators zum Einsatz. Die Variante für konstante Objekte liefert nur einen Wert, d. h. eine Kopie des Bytes oder des Strings, der beim Index *nIndex* im Array-Objekt abgelegt ist. (MFC-Strings lassen sich sehr effizient kopieren, da sich Original und Kopie den gleichen Datenpuffer teilen, bis einer von beiden geändert wird.) Falls das Array-Objekt dagegen nicht konstant ist, wird die zweite Variante verwendet, die eine Referenz auf das an dieser Stelle gespeicherte Byte oder *CString*-Objekt zurückliefert. Damit kann in diesem Fall das Original des Bytes oder des Strings direkt manipuliert werden und der Indexausdruck als L-Wert auch auf der linken Seite einer Zuweisung stehen.

```
CByteArray bytes;            // Normales Objekt
const CByteArray cbytes;     // Konstantes Objekt

bytes[0] = 0;  // operator[] liefert L-Wert
cbytes[0] = 0; // error C2106: '=' : left operand must be l-value
               // da operator[](int) const nur einen R-Wert liefert

CStringArray keywords;       // Normales Objekt
const CStringArray cwords;   // Konstantes Objekt

keywords[0] = "if";
keywords[1] = "else";
cwords[0] = "error";        // dies scheint nur zu funktionieren[46]!
```

Zugriffsschlüssel als Indizes verwenden dagegen die Map Klassen der MFC, hier am Beispiel der Klasse *CMapStringToOb*:

46 Ein schönes Beispiel für die subtileren Fehlermöglichkeiten in C++. cwords[0] liefert keinen L-Wert, sondern nur eine Kopie des Strings auf Position 0. Durch die Zuweisung wird lediglich diesem kurzlebigen String ein neuer Wert zugewiesen, bevor er unbemerkt wieder im Datennirwana verschwindet.

```
class CMapStringToOb : public CObject
{
    // ...
public:
    // Lookup and add if not there
    CObject*& operator[](LPCTSTR key);
    // ...
};
```

Der *[]*-Operator kann hier mit einer herkömmlichen C-Zeichenkette als Index verwendet werden. Falls für diesen Schlüsselbegriff noch kein Eintrag vorhanden war, wird einer angelegt, da der Operator hier auch auf der linken Seite einer Zuweisung auftreten kann – er liefert eine Referenz auf einen Zeiger auf ein MFC-CObject zurück.

Komponentenzugriff

Der Komponentenzugriffs-Operator . ist für jedes Objekt definiert und kann daher nicht redefiniert werden, ohne vorhandene Bedeutungen zu ändern (was in C++ prinzipiell verboten ist). Der Komponentenzugriffs-Operator -> dagegen ist nicht für Objekte, sondern nur für Zeiger auf Objekte definiert. Es spricht daher prinzipiell nichts dagegen, auch für Objekte den ->-Operator mit einer dem echten Pfeil-Operator ähnlichen Bedeutung zu überladen. Insbesondere bietet sich die Definition sogenannter Smart-Pointer, also intelligenter Zeiger, an. Funktion eines solchen Zeigers kann z. B. die automatische Allozierung und Deallozierung des zugehörigen Objekts oder ein eingebauter Referenzzähler sein.

Falls *x* ein Klassenobjekt ist, wird der Ausdruck *x->m* interpretiert als *(x.operator->())->m*. Damit das funktionieren kann, muß die Operator-Funktion *operator->()* entweder als Ergebnis einen Zeiger auf einen Typ zurückliefern, der auch tatsächlich eine Komponente *m* besitzt, oder einen Klassentyp als Rückgabetyp haben, der seinerseits den Pfeil-Operator überlädt. Der Pfeil-Operator ist ein unärer Operator, der nur als nichtstatische Komponentenfunktion vereinbart werden kann, beispielsweise als:

```
class AClass
{
public:
    int aMember;
};

class BClass
{
public:
    AClass* operator->();
};

class CClass
{
public:
    BClass operator->();
};

{   // Anwendung des Pfeiloperators
```

```
    BClass bb;
    CClass cc;
    bb->aMember;
    cc->aMember;
    BClass()->aMember;
}
```

In den MFC wird ein überladener Pfeil-Operator gegenwärtig nur in der parametrisierten *CThreadLocal*-Klasse eingesetzt, die es erlaubt, durch das Einwickeln beliebiger Klassen in dieser Klasse Ausführungsfaden lokale Daten zu erzeugen.

Inkrement und Dekrement

Inkrement- und Dekrement-Operatoren nehmen insofern eine Sonderstellung ein, als daβ sie mit gleicher Operandenzahl und gleichem Operatorensymbol sowohl als Präfix- als auch als Postfix-Operatoren vorkommen. Wie soll der Compiler also unterscheiden, welche Version des Operators durch eine Komponentenfunktion oder *friend*-Funktion *operator++()* oder *operator–()* überladen werden soll? In älteren Versionen von C++ wird für anwenderdefinierte Typen tatsächlich kein Unterschied zwischen den Prä- und den Postfixversionen der Operatoren gemacht. Dies war jedoch inakzeptabel für Implementatoren von intelligenten Zeigertypen und ähnlichen Konzepten. Die Lösung, die schlieβlich gewählt wurde, unterscheidet die beiden Möglichkeiten an der Parameterzahl der Operator-Funktionsvereinbarung, auch wenn ein Operand im Normalfall des Aufrufs überhaupt nicht übergeben werden kann.

Die Präfixversionen, die zunächst was auch immer hoch- oder herunterzählen und dann das resultierende Objekt (oder eine Referenz davon) zurückliefern, werden im Fall einer *friend*-Funktion mit einem Parameter oder bei einer Komponentenfunktion ganz ohne Parameter vereinbart. Die Postfixversion (die den Wert des Objekts vor dem Hoch- oder Herunterzählen zurückliefern sollte) hat dagegen einen zusätzlichen Parameter vom Typ *int*. Allerdings kann mit der normalen Aufrufssyntax dieser Parameter nicht übergeben werden und ist daher immer Null[47].

Als Komponentenfunktionen bzw. *friend*-Funktionen definiert sehen die Vereinbarungen von Inkrement und Dekrement wie folgt aus:

```
class AClass
{
public:
    AClass& operator++();             // Präfix-Operatoren
    AClass& operator--();

    AClass operator++(int);           // Postfix-Operatoren
    AClass operator--(int);
```

47 Mit der unnormalen Aufrufssyntax *a.operator++(4711)* kann man den Wert des zusätzlichen Operanden tatsächlich übergeben, doch scheint mir der praktische Nutzen davon eher fraglich.

```
};

class BClass
{
    friend BClass& operator++(BClass&);       // Präfix-Operatoren
    friend BClass& operator--(BClass&);

    friend BClass operator++(BClass&,int);   // Postfix-Operatoren
    friend BClass operator--(BClass&,int);
};
```

Hat man übrigens die Wahl zwischen den Präfix- und den Postfixversionen der Operatoren, sind die Präfixversionen im allgemeinen die effizienteren, da sie zunächst die Position weiterzählen und dann das Ergebnis dieser Operation (oder eine Referenz auf das Objekt) zurückliefern können. Die Postfix-Operatoren dagegen müssen vor dem Weiterzählen zunächst den alten Zustand des Objekts zwischenspeichern, da sie ihn als Rückgabewert benötigen.

Die Operatoren new und delete

Werden mit Hilfe des *new*-Operators neue Objekte im Freispeicher angelegt oder mit dem *delete*-Operator an den Freispeicher zurückgegeben, werden normalerweise die globalen Operator-Funktionen *operator new()* bzw. *operator delete()* aufgerufen. Für jede Klasse können diese beiden Operator-Funktionen jedoch als statische Komponentenfunktionen redefiniert werden. Sie sind statisch selbst dann, wenn sie nicht ausdrücklich mit dem Schlüsselwort *static* vereinbart worden sind. Wie andere statische Komponentenfunktionen werden sie an abgeleitete Klassen vererbt und können dort bei Bedarf wiederum redefiniert werden.

Die Operator-Funktionen *new* und *delete* sind nur für die Bereitstellung und Rückgabe des benötigten Speichers zuständig und haben nur bei Objekten Auswirkungen, die explizit unter Verwendung des *new*-Operators angelegt bzw. mit dem *delete*-Operator gelöscht wurden. Die Vereinbarung der Komponentenfunktionen hat die Form (optionale Parameter in eckigen Klammern):

```
class XYZ
{
    // ...
    void* operator new(size_t size [, bel. weitere Parameter]);
    void  operator delete(void* pt [,size_t size]);
};
```

Der erste Parameter des *new*-Operators muß vom Typ *size_t* sein (einem implementationsabhängig definierten ganzzahligen Typ; im Fall von Visual C++ 5.0 ist das der Typ *unsigned int*) und einen Zeiger vom Typ *void** zurückliefern. Im ersten Parameter übergibt das System dem *new*-Operator verdeckt die Größe des benötigten Speicherblocks, weitere Parameter können angegeben und müssen beim Aufruf von *new* explizit als Argumente in runden Klammern übergeben werden. Typischerweise dienen sie dazu, die Adresse vorzugeben, an der das neue Objekt angelegt werden soll, oder wie im Fall der MFC zur Übermittlung zusätzlicher Informationen zur Fehlersuche. Da der neu definierte *new*-Operator die globale Version von *new* oder die Versionen in Basisklassen überdeckt, kann es sein, daß eine Verwendung der einfachen Version von *new* im Kontext dieser Klasse nicht mehr möglich ist, wenn die Komponentenfunktion mit mehr als einem Parameter vereinbart wurde. Abhilfe kann man hier durch die Verwendung von Standardargumenten oder mehreren überladenen Versionen des *new*-Operators schaffen.

Der *delete*-Operator dagegen darf für jede Klasse höchstens einmal definiert werden, kann also nicht überladen werden. Er hat den Rückgabetyp *void* und erhält ein Argument vom Typ *void** mit der Adresse des zurückzugebenden Speicherblocks. Ein zweites Argument vom Typ *size_t* ist optional und enthält ggf. die Größe des freigegebenen Blocks zur Auswertung durch die Operator-Funktion.

Die MFC definieren sowohl global als auch für die Klasse *CObject* - und damit auch für alle von ihr abgeleiteten Klassen - eigene Versionen des *new*- und *delete*-Operators:

```
class CObject        // vereinfacht!
{
public:
    // ...
    void* operator new(size_t nSize);
    void* operator new(size_t, void* p);
    void  operator delete(void* p);

#if defined(_DEBUG)
    void* operator new(size_t nSize, LPCSTR lpszFileName, int nLine);
#endif
    // ...
};
```

Bei der Vereinbarung neuer Varianten des *new*- wie *delete*-Operators für eigene Klassen in MFC-Anwendungen sollte man übrigens berücksichtigen, daß der Anwendungs-Assistent am Anfang von Quelldateien die Präprozessordirektive

```
#define new DEBUG_NEW
```

einfügt, wobei das Makro *DEBUG_NEW* in der Entwicklungsversion eines Projekts selbst definiert ist mit:

```
#define DEBUG_NEW new(THIS_FILE, __LINE__)
```

Dadurch wird jeder Aufruf des *new*-Operators

```
p = new T ...
```

vom Programmierer unbemerkt durch den Präprozessor umgewandelt in einen Aufruf der Form

```
p = new (THIS_FILE, __LINE__) T ...
```

was abgesehen vom Konstruktor-Aufruf dem direkten Aufruf der Operator-Funktion mit den folgenden Argumenten entspräche:

```
p = new (sizeof(T..), THIS_FILE, __LINE__) T ...
```

In der Definition oder Deklaration neuer *new*-Operatoren für abgeleitete Klassen kann man solche Ersetzungen natürlich nicht brauchen (sie führen zu ziemlich absonderlichen Fehlermeldungen, wenn man nicht weiß, was hier vor sich geht), so daß man darauf achten sollte, solche Vereinbarungen vor der obigen Präprozessordirektive in der Quelldatei anzuordnen.

Konstruktoren und Destruktoren

Vielleicht die wichtigste Art spezieller Komponentenfunktionen sind die Konstruktoren. In herkömmlichen Bibliotheken ist der Anwender selbst dafür verantwortlich, geeignete Initialisierungsroutinen aufzurufen oder gar Datenstrukturen per Hand auszufüllen. Daß dies sehr fehlerträchtig ist, liegt auf der Hand. Konstruktoren in C++ werden dagegen automatisch jedesmal dann aufgerufen, wenn ein Objekt auf irgendeine Weise erzeugt wird. Dadurch ist immer eine korrekte Initialisierung der Objekte sichergestellt (sofern der Klassen- oder Bibliotheksentwickler seine Arbeit ordentlich gemacht hat). Nachdem der Compiler oder eine explizite Speicheranforderung den für ein Objekt benötigten Speicher bereitgestellt hat, verwandelt ein Aufruf des Konstruktors den rohen, uninitialisierten Speicher in ein gültiges Objekt. Anders als andere Funktionen wird der Konstruktor jedoch normalerweise nicht vom Anwender selbst aufgerufen, sondern vom System.

Die Umkehrung des Konstruktors ist der Destruktor. Auch dieser wird normalerweise ohne expliziten Eingriff des Programmierers automatisch vom System aufgerufen. Macht der Konstruktor aus einem Stück rohen Speicherplatzes erst ein Objekt, auf das die Regeln des Typensystems angewendet werden können, reduziert der Destruktor ein solchen Objekt wieder zu rohen Bits und Bytes.

Benennung von Konstruktoren & Destruktoren

Konstruktoren und Destruktoren haben denselben Namen wie die Klasse selbst und im Fall des Konstruktors ggf. auch eine nicht leere Parameterliste. Der Destruktor unterscheidet sich vom Konstruktor durch ein vorangestelltes Komplementzeichen ~ (da der Destruktor das Komplement zum Konstruktor ist) und hat immer eine leere Parameterliste. Benötigt ein Klassenobjekt einen Konstruktor oder Destruktor, etwa weil es Komponenten- oder Basisobjekte mit Konstruktor oder Destruktor besitzt, und werden solche von der Klasse nicht explizit vereinbart, generiert das System automatisch entsprechende Standard- und Kopierkonstruktoren sowie einen Destruktor, welche die korrekte komponentenweise Initialisierung und Deinitialisierung der Objekte und aller ihrer Komponenten sicherstellen.

Eine Klasse kann maximal einen Destruktor, aber mehrere verschiedene Konstruktoren haben, solange diese anhand unterschiedlicher Signaturen (sprich Parameterlisten) auseinandergehalten werden können. Konstruktoren und Destruktoren haben keinen Rückgabewert, auch nicht vom Typ *void*. Konstruktoren und Destruktoren können auch keines der Attribute *const*, *volatile*, *virtual* oder *static* haben, da ein Objekt erst nach der abgeschlossenen Konstruktion und nur bis unmittelbar vor dem Aufruf des Konstruktors die Eigenschaften konstant (*const*) oder flüchtig (*volatile*) erhält (ansonsten könnte es ja weder konstruiert noch abgebaut werden).

Daher machen die Zusätze *const* oder *volatile* bei Konstruktoren und Destruktoren keinen Sinn. Virtuelle Konstruktoren machen ebenfalls wenig Sinn, da zum Zeitpunkt des Konstruktor-Aufrufs noch kein initialisiertes Objekt und damit auch keine Tabelle der virtuellen Funktionen existiert. Virtuelle Destruktoren auf der anderen Seite sind ausdrücklich zugelassen und stellen sogar eher den Normalfall dar. Statische Konstruktoren und Destruktoren ergeben dagegen keinen Sinn, da ohne einen *this*-Zeiger kein Objekt gegeben ist, welches ab- oder aufzubauen ist.

Die String-Klasse *CString* der MFC als Beispiel deklariert in der Klassendefinition die folgenden Konstruktoren und Destruktoren:

```
class CString
{
public:
// Konstruktoren
    CString();                            // Standard-Konstruktor
    CString(const CString& stringSrc);    // Kopier-Konstruktor

                                          // String konstruieren aus:
    CString(TCHAR ch, int n = 1);         // n-mal dem Zeichen ch
    CString(LPCSTR lpsz);                 // C-String, Null-Terminiert
    CString(LPCWSTR lpsz);                // UNICODE-String
    CString(LPCTSTR lpch, int nLength);   // Nicht Null-term. String
    CString(const unsigned char* psz);    // C-String, Null-Terminiert

// ...
// Destruktor
public:
    ~CString();
};
```

Ein Konstruktor wird immer aufgerufen, wenn ein Objekt erzeugt wird, der Destruktor dann, wenn das Objekt - aus welchem Grund auch immer - aufhört zu existieren. Die folgenden Möglichkeiten, Objekte anzulegen, gibt es:

- **als globale Variable:** Das Objekt wird im Datensegment erzeugt, vor dem eigentlichen Start des Programms durch den passenden Konstruktor initialisiert und erst nach Beendigung des Programms wieder zerstört.
- **als automatische lokale Variable:** Das Objekt wird jedesmal auf dem Stack angelegt und durch den geeigneten Konstruktor initialisiert, wenn der Kontrollfluß die Definition des Objekts erreicht. Das Objekt wird automatisch jedesmal zerstört, wenn der Gültigkeitsbereich verlassen wird.
- **als statische lokale Variable:** Das Objekt wird im Datensegment angelegt und durch den passenden Konstruktor initialisiert, wenn der Programmfluß das erste

Mal die Definition durchläuft. Das Objekt wird erst abgebaut, wenn das Programm beendet wird. Statische Objekte und Variablen werden genau einmal initialisiert.

- **durch Verwendung des Operators new:** Der globale *new*-Operator oder eine geeignet definierte Komponentenfunktion fordern im Freispeicher einen Speicherblock passender Größe an und rufen anschließend für diesen den Konstruktor auf. Dynamisch im Freispeicher erzeugte Objekte müssen explizit durch *delete* wieder gelöscht werden.
- **als temporäres Objekt:** Temporäre Objekte werden immer erzeugt, wenn Objekte bei einer Parameterübergabe in einen anderen Typ gewandelt werden müssen, oder als Zwischenergebnisse bei der Auswertung komplizierterer Ausdrücke. Die Erzeugung temporärer Objekte erfolgt transparent, kann jedoch durch die Nebeneffekte der zwangsläufig aufgerufenen Konstruktoren (und Destruktoren) nachgewiesen werden. Temporäre Objekte sind immer *const* und können daher an Funktionen nur als Werte oder als *const*-Parameter übergeben werden.
- **als ausdrücklichen Aufruf eines Konstruktors (Typumwandlung):** Das Objekt wird ähnlich einer automatischen Variable angelegt, kann aber nicht durch einen Namen angesprochen werden. Die Lebensdauer eines solchen Objekts ist bei verschiedenen Implementationen des C++-Compilers unterschiedlich. Es „lebt" bis zum nächsten Sequenzpunkt (; , , etc.), höchstens aber bis zum Ende des aktuellen Gültigkeitsbereichs. Durch expliziten Aufruf des Konstruktors erzeugte Objekte sind nicht schreibgeschützt.
- **als Komponente eines anderen Objekts:** Die Komponenten eines Objekts werden initialisiert, bevor der Rumpf des Konstruktors des Objekts aufgerufen wird, und zerstört, nachdem der Destruktor des Objekts ausgeführt wurde. Die Konstruktion erfolgt in der Reihenfolge, in der die Komponentenobjekte in der Kassendefinition aufgeführt sind, die Zerstörung erfolgt in der umgekehrten Reihenfolge.
- **als Basisklassenanteil eines Objekts:** Der Basisklassenanteil verhält sich hinsichtlich Konstruktion und Destruktion ähnlich wie ein Komponentenobjekt. Er wird vor allen Komponentenobjekten konstruiert und erst nach der Zerstörung aller Komponentenobjekte als letztes abgebaut. Hat eine Klasse Basisklassenanteile von mehreren Klassen, werden diese in der Reihenfolge der Basisklassenliste in der Klassendefinition initialisiert und in umgekehrter Reihenfolge wieder zerstört. Jede Klasse kann nur ihre direkten Basisklassenanteile initialisieren, um Mehrfachinitialisierungen von Basisklassenanteilen zu verhindern.

Initialisierung

Initialisierungsausdrücke und C-Initialisierungslisten für Felder und Strukturen sind uns im konventionellen Teil von C++ bereits begegnet. Die Initialisierung von Strukturen (und Klassen) in dieser Form ist aber nur möglich, solange diese Objekte keine C++-spezifischen Eigenschaften hinsichtlich Initialisierung oder Zugriffsschutz haben.

Insbesondere kann ein Objekt nur dann mit einer Initialisierungsliste initialisiert werden, wenn es keinerlei geschützte oder private Komponenten enthält, keine virtuellen Funktionen hat, keine Konstruktoren und keine Basisklassen besitzt. Dies schränkt die Verwendung von Initialisierungen im C-Stil effektiv auf herkömmliche C-Strukturen ein.

Objekte mit Konstruktoren und Strukturen mit anderen fortgeschrittenen C++-Eigenschaften werden durch eine Reihe von kommaseparierten Ausdrücken in Klammern initialisiert. Diese Liste ist die Liste der Argumente für den vom System implizit ausgeführten Konstruktor-Aufruf. Aus Art und Anzahl der Ausdrücke in dieser Argumentenliste bestimmt der Compiler den zu verwendenden Konstruktor. Diese neue Initialisierungssyntax kann auch für alle nicht strukturierten Datentypen von C++ verwendet werden. Lediglich für herkömmliche C-Strukturen ohne Konstruktor ist sie nicht zulässig, da bei Strukturen die Initialisierungsyntax eines Konstruktor-Aufrufs immer die Existenz des passenden Konstruktors voraussetzt. Für Objekte, die ohne eine ausdrückliche C++-Initialisierungsliste definiert werden, wird ein Default- oder Standard-Konstruktor ohne Argumente aufgerufen. Sind für eine Klasse Konstruktoren definiert, muß auch ein Default-Konstruktor vorhanden sein, wenn auch Objekte ohne ausdrückliche Initialisierungsangaben erzeugt werden sollen. Für Klassen ohne Konstruktoren wird ein geeigneter Default-Konstruktor automatisch vom System erzeugt. Auch wenn es in gewisser Weise eine Irregularität in der Syntax ist, kann übrigens in Variablendefinitionen der Aufruf des Standard-Konstruktors nicht durch ein Paar leerer Klammern für eine leere C++-Initialisierungsliste angedeutet werden, da dies vom Compiler als Funktionsdeklaration mißverstanden wird. In Kontexten, in denen dieses Mißverständnis ausgeschlossen ist, wie bei der Verwendung des *new*-Operators, ist das leere Klammerpaar jedoch zulässig.

Als Beispiel für die Verwendung verschiedener Arten von Konstruktoren und die Initialisierungssyntax kann die *CString*-Klasse der MFC dienen. Die zugehörigen Deklarationen der Konstruktoren haben wir weiter oben bereits kennengelernt:

```
CString s1;               // Leerer String, Standard-Konstruktor
CString s2();             // Funktionsprototyp, NICHT Standard-Konstruktor
CString s3("Hobbes");            // Von einem C-String literal
CString s4 = s3;                 // Kopier-Konstruktor
CString s5( s3 + " " + s4 );     // Von einem Stringausdruck,
                                 // ... auch Kopier-Konstruktor

CString s6( 'x' );               // Von Zeichen, s5 = "x"
CString s7( 'x', 6 );            // Von Zeichen, s6 = "xxxxxx"

CString city = "Metropolis";     // Konstruktion, NICHT Zuweisung!
city = "Gotham City";     // Typumwandlung mit Konstruktor, dann Zuweisung
city = CString("Edge City");  // Explizite Typumwandlung mit Konstruktor
city = (CString)"Edge City";  // Alte cast-Schreibweise geht auch

// Zeiger nur zur Demonstration. CString ist vorwiegend zur Erzeugung
// echter Stringvariablen und nicht Zeiger konzipiert/optimiert.

CString *ps1 = new CString;        // Leerer String, Standard-Konstruktor
CString *ps2 = new CString("Hobbes");    // Zeiger auf CString {"Hobbes"}
CString *ps3 = new CString();      // Leerer String, Standard-Konstruktor

s1 = "Hallo";                      // Zuweisung
```

```
s2 = "Hallo";                       // Fehler, da s2 kein String (s.o.)
*ps3 = "Hallo";                     // hier dagegen ok
```

Initialisierung von Komponenten und Basisklassenanteilen

Komponenten und direkte Basisklassenanteile eines Objekts werden beim Aufruf des Konstruktors initialisiert. Werden keine weiteren Angaben gemacht, werden automatisch die Standard-Konstruktoren für Basisklassenanteile und Komponenten benutzt:

```
BaseClass::BaseClass (int val)
                                    // Name des Konstruktors ist Name der Klasse
{
    // Rumpf des Konstruktors
}
```

Bei abweichenden Initialisierungen werden die Namen der Komponenten bzw. Basisklassen mit den zugehörigen Initialisierungslisten zwischen Kopf und Körper des Konstruktors aufgelistet. Vom Kopf des Konstruktors trennt sie ein Doppelpunkt, mehrere Angaben werden durch Kommata getrennt. Die Reihenfolge der Initialisierung wird jedoch nicht durch die Reihenfolge der Initialisierungsangaben, sondern durch die Reihenfolge der Komponenten bzw. Basisklassen in der Klassendefinition bedingt.

```
DerivedClass:: DerivedClass(int val)
                                    // Name des Konstruktors ist Name der Klasse
    : BaseClass(val),               // Initialiserung des Basisklassenanteils
      component(val),               // Initialisierung einer Komponente
      i(0)                          // Initialisierung einer int-Komponente
{
    // Rumpf des Konstruktors
}
```

Andere Beispiele für die Konstruktion und Destruktion aller Arten von Klassenobjekten sind auf der Buch-CD im Projekt *ConstructIt* zu finden. In dieser einfachen Konsolenanwendung wird in der (einzigen) Quelldatei *ConstructIt.cpp* zunächst eine möglichst einfache Klasse *BaseClass* definiert, mit der die Lebensdauer von Konstruktoren und Destruktoren getestet werden kann.

```
class BaseClass
{
protected:
    int         a;
    int         id;
    char*       comment;
    static int  NCtorCalls;

public:
                BaseClass(char* cmt = "(DEFAULT-CTOR)");
                BaseClass(int val = 0, char* cmt = "");
               ~BaseClass();
```

```
    int         getVal ();
};
```

BaseClass enthält einige geschützte Datenelemente, damit Sie auch etwas zu initialisieren haben, eine gewöhnliche (Zugriffs-)Funktion, zwei Konstruktoren und einen Destruktor. Der erste Konstruktor ist mit einem Standardargument deklariert und kann daher auch ohne Argumente aufgerufen werden. Damit kann der Konstruktor vom Compiler als Standard-Konstruktor eingesetzt werden.

Konstruktoren und Destruktor dienen im Beispiel in erster Linie dazu, durch ihre Nebeneffekte, nämlich die Ausgabe einer Meldung, die Abfolge von Konstruktor- und Destruktor-Aufrufen zu verfolgen. Nebenbei initialisiert der Konstruktor die Komponentenvariablen und zählt die statische Komponentenvariable *NCtorCalls* hoch.

Dadurch erhält man für jedes neue Objekt eine eindeutige Nummer, welche der Komponentenvariablen *id* zugewiesen wird und (neben anderen Komponenten) dazu dient, die Ausgaben von Konstruktor- und von Destruktor-Aufrufen einander richtig zuzuordnen:

```
int BaseClass::NCtorCalls = 0;       // Definition statischer Komponente

BaseClass::BaseClass(char* cmt)
{
    id = ++NCtorCalls;
    a = 0;
    comment = cmt;
    cout << " BaseClass(char*), id = " << id
         << ",\tval = " << a << ",\t" << comment << endl;
}

BaseClass::BaseClass(int val, char* cmt)
{
    id = ++NCtorCalls;
    a = val;
    comment = cmt;
    cout << " BaseClass(int,char*), id = " << id
         << ",\tval = " << a << ",\t" << comment << endl;
}

BaseClass::~BaseClass()
{
    cout << "~BaseClass(), id = " << id
         << ",\t\tval = " << a << ",\t" << comment << endl;
}

int BaseClass::getVal ()
{
    return a;
}
```

Das Hauptprogramm spielt die verschiedenen Möglichkeiten der Objekterzeugung durch. Durch die Nebeneffekte der Konstruktoren kann man auch ohne Debugger die Erzeugung und Vernichtung der Objekte gut verfolgen. Durch die Ausgabeanweisungen am Anfang und Ende der Funktion *main()* kann verfolgt werden, welche Objekte wann angelegt und vernichtet werden. Da nach der letzten Ausgabeanweisung aber noch die lokalen Objekte in *main()* abgebaut werden, dient zusätzlich die Variable *senteniel* als Hilfsmittel, um zu erkennen, wann der Gültigkeitsbereich von *main()* endgültig verlassen wird. Da *senteniel* als allererste lokale Variable in *main()* angelegt wurde, wird sie auch als letzte zerstört und kann so zu Verdeutlichung der Dynamik des Gültigkeitsbereichs von *main()* dienen.

```
BaseClass AGlobalDefault1, AGlobal("(globale Variable)");
BaseClass *PGlobal = NULL;

void main ()
{
   BaseClass senteniel ("Start/Ende Main ===============");

   cout << "Start main()" << endl;

   BaseClass autoDefault, autoLocal ("(lokale Variable m. Zuweisung)");
   BaseClass objArray[4];

   int k = BaseClass(4711).getVal();
                                    // Typumwandlung, Funktionsschreibweise
   k = ((BaseClass)-1).getVal();       // Typumwandlung, cast-Schreibweise
   autoLocal = 42;                     // Typumwandlung, implizit

   for (int i = 0; i < 2; i++)
   {
      BaseClass autoLocal ("(automatische lokale Variable)");
      static BaseClass staticLocal ("(statische lokale Variable)");
      if (PGlobal == NULL) PGlobal =
                          new BaseClass(4711,"(dynamische Variable)");
   }

   cout << "Ende  main()" << endl;
}

BaseClass LastGlobal ("Letzte globale Variable");
```

Zunächst werden alle globalen Objekte *AGlobalDefault*, *AGlobal* und auch das erst hinter *main()* definierte Objekt *LastGlobal* angelegt. Abgebaut werden diese globalen Variablen in umgekehrter Reihenfolge erst nach Verlassen der *main()*-Funktion.

In der Funktion *main()* wird als erstes ein lokales automatisches Objekt *senteniel* definiert. Da dieses als erstes erzeugt wurde, wird es auch als letzte lokale Variable von *main()* wieder zerstört. Statische lokale Variablen werden dagegen erst nach dem Ende von *main()* wieder abgebaut.

Die lokalen automatischen Variablen *autoDefault* und *autoLocal* rufen aufgrund unterschiedlicher Initialisierungsausdrücke verschiedene Konstruktoren auf. Sie werden am Ende ihres Gültigkeitsbereichs wieder abgebaut. Das Verhalten der Variablen *autoLocal* ist in diesem Zusammenhang übrigens etwas verwirrend, da der zugehörige Destruktor-Aufruf in der Ausgabe des Programms nicht ohne weiteres zu entdecken ist. Das liegt daran, daß dieser Variablen weiter unten der Wert eines anderen Objekts zugewiesen wird, so daß die Komponenten *id* und der *comment*-Zeiger durch andere Werte überschrieben werden.

Felder von Objekten können in C++ nur mit dem Standard-Konstruktor initialisiert werden. Das vierelementige Feld *objArray* des Beispiels zeigt, daß die Elemente in der Reihenfolge aufsteigender Speicheradressen initialisiert und in umgekehrter Reihenfolge wieder abgebaut werden.

Die nächsten drei Zeilen zeigen den Aufruf der Konstruktoren bei expliziter Typumwandlung in Funktions- und Cast-Schreibweise und bei der Vornahme einer impliziten Typumwandlung. Im letzten Fall erfolgt auch die Zuweisung neuer Werte an die Variable *autoLocal*.

Die folgende *for*-Schleife demonstriert das Verhalten lokaler statischer und dynamischer Variablen. Die hier definierte statische Variable wird nur einmal initialisiert und erst nach dem Ende der *main()*-Funktion wieder abgebaut. Außerdem wird hier die Erzeugung eines Objekts mit dem *new*-Operator demonstriert.

Übersetzt, gelinkt und gestartet erzeugt dieses Programm für jeden Konstruktor und Destruktor-Aufruf eine Ausgabezeile. Da dies mehr Zeilen sind, als auf einem DOS-Bildschirm normalerweise Platz finden, kann man mit dem DOS-Kommando *mode co80,50* die Größe des Konsolenfensters verändern, bevor man *ConstructIt* durch Angabe des Namens von der Kommandozeile startet, oder mit *ConstructIt > x.txt* die Ausgabe in eine Datei umlenken. (Das klappt natürlich nur vom Verzeichnis *Constructit\Debug* aus!)

Das Beispiel hat übrigens wie hier besprochen und auf der Buch-CD gespeichert noch einen ernsten Fehler, der sich durch sorgfältiges Studium der Ausgabe des Programms und/oder des Codes finden lassen sollte ☺.

Um das Verhalten von Konstruktoren von abgeleiteten Klassen und Komponentenklassen zu untersuchen, wird das Beispiel noch um eine abgeleitetete Klasse *DerivedClass* erweitert:

```
class DerivedClass : public BaseClass
{
    BaseClass   component1;
    BaseClass   component2;
    BaseClass   component3;

public:
                DerivedClass(int val, char* cmt = "");
                DerivedClass();
               ~DerivedClass();

    int         getVal ();
};

DerivedClass::DerivedClass(int val, char* cmt) :
    component3 (val, "(Komponente3)"),
                                    // Initialisierung der Komponenten
```

```
    component1 (val, "(Komponente1)"),
    component2 (val, "(Komponente2)"),
    BaseClass  (val, cmt)     // Initialisierung des Basisklassenanteils
{
    cout << " DerivedClass(), id = " << id
         << ",\tval = " << a << ",\t" << comment << endl;
}

DerivedClass::DerivedClass()          // Standard-Konstruktor
{
    cout << " DerivedClass(), id = " << id
         << ",\tval = " << a << ",\t" << comment << endl;
}

DerivedClass::~DerivedClass()         // Destruktor
{
    cout << "~DerivedClass(), id = " << id
         << ",\tval = " << a << ",\t" << comment << endl;
}
```

Die abgeleitete Klasse besitzt sowohl einen Basisklassenanteil als auch Komponenten vom Typ *BaseClass*. Der erste Konstruktor von *DerivedClass* macht explizite Angaben zur Initialisierung der Komponenten und des Basisklassenanteils, der zweite Konstruktor dagegen verläßt sich in allen Fällen auf den Standard-Konstruktor der Komponenten bzw. des Basisklassenanteils. Um die Konstruktor- und Destruktor-Aufrufe der abgeleiteten Klasse zu beobachten, fügen Sie in das Hauptprogramm z. B. vor der letzten Ausgabeanweisung in *main()* die folgenden Definitionen ein:

```
DerivedClass derived1 (42, "(abgeleitet)" ), derived2;
```

Wenn Sie das Programm laufenlassen, stellen Sie fest, daß Sie sich durch die letzte Änderung 20 (in Worten: zwanzig) zusätzliche Konstruktor- und Destruktor-Aufrufe eingehandelt haben. Bei der Initialisierung des Objekts *derived1* werden zunächst die Konstruktoren für den Basisklassenanteil und dann die Konstruktoren für die Komponenten aufgerufen, bevor der Rumpf des Konstruktors der abgeleiteten Klasse selbst ausgeführt wird. Es fällt auf, daß die Konstruktoren nicht in der Reihenfolge der Initialisierungsangaben aufgerufen werden, sondern in der Reihenfolge der Basisklassen bzw. Komponentendefinitionen. Der Aufruf der Destruktoren erfolgt in genau umgekehrter Reihenfolge.

Das zweite Objekt vom Typ *DerivedClass* wird ohne Angaben zur Initialisierung aufgerufen, daher wird der Standard-Konstruktor verwendet. Da dieser in keinem der Fälle Angaben zur Initialisierung der Komponenten oder des Basisklassenanteils macht, wird hier in allen Fällen der Standard- oder Default-Konstruktor aufgerufen.

Die Definition einer Variablen vom Typ *DerivedClass* löst also unsichtbar für den Anwender der Klasse zehn zusätzliche Funktionsaufrufe aus. Man kann sich vorstellen, daß die Verwendung solcher Objekte als automatische Variablen z. B. innerhalb von Schleifen oder häufig aufgerufener Funktionen die Ausführung eines Programms bis zur Kriechgeschwindigkeit verlangsamen kann[48]. Da eine Klasse prinzipiell als Blackbox behandelt werden sollte, kann der Klassenanwender normalerweise auch gar nicht wissen, ob die Erzeugung eines bestimmten Objekts teuer ist oder nicht. Im Idealfall sollte die Dokumentation einer Klasse daher Hinweise enthalten, ob die Erzeugung von Objekten dieser Klasse aufwendig ist oder nicht und sich Objekte dieser Klasse daher besser zur Verwendung als automatische Variablen eignen oder als dynamische Objekte im Freispeicher angelegt werden sollten. Im Fall der *CString*-Klasse der MFC 4.0 beispielsweise können Sie der Dokumentation entnehmen, daß *CString* auf die Verwendung für automatische Variablen hin optimiert worden ist und String-Objekte in der Regel nicht im Freispeicher angelegt werden sollten (da die Anforderung eines Speicherblocks aus dem Freispeicher auch eine teure Operation ist).

Virtuelle Destruktoren

Konstruktoren und Destruktoren verhalten sich in vielerlei Hinsicht anders als normale Komponentenfunktionen. Sie haben keine Rückgabewerte, die Anwendung des Adreß-Operators auf Konstruktoren und Destruktoren ist verboten, und Konstruktoren und Destruktoren werden nicht wie andere Komponentenfunktionen vererbt. Statt dessen rufen Konstruktoren und Destruktoren für ihre Basisklassenanteile und ggf. die Klassenkomponenten die passenden Konstruktoren bzw. Destruktoren der Komponenten- bzw. Basisklassen auf. Wird für eine (abgeleitete) Klasse kein Konstruktor/Destruktor definiert, wird ein solcher vom Compiler generiert, der den Aufruf von Konstruktoren und Destruktoren für Komponenten und Basisklassenanteile gewährleistet.

Dennoch ist es möglich, Destruktoren als virtuell zu deklarieren. Wird der Destruktor einer Basisklasse als virtuell definiert, sind auch die Destruktoren aller abgeleiteten Klassen virtuell. Obwohl alle diese Destruktoren unterschiedliche Namen haben, wird ihnen in der Tabelle der virtuellen Funktionen ein einziger gemeinsamer Eintrag zugewiesen. Dadurch wird gewährleistet, daß auch bei polymorphen Objekten immer der richtige Destruktor angewendet wird.

Betrachten wir noch einmal das Beispiel und ändern dort den Klassennamen nach dem *new*-Operator (in der *for*-Schleife) von *BaseClass* in *DerivedClass*. Außerdem müssen wir spätestens am Ende der *main()*-Funktion das dynamisch allozierte Objekt mit *delete* wieder abbauen und an den Freispeicher zurückgeben (das war übrigens

---

48 In genau diese Falle scheinen die Entwickler einer ganzen Reihe neuerer kommerzieller Pakete für Windows getappt zu sein. Die Programme werden zwar mit jeder neuen Version leistungsfähiger, sind aber gleichzeitig gegenüber früheren Versionen fast bis zum Stillstand verlangsamt worden und nur noch mit der neuesten und schnellsten Hardware erträglich. Einerseits macht die Verkapselung der Implementationsdetails in Klassen es einfacher als je zuvor, auch komplexeste Problemstellungen nach der Devise des Teilens und Herrschens in den Griff zu bekommen. Andererseits kann die ungeschickte oder unreflektierte Verwendung der OOP-Technologie auch bei äußerst effizienten Sprachen wie C++ zu beliebig ineffizienten Programmen führen.

der oben erwähnte Fehler!). Um den Output des Programms nicht ins Uferlose wachsen zu lassen, können Sie gleichzeitig die Zeile *DerivedClass derived1 (42, "(abgeleitet)"), derived2;* löschen. Wenn Sie die Ausgabe des Programms betrachten, stellen Sie fest, daß zwar ein Objekt vom Typ *DerivedClass* erzeugt wird, aber wegen des Zugriffs über einen Zeiger auf ein Basisklassenobjekt nur der Basisklassenanteil gelöscht wird. Erst wenn Sie den Destruktor des Basisklasse als virtuell erklären, wird auch über einen Basisklassenzeiger der richtige Konstruktor aufgerufen und das gesamte Objekt vom Typ *DerivedClass* abgebaut:

```
class BaseClass
{
    // ...
public:
                BaseClass(char* cmt = "(DEFAULT-CTOR)");
                BaseClass(int val, char* cmt = "");
    virtual    ~BaseClass();
    // ...
};
```

Kopierkonstruktor

Eine spezielle Form des Konstruktors ist der Kopierkonstruktor, der aufgerufen wird, wenn ein Objekt durch ein anderes Objekt der gleichen Klasse initialisiert wird. Wird ein solcher Kopierkonstruktor nicht in der Klassendefinition vereinbart, wird er wie der Zuweisungs-Operator automatisch vom System generiert. Die Deklaration des systemgenerierten Konstruktors hätte, wenn in der Klassendefinition deklariert, die Form:

```
AClass(const AClass&);
```

wenn auch die Kopierkonstruktoren der Basisklassen konstante Argumente akzeptieren, ansonsten

```
AClass(AClass&);
```

Dieselbe Regel gilt auch für den Parametertyp des automatisch erzeugen Zuweisungs-Operators. Wie der Zuweisungs-Operator arbeitet auch der systemerzeugte Kopierkonstruktor komponentenweise. Die komponentenweise Arbeitsweise impliziert folgendes: Wenn die Komponenten oder Basisklassenanteile des Objekts initialisiert oder zugewiesen werden, geschieht dies durch die Kopierkonstruktoren oder Zuweisungs-Operatoren (im Fall der Zuweisung) der Komponenten. Kann einer der Kopierkonstruktoren aus irgendwelchen Gründen nicht verwendet werden, etwa weil er *private* ist oder ein unpassendes Argument hat, wird kein Kopierkonstruktor generiert. Ist für den Kopierkonstruktor eine andere Arbeitsweise erwünscht oder soll er durch ein Schutzattribut *private* oder *protected* unzugänglich gemacht werden, muß der Kopierkonstruktor explizit definiert werden.

Ein Klassenobjekt kann auf zwei Weisen kopiert werden, einmal durch den bereits erwähnten Zuweisungs-Operator und zum anderen durch den Kopierkonstruktor.

Beide Komponentenfunktionen weisen trotz einer ähnlichen Semantik einige Unterschiede auf. Das Ziel der Kopierens ist beim Kopierkonstruktor ein uninitialisiertes Objekt, beim Zuweisungs-Operator dagegen bereits initialisiert, so daß eventuell vor der Zuweisung vorhandene Komponenten deinitialisiert oder gelöscht werden müssen. Beim Zuweisungs-Operator muß außerdem normalerweise der Wert der Zuweisung als Ergebnis zurückgegeben und auf mögliche Selbstzuweisungen geachtet werden. Dennoch kann man zumeist die gemeinsame Funktionalität in einer privaten Komponentenfunktion zusammenfassen.

Es ist nicht immer offensichtlich, wann der Kopierkonstruktor und wann der Zuweisungs-Operator aufgerufen wird. In den beiden Fällen

```
Spunk aSpunk(anotherSpunk);
aSpunk = anotherSpunk;
```

ist die Situation klar; im ersten Fall wird der Kopierkonstruktor aufgerufen, im zweiten der Zuweisungs-Operator. Weniger offensichtlich ist die Sachlage im Fall

```
Spunk aSpunk = anotherSpunk;
```

Da es sich hier aber trotz der Schreibweise mit einem Gleichheitszeichen um eine Initialisierung handelt, wird der Kopierkonstruktor und nicht erst der Standard-Konstruktor gefolgt vom Zuweisungs-Operator aufgerufen.

Zugriffsschutz

Konstruktoren und Destruktoren unterliegen wie alle anderen Komponentenfunktionen auch dem Zugriffsschutz. Ein als privat vereinbarter Konstruktor kann z. B. nicht von außerhalb der Klasse aufgerufen werden. Damit kann man verhindern, daß Objekte mit Objekten von ganz bestimmten anderen Typen initialisiert werden können.

Normalerweise genügt es bereits, keinen passenden Konstruktor anzugeben, um den gewünschten Effekt zu erzielen. Existiert aber z. B. ein ähnlicher Konstruktor, der durch eine implizite Konversion der Initialisierungsdaten passend gemacht werden kann, bleibt einem nichts anderes übrig, als den Konstruktor für den unerwünschten Ausgangsdatentyp zunächst zu vereinbaren, dann aber durch ein entsprechendes Schutzattribut *private* oder *protected* direkt wieder unzugänglich zu machen. Da ein solcher Konstruktor normalerweise nicht selbst aufgerufen wird, kann man sich die Definition in einer Quelldatei sparen; es genügt die Deklaration in der Klassendefinition.

Auch Destruktoren können als geschützte oder private Komponenten einer Klasse vereinbart werden. In einem solchen Fall ist es nicht mehr möglich, den Destruktor von außerhalb der Klasse – also aus normalem Code heraus – aufzurufen. Effektiv wird damit verhindert, daß Klassenobjekte als automatische oder globale Variablen eingesetzt werden können. Jeder Versuch des Compilers, am Ende des Gültigkeitsbereichs oder im abschließenden Code einer Anwendung einen solchen Destruktor einzubauen, wird zu einer Fehlermeldung führen. Auch der Aufruf des *delete*-Operators ist dann nicht mehr möglich. Letzteres kann allerdings leicht umgangen werden, entweder indem man den *delete*-Operator zur *friend*-Funktion erklärt oder indem man eine eigene virtuelle Komponentenfunktion zum Löschen vereinbart, z. B.:

```
void AClass::free()
{
   delete this;
}
```

Vom Compiler erzeugte Konstruktoren und Destruktoren haben immer das Schutzattribut *public*.

Konstruktoren konstruieren

Bereits an der Klasse *CString* haben wir gesehen, daß es nicht ungewöhnlich ist, wenn eine Klasse eine Vielzahl unterschiedlicher Konstruktoren besitzt. Letztlich haben diese Konstruktoren alle dieselbe Aufgabe, nämlich aus einem Satz Initialisierungsinformationen ein gültiges Objekt zusammenzubauen. Naturgemäß treten in solchen Konstruktoren immer wieder ähnliche Anweisungsfolgen auf. Allerdings ist es nicht möglich, einen Konstruktor aus einem anderen Konstruktor heraus aufzurufen. Der folgende Code etwa

```
A::A()          // Konstruktor A()
{
   A(4);        // Konstruktor A(int) erledigt die Arbeit - geht nicht!
}
```

wird nicht wie erwartet funktionieren, da der Aufruf des Konstruktors *A(int)* nicht das momentane Objekt initialisiert, sondern vorübergehend ein anonymes Objekt erzeugt und anschließend sofort wieder vernichtet. Die Formulierung **this = A(4);* ist möglich, aber unelegant, da so zunächst ein neues Objekt erzeugt, dann dem momentanen Objekt zugewiesen (und dieses damit initialisiert) und anschließend wieder vernichtet wird.

Haben Konstruktoren eine gemeinsame Funktionalität, ist es klüger und effizienter, diese in einer eigenen privaten Initialisierungs-Funktion (z. B. *init()*) zusammenzufassen, die von allen „interessierten“ Konstruktoren mit passenden Parametern aufgerufen werden kann. Dies erleichtert es auch, einen Satz von Konstruktoren möglichst konsistent in ihrer Wirkung zu halten. Eine andere Methode, Konstruktoren möglichst konsistent zu halten, ist die Verwendung von Standard-Argumenten.

Ein anderes Problem von Konstruktoren und Destruktoren ist, daß sie quasi zum Erfolg verdammt sind. Konstruktoren und Destruktoren liefern aus syntaktischen wie aus praktischen Gründen keine Rückgabewerte, die man zur Fehlerabfrage benutzen könnte. Ist ein Konstruktor jedoch mit seiner Arbeit fertig, erwartet man (mit Recht), daß nun ein gültiges Objekt vorliegt. Verschiedene Mechanismen sind zur Lösung dieses Problems vorgeschlagen worden, aber erst Ausnahmen (engl. Exceptions) haben wirksame Methoden geliefert, mit Fehlern in Konstruktoren und Destruktoren fertig zu werden.

Eine weitere, immer wirksame Strategie, mit Fehlern in Konstruktoren umzugehen, ist, diese möglichst einfach zu halten und so die Fehlermöglichkeiten zu minimieren. Dafür spricht auch, daß in Konstruktoren auch virtuelle Funktionen nicht immer wie erwartet funktionieren (schließlich sind weiter abgeleitete Teile eines Objekts zum Zeitpunkt des Aufrufs des Konstruktors des Basisklassenanteils möglicherweise noch nicht initialisiert) und der Umstand, daß Konstruktoren oft sehr häufig und zu unerwarteten Zeitpunkten durch das System aufgerufen werden (z. B. für temporäre Objekte).

Objekte übergeben

Im Licht Ihres neuen Wissens über Konstruktoren läßt sich nun auch besser verstehen, was bei den verschiedenen Methoden, Objekte an eine Funktion zu übergeben, im einzelnen vorgeht. Objekte können als Wert, als konstanter Wert, als Referenz, als konstante Referenz, als Zeiger oder als Zeiger auf ein konstantes Objekt übergeben werden.

Im Fall von Wertübergabe und Übergabe per Zeiger ist die Semantik klar. Bei einer Wertübergabe wird ein neues Objekt des angegeben Typs erzeugt und übergeben. Nach Beendigung der Funktion wird das Objekt wieder zerstört. Auf die Semantik der Parameterübergabe hat der Schreibschutz keinen Einfluß. In den meisten Fällen wird man die Wertübergabe bei Klassenobjekten wegen des Aufwands für Konstruktion und Destruktion des Objekts vermeiden und statt dessen konstante Referenzen verwenden. Auch bei der Übergabe eines Objekts per Zeiger ist die Situation klar. Es wird ein Zeiger oder ein Nullzeiger übergeben und ggf. dabei in einen Basisklassenzeiger umgewandelt. Diese Operation ist schnell (allenfalls eine Korrektur des Zeigerwerts um ein paar Bytes) und läßt das so übergebene Objekt unberührt. Andere Umwandlungen finden nicht statt (es sei denn, es wurden wie im übernächsten Abschnitt „Typumwandlung via Konstruktor" passende Umwandlungsfunktionen definiert). Funktionen, denen Zeiger auf Objekte übergeben werden, müssen immer auch die mögliche Übergabe eines Nullzeigers in Betracht ziehen.

Am interessantesten ist die Übergabe per Referenz. Im Fall der konstanten Referenz hat sie im wesentlichen die Semantik einer Wertübergabe ohne den damit im allgemeinen verbundenen Aufwand für Konstruktion und Destruktion. Da das Objekt schreibgeschützt ist, kann es in der Funktion nicht verändert werden. Dennoch braucht bei der Referenzübergabe meist nur eine Adresse übergeben zu werden. Eine konstante Referenz kann sich aber nicht nur auf normale Objekte eines bestimmten Typs beziehen, sondern kommt auch mit temporären Objekten klar, die z. B. aus einem Ausdruck oder einer impliziten Typumwandlung eines nicht richtig passenden Arguments herrühren können. In diesen Fällen muß zwar ein neues temporäres Objekt erzeugt werden, doch stellt der Schreibschutz sicher, daß dieses nicht irrtümlich von der aufrufenden Funktion geändert werden kann.

Mit einer nichtkonstanten Referenz können dagegen keine Ausdrücke (R-Werte) oder Variablen und Werte, die einer impliziten Typumwandlung bedürfen, übergeben werden. Das Ergebnis eines Ausdrucks oder einer impliziten Typumwandlung ist ein nichtbeschreibbarer R-Wert und damit mit der einfachen Referenz nicht typverträglich. Der Hauptdaseinszweck der einfachen Referenz ist die Übergabe sogenannter Variablen oder Referenzparameter, die durch Berechnungen in der aufgerufenen Funktion verändert werden sollen. Die Übergabe als Referenzparameter vermeidet die bisweilen etwas umständliche Syntax von Zeigervariablen und stellt zugleich sicher, daß immer ein existierendes Objekt und nicht etwa ein Nullzeiger übergeben wird.

Typumwandlung

Konstruktoren und anwenderdefinierte Operator-Funktionen spielen auch für die implizite und explizite Typumwandlung zwischen Klassenobjekten und eingebauten Datentypen und Klassenobjekten untereinander eine wichtige Rolle. Ist in einem Ausdruck, einer Zuweisung oder einer Initialisierung eine Typumwandlung erforderlich, um nicht miteinander verträgliche Typen passend zu machen, führt der C++-Compiler diese Umwandlung automatisch durch, sofern sie eindeutig ist. Ist die Typumwandlung nicht eindeutig oder benötigt sie Zwischenschritte, muß die Typumwandlung oder die Typumwandlungen explizit angegeben werden. In jedem Fall verwendet der Compiler zur Durchführung der Typumwandlung Konstruktoren bzw. Typumwandlungs-Operatoren, die für den gegebenen Fall existieren müssen.

Typumwandlung via Konstruktor

Von den beiden Möglichkeiten, mögliche Typumwandlungen zu definieren, ist die Variante über einen geeigneten Konstruktor im allgemeinen vorzuziehen. Hat eine Klasse *XClass* einen Konstruktor, der genau einen Wert des Typs *YType* als Argument akzeptiert, also z. B.

```
XClass::XClass (YType &) { /* ... */ }
XClass::XClass (const YType &)
```

oder

```
XClass::XClass (YType)
```

wird dieser automatisch verwendet, wenn der Compiler aus einem Objekt vom Typ *YType* ein Objekt vom Typ *XClass* generieren muß. Diese Variante ist gegenüber Typumwandlungs-Operatoren vorzuziehen, da so die Klasse *XClass* maximale Kontrolle über die Erzeugung von Klassenobjekten behält.

Der Konstruktor wird z. B. implizit aufgerufen, wenn man einem Objekt vom Typ *XClass* einen Wert vom Typ *YType* zuweist oder einer Funktion mit einem Parameter *XClass* ein Objekt vom Typ *XType* übergibt. Implizite Konversionen zwischen bestimmten Typen kann man verhindern, indem man solche Konstruktoren mit dem Schutzattribut *private* vereinbart.

In der Klasse *CString* ist beispielsweise ein Konstruktor definiert, der einen klassischen C-String in ein *CString*-Objekt umwandelt:

```
CString::CString(LPCTSTR lpsz)      // Vereinfacht!
{
    Init();
    int nLen = SafeStrlen(lpsz);
    if (nLen != 0)
    {
        AllocBuffer(nLen);
        memcpy(m_pchData, lpsz, nLen*sizeof(TCHAR));
    }
}
```

Damit kann z. B. jede Funktion, die Werte oder Pseudowertparameter vom Typ *CString* oder *const CString&* akzeptiert, auch mit C-Strings zurechtkommen. Funktionen mit einer nicht konstanten Referenz können das dagegen nicht, da die implizite Umwandlung immer ein schreibgeschütztes Objekt erzeugt. Bei der Übergabe als nicht schreibgeschützter Referenzparameter könnte der Schreibschutz nicht mehr gewährleistet werden.

```
void FooBar          (CString s)              { /* .. body .. */ }
void ConstRefFooBar (const CString& s)       { /* .. body .. */ }
void RefFooBar       (CString& s)             { /* .. body .. */ }

void test()
{
    FooBar          ("Hallo");
    ConstRefFooBar ("Hallo");
    RefFooBar       ("Hallo");
            // error C2607: 'initializing' : cannot implicitly convert
            // a 'char [6]' to a 'class CString &' that is not const
    RefFooBar       (CString("Hallo"));
            // Explizite Typumwandlung dagegen
    RefFooBar       ((CString)"Hallo");
                              // ... ist in beiden möglichen Formen ok.
}
```

Im Fall der MFC und der *CString*-Klasse spielt die implizite Umwandlung von C-Zeichenketten in *CString*-Objekte allerdings keine Rolle. Aus Gründen der Effizienz existieren von allen Funktionen und Operatoren mit Zeichenkettenparametern sowohl Versionen mit *CString*- wie auch mit *C-String*-Parametern. So ist eine String-Umwandlung nicht nötig, da immer die passende überladene Komponentenfunktion aufgerufen werden kann.

Ein anderes Beispiel für implizite Typumwandlung durch einen passenden Konstruktor ist übrigens auch im Beispielprojekt *ConstructIt* aus dem letzten Abschnitt „Typumwandlung via Konstruktor“ zu finden. In der Zeile

```
autoLocal = 42;                          // Typumwandlung, implizit
```

wird der Konstruktor mit der Deklaration

```
class BaseClass
{
// ...
    BaseClass(int val, char* cmt = "");
// ...
};
```

aufgerufen. Das Ergebnis dieser impliziten Typumwandlung durch Konstruktor-Aufruf wird dann der Variablen *autoLocal* zugewiesen.

Typumwandlung via Operator

Nicht immer ist es möglich, für eine Typumwandlung einen passenden Konstruktor bereitzustellen. Dies ist z. B. dann der Fall, wenn das Ergebnis der Umwandlung kein Klassentyp, sondern einer der eingebauten Typen oder ein Zeigertyp ist. Ebenso kann dieser Fall auftreten, wenn man ein Klassenobjekt in einen Zieltyp umwandelt, über dessen (Klassen-)Schnittstelle man keine Kontrolle hat, etwa weil er Bestandteil einer kommerziellen Klassenbibliothek ist. In solchen Fällen kann eine Typumwandlung durch eine spezielle Operator-Funktion bewerkstelligt werden. Gilt es, ein Objekt der Klasse *XClass* in einen Typ *YType* umzuwandeln, hat die Deklaration der dazu nötigen Operator-Funktion die Form:

```
operator typname ()
```

Umwandlungsfunktionen sind immer nichtstatische Komponentenfunktionen und besitzen wie (die verwandten) Konstruktoren keinen Rückgabetyp. Anders als Konstruktoren werden sie jedoch normal vererbt und können auch virtuell sein. Umwandlungsfunktionen haben keine Parameter, das umzuwandelnde Klassenobjekt wird verdeckt über den *this*-Zeiger übergeben. *typname* steht für einen C/C++-Typnamen wie z. B. *YType*, *const char** oder *T***. Eine Umwandlungsfunktion muß ein Objekt des Zieltyps per *return*-Anweisung zurückgeben.

Da Umwandlungsfunktionen keine Parameter haben, können sie nicht anhand unterschiedlicher Signaturen überladen werden. Alle Umwandlungsfunktionen mit unterschiedlichen Zieltypen werden als Funktionen mit unterschiedlichen Namen aufgefaßt und können daher anhand ihrer verschiedenen Namen unterschieden werden. Umwandlungsfunktionen werden nur dann aufgerufen, wenn keine Mehrdeutigkeiten bestehen.

```
class YClass
{
    // ...
public:
    YClass (long);
};

class XClass
{
    // ...
    long val;
```

```
public:
    operator int();
    operator YClass();
};

XClass::operator int()
{
    return val >> 16;
}

XClass::operator YClass()
{
    return YClass(val);
}

void f(XClass x)
{
    int i = int(x);      // explizite Umwandlung, Funktionsschreibweise
    i = (int) x;         // explizite Umwandlung, C-Cast-Schreibweise
    i = x;               // implizite Umwandlung

    YClass y(x);         // Auch das geht! Das Argument x des Kopier-
                         // konstruktors wird automatisch umgewandelt.
}
```

Die MFC machen reichlich Gebrauch von Typumwandlungs-Operatoren, um Klassenobjekte in passende Typen für die Windows-API umzuwandeln. Dadurch können alle Funktionen, die API-Datentypen wie Zeiger auf konstante C-Zeichenketten (*LPCTSTR*), Zeiger auf Rechtecksdatenstrukturen (*LPRECT* und *LPCRECT*) oder Handles (wörtlich: „Griffe") auf Windows-API-Objekte (z. B.: *HFILE*, *HBITMAP*, *HPALETTE*, *HRGN*, *HDC* oder *HWND*) enthalten, direkt mit MFC-Objekten als Argumenten aufgerufen werden. Eine Auswahl solcher Umwandlungsfunktionen der MFC zeigt das folgende Beispiel. Aus Effizienzgründen sind die Operatoren im wirklichen Code übrigens als Inline-Funktionen definiert! An der Kürze und Effizienz der Umwandlungs-Operatoren erkennt man auch hier, daß die MFC mit dem Ziel maximaler Effizienz entworfen wurden!

```
CString::operator LPCTSTR() const
    { return m_pchData; }

CRect::operator LPRECT()
    { return this; }

CRect::operator LPCRECT() const
    { return this; }

CFile::operator HFILE() const
    { return m_hFile; }

CBitmap::operator HBITMAP() const
    { return (HBITMAP)(this == NULL ? NULL : m_hObject); }

CPalette::operator HPALETTE() const
    { return (HPALETTE)(this == NULL ? NULL : m_hObject); }
```

```
CRgn::operator HRGN() const
    { return (HRGN)(this == NULL ? NULL : m_hObject); }

CDC::operator HDC() const
    { return this == NULL ? NULL : m_hDC; }

CWnd::operator HWND() const
    { return this == NULL ? NULL : m_hWnd; }
```

Zusammenfassung

Die Flexibilität und Eleganz des Klassen- und Typkonzepts von C++ beruht zu weiten Teilen darauf, daß Klassen durch die Bereitstellung spezieller Funktionen wie Konstruktoren, Destruktoren und Operator-Funktionen so definiert werden können, daß sie sich in jeder Beziehung wie eingebaute Typen verhalten. Objekte können initialisiert, umgewandelt, einander zugewiesen, verglichen, multipliziert oder addiert, kurz jeder Operation unterzogen werden, die im Kontext sinnvoll ist.

Zur Bereitstellung klassenspezifischer Operatoren läßt sich die Funktionalität der meisten eingebauten Operatoren von C++ durch benutzerdefinierte Operator-Funktionen erweitern; die Umdefinition vorhandener Operatoren für eingebaute Typen, die Definition völlig neuer Operatoren oder die Änderung der Rangfolge der Operatoren ist nicht möglich. Überladene Operatoren, insbesondere Äquivalenzen, sollten sich dabei jedoch nie entgegen den Erwartungen der Programmierer verhalten.

Die meisten Operator-Funktionen können sowohl als globale *friend*-Funktionen als auch als Komponentenfunktion definiert werden, andere unterliegen hinsichtlich der möglichen Definition oder der Attribute bestimmten Einschränkungen. Wichtige benutzerdefinierbare Operatoren mit besonderen Eigenschaften sind der Zuweisungs-Operator, der Funktionsaufrufs-Operator, der Index-Operator, der Komponentenzugriff, Inkrement und Dekrement, *new* und *delete* und Operator-Funktionen zur automatischen Typumwandlung.

Unabhängig davon, wie ein Dokument angelegt wird, ob als lokale oder globale Variable, als temporäres Objekt oder mit Hilfe des *new*-Operators, wird für jedes Objekt bei der Erzeugung ein Konstruktor und bei der Zerstörung ein Destruktor ausgeführt.

Anders als bei herkömmlichen Strukturen ist damit immer eine korrekte Initialisierung und Deinitialisierung sichergestellt. Konstruktoren verwandeln eine Folge von rohen Bytes und Bits in ein initialisiertes Datenobjekt und sind auch dafür verantwortlich, daß transparent für den Anwender auch Basisklassen und Komponentenklassen richtig initialisiert werden.

Da Konstruktoren wie andere Komponentenfunktionen überladen werden können, können für unterschiedliche Initialisierungssituationen passende Konstruktoren bereitgestellt werden.

Eine Übersicht über die Spezialisten von C++ und ihre Besonderheiten (wird vererbt, kann virtuell sein, hat Rückgabewert, Art und automatisch vom Compiler generiert) zeigt noch einmal die folgende Tabelle:

Die Spezialisten	vererbt	virtual	return	Beliebig oder Komponente	autom.
Konstruktor	nein	nein	nein	Komponente	ja
Destruktor	nein	ja	nein	Komponente	ja
Typumwandlung	ja	ja	nein	Komponente	nein
operator=	nein	ja	ja	Komponente	ja
operator()	ja	ja	ja	Komponente	nein
operator[]	ja	ja	ja	Komponente	nein
operator->	ja	ja	ja	Komponente	nein
operator⊕=	ja	ja	ja	beliebig	nein
operator new	ja	nein	void*	stat. Komponente	nein
operator delete	ja	nein	void	stat. Komponente	nein
Anderer Operator	ja	ja	ja	beliebig	nein
Andere Komponente	ja	ja	ja	Komponente	nein
friend-Funktion	nein	nein	ja	Freund	nein

4. Klasse Bibliothek – Arbeiten mit den Microsoft-Foundation-Classes

Die wesentlichen OOP-Spracheigenschaften von C++ haben wir nun besprochen, ebenso die wichtigsten Grundlagen der Windows-Programmierung und der MFC im Kapitel 3.2. Auch viele Details der MFC wie RTTI, Serialisierung etc. wurden dort bereits angeschnitten. Damit haben wir nun das Handwerkszeug, tiefer in die Programmierung von Windows-Anwendungen mit den MFC einzusteigen.

4.1 Anwendungszauber – Einsatz der Visual Studio-Assistenten

Eine Diskussion der MFC ist nicht in der Tiefe möglich, in der wir die Grundlagen der Sprache C++ erarbeitet haben. Die Microsoft-Foundation-Classes bestehen aus Hunderten von Klassen mit Tausenden von Funktionen. Es ist weder möglich noch sinnvoll, eine Bibliothek dieses Umfangs erschöpfend in einem Buch abzuhandeln.

Es gibt zwar einige Bücher, die genau dies versuchen, doch ist der Leser wegen der Fülle der ausgebreiteten Details am Ende kaum schlauer als am Anfang.

Wichtiger erscheint es dagegen, die Grundstruktur herauszuarbeiten und den prinzipiellen Umgang mit der Klassenbibliothek zu zeigen. Ist die grundsätzliche Struktur verstanden, ist es ein leichtes, benötigte Informationen mit der ausgezeichneten Hilfefunktion von Vsual C++ 5.0 selbst zu beschaffen. Gutes Verständnis der Sprache C++ und eigener Forschergeist helfen hier mehr als das Durcharbeiten tausendseitiger Wälzer.

Wie man sich auf diesen Grundlagen unter Ausnutzung aller Hilfestellungen der Entwicklungsumgebung eine Applikation erarbeitet, demonstriert dieses Kapitel.

MFC-Anwendung

Da unsere Übersicht über die MFC im Kapitel 3.2 bereits einige Kapitel zurückliegt, ist es sinnvoll, noch einmal kurz einige Grundlagen zu rekapitulieren. Betrachten wir noch einmal das Beispielprojekt *HalloMFC*, das wir mit dem Anwendungs-Assistenten erzeugt und dann um die gewünschte Funktionalität ergänzt hatten:

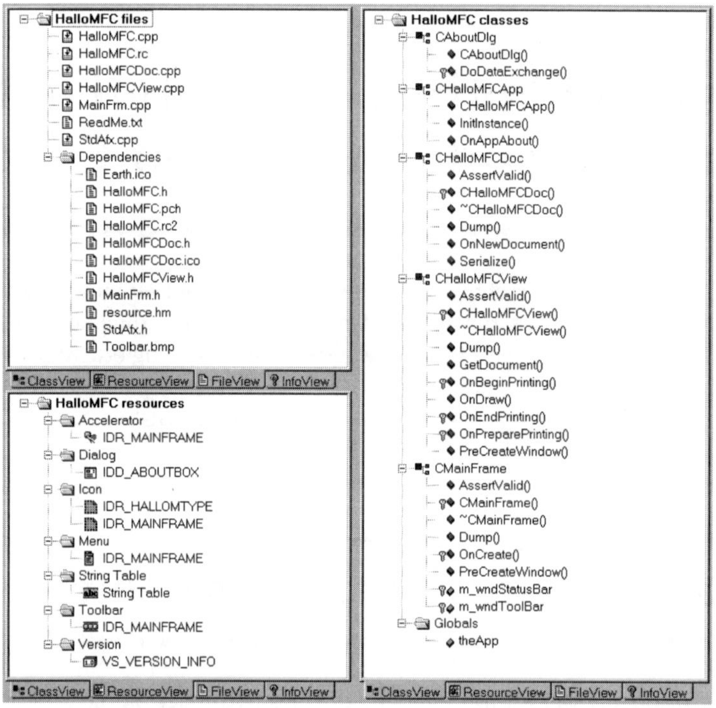

Abb. 66: Eine Montage der drei Ansichten des Beispielprojekts HalloMFC im Developer Studio: Dateiansicht, Ressourcenansicht und Klassenansicht

Projektansichten

Die Abbildung zeigt die drei möglichen Ansichten des Projekts.

In der Dateiansicht (*FileView*) erkennt man die am Projekt beteiligten Dateien: im wesentlichen Definitionsdateien (**.h*), Implementationsdateien (**.cpp*) und Ressourcen (**.rc*, **.ico*, **.bmp*). Die Ressourcen und ihre von der Dateistruktur unabhängige logische Struktur kann man in der Ressourcenansicht (*ResourceView*) sehen.

Die hinsichtlich der Struktur der Anwendung hilfreichste Ansicht ist die Klassenansicht (*ClassView*). Hier finden sich die vier vom Anwendungs-Assistenten erstellten anwendungsspezifischen Klassen, die den Grundstock so gut wie jeder MFC-Anwendung ausmachen:

- Die von *CWinApp* abgeleitete Anwendungsklasse *CHalloMFCApp* und das zugehörige (globale) Anwendungsobjekt *theApp*. Die benutzerdefinierte[49] Komponentenfunktion *InitInstance()* wird vom Startup-Code der Anwendung aufgerufen, um die korrekte Initialisierung der Anwendung sicherzustellen. Von der Basisklasse erbt *CWinApp* die Funktion *Run()*, die die Nachrichtenschleife der Anwendung enthält.

49 Hier eher Anwendungsassistent-definiert. ☺

- Die (hier funktionslose) Dokumentenklasse *CHalloMFCDoc*. Diese enthält bereits Funktionen wie *OnNewDocument()* oder *Serialize()*, aber auch Diagnose-Funktionen wie *Dump()* oder *AssertValid()*.
- Die Ansichtsklasse *CHalloMFCView*, üblicherweise zur Darstellung des oder der Dokumente der Anwendung. In dieser Ansichtsklasse haben wir die Funktion *OnDraw()* so modifiziert, daß sie unabhängig vom Inhalt des Dokuments immer den Text „Hallo Welt!" anzeigt. Zur Kommunikation mit der Dokumentenklasse enthält die Klasse eine Komponente *GetDocument()* sowie eine Reihe von Komponentenfunktionen zur Unterstützung der Datendarstellung (*OnBeginnPrinting()*, *OnDraw()*, *OnEndfPrinding()*, *OnPreparePrintig()*) und Diagnose (*AssertValid()*, *Dump()*).
- Die Klasse *CMainFrame* für das Hauptfenster oder den Hauptrahmen der Anwendung und den größten Teil der Benutzerinteraktion. So verwaltet diese Klasse Symbolleisten und Menüs der Anwendung. Auch diese Klasse enthält zunächst nur einige (erweiterbare) Diagnose-Funktionen und erbt ihre Funktionalität im wesentlichen von ihrer Basisklasse *CFrameWnd* (bzw. *CMdiFrameWnd*).

Kalender zaubern – Das Kalenderprogramm als MFC-Anwendung

Für unsere erste nicht-triviale MFC-Anwendung übertragen wir nun unser Kalenderprogramm in eine MFC-Anwendung. Zunächst legen Sie mit dem Anwendungs-Assistenten ein neues Projekt *SimpleCalendar* als SDI-Anwendung an. Ansonsten können Sie die Vorgaben des Anwendungs-Assistent unverändert übernehmen. Aus dem Project *MultiCalendar* kopieren Sie die Dateien *Holidays.cpp* und *Date.cpp* und die zugehörigen Definitionsdateien und fügen die beiden Quelldateien mit *Projekt/Dem Projekt hinzufügen/Dateien* zu dem Projekt hinzu.

Die Dateien *Calendar.** und *CalendarApp.** können Sie dagegen nicht mehr brauchen, da sie zu sehr von der Verwendung der Standardeingabe bzw. der Konsolenhauptfunktion *main()* abhängen.

Lokale Compilereinstellungen

Versuchen Sie nun, die so zusammengestellte Anwendung zu übersetzen, erhalten Sie die Fehlermeldung

```
unexpected end of file while looking for precompiled header directive
```

Das liegt daran, daß MFC-Projekte zur Beschleunigung des Übersetzungsvorgangs im allgemeinen mit vorübersetzten Definitionsdateien arbeiten, Ihre Quelldateien jedoch andere Definitionsdateien einlesen als die MFC Quellen des Anwendungs-Assistenten. Bei der Arbeit mit vorübersetzten Definitionsdateien möchte der Compiler jedoch am Anfang jeder Quelldatei eine *#include*-Direktive für die vorübersetzte Definitionsdatei vorfinden.

Um diese Fehlermeldung zu beseitigen, gibt es zwei Möglichkeiten: entweder wir fügen am Anfang der Kalenderquelldateien auch die Direktive

```
#include "stdafx.h"
```

ein, oder wir ändern die Compilereinstellungen für die beiden Dateien. Da es sicher nicht sachgemäß ist, in diese Dateien eine fremde *#include*-Direktive einzufügen, nur um den Compiler zufriedenzustellen, wählen Sie die zweite Möglichkeit. Dazu aktivieren Sie in der Dateiansicht mit der rechten Maustaste über einem Dateinamen das Kontextmenü und wählen dort *Einstellungen*. Alternativ kann man diesen Dialog auch über die Menüauswahl *Projekt/Einstellungen* anwählen. In der Baum-Ansicht links sieht man nun die dem Projekt zugehörigen Dateien. In dem Kombinationsfeld *Einstellungen für* wählen Sie *Alle Konfigurationen*. Da Sie die Einstellungen nicht für das ganze Projekt, sondern nur für Ihre eigenen MFC-unabhängigen Dateien ändern wollen - schließlich wollen Sie den Geschwindigkeitsvorteil vorübersetzter Definitionsdateien für die äußerst umfänglichen MFC- und Windows-Definitionsdateien beibehalten -, falten Sie den Unterpunkt *Quellcodedateien* durch einfachen Mausklick auf das vorstehende Pluszeichen oder Doppelklick auf den Unterpunkt auf und selektieren in dem Teilbaum durch Mausklick kombiniert mit der Steuerungstaste die beiden Quelldateien *Date.cpp* und *Holidays.cpp*. Nun können Sie für die selektierten Quelldateien unabhängig vom Restprojekt die Compilereinstellung ändern. Dazu wählen Sie im Dialog den Reiter *C/C++*, dort im Kombinationsfeld *Kategorie* für die Kategorie *Vorkompilierte Header* (vorübersetzte Definitionsdateien) und aktivieren das Optionsschaltfeld *Vorkompilierte Header nicht verwenden*. Nach der Bestätigung mit *OK* sollte sich das Projekt jetzt fehlerfrei übersetzten lassen (auch wenn es noch nicht viel Sinnvolles tut).

Textausgabe & DC erforschen

Im Projekt *HalloMFC* hatte die Funktion zum Zeichnen des Fensters die Form:

```
void CHalloMFCView::OnDraw(CDC* pDC)
{
    CRect rect;
    GetClientRect (&rect);
    pDC->DPtoLP(&rect);
    pDC->DrawText("Hallo Welt!", &rect, DT_CENTER |
                                    DT_VCENTER | DT_SINGLELINE);
}
```

Diese Methode ist für die Positionierung vieler kleiner Textelemente, wie sie für die Ausgabe eines Kalendariums erforderlich ist, sicherlich nicht optimal. Um eine bessere Lösung zu finden, suchen wir die Hilfefunktion auf. Das kann z. B. mit der *Suchen*-Schaltfläche in der Standardsymbolleiste (Fernglas und Fragezeichen) oder mit der Menüauswahl *?/Suchen*, Reiter *Index* geschehen. Als Ausgangspunkt unserer Suche geben Sie den Namen der im letzten Projekt verwendeten Ausgabefunktion *DrawText* ein. Mit der [Enter]-Taste oder der Schaltfläche *Themenliste* wird das Feld *Themen für Anzeige auswählen* mit den gefundenen Einträgen gefüllt. In diesem Feld werden Ihnen nun verschiedene Positionen vorgeschlagen, in denen Sie Informationen zum gegebenen Stichwort finden können. Von diesen wählen Sie die Position *Class Library Reference* z. B. durch Doppelklick aus und gelangen auf die Hilfeseite, auf der die Funktion *CDC::DrawText()* beschrieben wird. Wenn die Funktion *DrawText()* in Ihrem Quellcode bereits an irgendeiner Stelle steht, gibt es noch einen schnelleren Weg, an diese Stelle zu gelangen: Sie positionieren die Schreibmarke über dem fraglichen Begriff und drücken die F1-Taste. Wenn das Stichwort an mehreren Stellen der Hilfedateien behandelt wird, muß die gewünschte Information in einem folgenden Dialog genauer spezifiziert werden.

Letztlich erhalten Sie in jedem Fall in der Arbeitsfläche ein Fenster mit den gewünschten Hilfeinformationen. In der *InfoViewer*-Symbolleiste finden wir Schaltflächen, die den Umgang mit der Hilfefunktion weiter vereinfachen. Von links nach rechts sind das:

- *Inhalt abgleichen:* Baumdarstellung in der Hilfeansicht mit der angezeigten Hilfeseite synchronisieren und auffalten.
- *Vorhergehendes Thema im Inhaltsverzeichnis*: Eine Seite zurück in Hilfedatei.
- *Nächstes Thema im Inhaltsverzeichnis*: Eine Seite vor in Hilfedatei.
- *Untermenge definieren*: Mit dieser Schaltfläche gelangen Sie in einen neuen Dialog, in dem Sie einen Suchbereich definieren können.
- *Inhaltsverzeichnis-Untermenge auswählen*: Auswahl einer definierten Untermenge.
- *Suchen*: Diese Schaltfläche führt zum oben beschriebenen Suchen-Dialog.
- *InfoViewer-Lesezeichen*: Auswahl eines definierten Lesezeichens.
- *Neues InfoViewer-Lesezeichen*: Lesezeichen einfügen.
- *Vorhergehendes InfoViewer-Lesezeichen*: Geht zum vorher gewählten Lesezeichen.
- *Nächstes InfoViewer-Lesezeichen*: Geht zum nächsten gewählten Lesezeichen.
- *Zurück:* Zurück zur zuletzt betrachteten Hilfeseite.
- *Vorwärts:* Zurück zur vorher betrachteten Hilfeseite. D. h., es wird zu der Hilfeseite gegangen, die Sie mit der *Zurück*-Schaltfläche verlassen haben.
- *Themenabfrage beenden*: Unterbricht eine laufende Themenabfrage.
- *Ansicht aktualisieren*: Es wird geprüft, ob eine aktualisierte Ansicht vorliegt, und diese gegebenfalls geladen.
- *Homepage*: Geht zur Homepage zurück (nur für Internet-Verbindung).
- *Schriftgrad*: Ändert die Größe der Schrift.
- *Aktueller URL*. Zeigt den aktuellen URL.

Umfeld absuchen

Um das Umfeld der gefundenen Hilfeseite abzusuchen, können wir zum einen mit der Synchronisationsschaltfläche (ganz links in der *InfoViewer*-Symbolleiste) die Baumdarstellung der Hilfeinformationen synchronisieren und die dort angezeigten Seiten durchsehen. Von allgemeinen Informationen über die Klasse *CDC* bis hin zu Informationen über Komponentenfunktionen finden Sie hier die vollständige Dokumentation der Gerätekontext-Klasse (zur Erinnerung: ein Gerätekontext repräsentiert die Zeigefläche bzw. das Ausgabegerät und merkt sich die gewählten Einstellungen wie Zeichensätze, Farbe, Zeichenstifte oder Füllmuster). Zum anderen können Sie am unteren Rand der Hilfeseite ein verwandtes Thema aus der *See-Also*-Liste auswählen. Wenn Sie sich nicht zunächst ganz allgemein über eine Klasse informieren wollen, führt dieser Weg im allgemeinen schneller zum Ziel.

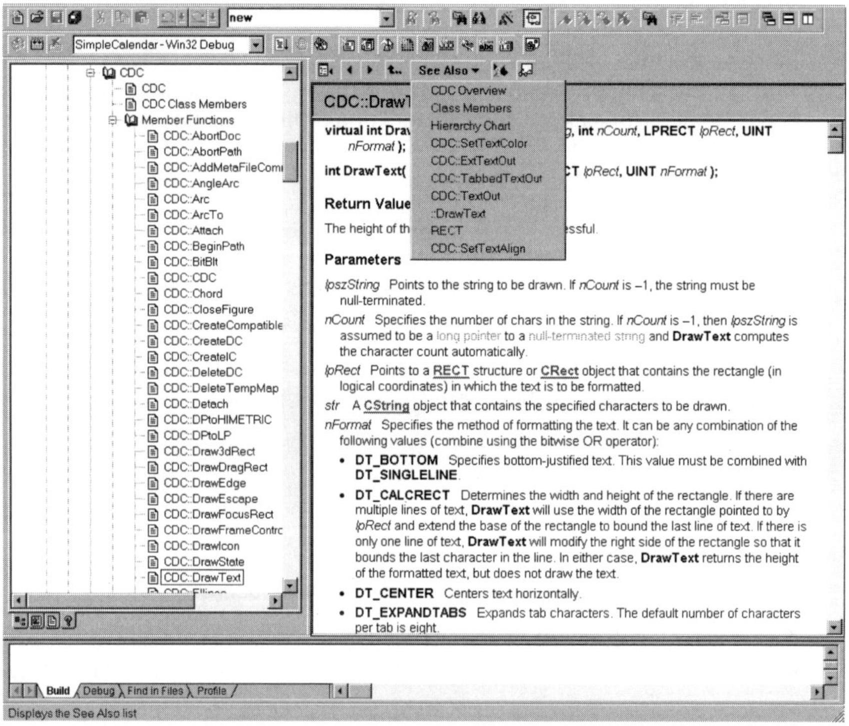

Abb. 67: Hilfe-Information zur MFC-Funktion CDC::DrawText(). Die baumstrukturierte Anzeige der verfügbaren Hilfethemen in der Informationsansicht wurde mit der Synchronisationsschaltfläche (über dem Hilfefenster ganz links) mit dem angezeigten Hilfetext synchronisiert

TextOut-Funktion

Die Auswahl der Informationen zu *CDC::TextOut*() zeigt, daβ diese Funktion genau das leistet, was wir benötigen: die Ausgabe einer Zeichenkette an eine bestimmte Koordinatenposition.

Es gibt zwei überladene Versionen der Funktion, eine für den Umgang mit herkömmlichen C-Strings und eine für Objekte des Typs *CString*.

```
virtual BOOL TextOut( int x, int y, LPCTSTR lpszString, int nCount );
        BOOL TextOut( int x, int y, const CString& str );
```

Da wahrscheinlich (wie ein Blick in die Quelldatei *afxwin1.inl* auch bestätigt) die *CString*-Version der Funktion auf die *C-String*-Variante zurückgeführt wird, ist nur diese als virtuell vereinbart - das spart Platz in der *VTable*.

Textabmessungen

Stöbern wir erneut mit *See Also* in den Querverweisen, stoßen wir auf die Funktion *CDC::GetTextExtent*(). Da wir bei der Ausgabe unter Windows wegen der variablen Schriftarten und -größen sowie der Proportionalschrift nicht von vornherein wissen, wieviel Platz ein gegebener Text benötigt, kommt diese Funktion uns gerade recht, wir sehen uns also diese Hilfeseite näher an. Zu *GetTextExtent()* finden wir unter anderem:

```
CSize GetTextExtent( LPCTSTR lpszString, int nCount ) const;
CSize GetTextExtent( const CString& str ) const;

Return Value
    The dimensions of the string (in logical units) in a CSize object.
```

Der Typ CSize

CDC::GetTextExtent() liefert als Ergebnis seiner Bemühungen die Abmessungen der Zeichenkette in einem Objekt vom Typ *CSize*. Auf der Hilfeseite ist der Begriff *CSize* unterstrichen und hervorgehoben, es handelt sich um einen Querverweis zu weiteren Informationen über diesen Datentyp. Allerdings scheint die Information, die wir erhalten, indem wir auf das Wort *CSize* klicken, ziemlich mager. Synchronisieren wir jedoch mit dem entsprechenden Schaltfeld die Info-Ansicht, stellen wir (insbesondere nach Aufklappen der Symbole für *member-functions* und *operators*) fest, daß es auch eine ganze Menge Informationen zu Anwendung, Komponentenfunktionen und Operatoren von *CSize* gibt.

CSize enthält die Abmessungen eines rechteckigen Bereichs in den Komponentenvariablen *cx* und *cy*, auf die direkt zugegriffen werden kann. An Komponentenfunktionen stehen eine Reihe von Konstruktoren zur Initialisierung mit *int*-Wertepaaren oder anderen *CSize*-Objekten, wie auch zur Typumwandlung von Ausgangstypen *CPoint* und *DWORD*, zur Verfügung. Weiterhin sind Operatoren zum Vergleich auf Gleich- und Ungleichheit, Addition und Subtraktion und Addition und Subtraktion mit kombinierter Zuweisung definiert. Schauen wir uns den Additions-Operator genauer an, z. B. indem wir auf den zugehörigen Eintrag in der Info Ansicht klicken oder uns von der Seite *CSize Class Members* über den entsprechenden Querverweis „weiterhangeln". Den Additions-Operator für *CSize*-Objekte gibt es in gleich drei überladenen Varianten:

```
CSize  operator+ (SIZE size) const;
CPoint operator+ (POINT point) const;
CRect  operator+ (const RECT* lpRect) const;
```

Der erste addiert ein *SIZE*-Objekt zu unserem *CSize*-Objekt. Da *CSize* von der (C-) Struktur *SIZE* abgeleitet ist und damit auch vom Typ *SIZE* ist, gilt dieser Operator auch für die Addition von *CSize*-Objekten untereinander. Der zweite addiert einen Punkt *point* (vom Typ *POINT* oder auch dem abgeleiteten MFC-Typ *CPoint*) und liefert physikalisch korrekt ein *CPoint*-Objekt (und nicht etwa ein *CSize*-Objekt) zurück. Koordinatenpositionen und Punkte werden in den MFC also durch ein Objekt vom Typ *CPoint* repräsentiert, während Abmessungen und Abstände zwischen Punkten mit *CSize*-Objekten beschrieben werden. Der dritte Additions-Operator schließlich addiert die in *CSize* abgelegten Abmessungen zu allen Ecken eines Rechtecks hinzu und verschiebt dieses so. Diese Operator-Funktion erwartet als Argument einen Zeiger auf ein (schreibgeschütztes) Objekt vom Typ *RECT*. Insbesondere in Funktionen der Windows-API kommen solche Zeiger sehr häufig vor. Da eine (automatische) Umwandlungsfunktion von *CRect* in *RECT** in der Klasse *CRect* definiert ist, können aber genauso gut *CRect*-Objekte als zweites Argument verwendet werden. Das Ergebnis ist ein *CRect*-Objekt.

Komponentenfunktion einfügen

Unsere kleine Erkundungstour hat uns nun neben einem Eindruck von der Leistungsfähigkeit und Verwendung des Hilfesystems die Informationen gebracht, die wir für eine neue *PrintMonth()*-Funktion benötigen. Zunächst fügen Sie eine leere *PrintMonth()*-Funktion in die Klasse *CSimpleCalendarView* ein.

Dazu wählen Sie (wenn Sie Definition und Deklaration nicht in althergebrachter Weise manuell einfügen wollen) die Klasse *CSimpleCalendarView* in der Klassenansicht und wählen im Kontextmenü (rechte Maustaste) *Member-Funktion hinzufügen*. In den Eingabefeldern für *Funktions(rückgabe)typ* bzw. Funktionsdeklarator geben Sie den Rückgabetyp *void* bzw. den *Funktionsdeklarator PrintMonth (CDC* pDC, int month, int year)* ein und wählen *privaten Zugriff*. Nach Bestätigung trägt Developer Studio an der ersten passenden Stelle die Funktionsdeklaration

```
private:
    void PrintMonth (CDC* pDC, int m, int y);
```

in die Klassendefinition ein und fügt den noch leeren Funktionsrumpf

```
void CSimpleCalendarView::PrintMonth (CDC* pDC, int m, int y)
{

}
```

am Ende der Quelldatei an. Der Editor zeigt automatisch die neu erzeugte Funktion an. Zunächst vereinbaren Sie eine Buffer-Variable *buf* als Arbeitsbereich für eine benötigte Standard-C-Bibliotheks-Funktion.

```
void CSimpleCalendarView::PrintMonth (CDC* pDC, int m, int y)
{
    char buf[64];   // Buffer für C-String-Funktion ltoa() unten
```

Es folgen Anweisungen zur Ausgabe des Monatsnamens und des Kopfes des Kalendariums. In der Konsolenanwendung hatten Sie dies mit einer einzigen Programmzeile erledigt:

```
// Alte Version eines Kalendariumkopfes
// cout << Date::GetNameOfMonth(m) << "\n\n  Mo    Di    Mi    Do
                                              Fr    Sa    So\n\n";
```

In einem Windows-Programm ist das nicht so einfach, da Sie hier keine Ein-/Ausgabeströme zur Ausgabe in ein Fenster zur Verfügung haben[50], proportionale oder nichtproportionale Schriftarten beliebiger Größe und die freie Positionierbarkeit der im Prinzip immer grafischen Ausgabe berücksichtigen müssen. Da Sie die Spaltenüberschriften wegen der Proportionalschrift nun einzeln ausgeben müssen und dies gerne mit einer Schleife erledigen wollen, legen Sie ein statisches Feld mit Überschriften an. Statisch ist dieses Feld, damit es nicht bei jedem Funktionsaufruf neu initialisiert wird. Auch den mit *Date::GetNameOfMonth(m)* ermittelten Monatsnamen geben Sie nicht wieder sofort aus, sondern legen ihn zunächst in einer Variable *outstr* vom Typ *CString* ab. Dadurch können Sie den Monatsnamen auf einfache Weise mit weiteren Informationen, wie hier der Jahreszahl, verknüpfen.

```
static const char wdays[7][3] = {"Mo", "Di", "Mi", "Do", "Fr",
                                                    "Sa", "So"};
CString outstr = Date::GetNameOfMonth(m);
```

Die Ausgabe erfolgt mit der Funktion *TextOut()*, die Sie bei Ihren Streifzügen durch die Hilfeseiten gefunden haben. Bei der Ausgabe verknüpfen Sie den Namen jedoch noch mit der Jahreszahl. Da *outstr* vom Typ *CString* ist, ruft der Ausdruck *outstr* + „ „ die *friend*-Operator-Funktion

```
// CString operator+(const CString& string, LPCTSTR lpsz);
```

auf, die wieder einen *CString* zur Verknüpfung mit der nächsten C-Zeichenkette liefert. Die Zeichenkette der Jahreszahl wird mit der Standard-Funktion *ltoa*() (*long to ascii*) in *buf* als C-String erzeugt, die als Ergebnis einen Zeiger auf diesen String liefert. Das Ergebnis der gesamten String-Verkettung ist ein *CString*-Objekt, welches zum Aufruf der *C-String*-Variante von *CDC::TextOut()* führt. Die Ausrichtung des Texts der weiteren *TextOut()*-Aufrufe wird durch die *SetTextAlign()*-Funktion festgelegt, auf die in der *TextOut()*-Hilfeseite ein leicht zu übersehender Hinweis (leider auch noch in einem irreführenden Zusammenhang) zu finden ist. Für die Spalten des Kalenders – und Zahlen ganz allgemein – ist eine rechtsbündige Ausrichtung am zweckmäßigsten.

```
pDC->TextOut(0, 0, outstr + " " + ltoa(y,buf,10));
pDC->SetTextAlign(TA_RIGHT);
```

50 Das ist auch der Grund, weshalb wir auf eine detaillierte Beschreibung der Ein- und Ausgabeströme, die in den meisten C++-Büchern mindestens ein Kapitel einnimmt, verzichtet haben. In Windows ist dieses Wissen nicht besonders nützlich, da es kaum Einsatzmöglichkeiten dafür gibt.

Für sämtliche weiteren Ausgaben benötigen Sie zur Positionierung Informationen über die Schriftgröße. In diesem konkreten Fall ist es zweckmäßig, stellvertretend für alle Ziffern (auch in proportionalen Zeichensätzen sind Ziffern immer alle gleich breit) die Zeichenkette mit der einen Ziffer *0* mit *CDC:: GetTextExtent()* zu untersuchen. Aus dem Ergebnis lassen sich leicht Schrittweiten in *x*-Richtung (*dx*, *ddx*) und *y*-Richtung (*dy*, Anfangswert *y0*) festlegen. Zur Beschreibung der momentanen Schreibposition verwenden Sie ein Objekt *pos* des MFC-Typs *CPoint* und für bestimmte feststehende Verschiebungen dieses Punkts die *CSize*-Objekte *hstep* (horizontaler Schritt) und *nline* (neue Zeile).

```
CSize digitSize = pDC->GetTextExtent("0");
int dy = digitSize.cy, ddx = digitSize.cx, dx = ddx*5,
                                             x0 = 0, y0 = dy*2;
CPoint pos(dx,dy*2);
CSize  hstep(dx,0);
CSize  nline(-7*dx,dy);
```

Damit können Sie nun die Kopfzeile des Kalendariums ausgeben:

```
for (int col = 0; col < 7; col++)
{
    pDC->TextOut( pos.x, pos.y, wdays[col]);  // linksbündig, s.o. !
    pos += hstep;                             // weiterschieben
}
pos += nline;                                 // neue Zeile
```

Da Sie den göβten Teil der Vorarbeiten bereits erledigt haben, erfolgt die Ausgabe des Kalendariums nun in ganz ähnlicher Form wie in der früheren Version. Die Unterscheidung von Feiertagen im Kalendarium mittels der Funktion *GetHolidayMark(date)* lassen Sie dabei zunächst noch außen vor. Die Position in *x*-Richtung wird durch expliziten Zugriff auf die *x*-Komponente weitergestellt. Das gilt zwar als schlechter C++-Stil, ist aber hier legitim, da die Schnittstelle von *CPoint* aus Gründen der Effizienz bewußt mit dieser Möglichkeit im Hinterkopf entworfen wurde. Am Ende einer Zeile wird das *CSize*-Objekt *nline* zu *pos* addiert und *pos* damit in *x*-Richtung um 7 Positionen zurück und in *y*-Richtung um einen Schritt nach vorne gesetzt.

```
GregorianDate first(1,m,y), last(first.getDaysOfMonth(),m,y), date;
col = first.getDayOfWeek();

pos.x = (col+1)*dx;   // eine Spalte mehr nach rechts wegen TA_RIGHT

for (date = first; date <= last; ++date)
{
    pDC->TextOut(pos.x, pos.y, ltoa(date.getDay(), buf, 10));
    pos.x += dx;

    if (++col == 7)
    {
        col = 0;
        pos += nline;
    }
}
```

Der Rest der Funktion, die Ausgabe der Liste der Feiertage dieses Monats, gestaltet sich wieder aufwendiger. Wo in der Konsolenversion eine Ausgabeanweisung mittels einer Reihe von <<-Operatoren ausreichte, benötigen wir nun eine ganze Reihe von Einzeloperationen, um unsere Ausgabedaten zu formatieren. Zunächst setzen Sie die Position auf einen neuen (Anfangs-)Wert und beginnen eine Schleife, um alle Tage des Monats auf die Eigenschaft *Feiertag* zu testen:

```
pos.x = x0;
pos.y += dy;

for (date = first; date <= last; ++date) if (IsHoliday(date))
```

Für den Fall, daβ dieser Test erfolgreich verläuft, müssen Sie nun die Position weiterstellen, das Tagesdatum mittels *ltoa()* in eine Zeichenkette umwandeln und mit einem Punkt verzieren, rechtsbündige Justierung sicherstellen und die Zeichenkette ausgeben. Danach wird der Rest des Datums gebildet, mit dem Namen des Feiertags verknüpft und diesmal linksbündig an der gleichen Position ausgegeben.

```
{
     pos.x = ddx*3;                              // absolute x-Position
     pos.y += dy;                                // relative Verschiebung
     outstr = ltoa(date.getDay(), buf, 10);
     outstr += ".";
     pDC->SetTextAlign(TA_RIGHT);
      pDC->TextOut(pos.x, pos.y, outstr);
      outstr = ltoa(m, buf, 10);
      outstr += ". - ";
      outstr += GetHolidayName(date);
      pDC->SetTextAlign(TA_LEFT);
     pDC->TextOut(pos.x, pos.y, outstr);
}
```

Eine weitere geschweifte Klammer schlieβt die Funktion ab.

```
}
```

Damit die *PrintMonth()*-Funktion auch aufgerufen wird, ändern Sie *CSimpleCalendar-View::OnDraw()* so, daβ ein Monat, hier zunächst willkürlich ausgewählt Dezember 1996, ausgedruckt wird.

```
void CSimpleCalendarView::OnDraw(CDC* pDC)
{
    CSimpleCalendarDoc* pDoc = GetDocument();
    ASSERT_VALID(pDoc);

    PrintMonth (pDC, 12, 1996);
}
```

Wenn Ihnen keine Tippfehler unterlaufen sind, sollte das Programm sich nun ohne weiteres übersetzen und starten lassen. Das Fenster der Anwendung zeigt, wie von uns beabsichtigt, das Kalendarium.

Feiertage hervorheben

Um die Übertragung der Konsolenversion nicht unnötig unübersichtlich zu machen, haben wir die Hervorhebung der Feiertage entsprechend *GetHolidayMark(date)* zunächst außen vor gelassen. Sicherlich wird man in einer grafisch orientierten Umgebung wie Windows nicht ein so plumpes Mittel zur Hervorhebung der Feiertage wählen, wie wir es in unserer schlichten Konsolenversion getan haben. Rasches Stöbern in den Komponentenfunktionen der Gerätekontextklasse *CDC* führt auf die Funktion *SetTextColor*(). Die Hilfe liefert die folgenden weiterführenden Informationen:

```
virtual COLORREF SetTextColor( COLORREF crColor );
// Rückgabewert: RGB-Wert der bisherigen Textfarbe.
// Parameter: crColor   Spezifiziert die Textfarbe als RGB-Farbe
```

Offensichtlich wird der Komponentenfunktion ein Farbwert als RGB-Wert, also aufgespalten in Rot, Grün und Blau-Komponenten, übergeben. Der Parameter hat den Typ *COLORREF*. Zu *COLORREF* gibt es auf der Hilfeseite keinen Querverweis. Suchen Sie nach *COLORREF* in der Hilfe, stoßen Sie auch auf den Verweis zum Stichwort *RGB*. Anklicken liefert Ihnen einen Hilfekasten, der Sie darüber aufklärt, daß RGB-Werte von *(0,0,0)* für Schwarz (kein Licht in irgendeiner Farbe) bis zu *(255,255,255)* für Weiß (100% Intensität in allen drei Farbkomponenten) geht. Da *COLORREF* ein Typ ist, lassen sich sicherlich *COLORREF*-Objekte in der Schreibweise *COLORREF (r,g,b)* konstruieren.

Um Feiertage zu berücksichtigen, fügen Sie nun am Beginn der *for*-Schleife zur Ausgabe der Tage des Monats zur farblichen Hervorhebung den folgenden Code ein:

```
switch (GetHolidayMark(date))
{
case '*':
    pDC->SetTextColor(COLORREF(255,0,0) );
    break;
case '+':
    pDC->SetTextColor(COLORREF(128,128,128) );
    break;
default:
    pDC->SetTextColor(COLORREF(0,0,0) );
    break;
}
```

Zu unserem großen Erstaunen gibt der Compiler eine Fehlermeldung aus. Die Definition der Farben mit drei Argumenten für *COLORREF()* zur Konstruktion der Farben scheint also nicht in Ordnung zu sein.

Der Browser

Vielleicht aber war die Verwendung von *COLORREF* so doch nicht in Ordnung – eine gute Gelegenheit, eine weitere hilfreiche Eigenschaft der Entwicklungsumgebung auszuprobieren.

Sie klicken mit der Maus in den Bezeichner COLORREF und wählen mit der rechten Maistaste das Kontextmenü. Dort wählen Sie den Eintrag *Gehe zu Definition von COLORREF*. Dies ruft den Browser der Entwicklungsumgebung auf.

Allerdings benötigt der Browser eine Datenbank, die von einem weiteren Hilfsprogramm aus Informationen des Compilers generiert wird. Da diese Dateien groß werden können und die Generierung zusätzliche Turnaround-Zeit beansprucht, waren die Projekte (per Voreinstellung) bisher so konfiguriert, daß keine Browser-Informationen erzeugt wurden. Developer Studio bemerkt jedoch das Fehlen der Browser-Datenbank und fragt, ob die Projekteinstellungen geändert und das Projekt mit geänderten Einstellungen neu übersetzt werden soll.

Beantworten Sie diese Frage zustimmend, wird das Projekt neu übersetzt, die Browser-Datenbank angelegt und wunschgemäß die Definition von *COLORREF* angezeigt.

Zu Ihrer Verwunderung (☺) zeigt sich, daß *COLORREF* kein vernünftiger Klassentyp ist, sondern nichts anderes als ein weiterer Name für den Typ *DWORD*, also eine vorzeichenlose 32-Bit Zahl.

```
typedef DWORD   COLORREF;                   // in windef.h(224)
```

Vorsicht Falle!

COLORREF ist ein altehrwürdiger Typ aus der Windows-API und enthält in den niederwertigsten drei Bytes jeweils einen Farbwert. Um aus den drei RGB-Komponenten einen *COLORREF*-Wert zu machen, stellt die Windows-API das Makro *RGB()* zur Verfügung.

Leider hat Microsoft darauf verzichtet, für Farben einen eigenen MFC-Typ wie *CColorRef* oder *CColor* mit sauberen C++-Schnittstellen zu definieren und einer automatischen Umwandlung nach *COLORREF* zur Verfügung zu stellen.

Ändern Sie die drei *case*-Zweige in der *switch*-Anweisung entsprechend

```
case '*':
   pDC->SetTextColor(RGB(255,0,0) );
   break;
case '+':
   pDC->SetTextColor(RGB(128,128,128) );
   break;
default:
   pDC->SetTextColor(RGB(0,0,0) );
   break;
```

erhalten Sie tatsächlich das gewünschte Ergebnis.

H

C-Elemente in der MFC

▶ In den MFC müßten Sie gelegentlich mit C-Anachronismen rechnen, die nicht durch saubere C++-Konstrukte ersetzt worden sind. Die Mischung von C-Elementen der API mit den in C++ entwickelten Klassen der MFC führt bisweilen zu Verhaltensweisen, die dem Geist von C++ oder der intuitiven Erwartung von C++-Programmierern zuwiderlaufen. In solchen Fällen hilft vor allen Dingen eine gründliche Kenntnis der Sprache C++ weiter!

Komponentenvariable einfügen

Es ist nun ziemlich unbefriedigend, nur einen einzigen fest eingestellten Monat anzeigen zu können. Sie fügen daher in die Ansichtsklasse eine Komponente mit dem aktuell angezeigten Datum ein. Dazu wählen Sie in der Klassenansicht die Klasse *CSimpleCalendarView* und im Kontextmenü den Punkt *Member-Variable hinzufügen*. In den Eingabefeldern für Variablentyp bzw. Variablendeklarator geben Sie den Typ *GregorianDate* bzw. den Variablennamen *currentDate* ein und wählen *privaten Zugriff*. Damit der Compiler eine Komponentenvariable dieses Typs aber richtig verarbeitet, müssen Sie in der Definitionsdatei außerdem eine Zeile mit der folgenden *#include*-Direktive einfügen:

```
#include "Date.h"
```

CTime-Funktionen

Aus der Übersicht erinnern wir uns, daß die MFC eine Klasse *CTime* besitzen. Eine genauere Untersuchung der Komponentenfunktionen mit der Hilfefunktion (z. B. mit der *Suchen*-Schaltfläche der Standardsymbolleiste oder der Menüwahl *?/Suchen*, Dialogseite *Index*, Indexeintrag *CTime* und Thema *CTime Class Members*) führt uns zur statischen Funktion *CTime GetCurrentTime()*, die ein *CTime*-Objekt mit der momentanen Zeit liefert. Die Werte für Tag, Monat und Jahr können mit Komponentenfunktionen *GetDay()*, *GetMonth()* und *GetYear()* abgefragt werden. Damit können Sie *currentDate* im Konstruktor ordentlich initialisieren:

```
CSimpleCalendarView::CSimpleCalendarView()
{
                    // ZU ERLEDIGEN: Hier Code zur Konstruktion einfügen,

    CTime t = CTime::GetCurrentTime();
    currentDate = GregorianDate (t.GetDay(), t.GetMonth(), t.GetYear());
}
```

Unter diesen Umständen macht es natürlich nicht mehr viel Sinn, der *PrintMonth()*-Funktion Monat und Jahr zu übergeben, diese Informationen kann *PrintMonth()* sich aus *currentDate* selbst besorgen. Die Beseitigung der überflüssigen Funktionsparameter sowohl in der Klassendefinition als auch in der Implementation kann bei Visual C++ leider nur manuell erfolgen. Die ansonsten nötigen Änderungen sind minimal:

```
void CSimpleCalendarView::PrintMonth (CDC* pDC)
{
    int m = currentDate.getMonth(), y = currentDate.getYear();
    char buf[64];    // Buffer für C-String-Funktion ltoa() unten

    static const char wdays[7][3] = {"Mo", "Di", "Mi", "Do",
                                      "Fr", "Sa", "So"};

    CString outstr = currentDate.getNameOfMonth();
    pDC->TextOut(0, 0, outstr + " " + ltoa(y,buf,10));
    // ...
```

und in der Funktion *OnDraw()*:

```
void CSimpleCalendarView::OnDraw(CDC* pDC)
{
    CSimpleCalendarDoc* pDoc = GetDocument();
    ASSERT_VALID(pDoc);

    PrintMonth (pDC);
}
```

Nun zeigt unser Programm nicht mehr einen fest eingestellten, sondern den aktuellen Monat an.

Klassenzauberei – Arbeiten mit dem Klassen-Assistenten

Von einer interaktiven Anwendung kann im Moment noch nicht unbedingt die Rede sein. Wollen wir das ändern, müssen wir unsere Anwendung in die Lage versetzen, auf Windows-Botschaften zu reagieren. Die dazu benötigten Hilfsmittel stellt der Klassen-Assistent bereit, der in der Lage ist, zu Windows-Botschaften automatisch passende Komponentenfunktionen und alle notwendigen Einträge in der Nachrichtentabelle und der Klassendefinition der Klasse zu erzeugen.

Der Klassen-Assistent

Der Klassen-Assistent wird aktiviert durch den Menübefehl *Ansicht/Klassen-Assistent.* Was Sie vom Klassen-Assistenten zu sehen bekommen, ist im wesentlichen ein Dialog in der Art eines Eigenschaftsdialogs mit fünf Reitern, von denen zunächst nur der Reiter *Nachrichtenzuordnungstabellen* interessiert. Dieser wählt die Seite aus, die zum Einfügen und Bearbeiten von Komponentenfunktionen zur Nachrichtenbearbeitung dient.

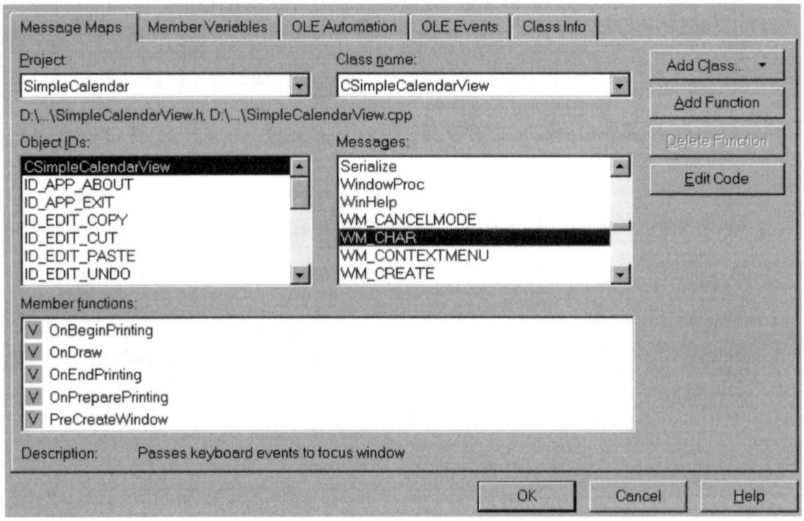

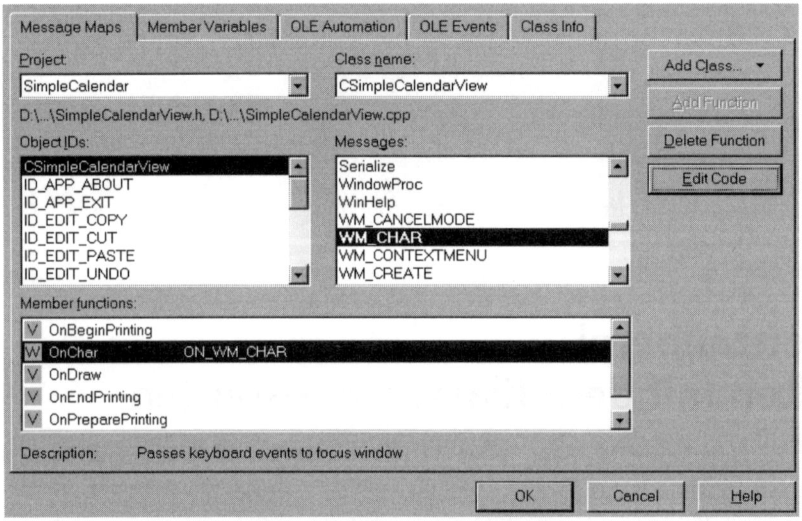

Abb. 68: Der Klassen-Assistent unmittelbar vor und nach dem Erzeugen einer Komponentenfunktion CSimpleCalendarView::OnChar() zur Bearbeitung der Windows-Nachricht WM_CHAR

Die obersten Felder erlauben es, Projekt und bearbeitete Klasse zu wählen. Hier sollten Sie bei *Klassenname* sicherstellen, daß *CSimpleCalendarView* ausgewählt ist. Im Feld *Objekt-IDs* darunter wählen Sie auch *CSimpleCalendarView*, da die Botschaften von der Klasse selbst bearbeitet werden sollen. (Die Bedeutung der übrigen Einträge werden wir später kennenlernen.) Im Listenfeld rechts daneben sind alle Nachrichten aufgelistet, die das links ausgewählte Objekt bearbeiten kann. Im Fall der von *CCmdTarget* abgeleiteten Klassen können das zwei Arten von Nachrichten sein:

Aufrufe virtueller Funktionen (also Nachrichten im OOP-Sinne) oder die über Nachrichtentabellen bearbeiteten Windows-Nachrichten. Beide Arten von Nachrichten kann man an der Schreibweise unterscheiden, Funktionsnamen enthalten Groß- und

Kleinbuchstaben, während Windows-Botschaften nur mit Großbuchstaben und unterstrichen geschrieben sind. Die verfügbaren Nachrichten lassen sich leicht mit den Cursor-Tasten durchblättern, wobei am unteren Rand der Dialogseite im Feld *Beschreibung* eine kurze Beschreibung des Zwecks der Nachricht erscheint.

Im Listenfenster *Member-Funktionen* oberhalb dieses Felds sind alle Funktionen zur Nachrichtenbearbeitung aufgelistet, die bereits für die augenblickliche Klasse implementiert sind.

Bearbeitungsfunktion einfügen

Die zunächst sicherlich einfachste Möglichkeit zur Interaktion mit unserem Programm ist die über Tasteneingaben, z. B. mit den Tasten [+] und [-]. Blättern wir in der Liste der Nachrichten, fällt uns bald der Eintrag *WM_CHAR* ins Auge mit der Erläuterung „Übergibt die Tastaturereignisse an das Fenster mit dem Eingabefokus".

Ein Doppelklick auf die Botschaft oder die Schaltfläche *Funktion hinzufügen* fügt automatisch die zugehörige Funktion *OnChar()* zur Bearbeitung dieser Nachricht als normale (d. h. nicht-virtuelle Funktion) in Klassendefinition und Implementation ein und ergänzt auch die Nachrichtentabelle entsprechend. In der untenstehenden Liste der existierenden Komponentenfunktionen zur Nachrichtenbearbeitung taucht die Funktion *OnChar()* auch sofort auf. Da sie Windows-Nachrichten direkt ohne die Zwischenstufe virtueller Nachrichten behandelt, ist sie mit einem vorangestellten *W*-Symbol gekennzeichnet.

Virtuelle Funktionen zur Bearbeitung von Windows- oder MFC-Botschaften erkennt man dagegen am vorangestellten *V*-Symbol. Im Nachrichtenfenster ist die Nachricht *WM_CHAR* wie andere Nachrichten mit definierter Bearbeitungsfunktion fetter dargestellt.

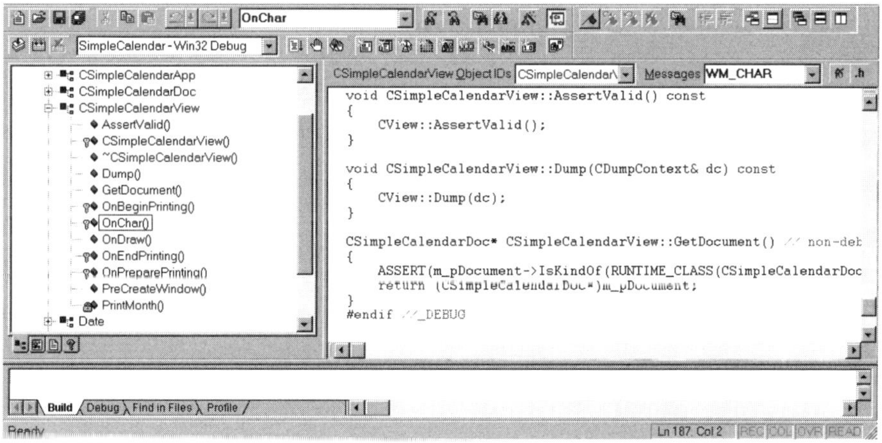

Abb. 69: Die Umgebung nach dem Einfügen der Nachrichtenbearbeitungsfunktion OnChar() mit dem Klassen-Assistenten. Das Editorfenster im Arbeitsbereich weist nun zusätzlich die Assistentenleiste am oberen Rand auf

Klicken Sie nun auf die Schaltfläche *Code bearbeiten*, landen Sie genau bei der neu definierten Funktion im Editorfenster. Nähere Informationen über *OnChar()* können Sie sich auch hier wieder verschaffen, indem Sie den Cursor im Wort *OnChar* positionieren und die [F1]-Taste drücken.

Die Assistentenleiste

Erst beim zweiten Hinsehen fällt auf, daß sich auch das Erscheinungsbild des Editorfensters leicht geändert hat – am oberen Rand des Fensters ist eine neue Kontrolleiste aufgetaucht, die sogenannte Assistentenleiste.

Diese erlaubt es uns, auch ohne den großen Klassen-Assistent-Dialog die wesentlichsten Operationen des Klassen-Assistenten zu erreichen.

Assistierter Code

Neben der Erzeugung einer Standardversion von *OnChar()* hat der Klassen-Assistent noch zwei andere Änderungen am Code der Klasse vorgenommen.

In der Klassendefinition wurde eine Deklaration für *OnDraw()* eingefügt (Änderungen hervorgehoben):

```
// Generierte Message-Map-Funktionen
protected:
    //{{AFX_MSG(CSimpleCalendarView)
    afx_msg void OnChar(UINT nChar, UINT nRepCnt, UINT nFlags);
    //}}AFX_MSG
    DECLARE_MESSAGE_MAP()
  // ...
```

In der Nachrichtentabelle ziemlich am Anfang der Implementationsdatei hat der Klassen-Assistent den zu *WM_CHAR*-Nachricht und *OnChar()*-Funktion gehörigen Makroaufruf in die Nachrichtentabelle eingefügt.

Zu allen Windows-Nachrichten existieren solche vorgefertigten Makros, die die Verbindung von Windows-Nachrichten mit der passenden Bearbeitungsfunktion übernehmen - der Programmierer braucht sich (außer in Ausnahmefällen) nicht um die Details der Nachrichtenbearbeitung zu kümmern.

```
BEGIN_MESSAGE_MAP(CSimpleCalendarView, CView)
    //{{AFX_MSG_MAP(CSimpleCalendarView)
    ON_WM_CHAR()
    //}}AFX_MSG_MAP
    // Standard-Druckbefehle
    ON_COMMAND(ID_FILE_PRINT, CView::OnFilePrint)
    ON_COMMAND(ID_FILE_PRINT_DIRECT, CView::OnFilePrint)
    ON_COMMAND(ID_FILE_PRINT_PREVIEW, CView::OnFilePrintPreview)
END_MESSAGE_MAP()
```

WM_CHAR bearbeiten

Um die gewünschte Reaktion auf Tastenbetätigungen zu bekommen, ändern Sie die Funktion *OnChar()*[51] wie folgt:

```
void CSimpleCalendarView::OnChar(UINT nChar, UINT nRepCnt, UINT nFlags)
{
    // TODO: Code für die Behandlungsroutine für Nachrichten
    // hier einfügen und/oder Standard aufrufen

    while (nRepCnt--)
        switch (nChar)
        {
        case '+':
            currentDate += currentDate.getDaysOfMonth();
            break;
        case '-':
            currentDate -= currentDate.getDaysOfMonth();
            break;
        default:
            CView::OnChar(nChar, nRepCnt, nFlags);
            return;
            break;
        }
    Invalidate();
}
```

Die Funktion *OnChar()* erhält, falls eine Taste gedrückt wurde, von Windows den ASCII-Code der entsprechenden Taste, und die Information, wie oft die Taste gedrückt wurde. Die Flags *nFlags* kann man im allgemeinen ignorieren.

Fenster neu zeichnen

Allerdings genügt es nicht, nur den Wert der Variablen *currentDate* zu ändern; irgendwie muß Windows auch mitgeteilt werden, daß das Fenster neu gezeichnet werden muß. Dieses Neuzeichnen wird jedoch in der Regel (zumindestens wenn es sich um permanente Veränderungen handelt) nicht direkt durch den Anwendungscode durchgeführt. Vielmehr wird Windows mitgeteilt, daß das ganze Fenster oder ein Teilbereich davon ungültig geworden ist (in diesem Fall aufgrund einer Änderung der zugrundeliegenden Daten) und neugezeichnet werden muß. Dies geschieht mit der in jeder Fensterklasse verfügbaren Komponentenfunktion *Invalidate()* bzw. *InvalidateRect()*. Dadurch kann zum Neuzeichnen eines Fensters nach einer Änderung der zugrundeliegenden Daten die gleiche *OnDraw()*-Funktion verwendet werden, die auch dem Neuzeichnen des Fensters in anderen Situationen dient. Um die Details, wann und wie ein Neuzeichnen des Fensters veranlaßt wird, kümmert sich dann Windows.

---

51 Dieser Code hat übrigens eine kleine Macke und liefert nicht immer das erwartete Ergebnis. Wann macht sich der (Denk-)Fehler bemerkbar, und wie kann man ihn beheben? ☺

Virtuelle Tastencodes

Leider reagiert *OnChar()* nur auf ASCII-Zeichen, für die Behandlung beispielsweise der Pfeiltasten ist sie ungeeignet. Wollen Sie die kleine Anwendung lieber mit den Pfeiltasten steuern, müssen Sie nach einer anderen Windows-Nachricht suchen und eine passende Bearbeitungsfunktion einfügen.

Hier hilft in der Hilfeseite von *CWnd::OnChar()* wieder ein Querverweis von *See Also* weiter – interessante Kandidaten sind die *WM_KEYDOWN*- und *WM_KEYUP*-Botschaften. Folgen Sie dem Verweis, finden Sie, daß *WM_KEYDOWN* und die zugehörige Bearbeitungsfunktion *OnKeyDown()* tatsächlich auf alle Nicht-System-Tastenbetätigungen reagiert und virtuelle Tastencodes liefert. Die Suche zum Stichwort *virtual-key codes* ist leider denkbar unergiebig, so daß Sie schwereres Geschütz auffahren müssen, um an die gewünschten Informationen zu kommen.

Suchmaschine benutzen

Verwenden Sie die Funktion *?/Suchen* also nun mit der *Abfrage*-Dialogseite. Als Suchbegriff geben Sie im Eingabefeld den Begriff *virtual key* ein, wählen *Gesamter Inhalt*. Mit der *Abfrage*-Schaltfläche starten Sie die Suche. Ein Doppelklick auf den Eintrag *Virtual-Key Codes* führt auf die Hilfeseite, wo Sie die symbolischen Namen für sämtliche existierenden virtuellen Tasten-Codes finden. Hier finden Sie z. B. für die Pfeiltasten die symbolischen Codes *VK_LEFT*, *VK_UP*, *VK_RIGHT* und *VK_DOWN*.

WM_KEYDOWN bearbeiten

Die Funktion zur Behandlung der *WM_KEYDOWN*-Botschaft erzeugen Sie diesmal mit der Hilfe der Assistentenleiste. Dazu öffnen Sie die aufklappbare Schaltfläche *Assistentenleisten-Aktionen* und wählen den Menüeintrag *Behandlungsroutine für Windows-Nachrichten hinzufügen*. In dem folgenden Dialog wählen Sie aus der linken Liste die *WM_KEYDOWN*-Botschaft aus. Mit der Schaltfläche *Hinzufügen und Bearbeiten* wird die Behandlungsfunktion erstellt. Sie füllen die erzeugte Funktion wie folgt mit Leben:

```
void CSimpleCalendarView::OnKeyDown(UINT nChar, UINT nRepCnt, UINT
nFlags)
{
    int d = 1,
        m = currentDate.getMonth(),
        y = currentDate.getYear();

    while (nRepCnt--)      // falls wir mehr als einen Tastendruck haben
        switch (nChar)
        {
        case VK_END:
            currentDate = GregorianDate (1,12,y);
            break;
        case VK_HOME:
            currentDate = GregorianDate (1,1,y);
```

```
            break;
        case VK_LEFT:
            if (m>1)
                currentDate = GregorianDate (d,m-1,y);
            else
                currentDate = GregorianDate (d,12,y-1);
            break;
        case VK_UP:
            currentDate = GregorianDate (d,m,y+1);
            break;
        case VK_RIGHT:
            if (m<12)
                currentDate = GregorianDate (d,m+1,y);
            else
                currentDate = GregorianDate (d,1,y+1);
            break;
        case VK_DOWN:
            currentDate = GregorianDate (d,m,y-1);
            break;
        default:
            CView::OnKeyDown(nChar, nRepCnt, nFlags);
            return; // Gehe nicht über Invalidate() .. :-)
        }
    Invalidate();
}
```

Bearbeitungsfunktion entfernen

Die Steuerung über die [+]- und [-]-Tasten benötigen Sie nun eigentlich nicht mehr, Sie können die Funktion *OnChar()* also wieder aus Ihrer Anwendung entfernen.

Glücklicherweise müssen Sie die Funktion nun nicht manuell aus Klassendefinition und Nachrichtentabelle löschen, sondern können sich vom Klassen-Assistenten helfen lassen. Dazu öffnen Sie den Klassen-Assistent-Dialog und wählen zunächst in der Liste *Nachrichten* die Nachricht *WM_CHAR* aus.

Durch Anklicken der *Funktion löschen*-Schaltfläche löschen Sie nun die Funktion *OnChar()* aus der Nachrichtentabelle und der Klassendefinition. Der Funktionsrumpf wird dagegen nicht gelöscht, er muß ggf. manuell gelöscht oder auskommentiert werden (so z. B. auf der Buch-CD).

Rollenzauber – Scrollbare Ansichten

Die meisten Fenster, die uns bei Windows-Programmen begegnen, haben noch eine zusätzliche Eigenschaft – sie lassen sich durch sogenannte Rollbalken oder Bildlaufleisten rollen (engl. to scroll). Die MFC stellen zu diesem Zweck eine von *CView* abgeleitete Klasse *CScrollView* zur Verfügung, welche die notwendige Unterstützung für Rollbalken bereits mitbringt. Alles, was wir zu tun haben, ist, unser Klasse *CSimpleCalendarView* nicht von *CView*, sondern von *CScrollView* abzuleiten.

Basis nachträglich ändern

Leider unterstützen Anwendungs-Assistent und Klassen-Assistent die nachträgliche Veränderung von Vererbungsbeziehungen nicht, so daß Sie die notwendigen Änderungen manuell vornehmen müssen. Dazu rufen Sie mit *Bearbeiten/Ersetzen* die Suchen-und-Ersetzen-Funktion des Editors auf und ersetzen in den Dateien *SimpleCalendarView.cpp* und *SimpleCalendarView.h* wortweise und unter Berücksichtigung von Groß- und Kleinschreibung den Klassennamen *CView* durch *CScrollView*. Das Ergebnis läßt sich auch anstandslos übersetzen, doch geht bei der Ausführung etwas schief – das Programm meldet einen Assertation-Fehler in der Datei *viewscrl.cpp*, Zeile 65.

WinDiff!

Mit dem Anwendungs-Assistenten erstellte Ansichtsklassen mit unterschiedlichen Basisklassen scheinen sich also in mehr als nur den Namen der Basisklassen zu unterscheiden. Dies gibt uns die Gelegenheit, ein normalerweise wenig beachtetes Werkzeug aus der Kiste zu kramen, das zusammen mit Visual C++ 5.0 gelieferte äußerst nützliche Hilfsprogramm WinDiff. WinDiff ist ein grafisch arbeitendes Programm, das nicht nur einzelne Dateien, sondern sogar ganze Verzeichnisbäume auf Unterschiede vergleichen kann. Es ist somit das ideale Werkzeug, um die Unterschiede zwischen verschiedenen, mit dem Anwendungs-Assistenten unter verschiedenen Einstellungen erzeugten Projekten zu untersuchen.

Testprojekte erzeugen

Um mehr über den Unterschied herauszufinden, erzeugen Sie zunächst mit dem Anwendungs-Assistenten zwei möglichst ähnliche Projekte, die sich nur darin unterscheiden, von welcher Basisklasse die Ansichtsklasse abgeleitet wurde. Zunächst erzeugen Sie ein MFC-Projekt mit dem Namen *ScrollTest*. Im ersten Dialog des Anwendungs-Assistenten (Schritt 1) wählen Sie wie immer *Einzelnes Dokument* und übernehmen ansonsten sämtliche Voreinstellungen. Ist das Projekt erzeugt, schließen Sie das Projekt wieder mit *Datei/Arbeitsbereich schließen*, ohne zuvor ein Fenster zu öffnen. (Developer Studio speichert für geöffnete Fenster den vollen Pfad der Datei. Da Sie in den nächsten Schritten das Verzeichnis des Projekts umbenenennen und ein weiteres Projekt gleichen Namens erzeugen, könnte das ansonsten zu falschen Dateibezügen führen.) Als nächsten Schritt benennen Sie mit dem Windows Explorer den Unterordner *ScrollTest* im Ordner *MyProjects* in *NoScrollTest* um. Nun erzeugen Sie erneut ein MFC-Projekt mit dem Namen *ScrollTest*. Bis zum sechsten Dialog des Anwendungs-Assistenten (Schritt 6) verfahren Sie wie zuvor. Der sechste Dialog des Anwendungs-Assistenten listet die Klassen auf, die erzeugt werden sollen, und gibt Ihnen die Möglichkeit, die Basisklassen dieser Klassen in einem sinnvollen Rahmen zu wählen. In dem großen Listenfeld im oberen Teil des Dialogs wählen Sie die Ansichtsklasse *CScrollTestView*. In den Eingabefeldern *Klassenname*, *Header-Datei* und *Implementierungsdatei* können Sie Klassenname, Definitionsdatei und Implementierungsdateinamen noch beeinflussen; Sie lassen diese Werte hier jedoch, wie sie sind.

Im Kombinationsfeld *Basisklasse:* dagegen können Sie eine Basisklasse für die Ansichtsklasse auswählen, hier wählen Sie *CScrollView*. Nachdem Sie auch dieses Projekt fertig generiert haben, können Sie es wieder schließen oder das ursprüngliche Project *SimpleCalendar* wieder öffnen.

Testprojekte vergleichen

Nun können Sie WinDiff starten, um die erzeugten Projekte miteinander zu vergleichen. WinDiff kann z. B. über das Windows 95-*Start*-Menü im Untermenü von Microsoft Visual C++ 5.0 erreicht werden. Nach dem Start hat man jedoch zunächst nur ein ziemlich leeres Fenster vor sich. Mit *File/CompareDirectories* gelangen Sie in den Dialog *Select Directories*.

Hier müssen Sie in den Feldern *Dir 1* und *Dir 2* den vollen Pfad der beiden zu vergleichenden Projektverzeichnisse eingeben. Mit dem Anklicken der *OK*-Schaltfläche gelangen Sie nun in die Übersichtsansicht von WinDiff. Hier sind alle Dateien aufgelistet, in denen WinDiff Unterschiede gefunden hat.

Bei den Definitions- und Implementationsdateien gibt es erwartungsgemäß nur bei den beiden Dateien *ScrollTestView.h* und *ScrollTestView.cpp* wesentliche Unterschiede.

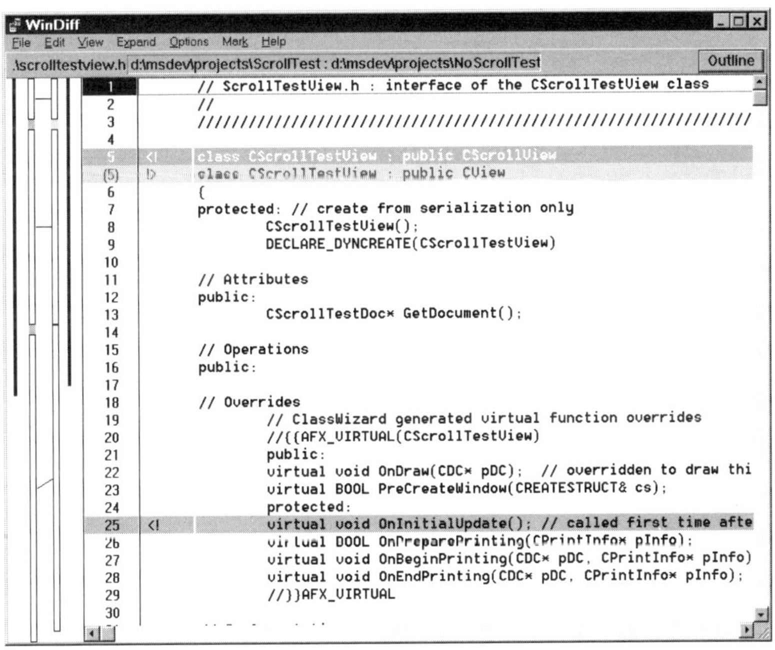

Abb. 70: Mit WinDiff können schnell Unterschiede zwischen einzelnen Quelldateien und sogar ganzen Verzeichnisbäumen aufgespürt werden. Es ist damit ideal zum Vergleich unterschiedlicher mit dem Anwendungs-Assistenten erzeugter Projekte geeignet

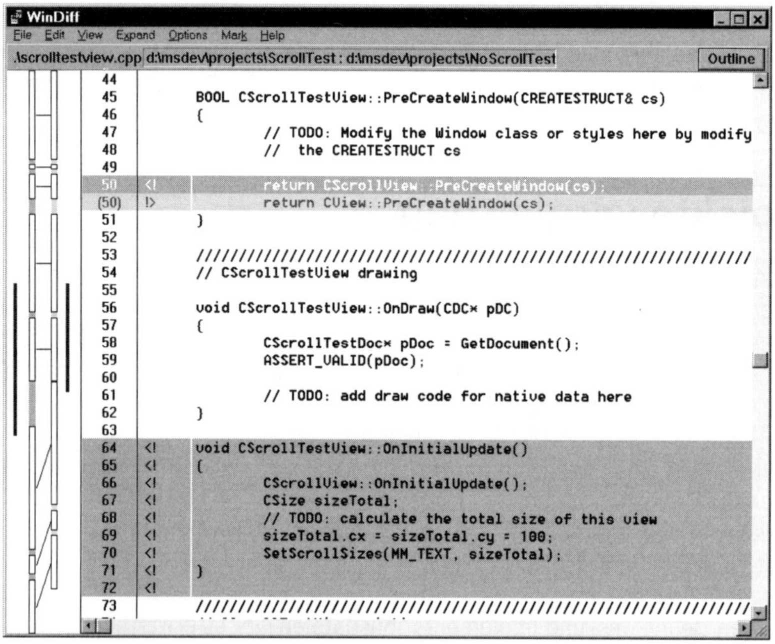

Abb. 71: Die grafische Gegenüberstellung der verglichenen Dateien am linken Rand macht den Umgang mit WinDiff wesentlich übersichtlicher als mit herkömmlichen Vergleichswerkzeugen

Ein Doppelklick auf die Zeile für *ScrollTestView.h* liefert das Ergebnis des detaillierten Dateivergleichs. Links sind die beiden verglichenen Dateien symbolisch nebeneinander als Balken dargestellt. Bereiche, in denen sich die beiden Dateien unterscheiden, sind farbig hervorgehoben, rot für die linke Datei, gelb für die rechte. Bereiche, die in beiden Dateien gleich sind, sind einander mit einer kurzen Linie zugeordnet. Die blauen Balken links und rechts dieser schematischen Darstellung zeigen an, welcher Bereich der linken bzw. der rechten Datei rechts daneben im Textfenster angezeigt wird. Auch hier sind die Bereiche, in denen sich die Dateien unterscheiden, rot (für die linke) bzw. gelb (für die rechte Datei) hervorgehoben. Es zeigt sich, daß es in der Definitionsdatei der Ansichtsklasse zwei wesentliche Unterschiede gibt. Zum einen unterscheiden sich natürlich am Anfang der Klassendefinition die Namen der Basisklassen. Zum anderen hat die von *CScrollView* abgeleitete Version eine Komponentenfunktion mehr, die Funktion *OnInitialUpdate()*.

OnInitialUpdate

Kehren Sie durch die Schaltfläche oben rechts in die Übersichtsansicht zurück und wählen nun die Anzeige der Unterschiede der Implementationsdatei, so stellen Sie fest, das hier die meisten Unterschiede nur auf die unterschiedlichen Namen der Basisklassen zurückzuführen sind. Die einzige Stelle, an der eine größere Änderung zu bemerken ist, ist das Auftreten der neuen Funktion *OnInitialUpdate()*. Offensichtlich war es das Fehlen dieser Funktion, das den ersten Anlauf zur Erzeugung einer rollbaren Ansicht scheitern ließ. Sie übertragen nun diese Funktion sinngemäß in die Ansichtsklasse des *SimpleCalendar*-Projekts.

Dazu bearbeiten Sie nun wieder das Projekt *SimpleCalendar* mit dem Developer Studio. Da die Funktion *OnInitialUpdate()* zu den in den MFC vorgesehenen Nachrichtenbehandlungsfunktionen gehört, kann sie mit Hilfe der Assistentenleiste eingefügt werden. Diesmal handelt es sich übrigens nicht um eine direkte Bearbeitungsfunktion für eine Windows-Nachricht, sondern um eine von den MFC aufgerufene virtuelle Funktion. Zum Einfügen wählen Sie im Kontextmenü der Assistentenleiste den Menüeintrag *Virtuelle Funktion hinzufügen* aus. In dem folgenden Dialog wählen Sie von der Liste *Neue virtuelle Funktionen* die Nachricht *OnInitialUpdate* aus und erstellen diese virtuelle Funktion mit der Schaltfläche *Hinzufügen und Bearbeiten*.

Um zu klären, wozu die virtuelle Komponentenfunktion *OnInitialUpdate()* gedacht ist, können Sie wieder die Hilfefunktion zu Rate ziehen (Schreibmarke auf den Funktionsnamen und [F1] drücken). Wir erfahren, daß *OnInitialUpdate()* dazu dient, vor der ersten Anzeige einer Ansicht diese ggf. zu initialisieren. Wie das Beispiel *(No)ScrollView* gezeigt hat, ist es für eine Ansicht vom Typ *CScrollView* unbedingt erforderlich, die Bereiche der Rollbalken mit *SetScrollSize*() festzulegen. Da Sie die Größe des auszugebenden Texts aber hier noch nicht kennen, legen Sie den Rollbereich mit 0 fest. Da *SetScrollSizes()* eine Variable vom Typ *SIZE* als Argument erwartet, können Sie auch ein Objekt der davon abgeleiteten Klasse *CSize* übergeben, das an Ort und Stelle durch einen Konstruktor-Aufruf erzeugt wird:

```
void CSimpleCalendarView::OnInitialUpdate()
{
    CScrollView::OnInitialUpdate();
    SetScrollSizes (MM_TEXT, CSize(0,0));
}
```

Und rollst du nicht willig ...

Testen Sie das Beispiel, stellen Sie fest, daß es nun wieder wie die alte Version funktioniert. Rollbalken haben Sie jedoch immer noch nicht. Das ändert sich jedoch schlagartig, wenn Sie ein oder beide Argumente des *CSize*-Konstruktors auf einen beliebigen Wert wie z. B. 1000 setzen. Eine Bereichsangabe 0 kann also benutzt werden, um einen oder beide Rollbalken oder Bildlaufleisten zu unterdrücken.

Tatsächlich kennen Sie die Größe des für das Kalendarium eines Monats benötigten Bereichs erst, nachdem wir diesen das erste Mal ausgegeben haben. Sie ergänzen daher die *PrintMonth()*-Komponentenfunktion um eine letzte Zeile

```
    //..
    SetScrollSizes (MM_TEXT, CSize (dx * 7 + ddx, pos.y + dy));
}
```

Der Test des Beispiels zeigt, daß nun alles wie erwartet funktioniert und die *CScrollView*-Klasse uns die tatsächlich ziemlich verwickelte Behandlung von Rollbalken und ihre Kommunikation mit dem Ansichtsfenster vollständig abnimmt. Ziehen Sie das

Fenster kleiner, tauchen vertikale bzw. horizontale Laufleisten in dem Moment auf, in dem die Fensterfläche in eine Richtung kleiner als der Anzeigebereich wird.

Zusammenfassung

Da die MFC so umfangreich sind, daß es weder möglich noch sinnvoll ist, sie bis in die letzte Verästelung abzuhandeln, wurden Ihnen in diesem Kapitel neben dem nötigen Grundlagenwissen die Methoden an die Hand gegeben, die Sie benötigen, um Ihr Wissen zur Lösung eines gegebenen Problems selbst zu erweitern.

Eine MFC-Anwendung besteht in der Regel wenigstens aus einer Anwendungsklasse, einer Dokumentenklasse, einer Ansichtsklasse und einer Hauptrahmenklasse *CMainFrame*. In der Beispielanwendung dieses Kapitels haben wir uns in erster Linie mit der Ansichtsklasse und der Problemstellung, überhaupt erst einmal etwas Sinnvolles auf den Bildschirm zu bekommen, beschäftigt. Als Ausgangspunkt diente dabei die Kalenderanwendung aus früheren Kapiteln.

Vorhandener Nicht-MFC-Code wie die hier weiter verwendeten Kalenderklassen können durch die Verwendung Datei-lokaler Compilereinstellungen mit dem Rest der MFC-Anwendung kompatibel gemacht werden.

Aufgrund der völlig anderen Architektur einer echten Windows-Anwendung gegenüber einer Konsolenanwendung mußte jedoch der gesamte Code zur Datenausgabe und zur Benutzerinteraktion praktisch neu entwickelt werden. Die dazu benötigten Informationen können jedoch von den gegebenen Ansatzpunkten aus recht einfach durch Online-Zugriff auf die Microsoft Development Library erarbeitet werden. Die Lösung des Ausgabeproblems erfolgte schließlich unter Verwendung von Komponentenfunktionen der Gerätekontextklasse *CDC* und einiger MFC-Hilfsklassen wie *CSize*, *CPoint* und *CRect*. Insbesondere läßt sich Text mit *TextOut()* ausgeben, mit *SetTextAlign()* justieren und mit *GetTextExtent()* die Abmessungen bestimmen.

Farben (hier verwendet zur Hervorhebung der Feiertage) können mit *SetTextColor()* und *SetBkColor()* geändert werden, wobei das Fehlen eines echten Klassentyps für Farben im Beispiel zu einigen Überraschungen führte. Der Grund: in den MFC findet man immer wieder C-Anachronismen aus der Windows-API, die nicht durch sauberere C++-Konstrukte ersetzt worden sind. Die knappe und wenig redundante Syntax von C++ kann dabei zu Situationen führen, in denen offenbar unsinnige Konstrukte vom Compiler nicht als solche erkannt werden.

Die Interaktion nicht nur mit dem System, sondern auch mit dem Benutzer erfolgt durch Nachrichten, die als virtuelle Funktionen und direkte Windows-Botschaften auftreten können. Zur Erstellung und Bearbeitung solcher Nachrichten stehen mit dem Klassen-Assistenten und der Assistentenleiste äußerst leistungsfähige Hilfsmittel zur Verfügung. Die Komplexitäten der zweiten Methode (über Nachrichtentabellen) werden vom Anwendungs-Assistenten und einem großen Satz vorgefertigter Nachrichtentabellen-Makros wirkungsvoll vor dem Entwickler verborgen. Im Beispiel wurden Funktionen zur Behandlung der *WM_CHAR*- und *WM_KEYDOWN*-Botschaften (und später der virtuellen *OnInitialUpdate*-Funktion) erzeugt. Ein Fenster, das aufgrund einer Benutzerinteraktion (permanent) verändert wird, muß neu gezeichnet werden. Dies geschieht jedoch nicht explizit, sondern durch den Aufruf einer *Invalidate()*-Funktion.

Andere Themen, die in der Development Library nachgeschlagen wurden, umfassen virtuelle Tastencodes oder die *CTime*-Klasse, die auch die Ermittlung des aktuellen Datums erlaubt.

Die Ansichtsklasse einer Anwendung kann von verschiedenen Basisklassen abgeleitete werden. Durch Ableitung der Ansichtsklasse von *CScrollView* statt von *CView* erhält die Ansicht beispielsweise die Fähigkeit, problemlos mit Rollbalken umzugehen, ohne daß sich der Code explizit um die Behandlung der entsprechenden Windows-Botschaften kümmern muß.

In diesem Zusammenhang hat sich das Programm WinDiff als sehr nützlich zum Aufspüren von Unterschieden verschiedener mit dem Anwendungs-Assistenten erzeugter Anwendungen erwiesen. WinDiff ist ein grafisch arbeitendes Programm, das nicht nur einzelne Dateien, sondern sogar ganze Verzeichnisbäume auf Unterschiede vergleichen kann.

4.2 Malwerkzeuge – Die grafische Ausgabe unter Windows

Will man unter Windows Informationen, sei es Text oder Grafik, auf ein Ausgabegerät übertragen, kommt man, wie wir bereits im letzten Kapitel bemerkt haben, an dem Konzept des Gerätekontextes (englisch Devie Context oder kurz DC) nicht vorbei. Funktionen wie *OnDraw()* übergeben direkt einen Zeiger auf ein Gerätekontext-Objekt, andere wie *OnPaint()* (verwendbar in Fensterklassen, die keine *OnDraw()*-Funktion haben) erwarten von uns, daß wir uns den Gerätekontext selbst beschaffen:

```
void AViewClass::OnDraw(CDC* pDC)
{
    // Ausgabe auf Gerätekontext
    // ...
}

void AWindowClass::OnPaint()
{
    CPaintDC dc(this); // Gerätekontext für die Ausgabe

    // Ausgabe auf Gerätekontext
    // ...
}
```

In enger Beziehung zu Gerätekontexten stehen die GDI-Objekte, die zusammen mit diesen im wesentlichen das GDI, die grafische Geräteschnittstelle, englisch **G**raphic **D**evice **I**nterface bilden.

Gerätekontexte und GDI-Objekte

Ein Gerätekontext hat zwei Hauptfunktionen, die bereits durch den Namen angedeutet werden. Zum einen ist ein Gerätekontext eine leistungsfähige Abstraktion eines grafischen Ausgabegeräts. In einem Gerätekontext kann man alle erdenklichen grafischen Ausgaben einschließlich Text durchführen, aber auch abfragen, welche konkreten Eigenschaften wie z. B. Größe, Auflösung oder Farbunterstützung das Gerät hat. Dadurch, daß ein Gerätekontext vom konkreten Ausgabegerät abstrahiert, ist es möglich, Ausgaben ganz unabhängig von der tatsächlich vorliegenden Hardware durchzuführen. Die Abbildung der Zeichenbefehle auf die tatsächliche Hardware wird für jedes Ausgabegerät dann von einem sogenannten Gerätetreiber durchgeführt, den in der Regel der Hersteller der Hardware, ob Grafikkarte oder Drucker, zur Verfügung stellt.

Zum anderen ist ein Gerätekontext aber auch ein Kontext für die Grafikausgabe, d. h. eine Momentaufname aller für diesen Kontext momentan festgelegten Einstellungen wie Textart, Zeichenfarbe oder Füllmuster.

Es ist durchaus möglich, für ein und dasselbe Ausgabegeräte mehr als einen Gerätekontext mit unterschiedlichen Einstellungen gleichzeitig zu verwenden. Allerdings ist der Vorrat an Windows-Gerätekontexten begrenzt. Gerätekontexte, die einem Programm von Windows zur Verfügung gestellt werden, sollten daher nur kurzzeitig benutzt und anschließend wieder freigegeben werden. Vereinbart man Gerätekontexte als lokale Variablen, geschieht dies übrigens automatisch.

Die Windows-API kennt nur eine Art Gerätekontext, der jedoch zu unterschiedlichen Zwecken mit unterschiedlichen API-Funktionen belegt oder erzeugt und wieder freigegeben wird. In den MFC werden diese unterschiedlich erzeugten Gerätekontexte durch vier verschiedene, von der allgemeinen Gerätekontextklasse *CDC* abgeleitete Klassen repräsentiert.

- *CPaintDC* - Dieser Gerätekontext wird verwendet, wenn auf eine *WM_PAINT*-Botschaft reagiert wird. Diese Botschaft wird von Windows erzeugt, wenn ein Bereich des Bildschirms oder der Druckausgabe neu aufgebaut werden muß. Ein *CPaintDC*-Objekt enthält eine öffentliche Zeigerkomponente, die auf eine *PAINTSTRUCT*-Datenstruktur zeigt. Aus deren Feldern kann die Größe des neu zu zeichnenden Rechtecks ermittelt werden, oder ob der Hintergrund neu zu zeichnen ist. Der an die virtuelle Funktion *CWnd::OnDraw()* übergebene Gerätekontext ist vom Typ *CPaintDC* und wird vom Anwendungsgerüst automatisch verwaltet. Muß ein *CPaintDC* manuell angelegt werden (wie z. B. in der *OnPaint()*-Funktion), wird der Konstruktor mit einem Zeiger als Argument (siehe letztes Codefragment) auf das Fensterobjekt aufgerufen, in das die Ausgabe erfolgen soll. Ein *CPaintDC* sollte immer eine automatische lokale Variable sein!
- *CClientDC* - Wird ein Gerätekontext in einer Situation benötigt, in der keine Anforderung zum Neuzeichnen erfolgt ist, wird ein Gerätekontext vom Typ *CClientDC* verwendet. Ein typisches Beispiel für eine solche Situation ist die Anzeige eines Gummibandes bei Mausoperationen. Auch der *CClientDC* wird mit einem Zeiger auf das Fenster (genauer auf das *CWnd*-Objekt) konstruiert, in das ge-

zeichnet werden soll. Auch *CClientDC*-Objekte sollten immer schnell wieder freigegeben werden, also am besten als lokale automatische Variablen realisiert werden.

- *CWindowDC* – Anders als die beiden vorstehenden Typen ermöglicht *CWindowDC* den Zugriff auf das ganze Fenster einschließlich Rahmen und Dekorationen und nicht nur den innen liegenden *Client*-Bereich. Zusammen mit der Funktion *CWnd::GetDesktopWindow*() ermöglicht *CWindowDC* so z. B. den Zugriff auf den gesamten Bildschirm.
- *CMetaFileDC* – Dieser Gerätekontext erlaubt die Ausgabe in eine Metadatei. Eine Metadatei ist eine Sammlung von grafischen Ausgabebefehlen, die zu einem späteren Zeitpunkt, ggf. auch beliebig oft, abgespielt oder in eine Datei ausgegeben werden können. Um eine Metadatei zu erzeugen, legen Sie zunächst ein *CMetaFileDC*-Objekt an und erzeugen mit der Komponentenfunktion *Create()* eine dazugehörige Windows-Metadatei. Nun könne alle GDI-Kommandos, die Ausgaben erzeugen, auf diesen Gerätekontext losgelassen werden. Die Funktion *Close()* schließt die Ausgabe ab und liefert ein sogenanntes Metadatei-Handle, das z. B. benutzt werden kann, um die Metadatei in einem anderen Gerätekontext mit *CDC::PlayMetaFile*() wieder abzuspielen oder mit *::CopyMetaFile*() in eine Datei auszugeben, die später mit *::GetMetaFile*() wieder eingelesen werden kann.

Die allen Gerätekontexten gemeinsame Funktionalität – und das ist bis auf die unterschiedliche Erzeugung so gut wie alles übrige – wird von der Basisklasse *CDC* abgedeckt. *CDC* enthält über 200 Komponentenfunktionen, die hier detailliert zu beschreiben wenig hilfreich ist, ein Überblick soll daher genügen. Will man Näheres über eine weniger gebrauchte Funktion erfahren, ist es ohnehin sinnvoller, die Hyperlinks in der Liste der Komponentenfunktionen (*CDC Class Members*) oder die alphabetische Liste im *InfoViewer* der Online-Dokumentation zu Rate zu ziehen. Die Komponentenfunktionen von *CDC* decken einen weiten Bereich unterschiedlicher Aufgaben ab:

- Funktionen zur Konstruktion, Initialisierung und Zerstörung: *CreateDC()*, *CreateIC()*, *CreateCompatibleDC()*, *DeleteDC()*, *FromHandle()*, *DeleteTempMap*(), *Attach*(), *Detach()*, *SetAttribDC()*, *SetOutputDC()*, *ReleaseAttribDC()*, *ReleaseOutputDC()*
- Verknüpfen von GDI-Objekten mit dem Gerätekontext, wahrscheinlich die am häufigsten gebrauchten Gerätekontext-Funktionen überhaupt: *SelectObject*(), *SelectStockObject*()
- Abfrage verknüpfter GDI- und anderer Objekte: *GetCurrentBitmap()*, *GetCurrentBrush()*, *GetCurrentFont()*, *GetCurrentPalette()*, *GetCurrentPen*(), *GetWindow()*, *GetBrushOrg()*, *SetBrushOrg()*, *EnumObjects()*
- Zustand des Gerätekontexts abfragen, sichern oder wiederherstellen: *GetSafeHdc()*, *SaveDC()*, *RestoreDC()*, *ResetDC()*, *GetDeviceCaps()*, *IsPrinting()*
- Umgang mit Farben und Paletten. Diese Funktionen kontrollieren den Umgang mit unterschiedlichen Farbtabellen oder genauer, den daraus erstellten Paletten, und die Abbildung der gewünschten Farben auf die möglicherweise eingeschränkte Auswahl verfügbarer Farben: *GetNearestColor()*, *SelectPalette()*, *RealizePalette()*, *UpdateColors()*, *GetHalftoneBrush()*

- Einstellungen, welche die Durchführung der Grafikausgabe beeinflussen. Darunter fallen Dinge wie unterschiedliche Vordergrund- und Hintergrundfarben, Füllmodi und die Modi zur Verarbeitung von Bitmaps: *GetBkColor(), SetBkColor(), GetBkMode(), SetBkMode(), GetPolyFillMode(), SetPolyFillMode(), GetROP2(), SetROP2(), GetStretchBltMode(), SetStretchBltMode(), GetTextColor(), SetTextColor(), GetColorAdjustment(), SetColorAdjustment()*
- Abbildung zwischen Welt- und Fensterkoordinatensystem, logische Koordinaten und Gerätekoordinaten, pixel-, metrische, zöllige und freie Abbildungsmodi: *GetMapMode(), SetMapMode(), GetViewportOrg(), SetViewportOrg(), OffsetViewportOrg(), GetViewportExt(), SetViewportExt(), ScaleViewportExt(), GetWindowOrg(), SetWindowOrg(), OffsetWindowOrg(), GetWindowExt(), SetWindowExt(), ScaleWindowExt(), DPtoHIMETRIC(), DPtoLP(), HIMETRICtoDP(), HIMETRICtoLP(), LPtoDP(), LPtoHIMETRIC()*
- Verwendung sogenannter Regionen. Regionen sind regelmäßig oder unregelmäßig geformte Bereiche: *FillRgn(), FrameRgn(), InvertRgn(), PaintRgn()*
- Beschneidungs-Funktionen (Clipping): *SetBoundsRect(), GetBoundsRect(), GetClipBox(), SelectClipRgn(), ExcludeClipRect(), ExcludeUpdateRgn(), IntersectClipRect(), OffsetClipRgn(), PtVisible(), RectVisible()*
- Linien, Polylinien, Bögen und Bezierkurven zeichnen: *GetCurrentPosition(), MoveTo(), LineTo(), Arc(), ArcTo(), AngleArc(), GetArcDirection(), SetArcDirection(), PolyDraw(), Polyline(), PolyPolyline(), PolylineTo(), PolyBezier(), PolyBezierTo()*
- Rechteckige Objekte wie Rechtecke, Rahmen, Icons und ähnliches zeichnen: *FillRect(), FrameRect(), InvertRect(), DrawIcon(), DrawDragRect(), FillSolidRect(), Draw3dRect(), DrawEdge(), DrawFrameControl(), DrawState()*
- Zeichnen von komplizierten umrandeten Flächen wie Ellipsen und Polygonen: *Chord(), DrawFocusRect(), Ellipse(), Pie(), Polygon(), PolyPolygon(), Polyline(), Rectangle(), RoundRect()*
- Bitmap-Funktionen von Bitblocktransfers bis zum Zugriff auf einzelne Pixel der Zeichenfläche: *PatBlt(), BitBlt(), StretchBlt(), GetPixel(), SetPixel(), SetPixelV(), FloodFill(), ExtFloodFill(), MaskBlt(), PlgBlt()*
- Funktionen zur (auch aufwendig formatierten) Textausgabe und zur Bestimmung von Texteigenschaften: *TextOut(), ExtTextOut(), TabbedTextOut(), DrawText(), GetTextExtent(), GetOutputTextExtent(), GetTabbedTextExtent(), GetOutputTabbedTextExtent(), GrayString(), GetTextAlign(), SetTextAlign(), GetTextFace(), GetTextMetrics(), GetOutputTextMetrics(), SetTextJustification(), GetTextCharacterExtra(), SetTextCharacterExtra()*
- Funktionen zum Umgang mit Schriftarten bzw. genauer mit der aktuell ausgewählen Schriftart: *GetFontData(), GetKerningPairs(), GetOutlineTextMetrics(), GetGlyphOutline(), GetCharABCWidths(), GetCharWidth(), GetOutputCharWidth(), SetMapperFlags(), GetAspectRatioFilter()*
- Spezielle Funktionen zum Umgang mit Druckern: *QueryAbort(), Escape(), DrawEscape(), StartDoc(), StartPage(), EndPage(), SetAbortProc(), AbortDoc(), EndDoc()*
- Rollen: *ScrollDC()*
- Metadatei-Funktionen: *PlayMetaFile(), AddMetaFileComment()*

- Funktionen zum Umgang mit Pfaden: *AbortPath(), BeginPath(), CloseFigure(), EndPath(), FillPath(), FlattenPath(), GetMiterLimit(), GetPath(), SelectClipPath(), SetMiterLimit(), StrokeAndFillPath(), StrokePath(), WidenPath()*

Wie kommen nun unterschiedliche Zeichensätze, Zeichenwerkzeuge wie Stifte und Füllmuster, aber auch Regionen und Bitmaps ins Spiel? Die oben aufgelisteten Funktionen scheinen da teilweise nicht sehr viel herzugeben. Der Schlüssel hierzu ist die Funktion *SelectObject()* bzw. die spezielle Form *SelectStockObject()*, die dazu dient, die verschiedenen Arten von GDI-Objekten in den Gerätekontext zu selektieren, d. h. einzubinden. Die Vorgehensweise hierbei ist so zentral für den Umgang mit dem GDI, daß sie hier etwas ausführlicher besprochen werden muß.

Um eine Linie zu zeichnen, benötigen Sie eine Art virtuellen Zeichenstift, der Eigenschaften wie Farbe, Linienart und Liniendicke aufweist. Um eine Fläche zu zeichnen, müssen Dinge wie Füllmuster und Vordergrundfarbe festgelegt werden. Für die Ausgabe von Text benötigen Sie Zeichensätze, die vom Namen des Schriftschnitts bis zur Größe eine Vielzahl von Eigenschaften haben. Um diese und andere Festlegungen zu verwalten, kennt Windows das Konzept der GDI-Objekte.

GDI-Objekte sind Abstraktionen, die Sätze von zusammengehörigen Eigenschaften zu einem anschaulichen Windows-Objekt zusammenfassen. Die GDI-Objekte, die Windows kennt, sind Zeichenstifte, Füllmuster, Schriftarten, Regionen, Paletten und Bitmaps. Zu jedem dieser Typen von GDI-Objekten stellen die MFC ihrerseits zur besseren Handhabung einen geeigneten Klassentyp zur Verfügung. In der obigen Reihenfolge sind das *CPen*, *CBrush*, *CFont*, *CRgn*, *CPalette* und *CBitmap*. Damit ein Gerätekontext von Anfang an wohldefiniert ist und „aus der Schachtel" ohne weitere Initialisierungen benutzt werden kann, sind bereits Standardzeichenstifte, Zeichensätze etc. ausgewählt. Aus diesem Grund konnten Sie bereits im Beispiel des letzten Kapitels den Gerätekontext ohne weiteres Nachdenken benutzen.

Wird ein Gerätekontext später wieder vom System gelöscht, löscht das System auch diese Objekte (falls es keine anderweitige Verwendung mehr für sie hat). Handelt es sich hierbei jedoch nicht um die Objekte, die vom System ursprünglich selbst erzeugt wurden, existieren diese bis in alle Ewigkeit (16-Bit-Windows) oder wenigstens bis zum Ende des Programms (32-Bit-Windows) weiter und führen so zu einem gefürchtetem Ressourcenleck. Das System hat immer weniger Platz in dem für Ressourcen reservierten Speicherbereich und hört irgendwann auf, korrekt zu funktionieren. Andererseits können Sie diese GDI-Objekte aber auch nicht selbst löschen, da Windows ein und dasselbe Objekt durchaus auch mehrfach benutzen kann. Aus diesem Grund muß ein Gerätekontext immer nach der Benutzung aufgeräumt werden, d. h., alle aus dem Gerätekontext stammenden GDI-Objekte müssen wieder an den alten Ort zurückversetzt werden. Generell ist es eine gute Faustregel, Objekte und GDI-Objekte nach Gebrauch wieder in ihren ursprünglichen Zustand zurückzuversetzen.

Sowohl das Auswählen eines GDI-Objekts als auch das Zurückversetzen des Gerätekontexts in den alten Zustand geschieht mit der Komponentenfunktion *CDC::SelectObject()*, die es in verschiedenen überladenen Versionen für die unterschiedlichen möglichen GDI-Objekte gibt. Damit der alte Zustand des Gerätekontexts später auch wiederhergestellt werden kann, gibt *SelectObject()* einen Zeiger auf das vorherige Objekt zurück. Wollen wir also z. B. einen anderen Zeichensatz als den vom System vorgegebenen verwenden, müssen wir ihn zunächst in den Gerätekontext selektieren und später wieder deselektieren:

```
CFont *oldfont = pDC->SelectObject (newfont);
                                    // ursprünglichen Zustand aufheben.

// Ausgabe auf den Gerätekontext
// ...

pDC->SelectObject (otherfont);      // und noch ein anderer Zeichensatz

// Ausgabe auf den Gerätekontext
// ...

pDC->SelectObject (oldfont);   // Jetzt Ausgangszustand wiederherstellen
```

Anders als die entsprechende API-Funktion kommt *CDC::SelectObject()* in überladenen Varianten für verschiedene Arten von GDI-Objekten vor, die jeweils das alte Objekt mit dem richtigen Typ zurückliefern. Eine andere Variante von *SelectObject()* ist *SelectStockObject()*. Statt eines vom Programmierer zur Verfügung gestellten Objekts selektiert diese Funktion ein Objekt aus einer Liste von Windows zur Verfügung gestellter Standard-GDI-Objekte. Da diese ganz unterschiedlicher Art sein können, von Zeichenstiften über Füllmuster und Schriftarten bis zur Systempalette, liefert *SelectStockObject()* einen Zeiger vom Typ *CGdiObject**, den man am besten in einen Zeiger passenden Typs umwandelt.

Zeichensätze

Zunächst wollen wir den Umgang mit GDI-Objekten am Beispiel von Zeichensätzen demonstrieren, um unser bisher noch recht karges Beispiel *SimpleCalendar* ein wenig aufzupeppen. Bevor wir einen Zeichensatz auf diese Weise verwenden können, müssen wir ihn allerdings zunächst einmal erzeugen. Auch hier verhalten sich alle GDI-Objekte wie Zeichenstifte, Zeichensätze, Füllmuster etc. sehr ähnlich. Zunächst wird entweder als Variable oder durch eine Speicheranforderung mit *new* ein MFC-Objekt angelegt. In einem zweiten Schritt wird durch eine Komponentenfunktion *CreateXXX()* das zugehörige Windows-Objekt mit den gewünschten Einstellungen angelegt. Bei Zeichensätzen sind das etwa gewünschte Schriftart oder -größe, bei einem Zeichenstift vielleicht Farbe und Strichbreite.

Für das Beispiel bedeutet das, daß Sie am Anfang der Funktion *PrintMonth()* zunächst die benötigten Objekte anlegen:

```
CFont bodyfont, headerfont, holidayfont, *oldfont;
```

und dann durch Aufrufe einer *CreateXXX()*-Funktion diese initialisieren. Im Fall von Zeichensätzen ist dabei die Funktion *CreatePointFont()* recht brauchbar, da sie direkt die Angabe der Zeichengröße in der Maßeinheit Punkt (oder genauer in Zehntel-

Punkt) zuläßt. Die Funktion *CreateFont()* erwartet dagegen die Schriftgröße in den Einheiten des gegenwärtig gewählten Koordinatensystems, läßt dagegen jedoch weitaus umfangreichere Angaben zu den Eigenschaften des Zeichensatzes zu:

```
bodyfont.CreatePointFont( 120, "arial", pDC);
headerfont.CreatePointFont( 180, "arial", pDC);
holidayfont.CreateFont( 24, 0, 0, 0, 0, TRUE, 0, 0, 0, 0, 0, 0,
                                                   0, "arial" );
```

Diese Angaben stellen jedoch gewissermaßen nur einen Wunschzettel an das Betriebssystem dar. Was das Betriebssystem am Ende tatsächlich zurückliefert, steht auf einem ganz anderen Blatt und hängt davon ab, welche Schriften tatsächlich verfügbar sind und welche davon ggf. ein recht undurchsichtiges Stück Software namens Fontmapper für einen brauchbaren Ersatz hält. Da Sie hier die Windows-Standardschrift *Arial* gewählt haben, sollten Sie eigentlich bekommen, was Sie bestellt haben (es sei denn, ein böser Bube hat die Schrift von Ihrem System gelöscht). Der Einfachheit halber haben Sie die Schriftarten hier am Anfang Ihrer Ausgabefunktion erzeugt, so daß sie mit jedem Aufruf erzeugt und wieder vernichtet werden. Eine effizientere Lösung wäre dagegen beispielsweise, die verwendeten Schriften als Komponenten der Ansichtsklasse mit der Lebensdauer eines Ansichtsobjekts zu implementieren und immer wieder zu verwenden.

Damit Ihre schönen Schriften nun auch benutzt werden, müssen Sie noch einige Aufrufe von *SelectObject()* in den Code einfügen:

```
void CSimpleCalendarView::PrintMonth (CDC* pDC)
{
    CFont bodyfont, headerfont, holidayfont, *oldfont;

    bodyfont.CreatePointFont( 120, "arial", pDC);
    headerfont.CreatePointFont( 180, "arial", pDC);
    holidayfont.CreateFont( 24, 0, 0, 0, 0, TRUE, 0, 0, 0, 0, 0, 0,
                                                    0, "arial" );

    oldfont = pDC->SelectObject (&headerfont);

    // ...

    pDC->SetTextAlign(TA_RIGHT);

    pDC->SelectObject (&bodyfont);

    // ...

    pDC->SelectObject (&holidayfont);
    pDC->SetTextColor( RGB(0,0,0) );            // Schwarz sicherstellen !

    for (date = first; date <= last; ++date)

    // ...

    pDC->SelectObject (oldfont);
}
```

Müssen Sie wie in diesem Beispiel mehrere Fonts mit ähnlichen Eigenschaften erzeugen, kann auch die Verwendung einer der indirekten Varianten der Erzeugungs-Funktion wie *CreatePointFontIndirect()* oder *CreateFontIndirect()* zweckmäßig sein. Auch solche indirekten Erzeugungs-Funktionen sind für alle GDI-Objekte in vergleichbarer Art vorhanden. Im Fall der Zeichensätze kommt hinzu, daß *CreatePointFontIndirect()* wesentlich mehr Kontrolle über den erzeugten Zeichensatz zuläßt als *CreatePointFont()*. Zu Verwendung der Funktionen wird der Wunschzettel in einer Datenstruktur LOGFONT abgelegt, die für jede gewünschte Eigenschaft des Zeichensatzes ein Feld enthält:

```
/*
struct LOGFONT
{
   LONG lfHeight;
   LONG lfWidth;
   LONG lfEscapement;
   LONG lfOrientation;
   LONG lfWeight;
   BYTE lfItalic;
   BYTE lfUnderline;
   BYTE lfStrikeOut;
   BYTE lfCharSet;
   BYTE lfOutPrecision;
   BYTE lfClipPrecision;
   BYTE lfQuality;
   BYTE lfPitchAndFamily;
   TCHAR lfFaceName[LF_FACESIZE];
};
*/
```

Damit können Sie die drei *CFont::CreateXXX()*-Aufrufe oben durch den folgenden besseren Code ersetzen:

```
LOGFONT logfont = {0, 0, 0, 0, 0, 0, 0, 0, 0, 0, 0, 0, 0, "arial"};
logfont.lfHeight = 120;
bodyfont.CreatePointFontIndirect (&logfont);
logfont.lfItalic = TRUE;
holidayfont.CreatePointFontIndirect (&logfont);
logfont.lfWeight = 800;
logfont.lfHeight = 180;
headerfont.CreatePointFontIndirect (&logfont);
```

Dieser Code ist wesentlich besser verständlich und enthält auch kein häßliches Durcheinander von Pixel- und Punkt-Koordinaten mehr.

Zeichenstifte und Füllmuster

Die prinzipielle Arbeitsweise mit GDI-Objekten ließ sich bereits im Abschnitt über die Verwendung von Schriftarten gut beobachten. Beim Umgang mit Zeichenstiften (engl. pen) und Füllmustern (engl. brush) ergibt sich da wenig Neues. Dennoch wollen wir den Kalender noch ein wenig verschönern, um die Vorgehensweise bei der Ausgabe von grafischen Elementen unter Windows zu verdeutlichen.

Zunächst wollen Sie ein Füllmuster verwenden, um den Hintergrund des Kalendariums attraktiver zu gestalten. Zur Erzeugung eines Füllmusterobjekts stehen Ihnen dabei verschiedene Konstruktoren und Erzeugungs-Funktionen zur Auswahl:

```
CBrush();                              // Standard-Konstruktor
CBrush(COLORREF col);                  // Einfarbige Fläche als Füllmuster
CBrush(int nIndex, COLORREF col);      // Mit Schraffur und Farbe
CBrush(CBitmap* bm);                   // 8 x 8 Bitmap verwenden

CreateSolidBrush(COLORREF col);         // Einfarbige Fläche als Füllmuster
CreateHatchBrush(int n, COLORREF col);  // Mit Schraffur und Farbe
CreateBrushIndirect(LOGBRUSH* logbrush; // Angaben in LOGBRUSH verwenden
CreatePatternBrush(CBitmap* bm);        // 8 x 8 Bitmap verwenden
CreateDIBPatternBrush(DIB)   // Geräteunabhängige 8 x 8 Bitmap verwenden
```

Der Standard-Konstruktor erzeugt ein leeres MFC-Objekt, zu dem ein zugehöriges Windows-Objekt erst durch Aufruf der *Create*-Funktion erzeugt wird. Für einige häufige Fälle gibt es auch spezielle Konstruktoren, die die Erzeugung eines GDI-Füllmusters bereits im Konstruktor durchführen. Es gibt mehrere grundsätzlich verschiedene Arten von Füllmusterobjekten, die sich aus der Programmiererperspektive jedoch nur in der Erzeugung unterscheiden.

Die von der Art des Ausgabegerätes unabhängigste Art Füllmuster ist die Schraffur. Diese wird von Windows nicht aus einer kleinen gekachelten Bitmap aufgebaut, sondern transparent für den Entwickler auf das Ausgabegerät gezeichnet. Aus diesem Grund kann man davon ausgehen, daß eine Schraffur auf einem Laserdrucker nicht anders als auf dem Bildschirm oder einem prähistorischen 9-Nadeldrucker aussieht.

Mehr Probleme mit dem Ausgabegerät machen Bitmap-Füllmuster. Für eine Bildschirmanwendung sind sie hervorragend geeignet und effizient; auf heutigen Drukkern mit ihren wesentlich höheren Auflösungen werden die Pixelmuster jedoch bis zur Unkenntlichkeit verkleinert.

Wir wählen für unser Beispiel die dritte Variante, eine einfarbige Fläche. Um einen hellgrauen Hintergrund zu erzielen, fügen Sie am Anfang der *PrintMonth()*-Funktion den folgenden Code ein:

```
CBrush brush, *oldbrush;
brush.CreateSolidBrush( RGB(192, 192, 192) );
oldbrush = pDC->SelectObject (&brush);
pDC->SetBkMode(TRANSPARENT);
```

Der Aufruf der Funktion *SetBkMode()* dient dazu, sicherzustellen, daß die Buchstaben nicht vor der Hintergrundfarbe des Fensters ausgegeben werden, sondern das Füllmuster hinter den Buchstaben sichtbar bleibt.

Die Anforderung einer bestimmten Farbe für ein Füllmuster ist übrigens auch nur als unverbindlicher Wunsch an das Betriebssystem zu verstehen. Ist die gewünschte Farbe nicht greifbar, etwa weil sie in der gegenwärtig selektierten Palette nicht vorkommt, versucht Windows, die Farbe zu approximieren. Im Fall der Schraffurmuster geschieht das einfach durch die Wahl der ähnlichsten verfügbaren reinen Farbe. Im

Fall der durchgefärbten Flächen wird ein Dither-Muster aus verschiedenen Farben erzeugt. Leider kann dies zu ziemlich häßlichen Effekten führen. Ändern wir beispielsweise den ersten (Rot-)Wert in der Farbangabe in 210, um ein bißchen mehr Rotstich zu bekommen, sieht das Ergebnis in einem der 8-Bit-Darstellungsmodi von Windows – vorsichtig ausgedrückt – nicht gut aus. Farben wie *RGB(192,192,192)* sind dagegen unter den Systemfarben und daher so gut wie immer verfügbar.

Um den Hintergrund nun tatsächlich mit dem Füllmuster zu füllen, müssen Sie ein Rechteck ausgeben, das automatisch mit dem Füllmuster gefüllt wird:

```
CRect rect;
GetClientRect(rect);
pDC->Rectangle (rect);     // Rechteckfläche mit Füllmuster zeichnen.
pDC->SelectObject (oldbrush);
```

Die Größe des Rechtecks beschaffen Sie sich mit der Komponentenfunktion *GetClientRect()*, der Mutter aller Fenster *CWnd*, die die Abmessungen des *Client*-Bereichs des Fensters in das Rechteck-Objekt *rect* schreibt. Die Funktion *GetClientRect()* erwartet zwar gemäß Windows-API einen Zeiger auf eine Struktur vom Typ *RECT*, doch da *CRect* einen Typumwandlungs-Operator in diesen Zeigertyp besitzt, führt C++ automatisch eine Typumwandlung durch. Im Endeffekt wirkt dies, als wäre *GetClientRect()* mit dem Argumenttyp *CRect&* definiert worden. Diese Technik ist in den MFC sehr weit verbreitet! Mit der Komponentenfunktion *Rectangle()* geben Sie das Rechteck schließlich aus.

H

Zeichnen mit Füllmustern

▶ **Dies ist übrigens nicht die einzige Möglichkeit, ein gefülltes Rechteck zu zeichnen, die Funktion *FillRect()* beispielsweise erlaubt auch die Angabe eines anderen Füllmuster als des selektierten. Andererseits arbeiten aber auch viele andere Funktionen zum Zeichnen flächiger Objekte mit dem selektierten Füllmuster.**

Schließlich dürfen wir nicht vergessen, den Gerätekontext in seinen alten Zustand zurückzuversetzten (obwohl das auch erst am Ende der Funktion *PrintMonth()* geschehen kann).

Testen wir unseren Code, stellen wir fest, daß er gleich mehrere Schönheitsfehler aufweist. Einmal geht die Füllung des Hintergrunds mit einem Rechteck in dem Moment schief, in dem wir das Fenster so klein machen, daß der Inhalt gerollt werden kann. Wir hätten uns bei der Größe der Fläche nicht nur nach der Größe des Fensters, sondern auch nach der Größe des angezeigten Bereichs richten müssen. Zum anderen ist das Rechteck von einem links und oben sichtbaren schwarzen Rand umgeben, den wir gern loswerden würden. Das erste Problem kann behoben werden, indem Sie das Rechteck so groß wählen, daß es immer ausreichend ist. Um abzuschätzen, wie groß die benötigte Ausgabefläche ist, müssen Sie allerdings die *GetTextExtent()* vor die Bestimmung der Rechtecksgröße plazieren. Da diese wiederum vom selektierten Zeichensatz abhängt, müssen auch die Erzeugung und Selektierung der *CFont*-Objekte vorgezogen werden. Wichtig ist, daβ vor *GetTextExtent()* zunächst der Zeichensatz *bodyFont* selektiert wird (und der alte Font aus dem Gerätekontext aufbewahrt wird) und der nächste Aufruf von *SelectObjet(CFont*)* keine Zuweisung an *oldfont* mehr vornimmt. Das zweite Problem lösen Sie, indem Sie einen Null-Stift in den Gerätekontext selektieren. Dazu ist die Funktion *SelectStockObject()* praktisch, da sie es vermeidet, eigens hierzu einen Null-Stift anlegen zu müssen. Da kein Stift auch keine Linien malt, wird das Rechteck nun ohne eine Umradung gezeichnet. Sie dürfen natürlich nicht vergessen, anschlieβend den alten Stift wieder in den Gerätekontext zu selektieren. Der neue Code für die Ausgabe des Hintergrunds kann nun etwa so aussehen:

```
CRect rect;
GetClientRect(rect);
if (rect.right < dx * 10) rect.right = dx * 10;
if (rect.bottom < dy * 30) rect.bottom = dy * 30;
CPen *oldpen = (CPen*) pDC->SelectStockObject(NULL_PEN);
pDC->Rectangle (rect);    // Rechteckfläche mit Füllmuster zeichnen.
pDC->SelectObject(oldpen);
pDC->SelectObject(oldbrush);
```

Schlieβlich würden Sie die Ausgabe gern noch ein Stückchen von den Rändern wegrücken. Windows und die MFC stellen hier eine ganze Reihe von Funktionen zur Verfügung, die es erlauben, den Fensterursprung oder aber den Ursprung des sogenannten Viewports zu verändern. (Der Viewport ist der Bereich der Problemkoordinaten, die in das Fenster abgebildet werden.) Nachdem Sie also den Hintergrund gemalt haben, aber bevor Sie mit der eigentlichen Ausgabe beginnen, verwenden Sie *OffsetViewportOrg()* um den Ursprung der Koordinaten der Darstellungsebene um vier Zeichenpositionen nach rechts und zwei Zeilen nach unten zu schieben.

```
pDC->OffsetViewportOrg( 4*ddx,2*dy );
```

Da der Ausgabebereich durch Ränder natürlich auch nach allen Seiten gröβer wird, muβ auch die Einstellung der Rollbalken am Ende von *PrintMonth()* entsprechend angepaβt werden:

```
SetScrollSizes (MM_TEXT, CSize (dx * 7 + ddx*9, pos.y + dy*5));
```

Das Ergebnis unserer Bemühungen ist nun schon recht ansehnlich. Da wir uns bisher aber darauf konzentriert haben, keine Linien zu zeichnen, wollen wir hier noch ein paar Linien gewissermaβen als Schmuckelemente einbauen. Da Sie dazu halbe Zeilenvorschübe brauchen (wollen), ergänzen Sie die vorberechneten Schrittweitenwerte:

```
oldfont = pDC->SelectObject (&bodyfont);
CSize digitSize = pDC->GetTextExtent("0");
int dy = digitSize.cy, ddy = dy/2,
    ddx = digitSize.cx, dx = ddx*5, x0 = 0, y0 = dy*2;
```

und ergänzen vor der Ausgabe des eigentlichen Kalendariums den hervorgehobenen Code:

```
pos += nline;

// Trennline zeichnen

pDC->MoveTo(pos.x - dx, pos.y + ddy);
pDC->LineTo(pos.x + 6 * dx, pos.y + ddy);
pos.y += dy;

// Kalendarium

GregorianDate first(1,m,y), last(first.getDaysOfMonth(),m,y), date;
```

Das gleiche tun Sie vor der Ausgabe der Liste der Feiertage:

```
pos.x = x0;
pos.y += dy;

// Trennline zeichnen

pDC->MoveTo(pos.x, pos.y + ddy);
pDC->LineTo(pos.x + 7 * dx, pos.y + ddy);

// Hier kommen die Feiertage

pDC->SelectObject (&holidayfont);
pDC->SetTextColor( RGB(0,0,0) );
```

Falls der geneigte Leser nun endgültig den Faden verloren hat, kann das Endprodukt all dieser Änderungen im Projekt *SimpleCalendar* auf der Buch-CD bewundert werden.

Abb. 72: Und noch 'n Kalender. Frohe Weihnachten!

Regionen und Pfade

Machen wir unser Fenster kleiner als die auszugebende Information, stellen wir fest, daß nur die grafischen Ausgaben sichtbar sind, die in den *Client*-Bereich des Ausgabefensters fallen, alle anderen Ausgaben werden unterdrückt. Tatsächlich wird ein grafisches Objekt, das teilweise außerhalb des Fensters liegt, sauber abgeschnitten. Dieses Abschneiden wird mit dem englischen Terminus technicus Clipping bezeichnet.

Für jedes Fenster verwaltet Windows ein Clipping-Rechteck. Hinter diesem Rechteck steht ein GDI-Objekt, das als Region bezeichnet wird. Der Entwickler kann jedoch auch eigene Clipping-Rechtecke und Regionen verwenden, die nahezu beliebig geformt sein dürfen. Wird eine beliebig geformte Region mit *SelectObject()* oder der äquivalenten Funktion *SelectClipRgn()* in den Gerätekontext selektiert, modifiziert sie die Clipping-Region des Fensters, so daß Ausgaben nur noch innerhalb des vorgegebenen Bereichs dargestellt werden.

In den MFC gibt es zum Umgang mit Regionen die Klasse *CRgn*. Diese Klasse stellt zum Umgang mit Regionen eine große Anzahl von Komponentenfunktionen zur Verfügung. Wie bei den anderen GDI-Objekten gibt es einen Standard-Konstruktor, der ein *CRgn*-Objekt erzeugt, ohne direkt das dazugehörige GDI-Objekt zu erzeugen. Diese Aufgabe wird vielmehr einer Reihe spezialisierter Erzeugungs-Funktionen überlassen:

- *CreateRectRgn()* - Erzeugung einer rechteckigen Region
- *CreateRectRgnIndirect()* - Erzeugung einer rechteckigen Region aus einer RECT-Datenstruktur
- *CreateEllipticRgn()* - Erzeugung einer elliptischen oder kreisförmigen Region
- *CreateEllipticRgnIndirect()* - Erzeugung einer elliptischen oder kreisförmigen Region aus einer *RECT* Datenstruktur
- *CreatePolygonRgn()* - Erzeugung aus einem als Liste von Punkten gegebenen Polygon
- *CreatePolyPolygonRgn()* - Erzeugung einer Region, die aus mehreren Polygonen besteht
- *CreateRoundRectRgn()* - Rechteck mit abgerundeten Ecken
- *CombineRgn()* - Kombination mehrerer Regionen zu einer neuen Region.
- *CopyRgn()* - Kopie einer Region erzeugen.
- *CreateFromPath()* - Region aus einem Pfad - einer Folge von geklammerten Zeichenanweisungen - erzeugen.
- *CreateFromData()* - Erzeugung aus einer Liste von Rechtecken, auf die gleichzeitig geometrische Transformationen angewendet werden können.

Abgesehen von den Funktionen zur Erzeugung einfacher Regionen ist hier sicher die Funktion *CombineRgn()* besonders interessant. Diese Funktion erlaubt es, eine Reihe von Mengenoperationen wie Durchschnitt, Vereinigung oder Differenz mit Regionen durchzuführen. Allerdings sollte *CombineRgn()* nur für nichttriviale Regionen verwendet werden. Im Fall einfacher Operationen mit Rechtecken ist es zumindestens für *Productioncode* aus Gründen der Effizienz angeraten, auf Rechtecke abgestimmte eigene Algorithmen zu verwenden. Die Funktion *CombineRgn()* nimmt als Parameter Zeiger auf zwei andere Regionen und einen dritten Parameter, der die Art der Kombination der Regionen festlegt:

- *RGN_AND* - Der neuen Region gehören nur Punkte an, die sowohl der ersten als auch der zweiten Ausgangsregion angehören, es wird also die Schnittmenge gebildet.
- *RGN_COPY* - Erzeugt eine Kopie der ersten Region.
- *RGN_DIFF* - Erzeugt eine Region aus allen Punkten, die Region 1, aber nicht Region 2 angehören - Differenz.
- *RGN_OR* - Alle Punkte, die Region 1 oder Region 2 angehören, als Vereinigungsmenge.
- *RGN_XOR* - Alle Punkte, die entweder der ersten oder der zweiten Region angehören, also Vereinigungsmenge abzüglich der Schnittmenge.

Zum Umgang mit Regionen - etwa um zu testen, ob ein Punkt oder Rechteck in einer Region liegt, oder um eine Region zu verschieben - stehen weitere Funktionen zur Verfügung:

- *EqualRgn()* - Test auf Gleichheit.
- *FromHandle()* - Erzeugen aus Windows-Handle.
- *GetRegionData()* - Zusätzliche Informationen über die Region.
- *GetRgnBox()* - Umschließendes Rechteck ermitteln.
- *OffsetRgn()* - Region verschieben.
- *PtInRegion()* - Testen, ob Punkt in Region liegt.
- *RectInRegion()* - Testen, ob Rechteck in Region liegt.
- *SetRectRgn()* - Reinitialisiert eine initialisierte Region mit einem Rechteck.
- *operator HRGN()* - Automatische Typumwandlung in ein Handle. Damit können Objekte vom Typ *CRgn* auch überall dort verwendet werden, wo MFC oder API-Funktionen ein GDI-Handle vom Typ *HRGN* erwarten.

Um den Einsatz von Regionen als Clipping-Objekte zu demonstrieren, können Sie den Kalender ein wenig modifizieren. Um die ohnehin bereits viel zu große und unübersichtliche Funktion *PrintMonth()* jedoch nicht weiter aufzublähen, ergänzen Sie nun die Funktion *OnDraw()*:

```
void CSimpleCalendarView::OnDraw(CDC* pDC)
{
    CSimpleCalendarDoc* pDoc = GetDocument();
    ASSERT_VALID(pDoc);

    // Ovale Clipping-Region verwenden

    CRgn clipRgn;
```

```
    CRect rect;
    GetClientRect(rect);
    clipRgn.CreateEllipticRgnIndirect(rect);
    pDC->SelectObject (&clipRgn);  // = pDC->SelectClipRgn( CRgn* pRgn )

    PrintMonth (pDC);
}
```

Zunächst legen Sie ein Objekt *clipRgn* vom Typ *CRgn* an. Da Sie die Region an die Größe des *Client*-Bereichs anpassen wollen, ermitteln Sie zunächst die Größe dieses Bereichs (in Gerätekoordinaten). Die automatische Typumwandlung des *CRect*-Objekts in einen Zeiger erlaubt es auch hier wieder, das *CRect*-Objekt mit *GetClientRect()* wie einen Referenzparameter zu verwenden. Anschließend erzeugen Sie basierend auf dem Ergebnis mit *CreateEllipticRgnIndirect()* eine elliptische Region, die Sie mit *SelectObject()* (oder der äquivalenten Funktion *SelectClipRgn()*) in den Gerätekontext selektieren.

Es fällt auf, daß Sie diesmal kein aus dem Gerätekontext heraus selektiertes, altes GDI-Objekt als Rückgabewert erhalten. Das liegt daran, daß im Fall von Clipping-Regionen eine neue Region nicht einfach mit dem Gerätekontext verbunden wird, sondern mit dem Clipping-Rechteck des Client-Bereichs zu einer neuen Region verrechnet wird. Diese neue Region wird vom Gerätekontext kontrolliert und ist (ohne die Verwendung undokumentierter Tricks) für den Entwickler nicht zugänglich.

Da der Gerätekontext so die vollständige Kontrolle über die Region hat, sind Verrenkungen wie das Reselektieren deselektierter Default-GDI-Objekte nicht nötig.

Bei einem Test des Programms sollte das Kalendarium mitsamt des grau hinterlegten Hintergrunds nur innerhalb einer Ellipse zu sehen sein, die mit den Außenseiten die Ränder des Client-Bereichs berührt. Variieren Sie die Größe des Fensters, wird auch die Clipping-Ellipse neu festgelegt. Rollen Sie dagegen den Fensterinhalt, stellen Sie fest, daß das Ergebnis nicht ganz perfekt aussieht. Das liegt daran, daß die Implementation ziemlich krude ist und nicht berücksichtigt, daß bei der Verwendung einer solchen Clipping-Region diese entweder mitverschoben werden oder bei jedem *WM_SCROLL*-Ereignis das ganze Fenster neu aufgebaut werden muß. Da es uns hier jedoch nur um die Demonstration von Clipping und Regionen ging, genügt das Beispiel, wie es ist (Verfeinerungen werden dem Leser als Übung überlassen ☺).

Ein Feature, das erst mit der 32-Bit-Version der Windows-API zur Verfügung steht, sind Pfade. Ein Pfad entsteht durch eine Reihe von GDI-Aufrufen eingeklammert zwischen den Aufrufen der Gerätekontext-Funktionen *CDC::BeginPath()* und *CDC::EndPath()*. Der Aufruf von *EndPath()* schließt den Pfad ab und selektiert ihn in den Gerätekontext. Ein direkter Zugriff auf das Pfadobjekt im Gerätekontext ist nicht möglich, doch besitzt CDC eine Reihe von Komponentenfunktionen zur Manipulation von Pfaden:

- *FillPath()* – Pfad mit momentanem Füllmuster füllen.
- *FlattenPath()* – Pfad in Linienzug umwandeln.

- *GetPath()* – Pfad als Vektor von Stützstellen abfragen.
- *SelectClipPath()* – Pfad zum Beschneiden verwenden.
- *StrokeAndFillPath()* – Pfad füllen und Umriß zeichnen.
- *StrokePath()* – Umriß des Pfads mit aktuellem Stift zeichnen.
- *WidenPath()* – Umriß des Pfads mit aktuellem Stift zeichnen und durch so entstandenen Pfad ersetzen.

Eine weitere Möglichkeit ist die Umwandlung des momentan in den Gerätekontext selektierten Pfads in eine Region mit der Funktion *CRgn::CreateFromPath(CDC*)*.

Für das Beispiel erzeugen Sie ähnlich wie oben in der Funktion *OnDraw()* einen Pfad und verwenden ihn, um das Kalendarium zu clippen (den Code des obigen Beispiels können Sie wie hier wieder löschen oder wie auf der Buch-CD auskommentieren):

```
void CSimpleCalendarView::OnDraw(CDC* pDC)
{
    CSimpleCalendarDoc* pDoc = GetDocument();
    ASSERT_VALID(pDoc);

    // Pfad als Clipping-Region

    CRect rect;
    GetClientRect(rect);
    CFont hugeFont, *savedFont;
    hugeFont.CreateFont(rect.Height() * 1.4,
        0, 0, 0, 900, 0, 0, 0, 0, 0, 0, 0, "arial" );
    savedFont = pDC->SelectObject(&hugeFont);

    pDC->SetBkMode(TRANSPARENT);
    pDC->BeginPath();
    pDC->TextOut (0,-rect.Height()/5,"Ei");
    pDC->EndPath();
    pDC->SelectClipPath(RGN_COPY);
    pDC->SelectObject(savedFont);

    PrintMonth (pDC);
}
```

Zunächst ermitteln Sie auch hier wieder die Größe des Client-Bereichs, um die Größe des Pfads daran zu orientieren. Dann erzeugen Sie ein Zeichensatz-Objekt und selektieren es in den Gerätekontext. Die GDI-Aufrufe zur Erzeugung des Pfads werden mit *BeginPath()* und *EndPath()* geklammert. In diesem Fall wird der Pfad durch den Aufruf nur einer GDI-Funktion gebildet: der Textausgabe mit *TextOut()*. Anschließend erzeugen Sie aus dem Pfad eine Clipping-Region und selektieren diese in den Gerätekontext.

Dies könnte mit mehreren Schritten über die Erzeugung einer Region passieren, praktischerweise steht aber auch die Funktion *SelectClipPath()* zur Verfügung, die dies in einem Schritt erledigt. (Nach dem Ausprobieren sollten Sie für den folgenden Abschnitt diesen Code übrigens wieder verschwinden lassen oder auskommentieren.)

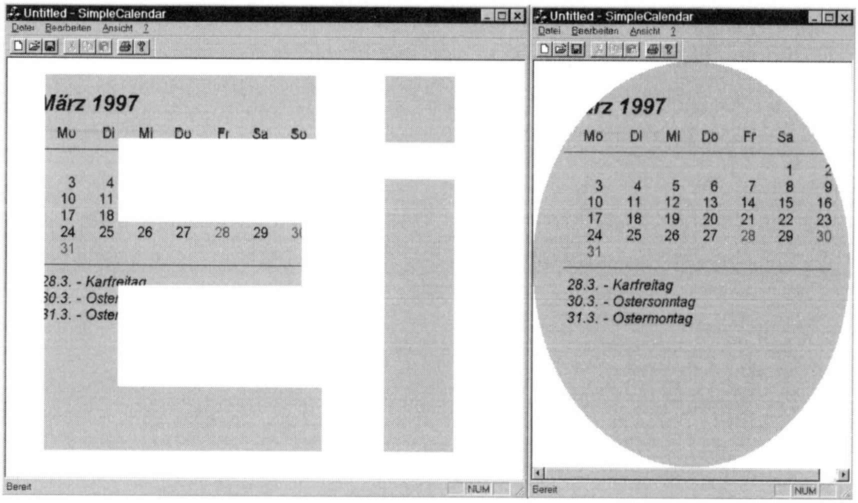

Abb. 73: Ein Paar KalenderElen. Rechts wurde zum Beschneiden (Clipping) eine elliptische Region verwendet, links ein Pfad

Abbildungssache – Von Koordinatensystemen und Abbildungsmodi

Irgendwann kommt der Zeitpunkt, wo man seine prächtigen Ergebnisse auch auf dem Drucker verewigen möchte. Da uns das GDI vom Ausgabegerät isoliert, sollte unser Code für den Drucker genauso funktionieren wie für den Bildschirm. Tatsächlich ist die Druckerunterstützung einschließlich der ganzen verwickelten Handhabung und der Vorschau-Funktion bereits in den MFC eingebaut. Allerdings werden wir beim Ausprobieren eine herbe Enttäuschung erleben – der Ausdruck wie auch die Vorschau sind winzig, und letztere verhält sich beim Zoomen auch nicht gerade erwartungsgemäß. Wir gehen sicher nicht fehl in der Annahme, wenn wir vermuten, daß unser Ausgabe-Code noch einige kleinere Probleme hat.

Woran kann es nun liegen, wenn die Größe der Zeichen auf dem Bildschirm richtig erscheint, auf dem Drucker jedoch nicht? Der naheliegendste Punkt ist, einmal die Erzeugung der Zeichensatzobjekte näher unter die Lupe zu nehmen. Um unsere Zeichensatzgrößen geräteunabhängig angeben zu können, verwenden wir zur Erzeugung der Zeichensätze die Funktion *CreateFontIndirect()*. Andernfalls hätten wir die Zeichenhöhe in Einheiten des augenblicklichen Koordinatensystems angeben müssen.

Genaueres Nachsehen zeigt, daß *CreateFontIndirect()* mit dem folgenden Prototyp vereinbart ist, also zwei Parameter besitzt:

```
BOOL CreatePointFontIndirect(const LOGFONT* lpLogFont, CDC* pDC = NULL);
```

Da der zweite Parameter mit einer Voreinstellung versehen ist, haben wir uns darauf verlassen, das diese für unsere Anwendung okay ist. Tatsächlich dient der zweite Parameter zur Übergabe eines Gerätekontexts, für den die Umrechnung von Punktgröße in Gerätekoordinaten durchzuführen ist. Fehlt die Angabe, wird ein Gerätekontext für den Bildschirm zugrunde gelegt. Irgendwelche Änderungen im aktuellen Gerätekontext oder die Verwendung eines Kontexts für ein völlig anderes Gerät können davon natürlich nicht erfaßt werden. Offensichtlich müssen wir also *CreateFontIndirect()* einen Zeiger auf unseren momentanen Gerätekontext übergeben:

```
CFont bodyfont, headerfont, holidayfont, *oldfont;

LOGFONT logfont = {120, 0, 0, 0, 0, 0, 0, 0, 0, 0, 0, 0, 0, "arial"};

logfont.lfHeight = 120;
bodyfont.CreatePointFontIndirect (&logfont, pDC);
logfont.lfItalic = TRUE;
holidayfont.CreatePointFontIndirect (&logfont, pDC);
logfont.lfWeight = 800;
logfont.lfHeight = 180;
headerfont.CreatePointFontIndirect (&logfont, pDC);

// Schon mal die Textgröße abschätzen

oldfont = pDC->SelectObject (&bodyfont);
CSize digitSize = pDC->GetTextExtent("0");
```

Der Ausdruck (*Datei/Drucken*) funktioniert nun erwartungsgemäß, und auch die Druckvorschau (*Datei/Seitenansicht*) scheint in Ordnung zu sein.

Die Ernüchterung kommt jedoch spätestens, wenn wir versuchen, die Zoom-Funktion der Druckvorschau zu benutzen. Wenn wir die *Zoom In*-Schaltfläche benutzen, wird die Seite zwar erwartungsgemäß herangezoomt, gleichzeitig wird jedoch die Bildschirmschrift kleiner statt größer.

Abbildungsmodi

Um zu verstehen, was hier schiefgeht und warum, müssen wir uns mit einem weiteren Schlüsselkonzept des GDI befassen, den Abbildungsmodi.

Wir haben bisher unterschlagen, daß das GDI zwischen verschiedenen Arten von Koordinaten unterscheidet. Da sind einmal die Gerätekoordinaten, die einfach in horizontaler und in vertikaler Richtung die Pixel durchnumerieren.

Dabei läuft die x-Koordinate von links nach rechts und die y-Koordinate von oben nach unten. Bei der Funktion *PrintMonth()* sind wir unausgesprochen von diesem Verhalten ausgegangen, und der Erfolg scheint uns recht gegeben zu haben.

Die Betonung liegt auf „scheint", wie uns die Probleme mit der Druckvorschau zeigen. Windows kennt nämlich noch einen zweiten Typ Koordinaten, die sogenannten logischen Koordinaten. Die meisten Koordinatenangaben in GDI-Funktionen erfolgen in logischen Koordinaten und werden vom GDI dann automatisch in Gerätekoordinaten umgerechnet. Das ermöglicht die Verwendung problembezogener Koordinatensysteme anstelle der geräteabhängigen Gerätekoordinaten.

Wir haben nur deshalb davon bisher nichts bemerkt, da das GDI, wenn keine anderen Festlegungen getroffen werden, Gerätekoordinaten und logische Koordinaten eins-zu-eins aufeinander abbildet. Windows kennt neun unterschiedliche Abbildungsmodi, die mit der Funktion *CDC::SetMapMode()* ausgewählt werden können:

- *MM_ANISOTROPIC* - Die logische Einheit ist in x- und y-Richtung völlig beliebig. Die eigentliche Umrechnung und die Orientierung der Achsen wird durch den Aufruf von *SetMapMode(MM_ANISOTROPIC)* noch nicht festgelegt; dazu ist erst der Aufruf von *CDC::SetWindowExt()* und *CDC::SetViewportExt()* erforderlich.
- *MM_HIENGLISH* - Die logische Einheit steht für 0.001 Zoll; die x-Achse ist nach rechts, die y-Achse nach oben orientiert.
- *MM_HIMETRIC* - Die logische Einheit steht für 0.01 Millimeter; die x-Achse ist nach rechts, die y-Achse nach oben orientiert.
- *MM_ISOTROPIC* - Die logische Einheit ist in x- und y-Richtung beliebig, jedoch stellt das GDI sicher, daß die Einheiten in x- und y-Richtung gleich bleiben. Die eigentliche Umrechnung und die Orientierung der Achsen wird durch den Aufruf von *SetMapMode(MM_ISOTROPIC)* noch nicht festgelegt; dazu ist erst der Aufruf von *CDC::SetWindowExt()* und *CDC::SetViewportExt()* erforderlich. Das GDI nimmt dabei die nötigen Veränderungen vor, um eine isotrope Darstellung sicherzustellen.
- *MM_LOENGLISH* - Die logische Einheit steht für 0.01 Zoll; die x-Achse ist nach rechts, die y-Achse nach oben orientiert.
- *MM_LOMETRIC* - Die logische Einheit steht für 0.1 Millimeter; die x-Achse ist nach rechts, die y-Achse nach oben orientiert.
- *MM_TEXT* - Gerätekoordinaten und logische Koordinaten werden eins-zu-eins aufeinander abgebildet. Dies ist die Voreinstellung eines frischen Gerätekontexts.
- *MM_TWIPS* - Die logische Einheit steht für 1/20 Punkt oder umgerechnet 1/1440 Zoll; die x-Achse ist nach rechts, die y-Achse nach oben orientiert.

Fügen wir in unserer *OnDraw()*-Funktion *SetMapMode()* ein

```
void CSimpleCalendarView::OnDraw(CDC* pDC)
{
    CSimpleCalendarDoc* pDoc = GetDocument();
    ASSERT_VALID(pDoc);

    pDC->SetMapMode(MM_HIMETRIC);

    PrintMonth (pDC);
}
```

sollte sich nichts ändern, da wir in der *PrintMonth()*-Funktion nirgendwo explizite Einheiten verwendet haben und alle Koordinaten von dem Ergebnis des Aufrufs von *GetTextExtent()* abhängig gemacht haben.

Tatsächlich sind uns aber wohl doch eine ganze Menge Abhängigkeiten vom Koordinatensystem in Form impliziter Annahmen in den Code gerutscht, die sich jetzt, da nicht mehr erfüllt, unangenehm bemerkbar machen[52].

Die wichtigste dieser Annahmen ist sicherlich die, daβ y-Werte nach unten hin anwachsen. Lassen wir *PrintMonth()* also zunächst einmal feststellen, ob die y-Achse nach unten (+*1*) oder nach oben (-*1*) gerichtet ist. Dazu wird ein Punkt in Gerätekoordinaten (DP) in einen Punkt in logischen Koordinaten (LP) umgerechnet. Kehrt sich dabei das Vorzeichen der y-Koordinate um, handelt es sich um ein Koordinatensystem, dessen y-Koordinate entgegen den Gerätekoordinaten nach oben gerichtet ist:

```
void CSimpleCalendarView::PrintMonth (CDC* pDC)
{
    // Wachsen y-Werte nach unten ?

    CPoint pt(0,256);
    pDC->DPtoLP(&pt);
    int y_up = pt.y < 0 ? -1 : 1;

    // Zeichensätze

    CFont bodyfont, headerfont, holidayfont, *oldfont;
    // ...
```

Die Funktion *GetTextExtent()* liefert die Abmessungen des angegebenen Texts unabhängig von der tatsächlichen Orientierung der y-Achse immer als positive Werte. Haben wir eine nach oben gerichtete y-Achse, müssen die Schrittweiten für wachsende Zeilen jedoch negativ sein.

```
// Schon mal die Textgröße abschätzen

    oldfont = pDC->SelectObject (&bodyfont);
    CSize digitSize = pDC->GetTextExtent("0");
    digitSize.cy *= y_up;
    int dy = digitSize.cy, ddy = dy/2,
        ddx = digitSize.cx, dx = ddx*5, x0 = 0, y0 = dy*2;
```

Ein weiteres Problem ergibt sich beim Vergleich der Abmessungen des Client-Bereichs mit der abgeschätzten Gröβe des Hintergrunds, hier haben wir tatsächlich Äpfel (Client-Rechteck in Gerätekoordinaten) mit Birnen (Schriftgröβen in logischen Koordinaten) verglichen. Um den Vergleich vernünftig durchführen zu können, müssen Sie die zu vergleichenden Punkte in gleichen Koordinaten vorliegen haben. Dazu legen Sie einen Punkt mit den Abmessungen des Textrechtecks an (Sie verwenden ein

52 Dieselbe Erfahrung muβten übrigens auch die Entwickler bei Aldus machen, als sie das Programm Aldus-PageMaker nach OS/2 portierten. Auf dem Mac (wo PageMaker herstammt) wie unter Windows ist die natürliche Richtung der y-Achse nach unten, in OS/2 dagegen mathematisch richtiger nach oben. Auch die Aldus-Entwickler muβten feststellen, daβ die Orientierung der y-Achse als implizite Annahme teilweise an völlig unerwarteten Stellen in den Code geraten war.

CPoint- und nicht ein *CSize*-Objekt, da Sie einen Vektor und nicht nur die Umrechnung der Abmessungen benötigen) und transformieren diesen mit *LPtoDP()* in Gerätekoordinaten. Das nach dem Vergleich ggf. geänderte Rechteck in Gerätekoordinaten *rect* wird umgekehrt vor der Ausgabe wieder mit *DPtoLP()* in logische Koordinaten zurückgerechnet und ausgegeben.

```
Rect rect;
GetClientRect(rect);
CPoint maxText(dx * 10, dy * 30);
pDC->LPtoDP(&maxText);
if (rect.right  < maxText.x) rect.right = maxText.x;
if (rect.bottom < maxText.y) rect.bottom = maxText.y;
CPen *oldpen = (CPen*) pDC->SelectStockObject(NULL_PEN);

pDC->DPtoLP(rect);
pDC->Rectangle (rect);        // Rechteckfläche mit Füllmuster zeichnen
```

Eine weitere Stelle, an der die Richtung der y-Achse und die Umrechnung zwischen Gerätekoordinaten und logischen Koordinaten ins Spiel kommt, ist die Verschiebung des Koordinatensystemursprungs, da *OffsetViewportOrg()* Gerätekoordinaten erwartet:

```
// Ursprung verschieben für andere Position ohne Codeänderungen

CSize ofs(4*ddx,2*dy);
pDC->LPtoDP(&ofs);
pDC->OffsetViewportOrg(ofs.cx, ofs.cy * y_up);

// hier geht's jetzt los mit dem Kalendarium
```

Die letzte notwendige Änderung betrifft die Werte für die Rollbalken. Zum einen benötigt *SetScrollSizes()* die Angabe des Abbildungsmodus, um richtig zu funktionieren, hier hatten Sie vorher ohne weitere Begründung *MM_TEXT* eingesetzt.

Da *PrintMonth()* nun in jedem Abbildungsmodus funktionieren soll, müssen Sie sich den Abbildungsmodus mit *GetMapMode()* aus dem Gerätekontext **pDC* verschaffen.

Zum anderen arbeitet *SetScrollSizes()* nur mit positiven Argumenten, im Fall negativer y-Werte müssen Sie daher mit der y-Orientierung in *y_up* multiplizieren:

```
 }

SetScrollSizes (pDC->GetMapMode(), CSize (dx * 7 + ddx*9,
                                          (pos.y + dy*5)*y_up));

pDC->SelectObject (oldfont);
```

Das sollte es nun sein! Dummerweise zeigen sich nun Fehler beim vertikalen Rollen des Fensterinhalts von erratisch wechselnden Schriftgrößen bis hin zum Abbruch des Programms durch eine Ausnahme. Wie die genauere Untersuchung zeigt, geht dieser Fehler nun definitiv auf Microsofts Kappe, allerdings hilft uns diese Erkenntnis nicht weiter, wenn unser Programm nicht funktioniert[53]. Da das Problem wieder im Zusammenhang mit Schriftgrößen auftritt, vermuten wir die Ursache mit einigem Recht in der Funktion *CreatePointFontIndirect()*. Um die Implementation dieser Funktion zu lokalisieren, plazieren Sie vor einem Aufruf von *CreatePointFontIndirect()* mit der Taste [F9] einen Haltepunkt und starten mit der Taste [F5] den Debugger. Die Taste [F11] oder die *In Aufruf Spring*-Schaltfläche der Debugger-Werkzeugleiste läßt Sie in die Funktion *CFont::CreatePointFontIndirect()* hineinspringen und sehen, was da vor sich geht. Glücklicherweise ist die Funktion nicht übermäßig kompliziert, so daß Sie ganz gute Chancen haben, den Fehler zu finden:

```
BOOL CFont::CreatePointFontIndirect(const LOGFONT* lpLogFont, CDC* pDC)
{
  // ermitteln hDC aus pDC. Hier zur Vereinfachung weggelassen!
  // ...

  // Wandele nPointSize in logische Einheiten basierend auf pDC bzw. hDC
    LOGFONT logFont = *lpLogFont;
    POINT pt;
    pt.y = ::GetDeviceCaps(hDC, LOGPIXELSY) * logFont.lfHeight;
    pt.y /= 720;    // 72 points/inch, 10 decipoints/point
    ::DPtoLP(hDC, &pt, 1);
    logFont.lfHeight = -pt.y;

    if (pDC == NULL)
        ReleaseDC(NULL, hDC);

    return CreateFontIndirect(&logFont);
}
```

Die Funktion entnimmt aus der *LOGFONT*-Datenstruktur **lpLogFont* die Punktgröße (die Breite wird nicht umgerechnet und sollte daher auf jeden Fall 0 bleiben), multipliziert sie mit der mit *GetDeviceCaps()* ermittelten Anzahl Pixel/Zoll und errechnet die Höhe in Gerätekoordinaten schließlich durch die Division durch die Anzahl Zehntel-Punkt in einem Zoll. Nun wird die Gerätekoordinate mit *DPtoLP()* in logische Koordinaten umgerechnet und mit negativen Vorzeichen als Höhenangabe für einen Aufruf der zugrundeliegenden Funktion *CreateFontIndirect()* verwendet. Durch das Vorzeichen wird festgelegt, daß sich die Größenangabe auf die Höhe des Zeichens selbst und nicht auf die Zellengröße des Zeichensatzes beziehen soll. In diesen unscheinbar aussehenden letzten zwei Zeilen

```
::DPtoLP(hDC, &pt, 1);
logFont.lfHeight = -pt.y;
```

sind gleich zwei unabhängige Fehler. Der offensichtlichere der beiden betrifft das Vorzeichen. Durch die Umrechnung von Gerätekoordinaten in logische Koordinaten kann sich das Vorzeichen der *y*-Komponente des Punkts *pt* ändern. Der aber geht

---

53 Sollte dieser Fehler in Ihrer MFC-Version inzwischen beseitigt sein, nehmen Sie den folgenden Abschnitt als Beispiel für das Aufspüren und Umgehen von MFC-Fehlern – Sie werden selber auch Ihren fairen Anteil davon finden.

davon aus, daβ das Ergebnis immer positiv ist. Das zweite Problem ist jedoch viel schwerwiegender, aber auch weniger offensichtlich: Bei der Umrechnung von Gerätekoordinaten in lokale Koordinaten mit der API-Funktion *::DPtoLP()*, aber auch der Gerätekontext-Funktion *CDC::DPtoLP(LPPOINT,int)*, wird ein vom Ursprung aus genommener Punkt umgerechnet, nicht aber der Abstand zwischen zwei Punkten. Solange der Ursprung bei einer Abbildung zwischen Gerätekoordinaten und logischen Koordinaten wieder auf den Ursprung abgebildet wird, spielt dieser Unterschied keine groβe Rolle. Sobald aber *Viewport*- oder Fensterursprung, beispielsweise durch das Rollen, verschoben werden, liefert die falsch angewandte Koordinatenumrechnung unsinnige Werte. Mathematisch korrekt müβte man sowohl den Punkt (0,0) als auch den Punkt (x,y) transformieren und der Zeichenhöhe die Differenz dieser beiden Punkte nach der Transformation zugrundelegen. Nichts anderes tut übrigens *CDC::DPtoLP(LPSIZE)*, weshalb auch die penible Unterscheidung zwischen *CPoint*- und *CSize*-Objekten so wichtig ist: sie beschreiben mathematisch einfach unterschiedliche Sachverhalte.

Zur Lösung gibt es zwei Möglichkeiten. Die eine besteht darin, den erkannten Fehler zu beheben, die MFC vollständig neu zu übersetzen und neue Versionen der statischen und dynamischen Bibliotheken anzulegen. Diese Methode erscheint zwar auf den ersten Blick eleganter, führt aber erfahrungsgemäβ zu einem Rattenschwanz von Kompatibilitätsproblemen. Auβerdem kann es passieren, das man, spätestens wenn eine neue Version der Bibliothek erscheint, tagelang damit beschäftigt ist, Änderungen aus der alten Version der Library in der neuen Version zu verifizieren und sie zu übertragen. Da sich unter der Oberfläche zwischen einzelnen Versionen erhebliche Unterschiede ergeben können, muβ von einer solchen Vorgehensweise in der Praxis abgeraten werden.

Die zweite Möglichkeit besteht darin, den Fehler zu umgehen, d. h. ein Workaround zu verwenden. In diesem Fall liegt es beispielsweise nahe, auf die grundlegendere Funktion *CreateFontIndirect()* zurückzugreifen und die Umrechnung von Punktgröβen in logische Koordinaten mit einer kleinen (privaten und statischen) Hilfsfunktion selbst vorzunehmen:

```
int CSimpleCalendarView::PointSizeToLP(int pts, CDC *dc)
{
    CSize pt (0, dc->GetDeviceCaps(LOGPIXELSY) * pts);
      pt.cy /= 720;     // 720 Zehntelpunkte/Zoll
      dc->DPtoLP(&pt);
    return pt.cy>0 ? pt.cy : -pt.cy;
}
```

H

Vertrauen Sie nicht blind der MFC

Wie jedes hinreichend komplexe Stück Software sind auch die MFC nicht vollkommen fehlerfrei. Eine solide Kenntnis des Debuggers und sehr genaues Lesen der Online-Dokumentation ist auf jeden Fall hilfreich.

Die Erzeugung der Zeichensatzobjekte kann dann wie folgt aussehen:

```
LOGFONT logfont = {120, 0, 0, 0, 0, 0, 0, 0, 0, 0, 0, 0, 0, "arial"};

// Korrigierte Erzeugung der Zeichensatzobjekte

logfont.lfHeight = -PointSizeToLP (120, pDC);
bodyfont.CreateFontIndirect (&logfont);
logfont.lfItalic = TRUE;
holidayfont.CreateFontIndirect (&logfont);
logfont.lfWeight = 800;
logfont.lfHeight = -PointSizeToLP (180, pDC);
headerfont.CreateFontIndirect (&logfont);
// ...
```

Wenn nun beim Zusammensetzen all dieser im Text verteilten Code-Schnipselchen keine Fehler passiert sind, sollte nun alles einschließlich des Rollens, der Druckvorschau und des Druckens selbst in allen isotropen Abbildungsmodi einwandfrei funktionieren. Falls nicht – auf der Buch-CD ist die endgültige, vollständige und funktionsfähige Version von *CSimpleCalendarView* und *PrintMonth()* zu finden. Auch die beiden Beispiele mit den Regionen und Pfaden sind in auskommentierter Form enthalten, allerdings gibt es damit mit allen Abbildungsmodi außer *MM_TEXT* Probleme.

Mit den bis hier gegebenen Informationen sollte es für Sie aber ein leichtes sein, das Problem zu lokalisieren. Hinweis: Es hat etwas mit Äpfeln und Birnen zu tun.

Bitmaps

Zwei wichtige Typen von GDI-Objekten haben wir bisher noch nicht berücksichtigt: Bitmaps und Paletten. Zunächst jedoch legen wir ein neues Projekt *BitmapCalendar* an, um unser *SimpleCalendar*-Projekt nicht zu überfrachten. Da auch die Namen der Klassen diese Änderung widerspiegeln sollen, kann das Projekt jedoch nicht einfach kopiert werden. Da sich das Microsoft Developer Studio mehrfach starten läßt, ist es einfach, eine neues Projekt mit Namen *BitmapCalendar* in der einen Instanz zu erzeugen und in einer zweiten das Projekt *SimpleCalendar* geöffnet zu haben.

Sie erzeugen also mit dem Anwendungs-Assistenten ein neues SDI-Projekt mit Namen *BitmapCalendar* und achten diesmal darauf, die Ansichtsklasse *CBitmapCalendarView* von der Klasse *CScrollView* und nicht von *CView* abzuleiten. Um den letzten Stand des Projekts *SimpleCalendar* nachzubauen, sind die folgenden Arbeitsschritte nötig:

- Die Quell- und Definitionsdateien *Date.cpp*, *Date.h*, *Holidays.cpp* und *Holidays.h* in den neuen Projektordner kopieren und die Quelldateien mit *Projekt/Dem Projekt hinzufügen/Dateien* zum Projekt hinzufügen.
- In den Projekteinstellungen (*Projekt/Einstellungen*) muß für diese beiden Dateien in beiden Projektkonfigurationen die Verwendung vorkompilierter Definitionsdateien abgestellt werden (Reiter *C/C++*, Kategorie *Vorkompilierte Header*).

- Die Funktionen als private Komponentenfunktionen der Klasse *CBitmapCalendarView* erzeugen (am einfachsten über das Kontextmenü in der Klassenansicht) und die Funktionsrümpfe aus *CSimpleCalendarView* herüberkopieren.
- Zur Definition von *CBitmapCalendarView* eine private Komponentenvariable *GregorianDate currentDate* hinzufügen.
- Die Definitionsdatei der Klasse um die Direktive *#include date.h* ergänzen.
- Die Implementationsdatei der Klasse um die Direktive *#include holidays.h* ergänzen.
- Die Funktion *CBitmapCalendarView::OnKeyDown()* zur Nachricht *WM_KEYDOWN* mit dem Klassen-Assistenten erzeugen und den Rumpf von *CSimpleCalendarView::OnKeyDown()* kopieren.
- In der Funktion *CBitmapCalendarView::OnDraw()* wird zunächst nur der Aufruf von *PrintMonth(pDC)* benötigt.
- Schließlich sollten Sie noch den Code im Konstruktor der Ansichtsklasse kopieren, damit Sie ein definiertes Anfangsdatum haben.

Unser neues Progamm sollte sich nun übersetzen lassen und die gleiche Funktionalität wie *SimpleCalendar* aufweisen. Nun sind wir soweit, daß wir unser Programm um Bitmaps erweitern können. Bitmaps sind rechteckige Felder von Pixeln (Picture Elements), in denen für jedes Pixel der augenblickliche Zustand gespeichert ist. Dies kann eine einfache Ein/Aus-Information sein (monochrome Bitmap), Farbinformationen oder ein Index, aus dem sich die Farbe ermitteln läßt. Da Ausgabegeräte Bitmaps sehr unterschiedlich organisieren können, unterscheidet Windows zwischen geräteabhängigen und geräteunabhängigen Bitmaps. Geräteabhängige Bitmaps haben eine (undokumentierte) innere Organisation, die an das gegebene Ausgabegerät angepaßt ist. Damit mit einer Bitmap Operationen ausgeführt werden können, müssen sie daher zuvor in einen geeigneten Gerätekontext selektiert werden. Gleichzeitig kann eine so in einen Gerätekontext selektierte Bitmap auch als Zeichenfläche dienen.

Zum Umgang mit Bitmaps stellen die MFC eine Klasse *CBitmap* zur Verfügung, deren Funktionalität allerdings vergleichsweise bescheiden ausfällt. Der größte Teil der Komponentenfunktionen von CBitmap beschäftigt sich mit der Initialisierung:

- *LoadBitmap()* - Laden der Bitmap aus einer Ressource.
- *LoadOEMBitmap()* - Lädt eine der vordefinierten Windows-Bitmaps.
- *LoadMappedBitmap()* - Lädt eine Bitmap und rechnet die Farben in die momentanen Systemfarben um.
- *CreateBitmap()* - Erzeugt eine Bitmap.
- *CreateBitmapIndirect()* - Erzeugt eine Bitmap nach Maßgabe einer beschreibenden Datenstruktur.
- *CreateCompatibleBitmap()* - Erzeugt eine Bitmap, deren Struktur mit einem bestimmten Gerätekontext verträglich ist.
- *CreateDiscardableBitmap()* - Erzeugt eine Bitmap, die Windows bei Speichermangel „wegwerfen" darf.

Auffällig ist, daß es keine Möglichkeit gibt, eine Bitmap aus einer Datei zu laden. Bitmaps können im wesentlichen aus einer Ressource geladen oder im Speicher angelegt (und mit GDI-Aufrufen „bemalt") werden. Die übrigen Komponentenfunktionen von *CBitmap* sind:

- *GetBitmap()* – Liefert nicht, wie man erwarten sollte (und wie Funktionen gleichen Namens an anderen Stellen der MFC es auch tun), die Bitmap, sondern füllt eine Datenstruktur mit Informationen über eine Bitmap. Hier scheint die Verfahrensweise der Windows-API nackt und häßlich durch.
- *operator HBITMAP()* – Wandelt bei Bedarf ein *CBitmap*-Objekt automatisch in ein GDI-Handle um.
- *FromHandle()* – Erzeugt umgekehrt aus einem Handle ein temporäres *CBitmap*-Objekt. Wie in vergleichbaren Fällen ist die Gültigkeit temporärer Objekte nur bis zur Verarbeitung der nächsten Windows-Nachricht garantiert, sie sollten also auf keinen Fall für längere Zeit aufbewahrt werden.
- *SetBitmapBits*() – Kopiert eine Folge roher Bytes in eine Bitmap. Da die Interpretation der Bytes der Bitmap jedoch hochgradig geräteabhängig ist, ist die Funktion außer im Fall der (dokumentierten) monochromen Bitmaps von nur geringen Nutzen.
- *GetBitmapBits()* – Wie *SetBitmapBits()*, jedoch in umgekehrter Richtung.
- *SetBitmapDimension()* – Ordnet einer Bitmap eine Größe in metrischen Einheiten zu.
- *GetBitmapDimension()* – Fragt eine zuvor mit *SetBitmapDimension()* zugeordnete Bitmap-Größe in metrischen Einheiten ab.

Ergänzen Sie nun den Kalender um eine schmückende Bitmap auf dem Kalenderblatt. Da eine Bitmap ohne weiteres nur aus einer Ressource geladen werden kann, fügen Sie den Ressourcen der Anwendung einige Bitmaps hinzu. Geeignete Bitmaps sind im Unterordner *graffiti* des Projektordners auf der Buch-CD vorhanden. Am besten kopieren Sie diesen ganzen Ordner in Ihren Projektordner.

Neue Bitmap-Ressourcen fügen Sie in Ihr Projekt mit *Einfügen/Ressource* ein, indem Sie die Schaltfläche *Importieren* anklicken und im dann folgenden Datei-Dialog die Datei *image256.bmp* auswählen. Bei dieser Gelegenheit können Sie auch gleich die Dateien *image16.bmp* und *image2.bmp* laden. Sollte der Rechner nicht in einem 256-Farben-Modus laufen, wird Developer Studio die Bitmap zwar importieren, aber sich weigern, die 256-Farben-Bitmap-Ressource anzuzeigen. Da sich die folgenden Abschnitte unter anderem um die Palettenunterstützung im weit verbreiteten 256-Farben-Modus drehen, ist es jedoch ohnehin sinnvoll, jetzt ggf. den Bildschirmmodus in die 256-Farben-Darstellung zu ändern.

Den neu eingefügten Ressourcen teilt Developer Studio automatisch symbolische IDs *IDB_BITMAP1*, *IDB_BITMAP2* etc. zu, wobei IDB für **ID**entifier **B**itmap steht. Meist ist es sinnvoll, diese Namen durch deskriptivere Bezeichnungen zu ersetzen, z. B. *IDB_IMAGE256* usw. Dies geschieht mit dem Eigenschaften-Dialog, den Sie im Kontextmenü der Ressourcenansicht finden. Damit der Dialog nicht sofort nach Benutzung verschwindet, sollten Sie ihn mit dem Reißbrettstiftsymbol oben links fixieren.

Wählen Sie nun in der Ressourcenansicht nacheinander die einzelnen (Bitmap-) Ressourcen an, zeigt der Dialog immer die Eigenschaften der gerade ausgewählten Ressource. Im Feld *ID:* kann hier ein neuer Bezeichner eingegeben werden.

Diese Bezeichner sind, wie auch alle anderen IDs im Ressourcen-Editor, keine Zeichenketten, sondern symbolische Namen für numerische Werte, die jede Ressource eindeutig kennzeichnen und vom Ressourcen-Editor automatisch vergeben werden. Das ist deutlich effektiver als der ebenfalls mögliche Zugriff auf Ressourcen über gegebene Namen in Form von Zeichenketten. Die symbolischen Namen werden in der Definitionsdatei *resource.h* den numerischen Werten mittels der *#define*-Direktive zugeordnet. Dadurch können Sie auch im Programm die symbolischen IDs verwenden, so daß auch die Lesbarkeit des Quellcodes von der Verwendung numerischer IDs nicht beeinträchtigt ist.

Um in der Kalenderansicht nun eine Bitmap verwalten und anzeigen zu können, sind mehrere Schritte notwendig. Zunächst fügen Sie eine private Komponentenvariable

```
CBitmap bitmap;
```

in die Klasse *CBitmapCalendarView* ein. Dieses MFC-Objekt wird von Konstruktor und Destruktor von *CBitmapCalendarView* automatisch auf- und abgebaut. Nicht automatisch erzeugt und vernichtet wird hingegen das zugehörige Windows-Objekt, welches Sie im Konstruktor laden und spätestens im Destruktor der Ansicht wieder löschen müssen. Das Laden der Bitmap erfolgt mit der Funktion *LoadBitmap()*, die als Argument die symbolische gegebene ID der Ressource übergeben bekommt:

```
CBitmapCalendarView::CBitmapCalendarView()
{
    // ZU ERLEDIGEN: Hier Code zur Konstruktion einfügen,

    CTime t = CTime::GetCurrentTime();
    currentDate = GregorianDate (t.GetDay(), t.GetMonth(), t.GetYear());
    bitmap.LoadBitmap(IDB_IMAGE256);
}

CBitmapCalendarView::~CBitmapCalendarView()
{
    bitmap.DeleteObject();
}
```

Es genügt natürlich nicht, die Bitmap zu laden, Sie müssen sie auch anzeigen. Um *PrintMonth()* nicht noch weiter aufzublähen, sehen Sie dafür eine private Funktion

```
int CBitmapCalendarView::PrintImage (CDC* pDC, int w, int y_dir)
```

vor, die als Parameter den Gerätekontext, die gewünschte Breite der Bitmap und die Orientierung der y-Achse übergeben bekommt. Damit die Höhe der Bitmap bei der Aufteilung der Kalenderseite berücksichtigt werden kann, wird die Höhe der Bitmap auf dem Ausgabekontext als Ergebnis zurückgegeben. Damit sind die notwendigen Änderungen in *PrintMonth()* minimal:

```
// Ursprung verschieben für andere Position ohne Codeänderungen

CSize ofs(4*ddx,2*dy);
pDC->LPtoDP(&ofs);
pDC->OffsetViewportOrg(ofs.cx, ofs.cy * y_up);

// jetzt geben wir mal unser Bild aus

int h = PrintImage (pDC, 7 * dx, y_up);     // Höhe merken für unten

// hier geht's jetzt los mit dem Kalendarium

pDC->SelectObject (&headerfont);

int m = currentDate.getMonth(), y = currentDate.getYear();
char buf[64];            // Buffer für C-String-Funktion ltoa() unten

static const char wdays[7][3] = {"Mo", "Di", "Mi", "Do", "Fr",
                                                    "Sa", "So"};

CString outstr = currentDate.getNameOfMonth();
pDC->TextOut(0, h+dy, outstr + " " + ltoa(y,buf,10));
pDC->SetTextAlign(TA_RIGHT);

pDC->SelectObject (&bodyfont);

CPoint pos(dx,dy*3+h);
CSize  hstep(dx,0);
CSize  nline(-7*dx,dy);
```

Die Ausgabe einer Bitmap unter Windows ist nicht ganz unkompliziert, es gibt weder in der Windows-API noch unter Windows eine Funktion, mit der man eine Bitmap ausgeben kann. Die Ausgabe unter Windows ist ein mehrstufiger Prozeß. Das Kopieren von rechteckigen Pixel-Bereichen ist nur zwischen Gerätekontexten möglich, die zudem noch kompatibel sein müssen, d. h., die den gleichen Gerätetreiber verwenden.

Aus diesem Grund muß die Quell-Bitmap zunächst in einen zum Ausgabegerät kompatiblen Gerätekontext selektiert werden. Damit wird sie zu der Bitmap, auf der dieser Gerätekontext sowohl liest als auch schreibt. Die zuvor in dem Gerätekontext selektierte Bitmap muß natürlich aufbewahrt und später wieder zurück in den Kontext selektiert werden. Damit sieht *PrintImage()* wie folgt aus:

```
int CBitmapCalendarView::PrintImage (CDC* pDC, int w, int y_dir)
{
    BITMAP bminfo;
    bitmap.GetBitmap(&bminfo);

    CDC memDC;
    CBitmap *savedBM;
    memDC.CreateCompatibleDC(pDC);
    savedBM = memDC.SelectObject(&bitmap);

    pDC->BitBlt(0, 0, bminfo.bmWidth, bminfo.bmHeight, &memDC, 0,
                                                        0, SRCCOPY);
```

```
    memDC.SelectObject(savedBM);
    return bminfo.bmHeight;
}
```

Zunächst werden die Abmessungen der Bitmap ermittelt, indem *GetBitmap()* die Fel der der *BITMAP*-Datenstruktur *bminfo* ausfüllt. Als nächster Schritt wird ein neuer Gerätekontext (bzw. genauer ein *CDC*-Objekt) angelegt und der zugehörige Windows-Gerätekontext mit *CreateCompatibleDC()* kompatibel zu Bildschirm bzw. Drucker erzeugt. Nun kann die Quell-Bitmap in diesen Gerätekontext selektiert und mit *BitBlt()* kopiert werden. (*BitBlt*, sprich *BitBlit*, steht für Bitblocktansfer.) Es gibt eine Vielzahl vonMöglichkeiten, wie Quell-Bitmap und Ziel-Bitmap miteinander verknüpft werden können, wir wählen hier die häufigte Variante *SRCCOPY*.

Das Ergebnis dieser Aktion ist noch nicht überzeugend, da *BitBlt*() die Bitmap ohne Berücksichtigung der verschiedenen Größen von Bitmap und Zielbereich kopiert. Daher wählen Sie nun die zwar langsamere, dafür aber auch flexiblere Funktion *StretchBlt()* zur Ausgabe der Bitmap. Diese Funktion ist in der Lage, Bitmaps bei der Ausgabe in x- wie in y-Richtung in jede beliebige Größe zu skalieren. In diesem Fall ist die gewünschte Breite *w* und die Abmessungen der Bitmap in *bminfo.bmWidth* und *bminfo.bmHeight* vorgegeben. Die Höhe der Bitmap auf dem Ausgabegerät läßt sich daraus leicht bestimmen:

```
int CBitmapCalendarView::PrintImage (CDC* pDC, int w, int y_dir)
{
    BITMAP bminfo;
    bitmap.GetBitmap(&bminfo);
    int h = bminfo.bmHeight * w / bminfo.bmWidth * y_dir;

    CDC memDC;
    CBitmap *savedBM;
    memDC.CreateCompatibleDC(pDC);
    savedBM = memDC.SelectObject(&bitmap);

    pDC->StretchBlt( 0, 0, w, h, &memDC, 0, 0,
                            bminfo.bmWidth, bminfo.bmHeight, SRCCOPY);

    memDC.SelectObject(savedBM);
    return h;
}
```

Die Größe der Bitmap ist nun korrekt. Leider sind (falls Sie sich im 256-Farben-Modus befinden) die angezeigten Farben alles andere als optimal. Vergleichen Sie die angezeigte Bitmap mit der Bitmap-Ressource im Ressourcen-Editor, stellen Sie fest, daß alle Farben durch die jeweils ähnlichste der zwanzig Systemfarben von Windows ersetzt worden sind.

Eine Möglichkeit der Abhilfe ist, Bitmaps zu verwenden, die nur die Systemfarben von Windows verwenden. Die Bitmap-Ressource mit der *ID IDB_IMAGE16* ist eine solche Bitmap, die mit Hilfe eines externen Programms auf die Verwendung dieser Farben heruntergerechnet wurde. Ein anderer Ansatz, der es erlaubt, die Farben richtig darzustellen, wird im nächsten Absatz gezeigt.

Zunächst versuchen Sie jedoch noch, Ihr Kalenderblatt auszudrucken. In der Druckvorschau jedenfalls sieht alles noch bestens aus. Beim Ausdruck der Seite jedoch kann es bei vielen Druckern Probleme geben - die Bitmap taucht im Ausdruck nicht auf. Neben den Problemen mit der Farbdarstellung werden wir auch für dieses Problem im nächsten Abschnitt „DIBs - Geräteunabhängige Bitmaps" eine einfache Lösung finden. Eine Umgehung des Problems, die ausnützt, daß eine schwarzweiße Bitmap mit jedem Gerät (vielleicht mal abgesehen von Stiftplottern ☺) kompatibel ist, zeigt die folgende Version der Funktion:

```
int CBitmapCalendarView::PrintImage (CDC* pDC, int w, int y_dir)
{
    BITMAP bminfo;
    bitmap.GetBitmap(&bminfo);
    int h = bminfo.bmHeight * w / bminfo.bmWidth * y_dir;

    CDC memDC;
    CBitmap *savedBM, mono;
    memDC.CreateCompatibleDC(pDC);

    if (pDC->IsPrinting())
    {
        mono.LoadBitmap(IDB_IMAGE2);
        savedBM = memDC.SelectObject(&mono);
    }
    else
    {
        savedBM = memDC.SelectObject(&bitmap);
    }
    pDC->StretchBlt( 0, 0, w, h, &memDC, 0, 0,
                     bminfo.bmWidth, bminfo.bmHeight, SRCCOPY);

    memDC.SelectObject(savedBM);
    mono.DeleteObject();

    return h;
```

Für den Fall, daß die Bitmap auf den Drucker ausgegeben werden soll, wird außer dem Zeiger *savedBM* noch eine lokale Bitmap-Variable *mono* angelegt. Ob die Funktion gerade auf den Bildschirm oder auf den Drucker ausgibt, läßt sich anhand des Gerätekontexts mit der Funktion *IsPrinting()* herausfinden. In diesem Fall wird die mit einem externen Programm optimierte monochrome Version der Bitmap geladen und in den Gerätekontext selektiert. Schließlich darf nicht vergessen werden, die monochrome Bitmap wieder zu löschen. Da es nicht schadet, diese Operation auch mit einem uninitialisierten *CBitmap*-Objekt durchzuführen, kann diese Anweisung unkonditional sein.

Paletten

Es gibt unterschiedliche Möglichkeiten, Farbinformation in einer Bitmap zu speichern. Die historisch älteste ist die monochrome Bitmap - es gibt einfach keine Farbe. Ein Pixel kann nur entweder eingeschaltet oder ausgeschaltet sein.

Mit der Verbreitung von EGA- und VGA-Karten wurde die Windows-Welt bunt. Diese Karten können in den hochauflösenden Modi sechzehn Farben darstellen. Zur Darstellung eines Pixels werden vier Bit verwendet, je eines für die Grundfarben rot, grün und blau und eines für die Intensität. So sind acht verschiedene Farben rot, grün, blau, gelb, magenta, cyan, schwarz und weiß in je zwei Helligkeitsabstufungen möglich.

Die dadurch möglichen Icons in sechzehn brillanten Farben trugen seinerzeit möglicherweise mehr zum durchschlagenden Erfolg von Windows 3.0 bei als jedes andere Feature. Andere Farben der Benutzeroberfläche werden aus diesen Grundfarben durch Dithering, dem Mischen von Pixeln verschiedener Farben, simuliert.

Die Entwicklung blieb hier natürlich nicht stehen. Der nächste Schritt war die Entwicklung von SVGA-Karten, die es in den hochauflösenden Modi auf 256 Farben brachten, also 8 Bit pro Pixel. Es gab auch Karten mit höheren Farbtiefen von 15, 16 oder gar 24 Bit pro Pixel, nur lagen diese wegen ihres exzessiven Speicherbedarfs in Preisregionen, die dem Normalanwender nicht zugänglich waren. Erst langsam beginnt sich dieses Bild zu wandeln, doch sind die Bildschirmmodi mit 8-Bit Farbtiefe immer noch eher die Regel als die Ausnahme.

Bei den sogenannten HighColor-Karten (15 oder 16 Bit) stehen für jede der drei Grundfarben 64 Abstufungen und bei 16-Bit-Modi ein Intensitätsbit zur Verfügung, was zwar noch zu wahrnehmbaren Farbsprüngen führt, aber für die meisten Fälle ausreichend ist. Bei den sogenannten TrueColor-Karten (24 Bit) schließlich stehen für jede der drei Grundfarben 256 Abstufungen zur Verfügung, was in allen denkbaren Anwendungen ausreicht.

Anders bei den 8-Bit-Modi. Selbst mit 3 Bit pro Farbe wären nur acht Abstufungen je Farbe möglich, was schwerlich eine Verbesserung gegenüber den alten VGA-Farben ist. Realistische Darstellungen sind damit nicht möglich. Der Ausweg, auf den man schließlich verfiel, waren (Hardware-)Paletten. Der Pixelwert steht nicht für eine Farbe, sondern ist ein Index in eine Tabelle, in der ein 24 Bit großer Farbwert steht.

Diese CLUT (**C**olor **L**ook **U**p **T**able) ist in der Hardware organisiert und erlaubt so eine sehr schnelle Umsetzung der Pixelwerte in die Farbsignale für den Videoausgang. Damit ist nun eine Darstellung von 256 verschiedenen Farben aus über 16 Millionen möglich. Da die meisten Bilder nur einen begrenzten Umfang an Farbwerten enthalten, ist so für die meisten Fälle eine feinabgestufte und völlig befriedigende Darstellung möglich.

Für eine Bitmap, die mit 8 Bit pro Pixel gespeichert ist, wird also genau ein Byte für einen Bildpunkt benötigt. Gleichzeitig muß mit dem Bild jedoch auch eine Farbtabelle gespeichert werden, die für jeden verwendeten Pixelwert den zugehörigen 24-Bit-Farbwert enthält.

Alle diese Möglichkeiten sind auch im Dateiformat der sogenannten geräteunabhängigen Bitmaps oder DIBs unter Windows berücksichtigt. Bits können mit 1, 4, 8, 16 oder 24 Bit Farbtiefe gespeichert werden. Ist zusätzlich im Vorspann einer 4- oder 8-

Bit-Bitmap eine Farbtabelle vorhanden, werden die Pixelwerte als Indizes in eine Farbtabelle interpretiert. Bei 16- und 32-Bit-Bitmaps dagegen ist eine Farbtabelle als Hilfe für die optimale Darstellung bei einer Anzeige mit niedrigerer Farbtiefe zu verstehen.

Zur Unterstützung indizierter Farben und von Hardware-Paletten kennt Windows Paletten-Objekte, eine Unterart der GDI-Objekte. In den MFC sind diese Paletten durch die Klasse *CPalette* verkapselt. Die zur Darstellung benötigten Farben werden in einer API-Datenstruktur LOGPALETTE eingetragen und daraus eine (logische) Windows-Palette erzeugt. Diese wird verwendet, indem sie wie andere GDI-Objekte in den Gerätekontext selektiert wird. Erst durch die Selektion in den Gerätekontext und die Realisierung wird aus der logischen (Wunsch-)Palette eine physikalische Palette.

Die Komponentenfunktionen von *CPalette* sind schnell aufgelistet: *CreatePalette(), CreateHalftonePalette(), FromHandle(), AnimatePalette(), GetNearestPaletteIndex(), ResizePalette(), GetEntryCount(), GetPaletteEntries(), SetPaletteEntries()*, und *operator HPALETTE*(). Wirklich häufig gebraucht wird von diesen Funktionen jedoch nur *CreatePalette()*.

Eine Farbtabelle mit 256 Farben ist schön und gut, solange es daran geht, eine einzelne Bitmap optimal darzustellen. Doch spätestens wenn zwei oder mehr Bitmaps mit unterschiedlichen Farbtabellen dargestellt werden müssen, kommt man in Schwierigkeiten, da die Hardware zu jedem gegebenen Zeitpunkt nur eine einzige Palette unterstützt. Bei Windows wird die Situation noch dadurch verkompliziert, daß mehrere unabhängige Anwendungen mit ganz unterschiedlichen Palettenwünschen gleichzeitig laufen können.

Teilweise wird das Problem dadurch entschärft, daß unter Windows normalerweise zwanzig sogenannte Systemfarben in der Systempalette fest vorgegeben sind. Dies sind die 16 Farben aus der VGA-Zeit sowie ein Dollarnoten-Grün, ein Microsoft-Blau und zwei Komplementärfarben dazu. Da Farben im 4-Bit-Modus oft invertiert werden, indem einfach der Pixelwert invertiert wird, sind die zwanzig Systemfarben so in der Hardwarepalette angeordnet, daß sich durch das Invertieren der Indizes die Indizes der Komplementärfarben ergeben.

Leider hat Microsoft versäumt, für die Systemfarben feste Bezeichner zu definieren, doch läßt sich dies leicht nachholen, indem man in einer geeigneten Definitionsdatei (z. B. *Colors.h* auf der Buch-CD) einen Aufzählungstyp für die Systemfarben vereinbart:

```
enum SysColor
{
    scBlack       = RGB (  0,   0,   0),  // Index 0
    scDarkRed     = RGB (128,   0,   0),  // Index 1
    scDarkGreen   = RGB (  0, 128,   0),  // Index 2
    scDarkYellow  = RGB (128, 128,   0),  // Index 3  - eher grünbraun
    scDarkBlue    = RGB (  0,   0, 128),  // Index 4
    scDarkMagenta = RGB (128,   0, 128),  // Index 5
    scDarkCyan    = RGB (  0, 128, 128),  // Index 6
    scLightGray   = RGB (192, 192, 192),  // Index 7
```

```
    scDollarGreen   = RGB (192, 220, 192),  // Index 8
    scMicrosoftBlue = RGB (166, 202, 240),  // Index 9   - himmelblau

    scOffWhite      = RGB (255, 251, 240),  // Index 246 - cremefarben
    scGray          = RGB (160, 160, 164),  // Index 247
    scDarkGrey      = RGB (128, 128, 128),  // Index 248
    scRed           = RGB (255,   0,   0),  // Index 249
    scGreen         = RGB (  0, 255,   0),  // Index 250
    scYellow        = RGB (255, 255,   0),  // Index 251
    scBlue          = RGB (  0,   0, 255),  // Index 252
    scMagenta       = RGB (255,   0, 255),  // Index 253
    scCyan          = RGB (  0, 255, 255),  // Index 254
    scWhite         = RGB (255, 255, 255)   // Index 255
};
```

Mögliche Palettenkonflikte regelt Windows auf die folgende Weise: Die Anwendung, die momentan den Eingabefokus hat, hat den bevorrechtigten Zugriff auf die Palette. Die übrigen Anwendungen erhalten reihum die Gelegenheit, ihre Paletten an diese sogenannte Vordergrundpalette anzupassen. Das Beste, was Sie erwarten können, ist eine möglichste gute Approximation der gewünschten Farben durch die Hardwarepalette.

Die Details der Palettenverwaltung werden in Windows durch vier Botschaften geregelt, von denen jedoch nur die ersten zwei wirklich wichtig sind:

- *WM_QUERYNEWPALETTE* – Wird an das Hauptfenster der Anwendung geschickt, wenn das Fenster den Eingabefokus erhält. Damit wird die Anwendung aufgefordert, ihre eigene Palette als Vordergrundpalette, also mit höchster Priorität, zu realisieren. Als Folge davon werden alle anderen Anwendungen mit einer *WM_PALETTECHANGED*-Nachricht informiert, daß sich die Hardware-Palette geändert hat.
- *WM_PALETTECHANGED* – Informiert die Anwendungen, daß sich die Hardware-Palette geändert hat. Damit haben diese die Gelegenheit, ihre eigenen Paletten als Hintergrundpaletten (d. h. mit niedriger Priorität) zu realisieren und ihre Fenster neu zu zeichnen.
- *WM_PALETTEISCHANGING* – Informiert die übrigen Anwendungen, daß eine Anwendung gerade dabei ist, ihre Palette zu realisieren. Die Nachricht hat keine praktische Bedeutung; es handelt sich eher um ein Freitagsfeature, also eine Eigenschaft, die auf die Schnelle eingebaut wurde, um irgendeine Sache noch vor dem Wochenende zum Laufen zu bringen.
- *WM_SYSCOLORCHANGE* – Normalerweise sind unter Windows zwanzig Systemfarben in der Palette fest vorgegeben. Wenn eine Anwendung mit einer speziellen API-Funktion auch diese ändert, wird diese Botschaft ausgelöst.

Zur Bearbeitung der ersten beiden Nachrichten dienen die Funktionen *OnPaletteChanged()* und *OnQueryNewPalette()*, die man auf die gewohnte Weise mit dem Klassen-Assistenten z. B. in die Klasse *CMainFrame* einfügen kann. Bequemer ist aber eine andere Methode. Visual C++ 5.x besitzt ein Feature, das sich Sammlung der Komponenten und Steuerelemente oder Komponentengalerie nennt und mit dem Menübefehl *Projekt/Dem Projekt hinzufügen/Komponenten und Steuerelemente* erreicht werden kann. In dieser Komponentengalerie finden sich für viele Aufgabenstellungen fertige Problemlösungen, die dem eigenen Programm per Knopfdruck hinzugefügt werden können.

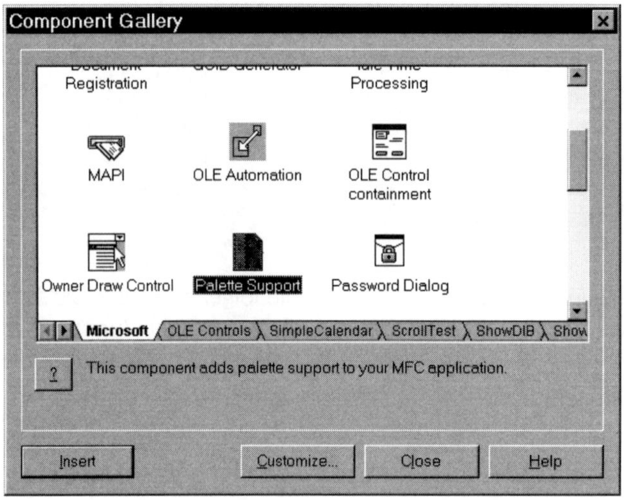

Abb. 74: Aus der Komponentengalerie können viele fertige Problemlösungen per Knopfdruck zum eigenen Programm hinzugefügt werden

Die Komponenten sind nach Kategorien geordnet, die jeweils in einem eigenen Ordner abgelegt werden können. Die Ordner *Developer Studio Components* und *Registered ActiveX Controls* sind von Anfang an vorhanden, weitere Ordner können mit der *Neuen Ordner erstellen*-Schaltfläche hinzugefügt werden. Mit der *Weitere Informationen*-Schaltfläche können, falls vorhanden, nähere Informationen zur aktuell selektierten Komponente erhalten werden.

Der erste Ordner *Developer Studio Components* enthält unter anderem Komponenten für die Unterstützung der Zwischenablage, Dialogleisten, automatische Registrierung der Dokumententypen einer Anwendung, Ausnützung von Leerlaufzeiten, Begrüßungsfenster, Statuszeilen, Tool-Tips, Tip des Tags und nicht zuletzt Palettenunterstützung. Die Palettenunterstützung verwenden Sie in Ihrem Projekt, indem Sie das entsprechende Icon auswählen und mit der *Einfügen*-Schaltfläche einfügen.

Im diesem Fall läßt sich noch die Klasse festlegen, für welche die Unterstützung installiert werden soll, doch steht hier nur *CMainFrame* zur Auswahl. Die so eingefügten Funktionen können übrigens nicht mit dem Klassen-Assistenten bearbeitet werden.

Die so in *CMainFrame* eingefügte Palettenunterstützung besteht aus drei Funktionen und einer Komponentenvariablen vom Typ *CPalette**: Da diese Funktionen *SetPalette()* von einer anderen Klasse aus aufrufen werden, machen Sie diese Funktion durch Verschiebung in den öffentlichen Teil der Deklaration allgemein zugänglich.

Außerdem ergänzen Sie eine öffentliche Funktion *GetPalette()*, um die Palette auch von Ihrer Ansicht aus erreichen zu können.

```
protected:
    afx_msg BOOL OnQueryNewPalette();
    afx_msg void OnPaletteChanged(CWnd* pFocusWnd);
    CPalette* m_pPalette;
    CMainFrame();
    DECLARE_DYNCREATE(CMainFrame)

// Attribute
public:
    CPalette* GetPalette();
    CPalette* SetPalette(CPalette* pPalette);
```

Die Implementationen der Nachrichtenbearbeitungsfunktionen werden von der Komponentengalerie eingefügt. Da ist zunächst die Funktion zur Reaktion auf eine mitgeteilte Palettenänderung:

```
void CMainFrame::OnPaletteChanged(CWnd* pFocusWnd)
{
    // CG: Diese Funktion wurde von der Komponente
    // zur Paletten-Unterstützung hinzugefügt

    if (pFocusWnd == this || IsChild(pFocusWnd))
        return;

    OnQueryNewPalette();
}
```

Da die Reaktion auf beide Palettennachrichten im Grunde sehr ähnlich ist – es wird eine neue Palette in den Gerätekontext selektiert und anschließend realisiert – ruft *OnPaletteChanged()* für die eigentliche Arbeit *OnQueryNewPalette()* auf.

Zuvor wird zur Verhinderung einer möglichen Endlosschleife lediglich sichergestellt, daß diese Anwendung nicht selbst diejenige ist, die die *WM_PALETTECHANGE*-Nachricht, z. B. durch die Änderung der Vordergrundpalette, ausgelöst hat.

```
BOOL CMainFrame::OnQueryNewPalette()
{
    // CG: Diese Funktion wurde von der Komponente
    // zur Paletten-Unterstützung hinzugefügt

    if (m_pPalette == NULL)
        return FALSE;

    // BLOCK
    {
        CClientDC dc(this);
        CPalette* pOldPalette = dc.SelectPalette(m_pPalette,
            GetCurrentMessage()->message == WM_PALETTECHANGED);
        UINT nChanged = dc.RealizePalette();
        dc.SelectPalette(pOldPalette, TRUE);

        if (nChanged == 0)
            return FALSE;
    }
```

```
    Invalidate();

    return TRUE;
}
```

Die wesentliche Arbeit der Funktion wird in der Verbundanweisung *Block* geleistet. Die geschweiften Klammern sind hier notwendig, um den Gültigkeitsbereich des Client-Gerätekontexts *dc* einzuschränken, um den rechtzeitigen Aufruf des Destruktors zu gewährleisten. Zunächst wird die Palette in den Gerätekontext des Fensters selektiert.

Abhängig davon, ob dies durch eine *WM_PALETTECHANGED* oder eine *WM_QUERYNEWPALETTE*-Nachricht ausgelöst wurde, wird die Palette dabei als Hintergrund- oder Vordergrundpalette realisiert.

Nur eine Vordergrundpalette hat dabei eine Chance, alle Farben zu realisieren, muß aber nicht notwendigerweise alle verfügbaren Paletteneinträge der Hardware-Palette belegen. Hintergrundpaletten können eventuell noch freie Einträge der Systempalette benutzen oder werden, wenn das nicht mehr möglich ist, mit bereits vorhandenen ähnlichen Farben abgespeist.

Nachdem die Palette selektiert ist, muß sie realisiert werden. Erst hierdurch findet die Umwandlung der gewünschten idealen logischen Palette in die verfügbare physikalische[54] Palette statt. Bevor der benutzte Gerätekontext wieder zerstört wird, muß natürlich die Palette wieder durch die Standardpalette des Gerätekontexts ersetzt werden.

Haben sich beim Realisieren der Palette Paletteneinträge der Hardware-Palette gegenüber dem bisherigen Zustand geändert, liefert *RealizePalette()* die Anzahl als Ergebnis zurück. Hat sich die Hardwarepalette nicht geändert, sind wir fertig, ansonsten muß nun mit einem Aufruf von *Invalidate()* ein Neuzeichnen des Fensters mit der neuen Palette herbeigeführt werden.

Zunächst erhalten die anderen laufenden Anwendungen von Windows jedoch die Gelegenheit, ihre Paletten als Hintergrundpaletten zu realisieren. Das Neuzeichnen aller Fenster wird also erst angestoßen, wenn die Hardware-Palette endgültig feststeht.

Bevor das Hauptfenster eine Palette verwalten kann, muß es diese natürlich kennen. Dies geschieht mit der Funktion *SetPalette()*, die die übergebene Palette in die Komponentenvariable *m_pPalette* überträgt und sicherstellt, daß die Palette auch realisiert wird. Die möglicherweise vorhandene alte Palette wird der aufrufenden Funktion zur Aufbewahrung oder Vernichtung übergeben:

---

54 In diesem Kontext hat das Adjektiv „physikalisch" übrigens nicht viel mit Physik zu tun, außer, daß ein physikalisches Objekt im Gegensatz zu einem virtuellen oder logischen Objekt physisch wirklich vorhanden ist. Die beiden Bedeutungen von „physikalisch" gehen lediglich auf dieselbe griechische Wurzel zurück.

```
CPalette* CMainFrame::SetPalette(CPalette* pPalette)
{
    // CG: Diese Funktion wurde von der Komponente
    // zur Paletten-Unterstützung hinzugefügt

   // Rufen Sie diese Funktion auf, wenn sich die Palette ändert. Diese
   // merkt sich die Palette für den Vordergrund, um den Bildschirm
   // richtig neu zu zeichnen. Bei Zeichenoperationen sollten alle
   // Aufrufe von CDC::SelectPalette die Paletten im Hintergrund
   // auswählen.

    CPalette* pOldPalette = m_pPalette;
    m_pPalette = pPalette;
    OnQueryNewPalette();
    return pOldPalette;
}
```

Die Funktion *GetPalette()* schließlich haben wir eingefügt, um auch anderen Klassen, hier insbesondere der Ansichtsklasse Zugriff auf die Palette zu geben, da diese die Information auch zum Neuzeichnen des Ansichtsfensters benötigt:

```
CPalette* CMainFrame::GetPalette()
{
    return m_pPalette;
}
```

Nun haben wir eine Anwendung mit perfekter Paletten-Unterstützung, allein es fehlt an einer Palette. Aus dem Bitmap-Objekt jedenfalls ist diese nicht zu gewinnen. Leider ist die Unterstützung von Bitmaps und Paletten unter Windows recht lückenhaft.

Weder gibt es die Möglichkeit, Bitmap-Ressourcen mit Paletten zu verwenden, noch existieren vorgefertigte Methoden, auf in Dateien gespeicherte Bitmaps zuzugreifen. Wenn wir Paletten oder Bitmaps aus einer Datei benötigen, müssen wir uns diese schon selbst verschaffen.

DIBs – Geräteunabhängige Bitmaps

Bitmaps sind unter Windows heute in der Fortentwicklung eines Formats abgespeichert, das ursprünglich für OS/2 entwickelt wurde. In diesem Format sind die Bitmaps in einer geräteunabhängigen Form abgelegt und werden daher als geräteunabhängige Bitmap oder DIB (engl. **D**evice **I**ndependent **B**itmap) bezeichnet. In den mit Visual C++ mitgelieferten Beispielen findet sich unter anderem ein Beispiel DIBLOOK, das den Umgang mit solchen DIBs zeigt.

Leider ist dieses Beispiel alles andere als objektorientiert und teilweise derartig gegen den Geist von C++ gestrickt, daß man kaum umhin kommt, eine eigene DIB-Klasse zu entwickeln. Unsere heißt *CDIBitmap* und ist auf der Buch-CD an mehreren Stellen in der Datei *dibitmap.h* bzw. *dibitmap.cpp* zu finden. Um die Klasse zu verwenden, müssen die beiden Dateien von der Buch-CD in unser Projektverzeichnis kopiert und die Implementationsdatei in unser Projekt eingebunden werden.

Die Klasse *CDIBitmap* ist ein guter Ausgangspunkt zur Weiterentwicklung.

Um die Dinge für den Anfang nicht unnötig zu komplizieren, sind nicht alle denkbaren Bitmap-Formate berücksichtigt – beispielsweise unterstützt die Klasse *CDIBitmap* gegenwärtig keine RLE-komprimierten Bitmaps.

Die Klassendefinition sieht wie folgt aus:

```
class CDIBitmap : public CObject
{
   DECLARE_SERIAL (CDIBitmap)

private:

   static BYTE*        NullBits;
   static BITMAPINFO* NullInfo;
          BYTE*        dibBits;
          BITMAPINFO* dibInfo;
          BOOL         isOwner;

          void         Clean ();

   static int          CalcColorEntries(BITMAPINFO* pBmpInfo);
   static BOOL         IsWinDIB (BITMAPINFOHEADER* pBIH);

                       CDIBitmap (int pixSize);
public:
                       CDIBitmap ();
                      ~CDIBitmap ();

          BOOL         Create (int iWidth, int iHeight);

          void         Draw (const CDC &dc, int x, int y);

          BOOL         ChangePalette (CPalette& pal);
   inline RGBQUAD*     GetColorTable ();
   inline int          GetNumColors ();
          BOOL         GetPalette (CPalette &pal);

          BOOL         LoadFile (CFile* fp);
          BOOL         LoadFile (const char* fileName);
          BOOL         SaveFile (CFile* fp);
          BOOL         SaveFile (const char* pszFileName);
          void         Serialize (CArchive& ar);

   inline void*        GetBits ();
          void*        GetPixel (int x, int y);
   inline BITMAPINFO* GetBitmapInfo ();
   inline int          GetHeight ();
   inline int          GetWidth ();
   inline int          BytesPerLine ();
};
```

Ein *CBitmap*-Objekt ist ein GDI-Objekt (oder verkapselt zumindestens ein solches). Eine DIB ist dagegen eine Sammlung von Pixel- und Farbtabellendaten, die man beispielsweise nicht in einen Gerätekontext selektieren kann[55]. Zum Umgang mit DIB-Daten stehen jedoch eigenen API-Funktionen zur Verfügung, so daβ es zumindest kein Problem ist, Pixel von einer DIB auf den Bildschirm oder in eine GDI-Bitmap zu bringen.

Eine DIB besteht im wesentlichen aus zwei Teilen und hat in der Bitmap-Datei die gleiche Form wie im Speicher. In der Datei kommt lediglich eine kleiner Kopf mit Daten hinzu, der im wesentlichen Typ und Gröβe der Datei beschreibt. Die genaue Art und Speicherorganisation der Bitmap sowie ggf. die verwendete Farbtabelle gehen aus dem Bitmap-Kopf hervor, der in einer Datenstruktur vom Typ *BITMAPINFO* gespeichert ist. Die eigentlichen Pixeldaten befinden sich dagegen in einem zweiten, nicht weiter strukturierten Speicherblock.

In der DIB-Klasse wird diese Struktur durch zwei Komponentenvariablen widergespiegelt, von denen *dibInfo* auf die Beschreibungsdaten und *dibBits* auf die Pixel zeigt. Ist die DIB noch nicht geladen, könnte man im Prinzip diese Zeiger *NULL* setzen. Damit müβte man jedoch bei jeder Verwendung der Zeiger testen, ob sie nun bereits belegt sind oder nicht. Eleganter ist die Variante, die Zeiger auf die entsprechenden Komponenten einer statischen, also immer vorhandenen Null-Bitmap zeigen zu lassen. Damit ist der Zugriff immer wohldefiniert. Die zwei statischen Komponenten *NullBits* und *NullInfo* enthalten diese Nullzeiger und werden automatisch beim ersten Konstruktor-Aufruf der Klasse initialisiert, da der Standard-Konstruktor das Nullobjekt als statische lokale Variable enthält. Zur Konstruktion des Nullobjekts wird dagegen ein eigener privater Konstruktor verwendet.

Die private Funktion *Clean()* dient dazu, vor der Zerstörung oder Neuinitialisierung der Bitmap die alten Datenblöcke ggf. zu löschen. Weitere interne private Funktionen sind eine Funktion zur Ermittlung der Anzahl der Einträge in der Farbtabelle aus den verfügbaren Daten in *infoBits* und zur Überprüfung, ob die gelesene *BITMAPINFO*-Struktur eine Windows- oder eine OS/2-DIB beschreibt, und nicht zuletzt der bereits erwähnte private Konstruktor.

Die öffentlichen Funktionen umfassen:

- Standard-Konstruktor und Destruktor.
- *Create*() - Zur Erzeugung einer leeren DIB mit gegebenen Dimensionen.
- *Draw()* - Zur Ausgabe auf einen beliebigen Gerätekontext.
- *ChangePalette()* - Um die DIB bei Bedarf auf eine neue Palette umzurechnen. Wenn es gelingt, so zu erreichen, daβ die DIB intern eine zur Hardware-Palette

55 Das ist allerdings nur die halbe Wahrheit. Mit der neuen API-Funktion *CreateDIBSection()* lassen sich auch DIBs anlegen, die ein *HBITMAP*-Handle haben und wie andere Bitmaps in einen Gerätekontext selektiert werden können. Damit könnte auch eine von *CBitmap* abgeleitete DIB-Klasse realisiert werden. Da dies aber im Rahmen dieser Darstellung nun doch etwas weit führen würde, überlassen wir diese Aufgabe dem Leser als Übung ☺.

identische Palette verwendet, kann die Ausgabegeschwindigkeit (z. B. bei Animationen und Spielen) deutlich gesteigert werden, da das ständige Umschlüsseln der Indizes entfällt.

- *GetColorTable()* - Liefert einen Zeiger auf die interne Farbtabelle.
- *GetNumColors()* - Liefert die Anzahl der Farben in der Farbtabelle.
- *GetPalette()* - Initialisiert ein *CPalette*-Objekt mit der Palette der DIB (die DIB selbst hat im strengen Sinn keine Palette, sondern eine anders aufgebaute Farbtabelle).
- *LoadFile()* - Zum Laden von der momentanen Leseposition einer offenen Datei oder einer Datei, deren Namen als Zeichenkette gegeben ist.
- *SaveFile()* - Zum Speichern an die aktuelle Schreibposition einer bereits offenen Datei oder in eine Datei, deren Name durch eine Zeichenkette gegeben ist.
- *Serialize()* - Zur Ein- und Ausgabe von Archiven. Dazu wird jeweils die erste Variante von *LoadFile()* und *SaveFile()* verwendet.
- *GetBits()* und *GetPixel()* - Zum direkten Zugriff auf Bilddaten. Wir wollen den Vorteil des schnellen Zugriffs auf DIB-Daten nicht durch ein Übermaß an Kapselung wieder zunichte machen!
- *GetBitmapInfo()* - Zum Zugriff auf die *BITMAPINFO*-Datenstruktur.
- GetHeight() und GetWidth() - Schließlich zur Ermittlung der Abmessungen der Bitmap.
- *BytesPerLine()* - Zur Ermittlung der Adreßdifferenz vertikal übereinanderliegender Pixel.

Um in der Anwendung mit dem neuen DIB-Typ zu arbeiten, ergänzen Sie die Klassendefinition um eine private Komponentenvariable *CDIBitmap dib* und fügen eine *#include*-Direktive für die zugehörige Definitionsdatei ein.

Wenn wir unsere Bitmap laden, wollen wir auch im Hauptfenster direkt die richtige Palette eintragen und realisieren. Dies, ebenso wie die Verwendung der *GetParent()*-Funktion zur Ermittlung des Rahmenfensters, ist aber erst möglich, wenn die entsprechenden Fenster bereits existieren (da die MFC-Funktionen auf API-Funktionen zurückgreifen, die die Existenz von Fenstern voraussetzen). Wir können die DIB also nicht wie zuvor das *CBitmap*-Objekt im Konstruktor laden (abgesehen davon, daß kompliziertere Operationen in Konstruktoren ohnehin nicht anzuraten sind). Glücklicherweise verschickt Windows nach der Erzeugung eines Fensters eine *WM_CREATE*-Nachricht, die wir mit einer mit dem Klassen-Assistenten erzeugten Funktion *OnCreate()* leicht abfangen und bearbeiten können:

```
int CBitmapCalendarView::OnCreate(LPCREATESTRUCT lpCreateStruct)
{
    if (CView::OnCreate(lpCreateStruct) == -1)
        return -1;

    // ZU ERLEDIGEN: Speziellen Erstellungscode hier einfügen

    dib.LoadFile("graffiti\\image256.bmp");
    CMainFrame *mframe = dynamic_cast<CMainFrame*> (GetParent());
```

```
    ASSERT(mframe);
    CPalette *pal = new CPalette;
    dib.GetPalette (*pal);
    pal = mframe->SetPalette(pal);
    delete pal;

    return 0;
}
```

Da die Funktion eine dynamische Typumwandlung verwendet, sollten wir sicherstellen, daß in den Projekteinstellungen (*Projekt/Einstellungen*, Reiter *C++*, Kategorie *Programmiersprache C++*) die RTTI-Unterstützung eingeschaltet ist.

Die Funktion lädt die DIB aus der Bitmap-Datei, ermittelt das Hauptfenster, erzeugt eine neue Palette, initialisiert diese mit den DIB-Farbwerten und legt schließlich mit *CMainFrame::SetPalette()* diese Palette als Palette der Anwendung fest.

Eine möglicherweise vorhandene alte Palette wird zur Sicherheit gelöscht, ist der Rückgabewert *NULL*, schadet der *delete*-Operator auch nicht.

Der Code zur Ausgabe der Bitmap muß nun natürlich auch anders aussehen als für die GDI-Bitmap:

```
int CBitmapCalendarView::PrintImage (CDC* pDC, int w, int y_dir)
{
    int ws = dib.GetWidth(),
        hs = dib.GetHeight(),
        wd = w,
        hd = hs * w / ws * y_dir;

    ::StretchDIBits(pDC->GetSafeHdc(),    // Ziel DC
                    0, 0, wd, hd,         // Wohin
                    0, 0, ws, hs,         // Woher
                    dib.GetBits(),        // Zeiger auf die Pixel
                    dib.GetBitmapInfo(),  // Zeiger auf BITMAPINFO
                    DIB_RGB_COLORS,       // Optionen
                    SRCCOPY);             // ROP

    return hd;
}
```

Es fällt auf, daß der ganze Zauber mit dem Selektieren von Bitmaps in Gerätekontexte hinein und wieder heraus nun nicht mehr nötig ist.

Da wir unsere Bitmap auch noch passend skalieren wollen, können wir die einfache *Draw()*-Funktion zwar nicht verwenden; der Aufruf der API-Funktion *StretchDIBits()* ist aber, abgesehen von den vielen Parametern, auch nicht komplizierter.

Wenn wir unsere Anwendung nun testen, stellen wir fest, daß der ganze Aufwand bis hierhin noch nichts gebracht hat, es fehlt noch ein entscheidendes Schlußsteinchen; in der Funktion *OnDraw()* muß dafür gesorgt werden, daß für die Ausgabe auch die richtige Palette verwendet - sprich in den Gerätekontext selektiert - wird:

```
void CBitmapCalendarView::OnDraw(CDC* pDC)
{
    CMainFrame *mframe = dynamic_cast<CMainFrame *> (GetParent());
    // alternativ: CMainFrame *mframe = dynamic_cast<CMainFrame
    //                                          *> (AfxGetMainWnd());

    CPalette* oldPal = pDC->SelectPalette(mframe->GetPalette(), TRUE);
    pDC->RealizePalette();

    pDC->SetMapMode(MM_HIMETRIC);
    PrintMonth (pDC);

    pDC->SelectPalette(oldPal, FALSE);
}
```

Das Hauptfenster der Anwendung, in das die Palettenkomponente aus der Komponentengalerie die Palettenvariable plaziert hat, wird zunächst mit *GetParent()* bestimmt (Zum gleichen Zweck könnte übrigens auch die anders arbeitende Funktion *AfxGetMainWnd()* verwendet werden). Danach wird die Palette als Hintergrundpalette realisiert, die Ausgabe durchgeführt und die Palette wieder herausselektiert. Als Hintergrundpalette deshalb, da die Palette ohnehin schon als Vordergrundpalette selektiert wurde und daher bereits von der Hardwarepalette wiedergespiegelt wird. Auch bei der Selektion als Hintergrundpalette ist so garantiert, daß die Bitmap „ihre" Farben bekommt. Eine Selektion als Vordergrundpalette würde dagegen möglicherweise wieder eine Flut von *WM_PALETTECHANGED*-Meldungen auslösen.

Der Test zeigt, daß nun im 256-Farben-Modus die Bitmap mit den korrekten Farben angezeigt wird. Auch in der Druckvorschau und beim Ausdruck erscheint die Bitmap nun korrekt. Um unsere Anwendung noch ein wenig attraktiver zu gestallten, wollen wir wie bei einem richtigen Wandkalender für jeden Monat eine andere Bitmap anzeigen. Ein Auswahl geeigneter Bitmaps mit Namen *Jan.bmp* bis *Dez.bmp* ist im Graffiti-Verzeichnis vorhanden, es können aber natürlich auch eigene Bitmaps verwendet werden.

Die notwendigen Änderungen und Ergänzungen sind schnell zusammengefaßt. Da Sie nun bei jedem Monatswechsel ein anderes Bild laden, nehmen Sie den Code zum Laden der Bitmap aus *OnCreate()* heraus und legen hierfür eine eigene private Komponentenfunktion an:

```
void CBitmapCalendarView::LoadImage()
{
    static char *names[] = {"", "jan", "feb", "mar", "apr", "mai",
                       "jun", "jul", "aug", "sep", "okt", "nov", "dez"};

    dib.LoadFile(CString("graffiti\\") + names[currentDate.getMonth()]
                                                          + ".bmp");
    CMainFrame *mframe = dynamic_cast<CMainFrame *> (GetParent());
    ASSERT(mframe);
    CPalette *pal = new CPalette;
    dib.GetPalette (*pal);
    pal=  mframe->SetPalette(pal);
    delete pal;
}
```

Eine statische Tabelle von Monatsnamen liefert das Ausgangsmaterial für die Erzeugung des vollständigen Dateinamens. Das Ergebnis des *CString*-Ausdrucks wird automatisch wieder in einen C-Zeichenkettenzeiger umgewandelt und an *LoadFile()* übergeben.

Der Rest des Codes ist aus *OnCreate()* übernommen. *OnCreate* selbst kann nun natürlich viel einfacher ausfallen:

```
int CBitmapCalendarView::OnCreate(LPCREATESTRUCT lpCreateStruct)
{
    if (CView::OnCreate(lpCreateStruct) == -1)
        return -1;

    // TODO: Speziellen Erstellungscode hier einfügen

    LoadImage();

    return 0;
}
```

Schließlich muß beim Wechsel zwischen den Monaten in *OnKeyDown()* vor dem Aufruf von *Invalidate()* noch ein Aufruf von *LoadImage()* eingefügt werden.

Da *LoadImage()* bei einem Palettenwechsel ohnehin ein Neuzeichnen aller Bilder erzwingt, kann der Aufruf von *Invalidate()* im Grunde entfallen. Es ist jedoch sicherer, ihn beizubehalten für den Fall, daß zwei aufeinandefolgende Bitmaps die gleiche Palette verwenden.

```
void CBitmapCalendarView::OnKeyDown(UINT nChar, UINT nRepCnt,
                                                        UINT nFlags)
{
    int d = 1,
        m = currentDate.getMonth(),
        y = currentDate.getYear();

    while (nRepCnt--)
        switch (nChar)
        {
            // ...
        }

    LoadImage();
    Invalidate();
}
```

Da der graue Hintergrund bei einigen der Bitmaps zu klein ist, ändern Sie schließlich noch in *PrintMonth()* die Abmessungen des unterlegten Rechtecks und haben damit doch inzwischen ein ziemlich herzeigbares Kalenderprogramm:

```
CRect rect;
GetClientRect(rect);
CPoint maxText(dx * 9, dy * 40);
pDC->LPtoDP(&maxText);
```

Zusammenfassung

Grafikausgaben erfolgen unter Windows grundsätzlich über sogenannte Gerätekontexte. Ein Gerätekontext ist zum einen eine hardwareunabhängige Grafikschnittstelle und kann als logisches Ausgabegerät aufgefaßt werden. Die Umsetzung der Ausgabeaufträge für das physikalische Ausgabegerät erfolgt transparent für das Anwenderprogramm durch Windows. Zum anderen bewahrt ein Grafikkontext Statusinformationen wie die Art des ausgewählten Zeichenstiftes, die letzte Zeichenposition oder den verwendeten Zeichensatz auf. Durch das abstrakte Konzept des Gerätekontexts ist es beispielsweise möglich, zur Ausgabe auf Bildschirm und Drucker den gleichen Code zu verwenden. So wird die *OnDraw()*-Funktion der Ansichtsklassen immer für die Ausgabe sowohl auf den Drucker als auch auf den Bildschirm genutzt.

Für verschiedene Zwecke kennen die MFC neben der allgemeinen Gerätekontextklasse *CDC* noch die Klassen *CPaintDC* während der Bearbeitung von *WM_PAINT*-Nachrichten, *CClientDC* für sonstige Ausgaben in den Client-Bereich eines Fensters, *CWindowDC* für die Ausgabe in das ganze Fenster und *CMetaFileDC* für die Ausgabe in Metadateien. Zur Ausgabe in eine Bitmap werden die allgemeinen CDC-Gerätekontexte verwendet.

Eng mit Gerätekontexten verknüpft sind GDI-Objekte wie Zeichenstifte, Füllmuster, Schriftarten, Bitmaps oder Paletten. Jedes GDI-Objekt steht für bestimmte Eigenschaften; so beschreibt ein Zeichenstift Linienbreite, Linienfarbe, Linienmuster und ähnliche Eigenschaften. Bei GDI-Objekten muß zwischen logischem GDI-Objekt und seiner Realisierung im Gerätekontext unterschieden werden. Alle GDI-Objekte müssen als Wunschzettel an das GDI verstanden werden, die das GDI dann nach Maßgabe der Möglichkeiten des physikalischen Ausgabegerätes realisiert.

Für alle GDI-Objekte gilt die gleiche prinzipielle Anwendungsweise. Vor der Anwendung wird ein GDI-Objekt in einen Gerätekontext selektiert. Dadurch wird ein anderes Objekt aus dem Gerätekontext verdrängt. Letzteres muß dazu verwendet werden, den Gerätekontext nach Abschluß aller Ausgabeoperationen wieder in den Zustand zurückzuversetzen, in dem er von Windows oder den MFC zur Verfügung gestellt wurde. Objekte, die in einen Gerätekontext selektiert sind, dürfen nicht gelöscht oder zerstört werden!

Zeichensätze sind GDI-Objekte, die eine Schriftart zusammen mit allen Schriftattributen beschreiben. Textausgaben erfolgen mit dem Zeichensatz, der in den Gerätekontext selektiert ist. Voreinstellung ist der proportionale System-Zeichensatz. Welcher Zeichensatz tatsächlich von Windows verwendet wird, hängt von der Verfügbarkeit einer Schrift mit den geforderten Eigenschaften ab. Ist die geforderte Schrift nicht vorhanden, versucht der sogenannte Fontmapper einen möglichst guten Ersatz zu finden. Die Vorstellungen des Fontmappers von einem brauchbaren Ersatz decken sich allerdings häufig nicht mit den Vorstellungen des Anwenders.

Zeichenstifte und Füllmuster sind weitere häufig gebrauchte GDI-Objekte. Füllmuster geben vor, wie flächige Objekte beim Zeichnen gefüllt werden sollen. Sind die gewünschten Farben nicht vorhanden, werden die Farben bei durchgefärbten Füllmuster durch ein Dither-Muster ersetzt, bei Schraffuren und Zeichenstiften wird die nächste verfügbare reine Farbe gewählt.

Regionen und Pfade können zu zwei unterschiedlichen Zwecken verwendet werden. Selektiert man sie in den Gerätekontext oder ruft Komponentenfunktionen mit äquivalenter Wirkung auf, wirken sie als Beschneidungspfade, die festlegen, in welchen Bereichen die Ausgabe dargestellt wird und in welchen sie unterdrückt wird. Zum andern können Pfade und Regionen dazu verwendet werden, auch komplizierter umrandete Objekte zu zeichnen.

Windows unterscheidet zwischen logischen Koordinaten (Problemkoordinaten) und Gerätekoordinaten (Pixelkoordinaten). Die Umrechnung erfolgt automatisch nach der Festlegung eines Abbildungsmodus. Die Voreinstellung ist eins-zu-eins (*MM_TEXT*) doch stehen sechs weitere, teils feste, teils beliebige Modi zur Verfügung.

Auch die Zeichenfläche eines Gerätekontexts, die Bitmap, ist ein GDI-Objekt. Zwischen verschiedenen Gerätekontexten können Bitmaps kopiert werden, eine direkte Ausgabe einer Bitmap in einen Gerätekontext ist nicht möglich. Zur Anzeige bestimmte Bitmaps werden einem Programm als Ressourcen zur Verfügung gestellt, das direkte Lesen und Schreiben in Dateien ist nicht vorgesehen.

Zur Unterstützung indizierter Farben dienen Palettenobjekte. Zusammen mit den Botschaften *WM_QUERYNEWPALETTE* und *WM_PALETTECHANGED* regeln sie den Zugang zur Hardware-Palette bei indizierten Anzeigemodi. Zur Unterstützung von Anwendungen mit Paletten kann eine Komponente zur Palettenunterstützung aus der Komponentengalerie verwendet werden. Auf Anzeigemodi mit höherer Farbtiefe wirkt sich die Palettenunterstützung nicht negativ aus.

Als Ergänzung zu den geräteabhängigen Bitmaps (DDB) kennt Windows auch noch geräteunabhängige Bitmaps (DIB). Für die Ausgabe von DIBs wie auchfür die Umwandlung in DDBs stehen eine Reihe API-Funktionen zur Verfügung, Unterstützung seitens der MFC ist jedoch nicht vorhanden und muß durch eine eigene Klasse nachgerüstet werden. Generell ist der Umgang mit DIBs jedoch unkomplizierter als mit DDBs.

4.3 Befehlszentrale – Auf Benutzereingaben reagieren

Das letzte Kapitel hat im wesentlichen gezeigt, wie wir Daten aus unserem Programm herausbekommen, d. h., wie wir sie in ansprechender Form grafisch aufbereiten können. Dies kann natürlich nicht ausreichen, genauso wichtig ist es, Daten in unser Programm hinein zu bekommen, d. h. mit Benutzereingaben umzugehen. Dieses Kapitel wird sich mit der Steuerung von Windows-Anwendungen beschäftigen.

Die Beispielanwendung zu diesem Kapitel ist auf der Buch-CD im Verzeichnis *BitmapCalendar2* zu finden, das Projekt selbst wurde nur kopiert, Klassen und Dateien haben also ihre Namen nicht geändert. Wer ebenfalls mit einer Kopie der Beispielanwendung weiterarbeiten möchte, kann einfach eine Kopie des Projektverzeichnisses mitsamt allen Dateien und Unterverzeichnissen anlegen. Wichtig ist nur, daß vor oder nach dieser Operation alle Fenster des Projekts geschlossen werden, die Entwicklungsumgebung merkt sich ansonsten Bezüge auf falsche Dateien.

Menüs

Die klassische Methode, ein Windows-Programm zu steuern, ist sicherlich das Menü. Dies ist im allgemeinen die primäre Methode zur Programmsteuerung, andere Methoden wie Tastenkürzel oder Werkzeugleisten sind eher Abkürzungen zur leichteren Erreichbarkeit häufig genutzter Funktionen. Unsere Anwendung hat der Anwendungs-Assistent bereits mit einer ganzen Reihe fertig verdrahteter Menüs versehen. Auch die Ergänzung eigener Menüs und Menüeinträge mit dem Klassen-Assistenten schirmt uns weitgehend vom direkten Umgang mit Menü-Objekten ab. Spätestens jedoch, wenn Funktionalitäten wie Kontextmenüs oder sich ändernde Menüs gewünscht werden, sind Kenntnisse über die Arbeitsweise von Menüs hilfreich.

Menüs sind Windows-Objekte, die von API-Funktionen über ein Menü-Handle vom Typ *HMENU* angesprochen werden. Die MFC verkapseln Menüs in einer Klasse *CMenu* mit einem reichen Satz an Komponentenfunktionen:

Erzeugung, Initialisierung und Zerstörung:

- *CMenu()* - Erzeugt (leeres) MFC-Menü-Objekt.
- *Attach()* - Verbindet ein Windows-Menü mit diesem MFC-*CMenu*-Objekt.
- *Detach()* - Löst das Windows-Menü von diesem MFC-*CMenu*-Objekt.
- *FromHandle()* - Liefert zum gegebenen Menü-Handle ein (möglicherweise temporäres) MFC-*CMenu*-Objekt.
- *GetSafeHmenu()* - Menü-Handle dieses Menüs
- *DeleteTempMap()* - Zerstört ausnahmslos alle mit *FromHandle()* erzeugten temporären Menü-Objekte!
- *CreateMenu()* - Erzeugt zu diesem *CMenu*-Objekt ein leeres Windows-Menü.
- *CreatePopupMenu()* - Erzeugt zu diesem *CMenu*-Objekt ein leeres Windows-Popup-Menü.
- *LoadMenu()* - Lädt ein Menü aus einer Ressource.
- *LoadMenuIndirect()* - Lädt ein Menü aus einer Datenstruktur im Speicher.
- *DestroyMenu()* - Zerstört das Windows-Menü und gibt alle verwendeten Windows-Ressourcen wieder frei. Wird vom Destruktor von *CMenü* automatisch aufgerufen.
- *TrackPopupMenu()* - Popup-Menü an beliebiger Position zur Auswahl anzeigen.

Manipulationen mit Menüs und Menüeinträgen:

- *AppendMenu()* - Neuen Menüeintrag an des Ende eines Menüs anhängen.
- *CheckMenuItem()* - Menüeintrag mit einem Häkchen versehen.
- *CheckMenuRadioItem()* - Menüeintrag mit einer alternativen Markierung versehen.
- *DeleteMenu()* - Einen Menüeintrag aus einem Menü löschen.
- *EnableMenuItem()* - Menüeintrag anwählbar machen.
- *GetMenuItemCount()* - Anzahl der Einträge in einem Menü.
- *GetMenuItemID()* - ID des Menüeintrages an einer gegebenen Position zur Verwendung z. B. mit *CheckMenuItem()*.
- *GetMenuState()* - Liefert den Zustand eines Menüpunkts oder im Fall eines Untermenüs die Anzahl der Einträge.
- *GetMenuString()* - Liefert den Text eines Menüpunkts.
- *GetSubMenu()* - Liefert für ein Untermenü den Zeiger auf ein Popup-Menü.
- *InsertMenu()* - Neuen Menüpunkt in ein Menü einschieben.
- *ModifyMenu()* - Ändert einen Menüeintrag.
- *RemoveMenu()* - Entfernt ein Untermenü.
- *SetMenuItemBitmaps()* - Festlegen einer Markierungs-Bitmap für markierten und unmarkierten Zustand eines Menüeintrags.
- *GetMenuContextHelpId()* - Hilfe-ID abfragen.
- *SetMenuContextHelpId()* - Hilfe-ID festlegen.
- *DrawItem()* - Virtuelle Funktion, die in einer abgeleiteten Klasse verwendet werden kann, um das Menü selbst zu zeichnen.
- *MeasureItem()* - Virtuelle Funktion, die in einer abgeleiteten Klasse vom System aufgerufen wird, um bei der Erzeugung eines selbst gezeichneten Menüs die Abmessungen des Menüs abzufragen.

Im Prinzip können mit diesen Funktionen alle Menüs durch Programmcode aufgebaut werden. Praktisch verwendet werden sie jedoch nur in besonderen Situationen, z. B. wenn ein vorhandenes Menü kontextabhängig modifiziert werden muß. Für den normalen Anwendungsfall ist es dagegen wesentlich bequemer, Menüs mit dem Ressourcen-Editor als Ressourcen zu definieren und bei Bedarf nur noch zu laden.

Das hat auch den Vorteil, daß es bei Änderungen oder z. B. Lokalisierungen eines Programms wesentlich einfacher ist, nur die Ressourcen zu ändern oder zu übersetzen. Die Definition der Menüressourcen unseres Kalenders in *BitmapCalendar.rc* sieht beispielsweise so aus[56]:

---

56 Allerdings müssen wir einen externen Editor verwenden, um in die **.rc*-Datei zu schauen. Developer Studio startet bei dem Versuch, diese Datei zu öffnen, mit konstanter Bosheit den Ressourcen-Editor.

```
/////////////////////////////////////////////////////////////////////////////
//
// Menu
//

IDR_MAINFRAME MENU PRELOAD DISCARDABLE
BEGIN
    POPUP "&Datei"
    BEGIN
        MENUITEM "&Neu\tStrg+N",                ID_FILE_NEW
        MENUITEM "Ö&ffnen...\tStrg+O",          ID_FILE_OPEN
        MENUITEM "S&peichern\tStrg+S",          ID_FILE_SAVE
        MENUITEM "Speichern &unter...",         ID_FILE_SAVE_AS
        MENUITEM SEPARATOR
        MENUITEM "&Drucken...\tStrg+P",         ID_FILE_PRINT
        MENUITEM "Sei&tenansicht",              ID_FILE_PRINT_PREVIEW
        MENUITEM "Drucker&einrichtung...",      ID_FILE_PRINT_SETUP
        MENUITEM SEPARATOR
        MENUITEM "Letzte Datei",                ID_FILE_MRU_FILE1, GRAYED
        MENUITEM SEPARATOR
        MENUITEM "&Beenden",                    ID_APP_EXIT
    END
    POPUP "&Bearbeiten"
    BEGIN
        MENUITEM "&Rückgängig\tStrg+Z",         ID_EDIT_UNDO
        MENUITEM SEPARATOR
        MENUITEM "&Ausschneiden\tStrg+X",       ID_EDIT_CUT
        MENUITEM "&Kopieren\tStrg+C",           ID_EDIT_COPY
        MENUITEM "E&infügen\tStrg+V",           ID_EDIT_PASTE
    END
    POPUP "&Ansicht"
    BEGIN
        MENUITEM "&Symbolleiste",               ID_VIEW_TOOLBAR
        MENUITEM "S&tatusleiste",               ID_VIEW_STATUS_BAR
    END
    POPUP "&?"
    BEGIN
        MENUITEM "Inf&o über BitmapCalendar...", ID_APP_ABOUT
    END
END
```

Mit der Syntax dieser Ressourcenbeschreibungssprache brauchen wir uns in den Zeiten visueller Entwicklungswerkzeuge glücklicherweise nicht mehr auseinanderzusetzen (auch wenn die Sache ziemlich einfach ist, siehe Online-Dokumentation).

In den frühen Tagen der Windows-Programmierung (als Männer noch Männer waren etc.) mußten alle Ressourcen in textueller Form definiert sowie alle IDs und zugeordneten Werte manuell verwaltet werden.

Alle diese Aufgaben nimmt uns nun der Menü-Editor von *Developer Studio* ab.

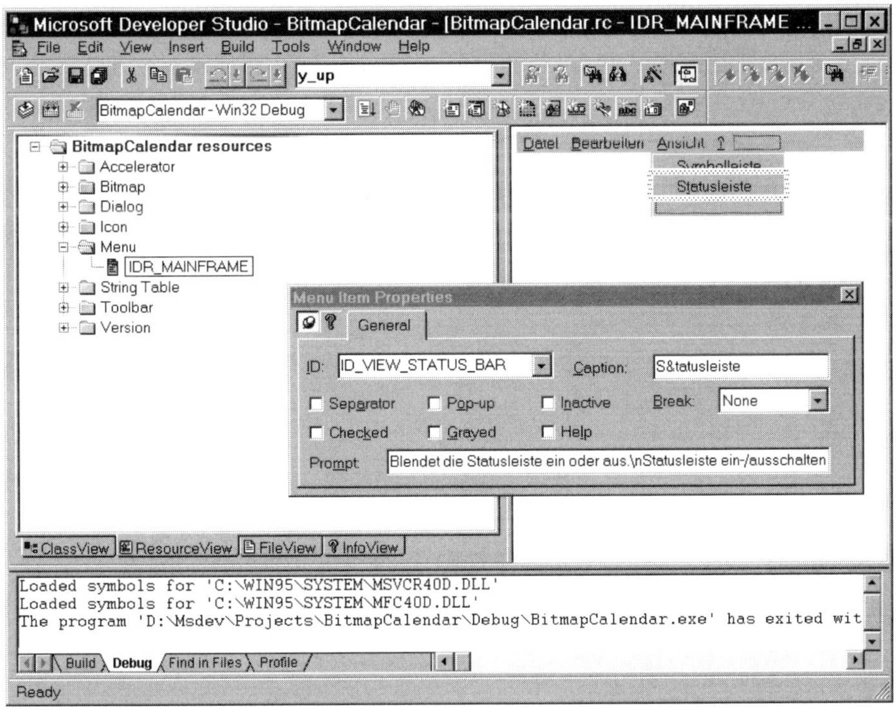

Abb. 75: Menü-Editor von Developer Studio mit geöffnetem Eigenschaftsdialog für einen Menüeintrag

In diesem Editor können Menüs sehr bequem erstellt und editiert werden. Alle Eigenschaften eines Menüeintrags lassen sich durch den Eigenschaftsdialog festlegen, darunter auch einige, die in der eigentlichen Menüressource gar nicht auftauchen. Die MFC erlauben es nämlich über den Leistungsumfang der Menüs der Windows-API hinaus, zu Menüeinträgen auch Hilfetexte festzulegen, die ggf. in der Statuszeile des Rahmenfensters der Anwendung angezeigt werden. Folgt auf den ersten Text nach einem Zeilenvorschub (*\n* in C++-Konvention) ein weiterer Text, dient dieser automatisch als Text für die *ToolTip* genannten Erläuterungskästchen. Diese Informationen stehen auch in der Ressourcendatei; da Windows diese Art von Anwenderunterstützung aber nicht vorsieht, sind sie nicht in der Menüressource, sondern in einer eigenen Zeichenketten-Ressource abgelegt. Die Zuordnung zu den Menü-Einträgen erfolgt schlicht über die Verwendung gleicher IDs:

```
STRINGTABLE DISCARDABLE
BEGIN
    ID_VIEW_TOOLBAR          "Blendet die Symbolleiste ein oder aus.
                              \nSymbolleiste ein-/ausschalten"
    ID_VIEW_STATUS_BAR       "Blendet die Statusleiste ein oder aus.
                              \nStatusleiste ein-/ausschalten"
END
```

Für die Hilfetexte eines jeden Menüs, aber auch für andere Zwecke, gibt es jeweils eine Zeichenketten-Ressource – hier am Beispiel des *Ansicht*-Menüs. Den Editor für String-Ressourcen startet man durch Aufklappen des Ressourcenzweigs für Zeichenketten in der Ressourcenansicht und Doppelklick auf das Symbol für Zeichenfolgentabellen. Will man eine Zeichenkette ändern, kann dies z. B. durch Doppelklick auf die Zeichenkette geschehen, der Eigenschaftsdialog kann aber beispielsweise auch über ein Kontextmenü erreicht werden.

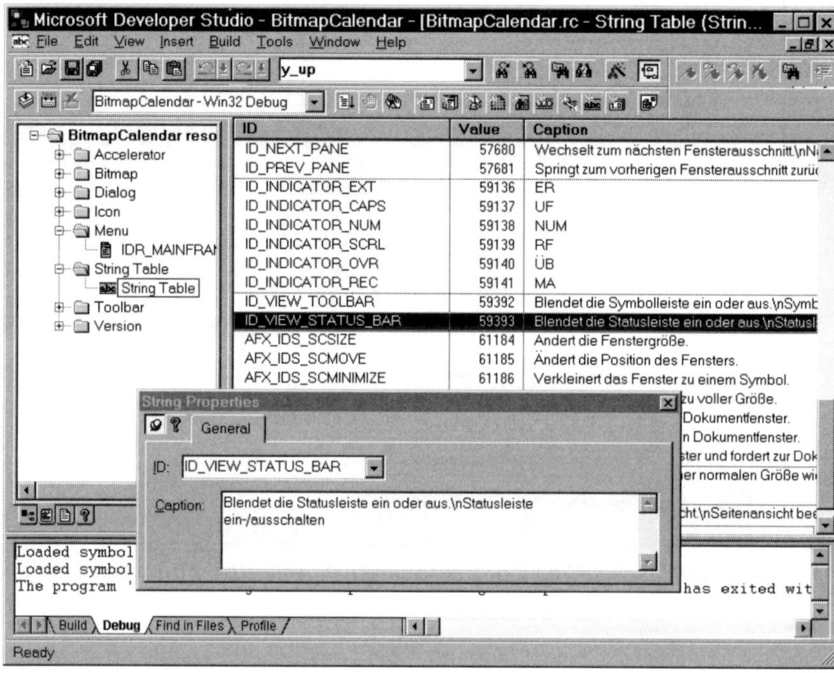

Abb. 76: Der Editor für Zeichenketten-Ressourcen

Menü-Eingaben werden unter Windows genauso verwaltet wie andere asynchrone Ereignisse: Das System schickt eine Nachricht an die Anwendung, die durch die normalen Kanäle der MFC-Nachrichtenbearbeitung geschleust wird. Das heißt auch, daß die Nachricht an der Stelle bearbeitet werden kann, wo sie sachlich hingehört, die Befehle des *Bearbeiten*-Menüs etwa in der Dokumenten-Klasse, die Befehle des *Ansicht*-Menüs in der Ansichtsklasse und Befehle des *Fenster*-Menüs in der Hauptrahmen-Klasse *CMainFrame*.

Windows kann natürlich nicht für jede mögliche Menü-Auswahl eine eigene Nachricht verschicken, vielmehr verwendet es die Nachricht *WM_COMMAND* für alle Menü-Eingaben. Die Unterscheidung ergibt sich aus der ID des Menüeintrags, die als Parameter mitgeschickt wird. Glücklicherweise müssen wir uns in den Zeiten der MFC nicht mehr mit der Decodierung der *WM_COMMAND*-Nachricht in gewaltigen *switch*-Anweisungen kümmern; wie für andere Nachrichten gibt es Unterstützung durch den Klassen-Assistenten und Nachrichtenbearbeiter-Makros, die beim Empfang einer *WM_COMMAND*-Nachricht automatisch die passende Komponentenfunktion der Klasse aufrufen.

Nach dieser Vorrede wollen wir nun den praktischen Umgang mit Menüs kennenlernen, in dem wir die Kalenderanwendung um Menüs erweitern. Zunächst wollen wir das etwas primitive Blättern per Tastatur durch eine Menüsteuerung ergänzen. Dazu gehen Sie in die Ressourcen-Ansicht, falten den Menü-Zweig des Ressourcen-Baums auf und aktivieren durch Doppelklick auf den *IDR_MAINFRAME*-Zweig den Menü-Editor. Im Editorfenster erscheint das Hauptmenü der Anwendung. Nun können Sie auf die gewohnte Weise einen Menüeintrag mit der Maus oder (falls das Fenster den Eingabefokus hat) mit den Pfeiltasten einen Menüeintrag auswählen. Am Ende des Hauptmenüs und jedes Popup-Menüs erscheint dabei ein zusätzlicher leerer Menüeintrag, der benutzt werden kann, um neue Menüpunkte oder Untermenüs zu definieren. Achtung: jede Tastatureingabe überschreibt den Text des selektierten Menüpunkts! (Ein Unfall kann allerdings durch [Esc] oder *Bearbeiten/Rückgängig* wieder rückgängig gemacht werden.)

Sie plazieren nun das Selektionsrechteck über dem freien Menüeintrag des *Ansicht*-Menüs und wechseln durch das Kontextmenü oder indem Sie einfach mit der Eingabe des Texts des Menüpunkts beginnen, in den Eingabemodus. Da Sie mehrere Menüeinträge definieren wollen, ist es kein Fehler, den Eigenschaftsdialog hierzu mit dem Reißbrettstiftsymbol „festzupinnen". Sie legen nun vier Menüeinträge mit den folgenden Angaben an:

Caption	ID	Prompt
"&Nächster Monat"	ID_NEXT_MONTH	"Den nächsten Monat anzeigen. \nNächster Monat"
"&Voriger Monat"	ID_PREV_MONTH	"Den vorigen Monat anzeigen. \nVoriger Monat"
"N&ächstes Jahr"	ID_NEXT_YEAR	"...\n..."
"V&origes Jahr"	ID_PREV_YEAR	"...\n..."

Die &-Zeichen in den Einträgen bewirken, daß der nachfolgende Buchstabe unterstrichen dargestellt wird und als Abkürzungstaste wirkt, wenn das Menü den Eingabefokus hat.

Sobald Sie den ersten Buchstaben der Beschriftung des Menüeintrags eingegeben haben, erscheint übrigens am Ende des Menüs ein neuer leerer Eintrag. Es ist auch möglich, Menüeinträge in anderer Reihenfolge, z. B. in der Mitte des Menüs, einzufügen. Dazu ziehen Sie das leere Eingabefeld mit der Maus an die Stelle des Menüs, an der Sie eine Ergänzung vornehmen wollen. Ebenso einfach ist es, erst den neuen Menüpunkt zu erzeugen und ihn dann an die neue Position zu ziehen. Da es besser aussieht, wenn die neuen Punkte von den bereits vorhandenen durch eine Trennlinie getrennt sind, erzeugen Sie eine Trennlinie, indem Sie im Eigenschaftsdialog des leeren neuen Menüeintrags das Kästchen *Trennlinie* ankreuzen. Die so erzeugte Trennlinie können Sie mit der Maus an jede gewünschte Stelle des Menüs ziehen.

Im nächsten Schritt verwenden Sie den Klassen-Assistenten, um die Menüeinträge in die Anwendung einzuklinken sowie den notwendigen Code und die Einträge in die Nachrichtentabelle zu erzeugen. Diesen starten Sie mit dem Kontextmenü des Menü-Editors, der Tastenkombination [Strg]+[W] oder *Ansicht/Klassen-Assistent*, nachdem Sie das Auswahlrechteck auf dem Menüeintrag *&Nächster Monat* plaziert haben.

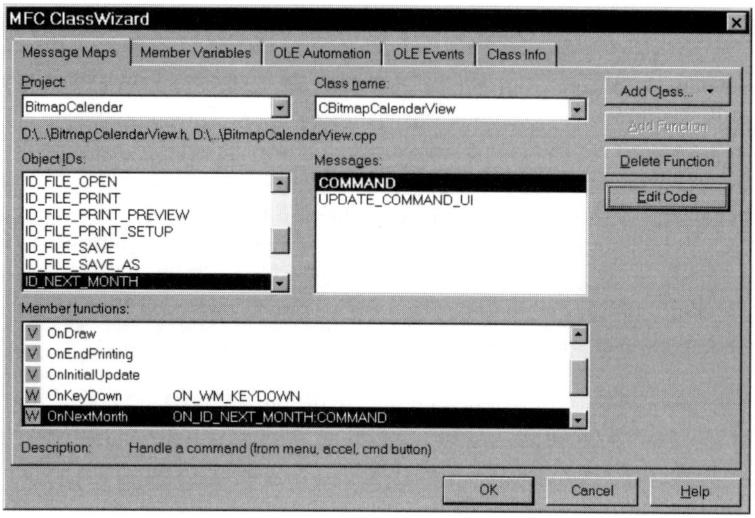

Abb. 77: Klassen-Assistent nach der Erzeugung einer Bearbeitungsfunktion zum Menüeintrag mit ID ID_NEXT_MONTH

Im Dialogfeld *Klassenname* erscheint der Name der Klasse, deren Komponentenfunktionen bearbeitet werden soll. Da der Klassen-Assistent nicht wissen kann, daß Sie die Bearbeitungsfunktionen in unsere Ansichtsklasse einfügen wollen, schlägt er als Voreinstellung das Hauptfenster der Anwendung vor. Sie ändern die Einstellung, indem Sie aus dem Kombinationsfeld die richtige Klasse auswählen.

Die richtige *Objekt-ID ID_NEXT_MONTH* ist im linken Listenfeld bereits ausgewählt; im rechten Listenfeld wählen Sie die Nachricht *COMMAND* aus. Klicken Sie nun auf die *Funktion hinzufügen*-Schaltfläche, erzeugt der Klassen-Assistent aus der ID einen Funktionsnamen und schlägt diesen in einer Dialogbox vor. Der Name kann geändert oder akzeptiert werden. Hält man sich bei der Vergabe der Namen für IDs an die Konvention, sind die erzeugten Namen eigentlich immer brauchbar. Sie werden gebildet aus der Silbe *On,* gefolgt von dem Teil des ID-Bezeichners, der auf den ersten Unterstrich folgt.

Dabei werden alle Unterstriche und unzulässigen Zeichen entfernt und bei durchgängiger Großschreibung der IDs alle Buchstaben außer den auf Unterstriche folgenden in Kleinbuchstaben umgewandelt. Akzeptieren Sie den Vorschlag werden eine leere Definition der Funktion, eine Deklaration in der Klassendefinition und erforderliche Nachrichtentabellen-Makros automatisch eingefügt. Auch im Listenfeld *Member-Funktionen* im unteren Teil des Klassen-Assistenten taucht die neue Funktion auf. Hier kann sie später auch selektiert werden, wenn sie beispielsweise später wieder gelöscht werden soll.

Die Bearbeiter für die übrigen Menüpunkte werden auf die gleiche Weise eingefügt. Dazu können die IDs der übrigen Menüpunkte im linken Listenfeld (*Objekt-IDs*) direkt ausgewählt werden. Wer diese Liste zu lang und unübersichtlich findet, kann auch den Klassen-Assistenten beenden, den nächsten Menüeintrag im Menüressourcen-Editor wählen und den Klassen-Assistenten erneut starten. In diesem Fall ist allerdings die eingestellte Klasse verloren. Es ist daher unbedingt darauf zu achten, daß mit jedem neuen Aufruf des Klassen-Assistenten die Zielklasse *CBitmapCalendarView* erneut angewählt werden muß.

Nachdem Sie alle vier Bearbeiterfunktionen erzeugt haben, betrachten Sie einmal die Änderungen, die diese einfachen Operationen mit Ressourcen-Editor und Klassen-Assistenten am Projekt vorgenommen haben.

In der Definitionsdatei *resource.h* für Ressourcen-IDs wurden die folgenden *#define*-Direktiven eingefügt:

```
#define ID_PREV_MONTH                    32771
#define ID_NEXT_MONTH                    32772
#define ID_PREV_YEAR                     32773
#define ID_NEXT_YEAR                     32774
```

In der eigentlichen Ressourcendatei *BitmapCalendar.rc* wurden gleich an zwei Stellen Änderungen durchgeführt, in der Menü-Ressource:

```
POPUP "&Ansicht"
     BEGIN
         MENUITEM "&Symbolleiste",              ID_VIEW_TOOLBAR
         MENUITEM "S&tatusleiste",              ID_VIEW_STATUS_BAR
         MENUITEM SEPARATOR
         MENUITEM "&Nächster Monat",            ID_NEXT_MONTH
         MENUITEM "&Voriger Monat",             ID_PREV_MONTH
         MENUITEM "N&ächstes Jahr",             ID_NEXT_YEAR
         MENUITEM "V&origes Jahr",              ID_PREV_YEAR
END
```

und in der String-Ressource:

```
STRINGTABLE DISCARDABLE
BEGIN
    ID_PREV_MONTH      "Den vorigen Monat anzeigen.\nVoriger Monat"
    ID_NEXT_MONTH      "Den nächsten Monat anzeigen.\nNächster Monat"
    ID_PREV_YEAR       "Den gleichen Monat des letzten Jahres anzeigen.
                        \nV&origes Jahr"
    ID_NEXT_YEAR       "Den gleichen Monat des nächsten Jahres anzeigen.
                        \nN&ächstes Jahr"
END
```

Die Änderungen durch den Klassen-Assistenten sind an drei Stellen zu finden. In der Klassendefinition:

```
// Generierte Message-Map-Funktionen
 protected:
     //{{AFX_MSG(CBitmapCalendarView)
     afx_msg void OnKeyDown(UINT nChar, UINT nRepCnt, UINT nFlags);
     afx_msg void OnPrevYear();
     afx_msg void OnPrevMonth();
     afx_msg void OnNextMonth();
     afx_msg void OnNextYear();
     //}}AFX_MSG
```

In der Nachrichtentabelle in der Implementationsdatei:

```
BEGIN_MESSAGE_MAP(CBitmapCalendarView, CScrollView)
    //{{AFX_MSG_MAP(CBitmapCalendarView)
    ON_WM_KEYDOWN()
    ON_WM_CREATE()
    ON_COMMAND(ID_PREV_YEAR, OnPrevYear)
    ON_COMMAND(ID_PREV_MONTH, OnPrevMonth)
    ON_COMMAND(ID_NEXT_MONTH, OnNextMonth)
    ON_COMMAND(ID_NEXT_YEAR, OnNextYear)
    //}}AFX_MSG_MAP
    // Standard-Druckbefehle
    ON_COMMAND(ID_FILE_PRINT, CScrollView::OnFilePrint)
    ON_COMMAND(ID_FILE_PRINT_DIRECT, CScrollView::OnFilePrint)
    ON_COMMAND(ID_FILE_PRINT_PREVIEW, CScrollView::OnFilePrintPreview)
END_MESSAGE_MAP()
```

Und schließlich die zunächst noch funktionslosen Bearbeitungsfunktionen. Da diese nur die bereits vorhandene Funktionalität der Tastensteuerung mit *OnKeyDown()* reproduzieren, können Sie zur Implementation auf diese zurückgreifen (nur diese Ergänzung hervorgehoben):

```
void CBitmapCalendarView::OnPrevYear()
{
    // TODO: Code für Befehlsbehandlungsroutine hier einfügen
    OnKeyDown(VK_DOWN, 1, 0);
}

void CBitmapCalendarView::OnPrevMonth()
{
    // TODO: Code für Befehlsbehandlungsroutine hier einfügen
    OnKeyDown(VK_LEFT, 1, 0);
}

void CBitmapCalendarView::OnNextMonth()
{
    // TODO: Code für Befehlsbehandlungsroutine hier einfügen
    OnKeyDown(VK_RIGHT, 1, 0);
}

void CBitmapCalendarView::OnNextYear()
{
    // TODO: Code für Befehlsbehandlungsroutine hier einfügen
    OnKeyDown(VK_UP, 1, 0);
}
```

Das Lesen dieser Beschreibung dürfte übrigens deutlich länger gedauert haben als das Einbauen (und Kompilieren) dieser vier Menüpunkte.

Für häufig gebrauchte Operationen wie das Weiter- oder Zurückblättern von Monaten ist die Auswahl über Menüpunkte natürlich ein wenig umständlich. Daher fügen Sie noch sogenannte Tastenkürzel hinzu (und vergessen einmal für den Moment, daß Sie bereits eine Tastensteuerung haben.)

Dazu wählen Sie zunächst in der Ressourcenansicht den Zweig *Accelerator* und öffnen die Ressource. Mit der [Einfg]-Taste springen Sie auf den Leereintrag am Ende der Tabelle und öffnen automatisch den Eigenschaftsdialog.

Hier können Sie aus der Vielzahl der vorhandenen Befehls-IDs eine auswählen – in diesem Fall z. B. *ID_NEXT_MONTH*. Eine Reihe von Markierungsfeldern läßt Sie festlegen, ob [Alt], [Strg] oder die [Umschalt]-Taste gedrückt sein sollen, mit zwei Optionsschaltflächen legen Sie fest, ob Sie für die Abkürzungstaste einen ASCII-Wert oder eine bestimmte Taste der Tastatur festlegen wollen. Sie wählen die virtuelle *VK_ADD*-Taste, das ist die [+]-Taste neben dem Zehnerblock, ohne alle Zusätze. Für die ID *ID_PREV_MONTH* wählen Sie auf gleiche Weise die [-]-Taste. Nach einer Recompilation läßt sich nun auch mit [+]- und [-]-Taste blättern.

Untermenüs und markierte Menüpunkte

Dank der Unterstützung durch den Klassen-Assistenten und die MFC-Bibliothek hat sich die Erstellung von Menüs in MFC-Anwendungen (im Gegensatz zu API-Anwendungen) als sehr einfach und schnell erwiesen. Untermenüs und Menüpunkte mit einer Form von Statusanzeige lassen sich ähnlich einfach realisieren.

Sie ergänzen nun das *Ansicht*-Menü um eine weitere Trennlinie und einen Eintrag mit der Überschrift *&Hintergrund*. Unter den Markierungsfeldern des Eigenschaftsdialogs markieren Sie *Pop-up*. Sofort erscheint neben dem Eintrag das leere erste Feld eines neuen Untermenüs. Dieses soll nun dazu dienen, für das angezeigte Kalenderblatt unterschiedliche Hintergründe festzulegen. Dazu legen Sie die Menüeinträge *kein* mit der ID *ID_NO_PAPER* und bis *Papier &6* mit IDs *ID_SET_PAPER1* bis *ID_SET_PAPER6* an. Die zugehörigen Funktionen *OnNoPaper()* und *OnSetPaper1()* bis *OnSetPaper6()* erzeugen wir auf die bekannte Weise mit dem Klassen-Assistenten.

Die MFC unterstützen übrigens auch Kommandobearbeitungsfunktionen, die auf einen zusammenhängenden Bereich von Befehls-IDs reagieren. In einem Fall wie diesem, wo sieben sehr ähnliche Menübefehle vorliegen, wäre die Verwendung solcher Kommandobearbeiter eigentlich naheliegend. Ein solcher Kommandobearbeiter erhält die ID des Menübefehls als Argument und kann so entsprechend reagieren.

Leider werden solche Bereiche ähnlicher Nachrichten vom Klassen-Assistenten nicht unterstützt. Die Bearbeitungsfunktion und der Eintrag in der Nachrichtentabelle müssen daher manuell eingefügt werden. Das *Nachrichtentabellen*-Makro für einen solchen Mehrzweckbearbeiter ist *ON_COMMAND_RANGE()* und wird wie folgt verwendet:

```
BEGIN_MESSAGE_MAP(CMyApp, CWinApp)
    //{{AFX_MSG_MAP(CMyApp)
    ...
        ON_COMMAND_RANGE(ID_FIRST, ID_LAST, OnDoSomething)
    //}}AFX_MSG_MAP
END_MESSAGE_MAP( )
```

Die Komponentenfunktion in der Klassendefinition hat die Form

```
afx_msg void OnDoSomething(UINT nID);
```

Die Verwendung der vom Klassen-Assistenten erstellten Funktionen ist etwas bequemer und enthält keine Abhängigkeiten von den numerischen Werten der Befehls-IDs. Da diese Werte vom Ressourcen-Editor in der Reihenfolge der Ressourcenerstellung vergeben werden, ist dieser Ansatz auch bei nachträglicher Änderung der Menüs sicherer. Es steht Ihnen trotzdem frei, die Bearbeitung aller Kommandos auf eine einzelne (private) Komponentenfunktion *SetPaper()* zurückzuführen, die Sie auf die übliche Weise zur Ansichtsklasse hinzufügen:

```
void CBitmapCalendarView::SetPaper(int n)
{
    nSelPaper = n;
    delete paper;
    paper = NULL;

    if (n)
    {
        char buf[16];
        paper = new CDIBitmap;
        paper->LoadFile(CString("papier\\p") + ltoa(n,buf,10) + ".bmp");
    }
    Invalidate();
}
```

Die Funktion arbeitet im wesentlichen wie die *LoadImage()*-Funktion, die wir im letzten Kapitel kennengelernt haben – die benötigten Bitmaps sind im Unterverzeichnis *papier* auf der Buch-CD zu finden. Um die Bitmap für den Hintergrund zu speichern, verwenden Sie als Komponente allerdings diesmal kein *CBitmap*-Objekt, sondern einen Zeiger auf ein solches.

Dadurch kann das Fehlen einer Hintergrund-Bitmap durch den Wert *NULL* des Zeigers signalisiert werden. Die Nummer der augenblicklich geladenen Bitmap ist in *nSelPaper* gespeichert. Beide Komponenten müssen natürlich in der Klassendefinition vereinbart werden:

```
private:
    int nSelPaper;
    CDIBitmap *paper;
```

und durch den Konstruktor auf einen konsistenten Wert gesetzt werden:

```
CBitmapCalendarView::CBitmapCalendarView()
    : nSelPaper(0), paper(NULL)
{
    // ZU ERLEDIGEN: Hier Code zur Konstruktion einfügen,

    CTime t = CTime::GetCurrentTime();
    currentDate = GregorianDate (t.GetDay(), t.GetMonth(), t.GetYear());
}
```

Die Funktionen zur Bearbeitung der Menübefehle haben dann z. B. die Form

```
void CBitmapCalendarView::OnSetPaper1()
{
	// ZU ERLEDIGEN: Code für Befehlsbehandlungsroutine hier einfügen
	SetPaper(1);
}
```

bzw.:

```
void CBitmapCalendarView::OnNoPaper()
{
	// ZU ERLEDIGEN: Code für Befehlsbehandlungsroutine hier einfügen
	SetPaper(0);
}
```

Es ist naheliegend, die aktuell ausgewählte Option diese Menüs durch ein Häkchen zu markieren. In einem Markierungsfeld *Aktiviert* kann im Eigenschaftsdialog jedes Menüpunkts auch angegeben werden, ob dieser mit einem Häkchen oder aber auch inaktiv oder in grauer Schrift dargestellt werden soll. Die Klasse *CMenu* besitzt auch geeignete Komponentenfunktionen *CheckMenuItem()*, *CheckMenuRadioItem()*und *EnableMenuItem()*, um diese Einstellungen abhängig vom Zustand der Anwendung zu ändern.

Allerdings müßten Sie sich dazu zunächst das entsprechende Windows-Menü und dazu ein MFC-Menü-Objekt beschaffen, um dann auf die Einträge des Menüs zugreifen zu können. Dies ist die Methode der Wahl bei Anwendungen, die direkt auf die Windows-API geschrieben sind.

Allerdings ergeben sich hierbei leicht Inkonsistenzen, wenn die Struktur der Menüs in den Ressourcen geändert wird, ohne den Code entsprechend anzupassen.

Eine weitere Quelle von Problemen ist die Synchronisation zwischen dem Zustand der Menüs einer Anwendung und dem inneren Zustand der Anwendung selbst. Die MFC stellen daher einen alternativen Weg zur Kontrolle des Zustands von Menüpunkten zur Verfügung, welcher einzig auf den IDs der Menüpunkte beruht und daher von der Struktur der Menüs einer Anwendung absolut unabhängig ist. Weitere Vorteile des Mechanismus sind, daß er auf gleiche Weise auch mit den Schaltflächen der Werkzeugleisten zusammenarbeitet und Konsistenzprobleme mit dem inneren Zustand der Anwendung vermeidet.

Der MFC-Mechanismus beruht auf einer tief im Inneren der MFC erzeugten Nachricht *UPDATE_COMMAND_UI*, die unmittelbar vor dem Neuzeichnen eines jeden Menüpunkts verschickt wird.

Dabei übergeben die MFC einen Zeiger auf ein Objekt vom Typ *CCmdUI*, das im wesentlichen eine Verpackung für Menüpunkte oder Werkzeugleistenschaltflächen darstellt.

Damit hat die Anwendung die Möglichkeit, den Zustand veränderlicher Menüpunkte mit dem inneren Zustand der Anwendung abzugleichen. Ein *UI*-Objekt des Typs *CCmdUI* steht für einen Menüpunkt, eine Schaltfläche, ein Feld einer Statuszeile und ganz allgemein für ein Steuerelement in einem Dialogbalken und hat die Komponentenfunktionen:

- *Enable()* - Entsperrt oder sperrt das *UI*-Objekt. Text in einem gesperrten Feld einer Statuszeile wird unsichtbar.
- *SetCheck()* - Markiert und demarkiert Menüpunkte, ändert den Zustand von Symbolleistenschaltflächen in Ausgewählt, nicht Ausgewählt und Unbestimmt, Felder in Statuszeilen wechseln zwischen vertiefter und erhabener Darstellung.
- *SetRadio()* - Wie *SetCheck()*, mit dem einzigen Unterschied, daß in Menüs eine runde Markierung verwendet wird.
- *SetText*() - Ändert den Text des *UI*-Objekts.
- *ContinueRouting* - Nachricht weiterleiten.

Bearbeitungsfunktionen für die Nachricht *UPDATE_COMMAND_UI* werden auf die gleiche Weise wie für die Nachricht *COMMAND* mit dem Klassen-Assistenten eingefügt, lediglich der automatisch generierte Name der Bearbeitungsfunktion lautet nun nicht *OnXXX()*, sondern *OnUpdateXXX()*. Die so eingefügten Funktionen haben die Form

```
void CBitmapCalendarView::OnUpdateNoPaper(CCmdUI* pCmdUI)
{
    // TODO: Code für die Befehlsbehandlungsroutine zum Aktualisieren
    // der Benutzeroberfläche hier einfügen
    OnUpdatePaper(pCmdUI,0);
}

void CBitmapCalendarView::OnUpdateSetPaper1(CCmdUI* pCmdUI)
{
    // TODO: Code für die Befehlsbehandlungsroutine zum Aktualisieren
    // der Benutzeroberfläche hier einfügen
    OnUpdatePaper(pCmdUI,1);
}
```

usw., wobei hier bereits ein Aufruf einer Funktion *OnUpdatePaper()* zur Erledigung der eigentlichen Arbeit eingefügt wurde. *OnUpdatePaper()* vereinbaren Sie als private Funktion mit der sehr einfachen Implementation:

```
void CBitmapCalendarView::OnUpdatePaper(CCmdUI* pCmdUI, int n)
{
    pCmdUI->SetCheck(n == nSelPaper);
}
```

Auch hier gilt wieder, daß zwar die MFC, nicht aber der Klassen-Assistent auch Bereiche zusammenhängender Befehls-IDs unterstützen. Aus Gründen der Robustheit des Codes sollte aber besser auch hier mit den vom Klassen-Assistenten generierten Funktionen gearbeitet werden.

Wenn Sie die Menüs ausprobieren, funktioniert alles bereits hervorragend – einziger Schönheitsfehler ist, daß die Hintergrund-Bitmaps natürlich noch nicht angezeigt werden. Dazu benötigen Sie noch eine weitere Komponentenfunktion:

```
void CBitmapCalendarView::PrintPaper (CDC &dc, int wd, int hd)
{
    int ws = paper->GetWidth(),
        hs = paper->GetHeight();

    ::StretchDIBits(dc.GetSafeHdc(),          // Ziel DC
                    0, 0, wd, hd,             // Wohin
                    0, 0, ws, hs,             // Woher
                    paper->GetBits(),         // Pixel
                    paper->GetBitmapInfo(),   // INFO
                    DIB_RGB_COLORS,           // Optionen
                    SRCCOPY);                 // ROP
}
```

Schließlich muß *PrintPaper()* noch in *PrintMonth()* integriert werden:

```
    pDC->DPtoLP(rect);

    if (paper)
        PrintPaper (*pDC, dx * 9, dy * 40);
    else
    {
        CPen *oldpen = (CPen*) pDC->SelectStockObject(NULL_PEN);
        pDC->Rectangle(rect);
        pDC->SelectObject(oldpen);
    }
    pDC->SelectObject(oldbrush);
```

Auf HighColor- und TrueColor-Grafikkarten ist das Ergebnis sehr schön, in den indizierten Bildschirmmodi leidet die Darstellung dagegen etwas unter dem Umstand, daß die Hintergrund-Bitmap die Palette der Vordergrund-Bitmap mitbenutzen muß. Abhilfe schafft die Generierung einer optimierten Palette für beide Bitmaps, eine Übung, die allerdings den Rahmen dieses Buchs sprengen würde. Ein anderer gangbarer Weg besteht darin, mit einem externen Programm wie Photoshop allen Bitmaps (unter Inkaufnahme eines gewissen Qualitätsverlusts) eine optimale gemeinsame Palette zuzuweisen.

Kontextmenü

Ein praktisches Feature der meisten Windows-Programme sind die sogenannten Kontextmenüs – Menüs, die bei einem (rechten) Mausklick auf die Arbeitsfläche an der Mausposition erscheinen und Menübefehle anbieten, die im gegenwärtigen Kontext gerade besonders nützlich sind. Mit Visual C++ und den MFC ist es nicht besonders schwierig, ein solches Kontextmenü zu erzeugen – wir müssen lediglich mit der Assistentenleiste einen Bearbeiter für die Windows-Nachricht *WM_CONTEXTMENU* erzeugen und einige Zeilen Code einfügen. Dieser legt ein *CMenu*-Objekt an, lädt es mit einem Menü aus einer Ressource und zeigt mittels *TrackPopupMenu()* das erste enthaltene Popup-Menü als Kontextmenü an.

```
void CBitmapCalendarView::OnContextMenu(CWnd* pWnd, CPoint pt)
{
    // ZU ERLEDIGEN: Code für die Behandlungsroutine für Nachrichten
    // hier einfügen

    CMenu menu;
    menu.LoadMenu(IDR_KONTEXT_MENU);
    menu.GetSubMenu(0)
      ->TrackPopupMenu(TPM_LEFTALIGN|TPM_RIGHTBUTTON, pt.x, pt.y, this);
}
```

Der Grund für diese zunächst unnötig umständliche Vorgehensweise liegt darin, daß Popup-Menüs nicht als eigenständige Menüressourcen, sondern immer nur als Bestandteil eines normalen (horizontalen) Menüs auftreten können.

Eine neue Menüressource erzeugen Sie durch *Einfügen/Ressource*, Ressourcentyp *Menu/Neu*. Falls Sie sich noch nicht in der Ressourcenansicht befinden, schaltet Developer Studio dorthin um und zeigt das neue Menü mit der ID *IDR_MENU1* an. Mit dem Eigenschaftsdialog (zu erreichen über das Kontextmenü) läßt sich der Name ändern in *IDR_KONTEXT_MENU*.

Um ein Popup-Menü einfügen zu können, müssen Sie in das so erzeugte Hauptmenü zunächst eine (Dummy-)Überschrift für das Popup-Menü eingeben. Da das Hauptmenü selbst jedoch nie angezeigt wird, kann dies ein Platzhalter wie z. B. „(Kontext)" sein. Sobald der Platzhalter eingefügt ist, erscheint der erste Eintrag eines Popup-Menüs.

Glücklicherweise müssen Sie nun die im Kontextmenü gewünschten Einträge nicht erneut eingeben, sondern können sie aus den bereits existierenden Menüs kopieren. Dazu wählen Sie in der Ressourcenansicht das Hauptmenü *IDR_MAINFRAME* und klappen das *Ansicht*-Menü aus. Dann wählen wir mit gedrückter [Strg]-Taste die vier Menüpunkte zur Änderung von Monat/Jahr und den darunterstehenden Separator. Da die Auswahlrahmen größer als die Menüpunkte sind, geht das am besten, wenn man den letzteren zuerst markiert. Nun kopieren Sie die selektierten Menüpunkte mit *Bearbeiten/Kopieren* in die (interne) Zwischenablage, wechseln in das neue Menü und wählen den ersten Eintrag des werdenden Kontextmenüs. Mit *Bearbeiten/Einfügen* werden nun alle zuvor markierten Menüeinträge hier eingefügt. Auch die Wahl des Hintergrunds macht im Kontextmenü Sinn. Daher wiederholen Sie die Operation und kopieren auch alle Einträge des Menüs *Hintergrund* unterhalb der Trennlinie in das Kontextmenü. Den ersten Menüeintrag *&kein* mit der ID *ID_NO_PAPER* benennen Sie um in *&Grau*, da „kein" außerhalb des Kontexts des Untermenüs keinen Sinn macht.

Das Kopieren zwischen Ressourcen zweier gleichzeitig geöffneter Instanzen des Developer Studios ist übrigens leider nicht möglich. Eine fremde ausführbare Datei oder Ressourcendatei andererseits kann zwar als Datei geöffnet und als Quelle verwendet werden, jedoch sind die symbolischen IDs dieser Dateien nicht mehr zugänglich, und die numerischen IDs werden ohne Änderung übernommen. Das führt mit Sicherheit zu Problemen, da das Developer Studio nur über die von ihm selbst vergebenen IDs Buch führt.

Das Hinzufügen der Menüressourcen war außer der kleinen Nachrichtenbearbeitungsfunktion *OnContextMenu()* alles, was erforderlich war, um ein funktionierendes Kontextmenü zu erstellen - lediglich kompilieren müssen Sie die Anwendung noch.

Werkzeugkiste – Symbolleisten

Ein weiteres Element zur Anwendungssteuerung, das inzwischen in fast jeder Anwendung anzutreffen ist, ist die Werkzeug- oder Symbolleiste. Eine Werkzeugleiste ist eine Leiste mit Schaltflächen mit deskriptiven Symbolen, die neben Tastenkürzeln eine alternative Möglichkeit bietet, bestimmte häufig benutzte Befehle schnell zu erreichen. Verweilt der Mauszeiger einen Moment über einer solchen Schaltfläche, kann zusätzlich ein sogenannter ToolTip angezeigt werden, der die Funktion der Schaltfläche in wenigen Worten beschreibt. Wie auch bei Menüpunkten kann außerdem eine etwas längere Beschreibung der Funktion in der Statuszeile eingeblendet werden.

Die Unterstützung von Werkzeugleisten geschieht vollständig durch die MFC und die Entwicklungsumgebung; in der ursprünglichen Windows-API sind Werkzeugleisten nicht vorgesehen.

Da Werkzeugleisten praktisch ein Nachgedanke zur Benutzeroberfläche von Windows-Programmen waren, ist ihre Realisierung etwas komplizierter, seit der Version 4 von Visual C++ isolieren MFC und besonders Developer Studio den Entwickler aber derartig wirkungsvoll von den Details, daß die Anwendung nicht komplizierter ist als beispielsweise die von Menüs. Tatsächlich besteht die Definition einer Werkzeugleiste aus zwei Teilen. Unsichtbar in der Ressourcenansicht des Developer Studios enthält die Ressourcendatei eine Bitmap-Ressource *res\Toolbar.bmp*, die eine Bitmap mit allen Symbolen der Werkzeugleiste enthält. In der Textdarstellung der Ressourcendatei ist diese Bitmap neben anderen Bitmap-Ressourcen der Anwendung sichtbar:

```
/////////////////////////////////////////////////////////////////////////////
//
// Bitmap
//

IDR_MAINFRAME           BITMAP  MOVEABLE PURE    "res\\Toolbar.bmp"
IDB_IMAGE256            BITMAP  DISCARDABLE      "Graffiti\\image256.bmp"
IDB_IMAGE16             BITMAP  DISCARDABLE      "Graffiti\\image16.bmp"
IDB_IMAGE2              BITMAP  DISCARDABLE      "Graffiti\\image2.bmp"
```

Die Gliederung der Symbolleiste und die Verbindung der Schaltflächen mit den Befehls-IDs geschieht dagegen durch eine Werkzeugleisten-Ressource. Die vom Anwendungs-Assistenten für die Anwendung automatisch erzeugte Werkzeugleisten-Ressource hat das folgende Aussehen:

```
/////////////////////////////////////////////////////////////////////////////
//
// Toolbar
//

IDR_MAINFRAME TOOLBAR DISCARDABLE  16, 15
BEGIN
    BUTTON      ID_FILE_NEW
    BUTTON      ID_FILE_OPEN
    BUTTON      ID_FILE_SAVE
    SEPARATOR
    BUTTON      ID_EDIT_CUT
    BUTTON      ID_EDIT_COPY
    BUTTON      ID_EDIT_PASTE
    SEPARATOR
    BUTTON      ID_FILE_PRINT
    BUTTON      ID_APP_ABOUT
END
```

Die mit den einzelnen Schaltflächen verknüpften Erklärungstexte und ToolTips sind übrigens auf die gleiche Weise mit den Befehls-IDs der Schaltflächen verknüpft, wie das schon bei den Menüeinträgen der Fall war, es handelt sich einfach um Zeichenketten-Ressourcen mit gleichen IDs. Enthält die Zeichenkette einen Zeilenvorschub (/n), wird der darauf folgende Teil der Zeichenkette für den ToolTip verwendet. In die Werkzeugleiste sollen nun vier Schaltflächen für die Funktionen *Jahr zurück/vor* und *Monat zurück/vor* entsprechend den IDs *ID_PREV_YEAR*, *ID_NEXT_YEAR*, *ID_PREV_MONTH* und *ID_NEXT_MONTH* aufgenommen werden. Dazu klappen Sie in der Ressourcenansicht den Werkzeugleistenzweig auf und starten durch Doppelklick auf die Symbolleisten-Ressource den zugehörigen Ressourcen-Editor.

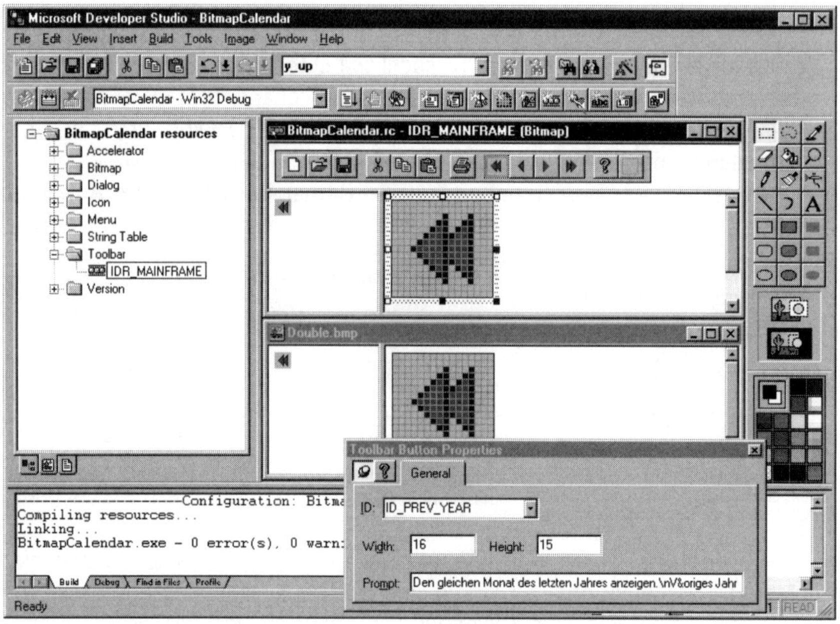

Abb. 78: Der Werkzeugleisten-Editor erlaubt die mühelose Bearbeitung von Symbolleisten, Schaltflächensymbolen und der zugehörigen Verknüpfungen

Das Editorfenster in seiner Gesamtheit zerfällt in drei Teile[57]. Der obere Bereich nimmt eine Gesamtansicht der Werkzeugleiste auf. Hier können neue Schaltflächen eingefügt oder vorhandene verschoben werden. Ähnlich wie schon beim Menü-Editor wird zusätzlich immer eine freie Schaltfläche zur Eingabe einer neuen Schaltfläche angezeigt. Auch diese kann bei Bedarf an eine neue Position verschoben werden.

Wählt man eine der vorhandenen oder die leere Schaltfläche an, erscheint die Bitmap in den zwei Hälften des darunter liegenden Bitmap-Editors; links die Darstellung in Originalgröße und rechts in stark vergrößerter Darstellung. Um die Symbole für vier benötigte Schaltflächen zu erhalten, können Sie nun entweder selbst künstlerisch tätig werden oder die auf der Buch-CD im Verzeichnis *Icons* vorliegenden Bitmaps *Single.bmp* und *Double.bmp* verwenden. Zunächst öffnen Sie mit *Datei/Öffnen* die Datei *icons\Double.bmp* und legen die Fenster mit *Fenster/Übereinander* wie auf der Abbildung übereinander. Damit ist es einfach, mit dem *Rechteck auswählen*-Werkzeug der Bitmap-Werkzeuge (in der Abbildung am rechten Rand des Editors die eingedrückte Schaltfläche) die ganze Bitmap *Double.bmp* zu selektieren, mit *Bearbeiten/Kopieren* in die Ablage zu kopieren und mit *Bearbeiten/Einfügen* in der Schaltflächen-Bitmap wieder einzufügen. Sobald Sie im oberen Fensterbereich eine andere Schaltfläche anklicken, werden die Änderungen auch in der Symbolleiste sichtbar, und es wird ggf. eine neue leere Schaltfläche angelegt. Mißlungene Schaltflächen können entsorgt werden, indem man sie einfach aus der Symbolleiste herauszieht.

Durch Doppelklick auf die Schaltfläche oder durch das Kontextmenü zeigen Sie wieder den Eigenschaftsdialog an. Da Sie ihn mehrfach brauchen, sollten Sie ihn wieder mit dem Reißbrettstiftsymbol fixieren. Im Feld *ID* geben Sie *ID_PREV_YEAR* an. Sobald Sie das Eingabefeld verlassen, wird auch im Feld *Statuszeilentext* der Erläuterungstext angezeigt, den Sie bereits im Menü-Editor festgelegt haben. Ebenso könnten Sie hier natürlich für Funktionen, die keine Entsprechung in den Menüs haben, eigene IDs und Erläuterungstexte festlegen. Ebenso können bei Bedarf neue Bearbeitungsfunktionen mit dem Klassen-Assistenten erzeugt werden.

Für die Schaltfläche zum Befehl *ID_NEXT_YEAR* können Sie genauso verfahren, mit dem einzigen Unterschied, daß Sie die Bitmap nach dem Einfügen mit *Bild/Horizonal kippen* in die entgegengesetzte Richtung umklappen. Die Schaltflächen zu *ID_PREV_MONTH* und *ID_NEXT_MONTH* werden auf analoge Weise erzeugt, nur dient nun *Icons\Single.bmp* als Quelle der Bitmap. Schließlich können Sie alle neuen Schaltflächen nach Wunsch in der Symbolleiste verschieben, eine sinnvolle Möglichkeit der Anordnung zeigt die Abbildung.

Im Eigenschaftsdialog kann auch die Größe der Schaltflächen-Bitmaps gewählt werden, allerdings wirkt diese Angabe global für die gesamten Schaltflächen. Symbole für Werkzeugleisten, die den Richtlinien von Microsoft entsprechen, haben eine Breite von 16 Pixeln und eine Höhe von 15 Pixeln, besonders auf Bildschirmen hoher Auflösung sind solche Werkzeugleisten aber oft schwer erkennbar.

---

57 Fenestra omnia divisa est in partes tres ☺.

Das ist alles! Die Einbindung der Werkzeugleiste in das Hauptrahmenfenster erledigt die Funktion *CMainFrame::OnCreate()*. Code, der die Werkzeugleiste betrifft, ist hervorgehoben.

```
int CMainFrame::OnCreate(LPCREATESTRUCT lpCreateStruct)
{
    // CG: Diese Zeile wurde von der Komponente
    // zur Paletten-Unterstützung hinzugefügt
    m_pPalette = NULL;

    if (CFrameWnd::OnCreate(lpCreateStruct) == -1)
        return -1;

    if (!m_wndToolBar.Create(this) ||
        !m_wndToolBar.LoadToolBar(IDR_MAINFRAME))
    {
        TRACE0("Failed to create toolbar\n");
        return -1;      // Fehler beim Erzeugen
    }

    if (!m_wndStatusBar.Create(this) ||
        !m_wndStatusBar.SetIndicators(indicators,
          sizeof(indicators)/sizeof(UINT)))
    {
        TRACE0("Failed to create status bar\n");
        return -1;      // Fehler beim Erzeugen
    }

    // ZU ERLEDIGEN: Entfernen, wenn Sie keine QuickInfos oder
    // variable Symbolleiste wünschen
    m_wndToolBar.SetBarStyle(m_wndToolBar.GetBarStyle() |
        CBRS_TOOLTIPS | CBRS_FLYBY | CBRS_SIZE_DYNAMIC);

    // ZU ERLEDIGEN: Löschen Sie diese drei Zeilen, wenn Sie nicht
    // wollen, dass die Symbolleiste andockbar ist.
    m_wndToolBar.EnableDocking(CBRS_ALIGN_ANY);
    EnableDocking(CBRS_ALIGN_ANY);
    DockControlBar(&m_wndToolBar);

    return 0;
}
```

Die Erzeugung einer Werkzeugleiste zerfällt in zwei Schritte:

Zunächst wird mit *Create()* ein eigenes Fenster für die Werkzeugleiste erzeugt, dann mit *LoadToolbar()* aus der Ressource geladen und zusammengebaut.

Mit *SetBarStyle()* wird standardmäßig die Unterstützung für ToolTips und größenveränderliche Werkzeugleisten eingeschaltet und mit *EnableDocking()* die Unterstützung für andockbare Symbolleisten aktiviert und festgelegt, wo im Hauptrahmen ein Andocken der Symbolleiste möglich sein soll.

Status verfolgen – Statuszeilen

Neben einer Symbolleiste besitzen die meisten MFC-Programme auch eine Statuszeile, die z. B. dazu dient, nähere Erläuterungen zu den Menüpunkten oder den Schaltflächen der Symbolleiste anzuzeigen. Die Statuszeile läßt sich aber auch dazu benutzen, andere nützliche Informationen anzuzeigen. Beispielsweise kann aus der Komponentengalerie eine Komponente zur ständigen Anzeige von Zeit und/oder Datum in die Statusleiste eingefügt werden. Eine andere nützliche Möglichkeit ist die Anzeige der aktuellen Mausposition oder anderer programmspezifischer Daten. Wir wollen die Statuszeile dazu benutzen, nähere Informationen zu dem Tag unter dem Mauszeiger anzuzeigen. Gleichzeitig ist dies ein gutes Beispiel zum Umgang mit Mausnachrichten und Bildschirmausgaben unabhängig von einer *WM_PAINT*-Nachricht.

Zunächst aber müssen nun mit dem Ansichtsobjekt auch Informationen gespeichert werden, die es einer neuen Komponentenfunktion zur Bearbeitung von Mausnachrichten auch gestatten, die Lage der Tage im Kalendarium zu ermitteln. Dazu ergänzen Sie in der Klasse *CBitmapCalendarView* die folgenden privaten Komponentenvariablen:

- *CRect calRect* - Rechteck mit dem eigentlichen Kalendarium
- *int lines* - Anzahl der Zeilen im Kalendarium
- *int dayofs* - Verschiebung (Offset) des Ersten des Monats

Ferner muß die Ausgabefunktion *PrintMonth()* so geändert werden, daß sie die erforderlichen Informationen bereitstellt:

```
// Kalendarium

GregorianDate first(1,m,y), last(first.getDaysOfMonth(),m,y), date;
col = first.getDayOfWeek();

dayofs = -col;
calRect.left  = pos.x - dx;
calRect.top   = pos.y;
calRect.right = pos.x + 6 * dx;
calRect.bottom = pos.y;

pos.x = (col+1)*dx;
for (date = first; date <= last; ++date)
{
    // ...
}

pos.x = x0;
pos.y += dy;

calRect.bottom = pos.y;
lines = (calRect.bottom - calRect.top) / dy;
// pDC->InvertRect(calRect);    // Test auf richtigen „Sitz„
pDC->LPtoDP(calRect);
```

Oberer, linker und rechter Rand des Kalendarium-Rechtecks sowie *dayofs* können bereits vor der Ausgabe des Kalendariums festgelegt werden, der untere Rand und die Anzahl der tatsächlich benötigten Zeilen erst nachher. Um die Korrektheit des ermittelten Rechtecks visuell schnell zu überprüfen, wurde die jetzt auskommentierte Funktion *InvertRect()* verwendet. Damit die Koordinaten später mit der ermittelten Mausposition vergleichbar sind, wird das Rechteck außerdem in Gerätekoordinaten umgerechnet.

Nun kann mit Hilfe des Klassen-Assistenten oder der Assistentenleiste eine Bearbeitungsfunktion für die Nachricht *WM_MOUSEMOVE* eingefügt werden:

```
void CBitmapCalendarView::OnMouseMove(UINT nFlags, CPoint point)
{
    // TODO: Code für die Behandlungsroutine für Nachrichten hier
    // einfügen und/oder Standard aufrufen

    CClientDC dc(this);
    dc.InvertRect(calRect);         // Test auf richtigen Sitz
}
```

Die Funktion *OnMouseMove()* wird bei jeder Mausbewegung über dem Ansichtsfenster mit einer Flag-Variablen aufgerufen, die Auskunft über den Zustand der Maustasten gibt, sowie mit einem *CPoint*-Objekt mit den neuen Maus-Koordinaten. Zunächst verifizieren wir jedoch mit Testcode nur die korrekte Lage des gemerkten Kalendarium-Rechtecks. Da ein *CPaintDC* hier nicht zur Verfügung steht, wird ein zum Fenster passender *CClientDC*-Gerätekontext erzeugt. Da dieser natürlich vollkommen unabhängig von dem in *OnDraw()* verwendeten Gerätekontext ist, arbeitet er mit einer Eins-zu-eins-Abbildung zwischen logischen Koordinaten und Gerätekoordinaten. Mit *InvertRect()* wird visuell überprüft, ob unabhängig von der Position der Rollbalken oder des Abbildungsmodus in *OnDraw()* immer das richtige Rechteck für den Vergleich mit der in *point* gespeicherten Mausposition vorliegt.

Als nächsten Schritt wollen wir die Position des Mauszeigers relativ zum *Client*-Bereich des Ansichtsfensters in der Statuszeile ausgeben. Anders als die Symbolleiste wird die Statuszeile nicht durch eine Ressource beschrieben, vielmehr sind die Eigenschaften der Statuszeile in *CMainFrame* fest codiert.

```
int CMainFrame::OnCreate(LPCREATESTRUCT lpCreateStruct)
{
    // ...
    if (!m_wndStatusBar.Create(this) ||
        !m_wndStatusBar.SetIndicators(indicators,
          sizeof(indicators)/sizeof(UINT)))
    {
        TRACE0("Failed to create status bar\n");
        return -1;      // Fehler beim Erzeugen
    }
    // ...
}
```

Wie die Erzeugung der Symbolleiste ist auch die Erzeugung der Statuszeile ein zweistufiger Prozeß. Im ersten Schritt wird das Windows-Fensterobjekt erzeugt, im zweiten die eigentliche Statuszeile entsprechend den Angaben im Feld *indicators* aufgebaut. Das Feld *indicators* ist ein statisch definiertes Feld mit Informationen zum genauen Aufbau der Statuszeile:

```
static UINT indicators[] =
{
    ID_SEPARATOR,
    ID_INDICATOR_CAPS,
    ID_INDICATOR_NUM,
    ID_INDICATOR_SCRL,
};
```

Die Konstante *ID_SEPARATOR* bezeichnet ein Nachrichtenzeilenfeld. Die übrigen Konstanten sind String-Ressourcen-IDs, die Indikatorfelder bezeichnen. In der vom Anwendungs-Assistenten erzeugten Standardversion sind das Felder für den Zustand der [Groß]-Taste, der [Num]-Taste und der [Rollen]-Taste.

Mehr Information als die Zeichenketten-IDs sind für diese Indikatorfelder nicht erforderlich, da sie unabhängig vom Zustand immer denselben Text zeigen. Die Zustandsumschaltung durch eine mögliche Funktion sähe in etwa so aus:

```
ON_UPDATE_COMMAND_UI(ID_INDICATOR_CAPS, OnUpdateKeyCapsLock)

void CMainFrame:: OnUpdateKeyCapsLock(CCmdUI* pCmdUI)
{
    pCmdUI->Enable(::GetKeyState(VK_CAPITAL) & 1);
}
```

d. h., abhängig vom Zustand des niederwertigsten Bits des mit *::GetKeyState(VK_CAPITAL)* ermittelten Tastenzustands wird der Indikatortext im Feld entweder angezeigt oder nicht. Tatsächlich wird die Umschaltung dieser Indikatorfelder natürlich in den Tiefen der MFC besorgt.

Das erste Feld der vorliegenden Statuszeile ist ein Mitteilungsfeld. Ein Statusbalken kann mehrere Mitteilungsfelder haben, die den verfügbaren Platz unter sich aufteilen, aber nie größer als ein Viertel der Bildschirmbreite werden. Einen Sonderfall stellt das erste Mitteilungsfeld dar, da es im Gegensatz zu den übrigen Feldern nicht mit einem dreidimensionalen Rand versehen ist und immer die restliche verfügbare Länge der Statuszeile belegt. Der Text in einem Mitteilungsfeld wird mit der Komponentenfunktion *CStatusBar::SetPaneText()* festgelegt, die als erstes Argument den Index des zu ändernden Felds und als zweites Argument den neuen Text erwartet. Da die Statuszeile eine geschützte Komponente der Hauptrahmenklasse ist, ist es sinnvoll, zum Zugriff auf die Mitteilungsfelder eine geeignete öffentliche Funktion zur Verfügung zu stellen (die Komponente einfach öffentlich zu machen ist zwar auch möglich, widerspricht aber der Idee der Kapselung):

```
BOOL CMainFrame::SetStatusText(int nIndex, LPCTSTR lpszNewText,
                                                        BOOL bUpdate)
{
    return m_wndStatusBar.SetPaneText(nIndex,lpszNewText);
}
```

Nun sind wir in der Lage, die ermittelte Mausposition auch in der Statuszeile, oder genauer gesagt im ersten Mitteilungsfeld der Statuszeile, auszugeben. Die Funktion zur Bearbeitung der *WM_MOUSEMOVE*-Nachricht sieht dann wie folgt aus:

```
void CBitmapCalendarView::OnMouseMove(UINT nFlags, CPoint point)
{
    // TODO: Code für die Behandlungsroutine für Nachrichten
    // hier einfügen und/oder Standard aufrufen
    char buf[32];
    CString s = ltoa(point.x,buf,10);
    s = s + "," + ltoa(point.y,buf,10);

    dynamic_cast<CMainFrame *> (AfxGetApp()->m_pMainWnd)
                                        -> SetStatusText(0,s);
}
```

Zunächst wird ein *CString*-Objekt mit der mit *ltoa()* (Long TO Ascii) erzeugten Zeichenkette für die *x*-Koordinate initialisiert, dann wird an diese Zeichenkette die Zeichenkette für die *y*-Koordinate angehängt. Die Aufteilung auf zwei Anweisungen garantiert, daβ die zweifach genutzte Puffervariable *buf* (deren Adresse *ltoa()* tatsächlich zurückgibt) immer wirklich auch das enthält, was man erwartet.

Der Test zeigt, daβ nun tatsächlich die Mauskoordinaten in der Statuszeile angezeigt werden – wir können also nun die Anzeige des (Feier-) Tags unter dem Mauszeiger in Angriff nehmen. In voller Schönheit hat *OnMouseMove()* nun die Form:

```
void CBitmapCalendarView::OnMouseMove(UINT nFlags, CPoint point)
{
    CString s = "";

    if (calRect.PtInRect(point))
    {
        int dx = calRect.Width() / 7;
        int ddx= calRect.Width() / 35;
        int dy = calRect.Height() / lines;
        int c = (point.x - calRect.left) / dx;
        int cc =((point.x - calRect.left) / ddx) % 5;
        int l = (point.y - calRect.top)  / dy;
        int d = l * 7 + c + 1 + dayofs;

        if (cc > 2 && d > 0 && d <= currentDate.getDaysOfMonth())
        {
            char buf[32];
            GregorianDate date(d, currentDate.getMonth(),
                                         currentDate.getYear());
            s = ltoa(d, buf, 10);
            s += ".";
            s += ltoa(date.getMonth(), buf, 10);
            s += ".";
            if (IsHoliday(date))
            {
                s += " - ";
                s += GetHolidayName(date);
            }
        }
```

```
    }

    dynamic_cast<CMainFrame *> (AfxGetApp()->m_pMainWnd)
                                            -> SetStatusText(0,s);
}
```

Falls der Mauszeiger über dem Rechteck des eigentlichen Kalendariums steht, wird ermittelt, welchem Datum er zuzuordnen ist.

Dazu wird die Breite *dx* und Höhe *dy* des Platzes für einen Tag und zusätzlich die Breite einer Ziffer *ddy* und daraus die Wochentagsspalte *c*, die Zeichenspalte *cc* innerhalb der Wochentagsspalte, die Zeile *l* und schließlich die Nummer des Tags unter dem Mauszeiger errechnet.

Nur wenn der Wert von *cc* größer als zwei ist, steht der Mauszeiger tatsächlich über einer der beiden Ziffern einer Tageszahl. In diesem Fall wird nun die Zeichenkette für das Tagesdatum zusammengebaut und ggf. der Name des Feiertages angehängt.

Einige Kleinigkeiten bleiben noch zu tun, um dem Kalenderprogramm (zumindestens für dieses Kapitel) den letzten Schliff zu geben. Da die Namen der Feiertage nun in der Statuszeile angezeigt werden, ist es nicht mehr unbedingt nötig, unter dem Kalendarium die relativ unschöne Liste der Feiertage anzuzeigen.

Durch einen weiteren Menüpunkt im *Ansicht*-Menü machen Sie sie ausblendbar und stellen sie auf jeden Fall durch Änderung der entsprechenden Angabe in *PrintMonth()* in einer kleineren Punktgröße von 9 Punkt (d. h. 90 Zehntelpunkt) dar.

Der zusätzliche Menüpunkt *&Feiertagsliste* im *Ansicht*-Menü wird im Menü-Editor mit der Befehls-ID *ID SHOW HOLIDAYS* erzeugt und erhält mit dem Klassen-Assistenten die beiden Bearbeitungsfunktionen:

```
void CBitmapCalendarView::OnShowHolidays()
{
    // ZU ERLEDIGEN: Code für Befehlsbehandlungsroutine hier einfügen
    showHolidays = !showHolidays;
    Invalidate();
}
```

und

```
void CBitmapCalendarView::OnUpdateShowHolidays(CCmdUI* pCmdUI)
{
    // ZU ERLEDIGEN: Code für die Befehlsbehandlungsroutine zum
    // Aktualisieren der Benutzeroberfläche hier einfügen
    pCmdUI->SetCheck(showHolidays);
}
```

Damit der ergänzte Code funktioniert, muß natürlich noch eine private logische Variable *showHolidays* zur Klassendefinition von *CBitmapCalendar* hinzugefügt und im Konstruktor initialisiert werden.

Abb. 79: Alles in allem sieht die Kalenderanwendung nun schon recht vorzeigbar aus

Zusammenfassung

Das klassische Mittel zur Steuerung von Windows-Anwendungen sind Menüs, die in den Varianten Hauptmenü, Popup-Menü und Kontextmenü vorkommen. Menüs werden in der Regel als Ressourcen definiert, die mit dem entsprechenden Ressourcen-Editor auf einfache und komfortable Weise erstellt werden können. Neben den Standardeigenschaften von Windows-Menüs unterstützen die MFC Erläuterungstexte zu Menüs in der Statuszeile.

Jedem Menüpunkt ist eine Befehls-ID zugeordnet, die beim Auslösen eines Menüpunkts mit einer Windows-Nachricht an die Anwendung geschickt wird. Diese Nachrichten werden auf dieselbe Weise behandelt wie andere Windows-Nachrichten, Funktionen zur Nachrichtenbearbeitung können mit dem Klassen-Assistenten auf bequeme Weise in die Zielklasse der Anwendung eingefügt werden.

Für häufig gebrauchte Funktionen werden üblicherweise Tastenkürzel definiert. Sie erlauben es, eine Funktion sehr schnell anzusprechen, ohne unter Umständen zuvor mehrere Ebenen von Menüs und Untermenüs aufzuklappen. Erkennt das System ein Tastenkürzel, wird auf die gleiche Weise eine Nachricht mit der zugehörigen Befehls-ID verschickt.

Für die Kontrolle des Zustands von Menüpunkten (und anderen Benutzerschnittstellenobjekten) stellen die MFC einen Mechanismus zur Verfügung, der sowohl sicherer als auch bequemer ist als die Methoden der Windows-API. Unmittelbar bevor ein solches Objekt wie z. B. ein Menüpunkt neu gezeichnet wird, etwa weil das Menü gerade ausgeklappt werden soll, verschicken die MFC (über die Fensterklasse) eine Nachricht an alle betroffenen Objekte, die es diesen erlaubt, ihren inneren Zustand mit dem Zustand der Anwendung abzugleichen. Diese wird z. B. verwendet, um Menüpunkte zu markieren, zu sperren oder zu entsperren.

Ein Kontextmenü ist eine spezielle Art von Popup-Menü mit häufig benutzten Funktionen, welches angezeigt wird, wenn in einem Fenster die rechte Maustaste betätigt wird und eine Bearbeitungsfunktion für die *WM_KONTEXTMENU*-Nachricht vorhanden ist. Diese Funktion extrahiert dann ein Popup-Menü aus einer Menüressource und zeugt dieses an der Mausposition an.

Eine weitere von den MFC und von Developer Studio unterstützte Methode der Programmsteuerung sind Werkzeug- oder Symbolleisten. Wie Menüs und Tastenkürzel schicken auch sie bei erfolgter Auswahl eine Befehlsnachricht mit der Befehls-ID an die Anwendung.

Die früher einigermaßen komplizierte Verwaltung von Werkzeugleisten ist seit Visual C++ 4 sehr einfach geworden. Die Erstellung oder Änderung von Werkzeugleisten-Ressourcen ist nicht mehr komplizierter als etwa die von Menüressourcen.

Den Symbolleisten nahe verwandt, aber nicht in der Lage, Eingaben zu verarbeiten, sind Statuszeilen. Diese können den Zustand der Anwendung oder z. B. den Zustand von Feststelltasten anzeigen. Statuszeilen werden nicht durch Ressourcen, sondern programmatisch (bzw. durch direkt im Programm gespeicherte Daten) erzeugt. Sie können sowohl als Statusindikator bezeichnete Felder als auch Mitteilungsfelder aufweisen.

4.4 Zwiegespräche – Die Interaktion mit dem Benutzer

Nahezu jedes Windows-Programm verwendet neben Menüs und Werkzeugleisten sogenannte Dialoge, um mit dem Anwender zu kommunizieren. Ein Dialog ist im wesentlichen ein Fenster, in dem spezielle Kindfenster, die sogenannten Steuerelemente, angeordnet sind. Im Gegensatz zu normalen Ansichtsfenstern wird ein Dialog jedoch nicht programmatisch aufgebaut, sondern ist durch eine Dialogressource definiert.

Dadurch kann ein Dialog bequem mit einem grafischen Ressourcen-Editor konstruiert oder unabhängig vom Quellcode geändert werden (sofern von diesen Änderungen nicht die Kommunikation des Dialogs mit dem Programm beeinträchtigt wird).

Das Beispiel zu diesem Kapitel ist auf der Buch-CD im Verzeichnis *BitmapCalendar3* zu finden, wegen der zunehmenden Komplexität der Anwendung handelt es sich wieder um eine Weiterentwicklung der vorhergehenden Beispielanwendung.

Die MFC-Dialog-Klasse

Dialoge kommen im wesentlichen in zwei Spielarten vor, als modale (engl. modal) und als nicht-modale (engl. modeless) Dialoge. Eine Spezialform des modalen Dialogs, der System-modale Dialog, sollte in den 32-Bit-Versionen von Windows nicht mehr verwendet werden. Ein modaler Dialog übernimmt die Kontrolle über alle Benutzereingaben für eine Anwendung und läßt sonstige Eingaben für die Anwendung (oder genauer gesagt den Ausführungsfaden der Anwendung) erst wieder zu, wenn das Dialogfenster geschlossen wurde. Nicht-modale Dialoge dagegen stellen aus der Sicht des Anwenders lediglich ein weiteres Popup-Fenster dar, das die Bedienung der Anwendung nicht beeinträchtigt.

Naturgemäß ist der Umgang mit nicht-modalen Dialogen aus Entwicklersicht wesentlich schwieriger als mit der modalen Dialogen.

Ein modaler Dialog wird gestartet und die Eingaben nach der Beendigung ausgewertet. Ein nicht-modaler Dialog muß dagegen mit der Anwendung koordiniert werden.

Beide Arten von Dialogen werden durch die gleiche MFC-Klasse *CDialog* beschrieben, die die allen Dialogen gemeinsame Funktionalität verkapselt. Spezielle Dialoge werden immer durch die Ableitung neuer Dialogklassen von dieser Basisklasse erzeugt.

Die Dialogklasse *CDialog* ist von der allgemeinen Fensterklasse *CWnd* abgeleitet. Alle Komponentenfunktionen von *CWnd* können ebenso auf Objekte vom Typ *CDialog* (oder auch auf Steuerelemente) angewendet werden.

So kann man einen Dialog oder ein Steuerungselement z. B. mit *ShowWindow()* (un) sichtbar machen oder auf normale Fensternachrichten wie *WM_PAINT* mit einer eigenen Nachrichtenbearbeitungsfunktion *OnPaint()* reagieren (die virtuelle Funktion *OnDraw()* existiert nur in den Ansichtsklassen). Andere Funktionen von *CWnd*, die für den Umgang mit Dialogen oder Steuerelementen gedacht sind, sind:

- *GetDlgItem()* - Liefert zu einer ID das zugehörige Steuerelement, verpackt in einem temporären *CWnd*-Objekt.
- *GetDlgCtrlID()* - Ermittelt zu diesem (Steuerelement-)Fenster die zugehörige ID (falls existent).
- *SetDlgCtrlID()* - Festlegen/Ändern einer numerischen ID für ein (Steuerelement-) Fenster.

Die Steuerelemente innerhalb eines Fensters können mit den folgenden Funktionen der Klasse *CWnd* direkt über die IDs angesprochen werden[58]:

---

58 *CWnd* ist definitiv nicht der Ort, wo der unbedarfte Neuling nach diesen Funktionen suchen würde. Die Plazierung in *CWnd* erlaubt jedoch, auf einfache Weise Steuerelemente in beliebigen Fenstern zu plazieren.

- *CheckDlgButton()* - Schaltfläche markieren.
- *CheckRadioButton()* - Optionsschaltfläche markieren und die anderen Optionsschaltflächen der Gruppe[59] zurücksetzen.
- *GetCheckedRadioButton()* - Ermitteln, welche Optionsschaltfläche einer Gruppe gedrückt ist.
- *DlgDirList()* - Sucht und trägt Dateinamen in ein Listenfeld ein.
- *DlgDirListComboBox()* - Sucht und trägt Dateinamen in ein Kombinationsfeld ein.
- *DlgDirSelect()* - Extrahiert einen Eintrag aus einem mit *DlgDirList()* gefüllten Listenfeld.
- *DlgDirSelectComboBox()* - Extrahiert einen Eintrag aus einem mit *DlgDirListComboBox()* gefüllten Kombinationsfeld.
- *GetDlgItemText()* - Liefert den Text, der einem Kontrollelement zugeordnet ist (ähnlich *GetWindowText()*).
- *GetDlgItemInt()* - Liefert den Text umgewandelt in eine Zahl.
- *GetNextDlgGroupItem()* - Kontrollelemente einer Gruppe vor- oder rückwärts durchlaufen.
- *GetNextDlgTabItem()* - Kontrollelemente mit Tabulatorstop vor- oder rückwärts durchlaufen.
- *IsDlgButtonChecked()* - Testen, ob Schaltfläche markiert ist.
- *IsDialogMessage()* - Testen, ob dies ein Dialog-Kommando ist.
- *SendDlgItemMessage()* - Nachricht an Steuerelement senden.
- *SetDlgItemInt()* - Zahl in Text umwandeln und eintragen.
- *SetDlgItemText()* - Text eintragen.

Die folgenden *CWnd*-Funktionen werden von z. B. *CDialog* beim Laden und zur Implementation der modalen Nachrichtenschleife benutzt:

- *ExecuteDlgInit()* - Dialogressource laden.
- *RunModalLoop()* - Modale Nachrichtenschleife starten.
- *ContinueModal()* - Anfrage, ob modale Nachrichtenschleife weiterlaufen oder abbrechen soll.
- *EndModalLoop()* - Modale Nachrichtenschleife beenden.

Zur Erzeugung und Initialisierung eines Dialogs stehen die folgenden Komponentenfunktionen der Dialogklasse *CDialog* selbst zur Verfügung:

- *CDialog()* - Dialog konstruieren. Es gibt eine öffentliche Version für modale Dialoge und eine geschützte für nicht-modale Dialoge. Letztere kann nur durch den Konstruktor einer abgeleiteten Klasse verwendet werden.

---

59 Eine Gruppe ist eine Reihe von (in Tabulatorreihenfolge) aufeinanderfolgenden Optionsschaltflächen, deren erste das *WS_GROUP*-Attribut gesetzt hat.

- *Create()* - Erzeugen und initialisieren eines nicht-modalen Dialogs.
- *CreateIndirect()* - Erzeugen und initialisieren eines nicht-modalen Dialogs von einer Datenstruktur.
- *InitModalIndirect()* - Erzeugen und initialisieren eines modalen Dialogs von einer Datenstruktur.

Die folgenden CDialog-Komponentenfunktionen dienen zur Ablaufsteuerung modaler Dialoge und zur Verwaltung des Eingabefokus:

- *DoModal()* - Initialisiert und startet den modalen Dialog. Die Funktion wird erst verlassen, wenn die Bearbeitung des Dialogs abgeschlossen ist.
- *MapDialogRect()* - Umrechnung der speziellen Dialogkoordinaten in Bildschirmkoordinaten.
- *NextDlgCtrl()* - Eingabefokus zum nächsten Steuerelement weitergeben.
- *PrevDlgCtrl()* - Eingabefokus zum vorigen Steuerelement weitergeben.
- *GotoDlgCtrl()* - Eingabefokus an ein gegebenes Steuerelement weitergeben.
- *SetDefID()* - Steuerelement zum Standardsteuerelement machen. Ist kein expliziter Eingabefokus gesetzt, bearbeitet dieses Element die Benutzereingaben. Normalerweise wird die Eigenschaft bereits in der Ressource festgelegt.
- *GetDefID()* - ID des Standardsteuerelements ermitteln.
- *SetHelpID()* - Hilfe-ID vergeben.
- *EndDialog()* - Von modalem Dialog verwendet: modalen Dialog beenden.

Die folgenden virtuellen Funktionen zur Nachrichtenbearbeitung können oder müssen benutzt werden, um auf bestimmte Situationen zu reagieren:

- *OnInitDialog()* - Daten des Dialogs initialisieren.
- *OnSetFont()* - Schriftart des Dialogs festlegen.
- *OnOK()* - Dialog wurde mit *OK* beendet.
- *OnCancel()* - Dialog wurde mit *Abbrechen* beendet.

Dialogbausteine

Wie andere Windows- und MFC-Objekte benötigen Dialoge sowohl eine Ressource als auch Programmcode zur Funktion. Da die Beziehung zwischen den Bausteinen hier aber etwas komplizierter als in den bisherigen Fällen ist, sollen Teile und prinzipielle Funktionsweise kurz skizziert werden, was es später erlaubt, die unzähligen Details des Beispiels besser einzuordnen. Beschrieben wird ein Dialog durch eine Dialogressource. Diese beschreibt, aus welchen Steuerelementen mit welchen Eigenschaften der Dialog aufgebaut ist, und wird von Windows benutzt, um ein (Windows-)Dialog-Objekt zu erzeugen. Bei diesem handelt es sich im wesentlichen um ein Windows-Fenster mit einer Anzahl von Unterfenstern, den Steuerelementen. Alle diese Fenster sind in der Lage, Windows-Nachrichten zu versenden und zu empfangen. Entsprechend der Philosophie der Windows-API wird der größte Teil der Interaktion zwischen den Elementen untereinander und mit dem zugehörigen Programmcode über diese Nachrichten abgewickelt. Ein konventionelles Programm, das sich der Windows-API bedient, benötigt zur Bearbeitung dieser Nachrichten diverse Fensterfunktionen mit gewaltigen, unübersichtlichen *switch*-Anweisungen. Die Inhalte der Steuerelemente müssen vor dem Start des Dialogs in diese eingetragen und nach dem Ende oder bei entsprechender Nachricht auch dort wieder abgefragt werden. Bei komplizierteren Problemstellungen ist das zwar immer noch nötig, doch können viele der Standardfälle nun direkt durch die MFC und den Mechanismus des dynamischen Datenaustauschs (DDX) abgehandelt werden. Insgesamt haben die MFC und der Klassen-Assistent durch eine bessere Strukturierung des Problems und der Automatisierung vieler Aufgaben der Programmierung von Windows-Dialogen viel von ihrem Schrekken genommen. Bei der Programmierung von Dialogen mit den MFC wird jeder Dialog in einer eigenen von *CDialog* abgeleiteten Klasse gekapselt. Für den Umgang mit den Steuerelementen gibt es dabei drei verschiedene Möglichkeiten. Einmal kann man die Vorteile des automatisierten Datenaustauschs via DDX zwischen einfachen Datenelementen und Steuerungselementen nutzen. Leider ist die Zuordnung zwischen Komponentenvariablen der Dialogklasse und den Steuerelementen eins-zu-eins, so daβ es nicht möglich ist, mehrere Steuerelemente automatisch synchronisiert an dasselbe Datenelement anzukoppeln – hier ist immer noch einige Handarbeit angesagt. Die zweite Möglichkeit ist die Ankoppelung an eine Komponentenvariable, die nicht den Wert, sondern das Kontrollelement selbst repräsentiert. Beide Methoden können auch miteinander kombiniert werden, da der Klassen-Assistent es erlaubt, ein Kontrollelement mit maximal einer Wertevariablen und einer Kontrollelementvariablen zu verknüpfen. Da die Steuerungselementvariablen der Dialogklasse auch immer den richtigen Typ haben, kann über sie einfach und typsicher auf die darin verkapselten Windows-Steuerelemente zugegriffen werden. Die dritte Methode entspricht eher der traditionellen Windows-Programmierung und benutzt Aufrufe der Funktion *GetDlgItem()* oder der übrigen dialogbezogenen *CWnd*-Komponentenfunktionen, um die Kontrollelemente direkt zu manipulieren. Speziell GetDlgItem() liefert jedoch einen Zeiger des Typs *CWnd** auf ein temporäres Objekt, der immer zunächst einer Typumwandlung unterzogen werden muβ. Auch diese Methode hat jedoch neben den anderen ihre Berechtigung, z. B. wenn verschiedene Steuerelemente eines Dialogs miteinander synchronisiert werden sollen, für die der Klassen-Assistent bereits eine Variable angelegt hat und sich daher gegen eine zweite (Steuerungselement-)Variable sperrt. Je nachdem, wie ambitioniert ein Dialog ist, kommt man völlig ohne Bearbeitung von Nachrichten von Kontrollelementen aus oder aber muβ sehr viele Bearbeitungsfunktionen einfügen. Bei einer simplen Dateneingabe unter Verwendung nur der alten Win16-Steuerelemente kann man ganz ohne Nachrichtenbearbeitung auskommen, sobald aber Eingabefelder untereinander synchronisiert werden müssen, kommt man um Nachrichtenbearbeitung nicht herum.

Eine typische Dialogklasse enthält eine Reihe von miteinander interagierenden Bausteinen. Legt man die Dialogklasse mit dem Klassen-Assistenten an, findet man die folgenden Bausteine:

- Den Konstruktor für einen modalen Dialog. Hier fügt der Klassen-Assistent beim Einfügen von Variablen Code ein, um diese in einen definierten Anfangszustand zu versetzen.

- *DoDataExchange()* – Diese Funktion ist für den Transport von Werten von den Komponentenvariablen der Dialogklasse zu den Steuerelementen und zurück verantwortlich. Der Klassen-Assistent fügt hier für jede neue Variable automatisch die richtigen Funktionsaufrufe ein. Für Wertevariablen transportieren und validieren diese Funktionen die Werte, für Steuerelementvariablen stellen sie die Verbindung zwischen der Variablen und dem Windows-Steuerelement her.
- Nachrichtentabelle

Für die folgende virtuelle Funktion muß man häufig eine eigene Version vorsehen, da die standardmäßige Funktionalität nicht ausreicht:

- *OnInitDialog()* – Initialisierung des Dialogs. Die Standardversion stößt die Datenübertragung mittels *DoDataExchange()* an.

Dialogbaustelle

Am Anfang eines Dialogs steht (fast) immer eine Dialogressource. Diese wird mit dem Ressourcen-Editor erzeugt. Dazu wählen Sie *Einfügen/Ressource*, Ressourcetyp *Dialog/Neu*. Developer Studio fügt daraufhin eine neue Dialog-Ressorce ein, wechselt in die Ressourcenansicht und zeigt den neuen Dialog an.

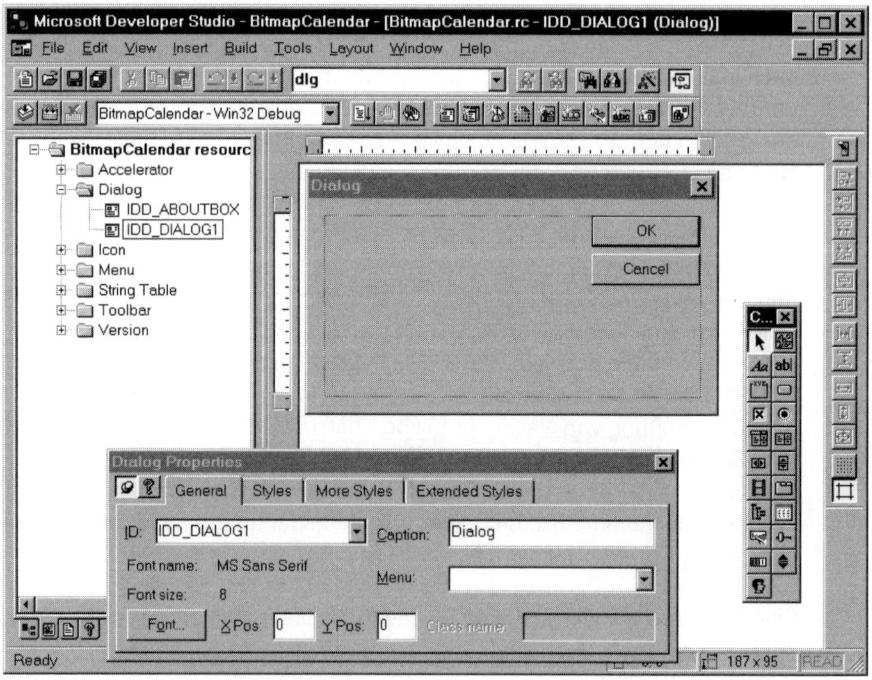

Abb. 80: Der Dialog-Editor nach dem Erzeugen einer neuen Dialogressource. Der Dialog enthält bereits die Schaltflächen OK und Abbrechen, entsprechend Microsofts Entwurfsrichtlinien plaziert. Name, Titelzeile und andere Eigenschaften werden über den Eigenschaftsdialog eingestellt

Der Dialog ist bereits mit den Schaltflächen für *OK* und *Abbrechen*, plaziert entsprechend Microsofts Entwurfsrichtlinien, ausgestattet.

Die Bearbeitung von Dialogen unterstützen zwei weitere Werkzeugleisten, die auch als Paletten verwendet werden können. Ist eine der Leisten nicht zu sehen, kann sie bei Bedarf mit *Extras/Anpassen* und dem Reiter *Symbolleisten* sichtbar gemacht werden und dann an beliebiger Stelle als Werkzeugleiste oder Palette plaziert werden.

Die Dialogfeld-Palette oder -Steuerleiste ist hilfreich beim Ausrichten von Steuerelementen oder Gruppen von Steuerelementen im Dialog. Nahezu unverzichtbar für das schnelle „Zusammenstöpseln" eines Dialogs ist die Steuerelementepalette. Sie erlaubt das Einfügen von Steuerelementen, indem man zuerst in der Palette das gewünschte Element auswählt und dann an den Zielpunkt im Dialog klickt. Der Zustand der Schaltflächen spiegelt immer die nächste Operation wieder, Einfügen des selektierten Elements oder Auswahl von existierenden Elementen. Wie andere Paletten kann auch diese in verschiedene rechteckige Formen gezogen werden.

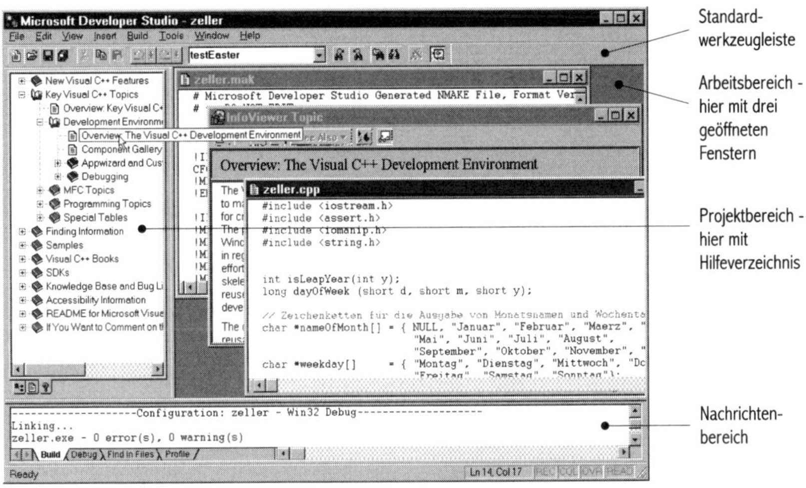

Abb. 81: Die Palette zum Einfügen von Steuerelementen in Dialoge

Grundsätzlich kann man zwischen statischen Elementen, die nur der Ausgabe von Informationen dienen, und dynamischen Elementen zur Eingabe von Informationen unterscheiden. Mit den 32-Bit-Versionen von Windows sind weitere Typen von Steuerelementen hinzugekommen, die aber den dynamischen Datenaustausch nicht unterstützen und zumeist zusätzliche Programmierung erfordern. Die folgenden Steuerelemente werden von der Palette unterstützt:

- *Bildelemente* – Zu diesen statischen Elementen zählen beispielsweise Bitmaps (16 Farben!) und Icons, aber auch andere dekorative Elemente wie einfache oder dreidimensionale Rahmen.
- *Statischer Text* – Der Name sagt es! Dient meist zur Beschriftung anderer Steuerungselemente, kann aber auch für die Ausgabe von Informationen durch die Anwendung dienen.

- *Eingabefeld* – Ein Feld zur Eingabe von Texten oder Zahlen. Kann über dynamischen Datenaustausch mit Zeichenketten oder Integer-Variablen verbunden werden.
- *Gruppenfeld* – Faßt eine Gruppe von Elementen optisch zu einer Einheit zusammen. Weist kaum weitere Funktionalität auf und darf insbesondere nicht mit Gruppen von Optionsschaltflächen verwechselt werden!
- *Schaltfläche* – Löst, wenn gedrückt, eine Nachricht an den Dialog aus. Die vorkonfigurierten Schaltflächen zum Beenden oder Abbrechen des Dialogs sind Beispiele für diese Elemente.
- *Kontrollkästchen* – Logisch eigentlich auch eine Schaltfläche, jedoch mit einer anderen optischen Erscheinung. Kontrollkästchen sind zur Eingabe von Ja/Nein-Zuständen vorgesehen und können vermittels des dynamischen Datenaustauschs mit einer Booleschen Variable verknüpft werden.
- *Optionsschaltflächen* – Die umständliche deutsche Bezeichnung hebt ebenso wie der englische Name Radio-Button[60] darauf ab, daß dieser Schaltflächentypus zur Auswahl genau einer Möglichkeit aus mehreren dient. Optionsschaltflächen müssen daher immer in Gruppen auftreten, die gemeinsam einen Eingabewert darstellen. Optionsschaltflächen können mittels dynamischem Datenaustausch mit einer ganzzahligen Variablen verknüpft werden.
- *Kombinationsfeld* – Eine Kombination aus Texteingabefeld und (aufklappbarem) Listenfeld. Erlaubt sowohl die Auswahl der Vorgaben aus der Liste als auch die explizite Eingabe. Kann über dynamischen Datenaustausch mit einer Zeichenkettenvariablen verknüpft werden.
- *Listenfeld* – Erlaubt die Eingabe aus einer Liste vorgegebener Werte. Kann via dynamischen Datenaustausch mit einer Zeichenkette oder einer Integer-Variablen verknüpft werden.
- *Horizontale und vertikale Laufleisten* – Zur visuellen Repräsentation und Eingabe eines Werts aus einem Bereich. Laufleisten können via dynamischen Datenaustausch mit einer Integer-Variablen verbunden werden.
- *Animationsfeld* – Ein Win32-Steuerelement zur Anzeige einfacher *avi*-Animationen.
- *Reiter* – Ein Win32-Steuerelement zur Umschaltung zwischen verschiedenen Seiten eines Dialogs.
- *Baum-Ansich*t – Ein Win32-Steuerelement zur Darstellung von baumstrukturierten Daten. Schön zur Visualisierung strukturierter Daten, erfordert aber etwas Aufwand in der Programmierung. Benötigt man die Funktionalität, ist die Anwendung einer Baum-Ansicht in einem Dialog (oder einem Ansichtsfenster) sicher wesentlich einfacher, als das Rad neu zu erfinden. Beispiele für Baum-Ansichten sind die Klassen-, Datei- oder Ressourcenansichten des Developer Studios oder das linke Teilfenster des Windows Explorer.

---

60 Drückt man an einem Radio eine Stationstaste, springt die zuvor gedrückte Stationstaste von alleine wieder heraus.

- *Listen-Ansicht* - Ein Win32-Steuerelement zur Darstellung von Listen (inkl. grafischer Symbole) in unterschiedlichen Darstellungsarten. Die Ordnerfenster oder das rechte Teilfenster des Windows Explorer sind Listen-Ansichten.
- *Tastenkürzel* - Ein spezielles Eingabefeld für die Eingabe von Tastenkürzeln.
- *Schieberegler* - Ein Win32-Steuerelement zur Darstellung und Eingabe von Zahlen aus einem Bereich.
- *Fortschrittsanzeige* - Ein Win32-Steuerelement zur Visualisierung eines längeren Vorgangs. Mit dem Ablauf wird in regelmäßigen Abständen die Fortschrittsanzeige (programmgesteuert!) weitergestellt. Die Fortschrittsanzeige ersetzt den früheren Mißbrauch von Rollbalken für diesen Zweck.
- *Drehfeld* - Ein Win32-Steuerelement zur Kombination mit numerischen Eingabefeldern. Dient zur vereinfachten Erhöhung oder Erniedrigung eines Werts in einem Eingabefeld. Kann für die einfachsten Fälle automatisch mit einem Eingabefeld gekoppelt werden, benötigt aber zumeist die Bearbeitung von *WM_VSCROLL*-Nachrichten.
- *Benutzerdefiniert* - Erlaubt die Anwendung von Steuerelementen von Drittherstellern oder aus eigener Fertigung.

Durch einen Klick auf die Dialogfläche wird ein Steuerelement des selektierten Typs plaziert und kann nun verschoben oder in der Größe verändert werden. Die aktuellen Koordinaten und Abmessungen des Elements werden dabei in der Statuszeile des Editors in speziellen Koordinaten, den sogenannten Dialogkoordinaten, angegeben. Diese verwenden die mittlere Höhe und Breite des für den Dialog verwendeten Zeichensatzes. Dadurch ist sichergestellt, daß auf unterschiedlichen Systemen und bei unterschiedlichen Zeichensätzen das Layout des Dialogs im wesentlichen immer unverändert bleibt. Das funktioniert jedoch nur mit Einschränkungen, die CD-Fassung des Dialogs, den wir in diesem Beispiel entwickeln werden, weist auf manchen Systemen am rechten Rand abgeschnittenen Text auf!

Die Eigenschaften eines so plazierten Steuerungselements können auf die gleiche Weise wie andere Ressourcen-Objekte in den vorangegangenen Kapiteln mit dem über das Kontextmenü erreichbaren Eigenschaftsdialog bearbeitet werden. Gerade bei der Bearbeitung eines Dialogs ist es wieder zweckmäßig, den Eigenschaftsdialog mit dem Reißbrettstift-Symbol zu fixieren.

Die wichtigsten Eigenschaften des bearbeiteten Dialogs oder Steuerelements sind unter dem Reiter *Allgemein* des Eigenschaftsdialogs zu finden. Dies sind insbesondere der symbolische Bezeichner für die Ressource (*IDD_XXX* für Dialoge und *IDC_XXX* für Steuerungselemente, englisch Controls) und der Fenstertext *Beschriftung*. Letzterer kann bei unterschiedlichen Fenstertypen auf ganz unterschiedliche Weise dargestellt werden; bei den meisten Steuerungselementen ist dieser Text eine Art Beschriftung oder der Wert des Elements, bei den meisten übrigen Fenstertypen einschließlich der Dialoge der Text in der Titelzeile des Fensters. Dynamisch kann dieser Text mit den Funktionen *GetWindowText()* und *SetWindowText()* bearbeitet werden.

Den Dialog, den wir für die Anwendung entwickeln wollen, enthält alle Steuerungselemente, die im praktischen Gebrauch häufiger auftreten, in einer sinnvollen Anwendung. Da manche Dialogfelder dieses Dialogs andere beeinflussen, werden wir auch einiges über die Programmierung von Dialogen und Steuerungselementen lernen (müssen).

Aufgabe des Dialogs wird es sein, die Einträge in der Liste der Feiertage zu bearbeiten. Die Daten, die momentan zu jedem Feiertag gespeichert sind, sind Tag und Monat, Name des Feiertags und eine Markierung, die es gestattet, echte Feiertage von sonstigen jährlich wiederkehrenden Tagen wie dem Rosenmontag zu unterscheiden. Bei den beweglichen Feiertagen ist statt eines Monats ein Pseudomonat und der Abstand vom beweglichen Bezugsfeiertag gegeben. Eine vernünftige Terminliste sollte außerdem in der Lage sein, Tage zu ermitteln, die nicht jährlich wiederkehren. Aus diesem Grund nehmen Sie auch die Jahreszahl in den Dialog auf, auch wenn sie im Moment eher dekorativen Charakter hat.

Der Dialog zerfällt in verschiedene Bereiche. Rechts oben liegen die Schaltflächen, die Developer Studio bereits vorgegeben hat. Diese Schaltflächen ergänzen wir lediglich um eine weitere. Es wäre dagegen keine gute Idee, die Schaltflächen an einer anderen, völlig unerwarteten Position des Fensters zu plazieren.

Den zweiten Bereich stellt die mit einem Gruppenfeld zusammengefaßte Datumsangabe mit Eingabefeldern und Drehfeldern und einem Kombinationsfeld für die Monatsangabe dar. Auch der Schieberegler als alternative Möglichkeit der Monatswahl gehört hierhin.

Die unteren zwei Drittel des Dialogs dienen der Darstellung von Feiertagsinformationen. Ist der Tag ein Feiertag, wird der beschreibende Text im Eingabefeld direkt unter den Datumsfeldern dargestellt. Zur Ausgabe der weiteren Eigenschaften dienen zwei Kontrollkästchen und eine Gruppe von Optionsschaltflächen am rechten Rand. Eine Liste aller vorhandenen Feier- oder sonstwie besonderen Tage zeigt das rollbare Listenfeld, das den Rest des Dialogs einnimmt.

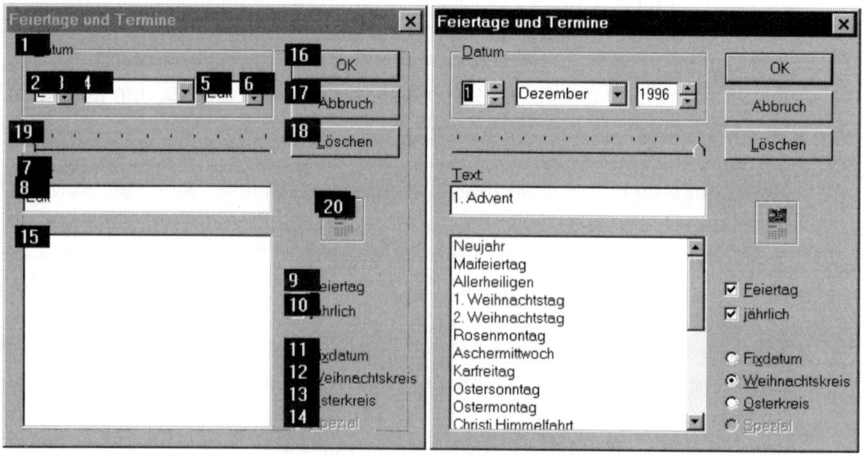

Abb. 82: Der Dialog der Kalenderanwendung, links die Darstellung im Dialog-Editor mit der angezeigten Tabulator-Reihenfolge, rechts der Dialog im tatsächlichen Gebrauch

Die folgende Liste zeigt Text und ID für den Dialog und alle Steuerungselemente. Die Reihenfolge ist die Tabulatorreihenfolge. Die Felder müssen jedoch nicht unbedingt in dieser Reihenfolge angelegt werden, die Tabulatorfolge (die tatsächlich die Reihenfolge der Steuerelement-Ressourcen in der Ressourcendatei ist) kann mit *Layout/Tabulator-Reihenfolge* jederzeit geändert werden.

Art des Objekts	Fenstertext (Caption)	ID
Dialog	"Feiertage und Termine"	IDD_Calendar
Gruppenfeld	"&Datum"	IDC_STATIC
Eingabefeld		IDC_DAY
Drehfeld	"Spin1"	IDC_DAY_SPIN
Kombinationsfeld		IDC_MONTH
Eingabefeld		IDC_YEAR
Drehfeld		IDC_YEAR_SPIN
Statischer Text	"&Text:"	IDC_STATIC
Eingabefeld		IDC_TEXT
Kontrollkästchen	"&Feiertag"	IDC_IS_HOLIDAY
Kontrollkästchen	"&jährlich"	IDC_EACH_YEAR
Optionsfeld	"Fi&xdatum"	IDC_FIXED
Optionsfeld	"&Weihnachtskreis"	IDC_XMAS
Optionsfeld	"&Osterkreis"	IDC_EASTER
Optionsfeld	"&Spezial"	IDC_SPECIAL
Listenfeld		IDC_LIST
Schaltfläche	"OK"	ID_OK_Pressed
Schaltfläche	"Abbrechen"	IDCANCEL
Schaltfläche	"&Löschen"	ID_DELETE
Schieberegler	"Slider1"	IDC_MONTH_SLIDER
Bildelement(Icon)		IDC_STATIC
Bildelement(Rahmen)		IDC_STATIC

Steuerelemente können nach der Erzeugung beliebig plaziert, vergrößert oder verkleinert werden. Bei der Anordnung helfen eine Reihe von Layout-Funktionen, die teilweise über die entsprechende Dialog-Werkzeugleiste (links in der vorletzten Abbildung) und/oder das *Layout*-Menü erreicht werden können. Zur einfacheren Plazierung kann ein Gitter von Rasterpunkten eingeschaltet werden, und/oder die Elemente können mit Ausrichtungsfunktionen ausgerichtet werden.

Müssen mehrere Elemente ausgewählt werden, muß um diese herum ein Auswahlrechteck aufgezogen werden, ebenso kann eine bestehende Selektion durch Selektion mit gedrückter [Strg]-Taste erweitert werden.

Für die Steuerungselemente können mit Hilfe der Eigenschaftsdialoge eine Vielzahl von Einstellungen (teilweise auf vier Dialogseiten verteilt) vorgenommen werden. Glücklicherweise müssen nur wenige der Voreinstellungen geändert werden, für einzelne Objekte sind jedoch die folgenden Besonderheiten zu beachten:

- *Dialog* – Die Option *Sichtbar* auf der Dialogseite *Weitere Formate* sollte eingeschaltet sein.
- *IDC_DAY, IDC_YEAR* – Option *Auto Horizontaler Bildlauf* auf der Dialogseite *Formate* sollte ausgeschaltet sein.
- *IDC_DAY SPIN, IDC_VEAR_SPIN* – Mit der Option *Auto Buddy* kann sich ein Drehfeld automatisch mit einem unmittelbar vorausgehenden numerischen Eingabefeld verbinden. In diesem Fall benötigen wir aber mehr Leistung.
- *IDC_MONTH* – Im Kombinationsfeld sollte die Sortierungsoption *Sortieren* auf der Dialogseite *Formate* abgeschaltet werden. Alphabetisch sortierte Monate wirken nicht nur ärgerlich, sie haben auch nicht mehr den richtigen Index im Listenfeld. In das Feld *Listenelemente eingeben* der Eigenschaftsseite *Daten* wird die Liste der Monatsnamen eingetragen. Da die [Enter]-Taste zum Zeilenwechsel das Endes des Dialogs bewirkt, wird statt dessen die Kombination [Strg]+[Enter] verwendet.
- *IDC_LIST* – Im Listenfeld sollte ebenfalls die Sortierungsoption *Sortieren* abgeschaltet werden – unsortiert entsprechen die Indizes den Positionen der Feiertage in der programminternen Feiertagsliste.
- *IDC_FIXED* – Dies ist die erste Optionsschaltfläche, die übrigen folgen in direkter (Tabulator-)Folge. Für diese Schaltfläche (und nur für diese) muß zur Kennzeichnung der Gruppe die Option *Gruppe* eingeschaltet werden.
- *IDC_SPECIAL* – Diese Optionsschaltfläche dient zur Kennzeichnung spezieller Feiertage, über die das Programm intern Informationen besitzt. Damit weitere solche Tage nicht versehentlich erzeugt werden können, soll das Kontrollelement gesperrt sein (Option *Deaktiviert*). Dies beeinträchtigt die übrige Funktion nicht.
- *IDOK, ID_OK_Pressed* – Wir belassen vorerst die ID auf dem Wert *IDOK*, zu einem späteren Zeitpunkt werden wir diese jedoch in den neuen Wert ändern.
- *IDC_MONTH_SLIDER* – Die optischen Eigenschaften werden über die Optionen auf der Dialogseite *Formate* eingestellt, z. B. *Teilstriche* und *Auto-Teilstriche*, für Orientierung und Ort der Markierungen gibt es Kombinationsfelder.
- *Bildelement* – Hinter den Bildelementen verbergen sich intern völlig unterschiedliche Ressourcenarten, in diesem Fall ein Icon-Steuerelement und ein Rahmen mit der Farbe *Geätzt*. Als Icon wurde im Beispiel das Icon der Anwendung verwendet, das bei dieser Gelegenheit gleich durch ein richtiges Icon anstelle des generischen MFC-Icons ersetzt wurde. Das Icon befindet sich im *Icons*-Verzeichnis und kann von dort mit *Einfügen/Ressource*, Ressourcentyp *Icon*, Schaltfläche *Importieren* eingefügt werden. Anschließlich wird das generische Icon gelöscht (Icon-Ressource markieren und [Entf]-Taste betätigen) und die ID für das neue Icon recycled.

Zum Abschluß sollten wir mit *Layout/Tabulator-Reihenfolge* sicherstellen, daß die Steuerelemente wirklich in der oben angegebenen Reihenfolge liegen, kritisch ist dies aber nur für die Optionsschaltflächen und Drehfelder mit eingeschalteter *Auto Buddy*-Option. Die Funktion des Dialogs (natürlich nur soweit sie durch die Dialogressource gegeben ist) kann mit *Layout/Testen* getestet werden.

Dialogzauber – Dialoge mit dem Dialog-Assistenten

Bis jetzt haben wir noch kein Stückchen Code erzeugt, nur die Dialogressource als einen Rahmen, der nun mit Leben zu füllen sein wird. Hier kommt nun wieder der Klassen-Assistent ins Spiel, der der Erstellung von Dialogen einiges an Mühsal nimmt. Starten wir den Klassen-Assistenten mit geöffneter Dialogressource mittels Werkzeugleistenschaltfläche oder Kontextmenü, erkennt der Klassen-Assistent das Vorliegen eines Dialogs, für den bislang noch keine passende Dialogklasse existiert. In diesem Fall fragt er nach, ob er eine neue Dialogklasse erzeugen soll, und geht bei entsprechender Antwort direkt zum Dialog *Neue Klasse*.

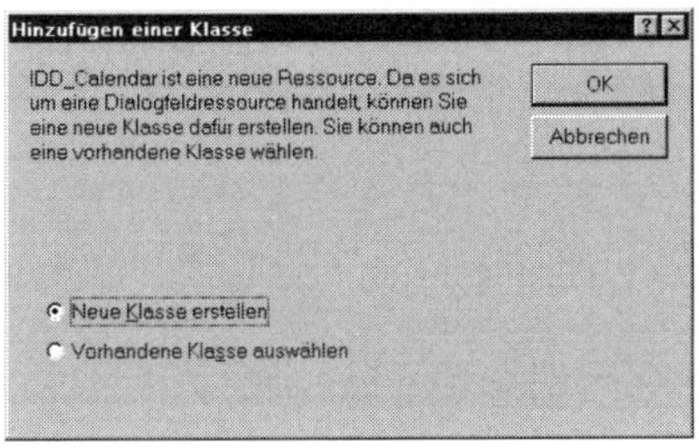

Abb. 83: Ist noch keine Klasse für die Dialogressource vorhanden, wird zuvor nachgefragt, ob eine neue Klasse erzeugt werden soll

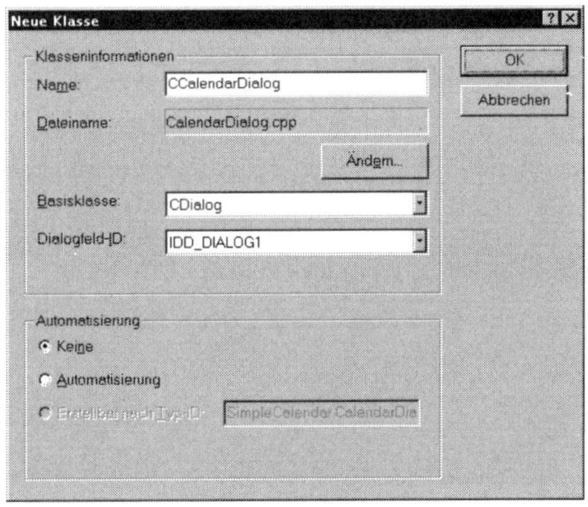

Abb. 84: Erzeugen einer neuen Klasse mit dem Klassen-Assistenten bei geöffneter Dialogressource

Es ist aber auch nicht tragisch, wenn dieser Dialog nicht erscheint, etwa weil momentan der Dialog-Editor nicht geöffnet ist. In diesem Fall gelangt man über die *Klasse hinzufügen*-Schaltfläche rechts oben im Klassen-Assistenten zum Dialog *Neue Klasse*. In diesem Dialog geben Sie den Namen der neuen Klasse mit *CCalendarDialog* und verwenden als Basisklasse die vorgegebene Klasse *CDialog*. Die zugeordnete Dialogressource muß *IDD_Calendar* sein. Wenn Sie den Klassen-Assistenten direkt aus dem Dialog-Editor gestartet haben, ist hier die ID des Dialogs bereits eingetragen.

Mit der Schaltfläche *OK* schließlich lösen Sie die Erstellung der neuen Klasse aus. Zunächst verlassen Sie den Klassen-Assistenten mit *OK*, um den erzeugten Code zu inspizieren. Die Klassendefinition hat das folgende Aussehen:

```
class CCalendarDialog : public CDialog
{
// Konstruktion
public:
	CCalendarDialog(CWnd* pParent = NULL);   // Standard-Konstruktor
```

```
// Dialogfelddaten
    //{{AFX_DATA(CCalendarDialog)
    enum { IDD = IDD_Calendar };
    // HINWEIS: Der Klassen-Assistent fügt hier Datenelemente ein
    //}}AFX_DATA


// Überschreibungen
// Vom Klassen-Assistenten generierte virtuelle
// Funktionsüberschreibungen
    //{{AFX_VIRTUAL(CCalendarDialog)
    protected:
    virtual void DoDataExchange(CDataExchange* pDX);
    // DDX/DDV-Unterstützung
    //}}AFX_VIRTUAL

// Implementierung
protected:

    // Generierte Nachrichtenzuordnungs-Funktionen
    //{{AFX_MSG(CCalendarDialog)
    // HINWEIS: Der Klassen-Assistent fügt hier Member-Funktionen ein
    //}}AFX_MSG
    DECLARE_MESSAGE_MAP()
};
```

Im wesentlichen hat der Klassen-Assistent hier nicht mehr als vier Dinge getan:

- Er hat einen öffentlichen (modalen) Konstruktor vereinbart.
- Er hat eine Konstante *IDD = IDD_Calendar* definiert. Die Verwendung des neuen Bezeichners *IDD* erlaubt die Entkoppelung des Codes der Klasse von der Ressourcen-ID und erleichtert so ggf. die Wiederverwendung des Codes.
- Für virtuelle, vom Klassen-Assistenten erzeugte Funktionen, nichtvirtuelle Nachrichtenbearbeitungsfunktionen und Komponentenvariablen sind entsprechende Bereiche markiert. Vom Klassen-Assistenten eingefügte Variablen werden öffentlich, ebenso virtuelle Funktionen! Nur die Nachrichtenbearbeitungsfunktionen sind geschützt.
- Die virtuelle Funktion *DoDataExchange()* zur Durchführung des dynamischen Datenaustauschs ist im Bereich für virtuelle Funktionen bereits vereinbart.

Die Implementation von *CCalendarDialog* ist:

```
// CalendarDialog.cpp: Implementierungsdatei
//

#include "stdafx.h"
#include "bitmapcalendar.h"
#include "CalendarDialog.h"

#ifdef _DEBUG
#define new DEBUG_NEW
#undef THIS_FILE
static char THIS_FILE[] = __FILE__;
#endif
```

```
/////////////////////////////////////////////////////////////////////////////
// Dialogfeld CCalendarDialog

CCalendarDialog::CCalendarDialog(CWnd* pParent /*=NULL*/)
    : CDialog(CCalendarDialog::IDD, pParent)
{
    //{{AFX_DATA_INIT(CCalendarDialog)
    // HINWEIS: Der Klassen-Assistent fügt hier
    // Elementinitialisierung ein
    //}}AFX_DATA_INIT
}

void CCalendarDialog::DoDataExchange(CDataExchange* pDX)
{
    CDialog::DoDataExchange(pDX);
    //{{AFX_DATA_MAP(CCalendarDialog)
    // HINWEIS: Der Klassen-Assistent fügt hier DDX- und
    // DDV-Aufrufe ein
    //}}AFX_DATA_MAP
}

BEGIN_MESSAGE_MAP(CCalendarDialog, CDialog)
    //{{AFX_MSG_MAP(CCalendarDialog)
    // HINWEIS: Der Klassen-Assistent fügt hier Zuordnungsmakros
    // für Nachrichten ein
    //}}AFX_MSG_MAP
END_MESSAGE_MAP()
```

Im wesentlichen wurden also (neben diversen *#include*-Direktiven etc.) die folgenden Programmstrukturen angelegt:

- der (modale) Konstruktor mit Platz, um später die Initialisierung von Komponentenvariablen automatisch einzutragen,
- die Funktion *DoDataExchange()*, ebenfalls noch ein leeres Gerippe und
- die Nachrichtentabelle.

Wir kehren nun in den Klassen-Assistenten zurück. Dies können wir von jeder beliebigen Stelle in Developer Studio aus mit dem Tastenkürzel [Strg]+[W] tun, geschickter ist es jedoch, im Dialog-Editor das gewünschte Kontrollelement auszuwählen und den Klassen-Assistenten aus dem Kontextmenü zu starten. In diesem Fall stehen die Chancen gut, daβ im Klassen-Assistent alle Einstellungen bereits richtig und die richtigen IDs selektiert sind[61].

Sie sollten jedoch zur Sicherheit immer überprüfen, ob tatsächlich oben rechts der richtige Klassenname angezeigt wird.

---

61 Genaugenommen hängt es davon ab, ob im Klassen-Assistenten zuletzt der Reiter *Nachrichtenzuordnungstabellen* oder der Reiter *Member-Variablen* ausgewählt war. Im letzteren Fall ist die vorselektierte Objekt-ID meist nicht die des selektierten Steuerelements.

Zunächst werden wir die einfachste Variante im Umgang mit Dialogfeldern kennenlernen: die automatische Verwaltung von Dialogfeldern mittels des dynamischen Datenaustauschs (DDX) und der automatischen Datenvalidierung (DDV). Dazu wählen Sie mittels des Reiters die bisher noch nicht benutzte Seite *Member-Variablen*. Im oberen Bereich finden wir hier auch wieder die bekannten Kombinationsfelder für Projekt und Klassennamen. An der rechten Seite liegen Schaltflächen zum Hinzufügen und Entfernen von Variablen. Den größten Teil der restlichen Fläche nimmt ein Listenfeld mit den im Dialog existierenden Steuerelemente-IDs ein. Durch Auswahl einer ID, beispielsweise *IDC_DAY*, und Betätigung der Schaltfläche *Variable hinzufügen* (alternativ tut's auch ein Doppelklick auf die ID) gelangen Sie in den Dialog zur automatisierten Erstellung und Verdrahtung einer Komponentenvariablen zu einem Kontrollelement.

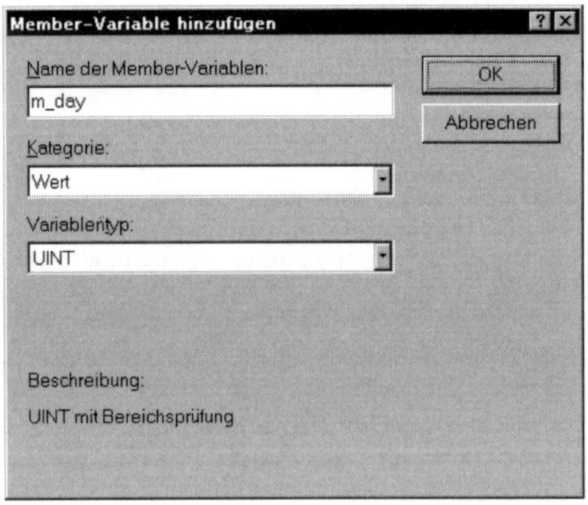

Abb. 85: Automatisiertes Anlegen einer Komponentenvariablen komplett mit Verdrahtung zu einem Kontrollelement eines Dialogs mit Hilfe des Klassen-Assistenten

Das erste Eingabefeld dient zur Eingabe eines Variablennamens. Hier ist das unsägliche *m_* der Microsoft-Konvention für Variablennamen von Klassenkomponenten bereits vorgegeben, folgen wir also vorerst dieser sanften Überredung.

Das zweite Feld ist ein Kombinationsfeld und dient zur Eingabe der Kategorie. Hier können Sie zwischen den Möglichkeiten *Wert* und *Steuerelement* wählen. Zu ein und derselben ID können maximal eine Wert- und eine Steuerelementvariable angelegt werden. Steuerelemente, die keine einfache Repräsentation in einem Wert zulassen, sowie alle neuen 32-Bit-Steuerelemente bieten hier jedoch nur die Auswahl *Steuerelement* an.

Das letzte Feld hängt von der Auswahl im vorhergehenden Feld ab. Wurde *Steuerelement* gewählt, ist hier nur exakt der Typ des Steuerelements möglich. Wurde dagegen *Wert* gewählt, finden sich hier zumeist mehrere Datentypen, die zu dem Kontrollelement passen. Für *IDC_DAY* wählen Sie den Namen *m_day*, die Kategorie Wert und den Typ *UINT* (mit Bereichsüberprüfung) und verlassen den Dialog mit *OK*.

Im großen Listenfeld im Klassen-Assistenten-Dialog ist nun neben der ID der Typ und der Name der neuen Komponentenvariablen aufgeführt. Im Fußbereich des Dialogs sind nun außerdem zwei Eingabefelder, die die Eingabe der Grenzen für die Datenvalidierung ermöglichen. Hier ist eine untere Grenze von 1 und eine obere von 31 sinnvoll. Kompliziertere Validierungen, wie die Überprüfung des Tags abhängig von Monat und Jahr, sind mit solchen einfachen Mechanismen allerdings nicht möglich.

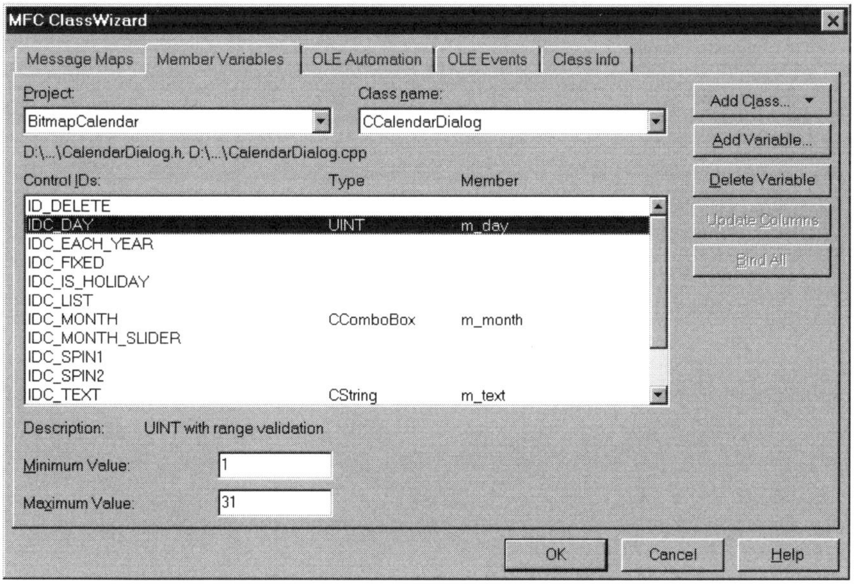

Abb. 86: Die Seite Member-Variablen des Klassen-Assistenten dient dazu, zu Kontrollelementen geeignete Komponentenvariablen zu erzeugen und via DDX mit diesen zu verknüpfen

Sie erzeugen nun mittels des Klassen-Assistenten (einschließlich der grade erzeugten Variablen *m_day*) die folgenden Komponentenvariablen. Für das Kombinationsfeld können Sie keine einfache Variable verwenden, was bedeutet, daß Sie das Kontrollelement beim Start des Dialogs selbst initialisieren müssen! Die letzte Variable ist mit der Gruppe von Optionsschaltflächen verknüpft, die mit *IDC_FIXED* beginnt.

Zugehörige ID	Typ	Name	Bereich
IDC_DAY	UINT	m_day	(1...31)
IDC_MONTH	CComboBox	m_month	
IDC_TEXT	CString	m_text	
IDC_YEAR	UINT	m_year	(1582...4000)
IDC EACH YEAR	BOOL	m isPeriodic	
IDC_IS_HOLIDAY	BOOL	m_isHoliday	
IDC_FIXED	int	m_iKind	

Anschließend verlassen Sie den Klassen-Assistenten mit der Schaltfläche *OK*. Erst jetzt werden die Änderungen in den Quellcode integriert; brechen Sie den Klassen-Assistenten vorher mit *Abbrechen* ab, sind alle Änderungen verloren. Nun sollten Sie einmal den Code inspizieren, den der Klassen-Assistent erzeugt hat. In die Klassendefinition wurden sieben Komponentenvariablen eingefügt:

```
// Dialog Data
    //{{AFX_DATA(CCalendarDialog)
    enum { IDD = IDD_Calendar };
    CComboBox     m_month;
    UINT          m_day;
    CString       m_text;
    UINT          m_year;
    BOOL          m_isHoliday;
    BOOL          m_isPeriodic;
    int           m_iKind;
    //}}AFX_DATA
```

Im Konstruktor werden die Komponentenvariablen mit definierten festen Werten initialisiert:

```
CCalendarDialog::CCalendarDialog(CWnd* pParent /*=NULL*/)
    : CDialog(CCalendarDialog::IDD, pParent)
{
    //{{AFX_DATA_INIT(CCalendarDialog)
    m_day = 0;
    m_text = _T("");
    m_year = 0;
    m_isHoliday = FALSE;
    m_isPeriodic = FALSE;
    m_iKind = -1;                        // keine Schaltfläche ausgewählt
    //}}AFX_DATA_INIT
}
```

In der Funktion *DoDataExchange()* hat der Klassen-Assistent alle Funktionsaufrufe eingefügt, die für den automatischen Datenaustausch zwischen Steuerelementen und Variablen und zur Validierung nötig sind.

Für Kontrollelementvariablen wird nur die Variable mit dem Steuerungselement verbunden.

```
void CCalendarDialog::DoDataExchange(CDataExchange* pDX)
{
     CDialog::DoDataExchange(pDX);
     //{{AFX_DATA_MAP(CCalendarDialog)
     DDX_Control(pDX, IDC_MONTH, m_month);
     DDX_Text(pDX, IDC_DAY, m_day);
     DDV_MinMaxUInt(pDX, m_day, 1, 31);
     DDX_Text(pDX, IDC_TEXT, m_text);
     DDX_Text(pDX, IDC_YEAR, m_year);
     DDV_MinMaxUInt(pDX, m_year, 1582, 4000);
     DDX_Check(pDX, IDC_EACH_YEAR, m_isPeriodic);
     DDX_Check(pDX, IDC_IS_HOLIDAY, m_isHoliday);
     DDX_Radio(pDX, IDC_FIXED, m_iKind);
     //}}AFX_DATA_MAP}
```

In dieser Form ist der Dialog bereits funktionstüchtig, aber nur zur Eingabe neuer Daten geeignet. Wenn Sie die Daten beispielsweise für einen mit der Maus angeklickten Tag anzeigen vollen, müssen Sie noch etwas arbeiten.

Um dem Dialog das Datumsobjekt zu übermitteln, könnte die Parameterliste des Konstruktors erweitert werden. Flexibler und modularer ist die Verwendung einer eigenen Funktion *SetData()* für diesen Zweck:

```
public:
    void SetData(const GregorianDate &date);
```

Damit der Compiler diese Deklaration akzeptiert, muß vor der Klassendefinition noch eine Vorwärtsdeklaration von *GregorianDate* eingefügt werden. Für später deklarieren Sie an dieser Stelle außerdem die Klasse *Date*:

```
class GregorianDate;
class Date;
```

Durch diese Vorwärtsdeklarationen kann auf den Einschluß der Definitionsdatei *Date.h* in *CalendarDialog.h* verzichtet werden. Es ist immer eine gute Idee, auf diese Weise die wechselseitige Abhängigkeit zwischen Definitionsdateien zu minimieren. In der Implementationsdatei muß dagegen natürlich eine *#include*-Direktive für *Date.h* eingefügt werden - wirkliche Operationen mit Objekten und strukturierten Daten sind nur möglich, wenn der Compiler vorher die Klassendefinition gesehen hat. Die Implementation von *SetData()* ist:

```
void CCalendarDialog::SetData(const GregorianDate &date)
{
    m_day  = date.getDay();
    m_year = date.getYear();
    m_month.SetCurSel(date.getMonth()-1);                  // Probleme!
    m_text = GetHolidayName(date);
}
```

Leider kann dieser simple Ansatz nicht funktionieren. Zu dem Zeitpunkt, zu dem *SetData()* aufgerufen werden kann, ist der Dialog noch nicht gestartet und daher das Kombinationsfeldobjekt *m_month* noch nicht vollständig initialisiert, sprich mit dem zugehörigen Windows-Objekt verbunden. Zu einem späteren Zeitpunkt dagegen, nach dem Start von *DoModal()* läuft der Dialog bis zum Ende durch, ohne daß noch einmal ein direktes Eingreifen möglich ist.

Glücklicherweise versendet Windows in dem Moment, in dem das Windows-Dialog-Objekt wirklich erzeugt wird, eine Nachricht *WM_INITDIALOG* an die Anwendung. Durch eine Bearbeitungsfunktion für diese Nachricht ist die Dialogklasse in der Lage, die nötigen Initialisierungen zum richtigen Zeitpunkt durchzuführen. Tatsächlich benutzt auch die Klasse *CDialog* eine Bearbeitungsfunktion für diese Nachricht, um den dynamischen Datenaustausch anzustoßen.

Da die Initialisierungs-Funktion jedoch ihre Daten auch von irgendwoher erhalten muß, müssen Sie zunächst der Dialogklasse eine private Variable zur Verfügung stellen, die eine Verbindung zu einem Datumsobjekt herstellt. Der Zeiger zeigt auf ein schreibgeschütztes Objekt, um dieses vor versehentlichen Änderungen durch das Dialogobjekt abzusichern. Die mit dem Klassen-Assistenten eingefügte Bearbeitungsfunktion für *WM_INITDIALOG* hat das folgende Aussehen:

```
private:
    const Date *date;
```

Damit kann diese mit dem Klassen-Assistenten mit Fleisch gefüllt werden:

```
BOOL CCalendarDialog::OnInitDialog()
{
      CDialog::OnInitDialog();

      // ZU ERLEDIGEN: Zusätzliche Initialisierung hier einfügen

      return TRUE;  // return TRUE unless you set the focus to a control
                    // EXCEPTION: OCX-Eigenschaftenseiten sollten
                    // FALSE zurückgeben
}
```

Der ZU ERLEDIGEN-Kommentar ist leider ziemlich irreführend, da Initialisierungen von Komponentenvariablen nach der (impliziten) Durchführung des dynamischen Datenaustauschs durch *CDialog::OnInitDialog()* keinen Effekt mehr haben können. Tatsächlich muß Initialisierungscode, der Variablen vor dem Datenaustausch auf den richtigen Wert setzen will, vor dem Aufruf von *CDialog::OnInitDialog()* durchgeführt werden. Code, der die Funktionsfähigkeit der Kontrollelementvariablen benötigt, kann dagegen erst nach dem Aufruf von *CDialog::OnInitDialog()* stehen:

```
BOOL CCalendarDialog::OnInitDialog()
{
    m_day  = date->getDay();
    m_year = date->getYear();
    m_text = GetHolidayName(*date);

    CDialog::OnInitDialog();              // Stößt DoDataExchange() an

    m_month.SetCurSel(date->getMonth()-1);

    return TRUE;  // return TRUE unless you set the focus to a control
                  // EXCEPTION: OCX-Eigenschaftenseiten sollten
                  // FALSE zurückgeben
}
```

Leider haben wir uns mit der Entscheidung, einen Zeiger auf ein konstantes Datumsobjekt zu verwenden, einige Probleme mit der Datumsklasse und zugehörigen Funktionen eingehandelt. Eine Funktion, die von einem konstanten Objekt benutzt werden kann, muß selbst mit dem *const*-Attribut vereinbart sein, damit sichergestellt werden kann, daß diese Funktion das Objekt nicht ändern kann. Dies zieht in den *Date.h*, *Date.cpp*, *Holidays.h* und *Holidays.cpp* einen ganzen Rattenschwanz von Änderungen nach sich[62].

---

62 Manche Leute betrachten daher das *const*-Attribut nicht als Feature, sondern als Bug der Sprache. Tatsächlich zeigt das Beispiel eher, daß man, um die Sicherheit des Typsystems einschließlich *volatile* und *const* auszunutzen, diese von vornherein in das Klassendesign einbeziehen und nicht quasi als Nachgedanken hinzufügen sollte.

Folgende Änderungen sind in den Klassendefinitionen der Datumsklassen nötig; die Implementation muß entsprechend angepaßt werden:

```
class Date
{
    // ...
    int              getRelDayNo (int d, int m, int y) const;
    virtual int      getDayNumber(int y) const                  = 0;
    virtual int      getDayNumber(int d, int m, int y) const    = 0;
    virtual void     fixDate()                                  = 0;
    // ...
    virtual Date&    getEasterDate () const = 0;
    virtual Date&    getAdventDate () const = 0;
    // ...
};

class GregorianDate : public Date
{
    // ...
    int              getDayNumber(int d, int m, int y) const;
    int              getDayNumber(int y) const;
    // ...
    Date&            getEasterDate () const;
    Date&            getAdventDate () const;
    int              isLeapYear    (int year) const;
                                   // Testet, ob Jahr ein Schaltjahr ist
};

class JulianDate : public Date
{
// ...
    int              getDayNumber(int d, int m, int y) const;
    int              getDayNumber(int y) const;
// ...
    Date&            getEasterDate () const;
    Date&            getAdventDate () const;
    int              isLeapYear    (int year) const;
                                   // Testet, ob Jahr ein Schaltjahr ist
};
```

Auch in *Holidays.h:* sollten Funktionen, die auf ein Datum nur lesend zugreifen, auch entsprechend deklariert werden:

```
int   IsHoliday      (const Date &date);
char* GetHolidayName (const Date &date);
char  GetHolidayMark (const Date &date);
```

In der Implementationsdatei *Holidays.cpp* müssen Sie neben den Definitionen dieser Funktionen schließlich zusätzlich noch die interne Funktion *GetHolidayNdx()* anpassen:

```
static int GetHolidayNdx (const Date &date)
```

Nun können wir daran gehen, den Dialog von der Ansichtsklasse aus zu benutzen. Eine besonders intuitive Lösung stellt es sicher dar, wenn der Dialog für einen bestimmten Tag angezeigt wird, wenn man diesen Tag mit der Maus anklickt. Dazu fügen Sie mit dem Klassen-Assistenten in der Ansichtsklasse eine Behandlungsfunktion *OnLButtonDown()* für die Nachricht *WM_LBUTTONDOWN* ein. Da diese eine ähnliche Funktionalität wie *OnMouseMove()* besitzt, nehmen Sie die gemeinsame Ermittlung des getroffenen Tags in Form einer eigenen privaten Funktion *GetHitDay()* heraus. *OnMouseMove()* vereinfacht sich dadurch zu:

```
void CBitmapCalendarView::OnMouseMove(UINT nFlags, CPoint point)
{
    CString s = "";
    int d = GetHitDay(point);

    if (d)
    {
    // ...
}
```

Der Treffertest für Tage hat die folgende Implementation, wobei im Fall eines Treffers die Nummer das getroffenen Tags und ansonsten eine Null zurückgeliefert wird:

```
int CBitmapCalendarView::GetHitDay(CPoint point)
{
    if (calRect.PtInRect(point))
    {
        int dx = calRect.Width() / 7;
        int ddx= calRect.Width() / 35;
        int dy = calRect.Height() / lines;
        int c = (point.x - calRect.left) / dx;
        int cc =((point.x - calRect.left) / ddx) % 5;
        int l = (point.y - calRect.top)  / dy;
        int d = l * 7 + c + 1 + dayofs;

        if (cc > 2 && d > 0 && d <= currentDate.getDaysOfMonth())
                                                          return d;
    }
    return 0;
}
```

Die Funktion zur Anzeige des Dialogs erzeugt im Fall eines Treffers ein Dialogobjekt und ein Datumsobjekt für den getroffenen Tag.

Letzteres wird dann mit *SetData()* mit Daten versorgt und mit *DoModal()* angezeigt.

```
void CBitmapCalendarView::OnLButtonDown(UINT nFlags, CPoint point)
{
 // TODO: Code für die Behandlungsroutine für Nachrichten hier
 // einfügen und/oder Standard aufrufen

    int d = GetHitDay(point);
    if (d)
    {
        CCalendarDialog dlg(this);
        GregorianDate date(d, currentDate.getMonth(),
                                      currentDate.getYear());
```

```
        dlg.SetData(date);
        dlg.DoModal();
    }
}
```

Damit ein Dialog-Objekt vom Typ *CCalendarDialog* verwendet werden kann, muß natürlich außerdem eine *#include*-Direktive für die Definitionsdatei *CalendarDialog.h* eingefügt werden. Der Dialog sollte sich nun durch einen Mausklick auf einen Tag im Kalendarium aktivieren lassen und die zu diesem Tag relevanten Informationen (Datum und Name des Feiertags) anzeigen. Es ist also ziemlich einfach, mit Dialog-Editor und Klassen-Assistent einen Dialog mit automatischem Datenaustausch zu erstellen. Damit Sie im folgenden auch auf die übrigen Kontrollelemente zugreifen können, fügen Sie nun noch mit dem Klassen-Assistenten die folgenden Kontrollelementvariablen in den Dialog ein. Da Sie das Eingabefeld *IDC_YEAR* nun selbst über eine Kontrollelementvariable verwalten wollen, löschen Sie zuvor mit Hilfe des Klassen-Assistenten die alte Version von m_year.

Zugehörige ID	Typ	Name
IDC_YEAR_SPIN	CSpinButtonCtrl	m_yearSpin;
IDC_DAY_SPIN	CSpinButtonCtrl	m_daySpin;
IDC_YEAR	CEdit	m_year;
IDC_MONTH_SLIDER	CSliderCtrl	m_slider;
IDC_LIST	CListBox	m_list;

Die Initialisierungen und DDX/DDV-Aufrufe für die alte Version von *m_year* hat der Klassen-Assistent für Sie entfernt, die Initialisierung von Steuerelementvariablen müssen Sie selbst vornehmen, indem Sie die Jahreszahl in eine Zeichenkette umwandeln und in das Eingabefeld übertragen. Als Ersatz für die entfernte numerische Variable *m_year* ergänzen Sie eine private Komponentenvariable *int year;*, die Sie ebenfalls in *OnInitDialog()* initialisieren. Sie kann überall dort Verwendung finden, wo bisher die alte Variable *m_year* verwendet wurde.

```
BOOL CCalendarDialog::OnInitDialog()
{
    year   = date->getYear();
    // ...
    CDialog::OnInitDialog();   // Stößt DoDataExchange() an

    char buf[16];
    m_year.SetWindowText(ltoa(date->getYear(),buf,10));
    // ...
}
```

Nachrichtenzentrale – Der Klassen-Assistent

Abgesehen von der Initialisierung der Options- und Auswahlschaltflachen, die wir aus bestimmten Gründen noch ausgespart haben, benötigen alle übrigen Steuerungselemente des Dialogs irgendeine Form der Nachrichtenbearbeitung oder expliziter Manipulation durch die Dialogklasse.

Ein Beispiel ist das Listenfeld *IDC_LIST* mit der Liste der dem Programm bekannten Feiertage. Wählt man einen dieser Feiertage aus, sollten die übrigen Felder des Dialogs diese Änderung widerspiegeln; dazu benötigen wir jedoch mehr Zugriff auf die Innereien des Moduls *Holidays*. Beispielsweise muß es möglich sein, nicht nur zu einem gegebenen Datum, sondern auch zu einem Indexwert den zugehörigen Feiertag zu ermitteln. Für diesen Index muß dann auch die Ermittlung der gespeicherten Informationen möglich sein.

Da wir uns in diesem Kapitel mit der Programmierung von Dialogen und nicht mit den Feinheiten der Kapselung von Programmodulen befassen wollen, sind die durchgeführten Änderungen relativ schnell und schmutzig: Wir machen in der Definitionsdatei *Holidays.h* die Struktur des bisher privaten Typs *Holiday* öffentlich und fügen Funktionen hinzu, die Zugriff auf die Einträge der Feiertagsliste zu einem bestimmten Datum oder Index geben:

```
class Date;

struct Holiday
{
    short   day;
    char    month;
    char    mark;
    char*   name;
};

int   IsHoliday      (const Date &date);
char* GetHolidayName (const Date &date);
char  GetHolidayMark (const Date &date);

Holiday* GetHolidayEntry(const Date &date);
Holiday* GetHolidayEntry(int index);
```

In der Implementationsdatei *Holidays.cpp* verliert der Vektor *HolidayList* den Schreibschutz, bleibt aber nun explizit statisch, d. h. gegen direkte Zugriffen von außen abgeschottet. Für *GetHolidayEntry()* werden die Funktionsdefinitionen angefügt:

```
static Holiday HolidayList [] =
{
     0,  0, ' ', " ",

// ...

Holiday* GetHolidayEntry(int i)
{
    const int n = sizeof(HolidayList)/sizeof(HolidayList[0]);
    return (i > 0 && i < n) ? HolidayList+i : NULL;
}

Holiday* GetHolidayEntry(const Date &date)
{
    return GetHolidayEntry(GetHolidayNdx(date));
}
```

Weitere Änderungen betreffen die Datumsklassen. Da die Funktionalität des Zuweisungs-Operators im wesentlichen durch die virtuelle Funktion *fixDate()* gegeben ist, wird die Implementation aus den abgeleiteten Klassen in die Basisklasse verlegt:

```
Date& Date::operator= (const Date& date)
{
    dayNumber = date.dayNumber;
    fixDate();
    return *this;
}
```

Die Deklaration in der Klassendefinition muß natürlich entsprechend angepaßt werden:

```
    Date&              operator=  (const Date& from);
```

Die Versionen des Operators in den abgeleiteten Klassen entfallen dafür. Die zweite Änderung betrifft die Funktionen *getEasterDate()* und *getAdventDate()*. Zur bequemeren Handhabung erhalten sie in allen Klassen einen optionalen Parameter für die Jahreszahl. Ist dieser Null (Voreinstellung mit Standardparameter in der Deklaration!), wird weiterhin das im Datumsobjekt gespeicherte Jahr verwendet. Die Implementation ist trivial, wichtig ist jedoch, daß sie durch alle Klassendefinitionen und Implementationen konsistent durchgezogen wird. Am Beispiel der gregorianischen Funktionen:

```
Date& GregorianDate::getEasterDate (int y) const
{
    int year = y ? y : this->year;
    int a, b, c, d, e;
    // ...
}

Date& GregorianDate::getAdventDate (int y) const
{
    static GregorianDate Advent;
    int n = getDayNumber (25,12,y?y:year);
    // ...
}
```

Mit den neuen Möglichkeiten, auf die Feiertagsliste zuzugreifen, können wir nun das Listenfeld *IDC_LIST* in der Initialisierungs-Funktion *OnInitDialog()* mit den Feiertagen füllen. Gleichzeitig stehen nun Möglichkeiten zur Verfügung, die Markierungsfelder und Optionsschaltflächen zu setzen. Für letztere Aufgabe muß lediglich vor der Durchführung des Datenaustauschs der richtige Wert für die eine der Optionsschaltflächengruppe zugeordnete Variable ermittelt werden:

```
BOOL CCalendarDialog::OnInitDialog()
{
    m_day   = date->getDay();
    year    = date->getYear();
    m_text = GetHolidayName(*date);
    m_iKind = -1;
```

```
    if (m_isPeriodic = m_isHoliday = IsHoliday(*date))
    {
        switch(GetHolidayEntry(*date)->month)
        {
        case 15: m_iKind = 3;
                 break;
        case 14: m_iKind = 1;
                 break;
        case 13: m_iKind = 2;
                 break;
        default: m_iKind = 0;
                 break;
        }
    }

    CDialog::OnInitDialog();    // Stößt DoDataExchange() an

    // ...
    int i = 1;
    Holiday *hday;
    while (hday = GetHolidayEntry(i++)) m_list. AddString(hday->name);

    return TRUE;  // return TRUE unless you set the focus to a control
                  // EXCEPTION: OCX-Eigenschaftenseiten sollten
                  // FALSE zurückgeben
}
```

Die Initialisierung des Listenfelds geschieht in einer typisch formulierten, sehr kompakten Schleife. In der Schleifenbedingung wird gleichzeitig der nächste Zeiger auf einen Feiertagseintrag ermittelt und der Zeigervariablen *hday* zugewiesen, der Index hochgezählt und der erhaltene Zeiger auf Null getestet.

Ist der Zeiger *hday* von *NULL* verschieden, kann er zum Zugriff auf einen Eintrag verwendet werden, andernfalls wird die Schleife beendet.

Ändert man die Auswahl im Listenfeld, wird eine *LBN_SELCHANGED*-Nachricht ausgelöst. Die zur Bearbeitung benötigte Funktion kann wieder mit dem Klassen-Assistenten in die Dialogklasse eingefügt werden. Starten Sie diesen und wählen die erste Seite *Nachrichtenzuordnungstabellen*, finden Sie im linken Listenfeld *Objekt-IDs* neben dem Namen der Dialogklasse selbst auch die IDs aller übrigen Objekte des Dialogs, die Nachrichten empfangen können. Unter anderem steht hier auch die ID des Listenfelds *IDC_LIST*.

Wählen Sie dieses an, erscheinen im rechten Listenfeld die Nachrichten, welche dieses Kontrollelement an das übergeordnete (Dialog-)Fenster senden kann. Durch Doppelklick auf eine Nachricht (oder die Schaltfläche *Funktion hinzufügen*) fügen Sie eine Bearbeitungsfunktion für die Nachricht ein, welche im untersten Listenfeld auftaucht.

Wie immer werden die Änderungen erst wirksam, wenn der Klassenzauberer mit *OK* oder aber *Code bearbeiten* verlassen wird. Letzeres bringt Sie direkt zur momentan markierten Komponentenfunktion.

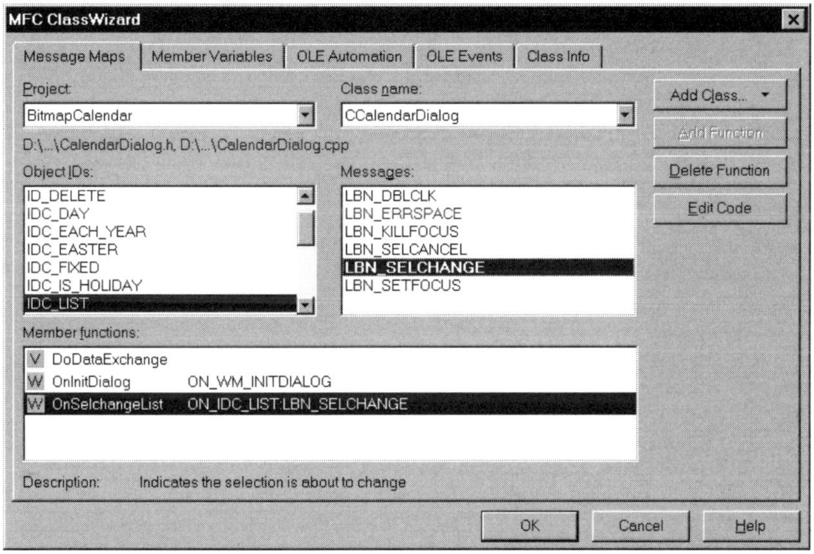

Abb. 87: Auch Nachrichten eines Steuerungselements an das übergeordnete Fenster können mit dem Klassen-Assistenten bearbeitet werden. Im linken Listenfeld stehen die IDs der (Fenster-) Objekte, im rechten die verfügbaren Nachrichten des selektierten Objekts. Im unteren Feld stehen die dem Klassen-Assistenten bekannten Komponentenfunktionen

Der Hauptteil der Funktion wird für die Berechnung des tatsächlichen Datums für bewegliche Feiertage benötigt. Zunächst verschafft sich die Funktion den Index des selektierten Eintrags im Listenfeld und paßt diesen an die Indizierung der internen Feiertagsliste an. Mit *GetHolidayEntry()* wird daraus ein Zeiger auf den Eintrag der Feiertagsliste, aus dem nun alle relevanten Details ausgelesen werden können.

Zunächst jedoch werden die beiden Markierungsfelder des Dialogs markiert. Da keine Kontrollelementvariablen für dieses Steuerungselement zur Verfügung stehen, wird die Funktion *CWnd::GetDlgItem()* benutzt, um ein temporäres Objekt für das Steuerungselement zu beschaffen. Ebenso hätte auch die Funktion *CWnd::CheckDlgButton()* verwendet werden können, besonders bei neueren Kontrollelementen, für die keine Unterstützung in *CWnd* mehr vorgesehen ist, ist *GetDlgItem()* jedoch die einzige Wahl. Die Berechnung des Datums für einen beweglichen Feiertag ist im Grunde selbsterklärend und funktioniert im Prinzip genauso wie im Modul *Holidays*.

```
void CCalendarDialog::OnSelchangeList()
{
 // TODO: Code für die Behandlungsroutine der Steuerelement-
 // Benachrichtigung hier einfügen
    Holiday *hday = GetHolidayEntry(m_list.GetCurSel()+1);
    GregorianDate date;

    ((CButton*)GetDlgItem(IDC_IS_HOLIDAY))->SetCheck(1);
    ((CButton*)GetDlgItem(IDC_EACH_YEAR ))->SetCheck(1);

    switch(hday->month)
    {
```

```
    case 13:
        m_iKind = 2;
        date = date.getEasterDate(year);
        date += hday->day;
        break;

    case 14:
        m_iKind = 1;
        date = date.getAdventDate(year);
        date += hday->day;
        break;

    case 15:
        m_iKind = 3;
        switch (hday->day) //  Sonderfälle
        {
        case 0:
            date = GregorianDate(17,6,year);
            break;

        case 1:
            date = GregorianDate(3,10,year);
            break;
        }
        break;

    default:
        m_iKind = 0;
        date = GregorianDate(hday->day, hday->month, year);
        break;
    }

    char buf[16];
    GetDlgItem(IDC_DAY)->SetWindowText(ltoa(date.getDay(),buf,10));
    int m = date.getMonth();
    m_month.SetCurSel(m-1);
    m_slider.SetPos(m);
    GetDlgItem(IDC_TEXT)->SetWindowText(hday->name);
    DDX_Radio(&CDataExchange(this, FALSE), IDC_FIXED, m_iKind);
}
```

Auf ähnliche Weise verdrahten Sie nun die restlichen Felder des Dialogs. Als nächstes ergänzen Sie eine Bearbeitungsfunktion, die gestartet wird, wenn die Schaltfläche *Löschen* (*ID_DELETE*) betätigt wird, dabei löst sie die Nachricht *BN_CLICKED* aus. Also im Klassen-Assistenten links auf *ID_DELETE* und dann rechts doppelt auf *BN-_CLICKED* klicken und die erzeugte Funktion um die fehlende Funktionalität ergänzen. In dieser Fassung des Programms wird lediglich das Textfeld mit dem Namen des Tags gelöscht:

```
void CCalendarDialog::OnDelete()
{
 // ZU ERLEDIGEN: Code für die Behandlungsroutine der Steuerelement-
 // Benachrichtigung hier einfügen
    GetDlgItem(IDC_TEXT)->SetWindowText("");
}
```

Das Kombinationsfeld *IDC_MONTH* löst bei Änderung des selektierten Eintrags eine Nachricht *CBN_SELCHANGED* aus. Die mit dem Klassen-Assistenten eingefügte und dann ergänzte Funktion ist:

```
void CCalendarDialog::OnSelchangeMonth()
{
 // ZU ERLEDIGEN: Code für die Behandlungsroutine der Steuerelement-
 // Benachrichtigung hier einfügen
    int m = m_month.GetCurSel()+1;
    m_slider.SetPos(m);
}
```

Sie benutzt, nachdem das Kontrollelement eine Nachricht geschickt hat, die Kontrollelementvariable *m_month*, um den aktuellen Zustand des Elements abzufragen. Da der Index der Einträge im Kombinationsfeld bei 0 beginnt, die Nummern der Monate jedoch mit 1, muß der abgefragte Index um 1 erhöht werden, um die Nummer des Monats zu erhalten. Das alternative Kontrollelement zur Anzeige bzw. Veränderung des Monats, der Schieberegler, wird auf den neuen Wert eingestellt und so synchronisiert.

Umgekehrt muß natürlich eine Veränderung des Schiebereglers sich auch im Kombinationsfeld widerspiegeln. Schieberegler, Rollbalken und Drehfelder schicken, wenn sie verändert werden, je nach Orientierung eine *WM_HSCROLL*- oder *WM_VSCROLL*-Nachricht. Da diese bei rollbaren Fenstern auch von den Bildlaufleisten zur Verschiebung des Bildausschnitts gesendet werden, wird diese Nachricht vom Klassen-Assistenten der Dialogklasse selbst zugeordnet. Bei Empfang einer *WM_HSCROLL*- oder *WM_VSCROLL*-Nachricht muß die nachrichtenbearbeitende Funktion im allgemeinen Fall sicherstellen, daß die Nachricht wirklich für sie gemeint ist. Im Fall der horizontalen Laufleiste besteht jedoch keine Verwechslungsgefahr. Die Funktion wird wieder mit dem Klassen-Assistenten erzeugt, diesmal jedoch als Reaktion auf die *WM_HSCROLL*-Nachricht an die Dialogklasse.

```
void CCalendarDialog::OnHScroll(UINT nSBCode, UINT nPos, CScrollBar*
                                                          pScrollBar)
{
 // ZU ERLEDIGEN: Code für die Behandlungsroutine für Nachrichten
 // hier einfügen und/oder Standard aufrufen
    int m = m_slider.GetPos();
    m_month.SetCurSel(m-1);
}
```

Anders sieht es mit der Eindeutigkeit bei den beiden Drehfeldern aus. Hier muß die Bearbeitungsfunktion unbedingt testen, von welchem Steuerungselement die Nachricht stammt. Da jedoch auch ein Zeiger auf ein (temporäres) Rollbalkenobjekt übergeben wird, welches das Windows-Kontrollelement verkapselt, kann die Identität durch die Abfrage der Identität des Steuerungselements geklärt werden:

```
void CCalendarDialog::OnVScroll(UINT nSBCode, UINT nPos, CScrollBar*
                                                          pScrollBar)
{
 // ZU ERLEDIGEN: Code für die Behandlungsroutine für Nachrichten
 // hier einfügen und/oder Standard aufrufen
```

```
    char buf [16];

    switch (pScrollBar->GetDlgCtrlID())
    {
    case IDC_DAY_SPIN:
        GetDlgItem(IDC_DAY)->SetWindowText(ltoa(nPos,buf,10));
        break;

    case IDC_YEAR_SPIN:
        GetDlgItem(IDC_YEAR)->SetWindowText(ltoa(nPos,buf,10));
        break;
    }

    CDialog::OnVScroll(nSBCode, nPos, pScrollBar);
}
```

Schließlich sollen noch die Initialisierungen des Schiebereglers und der Drehfelder in *OnInitDialog()* nachgetragen werden.

```
BOOL CCalendarDialog::OnInitDialog()
{
    // ...
    CDialog::OnInitDialog();    // Stößt DoDataExchange() an

    char buf[16];
    m_year.SetWindowText(ltoa(year,buf,10));
    m_yearSpin.SetRange(1582,4000);
    m_yearSpin.SetPos(year);
    m_daySpin.SetRange(1,31);
    m_daySpin.SetPos(m_day);
    m_month.SetCurSel(date->getMonth()-1);
    m_slider.SetRange(1,12);
    m_slider.SetPos(date->getMonth());
    // ...
}
```

Damit sind nun alle Dialogelemente samt zugehörigem Code an Ort und Stelle und voll funktional. Wir wollen dem Dialog aber noch einen letzten Schliff geben.

Einmal haben alle MFC-Dialoge standardmäßig die unangenehme Eigenart, daß die [Enter]-Taste, egal wo sie benutzt wird, immer zur (erfolgreichen) Beendigung des Dialogs führt. Gerade bei der Eingabe in Textfeldern führt das leicht zum versehentlichen Dialogende.

Es ist aber kein großes Problem, dieses Verhalten abzuklemmen. Egal, ob die *OK*-Schaltfläche angeklickt oder die [Enter]-Taste angeklickt wird – das System sendet immer eine *WM-COMMAND*-Nachricht mit dem ID *IDOK* an das Dialogfenster. Diese Nachricht kann wie jede andere durch eine Nachrichtenbearbeitungsfunktion bearbeitet werden; *CDialog* tut nichts anderes. Unsere Strategie zur Behebung des Problems: Wir versorgen *IDOK* in der Klasse mit Hilfe des Klassen-Assistenten mit einer eigenen Nachrichtenbearbeitungsfunktion, die nicht anderes tut, als nichts zu tun ☺. Die *OK*-Schaltfläche dagegen versehen Sie danach mit einer neuen ID *ID_OK_Pressed* und fügen eine neue Bearbeitungsfunktion für dieses Kommando ein. Diese ruft die ursprüngliche Bearbeitungsfunktion in *CDialog* auf und beendet so (erfolgreich) den Dialog.

```
void CCalendarDialog::OnOK()
{
 // ZU ERLEDIGEN: Code für die Behandlungsroutine der Steuerelement-
 // Benachrichtigung hier einfügen

    // CDialog::OnOK(); // abgewürgt ! ☺
}

void CCalendarDialog::OnOKPressed() // Nur wirklich mit Taste !
{
    // ZU ERLEDIGEN: Code für die Behandlungsroutine der Steuerelement-
    // Benachrichtigung hier einfügen

    CDialog::OnOK();
}
```

Nun wäre es nicht schlecht, wenn der Kalender bei Änderungen von Datum, Monat oder Feiertag diesen folgen würde. Wir bräuchten dazu nur die Möglichkeit, vom Dialog aus der Ansicht mitzuteilen, daß sich das Datum ändern soll. Dies kann auf zweierlei Wegen geschehen. Der eine besteht darin, dem Dialogfenster eine Nachricht zu schicken, die andere ruft einfach eine Komponentenfunktion der Ansicht zu diesem Zweck auf. Hier werden wir die zweite Variante wählen, die erste folgt dann im nächsten Abschnitt „Nichtmodale Dialoge".

Damit die Dialogklasse eine Komponentenfunktion eines Ansichtsklassenobjekts aufrufen kann, benötigt sie Zugriff auf dieses Objekt, beispielsweise in Form eines Zeigers. Ergänzen Sie also die Dialogklasse um einen privaten Zeiger *view*:

```
private:
    CBitmapCalendarView *view;
```

Dieser Zeiger kann durch die Funktion *SetData()* zugleich mit dem Datum übergeben werden:

```
void CCalendarDialog::SetData(const GregorianDate &date,
                                        CBitmapCalendarView *view)
{
    this->date = &date;
    this->view = view;
}
```

Der Aufruf von *SetData()* in *CBitmapCalendarView::OnLButtonDown()* muß natürlich angepaßt werden:

```
  CCalendarDialog dlg(this);
  dlg.SetData(GregorianDate(d,currentDate.getMonth(),
                                  currentDate.getYear()),this);
  dlg.DoModal();
```

Die Datumsänderung in der Ansichtsklasse wird von der öffentlichen Komponentenfunktion *SetDate()* durchgeführt.

Diese ist nicht besonders kompliziert; sie ändert lediglich das Datum in der Ansichtsklasse, lädt ein neues Bild und erzwingt ein Neuzeichnen des Fensters:

```
void CBitmapCalendarView::SetDate (int d, int m, int y)
{
    currentDate = GregorianDate (1, m, y);
    LoadImage();
    Invalidate();
}
```

Nun können Sie alle Funktionen der Dialogklasse, die zu einer Änderung des Monats oder des Jahres führen können, um die folgende Zeile ergänzen:

```
    view->SetDate(1,m,year);
```

Auch wenn sich das Jahr ändert, muß das Kalenderblatt nun neu aufgebaut werden. Dazu dient eine Bearbeitungsfunktion für die Nachricht *EN_CHANGE* vom Eingabefeld *IDC_YEAR*:

```
void CCalendarDialog::OnChangeYear()
{
    // Wenn es sich hierbei um ein RICHEDIT-Steuerelement handelt,
    // sendet es diese Benachrichtigung nur, wenn die Funktion
    // CDialog::OnInitDialog()überschrieben wird, um die
    // EM_SETEVENTMASK-Nachricht an das Steuerelement
    // mit dem ENM_CHANGE-Attribut ORed in die Maske lParam zu senden.

    // ZU ERLEDIGEN: Code für die Behandlungsroutine der Steuerelement-
    // Benachrichtigung hier einfügen
    if (yearValid)
    {
        CString s;
        m_year.GetWindowText(s);
        year = atol(s);
        view->SetDate(1,m_month.GetCurSel()+1,year);
    }
}
```

Da diese Nachricht aber bereits bei der Erzeugung des Steuerelements ausgelöst wird, also noch bevor sinnvolle Daten vorliegen oder das Eingabefeld auch nur mit der Steuerelementvariablen verknüpft ist, führen Sie noch eine private Komponentenvariable ein, die im Konstruktor auf *FALSE* und nach dem Aufruf von *CDialog::OnInitDialog()* in *CCalendarDialog::OnInitDialog()* auf *TRUE* gesetzt wird.

Wer bis hierhin gelangt ist, den kann kein modaler Dialog mehr schrecken – wie wär's also jetzt mit einem nicht-modalen Dialog?

Nicht-modale Dialoge

Der wesentliche Unterschied zwischen modalem und nicht-modalem Dialog besteht darin, daß der modale Dialog alle übrigen Aktivitäten der Anwendung (oder genauer des Ausführungsfadens) blockiert, auch die Aktualisierung der Kalenderblätter in der Ansichtsklasse, ob durch einen Funktionsaufruf oder eine Nachricht. Tatsächlich wird hier nur eine Komponentenfunktion der Ansichtsklasse vom Dialog aus aufgerufen, die Dialogklasse behält die vollständige Kontrolle. Erst wenn der Dialog endet und damit die Funktion *DoModal()* zurückspringt, erhält der Rest der Anwendung die Kontrolle zurück.

Nicht-modale Dialoge sind dagegen (fast) normale Popup-Fenster, die gleichberechtigt neben anderen Fenstern Eingaben entgegennehmen können. Dadurch wird die Koordination zwischen nicht-modalem Dialog und dem Rest der Anwendung schwieriger, da eventuell geänderte Werte die Anwendung zu jedem beliebigen Zeitpunkt beeinflussen können. Da wir aber die Kommunikation in die eine Richtung bereits haben, sollte es nicht schwierig sein, aus dem modalen Dialog einen nicht-modalen zu machen.

Das erste Problem besteht darin, daß die Dialogklasse mit einem Zeiger auf eine in *CBitmapCalendarView::OnLButtonDown()* lokal vereinbarte Datumsvariable arbeitet. Da der nicht-modale Dialog diese Funktion sicher um einige CPU-Takte überleben wird, wird dieser Zeiger nach kurzem nicht mehr auf eine sinnvolle Variable zeigen. Die einfachste Abhilfe besteht darin, in *CCalendarDialog* statt eines Zeigers vom Typ *const Date** eine Komponentenvariable vom Typ *GregorianDate* zu verwenden. Dadurch besitzt der Dialog eine eigene Kopie der Daten.

```
#include "date.h"

// ...

class CCalendarDialog : public CDialog
{
    // ...
private:
    BOOL yearValid;
    GregorianDate date;
    CBitmapCalendarView *view;
    int year;
};
```

Bei der Änderung lassen wir uns am besten vom Compiler helfen. Nachdem Sie die Klassendefinition geändert haben, starten Sie den Compiler und ändern alle Stellen, an denen dieser meckert. Modale und nicht-modale Dialoge weisen einige erhebliche Unterschiede voneinander auf. Zunächst müssen die Konstruktoren von nicht-modalen Dialogen anders aussehen als die von modalen Dialogen, sie rufen den nicht-modalen Standard-Konstruktor der Klasse *CDialog* auf. Man kann dieses mit der expliziten Angabe des Standard-Konstruktors oder durch einfaches Weglassen in der Initialisierungsliste des Konstruktors erreichen:

```
CCalendarDialog::CCalendarDialog(CWnd* pParent /*=NULL*/)
    : CDialog(), yearValid(FALSE), view(NULL)
{
    // ...
}
```

Ein nicht-modaler Dialog wird naheliegenderweise auch nicht durch den Aufruf von *DoModal()* gestartet, vielmehr muß er durch einen Aufruf der Komponentenfunktion *Create()* erzeugt werden. Dieser Unterschied wird durch die neue Funktion *CCalendarDialog::DoNonModal()* herausgearbeitet.

```
void CCalendarDialog::DoNonModal()
{
    BOOL ok = Create(CCalendarDialog::IDD);
    // ShowWindow(SW_SHOW); // oder Dialog als visible definieren!
}
```

Anders als *DoModal()* berücksichtigt *Create()* übrigens den Zustand der Option *Sichtbar* im Eigenschaftsdialog für die Dialogressource. Will man sichergehen, daß der Dialog auch erscheint, muß man diese Option aktivieren oder explizit S*howWindow()* aufrufen.

Ein weiterer entscheidender Unterschied ist die Beendigung des Dialogs, da die Methoden von modalen Dialogen nicht verwendet werden können. Wird ein nicht-modaler Dialog geschlossen, muß dieser dem Objekt, das ihn erzeugt hat, signalisieren, daß er seine Arbeit beendet hat und nun versteckt oder zerstört werden muß.

Um dies durchzuführen, gibt es zwei Möglichkeiten. Entweder kann der Dialog dazu eine Komponentenfunktion der Ansicht aufrufen oder ihr eine Windows-Nachricht schicken. Die erste Methode haben wir im letzten Unterkapitel zu einem anderen Zweck demonstriert, hier ist jedoch die Methode mit der Windows-Botschaft vorzuziehen.

Die Nachricht wird mit der MFC-Funktion *PostMessage()* abgeschickt, die eine Nachricht an das Ansichtsfenster schickt. Da *PostMessage()* (im Gegensatz zur ansonsten ähnlichen Funktion *SendMessage()*) die Nachricht in die Nachrichtenwarteschlage der Anwendung stellt, sind Beendigungswunsch des Dialogs und seine tatsächliche Beendigung durch das Hauptprogramm zeitlich weitgehend entkoppelt. Praktisch sehen die beiden Funktionen zur Behandlung der *OK*- und *Abbrechen*-Schaltflächen nun wie folgt aus (*OnCancel()* muß zuvor noch mit dem Klassen-Assistenten generiert werden, und *OnOK()* klemmt weiterhin den unvorsichtigen Gebrauch der [Enter]-Taste ab!):

```
void CCalendarDialog::OnOKPressed() // Nur wirklich mit Taste !
{
    UpdateData(TRUE);
    ASSERT (view);
    view->PostMessage (WM_GOODBYE, IDOK);
}

void CCalendarDialog::OnCancel()
```

```
{
    ASSERT (view);
    view->PostMessage (WM_GOODBYE, IDCANCEL);
}
```

Beide Funktionen senden per *PostMessage()* die Nachricht *WM_GOODBYE* einmal mit dem Argument IDOK und einmal mit dem Argument *IDCANCEL* an das durch *view* gegebene Ansichtsfenster. *OnOKPressed()* veranlaßt außerdem mit *UpdateData(TRUE)* die Ausführung des dynamischen Datentransfers; durch den Parameter (*TRUE* oder *FALSE*) wird die Richtung des Transfers festgelegt. Aufmerksamen Kennern der Windows-API wird die Nachricht *WM_GOODBYE* eigenartig vorkommen; mit Recht – hier machen wir von der unter Windows bestehenden Möglichkeit Gebrauch, für unsere Anwendungen eigene Nachrichten zu definieren.

Alles, was Sie hierzu noch tun müssen, ist sicherzustellen, daß die Nachricht an den zuständigen Stellen unserer Anwendung auch verstanden wird. Dazu fügen Sie am Anfang der Definitionsdatei *CalendarDialog.h* die folgende Konstantendefinition ein:

```
enum
{
    WM_MFC_RESERVED = WM_USER + 4,   // 5 belegt für MFC
    WM_GOODBYE                       // WM_USER + 5
};
```

Ideal wäre zu diesem Zweck bei größeren Anwendungen eine eigene Definitionsdatei, um die Eigenschaft der Aufzählung auszunutzen, daß alle so definierten Konstanten aufsteigende eindeutige Werte haben, ohne daß Sie sich um die konkreten Werte kümmern müssen. Hier muß die Definitionsdatei der Dialogklasse genügen.

Nun müssen Sie für die Nachricht in der Ansichtsklasse noch eine Bearbeitungsfunktion für die anwenderdefinierte Nachricht einbauen. Leider unterstützt der Klassen-Assistent diese nicht, so daß ein wenig Handarbeit angesagt ist.

In die Nachrichtentabelle für *CBitmapCalendarView* fügen Sie außerhalb des für den Klassen-Assistenten reservierten Bereichs einen Eintrag für Ihre eigene Botschaft ein; das für solche allgemeinen Fälle bestimmte Makro ist *ON_MESSAGE*:

```
BEGIN_MESSAGE_MAP(CBitmapCalendarView, CScrollView)
    ON_MESSAGE(WM_GOODBYE, OnGoodbye)
    //{{AFX_MSG_MAP(CBitmapCalendarView)
    ON_WM_KEYDOWN()
```

Für die Ergänzung der Bearbeitungsfunktion sind Sie auch selbst verantwortlich, als Namen verwenden Sie (wie bereits durch das Makro festgelegt) *OnGoodbye*. Funktionen zur Bearbeitung haben eine vorgeschriebene Signatur, in den Parametern *wParam* und *lParam* werden die Werte übergeben, die *PostMessage()* (oder auch *SendMessage()*) als optionales 2. und 3. Argument übergeben worden sind.

Hier werten Sie diese jedoch nicht aus, sondern zerstören das Windows-Fenster-Objekt und das MFC-Dialog-Objekt und setzten den Dialogzeiger auf NULL zurück:

```
LONG CBitmapCalendarView::OnGoodbye(UINT wParam, LONG lParam)
{
    dlg->DestroyWindow();
    delete dlg;
    dlg = NULL;
    return 0;
}
```

Nun haben wir den Dialog zerstört, bevor wir Ihn erzeugt haben ☺. Zur Aufbewahrung des Dialogobjekts für die Dauer seiner Existenz verwenden wir (wie man aus dem Destruktor schon ahnen konnte) eine (private) Komponentenvariable *CCalendarDialog *dlg*; Da wir den Zeigerwert *NULL* als Indikator dafür nehmen können, ob momentan ein Dialog existiert, muß *dlg* im Konstruktor mit *NULL* initialisiert werden. Im Destruktor muß sichergestellt werden, daß ein ggf. zu diesem Zeitpunkt existierendes Dialogobjekt auch abgebaut wird.

```
CBitmapCalendarView::CBitmapCalendarView()
    : nSelPaper(0), paper(NULL), showHolidays(TRUE),
      dlg(NULL)
{
    //...
}

CBitmapCalendarView::~CBitmapCalendarView()
{
    delete paper;
    delete dlg;
}
```

Naturgemäß ändert sich auch die Funktion *OnLButtonDown()*. Hier muß abhängig davon, ob der nicht-modale Dialog schon existiert oder nicht, ein solcher entweder angelegt, mit Daten versorgt und gestartet oder aber der bestehende mit neuen Daten versehen und reinitialisiert werden:

```
void CBitmapCalendarView::OnLButtonDown(UINT nFlags, CPoint point)
{
    int d = GetHitDay(point);
    if (d)
    {
        GregorianDate date(d,currentDate.getMonth(),
                                        currentDate.getYear());
        if (dlg)
        {
            dlg->SetData(date,this);
            dlg->DoInitDialog();  // dlg->UpdateData() reicht nicht
        }
        else
        {
            dlg = new CCalendarDialog;
            dlg->SetData(date,this);
            dlg->DoNonModal();
        }
    }
}
```

Die Reinitialisierung geschieht mit der Funktion *DoInitDialog()* der Dialogklasse. Dies ist im Grunde nur eine umbenannte öffentlich zugängliche Variante der bisherigen Funktion *OnInitDialog()*.

Da *OnInitDialog()* jedoch geschützt ist und es nicht ratsam ist, mit dem Klassen-Assistenten erzeugte Deklarationen manuell zu ändern, dieser kleine Umweg (natürlich wäre es genausogut umgekehrt gegangen):

```
BOOL CCalendarDialog::OnInitDialog()
{
    return DoInitDialog();
}

BOOL CCalendarDialog::DoInitDialog()
{
    m_day  = date.getDay();
    year   = date.getYear();
    m_text = GetHolidayName(date);
    // ...
    return TRUE;  // return TRUE unless you set the focus to a control
}
```

Am Ende des Unterkapitels haben wir nun eine Kalenderanwendung mit einem echten nicht-modalen Dialog. Änderungen des Datums im Dialog werden im Kalender widergespiegelt, gleichzeitig läßt sich der eigentliche Kalender weiterhin uneingeschränkt bedienen.

Sobald man auf einen Tag im Kalendarium klickt, wird diese Änderung auch vom Dialog nachvollzogen.

Standarddialoge

Zur Lösung ständig wiederkehrender Probleme bietet Windows eine ganze Palette sogenannter Standarddialoge[63]. Der Entwickler hat dadurch den Vorteil, das Rad nicht ständig neu erfinden zu müssen, der Anwender dagegen findet bei allen Produkten gleich zu bedienende Dialoge, mit denen er auf Anhieb zurechtkommt.

Die Standarddialoge sind unabhängig von den MFC in *der DLL COMDLG32* implementiert, schließlich sollen sie auch von den Anwendern anderer Sprachen benutzt werden können. Die MFC legen um die nackte API der Standarddialoge die Stan-

63 In den Anfangszeiten von Windows existierten im Gegensatz zum Mac solche Dialoge unter Windows nicht. Das führte zu einem erheblichen Wildwuchs beispielsweise völlig unterschiedlich zu bedienender Dateidialoge. Dies zwang Microsoft recht bald dazu, Standarddialoge nachzuschieben. Bis heute wirkt dies Anfangszeit aber noch nach, beispielsweise im völlig unterschiedlichen Aussehen der Dateidialoge bei Borland-Produkten.

darddialogklassen, die von einer gemeinsamen Basisklasse *CCommonDialog* abgeleitet sind. Die Standarddialogklassen sind im einzelnen:

- *CColorDialog* - Auswahl einer Farbe.
- *CFileDialog* - Datei für Ein- oder Ausgabe festlegen.
- *CFindReplaceDialog* - Ersetzungszeichenkette eingeben.
- *CPageSetupDialog* - Seitenmaße für den Drucker eingeben.
- *CFontDialog* - Auswahl einer Schrift.
- *CPrintDialog* - Druckereinstellungen und Ausdruck.

Allen Standarddialogen gemeinsam ist, daß sie nur die Eingabedaten beim Anwender in einer standardisierten Form einsammeln. Um die eigentliche mit dem Dialog assoziierte Funktionalität, wie beispielsweise das Laden einer Datei oder eines Zeichensatzes, muß sich der Entwickler schon noch selbst kümmern.

Der am häufigsten verwendete Standarddialog ist sicherlich *CFileDialog*. Dieser ist auch bereits Bestandteil dieser Anwendung (wenn auch noch ohne Funktionalität) und im Normalfall sehr einfach anzuwenden. Das Öffnen einer Datei läßt sich damit beispielsweise in wenigen Zeilen hinschreiben:

```
CFileDialog dlg(TRUE, "bmp", "*.bmp");
if (dlg.DoModal() == IDOK)
{
    CFile file;
    file.Open(dlg.GetPathname(), CFile::modeRead);
    // ...
}
```

Der erste Parameter gibt an, ob die Datei geöffnet (*TRUE*) oder neu erzeugt werden soll (*SaveAs*, *FALSE*), der zweite Parameter die Standarddateiendung und der dritte die Vorgabe für das Eingabefeld.

Da Sie diesen und die übrigen Standarddialoge kaum sinnvoll alle in die Anwendung einbauen können, wollen wir uns darauf beschränken, den Dialog *CFontDialog* in der Anwendung zu berücksichtigen. Damit wird es möglich, den Zeichensatz und damit indirekt auch die Größe zu wählen, mit denen der Kalender dargestellt wird.

Zunächst benötigen Sie in der Ansichtsklasse ein paar neue Komponentenvariablen, um den Namen der Schriftart, die Größe und das Gewicht des Schriftschnitts zu speichern:

```
class CBitmapCalendarView : public CScrollView
{
    // ...
private:
    CString fface;
    int fsize, fweight;
// ...
};
```

Die Initialisierung der neuen Variablen nehmen Sie immer im Konstruktor vor:

```
CBitmapCalendarView::CBitmapCalendarView()
    : nSelPaper(0), paper(NULL), showHolidays(TRUE),
      dlg(NULL), fface("Arial"), fsize(120), fweight(0)
{
    CTime t = CTime::GetCurrentTime();
    currentDate = GregorianDate (t.GetDay(), t.GetMonth(), t.GetYear());
}
```

Um in den Standarddialog zur Auswahl der Schriftart zu gelangen, fügen Sie mit dem Ressourcen-Editor in das *Ansicht*-Menü und/oder das Kontextmenü einen Menüpunkt *Schriftart* mit der ID *ID_FONT* ein. Mit dem Klassen-Assistenten generieren Sie in der Ansichtsklasse dazu eine Bearbeitungsfunktion *OnFont()*.

```
void CBitmapCalendarView::OnFont()
{
    // TODO: Code für Befehlsbehandlungsroutine hier einfügen
    LOGFONT logfont = {0};
    strncpy (logfont.lfFaceName, fface, 32);

    CFontDialog fdlg(&logfont,  CF_EFFECTS|CF_SCREENFONTS);

    if (fdlg.DoModal() == IDOK)
    {
        fface   = fdlg.GetFaceName();
        fsize   = fdlg.GetSize();
        fweight = fdlg.GetWeight();
        Invalidate();
    }
}
```

In dieser Funktion wird zunächst eine Datenstruktur *logfont* für einen logischen Font angelegt. Diese Datenstruktur kann dazu dienen, dem noch zu erzeugenden Dialogobjekt Vorgaben zu machen, die nicht über die übrigen Argumente des Konstruktors möglich sind. Bei der Initialisierung nützen Sie aus, daβ C++ unvollständig initialisierte Datenstrukturen mit Null auffüllt. Anschlieβend kopieren Sie mit *strncpy()* den Namen des momentan eingestellten Zeichensatzes aus *fface* in das Feld *lfFaceName* der *LOGFONT*-Datenstruktur. Die Verwendung der Funktion *strncpy()* stellt sicher, daβ die zur Verfügung stehenden 32 Bytes des Felds keinesfalls überschritten werden.

Anschlieβend wird der Standarddialog angelegt und aufgerufen. Kehrt der Aufruf erfolgreich zurück, werden die Einstellungen für Schriftart, Punktgröβe und Gewicht in die dafür vorgesehenen Komponentenvariablen übernommen. Ein Aufruf von *Invalidate()* bewirkt, daβ das Kalenderfenster mit den neuen Einstellungen neu gezeichnet wird. Damit die Einstellungen jedoch wirksam werden, sind noch einige Änderungen in der Funktion *PrintMonth()* nötig:

```
// Zeichensätze

    CFont bodyfont, headerfont, holidayfont, *oldfont;
```

```
LOGFONT logfont = {0};
logfont.lfQuality = PROOF_QUALITY;
logfont.lfWeight = fweight;
strncpy (logfont.lfFaceName, fface, 32);

// Korrigierte Erzeugung der Zeichensatzobjekte

logfont.lfHeight = -PointSizeToLP (fsize, pDC);
bodyfont.CreateFontIndirect (&logfont);
logfont.lfItalic = TRUE;
logfont.lfHeight = -PointSizeToLP (fsize*3/4, pDC);
holidayfont.CreateFontIndirect (&logfont);
logfont.lfWeight = 800;
logfont.lfHeight = -PointSizeToLP (fsize*3/2, pDC);
headerfont.CreateFontIndirect (&logfont);
```

Es zeigt sich, daß ähnlich der Verwendung des Datei-Dialogs die Vorbereitung, der Aufruf und die Auswertung des Schriftarten-Dialogs der kleinere Teil der Arbeit ist. Standarddialoge und die Standarddialogklassen der MFC sind somit ein einfach anzuwendendes Mittel, eine Anwendung mit Dialogen für einige häufig auftretende Standardeingabeprobleme zu versehen.

Zusammenfassung

Nahezu jedes Windows-Programm verwendet Dialoge, um mit dem Anwender zu kommunizieren. Ein Dialog ist im wesentlichen ein Fenster, in dem spezielle Kindfenster, die sogenannten Steuerelemente, angeordnet sind. Im Gegensatz zu normalen Ansichtsfenstern wird ein Dialog jedoch meist nicht programmatisch aufgebaut, sondern durch eine Dialogressource definiert. Dadurch kann ein Dialog bequem mit einem grafischen Ressourcen-Editor konstruiert oder unabhängig vom Quellcode geändert werden.

Dialoge kommen als modale und als nicht-modale Dialoge vor. Beide werden in den MFC durch die Basisklasse *CDialog* repräsentiert. Die Klasse *CDialog*, wie auch bereits ihre Basisklasse *CWnd*, enthalten eine Vielzahl von Komponentenfunktionen zur Unterstützung der Dialogfunktionalität und für den Umgang mit den Steuerelementen.

Beschrieben wird ein Dialog durch eine Dialogressource. Diese beschreibt, aus welchen Steuerelementen mit welchen Eigenschaften der Dialog aufgebaut ist, und wird von Windows benutzt, um ein (Windows-) Dialog-Objekt zu erzeugen. Bei diesem handelt es sich im wesentlichen um ein Windows-Fenster mit einer Anzahl von Unterfenstern, den Steuerelementen. Alle diese Fenster sind in der Lage, Windows-Nachrichten zu versenden und zu empfangen. Der größte Teil der Interaktion der Elemente untereinander und mit dem zugehörigen Programmcode wird über diese Nachrichten abgewickelt.

Bei der Programmierung von Dialogen mit den MFC wird jeder Dialog in einer eigenen, von *CDialog* abgeleiteten Klasse gekapselt. Für den Umgang mit den Steuerelementen gibt es dabei drei verschiedene Möglichkeiten. Einmal kann man die Vorteile des automatisierten Datenaustauschs via DDX zwischen einfachen Datenelementen und Steuerungselementen nutzen. Die zweite Möglichkeit ist die Ankoppelung an eine Komponentenvariable, die nicht den Wert, sondern das Kontrollelement selbst repräsentiert. Die dritte Methode entspricht eher der traditionellen Windows-Programmierung und benutzt Aufrufe der Funktion *GetDlgItem()* oder der übrigen dialogbezogenen *CWnd*-Komponentenfunktionen, um die Kontrollelemente direkt zu manipulieren.

Die wichtigsten Bausteine einer typischen Dialogklasse sind der Konstruktor, *DoDataExchange*() für den dynamischen Datenaustausch und die Nachrichtentabelle. Auch eine Initialisierung mit *OnInitDialog*() ist in den meisten nichttrivialen Fällen nötig.

Die Verbindung zwischen den Windows-Nachrichten der Steuerungselemente und dem Code der Dialogklasse stellt der Klassen-Assistent her. Dieses Werkzeug legt zu den Steuerungselementen passende Daten- oder Kontrollkomponentenvariablen, aber auch Bearbeitungsfunktionen für die von den Kontrollelementen versandten Nachrichten an und hat der Programmierung von Dialogen unter Windows auf diese Weise viel von ihrer Mühsal genommen.

Neben den häufigeren modalen Dialogen, die für ihre Dauer die Kontrolle an sich ziehen, gibt es noch die etwas schwieriger zu handhabenden nicht-modalen Dialoge. Von den modalen Dialogen unterscheiden sie sich durch die Verwendung eines anders aufgebauten Konstruktors, Erzeugung durch die Funktion *Create()* statt *DoModal()* und das prinzipielle Problem, den Dialog mit dem Rest der weiterlaufenden Anwendung zu synchronisieren.

Neben frei definierbaren Dialogen stellt Windows für eine Reihe von häufigen Anwendungsfällen standardisierte Dialoge zur Verfügung. Dies dient in erster Linie der Vereinheitlichung der Benutzerschnittstelle, aber auch der Bequemlichkeit des Entwicklers. Beispiele für Standarddialoge sind der Datei-Dialog, der Schriftarten-Dialog und der Farbauswahl-Dialog. Alle diese Dialoge werden in eigenen MFC-Klassen gekapselt, welche die Anwendung sehr einfach machen. Ein Standarddialog ist in den meisten Fällen mit wenigen Zeilen Code erzeugt, gestartet und komplett ausgewertet.

4.5 Modellbau – Einblicke in die Dokument/Ansicht-Struktur

Die meisten Programme manipulieren irgendwie geartete Informationen, die in Dateien auf einem Massenspeicher wie der Festplatte abgelegt sind. Grob kann man diese Programme unterscheiden in sequentiell arbeitende Programme und interaktive Programme. Die ersteren sind typischerweise Konsolenanwendungen, die einen Eingabedatenstrom bearbeiten und dabei einen Ausgabedatenstrom erzeugen. Man nennt solche Programme daher oft auch Filterprogramme oder kurz Filter. Beispiele für solche Filter sind verbreitete Utilities wie FIND, MORE oder GREP, aber auch das bekannte Textsatzprogramm TeX beispielsweise gehört in diese Kategorie.

Interaktive Programme hingegen erlauben dem Anwender den Blick auf dauerhaft gespeicherte oder transiente Daten und gestatten es dem Anwender, diese Daten interaktiv zu manipulieren und Änderungen ggf. dauerhaft festzuhalten. Im Fall der dauerhaften Daten liegt es nahe, die gespeicherten Daten als eine Art Dokument aufzufassen und die interaktive Repräsentation am Bildschirm als eine Ansicht des Dokuments. Genau diese Sichtweise reflektierte die Document/View- oder Dokument/Ansicht-Architektur der MFC. Anders als in der materiellen Welt kann allerdings ein Dokument hier mehrere Ansichten haben, welche dieselben Daten auf sehr unterschiedliche Art und Weise darstellen können. Einem Dokument entspricht meistens eine Datei.

Einige wenige Arten von Anwendungen arbeiten nicht mit dauerhaften Dokumenten, etwa ein Taschenrechnerprogramm, eine Uhr oder ein Disk-Editor. Aber auch hier kann eine konzeptionelle Trennung in Datenmodell (Dokument) und Ansicht von Vorteil sein und zu besser strukturierten Anwendungen führen. Der allgemeinere (und ältere) Name für diese Entwurfsphilosophie lautet daher auch **M**odel-**V**iew-**C**ontroller- oder MVC-Paradigma - der Terminus Model schränkt die Anwendbarkeit des Ansatzes nicht (scheinbar) auf Dokumente ein. Bei sehr einfachen Problemstellungen kann - wie wir das bisher praktiziert haben - der Dokument- bzw. Modellteil aber natürlich auch ganz weggelassen oder ignoriert werden.

Hauptvorteil der Dokument/Ansicht- oder MVC-Architektur ist die durch die Trennung von Modell und Ansicht erreichte Entkoppelung von Problemlösung und Darstellung. Dadurch können im Idealfall Anwendungen mit komplexen Datenstrukturen und Algorithmen leicht auf völlig andere visuelle Darstellungen oder Benutzeroberflächen umgestellt werden.[64]

Dokumente und Ansichten

Teile dieser Architektur haben Sie in den letzten Kapiteln bereits gründlich kennengelernt. Eine typische MFC-Anwendung enthält genau ein Anwendungsobjekt (im Beispiel *CBitmapCalendarApp*), das die Nachrichtenschleife verkapselt und welches in *InitInstance()* die Initialisierungen vornimmt, die das Zusammenwirken der übrigen Komponenten festlegen.

Die Verwaltung des Hauptfensters der Anwendung übernimmt die (vom Anwendungs-Assistenten generierte) Klasse *CMainFrame*. Von Ausnahmen wie Dialogen und anderen Popup-Fenstern abgesehen finden alle Aktionen des Programms innerhalb die-

---

64 Das war jedenfalls eine der ursprünglichen Intentionen des MVC-Paradigmas. Die MFC sind konzeptionell dagegen so stark an Windows gebunden, daβ sogar die Mac-Versionen von MFC-Programmen wie Windows-Programme aussehen ...

ses Fensters statt. Es enthält die anwendungsweiten Bedienungselemente wie Menüs und Werkzeugleisten und organisiert das Zusammenwirken mit den Ansichtsfenstern.

Die Ansichtsfenster (im Beispiel *CBitmapCalendarView*) werden grundsätzlich innerhalb dieses Hauptfensters dargestellt. Im Fall der einfacheren SDI-Anwendungen (**S**ingle **D**ocument **I**nterface), mit denen wir uns bisher beschäftigt haben, nimmt das Ansichtsfenster den gesamten Client-Bereich des Hauptrahmens ein und ist so für den Anwender nicht als eigenes Fenster wahrnehmbar. Im Fall der MDI-Anwendungen (**M**ultiple **D**ocument **I**nterface), zu denen wir im Laufe dieses Kapitels noch kommen werden, kann dieser Bereich zur Anzeige unterschiedlicher Ansichtsfenster eingesetzt werden. Wieder sind die Ansichtsfenster jedoch nicht eigenständig, sondern werden innerhalb von Fenstern der (vom Anwendungs-Assistenten generierten) Klasse *CChildFrame* dargestellt. Diese Architektur erlaubt eine maximale Entkoppelung zwischen den Rahmenfenstern zur Steuerung des Zusammenspiels der Anwendung und den hochgradig anwendungsspezifischen Ansichtsklassen.

Das Kernstück der Dokument/Ansicht-Architektur ist jedoch das Dokument oder besser das Modell. In den MFC wird dieses durch die Klasse *CDocument* und die von dieser abgeleiteten anwendungsspezifischen Klassen verkörpert. Die Dokumentenklasse (oder Modellklasse) stellt die grundlegende Funktionalität der Dokumenten-Objekte oder des Datenmodells der Anwendung zur Verfügung. Dazu gehört die Fähigkeit, neue Dokumente zu erzeugen, Dokumente zu dauerhaft zu speichern und wieder einzulesen (Stichworte Serialisierung bzw. richtiger isomorphe Persistenz[65]) und die Zusammenarbeit zwischen Ansichtsklassen und Dokumentenklassen. Bisher haben wir diesen Teil der Anwendung ignoriert (und die Daten in die Ansichtsklasse eingebaut), da das schönste Dokument sich ohne eine zugehörige Ansicht kaum bewundern läßt. Nun, da die übrigen Elemente bekannt (und in der Beispielanwendung an Ort und Stelle) sind, sind wir soweit, daß wir uns intensiver mit diesem zentralen Element der MFC-Architektur befassen können.

Tatsächlich haben wir aus didaktischen Gründen das Pferd ein wenig von hinten aufgezäumt. Bei einem vernünftigen Entwurf sollten Dokument und Ansichtsklassen gemeinsam konzipiert werden. Das Dokument enthält dabei alle Daten, die dauerhaft sein sollen oder die von mehreren verschiedenen Ansichten gemeinsam genutzt werden. Die Ansichtsklassen sollten dagegen idealerweise nur die Visualisierung und die Benutzerinteraktion mit den Daten besorgen. Daten in Ansichtsklassen sollten grundsätzlich transienter Natur sein und sich nur auf die Ansicht selbst beziehen – ein Beispiel hierfür ist z. B. die aktuelle Schreibposition in einer Textverarbeitung. Die Daten des Dokuments kann sich die Ansicht über die Funktion *GetDokument()* besorgen. Wurde die Ansichtsklasse zusammen mit dem übrigen Projekt mit dem Anwendungs-Assistenten generiert, steht sogar eine eigene *GetDocument()*-Version zur Verfügung, die einen Dokumentenzeiger vom anwendungsspezifischen Typ liefert. Wur-

65 Wörtlich: Gleichgeformte Dauerhaftigkeit, d.h., die Daten werden einschließlich ihrer Verknüpfungsstruktur gespeichert. Serialisierung hebt dagegen weniger auf das Was als vielmehr auf das Wie des Vorgangs ab.

de die Klasse auf anderem Wege (z. B. mit dem Klassen-Assistenten) erzeugt, ist es bequem, sich selbst eine solche Komponentenfunktion zu definieren.

Die Verbindung zwischen Dokumenten, Ansichten und Rahmenfenstern wird durch Dokumentenschablonen vom Type *CDocTemplate*[66] vermittelt, welche das Anwendungsobjekt in einer internen Liste verwaltet. Erstellt und zu dieser Liste hinzugefügt werden die Schablonen in der vom Anwendungs-Assistenten automatisch erstellten Funktion *InitInstance()* der Anwendungsklasse. *CDocTemplate*-Objekte erhalten bei der Erzeugung Zeiger auf drei Metaklassenobjekte vom Typ *CRuntimeClass*, die die dynamische Erzeugung von Rahmenfenstern, Dokumenten und Ansichtsobjekten erlauben. *CDocTemplate*-Objekte kommen in den Geschmacksrichtungen *CSingleDocTemplate* für SDI-Anwendungen und *CMultiDocTemplat*e für MDI-Anwendungen.

Die anwendungsspezifische Dokumentenklasse wird normalerweise vom Anwendungs-Assistenten erzeugt, und es ist meist relativ wenig Arbeit notwendig, um sie an die Gegebenheiten der eigenen Anwendung anzupassen. Oft genügt es, einige Datenkomponenten hinzuzufügen und die Initialisierung und die Serialisierung des Dokumenten-Objekts genauer auszuführen. Der größte Teil der Funktionalität wird bereits von den Komponentenfunktionen der Klasse *CDocument* zur Verfügung gestellt:

- *CDocument()* – Der Konstruktor zur Erzeugung eines Dokumenten-Objekts wird vom Anwendungsrahmen automatisch aufgerufen. Da bei SDI-Anwendungen beim Anlegen eines neuen Dokuments kein neues Dokumenten-Objekt angelegt, sondern das alte wiederverwendet wird, sollte für alle wichtigen Initialisierungen die Funktion *OnNewDokument()* verwendet werden.
- *AddView()* – Fügt zu einem Dokument eine neues Ansichtsobjekt hinzu.
- *GetDocTemplate()* – Falls vorhanden Dokumentenschablone zu diesem Dokument ermitteln.
- *GetFirstViewPosition()* – Ermittelt Position der ersten Ansicht zu diesem Dokument in der dokumenteninternen Liste der verbundenen Ansichten für den anschließenden Gebrauch von *GetNextView()*.
- *GetNextView()* – Liefert Zeiger auf die nächste Ansicht.
- *GetPathName()* – Falls vorhanden der volle Pfadname des Dokuments auf dem Massenspeicher.
- *GetTitle()* – Titel des Dokuments abfragen.
- *IsModified()* – Wurde das Dokument seit dem letzten Sichern/Laden verändert?

---

66 Ich vermeide hier bewußt den in diesem Zusammenhang oft falsch gebrauchten Begriff Dokumentenvorlagen, da es sich bei diesen definitiv um etwas völlig anderes handelt. *CDocTemplate*-Objekte sind Schablonen, welche die korrekte Erstellung und Verknüpfung neuer Dokumente und Ansichten im Anwendungsgerüst ermöglichen. Ursache der Verwirrung ist die inhaltlich schlecht treffende Übersetzung des englischen Begriffes Document Template mit Dokumentenvorlage in deutschsprachigen Handbüchern und in der Literatur zu Anwendungsprogrammen. Die korrekte Übersetzung von Template ist Schablone! Der englische Begriff paßt im Gegensatz zum Begriff Vorlage für beide Konzepte.

- RemoveView() - Ansicht vom Dokument entfernen.
- *SetModifiedFlag()* - Festlegen, ob das Dokument seit dem letzten Sichern/Laden verändert wurde.
- *SetPathName()* - Pfadname für Dokument und Berücksichtigung in der MRU-Liste vorgeben. In der MRU-Liste (**m**ost **r**ecently **u**sed) werden Dokumentennamen für schnelles Öffnen im *Datei*-Menü gemerkt.
- *SetTitle()* - Titelzeile des Dokumentenfensters festlegen.
- *UpdateAllViews()* - Allen verbundenen Ansichten mitteilen, daβ sich das Dokument geändert hat.

Weitere Komponentenfunktionen sind dafür vorgesehen, im Bedarfsfall redefiniert zu werden:

- *CanCloseFrame()* - Kann das Dokument geschlossen werden (die Standardimplementation prüft, ob noch eine Ansicht offen ist).
- *DeleteContents()* - Löscht den Inhalt des Dokuments. Muβ bei SDI-Anwendungen zwingend implementiert sein, bei MDI-Anwendungen schadet es aber auch nicht, diese Funktion zu verwenden.
- *OnChangedViewList()* - Wird aufgerufen, nachdem sich die Liste der Ansichten geändert hat.
- *OnCloseDocument()* - Nachrichtenbearbeitungsfunktion zum Schlieβen eines Dokuments.
- *OnNewDocument()* - Nachrichtenbearbeitungsfunktion, wird aufgerufen zur Erzeugung eines neuen leeren Dokuments.
- *OnOpenDocument()* - Nachrichtenbearbeitungsfunktion zum Öffnen eines Dokuments.
- *OnSaveDocument()* - Nachrichtenbearbeitungsfunktion zur Sicherung des Dokuments.
- *ReportSaveLoadException()* - Wird aufgerufen, falls bei der Ein-/Ausgabe etwas schiefgeht.
- GetFile() - Zeiger auf Dateiobjekt
- *ReleaseFile()* - Gibt Datei für andere Anwendungen frei.
- *SaveModified()* - Wird aufgerufen, bevor ein verändertes Dokument gespeichert wird.
- *PreCloseFrame()* - Wird aufgerufen, bevor das Rahmenfenster zerstört wird.

Von diesen Komponentenfunktionen der Klasse *CDocument* werden jedoch nur einige wenige wirklich oft gebraucht. Hier sind besonders zu nennen *UpdateAllViews()* zur Kommunikation mit den zugehörigen Ansichten und *SetModifiedFlag()* zur Kontrolle des Sicherungszustands des Dokuments. In der anwendungsspezifischen abgeleiteten Komponentenklasse müssen die Funktionen *DeleteContents()* zum Aufräumen eines gebrauchten *CDocument*-Objekts und *OnNewDocument()* zur Durchführung der Initialisierungen so gut wie immer redefiniert werden. Bei mit dem Anwendungs-Assistenten generierten Dokumentenklassen ist *OnNewDocument()* schon vorgegeben, die Funktion *DeleteContents()* muß dagegen mit dem Klassen-Assistenten ergänzt werden. Das Laden und Sichern des Dokuments geschieht über die Komponentenfunktion *Serialize()*. Auch diese wird vom Anwendungs-Assistenten bereits vorgegeben und muß noch mit Funktionalität versehen werden.

Zur Kommunikation gehören immer zwei, auch auf der Seite der Ansichtsklassen sind spezielle Funktionen zur Kommunikation mit Dokumenten vorgesehen. Die bereits erwähnte Funktion *GetDocument()* liefert einen Zeiger auf das zur Ansicht gehörende Dokumenten-Objekt und sollte in der Ansichtsklasse mit einem passenderen Rückgabetyp redefiniert werden. Die Funktion *OnInitialUpdate()* wird aufgerufen, wenn die Ansicht mit einem Dokument verbunden worden ist.

Datensammlung – Behälterklassen einsetzen

Die sicherlich bequemste Methode, einem Dokument Daten zuzuordnen, ist die Verwendung einer der für den Umgang mit polymorphen Objekten ausgelegten Behälterklassen der MFC. Die Datenobjekte werden in das Behälterobjekt - hier sinnvollerweise z. B. ein *CObArray* - eingetragen, das den Rest der Verwaltung automatisch übernimmt. So können Behälterklassen serialisiert werden und kümmern sich im Fall der Behälter für *CObject*-Objekte selbsttätig um die Serialisierung der Komponenten.

Bereits seit Version 1.5 enthalten die MFC auch eine ganze Reihe von Behälterklassen. Je nach Zweck und innerer Organisation unterscheidet man Felder, Listen und Zuordnungsklassen (Maps). Klassen, die Objekte unterschiedlichster Typen (oder genauer gesagt Zeiger auf solche Objekte) aufnehmen können, solange diese nur von der Wurzelklasse *CObject* abgeleitet sind, werden auch als Collection-Klassen bezeichnet. Ein *CObArray* kann beispielsweise beliebige andere Objekte einschließlich anderer *CObArray* Objekte aufnehmen.

Man unterscheidet zwischen Feldern wie *CObArray*, die den Zugriff über einen Index zulassen, Listen, auf deren Elemente besser sequentiell zugegriffen wird, und Zuordnungsklassen, die Paare von Werten aufnehmen, von denen einer als Schlüssel und einer als Wert dient. Felder sind besonders gut für indizierten Zugriff geeignet, dafür dauern Einfüge- und Löschoperationen lange. Listen erlauben extrem schnelles Einfügen, dafür ist es langsam, wahlfrei auf ein Element mit einer bestimmten Position in der Liste zuzugreifen. Zuordnungen erlauben den schnellen Zugriff über einen Schlüssel und sind intern als Hash-Tabellen organisiert[67].

Die Collection- und Container-Klassen der MFC sind direkt von *CObject* abgeleitet. Sie haben zwar ähnliche Schnittstellen und Funktionalität, aber keine gemeinsamen

67 Aus dem Schlüssel wird ein *Hash*-Wert berechnet, über den auf die Objekte in einem normalen Feld zugegriffen wird. Liefern zwei Schlüssel denselben *Hash*-Wert, muß die resultierende Kollision durch geeignete Algorithmen (unsichtbar für den Anwender) aufgelöst werden.

Basisklassen, welche die typischen Eigenschaften von Feldern, Listen oder Zuordnungen verkapseln würden.

Felder existieren für Bytes, Doppelworte, nackte Zeiger, vorzeichenlose ganze Zahlen, Worte und Zeichenketten. Im Gegensatz zu herkömmlichen C/C++-Feldern können die Felder der MFC ihre Größe dynamisch den Bedürfnissen anpassen.

Ein Zugriff auf ein nicht vorhandenes Feldelement führt automatisch zu einer Anpassung der Feldgröße und der Umspeicherung des Datenbestands:

- *CByteArray* - Speichert Elemente vom Typ *BYTE* in einem Feld.
- *CDWordArray* - Speichert Elemente vom Typ *DWORD* in einem Feld.
- *CObArray* - Speichert (polymorphe) Zeiger auf Objekte vom Typ *CObject* oder auf abgeleitete Typen in einem Feld.
- *CPtrArray* - Speichert generische Zeiger vom Typ *(void *)* in einem Feld.
- *CUIntArray* - Speichert Elemente vom Typ *UINT* in einem Feld.
- *CWordArray* - Speichert Elemente vom Typ *WORD* in einem Feld.
- *CStringArray* - Speichert *CString*-Objekte in einem Feld. Es werden übrigens wirklich (Kopien der) *CString*-Objekte und nicht nur Zeiger auf Objekte gespeichert!

Listen gibt es für von polymorphe Objekte, typfreie Zeiger und Zeichenketten:

- *CObList* - Speichert Zeiger auf *polymorphe* Objekte vom Typ *CObject* oder auf abgeleitete Typen in einer verketteten Liste.
- *CPtrList* - Speichert *generische* Zeiger vom Typ *(void *)* in einer verketteten Liste.
- *CStringList* - Speichert *CString*-Objekte in einer verketteten Liste.

Zuordnungsklassen schließlich kommen in fast allen denkbaren Kombinationen der Typen *(void *)*, *WORD*, *CObject** und *CString* vor:

- *CMapPtrToPtr* - Benutzt *void* als Schlüssel zum Auffinden anderer *void*-Zeiger.
- *CMapPtrToWord* - Benutzt *void*-Zeiger als Schlüssel zum Auffinden von Werten vom Typ *WORD*.
- *CMapStringToOb* - Benutzt *CString*-Objekte als Schlüssel zum Auffinden (polymorpher) *CObject*-Zeiger.
- *CMapStringToPtr* - Benutzt *CString*-Objekte als Schlüssel zum Auffinden von *void*-Zeigern.
- *CMapStringToString - Benutzt CString*-Objekte als Schlüssel zum Auffinden anderer *CString*-Objekte[68].
- *CMapWordToOb* - Benutzt Werte vom Typ *WORD* zum Auffinden (polymorpher) *CObject*-Zeiger.

68 Mehr braucht es eigentlich nicht, um ein Wörterbuch zu programmieren.

- *CMapWordToPtr* - Benutzt einen Wert vom Typ *WORD* zum Auffinden eines *void*-Zeigers.

Der Umgang mit Behälterklassen ist absolut problemlos. Die Klasse *CObArray*, die Sie zur Aufbewahrung der Daten des Dokuments verwenden werden, hat z. B. die folgenden Komponentenfunktionen (von denen Sie nur die erste und die letzten vier benötigen werden):

- *GetSize()* - Anzahl Elemente abfragen.
- *GetUpperBound()* - Ermittelt den größten zur Zeit zulässigen Index.
- *SetSize()* - Setzt die Größe (neu) fest.
- *FreeExtra()* - Gibt unbenutzten Speicher frei.
- *RemoveAll()* - Löscht alle Einträge (aber nicht die Objekte!).
- *GetAt()* - Liefert den an der angegebenen Position gespeicherten *CObject*-Zeiger.
- *SetAt()* - Trägt einen *CObject*-Zeiger an der gegebenen Position ein.
- *ElementAt()* - Liefert eine Referenz auf den Zeiger an der gegebenen Position. Damit kann dieser sowohl gelesen als auch überschrieben werden.
- *SetAtGrow()* - Trägt einen neuen Wert ein und läßt dazu das Feld ggf. wachsen.
- *Add()* - Fügt einen neuen Wert am Ende des Felds an und läßt es ggf. wachsen.
- *InsertAt()* - Fügt ein Element an der gegebenen Position ein.
- *RemoveAt()* - Nimmt ein Element an der gegebenen Position heraus.
- *operator []()* - Alternative Schreibweise für *ElementAt()*.

Die Verantwortung für die Komponenten der Behälterklasse bleibt vollständig beim Anwender, d. h., sie werden z. B. nicht automatisch gelöscht, wenn der Inhalt der Behälterklasse oder die gesamte Behälterklasse gelöscht wird.

In unserer Beispielanwendung werden wir die Behälterklasse nutzen, um die Liste der Feiertage und sonstiger wichtiger Tage zu führen. Damit können wir, sofern wir unsere Datenelemente in geeignete von *CObject* abgeleitete Klassen packen, auf einfache Weise Elemente aus der Liste löschen, Elemente ein- oder anfügen und die Liste in eine Datei sichern und wieder von dort einlesen. Da *CObArray* ein Behälter für polymorphe Objekte ist, ist es auch völlig belanglos, ob diese Objekte unterschiedliche Größen aufweisen. Die einzige Voraussetzung ist, daß sie von *CObject* abgeleitet und serialisierbar sind.

Container-Futter

Um die Vorteile der Verwendung einer Behälterklasse nutzen zu können, benötigen wir allerdings wohldefinierte (und von *CObject* abgeleitete) Objekte. Die bisherige primitive Datenstruktur *struct Holiday* und die C-artige API des Moduls *Holidays* sind dazu allerdings kaum geeignet. Auch wollen wir nun nicht mehr nur Feiertage, sondern auch andere jährlich wiederkehrende oder nicht wiederkehrende Tage in den Kalender eintragen können. Zeit also, dieses Relikt aus dem ersten Teil des Buchs einer gründlichen Überarbeitung zu unterziehen. Zu diesem Zweck entwerfen wir eine Klasse oder, genauer gesagt, eine ganze Hierarchie von Klassen zur Beschreibung dieser speziellen Tage. Die Klassendefinitionen sind in der Datei *SpecialDays.h* zusammengefaßt, die Deklarationen in *SpecialDays.cpp*.

Die speziellen Tage (*CSpecialDay*), die wir in unserem Kalender hervorheben wollen, zerfallen zunächst in zwei Hauptgruppen: solche, die jährlich wiederkehren (*CAnnualDate*), und solche, die dies nicht tun (*CSingularDate*). Die jährlich wiederkehrenden Tage ihrerseits lassen sich unterscheiden in gleitende und nicht gleitende Feiertage einerseits (*CHoliday*) und sonstige wiederkehrende Tage wie beispielsweise Geburtstage andererseits (*CAniversary*).

Bei den echten Feiertagen gibt es noch einige Spezialfälle zu berücksichtigen wie den „Tag der deutschen Einheit", der von 1989 auf 1990 vom 17. Juni auf den 3. Oktober springt und den inzwischen abgeschafften Buß- und Bettag.

Diesen Tagen ist gemeinsam, daß sie quasi ein Verfallsdatum haben. Diese können wir in einer weiteren von normalen Feiertagen hergeleiteten Klasse (*CSpecialHoliday*) berücksichtigen.

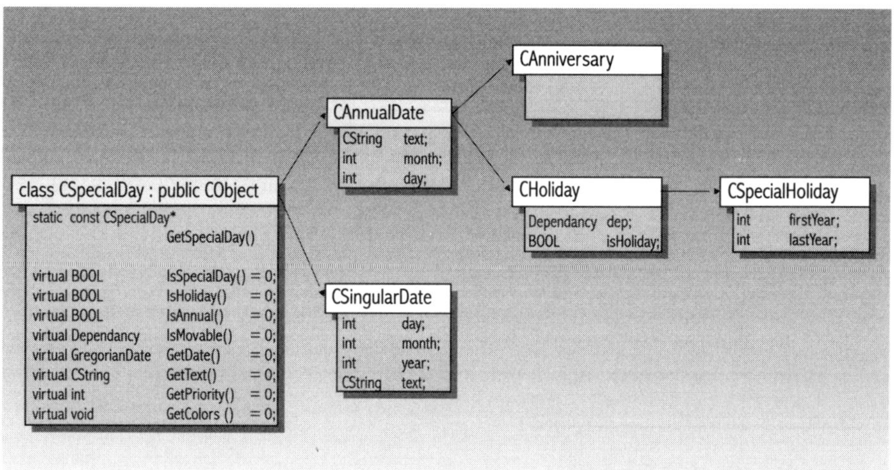

Abb. 88: Klassenhierarchie zur Modellierung der unterschiedlichen Arten spezieller Tage. CSpecialDay stellt eine reine Schnittstellendefinition dar, und auch CAnnualDate ist eine abstrakte Klasse. Die vier übrigen Klassen stellen die tatsächlich möglichen konkreten Datentypen dar. Trotz unterschiedlicher Größen und unterschiedlichen Speicherlayouts verhalten sich die vier Klassen uniform

Diese Beziehungen werden in der Klassenhierarchie widergespiegelt. Die Basisklasse *CSpecialDay* ist eine reine Schnittstellendefinition. Sie enthält (mit der Ausnahme einer statischen Variablen) keine eigenen Datenfelder und definiert alle Funktionen (bis auf eine statische Funktion) als reine virtuelle Funktionen. Diese Entwurfsmethode hat sich besonders bei großen Systemen bewährt und koppelt die (abstrakte) prozedurale Schnittstellendefinition von der konkreten Implementation auch im Klassenentwurf ab. Insbesondere wirken sich Änderungen im Daten-Layout abgeleiteter Klassen nicht auf abhängige Module aus, die nur die Schnittstelle der Basisklasse kennen müssen[69].

```
class CSpecialDay : public CObject
{
protected:
                                    CSpecialDay();
   virtual                         ~CSpecialDay();

public:

   enum Dependancy {fixed, xmasDependant, easterDependant};

   static  const CSpecialDay*
                                    GetSpecialDay(const Date &date, const CObAr-
ray& list);

   virtual BOOL                     IsSpecialDay(int year) const          = 0;
   virtual BOOL                     IsHoliday() const                     = 0;
   virtual BOOL                     IsAnnual() const                      = 0;
   virtual Dependancy               IsMovable() const                     = 0;
   virtual GregorianDate            GetDate(int year) const               = 0;
   virtual CString                  GetText() const                       = 0;
   virtual int                      GetPriority() const                   = 0;
   virtual void                     GetColors (COLORREF& fore,
                                              COLORREF& back) const= 0;
};
```

Die Klasse *CSpecialDay* ist von *CObject* abgeleitet und kann damit als polymorphe Klasse in Behälterobjekten verwendet werden. Auch das *Know-how* zur Serialisierung wird bereits von der Basisklasse geerbt.

Die statische Funktion *GetSpecialDay()* steht in der Klassendefinition, da sie hier sachlich hingehört. Als statische Funktion stellt sie genaugenommen jedoch keinen Bestandteil der Schnittstellendefinition dar. Falls für das gegebene Datum ein Eintrag in der übergebenen Liste der speziellen Tage enthalten ist, gibt die Funktion einen

---

69 Eigentlich zu diesem Zweck Overkill, doch ist dies eine gute Gelegenheit, diese Technik zu demonstrieren. Die Methode schützt den Entwickler vor allem davor, durch geschickte Optimierungen die eigentlich gewünschte Trennung von Klassendefinition und Implementation aufzuweichen. Im vorliegenden Fall etwa läge es nahe, die Datenfelder *text*, *month* und *day* bereits in der Basisklasse zu definieren und gemeinsame Funktionen, die diese nutzen, auch bereits in der Basisklasse in Code zu gießen. Damit ist aber eine nachträgliche Änderung von Datenstruktur und Implementierung der abgeleiteten Klassen nicht mehr möglich. Bei Programmsystemen aus mehreren Millionen Zeilen Code kann so etwas zu einem Problem werden.

Die Deklaration einer statischen Funktion stellt dagegen kein Problem dar, da sie nur eine Zuordnung der statischen Funktion zum Namensraum der Klasse bewirkt und auch nur auf die virtuelle Schnittstelle zugreifen kann. Im vorliegenden Fall hätte man alternativ auch die unschöne Variante wählen können, die Funktion als globale statische Funktion im globalen Namensraum herumschwimmen zu lassen.

Zeiger vom Typ *CSpecialDay** auf dieses (schreibgeschützte) Objekt zurück, ansonsten *NULL*. Das zurückgegebene Objekt kann von jedem der abgeleiteten Typen sein. Die Liste der speziellen Tage ist nun nicht mehr in einem obskuren Format in der Implementation verborgen, sondern ein *CObArray* mit Objekten vom Typ *CSpecialDay*, also genau die Liste, die Sie im Dokumenten-Objekt verwalten wollen.

Die übrigen Funktionen sind reine virtuelle Funktionen und als konstante Funktionen definiert. Damit können sie auch von schreibgeschützten Objekten aufgerufen werden, wie sie von *GetSpecialDay()* zurückgegeben wurden. Versehentliche Änderungen der Objekte sind damit ausgeschlossen.

Mit der Funktion *IsSpecialDay()* kann festgestellt werden, ob der konkrete spezielle Tag auch im gegebenen Jahr ein spezieller Tag ist; bei nicht wiederkehrenden Tagen und Feiertagen mit Verfallsdatum ist das nicht immer der Fall. *IsHoliday()* gibt unabhängig vom Jahr Auskunft darüber, ob es sich bei dem Feiertag um einen echten (d. h. gesetzlichen) Feiertag handelt. Der Rosenmontag muß beispielsweise wie ein Feiertag behandelt werden, da er an den Ostertermin gebunden ist, es soll aber dem Vernehmen nach Gegenden in Deutschland geben, wo er nicht als Feiertag gilt. *IsAnnual()* gibt an, ob der Tag jährlich wiederkehrt, *IsMovable()*, ob der Tag an das Osterdatum oder den Beginn des Kirchenjahres gebunden ist.

GetDate() ermittelt das Datum des Tags im gegebenen Jahr und *GetText()* den zugehörigen Text. *GetPriority()* regelt den Vorrang der Tage untereinander, da bei der vorliegenden einfachen Implementation maximal ein spezieller Tag pro Datum berücksichtigt werden kann. Kollidieren zwei oder mehr spezielle Tage an einem Datum, bestimmt der mit der höchsten Priorität die Anzeige. Die Priorität ist im Grunde eine statische Eigenschaft der einzelnen Klasse, die durch die Verwendung einer virtuellen Funktion zur Abfrage virtualisiert wird.

GetColors() schließlich beeinflußt die Anzeige des Tags im Kalendarium. Da Vordergrund- oder Hintergrundfarbe auch bleiben können, wie sie sind, werden die Werte per Referenz übergeben. So hat die Implementation für die verschiedenen Tagesklassen die Freiheit, die übergebenen Variablen zu verändern oder auf dem voreingestellten Wert zu belassen. Zur Implementation dieser Funktion(en) sollte übrigens die Datei *Colors.h* in die Implementationsdatei eingebunden werden; damit wird die Verwendung symbolischer Namen für die 20 Systemfarben möglich.

Da die verschiedenen Typen spezieller Tage (laut Schnittstellendefinition) ihr Datum für ein gegebenes Jahr nun selbst berechnen können, ist die Implementation der Funktion *GetSpecialDay()* wesentlich kürzer als die entsprechende Funktion im Modul *Holidays*. Sie basiert jedoch auf der gleichen Grundidee. Da meistens viele Tage eines Jahres in Folge auf diese Eigenschaft hin abgefragt werden, wird bei einer Abfrage immer zunächst eine interne Tabelle für ein ganzes Jahr vorberechnet. Die Chancen sind gut, daß bei Folgeaufrufen das Ergebnis nur in dieser Tabelle nachgeschlagen werden muß. Bei der MDI-Version wird später noch die mögliche Komplikation hinzukommen, daß auch mehr als eine unterschiedliche Liste spezieller Tage existieren kann. Zeilen, in denen nun auf das *CObArray*-Objekt Bezug genommen wird, sind der besseren Sichtbarkeit halber hervorgehoben:

```
static int currYear = -1;

const CSpecialDay* CSpecialDay::GetSpecialDay(const Date &date,
                                              const CObArray& list)
{
   static CSpecialDay *holidayLookup[367];
   static const CObArray *currList = 0;

   if (date.getYear() != currYear || currList != &list)
   // Anderes Jahr oder andere Tagesliste:
   // interne Lookup-Tabelle aktualisieren.
   {
      currYear = date.getYear();
      currList = &list;
      memset (holidayLookup, 0, sizeof(holidayLookup));

      int size = list.GetSize();

      for (int i = 0; i < size; i++)
      {
         CSpecialDay *special = (CSpecialDay*) list[i];
         if (special->IsSpecialDay(currYear))
         {
            int iday = special->GetDate(currYear).getDayInYear();
            CSpecialDay *entry = holidayLookup[iday];
            if (entry == NULL || entry->GetPriority()
                                 < special->GetPriority())
            {
               holidayLookup[iday] = special;
            }
         }
      }
   }

   return holidayLookup[date.getDayInYear()];
}
```

Auch wenn die Liste der speziellen Tage geändert oder ergänzt wird, wird die interne Tabelle von *CSpecialDay::GetSpecialDay()* ungültig. Aus diesem Grunde ist die statische Variable *currYear* nicht mehr lokal zur Funktion definiert, sondern in der ganzen Implementationsdatei sichtbar. Dies gibt Konstruktor und Destruktor von *CSpecialDay* die Möglichkeit, diese Variable auf einen reservierten Wert zu setzen und so einen Neuaufbau der Tabelle beim nächsten Aufruf von *GetSpecialDay()* zu erzwingen – die Chancen sind gut, daß von diesem Ereignis auch die Liste der Feiertage betroffen wurde.

```
CSpecialDay::~CSpecialDay()
{
   currYear = -1;
}

CSpecialDay::CSpecialDay()
{
   currYear = -1;
}
```

Von *CSpecialDay* abgeleitet sind die Klassen *CSingularDate* und *CAnnualDate*. Da letztere nur als abstrakte Basisklasse für *CHoliday* und *CAnniversary* dienen soll, brauchen hier nicht alle Funktionen bereits implementiert zu werden, bei *CSingularDate* ist dies jedoch der Fall. Auch muß im letzteren Fall ein Default-Konstruktor und ein *DECLARE_SERIAL*-Makro vorhanden sein. Der Default-Konstruktor ist geschützt, um ein versehentliches Erzeugen uninitialisierter Objekte außerhalb des Persistenz-Mechanismus zu verhindern. Beide Klassen benötigen Komponentenvariablen für Tag, Monat und Beschreibung des Tags, das Jahr ist aber nur bei *CSingularDate* notwendig. Daß im konkreten Fall auch das Daten-Layout unterschiedlich ist, stört nicht, da ein konsistentes Interface durch die Basisklasse sichergestellt ist.

```
class CAnnualDate : public CSpecialDay
{
public:
            BOOL            IsAnnual() const;
            CString         GetText() const;

protected:
            CString         text;
            int             month;
            int             day;
};

class CSingularDate : public CSpecialDay
{
protected:
            CSingularDate();
public:
            CSingularDate(const CString &atext, int aday,
                                          int amonth, int ayear);

            BOOL            IsSpecialDay(int) const;
            BOOL            IsHoliday() const;
            BOOL            IsAnnual() const;
            Dependancy      IsMovable() const;
            void            GetColors (COLORREF& fore, COLORREF& back)
                                                             const;
            GregorianDate   GetDate(int year) const;
            CString         GetText() const;
            int             GetPriority() const;

            void            Serialize(CArchive& ar);

private:
            int             day;
            int             month;
            int             year;
            CString         text;

    DECLARE_SERIAL(CSingularDate)
};
```

Von *CAnnualDate* abgeleitet sind *CAnniversary* für Jahrestage wie Geburtstage und *CHoliday* für echte und/oder bewegliche Feiertage. *CAnniversary* benötigt keine weiteren Komponentenvariablen, nur die noch fehlenden von der Interface-Klasse geforderten Funktionen müssen bereitgestellt werden. In *CHoliday* muß dagegen nachgehalten werden, ob es sich um einen beweglichen und/oder einen gesetzlichen Feiertag handelt. Außerdem sind noch geschützte Konstruktoren und *DECLARE_SERIAL*-Makros zur Unterstützung des Serialisierungsmechanismus erforderlich.

```
class CHoliday : public CAnnualDate
{
            Dependancy    dep;
            BOOL          isHoliday;

                          CHoliday(const Holiday*hd);
protected:
                          CHoliday();
public:
    static  void          InitHolidayList(CObArray &list);

                          CHoliday(Dependancy adep, const CString &aname,
                          int aday, int amonth = 0, int ayear = 0,
                          BOOL aIsHoliday = TRUE);

            BOOL             IsSpecialDay(int) const;
            BOOL             IsHoliday() const;
            Dependancy       IsMovable() const;
            void             GetColors (COLORREF& fore, COLORREF& back)
                                                                   const;
            GregorianDate    GetDate(int year) const;
            int              GetPriority() const;

            void             Serialize(CArchive& ar);

    DECLARE_SERIAL(CHoliday)
};

class CAnniversary : public CAnnualDate
{
protected:
                             CAnniversary();
public:
                             CAnniversary(const CString &aname, int aday,
                                                             int amonth);

            BOOL             IsSpecialDay(int year) const;
            BOOL             IsHoliday() const;
            Dependancy       IsMovable() const;
            void             GetColors (COLORREF& fore, COLORREF& back)
                                                                   const;
            GregorianDate    GetDate(int year) const;
            int              GetPriority() const;

            void             Serialize(CArchive& ar);

    DECLARE_SERIAL(CAnniversary)
};
```

Neben den oben erwähnten Komponenten besitzt *CHoliday* noch eine Besonderheit: einen privaten Konstruktor (der also nur innerhalb der Klasse selbst gebraucht werden kann) und eine Funktion *InitHolidayList()*. Beide spielen zusammen, um ein *CObArray*-Objekt mit einer standardmäßigen Liste von Feiertagen zu füttern, die noch aus der alten statischen Liste der Feiertage stammen.

Der entspechende Konstruktor von *CHoliday* versteht dieses Format (vorausgesetzt natürlich, wir kopieren die Definition von *struct Holidays* nach *SpecialDays.cpp*) und ist in der Lage, daraus ein *CHoliday*-Objekt zu erzeugen. Für die Spezialfälle dagegen lohnt sich der Aufwand eines Automatismus nicht; sie werden manuell zur Liste hinzugefügt:

```
void CHoliday::InitHolidayList(CObArray &list)
{
    static const Holiday hdays [] =
    {
         1,  1, '*', "Neujahr",
        // ...
        21, 14, '+', "4. Advent"
    };

    const Holiday *h = hdays;
    ASSERT (list.GetSize()==0);
    int n = sizeof (hdays) / sizeof (Holiday);
    while (n--)
    {
        CHoliday *phd = new CHoliday(h++);
        list.Add(phd);
    }

    list.Add(new CSpecialHoliday(xmasDependant,"Buß- und
                                        Bettag",-11,0,0,0,1994));
    list.Add(new CSpecialHoliday(fixed,"Tag der deutschen
                                        Einheit",17,6,0,0,1989));
    list.Add(new CSpecialHoliday(fixed,"Tag der deutschen
                                     Einheit",3,10,0,1990,9999));
}
```

Die letzte Klasse *CSpecialHoliday* schließlich beschreibt die Spezialfälle. Hier ist wenig mehr zu tun, als Verfallsdaten hinzuzufügen und einige Komponentenfunktionen zu ersetzen:

```
class CSpecialHoliday : public CHoliday
{
protected:
                            CSpecialHoliday();
public:
                            CSpecialHoliday(Dependancy adep,
                                    const CString &aname, int aday,
                                                int amonth, int ayear,
                                    int firsty, int lasty);

            BOOL            IsSpecialDay(int) const;
            int             GetPriority() const;
            void            Serialize(CArchive& ar);
private:
            int             firstYear;
```

```
        int             lastYear;

    DECLARE_SERIAL(CSpecialHoliday)
};
```

Die Implementation der meisten Funktionen dieses Klassen(teil)baums ist trivial, hier sollen lediglich noch einige nichttriviale Konstruktoren sowie die restlichen Komponenten des Serialisierungsmechanismus und eine Implementation der *GetDate()*-Funktion besprochen werden.

Im Fall von *CAnniversary* und *CSingularDate* kann sich *GetDate()* darauf beschränken, aus Komponentenvariablen und Parametern ein Datumsobjekt zu konstruieren und zurückzugeben; der einzige etwas längere Fall betrifft *CHoliday::GetDate()*:

```
GregorianDate CHoliday::GetDate(int year) const
{
    GregorianDate date(1,1,year);
    switch (dep)
    {
    case fixed:
        date = GregorianDate (day, month, year);
        break;

    case xmasDependant:
        date  = date.getAdventDate();
        date += day;
        break;

    case easterDependant:
        date  = date.getEasterDate();
        date += day;
        break;
    }
    return date;
}
```

Die beiden einzigen nicht vollkommen trivialen Konstruktoren sind in der Klasse *CHoliday* zu finden; der erste konstruiert ein *CHoliday*-Objekt aus der bekannten Datenstruktur *struct Holiday*, der zweite konstruiert ein *CHoliday*-Objekt aus Benutzerangaben und rechnet dabei bewegliche Feiertage ggf. in eine allgemeingültige Darstellung um:

```
CHoliday::CHoliday(const Holiday*hd)
{
    day  = hd->day;
    text = hd->name;
    isHoliday = (hd->mark == '*');

    switch (hd->month)
    {
        case 13:
            dep = easterDependant;
            month = 0;
            break;
```

```
        case 14:
            dep = xmasDependant;
            month = 0;
            break;

        default:
            dep = fixed;
            month = hd->month;
            break;
    }
}

CHoliday::CHoliday(Dependancy adep, const CString &aname, int aday,
                   int amonth, int ayear, BOOL aIsHoliday)
{
    day   = aday;
    month = amonth;
    text  = aname;
    dep   = adep;
    isHoliday = aIsHoliday;
    if (adep && amonth)
    {
        GregorianDate date (aday,amonth,ayear);
        day = date - ((dep == easterDependant) ?
                date.getEasterDate() : date.getAdventDate());
        month = 0;
    }
}
```

Zur Unterstützung der Serialisierung müßte eigentlich für jede Klasse der Hierarchie ein *IMPLEMENT_SERIAL*-Makro in die Implementationsdatei aufgenommen werden:

```
IMPLEMENT_SERIAL(CSpecialDay, CObject, 1);
IMPLEMENT_SERIAL(CAnnualDate, CSpecialDay, 1);
IMPLEMENT_SERIAL(CSingularDate, CSpecialDay, 1);
IMPLEMENT_SERIAL(CHoliday, CAnnualDate, 1);
IMPLEMENT_SERIAL(CAnniversary, CAnnualDate, 1);
IMPLEMENT_SERIAL(CSpecialHoliday, CHoliday, 1);
```

Leider setzt dieses Makro für jede Klasse die Existenz eines Standard-Konstruktors voraus und erwartet, daß jedes Objekt tatsächlich konstruiert werden kann.

Bei abstrakten Basisklassen haben wir da ein Problem: Objekte dieses Typs können einfach nicht angelegt werden.

Als Ausweg aus diesem Dilemma gibt es zwei unterschiedliche Möglichkeiten.

Die eine verzichtet auf virtuelle Funktionen und fügt für alle Funktionen der Basisklasse *CSpecialDay* (leere) Standardimplementationen hinzu – die entspechenden Implementationen sind in der Implementationsdatei auf der Buch-CD in auskommentierter Form enthalten.

Die zweite Möglichkeit besteht in der Verkürzung des durch *IMPLEMENT_SERIAL* beschriebenen Klassenbaums: Abstrakte Basisklassen werden ignoriert und durch ihre Basisklasse (hier *CObject*) ersetzt:

```
IMPLEMENT_SERIAL(CSingularDate, CObject, 1);
IMPLEMENT_SERIAL(CHoliday, CObject, 1);
IMPLEMENT_SERIAL(CAnniversary, CObject, 1);
IMPLEMENT_SERIAL(CSpecialHoliday, CHoliday, 1);
```

Damit die Serialisierung möglich ist, müssen alle serialisierbaren Klassen schließlich noch die entsprechenden Funktionen *Serialize()* erhalten. Grundsätzlich muß jede Serialisierungs-Funktion zunächst die Serialisierungs-Funktion der Basisklasse aufrufen und dann die persistenten Komponenten der Klasse schreiben oder lesen. Für einfache Datentypen sind hierzu der <<-Operator und der >>-Operator überladen, für Klassenobjekte verwendet man deren *Serialize()*-Funktion. Als typische Beispiele mögen hier *CAnniversary::Serialize()* und *CHoliday::Serialize()* genügen:

```
void CAnniversary::Serialize(CArchive& ar)
{
    CAnnualDate::Serialize(ar);
    if(ar.IsStoring())
        ar << day << month << text;
    else
        ar >> day >> month >> text;
}

void CHoliday::Serialize(CArchive& ar)
{
    CAnnualDate::Serialize(ar);
    if(ar.IsStoring())
        ar << day << month << isHoliday << (BYTE)dep << text;
    else
    {
        BYTE bdep;
        ar >> day >> month >> isHoliday >> bdep  >> text;
        dep = (Dependancy)bdep;
    }
}
```

Nicht alle einfachen Datentypen besitzen übrigens Serialisierungs-Operatoren. In der Absicht, durch Serialisierung gesicherte Dokumente über die Grenzen von 16- und 32-Bit-Plattformen portabel zu machen, werden nur Datentypen unterstützt, die in 16- und 32-Bit-Umgebungen die gleiche Bitbreite haben. Andere skalare Typen müssen dagegen umgewandelt werden, wie es in *CHoliday::Serialize()* auch mit der Aufzählungsvariablen erforderlich ist. Ohne weiteres serialisierbar sind nur die folgenden Datentypen (und ihre C++-Entsprechungen):

```
    BYTE     -  8 Bit, vorzeichenlos
    WORD     - 16 Bit, vorzeichenlos
    LONG     - 32 Bit, vorzeichenbehaftet
    DWORD    -  8 Bit, vorzeichenlos
    float    - 32-Bit-Fließkommazahl
    double   - 64-Bit-Fließkommazahl nach IEEE-Standard
```

SDI-Anwendung

Der Entwurf eines brauchbaren Datentyps für das Kalenderdokument war bereits der größere Teil der Arbeit. Die Unterstützung der Dokument/Ansicht-Architektur durch die MFC ist bereits soweit vorbereitet, das uns relativ wenig zu tun bleibt. Im wesentlichen sind noch die folgenden Punkte zu erledigen:

- In der Dokumentenklasse das Behälterobjekt und *DeleteContents()* ergänzen.
- Die vom Anwendungs-Assistenten erzeugten Dokumentenfunktionen *OnNewDokument()* und *Serialize()* mit Inhalt füllen.
- Die Ansichtsklasse an die neuen Gegebenheiten anpassen.
- Dialog und Dialogklasse noch etwas überarbeiten.
- Dokumentenregistrierung hinzufügen.

Zunächst müssen Sie natürlich die Klassendefinition der Klasse *CBitmapCalendarDoc* um den Behälter für die Datenobjekte ergänzen; damit Dialogklasse und Ansicht nicht auf die Datenelemente zugreifen können, vereinbaren Sie sie öffentlich[70].

```
public:
    CObArray specialDays;
```

Mit Hilfe des Klassen-Assistenten fügen Sie eine eigene Version der virtuellen Funktion *DeleteContents()* ein und ergänzen das vorgegebene Gerüst. Damit ist sichergestellt, daß bei der Neuerzeugung oder Wiederverwendung des Dokumenten-Objekts das Dokument wirklich leer und aufgeräumt ist. Da ein Aufruf von *CObArray::RemoveAll()* oder offensichtlicher der Funktion *CObArray::SetSize(0)*nicht die Objekte im Objektfeld, sondern nur die Verweise auf sie löscht, müssen Sie vorher unbedingt die Objekte selbst löschen. Das erledigt (rückwärts) die *while*-Schleife:

```
void CBitmapCalendarDoc::DeleteContents()
{
    // TODO: Speziellen Code hier einfügen und/oder Basisklasse aufrufen

    int n = specialDays.GetSize();
    while (n--) delete specialDays[n];
    specialDays.SetSize(0,8);

    CDocument::DeleteContents();
}
```

Die Funktion *OnNewDocument()* ergänzen Sie um eine Zeile, die das Feld der speziellen Tage mit einem fest eingebauten Satz Feiertage initialisiert. *OnNewDocument()*

---

70 Nein, das ist kein guter Entwurfsstil; ja, wir werden sehen, daß wir um die Behältervariable besser gleich ein paar Schutzwälle eingezogen hätten. Lassen wir uns überraschen ☺.

wird nur aufgerufen, wenn wirklich ein neues jungfräuliches Dokument angelegt wird, nicht aber z. B., wenn ein Dokument aus einer Datei eingelesen wird:

```
BOOL CBitmapCalendarDoc::OnNewDocument()
{
    if (!CDocument::OnNewDocument())
        return FALSE;

    CHoliday::InitHolidayList(specialDays);

    return TRUE;
}
```

Das vorgegebene Gerüst einer Serialisierungs-Funktion enthält die typische *if (ar.IsStoring()) { ar << ..} else { ar >> ..}*-Variante. Da das Objektfeld *specialDays()* sich selbst serialisieren kann, können Sie diesen Code ersetzen durch:

```
void CBitmapCalendarDoc::Serialize(CArchive& ar)
{
    specialDays.Serialize(ar);
}
```

Damit die Dokumentenklasse Zugriff auf die Schnittstelle der Klasse der speziellen Tage hat, muß außerdem am Anfang der Datei eine *#include*-Direktive für *SpecialDays.h* eingefügt werden.

Das waren bereits alle Ergänzungen, die an der Dokumentenklasse nötig waren – um Verwaltung und Serialisierung der Datenobjekte kümmern sich diese selbst, die Behälterklasse und die vorverdrahtete Funktionalität einer MFC-Anwendung.

Die Ansichtsklasse *CBitmapCalendarView* muß ihre Informationen jetzt grundsätzlich von der Dokumentenklasse holen. Um den Zugriff etwas bequemer zu haben, fügen Sie (z. B. über das Kontextmenü der Klassenansicht) zunächst eine öffentliche Funktion *GetList()* ein:

```
CObArray& CBitmapCalendarView::GetList()
{
    CBitmapCalendarDoc* doc = GetDocument();
    ASSERT_VALID(doc);
    return doc->specialDays;
}
```

In der Ansichtsklasse ändern sich im Grunde nur die Funktionen *PrintMonth()* und *OnMouseMove()*. Zuvor muß jedoch der Bezug auf *holidays.h* durch eine *#include*-Direktive für das neue Modul *SpecialDays* ersetzt werden. Bei der Gelegenheit können Sie außerdem noch die Definitionsdatei mit den symbolischen Namen der Systemfarben einlesen:

```
#include "SpecialDays.h"
#include "mainfrm.h"
#include "CalendarDialog.h"
#include "colors.h"
```

Die umfangreichsten Änderungen sind in der hier stark verkürzt dargestellten Funktion *PrintMonth()* erforderlich. Direkt am Anfang der Funktion wird eine Zeigervariable *special* für *CSpecialday*-Objekte und eine Referenz *list* auf die Liste der speziellen Tage angelegt.

Die nächste substantielle Änderung betrifft die Untersuchung der Tage auf Feiertagseigenschaften und die entsprechende Steuerung der Ausgabe. Der neue Code ist deutlich allgemeingültiger und ersetzt die alte explizite *switch*-Anweisung, indem die Darstellungsfarben bei den Tagesobjekten selbst abgefragt werden.

Die letzte wesentliche Änderung betrifft die Ausgabe der Feiertagsliste. Abgesehen von einem nun nötigen zusätzlichen Paar geschweifter Klammern wird nun für alle Tage des Monats geprüft, ob ein spezieller Tag vorliegt, und dieser dann ggf. ausgewertet.

```
void CBitmapCalendarView::PrintMonth (CDC* pDC)
{
    const CSpecialDay * special = NULL;
    CObArray &list = GetList();

    // ...

    CBrush brush, *oldbrush;
    brush.CreateSolidBrush(scLightGray);   // neu: symbolischer Farbname
    oldbrush = pDC->SelectObject (&brush);

    // ...

    for (date = first; date <= last; ++date)
    {
        special = CSpecialDay::GetSpecialDay(date, list);
        COLORREF fore = scBlack, back = (COLORREF)-1L;

        if (special && special->IsSpecialDay(y)) special->GetColors
                                                            (fore,back);
        pDC->SetTextColor(fore);
        if (back != -1L)
        {
            pDC->SetBkColor(back);
            pDC->SetBkMode(OPAQUE);
        }
        else
        {
            pDC->SetBkMode(TRANSPARENT);
        }

        pDC->TextOut(pos.x, pos.y, ltoa(date.getDay(), buf, 10));
        pos.x += dx;
        // ...

    // Hier kommen die Feiertage

    if (showHolidays)
    {
        pDC->SelectObject(&holidayfont);
```

```
        pDC->SetTextColor( RGB(0,0,0) );
        pDC->SetTextColor(scBlack);
        pDC->SetBkMode(TRANSPARENT);

        for (date = first; date <= last; ++date)
        {
            special = CSpecialDay::GetSpecialDay(date, list);
            if (special && special->IsSpecialDay(y))
                                        // statt if (IsHoliday(date))
            {
                // ...
                outstr += ". - ";
                outstr += special->GetText();
                                        // statt GetHolidayName(date)
                pDC->SetTextAlign(TA_LEFT);
                pDC->TextOut(pos.x, pos.y, outstr);
            }
        }
    }

    SetScrollSizes (pDC->GetMapMode(), CSize (dx * 7 + ddx*9,
                                        (pos.y + dy*5)*y_up));

    pDC->SelectObject (oldfont);
}
```

Auch in *OnMouseMove()* ändert sich durch die Verwendung der Dokumentenklasse und der neuen Datenobjekte die Art und Weise, in welcher der Tag unter der Maus auf Feiertagseigenschaften abgefragt wird:

```
void CBitmapCalendarView::OnMouseMove(UINT nFlags, CPoint point)
{
    CString s = "";
    int d = GetHitDay(point);

    if (d)
    {
        // ...
        CObArray &list = GetList();
        const CSpecialDay * special = CSpecialDay::GetSpecialDay(date,
                                                            list);

        if (special && special->IsSpecialDay(currentDate.getYear()))
        // statt if(IsHoliday(date))
        {
            s += " - ";
            s += special->GetText();   // ersetzt GetHolidayName(date);
        }
    }
    dynamic_cast<CMainFrame*> (AfxGetApp()->m_pMainWnd)
                                        -> SetStatusText(0,s);
}
```

Umfangreiche Änderungen sind an der Dialogklasse *CCalendarDialog* erforderlich, da diese den direktesten Kontakt zu den bisherigen und den neuen Datenobjekten hat. Zunächst müssen Sie wieder #include-Direktiven ändern bzw. anfügen:

```
#include "SpecialDays.h"                    // statt "holidays.h"
#include "BitmapCalendarDoc.h"
```

Anders als im Beispiel des letzten Kapitels, wo der Dialog nur zur Anzeige der internen Feiertagsliste diente, wollen Sie nun auch in der Lage sein, Datensätze zu löschen oder hinzuzufügen. Das erfordert sowohl zwei neue Bearbeitungsfunktionen als auch die völlige Überarbeitung einer dritten. Die Umstellung auf das Dokumenten-Objekt und den neuen Datentyp für spezielle Tage bedingt außerdem die Anpassung der Initialisierungs- und einiger Auswahlfunktionen. Schließlich wird noch eine geringfügige Überarbeitung der Dialogressource erforderlich. Zunächst sollte die Dialogressource geändert werden. An Stelle der Schaltflächen *OK*, *Abbrechen* und *Löschen* mit den IDs *ID_OK_Pressed*, *IDCANCEL* und *ID_DELETE* benötigen Sie nun *Beenden*, *Hinzufügen* und *Löschen* mit den IDs *IDCANCEL*, *ID_ADD* bzw. *ID_DELETE*. Die Optionsschaltfläche *Spezial* hat nach der Änderung des Datentyps keine Bedeutung mehr und kann durch ein gesperrtes Markierungskästen *Eingeschränkt* mit ID *IDC_SPECIAL* ersetzt werden, welches angibt, ob der momentan angezeigte Tag ein Tag mit Verfallsdatum ist.

Die Schaltfläche *Löschen* erhält nun eine richtige Funktion; sie löscht den im Listenfeld markierten Eintrag aus dem Dokument. Solange kein Eintrag des Listenfelds selektiert ist, wird ihre Benutzung jedoch gesperrt. Dazu sind in allen Funktionen, durch welche die Listenauswahl bearbeitet oder abgefragt wird, entsprechende Aufrufe der Funktion *EnableWindow()* eingestreut. Die Funktion *OnDelete()* selbst prüft auch noch einmal, ob eine gültige Listenauswahl existiert. Anschließend löscht sie den Eintrag sowohl im Listenfeld als auch im Behälterobjekt des Dokuments. Ein Aufruf von *SetModifiedFlag()* teilt dem Dokument mit, daß es verändert wurde und daher möglicherweise vor dem Schließen des Dokuments gespeichert werden muß:

```
void CCalendarDialog::OnDelete()
{
    // TODO: Code für die Behandlungsroutine der Steuerelement-
    // Benachrichtigung hier einfügen

    int ndx = m_list.GetCurSel();
    if (ndx != LB_ERR)
    {
        int month = m_month.GetCurSel()+1;

        m_list.DeleteString(ndx);
        m_list.SetCurSel(ndx);

        CObArray &list = view->GetList();
        delete list[ndx];
        list.RemoveAt(ndx);
        view->GetDocument()->SetModifiedFlag(TRUE);

        OnSelchangeList();
    }
}
```

Zur Schaltfläche *Hinzufügen* erzeugen Sie mit dem Klassen-Assistenten eine Bearbeitungsfunktion *OnAdd()*. Diese stellt mit *UpdateData()* zunächst sicher, daß die den

Kontrollelementen zugeordneten Variablen auch wirklich den Zustand der Kontrollelemente widerspiegeln und erzeugt dann abhängig vom Zustand der verschiedenen Kontrollelemente ein Objekt von einem der von *CSpecialDay* abgeleiteten Typen. Schließlich wird der neue Tag sowohl ins Listenfeld als auch ins Dokument an der aktuellen Position eingefügt, die *Löschen*-Schaltfläche entsperrt und der Neuaufbau des Kalenderblatts mit Anzeige des eingefügten Tags angestoßen. Auch hier wird die Änderung des Dokuments durch den Aufruf von *SetModifiedFlag()* dokumentiert:

```
void CCalendarDialog::OnAdd()
{
    UpdateData(TRUE);
    int month = m_month.GetCurSel()+1;

    CSpecialDay *special = NULL;

    if (m_isPeriodic)
    {
        if (m_iKind || m_isHoliday)
            special = new CHoliday (
                (CSpecialDay::Dependancy)m_iKind,
                m_text, m_day, month, year, m_isHoliday);
        else
            special = new CAnniversary(m_text, m_day, month);
    }
    else
        special = new CSingularDate(m_text, m_day, month, year);

    int ndx = m_list.GetCurSel();
    if (ndx == LB_ERR) ndx = 0;
    m_list.InsertString(ndx, m_text);
    m_list.SetCurSel(ndx);
    GetDlgItem(ID_DELETE)->EnableWindow(TRUE);

    view->GetList().InsertAt(ndx,special);
    view->GetDocument()->SetModifiedFlag(TRUE);
    view->SetDate(1,month,year);
}
```

Dies ist übrigens auch eine Gelegenheit, eine kleine Auslassung zu korrigieren. Änderungen der Eingabefelder für Tag und Jahr müssen dem zugehörigen Drehfeld mitgeteilt werden, da sonst der innere Zustand dieses Felds mit dem daneben angezeigten Wert nicht konsistent ist. Für Änderungen des Felds *IDC_DAY* ist noch keine Bearbeitungsfunktion vorhanden und sollte mit dem Klassen-Assistenten eingefügt werden (auf analoge Weise muß auch die bereits vorhandene Funktion *OnChangeYear()* ergänzt werden):

```
void CCalendarDialog::OnChangeDay()
{
    // ZU ERLEDIGEN: Wenn es sich hierbei um ein RICHEDIT-Steuerelement
    // handelt, sendet es diese Benachrichtigung nur, wenn die Funktion
    // CDialog::OnInitDialog() überschrieben wird, um die
    // EM_SETEVENTMASK-Nachricht an das Steuerelement
    // mit dem ENM_CHANGE-Attribut ORed in die Maske lParam zu senden.
```

```
    // ZU ERLEDIGEN: Code für die Behandlungsroutine der Steuerelement-
    // Benachrichtigung hier einfügen
    m_daySpin.SetPos(GetDlgItemInt(IDC_DAY));
}
```

Weitgehend neu geschrieben werden muß auch die Funktion *OnSelchangeList()*, da die alte Version sehr weitgehend auf Kenntnisse des Aufbaus und der Funktionsweise des alten *Holidays*-Moduls zurückgriff. Die neue Version ist jedoch deutlich kürzer geworden und überläßt die konkrete Berechnung der Tagesdaten den dazu besser geeigneten *CSpecialDay*-Objekten. Falls eine gültige Auswahl vorliegt, besorgt sich die Funktion aus dem Dokument das zugehörige *CSpecialDay*-Objekt und füllt alle Felder des Dialogs anhand der von diesem Objekt erhaltenen Informationen aus. Da eine gültige Auswahl vorliegt, wird außerdem die *Löschen*-Schaltfläche entsperrt:

```
void CCalendarDialog::OnSelchangeList()
{
    int isel = m_list.GetCurSel();
    if (isel != LB_ERR)
    {
        ASSERT (view);
        CObArray &list = view->GetList();
        const CSpecialDay* special = (CSpecialDay*)list[isel];

        CheckDlgButton(IDC_IS_HOLIDAY, special->IsHoliday());
        CheckDlgButton(IDC_EACH_YEAR,  special->IsAnnual());
        CheckDlgButton(IDC_SPECIAL,
            special->IsKindOf(RUNTIME_CLASS(CSpecialHoliday)));

        m_iKind = special->IsMovable();
        GregorianDate date = special->GetDate(year);

        SetDlgItemInt(IDC_DAY, date.getDay());

        int m = date.getMonth();
        m_month.SetCurSel(m-1);
        m_slider.SetPos(m);
        GetDlgItem(IDC_TEXT)->SetWindowText(special->GetText());
        DDX_Radio(&CDataExchange(this, FALSE), IDC_FIXED, m_iKind);
        GetDlgItem(ID_DELETE)->EnableWindow(TRUE);

        view->SetDate(1,m,year);
    }
}
```

Die letzte Funktion mit erheblichem Änderungsbedarf ist die Initialisierung des Dialogs durch die Funktion *DoInitDialog()*, auch diese Funktion wird wesentlich einfacher, da die Eigenschaften des Tags nicht mehr per Hand ermittelt werden müssen.

```
BOOL CCalendarDialog::DoInitDialog()
{
    m_iKind = 0;    // fixed als default

    ASSERT (view);
    CObArray &list = view->GetList();
    const CSpecialDay * special = CSpecialDay::GetSpecialDay(date,
                                                              list);
```

```
    m_day   = date.getDay();
    year    = date.getYear();
   if (special && special->IsSpecialDay(year))
    {
        m_text = special->GetText();
        m_iKind = special->IsMovable();
    }

    CDialog::OnInitDialog();

    // ...

    m_slider.SetPos(date.getMonth());

    for (int i = 0, n = list.GetSize(); i < n; i++)
                                            // statt while-Schleife
        m_list.AddString(((CSpecialDay*)list[i])->GetText());

    GetDlgItem(ID_DELETE)->EnableWindow(m_list.GetCurSel() != LB_ERR);
    CheckDlgButton(IDC_SPECIAL,
        special && special->IsKindOf(RUNTIME_CLASS(CSpecialHoliday)));

    return TRUE;
}
```

Damit haben wir nun eine voll funktionsfähige SDI-Anwendung mit der Möglichkeit, das Dokument zu sichern und zu laden. Das einzige i-Tüpfelchen, das für den Moment noch fehlt, ist die Registrierung des Dokumententyps durch die Anwendung, so daß durch Öffnen des Dokuments z. B. direkt vom Explorer aus automatisch die richtige Anwendung gestartet wird.

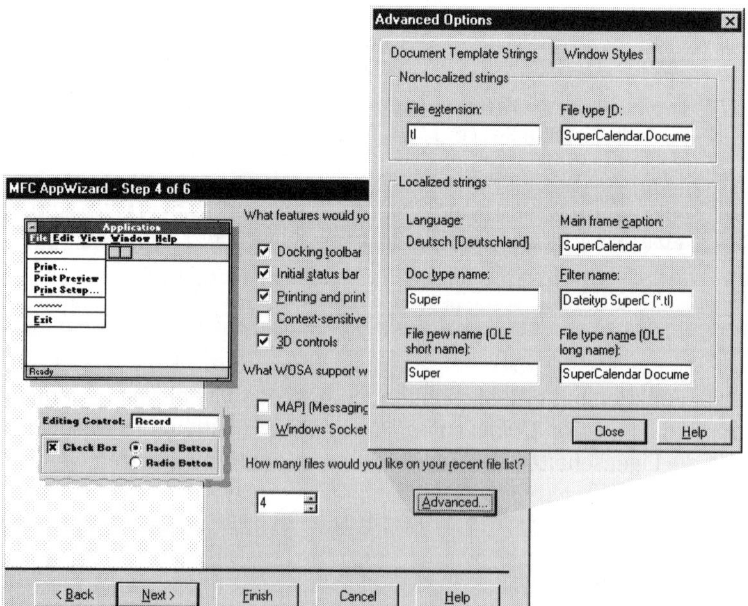

Abb. 89: Entscheidende Eingabefelder zu Dokumentennamen und Dokumentenregistrierung sind im Dialog Weitere Optionen des Anwendungs-Assistenten verborgen

Dazu wäre es nötig gewesen, bei der Generierung der Anwendung mit dem Anwendungs-Assistenten (liegt nun schon eine Weile zurück ☺) der unauffälligen Schaltfläche *Weitere Optionen* im vierten Schritt des Anwendungs-Assistenten etwas mehr Aufmerksamkeit zu schenken. Füllt man den so angezeigten Dialog *Weitere Optionen* aus, bewirkt das dreierlei:

- die Zeichenketten für Dateinamen, Dateierweiterung, Namen für die Registrierungsdatenbank etc. werden in einen String in der Ressourcendatei eingetragen,
- in der Funktion *InitInstance()* werden Funktionsaufrufe eingesetzt, welche die Registrierung durchführen,
- und schließlich wird eine Registrierungsdatei *Anwendungsname.reg* erzeugt, deren Öffnen im Explorer ebenfalls eine Registrierung auslöst.

Die String-Ressource können Sie direkt im Ressourcen-Editor ändern, für die Änderung der *InitInstance()* -Funktion gibt es eine Komponente in der Komponentengalerie und die **.reg*-Datei kann in jeden Text-Editor eingetippt werden.

Die String-Ressource hat, wie auch Hauptmenü und Werkzeugleiste, die ID *IDR-_MAINFRAME* und ist aus mehreren durch *\n* getrennten Teilzeichenketten aufgebaut. Diese Zeichenketten entsprechen (allerdings in etwas verwürfelter Anordnung) den in Klammern angegebenen Eingabefeldern des Dialogs *Weitere Optionen*:

- *Beschriftung des Hauptfensters* – Name, der in der Titelzeile der Anwendung erscheint. Wird bei MDI-Anwendungen ignoriert (und bei der Eingabe mit dem *Weitere Optionen*-Dialog auch nicht in den Ressource-String kopiert).
- *Name des Dokumenttyps* – Wurzel für den Standarddokumentennamen, wenn neue Dokumente mit *Datei/Neu* erzeugt werden. Fehlt die Angabe, wird der Name *Unbenannt* verwendet. Bei SDI-Anwendungen wird die Angabe im *Weitere Optionen*-Dialog nicht in den Ressource-String kopiert.
- *'Datei neu'-Name* – Wenn die Anwendung mehrere Dokumententypen unterstützt, wird dieser Name in der *Datei/Neu*-Dialogbox angezeigt. Fehlt der Name, können Dokumente dieses Typs mit *Datei/Neu* nicht erzeugt werden.
- *Filtername* – Name und Dateimaske für den Datei-Dialog. Beispiel: *Unfug (*.wrx)*. Ohne diese Angabe können Dateien für dieses Dokument nicht mit dem *Datei öffnen*-Dialog geöffnet werden.
- *Dateierweiterung* – Dateinamenserweiterung für Dokumente dieses Typs. Beispiel: *.wrx*. Ohne diese Angabe können Dateien für dieses Dokument nicht mit dem *Datei öffnen*-Dialog geöffnet werden.
- *Dateityp-ID* – Bezeichner für den Dokumententyp zur Verwendung durch die Registrierungsdatenbank. Fehlt die Angabe, ist eine Registrierung des Dokuments nicht möglich. Dies ist auch der Name, der neben der Dateinamenserweiterung für die **.reg*-Datei benötigt wird.
- *Dateityp-Name* – Name für den Dokumententyp zur Verwendung durch die Registrierungsdatenbank nicht zwingend erforderlich.

Die Zeichenkette, die wir als Ressource-String einzugeben haben, ist daher (ohne Kommentare und ohne Lücken hintereinandergeschrieben):

```
SuperCalendar\n        // Beschriftung des Hauptfensters (SDI)
LISTE\n                // Name des Dokumenttyps (MDI)
Liste\n                // `Datei neu`-Name
Tagesliste (*.tl)\n    // Filtername
.TL\n                  // Dateierweiterung
CalendarList\n         // Dateityp-ID
Listen Dokument"       // Dateityp-Name

SDI                    MDI
XYZ3\n                 Beschriftung des Hauptfensters (SDI) \n
\nAbc4\n               Name des Dokumenttyps          Abc4\n
XYZ6                   `Datei neu`-Name               Abc6\n
\nDateityp5 XYZ (*.xl) Filtername                     Dateityp5 Abc (*.1)\n
\n.X1                  Dateierweiterung               .1\n
\nXYZ.Document2        Dateityp-ID                    Abc.Document2\n
\nXYZ7 Document        Dateityp-Name  Abc7 Document
```

Zur Unterstützung der automatischen Registrierung der Dokumentendateien wählen Sie mit *Projekt/Dem Projekt hinzufügen/Komponenten und Steuerelemente* die Komponentengalerie und fügen die Komponente *Dokumentenregistrierung* aus dem Ordner *Developer Studio Components* ein. Der Effekt dieser Komponente ist, daß die *InitInstance()*-Funktion der Anwendungsklasse ergänzt wird.

```
BOOL CBitmapCalendarApp::InitInstance()
{
    // Standardinitialisierung
    //
    // CG: Der folgende Block wurde von der Dokumentregistrierungs-
    // komponente eingefügt.
    {
        // Aktivieren von DDE Execute open
        EnableShellOpen();
        RegisterShellFileTypes(TRUE);

        m_pMainWnd->DragAcceptFiles();
    }
    return TRUE;
}
```

Von diesen drei Funktionen ermöglicht es die erste, Dateien durch Doppelklick auf eine Datei im Datei-Manager zu öffnen, die zweite führt eine automatische (Re-)Registrierung aus, und die letzte ermöglicht es, Dateien per Drag & Drop auf das Hauptfenster der Anwendung zu ziehen.

Die Anweisungen in der Datei *docreg.log*, auf die nach erfolgreicher Installation der Komponente verwiesen wird, sind übrigens irrelevant – Visual C++ hat die betreffenden Änderungen bereits ausgeführt. Viel wichtiger ist die Registrierungsdatei *BitmapCalendar.reg*, die nicht automatisch angelegt wird – ohne diese funktioniert die automatische Registrierung jedoch nicht. Für die Registrierungsdatei *BitmapCalendar.reg* geben Sie den folgenden Text ein (Sie können auch ein neues Projekt anlegen und die so erzeugte Registrierungsdatei kopieren und anpassen). Die speziellen aus dem *Weitere Optionen*-Dialog bzw. der *IDR_MAINFRAME*-String-Ressource übernommenen Informationen sind fett gedruckt:

```
REGEDIT
;   Diese .REG-Datei kann von Ihrem SETUP-Programm verwendet werden.
;   Falls kein SETUP-Programm verfügbar ist, werden die unten stehenden
;   Einträge automatisch in InitInstance registriert, mit einem Aufruf
;   an CWinApp::RegisterShellFileTypes and
;   COleObjectFactory::UpdateRegistryAll.

HKEY_CLASSES_ROOT\.TL = CalendarList
HKEY_CLASSES_ROOT\CalendarList\shell\open\command = BITMAPCALENDAR.EXE %1
HKEY_CLASSES_ROOT\CalendarList\shell\open\ddeexec = [open("%1")]
HKEY_CLASSES_ROOT\CalendarList\shell\open\ddeexec\application = BITMAPCALENDAR
 ; Hinweis: die Anwendung ist optional
 ; (als Standardwert wird der Name der Anwendung in "command" verwendet)

HKEY_CLASSES_ROOT\CalendarList = Listen Dokument
```

Damit die Dateien des Kalenderprogramms auch mit einem eigenen Icon dargestellt werden, sollte zudem noch das Icon mit der ID *IDR_BITMAPTYPE* angepaßt werden. Ein denkbares Icon für diesen Zweck findet sich in der Datei *calebdea.ico* im Verzeichnis *Icons* auf der Buch-CD.

Damit ist die SDI-Version unseres Kalenderprogramms fertig. Nach dem ersten Start der neuen Version sind auch die Dateien des Programms registriert und am eigenen Icon zu erkennen. Ein Doppelklick auf eine Kalenderdatendatei startet das Kalenderprogramm mit dieser Datei.

Viele Dokumente – MDI-Anwendungen

Wirklich ausgeschöpft werden kann das Potential der Dokument/Ansicht-Architektur jedoch erst mit sogenannten MDI-Anwendungen (wobei MDI für Multiple Document Interface steht). In einer SDI-Anwendung kann immer nur eine Ansicht gleichzeitig angezeigt werden. In einer MDI-Anwendung dagegen gibt es viele Ansichtsfenster, die verschiedene Dokumente oder verschiedene Ansichten desselben Dokuments zeigen. Ähnlich wie bei SDI-Anwendungen sind die Ansichtsfenster jedoch auch hier nicht selbständig, sondern in Rahmenfenster vom Typ *CChildFrame* eingebettet.

Wechselt man zwischen den verschiedenen Ansichtsfenstern, wird dieser Wechsel auch durch das aktuell angezeigte Hauptmenü und die aktivierbaren Schaltflächen der Symbolleiste widergespiegelt. In den alten Tagen der Windows-API mußte man vieles von diesen Eigenschaften selbst auskodieren, heute vollbringen die MFC den größten Teil dieser Magie unsichtbar unter der Oberfläche der Klassenbibliothek.

Der entscheidende Vorteil einer MDI-Anwendung ist (neben der Möglichkeit, mehr als ein Dokument gleichzeitig zu bearbeiten) die Fähigkeit, dasselbe Dokument in verschiedenen Ansichten zu betrachten, die automatisch synchronisiert werden; d. h., eine Änderung im Dokument wird in allen verbundenen Ansichten widergespiegelt.

Da unter den MFC sowohl SDI- als auch MDI-Anwendungen auf der Dokument/Ansicht-Architektur aufbauen, sind die Unterschiede zwischen SDI-Projekten und MDI-Projekten bei Verwendung der MFC geringer als man erwarten könnte:

- *CMainFrame* und *CChildFrame* – Bei SDI-Anwendungen wird der Hauptrahmen (Klasse *CMainFrame*) vom *Ansichtsobjekt* dynamisch im Zuge seiner Erzeugung erstellt. Bei einer MDI-Anwendung erstellt das Ansichtsobjekt statt dessen dynamisch ein Rahmenfenster vom Typ *CChildFrame*; der Hauptrahmen ist von den Ansichten unabhängig und kann daher bereits in *InitInstance()* durch einen expliziten Aufruf des Konstruktors erzeugt werden. Als Folge dieses Unterschiedes ist *CMainFrame* in SDI-Anwendungen mit dem Makro *DECLARE_DYNCREATE* vereinbart und hat einen geschützten Konstruktor, der von anderen Klassen aus nicht genutzt werden kann. In MDI-Anwendungen dagegen ist der Konstruktor von *CMainFrame* öffentlich, dafür aber eine (versehentliche oder mehrfache) dynamische Erzeugung mit *CRuntimeClass::CreateObject()* nicht mehr möglich; da durch das Makro *DECLARE_DYNAMIC* nur der MCF-eigene RTTI-Mechanismus implementiert wird.
- **Anwendungsklasse** - Bis auf eine zusätzliche *#include*-Direktive für die Kind-Rahmenfenster konzentrieren sich die *Unterschiede* auf die Funktion *InitInctance():*. Die Verknüpfung zwischen Dokument, Rahmen und Ansicht geschieht nun durch Dokumentenschablonen der Klasse *CMultiDocTemplate*, und das Hauptrahmenfenster wird explizit erzeugt, initialisiert und angezeigt.
- **Ressourcen** - Statt eines Hauptmenüs gibt es nun mindestens zwei; ein sehr stark reduziertes für das Hauptfenster und ein erweitertes für die Ansicht. Das reduzierte Menü wird nur angezeigt, wenn kein Dokument geöffnet ist. Ist eine Ansicht aktiv, wird das zu dieser Ansicht gehörige Hauptmenü angezeigt. Gegenüber der SDI-Version ist es um ein Menü zur Verwaltung der Fenster der Anwendung erweitert. Zu diesen neuen Menüpunkten sind auch in den String-Ressourcen zusätzliche Erläuterungen vorhanden. Die Zeichenkette, die Dateierweiterung, Namen und die Daten für die Registrierung etc. enthält, ist nun über eine veränderte ID der Ansicht statt dem Hauptrahmen zugeordnet.

Normalerweise erzeugt man eine Anwendung von Anfang an als SDI- oder MDI-Anwendung. In diesem Fall sorgt der Anwendungs-Assistent dafür, daβ alle notwendigen Kleinteile richtig erzeugt und zusammengestellt werden. Leider ist es nicht so einfach, eine SDI-Anwendung nachträglich in eine MDI-Anwendung umzuwandeln. Andererseits wäre es mit noch erheblicherem Aufwand verbunden, die Anwendung als MDI-Anwendung neu zu erzeugen und bis zum jetzigen Stand neu zu bauen[71]. Wir werden also nicht umhin kommen, ein wenig in den Innereien der Anwendung her-

---

71 Beispielsweise ist es nicht möglich, eine Menü-Ressource unter Erhaltung der symbolischen IDs und möglichst noch mit Erläuterungstexten und Befehlsbearbeitungsfunktionen in ein anderes Projekt zu kopieren. Nur mit Dialogen ist dies möglich, wenn man bei der Erzeugung der Dialogklasse diese in die Komponentengalerie übernommen hat. In diesem Fall kann die Dialogklasse komplett mit Dialogressourcen in andere Projekte übernommen werden.

umzuschrauben. Legen Sie zunächst wieder eine Kopie des Projektverzeichnisses an, diesmal unter dem Namen *MDICalendar* (Wie immer: Fenster schließen!).

Glücklicherweise können Sie sich die Arbeit etwas einfacher machen, indem Sie auf die Hilfe von Anwendungs-Assistenten und WinDiff zurückgreifen. Zunächst erzeugen Sie mit dem Anwendungs-Assistenten zwei Projekte, ein SDI-Projekt und ein MDI-Projekt, mit identischem Namen, aber in unterschiedlichen Verzeichnissen (auf der Buch-CD in den Verzeichnissen *SDI* und *MDI* enthalten). Anschließend verwenden Sie WinDiff, um die beiden Verzeichnisse miteinander zu vergleichen. Dadurch sehen Sie sofort, welche Änderungen nötig sind, und haben in Form des MDI-Projekts auch eine Quelle, aus der Sie eventuell fehlende Dateien wie z. B. die Definitions- und Implementationsdateien der Klasse *CChildframe* in Ihr eigentliches Projekt kopieren können. Führen Sie nun zuerst die nötigen Änderungen an den Ressourcen der Anwendung (jetzt um Verzeichnis *MDICalendar*) durch. Bei SDI-Anwendungen dient die ID *IDR_MAINFRAME* zur Identifizierung unterschiedlicher der Anwendung als ganzes zugeordneter Ressourcen wie Anwendungs-Icon, Werkzeugleiste, Hauptmenü oder die Zeichenkette mit Namen, Dateinamenserweiterung und Registrierungsinformation. In ähnlicher Weise wird bei MDI-Anwendungen für jedes Dokument (oder genauer jede Ansicht) eine ID festgelegt, um die Zugehörigkeit der verschiedenen Ressourcen klarzulegen. Für die Kalenderansicht (die bisher die einzige Ansicht der Anwendung war) legen Sie die ID *IDR_CALENDAR* fest. Damit die ID dem Ressourcen-Editor bekannt und mit einem numerischen Wert verknüpft ist, ändern Sie die ID des Icons für Dateien und Ansichten in *IDR_CALENDAR*.

Danach schließen Sie alle Ressourcen und öffnen die Ressourcendatei *BitmapCalendar.rc* im Textmodus, indem Sie *Datei/Öffnen* und im Dialog *Öffnen* im Kombinationsfeld *Öffnen als* die Einstellung *Text* wählen. Die Aufteilung des Hauptmenüs in zwei Menüs und die Ergänzung der fehlenden Menüpunkte erreichen Sie, indem Sie im Menü die beiden hervorgehobenen Bereiche ergänzen, die Sie beispielsweise aus der ebenfalls im Textmodus geöffneten Ressourcendatei des zuvor erzeugten MDI-Projekts kopieren können. Dem Hauptmenü für die Ansicht geben wir außerdem die ID *IDR_CALENDAR*:

```
IDR_MAINFRAME MENU PRELOAD DISCARDABLE
BEGIN
    POPUP "&Datei"
    BEGIN
        MENUITEM "&Neu\tStrg+N",                ID_FILE_NEW
        MENUITEM "Ö&ffnen...\tStrg+O",          ID_FILE_OPEN
        MENUITEM SEPARATOR
        MENUITEM "Drucker&einrichtung...",      ID_FILE_PRINT_SETUP
        MENUITEM SEPARATOR
        MENUITEM "Letzte Datei",                ID_FILE_MRU_FILE1,GRAYED
        MENUITEM SEPARATOR
        MENUITEM "&Beenden",                    ID_APP_EXIT
    END
    POPUP "&Ansicht"
    BEGIN
        MENUITEM "&Symbolleiste",               ID_VIEW_TOOLBAR
        MENUITEM "S&tatusleiste",               ID_VIEW_STATUS_BAR
    END
```

```
    POPUP "&?"
    BEGIN
        MENUITEM "Inf&o über MDI...",               ID_APP_ABOUT
    END
END
IDR_CALENDAR MENU PRELOAD DISCARDABLE
BEGIN
    POPUP "&Datei"
    BEGIN
        MENUITEM "&Neu\tStrg+N",                    ID_FILE_NEW
        MENUITEM "Ö&ffnen...\tStrg+O",              ID_FILE_OPEN
        MENUITEM "&Schließen",                      ID_FILE_CLOSE
        MENUITEM "S&peichern\tStrg+S",              ID_FILE_SAVE
        MENUITEM "Speichern &unter...",             ID_FILE_SAVE_AS
        MENUITEM SEPARATOR
        MENUITEM "&Drucken...\tStrg+P",             ID_FILE_PRINT
        MENUITEM "Sei&tenansicht",                  ID_FILE_PRINT_PREVIEW
        MENUITEM "Drucker&einrichtung...",          ID_FILE_PRINT_SETUP
        MENUITEM SEPARATOR
        MENUITEM "Letzte Datei",                    ID_FILE_MRU_FILE1,GRAYED
        MENUITEM SEPARATOR
        MENUITEM "&Beenden",                        ID_APP_EXIT
    END
    POPUP "&Bearbeiten"
    BEGIN
        MENUITEM "&Rückgängig\tStrg+Z",              ID_EDIT_UNDO
        MENUITEM SEPARATOR
        MENUITEM "&Ausschneiden\tStrg+X",            ID_EDIT_CUT
        MENUITEM "&Kopieren\tStrg+C",                ID_EDIT_COPY
        MENUITEM "E&infügen\tStrg+V",                ID_EDIT_PASTE
    END
    POPUP "&Ansicht"
    BEGIN
        MENUITEM "&Symbolleiste",                    ID_VIEW_TOOLBAR
        MENUITEM "S&tatusleiste",                    ID_VIEW_STATUS_BAR
    END
    POPUP "&Fenster"
    BEGIN
        MENUITEM "Neues &Fenster",                   ID_WINDOW_NEW
        MENUITEM "Über&lappend",                     ID_WINDOW_CASCADE
        MENUITEM "&Nebeneinander",                   ID_WINDOW_TILE_HORZ
        MENUITEM "&Symbole anordnen",                ID_WINDOW_ARRANGE
    END
    POPUP "&?"
    BEGIN
        MENUITEM "Inf&o über MDI...",               ID_APP_ABOUT
    END
END
```

Auf die gleiche Weise ergänzen Sie die String-Ressourcen um die Erläuterungen für Befehle des Fenstermenüs *ID_WINDOW_XXX*. Schließlich ändern bzw. ergänzen Sie die Zeichenketten mit den Fenstertiteln. Am einfachsten ist es, den bisherigen *IDR_MAINFRAME*-String umzubenennen in *IDR_CALENDAR* und einen neuen *IDR_MAINFRAME*-String hinzuzufügen. Der erste Teilstring der neuen *IDR_CALENDAR*-String-Ressource wird nicht ausgewertet, seine Anwesenheit stört aber auch nicht:

```
IDR_MAINFRAME       "SuperKalender"
IDR_CALENDAR        "SuperCalendar\nLISTE\nListe\nTagesliste (*.tl)\n.TL\n
                                        CalendarList\nListen Document"
```

Die nächste Anpassung betrifft die Klassen *CMainFrame* und *CChildFrame*.

Die zwei Dateien von *CChildFrame* können wir einfach aus dem Dummy-MDI-Projekt in unser Verzeichnis *MDICalendar* kopieren. Lediglich die zweite *#include*-Direktive in der Implementationsdatei *childfrm.cpp* muß entfernt werden.

Bei der Hauptrahmenklasse muß die Klassendefinition in *mainfrm.h* mit öffentlichem Konstruktor und ohne die Fähigkeit zur dynamischen Konstruktion vereinbart werden.

Die hervorgehobenen Zeilen werden am Anfang der Klassendefinition eingefügt und der geschützte Konstruktor und das Makro *DECLARE_DYNCREATE* weiter unten gelöscht:

```
class CMainFrame : public CMDIFrameWnd
{
    DECLARE_DYNAMIC(CMainFrame)
public:
    CMainFrame();
    // ...
```

Diese Änderung wiederholt sich auch in der Implementationsdatei *mainfrm.cpp*. Hier muß die Zeile

```
IMPLEMENT_DYNCREATE(CMainFrame, CFrameWnd)
```

ersetzt werden durch

```
IMPLEMENT_DYNAMIC(CMainFrame, CMDIFrameWnd)
```

sowie in der ganzen Datei alle Bezüge auf *CFrameWnd* durch *CMDIFrameWnd*.

Schließlich muß noch die Anwendungsklasse umgestellt werden. Hier müssen die *#include*-Direktive

```
#include "childfrm.h"
```

eingefügt und die Funktion *InitInstance()* angepaßt werden. Letzteres geht am einfachsten, wenn man die Funktion *InitInstance()* komplett aus der Dummy-Anwendung kopiert und lediglich den Klassennamen am Anfang der Funktion und der Erzeugung des *CMultiDocTemplate*-Objekts anpaßt:

```
BOOL CBitmapCalendarApp::InitInstance()
{
    // ...
    CMultiDocTemplate* pDocTemplate;
```

```
    pDocTemplate = new CMultiDocTemplate(
        IDR_CALENDAR,
        RUNTIME_CLASS(CBitmapCalendarDoc),
        RUNTIME_CLASS(CChildFrame),
        RUNTIME_CLASS(CBitmapCalendarView));
    AddDocTemplate(pDocTemplate);

    // ...
}
```

Falls wir keinen Fehler gemacht haben, sollte die Anwendung sich nun auf das Vortrefflichste kompilieren lassen.

Allerdings werden wir bei dem Versuch, sie zu starten, eine Bauchlandung erleben.

Mit der Verwendung von *GetParent()* zur Ermittlung des Hauptrahmens vom Ansichtsfenster aus haben wir an zwei Stellen der Ansichtsklasse explizite Abhängigkeiten von der SDI-Architektur eingebaut, hier muß in beiden Fällen statt dessen *AfxGetMainWnd()* verwendet werden.

Damit sind wir nun Besitzer unserer eigenen funkelnagelneuen MDI-Anwendung.

Ihre Stärken wirklich ausspielen kann diese Architektur aber erst, wenn wir auch noch verschiedene Ansichten ein und desselben Dokuments bearbeiten können.

Um die Manipulation von Datumsobjekten im Rest des Kapitels zu vereinfachen, sollten wir zuvor die Datumsklasse noch um einige ziemlich triviale Funktionen ergänzen[72] (Vorsicht jedoch mit den unterschiedlichen Monatslängen! Das Resultat muß immer wieder ein gültiges Datum sein):

```
class Date
{
    // ...
public:
    void            setDay      (int day);
    void            setMonth    (int day);
    void            setYear     (int day);

    void            incrMonth   ();
    void            decrMonth   ();
    void            incrYear    ();
    void            decrYear    ();
    // ...
};
```

72 Da wenig informativ, werden triviale Codeänderungen im folgenden nur noch erwähnt oder kurz skizziert, aber in den meisten Fällen nicht mehr im Einzelnen ausgeführt. Die vollständigen, lauffähigen und getesteten Beispiele befinden sich ohnehin auf der Buch-CD.

Formularkram – Die Formularansicht

Recht überlegt haben wir bereits zwei unterschiedliche Ansichten unseres Dokuments. Die eine ist die Kalenderansicht, die andere die Darstellung durch einen nichtmodalen Dialog. Was liegt also näher, als aus dem Dialog eine vollwertige Ansicht zu machen. Bei dieser Gelegenheit lernen Sie auch die Formularansicht *CFormView* kennen, welche gerade bei der Programmierung kommerzieller maskenbasierter Anwendungen viel Arbeit sparen kann.

Eine Formularansicht ist ein Dialog und doch kein Dialog. Aus der Sicht von Windows ist das der Formularansicht zugrundeliegende Windows-Fenster ein Dialog. Aus der Sicht der MFC ist ein *CFormView* dagegen ein *CScrollView*, der sich zufällig mit einer Dialogressource initialisieren läßt. Da viele Funktionen zum Umgang mit Kontrollelementen bereits in der Basisklasse *CWnd* eingebaut sind, spielt dies aber keine wesentliche Rolle. Die Funktionen zur Kontrolle des Eingabefokus in Dialogen fehlen zwar, doch selbst hier kann man wegen der zugrundeliegenden Gegebenheiten den (höchst unsauberen) Trick anwenden, einen Zeiger auf die Ansicht gewaltsam in einen Dialogzeiger umzuwandeln.

Leider sind die Unterschiede zwischen Dialogen und Formularansichten doch so groß, daß es nicht ohne weiteres möglich ist, unseren Dialog nachträglich in eine Formularansicht umzubauen. Und der Klassen-Assistent gestattet es nicht, von einer benutzten Dialogressource eine weitere Klasse abzuleiten.

Als Ausweg legen Sie im Dialog-Editor eine neue Dialogressource mit der ID *IDD_DATELISTFORM* an, ziehen sie auf die benötigte Größe und kopieren alle Elemente aus der alten Dialogressource (Auswahlrechteck aufziehen, *Bearbeiten/Kopieren* und im neuen Dialog *Bearbeiten/Einfügen*) in den neuen Dialog. Auf die Schaltfläche *Abbrechen* können Sie bei einer Ansicht verzichten. Nun können Sie mit dem Klassen-Assistenten zu der neuen Dialogressource ebenso einfach eine neue *CFormView*-Klasse erzeugen, wie Sie zuvor eine Dialogklasse erzeugt haben: Sie aktivieren bei geöffneter Dialogressource den Klassen-Assistenten. Als Namen der neuen Klasse wählen Sie *CCalendarForm* und im Kombinationsfeld für die Basisklasse wählen Sie *CFormView*. Nach Erzeugung der Klasse verlassen Sie den Klassen-Assistenten.

Nun muß so viel wie möglich von der Funktionalität der Dialogklasse in die neue Klasse übertragen werden. Bei dem Konstruktor und der Datenaustausch-Funktion *DoDataExchange()* können dazu die Funktionsrümpfe kopiert werden, die Funktion *DoInitialUpdate()* wird kopiert, obwohl sie später noch angepaßt werden muß. Da ihre Anwendung nicht auf die Erzeugung des Dialogs beschränkt ist, sollte sie dabei gleich umbenannt werden in *DoUpdate()*.

Ebenfalls werden alle mit dem Klassen-Assistenten erzeugten Variablen und Bearbeitungsfunktionen einschließlich des Inhalts der Nachrichtentabelle von der Dialogklasse in die Formularansicht kopiert. Funktionen wie *DoNonModal()* oder *SetData()* brauchen natürlich nicht kopiert zu werden – die erste, da sie nur bei einem Dialog Sinn macht, die zweite, da durch den Datenaustausch mit der Dokumentenklasse die explizite Mitteilung der Daten an die Formularklasse obsolet ist. Aus den gleichen

Gründen entfallen auch die privaten Variablen *date*, *year* und *yearValid*. Aus Gründen der Datenkonsistenz sollten Daten nun nur noch im Dokument verwaltet werden. Die Klassendefinition der Formularansicht sollte nun (um einige Kommentare verkürzt) etwa wie folgt aussehen:

```
class GregorianDate;
class CBitmapCalendarView;
class CBitmapCalendarDoc;

class CCalendarForm : public CFormView
{
public:
    CBitmapCalendarDoc*
                    GetDocument();
    void            DoUpdate();         // War: DoInitialUpdate

protected:
            CCalendarForm();            // geschützter Konstruktor!

            DECLARE_DYNCREATE(CCalendarForm)
public:
    //{{AFX_DATA(CCalendarForm)
    enum {  IDD = IDD_DATELISTFORM };
    CSpinButtonCtrl m_yearSpin;
    CSpinButtonCtrl m_daySpin;
    CEdit           m_year;
    CSliderCtrl     m_slider;
    CListBox        m_list;
    CComboBox       m_month;
    UINT            m_day;
    BOOL            m_isHoliday;
    BOOL            m_isPeriodic;
    int             m_iKind;
    CString         m_text;
    //}}AFX_DATA

public:
    //{{AFX_VIRTUAL(CCalendarForm)
    public:
    virtual void    OnInitialUpdate();
    protected:
    virtual void    DoDataExchange(CDataExchange* pDX);
                                                  // DDX/DDV support
    virtual void    OnUpdate(CView* pSender, LPARAM lHint,
                                             CObject* pHint);
    //}}AFX_VIRTUAL

protected:
    virtual        ~CCalendarForm();
#ifdef _DEBUG
    virtual void    AssertValid() const;
    virtual void    Dump(CDumpContext& dc) const;
#endif

    //{{AFX_MSG(CCalendarForm)
    afx_msg void    OnSelchangeMonth();
    afx_msg void    OnSelchangeList();
```

```
    afx_msg void    OnHScroll(UINT nSBCode, UINT nPos,
                                          CScrollBar* pScrollBar);
    afx_msg void    OnChangeYear();
    afx_msg void    OnVScroll(UINT nSBCode, UINT nPos,
                                          CScrollBar* pScrollBar);
    afx_msg void    OnAdd();
    afx_msg void    OnDelete();
    afx_msg void    OnChangeDay();
    afx_msg void    OnFitSize();
    //}}AFX_MSG
    DECLARE_MESSAGE_MAP()
};
```

Ebenso können Sie den Inhalt der Nachrichtentabelle aus der Implementation der Dialogklasse bis auf den Eintrag für die Funktion *OnOKPressed()* übernehmen, diese entfällt zusammen mit der Schaltfläche *Abbrechen*.

```
BEGIN_MESSAGE_MAP(CCalendarForm, CFormView)
    //{{AFX_MSG_MAP(CCalendarForm)
    ON_CBN_SELCHANGE(IDC_MONTH, OnSelchangeMonth)
    ON_LBN_SELCHANGE(IDC_LIST, OnSelchangeList)
    ON_WM_HSCROLL()
    ON_EN_CHANGE(IDC_YEAR, OnChangeYear)
//  ON_BN_CLICKED(ID_OK_Pressed, OnOKPressed)   ENTFÄLLT !!!
    ON_WM_VSCROLL()
    ON_BN_CLICKED(ID_ADD, OnAdd)
    ON_BN_CLICKED(ID_DELETE, OnDelete)
    ON_EN_CHANGE(IDC_DAY, OnChangeDay)
//}}AFX_MSG_MAP
END_MESSAGE_MAP()
```

Ebenso kopieren Sie die zugehörigen Bearbeitungsfunktionen aus der Dialogklasse und ändern den Klassennamen entsprechend um.

Zum leichteren Zugriff auf das Dokumenten-Objekt fügen Sie schließlich noch eine eigene Version der Funktion *GetDocument()* ein, die das Dokument mit dem richtigen Typ zurückliefert. Im Fall von mit dem Anwendungs-Assistenten generierten Ansichtsklassen wird diese Funktion automatisch erzeugt, in unserem Fall müssen Sie sie selbst bereitstellen:

```
CBitmapCalendarDoc* CCalendarForm::GetDocument()
{
    CDocument *doc = CFormView::GetDocument();
    ASSERT_VALID(doc);
    return (CBitmapCalendarDoc*) doc;
}
```

Die Dialogklasse führte bisher ein eigenes Datum mit. Da dieses Datum aber mit der Kalenderansicht synchronisiert bleiben soll, ist es wesentlich sicherer, nur eine Kopie des Datums in der Dokumentenklasse zu führen. Generell kann als Faustregel gelten, daß alle Daten, die persistent oder für mehr als eine Ansicht relevant sind, in der Dokumentenklasse verwaltet werden sollten.

Eine weitere notwendige Änderung der Dokumentenklasse betrifft den Zugriff auf das Behälterobjekt. Mit der jetzigen offenen Schnittstelle kann nicht sichergestellt werden, daß die Dokumentenklasse immer weiß, ob ein Ansichtsobjekt den Inhalt des Behälters geändert hat. Aus diesem Grund sollten auch einige Brandschutzmauern eingezogen werden, die garantieren, daß das Dokumenten-Objekt die alleinige Kontrolle über seinen Inhalt hat. Solange wir uns nur darauf beschränkten, eine einfache SDI-Anwendung zu demonstrieren, konnte eine derartige Schlampigkeit noch hingenommen werden, in richtigen Projekten aber ist ein solcher Entwurf die sichere Einladung für Ärger.

Aus diesem Grund ändern Sie die Schnittstelle des Dokuments so, daß Behälterobjekt und auch das Datum privat und daher von außen nicht mehr zugänglich sind. Zur Sicherheit führen Sie außerdem Komponentenvariablen ein, mit deren Hilfe nachgehalten werden kann, ob eine vom Dokument angestoßene Aktualisierung bereits abgeschlossen ist oder noch nicht; die konsistente Verwendung des Flags wird durch eine eigene Version der Funktion *UpdateAllViews()* sichergestellt. Damit eine Komponentenvariable vom Typ *GregorianDate* verwendet werden kann, muß zudem *Date.h* eingebunden werden:

```
#include "Date.h"

class CBitmapCalendarDoc : public CDocument
{
private:
    GregorianDate    currentDate;
    CObArray         specialDays;
    BOOL             isUpdating;

public:
    GregorianDate    GetDate();
    void             SyncDate (Date &date, CView *view = NULL);
    void             SyncDate(int day, BOOL update, CView *view = NULL);
    void             SyncDate (int day, int month, int year,
                                                CView *view = NULL);
    const CObArray&  GetList();
    void             InsertAt(int ndx, CObject* obj, CView *view = NULL);
    void             DeleteAt (int ndx, CView *view = NULL);

    void             UpdateAllViews(CView* pSender,
                         LPARAM lHint = 0L, CObject* pHint = NULL);
    // ...
```

Die Kommunikation läuft nun über einen Satz neuer Schnittstellen-Funktionen ab. Der Zugriff auf das Behälterobjekt erfolgt über *GetList()*, *InsertAt()* und *DeleteAt()*. *GetList()* liefert nur eine Referenz auf ein schreibgeschütztes Behälterobjekt, daher kann garantiert werden, daß so erfolgte Zugriffe das Dokument nicht ändern. Direktes Einfügen und Löschen in das Behälterobjekt ist unter solchen Umständen natürlich nicht mehr möglich, hierzu sollten Sie spezielle Funktionen *InsertAt()* und *DeleteAt()* vorsehen. Diese stellen durch ihre Implementation sicher, daß eine Änderung des Dokuments auch von diesem als Änderung wahrgenommen wird, sprich die Funktion *SetModifiedFlag()* konsistent aufgerufen wird. Als Beispiel soll hier die Funktion zum Löschen eines Tags dienen:

```
void CBitmapCalendarDoc::DeleteAt (int ndx, CView *view)
{
    delete specialDays[ndx];
    specialDays.RemoveAt(ndx);
    SetModifiedFlag(TRUE);
    UpdateAllViews(view);
}
```

Die Aktualisierung aller vom Dokument abhängigen Ansichten wird durch die Funktion *CDocument::UpdateAllViews()* ausgelöst, die mittels *GetNextView()* alle Ansichten der Ansichtsliste des Dokuments durchgeht. Das erste Argument der Funktion ist ein Zeiger auf ein Ansichtsobjekt, welches nicht aktualisiert werden soll. Diese Situation entsteht häufig, wenn die Ansicht, die die Änderung des Dokuments angestoßen hat, bereits aktualisiert ist. Möchten Sie alle Ansichten eines Dokuments aktualisieren, übergeben Sie hier einfach *NULL*. Dies ist auch der Wert der in der Deklaration (s.o.) verwendeten Standardvorgabe.

Um gleichzeitig die Flag-Variable *isUpdating* zu verwalten, benötigt die Dokumentenklasse jedoch eine eigene Version der Funktion *UpdateAllViews()*. Die Aufbewahrung des alten Werts der Flag-Variable und die Wiederherstellung des alten Werts am Ende der Funktion (statt ihn einfach auf *FALSE* zu setzen) minimiert die vermeidbaren Nebeneffekte und erlaubt es, die Funktion auch rekursiv aufzurufen. Damit *isUpdating* einen sinnvollen Anfangswert hat, muß die Variable zuvor natürlich im Konstruktor mit dem Wert *FALSE* initialisiert worden sein:

```
void CBitmapCalendarDoc::UpdateAllViews(CView* sender, LPARAM hint,
                                                    CObject* obj)
{
    if (isUpdating == FALSE)
    {
        BOOL prevUpd = isUpdating;      // Schachtelbar!
        isUpdating = TRUE;
        CDocument::UpdateAllViews(sender, hint, obj);
        isUpdating = prevUpd;
    }
}
```

Auch auf das im Dokument gespeicherte Datum kann nicht direkt zugegriffen werden. Die Funktion *GetDate()* liefert nur eine Kopie des Datums und garantiert so die Integrität des Datums im Dokument. Soll das Datum geändert werden, muß dagegen eine der Funktionen *SyncDate()* aufgerufen werden. Diese ändert dann das Datum, stellt aber auch sicher, daß alle abhängigen Ansichten über die Änderung informiert werden. Der Ansichtsparameter *view* wird an den Aufruf von *UpdateAllViews()* weitergegeben und stellt so sicher, daß die verursachende Ansicht nicht ein zweites Mal aktualisiert wird. Als Standardvorgabe für den Ansichtsparameter sollte in der Funktionsdeklaration (s.o.) der Wert *NULL* eingesetzt werden. Die Abfrage des Zustands von *isUpdating* verhindert, daß durch Änderungen von Feldern im Verlauf der Aktualisierung z. B. der Formularansicht das Datum rekursiv erneut geändert werden kann:

```
void CBitmapCalendarDoc::SyncDate (Date &date, CView *view)
{
    if (isUpdating == FALSE)
```

```
    {
        BOOL sync = currentDate != date;
        currentDate = date;
        if (sync) UpdateAllViews(view);
    }
}
```

Die Funktion, die dem Dokument nur die Änderung des Tags mitteilt, löst die Aktualisierung der Ansichten dagegen nur aus, wenn dies beim Aufruf ausdrücklich gewünscht ist:

```
void CBitmapCalendarDoc::SyncDate(int day, BOOL update, CView *view)
{
    if (isUpdating == FALSE)
    {
        BOOL sync = day != currentDate.getDay();
        currentDate.setDay(day);
        if (sync && update) UpdateAllViews(view);
    }
}
```

Dadurch, daß das Datum nun in der Dokumentenklasse und nicht mehr in einer Ansichtsklasse gespeichert ist, muß es im Konstruktor der Dokumentenklasse wie zuvor in der Ansichtsklasse initialisiert werden; die Initialisierung in *CBitmapCalendarView* entfällt:

```
CBitmapCalendarDoc::CBitmapCalendarDoc()
    : isUpdating(FALSE)
{
    // ZU ERLEDIGEN: Hier Code für One-Time-Konstruktion einfügen

    CTime t = CTime::GetCurrentTime();
    currentDate = GregorianDate (t.GetDay(), t.GetMonth(), t.GetYear());
}
```

Die durch diese Änderungen an der Schnittstelle der Dokumentenklasse erzwungenen Änderungen an der Formularansicht sind naturgemäß erheblich. Da wir jedoch vor allem eine schärfer gefaßte Schnittstelle eingeführt haben, sollte uns der Compiler auf alle erforderlichen Änderungen in *CCalendarForm* hinweisen können.

Eine Stolperfalle ist noch die Funktion *OnInitDialog()*. Die Funktionsdefinition wird vom Compiler (natürlich) akzeptiert, doch niemals aufgerufen, da die virtuelle Funktion *CDialog::OnInitDialog()* in Formularansichten nicht existiert. Die gleiche Funktion hat hier die Funktion *OnInitialUpdate()*, der wir auch wieder eine öffentliche Funktion, diesmal mit Namen *DoUpdate()*, mit der eigentlichen Funktionalität zur Seite stellen können. Erwähnt werden sollte noch, daß in *DoUpdate()* statt eines Aufrufs von *CDialog::OnInitDialog()* oder *CFormView::OnInitialUpdate()* ein Aufruf von *UpdateData()* stehen sollte.

Schließlich benötigt die neue Ansichtsklasse eine eigene Menüressource. In einer MDI-Anwendung wird automatisch zwischen den einzelnen Ansichtsklassen zugeordneten Hauptmenüs umgeschaltet, wenn eine andere Ansicht aktiviert wird. Für unsere Zwecke genügt es, das Menü der alten Ansichtsklasse auch für die neue zu verwenden. Dazu legen Sie im Ressourcen-Editor eine neue Menüressource an, geben ihr den Namen *IDR_DATELIST* und kopieren den Inhalt des Menüs *IDR_CALENDAR* in das neue Menü. Dazu selektieren Sie das gesamte Hauptmenü *IDR_CALENDAR* und kopieren es mit der üblichen *Bearbeiten/Kopieren-Bearbeiten/Einfügen*-Folge in das neue Menü. Ebenfalls sollten Sie eine String-Ressource mit der ID *IDR_CALENDAR* ergänzen:

```
IDR_CALENDAR
        "\nLISTE\n\nTagesliste (*.tl)\n.TL\nCalendarList\nListen Dokument"
```

MDI-Anwendung

Nachdem Formularansicht und Dokumentenklasse erfolgreich implementiert und kompiliert sind, haben wir noch einige weitere Hürden zu überwinden. Die alte Ansichtsklasse *CBitmapCalendarView* ist noch nicht auf die neuen Verhältnisse umgestellt, die Dialogklasse *CCalendarDialog* kann aus der Anwendung entfernt werden, und *CCalendarForm* sollte in ähnlicher Form wie bisher der Dialog aus der Kalenderansicht heraus aufgerufen werden können. Die dazu nötige Unterstützung für den Aufruf und die Verwaltung der neuen Ansicht sollte in die Hauptrahmenklasse *CMainFrame()* integriert werden. Auch werden wir sehen, daß einige Funktionen der Symbolleiste in diesem Zusammenhang eine Überarbeitung benötigen.

In der Klasse *CBitmapCalendarView* entfallen nun:

- das Datum *currentDate,*
- die Funktion *SetDate()* (da die Ansichtsklasse keine eigene Kopie des Datums mehr führt),
- die Funktion *GetList()* (da nun sowohl Datum als auch Liste der speziellen Tage beim Dokument abgefragt werden müssen, bringt die Funktion keinen Vorteil mehr),
- die Funktion *OnGoodbye()* und
- der Dialogzeiger *dlg.*

Da die Klasse *CBitmapCalendarView* keine Kontrolle mehr über das Datum hat, muß auch das Laden der Bitmaps für die einzelnen Monate überarbeitet werden. Bisher wurde das Datum mit einem Aufruf der (obsoleten) Funktion *SetDate()* gesetzt und im Zuge dieser Funktion auch die neue Bitmap geladen. Die neue Version der Klasse muß aus dem Datum selbständig erkennen, ob das Laden einer neuen Bitmap erforderlich ist. Dazu erhält die Klasse eine neue private Komponentenvariable *pictnum,* um sich das zuletzt geladene Bild zu merken, und die Funktion *LoadImage()* einen Parameter:

```
void CBitmapCalendarView::LoadImage(int month)
{
    static char *names[] = {"", "jan", "feb", "mar", "apr", "mai",
                            "jun", "jul", "aug", "sep", "okt", "nov", "dez"};
```

```
    dib.LoadFile(CString("graffiti\\") + names[month] + ".bmp");
    CMainFrame *mframe = dynamic_cast<CMainFrame *> (AfxGetMainWnd());
    // ...
}
```

Der Aufruf von *LoadImage()* erfolgt nun zu Beginn der Funktion *PrintImage()*, wobei *PrintImage()* anhand des Zustands von *pictnum* feststellt, ob der Monat neu geladen werden muß.

```
int CBitmapCalendarView::PrintImage (CDC* pDC, int w, int y_dir)
{
    int month = GetDocument()->GetDate().getMonth();
    if (month != pictnum)
    {
        pictnum = month;
        LoadImage(pictnum);
    }
    // ...
```

Damit dieser Vergleich beim ersten Aufruf wirklich eine Bitmap lädt, muß *pictnum* im Konstruktor mit der Nummer eines nicht existierenden Monats, z. B. 0, versehen werden. Da auch die Initialisierung des Datumswerts und des Dialogzeigers im Konstruktor entfällt, bleibt nur noch:

```
CBitmapCalendarView::CBitmapCalendarView()
    : nSelPaper(0), paper(NULL), showHolidays(TRUE),
      fface("Arial"), fsize(120), fweight(0), pictnum(0)
{}
```

Bei dieser Gelegenheit kann auch gleich im Destruktor der Bezug auf den Dialogzeiger *dlg* entfernt werden.

Auch in der Nachrichtenbearbeitungsfunktion *OnCreate()* muß die Änderung berücksichtigt werden:

```
int CBitmapCalendarView::OnCreate(LPCREATESTRUCT lpCreateStruct)
{
    if (CView::OnCreate(lpCreateStruct) == -1)
        return -1;

    LoadImage(GetDocument()->GetDate().getMonth());

    return 0;
}
```

Wegen der entfallenen Komponentenvariablen *currentDate* müssen alle Funktionen umformuliert werden, die auf diese Information lesend oder schreibend zugreifen.

Die Funktion *OnKeyDown()* wird gleichzeitig durch den Zugriff auf die verbesserten Datums-Funktionen wesentlich kürzer. Zu Beginn wird das Datum aus dem Dokument gelesen und nach einer Änderung ggf. dorthin zurückgeschrieben.

Durch die Verwendung von *SyncDate()* ist die Synchronisation aller über das Dokument verbundenen Ansichten gewährleistet; damit kann auch der vorher in dieser Funktion vorhandene Aufruf von *Invalidate()* entfallen:

```
void CBitmapCalendarView::OnKeyDown(UINT nChar, UINT nRepCnt,
                                                        UINT nFlags)
{
    GregorianDate currentDate = GetDocument()->GetDate();

    int d = 1,
        m = currentDate.getMonth(),
        y = currentDate.getYear();

    while (nRepCnt--)
        switch (nChar)
        {
        // ...
        case VK_LEFT:
            currentDate.decrMonth();
            break;
        case VK_UP:
            currentDate.incrYear();
            break;
        case VK_RIGHT:
            currentDate.incrMonth();
            break;
        case VK_DOWN:
            currentDate.decrYear();
            break;
        // ...
        }
    GetDocument()->SyncDate(currentDate);
                                // entsprcht SyncDate(currentDate,NULL)
}
```

Auf das Datum griff bisher auch die Funktion *OnMouseMove()* zu:

```
void CBitmapCalendarView::OnMouseMove(UINT nFlags, CPoint point)
{
    // ...
    if (d)
    {
        char buf[32];
        GregorianDate date = GetDocument()->GetDate();
        date.setDay(d);
        // ...
        const CObArray &list = GetDocument()->GetList();
        const CSpecialDay * special = CSpecialDay::GetSpecialDay(date,
                                                                list);

        if (special && special->IsSpecialDay(date.getYear()))
        {
    // ...
```

ebenso wie die Funktion *GetHitDay()*:

```
int CBitmapCalendarView::GetHitDay(CPoint point)
{
    if (calRect.PtInRect(point))
    {
        // ...
        int mmax = GetDocument()->GetDate().getDaysOfMonth();
        if (cc > 2 && d > 0 && d <= mmax) return d;
    }
    return 0;
}
```

Die Funktion *OnLButtonDown()*, die bisher den Dialog aufrief bzw. aktualisierte, vereinfacht sich massiv durch den Aufruf einer noch zu implementierenden Funktion *ActivateForm()* der Hauptrahmenklasse:

```
void CBitmapCalendarView::OnLButtonDown(UINT nFlags, CPoint point)
{
    int d = GetHitDay(point);
    if (d)
    {
        GetDocument()->SyncDate(d, TRUE, this);
        dynamic_cast<CMainFrame*>(AfxGetMainWnd())->ActivateForm();
    }
}
```

Da der Dialog nicht mehr benötigt wird, können wir nun auch die Dialogklasse aus dem Projekt entfernen. Zunächst entfernen wir die entsprechende *#include*-Direktive aus der Kalenderansicht.

Aus der Klassenansicht kann die Klasse *CCalendarDialog* nicht direkt entfernt werden, vielmehr muß in der Dateiansicht der Eintrag für die Implementationsdatei gelöscht werden. Leider genügt das nicht, um die Verbindungen des Klassen-Assistenten zum Dialog loszuwerden. Die einzige (mir) bekannte Möglichkeit hierzu besteht darin, die beiden Dateien der Dialogklasse durch Umbenennen oder Löschen verschwinden zu lassen und dann für die Dialogressource den Klassen-Assistenten aufzurufen. In diesem Fall bemerkt der Klassen-Assistent, daß ihm die Dialogklasse abhanden gekommen ist, und fragt nach, ob er sie aus seiner Datenbasis entfernen soll. Ist dies geschehen, benötigen wir auch die Dialogressource *IDD_Calendar* nicht mehr.

Nun muß noch die Unterstützung für die Erzeugung der neuen Ansichtsklasse MFC-konform implementiert werden. Für eine Ansichtsklasse, die vom Anwendungsrahmen über *Datei/Neu* oder *Datei/Öffnen* etc. ansprechbar sein sollen, muß in der Funktion *InitInstance()* des Anwendungsobjekts ein *CMultiDocTemplate*-Objekt erzeugt werden:

```
BOOL CBitmapCalendarApp::InitInstance()
{
    CMultiDocTemplate* pDocTemplate;

    pDocTemplate = new CMultiDocTemplate(
        IDR_CALENDAR,
        RUNTIME_CLASS(CBitmapCalendarDoc),
```

```
        RUNTIME_CLASS(CChildFrame),
                              // Benutzerspezifischer MDI-Child-Rahmen
        RUNTIME_CLASS(CBitmapCalendarView));
    AddDocTemplate(pDocTemplate);

    pDocTemplate = new CMultiDocTemplate(
        IDR_DATELIST,
        RUNTIME_CLASS(CBitmapCalendarDoc),
        RUNTIME_CLASS(CChildFrame),
                              // Benutzerspezifischer MDI-Child-Rahmen
        RUNTIME_CLASS(CCalendarForm));
    AddDocTemplate(pDocTemplate);
    // ...
```

Diese Dokumentenschablonen existieren (falls nicht vorher ausdrücklich entfernt) solange wie das Anwendungsobjekt, also für die ganze Laufzeit der Anwendung.

Im Prinzip ist es also möglich, sich mit *CWinApp::GetNextDocTemplate()* durch die Liste der Dokumentenschablonen zu hangeln und die benötigte Schablone herauszusuchen. Praktisch ist es jedoch oft einfacher, auf die Schablonen anders zuzugreifen, etwa indem man Zeiger auf bestimmte Schablonen in Komponentenvariablen des Anwendungsobjekts ablegt.

Wir sind jedoch nicht gezwungen, auf die *CMultiDocTemplate*-Schablonen des Anwendungsobjekts zurückzugreifen, vielmehr können wir sie bei Bedarf auch an Ort und Stelle erzeugen. Es muß lediglich sichergestellt werden, daß das *CDocTemplate* mindestens ebenso lange lebt wie ein damit erzeugtes Ansicht/Dokument-Rahmen-ensemble. Dies läßt sich leicht dadurch erreichen, daß man das Objekt statisch vereinbart:

```
void CMainFrame::ActivateForm()
{
    static CMultiDocTemplate docTempl (
        IDR_DATELIST,                     // Verbindung zu Menüs etc.
        RUNTIME_CLASS(CBitmapCalendarDoc), // Dokument
        RUNTIME_CLASS(CChildFrame),        // Rahmen: MDI-Kindfenster
        RUNTIME_CLASS(CCalendarForm));     // Die Ansicht

    CreateOrActivateFrame(&docTempl,RUNTIME_CLASS(CCalendarForm));
}
```

Zweck der Funktion *CreateOrActivateFrame()* ist es, alle Ansichten des Dokuments zur gegenwärtig aktiven Ansicht nach einer Ansicht des gewünschten Typs zu durchsuchen. Existiert sie bereits, wird sie aktiviert, existiert sie noch nicht, wird sie erzeugt. Das Vorgehen ist ein typisches Beispiel für das Durchlaufen aller Ansichten eines Dokuments. Die zur Aktualisierung aller Ansichten eines Dokuments normalerweise gebrauchte Funktion *UpdateAllViews()* ist ähnlich aufgebaut:

```
void CMainFrame::CreateOrActivateFrame(CDocTemplate* docTemplate,
                                       CRuntimeClass* viewClass)
{
    CMDIChildWnd* pMDIActive = MDIGetActive();
                                     // Aktives Kindfenster finden
```

```
    CDocument* doc = pMDIActive->GetActiveDocument();
                                                      // Dokument dazu finden
    CView* view;
    POSITION pos = doc->GetFirstViewPosition(); // Position in Collection
    while (pos)
    {
        view = doc->GetNextView(pos);     // Nächste Ansicht zum Dokument
        if (view->IsKindOf(viewClass))
        {
            view->GetParentFrame()->ActivateFrame();  // Existiert schon
            return;                                  // Nehmen wir und fertig
        }
    }
    // Gibt es noch nicht
    CMDIChildWnd* newFrame = (CMDIChildWnd*)
        (docTemplate->CreateNewFrame(doc, NULL));  // erzeugen
    if (newFrame == NULL) return;                 // hat nicht geklappt
    ASSERT(newFrame->IsKindOf(RUNTIME_CLASS(CMDIChildWnd)));
    docTemplate->InitialUpdateFrame(newFrame, doc);    // Initialisieren
}
```

Natürlich liegt es nahe, außer der bisherigen Möglichkeit die Formularansicht durch einen Klick auf einen Tag aufzurufen, noch einen Menüeintrag vorzusehen. Diesen plazieren wir jedoch nur im *Ansicht*-Menü der Kalenderansicht, für die Formularansicht würde er wenig Sinn machen. Eine weitere sinnvolle Ergänzung der Menüs ist der *Nebeneinander*-Eintrag der beiden Ausgaben des *Fenster*-Menüs – hier ist die Verwendung der ID *ID_WINDOW_TILE_VERT* wesentlich sinnvoller als der ID *ID_WINDOW_TILE_HORZ*.

In diesem Stadium sollte die Kalenderanwendung nun wieder zum Laufen zu bringen sein – alle nötigen Bestandteile für eine MDI-Kalenderanwendung mit zwei unterschiedlichen Ansichten sind nun an Ort und Stelle (falls es nicht auf Anhieb klappt – die ganze Umbauoperation ist schließlich nicht ganz trivial – die fertige, vollständig getestete Version des Programms ist komplett mit allen Quellen auf der Buch-CD ☺).

Bei der Probefahrt der übersetzten Zwischenversion fällt auf, daß sich einige Elemente noch nicht ganz so verhalten, wie wir im ersten Moment erwarten – unsere eigenen Schaltflächen der Symbolleiste sind nur zugänglich, wenn die Kalenderansicht aktiv ist, und auch Menüoptionen, die von einer Ansicht bearbeitet werden, die augenblicklich nicht aktiv ist, sind gesperrt. Im Grunde ist dieses Verhalten völlig logisch und zeigt nur, wie weit die hohen Ebenen der MFC den Entwickler von der Verwaltung lästiger Routineaufgaben entbinden.

Für uns bedeutet das allerdings, daß wir eine ursprüngliche (mangels Dokument getroffene) Entwurfsentscheidung nun revidieren müssen: die Bearbeitungsfunktionen für die Befehle mit den IDs *ID_PREV_YEAR*, *ID_PREV_MONTH*, *ID_NEXT_MONTH* und *ID_NEXT_YEAR* müssen in der Dokumentenklasse plaziert werden, da sie alle Ansichten des Dokuments gleichermaßen betreffen – das aktuelle Datum ist in unserem jetzigen Entwurf ein Attribut des Dokumenten-Objekts.

Zur Durchführung der Änderung müssen mit Klassen-Assistent und Editor aus der Klasse *CBitmapCalendarView* nun zunächst die alten Bearbeitungsfunktionen herausgelöscht und in der Klasse *CBitmapCalendarDoc* neu implementiert werden. Die alten Implementationen taugen in diesem neuen Kontext allerdings nicht mehr viel, wir müssen sie durch neue ersetzen; durch die neuen Funktionen der *Date*-Klasse fallen diese allerdings (vorsichtig ausgedrückt) unkompliziert aus:

```
void CBitmapCalendarDoc::OnNextMonth()
{
    // ZU ERLEDIGEN: Code für Befehlsbehandlungsroutine hier einfügen
    currentDate.incrMonth();
    UpdateAllViews(NULL);
}

void CBitmapCalendarDoc::OnNextYear()
{
    // ZU ERLEDIGEN: Code für Befehlsbehandlungsroutine hier einfügen
    currentDate.incrYear();
    UpdateAllViews(NULL);
}

void CBitmapCalendarDoc::OnPrevMonth()
{
    // ZU ERLEDIGEN: Code für Befehlsbehandlungsroutine hier einfügen
    currentDate.decrMonth();
    UpdateAllViews(NULL);
}

void CBitmapCalendarDoc::OnPrevYear()
{
    // ZU ERLEDIGEN: Code für Befehlsbehandlungsroutine hier einfügen
    currentDate.decrYear();
    UpdateAllViews(NULL);
}
```

Der letzte Schliff

Unsere Reise durch die Programmierung in C++ und die Grundlagen der Windows-Programmierung mit Visual C++ und den MFC neigt sich nun dem Ende zu, lediglich einige Feinheiten bleiben an unserer Beispielanwendung noch nachzutragen – eigentlich eher aus ästhetischen als aus didaktischen Gründen.

Wir haben uns in den letzten Abschnitten damit beschäftigt, alle wichtigen Grundelemente eines MFC-Windows-Programms vorzustellen und in sinnvoller Form in einer Beispielanwendung zu verbinden, deren Thema sich seit *Zellers Zauberei* durch das ganze Buch zieht. Naturgemäß sind dabei viele Details nur gestreift worden, weite Bereiche haben wir überhaupt nicht berührt.

Die Konzentration lag darauf, die wirklich wichtigen Elemente kennenzulernen und zu sehen, wie sie sich zu einer voll funktionstüchtigen Anwendung zusammenfügen. Gemessen an kommerziellen Entwicklungsprojekten ist unsere Kalenderanwendung natürlich immer noch ein Spielzeugprogramm, doch verglichen mit den Beispielen anderer Programmiertexte braucht sie sich durchaus nicht zu verstecken.

Ein Punkt, der bisher immer ignoriert wurde, ist die automatische Anpassung der Fenster an die dargestellten Objekte. Das geschah natürlich nicht unabsichtlich, schließlich ist die einzige Berechtigung für die Verwendung rollbarer Ansichten, daß es auch etwas zu rollen gibt ☺. Abschließend wollen wir sehen, wie wir die Fenster unserer Ansichten auf eine optimale Größe bringen können. Verkompliziert wird dieses Unterfangen durch den Umstand, daß wir es hier ja tatsächlich nicht mit selbständigen Fenstern, sondern mit Kombinationen aus Rahmenfenstern und Ansichtsfenstern zu tun haben.

Bevor Sie ein Fenster auf optimale Größe bringen können, müssen Sie zunächst herausfinden, wie groß diese optimale Größe eigentlich ist. Im Fall der Kalenderansicht besteht das Problem darin, daß diese Größe vom gewählten Jahr, Monat und der verwendeten Schriftart und Größe abhängt. Die Größe kann daher eigentlich erst nach der Ausgabe bestimmt werden, einem Zeitpunkt also, zu dem die Größe des Fensters bereits unwiderruflich festgelegt wurde. Oder nicht? Der Trick besteht in diesem Fall darin, die Ausgabe zur Bestimmung der Größe des Ausgabebereichs ohne Fenster durchzuführen. Zunächst modifizieren Sie die gute alte Funktion *PrintMonth()* so, daß sie die tatsächlich verwendete Fläche als Funktionsergebnis in Form eines *CSize*-Objekts zurückgibt:

```
CSize CBitmapCalendarView::PrintMonth (CDC* pDC)
{
    // ...
    pDC->SelectObject (oldfont);

    CSize range(dx * 7 + ddx*10, (pos.y + dy*7)*y_up);
    return range;
}
```

Und dann drucken wir ins Nichts! Oder genauer gesagt in eine zum Bildschirm kompatible Bitmap, die die gewaltigen Default-Abmessungen von 1 × 1 Pixel hat. Was übersteht, wird abgeschnitten ☺.

Aus den so gewonnen Abmessungen werden anschließend die notwendigen Abmessungen des Rahmenfensters berechnet und dieses auf diese Größe eingestellt.

```
void CBitmapCalendarView::FitSize()
{
    CClientDC dc(this);
    CDC memdc;
    memdc.CreateCompatibleDC(&dc);

    memdc.SetMapMode(MM_TEXT);
    CSize size = PrintMonth (&memdc);
    CRect rect (CPoint(0,0), size);

    CFrameWnd *frame = GetParentFrame();
    frame->CalcWindowRect(rect,1);
    frame->SetWindowPos(&wndTop, 0, 0, rect.Width(), rect.Height(),
                                                          SWP_NOMOVE);
    SetScrollSizes(MM_TEXT,CSize(0,0));
}
```

Um die Größenanpassung für den Anwender zugänglich zu machen, erhält das Fenstermenü einen neuen Eintrag *Größe anpassen* mit der ID *ID_FIT_SIZE*. Die mit dem Klassen-Assistenten erzeugte Bearbeitungsfunktion ist denkbar einfach:

```
void CBitmapCalendarView::OnFitSize()
{
    FitSize();
}
```

Aber auch an anderen Stellen kann *CBitmapCalendarView::FitSize()* sinnvoll aufgerufen werden, beispielsweise in den Funktionen *OnInitialUpdate()* und *OnFont()*. Die Einstellung der optimalen Größe der Formularansicht ist dagegen denkbar einfach, es genügt in *OnInitialUpdate()* und einer Behandlungsfunktion *OnFitSize()* ein Aufruf der Funktion *VScrollView:: ResizeParentToFit()*:

```
void CCalendarForm::OnFitSize()
{
    ResizeParentToFit(FALSE);
}
```

Abb. 90: Das MDI-Programm SuperCalendar im vollen Glanze seiner Schönheit

Zusammenfassung

Zur Trennung des Modell- oder Datenteils einer Anwendung von den Details der visuellen Repräsentation dient die Dokument/Ansicht- oder MVC-Architektur. Die durch die Trennung von Modell und Ansicht mögliche Entkoppelung von Problemlösung und Darstellung erlaubt die Strukturierung auch großer und komplexer Problemstellungen. Eine typische MFC-Anwendung enthält genau ein Anwendungsobjekt, das die Nachrichtenschleife verkapselt und die Initialisierungen vornimmt, die das Zusammenwirken der übrigen Komponenten festlegen.

Die Verwaltung des Hauptfensters der Anwendung übernimmt die Hauptrahmenklasse. Von Ausnahmen wie Dialogen und anderen Popup-Fenstern abgesehen, finden alle Aktionen des Programms innerhalb dieses Fensters statt. Es enthält die anwendungsweiten Bedienungselemente wie Menüs und Werkzeugleisten und organisiert das Zusammenwirken mit den Ansichtsfenstern.

Die Ansichtsfenster werden grundsätzlich innerhalb dieses Hauptfensters dargestellt. Im Fall der einfacheren SDI-Anwendungen nimmt das Ansichtsfenster den gesamten *Client*-Bereich des Hauptrahmens ein und ist so für den Anwender nicht als eigenes Fenster wahrnehmbar. Im Fall der MDI-Anwendungen kann dieser Bereich zur Anzeige unterschiedlicher Ansichtsfenster eingesetzt werden. Wieder sind die Ansichtsfenster jedoch nicht eigenständig, sondern werden innerhalb von Rahmenfenstern dargestellt. Diese Architektur erlaubt eine maximale Entkoppelung zwischen den Rahmenfenstern zur Steuerung des Zusammenspiels der Anwendung und der hochgradig anwendungsspezifischen Ansichtsklassen.

Das Kernstück der Dokument/Ansicht-Architektur ist das Dokument oder Modell. In den MFC wird dieses durch die Klasse *CDocument* und die von dieser abgeleiteten anwendungsspezifischen Dokumentenklassen verkörpert.

Die Methode der Wahl, um einem Dokument Daten zuzuordnen, ist die Verwendung einer der für den Umgang mit polymorphen Objekten ausgelegten Behälterklassen der MFC. Die Datenobjekte werden in das Behälterobjekt eingetragen, das den Rest der Verwaltung automatisch übernimmt. So können Behälterklassen serialisiert werden und kümmern sich im Fall der Behälter für *CObject*-Objekte selbsttätig um die Serialisierung der Komponenten. Je nach Zweck und innerer Organisation unterscheidet man Felder, Listen und Zuordnungsklassen (Maps).

Wirklich ausgeschöpft werden kann das Potential der Dokument/Ansicht-Architektur erst mit MDI-Anwendungen. In einer SDI-Anwendung kann immer nur eine Ansicht gleichzeitig angezeigt werden. In einer MDI-Anwendung dagegen gibt es viele Ansichtsfenster, die verschiedene Dokumente oder verschiedene Ansichten des gleichen Dokuments zeigen.

Der entscheidende Vorteil einer MDI-Anwendung ist (neben der Möglichkeit, mehr als ein Dokument gleichzeitig zu bearbeiten) die Fähigkeit, dasselbe Dokument in verschiedenen Ansichten zu betrachten, die automatisch synchronisiert werden; d. h., eine Änderung im Dokument wird in allen verbundenen Ansichten widergespiegelt. Ein Ansichtstyp, der bei der Anzeige von Dokumenten besonders oft Verwendung findet, ist die Formularansicht. Praktisch ist eine Formularansicht eine Kreuzung zwischen Ansicht und Dialog. Sie läßt sich wie ein Dialog im Dialog-Editor entwerfen und aus einer Ressource laden. In allen übrigen Beziehungen verhält sie sich dagegen wie eine normale (rollbare) Ansicht.

5. Klasse COMponenten – Komponentenentwicklung mit Visual C++ 5

Haben wir uns in den Kapiteln 3 und 4 mit Klassen und Objekten als Bausteinen der Softwareentwicklung beschäftigt, so werden wir uns in diesem Teil mit Komponenten in einem größeren Maßstab beschäftigen. C++-Klassen sind Komponenten auf der Ebene der Programmiersprache, dagegen sind dynamische Bibliotheken (DLLs) Bausteine auf binärer Ebene, die erst zur Laufzeit mit dem ablaufenden Programm verbunden werden.

Auch hier kann die Implementation ausgetauscht werden, sofern nur die Schnittstellen unverändert bleiben. Windows selbst besteht im wesentlichen aus DLLs.

Weitergeführt wird diese Idee von den COM-Objekten des **C**omponent **O**bject **M**odel. Anders als DLLs müssen die Schnittstellen von COM-Objekten bestimmten Standards genügen. COM-Objekte können als DLL oder aber auch als ausführbare Programme vorliegen.

Auf dem Component Object Model schließlich baut ActiveX auf, das frühere OLE, das inzwischen wesentlich mehr beinhaltet als nur „**O**bject **L**inking & **E**mbedding".

COM bietet die Möglichkeit, Betriebssysteme oder Anwendungssoftware wirklich objektorientiert aus binären Komponenten aufzubauen. Nicht zuletzt wird Microsoft seine Betriebssysteme auf diese Technologie umstellen. COM und ActiveX sind also Schlüsseltechnologien, an denen langfristig niemand vorbeikommen wird.

Ein Beispiel für diese objektorientierten Softwarekomponenten sind die **D**ata **A**ccess **O**bjects (DAO) zur Unterstützung der Datenbankprogrammierung vornehmlich auf der Basis der JET-Engine. Mit wenigen Mausklicks könne mit Hilfe der Assistenten Programme mit vollem Zugriff auf fast beliebige Datenbanken zusammengestöpselt werden.

Jedes dieser Themen ist so umfassend, daß darüber eine umfangreiche Spezialliteratur existiert. Allein zum Thema OLE/ActiveX lassen sich leicht tausend Seiten schreiben, ohne das Thema damit erschöpfend behandelt zu haben.

Das Thema Datenbankprogrammierung ist ähnlich weit und kann in diesem Rahmen daher nur angerissen werden. Wer wirklich ActiveX-Komponenten oder leistungsfähige Datenbankanwendungen entwickeln will, wird daher nicht umhinkommen, sich durch die zusätzliche Spezialliteratur zu arbeiten.

5.1 Dynamische Bibliotheken – Die Programmierung von DLLs

Dynamische Bibliotheken waren im Bereich der „kleinen" Computer eine der großen Neuerungen von Windows (und OS/2). Windows selbst ist von Anfang an als eine Ansammlung zusammenarbeitender DLLs implementiert. Dadurch, daß der Binärcode einer Bibliothek nicht mehr fest mit einem Programm verbunden werden muß, sondern als eigenständige Entität in Form einer DLL existieren kann, kann er von mehreren Programmen gleichzeitig genutzt werden, ohne jedesmal neu in den Arbeitsspeicher geladen werden zu müssen. Gleichzeitig ermöglicht dies, Bibliotheken unabhängig von den aufrufenden Anwendungen zu pflegen. Bei statisch gelinkten Bibliotheken dagegen müssen bei jeder Änderung einer Bibliothek alle abhängigen Anwendungen neu gelinkt werden.

Dynamisches Binden

Kompilierte Sprachen sind ohne Bibliotheken nicht denkbar. Eine Bibliothek ist eine Sammlung von fertig übersetzten Programmobjekten, die in derselben oder einer anderen Programmiersprache (kompatible Aufrufkonventionen vorausgesetzt) geschrieben sein können. Beispiele sind die Laufzeitbibliothek und die C/C++-Standardbibliotheken, ohne die kaum ein C++-Programm auskommt. Wie die vom Compiler erzeugten Objektdateien besteht der Inhalt einer Bibliothek aus binärem Code, der jedoch zusammen mit Symbol- und Hilfsinformationen in einem geeigneten Format abgelegt ist. Wird der übersetzte Programmcode gelinkt oder gebunden, sucht der Linker[73] alle Programmobjekte, die er in den explizit angegebenen Objektdateien nicht finden kann, in einer Liste von Bibliotheken und extrahiert den benötigten Binärcode. Aus diesem und den Objektdateien erzeugt der Linker schließlich die ausführbare Datei, die im wesentlichen ein binäres Abbild des lauffähigen Programms im Arbeitsspeicher darstellt. Übersetzt ein Compiler ein Programm, ersetzt er jeden Funktionsaufruf oder globalen Datenzugriff durch den entsprechenden Prozessorbefehl. Da aber die angesprochene Speicheradresse zur Übersetzungszeit noch nicht bekannt ist, wird anstelle der Adresse Symbolinformation eingefügt. Die Hauptaufgabe des Linkers neben der Zusammenstellung aller benötigten Codeteile besteht darin, diese symbolischen Adressen durch die tatsächlichen Adressen zu ersetzen[74].

---

73 Manchmal auch Binder. Selbst der Begriff Montierer ist mir bereits untergekommen.

74 Tatsächlich ist die Situation unter DOS noch etwas komplizierter als in den meisten anderen Betriebssystemen, da hier Programme nicht notwendigerweise immer auf dieselbe Speicheradresse geladen werden. Aus diesem Grunde enthält eine ausführbare Datei unter DOS zusätzliche Relozierungstabellen, die es dem Programmlader des Betriebssystems erlauben, die im Programm verwendeten Adressen an die tatsächliche Lage im Arbeitsspeicher anzupassen.

Bei dynamisch gelinkten Bibliotheken kann man beim Binden der Client-Anwendung natürlich nicht auf diese Weise vorgehen; schließlich ist die anzubindende DLL zu diesem Zeitpunkt noch gar nicht vorhanden oder wird möglicherweise später völlig überarbeitet. Statt dessen gibt es zwei prinzipiell unterschiedliche mögliche Vorgehensweisen. Die eine, besonders bei kompilierten Sprachen wie C++ verbreitete Methode besteht darin, statisch eine Importbibliothek zu linken, welche die Kommunikation mit der DLL übernimmt. Tatsächlich handelt es sich dabei um wenig mehr als um eine Tabelle mit den Einsprungpunkten der DLL. Die Adressen in dieser Tabelle werden beim Starten von Programm und DLL vom Lader eingetragen. Der Aufruf einer Funktion in einer DLL wird also implizit über einen Funktionszeiger abgewickelt, der in einer Tabelle in der vom Linker erzeugten Importbibliothek lokalisiert ist.

Die andere Möglichkeit, eine DLL anzubinden ist eher bei interpretierten Sprachen wie Visual Basic zu finden, kann aber auch mit kompilierten Sprachen vorteilhaft eingesetzt werden. Bei dieser Vorgehensweise wird die Bibliothek mit der API-Funktion *LoadLibrary()* geladen und mit *GetProcAddress()* ein Funktionszeiger auf die gewünschten DLL-Funktionen ermittelt. Dieser kann nun genauso wie ein hart kodierter Funktionsaufruf verwendet werden. Der Hauptvorteil dieses Verfahrens besteht in der größeren Flexibilität. So ist ist möglich, eine DLL erst dann zu laden, wenn sie wirklich benötigt wird, und sie nach Gebrauch auch explizit wieder freizugeben. Ebenso ist es denkbar, erst zur Laufzeit zu entscheiden, welche Version der DLL geladen wird, etwa um ein Programm an nationale Eigenheiten anzupassen. Da auf diese Weise angesprochene DLL-Aufrufe nicht in der Importliste einer *exe*- oder *dll*-Datei auftauchen, werden sie auch gerne benutzt, um Know-how zu schützen.

Unabhängig davon, wie die DLL letztlich geladen wird, wird sie in den Adreßraum des *client*-Programms eingeblendet und benutzt dessen Datensegment und Freispeicher. Da unter Windows 95 und Windows NT jeder 32-Bit-Prozeß in seinem eigenen Adreßraum läuft und vom Rest des Universums nichts weiß[75], ist so sichergestellt, daß auch dann, wenn eine DLL gleichzeitig in mehreren Prozessen in Benutzung ist, die Prozesse streng voneinander abgeschottet bleiben. Die einzige Ausnahme sind geeignet vereinbarte globale Variablen, die ausdrücklich von mehreren Prozessen gemeinsam benutzt werden dürfen.

Import und Export von Funktionen

Um dem Betriebssystem beim Laden einer Anwendung oder einer DLL die Verbindung von exportierenden DLLs mit importierenden Clients zu ermöglichen, müssen in der ausführbaren Datei oder der DLL Listen der importierten und der exportierten Funktionen und (neuerdings) Variablen vorhanden sein. Da das alte DOS-*exe*-Format

75 Durch die virtuelle Speicherverwaltung sind logische und physikalische Adressen zwei völlig unterschiedliche Paar Schuhe. Hardware und Betriebssystem arbeiten zusammen, um jedem Prozeß einen eigenen, ansonsten völlig leeren Adreßraum vorzuspiegeln, der an völlig anderen physikalischen Adressen oder sogar im Auslagerungsbereich auf der Festplatte liegen kann.

sich nicht in diese Richtung erweitern ließ, führte Microsoft zusammen mit Windows ein neues Format für ausführbare Dateien, DLLs und Ressourcen ein, das NE-Format (**N**ew **E**xecutable). Mit den 32-Bit-Varianten von Windows wurde schließlich das PE-Format (**P**ortable **E**xecutable) eingeführt. Beiden ist gemeinsam, daß sie mit einem kleinen DOS-Programm beginnen, dem sogenannten Stub (engl. für Stummel), der einen Versuch, die ausführbare Datei unter DOS zu starten mit einer Fehlermeldung quittiert. Die eigentliche NE- bzw. PE-Datei beginnt erst hinter dem Stub und wird durch die Buchstaben NE bzw. PE eingeleitet. Exporte, Importe, Ressourcen und andere in der Datei gespeicherte Informationen bis hin zu einem Disassembler-Listing können mit der Kommandozeilen-Utility *Dumpbin.exe* in lesbarer Form angezeigt werden. PE-Dateien haben immer das gleiche interne Format, egal, ob es sich nun um ausführbare Dateien (Erweiterung z. B. *exe*), dynamische Bibliotheken (Erweiterung z. B. *dll*) oder reine Ressourcen wie z. B. Zeichensätze handelt[76].

Da die Idee der dynamischen Bibliotheken von C++ (wie auch von anderen Sprachen) nicht direkt unterstützt wird, gibt es auch keine Möglichkeit, in ANSI-C++ selbst die Schnittstellen dynamischer Bibliotheken zu definieren. Zur Lösung des Problems stellte Microsoft drei unterschiedliche Mechanismen zur Verfügung, die auch beliebig gemischt werden dürfen.

Der erste Weg arbeitet unabhängig von den eigentlichen Programmquellen, indem dem Linker die Schnittstellendefinitionen in einer gesonderten Steuerungsdatei mit der Namenserweiterung *def* zur Verfügung gestellt werden. Vorteil dieser Methode ist, daß alle Informationen zu Importen und Exporten an einer Stelle zusammengefaßt werden (können). Nachteilig ist, daß diese Moduldefinitionsdatei unabhängig vom Quelltext gepflegt werden muß und daß die Namen der importierten und exportierten Symbole in der Schreibweise des Linkers angegeben werden müssen. Bei C-Modulen ist dies kein Problem, doch gerade bei C++ können sich diese sogenannten dekorierten Namen stark von den Symbolnamen im Quelltext unterscheiden, da der C++-Compiler in den internen Funktionsnamen auch Art und Anzahl der Funktionsargumente und ggf. die Klassenzugehörigkeit in verschlüsselter Form kodiert.

Der zweite Weg arbeitet wie die Anwendung von Moduldefinitionsdateien unabhängig vom Quelltext, definiert die exportierten Bezeichner jedoch über den */EXPORT*-Schalter in der Kommandozeile des Linkers. In der Entwicklungsumgebung ist diese über *[D4]Build.Settings*, Reiter *Link* zugänglich.

Der dritte (von Microsoft empfohlene) Weg vermeidet diese Probleme für C++-Bezeichner, indem Importe und Exporte direkt im Quelltext mit sogenannten erweiterten Attributen spezifiziert werden. Auf diese Weise können bequem sogar ganze Klassen importiert und exportiert werden. Nachteil des Verfahrens ist natürlich, daß es sich um eine Microsoft-spezifische Erweiterung handelt, welche die Portabilität des Codes (zu anderen Compilern) beeinträchtigt:

---

76 Tatsächlich ist ein Zeichensatz nichts anderes als eine ausführbare Datei ohne Code, die im wesentlichen nur eine Zeichensatz-Ressource enthält.

```
__declspec(dllexport) int foobar();  // Diese Funktion wird exportiert
__declspec(dllimport) int barfoo();  //    ... und diese wird importiert
```

Für die Verwendung innerhalb der MFC oder von MFC-Anwendungen stehen außerdem eine Reihe von *AFX_EXT*-Makros zur Kennzeichnung von Importen und Exporten zur Verfügung. Vorteil solcher Makros ist, daß sie automatisch je nach Kontext zu Import- oder zu Exportattributen expandieren:

```
#ifdef _AFXEXT
    #define AFX_EXT_CLASS       AFX_CLASS_EXPORT
    #define AFX_EXT_API         AFX_API_EXPORT
    #define AFX_EXT_DATA        AFX_DATA_EXPORT
    #define AFX_EXT_DATADEF
#else
    #define AFX_EXT_CLASS       AFX_CLASS_IMPORT
    #define AFX_EXT_API         AFX_API_IMPORT
    #define AFX_EXT_DATA        AFX_DATA_IMPORT
    #define AFX_EXT_DATADEF
#endif
```

Bei diesen MFC-Makros zur Kennzeichnung von Importen und Exporten wird säuberlich unterschieden zwischen

- Komplett exportierten Klassen : *AFX_EXT_CLASS*
- Funktionen: *AFX_EXT_API*
- und Daten: *AFX_EXT_DATA*

Auch wenn diese Makros für Win32 alle einheitlich zu *__declspec(dllexport)* bzw. *__declspec(dllimport)* expandieren, erlauben sie doch die Unterscheidung verschiedener Arten von exportierten Objekten. Dies stellt im Hinblick auf andere mögliche Plattformen (die eine solche Unterscheidung möglicherweise benötigen) die Portabilität sicher.

Wird eine DLL mit dem Anwendungs-Assistenten (für DLLs) erzeugt, wird auch eine minimale Moduldefinitionsdatei erzeugt, für eine reine Win32-DLL muß man die *def*-Datei selbst anlegen und zum Projekt hinzufügen. Die automatisch erzeugte Moduldefinitionsdatei einer DLL *DateDll* sieht beispielsweise wie folgt aus:

```
; DateDll.def : Declares the module parameters for the DLL.

LIBRARY      "DATEDLL"
DESCRIPTION  'DATEDLL Windows Dynamic Link Library'

EXPORTS
    ; Explicit exports can go here
```

Die *LIBRARY*-Anweisung veranlaßt den Linker zur Erzeugung einer DLL statt einer ausführbaren Datei, die *DESCRIPTION*-Anweisung definiert eine Zeichenkette, die in die fertige DLL eingebunden wird, und die *EXPORTS*-Anweisung erlaubt die Auflistung aller Bezeichner, die von der DLL exportiert werden. Andere Anweisungen wie z. B. die *IMPORT*-Anweisung sind unter Win32 nicht mehr notwendig und daher weggefallen. Insbesondere ist es nicht mehr notwendig, importierten Bezeichnern vom Linker eine Sonderbehandlung angedeihen zu lassen; es genügt, die Importbibliothek der entsprechenden DLL zu linken. Die von Visual C++ noch unterstützten Moduldefinitionsanweisungen sind:

- *NAME* – Legt den Namen und optional die Anfangadresse für eine ausführbare (*exe*-)Datei fest.
- *LIBRARY* – Es soll eine DLL erzeugt werden; optional können der (interne) Name der DLL und die bevorzugte Ladeadresse festgelegt werden; die Linkerschalter */dll* bzw. */base* (über *[D5]Build.Settings*, Reiter *Link*) haben die gleiche Wirkung.
- *DESCRIPTION* – Eine beliebige, in Anführungszeichen eingeschlossene Zeichenkette, die nur in das Segment *.rdata* der Bibliothek kopiert wird.
- *STACKSIZE* – Erlaubt es, eine abweichende Größe für den Stack festzulegen.
- *SECTION* – Erlaubt die Eigenschaften von Segmenten abweichend von den Voreinstellungen festzulegen. Ein Programm oder eine DLL besitzt im allgemeinen unterschiedliche Segmente für Code, Daten und initialisierte Daten. Die Anweisung *SECTION* ist synonym zur früheren Anweisung *SEGMENT* und leitet eine Liste ein, in der für die angegebenen Segmente eines oder mehrere der folgenden Attribute spezifiziert werden: *EXECUTE*, *READ*, *SHARED* oder *WRITE*.
- *VERSION* – Legt eine numerische Versionsangabe im Kopf der DLL fest.
- *EXPORTS* – Markiert den Anfang einer Liste von *Exportspezifikationen; Exportspezifikationen können auch mit dem* Schalter */EXPORT:* auf der Kommandozeile des Linkes festgelegt werden.

Ein Exportspezifikation - ob in der Moduldefinitionsdatei oder der Kommandozeile des Linkers - hat immer denselben Aufbau:

```
entryname[=internalname][,@ordinal[,NONAME]][,DATA]
```

Mit *entryname* wird der Name festgelegt, unter dem die Funktion (für den Linker) nach außen erscheinen soll. Weicht dieser aus irgendeinem Grunde von dem im Bibliothekscode benutzten Namen ab, kann zusätzlich letzterer als *internalname* angegeben werden. Jede exportierte Funktion hat eine Ordinalzahl, die die Position in der Tabelle der exportierten Funktionen angibt. Diese kann implizit vom Linker vergeben werden oder mit der optionalen Angabe *@ordinal* explizit festgelegt werden. Für Funktionen, für die eine Ordinalzahl explizit spezifiziert wurde, kann außerdem durch die Angabe von *NONAME* verhindert werden, daß der Name in der Exportliste der DLL selbst auftaucht. Eine solche Funktion kann nur noch über ihre Ordinalzahl angesprochen werden. Bezeichner für Datenobjekte werden dagegen mit der Angabe *DATA* gekennzeichnet.

Funktionen in einer DLL können über ihre Ordinalzahl oder über den (externen) Namen angesprochen werden. Am augenfälligsten ist dies bei der Verwendung von *LoadLibrary()*, *FreeLibrary()* und *GetProcAddress()*. Zunächst wird die DLL mit *LoadLibrary()* geladen und in den Adreßraum der Anwendung eingeblendet.

```
HINSTANCE LoadLibrary(LPCTSTR lpLibFileName);
```

Ist der Name der DLL vollständig angegeben, wird die DLL an der angegebenen Stelle gesucht, ist sie dort nicht vorhanden, scheitert der Aufruf. Ist nur der (externe) Name der DLL gegeben, wird dieser ggf. durch die Dateinamenserweiterung *dll* ergänzt und erst im Startverzeichnis der Anwendung, dann im aktuellen Arbeitsverzeichnis des Prozesses, im Systemverzeichnis von Windows, im Windows-Verzeichnis selbst und schließlich in mit der *Path*-Umgebungsvariablen festgelegten Verzeichnissen gesucht.

Sobald eine mit *LoadLibrary()* geladene DLL nicht mehr benötigt wird, spätestens aber bei Ende der Anwendung, muß die DLL außerdem unbedingt wieder freigegeben werden (ist die DLL dagegen über eine Importbibliothek eingebunden, werden diese Aufgaben vom Laufzeitsystem erledigt):

```
BOOL FreeLibrary(HMODULE hLibModul);
```

Das Ergebnis des *LoadLibrary()*-Aufrufs ist ein Instanz-Handle der DLL, welches nun mit *GetProcAddress()* verwendet werden kann, um die Adressen einzelner Funktionen der DLL zu ermitteln:

```
FARPROC GetProcAddress              // Rückgabe wert: Funktionszeiger
    (
        HMODULE hModule,            // Handle des DLL-Moduls
        LPCSTR lpProcName           // Name/Ordinalzahl der Funktion
    );
```

Der zweite Parameter ist der Name der Funktion oder aber ihre Ordinalzahl. Der Aufruf über die Ordinalzahl war unter Win16 die Methode der Wahl, da wesentlich schneller als die Suche des Funktionsnamen in der DLL. Der Aufruf über den Namen dagegen hat den Vorteil, daß er auch dann noch funktioniert, wenn eine neue Version der DLL eine abweichende Anordnung der Einsprungpunkte aufweist. Microsoft empfiehlt für Win32 nun die Referenzierung über Namen, da die Effizienz des Nachschlagemechanismus gegenüber Win16 stark verbessert worden sei und die Referenzierung über Namen robuster ist als über die Position der Einsprungpunkte.

Bei der DLL-Version der MFC ist Microsoft jedoch selbst von den eigenen Vorgaben abgewichen, die Einsprungpunkte können sogar ausschließlich über die Ordinalzahl gefunden werden, die Verwendung von Namen ist per *NONAME* unterbunden. Der Auszug aus der Moduldefinitionsdatei der MFC demonstriert übrigens auch die Unhandlichkeit dekorierter C++-Funktionsnamen[77] in Moduldefinitonsdateien:

```
LIBRARY MFC42

EXPORTS
 DllGetClassObject @ 1 PRIVATE
 DllCanUnloadNow @ 2 PRIVATE
 DllRegisterServer @ 3 PRIVATE
```

77 Die dekorierten Funktionsnamen einer Bibliothek oder Object-Datei können mit der Konsolenanwendung *dumpbin* ermittelt werden: *dumpbin /symbol objname > listfile.*

```
DllUnregisterServer @ 4 PRIVATE
??0_AFX_CHECKLIST_STATE@@QAE@XZ @ 256 NONAME
??0_AFX_COLOR_STATE@@QAE@XZ @ 257 NONAME
??0_AFX_CONTROLPOS@@QAE@XZ @ 258 NONAME
??0_AFX_DAO_STATE@@QAE@XZ @ 259 NONAME
??0_AFX_EDIT_STATE@@QAE@XZ @ 260 NONAME
??0_AFX_OLE_STATE@@QAE@XZ @ 261 NONAME
??0_AFX_THREAD_STATE@@QAE@XZ @ 262 NONAME

; ...

?WriteString@CInternetFile@@UAEXPBD@Z @ 6406 NONAME
?WriteString@CStdioFile@@UAEXPBD@Z @ 6407 NONAME
?WriteToArchive@CEditView@@QAEXAAVCArchive@@@Z @ 6408 NONAME
?WriteToStream@CProperty@@QAEHPAUIStream@@@Z @ 6409 NONAME
?WriteToStream@CPropertySection@@QAEHPAUIStream@@@Z @ 6410 NONAME
?WriteToStream@CPropertySet@@QAEHPAUIStream@@@Z @ 6411 NONAME
afxChNil @ 6412 NONAME
```

Da die Verbindung zur DLL-Version der MFC im allgemeinen durch das Linken einer Importbibliothek geschieht, ist die richtige Zuordnung auch bei der Referenz über Ordinalzahlen sichergestellt, und bei den über 6000(!) Einsprungpunkten der MFC ist die Platzersparnis erheblich, wenn nicht noch die Namen aller exportierten Symbole in DLL und Anwendungen vorliegen.

Initialisierung einer DLL

Wird eine dynamische Bibliothek in den Speicher geladen, sind eine Reihe von Initialisierungen wie die Konstruktion statischer Objekte vorzunehmen. Der vom Linker vorgesehene Haupteintrittspunkt der DLL *_DllMainCRTStartup* leistet diese Aufgaben und ruft danach die Funktion *DllMain()* auf. Diese sollte in jeder DLL bereitgestellt werden und wird auf gleiche Weise auch beim Ausladen der Bibliothek und anderen Ereignissen aufgerufen. So können unmittelbar vor dem Ausladen der Bibliothek auch die evtl. nötigen Aufräumungsarbeiten ausgeführt werden. Fehlt die Funktion *DllMain()*, wird vom Linker eine Minimalversion aus der Laufzeitbibliothek eingebunden. Die vom Anwendungs-Assistenten (für DLLs) generierte Initialisierungs-Funktion *DllMain()* für eine DLL *DateDll* sieht dagegen etwa wie folgt aus und kann bei Bedarf beliebig erweitert werden.

```
extern "C" int APIENTRY
DllMain(HINSTANCE hInstance, DWORD dwReason, LPVOID lpReserved)
{
    if (dwReason == DLL_PROCESS_ATTACH)
    {
        TRACE0("DATEDLL.DLL Initializing!\n");

        // Extension DLL one-time initialization
        AfxInitExtensionModule(DateDllDLL, hInstance);

        // Insert this DLL into the resource chain
        new CDynLinkLibrary(DateDllDLL);
    }
```

```
    else if (dwReason == DLL_PROCESS_DETACH)
    {
        TRACE0("DATEDLL.DLL Terminating!\n");
    }
    return 1;   // ok
}
```

Wichtig sind die Parameter *hInstance* und *dwReason*, *lpReserved* ist zur Zeit unbenutzt. *hInstance* ist das Modul-Handle und dient dazu, die DLL innerhalb des laufenden Prozesses eindeutig zu identifizieren[78]. Ein solches Instanz-Handle ist insbesonders beim Laden von Ressourcen wichtig, da diese ja sowohl aus der Hauptanwendungsdatei als auch aus jeder geladenen DLL genommen werden können. Damit das Instanz-Handle auch anderen Funktionen der DLL zur Verfügung steht, ist es daher eine gute Idee, es beispielsweise in einer globalen Variablen aufzubewahren. Der zweite Parameter gibt an, weshalb *DLLmain()* aufgerufen wurde, und kann einen der folgenden Werte annehmen:

- *DLL_PROCESS_ATTACH* - Ein neuer Prozeß/Anwendung blendet die DLL in seinen Adreßraum ein.
- *DLL_THREAD_ATTACH* - Ein weiterer Ausführungsfaden des Prozesses benötigt die DLL.
- *DLL_PROCESS_DETACH* - Der Prozeß benötigt die DLL nicht länger.
- *DLL_THREAD_DETACH* - Der zusätzliche Ausführungsfaden benötigt die DLL nicht länger.

Eine einfache Win32-DLL

Visual C++ unterstützt dynamische Bibliotheken sowohl mit als auch ohne MFC-Unterstützung. Die ersteren benötigt man typischerweise für kompliziertere Vorhaben oder um ganze Klassen oder Module einer Anwendung in eine selbständige Einheit zu verpacken. Für mache Aufgaben genügt aber auch eine einfachere Win32-DLL, die keine zusätzliche Unterstützung durch die MFC benötigt. Da hier die Mechanismen einer DLL am klarsten zu Tage treten, wollen wir uns zunächst mit einer solchen einfachen DLL beschäftigen.

Das vorliegende Beispiel ist die vereinfachte Version einer DLL, die in einer kommerziellen Anwendung Maus und Tastatur überwacht, um nach einer gewissen Zeit der Untätigkeit in einen Bildschirmschonermodus zu wechseln. Windows bietet die Möglichkeit, für viele verschiedene Typen von Systemereignissen sogenannte *Hook*-Funktionen (hook engl. für Haken) zu installieren. Eine solche *Hook*-Funktion hat die folgende prinzipielle Form:

```
LRESULT CALLBACK HookProc(int nCode,WPARAM wParam,LPARAM lParam)
```

---

78 Praktisch steckt hinter dem Modul-Handle nichts anderes als die wirkliche Ladeadresse der DLL.

Zum Installieren einer *Hook*-Funktion dient die API-Funktion *SetWindowsHookEx()*:

```
HHOOK SetWindowsHookEx (
    int idHook,       // Art des "Hakens"
    HOOKPROC lpfn,    // Adresse der Hook-Funktion
    HINSTANCE hMod,   // Instanz-Handle der Anwendung oder DLL
    DWORD dwThreadId  // ID des Ausführungsfadens
);
```

Die Art des Hakens kann über den ersten Parameter festgelegt werden, der einen der folgenden symbolischen Werte annehmen kann:

- *WH_CALLWNDPROC* – Überwacht Windows-Botschaften, bevor sie zum Bestimmungsfenster gesandt werden.
- *WH_CALLWNDPROCRET*: – Überwacht Windows-Botschaften, nachdem sie vom Bestimmungsfenster verarbeitet wurden.
- *WH_CBT* – Unterstützt Computer-basiertes Training.
- *WH_DEBUG* – Unterstützt die Fehlersuche in *Hook*-Funktionen.
- *WH_GETMESSAGE* – Überwacht Botschaften, wenn sie in die Nachrichtenwarteschlange gestellt werden.
- *WH_JOURNALRECORD* – Überwacht Botschaften der Systemwarteschlange.
- *WH_JOURNALPLAYBACK* – Spielt zuvor aufgenommene Botschaften der Systemwarteschlange wieder ab.
- *WH_KEYBOARD* – Überwacht Tastaturbotschaften.
- *WH_MOUSE* – Überwacht Mausbotschaften.
- *WH_MSGFILTER* – Überwacht Nachrichten, die durch eine Eingabe in einem Dialogfeld oder einem Kontrollelement, Menü, etc. ausgelöst wurden.
- *WH_SHELL* – Erleichtert die Entwicklung alternativer Shells.
- *WH_SYSMSGFILTER* – Überwacht Systembotschaften.

Die meisten dieser *Hook*-Funktionen sind offensichtlich zur Verwendung innerhalb einer einzelnen Anwendung gedacht, andere wie Maus- oder Tastaturüberwachung jedoch überwachen Ereignisse auch systemweit, d. h., sie überwachen auch Windows-Botschaften, die für andere Anwendungen bestimmt sind. Solche systemweit wirksamen *Hook*-Funktionen können nur in einer DLL implementiert werden, da jede Anwendung ihren eigenen Adreßraum hat und die *Hook*-Funktionen mit der DLL in jeden dieser Adreßräume eingeblendet werden müssen.

Die Grundidee der Überwachungs-DLL *KeyWatch*, für die wir mit *Datei/Neu*, Reiter *Projekte*, Listenauswahl *Win32 Dynamic-Link Library* ein neues Projekt anlegen, besteht darin, daß die DLL vom Anwendungsprogramm ständig mitgeteilt bekommt, wieviel Zeit seit der letzten Tastenbetätigung/Mausaktion verstrichen ist. Wird eine Tastenbetätigung/Mausaktion registriert, wird dieser Wert wieder auf null gesetzt. Das Anwendungsprogramm kann diesen Wert regelmäßig abfragen und so feststellen, ob die Bedingung für den Start des Bildschirmschonermoduls schon eingetreten ist. Die Kommunikation mit der DLL wird über die folgenden Funktionen abgewickelt:

InitKeyWatch(), um die *Hook*-Funktionen ein- und auszuhängen, *SetIdleTime()* und *GetIdleTime()*, um die verstrichene Zeit zu setzen und abzufragen, und schließlich *GetNumInstances()*, um festzustellen, wieviele Instanzen der DLL augenblicklich aktiv sind. Die benötigte Definitionsdatei *Dskwkeyw.h* (*Datei/Neu*, Reiter *Dateien*, Listenauswahl *C/C++-Header-Datei*) ist damit:

```
#include "windows.h"     // Windows-Definitionsdatei

#ifndef dskwkeyw_h
#define dskwkeyw_h

#if __cplusplus          // Für C und C++ brauchbar!
extern "C" {             // Auch für C++ undekorierte C-Namen
#endif


void    InitKeyWatch (BOOL install);
void    SetIdleTime  (DWORD time);
DWORD   GetIdleTime  (void);
int     GetNumInstances(void);


#if __cplusplus
}
#endif

#endif // dskwkeyw_h
```

Die Implementationsdatei *Dskwkeyw.c* oder *Dskwkeyw.cpp* kann sowohl als C-Quelltext als auch als C++-Quelltext ins Projekt eingebunden werden, da keine der besonderen Sprachmittel von C++ ausgenutzt werden. Die *extern "C" { ... }*-Konstruktion in der Definitionsdatei stellt dabei sicher, daß wir auch in C++ undekorierte Funktionsnamen nach C-Konvention für den Linker erhalten und daß die Definitionsdatei von C- und von C++-Modulen gleich verstanden wird. Zunächst müssen in der Implementationsdatei die nötigen Definitionsdateien eingelesen werden und Prototypen für die *Hook*-Funktionen bereitgestellt werden:

```
#include "windows.h"
#include "dskwkeyw.h"

LRESULT CALLBACK KeyboardFunc (int nCode, WPARAM wParam, LPARAM lParam);
LRESULT CALLBACK MouseFunc    (int nCode, WPARAM wParam, LPARAM lParam);
```

Um die Handles der *Hook*-Funktionen und der DLL selbst aufzunehmen, benötigen wir noch einige globale Variablen. Die Variablen zum Zählen der Anzahl der Instanzen und der Wartezeit werden in einem eigenen Datensegment mit Namen *Shared* plaziert. Diesem können später mit Hilfe des */SECTION*-Schalters oder der *SECTION*-Anweisung der Moduldefinitionsdatei des Linkers besondere Eigenschaften gegeben werden. Die Variablen müssen übrigens zu diesem Zweck unbedingt initialisiert sein. Uninitialisierte Variablen liegen dagegen immer im Segment *.bss.* Die Definition des Segmentnamens geschieht mit der *#pragma*-Direktive. Das einzige, was an dieser Direktive standardisiert ist, ist das Schlüsselwort und daß jeder nach ihm stehende

Text vollständig Compiler-abhängig ist. *#pragma*-Direktiven dienen im allgemeinen zur Steuerung der Arbeitsweise des Compilers:

```
HANDLE              hInstance = 0;    // Globales Instanz-Handle der
DLL
HHOOK               hhookKeyb = 0;
HHOOK               hhookmouse = 0;

#pragma data_seg("Shared")     // Beginn des Segments mit Namen "Shared"

long                moduleUsage = 0;
int   IdleTime = 0;

#pragma data_seg()              // Ende des Segments mit Namen "Shared"
```

Zum Zugriff auf die internen Variablen der DLL stellen wir die entsprechenden Lese- und Schreib-Funktionen zur Verfügung. Es ist zwar neuerdings auch möglich, Daten zu exportieren, aber im Interesse einer sauberen Schnittstellendefinition sollten solche Exporte Notfällen vorbehalten bleiben.

Wie schon in C++-Klassen gilt auch hier, daβ Implementationsdetails von Softwarekomponenten nach Möglichkeit nach auβen hin verborgen bleiben sollen.

```
void SetIdleTime (DWORD time)
{
    IdleTime = time;
}

DWORD GetIdleTime (void)
{
    return IdleTime;
}

int GetNumInstances(void)
{
    return moduleUsage;
}
```

Initialisiert und deinitialisiert wird die DLL durch die bereits erwähnte Funktion *DllMain()*. In unserem Falle merkt sich die Funktion nur das Instanz-Handle der DLL und zählt mit, wie viele Instanzen der DLL momentan aktiv sind.

```
BOOL WINAPI DllMain (HINSTANCE hinstDll, DWORD dwReason,
                                                    LPVOID reserved)
{
    switch (dwReason)
    {
        case DLL_PROCESS_ATTACH :
            moduleUsage++;
            break;
        case DLL_PROCESS_DETACH :
            moduleUsage—;
            break;
    }
```

```
    hInstance = hinstDll;
    return TRUE;
}
```

Nun fehlen noch die eigentlichen *Hook*-Funktionen. Beide setzen beim Eintreffen des überwachten Ereignisses lediglich die Variable *IdleTime* zurück und reichen den Aufruf in der Kette der *Hook*-Funktionen weiter.

```
LRESULT CALLBACK KeyboardFunc (int nCode, WPARAM wParam, LPARAM lParam)
{
    IdleTime = 0;
    return (CallNextHookEx(hhookKeyb, nCode, wParam, lParam));
}

LRESULT CALLBACK MouseFunc (int nCode, WPARAM wParam, LPARAM lParam)
{
    IdleTime = 0;
    return (CallNextHookEx(hhookmouse, nCode, wParam, lParam));
}
```

Die schönsten *Hook*-Funktionen nützen nichts, wenn sie nicht ins System eingehängt werden. Dazu und für den umgekehrten Vorgang verwendet die Funktion *InitKeyWatch()* die Win32-API-Funktionen *SetWindowsHookEx()* und *UnhookWindowsHookEx()*.

Die beiden Handlevariablen *hhookKeyb* und *hhookmouse* dienen hier nur dazu, die zu deinstallierenden *Hook*-Funktionen zu identifizieren:

```
void InitKeyWatch (BOOL install)
{
   if (install)
   {
      hhookKeyb  = SetWindowsHookEx(WH_KEYBOARD, (HOOKPROC)KeyboardFunc,
                                                        hInstance, 0);
      hhookmouse = SetWindowsHookEx(WH_MOUSE, (HOOKPROC)MouseFunc,
                                                        hInstance, 0);
   }
   else
   {
      UnhookWindowsHookEx(hhookKeyb);
      UnhookWindowsHookEx(hhookmouse);
   }
}
```

Damit sind die Funktionen der DLL komplett beisammen. Um dem System mitzuteilen, daß eine DLL erstellt werden soll und welche Funktionen exportiert werden sollen, fügen wir zum Projekt noch die Moduldefinitionsdatei *Dskwkeyw.def* hinzu.

Da Moduldefinitionsdateien im *Datei/Neu*-Dialog nicht vorgesehen sind, erzeugen wir mit der Symbolleistenschaltfläche *Neue Textdatei* eine neue Textdatei, speichern sie mit *Datei/Speichern Unter* unter dem Namen *Dskwkeyw.def* und fügen diese mit dem Kontextmenübefehl *Datei in Projekt einfügen* in das Projekt ein:

```
LIBRARY      "KeyWatch"

DESCRIPTION 'Tastatur- und Mausüberwachungs-DLL KeyWatch'

VERSION      1.0

HEAPSIZE     1048576,4096

EXPORTS
        InitKeyWatch     @2
        SetIdleTime      @4
        GetIdleTime      @5
        GetNumInstances  @6
```

Im Prinzip sollte sich die neue DLL nun auf die gewohnte Art übersetzen und linken lassen. Damit die noch fehlende Client-Anwendung später jedoch keine Probleme hat, die DLL zu finden, sollten wir zuvor noch mit *Projekt/Einstellungen*, Reiter *Linker*, Kategorie *Allgemein* im Eingabefeld *Name der Ausgabedatei* den Ausgabepfad entfernen (für Debug- und Release-Konfiguration getrennt, beide können im linken Fenster des Dialogs einzeln angewählt werden).

Dialoganwendung als Client

Die schönste DLL nützt wenig ohne eine Anwendung, die diese DLL verwendet oder zumindest hilft, diese zu testen. Da die ursprüngliche Client-Anwendung der DLL kein für dieses Buch besonders gut geeignetes Beispiel darstellt, wollen wir uns hier auf eine kleine dialogbasierte MFC-Anwendung als Client beschränken. Der Dialog soll im wesentlichen einen Fortschrittsbalken zeigen, der fortlaufend die seit dem letzten Tastatur- oder Maus-Ereignis verstrichene Zeit zeigt.

Die zwei Typen von MFC-Anwendungen, die wir bis hierher kennengelernt haben, waren die SDI- und die MDI-Anwendung. Der Anwendungs-Assistent unterstützt einen weiteren Typ MFC-Anwendung, der besonders für kleine und kleinste Anwendungen geeignet ist, die Dialoganwendung. Eine solche Anwendung besteht aus einem einzelnen modalen Dialog, bei dessen Beendigung auch die Anwendung wieder beendet wird.

Um das neue Projekt anzulegen, wählen wir wieder *Datei/Neu*, Reiter *Projekte* und dort den *MFC-Anwendungs-Assistent (exe)*. Als Projektnamen legen wir *BigBrother* fest. Im Eingabefeld *Pfad* ergänzt die Entwicklungsumgebung den Pfad für das Projekt entsprechend. Da in diesem Fall DLL und Client mehr oder weniger zusammengehören sollen, machen wir diese Änderung am Pfad jedoch wieder rückgängig.

Nach dem Anklicken der *OK*-Schaltfläche erscheint der Anwendungs-Assistent.

Im ersten Schritt wählen wir die Optionsschaltfläche *Dialogfeldbasierend*; im zweiten Schritt kann die Unterstützung für ActiveX-Steuerelemente ausgeschaltet werden; alle übrigen Einstellungen können bleiben, wie sie sind.

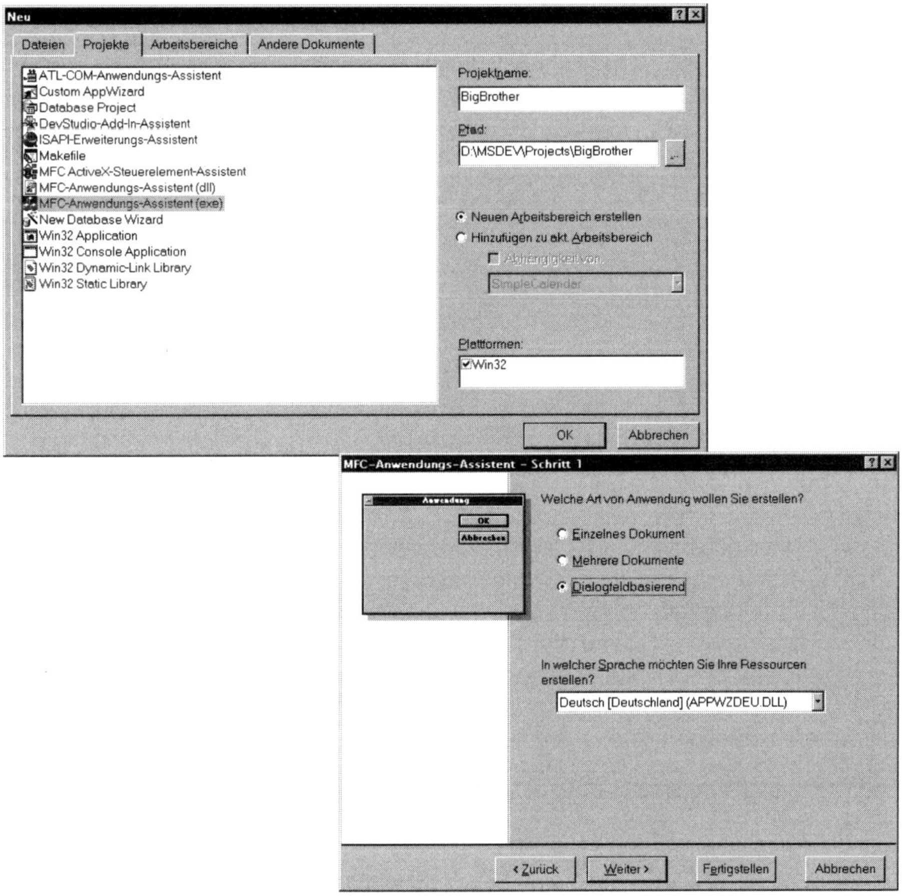

Abb. 91: Erstellung einer MFC-Dialoganwendung mit dem Anwendungs-Assistenten

Abgesehen vom Info-Dialog *CAbout* besteht die neue Anwendung nur aus der Anwendungsklasse *CBigBrotherApp* und dem Dialog *CBigBrotherDlg*. Außer einem leeren Konstruktor enthält die Anwendungsklasse nur die Initialisierungs-Funktion *InitInstance()*, die nur ein Objekt der Dialogklasse erzeugt, diesen Dialog als modalen Dialog startet und nach Beendigung des Dialogs die Anwendung beendet.

```
BOOL CBigBrotherApp::InitInstance()
{
// Standardinitialisierung
    // Wenn Sie diese Funktionen nicht nutzen und die Größe Ihrer
    // fertigen ausführbaren Datei reduzieren wollen, sollten Sie die
    // nachfolgenden spezifischen Initialisierungsroutinen, die Sie
    // nicht benötigen, entfernen.

#ifdef _AFXDLL
    Enable3dControls();         // Diese Funktion bei Verwendung von MFC
                                // in gemeinsam genutzten DLLs aufrufen
#else
    Enable3dControlsStatic();   // Diese Funktion bei statischen
                                // MFC-Anbindungen aufrufen
#endif
```

```
    CBigBrotherDlg dlg;
    m_pMainWnd = &dlg;
    int nResponse = dlg.DoModal();
    if (nResponse == IDOK)
    {
        // ZU ERLEDIGEN: Fügen Sie hier Code ein, um ein Schließen des
        //  Dialogfelds über OK zu steuern
    }
    else if (nResponse == IDCANCEL)
    {
        // ZU ERLEDIGEN: Fügen Sie hier Code ein, um ein Schließen des
        //  Dialogfelds über "Abbrechen" zu steuern
    }

    // Da das Dialogfeld geschlossen wurde, FALSE zurückliefern, so daß
    // wir die Anwendung verlassen, anstatt das Nachrichtensystem der
    // Anwendung zu starten.
    return FALSE;
}
```

Um einen Fortschrittsbalken anzuzeigen, benötigen wir zweierlei; einmal den Fortschrittsbalken selbst bzw. eine Variable, um darauf zuzugreifen, und zweitens einen Timer, der die Anwendung in regelmäßigen Abständen dazu anstößt, die DLL abzufragen und ggf. Kontrollelemente im Dialog entsprechend zu aktualisieren. Den Dialog für die Dialoganwendung hat der Anwendungs-Assistent bereits erzeugt, wir müssen ihn lediglich mit der Ressourcenansicht von Visual Studio an unsere Bedürfnisse anpassen.

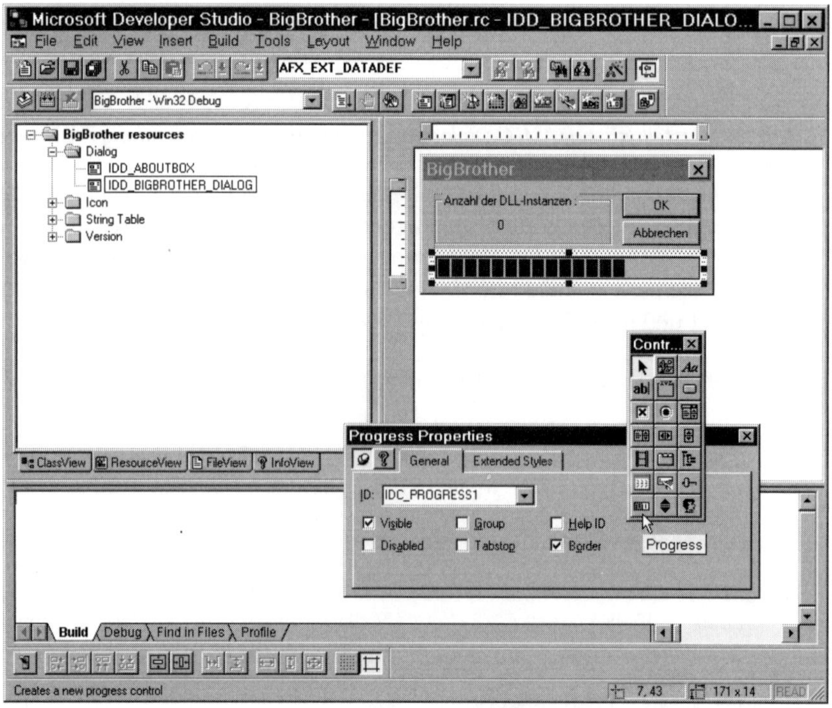

Abb. 92: Einfügen einer Fortschrittsanzeige in den Hauptdialog der Dialoganwendung BigBrother

Wir öffnen also in der Ressourcenansicht die Dialogressource mit der ID *IDD_BIG-BROTHER_DIALOG*, fügen unterhalb der Schaltflächen *OK* und *Abbrechen* mit der Kontrollelement-Palette bzw. -Symbolleiste einen Fortschrittsbalken ein und passen wie in der Abbildung die Größen von Fortschrittsbalken und Dialog aneinander an. Mit dem Kontextmenü oder einem Doppelklick auf das Steuerungselement kann der Eigenschaftsdialog aufgerufen werden. Er zeigt, daß das neue Steuerungselement die ID *IDC_PROGRESS1* besitzt. Nun starten wir den Klassen-Assistenten, wählen den Reiter *Member Variables* und die ID *IDC_PROGRESS1* und fügen mittels *Add Variable* in die Dialogklasse eine neue Komponentenvariable *m_progress* vom Typ *CProgressCtrl* ein. Diese erlaubt es uns, in unserem Code jederzeit ohne große Umstände auf das Steuerungselement zuzugreifen.

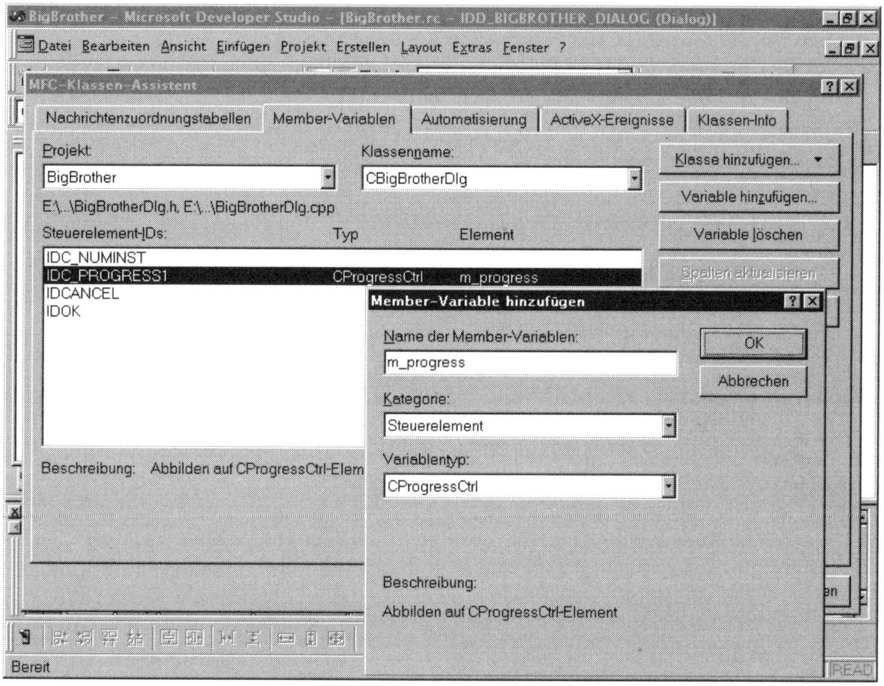

Abb. 93: Einfügen einer Kontrollelementvariablen für die Fortschrittsanzeige in die Dialogklasse mit dem Klassen-Assistenten

Bevor wieder in die Klassenansicht gewechselt wird, muß noch wie in der Abbildung für die Anzeige der Anzahl der aktiven Instanzen der Server-DLL ein statisches Textelement mit ID *IDC_NUMINST* und ein Gruppierungsrahmen mit ID *IDC_STATIC* eingefügt werden.

Um den Fortschrittsbalken regelmäßig zu aktualisieren, benötigt man einen Timer, der am besten in der Funktion *CBigBrotherDlg::OnInitDialog()* aktiviert wird:

```
BOOL CBigBrotherDlg::OnInitDialog()
{
    CDialog::OnInitDialog();

    // ...
```

```
    // ZU ERLEDIGEN: Hier zusätzliche Initialisierung einfügen
    InitKeyWatch (TRUE);                // Hook-Funktionen scharf machen
    SetTimer(1, 100, NULL);             // Timer No 1 tickt alle 100 ms
    m_progress.SetRange(1,100);         // Fortschritsanzeige
    m_progress.SetPos(0);               //        ... initialisieren
    ::SetIdleTime(0);                   // Dito Zeitinfo in der DLL

    return TRUE;  // Geben Sie TRUE zurück, außer ein Steuerelement soll
                  // den Fokus erhalten
}
```

Damit die von der DLL exportierten Funktionen vom Compiler auch akzeptiert werden, ist außerdem natürlich per *#include*-Direktive die Definitionsdatei *Dskwkew.h* einzubinden!

Da der Timer und die *Hook*-Funktionen unbedingt vor Zerstörung des Dialogfensters wieder abgeschaltet und zerstört werden müssen, muß mit der Assistentenleiste eine Bearbeitungsfunktion für die Windows-Botschaft *WM_DESTROY* mit dem folgenden Code eingefügt werden:

```
void CBigBrotherDlg::OnDestroy()
{
    InitKeyWatch (FALSE);             // Hook-Funktionen abschalten
    KillTimer(1);                     // Timer zerstören
    CDialog::OnDestroy();
}
```

Schließlich benötigt man noch eine Funktion zur Reaktion auf die *WM_TIMER*-Botschaften. Diese kann ebenfalls mit der Assistentenleiste oder dem Klassen-Assistenten erzeugt und dann ergänzt werden:

```
void CBigBrotherDlg::OnTimer(UINT nIDEvent)
{
    CDialog::OnTimer(nIDEvent);
    int ticks = GetIdleTime();        // Wartezeit abfragen
    m_progress.SetPos(ticks);         // und anzeigen
    SetIdleTime(ticks+1);             // Wartezeit in DLL weiterzählen
    SetDlgItemInt(IDC_NUMINST, GetNumInstances());
}
```

Damit sind Code und Ressourcen für *BigBrother* fertig und sollten sich fehlerfrei übersetzen lassen. Damit sich die Anwendung jedoch auch linken läßt, muß noch festgelegt werden, welche Importbibliotheken einzubinden sind; der Compiler hat zwar über *dskwkeyw.h* die Prototypen der DLL-Funktionen gesehen, Binärcode, der für diese Funktionen zu binden ist, fehlt jedoch.

Das Projekt *KeyWatch* hat die erforderliche Importbibliothek bereits erstellt, sie muß im Projekt *BigBrother* lediglich noch eingebunden werden. Dies geschieht im Dialog *Projekt-Einstellungen* (über *Projekt/Einstellungen*), Reiter *Linker*, Kategorie *Allgemein* oder *Eingabe*, Eingabefeld *Objekt-/Bibliothek-Module*; hier tragen Sie den Namen der Importbibliothek der DLL *debug\keywatch.lib* ein.

Damit ist die Dialoganwendung bereits fertig und sollte sich nach dem Übersetzungslauf starten lassen. Allerdings verhält sie sich noch nicht ganz so, wie man es erwartet: Eigentlich sollte nun die Fortschrittsanzeige die verstreichende Zeit anzeigen. Jede von der DLL registrierte Mausbewegung oder Tastaturbetätigung sollte dazu führen, daß die Anzeige wieder auf 0 zurückgesetzt wird. Tatsächlich werden Mausbewegungen jedoch nur bemerkt, wenn die Mausbewegung über dem Fenster der Dialoganwendung stattfindet, und Tastaturereignisse nur dann, wenn die Dialoganwendung den Eingabefokus besitzt. Mißtrauen erweckt auch der Umstand, daß die angezeigte Zahl der Instanzen der DLL immer genau 1 ist.

Der Grund für dieses Verhalten ist darin zu suchen, daß jeder laufende Prozeß und damit auch jede Anwendung unter Windows 95 und Windows NT in ihrem eigenen logischen Adreßraum abläuft, der vollkommen von denen der übrigen Anwendungen abgeschirmt ist (sofern es sich nicht um 16-Bit-Code handelt!). Die Übersetzung der logischen Adressen in die physikalischen Adressen und das ggf. nötige Ein- und Auslagern von Teilen dieser Adreßräume zum und vom Massenspeicher wird von Prozessor und 32-Bit-Betriebssystem vollkommen transparent für die Anwendungsprogramme durchgeführt. Jede Anwendung bekommt daher eine eigene Kopie der *KeyWatch*-DLL zu sehen. Was den Code anbetrifft, handelt es sich tatsächlich immer um den gleichen physikalischen Speicherbereich, der nur in die Adreßräume der verschiedenen Anwendungen, möglicherweise sogar an unterschiedlichen logischen Adressen, eingeblendet wird. Die Datenbereiche der unterschiedlichen Instanzen der DLLs sind allerdings wirklich völlig verschieden, so daß die von Prozeß A angesprochene DLL keine Ahnung von den Daten der von Prozeß B angesprochenen Instanz hat und umgekehrt. Jede Instanz der DLL bemerkt also nur ihren eigenen Initialisierungs- und Deinitialisierungsvorgang und überwacht die Tastatur- und Mausereignisse der zugehörigen Anwendung. Speziell die von *BigBrother* angesprochene Instanz der DLL hat so also nur Zugriff auf die Maus- und Tastaturereignisse von *BigBrother* selbst.

Glücklicherweise genügt eine kleine Änderung, um zu erreichen, daß *BigBrother* seinem Namen gerecht wird. Im Code der DLL sind bereits unterschiedliche Segmente für Daten vorgesehen. Speziell die Daten, die eigentlich allen Instanzen einer DLL gemeinsam zugänglich sein sollen, liegen im Datensegment mit dem Namen *Shared*. Um zu erreichen, daß dieses Segment tatsächlich zwischen allen Instanzen der DLL geteilt wird, also ein einziges physikalisches Datensegment in die Adreßräume aller laufenden Instanzen der DLL eingeblendet wird[79], genügt eine Anweisung an den Linker, entweder durch einen Eintrag in die Moduldefinitionsdatei oder durch eine Linker-Option.

Verwenden wir einen Eintrag in der Moduldefinitionsdatei, so müssen wir das Datensegment *Shared* in die Segmentliste der *SECTIONS*-Anweisung eintragen.

---

79 Dies ist übrigens auch ein einfacher Trick, um festzustellen, ob eine zweite Instanz einer Anwendung gestartet wird; man benötigt nichts als eine initialisierte globale Variable, die zwischen allen Instanzen der Anwendung geteilt wird, und ein, zwei Zeilen Code in der Funktion *InitInstance()*.

```
LIBRARY      "KeyWatch"

DESCRIPTION 'Tastatur und Mausüberfachungs-DLL KeyWatch'

VERSION      1.0

HEAPSIZE     1048576,4096

SECTIONS
             Shared READ WRITE SHARED

EXPORTS
             InitKeyWatch    @2
             SetIdleTime     @4
             GetIdleTime     @5
             GetNumInstances @6
```

Der Vorteil dieser Methode besteht darin, daß die Einträge in der Moduldefinitionsdatei völlig unabhängig von der gewählten Projektkonfiguration gelten und alle Festlegungen für die DLL (oder auch Anwendung) an einer Stelle, nämlich in der Moduldefinitionsdatei, zusammengefaßt vorliegen. Will man dagegen nur für ein einzelnes Segment und nur wenige Projektkonfigurationen die Voreinstellungen ändern, genügt auch eine Linker-Option:

```
/section:Shared,rws
```

Um diese in die Kommandozeile des Linkers einzutragen, sind die folgenden Schritte erforderlich: Wählen Sie *Projekt/Einstellungen*, Reiter *Linker*. Im Kombinationsfeld *Einstellungen für* ist die gewünschte Konfiguration auszuwählen und dann im Eingabefeld *Projekt Optionen* die gewünschte Linker-Option anzufügen. Dies muß für jede Zielkonfiguration gesondert geschehen, da sich das Eingabefeld bei mehr als einer gleichzeitig selektierten Zielkonfiguration nicht editieren läßt. Das Eingabefeld *Projekt Optionen* ist übrigens unabhängig von der ausgewählten Kategorie immer sichtbar.

Gänzlich befreien von der Moduldefinitionsdatei kann man sich schließlich, wenn man die Exporte direkt in der C++-Definitionsdatei auszeichnet, allerdings verliert man dabei die Möglichkeit, die Ordinalzahlen der exportierten Funktionen zu beeinflussen.

```
#include "windows.h"

#ifndef dskwkeyw_h
#define dskwkeyw_h

#if __cplusplus
extern "C" {
#endif

void    __declspec(dllexport)   InitKeyWatch (BOOL install);
void    __declspec(dllexport)   SetIdleTime  (DWORD time);
DWORD   __declspec(dllexport)   GetIdleTime  (void);
int     __declspec(dllexport)   GetNumInstances(void);
```

```
#if __cplusplus
}
#endif

#endif // dskwkeyw_h
```

Damit haben wir nun einen einfachen Win32-DLL erstellt und eine MFC-Dialoganwendung als Client dieser DLL. Einfache Win32-DLLs eignen sich besonders für systemnahe Aufgaben, für die Unterstützung durch die MFC oder ein C++-Interface nicht nötig oder nicht erwünscht ist. Gleichzeitig demonstriert das Beispiel jedoch auch eine ernste Sicherheitslücke in der gegenseitigen Abschirmung von Anwendungen unter Windows. Durch die Kombination von systemweiten *Hook*-Funktionen und gemeinsam genutzten Datensegmenten kann sich eine böswillige Anwendung im Prinzip unbemerkt Zugriff auf die Daten anderer laufender Anwendungen verschaffen.

Im nächsten Unterkapitel werden wir sehen, welche Unterstützung uns Visual C++ für DLLs bietet, die auf den Microsoft-Foundation-Classes aufbauen oder diese sogar durch neue Klassen ergänzen.

MFC-Erweiterungs-DLLs

Der Hauptzweck von DLLs sind nicht die im letzten Unterkapitel gezeigten systemnahen Aufgaben, sondern die Zerlegung großer Programme in kleinere, unabhängig verwendbare binäre Einheiten. So bietet es sich an, unsere „große" Anwendung, d. h. das Kalenderprogramm, in mehrere solcher Einheiten zu zerlegen. Da diese Einheiten weiterhin gegenseitige Abhängigkeiten, beispielsweise durch gemeinsame Definitionsdateien und Importbibliotheken, aufweisen, bietet sich hier gleichzeitig eine Gelegenheit, die Vorteile von Unter- oder Teilprojekten zu demonstrieren.

Neben reinen Win32-DLLs unterstützt Visual C++ über den Anwendungs-Assistenten zwei weitere Typen von dynamischen Bibliotheken, die sogenannten normalen oder regulären DLLs und die erweiterten MFC-DLLs.

Normale oder regulären DLLs (früher: USER-DLLs) sind DLLs, die zwar die Funktionen und Klassen der MFC nutzen, aber weder Klassen noch Komponentenfunktionen exportieren können. Nach außen zeigen sie eine konventionelle Schnittstelle mit herkömmlichen Funktionen und Variablen. Dadurch sind reguläre DLLs mit allen anderen kompilierten Programmiersprachen aufrufkompatibel, man muß lediglich darauf achten, daß die richtigen Aufrufkonventionen für die Funktionen verwendet werden. Auf diese laßt sich aber durch Attribute wie *__cdecl* (C-Konvention) oder *__stdcall* (früher *__pascal*) auf der Seite von Visual C++ Einfluß nehmen.

Nachteil dieses DLL-Typs ist, daß es nicht möglich ist, Klassen oder Komponentenfunktionen zu exportieren. Notfalls müssen dazu Hilfsfunktionen geschrieben werden, die den Aufruf von Komponentenfunktionen erledigen und nach außen verbergen.

Reguläre DLLs kommen in zwei verschiedenen Geschmacksrichtungen vor: mit statisch gelinkten MFC (normale DLL mit verknüpfter MFC-Bibliothek) und mit dynamisch gelinkten MFC (normale DLL, gemeinsame MFC-DLL verwenden). Die Variante mit statisch gelinkten MFC ist vorzuziehen, wenn die DLL absolut selbständig sein soll, um z. B. in Anwendungen anderer Programmiersprachen eingebunden zu werden, und die Existenz einer geeigneten MFC-DLL auf dem Zielsystem aus irgendeinem Grund nicht vorausgesetzt werden kann. Verwendet die Client-Anwendung dagegen selbst die MFC, sollte man die dynamisch gebundene Variante vorziehen. Dies bringt gegenüber der statisch gelinkten Variante eine Größenreduktion von über 100 KByte.

Möchte man Komponentenfunktionen oder ganze Klassen nach außen sichtbar in der DLL plazieren, muß man die erweiterte MFC-DLL verwenden. Da die Aufrufkonventionen und auch die Art und Weise, wie zusätzliche Typinformationen in den sogenannten dekorierten Namen kodiert sind, nicht standardisiert sind, können MFC-Erweiterungs-DLLs nur mit Komponenten zusammenarbeiten, die mit Visual C++ und damit kompatiblen C++-Compilern[80] erstellt wurden. Eigentlicher Zweck ist die Erstellung von DLLs mit Klassen, die ihrerseits von MFC-Klassen abgeleitet worden sind. Sie sind jedoch auch generell ideal geeignet für die Zerlegung größerer C++-Programme in unabhängige und wiederverwendbare Komponenten.

Da bei regulären und MFC-Erweiterungs-DLLs keine prinzipiell unterschiedliche Probleme auftreten und zur Zerlegung eines reinen C++-Projekts letztere aus den obengenannten Gründen wesentlich geeigneter sind, werden wir uns im folgenden Beispiel auf MFC-Erweiterungs-DLLs beschränken.

Zunächst verwendet man den Explorer, um eine Kopie des Verzeichnisses *MDICalendar* anzulegen, der z. B. den Namen *MDICalendarWithDLLs* bekommt. Nach dem Öffnen der Projektdatei im neu kopierten Projekt sollten außerdem zunächst einmal alle offenen Fenster geschlossen werden, um ggf. Bezüge auf das ursprüngliche Verzeichnis zu löschen.

Schauen wir uns die Kalenderanwendung genauer an, so bieten sich drei Bereiche an, die für eine Auslagerung in eigene DLLs geeignet sind: die Klasse *CDIBitmap* zum Umgang mit geräteunabhängigen Bitmaps, die Datumsklassen *Date*, *JulianDate* und *GregorianDate* zum Umgang mit Julianischen und Gregorianischen Daten und die Klassen zur Modellierung der unterschiedlichen Arten spezieller Tage. Jeder dieser drei Komplexe behandelt eine in sich geschlossene Gruppe von Funktionen und Klassen. Die Projekte für diese DLLs bzw. die DLLs selbst sollen die Namen *DateDll*, *DIBDLL* und *SpecialdayDll* erhalten.

---

80 Auch andere Compiler-Hersteller haben sich inzwischen der marktbeherrschenden Stellung Microsofts gebeugt und geben an, die gleichen Algorithmen für dekorierte Namen und die gleichen Aufrufkonventionen für C++-Funktionen zu verwenden. Leider sind solche Aussagen immer mit einer Prise Salz zu genießen.

Wir könnten nun die beteiligten Dateien aus unserem Projekt herausnehmen und mit dem Anwendungs-Assistenten eigene unabhängige Projekte erstellen. Wegen der Abhängigkeit der Teilprojekte untereinander liegt es aber eher nahe, die Projekte als Unterprojekte (Subprojects) eines gemeinsamen Hauptprojekts anzulegen. Dadurch ist die Projektverwaltung in der Lage, Abhängigkeiten der Teilprojekte untereinander zu berücksichtigen und die Teilprojekte in der richtigen Reihenfolge zu übersetzen. Die unabhängige Verwendbarkeit der so erstellten DLLs im Rahmen anderer Anwendungen bleibt davon unberührt.

Das Anlegen eines neuen Unterprojekts ist der Erzeugung eines neuen Hauptprojekts sehr ähnlich. Anders als in der Vorgängerversion werden auch Teilprojekte mit dem Menübefehl *Datei/Neu* angelegt[81], Reiter *Projekte*. Anders als bisher wählen Sie jedoch nicht *Neuen Arbeitsbereich erstellen,* sondern *Hinzufügen zu aktuellem Arbeitsbereich.* Dadurch wird auch bewirkt, daß der Ordner für das neue Projekt als Unterordner des momentanen Projektordners angelegt wird. Das neu hinzugefügte Projekt kann unabhängig von den anderen Projekten im Arbeitsbereich sein oder eine explizite Abhängigkeit von anderen Teilprojekten aufweisen. In diesem Fall markiert man das Feld *Abhängigkeit von* und kann dann das übergeordnete Teilprojekt mit dem zugehörigen Kontrollfeld festlegen. Für *DateDll* sollte man hier die Vorgabe *BitmapCalendar* verwenden. Nun wählt man noch im linken Listenfeld *MFC Anwendungs-Assistent (dll)* aus und startet mit der Schaltfläche *OK* den Anwendungs-Assistenten zur Erzeugung eines neuen DLL-Unterprojekts. Im Schritt 1 wählen wir die dritte Optionsschaltfläche *Erweiterte MFC DLL* und übernehmen ansonsten die Voreinstellungen des Anwendungs-Assistenten.

Nachdem das Unterprojekt erzeugt ist, erscheint in der Klassen-, Ressourcen- und Dateiansicht von Visual Studio ein neues Projektsymbol, welches wie das Symbol des Hauptprojekts bei Bedarf aufgeklappt werden kann. Jedes Hauptprojekt oder Unterprojekt tritt in den drei Ansichten als eigenes Wurzelsymbol auf. Die gegenseitige Abhängigkeit, also welches Projekt nun ein Unterprojekt von welchem anderen Projekt ist, ist nur in der Dateiansicht zu sehen. Hier wird in den Baum des übergeordneten Projekts für jede Abhängigkeit von einem Unterprojekt ein Symbol eingefügt. Dabei kann ein Projekt auch Unterprojekt verschiedener übergeordneter Projekte sein, nur Kreisbezüge sind verboten. Solche zusätzliche Abhängigkeiten können über *Projekt/Abhängigkeiten* eingetragen werden.

Das neu eingefügte Projekt ist in den Baum-Ansichten durch eine fettere Schrift hervorgehoben, um das aktive Teilprojekt zu signalisieren. Auf dieses Projekt bezieht sich beispielsweise das über *Menü* oder [F7] gegebene Kommando *Erstellen*. Das aktive Projekt kann jederzeit durch *Projekt/Aktives Projekt Festlegen* oder das entsprechende Kombinationsfeld in der *Erstellen*-Symbolleiste geändert werden. Vorsicht: das fett dargestellte (Unterprojekt) ist auch das voreingestellte übergeordnete Projekt beim Einfügen neuer Unterprojekte.

---

81 Das Einfügen eines existierenden Projekts als Unterprojekt in das momentan Bearbeitete erfolgt dagegen mit dem Befehl *Projekt in den Arbeitsbereich einfügen* aus dem *Projekt*-Menü.

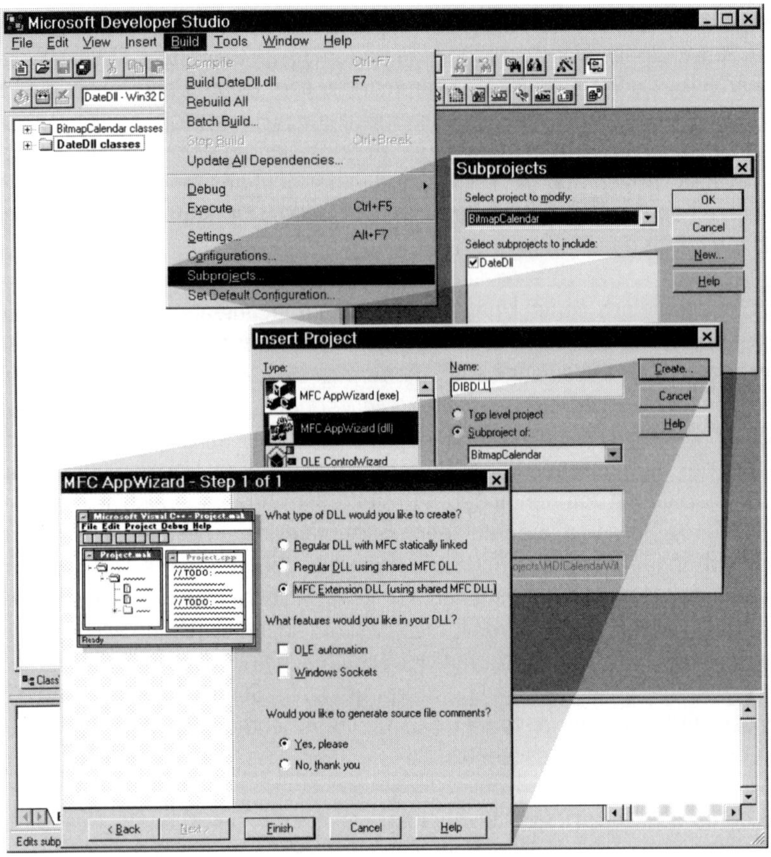

Abb. 94: *Anlegen eines neuen Unterprojekts DIBDLL für eine MFC-Erweiterungs-DLL. Nacheinander erscheinende Dialoge sind hier zusammenmontiert, um die Abfolge der Schritte zu zeigen*

Das Unterprojekt *DIBDLL* fügen Sie auf gleiche Weise ein. Diesmal müssen Sie jedoch sorgfältig darauf achten, daß das Eingabefeld *Abhängigkeit von* die richtigen Werte enthält: Schließlich legen Sie noch ein Unterprojekt *SpecialDayDll* an.

In diesem Fall ist es sinnvoll, im Feld *Abhängigkeit von* das Projekt *DateDll* anzugeben, da *SpecialDayDll* erst dann erfolgreich gelinkt werden kann, wenn *DateDll* komplett mit Importbibliothek für andere Module übersetzt und gelinkt ist. Da aber auch das Hauptprojekt nicht nur indirekt, sondern auch direkt von *DateDll* abhängig ist, sollten Sie außerdem mit *Projekt/Abhängigkeiten* diese Abhängigkeit dokumentieren.

Spätestens wenn das Teilprojekt *SpecialDayDll* anders implementiert wird oder aus irgendeinem Grund aus dem Projekt herausgenommen wird, ist diese explizit eingetragene Abhängigkeit nicht mehr redundant.

T

Arbeiten Sie mit der Projektverwaltung

- Abhängigkeiten zwischen Teilprojekten, selbst wenn sie redundant erscheinen, sollten immer in der Projektverwaltung angegeben werden!

Mit der Erzeugung der Unterprojekte hat der Anwendungs-Assistent auch neue Unterverzeichnisse und eine minimale Implementation erzeugt. Im Falle des Unterprojekts *DateDll* finden wir beispielsweise im Verzeichnis *DateDll* in der Datei *DateDll.cpp* die bereits bekannte Funktion *DllMain ()*:

```
// DateDll.cpp : Legt die Initialisierungsroutinen für die DLL fest.
//

#include "stdafx.h"
#include <afxdllx.h>

#ifdef _DEBUG
#define new DEBUG_NEW
#undef THIS_FILE
static char THIS_FILE[] = __FILE__;
#endif


static AFX_EXTENSION_MODULE DateDllDLL = { NULL, NULL };

extern "C" int APIENTRY
DllMain(HINSTANCE hInstance, DWORD dwReason, LPVOID lpReserved)
{
    // Entfernen Sie dies, wenn Sie lpReserved verwenden
    UNREFERENCED_PARAMETER(lpReserved);

    if (dwReason == DLL_PROCESS_ATTACH)
    {
        TRACE0("DATEDLL.DLL Initializing!\n");

        // One-Time-Initialisierung der Erweiterungs-DLL
        if (!AfxInitExtensionModule(DateDllDLL, hInstance))
            return 0;

        // Diese DLL in Ressourcenkette einfügen
        // HINWEIS: Wird diese Erweiterungs-DLL implizit durch eine
        // reguläre MFC-DLL (wie z. B. ein ActiveX-Steuerelement)
        // anstelle einer MFC-Anwendung eingebunden, dann möchten Sie
        // möglicherweise diese Zeile aus DllMain entfernen und eine
        // eigene Funktion einfügen, die von dieser Erweiterungs-DLL
        // exportiert wird. Die reguläre DLL, die diese Erweiterungs-DLL
        // verwendet, sollte dann explizit die Initialisierungs-Funktion
        // der Erweiterungs-DLL aufrufen. Anderenfalls wird das
        // CDynLinkLibrary-Objekt nicht mit der Ressourcenkette der
        // regulären DLL verbunden, was zu ernsthaften Problemen
        // führen kann

        new CDynLinkLibrary(DateDllDLL);
    }
    else if (dwReason == DLL_PROCESS_DETACH)
    {
```

```
        TRACE0("DATEDLL.DLL Terminating!\n");
        // Bibliothek vor dem Aufruf der Destruktoren schließen
        AfxTermExtensionModule(DateDllDLL);
    }
    return 1;   // OK
}
```

Die eigentliche Funktionalität der Datums-DLL wird wie bisher in der Datei *Date.cpp* implementiert. Die Datumsklassen waren jedoch bisher vollkommen unabhängig von den MFC. Um die Unterstützung der MFC für Import und Export ganzer Klassen nutzen zu können, sollten Sie in *Date.cpp* vor allen anderen *#include*-Direktiven die Zeile *#include "stdafx.h"* einfügen.

Date.cpp und die übrigen Dateien, die die eigentliche Funktionalität der DLLs implementieren, sind bislang noch Bestandteil des Hauptprojekts. Durch einfaches Anfassen und Verschieben in der Dateiansicht können sie in die jeweils passenden Unterprojekte geschoben werden. Damit ist keine physikalische Verschiebung der Dateien in die neuen Unterprojektordner im Dateisystem verbunden.

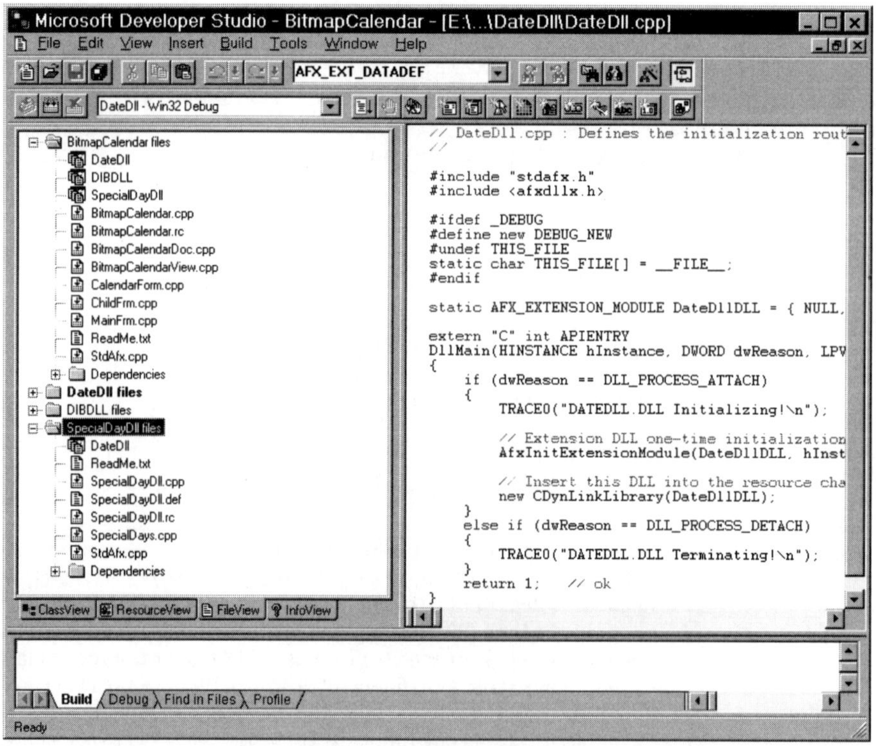

Abb. 95: Haupt- und Unterprojekte der Kalenderanwendung in der Dateiansicht. Man erkennt, daß DateDll sowohl ein Unterprojekt des Hauptprojekts BitmapCalendar als auch ein Unterprojekt des Unterprojekts SpecialDayDll ist. Das Teilprojekt DateDll, auf das sich die aktive Konfiguration DateDll - Win32 Debug bezieht (oben links in der Projekt-Symbolleiste), ist in der Dateiansicht fett hervorgehoben

Für ernsthafte Anwendungen, bei denen es um viel mehr Dateien geht, wird man die Dateien dagegen eher aus dem Hauptverzeichnis herausnehmen und in die Unterprojektverzeichnisse verschieben, um die Übersicht zu wahren. Dazu sollten die Quelldateien vor dem Verschieben aus dem ursprünglichen Projekt herausgelöscht (Markieren und Löschen in der Dateiansicht) und nach dem Verschieben wieder in das Unterprojekt eingefügt werden.

Die Quelldateien für die neuen DLLs sind nun an Ort und Stelle, Zeit für einen Probelauf des Compilers. Um das Hauptprojekt samt aller abhängigen Teilprojekte in einem Schwung zu übersetzen, sollte zuvor die aktive Konfiguration auf *BitmapCalendar - Win32 Debug* gesetzt werden. Die beim Binden auftretenden Fehlermeldungen zeigen, daß zur Erzeugung sinnvoller DLLs die einfache Aufteilung in (DLL-)Teilprojekte nicht genügt; zusätzlich sind auch entsprechende Änderungen am Quelltext durchzuführen. Speziell die DLL *SpecialDayDll* kann nicht gelinkt werden, da die benötigten Datums-Funktionen nicht zur Verfügung stehen.

Damit die Funktionen einer DLL von Client-Anwendungen oder Client-DLLs genutzt werden können, müssen sie exportiert werden. Damit der Linker anschließend für den Client die notwendigen Verbindungen herstellen kann, muß außerdem die vom Linker für jede DLL erzeugte Importbibliothek zur Client-DLL oder -Anwendung hinzugebunden werden.

Im Falle von C++-Klassen ist es zweckmäßig, die gesamte Klassendefinition zu exportieren; die Zugriffsrechte auf die Klassenkomponenten sind sauber definiert, und der Fall, daß man nur eine einzelne Komponentenfunktion aus einer Klasse benötigt, dürfte eher selten auftreten.

Zum Export/Import von Klassenschnittstellen stellen die MFC das Makro *AFX_EXT_CLASS* zur Verfügung, für einzelne Funktionen das Makro *AFX_EXT_API*. Um die Datumsklassen für potentielle Clients verfügbar zu machen, müssen daher die Klassendefinitionen in *Date.h* wie folgt angepaßt werden:

```
class AFX_EXT_CLASS Date
class AFX_EXT_CLASS GregorianDate : public Date
class AFX_EXT_CLASS JulianDate : public Date
```

Leider werden durch diese Definitionen nur Klassenkomponenten exportiert. Die in *Date.h* deklarierten *friend*-Funktionen sind jedoch keine Klassenkomponenten, sondern global vereinbarte Funktionen, denen durch die *friend*-Deklarationen in der Klassendefinition lediglich Zugriffsrechte für private Klassenkomponenten eingeräumt worden sind. Sie müssen daher explizit durch die Ergänzung des Makros *AFX_EXT_API* exportiert werden:

```
AFX_EXT_API friend int      operator-  (Date &d1, Date &d2);
AFX_EXT_API friend int      operator>  (Date &d1, Date &d2);
AFX_EXT_API friend int      operator>= (Date &d1, Date &d2);
AFX_EXT_API friend int      operator<  (Date &d1, Date &d2);
AFX_EXT_API friend int      operator<= (Date &d1, Date &d2);
AFX_EXT_API friend int      operator== (Date &d1, Date &d2);
AFX_EXT_API friend int      operator!= (Date &d1, Date &d2);
```

Die Klassendefinitionen in *SpecialDays.h* werden wie folgt exportiert:

```
class AFX_EXT_CLASS CSpecialDay : public CObject
class AFX_EXT_CLASS CAnnualDate : public CSpecialDay
class AFX_EXT_CLASS CHoliday : public CAnnualDate
class AFX_EXT_CLASS CAnniversary : public CAnnualDate
class AFX_EXT_CLASS CSpecialHoliday : public CHoliday
class AFX_EXT_CLASS CSingularDate : public CspecialDay
```

Schließlich muß noch die Schnittstelle der Klasse zur Unterstützung geräteunabhängiger Bitmaps in *dibitmap.h* exportiert werden:

```
class AFX_EXT_CLASS CDIBitmap : public CObject
```

Beim Binden der so übersetzten Teilprojekte werden die von den Clients benötigten Importbibliotheken automatisch erzeugt, allerdings muß den Clients - also *SpecialDayDll* und *BitmapCalendar* - explizit Name und Ort der Bibliothek mitgeteilt werden.

Dazu gibt es zwei Möglichkeiten. Einmal können mit *Projekt/Dem Projekt Hinzufügen* auch Bibliotheken in ein Projekt oder Unterprojekt eingefügt werden (in welches der Projekte kann im leicht zu übersehenden Kombinationsfeld *Einfügen in* unten im Dialogfeld eingestellt werden). Visual C++ 5.0 legt solche explizit eingefügten Bibliotheken in der Dateiansicht im Ordner *Quellcodedateien* des Zielprojekts ab.

Für die Bibliotheken, die noch in der Entwicklung sind, ist es jedoch besser, wenn man zwischen verschiedenen Versionen der Bibliotheken differenzieren kann. Mit *Projekt/Einstellungen*, Reiter *Linker* gelangen Sie zu den Linker-Einstellungen, wo Sie in der Kategorie *General* im Eingabefeld *Object/Library-Modules* Namen (inkl. absolutem oder relativem Pfad) für Bibliotheken oder zusätzlich zu bindende Objektdateien angeben können. Für Debug- und Release-Konfiguration können hier geeignete Festlegungen getroffen werden, der Wechsel zwischen den Konfigurationen ist einfach durch Auswahl der Konfiguration im Kombinationsfeld *Einstellungen für* möglich. Das von der Angabe betroffene Projekt kann durch Auswahl im Listenfeld in der linken Hälfte des Dialogs festgelegt werden. Es kann auch mehr als ein Teilprojekt gleichzeitig ausgewählt werden, in diesem Falle werden nur Einstellungen und Angaben im Dialog angezeigt, die für alle angewählten Projekte übereinstimmen. Für die *Debug*-Konfiguration geben Sie an:

```
DateDll\Debug\DateDll.lib, SpecialDayDll\Debug\SpecialDayDll.lib
```

Die DLL *SpecialDayDll* benötigt natürlich nur die erste der beiden Bibliotheken. Sind wie oben mehrere Angaben erforderlich, werden sie durch Kommata getrennt.

Damit die fertige Anwendung die benötigten DLLs auch finden kann, müssen die fertigen DLLs außerdem in einem Verzeichnis abgelegt werden, in dem Windows sie beim Start der Anwendung finden kann. In den *Debug*- bzw. *Release*-Verzeichnissen der Teilprojekte wird das Betriebssystem mit Sicherheit nicht suchen. Zur Lösung dieses Problems sind unterschiedliche Varianten denkbar, hier wollen wir die DLLs im aktuellen Verzeichnis ablegen. Dazu ist in den Linker-Einstellungen, Kategorie *Allge-*

mein im Eingabefeld *Name der Ausgabedatei* für jede der Konfigurationen und Teilprojekte der Pfadanteil des Namens zu entfernen. Andere Varianten arbeiten z. B. mit besonderen Verzeichnissen für DLLs in der Entwicklung, die im Suchpfad des Systems eingetragen sind.

Vermeiden sollte man auf jeden Fall, irgendwelche noch in Entwicklung befindlichen DLLs in Windows-Systemverzeichnissen abzulegen.

Die Anwendung läßt sich nun übersetzen, binden und starten. Wir haben damit unsere monolithische Anwendung in ein Hauptprogramm und drei projektunabhängige DLLs zerlegt, die auch in anderen Zusammenhängen von Nutzen sein könnten.

Zusammenfassung

Sind C++-Klassen Komponenten auf der Ebene der Programmiersprache, so sind dynamische Bibliotheken (DLLs) Bausteine auf binärer Ebene. Anders als statische Bibliotheken werden sie erst zur Laufzeit mit dem ablaufenden Programm verbunden. Dadurch kann die Implementation jederzeit ausgetauscht werden, solange nur die Schnittstellen unverändert bleiben. Windows selbst besteht im wesentlichen aus DLLs.

DLLs können auf zwei unterschiedliche Arten und Weisen angebunden werden. Die eine Variante lädt die DLL explizit durch einen Aufruf der API-Funktion LoadLibrary() und verschafft sich Funktionszeiger auf Funktionen in der DLL nach Bedarf mit GetProcAddress(). Die zweiter Variante bindet zur Client-Anwendung oder -DLL eine vom Linker erzeugte Importbibliothek hinzu, die die Verbindung transparent für den übrigen Code herstellt, d. h., der Aufruf einer Funktion der DLL sieht genauso aus wie der Aufruf einer statisch gebundenen Funktion.

Unabhängig vom Bindemechanismus wird die DLL in den Adreßraum des Clients eingeblendet und benutzt dessen Datensegment und Freispeicher. Da unter Windows 95 und Windows NT jeder 32-Bit-Prozeß in seinem eigenen logischen Adreßraum läuft, ist sichergestellt, daß auch dann, wenn eine DLL gleichzeitig in mehreren Prozessen in Benutzung ist, die Prozesse streng voneinander abgeschottet bleiben. Eine Ausnahme stellen lediglich initialisierte Datensegmente dar, die auch zwischen mehren Instanzen geteilt werden können.

Bezeichner, auf die von außerhalb einer DLL zugegriffen werden soll, müssen exportiert werden. Dies kann durch die Auflistung in einer speziellen Moduldefinitionsdatei für die DLL (oder Anwendung), Linker-Optionen oder im Quellcode eingestreute, erweiterte Attribute geschehen. Jede Methode hat Vor- und Nachteile. Die Moduldefinitionsdatei erlaubt eine weitgehende Kontrolle über die Schnittstelle und vermeidet die Verwendung unportabler Spracherweiterungen.

Die Verwendung erweiterter Attribute bzw. der mit diesen gebildeten MFC-Makros ist dagegen speziell mit C++-Klassen und Komponentenfunktionen wesentlich einfacher anzuwenden.

Zur Initialisierung und Deinitialisierung einer DLL dient die Funktion DllMain(), die vom DLL-Entwickler zur Verfügung gestellt werden muß. Diese wird beim Laden der Bibliothek nach der Konstruktion eventueller statischer Objekte und bei Beendigung der DLL angesprungen. Fehlt DllMain(), bindet der Linker eine Minimalversion ein.

Visual C++ unterstützt einfache Win32-DLLs, sogenannte reguläre DLLs und MFC-Erweiterungs-DLLs. Win32-DLLs werden verwendet, wenn man auf die Verwendung der MFC verzichten kann, etwa bei kleinen Hilfs-DLLs, die direkt mit der Windows-API arbeiten.

Reguläre DLLs verwenden die MFC in statisch oder dynamisch gelinkter Form, erlauben jedoch nicht den Export von Klassen und Komponentenfunktionen. Dadurch sind sie potentiell kompatibel zu in anderen Sprachen geschriebenen Anwendungen, jedoch im Kontext von C++ wenig elegant in der Anwendung - um die Klassenschnittstellen herum muß eine zusätzliche prozedurale Schicht gelegt werden.

Optimal geeignet zur Verwendung mit C++-Projekten sind MFC-Erweiterungs-DLLs. Sie erlauben den Export von Klassen und Klassenkomponenten und sind so ideal geeignet, um große, in C++ geschriebene Anwendungen auf binärer Ebene in wiederverwendbare Komponenten zu zerlegen. Leider sind sie hochgradig Compiler-abhängig - aufgrund unterschiedlicher Parameterübergabe und Namenskonventionen sind bei der Kombination mit Anwendungen der meisten anderen Compiler Probleme zu erwarten.

5.2 Komponentenweise – Das Component Object Model

Der Kern von Microsofts neuer objektorientierter Betriebssystemarchitektur und ActiveX ist COM, das **C**omponent **O**bject **M**odel, zeitweise auch als **C**ommon **O**bject **M**odel interpretiert. Warum aber überhaupt ein weiterer Standard für binäre Komponenten? Schließlich erlauben bereits DLLs die Erstellung binärer Komponenten mit ordentlich definierten Schnittstellen[82], und für Datenaustausch und Kommunikation zwischen Anwendungen existieren Lösungen wie Zwischenablage, dynamischer Datenaustausch (DDE) und OLE1. Welches Problem also löst das Component Object Model und das darauf aufbauende ActiveX (früher OLE2 genannt)?

DLLs erlauben zwar die Erstellung binärer Komponenten, aber um binäre Objekte im OOP-Sinne, die sich in irgendeiner Weise konsistent verhalten und einen inneren Zustand und eine nach außen sichtbare Schnittstelle haben, handelt es sich sicher nicht. COM-Objekte sind zwar auch keine echten OOP-Objekte, denn ihnen fehlt ein echter Vererbungsmechanismus, doch kommen sie der Sache bereits so nahe, wie es

82 Natürlich nicht im Sinne einer COM-Schnittstelle.

für einen binären Standard, der eine Vielzahl von Sprachen und Entwicklungswerkzeugen unterstützen soll, praktikabel ist.

COM-Objekte können in DLLs liegen und verbinden dann den effizienten Aufrufmechanismus von DLL-Funktionen mit einer standardisierten Schnittstelle. Die Aufruf von normalen DLL-Funktionen ist dagegen hochgradig anwendungsspezifisch. Sie nehmen normalen DLLs, wie z. B. der DLL-Version der MFC, nicht ihre Existenzberechtigung, für gemeinsam genutzte Bibliotheken sind DLLs weiterhin die ideale Lösung. Für neue Komponenten des Betriebssystems werden dagegen mehr und mehr COM-Objekte eingesetzt, um die wachsende Komplexität der Betriebssystem-APIs nach der Devise „Teile und herrsche" in den Griff zu bekommen. Ein Beispiel sind die neuen DirectX-Komponenten von Windows, die ausnahmslos als COM-Objekte implementiert sind. Auch erlaubt das Konzept der COM-Objekte nachträgliche Erweiterungen, ohne daß bestehende Schnittstellen und Client-Anwendungen davon betroffen werden.

COM-Objekte in DLLs sind jedoch nur ein besonders effizienter Spezialfall; COM-Objekte können ebenfalls in ausführbaren Dateien, aktiven Prozessen oder sogar in Prozessen auf anderen Rechnern lokalisiert sein. Damit werden sie auch zu einem idealen und robusten Mittel, um die Kommunikation und den Datenaustausch zwischen Anwendungen zu realisieren. Anders als die sehr unterschiedlichen, historisch gewachsenen und wenig robusten Mechanismen zum Datenaustausch und zur Kommunikation zwischen Prozessen wie DDE oder OLE1, stellt COM ein einheitliches, ausbaufähiges, objektorientiertes Kommunikationsprotokoll zwischen Anwendungen zur Verfügung.

COM ist die technische Grundlage von Microsofts ActiveX-Technologie (alias OLE2) und bietet bereits jetzt die folgenden Features an:

- ein standardisiertes, sprachunabhängiges Verfahren, nach dem ein Win32-Client eine Win32- oder Win16-DLL laden kann,
- ein allgemeines Verfahren, mit dem eine Anwendung eine andere kontrollieren (Ersatz für DDE) oder ihre Fähigkeiten auch nach außen zur Verfügung stellen kann,
- einen 32-Bit-Ersatz für die alten 16-Bit-VBX-Bedienelemente (OCX),
- eine leistungsfähige Methode für die Zusammenarbeit von Anwendungsprogrammen mit neuen Betriebssystemkomponenten und
- eine Erweiterung für neue Protokolle wie Datenzugriffsobjekte (**D**ata **A**ccess **O**bject oder DAO).

Das folgende Kapitel ist eher theoretischer Natur und möchte dem Leser eine Vorstellung davon vermitteln, was COM ist und wie es funktioniert. Um nicht die wichtigen Punkte mit Unmengen von Code zuzuschütten, sind die Beispiele nur soweit ausgeführt, wie es zur Illustration nötig ist.

Was ist COM?

Im wesentlichen ist COM ein Protokoll, das ein Softwaremodul mit einem anderen verbindet und dann hinter der Bühne verschwindet. Sobald die Verbindung hergestellt ist, kommunizieren die beiden Module über spezielle Schnittstellen miteinander. Diese Schnittstellen kommen im wesentlichen ohne statische oder dynamische gebundene Eintrittspunkte oder fest kodierte Adressen aus (abgesehen von einigen wenigen COM-Funktionen, die den Kommunikationsprozeß in Gang setzen).

Das entscheidende Konzept an COM ist das Konzept der COM-Schnittstelle. Bei dieser handelt es sich um eine Tabelle von Funktionszeigern, die im wesentlichen der VTable von C++ entspricht. Was liegt also näher, als COM-Schnittstellen über C++-Klassen zu implementieren. COM ist jedoch nicht an C++ gebunden, in dieser Sprache ist es lediglich besonders einfach, COM-Schnittstellen zu konstruieren. In anderen Sprachen ist der Programmierer dagegen selbst dafür verantwortlich, die erforderlichen Tabellen anzulegen.

Die ersten drei Einträge in die Interfacetabelle sind vorgeschrieben: eine Funktion, um die Eigenschaften der Schnittstelle abzufragen, eine, um eine Referenz zur Schnittstelle hinzuzufügen, und eine, um eine Referenz wieder freizugeben. In C++ bzw. ANSI-C sieht die Definition der minimalen Schnittstelle in vereinfachter Form so aus:

```
#if defined(__cplusplus) && !defined(CINTERFACE)

        /* C++ Version der Schnittstelle */

  interface IUnknown
  {
  public:
    BEGIN_INTERFACE

      virtual HRESULT QueryInterface(REFIID riid, void **ppvObject) = 0;
      virtual ULONG   AddRef() = 0;
      virtual ULONG   Release() = 0;

    END_INTERFACE
  };

#else   /* C Version der Schnittstelle */

  typedef struct IUnknownVtbl
  {
    BEGIN_INTERFACE

      HRESULT (*QueryInterface) (IUnknown* This, REFIID riid,
                                                  void **ppvObject);
      ULONG   (*AddRef)         (IUnknown* This);
      ULONG   (*Release)        (IUnknown* This);

    END_INTERFACE
  } IUnknownVtbl;
```

```
  interface IUnknown
  {
      CONST_VTBL struct IUnknownVtbl __RPC_FAR *lpVtbl;
  };

// hier folgen noch ein paar #defines ...

#endif
```

Die C++-Version der Schnittstellendefinition beginnt mit dem Pseudo-Schlüsselwort *interface*. Dahinter verbirgt sich das per *#define* verkleidetet Schlüsselwort *struct*. Eine Interfacedefinition ist also nichts anderes als eine C++-Klasse mit ausschließlich öffentlichen Komponentenfunktionen. Das „Schlüsselwort" *interface* dient hier vor allem dazu, zu unterstreichen, daß diese Klasse nicht als gewöhnliche C++-Klasse, sondern als COM-Schnittstellendefinition gemeint ist.

Die drei Komponentenfunktionen der Schnittstelle sind rein virtuelle Funktionen, die die Standardaufrufkonvention (d. h. die frühere Pascal-Aufrufkonvention) verwenden. Das wird normalerweise durch das hier der Übersichtlichkeit halber weggelassene Makro *STDMETHODCALLTYPE* bewirkt, das zu *__stdcall* expandiert.

Die Makros *BEGIN_INTERFACE* und *END_INTERFACE* dienen nur dazu, die Portabilität in veränderte Umgebungen sicherzustellen, sie haben hier keine Funktion und expandieren zu nichts. Da die Schnittstellenfunktionen als virtuell definiert sind, besitzt die Klasse eine *VTable* und damit unsichtbar als erste Komponente einen Zeiger auf diese[83].

In der C-Version der Schnittstelle muß diese Konstruktion nachgebildet werden. Dazu definiert sie einen Typ *IUnknownVtbl* als Struktur, welche die Zeiger auf die Funktionen der Schnittstelle enthält. Die Schnittstelle *IUnknown* ist dann wie bei C++ eine Struktur, die als erste Komponente einen Zeiger auf die Funktionstabelle enthält.

Da C-Funktionen (natürlich) keinen impliziten *this*-Zeiger besitzen, muß dieser simuliert werden. Das ist übrigens ein ständiger Quell der Verwirrung, da in der Microsoft-Dokumentation COM-Schnittstellenfunktionen mal in C- und mal in C++-Schreibweise angegeben werden. Den simulierten *this*-Zeiger muß man sich daher ggf. wegdenken.

Die C++-Version der Schnittstellendefinition ist offensichtlich wesentlich einfacher zu definieren (und zu implementieren) als die rein prozedurale Version. Ein zusätzlicher Vorteil ergibt sich durch die Möglichkeit der Vererbung. Indem alle COM-Schnittstellen von *IUnknown* abgeleitet werden, ist sichergestellt, daß sie auf den ersten drei Positionen der *VTable* immer die vorgeschriebenen Funktionen enthalten.

---

83 Wo in einem Klassenobjekt der Zeiger auf der Tabelle der virtuellen Funktionen abgelegt ist, ist übrigens implementationsabhängig. Die von Microsoft gewählte Lösung dürfte jedoch die am weitesten verbreitete sein.

Freier Fall – Ein Beispiel

In welcher Beziehung stehen nun COM-Schnittstellen zu C++-Objekten und binären Komponenten? Dies soll im folgenden Abschnitt genauer beleuchtet werden. Da die Module des Kalenderprogramms jedoch alle recht umfangreiche Schnittstellen haben, eignet sich ein völlig anders gelagertes Beispiel besser zur Demonstration der verschiedenen COM-Konzepte.

Nehmen wir einmal an, wir hätten einen Körper, d. h. einen Asteroiden, ein Raumschiff oder sogar einen Planeten, der sich im freien Fall durch das Sonnensystem bewegt. In C++ würden wir nun eine Klasse *CBody* definieren mit einem Konstruktor, der Anfangsposition und Geschwindigkeit festlegt. Weitere Komponenten der Klasse wären eine Funktion, die den Zustand des Objekts für ein gegebenes Zeitintervall weiterschreibt, und Funktionen zur Abfrage der Eigenschaften des Objekts wie Ort, Impuls und Masse. Wenn die Simulation grafisch dargestellt werden soll, wäre auch eine Art Zeichenfunktion nützlich.

Überträgt man dieses Beispiel auf das COM-Modell, so liegt der Code für den Himmelskörper nun in einer eigenen *dll*- oder *exe*-Datei, also einem COM-Modul.

Die Schnittstelle für den augenblicklichen Zustand eines Körpers könnte wie folgt definiert sein:

```
struct P3d
{
    double x, y, z;
};


interface IBodyState: public IUnknown
{
    virtual void    IncrementState (double dt);

    virtual P3d     GetPosition ();
    virtual P3d     GetSpeed    ();
    virtual double  GetMass     ();

    virtual void    SetPosition (const P3d & p);
    virtual void    SetSpeed    (const P3d & v);
    virtual void    SetMass     (double m);
};
```

Die tatsächliche Definition einer Klasse für Himmelskörper könnte dann etwa wie folgt aussehen (die Implementation der Funktionen ist dann in einer Quelldatei zu finden):

```
class CBody : public IBodyState
{
    P3d     coord;
    P3d     impuls;
    double  mass;
```

```
public:
                    CBody ();
    virtual void    IncrementState (double dt);

    virtual P3d     GetPosition ()   {return coord;}
    virtual P3d     GetSpeed    ();
    virtual double  GetMass     ()   {return m;}

    virtual void    SetPosition (const P3d & p)    {coord = p;}
    virtual void    SetSpeed    (const P3d & v);
    virtual void    SetMass     (double m)         {mass = m;}
};
```

Diese Trennung von abstrakter Schnittstelle und einer abgeleiteten Klasse zur eigentlichen Implementation ist nicht neu. Tatsächlich war dies für Bjarne Stroustrup die Hauptmotivation für die Einführung rein virtueller Funktionen, da nur auf diese Weise eine vollständige Entkoppelung von Schnittstelle und Implementation möglich ist. Bei sehr großen Projekten ist nur so sichergestellt, daß Änderungen an Implementationsdetails wie privaten Variablen oder Funktionen nicht eine Rekompilierung des ganzen Projekts erfordern. Kenntnis der Klassendefinition von *IBodyState* ist in C++-Code im Grunde nur dort nötig, wo Objekte dieses Typs erzeugt werden, ansonsten kann mit polymorphen Zeigern und Referenzen auf das Schnittstellenobjekt gearbeitet werden.

COM führt diese Idee nun lediglich weiter, indem außerhalb des COM-Moduls selbst nur noch die Schnittstellenklasse(n), nicht aber die Implementationsklasse zu sehen ist (sind) und die Implementation in einem anderen binären Objekt, möglicherweise sogar in einem anderen Prozeß oder auf einer anderen Maschine, lokalisiert ist. Zur Erzeugung von COM-Objekten stehen Mittel und Wege zur Verfügung, welche die genaue Kenntnis der Implementationsklasse nicht erfordern. Nehmen wir jedoch der Einfachheit halber einmal an, daß wir über eine Funktion *GetClassObject()* verfügen, die diese Aufgabe übernehmen kann:

```
BOOL GetClassObject (CLSID clsid, IID iid, void ** ppObj);
```

clsid (Class-ID) und *iid* (Interface-ID) sind Werte zur eindeutigen Identifizierung eines COM-Objekts bzw. einer Schnittstelle, die es *GetClassObject()* auf irgendeine Weise gestatten, uns die gewünschte Schnittstelle zur Verfügung zu stellen. Damit können wir uns mit *GetClassObject()* einen Zeiger auf die Schnittstelle eines Himmelskörperobjekts besorgen und es ohne Kenntnis der Implementationsdetails durch diese Schnittstelle manipulieren. Das Objekt selbst bleibt eine Blackbox

```
void simulation()
{
    IBodyState *pIState = NULL;

    if (GetClassObject(CLSID_CBody, IID_IBodyState, (void**) &pIState)
    {
        pIState->SetMass(m0);        // Anfangswerte setzen
        pIState->SetPosition(p0);
        pIState->SetSpeed(v0);
```

```
        for (double t = 0.; t < T; t+=dt)          // Flugbahn verfolgen
        {
            pIState->IncrementState(dt);
            P3d p = pIState->GetPosition();
            TRACE("Position \t%f\t%f\t%f\n", p.x, p.y, p.z);
        }
    }
}
```

Im vorliegenden Fall zeigt der Schnittstellenzeiger tatsächlich auf ein Himmelskörperobjekt, was bei Kenntnis der Implementationsklasse Zugriff auf Implementationsdetails erlauben würde. Dies ist jedoch, wie wir noch sehen werden, nur bei diesem einfachen Beispiel der Fall.

Angenommen, wir wollen die Bahn unseres Himmelskörpers nicht nur in Form eines Zahlengrabes erhalten, sondern das Objekt auf seinem Flug durch das Sonnensystem auch visuell verfolgen. Zu diesem Zweck könnten wir die vorliegende Schnittstelle erweitern oder eine neue Schnittstelle hinzufügen.

Der erste Ansatz ist allenfalls in der Entwicklungsphase zulässig, falls wir feststellen, daß wir noch ein wichtiges Detail übersehen haben. Im Normalfall ist eine COM-Schnittstelle, wenn einmal definiert, unveränderlich. Die Idee dahinter ist, daß möglicherweise bereits vorhandene Clients sich darauf verlassen können müssen, daß einmal bestehende Schnittstellen nicht mehr geändert werden. Eine Schnittstelle kann man als Vertrag zwischen Client (Anwendungsprogramm o. ä.) und Server (COM-Modul) auffassen. Der Server sichert zu, daß bestimmte Leistungen genau in der vereinbarten Form zur Verfügung stehen. Zeigt sich also nach einiger Zeit die Notwendigkeit der Ergänzung der Schnittstelle, sollte für neue Clients eine neue Schnittstelle mit der erweiterten Funktionalität zur Verfügung gestellt werden. In C++ ist das sehr einfach durch Ableiten der neuen Schnittstelle von der alten möglich. Alte Clients können so sicher weiter die alte Schnittstelle benutzen, während Clients, die bereits Kenntnis von der neuen Schnittstelle haben, auf diese zugreifen können.

Auf diese Weise ergänzte Schnittstellen findet man auch unter den ActiveX-Schnittstellenklassen an verschiedenen Stellen. So gibt es sowohl eine Schnittstelle *IClassFactory* als auch eine von ihr abgeleitet erweiterte Schnittstelle *IClassFactory2*. Die Implementation der Funktionalität liegt in der Klasse *XClassFactory*, die ursprünglich von *IClassFactory*, nun aber von *IClassFactory2* abgeleitete ist. Es gibt also weiterhin nur eine Implementation, die sowohl die alte als auch die erweiterte Funktionalität bereitstellt.

Um die Bahn des Himmelskörpers auch visuell zu verfolgen, geben wir unserem COM-Objekt also eine weitere Schnittstelle. Ohnehin ist es sinnvoll, COM-Objekte nicht mit einer einzigen gigantischen Schnittstelle, sondern mit thematisch gruppierten kleineren Schnittstellen auszustatten. Erweist sich z. B. eine Schnittstelle als unzureichend und muß um eine erweiterte ergänzt werden, so ist nur diese eine Schnittstelle betroffen. Ein anderer Vorteil ist, daß Clients sich nur mit den Schnittstellen eines COM-Objekts verbinden müssen, die sie tatsächlich benötigen, und die übrigen sicher ignorieren können. Die neue Schnittstelle für unseren Himmelskörper definieren wir mit:

```
interface IBodyVisual: public IUnknown
{
    virtual void    Display()     = 0;            // Symbol für Körper
    virtual void    Trajectory() = 0;             // letztes Bahnstück
};
```

Wie aber werden mehrfache Schnittstellen nun tatsächlich implementiert? Eine naheliegende Lösung ist Mehrfachvererbung, wobei die Implementationsklasse von allen benötigten Schnittstellenklassen abgeleitet wird.

```
class CBody : public IBodyState, public IBodyVisual
{
    P3d     coord;
    P3d     oldpos;
    P3d     impuls;
    double  mass;

public:
    // Konstruktor - Initialisierung aller ererbter Schnittstellen

                    CBody ();

    // Implementation der Schnittstelle IBodyState:

    virtual void    IncrementState (double dt);

    virtual P3d     GetPosition ()  {return coord;}
    virtual P3d     GetSpeed    ();
    virtual double  GetMass     ()  {return mass;}

    virtual void    SetPosition (const P3d & p)   {coord = p;}
    virtual void    SetSpeed    (const P3d & v);
    virtual void    SetMass     (double m)        {mass = m;}

    // Implementation der Schnittstelle IBodyVisual:

    virtual void    Display();
    virtual void    Trajectory();
};
```

Bei der Implementation der ActiveX-Klassen entschloß sich Microsoft allerdings, einen anderen Weg zu wählen: die Verwendung eingebetteter Klassen[84]. Diese Methode hat den Vorteil, die Implementationen der verschiedenen Schnittstellen auch innerhalb der umfassenden Klasse, hier z. B. *CBody*, gut gegeneinander abzugrenzen.

Die Schnittstellen werden als Klassen vereinbart, die innerhalb des Sichtbarkeitsbereichs der umschließenden Klasse liegen. Gleichzeitig wird für jede Schnittstelle eine eigene Komponentenvariable definiert, die im wesentlichen den Zeiger auf die korrekte *VTable* enthält:

---

84 Erst mit der Einführung der ATL mit VC++ 5 kommt Microsoft auf die elegante Technik der Mehrfachvererbung zur Schnittstellenimplementierung zurück.

```
class CBody
{
   P3d     coord;
   P3d     oldpos;
   P3d     impuls;
   double  mass;

public:

   // Konstruktor von CBody

                   CBody ();


   // Implementation der Schnittstelle IBodyState:

   class XBodyState : public IBodyState
   {
   public:
      // hier sind die drei IUnknown-Funktionen ausgelassen

      virtual void    IncrementState (double dt);

      virtual P3d     GetPosition ();
      virtual P3d     GetSpeed    ();
      virtual double  GetMass     ();

      virtual void    SetPosition (const P3d & p);
      virtual void    SetSpeed    (const P3d & v);
      virtual void    SetMass     (double m);
   }
      m_xBodyState;  // Name der Komponente, MS-Konvention

   friend XBodyState;

   // Implementation der Schnittstelle IBodyVisual:

   class XBodyVisual : public IBodyVisual
   {
   public:
      // hier sind die drei IUnknown-Funktionen ausgelassen ...

      virtual void    Display();
      virtual void    Trajectory();
   }
      m_xBodyVisual;  // Name der Komponente, MS-Konvention

   friend XBodyVisual;
};
```

Aus der „ist ein"-Beziehung zwischen *CBody* und *IBodyState* bzw. *IBodyVisual* ist also jetzt eine „enthält ein"-Beziehung geworden, wobei die Implementation der Schnittstellen in den Klassen *XBodyState* bzw. *XBodyVisual* sauber nach außen gekapselt ist. Für jede der Schnittstellenimplementationen ist eine Datenkomponente *m_xBodyState* bzw. *m_xBodyVisual* zur äußeren Klasse hinzugefügt worden. Der Name für die Komponenten ist übrigens von Microsoft so vorgeschrieben, bei der Verwendung abweichender Namen kann es ansonsten vorkommen, daß die Makros zur Unterstützung von COM nicht mehr funktionieren. Die Schnittstellenklassen sind in *CBody* eingebettet, aber nicht von *CBody* abgeleitet. Dadurch haben sie jedoch nicht automatisch Zugriff auf private Komponenten der äußeren Klasse; damit dieser möglich wird, sind die zusätzlichen *friend*-Deklarationen erforderlich. Auf gleiche Weise ist übrigens auch die Implementation der Schnittstelle *IClassFactory* in der Klasse *COleObjectFactory* eingeschlossen[85]; der voll qualifizierte Name der Schnittstellenimplementation ist *COleObjectFactory::XClassFactory*. Durch die Verwendung eingebetteter Klassen wird die Implementation der Schnittstellen besser strukturiert, doch ergeben sich dadurch einige zusätzliche Besonderheiten.

Zum einen müssen wir daran denken, die Implementation der Schnittstellenfunktionen voll zu qualifizieren, und zum anderen ergibt sich ein kleines Problem, wenn auf Komponenten der umschließenden Klasse oder anderer Schnittstellen zugegriffen wird. Beides sieht man in der neuen Version der Schnittstellenfunktion *GetPosition()*:

```
P3d CBody::XBodyState::GetPosition()
{
    METHOD_PROLOGUE_ (CBody, BodyState);     // liefert pThis
    return pThis->coord;
}
```

Der Name der Funktion liegt im Sichtbarkeitsbereich von *XBodyState*, und die Schnittstelle *XBodyState* wiederum im Sichtbarkeitsbereich von *CBody* und muß daher doppelt qualifiziert werden. Die zweite Schwierigkeit besteht darin, von Schnittstellenfunktionen aus auf die Komponenten der äußeren Klasse zuzugreifen. Die Schnittstellenklasse hat nun nichts mehr mit der Klasse *CBody* zu tun, sie ist lediglich innerhalb deren Sichtbarkeitsbereich definiert. Objekte vom Schnittstellentyp könnten prinzipiell an beliebigen Stellen im Sichtbarkeitsbereich von *CBody* definiert werden. Andererseits ist es außer zur Kapselung der Schnittstellenimplementation auch nicht erforderlich, die Schnittstellenklasse innerhalb von *CBody* zu plazieren.

Schlüssel für den Zugriff auf die Komponenten der äußeren Klasse sind die für jede Schnittstelle in der äußeren Klasse plazierten Komponentenvariablen. Über den dem Compiler bekannten Abstand dieser Variablen zur Anfangsadresse eines Objekts der äußeren Klasse im Speicher läßt sich ein Zeiger *pThis* auf dieses Objekt ermitteln. Diesen Zeiger *pThis* liefert das Makro *METHOD_PROLOGUE*[86], welches außerdem eine benötigte Verwaltungsfunktion für von *CCmdTarged* abgeleitete MFC-Klassen einsetzt. Da *CBody* nicht von *CCmdTarget* abgeleitet wurde, müssen wir statt dessen die undokumentierte Funktion *METHOD_PROLOGUE_* verwenden.

---

85 Die wirklichen Vorgänge werden allerdings in den MFC-Quellen ein wenig dadurch verdeckt, daß Microsoft zur „Vereinfachung" der Schnittstellenimplementation eine ganze Reihe Makros definiert hat und auch fleißig verwendet.

86 *METHOD_PROLOGUE* wiederum benutzt das Makro *Offsetof* der VC++-Laufzeitbibliothek, das dort für Strukturen/Klassen *s* und Komponenten *m* ziemlich trickreich definiert ist mit *#define offsetof(s,m) (size_t)&(((s *)0)->m)*.

Die Flugbahnsimulation des Himmelskörpers könnte damit z. B. wie folgt aussehen. Die Funktion besorgt sich Zeiger auf die Schnittstellen des Himmelskörper-Objekts und verwendet diese, um den Zustand des Himmelskörpers zu ändern, abzufragen oder die Bahnstücke visuell darzustellen. Wie das im einzelnen passiert, braucht die Funktion *Simulation()* gar nicht zu interessieren, die COM-Komponente könnte sogar ein eigenes Darstellungsfenster mitbringen. Die Schnittstellenzeiger sind auch keine Zeiger auf den Himmelskörper selbst mehr, die Beziehung zum über sie „ferngesteuerten" Objekt bleiben dem Client vollständig verborgen:

```
void simulation()
{
    IBodyState  *pIState  = NULL;
    IBodyVisual *pIVisual = NULL;

    if (GetClassObject(CLSID_CBody, IID_IBodyState,  (void**)
                                                        &pIState) &&
        GetClassObject(CLSID_CBody, IID_IBodyVisual,
                                                  (void**) &pIVisual))
    {
        pIState->SetMass(m0);                    // Anfangswerte setzen
        pIState->SetPosition(p0);
        pIState->SetSpeed(v0);

        for (double t = 0.; t < T; t+=dt)        // Flugbahn verfolgen
        {
            pIState->IncrementState(dt);
            pIVisual->Trajectory();
            P3d p = pIState->GetPosition();
            TRACE("Position \t%f\t%f\t%f\n", p.x, p.y, p.z);
        }
    }
}
```

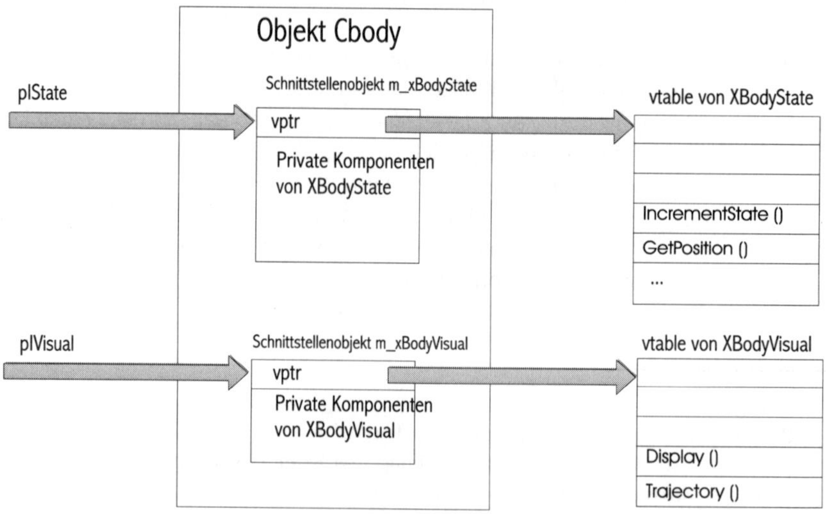

Abb. 96: Aufbau und Verwendung eines COM-Objekts mit mehreren Schnittstellen am Beispiel einer Himmelskörperklasse CBody mit Schnittstellen IBodyState und IBodyVisual

Bei der tatsächlichen Implementation von COM-Schnittstellen sind die oben beschriebenen Zusammenhänge durch den freigiebigen Gebrauch von Makros verdeckt. Dafür ersparen uns die Makros die explizite Deklaration der Funktionen von *IUnknown*, das Anlegen einer Komponentenvariablen für die Schnittstellenimplementation und die *friend*-Deklaration. Unter Verwendung der MFC-Makros für COM-Objekte sieht die Himmelskörperklasse wie folgt aus:

```
class CBody
{
    P3d     coord;
    P3d     oldpos;
    P3d     impuls;
    double  mass;

public:
                        CBody ();

    // Implementation der Schnittstelle IBodyState:

    BEGIN_INTERFACE_PART(BodyState, IBodyState)
        virtual void    IncrementState (double dt);

        virtual P3d     GetPosition ();
        virtual P3d     GetSpeed    ();
        virtual double  GetMass     ();

        virtual void    SetPosition (const P3d & p);
        virtual void    SetSpeed    (const P3d & v);
        virtual void    SetMass     (double m);
    END_INTERFACE_PART(BodyState)


    // Implementation der Schnittstelle IBodyVisual:

    BEGIN_INTERFACE_PART(BodyVisual, IBodyVisual)
        virtual void    Display();
        virtual void    Trajectory();
    END_INTERFACE_PART(BodyVisual)
};
```

Es fällt auf, daß die Definition der Klasse *CBody* auf Kosten der Durchsichtigkeit bei identischer Bedeutung wesentlich kürzer wird.

Die unbekannte Schnittstelle – IUnknown

Wie bereits erwähnt, muß jede COM-Schnittstelle die drei Funktionen *QueryInterface()*, *AddRef()* und *Release*() besitzen bzw. von der COM-Basisklasse *IUnknown* abgeleitet sein. Dadurch steht diese grundlegende Funktionalität allen COM-Schnittstellen zur Verfügung.

QueryInterface() gestattet es, sich weitere Schnittstellenzeiger auf andere Schnittstellen eines COM-Objekts zu besorgen, vorausgesetzt, man besitzt bereits einen

Schnittstellenzeiger des Objekts und kennt die Schnittstellen-ID der gesuchten Schnittstelle. Leider ist es nicht möglich, mit *QueryInterface()* die verfügbaren Schnittstellen eines Objekts zu ermitteln. Erhält man auf diese Weise einen Schnittstellenzeiger, wird im Objekt ein Referenzzähler erhöht, der verfolgt, an wie vielen Stellen das fragliche Objekt bzw. die Schnittstellen diese Objekts in Gebrauch sind.

Aufgrund der Konstruktion von COM-Objekten und der Schnittstellenimplementationen mittels eingebetteter Klassen (oder in anderen Sprachen geeigneter anderer Konstrukte) können natürlich C++-typische Mechanismen zur Verwaltung der Lebenszeit von Objekten wie z. B. virtuelle Destruktoren nicht zur Anwendung kommen.

Auch macht es wenig Sinn, ein (Schnittstellen-)Objekt zu löschen, das als feste Komponente in ein anderes Objekt eingebettet ist. Auch ein Zeiger auf das gesamte Objekt läßt sich nicht ermitteln oder existiert möglicherweise gar nicht. COM verwendet daher Referenzzähler zur Verwaltung der Lebenszeit von Objekten. Wird ein Schnittstellenzeiger nicht mehr benötigt, kann die Schnittstelle mit *Release()* freigegeben werden. Der Referenzzähler wird dadurch um eins erniedrigt. Wenn der Referenzzähler den Wert 0 annimmt, kann sich das betreffende Objekt löschen.

Erhält man einen neuen Schnittstellenzeiger auf andere Weise, etwa durch Zuweisung an eine neue Zeigervariable, sollte man *AddRef()* benutzen.

Wie alle anderen Funktionen einer Schnittstelle sind auch die drei Funktionen *QueryInterface()*, *AddRef()* und *Release()* als rein virtuelle Funktionen deklariert, d. h., jede Schnittstellenimplementation muß Implementationen dieser Funktionen bereitstellen. Normalerweise ist die umschließende Klasse des COM-Objekts von einer anderen Klasse wie *CCmdTarget* abgeleitet, an die diese Buchhaltungsaufgaben weitergereicht werden können. Im Falle unserer Klasse *CBody* müssen wir Referenzzähler und *QueryInterface()* jedoch selbst implementieren.

Nun wird es meistens unsinnig sein, für unterschiedliche Schnittstellen unterschiedliche Referenzzähler zu implementieren. In den allermeisten Fällen wird man alle Schnittstellen gleich implementieren. In diesem Fall ist es sinnvoll, diese Aufgaben an die äußere Klasse zu delegieren. Hier sind die Funktionen für die Klasse *XBodyState*, die für *XBodyVisual* sind analog aufgebaut:

```
HRESULT STDMETHODCALLTYPE CBody::XBodyState::QueryInterface(REFIID riid,
                                                    void **ppvObject)
{
    METHOD_PROLOGUE_ (CBody, BodyState);
    return pThis->QueryInterface(riid, **ppvObject);
                                            // CBody tut die Arbeit
}

ULONG STDMETHODCALLTYPE CBody::XBodyState::AddRef()
{
    METHOD_PROLOGUE_ (CBody, BodyState);
    return pThis->AddRef();
}

ULONG STDMETHODCALLTYPE CBody::XBodyState::Release()
```

```
{
    METHOD_PROLOGUE_ (CBody, BodyState);
    return pThis->Release();
}
```

Die Klassendefinition von *CBody* muß natürlich noch um eine Referenzzähler-Variable und die *CBody*-eigenen privaten Abfragen und Referenz-Funktionen ergänzt werden:

```
class CBody
{
    int     nref;
    P3d     coord;
    P3d     oldpos;
    P3d     impuls;
    double  mass;

    HRESULT QueryInterface(REFIID riid, void **ppvObject);
    ULONG   AddRef();
    ULONG   Release();
public:
            CBody()     {nref = 0;}
    // ...

};
```

Die einfachste der drei Funktionen ist die Funktion *AddRef()*, die lediglich den Referenzzähler erhöht und den neuen Wert zurückgibt.

```
ULONG CBody::AddRef()
{
    return ++nref;
}
```

Release() erniedrigt, falls möglich, den Referenzzähler und liefert das Ergebnis zurück.

Liegen keine Referenzen auf das Objekt mehr vor, löscht es sich.

```
ULONG CBody::Release()
{
    if (nref == 0)
    {
        return 0;
    }
    else if (--nref)
    {
        return nref;
    }
    else
    {
        delete this;
        return 0;
    }
}
```

Auch die Funktion *QueryInterface()* ist nicht kompliziert - sie vergleicht die IID der gewünschten Schnittstelle der Reihe nach mit den IDs der implementierten Schnittstellen und trägt einen Zeiger auf die Schnittstelle in die Zeigervariable ein, auf die *ppvObj* zeigt.

Ist der Aufruf erfolgreich, d. h., liefert er einen Schnittstellenzeiger, wird außerdem der Referenzzähler erhöht und als Ergebnis *S_OK* zurückgeliefert.

Schlägt er dagegen fehl, wird als Ergebnis der Fehlerwert *E_NOINTERFACE* zurückgeliefert und in die Zeigervariable der Wert *NULL* eingetragen:

```
HRESULT CBody::QueryInterface(REFIID riid, void **ppvObj)
{
    if (riid == IID_IUnknown)
    {
        *ppvObj = &m_xBodyState;
    }
    else if (riid == IID_IBodyState)
    {
        *ppvObj = &m_xBodyState;
    }
    else if (riid == IID_IBodyVisual)
    {
        *ppvObj = &m_xBodyVisual;
    }
    else
    {
        *ppvObj = NULL;
        return E_NOINTERFACE;
    }

    AddRef();
    return S_OK;
}
```

Bei Implementation wie auch Anwendung einer *QueryInterface()*-Funktion sind eine Reihe von Punkten zu beachten:

- **Identität:** Die Objektidentität wird am Wert des Schnittstellenzeigers für die Schnittstelle *IUnknown* festgemacht. Zwei Schnittstellenzeiger referenzieren genau dann das gleiche Objekt, wenn die mit *QueryInterface()* ermittelten Schnittstellenzeiger für *IUnknown* übereinstimmen. Für andere Schnittstellenzeiger braucht dies nicht zu gelten, sie können sogar von *QueryInterface()*-Aufruf zu *QueryInterface()*-Aufruf wechselnde Werte haben. Im vorliegenden Fall wird die obige Bedingung dadurch erfüllt, daß der Zeiger immer auf die Komponentenvariable *xBodyState* für die Schnittstelle *IUnknown* zurückgegeben wird.
- **Verläßlichkeit:** Mit *QueryInterface()* ermittelte Schnittstellen verhalten sich statisch, d. h., schlägt ein Aufruf von *QueryInterface()* für eine bestimmte Schnittstelle eines Objekts fehl, muß er immer fehlschlagen. Ebenso gilt, daß ein Aufruf, der beim ersten Mal bei einem Objekt erfolgreich ist, auch bei allen folgenden Versuchen erfolgreich sein muß.

- **Symmetrie:** Fragt ein Client nach einer Schnittstelle eines Objekts, auf die er bereits einen Zeiger besitzt, so muß der Aufruf erfolgreich sein. Es ist jedoch nicht erforderlich (wenn auch meist der Fall), daß der neue Zeiger mit dem alten übereinstimmt (Ausnahme: der *IUnknown*-Zeiger!).
- **Reflexivität:** Fragt ein Client durch eine Schnittstellenzeiger *A* nach einem Zeiger auf die Schnittstelle *B* und durch diese wieder nach einem Zeiger auf die Schnittstelle *A*, so muß dieser zweite Aufruf erfolgreich sein.
- **Transitivität:** Fragt ein Client über einen Zeiger auf die Schnittstelle *A* nach einem Zeiger auf die Schnittstelle *B* und durch diesen erfolgreich nach der Schnittstelle *C*, so muß auch die direkte Anfrage nach Schnittstelle *C* durch Schnittstelle *A* erfolgreich sein.

Bei Erfolg oder Mißerfolg gibt *QueryInterface()* ein Ergebnis vom Typ *HRESULT* zurück. Dies ist zwar nicht zwingend für alle COM-Funktionen vorgeschrieben, aber für alle COM-Funktionen erforderlich, die über Prozeßgrenzen hinweg arbeiten.

Obwohl *HRESULT*-Werte wie Handles aussehen, kodieren sie Ergebnisse direkt. *HRESULT*-Werte sind jedoch nicht einfach wahr oder falsch, sondern kodieren eine ganze Reihe von Informationen in einem 32 Bit breiten Rückgabewert, dessen Felder bei Bedarf abgefragt werden können.

Das Format von *HRESULT* variiert geringfügig, je nachdem ob die Plattform 16bittig oder 32bittig ist. Das höchstwertige Bit gibt an, ob ein Fehler vorliegt oder nicht, die Bits 16 bis 26 kodieren die Quelle der Meldung und die Bits 0 bis 15 den eigentlichen Fehler- oder Ergebniscode.

Einige gebräuchliche HRESULT-Werte sind im folgenden aufgelistet, weitere können z. B. der Datei *winerror.h* entnommen werden. Bezeichner für Fehlercodes beginnen mit dem Buchstaben *E* (wie Error):

```
E_UNEXPECTED    - katastrophaler Fehlschlag
E_NOTIMPL       - Funktion ist nicht implementiert
E_OUTOFMEMORY   - es ist Speichermangel aufgetreten
E_INVALIDARG    - mindestens eines der Argumente ist ungültig
E_NOINTERFACE   - nicht unterstützte Schnittstelle
E_POINTER       - ungültiger Zeiger
E_HANDLE        - ungültiges Handle
E_ABORT         - Operation abgebrochen
E_FAIL          - unspezifizierter Fehlschlag
E_ACCESSDENIED  - Zugriff verweigert
E_PENDING       - benötigte Daten liegen noch nicht vor

S_OK            - Status ok
S_FALSE         - Status nicht ok, aber kein Fehler !
```

Um den Umgang mit *HRESULT*-Codes zu vereinfachen, stehen Makros zur Verfügung, deren wichtigste die Makros *SUCCEEDED()* und *FAILED()* sind.

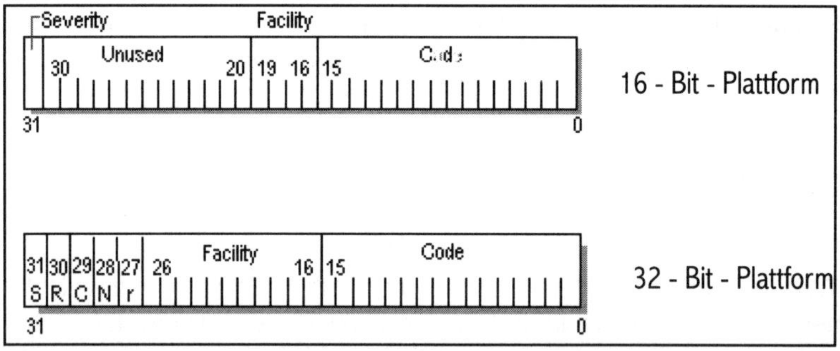

Abb. 97: Aufbau der Fehler- und Statuscodes von COM und ActiveX-Funktionen. In den niederwertigen 16 Bit ist der Fehler- oder Ergebniscode abgelegt, gefolgt von einem Facility-Code und einigen reservierten oder unbenutzten Bits. Ob es sich um einen Fehler- oder einen Ergebniscode handelt, geht aus dem höchstwertigen Bit hervor

Klassenfabriken

Bislang haben wir uns ein wenig um die Frage herumgedrückt, wie man eine oder mehrere Instanzen eines COM-Objekts erzeugen kann. Falls nur ein einzelnes Objekt benötigt wird, ist die Sache relativ einfach, hier stellt uns COM die Funktion *CoCreateInstance()* zur Verfügung.

```
STDAPI CoCreateInstance(
    REFCLSID     rclsid,       // Klassen-ID des gewünschen Objekts
    LPUNKNOWN    pUnkOuter,    // ggf. IUnknown-Zeiger des umschließenden
                               // Aggregats
    DWORD        dwClsContext,
                              // Hinweis auf Kontext für ausführbaren Code
    REFIID       riid,        // ID der gewünschten Schnittstelle
    LPVOID *     ppv          // Adresse der Zeigervariablen für
                              // Schnittstellenzeiger
);
```

Benötigen wir dagegen mehr als eine Instanz des Objekts (vielleicht, weil wir eine Simulation des berühmten Drei-Körper-Problems durchführen wollen), ist dieser Weg der Objekterzeugung jedoch reichlich ineffizient, da die Lokalisierung und Aktivierung von COM-Objekten anhand der Klassen-IDs ein aufwendiger Prozeß ist (abgesehen von der implementationsabhängigen Frage, ob die so erzeugten Objekte überhaupt außer über die COM-Schnittstellen miteinander kommunizieren können). Für diesen Fall sieht COM einen zweistufigen Prozeß der Objekterzeugung vor.

Alle Objekte, die eine Klassen-ID besitzen, müssen eine weitere Schnittstelle *IClassFactory* unterstützen, über die es möglich ist, Objekte mit dieser Klassen-ID zu erzeugen. Wie diese Schnittstelle konkret implementiert ist, ist weitgehend freigestellt, so muß sie z. B. hier keine weitere Schnittstelle der Klasse *CBody* sein. Eher kann man *IClassFactory* als die Schnittstelle einer zusätzlichen Metaklasse auffassen, die stellvertretend für die Gesamtheit der *CBody*-Objekte steht und die Erzeugung neuer *CBody*-Objekte ermöglicht. In den Microsoft-Foundation-Classes gibt es zu diesem

Zweck übrigens eine Klasse *COleObjectFactory*, die in der Lage ist, Objekte aller mit Hilfe der Makros *DECLARE_DYNCREATE* und *DECLARE_OLECREATE* deklarierten und von *CCmdTarged* abgeleiteten Klassen zu erzeugen.

Die Bezeichnung Klassenfabrik ist hier ein wenig irreführend, da mittels der *IClass-Factory*-Schnittstelle nicht Klassen oder Metaklassenobjekte, sondern Objekte einer Klasse erzeugt werden. Möglicherweise geht die Bezeichnung darauf zurück, daß in den MFC die Klassenfabrik Objekte aller Klassen erzeugen kann.

Für unser Beispiel wollen wir zur Verdeutlichung der Zusammenhänge eine eigene Klassenfabrik bereitstellen.

```
class CBodyFactory : public IClassFactory
{
public:
    HRESULT STDMETHODCALLTYPE QueryInterface(REFIID riid,
                                              void **ppvObject);
    ULONG   STDMETHODCALLTYPE AddRef()  {return 1;}
    ULONG   STDMETHODCALLTYPE Release() {return 1;}

    HRESULT STDMETHODCALLTYPE
        CreateInstance(IUnknown *pUnkOuter, REFIID riid,
                                              void **ppvObject);

    HRESULT STDMETHODCALLTYPE LockServer(BOOL fLock);
};
```

Neben den Funktionen der *IUnknown*-Schnittstelle implementiert die Klassenfabrik im wesentlichen eine weitere Funktion *CreateInstance()*, die ein neues Objekt bereitstellt und einen Zeiger auf eine gewünschte Schnittstelle dieses Objekts zurückliefert. Zur Vereinfachung soll im vorliegenden Fall immer genau eine Instanz der Klassenfabrik als globale Variable im COM-Modul existieren (normalerweise ist dies jedoch nicht der Fall). Dies ermöglicht hier eine minimale Version der *AddRef()* und *Release()*-Funktionen:

```
CBodyFactory BodyFactory;
```

Die Funktion *QueryInterface()* liefert Schnittstellenzeiger auf die *IUnknown*- oder die *IClassFactory*-Schnittstelle und ermöglicht so den Zugriff auf die Funktion *CreateInstance()* zur Erzeugung neuer Klassenobjekte:

```
HRESULT STDMETHODCALLTYPE CBodyFactory::QueryInterface(REFIID riid,
                                                        void **ppvObj)
{
    if (riid == IID_IUnknown)
    {
        *ppvObj = this;
    }
    else if (riid == IID_IClassFactory)
    {
        *ppvObj = this;
    }
    else
```

```
    {
        *ppvObj = NULL;
        return E_NOINTERFACE;
    }

    return S_OK;
}
```

CreateInstance() erzeugt eine neue Instanz der *CBody*-Klasse und ermittelt einen Zeiger auf die gewünschte Schnittstelle des Objekts. Schlägt dies fehl, räumt *CreateInstance()* hinter sich auf, indem es das erzeugte Objekt wieder löscht.

Ist der gewünschte Schnittstellenzeiger dagegen vorhanden, wird der Referenzzähler durch *QueryInterface()* für das Himmelskörper-Objekt erhöht und der Schnittstellenzeiger für das Objekt in die angegebene Variable für den Schnittstellenzeiger eingetragen:

```
HRESULT STDMETHODCALLTYPE CBodyFactory::CreateInstance(IUnknown
                                *pUnkOuter, REFIID riid, void **ppvObj)
{
    CBody *body = new CBody();
    if (body)
    {
        HRESULT r = body->m_xBodyState.QueryInterface(riid,ppvObj);
        if (FAILED(r)) delete body;
        return r;
    }
    return E_FAIL;
}
```

Dieses „Aufräumen im Fehlerfalle“ darf nicht vergessen werden, da ansonsten auf neu erzeugte Objekte oder allozierte Speicherbereiche kein Zugriff mehr möglich ist und diese existieren, bis der COM-Server wieder beendet wird. Generell besagen die COM-Regeln:

- Wenn Speicher durch das aufrufende Modul angefordert wurde, ist er auch durch dieses wieder freizugeben.
- Wenn Speicher durch eine Funktion eines COM-Moduls (Methode) angefordert wurde, ist der Aufrufer für die Freigabe verantwortlich. Die Ausnahme hiervon sind Fehlersituationen. In solchen Fällen muß die aufgerufene Funktion zuverlässig sicherstellen, daß angeforderter Speicher komplett zurückgegeben wurde und alle zurückgelieferten Zeiger, wo sinnvoll, NULL sind.
- Wenn ein Zeiger an eine Methode übergeben wird, darf die Methode den Speicher freigeben und reallozieren. Für die Freigabe des reallozierten Speichers ist der Aufrufer verantwortlich.

Die Erzeugung von COM-Objekten zerfällt nun in zwei Schritte. Im ersten Schritt besorgen wir uns mit der Funktion *CoGetClassObject()* einen Zeiger auf die *IClassfactory*-Schnittstelle der gewünschten Klasse, um dann im zweiten Schritt mit *CreateInstance()* so viele Klassenobjekte anzulegen, wie wir benötigen.

```
STDAPI CoGetClassObject(
    REFCLSID        rclsid,       // Klassen-ID des gewünschen Objekts
    DWORD           dwClsContext,
                                  // Hinweis auf Kontext für ausführbaren Code
    COSERVERINFO *  pServerInfo,  // Zeiger auf Zielcomputer oder NULL
    REFIID          riid,         // ID der gewünschten Schnittstelle
    LPVOID *        ppv           // Adresse der Zeigervariablen für
                                  // Schnittstellenzeiger
);
```

Dabei ist *rclsid* eine Referenz auf eine schreibgeschützte Klassen-ID, *dwClsContext* ein Flag-Wort, welches angibt, ob das benötigte COM-Modul in *dll-* und/oder *exe-*Dateien oder sogar auf anderen Rechnern gesucht werden soll, und *riid* eine Referenz der ID der gewünschten Schnittstelle. Konkret kann die Erzeugung und Benutzung der Objekte in einer Drei-Körper-Simulation dann wie folgt aussehen:

```
void simulation()
{
    IClassFactory *bodyFact;
    CoGetClassObject(CLSID_CBody, CLSCTX_INPROC_SERVER, NULL,
                              IID_IClassFactory, (void**) &bodyFact);
    IBodyState  *state1, *state2, *state3;

    if (bodyFact->CreateInstance(NULL, IID_IBodyState,  (void**)
                                                           &state1))
    {
        if (bodyFact->CreateInstance(NULL, IID_IBodyState,  (void**)
                                                           &state2))
        {
            if (bodyFact->CreateInstance(NULL, IID_IBodyState,  (void**)
                                                           &state3))
            {
                IBodyVisual *vis1, *vis2, *vis3;
                state1->QueryInterface(IID_IBodyVisual, (void**) &vis1);
                state2->QueryInterface(IID_IBodyVisual, (void**) &vis2);
                state3->QueryInterface(IID_IBodyVisual, (void**) &vis3);

                state1->SetMass(m0);                   // Anfangswerte setzen
                state1->SetPosition(p0);
                state1->SetSpeed(v0);

                // usw...

                for (double t = 0.; t < T; t+=dt)
                                                      // Flugbahnen verfolgen
                {
                    state1->IncrementState(dt);
                    vis1->Trajectory();
                    P3d p1 = state1->GetPosition();

                    state2->IncrementState(dt);

                    // usw...
                }

               vis1->Release();
```

```
                vis2->Release();
                vis3->Release();

                state3->Release();
            }
            state2->Release();
        }
        state1->Release();
    }
}
```

Zunächst wird ein Zeiger auf eine Klassenfabrik ermittelt und mit dessen Hilfe drei Himmelskörper erzeugt. Nachdem alle benötigten Schnittstellenzeiger ermittelt sind, wird die eigentliche Simulation durchgeführt. Wie sich dabei die Himmelskörper gegenseitig über ihr Schwerefeld beeinflussen, ist ein Implementationsdetail, das in den Tiefen unseres hypothetischen COM-Moduls verborgen bleibt; den Client interessiert lediglich die Manipulation oder Abfrage der Objekte über die definierten Schnittstellen.

Identitätsprobleme – GUIDs

Bisher haben wir uns hinsichtlich der IDs von Schnittstellen und COM-Klassen ziemlich bedeckt gehalten. Dem einen oder anderen mag dabei aufgefallen sein, daß wir in den Implementationen von *QueryInterface()* den Gebrauch von *switch*-Anweisungen vermieden haben, obwohl ihre Verwendung von der Ablaufstruktur her eigentlich näher gelegen hätte, als die vielfach hintereinander geschachtelten *If*-Anweisungen. Der Grund hierfür ist darin zu suchen, daß *switch*-Anweisungen nur mit skalaren (ganzzahligen) Typen zulässig sind. Die IDs oder GUIDs, um die es sich bei Schnittstellen-IDs (IID) und Klassen-IDs (CLSID) handelt, sind jedoch 128 Bit lang, eine Länge, die in keinen ganzzahligen Datentyp von C++ paßt. Aus diesem Grunde sind GUIDs als Struktur definiert:

```
typedef struct _GUID {          // size is 16
    DWORD  Data1;
    WORD   Data2;
    WORD   Data3;
    BYTE   Data4[8];
} GUID;
```

Diese Struktur spiegelt sich teilweise auch in der Art und Weise wider, wie GUIDs normalerweise in der Registrierungsdatenbank notiert werden: Die erste Gruppe stellt das Doppelwort dar, die beiden folgenden Gruppen die Wort-Werte und die letzten beiden Gruppen die insgesamt 8 Bytes des Byte-Felds. Die Schreibweise als C/C++-Initialisierungsliste spiegelt ebenfalls die Struktur des Datentyps *GUID* wider.

```
// Registry-Schreibweise:{D31019CE-A1D8-11D0-B18B-004001423EDC}

static const GUID myGuid =
{ 0xd31019ce, 0xa1d8, 0x11d0, { 0xb1, 0x8b, 0x0, 0x40, 0x1, 0x42,
                                                    0x3e, 0xdc } };
```

GUIDs sind unverwechselbare, eindeutige Bitfolgen, die nach einem besonderen Algorithmus aus Zeit, Datum und Charakteristika der Entwicklermaschine generiert werden. Seit Visual C++ 5.0 ist der GUID-Generator fugenlos in die Entwicklungsumgebung integriert und über *Projekt/Dem Projekt hinzufügen/Komponenten und Steuerelemente/Developer Studio Components* erreichbar. Seit dieser Version verwenden auch die Assistenten GUIDs, um in Definitionsdateien eindeutige *#define*-Symbole zum Schutz vor mehrfacher Übersetzung von Definitionsdateien zu definieren. Zur Verwendung mit der OLE-Unterstützung der MFC kann man sogar das Makro *IMPLEMENT_OLECREATE* fast fertig ausgefüllt eintragen lassen:

```
// {D31019CF-A1D8-11D0-B18B-004001423EDC}
IMPLEMENT_OLECREATE(<<class>>, <<external_name>>,
0xd31019cf, 0xa1d8, 0x11d0, 0xb1, 0x8b, 0x0, 0x40, 0x1, 0x42,
                                                        0x3e, 0xdc);
```

Der Entwickler ist jedoch nicht gezwungen, mit diesen unhandlichen Zahlenketten zu hantieren. Kennt der Client die symbolische Programm-ID, unter der das Programm in der Registrierungsdatenbank eingetragen ist, kann er die GUID mittels der Funktion *CLSIDFromProgID()* ermitteln. Typisch für ActiveX ist übrigens, daβ hier der Name in einer Zeichenkette mit 16 Bit breiten Zeichen angegeben werden muβ. Alle ActiveX-Funktionen arbeiten mit diesen Unicode-Zeichenketten:

```
CLSID clsid;
CLSIDFromProgID(L"CelestialBodies", &clsid);
```

Wird nun ein COM-Modul mittels *CoGetClassObject()* oder *CoCreateInstance()* aktiviert, durchsucht COM die Registrierungsdatenbank nach der geforderten GUID. Ob COM dabei versucht, eine *dll-* oder eine *exe*-Datei zu aktivieren, hängt vom Wert des Parameters *dwClsContext* ab, der einen Wert oder eine Kombination der folgenden Werte aufweisen kann:

- *CLSCTX_INPROC_SERVER* - COM sucht nach einer *dll*. Der Code, der Objekte erzeugt und manipuliert, läuft im selben Adreβraum wie der Client und kann so besonders effizient aufgerufen werden.
- *CLSCTX_INPROC_HANDLER* - COM sucht nach einer *exe*-Datei. Die Verbindung zum Server-Code wird durch eine DLL hergestellt, die im Adreβraum des Client abläuft.
- *CLSCTX_LOCAL_SERVER* - COM sucht nach einer EXE-Datei. Der Servercode läuft in einem eigenen Prozeβ in einem eigenen Adreβraum.
- *CLSCTX_REMOTE_SERVER* - Der Code der COM-Objekte läuft auf einer anderen Maschine.

Die Abläufe zur Aktivierung, Anwendung und Deaktivierung eines COM-Objekts unterscheiden sich, je nachdem ob es aus einer *dll-* oder einer *exe*-Datei geladen wird. Die Kommunikation mit einem DLL-Server läuft in etwa wie folgt ab:

- Mit *CoInitialize(NULL)* wird der COM-Mechanismus für den Client initialisiert.
- Mit *CoGetClassObject()* wird ein Zeiger auf eine Klassenfabrik angefordert. Falls

der Server noch nicht geladen ist, sucht COM nach einem passenden Server in der Registrierungsdatenbank und lädt die DLL.

- Falls der Server frisch geladen wurde, legt dieser globale Klassenfabriken an und ruft im Falle von MFC-DLLs *InitInstance()* auf.
- COM ruft die Funktion *DllGetClassObject()* der DLL mit dem CLSID-Wert auf, der *CoGetClassObject()* übergeben wurde. *DllGetClassObject()* liefert den Zeiger auf die Klassenfabrik.
- Die Funktion *CreateInstance()* der Klassenfabrik wird über den ermittelten Schnittstellenzeiger aufgerufen und erzeugt benötigte (COM-)Objekte.
- Wird der interne Referenzzähler eines Objekts durch *Release()* auf Null herunter gezählt, zerstört sich das Objekt.
- Ruft der Client die COM-API-Funktion *CoFreeUnusedLibraries()* auf, wird von COM die von der DLL bereitgestellte Funktion *DllCanUnloadNow()* aufgerufen. Diese überprüft, ob noch Objekte dieses COM-Moduls in Benutzung sind, und liefert (nur) in diesem Fall das Ergebnis *TRUE* zurück. Es ist zweckmäßig, *CoFreeUnused-Libraries()* periodisch aufzurufen.
- Bevor der Client terminiert (zweckmäßigerweise nach dem Schließen seines Hauptfensters), muß schließlich *CoUninitialize()* aufgerufen werden. Aufrufe von *CoUninitialize()* müssen mit solchen von *CoInitialize()* exakt gepaart werden.

Die COM-Bindung an eine getrennte *exe*-Datei ist komplizierter als die Bindung an einen DLL-Server, da in diesem Fall der Server in einem anderen Prozeß liegt, 16-/32-Bit-Fehlanpassungen denkbar sind und der Server sogar auf einem anderen Rechner ablaufen kann. Die Mechanismen, die einen Aufruf von COM-Funktionen über Prozeßgrenzen hinweg dennoch möglich machen, werden mit dem schwer übersetzbaren englischen Begriff „to marshal", wörtlich etwa „rangieren, ordnen, führen", bezeichnet. Dies beschreibt recht anschaulich die Aufgabe des Marshallers, der die Aufrufe von COM-Funktionen über Prozeßgrenzen hinweg anpaßt, Funktionsparameter übersetzt und ggf. alles säuberlich in ein Datenpaket für einen RPC, einen **R**emote **P**rocedure **C**all verpackt. Da es im Deutschen keinen einfachen Begriff gibt, der diese Tätigkeiten genau trifft, wollen wir beim englischen Begriff bleiben.

Beim Marshalling ruft der Client eine DLL auf, die Proxy genannt wird, vom englischen Proximity für Nähe. Der Proxy-Code liegt im eigenen Adreßraum des Client und damit näher als der Server-Code. Auch für den Begriff Proxy existiert keine allgemein akzeptierte deutsche Übersetzung.

Ein Proxy liegt im Adreßraum des aufrufenden Prozesses und agiert als Stellvertreter für das eigentliche COM-Objekt. Aus der Sicht des Clients ist der Proxy das Objekt. Typischerweise besteht die Aufgabe eines Proxys darin, die Parameter der aufgerufenen COM-Methode[87] in einen Nachrichtenpuffer für den eigentlichen Datentransportprozeß einzutragen und die Weiterleitung anzustoßen. Der Proxy ist ein zusam-

87 Funktionen in COM-Objekten werden auch oft mit dem OOP-Begriff Methode be zeichnet.

mengesetztes COM-Objekt, das neben den schnittstellenspezifischen „Schnittstellen-Proxies“ ein vom System zur Verfügung gestelltes Proxy-Manager-Objekt enthält.

Das Auspacken der Daten und der Aufruf des eigentlichen Server-Codes wird von einer Stub-DLL (stub engl. für Stummel) vorgenommen, die im Adreßraum des Servers liegt.

Wenn wir uns auf Standardschnittstellen wie *IUnknown* oder *IClassFactory* beschränken, wird der Code für Proxies und Stubs von den ActiveX-DLLs bereitgestellt. Verwenden wir dagegen eigene Schnittstellen wie *IBodyState* oder *IBodyVisual*, bleibt uns nichts anderes übrig, als den Proxy-Code selbst zu schreiben. Dies mag der Grund dafür sein, daß nur wenige Softwarehersteller eigene Schnittstellen entwickeln und lieber auf standardisierte Schnittstellen wie die universelle *IDispatch*-Schnittstelle zurückgreifen. Mit der Version 5 von Visual C++ hat sich die Situation hier allerdings verbessert, da der ATL-Proxy-Generator in der Lage ist, Proxies für Schnittstellen, für die eine Beschreibung in Form einer Typbibliothek existiert, automatisch zu erstellen.

Der Aufruf und die Verwendung eines COM-Objekts in einer *exe*-Datei sieht vom Standpunkt des Client (natürlich) genauso aus wie der Aufruf eines DLL-Servers, die Vorgänge auf der Server-Seite sehen natürlich komplexer aus:

- Mit *CoInitialize(NULL)* wird der COM-Mechanismus für den Client initialisiert.
- Mit *CoGetClassObject()* wird ein Zeiger auf eine Klassenfabrik angefordert. Falls der *exe*-Server noch nicht geladen ist, sucht COM nach einem passenden Server in der Registrierungsdatenbank und startet das Serverprogramm.
- Falls der Server frisch geladen wurde, legt dieser globale Klassenfabriken an und ruft im Falle eines MFC-Programms *InitInstance()* auf.
- Beim Starten des Servers wird außerdem mit *CoInitialize(NULL)* der COM-Mechanismus, diesmal für den Server, initialisiert und mit *CoRegisterClassObject()* für jedes Klassenfabrik-Objekt ein *IClassFactory*-Zeiger initialisiert.
- COM liefert die Schnittstellenzeiger an den Client aus. Die Zeiger, die der Client erhält, sind jedoch wegen des Marshallings nicht identisch mit den vom Server zur Verfügung gestellten, sondern Zeiger auf Proxies!
- Die Funktion *CreateInstance()* der Klassenfabrik wird (indirekt, via Marshalling) über den ermittelten Schnittstellenzeiger aufgerufen und erzeugt benötigte (COM-)Objekte. Die so erhaltenen Zeiger zeigen nicht auf die Schnittstellen der eigentlichen Objekte, sondern auf die der Proxies.
- Wird der interne Referenzzahler eines Objekts durch *Release()* auf Null heruntergezählt, zerstört sich das Objekt.
- Bevor der Client terminiert (zweckmäßigerweise nach dem Schließen von dessen Hauptfenster) muß schließlich *CoUninitialize()* aufgerufen werden. Aufrufe von *CoUninitialize()* müssen mit solchen von *CoInitialize()* exakt gepaart werden.
- COM ruft *Release()* für alle Objekte auf, die der Server vergessen hat. Falls kein Objekt übrig bleibt, terminiert auch der Server.

Im Falle von EXE-Servern verwaltet COM eine Liste aller Klassenfabriken, führt aber nicht Buch über die einzelnen COM-Objekte. Solche Objekte sind für die Referenzzählung und ihre eigene Zerstörung mittels des *AddRef()/Release()*-Mechanismus selbst verantwortlich. COM schaltet sich erst wieder ein, wenn der Client terminiert. Wenn der Client eine EXE-Server benutzt, „belauscht" COM die Kommunikation zwischen Client und Server jedoch und führt über die Referenzzähler der Objekte Buch. Dies versetzt COM in die Lage, „vergessene" Objekte zu löschen - verlassen sollte man sich auf diese Hilfestellung jedoch nicht.

Einbettung und Aggregation

COM ist einer von mehreren konkurrierenden Standards für binäre Komponenten. Im Gegensatz zu SOM und CORBA unterstützt es zwar Verkapselung und Polymorphie sehr gut, verzichtet zugunsten der Effizienz und einer relativ einfachen Implementation jedoch auf Vererbung. Manche Kritiker haben dem COM-Modell daher rundweg die OOP-Eigenschaften abgesprochen.

Das Problem bei der Vererbung besteht darin, daß abgeleitete Klassen und Objekte in irgendeiner Weise Zugriff auf die Interna der Basisklassen benötigen, was a) dem von COM favorisierten Prinzip der strengen Kapselung widerspricht und b) bei binären Objekten über Komponentengrenzen nur schwer und mit erheblichem zusätzlichen Aufwand zu realisieren ist. Außerdem sollte COM auch von konventionellen Programmiersprachen unterstützt werden, die das Konzept der Vererbung weder kennen noch nachbilden können. Aus diesem Grund hat sich Microsoft entschlossen, auf Vererbung zu verzichten und diese Funktionalität über die Konzepte der Einbettung und der Aggregation zur Verfügung zu stellen.

Andere OOP-Kernkonzepte wie Kapselung, Objektorientierung und Polymorphie werden von COM dagegen voll unterstützt, so daß die Diskussion, ob COM nun objektorientiert ist oder nicht, einer dieser typischen Glaubenskriege ist. Ob Microsoft sich mit diesem OOP/2-Komponentenmodell letztlich durchsetzen wird, bleibt abzuwarten, ist aber aufgrund der starken Marktposition von Microsoft zu erwarten.

Daß COM Objekte als selbständige Einheiten unterstützt, haben wir in unserem Beispiel bereits gesehen. Dabei liegt ein starkes Gewicht auf den Schnittstellen. Identische Schnittstellen können in den unterschiedlichsten Objekten vorhanden sein und bewirken so die Polymorphie von COM-Objekten - die Methoden einer Schnittstelle können unabhängig von der Art des Objekts immer auf gleiche Weise aufgerufen werden und bewirken die Reaktionen, die für das jeweilige Objekt spezifisch sind.

Bleibt das Problemfeld, aus vorhandenen Objektklassen neue Klassen mit erweiterter oder veränderter Funktionalität zu erstellen. In C++ standen uns dazu die Methoden der Einbettung (Klasse A enthält ein Objekt der Klasse B als Komponente) und der Vererbung (Klasse A ist ein Spezialfall von Klasse B) zur Verfügung. In beiden Fällen ist dabei in C++ ein Objekt der Klasse A in einem Objekt der Klasse B enthalten, lediglich das Verhalten unterscheidet sich. Ist Klasse A von B abgeleitet, verhält sich ein Objekt der Klasse A automatisch (hinsichtlich der „Schnittstelle") wie ein Objekt der Klasse B. Ist B dagegen in A eingebettet, muß gleiches Verhalten nachgebildet werden, indem die entsprechenden Funktionen an das eingebettete Objekt durchgereicht werden. Dies ist genau die Situation im COM-Modell. Feste Schnittstellendefinitionen garantieren die Polymorphie, jeder Aufruf einer Schnittstellenfunktion des umschließenden Objekts muß jedoch explizit an das enthaltene Komponentenobjekt durchgereicht werden. Dies scheint zwar ein erheblicher Aufwand für den Entwickler zu sein, stellt jedoch einen Mechanismus zur Verfügung, der es erlaubt, „Vererbung" auch mit binären Komponenten völlig unbekannter innerer Struktur durchzuführen.

Ableitung im C++-Sinn und im COM-Sinn lassen sich leicht an einem minimalen C++-Beispiel verdeutlichen. Angenommen, wir haben eine Schnittstellenklasse I mit reinen virtuellen Funktionen, eine Klasse B und eine abgeleitete Klasse A:

```
class I                        // reine Schnittstellendefinition
{
public:
    virtual void    f() = 0;
    virtual void    g() = 0;
};


class B : public I             // Klasse B, benutzt Schnittstelle
{
    // hier Implementationsdetails
    // ...
public:
    virtual void    f(){ /* tu was */}
    virtual void    g(){ /* tu noch was */}
};


class A : public B             // Klasse A, erbt Scnittstelle und
                               // Implementation von B
{
    // hier Implementationsdetails
    // ...
public:
    virtual void    f(){ /* tu was anderes */}
    //              g(); /* automatisch geerbt */
};
```

Die abgeleitete Klasse A unterstützt also die Schnittstelle automatisch via Vererbung und erbt auch die Implementation von nicht redefinierten Funktionen. Verwendet man dagegen Vererbung à la COM, implementieren sowohl die Klasse B als auch die „abgeleitete" Klasse A die Schnittstelle I.

Die Implementation von Funktionen, die das eingebettete Objekt der „Basisklasse" ansprechen, muß jedoch explizit die Funktion des Basisobjekts aufrufen. Damit sieht die „abgeleitete" Klasse A wie folgt aus:

```
class A : public I             // Auch A unterstützt Schnittstelle I
{
    // hier Implementationsdetails
```

```
    // ...
    B   b;                      // Eingebettetes "Basisklassenobjekt"
public:
    virtual void    f(){ /* tu was anderes */}
    virtual void    g()
    {                           // Durchreichen an eingebettetes
        b.g();                  // "Basisklassenobjekt"
    }
};
```

Den OOP-Puristen wird stören, daß die konzeptionelle Unterscheidung zwischen *ist ein* und *enthält ein* auf diese Weise ziemlich verwischt wird, doch der Ansatz funktioniert, ist schnell und effizient und erlaubt die Wiederverwendung binärer Komponenten mit einem Minimum an Komplikationen.

Richtige COM-Objekte enthalten jedoch nicht nur eine, sondern zumeist eine Vielzahl von Schnittstellen. Um COM-Klassen samt ihren Schnittstellen möglichst übersichtlich darstellen zu können, existiert eine eigene symbolische Notation. In dieser Darstellung wird die COM-Klasse durch ein Rechteck mit abgerundeten Ecken dargestellt und die Schnittstellen als kleine Kreise, die mit einer Linie mit ihrer Klasse verbunden sind.

Diese Darstellungsweise soll die Idee der COM-Komponente als Software-ICs visualisieren, die mit anderen Software-IC nach der Art elektronischer Schaltungen zu kompletten Anwendungen verbunden werden kann, ohne sich dabei um den inneren Aufbau kümmern zu müssen. Die *IUnknown*-Schnittstelle, die allen COM-Klassen gemeinsam ist, wird oberhalb des Rechtecks, alle übrigen an der linken Seite dargestellt.

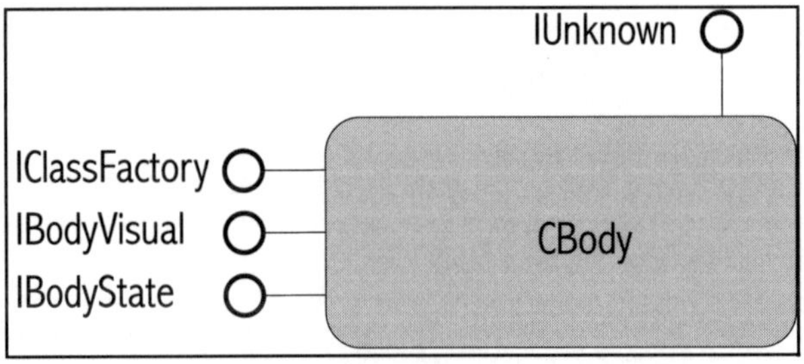

Abb. 98: Die Klasse CBody in symbolischer Darstellung als Software-IC

Nehmen wir einmal an, wir wollten zu unserem Himmelskörperbeispiel eine spezielle Komponente zur Darstellung von Planeten hinzufügen. Ein Planet benimmt sich in jeder Hinsicht wie ein im freien Fall befindlicher Himmelskörper mit konstanter Masse, lediglich die visuelle Darstellung soll angepaßt werden. In C++ würden wir nun die Klasse *CPlanet* von *CBody* ableiten. Bei der Arbeit mit COM-Objekten ist das dagegen nicht möglich, wir verwenden Einbettung und etwas Handarbeit, um den gleichen Effekt zu erzielen.

CPlanet wird damit als eigene Komponente implementiert, die ein in jedes *CPlanet*-Objekt eingebettetes *CBody*-Objekt benutzt, um sich wie ein Himmelskörper zu „verhalten". Dabei weiß *CBody* nicht, daß es in ein *CPlanet*-Objekt eingebettet ist.

Da es sich bei *CPlanet* um einen neuen Objekttyp handelt, müssen *IUnknown* und *IClassFactory* neu implementiert werden, *IBodyVisual* dagegen muß neu implementiert werden, da wir ja gerade eine neue visuelle Darstellung wollten.

Die Funktionen der Schnittstelle *IBodyState* bleiben hingegen unverändert, sie werden geerbt, indem alle Aufrufe an Funktionen dieser Schnittstelle an die entsprechenden Funktionen der *IBodyState*-Schnittstelle des *CPlanet*-Objekts weitergegeben werden. Die Schnittstellen des neuen Objekttyps nach außen erscheinen für einen Client jedoch identisch mit denen eines *CBody*-Objekts[88] (Polymorphie).

Diese Zusammenhänge sind auch deutlich in der symbolischen Darstellung des *CPlanet*-Objekts zu sehen: in die Klasse *CPlanet* ist *CBody* eingebettet. Die Schnittstellen *IUnknown*, *IClassFactory* und *IBodyVisual* sind nicht verbunden oder herausgeführt, der Pfeil von der äußeren *CBodyState*-Schnittstelle zu der von *CBody* deutet die explizite Weitergabe aller Funktionsaufrufe an.

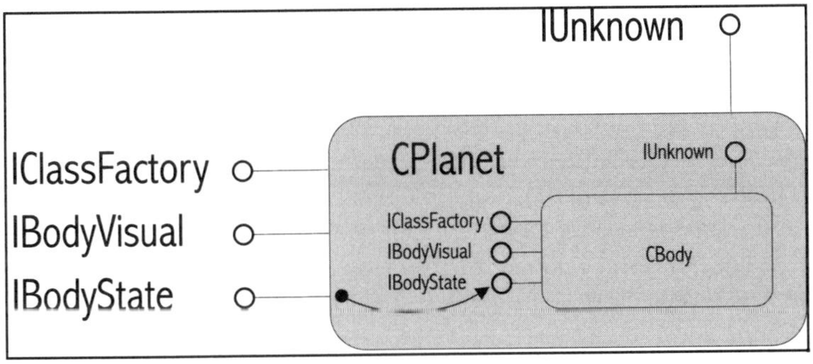

Abb. 99: Die COM-Klasse CPlanet in symbolischer Darstellung mit eingebetteter Klasse CBody

Einbettung ist sehr einfach zu handhaben und funktioniert mit allen COM-Objekten. Sie ist daher die gebräuchlichste Methode, neue Komponenten aus vorhandenen zusammenzufügen. Schwieriger zu handhaben und zu verstehen, jedoch effizienter, ist die Aggregation (von lat. aggredere = zusammengehen).

Allerdings müssen so eingebettete Objekte die Aggregation auch von ihrer Seite unterstützen.

88 Das heißt natürlich nicht, daß ein zu konstruierendes neues Objekt keine neuen Schnittstellen implementieren kann, für ein analog erzeugtes Objekt *CRocket* ist beispielsweise eine Schnittstelle *IRocketThrust* zur Vorgabe von Größe und Richtung des Schubs denkbar.

Mit der Aggregation von Komponenten ist es möglich, auf das explizite Weiterreichen von Funktionsaufrufen durch eine große Anzahl trivialer Funktionen zu verzichten. Statt dessen werden die Schnittstellenzeiger eingebetteter Objekte teilweise herausgeführt. Dies erlaubt es, diese Schnittstellen des eingebetteten Objekts direkt aufzurufen, führt jedoch zu einer Reihe von Komplikationen.

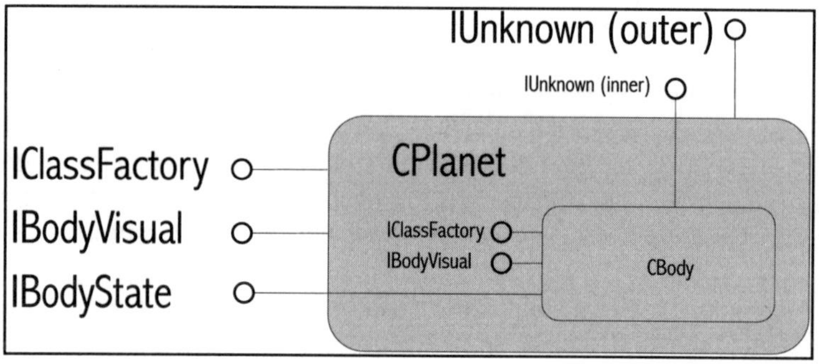

Abb. 100: Die COM-Klasse CPlanet als Aggregat (Zusammensetzung) von äußerem Objekt und inneren Objekt(en). Anders als bei der Einbettung, in der das äußere Objekt alle Vorgänge kontrolliert, sind die Aufgaben hier zwischen inneren und äußeren Objekten verteilt

Wie die Abbildung zeigt, werden die Schnittstellen des zusammengesetzten Objekts teilweise vom inneren und teilweise vom äußeren Objekt zur Verfügung gestellt. Nehmen wir nun einmal an, der Client verwendet die *QueryInterface()*-Funktion der *IBodyVisual*-Schnittstelle (des äußeren Objekts), um nach der *IBodyState*-Schnittstelle zu fragen. Nun besitzt das äußere Objekt überhaupt keine eigene *IBodyState*-Schnittstelle. Da das äußere Objekt jedoch „weiß", daß und welche eingebetteten Objekte es enthält, kann *QueryInterface()* statt eines eigenen Schnittstellenzeigers über den *IUnknown*-Zeiger des eingebetteten Objekts dessen *IBodyState*-Zeiger zurückliefern.

Umgekehrt ist die Situation schwieriger. Nehmen wir an, wir wollten über die *QueryInterface()*-Funktion der *IBodyState*-Schnittstelle (des inneren Objekts) nach der *IBodyVisual*-Schnittstelle fragen. Das eingebettete Objekt besitzt zwar in diesem Fall einen solchen Zeiger, doch ist dieser nicht *IBodyVisual*-Zeiger des äußeren Objekts. Ein eingebettetes Objekt muß also bei Aufruf der *QueryInterface()*-Funktion prüfen, ob es eingebettet ist, und den *IUnknown*-Zeiger des äußeren Objekts benutzen, um die gewünschte Schnittstelle zu ermitteln.

Im Unterschied zur Einbettung weiß also bei der Aggregation das innere Objekt, daß es eingebettet ist und besitzt einen Zeiger auf die *IUnknown*-Schnittstelle des äußeren Objekts. Aggregation ist also nicht mit beliebigen COM-Objekten möglich, sondern nur mit solchen, die einen äußeren *IUnknown*-Zeiger verwalten können und eine entsprechende Implementation der *QueryInterface()*-Funktion aufweisen. Der Zeiger auf die *IUnknown*-Schnittstelle eines äußeren Objekts (kontrollierendes *IUnknown*) wird beim Aufruf der *CreateInstance()*-Funktion zur Erzeugung des eingebetteten Objekts als erster Parameter angegeben. Ist ein solcher Zeiger angegeben und unterstützt das zu erzeugende Objekt die Aggregation nicht, wird ein Fehlercode zurückgeliefert.

Die MFC unterstützen dieAggregation für alle von *CCmdTarget* abgeleiteten Komponentenklassen über die Datenkomponente *m_pOuterUnknown* von *CCmdTarget*, die ggf. den *IUnknown*-Zeiger des äußeren Objekts enthält. Zum Aufruf der drei *IUnknown*-Funktionen des (inneren) Objekts selbst bzw. des äußeren Objekts stehen zwei Sätze von fertigen Komponentenfunktionen zur Verfügung: *InternalQueryInterface()*, *InternalAddRef()*, *InternalRelease()* und *ExternalQueryInterface()*, *ExternalAddRef()*, *ExternalRelease()*. Für eine direkt oder indirekt von *CCmdTarget* abgeleitete Klasse *CCls* mit Schnittstellenimplementation *XFace* für die Schnittstelle *IFace* können diese verwendet werden, um die eigentliche Arbeit der zu implementierenden *IUnknown*-Funktionen zu übernehmen. Ähnlich einem früheren Beispiel kann dies in etwa so aussehen:

```
HRESULT STDMETHODCALLTYPE CCls::XFace::QueryInterface(REFIID riid,
                                                        void **ppvObject)
{
    METHOD_PROLOGUE (CCls, Face);
    return pThis->ExternalQueryInterface(riid, **ppvObject);
                                            // CCmdTarget tut die Arbeit
}

ULONG STDMETHODCALLTYPE CCls::XFace::AddRef()
{
    METHOD_PROLOGUE (CCls, Face);
    return pThis->ExternalAddRef();
}

ULONG STDMETHODCALLTYPE CCls::XFace::Release()
{
    METHOD_PROLOGUE (CCls, Face);
    return pThis->ExternalRelease();
}
```

Auch für die Klassenfabrik bieten die MFC eine Standardlösung in Form einer Klassenfabrik an, die alle unter Verwendung des Makros

```
DECLARE_OLECREATE(classname)
```

definierten Klassen erzeugen kann. In der Implementation einer solchen Klasse muß das Makro

```
IMPLEMENT_OLECREATE(classname, externalname, 1, w1, w2, b1, b2, b3,
                                            b4, b5, b6, b7, b8 )
```

mit Klassennamen, externem Namen (für die Registrierungsdatenbank) und den Komponenten der Klassen-ID eingefügt werden. Der GUID-Generator zur Erzeugung der Klassen-IDs kann über *Projekt/Dem Projekt hinzufügen/Komponenten und Steuerelemente/Developer Studio Components* erreicht werden, um das Makro *IMPLEMENT_OLECREATE* fast fertig ausgefüllt eintragen zu lassen.

Zusammenfassung

Microsofts COM, das **C**omponent **O**bject **M**odel, definiert einen Standard für binäre Software-Komponenten (im Unterschied zu Komponenten auf Code-Ebene bei C++) und bildet die Basis von Microsofts ActiveX-Technologie. Im wesentlichen ist COM ein Standard, der festlegt, wie verschiedene (binäre) Komponenten miteinander kommunizieren. Dabei ist der Mechanismus eng an virtuelle Funktionen bei C++ angelehnt, ohne daß jedoch COM auf C++ festgelegt wäre. COM-Schnittstellen, d. h. der Aufruf von COM-Methoden über Komponentengrenzen hinweg, sind äußerst effektiv: Im Falle eines DLL-COM-Servers entspricht der Aufruf dem Aufruf einer virtuellen Funktion in einer DLL.

COM-Module decken einen weiten Bereich von unterschiedlichen Anwendungen ab. Aufgrund ihrer Aufrufeffizienz werden sie beispielsweise von Microsoft dafür genutzt, neue Betriebssystemteile nicht mehr als einfache DLLs samt zugehöriger API, sondern als COM-Objekte zu implementieren. Das hilft zum einen bei Microsofts Langzeitprojekt, das ganze Betriebssystem objektorientiert und damit modularer und flexibler zu machen, zum anderen bringt es bereits jetzt mehr Struktur und Übersicht in die explodierende Anzahl von Windows-APIs - neue Komponenten wie DirectX (DirectDraw, DirectSound, Dirct3d etc.) sind bereits jetzt als COM-Komponenten implementiert.

Andererseits erlaubt COM auch, daß COM-Clients und -Server in unterschiedlichen Prozessen oder sogar auf unterschiedlichen Rechnern liegen. Diese Flexibilität macht COM zur idealen Basis für Microsofts ActiveX (früher OLE2) und die darauf aufbauenden ActiveX-Komponenten für das Web[89]. Die Übersetzung und Umordnung der Funktionsaufrufe geschieht durch einen als Marshalling bezeichneten Mechanismus.

Schließlich stellt COM ein robustes und vielseitiges Protokoll zum Austausch von Informationen zwischen unterschiedlichen Prozessen und Anwendungen dar, welches verschiedene historisch gewachsene, uneinheitliche und störanfällige Mechanismen wie DDE und OLE1 ersetzt.

Das entscheidende Konzept an COM ist das Konzept der COM-Schnittstelle, die über eine Tabelle von Funktionszeigern implementiert ist und technisch der VTable von C++-Klassen entspricht. Die Definition einer Schnittstelle ist eine C++-Klasse mit ausschließlich öffentlichen virtuellen Komponentenfunktionen. Durch Vererbung können von dieser Schnittstelle sowohl Klassen mit der Implementation der Schnittstelle als auch erweiterte Schnittstellenklassen abgeleitet werden. Die Schnittstelle selbst bleibt nach der Definitionsphase für immer unverändert. Alle Schnittstellen sind von der grundlegenden COM-Schnittstelle *IUnknown* abgeleitet und erben damit die Schnittstellendefinition für eine gewisse Grund-Funktionalität.

---

89 Kurz für das World Wide Web, im wesentlichen ein Internet-basiertes, weltweites interaktives Hypertextsystem (das eigentlich keiner weiteren Erklärung bedarf ☺).

Ein zusätzlicher Vorteil ergibt sich durch die Möglichkeit der Vererbung. Indem alle COM-Schnittstellen von *IUnknown* abgeleitet werden, ist sichergestellt, daß sie auf den ersten drei Positionen der VTable immer die vorgeschriebenen Funktionen enthalten.

Zur Einbettung der Schnittstellenimplementationen in die COM-Klasse verwendet Microsoft eingebettete Klassen und eine Reihe von Namenskonventionen, die die Verwendung von Makros zur Definition von COM-Klassen erlauben.

Jede COM-Schnittstelle muß drei grundlegende Methoden zur Verfügung stellen, deren Deklarationen (nicht Implementationen!) sie von der COM-Basisklasse *IUnknown* erbt. *QueryInterface*() erlaubt es, weitere Schnittstellenzeiger auf andere Schnittstellen eines COM-Objekts zu ermitteln, während *AddRef*() und *Release*() einen Referenzzählermechanismus implementieren, der es einem COM-Objekt erlaubt, sich selbsttätig aus dem Speicher zu entfernen, sobald keine seiner Schnittstellen mehr in Gebrauch ist. Zur Arbeit mit COM-Objekten erhält der Client immer einen Zeiger auf Schnittstellen des Objekts, niemals auf das Objekt selbst. Aus diesem Grund ist es für den Client auch irrelevant, ob der Schnittstellenzeiger direkt in das Objekt (bei einem DLL-Server) oder in einen Proxy zeigt.

Zur Identifikation von COM-Modulen und Schnittstellen dienen die GUIDs (CLSID und IID), 128 Bit lange, eindeutige Kennzeichen, die bei Bedarf von der Entwicklungsumgebung generiert werden. Anhand der GUID kann das System in der Registrierungsdatenbank nachschlagen, welche COM-Server für welche Komponenten und Schnittstellen gestartet werden sollen.

Die Erzeugung von COM-Objekten geschieht direkt oder indirekt über die Schnittstelle *IClassFactory*, deren Schnittstellenzeiger über *CoGetClassObject()* ermittelt werden kann. Der Entwickler muß sich um spezielle Klassenfabriken jedoch nicht kümmern, wenn er die ActiveX-Unterstützung der MFC verwendet; hier steht eine Standardlösung in Form einer Klassenfabrik zur Verfügung, die alle unter Verwendung des Makros *DECLARE_OLECREATE*(classname) deklarierten Klassen dynamisch erzeugen kann.

COM unterstützt OOP-Kernkonzepte wie Kapselung, Objektorientierung und Polymorphie voll, Vererbung dagegen nur indirekt über Einbettung und Aggregation. In beiden Fällen wird ein (oder mehrere) COM-Objekt(e) in ein Objekt der neuen COM-Klasse eingebettet, lediglich der Umgang mit Schnuittstellen und Schnittstellenzeigern unterscheidet sich. Im Falle der Einbettung implementiert das umschließende („abgeleitete") Objekt die Schnittstellen des eingebetteten Objekts neu, leitet die Aufrufe jedoch direkt an die Schnittstelle des eingebetteten Objekts weiter. Im Falle der Aggregation werden Schnittstellenzeiger des eingebetteten Objekts herausgeführt. Die Aggregation ist für Methodenaufrufe effizienter, erfordert jedoch, daß sowohl äußere als auch innere Objekte durch geeignete Implementationen von *QueryInterface()*, *AddRef()* und *Release()* darauf vorbereitet sind, mit der Aggregation umzugehen.

5.3 MFC aktiv – OLE-Automationsanwendungen mit der MFC

Auf den im letzten Kapitel diskutierten COM-Grundlagen baut Microsofts ActiveX-Technologie auf. Wie bereits angeklungen, ist ActiveX keine rundum neue Technologie, sondern entspricht mit einigen Ergänzungen dem, was Microsoft bis vor kurzem noch etwas unglücklich OLE2 nannte. Aus diesem Grund tragen auch viele der MFC-Klassen zur ActiveX-Unterstützung nach wie vor die Bezeichnung „Ole" im Namen.

OLE steht (oder stand) für **O**bject **L**inking and **E**mbedding und war zunächst nur Microsofts Methode, Dokumente unterschiedlicher Anwendungen ineinander zu integrieren. Mit OLE ist es möglich, Objekte (sprich Dokumente) einer Anwendung in einem Dokument einer anderen Anwendung einzubetten und anzuzeigen. Durch Doppelklick kann die zum eingebetteten Objekt passende Anwendung automatisch gestartet werden, um die eingebetteten Daten zu editieren.

Mit OLE2 wurde der Mechanismus des Verbindens und Einbettens auf eine neue Grundlage, die COM-Technologie, gestellt und die Möglichkeit hinzugefügt, Objekte an Ort und Stelle zu editieren. Letzteres bedeutet insbesondere, daß die Serveranwendung zum Editieren des eingebetteten Objekts nicht in einem eigenen Fenster gestartet wird, sondern den Bereich des eingebetteten Objekts im Verbunddokument nutzt und ihre Menüs und Werkzeuge vorübergehend in die der Client-Anwendung integriert. Für den MFC-Entwickler blieben diese Änderungen weitgehend transparent, da die technischen Details des Einbettens, wie wir sehen werden, weitgehend in den unterstützenden MFC-Klassen verborgen sind.

Mit der Zeit zeigte sich jedoch, daß die COM-/OLE-Technologie wesentlich mehr zu leisten imstande ist als nur Objekte in Verbunddokumenten zu unterstützen. So erlaubt die OLE-Automatisierung (jetzt nur noch Automatisierung) Anwendungen, über die *IDispatch*-Schnittstelle auf Leistungen anderer Anwendungen zur Unterstützung der eigenen Funktionalität zurückzugreifen. Das Interessante an diese Zugriffsmethode ist, daß sie über eine standardisierte Schnittstelle datengesteuert abläuft. Daher muß bei der Verwendung der *IDispatch*-Schnittstelle der Client noch nicht wissen, welche Leistungen mit welchen Parametern und Typen der Server konkret zur Verfügung stellt. Die *IDispatch*-Schnittstelle ist auch das Herzstück der OCX-Steuerelemente (jetzt ActiveX-Steuerelemente), die die alten 16bittigen VCX-Steuerelemente ersetzten.

Nachdem Microsoft das Marktpotential des Internet und speziell des Web erkannt hatte, zeigte sich außerdem, daß die COM-/OLE-Technologie auch ideal zur Realisierung verteilter Applikationen über das Internet geeignet ist. Ein Web-Browser (dt. etwa Netz-Blätterer) kann bei Bedarf binäre Komponenten und Steuerelemente aus dem Internet herunterladen und zur Darstellung und Manipulation eingebetteter Daten verwenden. Um sich im Kampf um diesen Zukunftsmarkt eine möglichst gute Position zu sichern, änderte Microsoft den ohnehin nicht mehr sehr passenden Namen OLE2 werbewirksam in ActiveX und arbeitete gleichzeitig erfolgreich an der Beseitigung des größten Pferdefußes der Technologie - der Größe und Komplexität und der damit verbundenen zu langen Download-Zeiten von ActiveX-Komponenten.

Ein wichtiger Pluspunkt von ActiveX ist die Möglichkeit, Anwendungen verteilt laufen zu lassen. So kann die eigentliche ActiveX-Komponente auch auf einem Server-Rechner irgendwo im Internet lokalisiert sein; der Anwender lädt in diesem Fall in seinen Web-Browser nur den Proxy, der seine Aufgabe in wechselseitiger Kommunikation mit der Server-Komponente erledigt. Damit wird es beispielsweise auf einfache Weise möglich, jede Form von Datenaustausch zwischen Server- und Client-Rechnern durchzuführen. Leider ist diese Stärke gleichzeitig auch der Hauptnachteil von ActiveX im Internet - ActiveX-Komponenten aus möglicherweise nicht vertrauenswürdiger Quelle haben freien Zugriff auf den Rechner des Anwenders und öffnen so dem Mißbrauch durch bösartige Zeitgenossen Tür und Tor. Microsoft versucht dieses Problem durch verschiedene Sicherheitsstufen des Browsers und ein Authentifizierungsverfahren zu beherrschen, welches sicherstellen soll, daß die ActiveX-Komponente wirklich vom (vertrauenswürdigen) Anbieter stammt. Aber woher weiß man, daß der Anbieter vertrauenswürdig ist? Wie hier die weitere Entwicklung laufen wird und ob Microsoft die Sicherheitsprobleme in den Griff bekommt, kann nur die Zukunft zeigen.

Ein weiteres Problem der ActiveX-Technologie im heterogenen Internet ist die Beschränkung auf die Windows-Plattform. Microsoft hat auch dieses mögliche Akzeptanzproblem inzwischen erkannt und arbeitet an ActiveX-Implementationen für andere Plattformen.

OLE-Automation mit IDispatch

Im letzten Kapitel wurde die grundlegende Arbeitsweise des COM-Models über Schnittstellenzeiger vorgestellt. Diese bieten, wie wir gesehen haben, einen schnellen und robusten Mechanismus zur Kommunikation zwischen unterschiedlichen binären Komponenten.

Neben den unbestreitbaren Vorteilen wie Robustheit und hoher Effizienz haben anwenderdefinierte, nicht standardisierte COM-Schnittstellen aber auch einige bereits erwähnte Nachteile. So muß für jede neue Schnittstelle, die über Prozeß- oder Rechnergrenzen hinweggreifen soll, geeigneter Marshalling-Code programmiert werden, und auch die genauen Eigenschaften der Schnittstelle müssen dem Client bereits zur Übersetzungszeit bekannt sein (frühes Binden).

Die Alternative zu solchen „fest verdrahteten" Schnittstellen ist die Verwendung der *IDispatch*-Schnittstelle zur datengesteuerten Kommunikation zwischen Client und Server. Dazu legt der Server Tabellen mit der Beschreibung von Attributen und Methoden, Parametern und Rückgabetypen des ActiveX-Objekts an. Diese Daten werden dann von der *IDispatch*-Schnittstelle genutzt, um dem Client die verfügbaren Attribute und Methoden offenzulegen, Attribute abzufragen, zu ändern oder Methoden des Objekts aufzurufen. Ist eine Schnittstelle fest verdrahtet und unterstützt sie gleichzeitig die Schnittstellenfunktionen über die *IDispatch*-Schnittstelle, so spricht man auch von einer dualen Schnittstelle. Eine duale Schnittstelle ist in C++ immer von *IDispatch* abgeleitet. Microsoft empfiehlt, jede Schnittstelle als duale Schnittstelle anzulegen.

Da die *IDispatch*-Schnittstelle einen Mechanismus für spätes Binden implementiert, ist sie besonders geeignet, wenn Objekte aus interpretierten Umgebungen wie Visual Basic heraus angesprochen werden sollen. Interpretierte Sprachen unterstützen mangels eines Übersetzungsschritts naturgemäß kein frühes Binden. Tatsächlich dürfte Bill Gates' Wunsch[90], Anwendungen von Visual Basic als systemübergreifender „Makro"-Sprache aus zu steuern, die ursprüngliche Motivation für die Einführung dieses als (OLE-)Automation bezeichnetes Kommunikationsmodells gewesen sein.

ActiveX-Steuerelemente[91] und Automatisierungsserver besitzen Attribute und Methoden. Attribute entsprechen dabei grob Variablen und Methoden den Funktionsaufrufen. Allerdings ist die Trennung etwas unscharf, da sowohl Attribute als auch Methoden über Funktionszeiger (der VTable) implementiert sind und auch Attribute bei geeigneter Definition mit beliebigen Parametern angesprochen werden können. Letztere werden in diesem Fall lediglich als Indizes in ggf. auch mehrdimensionalen Listen mit Attributwerten aufgefaßt.

Wie ein Attribut aber tatsächlich im Server implementiert ist, wird davon nicht berührt. Auch ein Attribut, das für den Client wie eine Variable aussieht, berechnet den Rückgabewert möglicherweise erst bei der Abfrage.

Die Eigenschaften und Methoden eines (Visual Basic-)Objekts, die man von Visual Basic aus sieht, sind nichts anderes als die durch die *IDispatch*-Schnittstelle offengelegten Attribute und Methoden. Allerdings erlaubt Visual Basic selbst nicht die Erstellung solcher Komponenten (außer neuerdings durch Einbettung und Aggregation), so daß die Entwicklung neuer Komponenten in der Regel dem Visual C++-Entwickler zufällt.

Die *IDispatch*-Schnittstelle ist trotz ihrer Mächtigkeit nicht sehr umfangreich. Gegenüber *IUnknown* weist sie lediglich vier zusätzliche Schnittstellenfunktionen auf:

- *GetIDsOfNames()* – Stellt eine Verknüpfung zwischen dem Namen einer Methode und einer 32 Bit langen numerischen DISPID (Dispatch-ID) her. Diese wird später beim Aufruf mit *Invoke()* benötigt, um die Methode zu identifizieren. Beim Aufruf

---

90 Als Autor des ersten kommerziell erfolgreichen Basic-Interpreters für Mikrocomputer hat Bill Gates aus seiner Präferenz für diese Sprache nie einen Hehl gemacht. VBA als Sprache zum einfachen Zusammenstöpseln von Anwendungen aus vorgefertigten binären Komponenten und als Makrosprache für Microsofts Anwendungen (wie auch der vieler Konkurrenten) führte zu einer Renaissance einer Sprache, die den Erfolg Microsofts letztlich begründet hat.

91 Früher auch OCX für „**O**le **C**ontrol e**X**tention". Diese wiederum waren die Nachfolger der älteren 16bittigen VBX-Steuerelemente (**V**isual **B**asic e**X**tention).

GetIDsOfNames() können ggf. außer dem Funktionsnamen selbst auch die Namen der Parameter mit DISPIDs assoziiert werden. Über einen Lokalisierungsparameter werden auch mehrsprachige Schnittstellen unterstützt. Die empfohlene Standardimplementation ist *DispGetIDsOfNames()*, deklariert in *oleauto.h*.

- *GetTypeInfo()* – Liefert einen Zeiger auf eine *ITypeInfo*-Schnittstelle, der die Ermittlung der Typinformation der Schnittstelle ermöglicht. Typische Implementationen verwenden dazu die Informationen der Typbibliothek.
- *GetTypeInfoCount()* – Liefert die Anzahl der *ITypeInfo*-Schnittstellen des Objekts; entweder 0 oder 1.
- *Invoke()* – Erlaubt den Aufruf der Methoden über die DISPID. Die Standardimplementation ist *DispInvoke()* deklariert in *oleauto.h*.

Insgesamt erweist sich der direkte Umgang mit der *IDispatch*-Schnittstelle jedoch als ziemlich umständlich. Dies ist jedoch kein Problem, da die Schnittstelle in erster Linie für den Gebrauch durch interpretierende Umgebungen und automatische Werkzeuge gedacht ist. Der C++-Programmierer kommt nur selten in die Verlegenheit, die Schnittstellenfunktionen von *IDispatch* selbst aufzurufen oder implementieren zu müssen, da ihm die meiste Arbeit von der Entwicklungsumgebung und dem Klassen-Assistenten abgenommen wird.

Leider erschwert die dicke Schicht, die MFC und Visual Studio um die in realistischen Beispielen komplexe Handhabung der ActiveX-Technologie legen, das Verständnis der wenigen wirklich wichtigen Punkte von ActiveX und Automation. Aus diesem Grund ist das nächste Beispiel eine reine Win32-Anwendung ohne MFC-Unterstützung. Die Serveranwendung öffnet ein Fenster und zeigt in diesem einen Text an. Da der Text selbst ein über die *IDispatch*-Schnittstelle exportiertes Attribut ist, kann sie von anderen Anwendungen, beispielsweise einem kleine VBA-Programm, geändert werden.

Für das Beispiel legen wir mit *Datei/Neu*, Reiter *Projekte*, Auswahl *Win32-Anwendung* ein neues Projekt mit Namen *Auto* an. Außerdem erzeugen wir mit *Datei/Neu*, Reiter *Dateien* eine C++-Quellcodedatei mit Namen *Auto.cpp*. Das Feld *Dem Projekt hinzufügen* sollte markiert sein. Die Datei wird den gesamten Code des Beispiels aufnehmen. Zunächst muß die Definitionsdatei für Windows eingelesen werden:

```
#include <windows.h>
```

Damit der Server eindeutig identifiziert werden kann, muß außerdem eine Klassen-ID erzeugt und eingefügt werden. Hier wurde eine GUID aus der Komponenten-Galerie durch *Projekt/Dem Projekt hinzufügen/Komponenten und Steuerelemente/Developer Studio Components/GUID-Generator*, Schaltfläche *Einfügen*, Schaltfläche *OK*, Auswahl der dritten vorgeschlagene Variante mit der Schaltfläche *Kopieren* in die Zwischenablage übernommen und von dort in die Datei eingefügt. Im Kommentar steht die GUID in der Form, in der sie später in die Registrierungsdatenbank eingefügt werden muß:

```
// {AC1F33A4-B1B4-11D0-B18B-004001423EDC}
static const GUID CLSID_Auto =
```

```
{ 0xac1f33a4, 0xb1b4, 0x11d0, { 0xb1, 0x8b, 0x0, 0x40, 0x1, 0x42,
                                                      0x3e, 0xdc } };
```

Das Textobjekt in unserem Server wird durch eine Klasse *AutoText* repräsentiert, die den Text selbst enthält und durch die Funktionen *Set()* und *Get()* den Zugriff auf diesen Text ermöglicht. Die Funktionen sind Schnittstellenfunktionen, d. h., das Schlüsselwort *virtual* stellt sicher, daß der Funktionszeiger in der *VTable* steht, und *STDMETHODCALLTYPE* sichert die Pascal-Aufrufkonvention. Da *AutoText* nicht von einer MFC-Klasse abgeleitet ist und auch sonst keinerlei Verbindungen zu den MFC aufweist, fehlt übrigens im Klassennamen das führende *C*.

Die Schnittstellenfunktionen hätten auch unter Zuhilfenahme des Makros *STDMETHOD_(name)* deklariert werden können, doch erscheint die ausgeschriebene Form lesbarer.

Außer den Schnittstellenfunktionen enthält die Klasse einen Konstruktor zur Initialisierung, einen Destruktor zum Abbau und eine Funktion *Paint()* zur Anzeige des gespeicherten Texts. Damit hierfür und für andere fensterbezogene Aufgaben ein Fenster-Handle verfügbar ist, besitzt die Klasse außerdem eine private Handle-Variable *hwnd* und eine Funktion *SetHwnd()*, um diese zu setzen.

```
class AutoText
{
private:
            char *                        text;
            HWND                          hwnd;

public:

    virtual void    STDMETHODCALLTYPE     Set(BSTR text);
    virtual BSTR    STDMETHODCALLTYPE     Get();

                                          AutoText(char *p = NULL);
                                         ~AutoText();

            void                          Paint();
            void                          SetHwnd(HWND h) {hwnd = h;}
};
```

Wollten Sie in diesem Beispiel eine duale Schnittstelle implementieren, hätten Sie *AutoText* von *IDispatch* ableiten müssen. Damit wäre es aber nötig, auch die drei Funktionen der Schnittstelle *IUnknown* und die vier weiteren der Schnittstelle *IDispatch* zu definieren und zu implementieren. Im Interesse der Übersichtlichkeit wollen wir uns diesen Aufwand hier sparen.

Die Komponentenfunktionen der Klasse *AutoText* sind recht gradlinig, der Konstruktor beispielsweise initialisiert die beiden Komponenten und legt ggf. eine lokale Kopie einer übergebenen Initialisierungszeichenkette an:

```
AutoText::AutoText(char *s) : text (NULL), hwnd(0)
{
    if (s)
```

```
    {
        text = new char[strlen(s) + 1];
        strcpy(text, s);
    }
}
```

Damit diese Zeichenkette bei der Zerstörung des Objekts auch wieder freigegeben wird, muß der Destruktor den allozierten Speicher freigeben (Da *delete* auch mit einem NULL-Zeiger aufgerufen werden kann, ist keine gesonderte Abfrage nötig):

```
AutoText::~AutoText()
{
    delete[] text;
}
```

Die Funktion *Paint()* plaziert den Text des Textobjekts immer in der Fenstermitte des Ausgabefensters und weist außer dem Umstand, daß sie die Windows-API direkt aufruft, keine Besonderheiten auf:

```
void AutoText::Paint()
{
    if (text)
    {
        PAINTSTRUCT ps;
        HDC hDC = BeginPaint(hwnd, &ps);
        if (hDC != NULL)
        {
            RECT rect;
            GetClientRect(hwnd, &rect);
            DPtoLP(hDC, (LPPOINT)&rect, 2);
            DrawText(hDC, text, -1, &rect,
              DT_CENTER|DT_VCENTER|DT_SINGLELINE);
            EndPaint(hwnd, &ps);
        }
    }
}
```

Interessant sind die Funktionen *Set()* und *Get()*. Beide arbeiten mit einem Datentyp *BSTR*. Um den Austausch von Daten zwischen den unterschiedlichsten binären Komponenten und Plattformen zu ermöglichen, definiert ActiveX eigene Datentypen zum Datenaustausch. *BSTR* ist unter Windows ein Zeiger auf eine Kette von 16 Bit breiten Unicode-Zeichen mit einer führenden Längenangabe. *Set()* löscht zunächst eine möglicherweise noch vorhande Zeichenkette und wandelt dann ggf. den *BSTR* in einen gewöhnlichen C-String um. Abschließend wird für das Fenster, in dem die Zeichenkette angezeigt war, ein Neuzeichnen angestoßen:

```
void STDMETHODCALLTYPE AutoText::Set(BSTR p)
{
    delete[] text;
    text = NULL;

    if (p)
    {
        int size = WideCharToMultiByte(CP_ACP, NULL, p, -1, NULL,
```

```
                                                            0, NULL, NULL);
        if (size)
        {
            text = new char[size + 1];
            text[WideCharToMultiByte(CP_ACP, NULL, p, -1, text,
                                                  size, NULL, NULL)] = 0;
        }
    }
    if (hwnd) InvalidateRect(hwnd, NULL, TRUE);
}
```

Get() führt die umgekehrte Konversion aus und liefert einen Zeiger auf ein *BSTR*-Datenobjekt zurück:

```
BSTR STDMETHODCALLTYPE AutoText::Get()
{
    static WCHAR *buf;
    int size = MultiByteToWideChar(CP_ACP, 0, text, -1, NULL, 0);
    buf = new WCHAR[size];
    MultiByteToWideChar(CP_ACP, 0, text, -1, buf, size);
    BSTR s = SysAllocString(buf);
    delete[] buf;
    return s;
}
```

Das eigentliche ActiveX-Objekt wird durch die Klasse *AutoClass* beschrieben und implementiert die Klasse *IUnknown*. Das Textobjekt ist ein Bestandteil dieses Objekts, das auch noch andere Eigenschaften und Objekte enthalten könnte:

```
class AutoClass : public IUnknown
{
private:
            IUnknown *                  ipUnknownStdDisp;
            ULONG                       nref;

public:
            AutoText                    text;

    virtual HRESULT STDMETHODCALLTYPE   QueryInterface(REFIID riid,
                                                       void **ppv);
    virtual ULONG   STDMETHODCALLTYPE   AddRef();
    virtual ULONG   STDMETHODCALLTYPE   Release();

                                        AutoClass(char *p = NULL);
    static  AutoClass *                 Create(char *p);
};
```

Da das Objekt die *IDispatch*-Schnittstelle nicht selbst implementiert, sondern eine Standardimplementation verwendet, besitzt es einen Zeiger *ipDispatch* auf eine Schnittstelle, die einen solchen systemgenerierten *IDispatch*-Zeiger ermitteln kann. Weiterhin sind als private Komponente ein Referenzzähler und als öffentliche Komponente das eingebettete Textobjekt vorhanden. An Komponentenfunktionen haben wir die üblichen *IUnknown*-Funktionen, einen Konstruktor und eine statische Funktion zur Erzeugung von Objekten dieser Klasse. Dies wird später der Klassenfabrik ermöglichen, Objekte des Typs *AutoClass* zu erzeugen.

Der Konstruktor und die Funktionen zur Unterstützung der *IUnknown*-Schnittstelle bergen keine großen Überraschungen. Es ist lediglich anzumerken, daß *QueryInterface()* den Zeiger *ipUnknownStdDisp* benutzt, um bei Bedarf einen Zeiger auf die Standard-*IDispatch*-Schnittstelle zu erhalten, und *Release()* die Terminierung des Server-Programms anstößt, sobald keine Referenzen auf das Objekt mehr vorliegen. Die Implementation von *Create()* stellen wir dagegen noch etwas zurück.

```
AutoClass::AutoClass(char *p) : text(p)
{
    nref = 0;
}

HRESULT STDMETHODCALLTYPE  AutoClass::QueryInterface(REFIID riid,
                                                     void **ppv)
{
    if (riid == IID_IUnknown)
    {
        *ppv = this;
    }
    else if (riid == IID_IDispatch)
    {
        return ipUnknownStdDisp->QueryInterface(riid, ppv);
    }
    else
    {
        *ppv = NULL;
        return E_NOINTERFACE;
    }
    AddRef();
    return NOERROR;
}


ULONG STDMETHODCALLTYPE  AutoClass::AddRef()
{
    return ++nref;
}


ULONG STDMETHODCALLTYPE  AutoClass::Release()
{
    if (--nref == 0)
    {
        if(ipUnknownStdDisp) ipUnknownStdDisp->Release();
        PostQuitMessage(0);
        delete this;
        return 0;
    }
    return nref;
}
```

Nun fehlt noch die Klassenfabrik. Da wir uns hier die Sache so einfach wie möglich machen wollen, legen wir zunächst ein globales *AutoClass*-Objekt (oder genauer einen globalen Zeiger darauf) an. Beim Aufruf der Klassenfabrik zur Erzeugung eines Objekts liefern wir lediglich einen Zeiger auf die gewünschte Schnittstelle dieses Objekts:

```
AutoClass *Auto = NULL;
```

Damit ist nun auch die Klassenfabrik kein großes Problem mehr:

```
class AutoFactory : public IClassFactory
{
private:
            ULONG                        nref;

public:
    virtual HRESULT STDMETHODCALLTYPE    QueryInterface(REFIID riid,
                                                        void **ppv);
    virtual ULONG   STDMETHODCALLTYPE    AddRef();
    virtual ULONG   STDMETHODCALLTYPE    Release();
    virtual HRESULT STDMETHODCALLTYPE    CreateInstance(IUnknown
                                                         *punkOuter,
                                             REFIID riid, void **ppv);
    virtual HRESULT STDMETHODCALLTYPE    LockServer(BOOL fLock);

                                         AutoFactory() { nref = 1; }
    static IClassFactory *               Create();
};
```

Diese Schnittstelle haben wir bereits im letzten Kapitel diskutiert und auch die Implementation der Funktionen birgt keine besonderen Schwierigkeiten:

```
IClassFactory *AutoFactory::Create()
{
    return new AutoFactory;
}

HRESULT STDMETHODCALLTYPE  AutoFactory::QueryInterface(REFIID riid,
                                                        void **ppv)
{
    if(riid == IID_IUnknown || riid == IID_IClassFactory)
    {
        AddRef();
        *ppv = this;
        return NOERROR;
    }
    *ppv = NULL;
    return E_NOINTERFACE;
}

ULONG STDMETHODCALLTYPE  AutoFactory::AddRef()
{
    return nref++;
}
```

```
ULONG STDMETHODCALLTYPE  AutoFactory::Release()
{
    if (--nref == 0)
    {
        delete this;
        return 0;
    }
    return nref;
}
```

Auch mit den Funktionen *CreateInstance()* und *LockServer()* treiben wir für dieses Beispiel keinen Aufwand. *CreateInstance()* benutzt den globalen Zeiger *Auto*, um einen Schnittstellenzeiger des einen existierenden Serverobjekts zu liefern, und *LockServer()* mogelt etwas, indem die Funktion gar nichts tut:

```
HRESULT STDMETHODCALLTYPE  AutoFactory::CreateInstance(IUnknown
                                  *punkOuter, REFIID riid, void **ppv)
{
    if(punkOuter)
        return CLASS_E_NOAGGREGATION;
    else
        return Auto->QueryInterface(riid, ppv);
}

HRESULT STDMETHODCALLTYPE  AutoFactory::LockServer(BOOL fLock)
{
    return NOERROR;
}
```

Jetzt haben wir zwar alle benötigten Klassen und (fast) alle Funktionen, doch wie erfährt nun *IDispatch* und ein potentieller Client, wie diese Schnittstelle zu bedienen ist?

Normalerweise wird eine Schnittstelle mit der Objekt-Definitionssprache in einer ODL-Datei beschrieben und dann durch den in Visual Studio integrierten MIDL-Compiler in eine Typbibliothek übersetzt. Diese wiederum dient dem System dazu, Aufrufe über die *IDispatch*-Schnittstelle richtig zu bedienen.

Die Pflege der ODL-Datei konsistent mit den Schnittstellenklassen unserer Serveranwendung brauchen wir jedoch glücklicherweise nicht selbst durchzuführen; bei der Verwendung der MFC erledigt das für uns der Klassen-Assistent.

Da wir uns in diesem Beispiel auf das absolute Minimum beschränken und auf die Verwendung der MFC verzichten wollen, müssen wir die Verbindungsinformation für die *IDispatch*-Schnittstelle selbst in Form geeigneter Datenstrukturen bereitstellen. Die drei erforderlichen Datenstrukturen sind in *oleauto.h* definiert (hier abweichend von *oleauto.h* in C++-Schreibweise):

```
struct PARAMDATA              // (externer) Name und Typ eines Parameters
{
    OLECHAR *   szName;       // Parameter Name
    VARTYPE     vt;           // Parameter Typ
};
```

```
struct METHODDATA             // Beschreibung einer Methode/Eigenschaft
{
    OLECHAR *   szName;       // (externer) Name der Methode/Eigenschaft
    PARAMDATA * ppdata;       // Zeiger auf ein Feld von PARAMDATAs
    DISPID      dispid;       // Methoden-ID
    UINT        iMeth;        // Methoden vtable-Index
    CALLCONV    cc;           // Aufrufskonvention
    UINT        cArgs;        // Anzahl der Argumente
    WORD        wFlags;       // Eigenschaft oder Methode?
    VARTYPE     vtReturn;     // Rückgabetyp
};

struct INTERFACEDATA           // Beschreibung der Methodentabelle
{
    METHODDATA* pmethdata;     // Zeiger auf eine Methodentabelle
    UINT        cMembers;      // Anzahl der Einträge in der Tabelle
};
```

Dabei sind einige Besonderheiten zu beachten. So arbeitet ActiveX zur Unterstützung internationaler Zeichensätze mit Zeichenketten von 16 Bit breiten Unicode-Zeichen vom Typ *OLECHAR*.

Hinter *OLECHAR* verbirgt sich jedoch in dem üblichen *typedef*-Verwirrspiel *WCHAR* und hinter diesem wiederum der ANSI-C Datentyp *wchar_t*. Folgerichtig ist der Makroaufruf *OLESTR(„Text“)* lediglich eine andere Schreibweise für die C/C++-Schreibweise *L„Text“*.

VARTYPE ist ein Aufzählungstyp, der jedem von *IDispatch* unterstützten Datentyp einen Wert zuordnet, *CALLCONV* leistet das gleiche für Aufrufkonventionen.

Zur Definition der benötigten Datenstruktur brauchen Sie die Indizes der Methoden in der *VTable* der Schnittstellenklasse. Handelt es sich dabei um eine richtige COM-Schnittstelle wie *IUnknown* oder besser *IDispatch*, ist der Index der ersten Methode natürlich nicht 0:

```
enum MethodIndex             // Index der Funktion(en) in der VTable
                             // der Schnittstelle
{
   iSet = 0,
   iGet,
};
```

Jede Methode hat eine eindeutige *DISPID* zum Aufruf über die *Invoke()*-Funktion der *IDispatch*-Schnittstelle. Im vorliegenden Fall gibt es jedoch nur eine Eigenschaft, für die der Wert *DISPID_VALUE* vorgegeben ist:

```
enum MethodId                   // ID der Methode
{
   idText = DISPID_VALUE        // Dies ist keine Methode,
                                // sondern eine "Eigenschaft"!
};
```

Die *Set()*-Funktion hat einen Parameter vom Typ *BSTR*. Da dies der Wert ist, welcher der Eigenschaft *TEXT* zugeordnet ist, ist dies auch der Name des Parameters, der Typ wird durch die Konstante *VT_BSTR* festgelegt:

```
static PARAMDATA SetPar1 = { L"TEXT", VT_BSTR };
```

Mit der Adresse dieser Parameterbeschreibung und den übrigen Konstanten können Sie nun zwei Strukturen vom Typ *METHODDATA* initialisieren und einen Zeiger auf diese Tabelle in die Struktur *DataAuto* zur Beschreibung der kompletten Schnittstelle eintragen:

```
static METHODDATA MethAuto[] =
{
    {L"TEXT", &SetPar1, idText, iSet, CC_CDECL, 1, DISPATCH_PROPERTYPUT,
                                                                VT_EMPTY},
    {L"TEXT", NULL,     idText, iGet, CC_CDECL, 0, DISPATCH_PROPERTYGET,
                                                                VT_BSTR }
};

INTERFACEDATA DataAuto =
{
    MethAuto, 2
};
```

Diese ausgefüllten Datenstrukturen können Sie zur Erzeugung der benötigten Typinformationen einsetzen. Dies geschieht bequemerweise in der Funktion *AutoClass::Create()*, die wir uns aus diesem Grund bisher aufgehoben haben:

```
AutoClass *AutoClass::Create(char *p)
{
    AutoClass *pAuto = new AutoClass(p);
    pAuto->AddRef();

    ITypeInfo *ipType;
    CreateDispTypeInfo(&DataAuto, LOCALE_SYSTEM_DEFAULT, &ipType);
    CreateStdDispatch(pAuto, &(pAuto->text), ipType,
                                          &pAuto->ipUnknownStdDisp);
    ipType->Release();

    return pAuto;
}
```

Diese Funktion erzeugt zunächst ein Objekt der Klasse *AutoClass* und sorgt dafür, daß der Referenzzähler den richtigen Wert enthält. Das Entscheidende geschieht nun in den nächsten zwei Funktionsaufrufen. *CreateDispTypeInfo()* erzeugt aus den Daten einen Zeiger auf eine *ITypeInfo*-Schnittstelle, und *CreateStdDispatch()* erzeugt eine Standardimplementation der *IDispatch*-Schnittstelle.

Was nun noch zu erledigen bleibt, ist eine Fensterfunktion und die Nachrichtenschleife der Serveranwendung. Die Fensterfunktion ist sehr einfach, da sie nur die Botschaften *WM_PAINT* und *WM_DESTROY* bearbeiten muß:

```
LRESULT CALLBACK WndProc(HWND hwnd, UINT uMsg, WPARAM wParam,
                                                     LPARAM lParam)
{
    switch(uMsg)
    {
        case WM_PAINT:
            Auto->text.Paint();
            break;
        case WM_DESTROY:
            PostQuitMessage(0);
            break;
        default:
            return DefWindowProc(hwnd, uMsg, wParam, lParam);
    }
    return 0;
}
```

Interessanter ist *WinMain()* mit der Nachrichtenschleife. Da diese eine ganze Menge Windows-typischen Standardcode enthält, sind die wirklich wichtigen Passagen hervorgehoben:

```
int WINAPI WinMain(HINSTANCE hInstance, HINSTANCE hPrevInstance,
                                                LPSTR, int nCmdShow)
{
    MSG msg;
    WNDCLASS wndClass;
    IClassFactory *ipAutoFactory;
    ULONG dwAutoFactory = 0;
    ULONG dwRegHello = 0;

    OleInitialize(NULL);
    Auto = AutoClass::Create("Hallo Welt!");

    ipAutoFactory = AutoFactory::Create();
    CoRegisterClassObject(CLSID_Auto, ipAutoFactory,
        CLSCTX_LOCAL_SERVER, REGCLS_MULTIPLEUSE, &dwAutoFactory);
    RegisterActiveObject(Auto, CLSID_Auto, NULL, &dwRegHello);
    ipAutoFactory->Release();

    if (hPrevInstance == NULL)
    {
        memset(&wndClass, 0, sizeof(wndClass));
        wndClass.style = CS_HREDRAW | CS_VREDRAW;
        wndClass.lpfnWndProc = WndProc;
        wndClass.hInstance = hInstance;
        wndClass.hCursor = LoadCursor(NULL, IDC_ARROW);
        wndClass.hbrBackground = (HBRUSH)(COLOR_WINDOW + 1);
        wndClass.lpszClassName = "HELLO";
        if (!RegisterClass(&wndClass)) return FALSE;
    }

    HWND hwnd = CreateWindow("HALLO", "HALLO",
                        WS_OVERLAPPEDWINDOW,
                        CW_USEDEFAULT, 0, CW_USEDEFAULT, 0,
                        NULL, NULL, hInstance, NULL);
    Auto->text.SetHwnd(hwnd);
    ShowWindow(hwnd, nCmdShow);
    UpdateWindow(hwnd);
```

```
    while (GetMessage(&msg, NULL, 0, 0))
    {
        DispatchMessage(&msg);
    }

    RevokeActiveObject(dwRegHello, NULL);
    CoRevokeClassObject(dwAutoFactory);
    Auto->Release();
    OleUninitialize();

    return msg.wParam;
}
```

Nach der Definition einer Reihe von benötigten Variablen werden zunächst mit *OleInitialize()* die ActiveX-Bibliotheken initialisiert und das Automationsobjekt mit jenem geradezu klassischen Ausgabetext erzeugt. Der nächste wesentliche Schritt nach der Registrierung der Fensterklasse und der Erzeugung eines Anwendungsfensters ist die Zuordnung des Ausgabefensters zum Text-Objekt mittels *SetHwnd()*.

Der Rest läuft nun innerhalb der Nachrichtenschleife ohne ein Zutun ab. Erhält das Textobjekt über die Automationsschnittstelle einen neuen Wert, veranlaßt es über einen Aufruf von *InvalidateRect()*, daß dieses Objekt neu gezeichnet wird. Wird das Objekt durch den Client oder explizit beendet, wird die Nachrichtenschleife beendet. Es folgen noch einige Aufräumaktionen. *RevokeActiveObject()* stellt sicher, daß kein COM-Objekt mehr aktiviert ist, und *CoRevokeClassObject()* informiert das System, daß ein zuvor mit *CoRegisterClassObject()* registriertes Objekt nun nicht mehr zur Verfügung steht. *OleUninitialize()* macht das Licht aus.

Damit der kleine Automatisierungsserver nun auch aufgerufen werden kann, muß er in der Registrierungsdatenbank registriert werden. Normale ActiveX-Objekte müssen sich selbst registrieren können, in diesem Beispiel haben wir auch das zur Vereinfachung weggelassen. Die Registrierung geschieht statt dessen durch die Aktivierung der Datei *Auto.reg* mit dem folgenden Inhalt (Zeilen müssen mit *HKEY_CLASSES_ROOT* anfangen, andere sind umbrochen!). Die GUIDs sind die zuvor mit dem GUID-Generator erzeugten und in den Quelltext eingesetzten.

```
REGEDIT

HKEY_CLASSES_ROOT\AUTO.Application = AUTO Application
HKEY_CLASSES_ROOT\AUTO.Application\CLSID =
                                  {AC1F33A4-B1B4-11D0-B18B-004001423EDC}

HKEY_CLASSES_ROOT\CLSID\{AC1F33A4-B1B4-11D0-B18B-004001423EDC} =
                                                    AUTO Application
HKEY_CLASSES_ROOT\CLSID\
    {AC1F33A4-B1B4-11D0-B18B-004001423EDC}\LocalServer32 =
                                                AUTO.EXE /Automation
HKEY_CLASSES_ROOT\CLSID\{AC1F33A4-B1B4-11D0-B18B-004001423EDC}\ProgId =
                                                    AUTO Application
```

Testen kann man den kleinen Automatisierungsserver am einfachsten mit VBA, z. B. aus Excel, in das man das folgende Makro eingibt:

```
Sub test()
  Set hallo = CreateObject("AUTO.Application")
  hallo.Text = "Hallo von VBA/Excel"
End Sub
```

Ist *Auto.exe* schon gestartet, beispielsweise aus der Entwicklungsumgebung heraus, sollte das auf Anhieb klappen. Wenn nicht, muß *Auto.exe* in ein Verzeichnis kopiert werden, in dem das System es finden kann (z. B. das Windows-Verzeichnis), oder die Registrierung entsprechend abgeändert werden.

OLE-Automation à la MFC

Obwohl das letzte Beispiel nur die grundlegendsten Elemente eines Automatisierungsservers implementiert, auf die Verwendung der MFC verzichtet und im Grunde lediglich eine neue Variante des guten alten Hallo-Welt-Programms ist, kommt es bereits auf ca. 360 Zeilen.

Ernsthafte Anwendungen werden nicht kleiner, so daß die Programmierung von ActiveX-Anwendungen und Automatisierungsservern von Hand ziemlich unrealistisch ist. Glücklicherweise bieten die MFC und der Klassen-Assistent hier eine komfortable Unterstützung.

Im nächsten Beispiel werden wir sehen, wie einfach es ist, einen Automatisierungsserver mit Hilfe von Anwendungs-Assistent und Klassen-Assistent zusammenzustekken. Um die Verhältnisse einfach zu halten, verwenden Sie als Ausgangspunkt eine SDI-Anwendung, die Sie in gewohnter Weise mit dem Anwendungs-Assistenten erzeugen. Wichtig ist, daß wir dieses Mal in Schritt 3 des Anwendungs-Assistenten im Markierungsfeld *Automatisierung* die Unterstützung für die Automatisierung aktivieren.

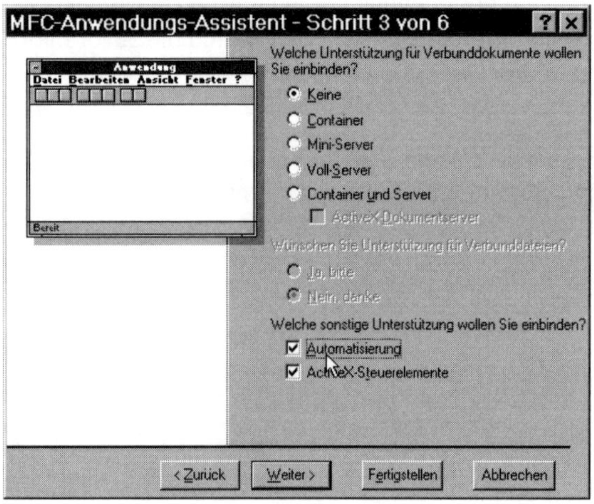

Abb. 101: Die Unterstützung für die Automatisierung wird in Schritt 3 des Anwendungs-Assistenten aktiviert

Die Automatisierungsunterstützung zeigt sich an verschiedenen Stellen des so erzeugten Anwendungsgerüsts. Die Definition der Anwendungsklasse erhält eine zusätzliche Komponentenvariable vom Typ *COleTemplateServer*. Dies ist eine spezielle Klassenfabrik, die mit Hilfe von Dokumentenschablonen Dokumenten-Objekte erzeugen kann.

```
class CAutoSDIApp : public CWinApp
{
public:
    CAutoSDIApp();
    // ...

    COleTemplateServer m_server; // Server-Objekt für Dokumenterstellung

    // ...
    DECLARE_MESSAGE_MAP()
};
```

In der Datei *AutoSDI.cpp*, in der die Anwendungsklasse und das globale Anwendungsobjekt implementiert sind, bestehen die Änderungen in einer Erweiterung der *InitInstance()*-Funktion und der Definition einer konstanten Variablen mit der Klassen-ID (um Kommentare gekürzt):

```
CAutoSDIApp theApp;

// {D19FF041-BC80-11D0-B18B-004001423EDC}
static const CLSID clsid =
{ 0xd19ff041, 0xbc80, 0x11d0, { 0xb1, 0x8b, 0x0, 0x40, 0x1, 0x42,
                                                        0x3e, 0xdc } };


BOOL CAutoSDIApp::InitInstance()
{
    if (!AfxOleInit())
    {
        AfxMessageBox(IDP_OLE_INIT_FAILED);
        return FALSE;
    }

    AfxEnableControlContainer();
#ifdef _AFXDLL
    Enable3dControls();
#else
    Enable3dControlsStatic();
#endif
    SetRegistryKey(_T("Local AppWizard-Generated Applications"));

    LoadStdProfileSettings();

    CSingleDocTemplate* pDocTemplate;
    pDocTemplate = new CSingleDocTemplate(
        IDR_MAINFRAME,
        RUNTIME_CLASS(CAutoSDIDoc),
        RUNTIME_CLASS(CMainFrame),       // Haupt-SDI-Rahmenfenster
        RUNTIME_CLASS(CAutoSDIView));
```

```
    AddDocTemplate(pDocTemplate);

    m_server.ConnectTemplate(clsid, pDocTemplate, TRUE);

    CCommandLineInfo cmdInfo;
    ParseCommandLine(cmdInfo);

    if (cmdInfo.m_bRunEmbedded || cmdInfo.m_bRunAutomated)
    {
        COleTemplateServer::RegisterAll();
        return TRUE;
    }

    m_server.UpdateRegistry(OAT_DISPATCH_OBJECT);
    COleObjectFactory::UpdateRegistryAll();

    if (!ProcessShellCommand(cmdInfo))
        return FALSE;

    m_pMainWnd->ShowWindow(SW_SHOW);
    m_pMainWnd->UpdateWindow();

    return TRUE;
}
```

Zu Beginn der Initialisierungs-Funktion *InitInstance()* werden mit *AfxOleInit()* die OLE-Bibliotheken initialisiert und die Anwendung abgebrochen, falls diese Initialisierung fehlschlägt.

Die nächste Ergänzung betrifft die Dokumentenschablonen, die durch die Funktion *COleTemplateServer::ConnectTemplate()* mit der zugrundeliegenden Klassenfabrik vom Typ *COleObjectFactory* verbunden wird.

Die letzte Ergänzung der Initialisierungs-Funktion betrifft den Fall, daβ die Anwendung eingebettet oder als Automatisierungsserver gestartet wird.

In diesem Fall registriert die Initialisierungs-Funktion nur noch die Klassen-IDs. Nur wenn das Programm als selbständige Anwendung gestartet wird, wird schlieβlich das Hauptfenster sichtbar gemacht, ansonsten muβ sich ggf. der Client darum kümmern.

Zumeist ist es jedoch gar nicht erwünscht, daβ der Automatisierungsserver sichtbar ist, vielmehr soll er seine Aufgaben normalerweise still und leise im Hintergrund verrichten.

Die Grundidee der Dokument-Ansichts-Archtitektur ist die Trennung von Problemlösung und Darstellung der Daten. Da die visuelle Repräsentation sinnvoll nur vom Client und nicht vom Automatisierungsserver geleistet werden kann, betreffen die übrigen Änderungen die Dokumentenklasse:

```
class CAutoSDIDoc : public CDocument
{
// ...
```

```
// Generierte Message-Map-Funktionen
protected:
    //{{AFX_MSG(CAutoSDIDoc)
    //}}AFX_MSG
    DECLARE_MESSAGE_MAP()

    // Generierte OLE-Dispatch-Map-Funktionen
    //{{AFX_DISPATCH(CAutoSDIDoc)
    //}}AFX_DISPATCH
    DECLARE_DISPATCH_MAP()
    DECLARE_INTERFACE_MAP()
};
```

Ähnlich wie im Fall der bereits bekannten Nachrichtentabelle fügt das Makro *DECLARE_DISPATCH_MAP()* alle notwendigen Komponenten für die Verwaltung einer Funktionstabelle für die *IDispatch*-Schnittstelle in die Klassendefinition ein.

Im wesentlich sind dies eine private statische Tabelle und zugehörige Verwaltungsvariablen und eine geschützte, nichtstatische Zugriffsfunktion. Die Schnittstellenzeiger der Klasse werden auf gleiche Weise in einer statischen Tabelle der Schnittstellenzeiger verwaltet.

In der Implementation der Dokumentenklasse sind außer der Implementation der Nachrichtentabelle nun auch Dispatch-Tabelle und Schnittstellentabelle implementiert. Da die Dokumentenklasse auch eine eigene Schnittstellenkennzeichnung benötigt, ist außerdem eine Schnittstellen-ID (als konstante Variable) implementiert.

```
IMPLEMENT_DYNCREATE(CAutoSDIDoc, CDocument)

BEGIN_MESSAGE_MAP(CAutoSDIDoc, CDocument)
    //{{AFX_MSG_MAP(CAutoSDIDoc)
    //}}AFX_MSG_MAP
END_MESSAGE_MAP()

BEGIN_DISPATCH_MAP(CAutoSDIDoc, CDocument)
    //{{AFX_DISPATCH_MAP(CAutoSDIDoc)
    //}}AFX_DISPATCH_MAP
END_DISPATCH_MAP()


// {D19FF043-BC80-11D0-B18B-004001423EDC}
static const IID IID_IAutoSDI =
{ 0xd19ff043, 0xbc80, 0x11d0, { 0xb1, 0x8b, 0x0, 0x40, 0x1, 0x42,
                                                     0x3e, 0xdc } };

BEGIN_INTERFACE_MAP(CAutoSDIDoc, CDocument)
    INTERFACE_PART(CAutoSDIDoc, IID_IAutoSDI, Dispatch)
END_INTERFACE_MAP()
```

Schließlich wird in Konstruktor und Destruktor mit *AfxOleLockApp()/AfxOleUnlockApp()* sichergestellt, daß das System immer über die Anzahl der aktiven Automationsobjekte auf dem laufenden ist. *EnableAutomation()* aktiviert die Automationsunterstützung und klinkt die Dispatch-Tabelle der Klasse ein:

```
CAutoSDIDoc::CAutoSDIDoc()
{
    EnableAutomation();
    AfxOleLockApp();
}

CAutoSDIDoc::~CAutoSDIDoc()
{
    AfxOleUnlockApp();
}
```

Für einen Zugriff über eine *IDispatch*-Tabelle werden noch Daten benötigt, welche die über die Schnittstelle zugänglichen Funktionen und Eigenschaften für einen Client beschreiben. Im letzten Beispiel haben wir diese Daten direkt in unseren C++-Code hineingeschrieben.

Für den allgemeinen Fall steht in Form der Schnittstellen-Beschreibungssprache MIDL (**M**icrosoft **I**nterface **D**efinition **L**anguage) eine leistungsfähigere, sicherere und bequemere Möglichkeit zur Schnittstellenbeschreibung zur Verfügung. Aus dieser Beschreibung generiert der integrierte MIDL-Compiler die Tabellen der Typbibliothek, die schließlich zur Anwendung oder Komponente hinzugebunden werden.

Da im konkreten Fall noch keine Schnittstellenfunktionen vorliegen, ist das vom Anwendungs-Assistenten erzeugte Gerüst der ODL-Datei noch leer: Die Schnittstelleninformationen werden an den hervorgehobenen Stellen vom Klassen-Assistenten eingetragen:

```
[ uuid(D19FF042-BC80-11D0-B18B-004001423EDC), version(1.0) ]
library AutoSDI
{
    importlib("stdole32.tlb");

    //  Primäre Dispatch-Schnittstelle für CAutoSDIDoc

    [ uuid(D19FF043-BC80-11D0-B18B-004001423EDC) ]
    dispinterface IAutoSDI
    {
        properties:
            //{{AFX_ODL_PROP(CAutoSDIDoc)
            //}}AFX_ODL_PROP
        methods:
            //{{AFX_ODL_METHOD(CAutoSDIDoc)
            //}}AFX_ODL_METHOD
    };

    //  Klassen-Informationen für CAutoSDIDoc

    [ uuid(D19FF041-BC80-11D0-B18B-004001423EDC) ]
    coclass Document
    {
        [default] dispinterface IAutoSDI;
    };
```

Um Schnittstellenfunktionen einzufügen oder zu bearbeiten, verwenden Sie den Klassen-Assistenten. Nachdem Sie den Klassen-Assistenten auf die gewohnte Weise gestartet haben, wählen Sie den Reiter *Automatisierung* und im Kombinationsfeld *Klassenname CAutoSDIDoc.* Ist eine Klasse ausgewählt, die Automatisierung unterstützt, sind die Schaltflächen *Methode hinzufügen* und *Eigenschaften hinzufügen* anwählbar.

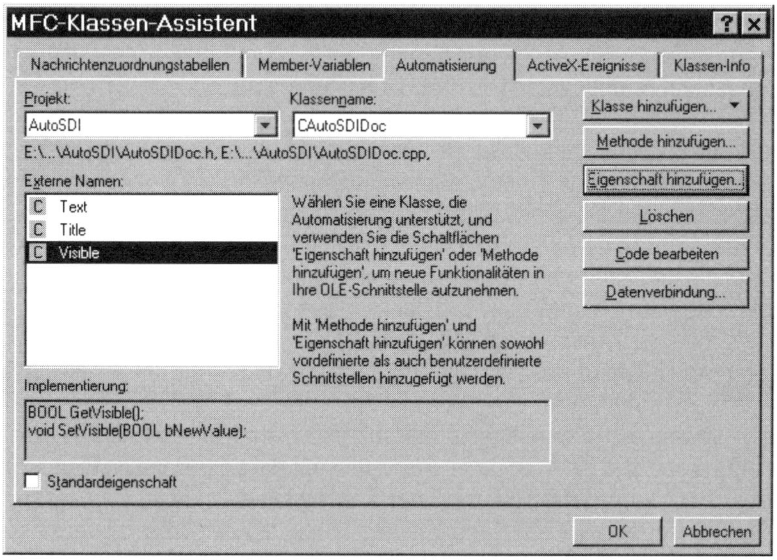

Abb. 102: Bearbeitung der Automatisierungsschnittstelle der Dokumentenklasse mit dem Klassen-Assistenten. Hier wurden drei Eigenschaften Text, Title und Visible definiert

Wie in unserem letzten Beispiel wollen wir nun Eigenschaften für das Objekt definieren (die Definition von Funktionen verläuft genau analog). Durch Anklicken der Schaltfläche *Eigenschaft hinzufügen* gelangen Sie in den dafür zuständigen Dialog.

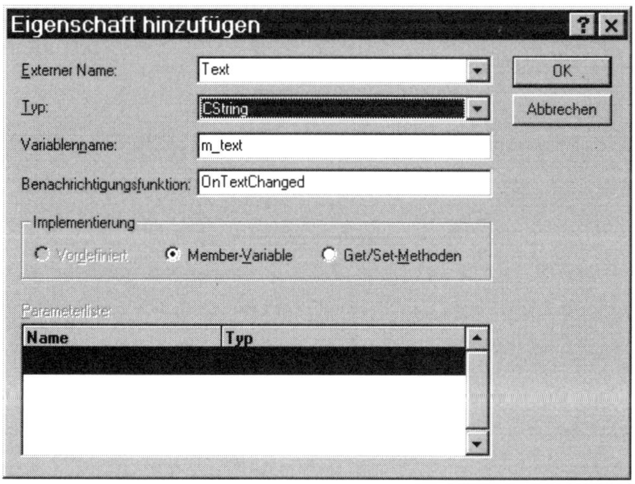

Abb. 103: Implementation einer Eigenschaft durch eine Klassenvariable

Eine Eigenschaft kann entweder als Klassenvariable oder durch ein Funktionspaar zum Zugriff implementiert werden. Wählen Sie zunächst die erste Variante. Der mögliche Inhalt des Kombinationsfelds *Typ* und die Bedeutung der nächsten beiden Eingabefelder hängt von dieser Auswahl ab.

Als externen Namen wählen Sie wie im letzten Beispiel *Text*. Der externe Name ist nur für die Repräsentation der Schnittstelle nach außen von Bedeutung. Wählen Sie die Optionsschaltfläche *Member-Variable*, schlägt der Klassen-Assistent basierend auf dem äußeren Namen *m_text* als internen Namen für die Komponentenvariable vor. Aus dem Kombinationsfeld *Typ* wählen Sie *CString*.

Damit der Automatisierungsserver benachrichtigt werden kann, wenn sich der Inhalt dieser Variable ändert, ist außerdem eine *Benachrichtigungsfunktion* erforderlich. Auch hier können Sie den vorgeschlagenen Namen akzeptieren.

Auch wenn die Eigenschaft eines Automationsobjekts aus Visual Basic wie eine Variable aussieht, bedeutet dies noch lange nicht, daß sie als Variable implementiert ist. Der Titel des Dokumenten-Objekts beispielsweise ist bereits in diesem gespeichert. Für den Zugriff werden daher besser *Get()*- und *Set()*-Funktionen gewählt.

Legen Sie also eine zweite Eigenschaft mit externem Namen *Title* an. Diesmal wählen Sie die Option *Get/Set-Methoden*. Basierend auf dem externen Namen schlägt der Assistent als Namen für die Funktionen *SetTitle()* und *GetTitle()* vor. Um Verwechslungen mit den gleichnamigen Komponentenfunktionen der Dokumentenklassen zu vermeiden, ändern Sie die Namen in *SetDocTitel()* und *GetDocTitle()* ab.

Im Kombinationsfeld *Typ* sind nun anstelle der C++-Datentypen die ActiveX-Datentypen aufgelistet. Hier wählen Sie *BSTR*.

Eine dritte Eigenschaft benötigen Sie noch, um den standardmäßig unsichtbaren Automatisierungsserver sichtbar zu machen: Sichtbarkeit. Auf gleiche Weise wie oben erzeugen Sie also mit dem Klassen-Assistenten eine Eigenschaft mit dem externen Namen *Visible*. Da aber der zweckmäßige Typ *BOOL* nur für *Member-Variablen* zur Verfügung steht, aktivieren Sie die Option *Get/Set-Methoden* erst, nachdem Sie den Typ festgelegt haben.

Der Klassen-Assistent fügt alle nötigen Deklarationen und leeren Funktionen in Quellcode und Schnittstellendatei ein. In der Schnittstellendefinitionsdatei ist dies beispielsweise:

```
dispinterface IAutoSDI
{
    properties:
        //{{AFX_ODL_PROP(CAutoSDIDoc)
        [id(1)] BSTR Text;
        [id(2)] boolean Visible;
        [id(3)] BSTR Title;
        //}}AFX_ODL_PROP

    methods:
```

```
        //{{AFX_ODL_METHOD(CAutoSDIDoc)
        //}}AFX_ODL_METHOD

    };
```

Ähnlich den Nachrichtenbearbeitungsfunktionen sind die Funktionen der Schnittstelle vom Klassen-Assistenten in einen reservierten Bereich der Klassendefinition eingetragen worden.

Um auch aus dem Ansichtsfenster Zugriff auf den angezeigten Text zu haben, benötigen Sie zudem noch eine Zugriffsfunktion *GetText()*, die wir hier als *inline*-Funktion implementiert haben:

```
class CAutoSDIDoc : public CDocument
{
    // ...
public:
    const CString& GetText() {return m_text;}
    // ...

// Generierte Message-Map-Funktionen
protected:
    //{{AFX_MSG(CAutoSDIDoc)
    //}}AFX_MSG
    DECLARE_MESSAGE_MAP()

    // Generierte OLE-Dispatch-Map-Funktionen
    //{{AFX_DISPATCH(CAutoSDIDoc)
    CString m_text;
    afx_msg void OnTextChanged();
    afx_msg BOOL GetVisible();
    afx_msg void SetVisible(BOOL bNewValue);
    afx_msg BSTR GetDocTitle();
    afx_msg void SetDocTitle(LPCTSTR lpszNewValue);
    //}}AFX_DISPATCH
    DECLARE_DISPATCH_MAP()
    DECLARE_INTERFACE_MAP()
};
```

Damit kann eine einfache Implementation der *OnDraw()*-Funktion der Ansicht wie folgt aussehen:

```
void CAutoSDIView::OnDraw(CDC* pDC)
{
    CAutoSDIDoc* pDoc = GetDocument();
    ASSERT_VALID(pDoc);

    pDC->TextOut(50,50, pDoc->GetText());
}
```

In der Implementation der Dokumentenklasse hat der Klassen-Assistent die Funktionen bereits in die Dispatch-Tabelle eingetragen. Im Falle von *Get()*- und *Set()*-Funktionen wird hierzu das Makro *DISP_PROPERTY_EX* verwendet, das Tabelleneinträge mit den Adressen der *Get()*- und *Set()*-Funktionen anlegt.

Im Falle der Komponentenvariablen wird die Benachrichtigungsfunktion mit dem Makro *DISP_PROPERTY_NOTIFY* eingetragen, das auch die Adreßlage der Komponentenvariablen *m_text* relativ zum Anfang des Dokumenten-Objekts ermittelt:

```
BEGIN_DISPATCH_MAP(CAutoSDIDoc, CDocument)
    //{{AFX_DISPATCH_MAP(CAutoSDIDoc)
    DISP_PROPERTY_NOTIFY(CAutoSDIDoc, "Text", m_text, OnTextChanged,
                                                            VT_BSTR)
    DISP_PROPERTY_EX(CAutoSDIDoc, "Visible", GetVisible, SetVisible,
                                                            VT_BOOL)
    DISP_PROPERTY_EX(CAutoSDIDoc, "Title", GetDocTitle, SetDocTitle,
                                                            VT_BSTR)
    //}}AFX_DISPATCH_MAP
END_DISPATCH_MAP()
```

Die Bearbeitungsfunktionen sind durchweg selbsterklärend, die Funktion *CString::AllocSysString()* wandelt den Inhalt eines *CStrings* in einen *BSTR* und alloziert einen passenden Speicherbereich:

```
void CAutoSDIDoc::OnTextChanged()
{
    AfxGetMainWnd()->RedrawWindow();
}

BOOL CAutoSDIDoc::GetVisible()
{
    return AfxGetMainWnd()->IsWindowVisible();
}

void CAutoSDIDoc::SetVisible(BOOL visible)
{
    AfxGetMainWnd()->ShowWindow(visible ? SW_SHOW : SW_HIDE);
}

BSTR CAutoSDIDoc::GetDocTitle()
{
    return GetTitle().AllocSysString();
}

void CAutoSDIDoc::SetDocTitle(LPCTSTR title)
{
    SetTitle(title);
}
```

Die Textvariable schließlich initialisieren Sie im Konstruktor:

```
CAutoSDIDoc::CAutoSDIDoc()
    : m_text ("Hallo Welt")
{
    EnableAutomation();
    AfxOleLockApp();
}
```

Damit ist unser Automatisierungsserver fertig, der sogar etwas mehr leistet als das letzte Beispiel.

Da das Dokumenten-Objekt jedoch nun nicht mehr global ist, muß das VBA-Programm etwas anders aussehen:

```
Dim hallo As Object

Sub test()
    Set hallo = CreateObject("AutoSDI.Document")
    hallo.Visible = True
    hallo.Text = "Hallo von VBA/Excel"
    hallo.Title = "Hallo, Hallo"
End Sub
```

Würde das Objekt *Hallo* wie vorher innerhalb des VBA-Unterprogramms lokal vereinbart, würde es am Ende dieser Prozedur sofort wieder zerstört. Um das zu vermeiden, muß *Hallo* also global vereinbart werden.

Er wurde bereits erwähnt, daß der Automatisierungsserver normalerweise nicht sichtbar ist. Um das Fenster in unserem Falle sichtbar zu machen, genügt jedoch eine Zuweisung an die Eigenschaft *Visible*. Schließlich kann durch eine einfache Zuweisung im Basic-Code nun auch der Name des Dokuments verändert werden.

Behälteranwendung – Erstellen einer Containeranwendung

Das Einbetten von ActiveX-Komponenten in eine Anwendung hat zwei Seiten. Zum einen benötigt man eine Komponente zur Einbettung und zum anderen eine Anwendung, welche die Einbettung dieser Komponenten in ein Verbunddokument erlaubt. Zunächst wollen wir uns mit der Erstellung einer einfachen Containeranwendung befassen, in die Sie bereits die Vielzahl der in einer durchschnittlichen Windows-Umgebung verfügbaren Objekte einbinden können.

Die Erstellung eines Gerüsts für eine Containeranwendung ist mit dem Anwendungs-Assistenten sehr einfach. Zunächst erstellen wir wie gewohnt mit *Datei/Neu*, Reiter *Projekte*, Projektname *ActiveXContainer*, Listenauswahl *MFC-Anwendungs-Assistent* ein neues Projekt und einen neuen Arbeitsbereich. In den Dialogen des Anwendungs-Assistenten können Sie alle voreingestellten Werte beibehalten, lediglich in Schritt 3 wählen Sie auf die Frage, welche Unterstützung für Verbunddokumente Sie einbinden wollen, die Option *Container*.

Die Optionsschaltfläche zur Frage, welche Art von Verbunddokumenten unterstützt werden sollen, kann den voreingestellten Wert behalten, sie beeinflußt lediglich das Dateiformat für Verbunddokumente. Diese können entweder *strukturiert* oder *flach* gespeichert werden. Die Voreinstellung *strukturiert* bedeutet, daß innerhalb der Datei ein weiteres Dateisystem mit Verzeichnissen und Dateien existiert. Dies erlaubt es, nur die benötigten Teile einer Verbunddatei zu laden.

Die flache Dateistruktur andererseits kann bei der Arbeit mit langsamen Medien wie Diskettenlaufwerken Vorteile bringen. Die übrigen Auswahlmöglichkeiten des Dialogs haben keine Beziehung zu Verbunddokumenten; sie beziehen sich auf die Fragen, ob Automatisierung unterstützt werden soll und ob es möglich sein soll, in der Anwendung ActiveX-Steuerelemente zu verwenden.

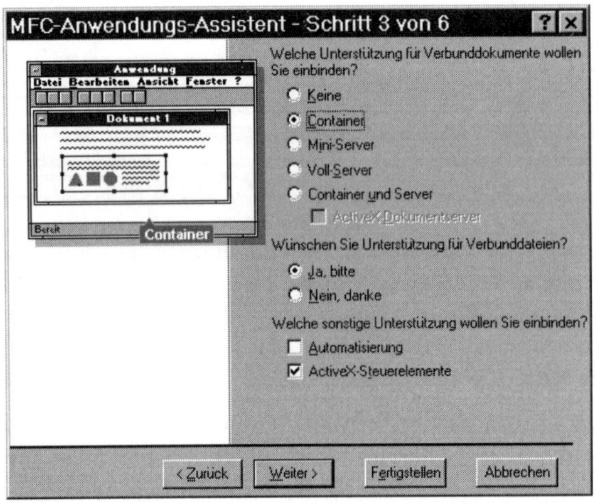

Abb. 104: Erstellung einer Containeranwendung mit dem Anwendungs-Assistenten

Neben der unvermeidlichen Info-Dialog-Klasse *CAboutDlg* in *ActiveXContainer.cpp* enthält die erzeugte Anwendung die folgenden sechs Klassen:

- *CActiveXContainerApp* – abgeleitet von *CWinApp,* die Anwendungsklasse der Containeranwendung
- *CActiveXContainerCntrItem* – abgeleitet von *COleClientItem,* eine neue Klasse zur Manipulation der eingebetteten ActiveX-Objekte
- *CActiveXContainerDoc* – hier abgeleitet von *COleDocument* anstelle des bisherigen *CDocument. COleDocument* bringt alle nötigen Fähigkeiten zur Verwaltung von Verbunddokumenten mit
- *CActiveXContainerView* – abgeleitet von *CView,* eine ganz normale Ansichtsklasse
- *CChildFrame* – abgeleitet von *CMDIChildWnd,* normale Rahmenklasse für die MDI-Kindfenster
- *CMainFrame* – abgeleitet von *CMDIFrameWnd,* der Hauptrahmen für eine MDI-Anwendung

Die Containerunterstützung besteht also im wesentlichen aus der Verwendung der Basisklasse für OLE-Dokumente, einer neuen Klasse zur Unterstützung der eingebetteten Objekte und, wie Sie sehen werden, einer Anzahl zusätzlicher Komponentenfunktionen der Ansichtsklasse. Zunächst ist es aber sicher hilfreich, sich mit der erzeugten Container-Anwendung erst einmal vertraut zu machen.

Die Anwendung wird auf die gewohnte Art und Weise übersetzt und gestartet. Mit *Bearbeiten/Neues Objekt Einfügen* kann nun ein beliebiges neues ActiveX-Objekt eingefügt werden. Welche Objekte dabei zur Einfügung zur Verfügung stehen, richtet sich danach, welche Anwendungen in der Registrierungsdatenbank als ActiveX-Server registriert sind.

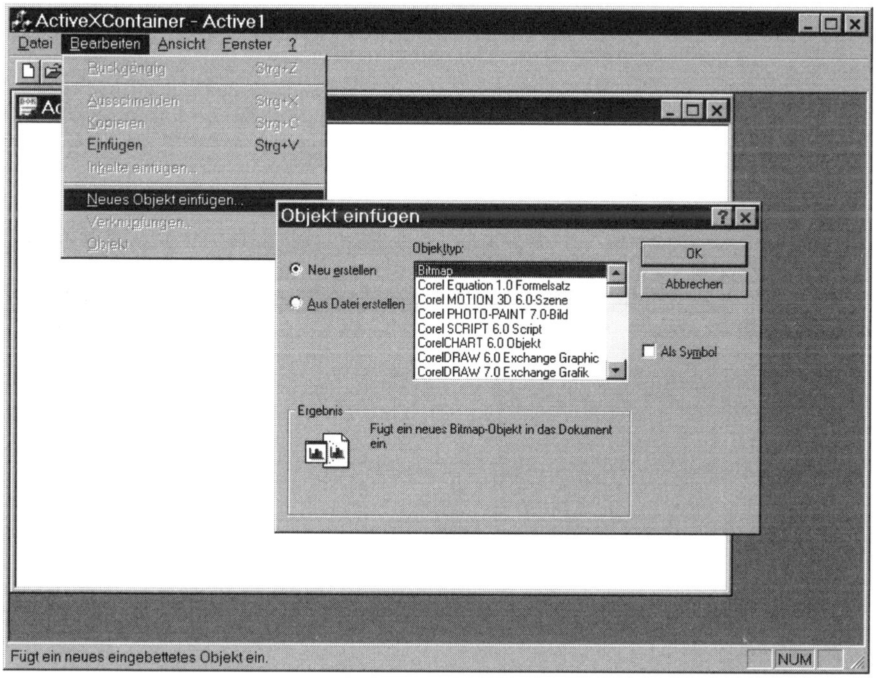

Abb. 105: Einfügen eines neuen Objekts in einen Container. Die Art des einzufügenden Objekts wird über das Listenfeld unter allen in der Registrierungsdatenbank angemeldeten Objekttypen ausgewählt

Wählen Sie im Dialog *Objekt einfügen* die Option *Aus Datei erstellen,* nimmt der Dialog ein deutlich anderes Aussehen an und erlaubt die Angabe einer Datei, die das gewünschte Objekt erhält. Welcher ActiveX-Server dabei mit dem Objekt verknüpft wird, hängt vom Typ der eingebetteten Datei ab. Ein so eingefügtes Objekt ist übrigens im Gegensatz zu einem neuen Objekt zunächst nicht aktiviert.

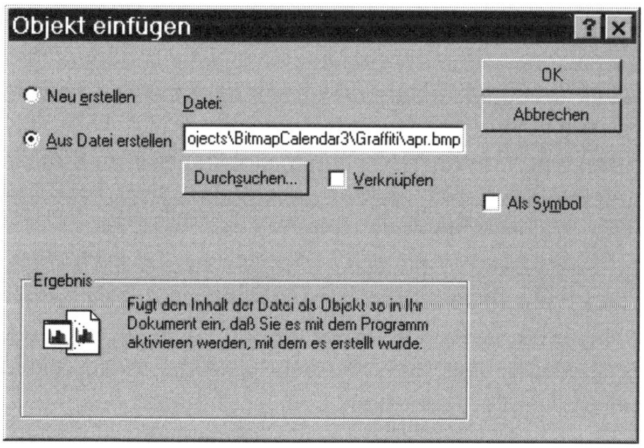

Abb. 106: Beim Einfügen eines existierenden Objekts aus einer Datei ändert die Dialogbox Objekt einfügen ihr Aussehen. Die Art des zu startenden Servers wird in diesem Fall über den Dateityp bestimmt

Fügen Sie zunächst ein neues Bitmap-Objekt ein. Dieses ist bereits aktiviert. Im Hauptmenü der Anwendung tauchen nun Menüpunkte des Programms Microsoft Paint auf. Ebenso werden die Werkzeugleisten des Servers Microsoft Paint im Hauptrahmen der Client-Anwendung eingeblendet und erlauben so, das Bitmap-Objekt mit sinnvollem Inhalt zu füllen. Im vorliegenden Fall wurde eine Bitmap aus der Zwischenablage eingefügt.

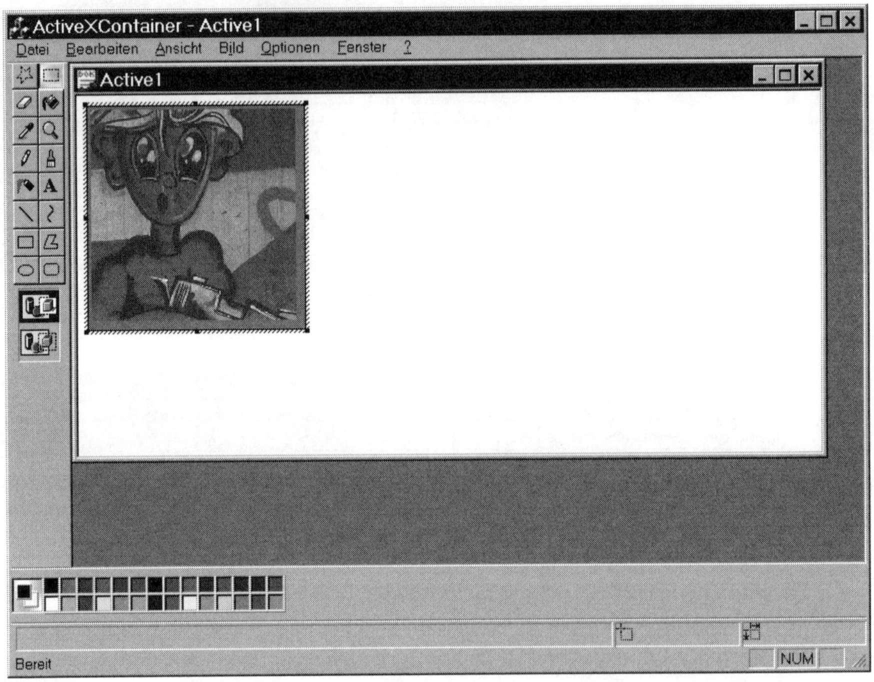

Abb. 107: Nach dem Einfügen eines neuen Bitmap-Obektes ist dieses aktiviert, d. h., Werkzeugleisten und Menüs der Serveranwendung (hier Microsoft Paint) werden in die Menüs und Werkzeuge der Client-Anwendung eingeblendet

Die ersten Absonderlichkeiten zeigen sich, wenn Sie versuchen, den schraffierten Rand des aktiven Objekts zu benutzen, um dieses mit der Maus zu verschieben.

An der neuen Stelle erscheint zwar das verschobene Objekt, gleichzeitig bleibt aber eine Kopie an der alten Position zurück. Selbst wenn Sie das Fenster verstecken und wieder sichtbar machen, ändert sich daran nichts.

Die nähere Untersuchung wird zeigen, daβ dieser Effekt darauf zurückzuführen ist, daβ zwei Akteure nicht wissen, was der jeweils andere tut. Die Serveranwendung, die das Auswahlrechteck verwaltet, bekommt offenbar mit, daβ sich die Position des Objekts geändert hat, und reagiert entsprechend.

Die Containeranwendung bekommt dies dagegen nicht mit und beharrt gleichzeitig darauf, das Objekt an der ursprünglichen Position darzustellen.

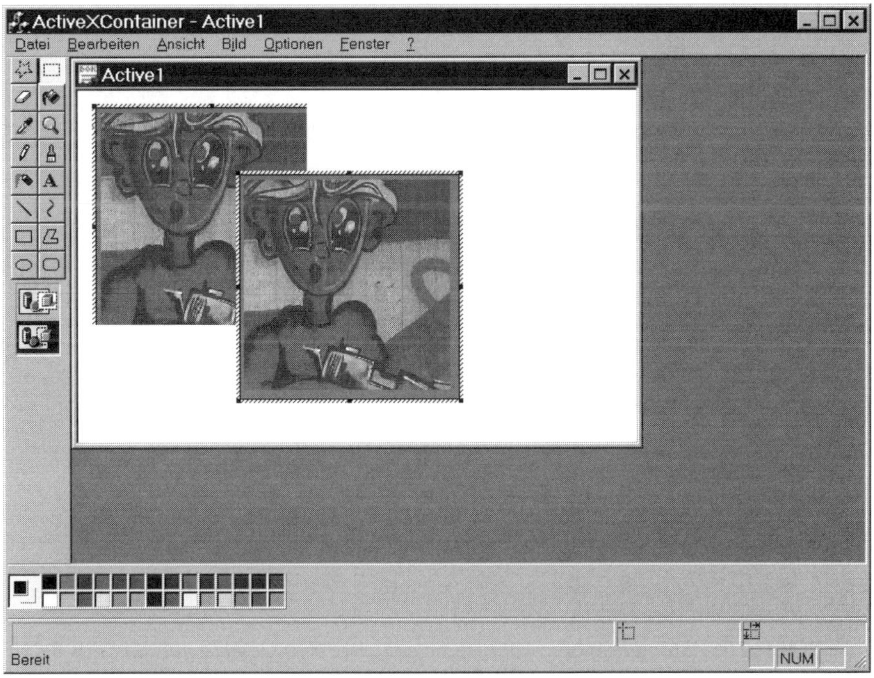

Abb. 108: Verschieben des eingebetteten Objekts zeigt, daß die Containeranwendung noch Überarbeitung braucht

Eine Deaktivierung sollte diese Hypothese unterstützen; in diesem Falle sollte das verschobene Objekt bei Deaktivierung verschwinden und nur an der ursprüngliche Position zurückbleiben. Die Deaktivierung sollte durch einen Mausklick irgendwo neben dem Objekt möglich sein, ist aber, wie sich zeigt, auch nicht vorhanden.

Die einzige Möglichkeit, ein eingebettetes Objekt zu deaktivieren, ist gegenwärtig, das Fenster zu schließen. Glücklicherweise ist die Persistenz eingebetteter Objekte bereits voll implementiert, so daß Sie das Verbunddokument vor dem Schließen des Kindfensters sichern können.

Indem Sie die gesicherte Datei anschließend sofort wieder öffnen, erhalten Sie eine Dokumentenansicht mit nicht aktiviertem Bitmap-Objekt. Es zeigt sich, daß das eingebettete Objekt tatsächlich nach wie vor an der ursprünglichen Position und in der ursprünglichen Größe positioniert ist.

Die Aktivierung durch einen Mausklick ist ebenfalls nicht implementiert.

Immerhin enthält das Menü *Bearbeiten* als Teil des Einbettungsmechanismus einen neuen Menüpunkt, der die Aktivierung des Objekts (Bearbeitung an Ort und Stelle) oder das Öffnen des Objekts erlaubt (Bearbeitung in einem Fenster der Serveranwendung).

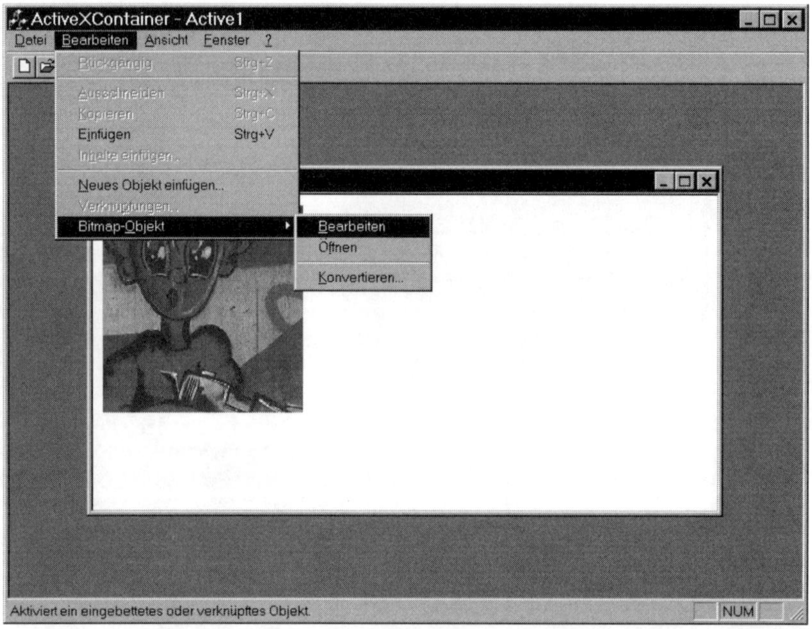

Abb. 109: Standardmäßig können die eingebetteten Objekte nur über das Bearbeiten-Menü aktiviert werden. Deaktivieren ist zunächst überhaupt nicht vorgesehen

Solange kein Objekt aktiviert ist, können Sie auch weitere Objekte, beispielsweise eine Clip-Art (Server: Microsoft Clip Gallery), einfügen. Diese scheint das Bitmap-Objekt zu ersetzen, und das Menü *Bearbeiten* unterstützt nun Clip-Art-Objekte.

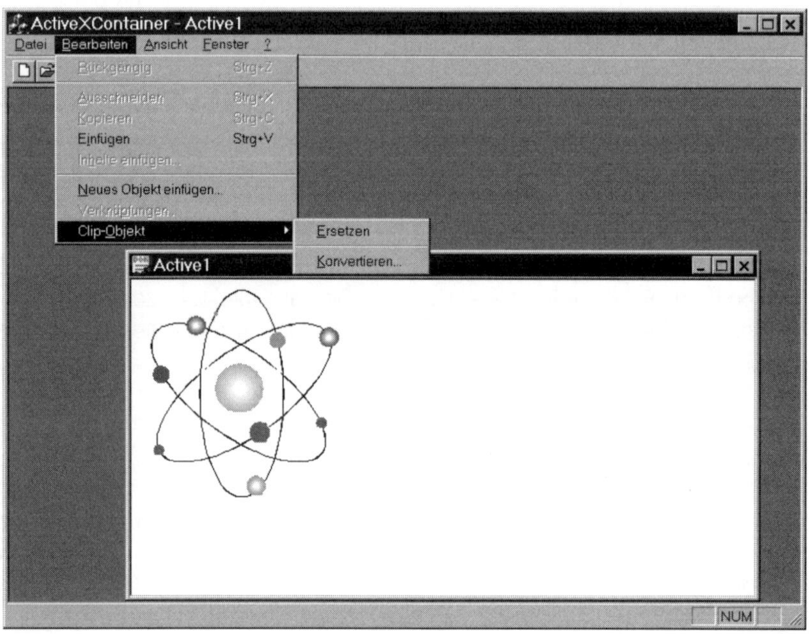

Abb. 110: In die Containeranwendung können zwar schon mehrere Objekte eingefügt werden, doch ist nur das zuletzt eingefügte Objekt sichtbar und erreichbar

Sichern, Schließen und erneutes Öffnen zeigen jedoch, daß die Dinge nicht so einfach liegen; plötzlich ist die ursprüngliche Bitmap zu sehen.

Die mit Hilfe das Anwendungs-Assistenten unterstützte Containeranwendung unterstützt also bereits die Grundfunktionalität eines ActiveX-Containers wie Objektbearbeitung an Ort und Stelle oder das Speichern und Laden von Verbunddokumenten. Andere Bereiche wie die Positionierung, Aktivierung oder Deaktivierung von eingebetteten Objekten enthalten dagegen noch große Lücken. Dies liegt daran, daß Dinge wie die Positionierung von Objekten oder der Umgang mit Maus-Ereignissen im allgemeinen hochgradig anwendungsspezifisch sind, so daß eine Standardimplementation wenig Sinn macht. Bevor wir jedoch damit beginnen, diese Lücken zu schließen, wollen wir zunächst den Code verstehen, den der Anwendungs-Assistent für uns generiert hat.

Die erste Funktion, die sich von ihrem Gegenstück in einer einfachen MDI-Anwendung unterscheidet, ist *CActiveXContainerApp::InitInstance()* in der Datei *ActiveXContainer.cpp*:

```
BOOL CActiveXContainerApp::InitInstance()
{
    // OLE-Bibliotheken initialisieren
    if (!AfxOleInit())
    {
        AfxMessageBox(IDP_OLE_INIT_FAILED);
        return FALSE;
    }
    AfxEnableControlContainer();

    // Standardinitialisierung
    // ...

    CMultiDocTemplate* pDocTemplate;
    pDocTemplate = new CMultiDocTemplate(
        IDR_ACTIVETYPE,
        RUNTIME_CLASS(CActiveXContainerDoc),
        RUNTIME_CLASS(CChildFrame),
                             // Benutzerspezifischer MDI-Child-Rahmen
        RUNTIME_CLASS(CActiveXContainerView));
    pDocTemplate-> (IDR_ACTIVETYPE_CNTR_IP);
    AddDocTemplate(pDocTemplate);

    // ...

    return TRUE;
}
```

Zwei Funktionen sind zur Anwendungsinitialisierung hinzugekommen: *AfxOleInit()* zur Initialisierung der MFC-ActiveX-Unterstützung und der ActiveX-DLLs haben wir bereits kennengelernt, und *SetContainerInfo()* zur Festlegung der Ressourcen ID *IDR_ACTIVETYPE_CNTR_IP* für Ressourcen, die bei der Bearbeitung eingebetteter Objekte nötig sind. Darunter fallen beispielsweise die unvollständigen Menüs, die mit den Gegenstücken der Serveranwendung zu den Menüs bei Bearbeitung an Ort und Stelle verzahnt werden. Dies spiegelt sich auch im Ressourcenkript *ActiveXContainer.rc* wieder. Hier finden wir neben einer Änderung des normalen Menüs *Bearbeiten*:

```
POPUP "&Bearbeiten"
BEGIN
    MENUITEM "&Rückgängig\tStrg+Z",          ID_EDIT_UNDO
    MENUITEM SEPARATOR
    MENUITEM "&Ausschneiden\tStrg+X",        ID_EDIT_CUT
    MENUITEM "&Kopieren\tStrg+C",            ID_EDIT_COPY
    MENUITEM "E&infügen\tStrg+V",            ID_EDIT_PASTE
    MENUITEM "In&halte einfügen...",         ID_EDIT_PASTE_SPECIAL
    MENUITEM SEPARATOR
    MENUITEM "&Neues Objekt einfügen..",     ID_OLE_INSERT_NEW
    MENUITEM "Verknü&pfungen...",            ID_OLE_EDIT_LINKS
    MENUITEM "<<OLE VERBS GO HERE>>",        ID_OLE_VERB_FIRST
END
```

auch ein neues Hauptmenü mit der Ressourcen-ID *IDR_ACTIVETYPE_CNTR_IP*:

```
IDR_ACTIVETYPE_CNTR_IP MENU PRELOAD DISCARDABLE
BEGIN
   POPUP "&Datei"
   BEGIN
       MENUITEM "&Neu\tStrg+N",              ID_FILE_NEW
       MENUITEM "Ö&ffnen...\tStrg+O",        ID_FILE_OPEN
       MENUITEM "&Schließen",                ID_FILE_CLOSE
       MENUITEM "S&peichern\tStrg+S",        ID_FILE_SAVE
       MENUITEM "Speichern &unter...",       ID_FILE_SAVE_AS
       MENUITEM SEPARATOR
       MENUITEM "&Drucken...\tStrg+P",       ID_FILE_PRINT
       MENUITEM "Sei&tenansicht",            ID_FILE_PRINT_PREVIEW
       MENUITEM "Drucker&einrichtung...",    ID_FILE_PRINT_SETUP
       MENUITEM SEPARATOR
       MENUITEM "Letzte Datei",              ID_FILE_MRU_FILE1,GRAYED
       MENUITEM SEPARATOR
       MENUITEM "&Beenden",                  ID_APP_EXIT
   END
   MENUITEM SEPARATOR
   MENUITEM SEPARATOR
   POPUP "&Fenster"
   BEGIN
       MENUITEM "Neues &Fenster",            ID_WINDOW_NEW
       MENUITEM "Über&lappend",              ID_WINDOW_CASCADE
       MENUITEM "&Nebeneinander",            ID_WINDOW_TILE_HORZ
       MENUITEM "&Symbole anordnen",         ID_WINDOW_ARRANGE
   END
END
```

Stellen, an denen bei der Vor-Ort-Aktivierung Menüs des Servers eingemischt werden, sind durch Separatoren gekennzeichnet.

Um Konflikte zwischen Tastenkürzeln von Server und Client zu vermeiden, muß natürlich auch eine eigener Satz Abkürzungstasten für die Vor-Ort-Bearbeitung bereitgestellt werden:

```
IDR_MAINFRAME ACCELERATORS PRELOAD MOVEABLE PURE
BEGIN
   "N",           ID_FILE_NEW,           VIRTKEY,CONTROL
   // ...
   VK_F6,         ID_PREV_PANE,          VIRTKEY,SHIFT
   VK_ESCAPE,     ID_CANCEL_EDIT_CNTR,   VIRTKEY,NOINVERT
END

IDR_ACTIVETYPE_CNTR_IP ACCELERATORS PRELOAD MOVEABLE
BEGIN
   "N",           ID_FILE_NEW,           VIRTKEY,CONTROL
   "O",           ID_FILE_OPEN,          VIRTKEY,CONTROL
   "S",           ID_FILE_SAVE,          VIRTKEY,CONTROL
   "P",           ID_FILE_PRINT,         VIRTKEY,CONTROL
   VK_F6,         ID_NEXT_PANE,          VIRTKEY
   VK_F6,         ID_PREV_PANE,          VIRTKEY,SHIFT
   VK_ESCAPE,     ID_CANCEL_EDIT_CNTR,   VIRTKEY,NOINVERT
END
```

Außerdem sind einige zusätzliche Fehlermeldungen und Erläuterungen zu neuen Menübefehlen definiert.

Die Änderungen an der Dokumentenklasse scheinen dagegen zunächst gering zu sein; in der Definitionsdatei besteht der einzige Unterschied darin, daß die Dokumentenklasse nun von *COleDocument* abgeleitet ist.

Diese Änderung hat es jedoch in sich, wie ein Blick in die Implementationsdatei zeigt.

So werden in der Nachrichtentabelle eine ganze Reihe von Ereignissen mit Komponentenfunktionen der Klasse *COleDocument* „verdrahtet“:

```
EGIN_MESSAGE_MAP(CActiveXContainerDoc, COleDocument)
   //{{AFX_MSG_MAP(CActiveXContainerDoc)
        // HINWEIS -
        // Hier werden Mapping-Makros vom Klassen-Assistenten eingefügt
        // Innerhalb dieser generierten Quelltextabschnitte
        // NICHTS VERÄNDERN!
   //}}AFX_MSG_MAP
   // Zulassen der Standardimplementierung für OLE-Container
   ON_UPDATE_COMMAND_UI(ID_EDIT_PASTE, COleDocument::OnUpdatePasteMenu)
   ON_UPDATE_COMMAND_UI(ID_EDIT_PASTE_LINK,
                           COleDocument::OnUpdatePasteLinkMenu)
   ON_UPDATE_COMMAND_UI(ID_OLE_EDIT_CONVERT,
                           COleDocument::OnUpdateObjectVerbMenu)
   ON_COMMAND(ID_OLE_EDIT_CONVERT, COleDocument::OnEditConvert)
   ON_UPDATE_COMMAND_UI(ID_OLE_EDIT_LINKS,
                           COleDocument::OnUpdateEditLinksMenu)
   ON_COMMAND(ID_OLE_EDIT_LINKS, COleDocument::OnEditLinks)
   ON_UPDATE_COMMAND_UI(ID_OLE_VERB_FIRST,
                           COleDocument::OnUpdateObjectVerbMenu)
END_MESSAGE_MAP()
```

Die Entscheidung bezüglich *flacher* oder *strukturierter* Dokumente in Schritt 3 des Anwendungs-Assistenten spiegelt sich im Konstruktor der Dokumentenklasse wieder:

```
CActiveXContainerDoc::CActiveXContainerDoc()
{
    // Verwenden Sie OLE-Compound-Dateien
    EnableCompoundFile();

    // ZU ERLEDIGEN: Hier Code für One-Time-Konstruktion einfügen
}
```

Interessant ist auch die vom Assistenten generierte Serialisierungs-Funktion *CActiveXContainerDoc::Serialize():*; die Speicherung der eingebetteten Objekte wird bereits in der Serialisierungs-Funktion des Basisklasse *COleDocument* erledigt:

```
void CActiveXContainerDoc::Serialize(CArchive& ar)
{
    if (ar.IsStoring())
    {
        // ZU ERLEDIGEN: Hier Code zum Speichern einfügen
    }
    else
    {
        // ZU ERLEDIGEN: Hier Code zum Laden einfügen
    }

    // Ein Aufruf der Basisklasse COleDocument ermöglicht die
    // Serialisierung des Objekts COleClientItem
    // des Container-Dokuments.
    COleDocument::Serialize(ar);
}
```

Im Gegensatz zu *CDocument* ist *COleDocument* bereits darauf vorbereitet, eine Liste von Dokumenten-Objekten zu verwalten. Diese haben den Typ *CDocItem* oder einen davon abgeleiteten Typ und werden in der Komponentenvariable *m_docItemList* vom Typ *CObList* verwaltet. Generell implementiert *COleDocument* eine komplette Unterstützung für Dokumente, die aus ActiveX-Objekten aufgebaut sind. Sowohl die Dokumentenklassen als auch die Dokumenten-Objektklassen sind von *CCmdTarget* abgeleitet und besitzen daher die eingebaute COM-Unterstützung der MFC.

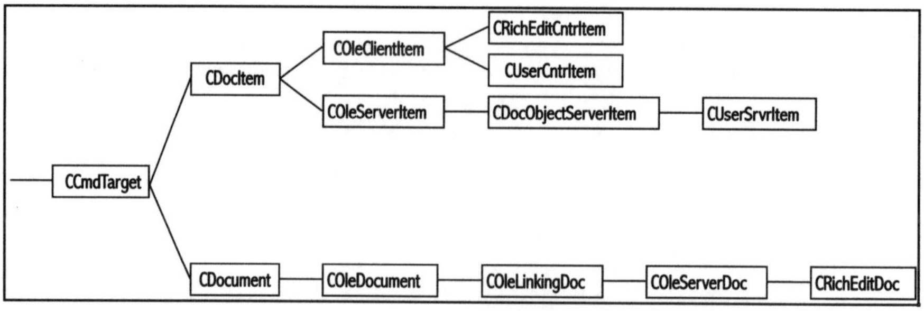

Abb. 111: Die Dokumenten- und Dokumenten-Objektklassen der MFC

Dokumente vom Typ *COleDocument* verwalten beliebige Objekte vom Typ *CDocItem* in einer internen Liste. Ererbte Funktionen wie *Serialize()* berücksichtigen dies durch spezielle Implementationen, andere Funktionen, die speziell *COleDocument* zum Umgang mit enthaltenen Objekten zur Verfügung stellt, sind:

- *HasBlankItems()* - Enthält das Dokument leere Objekte?
- *EnableCompoundFile()* - Strukturiertes Speicherformat verwenden.
- *GetInPlaceActiveItem()* - Liefert ggf. das ActiveX-Objekt, für welches Vor-Ort-Aktivierung aktiviert ist.
- *GetStartPosition ()* - Liefert Startposition für Iteration über alle enthaltenen Objekte.
- *GetNextItem()* - Liefert das nächste Objekt für Iteration.
- *GetNextClientItem()* - Liefert das nächste Client-Objekt für Iteration.
- *GetNextServerItem()* - Liefert das nächste Server-Objekt für Iteration.
- *UpdateModifiedFlag()* - Markiert das Dokument als „modifiziert", falls eines der eingebetteten Objekte modifiziert wurde.
- *ApplyPrintDevice ()* - Legt Drucker für alle Client-Objekte fest.
- *AddItem()* - Fügt ein Objekt zum Dokument hinzu.
- *RemoveItem()* - Entfernt ein Objekt aus dem Dokument.

Andere Komponentenfunktionen können ggf. in abgeleiteten Klassen neu definiert werden:

- *GetPrimarySelectedItem()* - Liefert ggf. das erste ausgewählte ActiveX-Objekt im Dokument.
- *OnShowViews ()* - Wird aufgerufen, wenn sich die Sichtbarkeit des Dokuments ändert.

Der Dokumenten-Objekt-Typ *CDocItem* unterstützt von sich aus nur wenige spezielle Operationen, mit *GetDocument()* läßt sich das Dokument ermitteln, in dem das Objekt enthalten ist, und die Funktion *IsBlank()* ermittelt, ob das Objekt überhaupt Informationen enthält.[92]

Im Falle unserer Containeranwendung sind die Dokumenten-Objekte vom Typ *CActiveXContainerCntrItem,* der von *COleClientItem* abgeleitet ist.

COleClientItem implementiert die gesamte Funktionalität zur Einbettung von ActiveX-Objekten und stellt zu deren Manipulation eine sehr große Anzahl Funktionen bereit.

Die vom Assistenten generierte Klasse *CActiveXContainerCntrItem* dient dazu, diese Funktionalität so weit wie nötig an die Anforderungen der Anwendung anzupassen oder, wie im Falle von *GetDocument()* und *GetActiveView(),* lediglich den richtigen Zeigertyp zurückzuliefern (Klassendefinition vereinfacht!):

---

92 Diese Funktion wird im wesentlichen bei der Serialisierung verwendet, um zu entscheiden, welche Objekte gespeichert werden müssen. *CDocItem*-Objekte sind per Voreinstellung nie, *COleClientItem*-Objekte manchmal und *COleServerItem*-Objekte immer „leer".

```
class CActiveXContainerCntrItem : public COleClientItem
{
    DECLARE_SERIAL(CActiveXContainerCntrItem)

// Konstruktoren
public:
    CActiveXContainerCntrItem(CActiveXContainerDoc* pContainer = NULL);

// Attribute
public:
    inline CActiveXContainerDoc* GetDocument();
    inline CActiveXContainerView* GetActiveView();

    // Vom Klassen-Assistenten generierte Überladungen
    // virtueller Funktionen
    //{{AFX_VIRTUAL(CActiveXContainerCntrItem)
    public:
    virtual void OnChange(OLE_NOTIFICATION wNotification,
                                                        DWORD dwParam);
    virtual void OnActivate();
    protected:
    virtual void OnGetItemPosition(CRect& rPosition);
    virtual void OnDeactivateUI(BOOL bUndoable);
    virtual BOOL OnChangeItemPosition(const CRect& rectPos);
    //}}AFX_VIRTUAL

// Implementierung
public:
    ~CActiveXContainerCntrItem();
    virtual void Serialize(CArchive& ar);
};
```

In der Klassendefinition sind die Funktionen hervorgehoben, die dazu vorgesehen sind, durch anwendungsspezifischen Code ergänzt zu werden.

Interessant sind hier besonders die Funktion *OnChange()*, die eine etwas selektivere Aktualisierungspolitik vertragen könnte,

```
void CActiveXContainerCntrItem::OnChange(OLE_NOTIFICATION nCode,
                                                        DWORD dwParam)
{
    COleClientItem::OnChange(nCode, dwParam);
    GetDocument()->UpdateAllViews(NULL);
                                  // Bedingungslos alles aktualisieren!
}
```

oder die Funktionen *OnChangeItemPosition()* und *OnGetItemPosition()*, die offensichtlich für die Unbeweglichkeit der eingebetteten Objekte in unserer Containeranwendung verantwortlich sind. *OnChangeItemPosition()* signalisiert zwar über den Aufruf der Basisklassen-Funktion die Verschiebung des Objekts an den Server, „vergißt" aber, sich die neue Position für den eigenen Gebrauch zu merken.

Folgerichtig kann *OnGetItemPosition()* daher auch keinen sinnvollen Wert für die veränderte Position zurückliefern.

```
BOOL CActiveXContainerCntrItem::OnChangeItemPosition(const CRect&
                                                        rectPos)
{
    if (!COleClientItem::OnChangeItemPosition(rectPos))
        return FALSE;

    return TRUE;
}

void CActiveXContainerCntrItem::OnGetItemPosition(CRect& rPosition)
{
    rPosition.SetRect(10, 10, 210, 210);
}
```

Wie die vom Assistenten erzeugten (und hier der Übersichtlichkeit halber weggelassenenen) Kommentare andeuten, werden wir uns mit diesen Funktionen noch einmal befassen müssen.

Die letzte Klasse, die wir zum Verständnis der Containeranwendung näher ansehen müssen, ist die Ansichtsklasse *CActiveXContainerView*. Gegenüber der Ansichtsklasse einer normalen MDI-Anwendung sind auch hier wieder die hervorgehobenen Zeilen hinzugekommen:

```
class CActiveXContainerView : public CView
{
protected: // Nur aus Serialisierung erzeugen
    CActiveXContainerView();
    DECLARE_DYNCREATE(CActiveXContainerView)

// Attribute
public:
    CActiveXContainerDoc* GetDocument();
    CActiveXContainerCntrItem* m_pSelection;

// Operationen
public:

// Überladungen
    // Vom Klassen-Assistenten generierte Überladungen
    // virtueller Funktionen
    //{{AFX_VIRTUAL(CActiveXContainerView)
    public:
    virtual void OnDraw(CDC* pDC);
                            // überladen zum Zeichnen dieser Ansicht
    virtual BOOL PreCreateWindow(CREATESTRUCT& cs);
    protected:
    virtual void OnInitialUpdate();
                    // das erste Mal nach der Konstruktion aufgerufen
    virtual BOOL OnPreparePrinting(CPrintInfo* pInfo);
    virtual void OnBeginPrinting(CDC* pDC, CPrintInfo* pInfo);
    virtual void OnEndPrinting(CDC* pDC, CPrintInfo* pInfo);
    virtual BOOL IsSelected(const CObject* pDocItem) const;
                                            // Container-Unterstützung
    //}}AFX_VIRTUAL

// Implementierung
```

```
public:
    virtual ~CActiveXContainerView();

protected:

// Generierte Message-Map-Funktionen
protected:
    //{{AFX_MSG(CActiveXContainerView)
    afx_msg void OnDestroy();
    afx_msg void OnSetFocus(CWnd* pOldWnd);
    afx_msg void OnSize(UINT nType, int cx, int cy);
    afx_msg void OnInsertObject();
    afx_msg void OnCancelEditCntr();
    //}}AFX_MSG
    DECLARE_MESSAGE_MAP()
};
```

Zur Unterstützung der Selektion von Objekten besitzt die Ansichtsklasse eine Komponentenvariable *m_pSelection*, die auf das momentan ausgewählte Objekt zeigt. Für den Normalfall ist diese Implementation natürlich zu primitiv, Mehrfachselektion oder die Selektion eines Bereichs von Objekten ist so sicher nicht möglich. Da aber die Selektion von Objekten hochgradig anwendungsspezifisch ist, dient diese einfachste Implementation erklärtermaßen in erster Linie als Ausgangspunkt für den Entwickler.

Andere neue Funktionen stellen die Initialisierung der Ansicht sicher, stellen fest, ob ein gegebenes Objekt gegenwärtig in dieser Ansicht selektiert ist, oder implementieren neue Funktionen zur Nachrichtenbearbeitung.

In der Implementation der Ansichtsklasse fällt neben trivialen Änderungen wie der erweiterten Nachrichtentabelle und den Funktionen zur Bearbeitung von Befehlsbotschaften besonders die Funktion *OnDraw()* zum Zeichnen der Ansicht auf:

```
void CActiveXContainerView::OnDraw(CDC* pDC)
{
    CActiveXContainerDoc* pDoc = GetDocument();

    if (m_pSelection == NULL)
    {
        POSITION pos = pDoc->GetStartPosition();
        m_pSelection = (CActiveXContainerCntrItem*)pDoc
                                            ->GetNextClientItem(pos);
    }
    if (m_pSelection != NULL)
        m_pSelection->Draw(pDC, CRect(10, 10, 210, 210));
}
```

Es ist ganz offensichtlich, daß dies reiner Dummycode ist, der in einer richtigen Anwendung so nicht stehen bleiben kann. Falls *m_pSelection* noch auf kein Objekt zeigt, erhält der Zeiger die Adresse des ersten enthaltenen Objekts. Im zweiten Schritt wird dieses Objekt, auf das *m_pSelection* zeigt, und nur dieses, an die bereits bekannte feste Position gezeichnet.

Nach unseren Experimenten mit der Containeranwendung und aus der Untersuchung des Codes ist es offensichtlich, daß die Anwendung noch eine Reihe von Änderungen benötigt:

- Alle Größen- und Positionsänderungen eines aktivierten Objekts müssen korrekt nachgehalten und dargestellt werden.
- Größe und Position von Objekten müssen auch bei der Speicherung von Objekten erhalten bleiben.
- Alle Objekte im Dokument müssen auch angezeigt werden!
- Ein simpler (De-)Selektionsmechanismus ist nötig.
- Visuelle Rückmeldung, welches Objekt gegenwärtig selektiert ist, muß stattfinden.

Andere Ergänzungen, die für eine normale Anwendung nötig wären, hier aber nicht ausgeführt werden sollen, sind:

- Mehrfachselektion,
- Änderung und Verschiebung auch nicht Vor-Ort-aktivierter Objekte mit der Maus,
- anwendungsspezifische *CDocItem*-Objekte.

Wie generell Größe und Position von Objekten in Dokumenten behandelt werden, ist hochgradig anwendungsspezifisch. So wird ein Web-Browser oder eine Textverarbeitung die Position von Objekten aus der relativen Position des Objekts in der Objektliste und bestimmten Layout-Regeln ermitteln. Ein Zeichen- oder ein Layout-Programm wird dagegen wahrscheinlich für jedes Objekt eine Position speichern. Eine Möglichkeit, Position und Größe der Objekte in einem Dokument zu verwalten, ist die Speicherung in den Objekten selbst. Zu diesem Zweck erhalten die Dokumenten-Objekte eine Komponente zur Speicherung des Rechtecks:

```
class CActiveXContainerCntrItem : public COleClientItem
{
    DECLARE_SERIAL(CActiveXContainerCntrItem)

public:

    CRect   rect;

    CActiveXContainerCntrItem(CActiveXContainerDoc* pContainer = NULL);
    // ...
```

Dieses Rechteck muß auf einen sinnvollen Anfangswert gesetzt werden. Das geschieht zweckmäßig im Konstruktor für das Dokumenten-Objekt. Wir verwenden hier den bisher fest eingestellten Wert:

```
CActiveXContainerCntrItem::CActiveXContainerCntrItem
                                    (CActiveXContainerDoc* pContainer)
    : COleClientItem(pContainer), rect(10, 10, 210, 210)
{
}
```

Bei Veränderung von Größe oder Position des eingebetteten Objekts wird die Funktion *OnChangeItemPosition()* des Dokumenten-Objekts aufgerufen. Hier muß sich das Objekt die neue Position merken und die Aktualisierung möglicherweise betroffener Ansichten anstoßen:

```
BOOL CActiveXContainerCntrItem::OnChangeItemPosition
                                              (const CRect& rectPos)
{
    ASSERT_VALID(this);

    rect = rectPos;
    GetDocument()->UpdateAllViews(NULL);

    if (!COleClientItem::OnChangeItemPosition(rectPos))
        return FALSE;

    return TRUE;
}
```

Fragt die Anwendung das Dokumenten-Objekt nach Größe und Position, muß dieses natürlich auch den richtigen Wert zurückliefern:

```
void CActiveXContainerCntrItem::OnGetItemPosition(CRect& rPosition)
{
    rPosition = rect;
}
```

Schließlich muß in der Serialisierungs-Funktion für eingebettete Objekte nun auch berücksichtigt werden, daß außer dem Objekt selbst auch dessen Größe und Position zu speichern ist.

```
void CActiveXContainerCntrItem::Serialize(CArchive& ar)
{
    ASSERT_VALID(this);

    COleClientItem::Serialize(ar);

    if (ar.IsStoring())
    {
        ar << rect;                     // Sichern
    }
    else
    {
        ar >> rect;                     // Lesen
    }
}
```

Testet man diesen Code mit zuvor mit der alten Version erstellten Verbunddateien, wird die Anwendung mit hoher Wahrscheinlichkeit abstürzen, da sich die Datenstruktur der Verbunddatei geändert hat, ohne daß irgendeine Fehlerbehandlung im Programm vorgesehen ist.

Eine Möglichkeit, die alten Dateien zu retten, besteht darin, in der Funktion *Serialize()* zunächst nur den ersten Zweig (*// Sichern*) zu implementieren und die Dateien mit der Containeranwendung zu öffnen und wieder zu sichern. In einem zweiten Schritt ändert man dann auch den Lesezweig der Serialisierungs-Funktion.[93]

Die nun mögliche Verschiebung der Dokumenten-Objekte wird jedoch immer noch nicht von der Anwendung widergespiegelt. Wir können z. B. ein Bitmap-Objekt in unserem Verbunddokument an eine beliebige Stelle positionieren - nach Speicherung und erneutem Öffnen der Datei erscheint das (erste) Objekt wieder an der fest eingestellten Position in der fest eingestellten Größe. Dies liegt natürlich an der unbrauchbaren Zeichenfunktion. Die neue Version der *OnDraw()*-Funktion durchläuft alle Objekte im Dokument:

```
void CActiveXContainerView::OnDraw(CDC* pDC)
{
    CActiveXContainerDoc* pDoc = GetDocument();
    ASSERT_VALID(pDoc);

    POSITION pos = pDoc->GetStartPosition();
    while (pos)
    {
        CActiveXContainerCntrItem &item =
            dynamic_cast<CActiveXContainerCntrItem&>
                                        (*pDoc->GetNextClientItem(pos));
        item.Draw (pDC, item.rect);
    }
}
```

Um Objekte zu selektieren und zu deselektieren, fügen wir mit dem Klassen-Assistenten außerdem eine Bearbeitungsfunktion für die *WM_LBUTTONDOWN*-Botschaft ein. Tatsächlich hatte die Ansicht bisher überhaupt keine eigene Funktion zur Bearbeitung von Maus-Ereignissen.

```
void CActiveXContainerView::OnLButtonDown(UINT nFlags, CPoint point)
{
    CActiveXContainerDoc *doc = GetDocument();

    CActiveXContainerCntrItem *item =
        dynamic_cast<CActiveXContainerCntrItem*>
                                (doc->GetInPlaceActiveItem(this));
    if (item) item->Close();         // ggf. aktives Objekt deaktivieren

    if (m_pSelection)                // ggf. Auswahl aufheben
    {
        CRect rect = m_pSelection->rect;
        rect.InflateRect(1,1);
        InvalidateRect (rect);
        m_pSelection = NULL;
    }
    POSITION pos = doc->GetStartPosition();
```

93 In einer realistischen Anwendung würde dieser Konvertierungsprozeß natürlich mit Hilfe von Versionsinformationen in der Verbunddatei (z. B. in den Dokumentenobjekten) und einer geeigneten Logik in der Serialisierungs-Funktion automatisch ablaufen.

```
    while (pos)                                  // Nach Treffern durchsuchen
    {
        CActiveXContainerCntrItem *item =
            dynamic_cast<CActiveXContainerCntrItem*>
                                    (doc->GetNextClientItem(pos));

        if (item && item->rect.PtInRect(point))
        {
            m_pSelection = item;
            CRect rect = m_pSelection->rect;
            rect.InflateRect(1,1);
            InvalidateRect (rect);
            return;
        }
    }
}
```

Die Funktion ermittelt zunächst einen Zeiger auf das zugehörige Dokument und deaktiviert ggf. ein aktiviertes Objekt. Falls ein Objekt selektiert ist, wird es durch *NULL*-Setzen des Zeigers *m_pSelection* deselektiert und für den betroffenen Bereich der Ansicht zur Auffrischung vorgemerkt.

Nun muß noch die Liste der Objekte im Dokument durchsucht werden. Sobald ein Objekt gefunden ist, in welches die Koordinaten des Mausklicks fallen, wird die Suche abgebrochen, der Zeiger *m_pSelection* auf das gefunden Objekt gesetzt und auch dieser Bereich der Ansicht zur Auffrischung vermerkt.

Am variablen letzten Eintrag des *Bearbeiten*-Menüs der Containeranwendung kann man nachvollziehen, daß tatsächlich auf diese Weise unterschiedliche Objekte selektiert werden können. Die Aktivierung ist allerdings immer noch nur über einen Menübefehl möglich. Immerhin lassen sich Objekte wie z. B. Bitmaps, nachdem die Vor-Ort-Bearbeitung aktiviert ist, nun auch verschieben und in der Größe ändern. Um eine visuelle Rückmeldung zu erhalten, welches Objekt gerade ausgewählt ist, können wir die Zeichenfunktion noch etwas verbessern:

```
void CActiveXContainerView::OnDraw(CDC* pDC)
{
    CActiveXContainerDoc* pDoc = GetDocument();
    ASSERT_VALID(pDoc);

    POSITION pos = pDoc->GetStartPosition();
    while (pos)
    {
        CActiveXContainerCntrItem &item =
            dynamic_cast<CActiveXContainerCntrItem&>
                                    (*pDoc->GetNextClientItem(pos));
        item.Draw (pDC, item.rect);
        if (m_pSelection == &item)
            CRectTracker(item.rect,CRectTracker::resizeInside|
                                    CRectTracker::solidLine).
                Draw(pDC);
    }
}
```

Ein Objekt, das ausgewählt ist, wird zusätzlich durch die Verwendung eines temporären *CRectTracker*-Objekts hervorgehoben.

Da die Vor-Ort-Aktivierung über das *Bearbeiten*-Menü doch etwas umständlich ist, können Sie mit dem Klassen-Assistenten noch eine Bearbeitungsfunktion für die *WM_LBUTTONDBLCLK*-Botschaft ergänzen:

```
void CActiveXContainerView::OnLButtonDblClk(UINT nFlags, CPoint point)
{
    if (m_pSelection)
    {
        m_pSelection->DoVerb (OLEIVERB_SHOW,this);
    }
}
```

Die Funktion verläßt sich darauf, daß vor einem doppelten Mausklick immer ein einfacher Mausklick bearbeitet wird. Da dieser bereits ein Objekt selektiert, muß das selektierte Objekt nur noch aktiviert werden.

Dies geschieht mit der Funktion *DoVerb()* des Dokumenten-Objekts, welches den Aufruf an die *IOleObject*-Schnittstelle des Serverobjekts weitergibt.

OLEIVERB_SHOW ist ein Standard OLE-Verb, doch ist jeder Server frei, eigene Verben zu definieren.

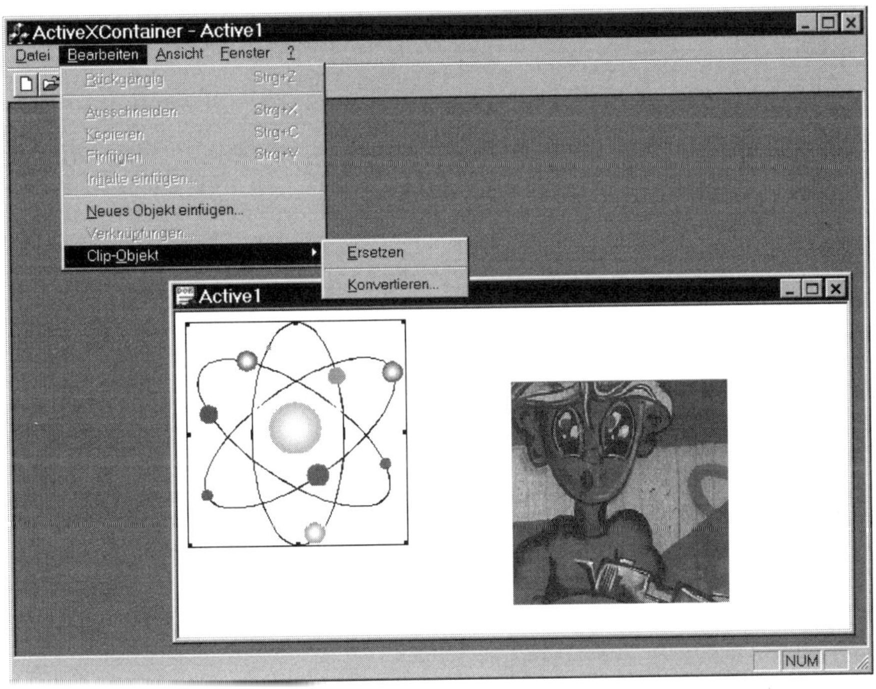

Abb. 112: Containeranwendung mit verschobenem und ausgewähltem Objekt

Aktiver Diener – Erstellen einer OLE-Serveranwendung

Das Gegenstück zum Container ist der Server, der die Objekte zur Verfügung stellt, die in einer Containeranwendung eingebettet werden. Mit Hilfe des Anwendungs-Assistenten läßt sich das Gerüst einer Serveranwendung ebenso einfach erzeugen wie ein Container.

Dazu legen Sie mit *Datei/Neu*, Reiter *Projekte* ein neues MDI-Projekt mit dem Namen *ActiveXServer* an. Im dritten Schritt des Assistenten wählen Sie die Option *Voll-Server* und stellen das Projekt fertig.

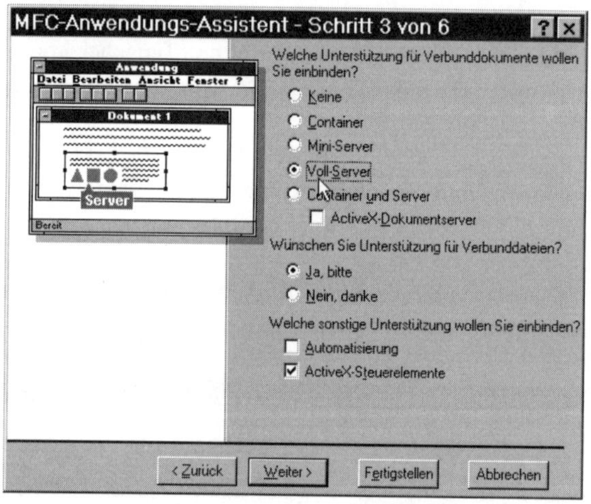

Abb. 113: Im dritten Schritt des Anwendungs-Assistenten kann man zwischen Container, Mini-Server, Voll-Server und einer Kombination von Container und Server wählen

Wie der dritte Schritt des Anwendungs-Assistenten widerspiegelt, gibt es zwei unterschiedliche Arten von Servern: Mini-Server und volle Server. Außerdem gibt es Server, die gleichzeitig Container sein können. Da dieser Fall jedoch keine prinzipiell neuen Erkenntnisse bringt, kann er hier beiseite bleiben.

Ein voller Server ist eine normale MFC-Anwendung, die zusätzlich als Server auftreten kann, d. h., sie hat gewissermaßen zwei (eigentlich sogar drei) Gesichter. Als Anwendung kann sie eine normale SDI- oder MDI-Anwendung sein, das spielt für die Server-Funktion und die Darstellung des Objekts im Verbunddokument keine Rolle.

Das zweite Gesicht des Servers ist die Darstellung des vom Server gelieferten Objekts in einem rechteckigen Bereich der Containeranwendung. Dazu werden zusätzliche Klassen verwendet, die sogar eine eigene *OnDraw()*-Funktion besitzen.

Bei der Vor-Ort-Aktivierung zeigt der Server sogar noch ein drittes Gesicht, indem er seine Menüs mit den Gegenstücken der Containeranwendung verzahnt.

Ein Mini-Server ist dagegen keine vollwertige Anwendung. Beim Versuch, ihn als alleinstehende Anwendung zu starten, wird ein Mini-Server lediglich eine Fehlermeldung liefern. Da der Mini-Server ohne eigene Benutzerschnittstelle auskommt, benötigt er deutlich weniger Ressourcen.

Der Anwendungs-Assistent erzeugt die folgenden Klassen:

- *CActiveXServerApp* - abgeleitet von *CWinApp* - die Anwendungsklasse der Anwendung
- *CActiveXServerDoc* - abgeleitet von *COleServerDoc*, da zur Unterstützung eines Server-Dokuments noch weitere Fähigkeiten nötig sind, ist die Klasse über zwei zusätzliche Zwischenschritte von *COleDokument* abgeleitet
- *CActiveXServerView* - abgeleitet von *CView*, die Ansicht für die Verwendung durch die alleinstehende Serveranwendung oder bei der Bearbeitung eines eingebetteten aktivierten Objekts
- *CChildFrame* - abgeleitet von *CMDIChildWnd*, ein normales MDI-Kindfenster für den Stand-Alone-Aufruf des Servers
- *CInPlaceFrame* - abgeleitet von *COleIPFrameWnd*, eine Rahmenklasse, die bei der Vor-Ort-Aktivierung die Ansicht des Objekts aufnimmt; im nicht aktivierten Zustand wird das eingebettete Objekt dagegen mit Hilfe einer Metadatei-Darstellung abgebildet
- *CMainFrame* - abgeleitet von *CMDIFrameWnd*, der Hauptrahmen
- *CActiveXServerSrvrItem* - abgeleitet von *COleServerItem*, implementiert die Serverschnittstelle und kann ein Abbild des Objekts im Metadatei-Format erzeugen

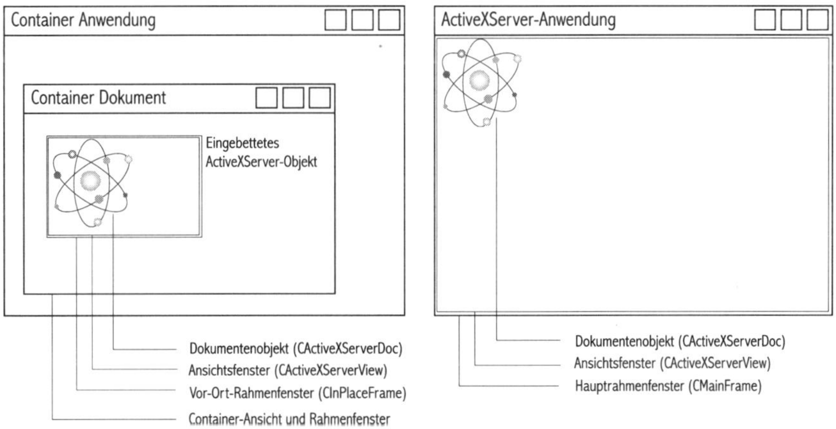

Abb. 114: Die Klassen der Serveranwendung im Stand-Alone-Betrieb des Servers (rechts) und eingebettet in einer Containeranwendung (links)

Das Zusammenwirken der Klassen eines aktivierten eingebetteten Objekts ähnelt einer normalen MFC-Anwendung. Für die Darstellung des Dokuments oder von Teilen daraus dient die normale Ansichtsklasse, nur ist sie nun nicht in einen Kind- oder Hauptrahmen eingebettet, sondern in einen Rahmen vom Typ *CInPlaceFrame*.

Eine neue Rolle spielt *CActiveXServerSrvrItem*. Diese Klasse implementiert unter anderem die COM-Schnittstellen *IOleObject* und *IDataObject* und ermöglicht damit die Kommunikation zwischen Server- und Containeranwendung.

Wichtig sind die *OnGetExtent()*, *OnDraw()* und *Serialize()*-Funktionen dieser Klasse. *OnGetExtent()* liefert die Abmessungen des eingebetteten Objekts in *HIMETRIC*-Einheiten. Wie bereits im Containerbeispiel liefert die Standardimplementierung hier einfach eine feste Größe zurück.

```
BOOL CActiveXServerSrvrItem::OnGetExtent(DVASPECT dwDrawAspect,
                                          CSize& rSize)
{
    if (dwDrawAspect != DVASPECT_CONTENT)
        return COleServerItem::OnGetExtent(dwDrawAspect, rSize);

    CActiveXServerDoc* pDoc = GetDocument();
    ASSERT_VALID(pDoc);

    // ZU ERLEDIGEN: Ersetzen Sie diese willkürlich gewählte Größe

    rSize = CSize(3000, 3000);      // 3000 x 3000 HIMETRIC Einheiten

    return TRUE;
}
```

OnDraw() zeichnet das Dokumenten-Objekt in einen Metadatei-Gerätekontext. Dies ermöglicht es, der Containeranwendung aus den eingebetteten Daten, die auch die Metadatei-Darstellung enthalten, eine visuelle Repräsentation des eingebetteten Objekts zu zeigen, ohne immer sofort den Server zu starten. Erst wenn das eingebettete Objekt aktiviert wird, startet der Server. Leider verhalten sich Metaklassen-Gerätekontexte nicht immer wie ein normaler Gerätekontext, so daß es meist notwendig ist, den Ausgabecode an diese Aufgabe anzupassen.

```
BOOL CActiveXServerSrvrItem::OnDraw(CDC* pDC, CSize& rSize)
{
    CActiveXServerDoc* pDoc = GetDocument();
    ASSERT_VALID(pDoc);

    // ZU ERLEDIGEN: Setzen Sie Mapping-Modus und Extent
    // (Das Extent stimmt üblicherweise mit der von OnGetExtent
    // zurückgelieferten Größe überein)
    pDC->SetMapMode(MM_ANISOTROPIC);
    pDC->SetWindowOrg(0,0);
    pDC->SetWindowExt(3000, 3000);
    pDC->TextOut(20, 20, "(Hallo)");

    // ZU ERLEDIGEN: Hier Code zum Zeichnen einfügen.
    // Alle Zeichenoperationen finden innerhalb des
    // Metadatei-Gerätekontexts (pDC) statt.

    return TRUE;
}
```

Die vom Assistenten bereitgestellte Funktion *OnDraw()* legt den Abbildungsmodus und die Größe der Zeichenfläche fest, enthält aber natürlich keine echte Ausgabeoperation. Diese wird im Beispiel durch die Ausgabe einer Zeichenkette *(Hallo)* angedeutet. In der *OnDraw()*-Funktion der Ansicht werden wir dagegen die Zeichenkette *Hallo* verwenden, um so leichter zu erkennen, wann welche der beiden *OnDraw()*-Funktionen zum Zuge kommt.

Abhängig davon, ob das eingebettete Objekt in der Verbunddatei gespeichert ist oder ob es sich um eine verbundene externe Datei handelt, wird der Serialisierungsaufruf an das eingebettete Dokumenten-Objekt weitergegeben oder nicht:

```
void CActiveXServerSrvrItem::Serialize(CArchive& ar)
{
    if (!IsLinkedItem())
    {
        CActiveXServerDoc* pDoc = GetDocument();
        ASSERT_VALID(pDoc);
        pDoc->Serialize(ar);
    }
}
```

Die Anwendungsklasse enthält ähnlich dem Automatisierungsserver eine Komponentenvariable,

```
public:
    COleTemplateServer m_server;
```

die eine Klassenfabrik für alle entsprechend vereinbarten Klassen der Server-Anwendung zur Verfügung stellt. Die Initialisierungs-Funktion *CActiveXServerApp::InitInstance()* (hier um Kommentare und einen Codeabschnitt gekürzt) weist gegenüber früheren Varianten wieder einige hier hervorgehobene Besonderheiten auf:

```
BOOL CActiveXServerApp::InitInstance()
{
    if (!AfxOleInit())
    {
        AfxMessageBox(IDP_OLE_INIT_FAILED);
        return FALSE;
    }

    // ...

    CMultiDocTemplate* pDocTemplate;
    pDocTemplate = new CMultiDocTemplate(
        IDR_ACTIVETYPE,
        RUNTIME_CLASS(CActiveXServerDoc),
        RUNTIME_CLASS(CChildFrame),
                            // Benutzerspezifischer MDI-Child-Rahmen
        RUNTIME_CLASS(CActiveXServerView));
    pDocTemplate->SetServerInfo(
        IDR_ACTIVETYPE_SRVR_EMB, IDR_ACTIVETYPE_SRVR_IP,
        RUNTIME_CLASS(CInPlaceFrame));
    AddDocTemplate(pDocTemplate);
```

```
    m_server.ConnectTemplate(clsid, pDocTemplate, FALSE);
    COleTemplateServer::RegisterAll();

    CMainFrame* pMainFrame = new CMainFrame;
    if (!pMainFrame->LoadFrame(IDR_MAINFRAME))
        return FALSE;
    m_pMainWnd = pMainFrame;

    CCommandLineInfo cmdInfo;
    ParseCommandLine(cmdInfo);

    if (cmdInfo.m_bRunEmbedded || cmdInfo.m_bRunAutomated)
    {
        return TRUE;
    }

    m_server.UpdateRegistry(OAT_INPLACE_SERVER);

    if (!ProcessShellCommand(cmdInfo))
        return FALSE;

    pMainFrame->ShowWindow(m_nCmdShow);
    pMainFrame->UpdateWindow();

    return TRUE;
}
```

Wie zuvor müssen natürlich auch hier zunächst mit *AfxOleInit()* die ActiveX-Bibliotheken initialisiert werden.

Nach der Erzeugung eines Dokument-Template-Objekts werden die Ressourcen ähnlich wie *SetContainerInfo()* mit *SetServerInfo()* identifiziert, die benötigt werden, wenn die Anwendung in ihrer Eigenschaft als Server aktiviert wird. Die dazu verwendeten Ressourcen-IDs sind *ACTIVETYPE_SRVR_EMB* (EMB für „**emb**edded", d. h. eingebettet) und *IDR_ACTIVETYPE_SRVR_IP* (IP für „**i**n **p**lace", d. h. Vor-Ort). Die beiden unterschiedlichen IDs spiegeln wider, daβ es zwei unterschiedliche Möglichkeiten gibt, ein eingebettetes Objekt zu editieren: die volle Aktivierung, bei der das Objekt im Fenster des Servers bearbeitet wird, und die Vor-Ort-Aktivierung im Fenster des Clients. Außerdem wird mit diesem Aufruf von *SetServerInfo()* die Rahmenklasse *CInPlaceFrame* für die Vor-Ort-Aktivierung festgelegt.

COleTemplateServer::ConnectTemplate() stellt die Verbindung zwischen Dokumentenschablone und der Klassenfabrik her, während *COleTemplateServer::RegisterAll()* alle ActiveX-Klassen und Schnittstellen des Servers registriert.

Wurde die Anwendung als Server gestartet, wird die Initialisierung beendet (ohne das Hauptfenster sichtbar zu machen), andernfalls wird die Anwendung normal gestartet. In letzterem Fall wird für den Fall einer Beschädigung der Registrierungsdatenbank diese durch den Aufruf von *UpdateRegistry()* zur Sicherheit auf den letzten Stand gebracht.

Zur Unterstützung der Vor-Ort-Aktivierung besitzt der Server ähnlich dem Container eine Reihe zusätzlicher Ressourcen mit den Ressourcen-IDs *IDR_ACTIVETYPE_*

SRVR_IP und *ACTIVETYPE_SRVR_EMB*, die bei der Vor-Ort-Aktivierung mit diesen zusammen zur Darstellung der kombinierten Benutzerschnittstelle dienen. Ein Blick in die Ressourcenansicht oder das Ressourcen-Skript zeigt die Unterschiede.

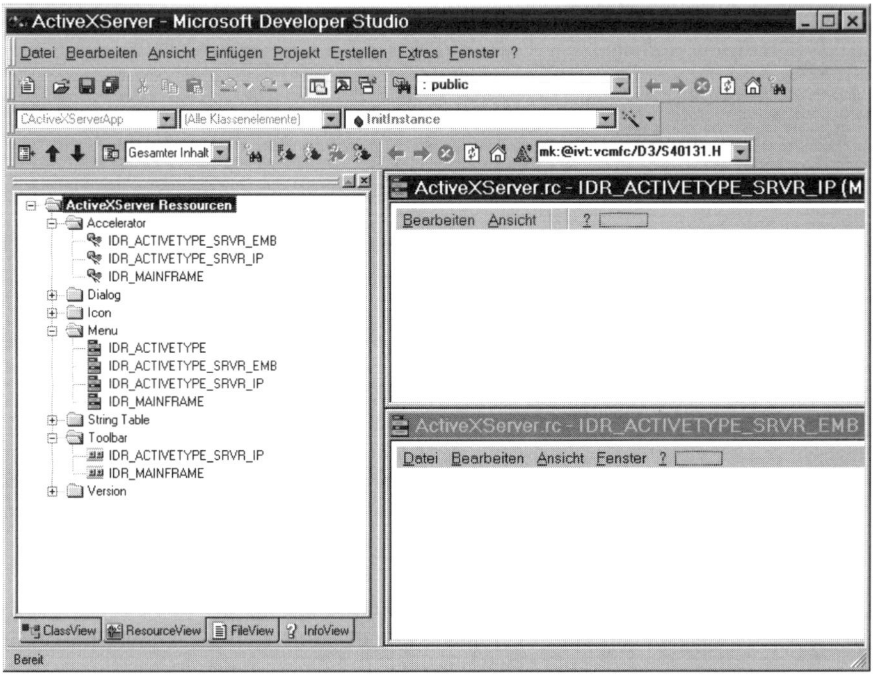

Abb. 115: Zusätzliche Ressourcen der Serveranwendung mit den Ressourcen-IDs IDR_ACTIVETYPE_SRVR_IP und ACTIVETYPE_SRVR_EMB. Rechts oben ist das (unvollständige) Menü für die Vor-Ort-Aktivierung, rechts unten das für die volle Aktivierung des eingebetteten Objekts zu erkennen

Zur Unterstützung der Bearbeitung des eingebetteten Objekts dienen ein eigenes Hauptmenü und eine Abkürzungstabelle für die Bearbeitung des Objekts im Serverfenster (*ACTIVETYPE_SRVR_EMB*). Da ein Server ein eingebettetes Objekt nicht als selbständiges Objekt in einer eigenen Datei sichert, sondern als Teil eines Verbunddokuments, unterscheidet sich das *Datei*-Menü auf jeden Fall von der Stand-Alone-Fassung: die Befehle mit den IDs *ID_FILE_SAVE* (Speichern) und *ID_FILE_SAVE_AS* (Speichern unter) sind ersetzt durch solche mit den IDs *ID_FILE_UPDATE* (Aktualisieren) und *ID_FILE_SAVE_COPY_AS* (Speichern unter). Es kann aber auch sinnvoll sein, das Hauptmenü für eingebettete Objekte gegenüber dem der Stand-Alone-Anwendung abzuändern.

Das Menü für die Vor-Ort-Aktivierung (*ACTIVETYPE_SRVR_IP*) weist wie das Containermenü Lücken in Form von Separatoren auf. Hier werden Teile des Gegenstücks der Containeranwendung eingefügt. Das *Datei*-Menü stammt vom Container, die Menüs *Bearbeiten* und *Ansicht* vom Server usw.

Die Veränderungen an der Dokumentenklasse sind, abgesehen von der Verwendung einer anderen Basisklasse *COleServerDoc*, recht geringfügig - im wesentlichen kommen zwei Funktionen zur Unterstützung des Umgangs mit dem verknüpften *COleServerItem*-Objekt hinzu. *OnGetEmbeddedItem()* wird aufgerufen, wenn ein *COleServerItem*-Objekt für das Dokument benötigt wird, die Standardimplementierung erzeugt ein solches Objekt:

```
COleServerItem* CActiveXServerDoc::OnGetEmbeddedItem()
{
    CActiveXServerSrvrItem* pItem = new CActiveXServerSrvrItem(this);
    ASSERT_VALID(pItem);
    return pItem;
}
```

GetEmbeddedItem() dient dazu, das verknüpfte *COleServerItem*-Objekt typrichtig zu ermitteln, und führt im Grunde nur eine Typumwandlung durch:

```
inline CActiveXServerSrvrItem* GetEmbeddedItem()
{
    return (CActiveXServerSrvrItem*)COleServerDoc::GetEmbeddedItem();
}
```

Die eigentliche Unterstützung für Server-Dokumente ist in der Basisklasse *COleServerDoc* eingebaut, von der unsere Dokumentenklasse *CActiveXServerDoc* alle notwendigen Eigenschaften erbt. Ein Server-Dokument kann Objekte vom Typ *COleServerItem* enthalten, welche die Schnittstelle zu eingebetteten oder verbundenen Objekten liefert. Wenn eine Serveranwendung von einer Containeranwendung gestartet wird, um ein eingebettetes Objekt zu bearbeiten, wird das Objekt als einziges *COleServerItem*-Objekt in ein *COleServerDoc*-Dokument geladen. Wird der Server dagegen gestartet, um ein verbundenes Objekt zu bearbeiten, wird ein existierendes Dokument vom Massenspeicher geladen, das betroffene Objekt des Dokuments sollte in einem solchen Fall durch eine Hervorhebung markiert werden.

COleServerDoc-Dokumente könne auch Objekte der Klasse *COleClientItem* enthalten. Dies ermöglicht die Realisierung von Anwendungen, die gleichzeitig Container und Server sind. Um eine von *COleServerDoc* abgeleitetet Klasse als Server-Dokument zu benutzen, muß sie unbedingt eine Funktion *OnGetEmbeddedItem()* enthalten, wenn sie Einbettung unterstützen soll und/oder eine Funktion *OnGetLinkedItem()*, wenn sie verbundene Dokumente unterstützen soll. Die Eigenschaften eines Dokuments vom Typ *COleServerDoc* können mit einer Reihe von Funktionen abgefragt werden:

- *IsEmbedded()* – Gibt an, ob ein Objekt eingebettet ist oder als selbständige Anwendung läuft.
- *IsInPlaceActive()* – Gibt an, ob das Objekt gegenwärtig Vor-Ort-aktiviert ist.
- *GetEmbeddedItem()* – Liefert einen Zeiger auf ein *COleServerItem*-Objekt, welches das gesamte eingebettete Dokument repräsentiert.
- *GetItemPosition()* – Liefert ein Positionsrechteck für die Vor-Ort-Bearbeitung relativ zum Client-Bereich des Containers.
- *GetItemClipRect()* – Liefert das *Clipping*-Rechteck für die Vor-Ort-Bearbeitung.
- *GetZoomFactor()* – Liefert einen Vergrößerungsfaktor.

Mit einem Dokumenten-Objekt vom Typ *COleServerDoc* können zusätzlich zu den geerbten Operationen die folgenden Server-Dokument-spezifischen Operationen ausgeführt werden:

- *OnExecOleCmd()* - Führt ein ActiveX-Kommando aus.
- *NotifyChanged()* - Benachrichtigt den Container, daß der Anwender das eingebettete Dokument geändert hat.
- *NotifyRename()* - Benachrichtigt den Container, daß der Anwender das eingebettete Dokument umbenannt hat.
- *NotifySaved()* - Benachrichtigt den Container, daß der Anwender das eingebettete Dokument gesichert hat.
- *NotifyClosed()* - Benachrichtigt den Container, daß der Anwender das eingebettete Dokument geschlossen hat.
- *SaveEmbedding()* - Fordert die Containeranwendung auf, das eingebettete Objekt zu sichern.
- *ActivateInPlace()* - Aktiviert die Vor-Ort-Bearbeitung.
- *DeactivateAndUndo()* - Deaktiviert die Benutzerschnittstelle des Servers.
- *DiscardUndoState()* - Wirft für *Rückgängig* vorgemerkte Informationen weg.
- *RequestPositionChange()* - Ändert die Position des Rahmens für die Vor-Ort-Bearbeitung.
- *ScrollContainerBy()* - Rollt den Container.
- *UpdateAllItems()* - Benachrichtigt den Container, daß der Anwender das Objekt geändert hat.

Alle nötige Funktionalität für Server-Dokumente ist bereits implementiert. Zur Veränderung oder Ergänzung der Arbeitsweise können die folgenden Funktionen redefiniert werden:

- *GetDocObjectServer()* - Wird aufgerufen, um ein neues *CDocObjectServer*-Objekt zu erzeugen.
- *OnUpdateDocument()* - Wird aufgerufen, wenn ein eingebettetes Server-Dokument gesichert wird.
- *OnGetEmbeddedItem()* - Wird aufgerufen, um ein *COleServerItem*-Objekt zu erhalten, welches das Server-Dokument repräsentiert; zwingend vorgeschrieben (s.o.).
- *OnClose()* - Wird aufgerufen, wenn der Container das Objekt schließen will.
- *OnSetHostNames()* - Wird aufgerufen, wenn der Container den Fenstertitel für ein eingebettetes Objekt ändern will.
- *OnShowDocument()* - Wird aufgerufen, wenn ein eingebettetes Objekt versteckt werden soll.
- *OnDeactivate()* - Wird aufgerufen, wenn die Vor-Ort-Bearbeitung eines Objekts endet.
- *OnDeactivateUI()* - Wird aufgerufen, um Elemente der Benutzerschnittstelle der Vor-Ort-Aktivierung abzubauen.

- *OnSetItemRects()* - Wird aufgerufen, um die Position des Bearbeitungsrahmens eines Vor-Ort-aktivierten Objekts zu ändern.
- *OnReactivateAndUndo()* - Wird aufgerufen, um während der Vor-Ort-Bearbeitung gemachte Änderungen zurückzunehmen.
- *OnFrameWindowActivate()* - Wird aufgerufen, wenn das Rahmenfenster des Containers aktiviert oder deaktiviert wird.
- *OnDocWindowActivate()* - Wird aufgerufen, wenn der Rahmen des Dokuments aktiviert oder deaktiviert wird.
- *OnShowControlBars()* - Wird aufgerufen, um während der Vor-Ort-Bearbeitung Steuerungsleisten anzuzeigen oder zu verstecken.
- *OnResizeBorder()* - Wird aufgerufen, wenn Rahmen oder Dokumentenfenster der Containeranwendung in der Größe verändert werden.
- *CreateInPlaceFrame()* - Wird aufgerufen, um für die Vor-Ort-Bearbeitung ein Rahmenfenster zu erzeugen.
- *DestroyInPlaceFrame()* - Wird aufgerufen, um nach der Vor-Ort-Bearbeitung das Rahmenfenster zu zerstören.

Die Änderungen an der Ansichtsklasse schließlich sind minimal. Es kommt lediglich eine Nachrichtenbearbeitungsfunktion *OnCancelEditSrvr()* hinzu, die angesprochen wird, wenn der Container dem Server signalisiert, daß aufgrund einer Tastenbetätigung das Server-Objekt deaktiviert wurde.

```
void CActiveXServerView::OnCancelEditSrvr()
{
    GetDocument()->OnDeactivateUI(FALSE);
}
```

Natürlich muß der Code der Ansichtsklasse dafür Sorge tragen, daß der Inhalt des Dokuments im Ansichtsfenster dargestellt wird. Hier wollen wir uns darauf beschränken, einen festen Text auszugeben. Im Gegensatz zu *CActiveXServerSrvrItem::OnDraw()* ist der Text der Zeichenkette nicht eingeklammert:

```
void CActiveXServerView::OnDraw(CDC* pDC)
{
    CActiveXServerDoc* pDoc = GetDocument();
    ASSERT_VALID(pDoc);

    pDC->TextOut(20, 20, "Hallo");
}
```

Der neuerstellte Server läßt sich sowohl als Stand-Alone-Anwendung (z. B. mit der Tastenkombination [Strg]+[F5]) oder eingebettet aus unserer Containeranwendung heraus starten. Für letzteres starten wir die Containeranwendung und wählen *Bearbeiten/Neues Objekt einfügen*. Im Dialog *Objekt einfügen* wählen wir den Objekttyp *Active Document* unseres Servers. Das eingefügte Objekt erscheint aktiviert und zeigt den Text *Hallo*. Verschieben Sie es zunächst nach rechts und deaktivieren Sie das Objekt, etwa indem Sie neben das Objekt in die Fensterfläche klicken. Der Text ändert sich in *(Hallo)* und spiegelt so wider, daß nun nicht die *OnDraw()*-Funktion der

Ansichtsklasse des Objekts verwendet wird, sondern die Metafile-Darstellung des Objekts, die der Container auch ohne fremde Hilfe anzeigen kann.

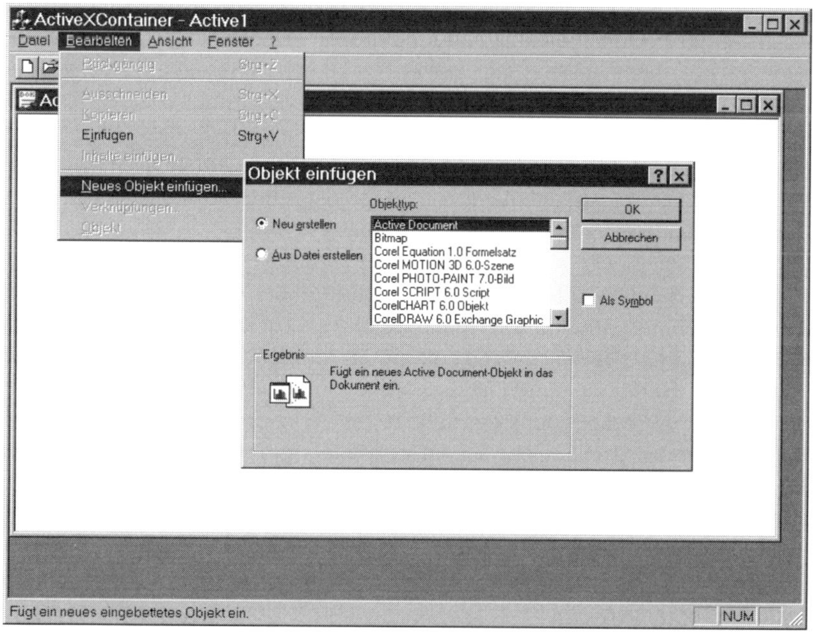

Abb. 116: Einfügen unseres Server-Objekts in unsere Containeranwendung

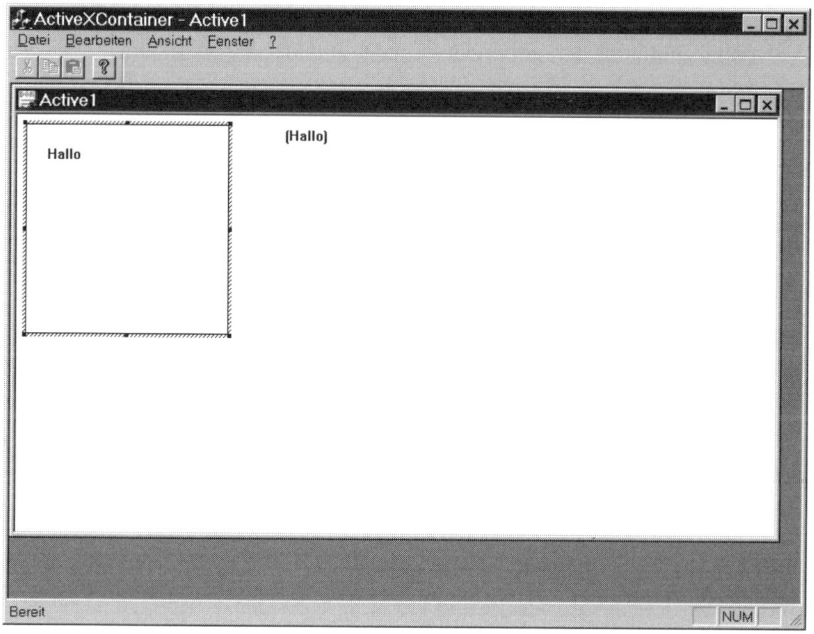

Abb. 117: Aktiviertes (links) und nicht aktiviertes (rechts) Einbettungsobjekt verwenden unterschiedliche Mechanismen zur Darstellung. Das aktivierte Objekt wird durch den Server dargestellt, während für das inaktive Objekt der Container eine Metadatei-Darstellung verwendet

Zusammenfassung

ActiveX ist keine rundum neue Technologie, sondern entspricht mit einigen Ergänzungen dem, was Microsoft bis vor kurzem noch etwas unglücklich OLE2 nannte. OLE steht für „**O**bject **L**inking and **E**mbedding". OLE ermöglicht es, Objekte (sprich Dokumente) einer Anwendung in einem Dokument einer anderen Anwendung einzubetten und anzuzeigen. Mit OLE2 wurde der Mechanismus des „Verbindens und Einbettens" auf die Grundlage der COM-Technologie gestellt, diese bleibt aber aufgrund der Kapselung durch die MFC weitgehend unsichtbar. Tatsächlich kann OLE2 alias ActiveX jedoch wesentlich mehr, als nur Objekte unterschiedlicher Anwendungen ineinander zu integrieren.

Besonders deutlich sieht man die Mechanismen der ActiveX-Technologie im Bereich der sogenannten Automation, zumal wenn man auf MFC-Unterstützung verzichtet. Über die Schnittstelle *IDispatch* erlaubt die Automation es, tabellengesteuert spätes Binden der Funktionen und Eigenschaften von ActiveX-Komponenten zu realisieren. Die Daten zur Beschreibung der Schnittstelle können dabei entweder direkt im C++-Quellcode oder aber in einer Schnittstellendefinition in der Sprache MIDL vorliegen. Aus letzteren wird dann mit der Hilfe eines MIDL-Compilers eine Typbibliothek erstellt.

Indem eine Schnittstelle nicht von *IUnknown*, sondern von *IDispatch* abgeleitet wird, wird sie zur dualen Schnittstelle, d. h., sie unterstützt bei geeignetem Entwurf für die gleichen Funktionen sowohl das effiziente frühe Binden zur Übersetzungszeit als auch das flexiblere, aber langsamere Binden zur Laufzeit. Dies ermöglicht es, besonders aus interpretierten Umgebungen wie Visual Basic ActiveX-Objekte zu verwenden. Microsoft empfiehlt den generellen Einsatz dualer Schnittstellen.

Wesentlich einfacher als die explizite Unterstützung der Automation in einem reinen Win32-Programm ist die Verwendung unter Zuhilfenahme von MFC und Klassen-Assistent. Wird eine Anwendung mit eingeschalteter Unterstützung für die Automation generiert, können mit dem Klassen-Assistenten auf einfachste Weise Funktionen und Eigenschaften hinzugefügt werden; der Klassen-Assistent pflegt in diesem Fall auch die Typbibliothek.

ActiveX erlaubt die Einbettung von ActiveX-Objekten in Verbunddokumente. Eine Anwendung, die diese Einbettung unterstützt, heißt Containeranwendung, die Anwendung, die das eingebettetet Objekt bereitstellt, Server. Wird ein eingebettetes Objekt aktiviert, startet Windows den passenden ActiveX-Server und stellt die Verbindung zwischen beiden über eine Reihe von COM-Schnittstellen her.

Um eine Containeranwendung zu erstellen, genügt es, in Schritt 3 des Anwendungs-Assistenten die Option *Container* auszuwählen. Containeranwendungen müssen MDI- oder SDI-Anwendungen sein. Die auf diese Weise erstellte Containeranwendung bedarf jedoch einiger Nachbearbeitung, so zeigt sie grundsätzlich nur das erste Objekt des Verbunddokuments an und unterstützt weder dauerhaftes Verschieben noch irgendwelche Maus-Ereignisse.

Die MFC unterstützen Verbunddokumente durch die Dokumentenklasse *COleDocu-
ment* und *CDocItem*. Speziell zur Einbettung von Client-Objekten in die Containeran-
wendung dient die von letzterer abgeleitete Klasse *COleClientItem*, die auch die
Kommunikation mit dem Server übernimmt.

Um eine Serveranwendung zu erstellen, genügt es, in Schritt 3 des Anwendungs-
Assistenten eine der *Server*-Optionen auszuwählen. Die MFC und der Anwendungs-
Assistent unterstützen Mini-Server, volle Server oder Kombination aus Server und
Container. Auch Serveranwendungen müssen MDI oder SDI-Anwendungen sein.

Zur Unterstützung der Servereigenschaften verwenden die MFC u. a. die Klassen
COleServerDoc und *CDocObjectServerItem*. Bei der Vor-Ort-Aktivierung wird die An-
sicht des eingebetteten Objekts innerhalb eines Rahmens der Klasse *CInPlaceFrame*
dargestellt. Für nicht aktivierte Objekte wird zur Steigerung der Geschwindigkeit das
Objekt ohne Einschaltung des Servers mit Hilfe einer Metadatei dargestellt.

5.4 Aktive Schablonen – Schlanke COM-Objekte mit der ATL

Mit der aktuellen Version 5 von Visual C++ ist nun auch die **A**ctive **T**emplate **L**ibrary
oder ATL in der Version 2.0 Bestandteil des Entwicklungspakets. Die ATL ist eine völ-
lig neu konzipierte Klassenbibliothek, die besonders für die Entwicklung schlanker
ActiveX-Komponenten gedacht ist. Anders als die älteren MFC macht die ATL umfas-
senden Gebrauch von den fortgeschrittenen Eigenschaften der Sprache C++ wie
Templates (dt. Schablonen) und Mehrfachvererbung. Die ATL ist mit den MFC kom-
patibel, d. h., Sie können in ATL-Programmen auch viele MFC-Klassen einsetzen. Die
Philosophie beider Klassenbibliotheken ist jedoch so unterschiedlich, daß die typi-
schen MFC-Klassen z. B. zur Unterstützung der Dokument/Ansicht-Architektur und
ATL-Programmen keinen Platz haben.

Mit der zunehmenden Bedeutung der Entwicklung von COM-Komponenten und Acti-
veX-Steuerelementen in der Softwareentwicklung mußte ein Weg gefunden werden,
der es ermöglicht, schlankere Komponenten zu entwickeln, als das mit den MFC
möglich ist. Damit wird es auch möglich, ActiveX-Komponenten für die Verwendung
im Internet zu entwickeln. Gerade in diesem Bereich ist es wichtig, die Belastung des
Netzes und die Antwortzeiten für den Anwender durch kleine Module niedrig zu hal
ten. Ob es Microsoft gelingt, ActiveX als allgemeine Technologie im Web durchzuset-
zen, muß abgewartet werden - gegenwärtig wird die Technologie nur von Microsofts
Web-Browser Microsoft Internet Explorer unterstützt.

Wichtiger erscheint mir persönlich die Bedeutung der ATL für die Entwicklung von
ActiveX-Komponenten und Steuerelementen im allgemeinen. ATL-Komponenten sind
klein und leistungsfähig und durch die ATL-Unterstützung in der Entwicklungsumge-
bung relativ leicht zu entwickeln. Leider reicht die Unterstützung durch Assistenten

noch nicht an die Qualität der MFC-Unterstützung heran, insbesondere das Fehlen eines dem Klassen-Assistenten entsprechenden Werkzeugs für ATL-Komponenten fällt bisher schmerzlich auf. Wie früher bei den MFC sind bei der ATL-Programmierung viele Makros, Tabellen, IDL-Schnittstellen und Abhängigkeitslisten von Hand zu pflegen.

Die Verwendung der Active Template Library ist ein schneller und einfacher Weg, in C++ COM-Komponenten zu entwickeln und dabei einen kleinen „Fußabdruck" der Komponente zu bewahren. Die ATL sollte daher immer dann verwendet werden, wenn Sie die ganze zusätzliche Funktionalität, welche die MFC automatisch in eine Anwendung oder Komponente einbinden, nicht benötigen. Die MFC gestatten die Entwicklung ausgewachsener Anwendungen, von ActiveX-Steuerungselementen und von Dokumenten mit ActiveX-Unterstützung. Steuerungselemente, die unter Verwendung der MFC entwickelt wurden, werden Sie auch sicher nicht mit der ATL von Grund auf neu entwickeln, sondern die MFC-Version weiterpflegen (es sei denn, es sprechen zwingende Argumente wie ein inakzeptabler Ressourcenverbrauch gegen die Beibehaltung der alten Version). Für neue Projekte, insbesondere, wenn sie die zusätzliche MFC-Funktionalität nicht benötigen, empfiehlt Microsoft, die Verwendung der ATL in Betracht zu ziehen.

Exkurs: Generika – Generische Algorithmen mit Templates

Die Active Template Library oder ATL basiert auf einer Spracheigenschaft von C++, die Microsoft bisher eher stiefmütterlich behandelt hat, den sogenannten Templates, wörtlich „Schablonen". Im deutschen spricht man von parametrisierten oder generischen Typen bzw. Funktionen[94]. In den MFC beispielsweise spielen parametrisierte Typen nur eine marginale Rolle in Form einiger parametrisierter Behälterklassen. Die weiterführenden Möglichkeiten von Templates wie „intelligente Zeiger" oder parametrisierte Algorithmen blieben bisher weitgehend unberücksichtigt.

In der ATL nun werden die Möglichkeiten der generischen Datentypen bis zum letzten ausgereizt; in der Verbindung mit Mehrfachvererbung dienen sie dazu, für jeden Zweck maßgeschneiderte Klassen zu generieren.

Bei Funktionen werden in C++ und anderen Sprachen Funktionsparameter verwendet, die beim Aufruf mit unterschiedlichen Argumenten versorgt werden können. Dies erlaubt ein erhebliches Maß an Flexibilität, doch sind die Typen der Funktion unlösbar in der Definition und im Code der Funktion verankert. Wenn Sie also beispielsweise eine Funktion zum Sortieren eines Datenfelds schreiben wollen, sind Sie gezwungen, für jeden Datentyp, den Sie sortieren wollen eine neue Version der Funk-

---

94 Hier hatte Microsoft mal wieder die gewohnt unglückliche Hand bei der Übersetzung ins Deutsche: Die Übersetzung von *Template* mit *Vorlagen* ist schlicht falsch und entspricht nicht dem Gebrauch in der deutschsprachigen Fachliteratur.

tion zur Verfügung zu stellen. Der Überlademechanismus von C++ gestattet es lediglich die Sortier-Funktionen für unterschiedliche Typen gleich zu benennen, da er die Funktionen anhand der unterschiedlichen Signaturen unterscheiden kann.

Einen Ausweg bietet der Polymorphiemechanismus von C++. Es ist z. B. ein Klassentyp *class Comparable* mit einer virtuellen Vergleichs-Funktion *operator>()* denkbar. Die Sortier-Funktion könnte nun so implementiert werden, daß sie ein Feld von Zeigern auf Objekte vom Typ *Comparable* sortiert. Bei großen Klassenobjekten mag diese Methode sogar Vorteile haben, bei einfachen Objekten oder gar primitiven Datentypen ist sie ganz offensichtlich nicht effizient und teilweise auch gar nicht realisierbar.

Mit einer generischen Funktion oder Funktionsschablone dagegen können ein oder mehrere Datentypen der Funktion parametrisiert werden. Mit einer einzigen Definition wird so nicht eine einzelne Funktion, sondern eine potentiell unbegrenzte Menge von Funktionen definiert. Auf gleiche Weise können auch Klassen parametrisiert und mit variablen Typen ausgestattet werden. Eine solche generische Klasse oder Klassenschablone steht nicht für eine einzelne Klasse, sondern für eine potentiell unbegrenzte Anzahl von Klassen.

Eine Klassen- oder Funktionsschablone ist keine Funktions- oder Klassendefinition im eigentlichen Sinn. Erst beim Gebrauch einer solchen generischen Funktion oder Klasse kann der Compiler anhand der verwendeten Typen erkennen, daß eine bestimmte Instanz einer Klassen- oder Funktionsschablone benötigt wird. Ist diese zu dem Zeitpunkt noch nicht vorhanden, wird der erforderliche Code vom Compiler generiert, indem der generische Code und die Typinformationen ausgewertet werden. In diesem Sinne ähneln Templates oberflächlich Makros. Letztere arbeiten jedoch mit reiner textueller Ersetzung und passen nicht mehr gut in eine stark typisierte und blockstrukturierte Sprache wie C++. Genaugenommen sind sie ein C-Anachronismus, den z. B. Bjarne Stroustrup inzwischen gerne ganz aus der Sprache entfernen würde. Langfristig sollen denn auch Spracheigenschaften wie Inline-Funktionen und eben Templates den Gebrauch von Makros weiter zurückdrängen, bis diese vielleicht eines Tags ganz aus der Sprache verschwinden können[95].

Templates sind keine wirklich neue Eigenschaft von C++. Bereits 1986 wurden parametrisierte Klassen von Stroustrup „angedacht“, um besonders das Problem typischerer Behälterklassen in den Griff zu bekommen. Parametrisierte (Komponenten-) Funktionen wurden in diesem Zusammenhang natürlich auch erforderlich; unabhängig von Klassen wurden generische Funktionen erst später möglich. Auch das ARM[96] beschreibt bereits Templates, bleibt jedoch in einigen Details unbestimmt. Da sich die Implementation und das Wechselspiel mit anderen C++-Eigenschaften wie dem

95 Bei dem massiven Einsatz (um nicht zu sagen Mißbrauch) von Makros insbesondere in Microsoft-Produkten wie MFC und ATL scheint mir dies aber nur eine fromme Hoffnung zu sein.

96 Das **A**nnotated **R**eference **M**anual, lange Zeit *die* C++-Bibel.

Überlademechanismus als äußerst komplex herausstellten, liegt erst jetzt eine endgültige Spezifikation fest, die alle mögliche Problemsituationen berücksichtigt.

Auch wenn Templates durch die Wechselwirkung mit anderen C++-Spracheigenschaften wie dem Überlademechanismus im Detail ziemlich kniffelig sein können, sind die Grundlagen sehr einfach. Vor die Definition einer Funktion oder Klasse wird das neue Schlüsselwort *template* gesetzt, mit einer Liste von Parametern in (spitzen) Klammern eingeschlossen.

Diese Namen stehen für Datentypen oder Konstanten, die erst bei der Instantiierung der Schablone endgültig festliegen. Ein naheliegendes Beispiel ist die bereits angesprochene Sortier-Funktion:

```
template <class ItemType>
void shellsort ( ItemType arr[], int n)
{
    ItemType *a = arr-1;   // Algorithmus erwartet a[1] .. a[n]

    for (int h = 1; h <= n / 9; h = 3*h+1)
        ;

    for (; h > 0; h /= 3)
        for (int i = h+1; i <= n; i++)
        {
            ItemType v = a[i];            // Initialisierung
            int j = i;
            while (j > h && a[j-h] > v) // Vergleich
            {
                a[j] = a[j-h];            // Zuweisung
                j -= h;
            }
            a[j] = v;                     // Zuweisung
        }

    for (int i = 1; i <= n; i++)
        cout << a[i] << " ";
    cout << endl;
}
```

Hinter dem Schlüsselwort *template* folgt in spitzen Klammern die Parameterangabe. Daß es sich bei *ItemType* um einen Datentyp handeln soll, wird durch das Schlüsselwort *class* vor dem Parameternamen *ItemType* festgelegt.

Auch wenn das Schlüsselwort *class* dies nahelegt, muß es sich bei dem Datentyp nicht um einen Klassentyp handeln, hier wurde lediglich das Schlüsselwort *class* mit einer weiteren (verwandten) Bedeutung überladen, um die Einführung eines neuen Schlüsselworts für Datentypen im allgemeinen zu vermeiden.

Der verwendete Sortieralgorithmus sortiert ein von *1* bis *n* indiziertes Datenfeld mit Elementen vom Typ *ItemType*, was zu einem kleinen Trick mit dem übergebenen Zeiger zwingt, um den Algorithmus unverändert verwenden zu können.

Damit die Sortier-Funktion funktioniert, werden implizit einige Annahmen gemacht, die bei den meisten in Frage kommenden Datentypen erfüllt sein dürften: der Datentyp läßt sich zuweisen und besitzt einen Operator >[97]. Außerdem wird im vorliegenden Fall angenommen, daß ein Ausgabe-Operator für C++-Ausgabeströme definiert ist. Falls diese Voraussetzungen nicht erfüllt sind, können sie zum Zeitpunkt der Template-Definition noch nicht überprüft werden, die Instantiierungsdatentyp ist ja zu diesem Zeitpunkt noch gar nicht bekannt.

Die Sortier-Funktion kann nun für ganz unterschiedliche Datentypen instantiiert werden. Dazu verwendet man den Namen der generischen Funktion mit einer in eckige Klammern eingeschlossenen Typliste. Diese Kombination aus generischem Namen und Typliste ist der volle Namen der instantiierten Funktion:

```
void main()
{
    int iarray[12] = {1, 5, 3, 9, 2, 4, 3, 8, 3 , 7, 0, 6};
    shellsort<int>(iarray, 12);

    double darray[6] = {1.5, 3.9, 2.4, 3.8, 3.7, 0.6};
    shellsort<double>(darray, 6);

}
```

Soll die Funktion explizit instantiiert werden, ohne sie aufzurufen (etwa um sie in einer Bibliothek zu plazieren), kann dies durch eine weitere Verwendung des Schlüsselworts *template* geschehen, das vor die vollständige Deklaration der Funktion geschrieben wird. Diese Verwendung läßt sich leicht von der Definition einer generischen Funktion oder Klasse unterscheiden, in letzterem Falle folgen die Parameter direkt auf das Schlüsselwort *template*, hier sind sie dagegen Bestandteil des Namens der instantiierten Funktion oder Klasse:

```
template void shellsort<int>(int arr[], int n);
```

Klassen können genauso einfach parametrisiert werden wie Funktionen. Ein Beispiel für eine häufig benötigte generische Klasse (wenn man das arg niedrige Feldkonzept von C/C++ verbessern will) ist eine generische Vektor- oder Feldklasse - tatsächlich war dies der ursprüngliche Anlaß für die Aufnahme von generischen Klassen und Funktionen in die Sprache.

Motiviert durch das letzte Beispiel eines Algorithmus, der ohne Umformulierung mit den Null-basierten Feldern von C nicht zurechtkommt, repräsentiert die folgende Beispielsklasse einen Vektor oder Feldtyp mit variablen Feldgrenzen und einem beliebigen Basistyp:

---

97 Mit C-Zeichenketten wird das beispielsweise schiefgehen, da hier Zuweisung und Vergleich eine andere Semantik haben. Lösen kann man das Problem nur durch Ausweichen auf den MFC-Typ *CString* oder ein Werkzeug für fortgeschrittene Template-Anwender: die sogenannte Spezialisierung.

```
template <class ItemType, int first, int last>
class Vector
{
   ItemType    v[last-first+1];
   ItemType    voidItem;

public:
               Vector() {}

   ItemType&   operator[](int i)
               {
                 return (i >= first && i <= last) ? v[i-first]
                                                  : voidItem;
               }
   int         getFirst() {return f;}
   int         getLast()  {return l;}
};
```

Die Definition einer generischen Klasse sieht also genauso aus wie die einer generischen Funktion. Dieses Beispiel einer Vektorklasse demonstriert außerdem, daß zum einen mehr als ein Parameter möglich sind und zum anderen diese Parameter auch nicht unbedingt Typen repräsentieren müssen.

Die Möglichkeit, auch konkrete Werte zur Parametrisierung verwenden zu können, ist speziell für Feldtypen mit variablen Grenzen vorgesehen. Eine andere nützliche Anwendung, die sich in der ATL häufig findet, ist die Übergabe von Zeigerwerten an parametrisierte Klassen.

Hier dienen die Parameter zur Übergabe des ersten und des letzten zulässigen Index an die generische Feldklasse. Bei Bereichsüberschreitungen implementiert die Template-Klasse *Vector*<> eine defensive Strategie, es wird lediglich eine sichere Referenz auf ein dafür vorgesehenes Datenelement übergeben, d. h. die Auswirkungen des Fehlers werden entschärft und dieser dann ignoriert.

Eine bessere, aber auch aufwendigere Vorgehensweise bestünde darin, den Fehler richtig abzufangen und zu behandeln.

Komponenten, die innerhalb der Definition der generischen Klasse definiert sind, liegen automatisch im Gültigkeitsbereich der generischen Klasse. Aufwendiger wird die Sache, wenn man Komponentenfunktionen (oder statische Komponenten) nicht (inline) innerhalb der Klassendefinition definiert, sondern außerhalb.

Wie schon bei einfachen generischen Funktionen muß hier bei jeder generischen Komponentenfunktion das Schlüsselwort *template* mit der vollständigen Parameterliste vorangestellt werden. Außerdem muß jedoch der Klassennamen zur Qualifizierung der Funktion noch einmal sämtliche Parameter enthalten, da diese Bestandteil des (parametrisierten) Klassennamens sind.

Ändert man die Definition der Funktionen *getFirst()* und *getLast()* von in-line in out-of-line, muß die Definition der Funktionen daher wie folgt lauten:

```
template <class ItemType, int first, int last>
int Vector<ItemType,first,last>::getFirst()
{
    return first;
}

template <class ItemType, int first, int last>
int Vector<ItemType,first,last>::getLast()
{
    return last;
}
```

Eine Instanz dieser generischen Klasse für zwölf ganzzahlige Feldelemente mit Indizes von eins bis zwölf wird nun wie folgt vereinbart und initialisiert:

```
Vector<int,1,12> iv;
for (int i = 1; i <= 12; i++) iv[i] = rand();
```

Die Sortier-Funktion kann durch geringfügige Änderungen so modifiziert werden, daß sie mit generischen Klassen dieses Typs arbeitet.

Die generische Funktion hat nun zwei Typparameter, da sowohl der Typ des Felds als auch der Typ einer Komponente übergeben werden müssen:

```
template <class ItemType, class ArrayType>
void shellsort (ArrayType a)
{
    assert (a.getFirst() == 1);
    int n = a.getLast();

    for (int h = 1; h <= n / 9; h = 3*h+1)
        ;

    for (; h > 0; h /= 3)
        for (int i = h+1; i <= n; i++)
        {
            ItemType v = a[i];            // Initialisierung
            int j = i;
            while (j > h && a[j-h] > v) // Vergleich
            {
                a[j] = a[j-h];            // Zuweisung
                j -= h;
            }
            a[j] = v;                     // Zuweisung
        }

    for (int i = 1; i <= n; i++)
        cout << a[i] << " ";
    cout << endl;
}
```

shellsort<>() benötigt nun nur noch einen Funktionsparameter, da die Größe des übergebenden Felds durch den Klassentyp festliegt.

Der Aufruf der Funktion mit dem oben definierten Feld *iv* sieht dann so aus:

```
shellsort< int, Vector<int,1,12> > (iv);
```

Instanzen von generischen Funktionen und Klassen lassen sich also ohne weiteres auch verschachteln, hier ist eine Instanz des generischen Typs *Vektor*<> gleichzeitig Parameter zur Instantiierung der generischen Funktion *shellsort*<>*()*. An dieser Stelle gibt es übrigens eine kleine prinzipielle Macke des C++-Parsers:

Stehen die beiden schließenden eckigen Klammern unmittelbar nebeneinander, werden sie als Bitschiebe-Operator interpretiert und führen zu einem Übersetzungsfehler.

Dieses Verhalten ist dokumentiert und eine Eigenschaft aller ANSI-C++-Compiler!

Die Möglichkeit, Klassen und Funktionen zu parametrisieren, erweitert die Möglichkeiten der Sprache C++ ganz erheblich und erlaubt einen völlig neuen Programmierstil, der sich eher auf Algorithmen und generische Typen als auf Klassen und Verwandschaftsbeziehungen konzentriert.

Ein Beispiel hierfür ist die Standard Template Library des neuen C++-Standards. Eine gelungene Synthese beider Programmierstile stellt dagegen Microsofts ATL dar.

ATL-Zauberer – Ein einfaches Beispiel mit dem ATL-Assistenten

Die beste Möglichkeit, sich mit der **A**ctive **T**emplate **L**ibrary oder ATL vertraut zu machen, besteht sicherlich darin, mit der Hilfe der Entwicklungsumgebung ein kleines ATL-Steuerungselement zu erzeugen.

Die ATL wird zwar von den Assistenten der Entwicklungsumgebung nicht ganz in dem umfangreichen Maße unterstützt wie die Entwicklung von MFC-Anwendungen, doch stehen auch hier für die wichtigsten Schritte Assistenten zur Verfügung.

In diesem Kapitel werden Sie ein Steuerungselement entwickeln, das die Bitmaps eines Stiers und eines Cowboys zeigt, der versucht, den Stier zu fangen. Letztendlich wird ihm das auch gelingen - in gewisser Weise ...

Zunächst verwenden Sie den COM-ATL-Anwendungs-Assistenten, um das Grundgerüst der ATL-Anwendung zu erstellen. Wie üblich erstellen Sie ein neues Projekt mit dem Menübefehl *Datei/Neu* und dem Reiter *Projekte* des Dialogs *Neu*.

Als Namen des Projekts geben Sie „Cowboy" ein. Aus dem Listenfeld links wählen Sie den COM-ATL-Anwendungs-Assistenten und starten ihn mit der Schaltfläche *OK*.

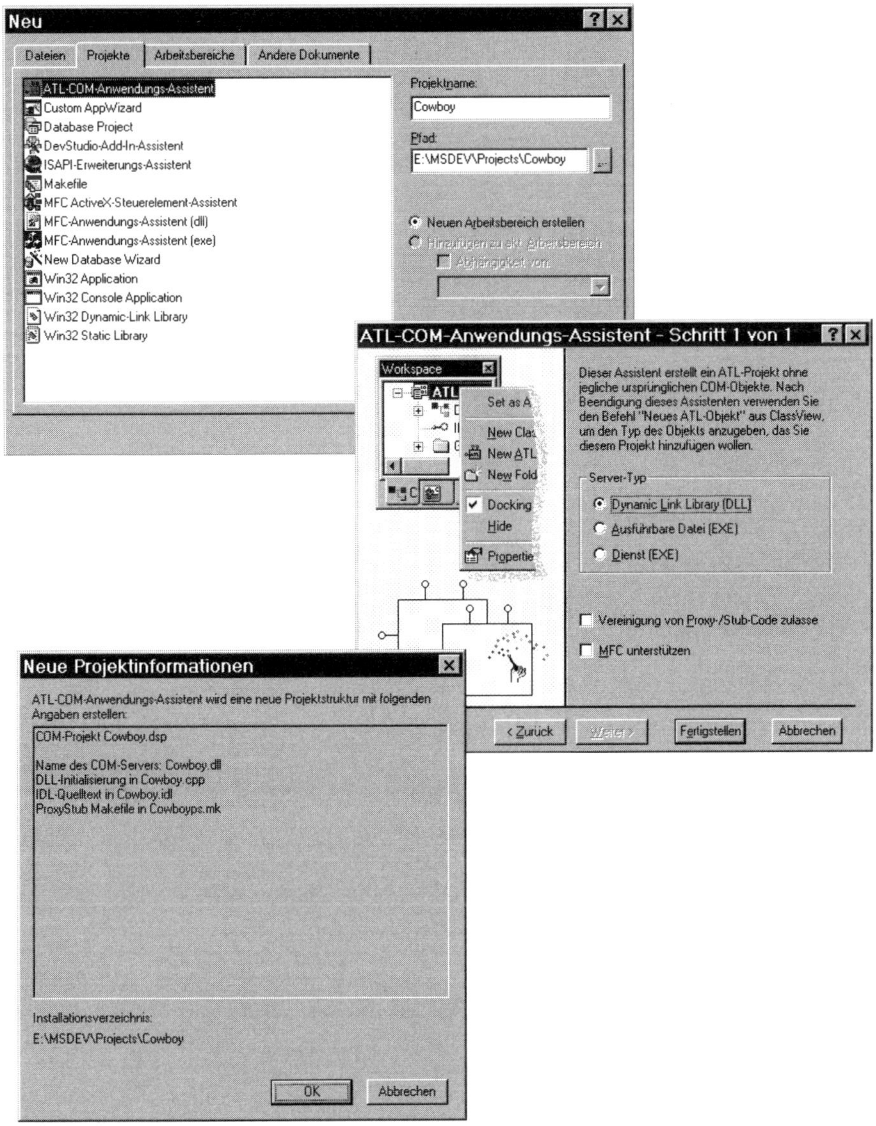

Abb. 118: Erstellung des Grundgerüsts einer ATL-COM-Anwendung mit dem Assistenten

Der COM-ATL-Anwendungs-Assistent besteht aus einem einzigen Dialog. Hier wählen Sie als Servertyp die Option *DLL*. Die beiden Markierungsfelder *Vereinigung von Proxy-/Stub-Code zulassen* und *MFC unterstützen* können unmarkiert bleiben. Durch die Schaltfläche *Fertigstellen* wird schließlich die Anwendung generiert.

Der Dialog *Neue Projektinformationen* zeigt die Eckdaten des neuerstellten Projekts: den Namen der Projektdatei, des erzeugten COM-Servers, die Datei, in der die DLL-Initialisierung zu finden ist, den Name der Schnittstellendefinitionsdatei und schließlich den Namen der Make-Datei für den Proxy-Stub. Tatsächlich erstellt der Assistent aber wesentlich mehr Dateien im neuen Projektverzeichnis:

- *Cowboy.clw* - Informationen für den Klassen-Assistenten
- *Cowboy.cpp* - Funktionen zur DLL-Initialisierung etc.
- *Cowboy.def* - Linkerdefinitionsdatei für COM-Server
- *Cowboy.dsp* - Projektdatei
- *Cowboy.dsw* - Arbeitsbereich für das Projekt
- *Cowboy.idl* - Schnittstellendefinitionen
- *Cowboy.ncb* - Microsoft C/C++-Programmatenbank
- *Cowboy.rc* - Ressourcenkript für die DLL
- *Cowboyps.def* - Linkerdefinitionsdatei für Proxy/Stub
- *Cowboyps.mk* - Make-Datei für Proxy/Stub
- *Resource.h* - Ressourcen-IDs
- *StdAfx.cpp* - zur Erstellung vorübersetzter Definitionsdateien
- *StdAfx.h* - die standardmäßig benötigten Definitionsdateien

Nach der Übersetzung des Projekts kommen weitere Dateien hinzu. Insbesondere sind dies (neben den üblichen Dateien im *DEBUG* bzw. *RELEASE*-Verzeichnis) die vom MIDL-Compiler erzeugten Dateien:

- *Cowboy.h* - C/C++-Schnittstelleninformationen
- *Cowboy.tlb* - die Typbibliothek in kompilierter Form
- *Cowboy_i.c* - Definition der Variablen mit Schnittstellen und Klassen-IDs

Interessant ist ein Blick in die Datei *Cowboy.cpp* - mit dem Modul-Objekt und den Funktionen zur DLL-Initialisierung. In der Datei wird ein globales Modul *_Module* vom Typ *CComModule* angelegt. *CComModule* implementiert ein COM-Server-Modul und regelt den Zugang der Clients zu den Objekten.

```
CComModule _Module;
```

Wichtige Funktionen der Klasse *CComModule* sind:

- *GetClassObject()* - Erzeugt ein Objekt mit einer bestimmten Klassen-ID. Nur für DLL-Server.
- *GetLockCount()* - Jeder Client erhöht einen Verriegelungszähler im Modulobjekt, der mit dieser Funktion abgefragt werden kann; ein Modul darf nur entladen, wenn das Ergebnis Null ist.
- *Lock()* - Erhöht den Verriegelungszähler.
- *Unlock()* - Erniedrigt den Verriegelungszähler.
- *GetModuleInstance()* - Liefert das Windows-Instanz-Handle der DLL oder der ausführbaren Datei.
- *RegisterClassObjects()* - Registriert die Klassenfabrik (nur für ausführbare Server).
- *RegisterServer()* - Aktualisiert die Registrierungsdatenbank für jedes Objekt in der Objekttabelle.

- *UnregisterServer()* – „Entregistriert" jedes Objekt der Objekttabelle.
- *Init()* – Initialisiert das Modul mit Instanz-Handle und Zeiger auf die Objekttabelle.
- *Term()* – Gibt den von Datenkomponenten belegten Speicher frei.

Weitere Komponentenfunktionen sind *GetResourceInstance()*, *GetTypeLibInstance()*, *RegisterClassHelper()*, *RegisterTypeLib()*, *RevokeClassObjects()*, *UnregisterClassHelper()*, *UpdateRegistryClass()*, *UpdateRegistryFromResourceD()* und *UpdateRegistryFromResourceS()*.

Das Modulobjekt verwaltet auch die Objekttabelle. Zum gegenwärtigen Zeitpunkt ist diese aber noch leer:

```
BEGIN_OBJECT_MAP(ObjectMap)
END_OBJECT_MAP()
```

Die Funktionen in *cowboy.cpp* sind DLL-Initialisierungs-Funktionen oder C-Umhüllungen für Komponentenfunktionen des Modulobjekts. Aber auch *DllMain()* und *DllCanUnloadNow()* greifen zur Durchführung von Initialisierung und Terminierung auf das globale Modulobjekt zurück:

```
extern "C"
BOOL WINAPI DllMain(HINSTANCE hInstance, DWORD dwReason,
                                        LPVOID /*lpReserved*/)
{
    if (dwReason == DLL_PROCESS_ATTACH)
    {
        _Module.Init(ObjectMap, hInstance);
        DisableThreadLibraryCalls(hInstance);
    }
    else if (dwReason == DLL_PROCESS_DETACH)
        _Module.Term();
    return TRUE;    // OK
}

STDAPI DllCanUnloadNow(void)
{
    return (_Module.GetLockCount()==0) ? S_OK : S_FALSE;
}
```

Die übrigen drei Funktionen sind simple C-Verpackungen für C++-Funktionen:

```
STDAPI DllGetClassObject(REFCLSID rclsid, REFIID riid, LPVOID* ppv)
{
    return _Module.GetClassObject(rclsid, riid, ppv);
}

STDAPI DllRegisterServer(void)
{
    return _Module.RegisterServer(TRUE);
}

STDAPI DllUnregisterServer(void)
{
```

```
    _Module.UnregisterServer();
    return S_OK;
}
```

Einfügen eines ATL-Objekts

In der vorliegenden Form ist das Anwendungsgerüst natürlich noch nicht sehr nützlich. Der ATL-COM-Assistent erzeugt lediglich den Rahmen, in den in weiteren Schritten die eigentlichen Funktionselemente eingesetzt werden.

Um ein neues ATL-Objekt mit dem ATL-Objekt-Assistenten in den ATL-COM-Server einzufügen, wählen Sie im Hauptmenü *Einfügen* und dann *Neues ATL-Objekt*. Der Assistent faßt die Arten erstellbarer Objekte in drei Kategorien zusammen: Objekte im allgemeinen, Steuerungselemente und Vermischtes (in der letzten Kategorie ist lediglich ein Dialogobjekt vorhanden). In der Gruppe *Steuerungselemente* können Sie zwischen *Vollen Steuerungselementen*, den etwas schlankeren *Internet Explorer Steuerungselementen* und *Eigenschaftsseiten* wählen. Für dieses Beispiel wählen Sie bitte *Volle Steuerungselemente*.

Die Schaltfläche *Weiter* bringt Sie zu einer Dialogseite, die es gestattet, auf vier Eigenschaftsseiten die Eigenschaften des neu zu erstellenden Elements festzulegen.

Die erste Eigenschaftsseite *Namen* dient zur Festlegung der Namen in der linken Hälfte der Seite, die die Implementation der Steuerungselementklasse in C++ betreffen, in der rechten Hälfte werden die Bezeichner für das Component Object Model festgelegt. In das erste Eingabefeld *Kurzbezeichnung* geben Sie *CowboyCtl* ein. Gleichzeitig trägt der Assistent in die übrigen Felder auf der Kurzbezeichnung basierende, vernünftige Werte ein.

Das Eingabefeld *Klasse* enthält so den Namen der implementierenden C++-Klasse, nach Microsoft-Konvention mit führendem *C*. Die Namen von Definitions- und Implementationsdatei werden auf ähnliche Weise durch Anhängen der passenden Namenserweiterung gebildet.

Wenn nichts anderes angegeben wird, erhält auch die COM-Klasse den Namen *CowboyCtl*. Der Name der Schnittstelle folgt durch Voranstellen eines großen *I*. Das Feld *Typ* dient der Beschreibung des Steuerungselements, und *Programm-ID* ist ein lesbarer Name, der verwendet werden kann, um die numerische Klassen-ID in der Registrierungsdatenbank nachzuschlagen.

Die zweite Eigenschaftsseite *Attribute* erlaubt es, Angaben zum Threading-Modell, zur Art der Schnittstelle (dual oder benutzerdefiniert) und zu Art und Umfang der gewünschten Unterstützung für die Aggregation zu machen.

Die dritte Seite *Sonstige* erlaubt, weitere Festlegungen vorzunehmen, die zumeist die Darstellung des Steuerelements betreffen.

Die vierte Seite *Grundeigenschaften* schließlich gestattet die Festlegung von Grundeigenschaften. Für gewählte Grundeigenschaften (hier: *Background Color* und *Background Style*) werden geeignete Schnittstellenfunktionen und C++-Komponentenvariablen zum Lesen und Schreiben der Eigenschaft automatisch zum neuen Steuerelement hinzugefügt. Den Code zur Unterstützung der betreffenden Eigenschaft müssen Sie allerdings selbst bereitstellen.

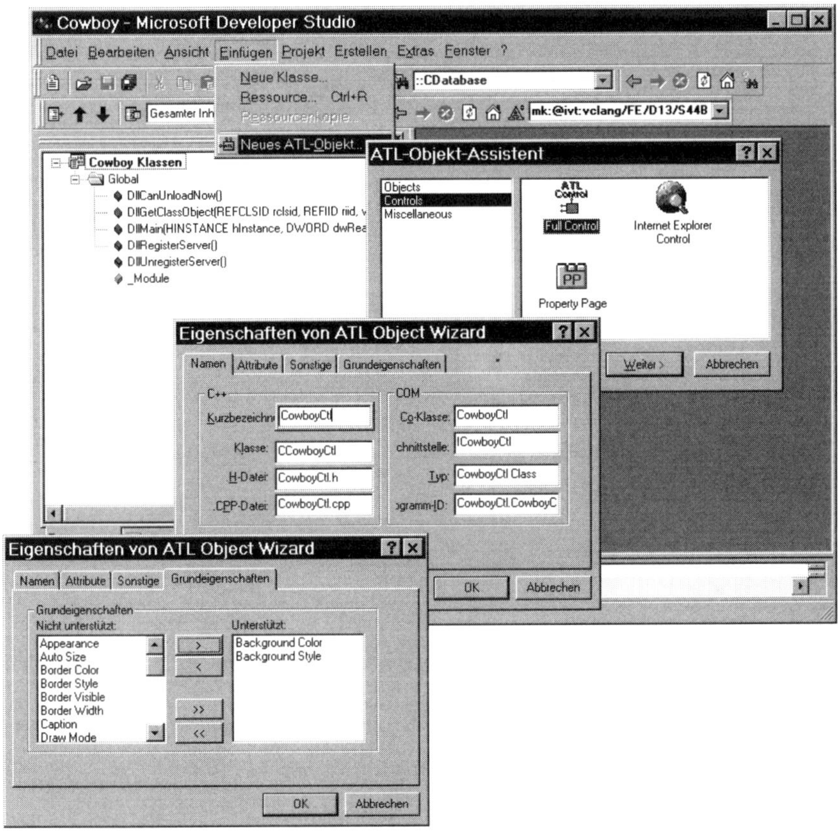

Abb. 119: Einfügen eines neuen Steuerungselements mit dem ATL-Objekt-Assistenten

Mit der Betätigung der *OK*-Schaltfläche wird das ATL-Objekt schließlich in die Anwendung eingefügt. Neben Änderungen und Ergänzungen der bereits vorhandenen Dateien werden vom Assistenten vier neue Dateien generiert:

- *CowboyCtl.h* - Definitionsdatei der Steuerungselementklasse, enthält auch den größten Teil der Klassenimplementation.
- *CowboyCtl.cpp* - Enthält den Rest der Klassenimplementation.
- *CowboyCtl.rgs* - Ein Skript, das dazu dient, das Steuerungselement bei der Registrierungsdatenbank anzumelden.
- *CowboyCtl.htm* - Eine HTML-Seite zum Test des Elements.

Wie erwähnt, befindet sich der größte Teil der Klassenimplementation als Inline-Code in der Datei *CowboyCtl.h*. Dies ist jedoch kein Problem, da der Compiler zu große oder komplizierte Inline-Funktionen einfach als normale Funktionen behandelt.

Die Klassendefinition läßt erahnen, wie die ATL zu ihrem Namen Active Template Library gekommen ist, die Klasse ist von einer Großzahl parametrisierter Basisklassen abgeleitet, die jede ein Mosaiksteinchen zur Gesamtfunktionalität beitragen:

```
class ATL_NO_VTABLE CCowboyCtl :
    public CComObjectRootEx<CComSingleThreadModel>,
    public CComCoClass<CCowboyCtl, &CLSID_CowboyCtl>,
    public CComControl<CCowboyCtl>,
    public CStockPropImpl<CCowboyCtl, ICowboyCtl, &IID_ICowboyCtl,
                                                    &LIBID_COWBOYLib>,
    public IProvideClassInfo2Impl<&CLSID_CowboyCtl, NULL,
                                                    &LIBID_COWBOYLib>,
    public IPersistStreamInitImpl<CCowboyCtl>,
    public IPersistStorageImpl<CCowboyCtl>,
    public IQuickActivateImpl<CCowboyCtl>,
    public IOleControlImpl<CCowboyCtl>,
    public IOleObjectImpl<CCowboyCtl>,
    public IOleInPlaceActiveObjectImpl<CCowboyCtl>,
    public IViewObjectExImpl<CCowboyCtl>,
    public IOleInPlaceObjectWindowlessImpl<CCowboyCtl>,
    public IDataObjectImpl<CCowboyCtl>,
    public ISpecifyPropertyPagesImpl<CCowboyCtl>
{
public:
    CCowboyCtl()
    {
    }
// ...
```

Als nächstes fallen in der Klassendefinition einzeln oder in Tabellen angeordnet eine enorme Anzahl von Makros auf.

Hinter dem Makro *DECLARE_REGISTRY_RESOURCEID* verbirgt sich beispielsweise die Definition einer statischen Komponentenfunktion *UpdateRegistry()*, die ihrerseits die Komponentenfunktion *UpdateRegistryFromResource()* der globalen Modulvariablen *_Module* aufruft.

```
// ...
DECLARE_REGISTRY_RESOURCEID(IDR_COWBOYCTL)
// ...
```

Die Tabelle der COM-Schnittstellen beginnt mit *BEGIN_COM_MAP()* und endet mit *END_COM_MAP()*. Hinter dem ersten Makro verbirgt sich neben einer Reihe anderer Funktionsdefinitionen die Definition einer statischen Komponentenfunktion *GetEntries()*, innerhalb derer die *COM_INTERFACE_ENTRY*-Makros zu Einträgen einer statischen, in der Funktion eingeschlossenen Tabelle expandiert werden.

Als Ergebnis liefert die *_GetEntries()* einen Zeiger auf eben diese Tabelle.

```
// ...
BEGIN_COM_MAP(CCowboyCtl)
    COM_INTERFACE_ENTRY(ICowboyCtl)
    COM_INTERFACE_ENTRY(IDispatch)
    COM_INTERFACE_ENTRY_IMPL(IViewObjectEx)
    COM_INTERFACE_ENTRY_IMPL_IID(IID_IViewObject2, IViewObjectEx)
    COM_INTERFACE_ENTRY_IMPL_IID(IID_IViewObject, IViewObjectEx)
    COM_INTERFACE_ENTRY_IMPL(IOleInPlaceObjectWindowless)
    COM_INTERFACE_ENTRY_IMPL_IID(IID_IOleInPlaceObject,
                                        IOleInPlaceObjectWindowless)
    COM_INTERFACE_ENTRY_IMPL_IID(IID_IOleWindow,
                                        IOleInPlaceObjectWindowless)
    COM_INTERFACE_ENTRY_IMPL(IOleInPlaceActiveObject)
    COM_INTERFACE_ENTRY_IMPL(IOleControl)
    COM_INTERFACE_ENTRY_IMPL(IOleObject)
    COM_INTERFACE_ENTRY_IMPL(IQuickActivate)
    COM_INTERFACE_ENTRY_IMPL(IPersistStorage)
    COM_INTERFACE_ENTRY_IMPL(IPersistStreamInit)
    COM_INTERFACE_ENTRY_IMPL(ISpecifyPropertyPages)
    COM_INTERFACE_ENTRY_IMPL(IDataObject)
    COM_INTERFACE_ENTRY(IProvideClassInfo)
    COM_INTERFACE_ENTRY(IProvideClassInfo2)
END_COM_MAP()
// ...
```

Die Makros zur Definition einer Tabelle von Eigenschaftsseiten funktionieren auf die gleiche Weise; die Makros definieren eine statische Funktion *GetPropertyMap()*, die einen Zeiger auf die mit den *PROP_PAGE*-Makros innerhalb der Funktion aufgebaute statische Tabelle zurückliefert:

```
// ...
BEGIN_PROPERTY_MAP(CCowboyCtl)
    // Example entries
    // PROP_ENTRY("Property Description", dispid, clsid)
    PROP_PAGE(CLSID_StockColorPage)
END_PROPERTY_MAP()
// ...
```

Auch *BEGIN_MSG_MAP()* und *END_MSG_MAP()* expandieren zu einer Funktion, hier mit Namen *ProcessWindowMessage()*. Die Makros expandieren in diesem Fall allerdings nicht zu Tabelleneinträgen, sondern zu den Zweigen einer komplexen, zusammengesetzten *if*-Anweisung:

```
// ...
BEGIN_MSG_MAP(CCowboyCtl)
    MESSAGE_HANDLER(WM_PAINT, OnPaint)
    MESSAGE_HANDLER(WM_SETFOCUS, OnSetFocus)
    MESSAGE_HANDLER(WM_KILLFOCUS, OnKillFocus)
END_MSG_MAP()
// ...
```

Die Funktion *GetViewStatus()* der Schnittstelle *IViewObjectEx* legt fest, ob das Steuerungselement transparente Bereiche enthalten kann oder garantiert, seinen Bereich vollständig selbst zu zeichnen:

```
// ...
// IViewObjectEx
    STDMETHOD(GetViewStatus)(DWORD* pdwStatus)
    {
        ATLTRACE(_T("IViewObjectExImpl::GetViewStatus\n"));
        *pdwStatus = VIEWSTATUS_SOLIDBKGND | VIEWSTATUS_OPAQUE;
        return S_OK;
    }
// ...
```

Schließlich werden noch die Funktion *OnDraw()* zum Zeichnen des Steuerungselements und Komponentenvariablen für die Standardeigenschaften vereinbart:

```
// ...
public:
    HRESULT OnDraw(ATL_DRAWINFO& di);

    OLE_COLOR m_clrBackColor;
    long m_nBackStyle;
};
```

Die Implementationsdatei *CowboyCtl.cpp* ist dagegen sehr schlicht; sie enthält lediglich eine simple Standardimplementation der *OnDraw()*-Funktion:

```
HRESULT CCowboyCtl::OnDraw(ATL_DRAWINFO& di)
{
    RECT& rc = *(RECT*)di.prcBounds;
    Rectangle(di.hdcDraw, rc.left, rc.top, rc.right, rc.bottom);
    DrawText(di.hdcDraw, _T("ATL 2.0"), -1, &rc, DT_CENTER |
                                          DT_VCENTER | DT_SINGLELINE);
    return S_OK;
}
```

Änderungen und Ergänzungen bestehender Dateien betreffen besonders die Datei *Cowboy.cpp* und *Cowboy.idl*. Außerdem wurde das Registrierungsskript *Cowboy.rgs* in die Ressourcendatei eingetragen und *StdAfx.h* und *StdAfx.cpp*, um nötige *#include*-Direktiven erweitert.

In *Cowboy.cpp* ist nun das Steuerungselement-Objekt in die Objektliste eingetragen. Die vorstehende *#include*-Direktive gewährleistet, daß die Klassendefinition für den Compiler auch sichtbar ist.

```
#include "Cowboy_i.c"
#include "CowboyCtl.h"


CComModule _Module;

BEGIN_OBJECT_MAP(ObjectMap)
    OBJECT_ENTRY(CLSID_CowboyCtl, CCowboyCtl)
END_OBJECT_MAP()
```

In die *idl*-Quellcodedatei für die Typbibliothek und Schnittstellenbeschreibung hat der Assistent das neue Steuerungselement und die Zugriffsfunktionen für die ausgewählten Standardeigenschaften eingetragen. Vor einer Schnittstellen- oder Klassendefinition erscheinen in eckigen Klammern Attribute des definierten Objekts; die Definition selbst ist in geschweifte Klammern eingeschlossen:

```
#include <olectl.h>
import  "oaidl.idl";
import  "ocidl.idl";
// Cowboy.idl : idl-Quellcode für Cowboy.dll

    [
        object,
        uuid(4ED3A1C4-CD04-11D0-B18B-004001423EDC),
        dual,
        helpstring("ICowboyCtl Interface"),
        pointer_default(unique)
    ]
    interface ICowboyCtl : IDispatch
    {
        [propput, id(DISPID_BACKCOLOR)]
        HRESULT BackColor([in]OLE_COLOR clr);
        [propget, id(DISPID_BACKCOLOR)]
        HRESULT BackColor([out,retval]OLE_COLOR* pclr);
        [propput, id(DISPID_BACKSTYLE)]
        HRESULT BackStyle([in]long style);
        [propget, id(DISPID_BACKSTYLE)]
        HRESULT BackStyle([out,retval]long* pstyle);
    };
[
    uuid(970D3C0B-CD02-11D0-B18B-004001423EDC),
    version(1.0),
    helpstring("Cowboy 1.0 Typbibliothek")
]
library COWBOYLib
{
    importlib("stdole32.tlb");

    [
        uuid(4ED3A1C5-CD04-11D0-B18B-004001423EDC),
        helpstring("CowboyCtl Class")
    ]
    coclass CowboyCtl
    {
        [default] interface ICowboyCtl;
    };
};
```

Um den übersetzten ATL-COM-Server zu testen, steht im Menu *Extras* (oder in der VC5-Programmgruppe) die Hilfsanwendung *Test-Container für ActiveX-Steuerelemente* zur Verfügung. In diese Testanwendung kann mit dem Befehl *Bearbeiten/ActiveX-Steuerelement einfügen* der Dialog *ActiveX-Steuerelement einfügen* aufgerufen werden. Da das *ActiveX*-Steuerungselement bei erfolgreicher Übersetzung automatisch auch registriert wurde, kann es nun aus dem Listenfeld *Objekttyp* ausgewählt werden. Wie die Standardimplementation der *OnDraw()*-Funktion schon erwarten ließ, erscheint das Element im Test-Container als (2x2-Zoll-großes) Rechteck mit dem Schriftzug *ATL 2.0*.

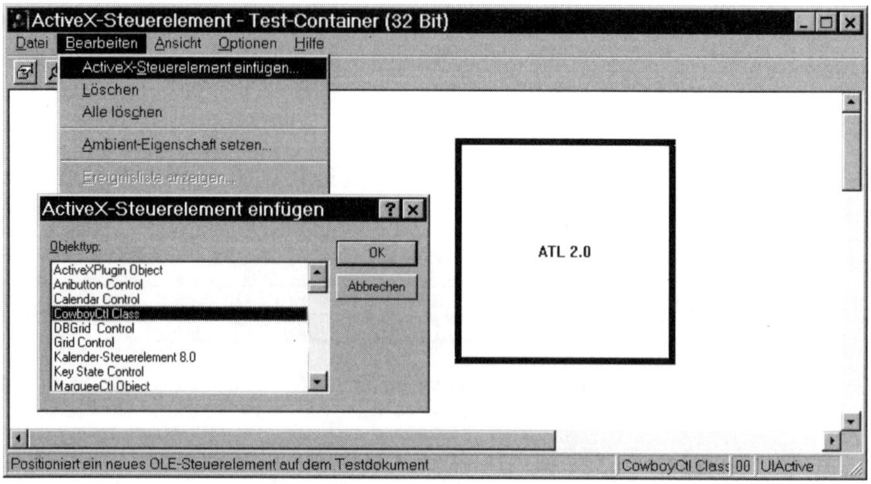

Abb. 120: Test des Steuerungselements CowboyCtl im Test-Container für ActiveX-Steuerungselemente

Festlegen von Eigenschaften

Bis zu diesem Punkt wurden im wesentlichen nur vorgefertigte Schablonen erzeugt. Nun ist es an der Zeit, das Steuerungselement mit eigener Funktionalität zu versehen.

Das Steuerungselement soll zwei Bitmaps enthalten, die unabhängig voneinander verschoben und angezeigt werden können.

Wenn sich die beiden Bitmaps überschneiden, soll als Resultat eine dritte Bitmap angezeigt werden, die den gefangenen Stier darstellt.

Die einfachste Lösung ist, die Bitmaps als Ressourcen zur Verfügung zu stellen. Dazu werden diese mit *Einfügen/Ressource*, Schaltfläche *Import* importiert.

Die Zuordnung zwischen Bitmap-Ressourcen-IDs und den Bitmap-Dateien im Verzeichnis *Icons* der Buch-CD ist wie folgt:

```
IDB_BULL              bull.bmp
IDB_COWBOW            cowboy.bmp
IDB_CAUGHT            Cowboy&Bull.bmp
```

Die Bitmaps für Stier und Cowboy haben Eigenschaften wie Bitmap-Handle, Position, Höhe und Breite und andere Eigenschaften. Gleichermaßen müssen alle Bitmaps auf dieselbe Weise zur Darstellung gebracht werden.

Andererseits ist der Umgang mit Windows-GDI-Objekten wie Bitmaps immer ein wenig umständlich.

Mit dem geringsten Aufwand lassen sich die Bitmaps daher hantieren, wenn man sie in eine einfache Klasse *Sprite*[98] verpackt, die die Umständlichkeiten der API-Programmierung verkapselt und zum Beispiel dafür sorgt, daß jedes benutzte GDI-Handle automatisch auch wieder freigegeben wird.

Wird diese Klasse von der Windows-API-Struktur *BITMAP* (die nicht die Bitmap, sondern nur ihre „technischen Daten" enthält) abgeleitet, enthält ein Sprite-Objekt auch direkt Informationen wie Breite, Höhe oder Farbtiefe der Bitmap.

Plazieren Sie die Klassendefinition der Klasse *Sprite* der Einfachheit halber in *CowboyCtl.h*:

```
class Sprite : public BITMAP
{
public:
            Sprite(WORD id);
           ~Sprite();

    void    Draw(HDC hdc);

    HBITMAP hbitmap;
    HBITMAP hmask;
    short   x, y;
};
```

Die Implementation der Klasse *Sprite* kommt in die Datei *CowboyCtl.cpp*. Der Konstruktor nimmt eine Bitmap-Ressourcen-ID als Parameter und benützt diese, um das *Sprite* zu initialisieren.

Da das Beispiel auf die Verwendung der MFC verzichtet, müssen alle nötigen Operationen direkt mit Windows-API-Funktionen realisiert werden:

```
Sprite::Sprite(WORD id)
{
    hbitmap = LoadBitmap (_Module.m_hInst, MAKEINTRESOURCE(id));
    GetObject (hbitmap, sizeof(BITMAP), this);
    x = y = 0;
    hmask = CreateBitmap (bmWidth, bmHeight, 1, 1, NULL);

    // Monochrome Maske bauen!

    HDC hdcSrc     = CreateCompatibleDC (0);
    HDC hdcDest    = CreateCompatibleDC (0);
    HGDIOBJ hobj1 = SelectObject (hdcSrc,  hbitmap);
    HGDIOBJ hobj2 = SelectObject (hdcDest, hmask);

    SetBkColor(hdcSrc, RGB(255,255,255)); // Weiß = Transparent
    BitBlt (hdcDest, 0, 0, bmWidth, bmHeight, hdcSrc, 0, 0, SRCCOPY);

    SelectObject (hdcSrc,  hobj1);
```

98 Eigentlich Geist oder Schemen.

```
    SelectObject (hdcDest, hobj2);

    DeleteDC (hdcSrc);
    DeleteDC (hdcDest);
}
```

Zunächst wird die Bitmap-Ressource geladen und das Handle der Bitmap der Komponentenvariable *hbitmap* zugewiesen.

Im nächsten Schritt wird die API-Funktion *GetBitmap()* benutzt, um den *Bitmap*-Teil des Objekts zu initialisieren; damit enthalten nun auch die geerbten Komponenten *bmWidth* und *bmHeight* sinnvolle Werte. Die Position des Sprites wird zunächst einfach mit (0,0) angenommen.

Um feststellen zu können, welcher Punkt innerhalb des Sprites liegt und welcher nicht, und um transparente Bereiche zu ermöglichen, wird zusätzlich eine monochrome Maskenbitmap benötigt. Deren Handle wird in der Komponentenvariable *hmask* abgelegt.

Die Erzeugung der eigentlichen Maske ist so umständlich, wie es die Verwendung von API-Funktionen nahelegt. Zunächst werden zwei Gerätekontexte erzeugt, in die dann die Bitmaps selektiert werden.

Erst dadurch kann die Funktion *BitBlt()* zur Erzeugung der Maske verwendet werden, da letztere nicht mit Bitmaps, sondern nur mit Gerätekontexten arbeiten kann. Schließlich müssen die beiden Gerätekontexte wieder in ihren ursprünglichen Zustand zurückversetzt und gelöscht werden.

Die Zerstörung eines Sprites ist wesentlich einfacher, hier müssen lediglich die Bitmap und die Maske wieder gelöscht werden.

```
Sprite::~Sprite()
{
    DeleteObject(hbitmap);
    DeleteObject(hmask);
}
```

Bleibt nur noch die Funktion *Draw()*. Diese blittet die Bitmap des Sprites an die im Sprite selbst gespeicherte Position.

Um eventuell auch Hintergründe oder überschneidende Darstellung von Bitmaps zuzulassen, wird durch eine Folge von drei Blitt-Operationen nur der unmaskierte Teil der Bitmap übertragen:

```
void Sprite::Draw(HDC hdcDest)
{
    HDC hdcSrc  = CreateCompatibleDC (hdcDest);
    HDC hdcMask = CreateCompatibleDC (hdcDest);
    HGDIOBJ saveSrc = SelectObject (hdcSrc,  hbitmap);
    HGDIOBJ saveMsk = SelectObject (hdcMask, hmask);
```

```
    COLORREF oldBack = SetBkColor  (hdcDest, RGB(255, 255, 255));
    COLORREF oldText = SetTextColor(hdcDest, RGB(0, 0, 0));

    BitBlt(hdcDest, x, y, bmWidth, bmHeight, hdcSrc, 0, 0, SRCINVERT);
    BitBlt(hdcDest, x, y, bmWidth, bmHeight, hdcMask,0, 0, SRCAND);
    BitBlt(hdcDest, x, y, bmWidth, bmHeight, hdcSrc, 0, 0, SRCINVERT);

    SetBkColor  (hdcDest, oldBack);
    SetTextColor(hdcDest, oldText);

    SelectObject (hdcSrc,  saveSrc);
    SelectObject (hdcMask, saveMsk);
    DeleteDC (hdcSrc);
    DeleteDC (hdcMask);
}
```

Da die meiste Arbeit bereits in der Klasse *Sprite* erledigt wird, ist es nun einfach, Bulle, Cowboy und die dritte Bitmap zur Klasse *CCowboyCtl* des Steuerungselements hinzuzufügen. Um festzuhalten, ob der Stier bereits gefangen ist, dient zusätzlich eine Variable *isCaught*. Alle Sprites werden vom Konstruktor des Steuerungselements initialisiert und der Bulle etwas nach rechts verschoben:

```
class ATL_NO_VTABLE CCowboyCtl :
// ...
{
public:
    CCowboyCtl() : cowboy(IDB_COWBOY), bull(IDB_BULL),
                                  caught(IDB_CAUGHT), isCaught(FALSE)
    {
        bull.x = 2 * cowboy.bmWidth;
    }
// ...
public:
    HRESULT     OnDraw(ATL_DRAWINFO& di);

    Sprite      cowboy, bull, caught;
    BOOL        isCaught;

    OLE_COLOR   m_clrBackColor;
    long        m_nBackStyle;
};
```

Damit der innere Zustand des Steuerungselements auch sichtbar wird, können nun die Sprites durch die *OnDraw()*-Funktion des Steuerungselements dargestellt werden. Da über den verwendeten Gerätekontext nichts bekannt ist, sollten alle relevanten Eigenschaften explizit auf einen definierten Wert gesetzt und nach Gebrauch in den ursprüngliche Zustand zurückversetzt werden. In diesem Falle gilt dies für den Ursprung des *Viewports* und den verwendeten Abbildungsmodus.

Der restliche Code ist einfach. Ist der Stier bereits gefangen, wird das Sprite *caught* mit der Position des Stiers synchronisiert und angezeigt. Ist er noch nicht gefangen, werden Stier und Cowboy jeweils auf ihrer eigenen Position gezeigt:

```
HRESULT CCowboyCtl::OnDraw(ATL_DRAWINFO& di)
{
    RECT& rc = *(RECT*)di.prcBounds;

    int mmode = SetMapMode(di.hdcDraw, MM_TEXT);
    POINT org;
    SetViewportOrgEx(di.hdcDraw, rc.left, rc.top, &org);

    if (isCaught)
    {
        caught.x = bull.x;
        caught.y = bull.y;
        caught.Draw(di.hdcDraw);
    }
    else
    {
        bull.Draw(di.hdcDraw);
        cowboy.Draw(di.hdcDraw);
    }

    SetViewportOrgEx(di.hdcDraw, org.x, org.y, &org);
    SetMapMode(di.hdcDraw, mmode);
    return S_OK;
}
```

Nach diesen Vorarbeiten ist es nun möglich, das Steuerungselement mit Eigenschaften im COM-Sinne zu versehen. Eigenschaften, die sowohl gelesen als auch geändert werden können, sollen dabei die x- und y-Positionen von Stier und Cowboy sein. Ob der Stier bereits eingefangen ist, soll dagegen von außen nicht direkt beeinflußt, sondern nur ausgelesen werden können.

In der Klassenansicht des Projekts sind nicht nur die C++-Klassen, sondern auch die COM-Schnittstellen dargestellt. Die einfachste Methode, einer COM-Schnittstelle Eigenschaften (oder Methoden) hinzuzufügen, ist das Kontextmenü der Schnittstellenklasse. Wenn Sie hier den Befehl *Eigenschaft hinzufügen* wählen, gelangen Sie in den Dialog *Eigenschaften zu Schnittstelle hinzufügen*.

Geben Sie hier als erste Eigenschaft die Eigenschaft mit dem Namen *xCowboy* und dem Typ *short* an. Im Gruppenfeld *Funktionstyp* können Sie festlegen, ob Sie die Eigenschaft lesen (*Funktion bereitstellen*) oder schreiben (*Funktion festlegen*) wollen[99]. Die Optionsschaltflächen *PropPut* und *PropPutRef* legen fest, ob es sich bei den übergebenen Parametern um Werte oder Referenzen handeln soll. Die Übergabe von Werten sollte im allgemeinen vorgezogen werden, da sie effizienter ist.

Im Textfeld *Implementierung* unten im Dialog sehen Sie die Beschreibung der Zugriffsfunktionen, so wie sie in die *idl*-Datei geschrieben werden werden.

99 Die deutschen Übersetzungen der Originalbeschriftungen *Get Function* und *Put Function* sind reichlich bizarr ausgefallen. Fast machen sie den Eindruck, sie wären einem maschinellen Übersetzungsprogramm englisch/deutsch entsprungen – mit einem Umweg über das Japanische.

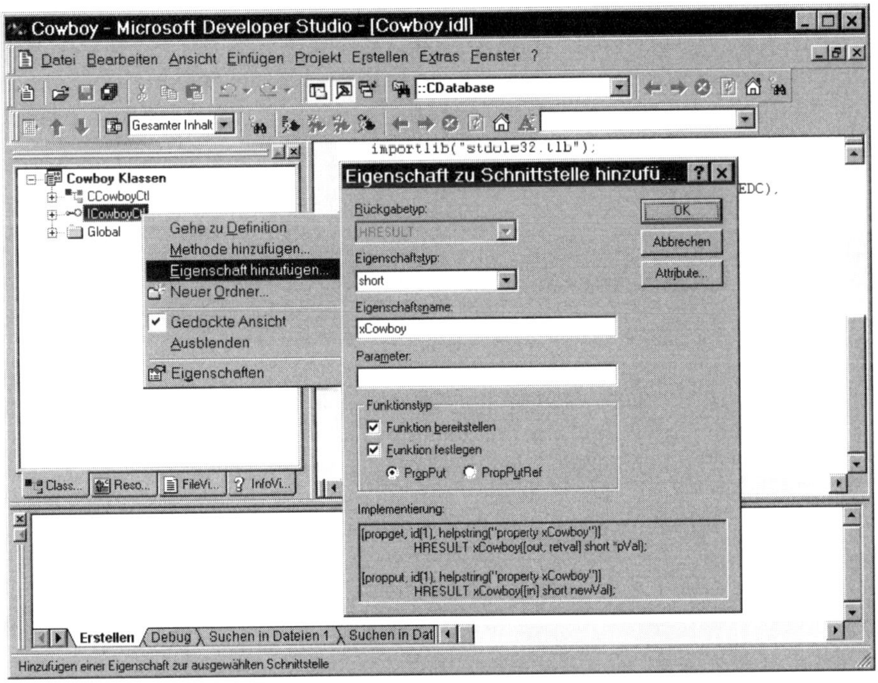

Abb. 121: Hinzufügen von Eigenschaften zur Schnittstelle ICowboyCtl

Die übrigen Eigenschaften des Steuerungselements, nämlich *yCowboy*, *xBull*, *yBull* und *isCaught* lassen sich ebenso einfach eintragen.

Die Eigenschaft *isCaught* sollte dabei nur Lesezugriff gestatten.

In der Klassenansicht taucht ein Schnittstellensymbol *ICowboyCtl* nun direkt an zwei Stellen auf: als eigenständige Klasse und als Untereintrag der Klasse *CCowboyCtl*.

Der erste Eintrag steht für die Definition der Schnittstelle durch die *idl*-Datei; ein Doppelklick auf einen Untereintrag führt an die entsprechende Stelle in der *idl*-Schnittstellendatei:

```
interface ICowboyCtl : IDispatch
    {
        [propput, id(DISPID_BACKCOLOR)]
        HRESULT BackColor([in]OLE_COLOR clr);
        [propget, id(DISPID_BACKCOLOR)]
        HRESULT BackColor([out,retval]OLE_COLOR* pclr);
        [propput, id(DISPID_BACKSTYLE)]
        HRESULT BackStyle([in]long style);
        [propget, id(DISPID_BACKSTYLE)]
        HRESULT BackStyle([out,retval]long* pstyle);
        [propget, id(1), helpstring("property xCowboy")]
                        HRESULT xCowboy([out, retval] short *pVal);
        [propput, id(1), helpstring("property xCowboy")]
                        HRESULT xCowboy([in] short newVal);
        [propget, id(2), helpstring("property yCowboy")]
                        HRESULT yCowboy([out, retval] short *pVal);
```

```
        [propput, id(2), helpstring("property yCowboy")]
                            HRESULT yCowboy([in] short newVal);
        [propget, id(3), helpstring("property xBull")]
                              HRESULT xBull([out, retval] short *pVal);
        [propput, id(3), helpstring("property xBull")]
                              HRESULT xBull([in] short newVal);
        [propget, id(4), helpstring("property yBull")]
                              HRESULT yBull([out, retval] short *pVal);
        [propput, id(4), helpstring("property yBull")]
                              HRESULT yBull([in] short newVal);
        [propget, id(5), helpstring("property isCaught")]
                            HRESULT isCaught([out, retval] BOOL *pVal);
    };
```

Das zweite Schnittstellensymbol *ICowboyCtl* in der Klasse *CCowboyCtl* enthält beim Auffalten die C++-Implementationen der Zugriffsfunktionen. Wo diese Funktionen ihre Daten herbekommen oder hinschreiben, kann die Entwicklungsumgebung natürlich nicht wissen, dies muß vom Entwickler eingetragen werden. Die Zugriffsfunktionen für *xCowboy* sollten hier als Beispiel genügen:

```
STDMETHODIMP CCowboyCtl::get_xCowboy(short * pVal)
{
    *pVal = cowboy.x;
    return S_OK;
}

STDMETHODIMP CCowboyCtl::put_xCowboy(short newVal)
{
    cowboy.x = newVal;
    return S_OK;
}
```

Nachdem Eigenschaften, Sprites und Zugriffsfunktionen an Ort und Stelle sind, kann das ActiveX-Steuerungselement im Test-Container gestestet werden. Fügen Sie ein *CowboyCtl*-Steuerungselement in den Container ein, fallen verschiedene Punkte auf.

Das Steuerungselement ist zu klein, es wird nur die Bitmap des Cowboys angezeigt. Wird der Test-Container allerdings verdeckt, taucht hinterher der Stier rechts vom Steuerungselement auf. Da er außerhalb der von *CowboyCtl* beanspruchten Fläche liegt, wird er nicht immer automatisch neugezeichnet.

Abhilfe können Sie schaffen, indem Sie die Größe des Steuerungselements ändern. Dazu genügt es, mit der Maus eine Ecke der Steuerungselements „anzufassen" und zu ziehen.

Die Methoden, oder hier genauer die Zugriffsfunktionen, für die Eigenschaften des Steuerungselements können ebenfalls getestet werden. Dazu wählen Sie im Menü *Bearbeiten* des Test-Containers den Unterpunkt *Methoden aufrufen*. Als Ergebnis werden Sie mit einem Dialog konfrontiert, in dem Sie die gewünschte (Zugriffs-)Funktion entweder über den Namen oder über die ID auswählen können. Handelt es sich um eine Zugriffsfunktion, kann außerdem ein neuer Wert eingegeben werden.

Allerdings scheint sich ein neu eingegebener Wert für eine Eigenschaft nicht direkt bemerkbar zu machen.

Erst wenn man beispielsweise den Test-Container minimiert und wiederherstellt oder auf eine andere Art und Weise ein Neuzeichnen erzwingt, wird das Sprite an der neuen Position dargestellt.

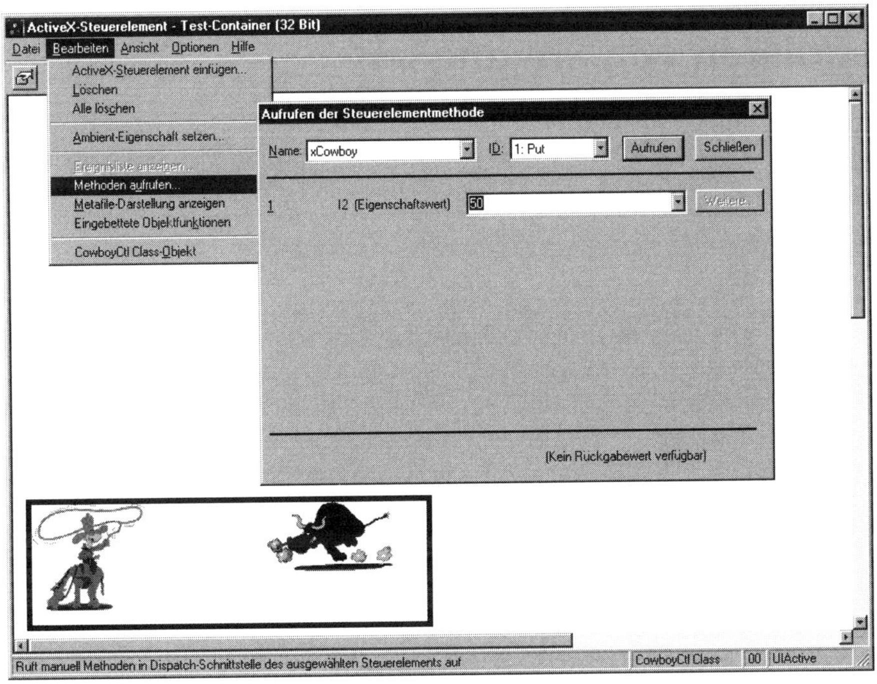

Abb. 122: Methoden und Zugriffsfunktionen eines ActiveX-Steuerelements können auch im Test-Container ausprobiert werden

Dies liegt daran, daß in den schreibenden Zugriffsfunktionen noch Code fehlt, der ein Neuzeichnen des Steuerungselements erzwingt, wenn sich der Wert der Eigenschaft ändert; diesen Zweck erfüllt die Funktion *FireViewChange()*.

Bei der Gelegenheit sollte aber auch in allen Funktionen, die die Position eines Sprites ändern, der Aufruf einer (privaten) Funktion zur Kollisionserkennung eingebaut werden:

```
void CCowboyCtl::TestCollision()
{
  if (isCaught == FALSE)
    isCaught = cowboy.x <= bull.x + bull.bmWidth  && cowboy.x +
                                              cowboy.bmWidth  >= bull.x
            && cowboy.y <= bull.y + bull.bmHeight && cowboy.y +
                                              cowboy.bmHeight >= bull.y;
}
```

Damit lassen sich alle schreibenden Zugriffsfunktionen nach dem Muster von *put_x-Cowboy()* ergänzen:

```
STDMETHODIMP CCowboyCtl::put_xCowboy(short newVal)
{
    cowboy.x = newVal;
    TestCollision();
    FireViewChange();
    return S_OK;
}
```

Definieren von Ereignissen

Bisher ist das Steuerungselement nur in der Lage, auf Aufrufe von COM-Funktionen durch einen Client wie den Test-Container zu reagieren. Noch nicht implementiert ist dagegen bisher der umgekehrte Fall, daß das COM-Objekt Ereignisse „abfeuert", also seinerseits Funktionen für bestimmte Ereignisse vorgibt und versucht, diese aufzurufen.

Das Component Object Model definiert einen allgemeinen Mechanismus, wie ein Objekt Funktionalität implementieren und durch eine COM-Schnittstelle nach außen offenlegen kann. Umgekehrt fehlt jedoch ein Mechanismus, wie ein Objekt nach außen mitteilen kann, ob es seinerseits bestimmte Schnittstellen (des Clients!) aufruft oder aufrufen kann. Da diese Fähigkeit jedoch für die Realisierung eines allgemeinen bidirektionalen Kommunikationsmechanismus zwischen Objekten wichtig ist, wurde zu diesem Zweck das Konzept der Verbindungspunkte eingeführt.

Die Terminologie der Verbindungspunkte erscheint zunächst etwas verwirrend, wenn man nicht berücksichtigt, zu welchem Zweck Verbindungspunkte bereits in die OLE2-Technologie eingeführt wurden. Ein Verbindungspunkt dient dazu offenzulegen, welche Schnittstelle der Versender von Nachrichten oder Ereignissen erwartet, um diese dann durch Aufruf der Schnittstellenmethoden des Empfängers zu übermitteln.

Eine Verbindung besteht aus zwei Teilen: dem Objekt, das die Schnittstelle aufruft (Quelle des Ereignisses), und dem Objekt, das die Schnittstelle implementiert (Empfänger des Ereignisses). Ein Verbindungspunkt ist eine Offenlegung einer Schnittstelle, die von der Quelle erwartet und benötigt wird. Durch das Offenlegen eines Verbindungspunkts ermöglicht die Quelle den Empfängern, eine Verbindung zur Quelle aufzubauen. Durch den Verbindungspunktmechanismus (die Schnittstelle *IConnectionPoint*) wird an das Quellobjekt ein Zeiger auf die Empfängerschnittstelle übergeben. Dieser Zeiger ermöglicht der Quelle den Zugriff auf die Implementation einer Gruppe von Element-Funktionen im Empfänger. Um zum Beispiel ein Ereignis auszulösen, dessen Behandlung vom Empfänger implementiert wird, kann die Quelle die zugehörige Methode in der Implementation des Empfängers aufrufen.

Um das Beispiel möglichst einfach zu halten, sollen nur wenige einfache Ereignisse vom Steuerungselement *CowboyCtl* ausgelöst werden. Ereignisse, die hier naheliegen, sind Mausklicks an verschiedenen Positionen des Steuerungselements. Mit den Reaktionen auf diese Ereignisse kann dann eine einfache externe Steuerung für die Sprites des Steuerungselements realisiert werden.

- *ClickedCowboy()* – Mausklick auf den unmaskierten Bereich des Cowboys
- *ClickedBull()* – Mausklick auf den unmaskierten Bereich des Stiers
- *ClickedOutside()* – Mausklick auf jedes andere Pixel des Steuerungselements

Alle drei Funktionen sollen außerdem die Koordinaten des Punkts innerhalb des Steuerungselements übergeben, der angeklickt wurde.

Der Aufruf dieser Funktionen, um die besagten Ereignisse auszulösen, wird später innerhalb der Funktion *CCowboyCtl::OnLButtonDown()* implementiert, zunächst müssen jedoch die Ereignisse selbst definiert werden.

Um Ereignisse auszulösen, muß zunächst eine Ereignisschnittstelle definiert werden. Leider leisten die ATL-Assistenten in diesem Punkt wenig Hilfe; die erforderlichen *idl*-Codezeilen (unten hervorgehoben) müssen mit Hand in die Schnittstellendefinitionsdatei eingetragen werden:

```
[
    uuid(970D3C0B-CD02-11D0-B18B-004001423EDC),
    version(1.0),
    helpstring("Cowboy 1.0 Typbibliothek")
]
library COWBOYLib
{
    importlib("stdole32.tlb");

    [
        uuid(0A296DC2-CDE0-11D0-B18B-004001423EDC),
        helpstring("Ereignis-Schnittstelle für CowboyCtl")
    ]
    dispinterface _CowboyEvents
    {
        properties:
        methods:
        [id(1)] void ClickedCowboy([in]long x, [in]long y);
        [id(2)] void ClickedBull([in]long x, [in]long y);
        [id(3)] void ClickedOutside([in]long x, [in]long y);
    };
    [
        uuid(4ED3A1C5-CD04-11D0-B18B-004001423EDC),
        helpstring("CowboyCtl Class")
    ]
    coclass CowboyCtl
    {
        [default] interface ICowboyCtl;
        [default, source] dispinterface _CowboyEvents;
    };
};
```

Zur Beschreibung der benötigten Schnittstelle muß eine *Dispatch*-Schnittstelle definiert werden, die in der hier gewählten Variante die unterstützten Methoden und Eigenschaften der Schnittstelle explizit aufführt. Eine *Dispatch*-Schnittstelle definiert Eigenschaften und Methoden, die über *IDispatch::Invoke()* angesprochen werden können.

Vor der Schnittstellendefinition stehen in eckigen Klammern zunächst die Attribute der Schnittstelle. Die UUID („**U**nified **U**nique **ID**, zu deutsch etwa vereinheitlichte einzigartige ID) ist für Schnittstelle zwingend erforderlich und kann beispielsweise mit dem GUID-Generator der Komponentengalerie eingefügt werden. Wählen Sie *Projekt/Dem Projekt hinzufügen/Komponenten und Steuerelemente* und im dort angezeigten Dialog aus dem Listenfeld mit Doppelklick *Developer Studio Components*. Starten Sie mit Doppelklick und Bestätigung den GUID-Generator. Das für den jetzigen Zweck geeigneteste GUID-Format ist das vierte. Kopieren Sie die generierte GUID mit der Schaltfläche *Kopieren* in die Zwischenablage. Fügen Sie die ID in die neue Schnittstellendefinition ein und ersetzen Sie die geschweiften Klammern durch die runden Klammern des UUID-Attributs[100].

Eine Bemerkung noch zum verwendeten Namen für die *Dispatch*-Schnittstelle *_CowboyEvents*: Der führende Unterstrich ist eine Konvention zur Kennzeichnung interner Schnittstellen. Werkzeuge zum Anzeigen von COM-Schnittstellen können anhand dieser Konvention interne Schnittstellen erkennen und werden diese möglicherweise nicht anzeigen. Die Methoden der Schnittstelle selbst sind trivial. Es handelt sich um die Funktionen *ClickedCowboy()*, *ClickedBull()* und *ClickedOutside()*, jeweils mit zwei Eingangsparametern *x* und *y* und ohne Rückgabewert. Die Funktionen könnte über ihre IDs 1 bis 3 angesprochen werden.

In der Definition der Schnittstellen für die COM-Klasse *CowboyCtl* etwas weiter unten wird außerdem die *Dispatch*-Schnittstelle zusätzlich zur bereits existierenden Schnittstelle *ICowboyCtl* eingetragen. Das Attribut *source* gibt an, daß die Schnittstelle ein Quelle von Benachrichtigungen ist. Aufrufe von Funktionen dieser Schnittstelle werden daher die Implementation der Funktionen im Container ansprechen.

Nun müssen die Verbindungspunkt- und Verbindungspunktbehälter-Schnittstellen für Ihr Steuerungselement implementiert werden. (Da ein Objekt mehr als einen Verbindungspunkt mit der Schnittstelle *IConnectionPoint* aufweisen kann, werden diese grundsätzlich über die Schnittstelle *IConnectionPointContainer* verwaltet.)

Glücklicherweise stellt die ATL zur Erstellung einer Implementation der Schnittstelle *IConnectionPoint* einen Proxy-Generator zur Verfügung. Da dieser jedoch zur Erstellung eines Proxys auf die Informationen der Typbibliothek zurückgreift, muß diese zunächst neu übersetzt und damit auf den aktuellen Stand gebracht werden. Dies kann geschehen, indem das ganze Projekt oder aber auch nur die *idl*-Datei übersetzt wird. Der ATL-Proxy-Generator ist wie der GUID-Generator in der Komponentengalerie zu finden. Wählen Sie im Hauptmenü *Projekt/Dem Projekt hinzufügen/Komponenten und Steuerelemente* und im dort angezeigten Dialog aus dem Listenfeld mit Doppelklick *Developer Studio Components*.

---

100 Im vorliegenden Fall können Sie natürlich auch einfach die UUID aus dem abgedruckten Beispiel abschreiben, für den allgemeinen Fall müssen Sie jedoch für neue Schnittstellen auch immer eine neue GUID generieren!

Den Proxy-Generator starten Sie, indem sie das entsprechende Listenelement oder Icon doppelt anklicken und die folgende Abfrage, ob Sie die *Komponente ProxyGen einfügen* wollen, mit *OK* beantworten.

Das Dialogfeld des Proxy-Generators zeigt zunächst überhaupt keine Einträge, da Sie zunächst einmal eine Typbibliothek auswählen müssen. Wählen Sie die zuvor erstellte Typbibliothek *Cowboy.tlb*.

Im linken Listenfeld erscheinen nun die Schnittstellen, die in der Typbibliothek vorhanden sind; wählen Sie die *Dispatch*-Schnittstelle *_CowboyEvents* und befördern Sie diese mit der Schaltfläche > auf die rechte Seite. Der voreingestellte Proxy-Typ *Verbindungspunkt* ist genau das, was Sie haben wollen; betätigen Sie nun mit *Einfügen*.

Nun erscheint der übliche Dialog *Datei speichern* mit dem Vorschlag, den Code des Proxys unter dem Namen *CPCowboy.h* zu speichern. Akzeptieren Sie den Vorschlag und schließen Sie die Komponentengalerie wieder.

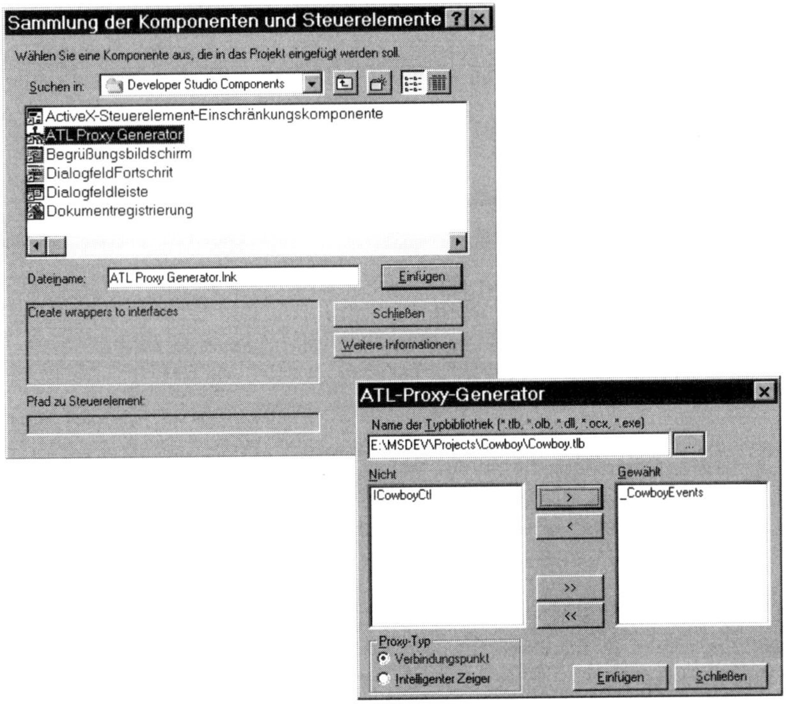

Abb. 123: Aufruf des Proxy-Generators aus der Komponentengalerie zur Erstellung eines Verbindungspunkt-Proxies zur Dispatch-Schnittstelle

Die vom Proxy generierte generische Klasse *CProxy_CowboyEvents<>* in *CPCowboy.h* ist abgeleitet von der generischen Klasse *IConnectionPointImpl<>*.

Erst wenn eine Instanz von *CProxy_CowboyEvents<>* erzeugt wird, wird auch eine Instanz der Basisklasse erzeugt!

Die Klasse definiert die drei Methoden *Fire_ClickedCowboy()*, *Fire_ClickedBull()* und *Fire_ClickedOutside()*, die über die *Invoke()*-Funktion der *IDispatch*-Schnittstelle die Methoden *ClickedCowboy()*, *ClickedBull()* und *ClickedOutside()* des Empfängers aufrufen.

```
template <class T>
class CProxy_CowboyEvents :
     public IConnectionPointImpl<T, &DIID__CowboyEvents,
                                                   CComDynamicUnkArray>
{
public:
   void Fire_ClickedCowboy  (long x,long y)  { /* ... */ }
   void Fire_ClickedBull    (long x,long y)  { /* ... */ }
   void Fire_ClickedOutside (long x,long y)
   {
      VARIANTARG* pvars = new VARIANTARG[2];
      for (int i = 0; i < 2; i++)
         VariantInit(&pvars[i]);
      T* pT = (T*)this;
      pT->Lock();
      IUnknown** pp = m_vec.begin();
      while (pp < m_vec.end())
      {
         if (*pp != NULL)
         {
            pvars[1].vt = VT_I4;
            pvars[1].lVal= x;
            pvars[0].vt = VT_I4;
            pvars[0].lVal= y;
            DISPPARAMS disp = { pvars, NULL, 2, 0 };
            IDispatch* pDispatch =
                              reinterpret_cast<IDispatch*>(*pp);
            pDispatch->Invoke(0x3, IID_NULL,
                         LOCALE_USER_DEFAULT, DISPATCH_METHOD,
                            &disp, NULL, NULL, NULL);
         }
         pp++;
      }
      pT->Unlock();
      delete[] pvars;
   }
};
```

Im Falle der generischen Klasse *CProxy_CowboyEvents<>* wird die Parametrisierung nur dafür benötigt, an der hervorgehobenen Stelle der *Fire_XXX()*-Funktionen eine Typumwandlung zu einer abgeleiteten Klasse vorzunehmen. Die Klasse *CProxy_CowboyEvents<>* ist nämlich dazu gedacht, als eine der Basisklassen des Steuerungselements zu dienen. Indem der Typ der abgeleiteten Klasse gleichzeitig als Parameter an die Basisklasse übergeben wird, kann diese den Basisklassenzeiger auch bei Mehrfachvererbung korrekt in einen Zeiger auf die (mehrfach) abgeleitete Klasse umrechnen.

Um die Verbindungspunktklasse im Steuerelement zu verwenden, sind mehrere Schritte erforderlich. Zunächst muß die Definitionsdatei der Verbindungspunktklasse in die Definitionsdatei des Steuerungselements per *#include*-Direktive eingebunden werden:

```
#include "resource.h"        // main symbols
#include "CPCowboy.h"        // Connection Points
```

In der Definition der Klasse *CCowboyCtl* muß der Basisklasse *IProvideClassInfo2-Impl<>* als zweiter Parameter statt *NULL* die IID der Schnittstelle *_CowboyEvents* übergeben werden. Dadurch wird diese Schnittstelle zur Standardschnittstelle für herausgehende Ereignisse. Außerdem müssen die Verbindungspunktklasse *CProxy_CowboyEvents<CCowboyCtl>* und die Verbindungspunktbehälterklasse *IConnection-PointContainerImpl<CCowboyCtl>* zur Liste der Basisklassen des Steuerungselements *CCowboyCtl* hinzugefügt werden:

```
class ATL_NO_VTABLE CCowboyCtl :
    public CComObjectRootEx<CComSingleThreadModel>,
    public CComCoClass<CCowboyCtl, &CLSID_CowboyCtl>,
    public CComControl<CCowboyCtl>,
    public CStockPropImpl<CCowboyCtl, ICowboyCtl, &IID_ICowboyCtl,
                                                  &LIBID_COWBOYLib>,
    public IProvideClassInfo2Impl<&CLSID_CowboyCtl,
                            &DIID__CowboyEvents,&LIBID_COWBOYLib>,
    public IPersistStreamInitImpl<CCowboyCtl>,
    public IPersistStorageImpl<CCowboyCtl>,
    public IQuickActivateImpl<CCowboyCtl>,
    public IOleControlImpl<CCowboyCtl>,
    public IOleObjectImpl<CCowboyCtl>,
    public IOleInPlaceActiveObjectImpl<CCowboyCtl>,
    public IViewObjectExImpl<CCowboyCtl>,
    public IOleInPlaceObjectWindowlessImpl<CCowboyCtl>,
    public IDataObjectImpl<CCowboyCtl>,
    public ISpecifyPropertyPagesImpl<CCowboyCtl>
    public CProxy_CowboyEvents<CCowboyCtl>,
    public IConnectionPointContainerImpl<CCowboyCtl>
{
// ...
```

Damit die Schnittstelle *IConnectionPointContainer* bei Bedarf für die Abfrage über die *QueryInterface()*-Funktion zur Verfügung steht, muß die COM-Tabelle um einen entsprechenden Eintrag erweitert werden. Die Verbindungspunkt-Schnittstelle selbst muß dagegen nicht eingetragen werden, da sie ohnehin immer nur indirekt über die Schnittstelle *IConnectionPointContainer* ermittelt wird:

```
BEGIN_COM_MAP(CCowboyCtl)
        COM_INTERFACE_ENTRY(ICowboyCtl)
        // ...
        // ...
        COM_INTERFACE_ENTRY(IProvideClassInfo)
        COM_INTERFACE_ENTRY(IProvideClassInfo2)
 !>     COM_INTERFACE_ENTRY_IMPL(IConnectionPointContainer)
    END_COM_MAP()
```

Bleibt in Verbindung mit Verbindungspunkten noch eine Sache zu erledigen. Damit die Implementation von *IConnectionPointContainer* ermitteln kann, welche *IConnectionPoint*-Schnittstellen zur Verfügung stehen, wird am besten direkt hinter der COM-Tabelle eine Tabelle der Verbindungspunkte angelegt. Achten Sie bitte darauf, daß der Bezeichner *DIID__CowboyEvents* nicht einen, sondern zwei Unterstriche enthält:

```
BEGIN_CONNECTION_POINT_MAP(CCowboyCtl)
    CONNECTION_POINT_ENTRY(DIID__CowboyEvents)
END_CONNECTION_POINT_MAP()
```

Damit sind die Änderungen zur Unterstützung von Verbindungspunkten und Ereignissen abgeschlossen. Die restlichen Änderungen beziehen sich auf die Anwendung der neuen Eigenschaften.

Da die drei möglichen Ereignisse als Folge eines Mausklicks ausgelöst werden, wird eine Behandlungsfunktion für Maus-Ereignisse benötigt. Leider steht der Klassen-Assistent für die ATL (noch?) nicht zur Verfügung, so daß der Eintrag in die Nachrichtentabelle sowie der Prototyp und die Implementation der Bearbeitungsfunktion mit Hand an den passenden Stellen eingefügt werden müssen. Zunächst fügen Sie das Nachrichtentabellen-Makro ein:

```
BEGIN_MSG_MAP(CCowboyCtl)
    MESSAGE_HANDLER(WM_PAINT, OnPaint)
    MESSAGE_HANDLER(WM_SETFOCUS, OnSetFocus)
    MESSAGE_HANDLER(WM_KILLFOCUS, OnKillFocus)
    MESSAGE_HANDLER(WM_LBUTTONDOWN, OnLButtonDown)
END_MSG_MAP()
```

Außerdem fügen Sie, z. B. hinter der *OnDraw()*-Funktion, die Deklaration der Funktion *OnLButtonDown()* zur Bearbeitung von Mausklick-Ereignissen ein. Die Nachrichtenbehandlungsfunktionen der ATL haben einen anderen Aufbau als die der MFC und erinnern von der Parameterliste her eher an die Windows-API-Fensterfunktionen. Als Parameter werden immer übergeben: die ID der Nachricht, ein Wort- und ein Langwort-Parameter. Der zusätzliche Parameter *bHandled* kann dazu verwendet werden, die Bearbeitung der Nachricht als noch nicht erfolgt zu signalisieren. Normalerweise ist *bHandled* bereits unmittelbar vor Aufruf der Nachrichtenbearbeitungsfunktion auf *TRUE* gesetzt, die Nachrichtenbehandlungsfunktion muß sich an diesem Parameter nur selten zu schaffen machen.

```
    HRESULT OnDraw(ATL_DRAWINFO& di);
    LRESULT OnLButtonDown(UINT uMsg, WPARAM wParam, LPARAM lParam,
                                                   BOOL &bHandled);
```

Vor der Implementation der Funktion *OnLButtonDown()* muß die Klasse *Sprite* allerdings noch etwas erweitert werden. Zum einen wird eine Komponentenfunktion zum Test eines Punkts auf Zugehörigkeit zur Bitmap benötigt, zum anderen wäre es wünschenswert, festzuhalten und auch optisch wiederzugeben, ob ein Sprite selektiert ist oder nicht:

```
class Sprite : public BITMAP
{
public:
            Sprite(WORD id);
           ~Sprite();

    BOOL    PointIn(short px, short py);
    void    Draw(HDC hdc);

    HBITMAP hbitmap;
    HBITMAP hmask;
    short   x, y;
    BOOL    selected;
};
```

In der Implementation der *Sprite*-Klasse sind die folgenden Änderungen und Ergänzungen vorzunehmen. Die neue Komponentenvariable muß in Konstruktor initialisiert werden.

```
Sprite::Sprite(WORD id)
{
    // ...
    selected = FALSE;
```

In der Funktion *Draw()* ist es sinnvoll, den selektierten Zustand des Sprites durch einen Rahmen auch visuell anzudeuten:

```
void Sprite::Draw(HDC hdcDest)
{
    // ...
    BitBlt(hdcDest, x, y, bmWidth, bmHeight, hdcSrc, 0, 0, SRCINVERT);

    if (selected)
    {
        RECT r = {x, y, x+bmWidth , y+bmHeight};
        GetStockObject(BLACK_BRUSH);
        FrameRect(hdcDest, &r, HBRUSH(GetStockObject(BLACK_BRUSH)));
    }

    SetBkColor  (hdcDest, oldBack);
    // ...
}
```

Zur Implementation der Funktion *PointIn()* kann (nach einem Test des umschließenden Rechteckes) bequem auf die monochrome Maske zurückgegriffen werden:

```
BOOL Sprite::PointIn(short px, short py)
{
    px -= x;
    py -= y;
    if (px >= 0 && px < bmWidth && py >= 0 && py < bmHeight)
    {
        HDC hdcMask = CreateCompatibleDC (0);
        HGDIOBJ saveMsk = SelectObject (hdcMask, hmask);
        COLORREF pix = GetPixel(hdcMask, px, py);
```

```
        SelectObject (hdcMask, saveMsk);
        DeleteDC (hdcMask);

        return pix == RGB(0,0,0);
    }
    else
        return FALSE;
}
```

Nach diesen Vorarbeiten ist die Implementation der Funktion *OnLButtonDown()* des Steuerungselements *CCowboyCtl* ziemlich einfach:

```
LRESULT CCowboyCtl::OnLButtonDown(UINT uMsg, WPARAM wParam,
                                          LPARAM lParam, BOOL &bHandled)
{
    WORD x = LOWORD(lParam);
    WORD y = HIWORD(lParam);

    bull.selected   = bull.PointIn(x,y);
    cowboy.selected = cowboy.PointIn(x,y);

    FireViewChange();

    if (bull.selected)
        Fire_ClickedBull(x,y);
    else if (cowboy.selected)
        Fire_ClickedCowboy(x,y);
    else
        Fire_ClickedOutside(x,y);

    return 0;
}
```

Nachdem sowohl für *Stier* als auch für *Cowboy* überprüft wurde, ob das Sprite selektiert ist, wird zur Darstellung dadurch möglicherweise veränderter Auswahlrahmen die Funktion *FireViewChange()* aufgerufen.

Danach wird abhängig von der Art des „Treffers" eine der drei Ereignis-Funktionen *Fire_ClickedBull()*, *ClickedCowboy()* oder *ClickedOutside()* aufgerufen. Die Reaktion auf ein solches Ereignis ist Sache des Containers.

Der Test-Container protokolliert die empfangenen Ereignisse nur. Starten Sie den Test-Container und fügen Sie mit *Bearbeiten/ActiveX Steuerelement einfügen* das *Cowboy*-Steuerelement ein. Es ist günstig, wenn Sie außerdem das Steuerungselement mit der Maus an einer Ecke noch breiter ziehen. Wählen Sie nun *Ansicht/Ereignisprotokoll*.

Jeder Mausklick in den Bereich des Steuerungselements wird nun protokolliert und zeigt, daß die Ereignisse von *CowbyCtl* genauso ausgelöst werden wie geplant.

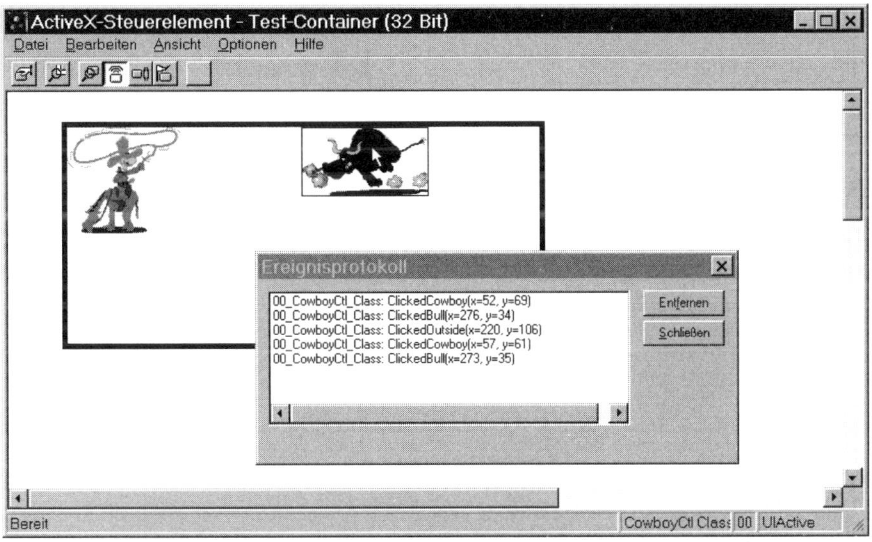

Abb. 124: Zum Test der von einem ActiveX-Steuerungselement ausgelösten Ereignisse steht in der Test-Container-Anwendung ein Ereignisprotokoll zur Verfügung

Anlegen einer Eigenschaftsseite

Oft ist es nützlich, die Eigenschaften eines COM-Objekts interaktiv ändern zu können.

Für die Implementation der zu diesem Zweck nützlichen Eigenschaftsseiten steht ein eigenes Steuerungselement *Property Page* zur Verfügung, welches mit dem ATL-Objekt-Assistenten ebenso einfach eingefugt werden kann wie ein beliebiges anderes Steuerungselement.

Wählen Sie diesmal aus der Rubrik *Controls* das Icon *Property Page*. Mit der Schaltfläche *Weiter* gelangen Sie wieder in den Eigenschaftsdialog, der die Festlegung der Eigenschaften der neuen Eigenschaftsseite erlaubt.

Als Kurzbezeichung wählen Sie *CowboyProp*. Die automatisch erzeugten Einträge in den übrigen Feldern können so übernommen werden. Das Eingabefeld *Schnittstelle* ist übrigens abgeblendet, da eine Eigenschaftsseite keine individuelle Schnittstelle benötigt.

In der Eigenschaftsseite *Zeichenfolgen* können Sie unter anderem den *Titel* der neuen Eigenschaftsseite festlegen.

Das ist die Zeichenfolge, die später auf dem Reiter der Eigenschaftsseite auftaucht. Der Eintrag *Dok.-Zeichenfolge* dient dagegen nur zur Dokumentation.

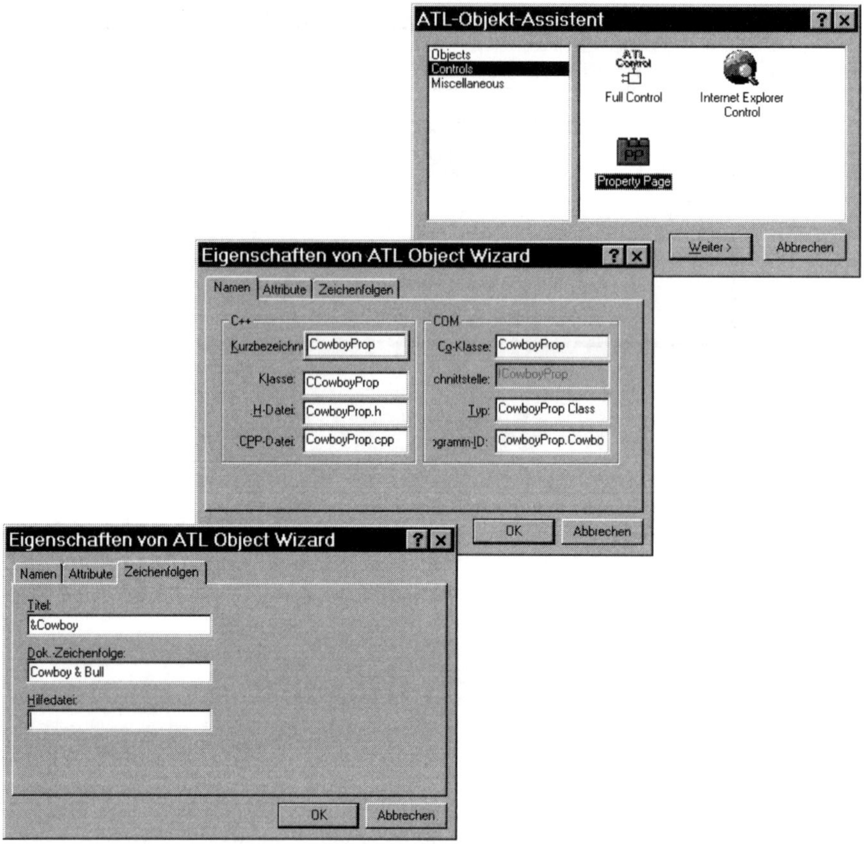

Abb. 125: Eigenschaftsseiten werden ebenso wie andere ActiveX-Komponenten einfach mit dem ATL-Objekt-Assistenten erzeugt

Mit der Schaltfläche *OK* werden der Code für die neue Eigenschaftsseite erzeugt und notwendige Änderungen zur Einbindung in die ATL-COM-Anwendung vorgenommen.

Die neuen Dateien sind:

- *CowboyProp.h* - die Definition und Implementation der Eigenschaftsseite
- *CowboyProp.cpp* - bindet lediglich die Definitionsdatei ein, in der die eigentliche Arbeit geleistet wird
- *CowboyProp.rgs* - das Skript zur Registrierung der Eigenschaftsseite in der Registrierungsdatenbank

Damit das neue Objekt vom *CComModule* verwaltet werden kann, muß die Definition in die Datei *Cowboy.cpp* eingelesen und das Objekt in die Objekttabelle eingetragen werden:

```
#include "Cowboy_i.c"
#include "CowboyCtl.h"
#include "CowboyProp.h"
```

```
CComModule _Module;

BEGIN_OBJECT_MAP(ObjectMap)
    OBJECT_ENTRY(CLSID_CowboyCtl, CCowboyCtl)
    OBJECT_ENTRY(CLSID_CowboyProp, CCowboyProp)
END_OBJECT_MAP()
```

In der *idl*-Datei wird die neue Klasse *CowboyProp* ebenfalls durch den Assistenten eingetragen:

```
library COWBOYLib
{
    importlib("stdole32.tlb");

    // ...

    [
        uuid(6CB90442-CE04-11D0-B18B-004001423EDC),
        helpstring("CowboyProp Class")
    ]
    coclass CowboyProp
    {
        interface IUnknown;
    };
};
```

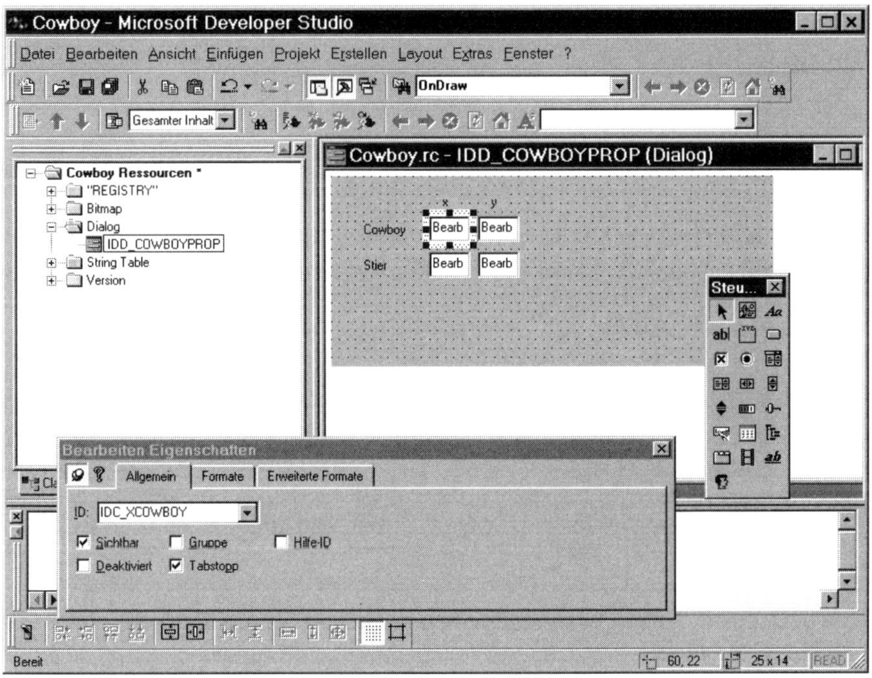

Abb. 126: Die Bearbeitung der Eigenschaftsseite IDD_COWBOYPROP mit dem Dialog-Editor

Die restlichen Änderungen betreffen die Ressourcen des Projekts. Hier werden das neue Registrierungsskript eingebunden, eine Dialogressource für die Eigenschaftsseite hinzugefügt und die oben angegebenen Zeichenketten als Zeichenketten-Ressourcen hinzugefügt. Zunächst muß nun die Dialogressource *IDD_COWBOYPROP* bearbeitet werden.

Nach dem Entfernen des vom Assistenten eingesetzten statischen Texts werden Eingabefelder mit IDs *IDC_XCOWBOY*, *IDC_YCOWBOY*, *IDC_XBULL*, *IDC_YBULL* und entsprechende Beschriftungen eingefügt.

Zur Übertragung der Daten aus der Eigenschaftsseite in das Objekt dient die Funktion *CCowboyProp::Apply()* in *CowboyProp.h*. Die vom Assistenten erzeugte Funktion vermittelt bereits eine ganz brauchbare Vorstellung davon, was zur Übertragung der Daten zu erledigen ist, und läßt sich leicht anpassen und ergänzen:

```
STDMETHOD(Apply)(void)
    {
        for (UINT i = 0; i < m_nObjects; i++)
        {
            ICowboyCtl* pCowboy;
            m_ppUnk[i]->QueryInterface(IID_ICowboyCtl,
                                                (void**)&pCowboy);
            pCowboy->put_xBull(GetDlgItemInt(IDC_XBULL));
            pCowboy->put_yBull(GetDlgItemInt(IDC_YBULL));
            pCowboy->put_xCowboy(GetDlgItemInt(IDC_XCOWBOY));
            pCowboy->put_yCowboy(GetDlgItemInt(IDC_YCOWBOY));
            pCowboy->Release();
        }
        m_bDirty = FALSE;
        return S_OK;
    }
```

Da eine Eigenschaftsseite möglicherweise für mehr als ein Objekt Verwendung findet, sollte mit einer *for*-Schleife über alle in Frage kommenden Objekte iteriert werden.

Für jedes dieser Objekte wird über dessen *IUnknown*-Zeiger ein Zeiger auf die Schnittstelle *ICowboyCtl* ermittelt. Dieser kann nun verwendet werden, um die aus den Eingabefeldern abgefragten *x*- bzw *y*-Positionen von Cowboy und Stier neu zu setzen.

Danach wird der Schnittstellenzeiger wieder ordentlich freigegeben und das Flag *m_bDirty* gelöscht, da alle eventuellen Datenänderungen nun in die Objekte übertragen wurden.

Natürlich ist es nicht sehr effizient, für jede der Eigenschaften einzeln den Wert zu setzen, jedesmal verbunden mit Kollisionsüberprüfung und Neuzeichnen des Steuerungselements. Abhilfe schafft eine neue Methode *setAll()* für das Steuerungselement *CowboyCtl*, die genauso wie zuvor die Eigenschaften über das Kontextmenü des Schnittstellenknotens für *ICowboyCtl* in der Klassenansicht eingegeben werden kann. Der resultierende Eintrag in der *idl*-Datei ist:

```
interface ICowboyCtl : IDispatch
    {
        // ...
        [propget, id(5), helpstring("property isCaught")]
                                HRESULT isCaught([out, retval] BOOL *pVal);
        [id(6), helpstring("Methode setAll")]
                    HRESULT setAll(short xC, short yC, short xB, short yB);
    };
```

Die Implementation der Funktion in der Datei *CowboyCtl.cpp* ist:

```
STDMETHODIMP CCowboyCtl::setAll(short xC, short yC, short xB, short yB)
{
    if (isCaught)
    {
        return Error(_T("Der Cowboy scheint ein kleines Problem
                                                        zu haben!"));
    }
    else
    {
        bull.x = xB;
        bull.y = yB;
        cowboy.x = xC;
        cowboy.y = yC;
        cowboy.selected = bull.selected = FALSE;

        TestCollision();
        FireViewChange();

        return S_OK;
    }
}
```

Wenn der Stier bereits gefangen ist, können Stier und Cowboy nicht mehr unabhängig voneinander bewegt werden, es wird ein Fehler gemeldet. Ansonsten werden alle vier Werte zugewiesen, der Kollisionstest durchgeführt und das Steuerungselement neu gezeichnet. Mit dieser neuen Funktion kann nun auch die *Apply()*-Methode der Eigenschaftsseite die Werte etwas effizienter setzen:

```
STDMETHOD(Apply)(void)
    {
        for (UINT i = 0; i < m_nObjects; i++)
        {
            ICowboyCtl* pCowboy;
            m_ppUnk[i]->QueryInterface(IID_ICowboyCtl,
                                                  (void**)&pCowboy);
            pCowboy->setAll(GetDlgItemInt(IDC_XCOWBOY),
                            GetDlgItemInt(IDC_YCOWBOY),
                            GetDlgItemInt(IDC_XBULL),
                            GetDlgItemInt(IDC_YBULL));
            pCowboy->Release();
        }
        m_bDirty = FALSE;
        return S_OK;
    }
```

Die ATL stellt jedoch einige Hilfsklassen zur Verfügung, die den Umgang mit Schnittstellenzeigern etwas bequemer machen, sogenannte intelligente Zeiger. Bei dieser Gelegenheit kann auch gezeigt werden, wie von der Seite von *Apply()* aus mit einer möglichen Fehlersituation in *setAll()* umgegangen werden kann:

```
STDMETHOD(Apply)(void)
    {
        USES_CONVERSION;    // Für MessageBox! (Makro OLE2T)
        ATLTRACE(_T("CCowboyProp::Apply\n"));
        for (UINT i = 0; i < m_nObjects; i++)
        {
            HRESULT r =
                        CComQIPtr<ICowboyCtl,&IID_ICowboyCtl>(m_ppUnk[i])
                            ->setAll(GetDlgItemInt(IDC_XCOWBOY),
                                     GetDlgItemInt(IDC_YCOWBOY),
                                     GetDlgItemInt(IDC_XBULL),
                                     GetDlgItemInt(IDC_YBULL));
            if (FAILED(r))
            {
                CComPtr<IErrorInfo> pErr;
                CComBSTR            sErr;
                GetErrorInfo(0,&pErr);
                pErr->GetDescription(&sErr);
                MessageBox(OLE2T(sErr), _T("Fehler"),
                                                MB_ICONEXCLAMATION);
                return E_FAIL;
            }
        }
        m_bDirty = FALSE;
        return S_OK;
    }
};
```

Ein Objekt des Typs *CComQIPtr<ICowboyCtl,&IID_ICowboyCtl>* ist ein intelligenter Zeiger auf einen über *QueryInterface()* ermittelten beliebigen Schnittstellenzeiger. Dieser ermittelt im Konstruktor einen Schnittstellenzeiger der Schnittstelle *ICowboyCtl*, mit der IID *IID_ICowboyCtl* und ruft im Destruktor die *Release()*-Funktion auf. Durch eine eingebaute automatische Typumwandlung kann das Objekt ohne Effizienzeinbuße wie ein *ICowboyCtl*-Zeiger verwendet werden.

Das oben gezeigte Beispiel wird durch den bei C/C++-Programmierern so beliebten „kompakten" Programmierstil jedoch etwas tückisch. Da der Zeiger nur ein einziges Mal für den Aufruf der Funktion *setAll()* benötigt wird, ist hier der Konstruktor von *CComQIPtr<>* als Typumwandlungs-Operator für den *IUnknown*-Zeiger in *m_ppUnk[i]* verwendet worden. Der intelligente Zeiger steht so für die Dauer des Aufrufs von *setAll()* zur Verfügung und wird am Ende der Lebensdauer automatisch wieder sauber abgebaut.

Abhängig vom Ergebnis *r* von *setAll()* wird nun auch eine Fehlerbehandlung durchgeführt. *pErr* ist hier wieder ein intelligenter Zeiger, diesmal für die Schnittstelle *IErrorInfo*. Der mit Hilfe dieses Zeigers ermittelte Fehlertext wird in einem gewöhnlichen Mitteilungsdialog angezeigt.

Die Klasse *CComBSTR* hilft bei der Verarbeitung und Umwandlung von Zeichenketten im BSTR-Format und erspart beispielsweise den sonst nötigen Aufruf von *SysFreeString()* nach Abschluß der *BSTR*-Bearbeitung.

Eine geeignete *Apply()*-Methode ist damit bereitgestellt. Anfangs ist die Schaltflache *Anwenden* jedoch nicht aktiv, so daß keine Möglichkeit besteht, die *Apply()*-Methode auch anzuwenden. Dies macht auch keinen Sinn, solange nicht wenigstens ein Eingabefeld verändert wurde. Bei Veränderung eines Eingabefelds sendet dieses eine *WM_COMMAND*-Nachricht mit dem Benachrichtigungscode *EN_CHANGE*. Eine Bearbeitungsfunktion für diese Nachricht kann für die Aktivierung der Schaltfläche *Anwenden* sorgen. Zur Reaktion auf *WM_COMMAND*-Nachrichten verwendet die ATL das Makro *COMMAND_HANDLER*, um eine Bearbeitungsfunktion in die Nachrichtentabelle einzutragen. Da das Auslesen der verschiedenen Eingabefelder zentral durch die Funktion *Apply()* erfolgt, kann für die Benachrichtigung der Eigenschaftsseite über die Änderung eines Eingabefelds für alle Eingabefelder immer dieselbe Funktion verwendet werden. Für jedes Eingabefeld wird daher in die Nachrichtentabelle dieselbe Bearbeitungsfunktion eingetragen:

```
BEGIN_MSG_MAP(CCowboyProp)
    COMMAND_HANDLER(IDC_XCOWBOY, EN_CHANGE, OnEditChange)
    COMMAND_HANDLER(IDC_YCOWBOY, EN_CHANGE, OnEditChange)
    COMMAND_HANDLER(IDC_XBULL,   EN_CHANGE, OnEditChange)
    COMMAND_HANDLER(IDC_YBULL,   EN_CHANGE, OnEditChange)
    CHAIN_MSG_MAP(IPropertyPageImpl<CCowboyProp>)
END_MSG_MAP()
```

Bearbeitungsfunktionen für *WM_COMMAND*-Nachrichten haben in ATL-Anwendungen immer den gleichen Prototyp. Im ersten Parameter wird ein Benachrichtigungscode des sendenden Windows-Steuerungselements übergeben, im zweiten die ID und im dritten das Handle des sendenden Steuerelements. Im letzten Parameter (der anfangs immer auf *TRUE* gesetzt ist) kann die Bearbeitung gegebenenfalls als nicht durchgeführt signalisiert werden:

```
LRESULT ACommandHandler (WORD wNotifyCode, WORD wID,
                                          HWND hWndCtl, BOOL& bHandled)
{
    // ...
}
```

Die Bearbeitungsfunktion *OnEditChange()* kann unmittelbar hinter der Nachrichtentabelle plaziert werden. Die von *CComControl* ererbte Komponentenfunktion *SetDirty()* wird verwendet, um die Komponentenvariable der gleichen Klasse *m_bRequiresSave* auf den angegebenen Wert zu setzen:

```
LRESULT OnEditChange(WORD wNotifyCode, WORD wID,
                                          HWND hWndCtl, BOOL& bHandled)
    {
        SetDirty(TRUE);
        return 0;
    }
```

In einem letzten Schritt muß die Eigenschaftsseite zum ActiveX-Steuerungselement hinzugefügt werden. Da der COM-Server mehrere Steuerungselemente besitzen kann, wird dieser Schritt vom ATL-Objekt-Assistenten nicht automatisch durchgeführt. Erweitern Sie die Liste der dem Steuerungselement *CowboyCtl* zugeordneten Eigenschaftsseiten um einen Eintrag für die Seite *CowboyProp*:

```
BEGIN_PROPERTY_MAP(CCowboyCtl)
    // Example entries
    // PROP_ENTRY("Property Description", dispid, clsid)
    PROP_ENTRY("Position", 1, CLSID_CowboyProp)
    PROP_PAGE(CLSID_StockColorPage)
END_PROPERTY_MAP()
```

Nun kann das ActiveX-Steuerelement erneut übersetzt und im Textcontainer ausprobiert werden. Nachdem Sie ein *CowboyCtl*-Steuerungselement eingefügt (und größergezogen) haben, können Sie die Eigenschaftsseite testen. Wählen Sie dazu die Menüoptionen *Bearbeiten/Eingebettete Objektfunktionen* und dann *Eigenschaften*. Wenn Sie nun die Position des Cowboys wieder mit „(0,0)" eingeben und die des Stieres mit „(150,50)", wandert der Stier etwas nach links und nach unten, ohne jedoch den Cowboy zu erreichen. Setzt man dagegen alle Werte auf 0, wird der Stier gefangen. Der Versuch, Stier und Cowboy getrennt zu positionieren, wird nun zu einer Fehlermeldung führen.

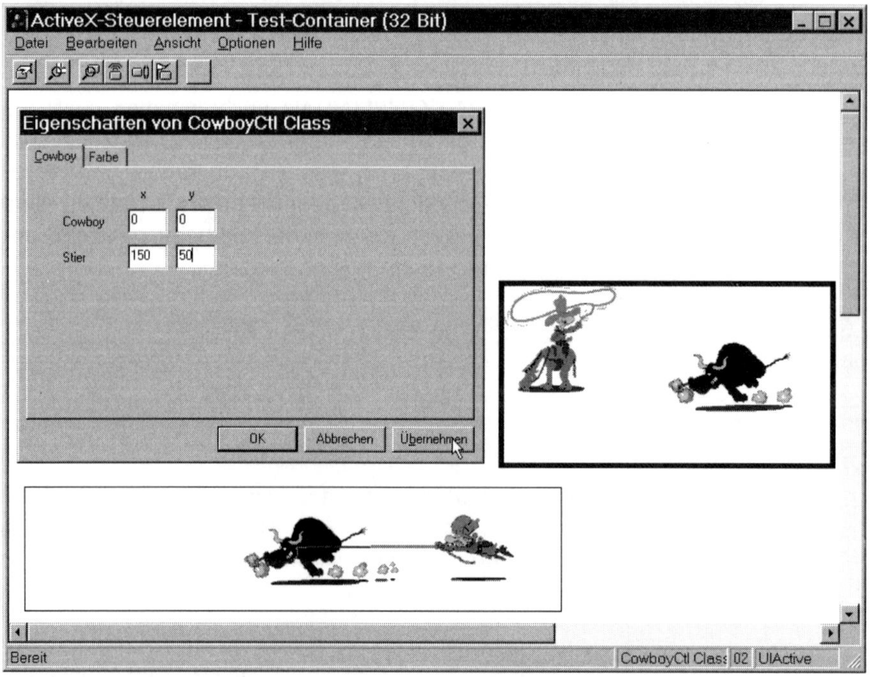

Abb. 127: Die Eigenschaftsseite erlaubt es, die Positionen von Stier und Cowboy beliebig festzulegen. Überschneiden sich die beiden Sprites, wird der Stier „eingefangen"

Netzprobe – Einbinden eines ATL-Steuerelements in eine HTML-Seite

Eine der interessantesten Möglichkeiten von ActiveX-Steuerungselementen besteht darin, diese in HTML-Seiten für das Web einzubetten[101]. Bei der Erstellung eines ActiveX-Steuerungselements wird sogar automatisch eine passende HTML-Testseite zum Test des Steuerungselements erzeugt. Da sich ein Steuerungselement im Web-Browser anders als im Test-Container nicht einfach größerziehen läßt, ist es zweckmäßig, zunächst den Konstruktor des Steuerungselements so zu ändern, daß es direkt in geeigneter Größe angelegt wird:

```
public:
    CCowboyCtl() : cowboy(IDB_COWBOY), bull(IDB_BULL),
                                caught(IDB_CAUGHT), isCaught(FALSE)
    {
        bull.x = 2 * cowboy.bmWidth;
        SIZEL sizel = {5080*2,5080};
        SetExtent(DVASPECT_CONTENT, &sizel );
    }
```

Die HTML-Testseite läßt sich wie jede Textdatei in den Editor laden und bearbeiten. Durch den Befehl *Vorschau CowboyCtl.htm* im Kontextmenü des HTML-Editors kann der Explorer innerhalb der Entwicklungsumgebung gestartet werden, um das Steuerungselement direkt zu testen.

Um nun Reaktionen auf die vom Steuerelement erzeugten Ereignisse zu definieren, genügt es, zur HTML-Seite einige Zeilen in VBScript hinzuzufügen. Der Internet Explorer wandelt die über die *IDispatch*-Schnittstelle hereinkommenden Funktionsaufrufe für die vom Steuerungselement ausgelösten Ereignisse in Aufrufe von Basic-Unterprogrammen um, deren Namen sich aus den Namen des erzeugenden Steuerungselements und des auslösenden Ereignisses zusammensetzen:

```
<HTML>
<HEAD>
<TITLE>ATL 2.0 test page for object CowboyCtl</TITLE>
</HEAD>
<BODY>
<OBJECT ID="CowboyCtl" <
 CLASSID="CLSID:4ED3A1C5-CD04-11D0-B18B-004001423EDC">
>
</OBJECT>
<SCRIPT LANGUAGE="VBScript">
<!--
active = ""
xm = 0
ym = 0

Sub CowboyCtl_ClickedCowboy(x, y)
```

101 Allerdings wird diese Möglichkeit bislang nur im Microsoft Explorer unterstützt.

```
    active = "C"
    xm = x
    ym = y
End Sub

Sub CowboyCtl_ClickedBull(x, y)
    active = "B"
    xm = x
    ym = y
End Sub

Sub
    If active = "C" Then
       CowboyCtl.xCowboy = CowboyCtl.xCowboy + x - xm
       CowboyCtl.yCowboy = CowboyCtl.yCowboy + y - ym
    ElseIf active = "B" Then
       CowboyCtl.xBull = CowboyCtl.xBull + x - xm
       CowboyCtl.yBull = CowboyCtl.yBull + y - ym
    End If
    active = ""
    xm = x
    ym = y
End Sub
-->
</SCRIPT>
</BODY>
</HTML>
```

Die Basic-Unterprogramme *CowboyCtl_ClickedBull()* und *CowboyCtl_ClickedCowboy()* „merken" sich lediglich, wohin mit der Maus geklickt und welches Sprite aktiviert wurde in drei globalen Variablen *xm*, *ym* und *active*.

Das Unterprogramm *CowboyCtl_ClickedOutside()* benutzt dann diese Informationen, um das aktive Sprite an den Ort des letzten Mausklicks zu verschieben. Da immer zuerst die horizontale Verschiebung und dann erst die vertikale Verschiebung durchgeführt wird, können die Sprites allerdings auch dann kollidieren, wenn sie sich „unterwegs" begegnen.

Wenn Sie jedoch versuchen, die mit VBScript verbesserte Seite auszuführen, legt sich aus Sicherheitsgründen zunächst einmal der Explorer quer und macht mit einem Dialog auf die *Potentielle Sicherheitsverletzung* aufmerksam. Je nach Anwort und eingestellter Sicherheitsstufe des Explorers wird die Ausführung des Skripts ganz unterbunden (höchste Sicherheitsstufe, Voreinstellung) oder nur nach einer Sicherheitsabfrage (mittlere Sicherheitsstufe) zugelassen.

Die niedrigste Sicherheitsstufe des Explorers sollten Sie überhaupt nicht verwenden. Die Änderung der Sicherheitsstufe erfordert, sich ziemlich tief durch einige Dialoge zu hangeln: *Extras/Optionen*, Reiter *Info-Viewer*, Schaltfläche *Internet Explorer-Optionen*, Reiter *Sicherheit*, Schaltfläche *Sicherheitsgrad*, Optionschaltfläche *Hoch*, *Mittel* oder *Keine* (nicht empfohlen).

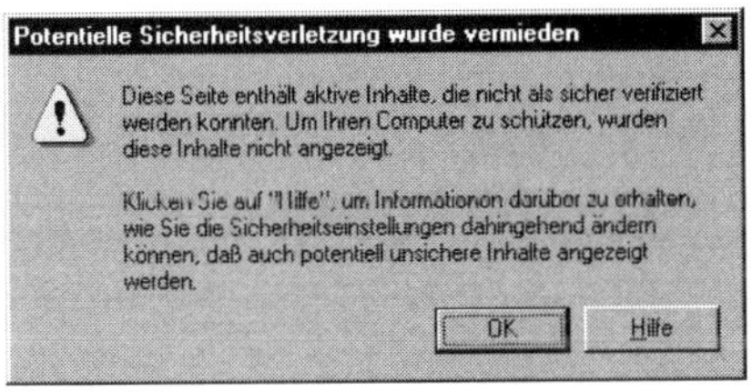

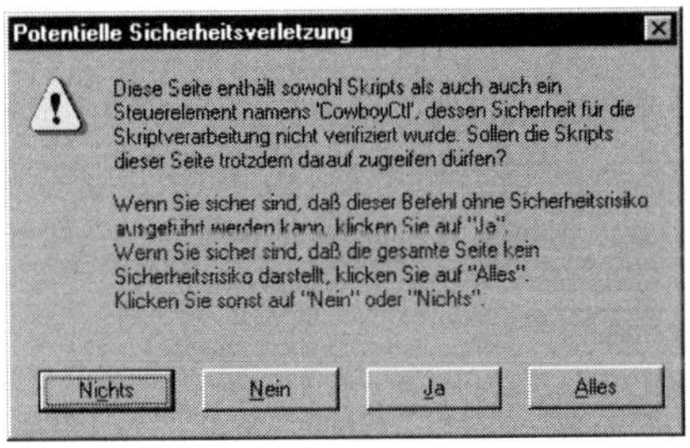

Abb. 128: Eine Sicherheitsabfrage macht darauf aufmerksam, daß die Verbindung eines unzertifizierten Steuerungselements mit einem Skript ein potentielles Risiko darstellt. Der linke Dialog wird bei höchster Sicherheitsstufe des Explorers angezeigt, er unterbindet jegliche Skriptausführung. Der rechte Dialog wird bei mittlerer Sicherheitsstufe angezeigt und läßt die Skriptausführung nach Rückfrage zu

Der Grund dafür ist leicht zu überlegen. Ein Steuerungselement ist potentiell gefährlich, da es von außen über die *IDispatch*-Schnittstelle aufrufbare Methoden enthalten kann, die potentiell gefährlich sind. Ein Beispiel hierfür ist eine Methode, die Dateien löscht. Versehentlich durch einen Anwender aus einem Skript aufgerufen, kann eine solche Methode verheerenden Schaden anrichten.

Um solche Pannen von vornherein auszuschließen, geht der Explorer zunächst grundsätzlich davon aus, daß ein ActiveX-Steuerelement unsicher ist, also von außen zugängliche, potentiell gefährliche Funktionen enthält. Soll ein Steuerungselement ohne diese Sicherheitsabfrage in Skripten verwendet werden, muß es durch eine eigens dafür existierende Schnittstelle dem Web-Browser zusichern, daß es nicht in der Lage oder willens ist, etwas „Böses zu tun".[102]

Da Sie wissen, daß dieses Steuerelement sicher ist, also bei keiner denkbaren Anwendung irgendeinen Schaden anrichten kann, sollten Sie zur Steuerelementklasse durch eine zusätzliche Basisklasse *IObjectSaftyImpl<CCowboyCtl>* noch eine Implementation für die *IObjectSafety*-Schnittstelle hinzufügen. Damit auf Anfrage auch ein Zeiger auf die Schnittstelle zur Verfügung steht, ist sie außerdem in der Schnittstellentabelle einzutragen. Die erforderlichen Änderungen noch einmal in hervorgehobener Form:

```
class ATL_NO_VTABLE CCowboyCtl :
    public CComObjectRootEx<CComSingleThreadModel>,
    // ...
    public CProxy_CowboyEvents<CCowboyCtl>,
    public IObjectSafetyImpl<CCowboyCtl>
{
// ...
BEGIN_COM_MAP(CCowboyCtl)
    COM_INTERFACE_ENTRY(ICowboyCtl)
```

102 Allerdings müssen Browser und Anwender dem Steuerungselement das „glauben". Da ein Steuerungselement hier auch „lügen" kann, sollte man darauf achten, ActiveX-Steuerungselemente nur aus absolut vertrauenswürdigen Quellen zu beziehen!

```
    COM_INTERFACE_ENTRY(IDispatch)
    // ...
    COM_INTERFACE_ENTRY_IMPL(IConnectionPointContainer)
    COM_INTERFACE_ENTRY_IMPL(IObjectSafety)
END_COM_MAP()
// ...
```

Das Steuerungselement läßt sich nun ohne lästige Sicherheitsabfrage ausprobieren. Wenn Sie auf eines der Sprites klicken, wird es selektiert und durch einen Mausklick auf eine andere Stelle im Steuerungselement verschoben. Kommen sich die beiden Sprites dabei zu nahe (oder begegnen sie sich unterwegs), fängt der Cowboy den Stier - oder so ähnlich ...

Um den Ausgangszustand wiederherzustellen, genügt das Anklicken der Schaltfläche *Ansicht aktualisieren* des Explorers.

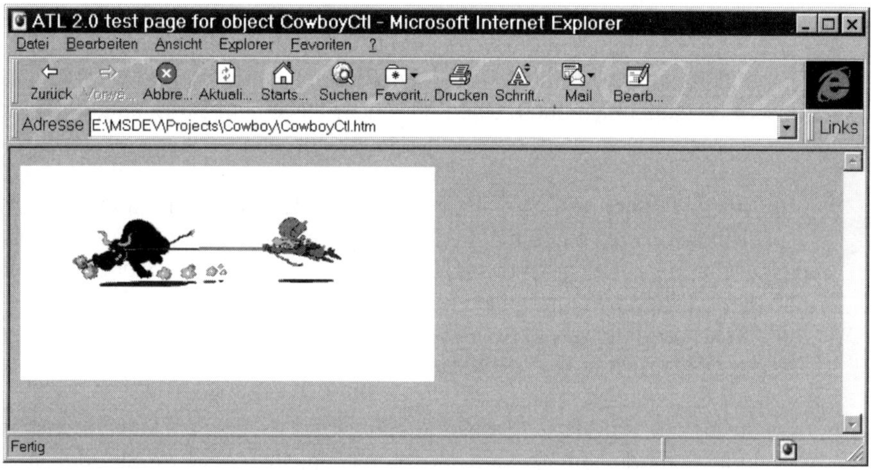

Abb. 129: Das Steuerungselement CowboyCtl im Internet-Explorer

Zusammenfassung

Die ATL ist eine völlig neu konzipierte Klassenbibliothek, die besonders für die Entwicklung schlanker ActiveX-Komponenten gedacht ist. Anders als die älteren MFC macht die ATL umfassenden Gebrauch von generischer Programmierung (Templates) und Mehrfachvererbung. Die ATL ist mit den MFC kompatibel, d. h., in ATL-Programmen können auch viele MFC-Klassen eingesetzt werden.

ATL-Komponenten sind klein und leistungsfähig und durch die ATL-Unterstützung in der Entwicklungsumgebung relativ leicht zu entwickeln. Leider reicht die Unterstützung durch Assistenten noch nicht an die Qualität der MFC-Unterstützung heran, insbesondere sind wie früher bei den MFC bei der ATL-Programmierung viele Makros, Tabellen, *idl*-Schnittstellen etc. von Hand zu pflegen.

Die Verwendung der Active Template Library ist ein schneller und einfacher Weg, in C++ COM-Komponenten zu entwickeln und dabei einen kleinen „Fußabdruck" der Komponente zu bewahren. Die ATL sollte daher immer dann verwendet werden, wenn die komplette zusätzliche Funktionalität, welche die MFC automatisch in eine Anwendung oder Komponente einbinden, nicht benötigt wird.

Die **A**ctive **T**emplate **L**ibrary oder ATL basiert auf Templates, wörtlich „Schablonen". Im Deutschen spricht man von parametrisierten oder generischen Typen bzw. Funktionen. Mit einer generischen Funktion oder Funktionsschablone können ein oder mehrere Datentypen der Funktion parametrisiert werden. Mit einer einzigen Definition wird so nicht eine einzelne Funktion, sondern eine potentiell unbegrenzte Menge von Funktionen definiert. Auf gleiche Weise können auch Klassen parametrisiert und mit variablen Typen ausgestattet werden. Eine solche generische Klasse oder Klassenschablone steht nicht für eine einzelne Klasse, sondern für eine potentiell unbegrenzte Anzahl von Klassen.

Das Grundgerüst einer ATL-Anwendung wird mit dem COM-ATL-Anwendungs-Assistenten erstellt. Dieser erzeugt lediglich den Rahmen, in den in weiteren Schritten die eigentlichen Funktionselemente eingesetzt werden. Dieser Rahmen enthält notwendige Initialisierungs-Funktionen und ein Objekt vom Typ *CComModule*, das die einigende Klammer des Moduls bildet und beispielsweise auch die Objekttabelle verwaltet. Auch Funktionen wie *DllMain()* und *DllCanUnloadNow()* greifen zur Durchführung von Initialisierung und Terminierung auf das globale Modulobjekt zurück.

Neue ATL-Objekte werden mit dem ATL-Objekt-Assistenten in die Anwendung eingefügt. Der Assistent faßt die Arten erstellbarer Objekte in drei Kategorien zusammen: Objekte im allgemeinen, Steuerungselemente und Vermischtes. Jedes Objekt ist von einer Großzahl parametrisierter Basisklassen abgeleitet, die jede ein Mosaiksteinchen zur Gesamtfunktionalität beitragen. Nachrichtentabellen, Schnittstellen und Objekttabellen etc. werden durch eine große Anzahl von Makros verwaltet.

Eigenschaften und Methoden können mit einem Dialog auf einfache Weise eingefügt werden. Dabei werden sowohl die *idl*-Datei mit den Schnittstellendefinitionen als auch die C++-Definitions- und Implementationsdateien in konsistenter Weise gepflegt.

Ereignisse, die ein ActiveX-Objekt verschickt, werden durch den Aufruf von Schnittstellenmethoden des Empfängers übertragen. Um die erwartete Art und den Aufbau der Empfängerschnittstelle offenzulegen, verwendet ActiveX das Konzept der sogenannten Verbindungspunkte. Die Verbindungspunkte eines Objekts werden von einem Verbindungspunktbehälter verwaltet.

Die *idl*-Darstellung der Ereignisschnittstelle muß mit Hand in die *idl*-Datei eingetragen werden. Um die Verbindungspunkte zu dieser Definition zu erstellen, muß die *idl*-Datei zunächst übersetzt werden. Für die Generierung des eigentlichen Verbindungspunkts steht ein automatischer Proxy-Generator zur Verfügung.

Zur direkten Bearbeitung der Eigenschaften kann der ATL Objekt Assistent auf Wunsch auch Eigenschaftsseiten generieren. Zur Übertragung der Daten aus der Eigenschaftsseite in das Objekt dient die Funktion Apply().

Zum Test des ActiveX-Steuerungselements im Kontext einer Web-Seite stellt der ATL-Objekt-Assistent für Steuerungselemente automatisch auch ein HTML-Testdokument zur Verfügung. Diese Datei kann mit wenigen Zeilen VBScript-Code so erweitert werden, daß sie auf die vom Steuerungselement verschickten Ereignisse reagiert. Um Sicherheitsprobleme zu vermeiden, können garantiert ungefährliche Steuerungselemente durch die *IObjectSafety*-Schnittstelle für den Web-Browser als „sicher" gekennzeichnet werden. Bei anderen Steuerungselementen vergewissert sich der Explorer zunächst, ob der VBScript-Code ausgeführt werden darf.

5.5 Daten-Bank – MFC-Datenbankanwendungen

Wohl der häufigste Typ von Anwendungen in der Datenverarbeitung sind Datenbankanwendungen. Immer dann, wenn größere Datenbestände beliebiger Art zu verwalten, auszuwerten oder miteinander zu verknüpfen sind, ist die Verwendung von Datenbanken die effektivste Lösung. Zwar unterstützt der bereits bekannte Mechanismus der Serialisierung die Speicherung und das Lesen von Dokumenten auf einem Datenträger, doch muß bei diesem Konzept immer das ganze Dokument in den Arbeitsspeicher bzw. auf den Massenspeicher bewegt werden. Datenbanken ermöglichen dagegen den Zugriff auf genau die Daten der Datenbank, die gerade benötigt werden.

Eine eigene Datenbank-Engine zu entwickeln ist (zurückhaltend formuliert) nicht trivial. Heute, da eine Vielzahl erprobter und hochoptimierter kommerzieller Datenbanklösungen zur Verfügung stehen, macht es aus diesem Grund keinen Sinn mehr, hier eigene Datenbankroutinen zu entwickeln. Wesentlich interessanter ist es, sich auf die eigentliche Problemlösung zu konzentrieren und die darunterliegende Datenbanktechnologie den Spezialisten zu überlassen.

Die Verwendung eines professionellen DBMS (**D**ata **B**ase **M**anagement **S**ystem) bringt eine Reihe wichtiger Vorteile mit sich:

- **Standarddateiformate:** Die Verwendung eines Standardformats wie DBF (XBase) oder MDB (Microsoft Access) bedeutet, daß die Daten auch von anderen Programmen weiterverarbeitet werden können.
- **Indizierter Zugriff:** Der Zugriff auf einen Datensatz über einen Schlüssel kann sehr viel schneller erfolgen als die sequentielle Suche nach einem bestimmten Datensatz. Sie können natürlich auch eigene B-Tree-Algorithmen schreiben ...
- **Relationen:** Informationen in unterschiedlichen Tabellen können über gleichlautende Felder miteinander verknüpft werden. So kann der Datenbestand mit einem Minimum an Redundanz organisiert werden. So wird man Kundenadressen nicht in der Auftragstabelle, sondern in einer gesonderten Adreßdatenbank speichern. Die Verknüpfung erfolgt über ein eindeutiges Merkmal wie etwa die Kundennummer.

- **Datenintegrität:** Datenbanksysteme für den professionellen Einsatz besitzen spezielle Mechanismen wie z. B. eine Transaktionsverwaltung, um die Integrität von Daten auch nach einer Fehlersituation jederzeit sicherstellen zu können. Eine Transaktion ist eine Folge von Aktionen, die nur ganz oder gar nicht ausführt werden kann. Geht während der Folge von Datenbankoperationen irgend etwas schief, wird der Zustand vor Beginn der Transaktion wiederhergestellt (Rollback).
- **Mehrbenutzersysteme:** Die meisten professionellen DBMS sind mehrbenutzerfähig, d. h. mehrere Benutzer können mit ein und derselben Datenbank arbeiten, ohne sich in die Quere zu kommen. Datensätze, die bei einem Benutzer in der Bearbeitung sind, sind in diesem Falle gegen die Benutzung durch andere Anwender gesperrt.

Zur Entwicklung reiner Datenbankanwendungen gibt es komfortablere und schnellere Möglichkeiten als ausgerechnet die Entwicklung in C++. Hier wird man eher spezialisierte Datenbankentwicklungssysteme oder Datenbankprogramme wie Microsoft Access einsetzen. Sobald jedoch Datenverwaltung und Selektion nicht Hauptzweck der Anwendung sind, sondern nur eine Aufgabe unter mehreren, sind Allzwecksprachen wie C++ die bessere Wahl. Dank der Datenbankunterstützung von Visual C++ ist es sehr einfach, Anwendungen mit einer Datenbankfunktionalität auszustatten. Um die zur Verfügung stehenden Möglichkeiten jedoch optimal auszunutzen, bedarf es eines tiefergehenden Verständnisses von Entwurf und Implementation relationaler Datenbanken (Stichwort: Normalisierung) und ggf. der Auswirkung von Client-Server-Architekturen. Diese Aufgabe kann und will dieses Buch nicht leisten, hier muß auf die umfangreiche Spezialliteratur verwiesen werden.

Datenbankunterstützung kann in zwei unterschiedlichen Geschmacksrichtungen in eine Visual C++-Anwendung eingebaut werden, ODBC und DAO. In ihrer MFC-Implementation und von der Unterstützung durch Anwendungs-Assistenten und Klassen-Assistenten her sehen sich beide zum Verwechseln ähnlich, doch ist die Technologie unter der Haube vollkommen unterschiedlich.

ODBC steht für **O**pen **D**ata**b**ase **C**onnectivity und stellt eine Softwareschicht dar, die die Verwendung von Client-Server-Datenbanken, aber auch von einfachen Datenbanken vereinheitlicht. ODBC ist auf herkömmliche Weise durch DLLs implementiert. Für praktisch jedes Datenbankformat existieren geeignete ODBC-Treiber, so daß ODBC-Programme unabhängig vom Dateiformat funktionieren. ODBC basiert auf der Abfragesprache SQL (**S**tructured **Q**uery **L**anguage) und ist daher besonders geeignet für skalierbare Anwendungen, die auch mit SQL-Servern arbeiten können.

DAO steht für **D**ata **A**ccess **O**bjects und war Microsofts erste „große" Anwendung von COM-Technologie und Automatisierungsservern. Tatsächlich wurden diese Technologien und DAO parallel entwickelt und befruchteten und beeinflußten sich gegenseitig. DAO ist eine objektorientierte Schicht für den Zugriff auf Microsofts Jet-Engine zur Bearbeitung von MDB-Dateien. Da DAO für diesen Dateityp ausgelegt wurde, können MDB-Dateien mit diesem Verfahren effizienter bearbeitet werden als mit der ODBC-Technologie. Auch stehen Bearbeitungsmöglichkeiten zur Verfügung, die ODBC prinzipbedingt nicht unterstützen kann.

ODBC-Grundlagen

ODBC ist ein wichtiges Element der Microsoft **W**indows **O**pen **S**tandards **A**rchitecture (WOSA) und wird daher lange Zeit zur Verfügung stehen. Auch wenn DAO in vielen Fällen (speziell für MDB-Dateien) die bessere Alternative ist, hat ODBC weiterhin seinen Platz im Werkzeugkasten des Visual C++-Entwicklers. Insbesondere Client-Server-Anwendungen sind damit besser zu entwickeln. Datenbankabfragen werden an den ODBC-Treiber in der Abfragesprache SQL (genauer gesagt einer Teilmenge davon) gerichtet. Ein ODBC-Treiber kann eine solche Abfrage beispielsweise selbst interpretieren und zur Abfrage einer Datenbank im Textformat oder einem Datenbankformat nutzen. In einer Client-Server-Umgebung dagegen kann die Abfrage an den SQL-Server weitergeleitet werden, der die eigentliche Arbeit übernimmt, seine (zentrale) Datenbank abfragt und die Ergebnisse wieder an die Client-Anwendung schickt.

Die großen Datenbankhersteller wie Oracle, Informix, Progress, Ingres oder Gupta bieten für ihre Produkte ebenfalls ODBC-Treiber an. Damit kann man eine Anwendung zum Beispiel mit einem XBase-Treiber entwickeln und dasselbe Programm später mit einer Access-Datenbank oder gar einem Datenbankserver betreiben. Ein verbreiteter Kritikpunkt an ODBC ist, daß ODBC einen kleinsten gemeinsamen Nenner darstellt und die Benutzung spezieller Besonderheiten einzelner DBMS verhindert. Das ist aber der eigentliche Witz an der Sache: Der Entwickler braucht nur noch eine einzige Programmierschnittstelle zu kennen, um alle existierenden Datenbankformate zu bedienen. Er kann zwar so möglicherweise nicht das letzte Quentchen Performance aus seiner Anwendung herausholen, doch in einer Zeit, in der ununterbrochen neue APIs aus dem Boden gestampft werden, ist eine Vereinheitlichung zumindest in der Datenbankprogrammierung ein nicht zu unterschätzender Vorteil.

ODBC wird durch einen Satz von DLLs implementiert, die die eigentliche ODBC-API bereitstellen. Um diese legen die MFC eine Schicht von Klassen und Abstraktionen, die den direkten Umgang mit der ODBC-API überflüssig macht. Durch die optimale Unterstützung von Anwendungs-Assistenten und Klassen-Assistenten ist es sehr einfach, mit ein paar „point" und „clicks" eine funktionsfähige Datenbankanwendung zusammenzustellen. ODBC-Programme können auf zwei unterschiedliche Arten geschrieben werden. Wenn Sie auf die Verwendung der MFC verzichten wollen, bleibt Ihnen nichts anderes übrig, als die ODBC-API direkt zu verwenden. Verwenden Sie dagegen die MFC, so stellen die MFC ein Gerüst von Klassen zur Verfügung, die den Umgang mit ODBC-Datenbanken in eine Reihe leistungsfähiger Abstraktionen verpacken. Deutlicher sieht man die prinzipielle Arbeitsweise von ODBC jedoch, wenn man die grundlegenden Funktionen der ODBC-API betrachtet.

Zunächst benötigt jedes ODBC-Programm eine Datenquelle. Eine Datenquelle setzt sich zusammen aus einem Satz von Daten, den Informationen, die für den Zugriff auf die Daten notwendig sind, und dem Ort der Datenquelle, der in Form eines Datenquellennamens beschrieben werden kann. Um Anwenderprogramme und Datenquelle möglichst weitgehend zu entkoppeln, können Datenquellen und ODBC-Treiber mit einer Option der Systemsteuerung namens *32-Bit-ODBC* eingestellt werden. Was nun genau eine Datenquelle ist, hängt vom Treiber ab, gemeinsam ist allen möglichen Datenquellen nur, daß sie der Anwendung eine einheitliche Schnittstelle präsentieren. Wählen Sie beispielsweise den von Microsoft zur Verfügung gestellten Text-Treiber, so wird dieser ein ganzes Inhaltsverzeichnis als Datenbank auffassen und die darin enthaltenen Textdateien als Tabellen. Eine Microsoft Access-Datenbank wird dagegen in einer einzigen MDB-Datei enthalten sein. Im ODBC-Datenquellen-Administrator, den Sie über das Symbol *32-Bit-ODBC* in der Systemsteuerung aufrufen, haben Sie die Möglichkeit, auf der ersten Eigenschaftsseite *Benutzer-DSN* neue Datenquellen zu definieren und die Eigenschaften bestehender zu ändern. Klicken Sie auf die Schaltfläche *Hinzufügen,* gelangen Sie in den Dialog *Neue Datenquelle erstellen*. Hier wählen Sie zunächst den gewünschten Treiber aus, z. B. den *Microsoft Text-Treiber*. Durch Doppelklick auf den gewählten Treiber oder Betätigung der Schaltfläche *Fertigstellen* gelangen Sie in einen weiteren Dialog, der es Ihnen erlaubt weitere Festlegungen zu treffen. Dieser Setup-Dialog wird vom Treiber zur Verfügung gestellt - im Falle des Text-Treibers können der Name der Datenquelle, ein Beschreibungstext und das Verzeichnis ausgewählt werden, das als Datenbank aufgefaßt werden soll. In diesen Dialog gelangen Sie auch, wenn Sie im Datenquellen-Administrator auf eine bestehende Datenquelle doppelklicken oder die Schaltfläche *Konfigurieren* anklicken.

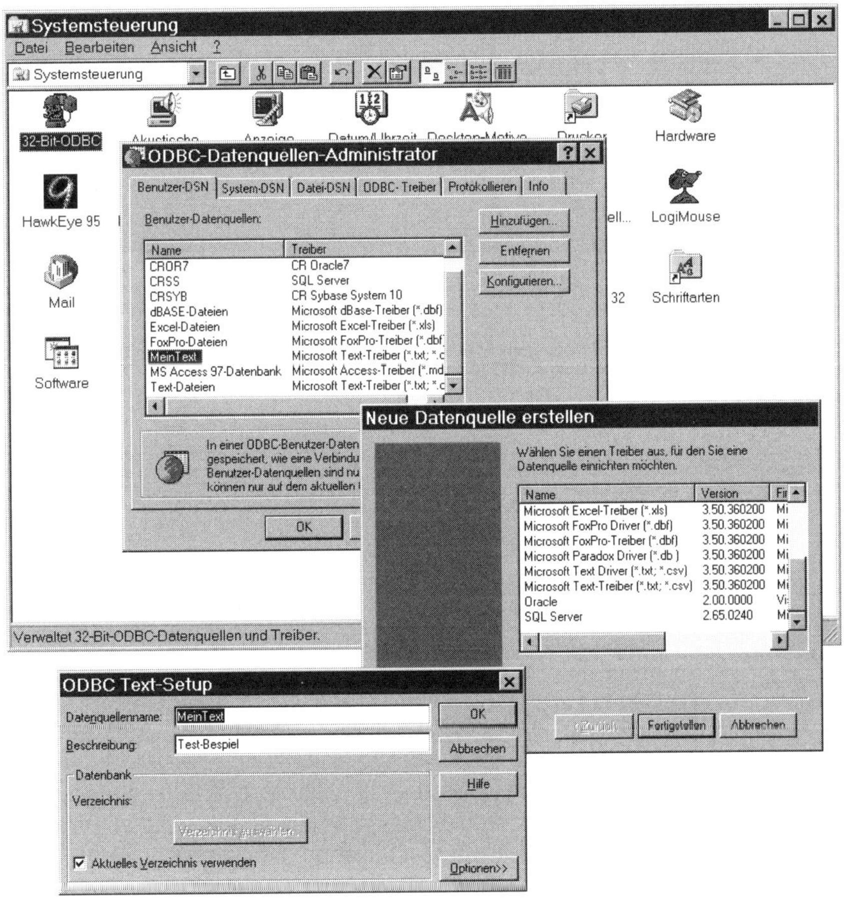

Abb. 130: Bearbeitung von Datenquellen mit dem ODBC-Datenquellen-Administrator in der Systemsteuerung. Die Abbildung zeigt die Dialoge, die bei der Neuerstellung oder Veränderung bestehender Datenquellen zu bearbeiten sind

ODBC-Anwendungen greifen für den Datenzugriff auf ODBC-Treiber zurück. Eine Grundausstattung an ODBC-Treibern wird mit Visual C++ mitgeliefert, weitere oder besser optimierte Treiber können Sie ggf. von den Datenbankherstellern oder Drittanbietern erhalten. Bevor solche Treiber benutzt werden können, müssen sie mit dem zugehörigen Installationsprogramm eingerichtet werden.

Treiber können einschichtig oder mehrschichtig sein, Bei letzterem die Funktionalität auf mehrere aufeinander aufbauende Softwareschichten verteilt. Ein einschichtiger Treiber verarbeitet sowohl die ODBC-Aufrufe als auch die SQL-Anweisungen. Ein Beispiel für einen einschichtigen Treiber ist der Microsoft Text-Treiber. Ein mehrschichtiger Treiber arbeitet dagegen mit einer Datenbank zusammen, die selbst in der Lage ist, SQL-Anweisungen auszuwerten. Dies kann eine normale PC-Einzelplatzdatenbank mit SQL-Fähigkeit sein oder aber auch ein zentraler Datenbank-Server, der auf einem anderen Rechner im Netz läuft.

SQL unterstützt nicht alle existierenden SQL-Dialekte, sondern nur eine sinnvolle Untermenge. Genauer gesagt handelt es sich sogar um zwei unterschiedlich umfangreiche Befehlssätze, eine minimale Untermenge und einen demgegenüber erweiterten Befehlssatz. Die SQL-Unterstützung von ODBC hat übrigens nichts mit eingebetteter SQL zu tun. Bei eingebetteter SQL werden die SQL-Anweisungen im Quelltext einer anderen Sprache eingebettet und mit einem Präprozessor oder einem hybriden Compiler mit dem Programmcode zusammen übersetzt. ODBC dagegen interpretiert die SQL-Anweisungen zur Laufzeit entweder im Treiber oder überläßt die Interpretation dem Datenbankserver. Dies bringt erhöhte Flexibilität bei der Datenbankabfrage.

Eine ODBC-Anwendung muß eine Reihe von Schritten in einer vorgegebenen Reihenfolge ausführen, um auf eine Datenbank zugreifen zu können, und eine weitere Folge von komplementären Schritten, um die Verbindung(en) wieder zu beenden.

```
SQLAllocEnv();                  // alloziert eine ODBC-Umgebung
    SQLAllocConnect();          // alloziert Speicher für die Verbindung
        SQLConnect();           // lädt Treiber und verbindet Datenquelle
            SQLAllocStmt ();    // alloziert Pufferspeicher für SQL

                                // Ausführen von ODBC-Anweisungen

                                // und nun alles wieder rückwärts:
            SQLFreeStmt();      // gibt Pufferspeicher für SQL frei.
        SQLDisconnect();        // trennt Verbindung zur Datenquelle
    SQLFReeConnect();           // gibt Verbindungsspeicher frei
SQLFreeEnv();                   // gibt Speicher der ODBC-Verbindung frei
```

SQLAllocEnv() initialisiert die ODBC-DLL und alloziert die „Umgebungsdaten". *SQLAllocEnv()* muß vor jedem anderen ODBC-Aufruf aufgerufen werden. Bei Erfolg wird über den Funktionsparameter zur Identifikation der Umgebung ein Umgebungs-Handle zurückgegeben. *SQLAllocConnect()* alloziert den Speicher für eine Datenstruktur, die die Verbindung beschreibt, und liefert ein Handle zum Umgang mit dieser Verbindung zurück. Mit Hilfe dieses Verbindungshandles stellt *SQLConnect()* nun erst die eigentliche Verbindung zur Datenquelle her. Für den Umgang mit SQL-

Anweisungen wird schließlich mit der Funktion *SQLAllocStmt()* ein Speicherbereich alloziert. Nun erst kann mit der Datenbank gearbeitet werden.

Nach der Beendigung aller Aktionen mit der Datenbank ist es wichtig, daß alle Allozierungen und Initialisierungen mit den umgekehrten Aufrufen in umgekehrter Reihenfolge wieder rückgängig gemacht werden.

Bei der Arbeit mit den ODBC-Klassen der MFC dagegen bleiben die Umständlichkeiten der ODBC-API und der zugehörigen Datenstrukturen dem Anwender (glücklicherweise) verborgen.

Strukturierte Abfrage – SQL

SQL steht für **S**tructured **Q**uery **L**anguage und ist eine ursprünglich von IBM eingeführte Sprache zur strukturierten Abfrage und Manipulation von Datenbanken. Gepflegt von unterschiedlichen Firmen entstanden im Laufe der Zeit verschiedene Dialekte, die durch die Standardisierung von ANSI-SQL aus der Welt geschaffen werden sollten. Dennoch ist bis heute SQL nicht gleich SQL, ODBC unterstützt daher nur eine (ausreichend große) Teilmenge.

Als eigene Sprache ist SQL zu komplex, um an dieser Stelle erschöpfend behandelt zu werden, ich möchte mich daher nur auf einige Hinweise beschränken. Wer tiefer in die Materie einsteigen will, wird ohnehin nicht darum herumkommen, zusätzliche Literatur zu Rate zu ziehen.

Man unterscheidet zwischen Anweisungen zur Datenmanipulation und Anweisungen zur Schemadefinition. Datenmanipulationsanweisungen können Daten selektieren, einfügen, löschen oder ändern. Schemadefinitionsanweisungen dagegen legen das Layout einer Datenbank fest.

Die wichtigste Anweisung zur Schemadefinition ist sicherlich *CREATE TABLE*. Nehmen wir beispielsweise die bereits erwähnte Kundendatenbank[103]. Das Layout könnte definiert sein mit:

```
CREATE TABLE Kunden
  ( KundenNo CHAR(10) NOT NULL,
    Name     CHAR(30) NOT NULL,
    Vorname  CHAR(30),
    Straße   CHAR(30),
    Plz      INTEGER,
    Ort      CHAR(20)
)
```

103 Eigentlich Kundentabelle. Bei einer relationalen Datenbank ist die Datenbank erst die Gesamtheit der Tabellen, eine einfache Datenbank kann aber auch aus einer einzigen Tabelle bestehen. Der übliche Sprachgebrauch grenzt hier leider nicht klar ab.

Neben dem grundsätzlichen Tabellenlayout gibt es die Möglichkeit, Einschränkungen und Testbedingungen zu formulieren. Das Schlüsselwort *UNIQUE* gibt beispielsweise vor, daß so bezeichnete Felder oder Feldkombinationen einen Datensatz eindeutig kennzeichnen müssen. Das Schlüsselwort *CHECK* erlaubt es, Bedingungen zu formulieren, die für jeden Datensatz erfüllt sein müssen:

```
CREATE TABLE Kunden
  ( KundenNo CHAR(10) NOT NULL,
    Name     CHAR(30) NOT NULL,
    Vorname  CHAR(30),
    Straße   CHAR(30),
    Plz      INTEGER,
    Ort      CHAR(20),
    UNIQUE (Name, Vorname),
    CHECK  (Plz < 99999)
)
```

Tabellen können natürlich auch von Anfang an mit einem Index vereinbart werden. Für einen Index wird zusätzlich eine Baumstruktur aufgebaut, die eine extrem schnelle Lokalisierung jedes Indexeintrags ermöglicht:

```
CREATE TABLE Kunden
  ( KundenNo CHAR(10) NOT NULL,
    Name     CHAR(30) NOT NULL,
    Vorname  CHAR(30),
    Straße   CHAR(30),
    Plz      INTEGER,
    Ort      CHAR(20),
    UNIQUE (Name, Vorname),
    CHECK  (Plz < 99999),
    PRIMARY KEY (Name)
)
```

Ein Index kann natürlich auch später zu einer existierenden Tabelle hinzugefügt werden, hierzu dient die Anweisung *CREATE INDEX*:

```
CREATE INDEX NameIndex ON Kunden (Name, Vorname);
```

Weitere Anweisungen zur Schemadefinition sind *ALTER TABLE* zur Änderung des Layouts einer bestehenden Tabelle und *DROP* zum Löschen von ganzen Indizes oder Tabellen.

Zur Datenmanipulation gibt es vier grundlegende Anweisungen:

- *SELECT* – Datensätze nach bestimmten Kriterien suchen und bestimmte Felder extrahieren.
- *INSERT INTO* – Einfügen von Datensätzen in die Tabelle.
- *UPDATE* – Datensätze ändern.
- *DELETE* – Datensätze löschen.

Eine einfache *SELECT*-Anweisung zur Auswahl aller Kundendatensätze mit Postleitzahlen < 50000 aus der Datenbank könnte etwa so aussehen:

```
SELECT Name, Vorname FROM Kunden WHERE Kunden.Plz < 50000
```

Die wichtigste Eigenschaft relationaler Datenbanken besteht darin, mit sogenannten Relationen zwischen verschiedenen Tabellen Beziehungen herstellen zu können, die es erlauben, Informationen aus mehreren Tabellen auf sinnvolle Art und Weise miteinander zu kombinieren. Oben wurde bereits erwähnt, daß man die Kundenadressen sicherlich nicht in der Auftragsdatenbank bzw. -tabelle speichern wird, sondern in einer separaten Tabelle. Die Adreßinformation wird dann erst bei Bedarf über ein eindeutiges Merkmal wie z. B. die Kundennummer mit den Daten der Auftragsverwaltung zusammengeführt.

Dafür, daß die so funktioniert, ist wichtig, daß zwischen den Datensätzen verschiedener Tabellen irgendeine Art von Beziehung besteht. Das kann beispielsweise ein eindeutiges Merkmal wie die schon erwähnte Kundennummer sein:

```
SELECT Kunden.Name, Kunden.Vorname, Auftrag.AuftrNo
FROM   Kunden, Auftrag
WHERE  Kunden.KundenNo = Auftrag.KundenNo
```

Hier werden Informationen aus zwei verschiedenen Tabellen *Kunden* und *Auftrag* über die Kundennummer als eindeutiges gemeinsames Merkmal verknüpft.

Will man alle Felder eines Datensatzes haben, kann man anstelle der Liste der Feldnamen auch ein * setzen.

Neben einer Auflistung der Felder sind auch Rechenoperationen möglich. Die folgende Anweisung etwa klärt die wichtige Frage, wie viele unterschiedliche Nachnamen in der Kundentabelle vorkommen:.

```
SELECT COUNT (DISTINCT Kunden.Name) FROM Kunden
```

Mögliche Zusammenfassungen umfassen:

- *COUNT* - Anzahl
- *MAX* - größter Wert
- *MIN* - kleinster Wert
- *AVG* - Durchschnitt
- *SUM* - Summe

Offensichtlich können *SELECT*-Anweisungen mehr als einen Datensatz auf einmal ermitteln, man spricht von einer Zeilenmenge. Um den Umgang damit zu vereinfachen, kennt SQL das Konzept eines (Zeilen-)Cursors, der es erlaubt, eine Zeile (= einen Datensatz) der Ergebnismenge nach der andern zu bearbeiten.

Eine weitere wichtige Möglichkeit, ganze Gruppen von Datensätzen zu bearbeiten eröffnet die Datenansicht (View). Eine Datenansicht ist ein Art virtueller Tabelle, die als Ergebnis einer Abfrage erstellt werden kann und sich dann ihrerseits wieder wie eine Datenbank-Tabelle verhält:

```
CREATE VIEW KundenNord (KundenNo, Name, Vorname)
AS SELECT Kunden.KundenNo, Kunden.Name, Kunden.Vorname
  FROM Kunden
  WHERE Kunden.Plz < 50000
```

In darauffolgenden Operationen kann diese Tabelle genau wie jede andere Tabelle der Datenbank verwendet werden, z. B. zur Auswahl aller Felder:

```
SELECT * FROM KundenNord
```

Eine ODBC-Datenbankanwendung mit dem Anwendungs-Assistenten

Bis hierher scheint das alles reichlich kompliziert zu sein (und tatsächlich ist der Entwurf einer leistungsfähigen kommerziellen Datenbankanwendung nichts für Anfänger), doch wird die Erstellung von ODBC-Anwendungen von den MFC und den Anwendungs- und Klassen-Assistenten so optimal unterstützt, daß der rein technische Teil der Kodierung von Datenbankanwendungen extrem einfach wird.

Um eine Datenbankanwendung mit dem Anwendungs-Assistenten zu erstellen, muß zunächst eine Datenquelle zur Verfügung stehen. Der Anwendungs-Assistent verwendet dann die Eigenschaften dieser Datenquelle wie z. B. das Tabellenlayout, um eine Anwendung zum Zugriff auf diese Datenquelle zu erstellen. Zur neuen Erstellung der Datenquelle oder basierend auf existierenden Dateien, dient die ODBC-Option der Systemsteuerung.

Das Kalenderbeispiel des Buchs legt es nahe, eine kleine Datenbank (*HoliBase*) der Feiertage anzulegen. Die Daten können aus der Datei *SpecialDays.cpp* der Kalenderanwendung entnommen und für den Microsoft Text-Treiber umformatiert werden (Trennzeichen *;*). Beweglichen Feiertagen wird der Monat *0* zugeordnet; in diesem Fall gibt der *Tag* an, um wie viele Tage der Feiertag gegenüber dem Ostertermin verschoben ist. Die Textdatei *Holidays.txt* hat damit die folgende Form (die eingestreuten Leerzeichen dienen nur der besseren Lesbarkeit):

```
Tag; Monat; Feiertag
  1;  1; "Neujahr"
  1;  5; "Maifeiertag"
  1; 11; "Allerheiligen"
 25; 12; "1. Weihnachtstag"
 26; 12; "2. Weihnachtstag"
-48;  0; "Rosenmontag"
-46;  0; "Aschermittwoch"
 -2;  0; "Karfreitag"
  0;  0; "Ostersonntag"
```

```
 1:  0: "Ostermontag"
39:  0: "Christi Himmelfahrt"
49:  0: "Pfingstsonntag"
50:  0: "Pfingstmontag"
60:  0: "Fronleichnam"
```

Um die ODBC-Datenquelle zu erstellen, wählen Sie in der ODBC-Option der Systemsteuerung die Schaltfläche *Hinzufügen* und im Dialog *Neue Datenquelle erstellen* den *Microsoft-Text-Treiber*. Durch Doppelklick oder auf die Schaltfläche *Fertigstellen* gelangen Sie in den Dialog *ODBC Text-Setup* des Microsoft Text-Treibers.

Mit der Schaltfläche *Verzeichnis auswählen* wählen Sie das Verzeichnis aus, in dem sich *Holidays.cpp* befindet. Falls das Markierungsfeld *Aktuelles Verzeichnis verwenden* markiert ist, muß die Markierung zuvor entfernt werden. Um weitere Einstellungen vorzunehmen, insbesondere aber um die wichtige Schaltfläche *Format definieren* zu erreichen, muß mit der Schaltfläche *Optionen* die „große" Variante des Dialogs aktiviert werden.

Mit der Schaltfläche *Format definieren* gelangen Sie in den Dialog *Textformat definieren*. Im Listenfeld *Tabellen* werden alle Textdateien des gewählten Verzeichnisses angezeigt.

Hier wählen Sie die Datei *holidays.txt*. Da die Spaltennamen in der ersten Zeile vorgegeben sind, werden sie durch Markierung des Felds *Spaltennamen in erster Zeile* automatisch berücksichtigt, u. U. müssen Sie jedoch mit der Schaltfläche *Analysieren* etwas nachhelfen. Aus der Analyse der ersten Zeilen der Texttabelle erkennt der Treiber auch, in welchen Tabellenspalten welche Datentypen zu erwarten sind.

Sind alle Einstellungen zur Zufriedenheit getroffen, kann der Dialog mit *OK* beendet werden.

Um sich die Einstellungen zu merken, generiert der Microsoft Text-Treiber im Verzeichnis jeder Textdatenbank eine *ini*-Datei mit dem Namen *schema.ini*:. Da der Treiber alle Textdateien im Verzeichnis als Tabellen auffaßt, wird im vorliegenden Fall auch die Textdatei *readme.txt* für eine Tabelle gehalten:

```
[readme.txt]
ColNameHeader=False
Format=Delimited(;)
MaxScanRows=25
CharacterSet=OEM

[holidays.txt]
ColNameHeader=True
Format=Delimited(;)
MaxScanRows=25
CharacterSet=OEM
Col1=TAG Integer
Col2=MONAT Integer
Col3=FEIERTAG Char Width 255
```

Sollten zu einem späteren Zeitpunkt Änderungen an den Einstellungen nötig werden, können Sie aus dem *ODBC-Datenquellen-Administrator* jederzeit mit der Schaltfläche *Konfigurieren* wieder in die Setup-Dialoge - Voraussetzung dafür ist allerdings, daß Sie in der Liste *Benutzte Datenquellen* einen ODBC-Treiber angewählt haben.

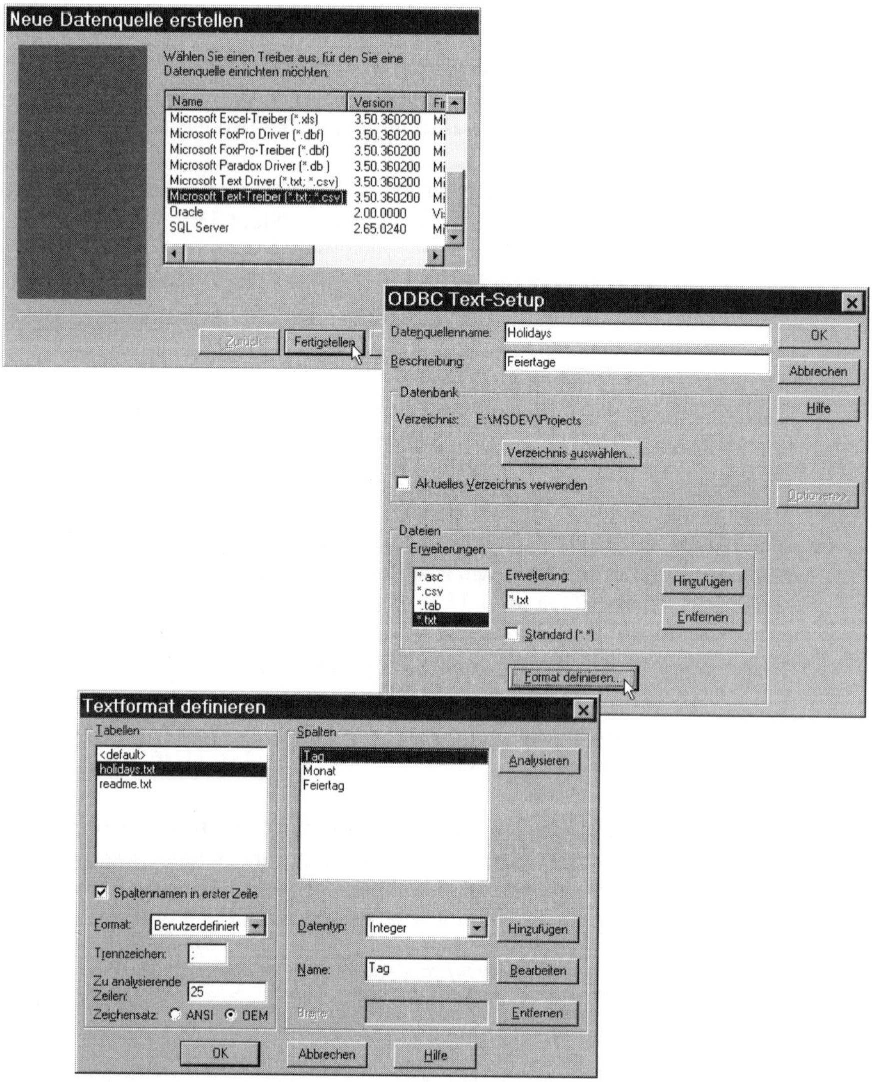

Abb. 131: Anlegen einer Textdatenbank als Datenquelle für die HoliBase-Datenbankanwendung

Nachdem eine Datenquelle zur Verfügung steht, können Sie nun mit dem Anwendungs-Assistenten eine SDI-Anwendung mit Namen *HoliBase*[104] zum Durchblättern

104 Pun is fun!

der Datenbanktabelle erstellen. Die Art der Datenbankunterstützung wird im zweiten Schritt des Anwendungs-Assistenten festgelegt. Hier können Sie wählen zwischen:

- *Keine* – Genau das!
- *Nur Header-Dateien* – Falls Ihre Problemstellung zu speziell ist, als daß das vom Anwendungs-Assistenten vorgefertigte Lösungsgerüst von Nutzen ist, oder falls Sie Datenbanktabellen erst später mit dem Klassen-Assistenten anbinden wollen[105].
- *Datenbankansicht ohne Dateiunterstützung* – Dies ist der Normalfall, da eine Unterstützung von Serialisierung zusätzlich zur Datenbankunterstützung in der Regel überflüssig ist. Eine Anwendung arbeitet normalerweise entweder mit persistenten Dokumenten-Objekten oder *mit* Daten einer Datenbank.
- *Datenbankansicht mit Dateiunterstützung* – Falls doch Serialisierung und Datenbankzugriff unterstützt werden sollen.

Wählen Sie *Datenbankansicht ohne Dateiunterstützung*. Nun müssen Sie mit der Schaltfläche *Datenquelle* eine Datenquelle angeben. Der Dialog *Datenbank-Optionen* bietet Ihnen die Gelegenheit, zwischen ODBC und DAO zu wählen. Wählen Sie hier *ODBC*.

Mit dem nebenstehenden Kombinationsfeld muß nun eine der vorhandenen Datenquellen gewählt werden. Wählen Sie die zuvor erstellte Datenquelle *Holidays*.

Sobald Sie diesen Dialog mit *OK* schließen, durchsucht der Anwendungs-Assistent das Verzeichnis der Textdatenquelle nach in Frage kommenden Tabellen. Im Dialog *Datenbanktabellen wählen* wählen Sie *Holidays.txt*.

Mit *OK* gelangen Sie in den Schritt zwei des Anwendungs-Assistenten zurück. Unterhalb der Schaltfläche *Datenquelle* steht hier anstelle der Meldung *Es ist keine Datenquelle ausgewählt* nun *Tabelle '[Holidays].[txt]' in Datenquelle 'Holidays' ist ausgewählt*.

Hier zeigt sich bereits ein kleiner Fehler[106] des Anwendungs-Assistenten, der auch auf den erzeugten Code durchschlagen wird: Die korrekte Bezeichnung der Tabelle ist *[Holidays.txt]*, nicht *[Holidays].[txt]*.

---

105 Falls Sie *CRecordSet* als Basisklasse der neuen Klasse angeben, erfragt der Klassen-Assistent ähnlich dem Anwendungs-Assistenten selbständig benötigte Details wie Art und Namen der Datenquelle etc.

106 Dieser Fehler ist ein Erbstück aus früheren Versionen von VC – es ist immer schön, wenn man alte Bekannte wiedertrifft. Andererseits – welcher geistig gesunde Entwickler arbeitet schon mit Textdatenbanken?

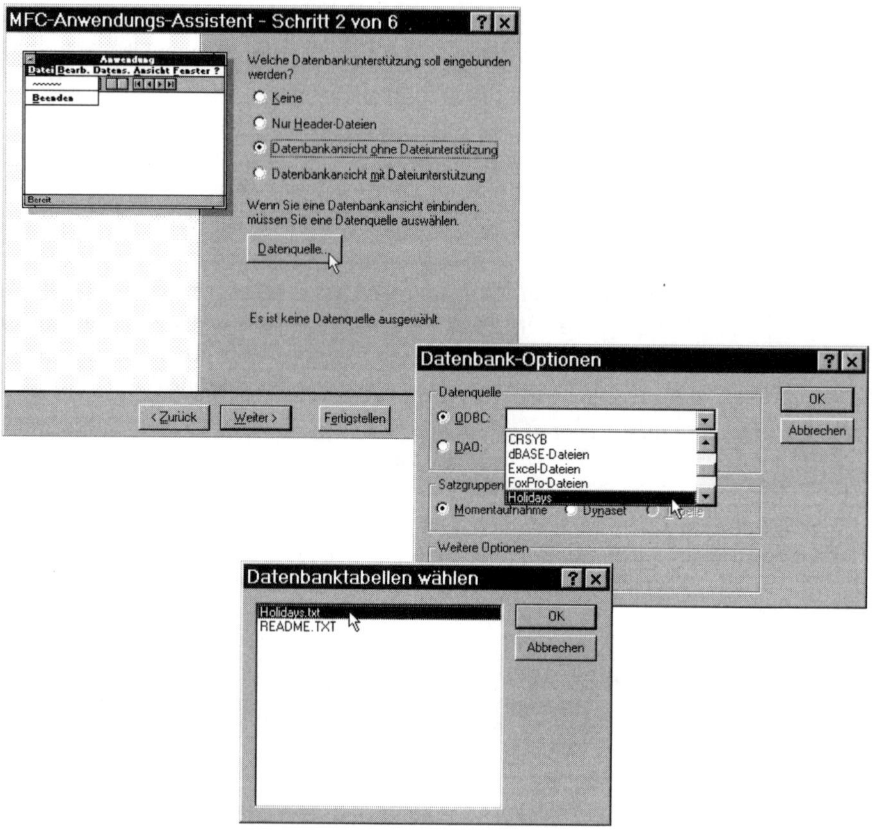

Abb. 132: Festlegung der Datenquelle für die Anwendung durch drei hintereinandergeschaltete Dialoge. Der Anwendungs-Assistent benutzt die Strukturdaten der Datenbank zur Erstellung „maßgeschneiderter" Datenbankklassen

Hiermit hat der Anwendungs-Assistent nun alle erforderlichen Informationen beisammen; die Anwendung kann fertiggestellt werden. Dabei werden die folgenden Klassen generiert:

- *CHoliBaseApp* – Die Anwendungsklasse.
- *CHoliBaseDoc* – Die Dokumentenklasse.
- *CHoliBaseSet* – Ein Auszug aus der Tabelle, ein Recordset, enthält Datenfelder mit den Werten des aktuell ausgewählten Datensatzes.
- *CHoliBaseView* – Die Ansichtsklasse vom Typ *CFormView* (genauer *CRecordView*), d. h., die Elemente des aktuellen Datensatzes werden in einer Art Dialog angezeigt.
- *CMainFrame* – Der Hauptrahmen.

Die Anwendung kann nun bereits übersetzt und gestartet werden. Da nichts im Leben wirklich einfach ist, meldet der ODBC-Treiber *Syntax Error in FROM clause*, d. h. ein Fehler im *FROM*-Teil der zur Anfrage der Datenbank generierten SQL-Abfrage. Hier zeigt sich nun der bereits erwähnte Fehler des Anwendungs-Assistenten, der in der Funktion *CHoliBaseSet::GetDefaultSQL()* den Namen der Tabelle mit der falschen Syntax eingetragen hat - die (hier auskommentierte) Vorgabe des Anwendungs-Assistenten ist durch die hervorgehobene, syntaktisch korrekte Variante zu ersetzen:

```
CString CHoliBaseSet::GetDefaultSQL()
{
//  return _T("[Holidays].[txt]");  VC BUG!!
    return _T("[Holidays.txt]");
}
```

Nach dieser Änderung läuft die Anwendung fehlerfrei, es ist sogar möglich, mit den vier neuen Schaltflächen der Symbolleiste in den Datensätzen zu blättern. Allerdings ist dies von zweifelhaftem praktischen Nutzen, solange man die Datensätze nicht auch sehen kann.

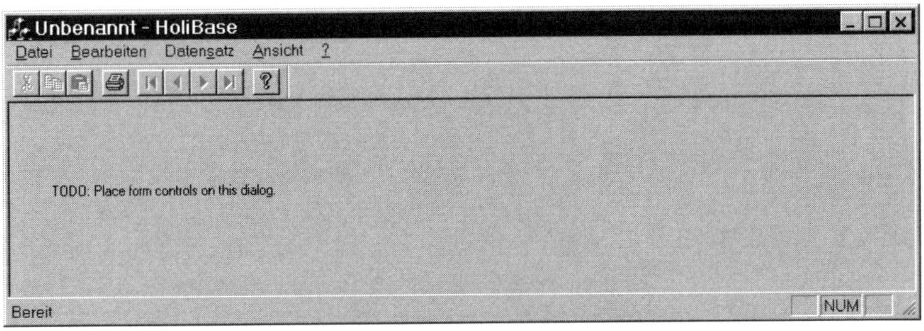

Abb. 133: Eine minimale ODBC-Anwendung. Die Logik, um in den Datensätzen zu blättern, ist bereits an Ort und Stelle und funktioniert auch schon konsistent; allerdings werden die Datensätze noch nicht angezeigt

Zum Glück ist es sehr einfach, die Datensätze auch anzuzeigen; tatsächlich müssen Sie hierzu keine einzige Zeile Code mit der Hand schreiben.

Datenfelder für die Spalten der Datenbanktabelle hat der Anwendungs-Assistent bereits automatisch in der von *CRecordSet* abgeleiteten Klasse *CHoliBaseSet* erzeugt. Dazu ermittelt er (im Falle der Textdatenbank aus *Schema.ini*) Namen und Datentyp der Spalten und legt entsprechende Komponentenvariablen an. Der Name ergibt sich aus dem in Großbuchstaben umgewandelten Namen der Spalte mit vorangestelltem *m_*.

Die Ansichtsklasse der Anwendung ist über die Zwischenstufe *CRecordView* von der Klasse *CFormView* abgeleitet, die Sie in Kapitel 4 bereits kennengelernt haben. Zur Anzeige der Daten müssen lediglich einige geeignete Steuerungselemente mit dem Dialog-Editor eingefügt und mit Hilfe des Klassen-Assistenten mit der Anwendung „verdrahtet" werden.

Ein Blick in die Ressourcenansicht des Projekts zeigt, daß zur Verwendung durch die Ansichtsklasse eine Dialogressource mit der ID *IDD_HOLIBASE_FORM* existiert. Laden Sie diesen Dialog durch Doppelklick auf das entsprechende Dialogsymbol in der Ressourcenansicht und löschen Sie das statische Platzhalter-Textfeld.

Zur Anzeige der Datensatzfelder *Tag*, *Monat* und *Feiertag* fügen Sie nun mit dem Dialog-Editor drei statische Textfelder und drei Eingabefelder ein. Mit dem über das Kontextmenü erreichbaren Dialog *Bearbeiten/Eigenschaften* weisen Sie den Textfeldern Beschriftungen und den Eingabefeldern die IDs *IDC_TAG*, *IDC_MONAT* und *IDC_FEIERTAG* zu. Die Korrespondenz zwischen Ressourcen-IDs, den Spaltenbezeichnungen der Tabelle und den Namen der vom Anwendungs-Assistenten erstellten Komponentenvariablen von *CHoliBaseSet* ermöglicht dem Klassen-Assistenten, beim „Verdrahten" der Eingabefelder intelligente Vorschläge zu machen. Insofern ist die Verwendung deutschsprachiger Bezeichner hier ausnahmsweise gerechtfertigt.

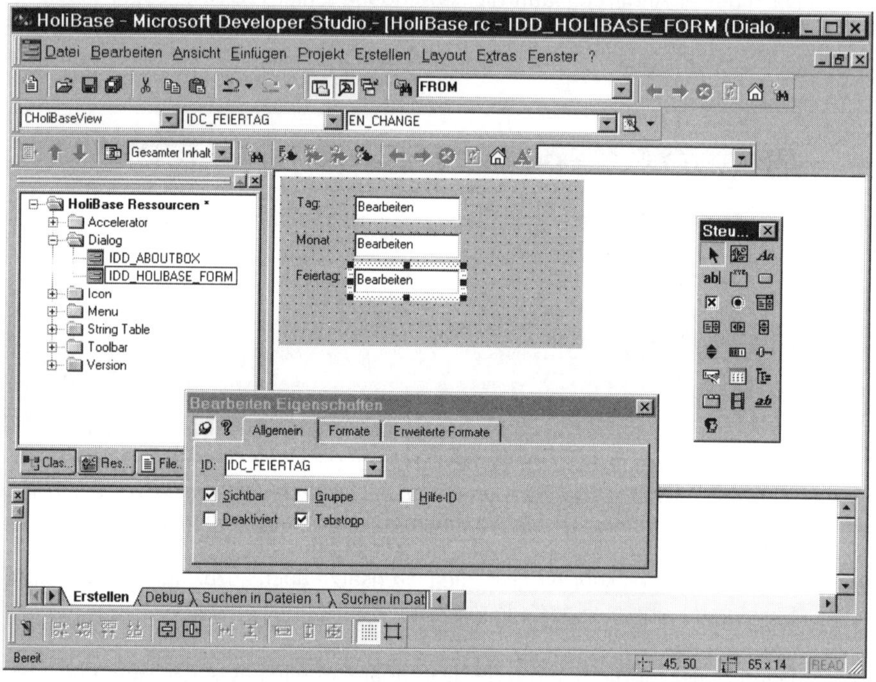

Abb. 134: Die Dialogressource für die Ansichtsklasse der Anwendung zur Anzeige eines Datensatzes wird mit dem Dialog-Editor erstellt

Im Prinzip könnten Sie nun auf gewohnte Weise über das Kontextmenü den Klassen-Assistenten aufrufen und dort über den Reiter *Member Variablen* und die Schaltfläche *Variable hinzufügen* die zu den Eingabefeldern gehörenden Komponentenvariablen definieren und mit den Eingabefeldern verknüpfen. Speziell für die Verbindung mit bereits existierenden Variablen von *CRecordSet*-Klassen existiert jedoch noch eine wesentlich einfachere Methode: Doppelklicken Sie mit gedrückter [Strg]-Taste in jedes der drei Eingabefelder. Der Klassen-Assistent zeigt sofort den Dialog *Member-Variable hinzufügen* an und füllt ihn in diesem Falle bereits aus, z. B. mit

```
m_pSet->m_FEIERTAG
```

Der Witz ist hierbei, daß nicht die Verbindung zu einer gleichzeitig neu angelegten Variablen, sondern über die Komponentenvariable *m_pSet* der Ansichtsklasse eine Verbindung zu einer existierenden Komponentenvariablen der Klasse *CHoliBaseSet* hergestellt wird. Falls der Klassen-Assistent nicht die passende Komponentenvariable (oder einen falschen Typ) vorschlägt, kann hier von Hand nachgebessert werden.

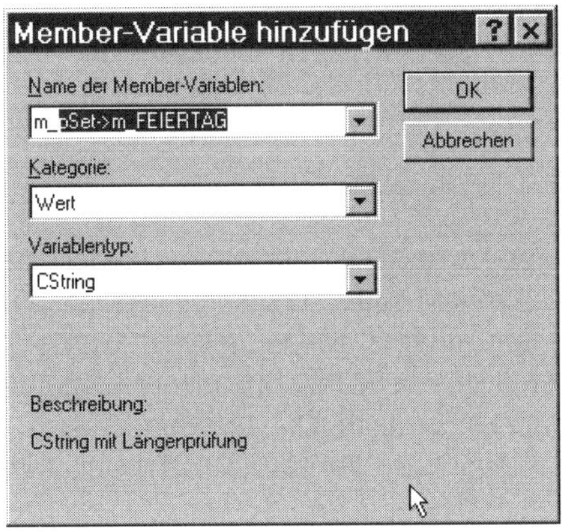

Abb. 135:
Der Dialog Member-Variable hinzufügen kann vom Klassen-Assistenten aus oder aus dem Dialog-Editor durch Doppelklick auf das gewünschte Steuerungselement bei gleichzeitig gedrückter [Strg]-Taste erreicht werden. Im zweiten Fall versucht der Klassen-Assistent, einen geeigneten Vorschlag zu machen

Um die Anwendung fertigzustellen, genügt es, diese Schritte für jedes der drei Eingabefelder durchzuführen und die Anwendung zu übersetzen. Was Sie auf diese Weise ohne jede eigene Programmierung zusammengestellt haben, ist eine einfache Browser-Anwendung, die es erlaubt, die Sätze der Datenbank durchzublättern.

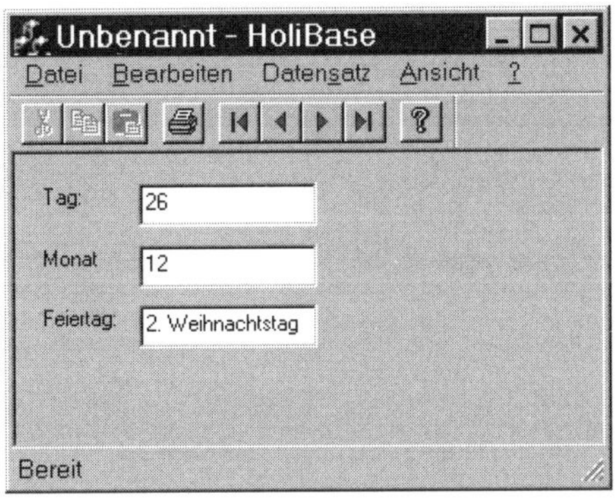

Abb. 136:
Blättern in der Feiertagsdatenbank mit HoliBase. Bis hierhin mußte keine Zeile Code von Hand geschrieben werden

Für die vorliegende Problemstellung - die Anzeige der festen und der beweglichen Feiertage - ist die Lösung aber noch etwas unbefriedigend, da den Normalsterblichen bei beweglichen Feiertagen nicht interessiert, wie viele Tage diese gegenüber dem Ostertermin verschoben sind, sondern auf welches konkrete Datum diese in einem gegebenen Jahr fallen. Es ist jedoch kein Problem, *HoliBase* mit einigen Zeilen Code (und unter Rückgriff auf die bewährten Datumsklassen[107]) diesem Problem abzuhelfen. Ansatzpunkt ist die bekannte Datenaustausch-Funktion *DoDataExchange()* für den dynamischen Datenaustausch:

107 Denken Sie daran, die Definitions- und Implementationsdatei der Datumsklasse zum Projekt hinzuzufügen sowie die nötige *#include*-Direktive einzufügen, und schalten Sie wieder vorübersetzte Definitionsdateien für *Date.cpp* aus.

```
void CHoliBaseView::DoDataExchange(CDataExchange* pDX)
{
    CRecordView::DoDataExchange(pDX);
    //{{AFX_DATA_MAP(CHoliBaseView)
    DDX_FieldText(pDX, IDC_MONAT, m_pSet->m_MONAT, m_pSet);
    DDX_FieldText(pDX, IDC_TAG, m_pSet->m_TAG, m_pSet);
    DDX_FieldText(pDX, IDC_FEIERTAG, m_pSet->m_FEIERTAG, m_pSet);
    //}}AFX_DATA_MAP
}
```

Da Tage und Monate abhängig von der Art des Feiertags unterschiedlich behandelt werden müssen, müssen die direkten Verbindungen zwischen Eingabefeld und Datensatzfeld mit dem Klassen-Assistenten zunächst wieder gelöscht werden. Da das konkrete Datum eines beweglichen Feiertags vom Jahr abhängt, muß außerdem mit Dialog-Editor und Klassen-Assistent ein Eingabefeld *IDC_JAHR* und eine zugehörige Komponentenvariable *m_year* für das Jahr in die Formularansicht eingefügt werden. Die nach Änderung durch den Klassen-Assistenten und die übrigen Ergänzungen resultierende Datenaustausch-Funktion ist zwar länger, aber noch immer nicht sonderlich kompliziert:

```
void CHoliBaseView::DoDataExchange(CDataExchange* pDX)
{
    CRecordView::DoDataExchange(pDX);
    //{{AFX_DATA_MAP(CHoliBaseView)
    DDX_FieldText(pDX, IDC_FEIERTAG, m_pSet->m_FEIERTAG, m_pSet);
    DDX_Text(pDX, IDC_JAHR, m_year);
    //}}AFX_DATA_MAP

    if (pDX->m_bSaveAndValidate)
    {
        // In diesem Beispiel haben wir nichts zu sichern.
    }
    else
    {
        if (m_pSet->m_MONAT)
        {
            SetDlgItemInt( IDC_TAG,   m_pSet->m_TAG);
            SetDlgItemInt( IDC_MONAT, m_pSet->m_MONAT);
        }
        else if (m_year > 1582)
        {
            GregorianDate date;
            date = date.getEasterDate(m_year);
            date += m_pSet->m_TAG;
            SetDlgItemInt( IDC_TAG,   date.getDay());
            SetDlgItemInt( IDC_MONAT, date.getMonth());
        }
        else
        {
            SetDlgItemText( IDC_TAG,   "");
            SetDlgItemText( IDC_MONAT, "");
        }
    }
}
```

Anstelle der Felder *IDC_TAG* und *IDC_MONAT* hat der Klassen-Assistent nun das Feld *IDC_JAHR* und den automatischen Datenaustausch mit der Variablen *m_year* eingefügt.

Der restliche Code ist davon abhängig, in welche Richtung der Datenaustausch erfolgt. Für dieses Beispiel kann der Datenaustausch vom Formular in Richtung Datensatz ausgespart werden. Beim Datenaustausch in umgekehrter Richtung gibt es drei mögliche Situationen zu berücksichtigen.

Im ersten Fall liegt der Monat fest, es handelt sich also um einen feststehenden Feiertag, die Werte können ohne weitere Berechnungen in die Eingabefelder übertragen werden. Im zweiten Fall ist eine (sinnvolle) Jahreszahl in *m_year* vorgegeben. Aus der Jahreszahl wird das Osterdatum ermittelt und daraus wiederum das Datum des Feiertags berechnet und angezeigt. Im dritten Fall schließlich liegt ein beweglicher Feiertag vor, aber keine sinnvolle Jahreszahl. Hier werden die Eingabefelder einfach gelöscht.

Die Anwendung kann nun wieder übersetzt und gestartet werden. Sobald im Formular ein sinnvolles Jahresdatum vorgegeben wird, können nun auch bewegliche Feiertage richtig dargestellt werden.

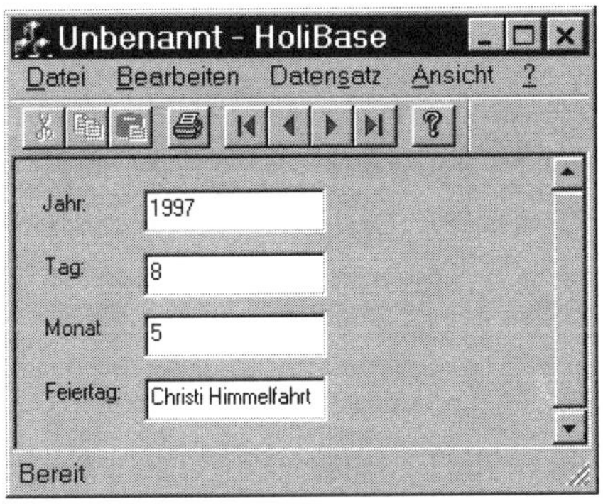

Abb. 137:
Mit Hilfe der Datumsklassen der Kalenderanwendung und ein bißchen Programmierung werden auch bewegliche Feiertage richtig angezeigt. Hier zeigt sich die Überlegenheit der Hochsprache über ein reines Datenbankentwicklungssystem

Analyse des generierten Codes

Im allgemeinen ist das mit dem Anwendungs- und Klassen-Assistenten erstellte Codegerüst nicht das Endprodukt, sondern nur der Ausgangspunkt für die Entwicklung einer Anwendung. Wie schon erwähnt, lohnt sich der Einsatz einer Hochsprache wie C++ zur Entwicklung einer Datenbankanwendung nur, wenn die Datenbankunterstützung nur ein Aspekt unter mehreren ist.

Für reine Datenbankanwendungen sind andere Entwicklungssysteme weitaus besser geeignet (sprich produktiver).

Will man das von den Assistenten erstellte Codeskelett als Ausgangspunkt für die eigene Entwicklung verwenden, lohnt es sich, sich intensiver mit dem erzeugten Gerüst und den Datenbankklassen der MFC zu beschäftigen.

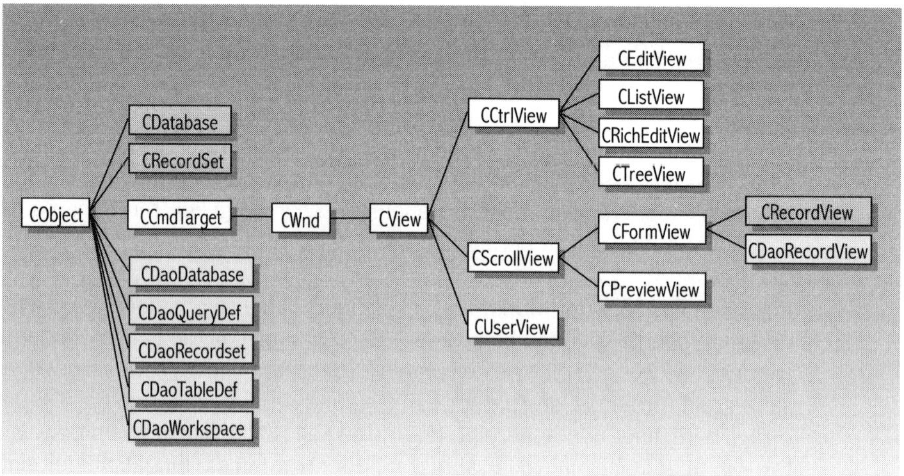

Abb. 138: Die wichtigen Datenbankklassen der MFC. ODBC- und DAO-Klassen sind in unterschiedlichen Grautönen unterlegt

Für ODBC-Anwendungen sind vor allem drei Klassen wichtig:

- *CDatabase* – Diese Klasse repräsentiert die Verbindung zu einer ODBC-Datenquelle.
- *CRecordSet* – Diese bei weitem wichtigste Datenbankklasse repräsentiert das Ergebnis einer Datenbankabfrage: eine Menge[108] von Datensätzen (Zeilenmenge). Je nach dem Zweck der Anwendung und den Fähigkeiten des ODBC-Treibers können Record-Sets statisch (Momentaufnahme) oder dynamisch (Dynaset) sein. *CRecordSet* wird i. allg. nicht direkt verwendet, sondern in Form abgeleiteter Klassen.
- *CRecordView* – Eine spezielle Ansichtsklasse zur bequemen Anzeige und Durchsicht der Einträge in einem *CRecordSet*-Objekt. Auch *CRecordView* wird i. allg. nicht direkt verwendet, sondern in Form abgeleiteter Klassen.

Wenn Sie sich die Anwendung *HoliBase* genauer anschauen, stellen Sie fest, daß sich die Abweichungen von einer gewöhnlichen SDI-Anwendung auf wenige Bereiche beschränken, der Hauptrahmen bleibt sogar unverändert.

In der Anwendungsklasse *CHoliBaseApp* und der Dokumentenklasse *CHoliBaseDoc* entfällt die Dateiunterstützung und die Serialisierung.

Dafür kommt in der Dokumentenklasse ein *CRecordSet*-Objekt als öffentliche Komponentenvariable hinzu. Diese Variable *m_holiBaseSet* enthält die ausgewählten Sätze der Datenbank, andere Klassen arbeiten mit Zeigern auf diese Variable:

108 Die Menge im mathematischen Sinne heißt im Englischen „set". Die korrekte Übersetzung für „record set" lautet also Datensatzmenge.

```
class CHoliBaseDoc : public CDocument
{
protected: // Nur aus Serialisierung erzeugen
      CHoliBaseDoc();
      DECLARE_DYNCREATE(CHoliBaseDoc)

// Attribute
public:
      CHoliBaseSet m_holiBaseSet;
// ...
};
```

Etwas umfangreicher sind die Änderungen der Ansichtsklasse. Zunächst ist diese von *CRecordView* abgeleitet und enthält einen Zeiger auf die *CRecordSet*-Komponente des Dokumenten-Objekts zur Unterstützung des dynamischen Datenaustauschs zwischen Eingabefeldern und Komponentenvariablen von *CHoliBaseSet*. Die *OnDraw()*-Funktion entfällt, da das Zeichnen der Ansicht vollständig von der Basisklasse *CFormView* übernommen wird. Außerdem redefiniert *CHoliBaseView* die Funktionen *OnGetRecordset()*, *DoDataExchange()* und *OnInitialUpdate()* durch eigene Versionen:

```
class CHoliBaseView : public CRecordView
{
protected:
    CHoliBaseView();
    DECLARE_DYNCREATE(CHoliBaseView)

public:
    //{{AFX_DATA(CHoliBaseView)
    enum{ IDD = IDD_HOLIBASE_FORM };
    CHoliBaseSet* m_pSet;
    //}}AFX_DATA

public:
    CHoliBaseDoc* GetDocument();

    //{{AFX_VIRTUAL(CHoliBaseView)
    public:
    virtual CRecordset* OnGetRecordset();
    virtual BOOL PreCreateWindow(CREATESTRUCT& cs);
    protected:
    virtual void DoDataExchange(CDataExchange* pDX);
                                          // DDX/DDV-Unterstützung
    virtual void OnInitialUpdate();
                              // das erste Mal nach der Konstruktion aufgerufen
    virtual BOOL OnPreparePrinting(CPrintInfo* pInfo);
    virtual void OnBeginPrinting(CDC* pDC, CPrintInfo* pInfo);
    virtual void OnEndPrinting(CDC* pDC, CPrintInfo* pInfo);
    //}}AFX_VIRTUAL

// ...
};
```

In der Implementation der Ansicht befinden sich neben trivialen Änderungen einige zusätzliche Funktionen. *DoDataExchange()* haben Sie bereits weiter oben kennengelernt. Bei genauerer Betrachtung zeigt sich, daß diese Funktion mit *DDX_FieldText()*

eine spezielle DDX-Funktion zum Umgang mit Komponenten von *CRecordSet* einsetzt. Der Zeiger *m_pSet* wird benutzt, um auf diese Komponenten zuzugreifen:

```
void CHoliBaseView::DoDataExchange(CDataExchange* pDX)
{
    CRecordView::DoDataExchange(pDX);
    //{{AFX_DATA_MAP(CHoliBaseView)
    DDX_FieldText(pDX, IDC_MONAT, m_pSet->m_MONAT, m_pSet);
    DDX_FieldText(pDX, IDC_TAG, m_pSet->m_TAG, m_pSet);
    DDX_FieldText(pDX, IDC_FEIERTAG, m_pSet->m_FEIERTAG, m_pSet);
    //}}AFX_DATA_MAP
}
```

Dafür, daß dieser Zeiger auch tatsächlich auf das im Dokument lokalisierte *CRecordSet*-Objekt zeigt, sorgt *OnInitialUpdate()*:

```
void CHoliBaseView::OnInitialUpdate()
{
    m_pSet = &GetDocument()->m_holiBaseSet;
    CRecordView::OnInitialUpdate();
}
```

OnGetRecordset() schließlich eröffnet den Zugriff auf das zugrundeliegende *CRecordSet*-Objekt. Eine andere Implementation könnte ein passendes Objekt erst an dieser Stelle konstruieren:

```
CRecordset* CHoliBaseView::OnGetRecordset()
{
    return m_pSet;
}
```

CRecordView wird normalerweise als Basisklasse für anwendungsspezifische Klassen verwendet. Neben dem Zeiger auf das *CRecordSet*-Objekt enthält die Klasse vor allen Dingen fertige Funktionen zum Navigieren in der Datentabelle. Wird die abgeleitete Ansichtsklasse mit dem Anwendungs-Assistenten erzeugt, stellt dieser automatisch auch entsprechende Symbolleisteneinträge zum Aufruf dieser Funktionen zur Verfügung. Wird dagegen der Klassen-Assistent zur Erzeugung der Ansichtsklasse benutzt, müssen Symbolleisteneinträge explizit programmiert werden.

Vollkommen neu gegenüber einer SDI-Anwendung ohne Datenbankunterstützung ist die *CRecordSet*-Klasse *CHoliBaseSet*. Ein *CRecordSet*-Objekt verkörpert die Menge von Datensätzen, die von einer Datenbankabfrage zurückgeliefert wird. Dabei muß zwischen Momentaufnahmen und Dynasets unterschieden werden.

Bei einer Momentaufnahme wird die Datenbank genau einmal abgefragt, spätere Änderungen von Datensätzen durch andere Anwender der Datenbank oder andere Teile der Anwendung werden in den Datensätzen einer Momentaufnahme nicht widergespiegelt. Die Datensätze eines Dynasets dagegen werden bei jedem Zugriff mit dem Zustand des Datensatzes in der Datenbank abgeglichen, d. h., wenn ein Datensatz in der Datenbank geändert wird, spiegelt der Satz im Dynaset diese Änderung wider.

Das Vorliegen eines Dynasets bedeutet jedoch nicht, daβ die eigentliche Datenbankabfrage bei jedem Zugriff wiederholt wird. Dadurch kommen zu einem Dynaset keine neuen Sätze hinzu, selbst wenn ein anderer Anwender Sätze zur Datenbank hinzufügt, die dem Selektionskriterium entsprechen.

Ebensowenig verschwindet ein gelöschter Satz aus dem Dynaset, er ist lediglich als gelöscht gekennzeichnet.

Immer wenn Klassen-Assistent oder Anwendungs-Assistent eine Klasse zur Unterstützung einer Datenbanktabelle generieren, tun sie dieses, indem sie die neue Klasse von *CRecordSet* ableiten, Komponentenvariablen für die Tabellenfelder sowie spezielle Versionen einiger Komponentenfunktionen hinzufügen:

```
class CHoliBaseSet : public CRecordset
{
public:
    CHoliBaseSet(CDatabase* pDatabase = NULL);
    DECLARE_DYNAMIC(CHoliBaseSet)

// Feld-/Parameterdaten
    //{{AFX_FIELD(CHoliBaseSet, CRecordset)
    long    m_TAG;
    long    m_MONAT;
    CString m_FEIERTAG;
    //}}AFX_FIELD

// Überladungen
// Vom Klassen-Assistenten generierte Überladungen virtueller Funktionen
//{{AFX_VIRTUAL(CHoliBaseSet)
    public:
    virtual CString GetDefaultConnect();
                                      // Standard-Verbindungszeichenfolge
    virtual CString GetDefaultSQL();
                                            // Standard-SQL für Recordset
    virtual void DoFieldExchange(CFieldExchange* pFX);
                                                     // RFX-Unterstützung
    //}}AFX_VIRTUAL

// Implementierung
#ifdef _DEBUG
    virtual void AssertValid() const;
    virtual void Dump(CDumpContext& dc) const;
#endif

};
```

Da der Löwenanteil der Funktionalität bereits in *CRecordSet* implementiert ist, fällt die Implementation von *CHoliBaseSet* sehr übersichtlich aus. Der Konstruktor stellt die Initialisierung der Komponentenvariablen sicher und legt fest, ob die Auswahl von Datensätzen als Momentaufnahme oder als Dynaset behandelt wird:

```
CHoliBaseSet::CHoliBaseSet(CDatabase* pdb)
    : CRecordset(pdb)
{
```

```
    //{{AFX_FIELD_INIT(CHoliBaseSet)
    m_TAG = 0;
    m_MONAT = 0;
    m_FEIERTAG = _T("");
    m_nFields = 3;
    //}}AFX_FIELD_INIT
    m_nDefaultType = snapshot;
}
```

Dem Konstruktor kann ein Zeiger auf das zu verwendende Datenbank-Objekt übergeben werden.

Geschieht dies nicht, wird der Wert *NULL* für den Datenbankzeiger verwendet. In diesem Fall erzeugt und verwaltet *CRecordSet* die benötigte Datenbankvariable selbst.

GetDefaultConnect() liefert die Zeichenkette, die notwendig ist, eine Verbindung zur Datenquelle herzustellen.

Während der Entwicklung einer Anwendung ist der vom Assistenten vorgegebene feste Wert brauchbar, in einer fertigen Anwendung werden Sie die Verbindung dagegen wahrscheinlich flexibler handhaben wollen:

```
CString CHoliBaseSet::GetDefaultConnect()
{
    return _T("ODBC;DSN=Holidays");
}
```

GetDefaultSQL() ist Ihnen bereits auf unrühmliche Weise begegnet; die virtuelle Funktion wird von *CRecordView* benutzt, um den Namen der Tabelle zu ermitteln:

```
CString CHoliBaseSet::GetDefaultSQL()
{
//  return _T("[Holidays].[txt]");  // VC BUG!!
    return _T("[Holidays.txt]");
}
```

Schließlich dient die Funktion *DoFieldExchange()* zum Datenaustausch zwischen den Feldvariablen des *CRecordView*-Objekts und der Zeilenmenge des aktuell angewählten Datensatzes:

```
void CHoliBaseSet::DoFieldExchange(CFieldExchange* pFX)
{
    //{{AFX_FIELD_MAP(CHoliBaseSet)
    pFX->SetFieldType(CFieldExchange::outputColumn);
    RFX_Long(pFX, _T("[TAG]"), m_TAG);
    RFX_Long(pFX, _T("[MONAT]"), m_MONAT);
    RFX_Text(pFX, _T("[FEIERTAG]"), m_FEIERTAG);
    //}}AFX_FIELD_MAP
}
```

Alle übrigen Funktionen der Klasse *CHoliBaseSet* werden von der Klasse *CRecordSet* zur Verfügung gestellt. Ganz entgegen der üblichen Philosophie objektorientierten

Programmierens sind einige wichtige Komponentenvariablen von *CRecordSet* öffentlich zugänglich und dokumentiert:

- *m_hstmt* - Enthält das ODBC-Anweisungshandle (Typ *HSTMT*) für die Zeilenmenge; wie die Windows-API arbeitet auch die zugrundeliegende ODBC-API mit Handles.
- *m_nFields* - Die Anzahl der Datenfelder im Datensatz; muß im Konstruktor mit dem korrekten Wert initialisiert werden.
- *m_nParams* - Wird benutzt, falls Abfragen parametrisiert werden. Enthält die Anzahl der Parameter bei einer parametrisierten Abfrage.
- *m_pDatabase* - Ein Zeiger auf das Datenbank-Objekt, das *CRecordSet* für den Zugriff benutzt; dieses wird entweder explizit im Konstruktor angegeben oder automatisch erzeugt; der Zeiger ermöglicht über das Datenbank-Objekt eine weitgehende Beeinflussung der Arbeit.
- *m_strFilter* - Enthält die Auswahlbedingung des *WHERE*-Zweigs der zur Abfrage benützten SQL-Anweisung.
- *m_strSort* - Enthält die Sortieranweisungen des *ORDER BY*-Zweigs der zur Abfrage benützten SQL-Anweisung.

Mit der Konstruktion (im weiteren Sinne) befassen sich die folgenden Funktionen:

- *CRecordSet()* - Erzeugt ein *CRecordSet*-Objekt; eine abgeleitete Klasse sollte einen Konstruktor mit den gleichen Argumenten besitzen, der diese an *CRecordSet()* weitergibt.
- *Open()* - Führt die Datenbankabfrage aus und öffnet das *CRecordSet*-Objekt.
- *Close()* - Schließt das Objekt und gibt das zugehörige *HSTMT*-Handle frei.

Eigenschaften der Zeilenmenge und des aktuellen Datensatzes können mit den folgenden Funktionen ermittelt werden. Die mit *Can* und *Is* beginnenden Funktionen liefern wie immer einen von *FALSE* verschiedenen Wert zurück, wenn die gestellte Frage positiv zu beantworten ist:

- *CanAppend()* - Können zur Zeilenmenge Datensätze hinzugefügt werden?
- *CanBookmark()* - Unterstützt das *CRecordSet*-Objekt Lesezeichen?
- *CanRestart()* - Kann die Abfrage wiederholt werden?
- *CanScroll()* - Unterstützt das *CRecordSet*-Objekt Rollen?
- *CanTransact()* - Unterstützt das *CRecordSet*-Objekt Transaktionen?
- *CanUpdate()* - Kann man Datensätze ändern, hinzufügen oder löschen?
- *GetODBCFieldCount()* - Liefert Anzahl der Datenfelder im Datensatz.
- *GetRecordCount()* - Liefert die Anzahl der Datensätze in der Zeilenmenge.
- *GetStatus()* - Liefert Statusinformationen, wie den Index des aktuellen Datensatzes oder die Information, ob die Gesamtzahl der Datensätze bereits bekannt ist.
- *GetTableName()* - Der Name der Tabelle, aus der die Zeilenmenge extrahiert ist.
- *GetSQL()* - Die vollständige SQL-Anweisung zur Bildung dieser Zeilenmenge.

- *IsOpen()* - Schon geöffnet?
- *IsBOF()* - Steht der Zugriffszeiger vor dem Anfang der Datenquelle?
- *IsEOF()* - Steht der Zugriffszeiger hinter dem Ende der Datenquelle?
- *IsDeleted()* - Ist der Datensatz gelöscht?

Zur Bearbeitung von Datensätzen dienen die folgenden Funktionen:

- *AddNew*() - Fügt einen neuen Datensatz an oder ein; wirklich zurückgeschrieben wird der Datensatz jedoch erst mit dem Aufruf der Funktion *Update()*!
- *CancelUpdate()* - Verwirft noch nicht mit *Update()* abgeschlossenen Bearbeitungsfunktionen wie *AddNew()* oder *Edit()*.
- *Delete()* - Löscht den aktuellen Datensatz. Der Datensatz ist physikalisch weiterhin vorhanden, bleibt ausgewählt, er wird lediglich als gelöscht markiert.
- *Edit()* - Ändert einen Datensatz. Tatsächlich zurückgeschrieben wird der Datensatz jedoch erst mit dem Aufruf der Funktion *Update()*.
- *Update()* - Überträgt die geänderten oder neuen Daten nach der Bearbeitung eines Datensatzes auf den Massenspeicher.

Mit den folgenden Funktionen ist es einfach, zwischen Datensätzen zu navigieren:

- *GetBookmark()* - Ermittelt den Wert des Lesezeichens des aktuellen Datensatzes.
- *Move()* - Bewegen in der Zeilenmenge um eine gegebene Anzahl Zeilen vorwärts oder rückwärts.
- *MoveFirst()* - Positioniert auf den ersten Datensatz; ein Test von *IsBOF()* sollte sicherstellen, daß auch Daten vorhanden sind!
- *MoveLast()* - Positioniert auf den letzten Datensatz. Ein Test von *IsEOF()* sollte sicherstellen, daß auch Daten vorhanden sind!
- *MoveNext()* - Bewegen in der Zeilenmenge um eine Zeile vorwärts; ein Test von *IsEOF()* sollte sicherstellen, daß auch Daten vorhanden sind!
- *MovePrev()* - Bewegen in der Zeilenmenge um eine Zeile rückwärts; ein Test von *IsBOF()* sollte sicherstellen, daß auch Daten vorhanden sind!
- *SetAbsolutePosition()* - Positioniert auf eine absolute Position in der Zeilenmenge.
- *SetBookmark()* - Positioniert auf den Datensatz zu einem gegebenen Lesezeichen.

Die Arbeitsweise von *CRecordSet* abgeleiteten Zeilenmengen-Klassen kann mit den folgenden als virtuell vereinbarten Funktionen beeinflußt werden:

- *Check()* - Wird aufgerufen um den Rückgabewert einer ODBC-API-Funktion zu untersuchen.
- *CheckRowsetError()* - Wird aufgerufen, um Fehler zu bearbeiten, die während des Holens von Datensätzen auftreten.
- *DoBulkFieldExchange()* - Ähnlich *DoFieldExchange()*, jedoch für Bulk RFX.
- *DoFieldExchange()* - Wird aufgerufen, um den RFX-Datenaustausch (RFX für engl. **R**ecord **F**ield e**X**change) zwischen den Datenfeldkomponenten des *CRecordSet-*

Objekts und dem entsprechenden Datensatz der Datenquelle in beide Richtungen durchzuführen.

- *GetDefaultConnect()* - Wird aufgerufen, um die Standardverbindungszeichenkette zu ermitteln.
- *GetDefaultSQL()* - Wird aufgerufen, um die Standard-SQL-Abfrage zu ermitteln.
- *OnSetOptions()* - Wird aufgerufen, um Optionen für die angegebene SQL-Anweisung festzulegen.
- *SetRowsetSize()* – Gibt die Anzahl von Zeilen vor, die bei einer Hol-Operation auf einmal gelesen werden sollen.

Und damit sind die Möglichkeiten eines *CRecordSet*-Objekts noch nicht erschöpft! Weiterer Komponentenfunktionen umfassen beispielsweise *Cancel()*, *FlushResultSet()*, *GetFieldValue()*, *GetODBCFieldInfo()*, *GetRowsetSize()*, *GetRowsFetched()*, *GetRowStatus()*, *IsFieldDirty()*, *IsFieldNull()*, *IsFieldNullable()*, *RefreshRowset()*, *Requery()*, *SetFieldDirty()*, *SetFieldNull()*, *SetLockingMode()* und *SetRowsetCursorPosition()*.

Um die Verbindung zu einer Datenquelle herzustellen, wird zur Repräsentation der Datenquelle ein *CDatabase*-Objekt benötigt. In einfachen Fällen wie der *HoliBase*-Anwendung geschieht das unsichtbar für den Anwender innerhalb des *CRecordSet*-Objekts. Bei einer komplexeren Anwendungen dagegen wird das Datenbank-Objekt explizit angelegt werden müssen. Dieses kann dann beispielsweise als Argument in Konstruktor-Aufrufen von *CRecordSet*-Objekten verwendet werden.

Unabhängig davon, ob das Datenbankobjekt explizit angelegt wurde oder von *CRecordSet* implizit erzeugt wurde, kann über die Komponentenvariable *m_pDatabase* von *CRecordSet* auf das Datenbankobjekt zugegriffen werden, um Funktionalität anzusprechen, die nur die Datenbankklasse zur Verfügung stellt.

Bevor Sie mit einem Datenbankobjekt arbeiten können, müssen Sie dieses mit einer Datenquelle identifizieren und öffnen. Beides geschieht mit den Funktionen *Open()* und *OpenEx()*, der Konstruktor selbst akzeptiert keine Parameter. Von den beiden Funktionen stellt *OpenEx()* dabei mehr Einflußmöglichkeiten zur Verfügung und öffnet bei Aufruf ohne den Namen einer Datenquelle automatisch einen Dialog, der die Datenquelle interaktiv abfragt. Nach Gebrauch muß die Datenbank mit *Close()* wieder geschlossen werden.

Die Attribute eines Datenbank-Objekts können mit einer ganzen Reihe von Funktionen untersucht werden. So liefert *GetConnect()* die zur Herstellung der Verbindung benutzte Zeichenkette und *GetDatabaseName()* den Namen der augenblicklich benutzten Datenbank. *IsOpen()* klärt, ob die Datenbank geöffnet ist, *CanUpdate()*, ob sie nicht schreibgeschützt ist, und *CanTransact()*, ob sie Transaktionsverarbeitung unterstützt. Die Funktionen *SetLoginTimeout()* und *SetQueryTimeout()* erlauben die Festlegung von maximal zulässigen Wartezeiten.

Für professionelle Anwendungen absolut unverzichtbar ist die Unterstützung der Transaktionsbearbeitung. Diese stellt sicher, daß gerade bei komplizierten verknüpften Operationen auf verknüpften Tabellen auch ein ernster Fehler oder Programmabbruch die Datenbank nicht in einem inkonsistenten und damit unbrauchbaren Zustand zurücklassen kann[109]. Dies geschieht durch die Definition von Transaktionen, Folgen von Datenbankoperationen, die ganz oder gar nicht ausgeführt werden können. Leider unterstützen nicht alle Datenbanken Transaktionen.

Zu Beginn einer Transaktion wird die Funktion *CDatabase::BeginTrans()* aufgerufen. Diese stellt sicher, daß im Falle eines Fehlers der augenblickliche Zustand der Datenbank automatisch wiederhergestellt werden kann. Nun kann eine Folge beliebiger Aktionen wie Löschen, Ändern oder Hinzufügen von Datensätzen in beliebigen Tabellen der Datenbank erfolgen. Nachdem die zusammengehörigen Aktionen abgeschlossen sind und die Datenbank sich wieder in einem konsistenten Zustand befindet, wird die Transaktion mit *CDatabase::CommitTrans()* abgeschlossen und damit wirksam gemacht. Treten jedoch irgendwelche Probleme (außer einem Programmabbruch) auf, die bewirken, daß die Transaktion nicht zu Ende geführt werden kann, kann die Datenbank mit *CDatabase::Rollback()* wieder in den Ausgangszustand versetzt werden.

Relationale Datenbanken – Arbeiten mit mehreren Tabellen

Interessant werden „richtige" Datenbanken erst durch die Möglichkeit, zwischen den verschiedenen Tabellen einer Datenbank Beziehungen herzustellen. Diesen Beziehungen, oder mathematisch richtiger Relationen, verdankt dieser Typus Datenbank den Beinamen „relational"[110]. Eine relationale Datenbank unterscheidet sich von einer einfachen „flachen" Datenverwaltung dadurch, daß Daten bei geeigneter Organisation frei von Redundanzen gehalten werden können. So wird die Adresse eines Kunden nur einmal gespeichert. Wird nun beispielsweise in der Auftragsverwaltung auf einen bestimmten Kunden Bezug genommen, kann dieser durch die Kundennummer identifiziert werden und so die richtige Adresse aus der Adressentabelle ermittelt werden.

Die Kunst, einen Datenbestand so in verschiedenen Tabellen zu organisieren, daß die Redundanz minimiert wird, wird als Normalisierung der Datenbank bezeichnet. Man unterscheidet mehrere Stufen der Normalisierung, deren detaillierte Erläuterung hier zu weit führen würde. Die getrennte Speicherung der Daten mit minimaler Redundanz hat verschiedene Vorteile:

---

109 Beispielsweise könnte der Kundendatensatz noch vorhanden, der zugehörige Adreßdatensatz aber bereits gelöscht sein.

110 Wachsender Beliebtheit erfreut sich wegen seiner großen Flexibilität auch ein ganz anderer Typus Datenbank – die objektorientierte Datenbank. Diese bietet vor allen Dingen eine größere Flexibilität als der doch recht starre tabellenorientierte Ansatz. Eine herkömmliche Datenbank speichert Datensätze mit einer festen Struktur, eine Objektdatenbank dagegen Objekte.

- Die Datenbankgröße wird kleiner, da z. B. nicht in jedem Auftrag des Kunden die volle Adresse gespeichert werden muß.
- Die Aktualisierung wird vereinfacht: bei einer Adreßänderung ist die Adresse nur ein einziges Mal zu ändern.
- Datenkonsistenz wird erzwungen, da es nicht möglich ist, versehentlich die neue Adresse nicht in allen Datenbeständeneinzutragen.

Mathematisch gesehen ist eine Relation eine Vorschrift, die aus mehreren Mengen eine Ergebnismenge aus geordneten Tupeln[111] bildet, indem sie aus der Produktmenge bestimmte Tupel auswählt, die bestimmten einschränkenden Bedingungen gehorchen.

Im Falle einer relationalen Datenbank sind die Ausgangsmengen die Zeilenmengen der einzelnen Tabellen und die Tupel bilden die Zeilen der Zeilenmenge, die das Ergebnis einer Abfrageoperation bildet. Praktisch werden aus diesen zusammengesetzten Zeilen der Produktmenge z. B. mit SQL jedoch nur die Felder „herausgefischt", die für die gegebene Aufgabenstellung relevant sind.

Das letzte Beispiel *HoliBase* war eine flache Anwendung, die auf eine Anfrage maximal so viele Ergebnisse liefern kann, wie Datensätze in der Datei sind.

Bei der Verknüpfung mehrerer Tabellen geht die Anzahl der möglichen Kombinationen explosionsartig in die Höhe, bei zwei Tabellen mit *N* und *M* Datensätzen hat die Produktmenge bereits *N * M* Datensätze.

Als Beispiel soll eine kleine Erweiterung von *HoliBase* dienen. Anstelle der Nummer des Monats soll nun der Name gezeigt werden. Dazu legen Sie zunächst eine weitere Tabelle mit Namen *Monate.txt* im Verzeichnis der Textdatenbank an, welche die Monatsnamen und die Nummern in Beziehung setzt[112]:

```
MonatsNo; MonatsName
0;  (beweglich)
1;  Januar
2;  Februar
3;  März
4;  April
5;  Mai
6;  Juni
7;  Juli
8;  August
9;  September
10; Oktober
11; November
12; Dezember
```

---

111 Allgemein ein n-Tupel. Ein 2-Tupel ist ein geordnetes Paar, ein 3-Tupel ein Tripel usw.

112 Diese Datei ist wie auch die übrigen Datenbank-Dateien auf der Buch-CD zu finden.

Die erste Spalte hat bewußt einen anderen Namen als die korrespondierende Spalte in der Feiertags-Tabelle. Da die Namen von Texttabellen einen Punkt enthalten, gibt es bei der Auflösung von Mehrdeutigkeiten Probleme mit der SQL-Syntax. Diese benutzt den Punkt, um Tabellenfelder zu qualifizieren. Aber wer arbeitet schon ernsthaft mit Textdatenbanken ...

Damit mit der Tabelle gearbeitet werden kann, muß die ODBC-Datenquelle *Holidays* mit der ODBC-Optionsschaltfläche aktualisiert werden. Dazu starten Sie in der Systemsteuerung den *ODBC-Datenquellen-Administrator*, wählen die Datenquelle *Holidays* und die Schaltfläche *Konfigurieren*, im Dialog *ODBC Text-Setup* die Schaltfläche *Optionen* und *Format definieren* und wählen schließlich im Dialog *Textformat definieren* im Listenfeld *Tabellen* die Datei *monate.txt* und ggf. die Schaltfläche *Analysieren*.

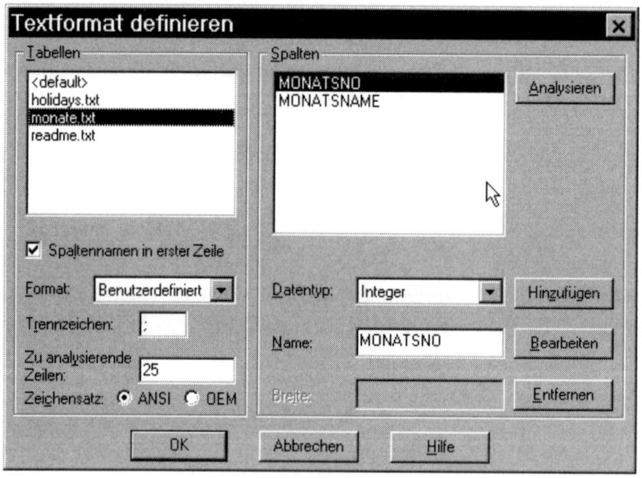

Abb. 139: Die Nummern und Namen der Monate in der Textdatenbank werden über eine zweite Tabelle miteinander assoziiert. Die Tabelle wird mit dem ODBC-Datenquellen-Administrator konfiguriert

Die Abfrage einer oder mehrerer Tabellen wird durch eine *CRecordSet*-Klasse verkörpert. Einfacher, als die *CRecordSet*-Klasse *CHoliBaseSet* zu ändern, ist die Anlage einer neuen Klasse, oder, wie in diesem Falle, gleich der ganzen Anwendung. Erzeugen Sie mit dem Anwendungs-Assistenten eine neue Anwendung mit Namen *HoliBase*, doch ergänzen Sie den Namen des Zielverzeichnisses zu *HoliBasePlus* oder *HoliBaseRel*, um Konflikte mit der alten Anwendung zu vermeiden.

Die Anwendung selbst erzeugen Sie wieder als SDI-Anwendung. Im zweiten Schritt des Anwendungs-Assistenten wählen Sie wieder *Datenbank ohne Dateiunterstützung* und die Datenquelle. Im Dialog *Datenbank-Optionen* wählen Sie die ODBC-Datenquelle *Holidays* und im Dialog *Datenbanktabellen wählen* die Tabellen *holidays.txt* und *monate.txt*. Nun können Sie das Projekt fertigstellen.

Die Unterschiede zur letzten Inkarnation von *HoliBase* sind gering. Zunächst werden für alle Felder eines Datensatzes, der aus den beiden Tabellen zusammengesetzt ist, Komponentenvariablen mit passendem Typ generiert:

```
class CHoliBaseSet : public CRecordset
{
public:
    CHoliBaseSet(CDatabase* pDatabase = NULL);
    DECLARE_DYNAMIC(CHoliBaseSet)

// Feld-/Parameterdaten
    //{{AFX_FIELD(CHoliBaseSet, CRecordset)
    long    m_TAG;
    long    m_MONAT;
    CString m_FEIERTAG;
    long    m_MONATSNO;
    CString m_MONATSNAME;
    //}}AFX_FIELD
    // ...
};
```

Die Datenaustausch-Funktion *DoFieldExchange()* versorgt die Felder mit Daten. Dadurch, daß die Tabellen so angelegt sind, daß keine gleichen Feldnamen auftreten, können die Datensatzfelder ohne Qualifizierung mit dem Tabellennamen verwendet werden, dies umgeht ein SQL-Syntaxproblem bei der Verwendung von Textdatenbanken:

```
void CHoliBaseSet::DoFieldExchange(CFieldExchange* pFX)
{
    //{{AFX_FIELD_MAP(CHoliBaseSet)
    pFX->SetFieldType(CFieldExchange::outputColumn);
    RFX_Long(pFX, _T("[TAG]"), m_TAG);
    RFX_Long(pFX, _T("[MONAT]"), m_MONAT);
    RFX_Text(pFX, _T("[FEIERTAG]"), m_FEIERTAG);
    RFX_Long(pFX, _T("[MONATSNO]"), m_MONATSNO);
    RFX_Text(pFX, _T("[MONATSNAME]"), m_MONATSNAME);
    //}}AFX_FIELD_MAP
}
```

Die automatisch erzeugte Funktion *GetDefaultSQL()* hat das gleiche Problem wie im letzten Beispiel; die richtige Version muß lauten:

```
CString CHoliBaseSet::GetDefaultSQL()
{
   return _T("[Holidays.txt],[Monate.txt]");
}
```

Damit läßt sich die Anwendung im Prinzip übersetzen und starten. Zuvor ist es jedoch sinnvoll, auch die Formularansicht *CHoliBaseView* mit den entsprechenden Eingabefeldern zu versehen und diese mit Hilfe des Klassen-Assistenten zu „verdrahten".

Legen Sie mit dem Dialog-Editor im Dialog *IDC_HOLIBASE_FORM* statische Textfelder mit Texten „Tag", „Monat", „Feiertag", „No", und „Name" an. Die zugehörigen Eingabefelder erhalten die IDs *IDC_DAY, IDC_MONTH, IDC_HOLIDAY, IDC_NUMBER* und *IDC_NAME*.

Um die Zugehörigkeit zu den beiden Tabellen zu kennzeichnen, können zusätzlich zwei Gruppenfelder verwendet werden.

Die Verbindung mit den zugehörigen Komponentenvariablen von *CHoliBaseSet* erfolgt wieder am bequemsten durch Doppelklick auf jedes Eingabefeld bei gedrückter [Strg]-Taste.

Die passenden Komponentenvariablen, falls nicht richtig vorgeschlagen, können Sie aus der Liste des Kombinationsfelds *Name der Komponentenvariablen* auswählen.

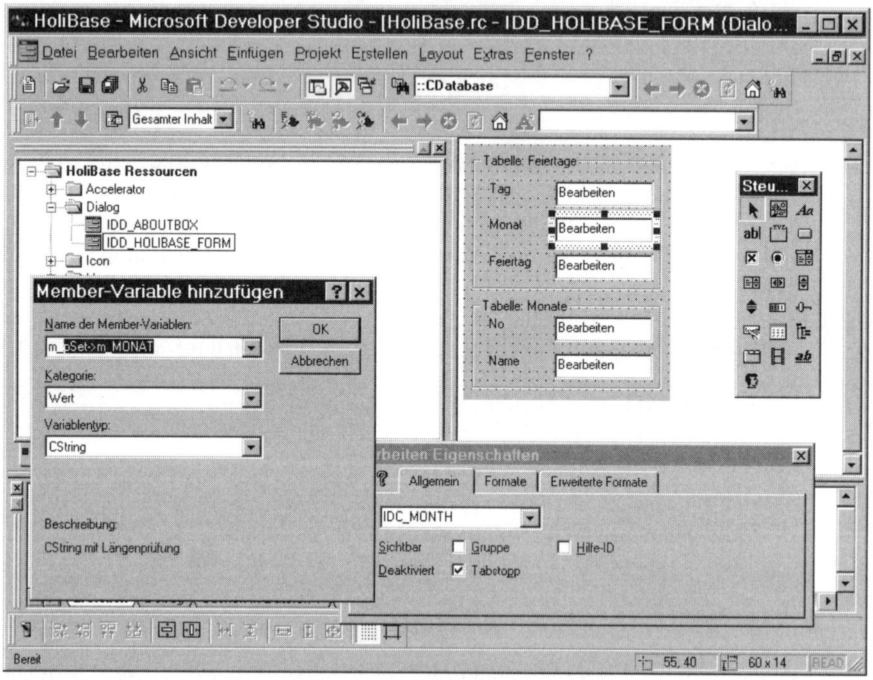

Abb. 140: Die Bearbeitung und Verbindung einer Formularansicht verläuft für eine Ansicht von verbundenen Datenbanktabellen genauso wie für den einfachen Fall. Für die einzelnen Eingabefelder wird der Klassen-Assistent mit [Strg]+Doppelklick gestartet

Die Anwendung kann nun übersetzt und gestartet werden.

Es zeigt sich, daβ die Anzeige der Daten aus der Feiertagstabelle nicht mit der Anzeige der Daten aus der Monatstabelle koordiniert ist.

Vielmehr blättert die Anwendung durch die gesamte Produktmenge der Datensätze beider Tabellen, d. h., jeder Satz der einen Tabelle wird mit jedem Satz der anderen Tabelle kombiniert.

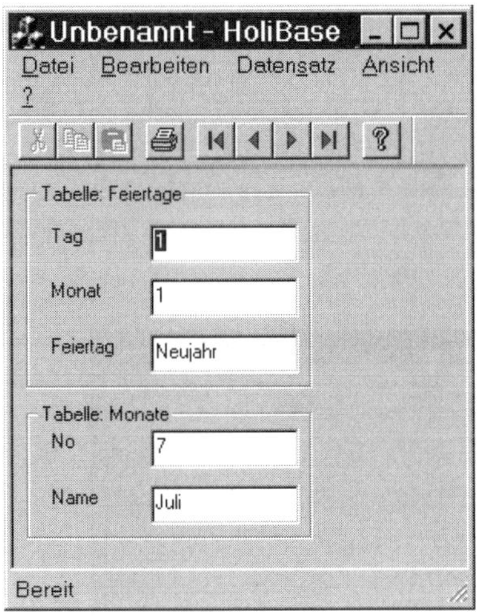

Abb. 141:
Mit der Synchronisation zwischen den Daten aus der Feiertagstabelle und denen aus der Monatstabelle hapert es noch etwas. Die Browser-Anwendung blättert durch die gesamte Produktmenge der Zeilen beider Tabellen

Zur Einschränkung der Datensätze auf sinnvolle Kombinationen dient eine Relation. In diesem Fall soll der Name des Monats, in den ein Feiertag fällt, in der Monatstabelle nachgeschlagen werden. Sinnvoll sind also nur Kombinationen, in denen die Nummern der Monate in beiden Tabellen übereinstimmen. Diese Art der Verbindung zweier Tabellen über die Gleichheit bestimmter Felder ist übrigens die häufigste Art von Relation. In einer wirklichen Anwendung sollten solche Schlüsselfelder indiziert sein, um einen möglichst effizienten Zugriff zu gewährleisten. Um die Lösungsmenge der Abfrage auf die gewünschte Relation einzuschränken, gibt es zwei Möglichkeiten, die Funktion *GetDefaultSQL()* zu modifizieren. Die erste basiert auf der Komponentenvariablen *m_strFilter* von *CRecordSet* (eine ähnliche mit Namen *m_strSort* erlaubt die Festlegung der Sortierreihenfolge):

```
CString CHoliBaseSet::GetDefaultSQL()
{
    m_strFilter = "Monat = MonatsNo";
    return _T("[Holidays.txt],[Monate.txt]");
}
```

Die Funktion *CRecordSet::BuildSQL()* benutzt *m_strFilter*, *m_strSort* und *GetDefaultSQL()*, um eine SQL-Anweisung für die Datenbankabfrage zu generieren. Geringfügig effizienter ist es daher, direkt die SQL-Version der Abfrage zur Verfügung zu stellen:

```
CString CHoliBaseSet::GetDefaultSQL()
{
    return _T("SELECT * FROM Holidays.txt,Monate.txt WHERE
                                               Monat = MonatsNo");
}
```

Wie Sie sich überzeugen können, funktioniert die Anwendung nach Neuübersetzung nun wie erwartet. Die selektierten Datensätze sind durch die Nebenbedingung nun auf solche eingeschränkt, in denen die Monate aus der Monatstabelle mit der Monatsangabe in der Feiertagstabelle übereinstimmen.

Natürlich werden in der Formularansicht nun nicht mehr alle Datenfelder benötigt - es genügen Tag, Monatsname und der Name des Feiertags. Bevor Sie die überflüssigen Felder aus der Formularansicht löschen, sollten Sie aber zunächst mit dem Klassen-Assistenten die Verbindung zu den Komponentenvariablen lösen. Dazu starten Sie den Klassen-Assistenten, wählen den Reiter *Member-Variablen* und löschen mit der Schaltfläche *Variablen löschen* die den IDs *IDC_MONTH* und *IDC_NUMBER* zugeordneten Verbindungen zu den Fremdvariablen.

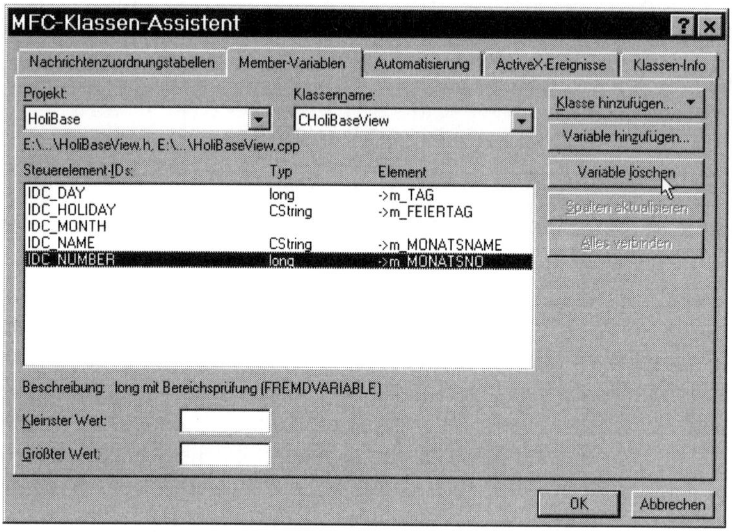

Abb. 142: Vor dem Löschen von Steuerungselementen müssen zunächst die zugehörigen Verbindungen aufgetrennt werden

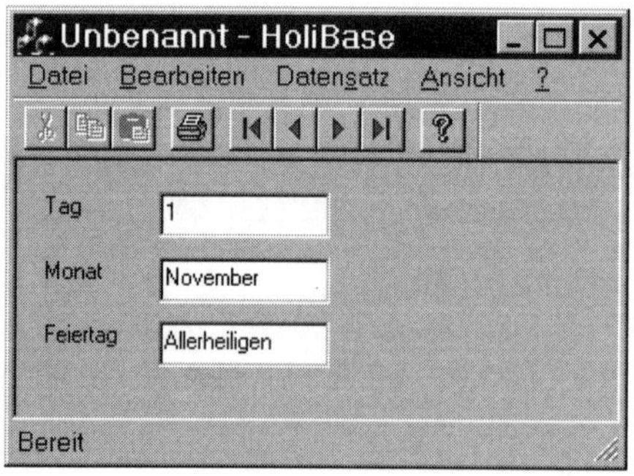

Abb. 143: Die Datenbankabfrage zweier mit einer Relation verbundener Tabellen ist für den Benutzer transparent

Nun können Sie die überflüssigen Text- und Eingabefelder im Dialog-Editor löschen. Die Gruppenfelder haben nun ebenfalls keine Funktion mehr und können verschwinden. Das Feld *IDC_NAME* wird mit Beschriftung an die Position des früheren Felds *IDC_MONTH* verschoben.

In der resultierenden Anwendung ist nun für den Anwender vollkommen transparent, daß die Monatsbezeichnung nicht mit den Feiertagsdaten gespeichert ist, sondern aus einer anderen Tabelle herausgezogen wird. Der Anwender sieht das Ergebnis der Abfrage als einen monolithischen Datensatz und kann beliebig durch die Liste dieser Sätze blättern.

Eine DAO-Datenbankanwendung

DAO steht für **D**ata **A**ccess **O**bjects, also für Datenzugriffsobjekte. Die Bezeichnung spiegelt den Umstand wider, daß DAO nicht wie die ältere ODBC-Technologie mit einfachen DLLs implementiert ist, sondern in Form von COM-Objekten. Technisch gesehen stellen die DAO eine Gruppe von Automatisierungsservern mit dualer Schnittstelle dar. Von C++ aus können diese daher sehr effizient über direkte Schnittstellenaufrufe angesprochen werden, während für interpretierende Umgebungen wie Visual Basic die *IDispatch*-Schnittstelle genutzt werden kann.

Immer mehr Firmen und Entwickler verwenden zur Entwicklung ihrer Anwendungen Werkzeuge wie Visual Basic oder Access, die auf Microsofts MDB-Datenbankformat und der Jet-Engine aufbauen. Visual C++-Programmierern steht seit Version 4 der Entwicklungsumgebung nun auch die DAO-Technologie zur Verfügung. DAO ist wesentlich besser an die Struktur von MDB-Dateien angepaßt und bietet so Möglichkeiten, die ODBC aufgrund der Allgemeinheit des Ansatzes verwehrt bleiben müssen. Anders als unter ODBC hat der Entwickler unter DAO direkten Zugriff auf die Tabellen und kann die Datensätze auch explizit über einen Index ansprechen. In ODBC dagegen können zwar Datensätze selektiert werden, über die Herkunft der Daten kann jedoch keine Aussage gemacht werden.

Im DAO-SDK sind die Datenzugriffsobjekte durch Klassen verkapselt, die im wesentlichen die Umständlichkeiten der COM-Schnittstelle vor dem Entwickler verbergen. Der Umgang mit diesen Klassen hat daher einige Ähnlichkeit mit der Datenbankprogrammierung von Visual Basic aus. Für die Portierung von Visual Basic-Anwendungen nach C++ ist daher die Verwendung der Klassen des DAO-SDKs zweckmäßig.

Für die Neuentwicklung von DAO-Anwendungen unter Visual C++ bietet sich dagegen eher an, auf die DAO-Unterstützung der MFC zurückzugreifen. Um die Programmierung von DAO-Anwendungen für ODBC-Entwickler und die Umstellung von Anwendungen von ODBC auf DAO und umgekehrt so einfach wie möglich zu machen, sind die MFC-Klassen zur DAO-Unterstützung nach dem Muster der ODBC-Klassen modelliert. Zur Umstellung genügt es daher in vielen Fällen (neben etwas Feinschliff), lediglich die Namen der verwendeten Klassen zu ändern. So entspricht *CDatabase* der Klasse *CDaoDatabase*, *CRecordSet* der Klasse *CDaoRecordSet* und *CRecordView* der Klasse *CDaoRecordView*. Funktionalität, die über die Möglichkeiten von ODBC hinausgeht, ist in eigenen Klassen zusammengefaßt, so in den Klassen *CDaoWorkspace*, *CDaoTableDef* und *CDaoQueryDef*.

Ein weiterer nicht zu unterschätzender Vorteil der MFC-DAO-Klassen ist die Unterstützung durch den Anwendungs- und den Klassen-Assistenten. Anwendungen, die direkt auf den DAO-SDK zurückgreifen, müssen dagegen ohne die Unterstützung auskommen.

Eine DAO-Version der Anwendung *HoliBase* ist daher sehr schnell „zusammengeklickt", zumal da die Arbeitsschritte die gleichen sind wie in der relationalen ODBC-Anwendung. Als Datenquelle dient die Datei *Holidays.mdb*, die Sie auf der Buch-CD finden oder mit Microsoft Access selbst erstellen können.

Die Datenbank *Holidays.mdp* enthält wie die Textdatenbank aus dem letzten Beispiel zwei Tabellen *Holidays* und *Monate*. Die Werte wurden aus der Textdatenbank übernommen. Lediglich die Spalte mit den Monatsnamen in der Monatstabelle hat nun einen anderen Namen. Da es, anders als bei der Textdatenbank, bei richtigen Datenbanken keine Probleme bei der Qualifizierung zur Aufhebung von Mehrdeutigkeiten gibt, können Spalten in verschieden Tabellen übereinstimmende Namen haben.

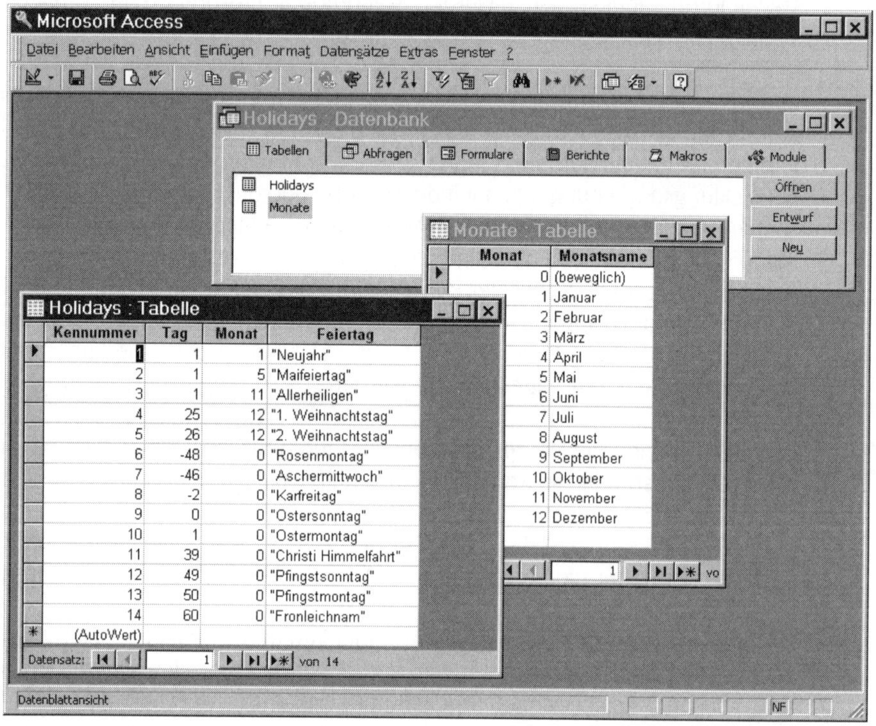

Abb. 144: Die Feiertagsdatenbank in Microsoft Access

Um die Anwendung anzulegen, wählen Sie *Datei/Neu*, Reiter *Projekte* und geben als Namen des Projekts wieder *HoliBase* vor. Den Namen des Verzeichnisses ändern Sie in *HoliBaseDao* und starten den Anwendungs-Assistenten. Im zweiten Schritt des Assistenten wählen Sie, wie gehabt, die Option *Datenbankansicht ohne Dateiunterstützung* und mit der Schalfläche *Datenquelle* den Dialog *Datenbank-Optionen*. Als Datenquelle wählen Sie diesmal die Optionsschaltfläche *DAO*. Im Gruppenfeld *Satzgruppentyp*[113] können Sie die Art des Recordset-Objekts genauer festlegen: Momentaufnahme, dynamisch oder direkter Zugriff auf die ganze Tabelle. Die letzte Möglichkeit ist eine dieser Erweiterungen, die DAO gegenüber ODBC auszeichnen. Für das Beispiel ist es belanglos, ob Sie *Momentaufnahme* oder die voreingestellte

113 Im Original „Recordset type“. Die Übersetzung des engl. „Recordset“ mit „Satzgruppe“, ist vorsichtig ausgedrückt, abenteuerlich. Die korrekte Übersetzung lautet „Datensatzmenge“ oder „Zeilenmenge“. Aber jene bekannte Firma in Redmond war schon immer für ihren eigenwilligen Umgang mit der deutschen Sprache berüchtigt ...

Option *Dynaset* wählen. Der Name der Datenbankdatei wird neben der Optionsschaltfläche *DAO* angegeben. Im Bedarfsfall kann die Datei auch mit der Schaltfläche ... gesucht werden.

Wählen Sie die Datei *Holidays.mdb*, die Sie zuvor von der Buch-CD auf Ihre Festplatte kopiert oder neu erstellt haben.

Nach der Eingabe des Dateinamens oder der Auswahl einer Datei mit dem Dialog *Öffnen* gelangen Sie durch die Schaltfläche *OK* des Dialogs *Datenbank-Optionen* in den Dialog *Datenbanktabellen wählen*. Hier selektieren Sie beide Tabellen, die Tabelle *Holidays* und die Tabelle *Monate*.

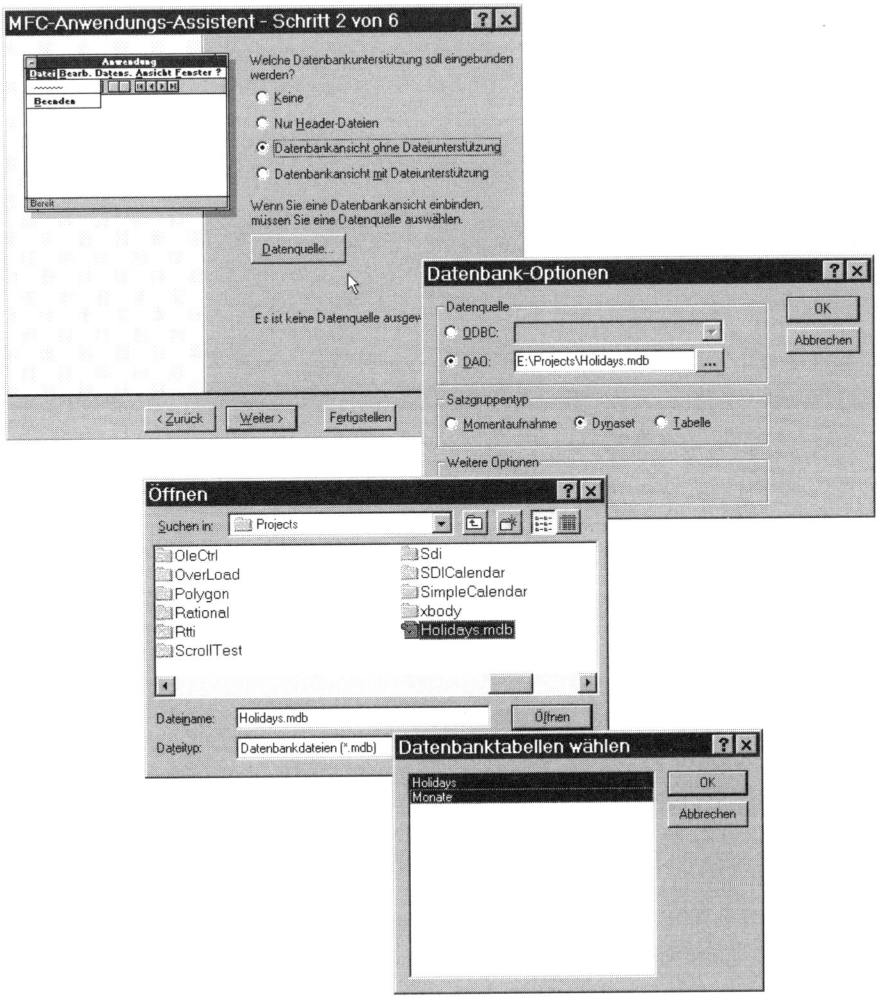

Abb. 145: Das Anlegen einer DAO-Anwendung mit dem Anwendungs-Assistenten unterscheidet sich nur unwesentlich von der Anlage einer DAO-Anwendung. Anstelle einer ODBC-Verbindung muß allerdings nun eine Datenbankdatei angegeben werden

Nach der Festlegung der Datenquellen kann die Anwendung fertiggestellt werden. Die erzeugte Anwendung zeigt keine wesentlichen Unterschiede zur ODBC-Version. So stimmen Anwendungsklasse, Hauptrahmen und Dokumentenklasse überein, in der Ansichtsklasse sind lediglich alle Bezüge auf Datenbankklassen durch ihre DAO-Gegenstücke ersetzt.

Am weitesten gehen die Änderungen der Klasse *CHolyBaseSet*, aber auch diese sind nicht sehr umfangreich. Wieder sind alle Bezüge auf Datenbankklassen durch ihre DAO-Gegenstücke ersetzt, außerdem heißt die Funktion *GetDefaultConnect()* nun *GetDefaultDBName()*.

Die Namen der Komponentenvariablen berücksichtigen nun Groß- und Kleinschreibung. Der Namenskonflikt zwischen den gleichnamigen Feldern zweier Tabellen wird für die Komponentenvariablen von *CHoliBaseSet* einfach durch Anhängen einer Ziffer gelöst:

```
class CHoliBaseSet : public CDaoRecordset
{
public:
    CHoliBaseSet(CDaoDatabase* pDatabase = NULL);
    DECLARE_DYNAMIC(CHoliBaseSet)

// Feld-/Parameterdaten
    //{{AFX_FIELD(CHoliBaseSet, CDaoRecordset)
    long    m_Kennummer;
    short   m_Tag;
    short   m_Monat;
    CString m_Feiertag;
    short   m_Monat2;
    CString m_Monatsname;
    //}}AFX_FIELD

// Überladungen
// Vom Klassen-Assistenten generierte Überladungen virtueller Funktionen
//{{AFX_VIRTUAL(CHoliBaseSet)
    public:
    virtual CString GetDefaultDBName();
                            // ÜBERABEITEN:  Hier einen Befehl holen
    virtual CString GetDefaultSQL();        // Standard-SQL für Recordset
    virtual void DoFieldExchange(CDaoFieldExchange* pFX);
                                                    // RFX-Unterstützung
    //}}AFX_VIRTUAL

// Implementierung
#ifdef _DEBUG
    virtual void AssertValid() const;
    virtual void Dump(CDumpContext& dc) const;
#endif

};
```

Die Namensänderung *GetDefaultConnect()* in *GetDefaultDBName()* spiegelt den Umstand wider, daß diese Funktion nun nicht mehr die Verbindungszeichenkette einer ODBC-Verbindung, sondern den Namen einer Datenbankdatei liefert:

```
CString CHoliBaseSet::GetDefaultDBName()
{
    return _T("E:\\Projects\\Holidays.mdb");
}
```

Der Anwendungs-Assistent setzt hier einen absoluten Pfad ein; soll die Anwendung auch in anderen Verzeichnissen funktionieren, muß dieser in eine relative Pfadangabe geändert werden. Normalerweise wird man diese Funktion jedoch ohnehin durch eine allgemeinere Fassung ersetzen.

In der Funktion *DoFieldExchange()* ist der Parametertyp *CFieldExchange* durch das DAO-Äquivalent *CDaoFieldExchange()*, die RFX-Datenaustausch-Funktionen (**R**ecord **F**ield e**X**change) und durch entsprechende DFX-Datenaustausch-Funktionen (**D**ao **F**ield e**X**change) ersetzt.

Die Namenskollision zwischen den Feldern *Monat* der Tabellen *Monate* und *Holidays* wird durch eine explizite Qualifizierung aufgelöst. Der Assistent erzeugt die Qualifizierung mit dem Namen der Herkunftstabelle jedoch nicht automatisch für alle Datenfelder, sondern nur dort, wo ansonsten die Eindeutigkeit verlorenginge (hervorgehoben):

```
void CHoliBaseSet::DoFieldExchange(CDaoFieldExchange* pFX)
{
    //{{AFX_FIELD_MAP(CHoliBaseSet)
    pFX->SetFieldType(CDaoFieldExchange::outputColumn);
    DFX_Long(pFX, _T("[Kennummer]"), m_Kennummer);
    DFX_Short(pFX, _T("[Tag]"), m_Tag);
    DFX_Short(pFX, _T("[Holidays].[Monat]"), m_Monat);
    DFX_Text(pFX, _T("[Feiertag]"), m_Feiertag);
    DFX_Short(pFX, _T("[Monate].[Monat]"), m_Monat2);
    DFX_Text(pFX, _T("[Monatsname]"), m_Monatsname);
    //}}AFX_FIELD_MAP
}
```

Die Arbeitsschritte, die erforderlich sind, um die Formularansicht *CHoliBaseView* mit Eingabefeldern, Textfeldern und Gruppenfeldern zu versehen und die Eingabefelder mit dem Klassen-Assistenten zu „verdrahten“, sind die gleichen, die bereits für *HoliBasePlus* geschildert wurden.

Auch unter DAO ist die Abfragesprache SQL. Die Funktion *GetDefaultSQL()*, die die Standardabfrage für diese *CRecordSet*-Klasse festlegt, wird in der Klasse *CRecordSet* nötigenfalls zu einer echten SQL-Anweisung expandiert:

```
CString CHoliBaseSet::GetDefaultSQL()
{
    return _T("[Holidays],[Monate]");
}
```

Wenn Sie die resultierende Anwendung testen, werden Sie feststellen, daß auch hier wieder als Ergebnis der Abfrage die Produktmenge beider Tabellen geliefert wird. Das Problem kann auch hier wieder durch die Zuweisung einer Nebenbedingung an die Komponentenvariable *m_strFilter* oder eine explizite *SQL-SELECT*-Anweisung gelöst werden. Da der Punkt hier nicht im Tabellennamen vorkommt, können die beiden Spalten mit Namen *Monat* problemlos mit den Tabellennamen qualifiziert werden:

```
CString CHoliBaseSet::GetDefaultSQL()
{
    m_strFilter = "[Holidays].[Monat] = [Monate].[Monat]";
    return _T("[Holidays],[Monate]");
}
```

Die DAO-Klassen der MFC

Die DAO-Unterstützung der MFC besteht aus den sechs Klassen *CDaoDatabase*, *CDaoQueryDef*, *CDaoRecordSet*, *CDaoTableDef*, *CDaoWorkspace*, *CDaoRecordView* und den beiden Hilfsklassen *CDaoFieldExchange* und *CDaoException*.

Von diesen sind nur *CDaoQueryDef*, *CDaoTableDef* und *CDaoWorkspace* wirklich DAO-spezifisch, die übrigen haben ähnlich benannte, aber weniger leistungsfähige Gegenstücke unter den ODBC-Klassen.

Die Klasse, mit der Sie am häufigsten in Verbindung kommen werden, ist die Klasse *CDaoRecordSet*. Die Klasse hat eine ganz ähnliche Arbeitsweise wie ihr ODBC-Gegenstück und unterstützt die meisten Komponentenfunktionen, die auch *CRecordSet* besitzt. Nicht unterstützt werden lediglich die folgenden Funktionen von *CRecordSet: GetStatus(), GetTableName(), Cancel(), FlushResultSet(), GetRowsetSize(), GetRowsFetched(), GetRowStatus(), RefreshRowset(), SetParamNull(), SetRowsetCursorPosition(), Check(), CheckRowsetError(), DoBulkFieldExchange(), OnSetOptions()* und *SetRowsetSize()*.

Neben Momentaufnahme und dynamischer Zeilenmenge unterstützt *CDaoRecordSet* noch eine weitere Art von „Satzgruppentyp": den direkten Zugriff auf ein Tabellenobjekt in der Datenbank. Die größere Leistungsfähigkeit von DAO spiegelt sich auch in der deutlich größeren Anzahl von Komponentenfunktionen von *CDaoRecordSet* wider. *CDaoRecordSet* ermöglicht viele Operationen, die mit der ODBC-Klasse *CRecordSet* nicht möglich sind.

Zur Abfrage und Änderung von Attributen des *CDaoRecordSet*-Objekts steht eine große Anzahl zusätzlicher Attribut-Funktionen zur Verfügung, deren Namen zum größten Teil selbsterklärend sind: *GetCurrentIndex(), GetDateCreated(), GetDateLastUpdated(), GetEditMode(), GetLastModifiedBookmark(), GetName(), GetParamValue(), GetType(), GetValidationRule(), GetValidationText(), SetCurrentIndex(), SetParamValue()* und *SetParamValueNull()*.

Zur Navigation in Tabellen stehen ebenfalls zusätzliche Funktionen zur Verfügung: *Find(), FindFirst(), FindLast(), FindNext(), FindPrev(), GetAbsolutePosition(), GetPercentPosition(), Seek()* und *SetPercentPosition()*.

Andere neue Funktionen umfassen *FillCache()*, *GetCacheSize()*, *GetCacheStart()*, *GetFieldCount()*, *GetFieldInfo()*, *GetIndexCount()*, *GetIndexInfo()*, *GetLockingMode()*, *SetCacheSize()*, *SetCacheStart()*, *SetFieldValue()* und *SetFieldValueNull()*.

Die Klasse *CDaoDatabase* repräsentiert die Verbindung zu einer Datenbank. Eine Datenbank wird geöffnet durch die Komponentenfunktion *Open()* und geschlossen durch die Funktion *Close()*. Eine neue Datenbankdatei kann durch *Create()* erzeugt werden.

DAO-Datenbanken unterstützen Relationen und Abfragen nicht nur über SQL-Anweisungen, sondern können diese auch in der Datenbank speichern. Dadurch kann die Konsistenz der Datenbank durch die Jet-Engine überwacht werden. Beispielsweise kann verhindert werden, daß ein Datensatz gelöscht wird, der noch von einer gegenwärtig gespeicherten Relation referenziert wird. Funktionen zum Umgang mit gespeicherten Relationen und Abfragen umfassen *CreateRelation()*, *DeleteRelation()*, *GetRelationCount()*, *GetRelationInfo()*, *GetQueryDefCount()*, *GetQueryDefInfo()* und *DeleteQueryDef*.

Mit den Funktionen *DeleteTableDef()*, *GetTableDefCount()* und *GetTableDefInfo()* können Tabellendefinitionen innerhalb der Datenbank manipuliert werden. Insbesondere kann mit der Funktion *DeleteTableDef()* nicht nur das DAO-*TableDef*-Objekt, sondern auch die komplette zugrundeliegende Tabelle einschließlich aller Daten aus der Datenbank entfernt und gelöscht werden.

Zur Abfrage und Manipulation von Attributen schließlich kennt *CDaoDatabase* ähnliche Funktionen wie *CDatabase*, namentlich *CanTransact()*, *CanUpdate()*, *GetConnect()*, *GetName()*, *GetQueryTimeout()*, *GetRecordsAffected()*, *GetVersion()*, *IsOpen()* und *SetQueryTimeout()*.

Die Klasse *CDaoQueryDef* repräsentiert eine Abfragedefinition, die mit der Datenbank gespeichert werden kann. Eine Abfragedefinition ist ein Datenzugriffsobjekt, das im wesentlichen aus einer SQL-Abfrage und zugehörigen Eigenschaften besteht.

Ein neues Abfragedefinitionsobjekt wird mit *Create()* erzeugt. Soll es nicht nur temporär sein, muß es mit *Append()* zu einer Datenbank hinzugefügt werden. Ein in einer Datenbank existierendes Abfragedefinitionsobjekt muß vor der Benutzung mit *Open()* geöffnet werden. *CQueryDef*-Objekte können mit *CDaoRecordSet*-Objekten benutzt werden, um Daten aus der Datenbank zu extrahieren.

Ein Objekt des Typs *CDaoTableDef* steht für eine Tabelle oder genauer das DAO-Tabellendefinitionsobjekt. Eine Tabellendefinition beschreibt die Struktur und die Eigenschaften einer Datenbanktabelle und ihrer Datenfelder. Eine existierende Tabellendefinition kann mit *Open()* geöffnet werden und eine neue mit *Create()* erzeugt werden. Um eine Tabellendefinition dauerhaft zu einer Datenbank hinzuzufügen, muß auch hier wieder die Funktion *Append()* verwendet werden.

Datenbankfelder können zu einer Tabellendefinition mit den Komponentenfunktionen *CreateField()* hinzugefügt und mit *DeleteField()* wieder entfernt werden. Indizes können mit *CreateIndex()* angelegt und mit *DeleteIndex()* wieder gelöscht werden. Andere Funktionen können verwendet werden, um Eigenschaften zu ermitteln, oder zu beeinflussen; so dient *GetFieldCount()* dazu, die Anzahl der Spalten einer Tabelle zu ermitteln und *SetValidationRule()* dazu einem Feld eine Validierungsregel zuzuweisen.

Ein DAO-Arbeitsbereich, verkörpert durch die Klasse *CDaoWorkspace*, beschreibt eine benannte, paßwortgeschützte Datenbanksitzung vom Login bis zum Logoff. Normalerweise wird es jedoch nicht nötig sein, eigene *CDaoWorkspace*-Objekte zu erzeugen; wenn Sie Datenbankobjekte oder *CRecordSet*-Objekte verwenden, benutzen diese den Standardarbeitsbereich. Prinzipell können Arbeitsbereiche dazu dienen, mehrere Datenbanksitzungen gleichzeitig in einer Anwendung zu verwalten.

Manche selten gebrauchten DAO-Funktionen können nur über den Arbeitsbereich erreicht werden. Dazu gehören beispielsweise das Kompaktieren oder Reparieren von Datenbanken und die Manipulation von Benutzernamen und Paßwörtern.

Arbeitsbereiche können mit *Create()* erzeugt und mit *Open()* geöffnet werden. *Open()* mit dem Argument *Null* öffnet explizit den Zugriff auf den Standardarbeitsbereich.

Zusammenfassung

Wohl der häufigste Typ von Anwendungen in der Datenverarbeitung sind Datenbankanwendungen. Immer wenn größere Datenbestände beliebiger Art zu verwalten, auszuwerten oder miteinander zu verknüpfen sind, ist die Verwendung von Datenbanken die effektivste Lösung. Die Verwendung eines DBMS (**D**ata **B**ase **M**anagement **S**ystem) bringt Vorteile mit sich wie Standarddateiformate, indizierten Zugriff, Relationen und Datenintegrität.

Sobald Datenverwaltung und Selektion nicht der einzige Zweck einer Anwendung sind, ist Visual C++ das ideale Werkzeug zur Entwicklung, ansonsten sind reine Datenbankentwicklungssysteme effektiver. Visual C++ unterstützt zwei ganz unterschiedliche Datenbanktechnologien: ODBC und DAO. Die MFC-Implementation beider Technologien ist jedoch bewußt so ähnlich wie möglich gehalten. ODBC steht für „**O**pen **D**ata**b**ase **C**onnectivity" und stellt eine Softwareschicht dar, die die Verwendung von Client-Server-Datenbanken, aber auch von einfachen Datenbanken vereinheitlicht. DAO steht für „**D**ata **A**ccess **O**bjects" und war Microsofts erste „große" Anwendung der COM-Technologie.

ODBC ist ein wichtiges Element der Microsoft **W**indows **O**pen **S**tandards **A**rchitecture (WOSA) und vereinheitlicht den Umgang mit den unterschiedlichsten DBMS. ODBC eignet sich besonders zur Entwicklung von Client-Server-Anwendungen. Alle großen Datenbankhersteller bieten für ihre Produkte ODBC-Treiber an.

Jedes ODBC-Programm benötigt eine Datenquelle. Zur Verwaltung von ODBC-Datenquellen und ODBC-Treibern dient eine Option der Systemsteuerung mit Namen 32-Bit ODBC.

ODBC und DAO-Datenbanken werden mit SQL-Anweisungen beschrieben und abgefragt (SQL steht für „**S**tructured **Q**uery **L**anguage"). Für die Abfrage besonders wichtig ist die SELECT-Anweisung, mit der in einer oder mehreren Tabellen Datensätze nach bestimmten Kriterien gesucht und bestimmte Felder extrahiert werden können. ODBC-Treiber können einschichtig oder mehrschichtig sein. Ein einschichtiger Treiber verarbeitet sowohl die ODBC-Aufrufe als auch die SQL-Anweisungen selbst. Ein mehrschichtiger Treiber dagegen leitet SQL-Anweisungen an den Datenbank-Server weiter.

Die Erstellung von ODBC-Anwendungen wird von den MFC und den Anwendungs- und Klassen-Assistenten optimal unterstützt; eine einfache Datenbankanwendung kann mit wenigen Mausklicks zusammengestellt werden. Art und Ausmaß der Datenbankunterstützung werden im zweiten Schritt des Anwendungs-Assistenten festgelegt. Ggf. wird mit der Schaltfläche *Datenquelle* eine Datenquelle angegeben.

Die ODBC-Unterstützung der MFC besteht im wesentlichen aus zwei Klassen: *CDatabase* zur Repräsentation einer Datenbank bzw. ODBC-Verbindung und *CRecordSet* zur Repräsentation des Ergebnisses einer Abfrage. Ein *CRecordSet*-Objekt kann eine Momentaufnahme oder ein dynamischer Auszug einer oder mehrerer verknüpfter Tabellen sein. Momentaufnahmen werden am besten für Datenbankabfragen und Berichte verwendet, dynamische Abfragen eher, wenn die Datenbank bearbeitet werden muß.

Zwischen den Tabellen einer Datenbank bestehen im allgemeinen gewisse Beziehungen. Diesen Beziehungen oder mathematisch „Relation"en verdankt dieser Typus Datenbank die Bezeichnung „relationale Datenbank".

Die getrennte Speicherung der Daten mit minimaler Redundanz und die Verknüpfung dieser Daten über Relationen hat verschiedenen Vorteile: Die Datenbankgroße wird kleiner, die Aktualisierung der Datenbank wird vereinfacht, und Datenkonsistenz wird erzwungen. In ODBC-Datenbanken werden Relationen durch die zur Abfrage verwendete SQL-Anweisung hergestellt.

DAO steht für „**D**ata **A**ccess **O**bjects", also „Datenzugriffsobjekte". DAO ist wesentlich besser an die Struktur von MDB-Dateien angepaßt und bietet so Möglichkeiten, die ODBC aufgrund der Allgemeinheit des Ansatzes verwehrt bleiben müssen. Anders als unter ODBC hat der Entwickler unter DAO direkten Zugriff auf die Tabellen und kann die Datensätze auch explizit über einen Index ansprechen. In DAO-Datenbanken können auch Relationen und Abfragen als Bestandteil der Datenbank gespeichert werden.

DAO-Anwendungen können mit den Klassen des DAO-SDK oder dem DAO-Klassen der MFC entwickelt werden. Für die Neuentwicklung von DAO-Anwendungen bietet es sich an, auf die DAO-Unterstützung der MFC zurückzugreifen. Dadurch können DAO-Anwendungen auf die gleiche einfache Weise wie ODBC-Anwendungen mit den Assistenten zusammengestellt werden. Um die Programmierung von DAO-Anwendungen für ODBC-Entwickler und die Umstellung von Anwendungen von ODBC auf DAO und umgekehrt so einfach wie möglich zu machen, sind die MFC-Klassen zur

DAO-Unterstützung nach dem Muster der ODBC-Klassen modelliert. Die DAO-Unterstützung der MFC besteht aus den sechs Klassen *CDaoDatabase*, *CDaoRecordSet*, *CDaoRecordView*, *CDaoQueryDef*, *CDaoTableDef* und *CDaoWorkspace*. Die letzten drei Klassen repräsentieren dabei Konzepte, die unter ODBC nicht zur Verfügung stehen.

Anhang: Referenz der Steuerelemente

ActiveX-Steuerelemente

Wenn Sie ab und zu im Internet surfen, sind sie Ihnen sicherlich schon begegnet: die ActiveX-Plug-Ins. Sie finden Sie beispielsweise in Form eines Tree-Controls auf der Microsoft-Developer-Site.

Diese Module können Sie auch in Ihren Visual-C-Programmen verwenden, um deren Funktionalität zu erweitern. Sie können so z. B. ein Kalenderelement in Ihre Dialoge einbauen oder Ihr Programm um Routinen zum Sammeln von Systeminformationen erweitern.

Wie funktionieren diese Steuerelemente?

Um Ihnen ActiveX-Controls näherzubringen, betrachten wir zunächst einmal eine der Standardkomponenten für Dialogboxen, die Combobox bzw. das Kombinationsfeld.

Wenn Sie in Ihrem Dialog ein Kombinationsfeld verwenden möchten, fügen Sie sie zunächst einfach mit dem Ressourcen-Editor in Ihren Dialog ein. Anschließend legen Sie mit dem Klassen-Assistenten eine Member-Variable an, die mit diesem Element verknüpft ist. Sie wird vom Typ *CComboBox sein*, und über diese Member-Variable können Sie mit dem Kombinationsfeld kommunizieren. Dafür stellt Ihnen die Klasse *CComboBox* zahlreiche Funktionen zur Verfügung. Stellen wir uns mal vor, die Variable heißt *m_Combo1*. Dann könnten Sie z. B. mit

```
m_Combo1.AddString("Hallo")
```

eine Zeile in das Kombinationsfeld einfügen.

Die Klasse *CComboBox* und die Variable *m_Combo1* stellen also die Verbindung zu dem Element Combobox in Ihrem Dialog her.

Das Kombinationsfeld (Combobox) ist ein Standardelement. Die Klasse *CComboBox* und ihr kompletter Code ist in den Laufzeitbibliotheken der MFC enthalten, ebenso der Code des eigentlichen Elements.

Möchten Sie nun Ihr Programm z. B. um das Kalenderelement erweitern, müssen Sie dazu dem Compiler dieses Element zur Verfügung stellen. Der Objektcode, d. h. das eigentliche Element, befindet sich in einer OCX-Datei.

Mit dem Objektcode allein kann der Compiler jedoch nicht viel anfangen, er braucht noch Informationen über die Eigenschaften, Methoden und Ereignisse des neuen

Elements. Diese entnimmt er der sogenannten Typbibliothek, die entweder in der OCX-Datei integriert ist, oder in einer eigenen TLB-Datei geliefert wird.

Der Compiler erzeugt anhand dieser Informationen eine sogenannte Wrapper-Klasse, vergleichbar mit der Klasse *CComboxBox* für das Kombinationsfeld, die alle Methoden und Ereignisse enthält, und stellt Ihnen das neue Element in der Palette der verfügbaren Komponenten im Ressourcen-Editor zur Verfügung.

Sie können das neue Element dann genauso wie ein Standardelement benutzen: Bauen Sie es in einen Dialog ein, legen Sie alle Eigenschaften fest und verknüpfen Sie es mit einer Member-Variablen, z. B. vom Typ *CCalendar* - so heißt die von Visual C++ erzeugte Klasse.

ActiveX-Komponenten verhalten sich zumeist genauso wie die Standardelemente in Ihrem Dialog. Sie haben Eigenschaften, die Sie im Eigenschaftsdialog festlegen können.

In den Wrapper-Klassen, den Klassen, die die Verbindung herstellen, werden Ihnen Methoden zur Verfügung gestellt, mit denen Sie die Eigenschaften auslesen und verändern können.

Wichtig ist, daß Sie bei der Erstellung Ihres Projekts mit dem AppWizard die Unterstützung für ActiveX-Komponenten aktiviert haben. Ansonsten ist der Einsatz dieser Elemente nicht möglich!

Schritt für Schritt: Das Kalenderelement

Nun einmal ein konkretes Beispiel, das den Einsatz des Kalenderelements zeigt:

Fügen Sie es zunächst zu Ihrem Projekt hinzu. Wählen Sie dazu den Befehl *Komponenten und Steuerelemente* aus dem Menü *Projekt* und dem Untermenü *Dem Projekt hinzufügen*.

Wechseln Sie in den Ordner *Registered ActiveX Controls* und wählen Sie das Kalenderelement aus. Es trägt den Namen *Kalender-Steuerelement 8.0*. Ganz unten im Dialog sehen Sie den Namen der damit verbundenen OCX-Datei: *Mscal.ocx*. Beim Einfügen wird Ihnen Visual C++ die Möglichkeit geben, die Namen der mit dem Element verbundenen Klassen zu ändern. Übernehmen Sie einfach die Vorgaben.

Nachdem Sie das Element dem Projekt hinzugefügt haben, bauen Sie es in Ihren Dialog ein. Sie finden es jetzt im Ressourcen-Editor auf der Palette mit den verfügbaren Komponenten.

Ziehen Sie es auf die gewünschte Größe und legen Sie die Eigenschaften fest. Das Kalenderelement bietet Ihnen jede Menge Einstellungsmöglichkeiten.

Um das Element aus Ihrer Dialogklasse heraus benutzen zu können, müssen Sie dort eine Member-Variable anlegen. Das macht der Klassen-Assistent für Sie. Nennen Sie die Variable *m_Calendar*; sie ist automatisch vom Typ *CCalendar*.

Jetzt können Sie aus Ihrer Dialogklasse heraus das Kalenderelement ansteuern.

Verändern Sie z. B. zur Laufzeit den angezeigten Tag. Benutzen Sie dazu die Funktion *m_Calendar.SetDay(5)*, um den 5. des Monats hervorzuheben. Oder ändern Sie die Hintergrundfarbe mit *m_Calendar.SetBackColor(RGB(255,255,0))* in Gelb.

Warum müssen OCX-Dateien bei der Installation registriert werden?

OCX-Dateien enthalten in der Regel eine Prozedur zur Selbstregistrierung. Diese muß bei der Installation der Datei aufgerufen werden.

Das System identifiziert OCX-Dateien nämlich nicht anhand eines Namens, sondern anhand einer Kennung, der sogenannten ClassID. Diese Kennung ist eindeutig. Bei der Selbstregistrierung meldet sich nun ein Modul in der Registry mit seiner Kennung, seinem Namen und dem Pfad, unter dem es zu finden ist an. Außerdem werden einige weitere Informationen gespeichert, so z. B., wo die Typbibliothek zu finden ist.

Soll nun seitens eines Programms auf dieses Modul zugegriffen werden, muß das Programm anhand der Kennung den Dateinamen aus der Registry ermitteln und das entsprechende Modul laden.

Aber keine Angst: Die Routinen hierfür baut der Compiler automatisch ein, Sie brauchen sich darum nicht zu kümmern.

Die ClassID eines Moduls kann im allgemeinen übrigens mit der Funktion *GetClsid()* abgefragt werden.

Referenz

Die ActiveX-Controls werden nur zum Teil von einer dokumentierenden Hilfe begleitet. Oft finden Sie keine Informationen über ihren Einsatz. Daher haben wir im folgenden eine ActiveX-Referenz zusammengetragen.

Anmerkung:
Bei den Eigenschaften der Elemente existiert fast immer das Funktionspärchen *Set...* und *Get...* Aufgelistet wird jeweils nur der Name der Eigenschaft, er muß noch durch *Set* bzw. *Get* ergänzt werden: die Eigenschaft *DayLength* kann mit *SetDayLength* gesetzt und mit *GetDayLength* ausgelesen werden.

Die Klasse COleVariant

Beim Umgang mit ActiveX-Steuerelementen wird Ihnen oft der Datentyp *VARIANT* begegnen. Dieser Datentyp kann unterschiedliche Daten speichern, er kann variieren. So kann ein *VARIANT* z. B. einen String, aber auch einen Integer, einen Betrag oder ein Datum speichern. Aufgebaut ist der *VARIANT* als sog. Union-Struktur. Das heißt, er besteht aus zahlreichen verschiedenen Elementen, die alle an derselben Speicheradresse beginnen. Die Elemente haben alle unterschiedliche Typen. Erst durch eine zusätzliche Information wird die korrekte Interpretation des *VARIANT* ermöglicht. Der *VARIANT* speichert daher in einer weiteren Variablen seiner Struktur den Datentyp, den er darstellt. Besagt diese Information nun beispielsweise, daß ein String gespeichert wird, kann man diesen String aus dem *VARIANT* im Element *bstrVal* finden. Dadurch werden die Daten des *VARIANT* als String interpretiert. Durch Zugriff auf andere Elemente könnte man eine andere Interpretation der Daten erreichen. Folgende Typen werden durch folgende Elemente zur Verfügung gestellt:

Typ	Elementname	Typkennung
unsigned char	BVal	VT_U1
short	lVal	VT_I2
Long	lVal	VT_I4
float	fltVal	VT_R4
double	dblVal	VT_R8
VARIANT_BOOL	bool	VT_BOOL
RETURN VALUE	return value	VT_ERROR
CY	cyVal	VT_CY
DATE	date	VT_DATE
BSTR	bstrVal	VT_BSTR
IUnknown FAR*	punkVal	VT_UNKNOWN
IDispatch FAR*	pdispVal	VT_DISPATCH
SAFEARRAY FAR*	parray	VT_ARRAY
unsigned char FAR*	pbVal	VT_BYREF oder VT_UI1
short FAR*	piVal	VT_BYREF oder VT_I2
long FAR*	plVal	VT_BYREF oder VT_I4
float FAR*	pfltVal	VT_BYREF oder VT_R4
double FAR*	pdblVal	VT_BYREF oder VT_R8
VARIANT_BOOL FAR*	pbool	VT_BYREF oder VT_BOOL
RETURN VALUE FAR*	preturn value	VT_BYREF oder VT_ERROR
CY FAR*	pcyVal	VT_BYREF oder VT_CY
DATE FAR*	pdate	VT_BYREF oder VT_DATE
BSTR FAR*	pbstrVal	VT_BYREF oder VT_BSTR
IUnknown FAR*	ppunkVal	VT_BYREF oder VT_UNKNOWN
IDispatch FAR*	ppdispVal	VT_BYREF oder VT_DISPATCH
SAFEARRAY FAR*	parray	VT_ARRAY
VARIANT FAR*	pvarVal	VT_BYREF oder VT_VARIANT
void FAR*	byref	

Visual C++ kapselt den *VARIANT*-Datentyp in einer Klasse namens *COleVariant* und stellt einige Funktionen bereit, darunter eine zum Ändern der Typinformation (*ChangeType()*). Das *COleVariant*-Objekt bietet zahlreiche Konstruktoren zur Initialisierung an, so daβ direkt der richtige Datentyp zugewiesen wird.

Das Kalender-Steuerelement

MSCAL.OCX

Wrapper-Klasse: CCalendar

Das Kalender-Steuerelement zeigt einen Monatskalender an. Ein Tag des Monats kann markiert werden, des weiteren kann über Kombinationsfelder das Jahr und der Monat eingestellt werden.

Eigenschaften

Setzen mit *Set...*, auslesen mit *Get...*

Name	*Typ*	Beschreibung
Day	*short*	Legt fest, welcher Tag des Monats markiert sein soll.
Month	*short*	Definiert den anzuzeigenden Monat.
Year	*short*	Stellt das zu benutzende Jahr ein.
ShowDays	*Boolesch*	Legt fest, ob über den Tagen des angezeigten Monats eine Zeile mit den Namen der Wochentage erscheinen soll oder nicht.
ShowTitle	*Boolesch*	Soll als Überschrift der Monat und das Jahr angezeigt werden?
Value	*VARIANT*	Setzt den Wert des Elements, also das anzuzeigende Datum. Der Parameter umfaßt eine Datumsangabe im Format *VARIANT*, beinhaltet also Tag, Monat und Jahresangabe.
ValueIsNull	*Boolesch*	*FALSE* bedeutet, daß ein Tag ausgewählt wurde, *TRUE*, daß derzeit kein Tag markiert ist
FirstDay	*short*	Legt fest, welcher Wochentag in der linken Spalte angezeigt werden soll. 1 entspricht dabei Sonntag, 2 Montag etc. In den USA ist meist 0 üblich, während in Deutschland oft 1 gebraucht wird.
DayLength	*short*	Legt fest, in welchem Umfang die Bezeichnung des Wochentags angezeigt wird: Für Montag gilt z. B.: 0=M, 1=Mo, 2=Montag.
MonthLength	*short*	Legt fest, in welchem Umfang die Bezeichnung des Monats angezeigt wird: Für September gilt z. B.: 0=Sep, 1=September.
ShowDate Selectors	*Boolesch*	Stellt ein, ob die Kombinationsfelder für die Auswahl des Monats und des Jahrs angezeigt werden oder nicht.
ShowHorizontal Grid	*Boolesch*	Legt fest, ob zwischen den Zeilen Linien angezeigt werden.

Name	*Typ*	Beschreibung
ShowVerticalGrid	*Boolesch*	Legt fest, ob zwischen den Spalten Linien angezeigt werden.
GridCellEffect	*long*	Legt fest, ob die Kästchen mit den einzelnen Tagen flach (0), erhöht (1) oder vertieft (2) dargestellt werden sollen.
BackColor	*long*	Setzt die Hintergrundfarbe des kompletten Controls. Zum Setzen kann das Makro *RGB* benutzt werden: *RGB(255,255,0)* entspricht auf der RGB-Skala dem Wert für Gelb.
SetDayFontColor	*long*	Setzt die Farbe der Beschriftung der Wochentagsbezeichnungen (Spaltenüberschriften).
GridFontColor	*long*	Setzt die Farbe des Textes (Tageszahlen) in den Kästchen.
GridLinesColor	*long*	Setzt die Farbe der Linien zwischen den Kästchen. Nur wirksam, wenn *GridCellEffect* auf *Flach* steht!
TitleFontColor	*long*	Setzt die Farbe der Überschrift (Monat/Jahr).
DayFont	*COleFont bzw. LPDISPATCH*	Der Font, in dem die Wochentagsbezeichnungen geschrieben sind.
GridFont	*COleFont bzw. LPDISPATCH*	Der Font, in dem die Tageszahlen geschrieben sind.
TitleFont	*COleFont bzw. LPDISPATCH*	Der Font, in dem die Überschrift geschrieben ist.

Methoden

Name	*Parameter*	*Rückgabe*	Beschreibung
Create	*Siehe CWnd::Create*	*Boolesch*	Erzeugen des Elements zur Laufzeit. Syntax entspricht grundsätzlich der von *CWnd::Create*. Nicht benötigt bei Erstellung zur Entwicklungszeit im Ressourceneditor.
GetClsid		*CLSID*	Liefert die Kennung der Komponente zurück.
NextDay			Wechselt zum nächsten Tag.
NextWeek			Wechselt zur nächsten Woche.
NextMonth			Wechselt zum nächsten Monat.
NextYear			Wechselt zum nächsten Jahr.
PreviousDay			Wechselt zum vorhergehenden Tag.
PreviousWeek			Wechselt zur vorhergehenden Woche.
Previous Month			Wechselt zum vorhergehenden Monat.
PreviousYear			Wechselt zum vorhergehenden Jahr.
Today			Wechselt zum heutigen Datum.
Refresh			Erneuert die Darstellung des Controls.
AboutBox			Zeigt eine Info-Box mit Copyright an.

Eine kurze Anmerkung zu den Fonts: Zum Verändern eines Fonts ist es am einfachsten, wie im folgenden Beispiel vorzugehen:

```
COleFont f=m_Calendar.GetGridFont();
f.SetName("Arial");
f.SetBold(TRUE);
f.SetSize(COleCurrency(10,0));  // Erzeugt das gewünschte Variant-Objekt
m_Calendar.SetGridFont(f.m_lpDispatch);
```

Ereignisse

Name	*Parameter*	Beschreibung
Click		Bei Mausklick innerhalb des Controls.
DblClick		Bei Doppelklick innerhalb des Controls.
KeyDown	*short* Keycode, short Shift*	Bei Drücken einer Taste, während Control den Focus hat.
KeyUp	*short* Keycode, short Shift*	Bei Loslassen einer Taste, während Control den Focus hat.
KeyPress	*short* KeyAscii*	Bei Drücken einer Taste, während Control den Focus hat.
BeforeUpdate		Vor der Aktualisierung der Darstellung.
AfterUpdate		Nach der Aktualisierung der Darstellung.
NewMonth		Bei Wechsel des Monats.
NewYear		Bei Wechsel des Jahrs.

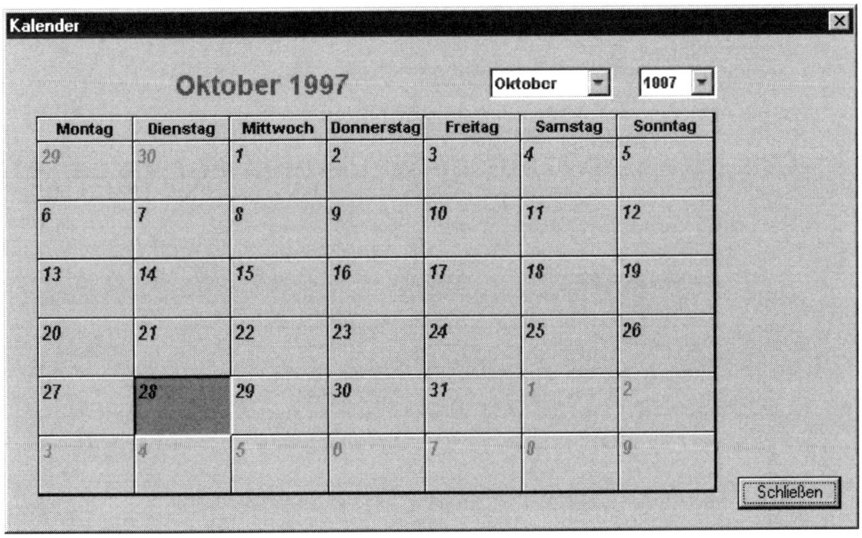

Abb. 146: Das Kalender-Control in der Anwendung

Die MAPI-Steuerelemente

MSAPI32.OCX

Wrapper-Klassen: CMapiSession, CMapiMessages

Die beiden MAPI-Steuerelemente werden zwar getrennt in der Liste der verfügbaren ActiveX-Controls angezeigt, bilden aber dennoch eine Einheit.

Mit Hilfe des **M**essaging **A**pplication **P**rogram **I**nterface können Sie sozusagen ein E-Mail-Programm fernsteuern.

Zunächst wird mit Hilfe der *CMapiSession*-Klasse eine sog. Sitzung eingerichtet, d. h., daß sich Ihr Programm beim zuständigen Mailer anmeldet. Die dabei vergebene Sitzungsnummer wird an die *CMapiMessages*-Klasse weitergeleitet. Nun können Sie mit Hilfe dieser Klasse abfragen, ob Nachrichten bereitliegen, diese herunterladen, filtern und verarbeiten oder neue Nachrichten erstellen und versenden.

Das Internet-Transfer-Steuerelement

MSINET.OCX

Wrapper-Klasse: CInet

Um Dateien mittels HTTP oder FTP abzurufen, können Sie sich des Internet-Transfer-Steuerelements bedienen. Dieses Steuerelement baut eine Verbindung zum angegebenen Server auf und liefert das gewünschte Dokument als Variable vom Typ *VARIANT* zurück. Diese Variable können Sie dann beispielsweise in einer Datei speichern und anschließend weiterverarbeiten.

Das Internet-Transfer-Steuerelement im Einsatz

Und nun ein Beispiel für die Verwendung dieses Controls: ein einfacher FTP-Client:

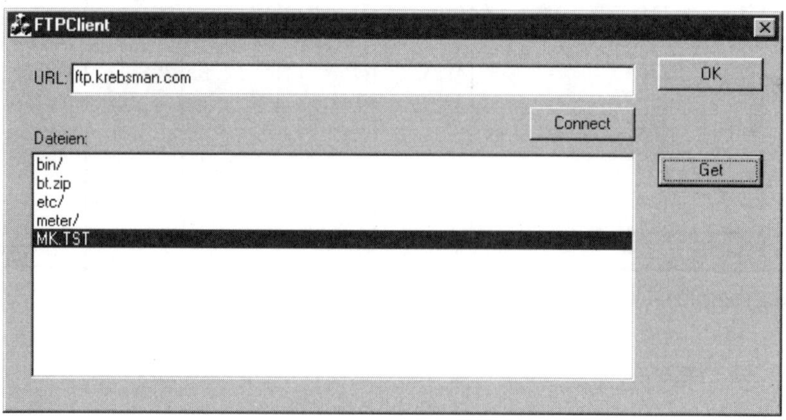

Abb. 147: Ein einfacher FTP-Client im Einsatz

Dieser Client erstellt eine Verbindung zu einem FTP-Server, fragt das dortige Hauptverzeichnis ab und zeigt es an. Aus diesem Verzeichnis können Sie eine Datei wählen, die dann heruntergeladen und gespeichert wird.

Achtung:
Das Internet-Transfer-Steuerelement weist leider einen Fehler auf: Der zum Laden einer Datei nötige Befehl wird in Großschreibung umgewandelt – auch die Dateinamen! Da die meisten FTP-Server aber zwischen Groß- und Kleinschreibung unterscheiden, können Sie mit diesem Control also nur Dateien mit „großen" Dateinamen laden.

Das Beispiel verwendet neben dem Steuerelement, das durch die Member-Variable *m_Inet* angesprochen wird, das Eingabefeld *m_URL* und das Listenfeld *m_Liste*.

Nach der Eingabe des URLs des Servers und Drücken von *Connect* wird folgender Code ausgeführt:

```
void CFTPClientDlg::OnConnect()
{
    m_Inet.SetUserName("anonymous");          //Benutzername festlegen
    m_Inet.SetPassword("anon@ymous.com"); //E-Mail-Adresse als Kennung
    m_Inet.SetProtocol(2);                    //für FTP
    UpdateData(TRUE);
    m_Inet.SetUrl(m_URL);                     //zu verwendender Server
    COleVariant Befehl("LS");                 //Befehl für Directory lesen
    COleVariant leer((LPCTSTR)NULL);
    m_Inet.Execute(leer,Befehl,leer,leer); //keine weiteren Parameter,
                                              // nur LS-Befehl ausführen
}
```

Das Internet-Transfer-Control baut nun eine Verbindung zum gewünschten Server auf und sendet den Befehl für das Hauptverzeichnis zurück. Zwischendurch liefert es Statusmeldungen zurück, die durch das Ereignis *OnStateChanged* ausgewertet werden.

Dabei sind nur die Ereignisse mit den Codes 11 für *Fehler* und 12 für *Erfolgreich beendet* für uns interessant.

```
void CFTPClientDlg::OnStateChangedInet(short State)
{
    if (State==11) //Fehler !
    {
    AfxMessageBox(m_Inet.GetResponseInfo());          //Meldung ausgeben
    }


    if (State==12) //Erfolgreich beendet
    {
        COleVariant v;
        long anz=0;
        v=m_Inet.GetChunk(&anz,COleVariant((BYTE)0));
                                                    //Text entgegennehmen

      if (anz>0)                                    //Wenn Text gekommen
```

```
        {
            m_Liste.ResetContent();
            CString ls;
            ls=v.bstrVal;
            int pos;
            while ((pos=ls.Find(„\n"))>0)
                                            //in die Liste einfügen
           {
           CString Entry=ls.Left(pos-1);
           ls=ls.Mid(pos+1);
           if (!Entry.IsEmpty()) m_Liste.AddString(Entry);
           }
        }
    AfxMessageBox(„Erfolgreich durchgeführt !");
    }
}
```

Bei einem Fehler wird eine Fehlermeldung ausgegeben, den Text stellt das Control zur Verfügung.

War die Operation hingegen erfolgreich, ist der Text des Verzeichnisses eingetroffen und muß nun ausgelesen werden. Dazu dient die Methode *GetChunk*. Sie liefert den kompletten empfangenen Text zurück. Das gesamte Verzeichnis ist demnach in einem einzigen String, durch Wagenrücklaufzeichen (*\n*) getrennt. Dieser String wird ausgewertet und die Verzeichniseinträge in die Liste eingefügt.

Der Benutzer wählt nun einen Eintrag aus der Liste und drückt *Get*, worauf folgender Code ausgeführt wird:

```
void CFTPClientDlg::OnGet()
{
    CString Entry;
    m_Liste.GetText(m_Liste.GetCurSel(),Entry);
    if (Entry.Right(1)!="/")                    //kein Verzeichnis
    {
       COleVariant leer((LPCTSTR)NULL);
       COleVariant Befehl(„GET „+Entry+" C:\\"+Entry);
       m_Inet.Execute(leer,Befehl,leer,leer);
    }
}
```

Einträge von Unterverzeichnissen sind meist durch einen abschließenden Schrägstrich gekennzeichnet und können hier nicht behandelt werden. Hier werden nur Dateien behandelt.

Für Dateien hingegen wird wieder ein Befehl abgesandt: *GET Datei Lokaldatei*. Der erste Parameter bezeichnet die Datei auf dem FTP-Server, der zweite den Pfad und den Namen, unter dem sie lokal abgespeichert werden soll.

Das Ergebnis dieses Befehls wird wiederum durch *StateChanged*-Ereignisse mitgeteilt, die Datei selbst muß jedoch nicht mehr ausgelesen werden, das Steuerelement speichert sie direkt unter dem angegebenen Namen auf der Festplatte.

Das Communications-Steuerelement

MSCOMM32.OCX

Wrapper-Klasse: CMSComm

Das *MSComm*-Element stellt Ihnen Funktionen zur Kommunikation über die serielle Schnittstelle bereit. Mit Hilfe der verfügbaren Methoden können Sie die Einstellungen der Schnittstelle verändern und Daten versenden oder empfangen. Auch ein Modem läßt sich so einfach ansteuern.

Die Rückmeldungen dieses Controls können auf Wunsch ereignisgesteuert erfolgen.

Eigenschaften

Setzen mit *Set...*, auslesen mit *Get...*

Name	*Typ*	Beschreibung
CDHolding	*Boolesch*	Zustand des Carrier Detect-Signals (RLSD). Diese Eigenschaft ist schreibgeschützt, d. h., *SetCDHolding* hat keine Funktion.
CommID	*long*	Kennung des Kommunikationsgeräts. Diese Eigenschaft ist schreibgeschützt, d. h., *SetCommID* hat keine Funktion.
CommPort	*short*	Nummer der zu verwendeten Schnittstelle.
CTSHolding	*Boolesch*	Zustand des Clear to Send-Signals. Diese Eigenschaft ist schreibgeschützt, d. h., *SetCTSHolding* hat keine Funktion.
DSRHolding	*Boolesch*	Zustand des Data Set Ready-Signals. Diese Eigenschaft ist schreibgeschützt, d. h., *SetDSRHolding* hat keine Funktion.
DTREnable	*Boolesch*	Zustand des *Data Terminal Ready*-Signals.
Handshaking	*long*	Art des Handshaking-Protokolls: 0=kein Handshaking 1=XON/XOFF 2=RTS/CTS 3=XON/XOFF und RTS/CTS
InBufferSize	*short*	Größe des Empfangspuffers.
InBufferCount	*short*	Anzahl der wartenden Zeichen im Empfangspuffer.
Break	*Boolesch*	Status des Break-Signals.
InputLen	*short*	Anzahl der Zeichen, die die Input-Eigenschaft aus dem Empfangspuffer liest.
NullDiscard	*Boolesch*	*TRUE*=Zeichen mit ASCII-Code 0 werden nicht vom Anschluß an den Empfangspuffer übertragen.
OutBufferSize	*short*	Größe des Sendepuffers.
OutBufferCount	*short*	Anzahl der wartenden Zeichen im Sendepuffer.

Name	*Typ*	Beschreibung
ParityReplace	*CString*	Ersatzzeichen für Zeichen, bei dem Paritätsfehler aufgetreten ist. Maximal ein Zeichen. Leere Zeichenkette, um das unzulässige Zeichen nicht zu ersetzen.
PortOpen	*Boolesch*	Öffnet den für das Control mit CommPort gewählten Anschluß bzw. gibt Zustand zurück.
RThreshold	*short*	Anzahl der Zeichen, die im Empfangspuffer sein müssen, bevor das *OnComm*-Ereignis ausgelöst wird. (CommEvent=2)
SThreshold	*short*	Wenn im Sendepuffer weniger Zeichen als dieser Wert sind, wird das *OnComm*-Ereignis ausgelöst. (CommEvent=1)
RTSEnable	*Boolesch*	Zustand des *Request To Send*-Signals.
Settings	*CString*	Zeichenfolge mit Parametern für Baud, Parität, Datenbits und Stoppbits, z. B. „9600,N,8,1".
Output	*VARIANT*	Sendet Daten an den Sendepuffer. Diese Eigenschaft ist lesegeschützt, d. h., *GetOutput* hat keine Funktion.
Input	*VARIANT*	Fragt den Empfangspuffer ab und löscht die eingelesenen Daten. Diese Eigenschaft ist schreibgeschützt, d. h., *SetInput* hat keine Funktion.
CommEvent	*short*	Liefert den Code des letzten Kommunikationsereignisses bzw. Fehlers. Diese Eigenschaft ist schreibgeschützt, d. h., *SetCommEvent* hat keine Funktion.
EOFEnable	*Boolesch*	Legt fest, ob das *OnComm*-Ereignis für *CommEvent=7* ausgelöst wird, wenn ein EOF-Zeichen im Eingabestrom entdeckt wird.
InputMode	*long*	0=Daten im ASCII-Format. 1=Daten im Binär-Format.

Methoden

Name	*Parameter*	*Rückgabe*	Beschreibung
Create	*Siehe CWnd::Create*	*Boolesch*	Erzeugen des Elements zur Laufzeit. Syntax entspricht grundsätzlich der von *CWnd::Create*. Nicht benötigt bei Erstellung zur Entwicklungszeit im Ressourceneditor.
GetClsid	*keine*	*CLSID*	Liefert die Kennung der Komponente zurück.

Ereignisse

Name	*Parameter*	Beschreibung
OnComm	*Keine*	Wird ausgelöst, sobald ein Ereignis in Verbindung mit dem Steuerelement eintritt. Welches Ereignis eingetreten ist, kann mit der *CommEvent*-Eigenschaft festgestellt werden.

Das Winsock-Steuerelement

MSWINSCK.OCX

Wrapper-Klasse: CMSWinsockControl

Die Windows-Sockets sind die Grundlage jeder Kommunikation über das Internet-Protokoll TCP/IP. Sie stellen die Verbindung zwischen zwei Anwendungen auf zwei Rechnern her und steuern den Versand der Daten.

Das Winsock-Steuerelement stellt Funktionen zur Ansteuerung der Windows-Sockets bereit.

Das MCI-Steuerelement

MCI32.OCX

Wrapper-Klasse: Cmci [sic!]

Mit Hilfe des **M**edia **C**ontrol **I**nterfaces können Sie die Wiedergabe von *wav-*, *mid-* oder *avi*-Dateien starten und steuern. Dem Benutzer kann mit dem MCI-Steuerelement eine Reihe von Steuerknöpfen (Widergabe, Stop, Auswurf etc.) zur Verfügung gestellt werden. Das Programm selbst kann die Steuerung durch Absenden von Befehlen wie *Open* übernehmen.

Das Masked Edit-Steuerelement

MSMASK32.OCX

Wrapper-Klasse: CMSMask

Mit den normalen Edit-Feldern hat das Programm während der Eingabe kaum einen Einfluß auf diese.

Das *Masked-Edit*-Steuerelement hingegen erlaubt die direkte Formatierung und damit auch die unmittelbare Kontrolle der Benutzereingaben. Sie geben ein bestimmtes Eingabeformat vor, und das Steuerelement achtet darauf, daß der Benutzer sich an dieses Format hält und stellt alle Eingaben direkt in diesem Format dar.

Nützlich ist dieses Element z. B. bei Datums- oder Betragseingaben, die ja ein ganz bestimmtes Format haben sollen.

Das SysInfo-Steuerelement

SYSINFO.OCX

Wrapper-Klasse: CSysInfo

Das *SysInfo*-Steuerelement stellt Ihnen zahlreiche Informationen über das System zur Verfügung. Sie können nicht nur die Versionsangaben oder den Status der Stromversorgung abfragen, sondern sich auch beim Eintreten von Systemveränderungen benachrichtigen lassen. Außerdem informiert Sie das Steuerelement beim Eintreten von Plug & Play-Ereignissen.

Eigenschaften

Keine

Methoden

Name	*Parameter*	*Rückgabe*	Beschreibung
Create	*Siehe CWnd::Create*	*Boolesch*	Erzeugen des Elements zur Laufzeit. Syntax entspricht grundsätzlich der von *CWnd::Create*. Nicht benötigt bei Erstellung zur Entwicklungszeit im Ressourceneditor.
GetClsid	*keine*	*CLSID*	Liefert die Kennung der Komponente zurück.
GetOSVersion	*keine*	*float*	Betriebssystem-Version.
GetOSPlatform	*keine*	*short*	Plattform des Betriebssystems: 0=Win32s 1=Win95 2=Win NT
GetOSBuild	*keine*	*short*	Information über die Version des Betriebssystems.
GetScrollBarSize	*keine*	*single*	Breite einer Scrollbar in TWIPS.
GetACStatus	*keine*	*short*	Ist das Gerät an das Stromnetz angeschlossen? (Laptops) 0=nein 1=ja 255=unbekannt
GetBatteryFullTime	*keine*	*long*	Betriebsdauer der voll geladenen Batterie in Sekunden (Laptops).
GetBatteryLifeTime	*kein*	*long*	Restbetriebsdauer der Batterie.
GetBatteryLifePercent	*keine*	*short*	Verbleibender Prozentsatz der vollen Batteriekapazität: 0-100=Prozentsatz 255=unbekannt

Name	*Parameter*	*Rückgabe*	Beschreibung
GetBatteryStatus	*keine*	*short*	Ladezustand der Batterie: 1=Ladung hoch 2=Ladung niedrig 4=Ladung kritisch 8=wird geladen 128=keine Batterie vorhanden 255=unbekannt
GetWorkAreaHeight	*keine*	*float*	Höhe des Desktops ohne Taskbar.
GetWorkAreaWidth	*keine*	*float*	Breite des Desktops ohne Taskbar.
GetWorkAreaTop	*keine*	*float*	Oberste Koordinate des Desktops ohne Taskbar.
GetWorkAreaLeft	*keine*	*float*	Linke Koordinate des Desktops ohne Taskbar.

Ereignisse

Name	*Parameter*	Beschreibung
ConfigChanged	*long OldConfigNum, long NewConfigNum*	Hardwarekonfiguration verändert.
ConfigChange Cancelled		Veränderung der Konfiguration abgebrochen.
DeviceArrival	*long DeviceType, long DeviceID, BSTR DeviceName, long DeviceData*	Neues Gerät im System.
DeviceOtherEvent	*long DeviceType, BSTR EventName, long DataPointer*	Anderes Ereignis im Zusammenhang mit der Gerätekonfiguration.
DeviceQueryRemove	*long DeviceType, long DeviceID, BSTR DeviceName, long DeviceData, VARIANT_BOOL* Cancel*	Ein Gerät wird jetzt entfernt. Kann durch Setzen des Parameters Cancel auf *TRUE* verhindert werden.
DeviceQueryRemove Failed	*long DeviceType, long DeviceID, BSTR DeviceName, long DeviceData*	Ein Prozeß hat das Entfernen eines Geräts abgebrochen.
DeviceQueryRemove Complete	*long DeviceType, long DeviceID, BSTR DeviceName, long DeviceData*	Gerät erfolgreich entfernt.
DeviceQueryRemove Pending	*long DeviceType, long DeviceID, BSTR DeviceName, long DeviceData*	Kein Prozeß hat das Entfernen abgebrochen, das Entfernen wird durchgeführt.

Name	*Parameter*	Beschreibung
DevModeChanged		Der Benutzer hat Geräteeinstellungen verändert.
DisplayChanged		Bildschirmauflösung verändert.
QueryChangeConfig	*VARIANT_BOOL* Cancel*	Die Hardwarekonfiguration soll verändert werden. Kann durch Setzen des Parameters Cancel auf *TRUE* verhindert werden.
SettingChanged		Ein systemweiter Parameter wurde verändert.
SysColorsChanged		Die Farbeinstellungen wurden verändert.
TimeChanged		Die Systemzeit wurde verstellt.
PowerQuerySuspend	*VARIANT_BOOL* Cancel*	Das System soll in den Suspend-Zustand versetzt werden. Kann durch Setzen des Parameters Cancel auf *TRUE* verhindert werden.
PowerSuspend		Das System wird jetzt in den Suspend-Zustand versetzt.
PowerResume		Das System kehrt in den normalen Zustand zurück.
PowerStatus Changed		Der Zustand der Stromversorgung wurde verändert.

Das Web Browser-Steuerelement

SHDOCVW.OCX

Wrapper-Klasse: CWebBrowser

Dieses Control stellt einen kompletten Browser für das World Wide Web dar. Mit den bereitgestellten Funktionen können Sie direkt spezifische URLs aufrufen und anzeigen lassen.

Die komplette Funktionalität des Internet Explorers steckt in diesem Control. Sie können so den Explorer in Ihre Anwendung einbetten, Sie müssen ggf. lediglich noch die zur Navigation notwendigen Schaltflächen wie *Zurück* oder *Refresh* in Ihre Anwendung einbauen. Die dazugehörigen Methoden sind bereits im Control enthalten.

Dieses Control wird mit dem Internet Explorer ausgeliefert, er wird zur Benutzung vorausgesetzt. Die Online-Hilfe Ihrer Visual C++-Entwicklungsumgebung basiert übrigens auch auf diesem Steuerelement!

Eigenschaften

Setzen mit *Set...*, auslesen mit *Get...*

Name	*Typ*	Beschreibung
Top	*long*	Obere Koordinate des Steuerelements.
Left	*long*	Linke Koordinate des Steuerelements.
Height	*long*	Höhe des Steuerelements.
Width	*long*	Breite des Steuerelements.

Methoden

Name	*Parameter*	*Rückgabe*	Beschreibung
Create	*Siehe CWnd::Create*	*Boolesch*	Erzeugen des Elements zur Laufzeit. Syntax entspricht grundsätzlich der von *CWnd::Create*. Nicht benötigt bei der Erstellung zur Entwicklungszeit im Ressourceneditor.
GetClsid	*keine*	*CLSID*	Liefert die Kennung der Komponente zurück.
Navigate	*LPCTSTR URL, VARIANT* Flags, VARIANT* TargetFrameName, VARIANT* PostData, VARIANT* Headers*	*keine*	Steuert den angegebenen URL an. Setzen Sie Flags auf 1, um ein neues Fenster zu öffnen.
Refresh	*keine*	*keine*	Lädt den angegebenen URL neu
Refresh2	*VARIANT* Level*	*keine*	Lädt den angegebenen URL neu. Als Parameter kann angegeben werden, ob der Server die Seite aus dem Cache liefern darf oder ob auch er sie neu laden muß.
Stop	*keine*	*keine*	Bricht den Ladevorgang ab.
GoBack	*keine*	*keine*	Geht zum vorherigen Dokument zurück.
GoForward	*keine*	*keine*	Geht wieder zum nächsten Dokument vor.
GoHome	*keine*	*keine*	Wechselt auf die als Homepage eingestellte Seite. Es gelten die Einstellungen des Internet Explorers.

Name	*Parameter*	*Rückgabe*	Beschreibung
GoSearch	*keine*	*keine*	Wechselt auf die als Suchseite eingestellte Seite. Es gelten die Einstellungen des Internet Explorers.
GetLocationName	*keine*	*CString*	Liefert den Dokumenttitel zurück.
GetLocationURL	*keine*	*CString*	Liefert den aktuellenURL zurück.
GetBusy	*keine*	*Boolesch*	Ist das Control mit Laden beschäftigt?

Ereignisse

Name	*Parameter*	Beschreibung
BeforeNavigate FrameBefore Navigate	*BSTR URL, long Flags, BSTR TargetFrameName, VARIANT* PostData, BSTR Headers, VARIANT_BOOL* Cancel*	Der Wechsel zu einer anderen Seite steht bevor. Kann durch Setzen des Parameters *Cancel* auf *TRUE* verhindert werden.
NavigateComplete FrameNaviagte Complete	*BSTR URL*	Wechsel abgeschlossen.
CommandState Change	*long Command, VARIANT_BOOL* Enable*	Status eines Befehls verändert.
StatusTextChange	*BSTR Text*	Der Text für die Statuszeile hat sich geändert.
DownloadBegin		Das Laden einer Seite wurde gestartet.
DownloadComplete		Das Laden einer Seite wurde abgeschlossen.
ProgressChange	*long Progess, long ProgessMax*	Die Fortschrittsanzeige soll aktualisiert werden.
NewWindow FrameNewWindow	*BSTR URL, long Flags, BSTR TargetFrameName, VARIANT* PostData, BSTR Headers, VARIANT_BOOL* Processed*	Ein neues Fenster soll geöffnet werden.
TitleChange	*BSTR Text*	Der Dokumenttitel hat sich geändert.
Quit	*VARIANT_BOOL* Cancel*	Die Applikation wird beendet. Kann durch Setzen des Parameters *Cancel* auf *TRUE* verhindert werden.
WindowMove		Das Fenster wurde bewegt.
WindowResize		Die Größe des Fensters wurde verändert.
WindowActivate		Das Fenster wurde aktiviert.
PropertyChange	*BSTR szProperty*	Eine Eigenschaft wird verändert.

Und so einfach geht's

Binden Sie das Control in Ihr Projekt ein, positionieren Sie es in einem Dialog und weisen Sie ihm mit Hilfe des Klassen-Assistenten eine Member-Variable zu. Zum Navigieren reicht dann:

```
m_Browser.Navigate(„http://www.databecker.de“,NULL,NULL,NULL,NULL);
```

Das FlexGrid-Steuerelement

MSFLXGRD.OCX

Wrapper-Klasse: CMSFlexGrid

Das *FlexGrid*-Steuerelement erlaubt Ihnen, Daten in einer Tabelle zu präsentieren. Sie können das komplette Layout der Tabelle beeinflussen und sie anschließend mit Daten füllen.

Das Element kann an eine Datenquelle gebunden werden, so daß es automatisch gefüllt werden kann. Das Verändern der Daten der Datenquelle ist nicht möglich (siehe *DBGrid*).

Eigenschaften

Setzen mit *Set...*, auslesen mit *Get...*

Name	*Typ*	Beschreibung
Rows	*long*	Anzahl der Zeilen.
Cols	*long*	Anzahl der Spalten..
FixedRows	*long*	Anzahl der festen Zeilen (Überschriften).
FixedCols	*long*	Anzahl der festen Spalten (Zeilentitel).
FormatString	*CString*	Legt das Datenformat fest.
TopRow	*long*	Oberste sichtbare Zeile bei einer Tabelle, die größer ist als der Darstellungsbereich. Es dürfen nur nicht-feste Zeilen angegeben werden.
LeftCol	*long*	Erste linkssichtbare Spalte bei einer Tabelle, die größer ist als der Darstellungsbereich. Es dürfen nur nicht-feste Spalten angegeben werden.
Row	*long*	Aktuelle Zeile.
Col	*long*	Aktuelle Spalte.
RowSel	*Long*	Erste bzw. letzte markierte Zeile. Markiert wird von der aktuellen Zeile bis zu dieser Zeile.
ColSel	*Long*	Erste bzw. letzte markierte Spalte. Markiert wird von der aktuellen Spalte bis zu dieser Spalte.

Name	*Typ*	Beschreibung
Text	*CString*	Der Inhalt der aktuellen Zelle.
BackColor	*long*	Farbe des Hintergrunds.
ForeColor	*long*	Farbe des Textes.
BackColorFixed	*long*	Hintergrundfarbe fester Zellen.
ForeColorFixed	*long*	Vordergrundfarbe fester Zellen.
BackColorSel	*long*	Hintergrundfarbe der Selektion.
ForeColorSel	*long*	Vordergrundfarbe der Selektion.
BackColorBkg	*long*	Farbe des nicht von der Tabelle bedeckten Bereichs des Elements.
GridColor	*long*	Farbe der Trennlinien.
GridColorFixed	*long*	Farbe der Trennlinien der festen Zellen
CellBackColor	*long*	Legt die Hintergrundfarbe der derzeit markierten Zellen fest.
CellForeColor	*long*	Legt die Vordergrundfarbe der derzeit markierten Zellen fest.
WordWrap	*Boolesch*	Legt fest, ob der Text in den Zellen bei Bedarf umbrochen werden darf.
GetFont bzw. SetRefFont	*COleFont bzw. LPDISPATCH*	Liest/setzt die verwendete Schriftart.
FontWidth	*float*	Breite der Schriftart.
CellFontName	*CString*	Name der für die Zellen der aktuellen Markierung verwendeten Schriftart.
CellFontSize	*float*	Größe der für die Zellen der aktuellen Markierung verwendeten Schriftart.
CellFontBold CellFontItalic CellFontUnderline CellFontStrike-through	*Boolesch*	Attribute der für die Zellen der aktuellen Markierung verwendeten Schriftart.
CellFontWidth	*float*	Breite der für die Zellen der aktuellen Markierung verwendeten Schriftart.
TextStyle TextStyleFixed CellTextStyle	*long*	3-D-Effekt der nicht-festen/festen Zellen: 0=Flach (normaler Text) 1=Angehoben 2=Abgesenkt 3=Leicht angehoben 4=Leicht abgesenkt
ScrollTrack	*Boolesch*	*FALSE*=während des Scrollens wird die Tabelle nicht aktualisiert. *TRUE*=die Tabelle wird beim Scrollen fortlaufend neu gezeichnet.
Redraw	*Boolesch*	Entscheidet, ob bei Änderungen die Tabelle sofort neu gezeichnet werden soll. Bei *FALSE* wird die Aktualisierung verzögert, bis die Eigenschaft wieder *TRUE* ist oder bis *Refresh()* aufgerufen wird.

Name	*Typ*	Beschreibung
RowHeightMin	*long*	Minimale Höhe der Zeilen, wenn der Benutzer die Höhe verändern darf.
ColWidth	*long*	Spaltenbreite. Erster Parameter long index gibt Spalte an, -1 für alle Spalten. Ein Setzen auf -1 bewirkt die Wiederherstellung des Standardwerts.
RowHeight	*long*	Zeilenhöhe. Erster Parameter long index gibt Zeile an, -1 für alle Zeilen. Ein Setzen auf -1 bewirkt die Wiederherstellung des Standardwerts.
AllowUserResizing	*long*	Legt fest, ob der Benutzer die Breite bzw. Höhe der Zellen verändern darf. 0=Nein 1=Spalten 2=Zeilen 3=Beides
ColAlignment	*short*	Ausrichtung der Daten der Spalte. Erster Parameter long index gibt Spalte an, -1 für alle. Werte für Eigenschaft: 1=Links 2=Rechts 3=Zentriert

Methoden

Name	*Parameter*	*Rückgabe*	Beschreibung
Create	*Siehe CWnd::Create*	*Boolesch*	Erzeugen des Elements zur Laufzeit. Syntax entspricht grundsätzlich der von *CWnd::Create*. Nicht benötigt bei Erstellung zur Entwicklungszeit im Ressourceneditor.
GetClsid	*Keine*	*CLSID*	Liefert die Kennung der Komponente zurück.
GetVersion	*keine*	*short*	Version des Controls.
GetMouseRow	*keine*	*long*	Zeile, über der sich der Mauszeiger befindet.
GetMouseCol	*keine*	*long*	Spalte, über der sich der Mauszeiger befindet.
CellWidth	*keine*	*long*	Zellenbreite der aktuellen Zelle.
CellHeight	*keine*	*long*	Zellenhöhe der aktuellen Zelle.
AddItem	*LPCTSTR Item, const VARIANT& index*	*keine*	Fügt eine neue Zeile mit dem angegebenen Text hinzu.

Name	*Parameter*	*Rückgabe*	Beschreibung
RemoveItem	*long index*	*keine*	Entfernt die angegebene Zeile.
Clear	*keine*	*keine*	Löscht den Inhalt aller Zellen.
Refresh	*keine*	*keine*	Zeichnet die Tabelle neu.

Ereignisse

Name	*Typ*	Beschreibung
Click		Mausklick innerhalb des Controls.
DblClick		Doppelklick innerhalb des Controls.
KeyDown	*short* Keycode, short Shift*	Bei Drücken einer Taste, während Control den Focus hat.
KeyUp	*short* Keycode, short Shift*	Bei Loslassen einer Taste, während Control den Focus hat.
KeyPress	*short* KeyAscii*	Bei Drücken einer Taste, während Control den Focus hat.
LeaveCell	*long*	Cursor verläßt eine Zelle.
EnterCell		Cursor betritt eine Zelle.
RowCol Change		Cursor wechselt Zelle.
Scroll		Die *TopRow-* oder *LeftCol-* Eigenschaft wurde verändert.
SelChange		Die aktuelle Auswahl wurde verändert.
MouseDown	*short Button, short Shift, OLE_XPOS_PIXELS x, OLE_XPOS_PIXELS y*	Maustaste innerhalb des Controls gedrückt.
MouseUp	*short Button, short Shift, OLE_XPOS_PIXELS x, OLE_XPOS_PIXELS y*	Maustaste innerhalb des Controls losgelassen.
MouseMove	*short Button, short Shift, OLE_XPOS_PIXELS x, OLE_XPOS_PIXELS y*	Maus über dem Control bewegt.

Das FlexGrid im Einsatz

Im folgenden ein Beispiel für die Verwendung des *FlexGrids*.

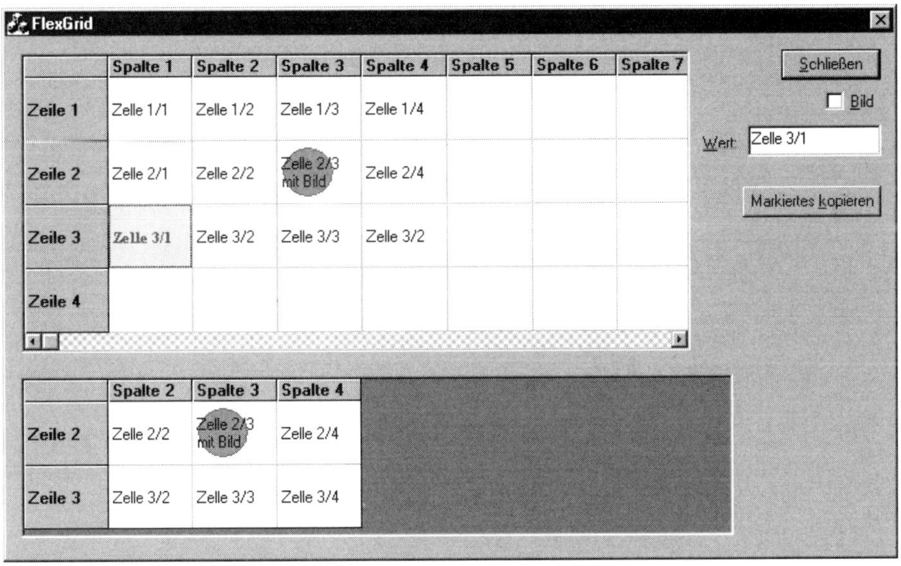

Abb. 148: Das FlexGrid-Control in der Beispiel-Anwendung

Das Programm verwendet das Tabellen-Steuerelement gleich zweimal. Im oberen Element können Sie Daten eingeben. Klicken Sie dazu auf die gewünschte Zelle, die daraufhin farbig hervorgehoben wird. Geben Sie den gewünschten Wert in die Editbox am rechten Rand des Fensters ein.

Auf Wunsch können Sie zusätzlich zum Wert auch noch eine Grafik in der Zelle darstellen. Aktivieren Sie dazu einfach das entsprechende Kontrollkästchen.

Das Beispielprogramm bietet Ihnen aber noch mehr: Sie können in der oberen Tabelle einen Ausschnitt markieren und ihn in die untere Tabelle kopieren. Diese paßt sich auch mit den Beschriftungen dem Ausschnitt entsprechend an.

Und so geht's

Legen Sie zunächst ein neues Projekt an. Benutzen Sie den Assistenten, um eine dialogfeldbasierende Anwendung zu erstellen. Achten Sie dabei darauf, daß bei Schritt 2 das Kästchen *ActiveX-Steuerelemente* aktiviert ist.

Fügen Sie nun dem Projekt mit dem Befehl *Projekt/Dem Projekt hinzufügen/Komponenten und Steuerelemente* das *Microsoft FlexGrid Control* aus dem Ordner *Registered ActiveX Controls* hinzu. Anschließend erscheint das Symbol für das Grid in der Leiste der verfügbaren Elemente im Dialog-Editor.

Nun bearbeiten Sie die Dialog-Ressource des Programms. Fügen Sie ein Grid ein. In der Dialog-Ressource soll nur das obere Grid definiert sein, das untere wird erst zur Laufzeit erstellt. Sie brauchen keine Eigenschaften zu ändern. Legen Sie auch noch die anderen Steuerelemente an, wie in der Abbildung zu erkennen ist.

Nachdem Sie den Dialog erstellt haben, weisen Sie den Steuerelementen Variablen zu. Rufen Sie dazu den Klassen-Assistenten auf. Ordnen Sie dem Grid die Variable *m_Grid1* zu, dem Kontrollkästchen *m_Bild* und dem Eingabefeld *m_Wert*.

Schließen Sie den Dialog und öffnen Sie den Klassen-Assistenten erneut. Jetzt ordnen Sie Ereignissen Prozeduren zu.

Beim Klick auf das Kontrollkästchen soll *OnBild()* aufgerufen werden, beim Klick auf die *Kopieren*-Schaltfläche *OnCopy()*.

Das Grid bietet zahlreiche Ereignisse, wir nutzen nur zwei: *EnterCell* ruft *OnEnterCellGrid1()* auf und *LeaveCell OnLeaveCellGrid1()*.

Außerdem brauchen wir noch zwei globale Variablen: *m_Grid2* vom Typ *CMXFlexGrid* und *initializing* vom Typ *BOOL*. Nun zunächst zur Initialisierung des Programms. Ändern Sie die Funktion *OnInitDialog* wie folgt ab:

```
BOOL CFlexGridDlg::OnInitDialog()
{
	CDialog::OnInitDialog();

// Symbol für dieses Dialogfeld festlegen. Wird automatisch erledigt
// wenn das Hauptfenster der Anwendung kein Dialogfeld ist
	SetIcon(m_hIcon, TRUE);		// Großes Symbol verwenden
	SetIcon(m_hIcon, FALSE);	// Kleines Symbol verwenden

	//Grid2 erzeugen, Grid1 existiert bereits

	CRect rect;
	rect.SetRect(10,250,550,370); //Koordinaten festlegen
	m_Grid2.Create("FlexGrid_Class","FlexGrid_Win1",WS_CHILD|WS_VISIBL
E,rect,this,4000);

	initializing=TRUE;		//Wird später bei der Ereigniskontrolle
	// benötigt, soll Ausführen von EnterCell und LeaveCell verhindern

	m_Grid1.SetRows(5);		//5 Zeilen
	m_Grid1.SetCols(10);		//10 Spalten
	m_Grid1.SetCol(0);		//in Spalte 0
	for (int a=1;a<5;a++)		//alle 5 Zeilen mit Text füllen
	{
			m_Grid1.SetRow(a);
			CString s;
			s.Format("Zeile %i",a);
			m_Grid1.SetText(s);
			m_Grid1.SetCellFontBold(TRUE);	//fett
			m_Grid1.SetRowHeight(a,700);	//Höhe der Zeile
	}
	m_Grid1.SetRow(0);
	for (a=1;a<10;a++)		//alle 10 Spalten der ersten Zeile füllen
	{
			m_Grid1.SetCol(a);
			CString s;
			s.Format("Spalte %i",a);
```

```
                    m_Grid1.SetText(s);
                    m_Grid1.SetCellFontBold(TRUE);
    }
    m_Grid1.SetCol(1);    //in die erste editierbare Zelle wechseln
    m_Grid1.SetRow(1);
    initializing=FALSE;
    m_Grid1.SetRow(1);   //ändert die Position nicht,
                         //ruft jetzt aber EnterCell auf
    m_Grid1.SetWordWrap(TRUE);              //Zeilenumbruch erlauben
    return TRUE;                            // Geben Sie TRUE zurück,
                     // außer ein Steuerelement soll den Fokus erhalten
}
```

Die Tabelle *Grid2* wird in dieser Routine angelegt, und *Grid1* wird formatiert. Die Zeilen- und Spaltenbeschriftungen werden vorgenommen und einige Attribute festgelegt.

Machen wir gleich weiter mit den Ereignissen *EnterCell* und *LeaveCell*:

```
void CFlexGridDlg::OnEnterCellGrid1()
{
    // TODO: Code für die Behandlungsroutine der
    // Steuerelement-Benachrichtigung hier einfügen
    if (!initializing)
    {
        m_Grid1.SetCellFontBold(TRUE);
        m_Grid1.SetCellFontName("Times New Roman");
        m_Grid1.SetCellForeColor(RGB(255,0,0));
        m_Grid1.SetCellBackColor(RGB(255,255,0));
        m_Wert=m_Grid1.GetText();
        CPicture pict=m_Grid1.GetCellPicture();
        m_Bild=(pict.GetHandle()!=NULL);
        UpdateData(FALSE);
    }
}
```

Diese Funktion ändert die Attribute der angeklickten Zelle. Außerdem wird der Text, der sich in der Zelle befindet, in das Eingabefeld übertragen und geprüft, ob die Zelle eine Grafik anzeigt.

Zu Beginn wird die Variable *initializing* geprüft. Während der Initialisierung des Grids sollen die Attribute der Zellen nicht verändert werden. In der *OnInitDialog()*-Funktion wird aber mehrfach zwischen Zellen hin- und hergesprungen, was auch jedesmal einen Aufruf dieser Funktionen bewirkt. Daher verhindert diese Variable die Ausführung der Routinen während dieser Zeit.

```
void CFlexGridDlg::OnLeaveCellGrid1()
{
    // TODO: Code für die Behandlungsroutine der
    // Steuerelement-Benachrichtigung hier einfügen
    if (!initializing)
    {
        UpdateData(TRUE);
        m_Grid1.SetCellFontBold(FALSE);
```

```
        m_Grid1.SetCellFontName("MS Sans Serif");
        m_Grid1.SetCellForeColor(RGB(0,0,0));
        m_Grid1.SetCellBackColor(RGB(255,255,255));
        m_Grid1.SetText(m_Wert);
        CPictureHolder pictholder;
        if (m_Bild) pictholder.CreateFromBitmap(IDB_ZELLE);
        else pictholder.CreateEmpty();

      m_Grid1.SetRefCellPicture(pictholder.GetPictureDispatch());
      }
}
```

Beim Verlassen der Zelle werden zunächst die Attribute wieder zurückgesetzt und dann der neue Text in die Zelle geschrieben. Schließlich wird noch, abhängig vom Zustand des Bild-Kontrollkästchen, eine Grafik eingesetzt.

Damit diese Funktionen compiliert werden können, müssen Sie noch die Header-Dateien *afxctl.h* und *picture.h* hinzufügen. Ergänzen Sie zu Beginn der Datei einfach

```
#include "picture.h"
#include <afxctl.h>
```

Diese Dateien enthalten die Klassen *CPicture* und *CPictureHolder*, die für die Bilder zuständig sind.

Die Veränderungen am Wert der Zelle werden erst dargestellt, wenn eine neue Zelle ausgewählt wird.

Dies ist wenigstens in bezug auf die Darstellung einer Grafik unbefriedigend. Daher ändern wir den Code für das Ereignis *OnBild()* wie folgt:

```
void CFlexGridDlg::OnBild()
{
      // TODO: Code für die Behandlungsroutine der
      // Steuerelement-Benachrichtigung hier einfügen
      UpdateData(TRUE);
      CPictureHolder pictholder;
      if (m_Bild) pictholder.CreateFromBitmap(IDB_ZELLE);
      else pictholder.CreateEmpty();
      m_Grid1.SetRefCellPicture(pictholder.GetPictureDispatch());
}
```

Der Code entspricht in etwa dem der *OnLeaveCellGrid1()*-Routine.

Das Beispielprogramm hat jetzt schon grundlegende Funktionalität: Tabellen werden z. T. zur Laufzeit erzeugt, Sie können den Inhalt der Zellen verändern und Grafiken einblenden.

Als Extra nun noch ein Beispiel für die Markierungsfunktionen des Grids. Ein beliebiger markierter Bereich von *Grid1* soll in *Grid2* dargestellt werden.

```
void CFlexGridDlg::OnCopy()
{
     OnLeaveCellGrid1();  // Erstmal aktuelle Bearbeitung abschliessen

                          // Markierten Bereich ermitteln
     int LeftCol=(m_Grid1.GetCol()<m_Grid1.GetColSel() ? m_Grid1.
                                    GetCol() : m_Grid1.GetColSel());
     int RightCol=(m_Grid1.GetCol()<m_Grid1.GetColSel() ? m_Grid1.
                                    GetColSel() : m_Grid1.GetCol());
     int UpperRow=(m_Grid1.GetRow()<m_Grid1.GetRowSel() ? m_Grid1.
                                    GetRow() : m_Grid1.GetRowSel());
     int LowerRow=(m_Grid1.GetRow()<m_Grid1.GetRowSel() ? m_Grid1.
                                    GetRowSel() : m_Grid1.GetRow());

     m_Grid2.Clear();                       // Grid2 löschen
     m_Grid2.SetWordWrap(TRUE);             // Eigenschaften festlegen
     m_Grid2.SetCols(RightCol-LeftCol+2);   // Größe festlegen
     m_Grid2.SetRows(LowerRow-UpperRow+2);

     initializing=TRUE;                 // verhindern, das EnterCell und
                                        // LeaveCell Auswirkungen haben

                                        // Die Zellbeschriftungen kopieren
     m_Grid1.SetCol(0);
     m_Grid2.SetCol(0);

     for (int b=UpperRow;b<=LowerRow;b++)
     {
        m_Grid1.SetRow(b);
        m_Grid2.SetRow(b-UpperRow+1);
        m_Grid2.SetRowHeight(b-UpperRow+1,700);
        m_Grid2.SetText(m_Grid1.GetText());
        m_Grid2.SetCellFontBold(TRUE);
     }

     m_Grid1.SetRow(0);
     m_Grid2.SetRow(0);

     for (int a=LeftCol;a<=RightCol;a++)
     {
        m_Grid1.SetCol(a);
        m_Grid2.SetCol(a-LeftCol+1);
        m_Grid2.SetText(m_Grid1.GetText());

        m_Grid2.SetCellFontBold(TRUE);
     }


                                             // Jetzt die Zellen kopieren
     for (b=UpperRow;b<=LowerRow;b++)
     {
        m_Grid2.SetRow(b-UpperRow+1);
        m_Grid1.SetRow(b);
        for (a=LeftCol;a<=RightCol;a++)
         {
            m_Grid2.SetCol(a-LeftCol+1);
            m_Grid1.SetCol(a);
            m_Grid2.SetText(m_Grid1.GetText());     // Text übertragen
```

```
                                    // und natürlich auch das Bild
            if (m_Grid1.GetCellPicture().GetHandle()!=NULL) m_Grid2.
                      SetRefCellPicture(m_Grid1.GetCellPicture());
        }
    }
    initializing=FALSE;          // und Veränderungen durch EnterCell/
                                 // LeaveCell wieder zulassen
}
```

Dieser Code ermittelt zunächst den Umfang des markierten Bereichs und richtet das zweite Grid dementsprechend ein.

Danach werden die Bezeichnungen der verwandten Zeilen und Spalten kopiert. Und zu guter Letzt folgen die Inhalte der Zellen.

Wie Sie beim Ausprobieren feststellen werden, ist es nun möglich, Daten aus dem einen Grid unter Beibehaltung der Formatierungen in das zweite zu übertragen.

Das DBCombo-Steuerelement

DBLIST32.OCX

Wrapper-Klasse: CDBCombo

Das mit dem *DBCombo*-Steuerelement erzeugte Kombinationsfeld kann sich selbständig mit Daten aus einer Datenquelle füllen. Außerdem kann es sich selbständig aktualisieren.

Die Selektion kann an eine andere Datenquelle weitergegeben werden.

Das DBList-Steuerelement

DBLIST32.OCX

Wrapper-Klasse: CDBList

Das mit dem *DBList*-Steuerelement erzeugte Listenfeld kann sich selbständig mit Daten aus einer Datenquelle füllen. Außerdem kann sich das Listenfeld selbständig aktualisieren. Die Selektion kann an eine andere Datenquelle weitergegeben werden.

Das RemoteData-Steuerelement

MSRDC20.OCX

Wrapper-Klasse: CRdc etc.

Dieses Steuerelement erlaubt Ihnen, auf eine ODBC-Datenquelle zuzugreifen. Sie können Daten aus dieser Quelle auslesen oder aktualisieren.

Das RichText-Steuerelement

RICHTX32.OCX

Wrapper-Klasse: CRichText

Mit diesem Steuerelement integrieren Sie einen kompletten Texteditor in Ihre Anwendung, der RTF-Dateien lesen und schreiben kann. Die bereitgestellten Funktionen entsprechen in etwa denen des Editors *WordPad*. Ein Beispiel für das RichText-Steuerelement ist folgende dialogbasierende Anwendung:

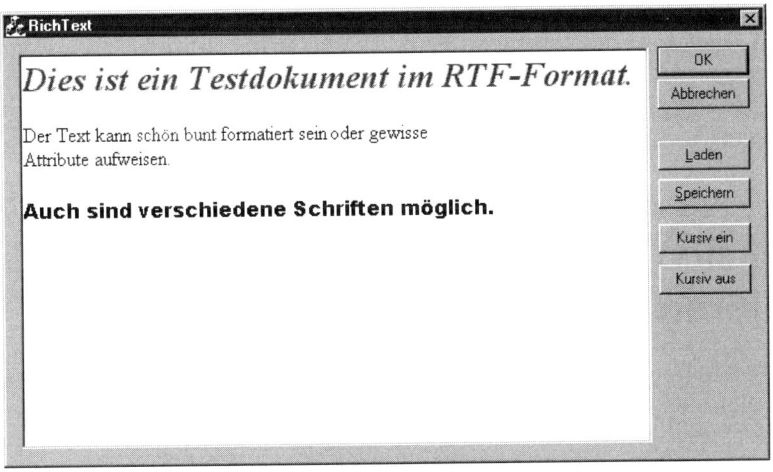

Abb. 149: Beispielanwendung zum RichText-Control

Das Control wurde auf die Member-Variable *m_RichText* abgebildet, die Schaltflächen lösen die entsprechenden Routinen des folgenden Codes aus:

```
void CRichTextDlg::OnLaden()
{
     CFileDialog dl(TRUE,".RTF", NULL, OFN_FILEMUSTEXIST|
        OFN_HIDEREADONLY|OFN_NOCHANGEDIR,"RichText-Dateien (*.RTF) |
            *.RTF|\0",this);
    if (dlg.DoModal()==IDOK)
        {
     m_RichText.LoadFile(dlg.GetPathName(),COleVariant((BYTE)0));
                   m_RichText.SetFileName(dlg.GetPathName());
        }
}

void CRichTextDlg::OnSpeichern()
{
     CFileDialog dlg(FALSE,".RTF", m_RichText.GetFileName(),
        OFN_HIDEREADONLY|OFN_OVERWRITEPROMPT|OFN_PATHMUSTEXIST|
           OFN_NOCHANGEDIR,"RichText-Dateien (*.RTF) | *.RTF|\0",this);
    if (dlg.DoModal()==IDOK)
        {
     m_RichText.SaveFile(dlg.GetPathName(),COleVariant((BYTE)0));
                   m_RichText.SetFileName(dlg.GetPathName());
```

```
        }
}

void CRichTextDlg::OnKursivEin()
{
    m_RichText.SetSelItalic(COleVariant((BYTE)TRUE));
}

void CRichTextDlg::OnKursivAus()
{
    m_RichText.SetSelItalic(COleVariant((BYTE)FALSE));
}
```

Anhand dieses Codes erkennen Sie, wie leicht Sie das RichText-Steuerelement in Ihren eigenen Anwendungen verwenden können. Die ersten beiden Routinen sorgen für das Einlesen und Speichern eines Textes, die letzten beiden ändern die Formatierung des markierten Textes.

Wie Sie sich selbst über unbekannte Module informieren können

Sicherlich werden Ihnen Module begegnen, die nicht in unserer Referenz aufgeführt werden, die aber auch keine Hilfe bieten. Um sich einen Überblick über die angebotenen Eigenschaften, Methoden und Ereignisse zu verschaffen, können Sie aber den Objektkatalog für OLE-COM benutzen. Sie finden dieses Programm in Ihrer Visual C++-Programmgruppe. In der Rubrik Controls sind alle Steuerelemente aufgeführt.

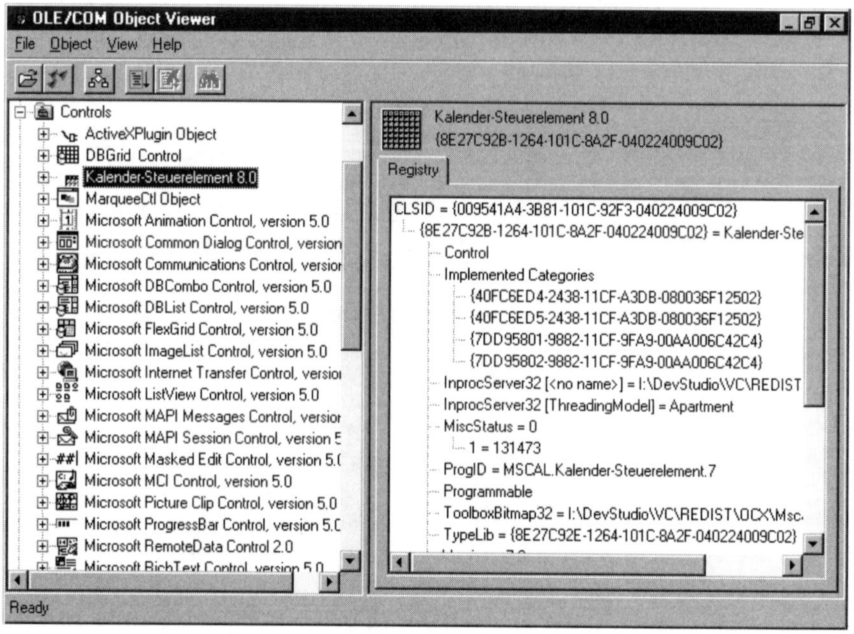

Abb. 150: Der Object-Viewer liefert Ihnen alle relevanten Informationen zu einem Control

Im rechten Fenster finden Sie die Daten des Controls, seine Kennung und die Informationen über die Typbibliothek. Im Kontextmenü jedes Elements finden Sie den Befehl *View Type Information*, mit dem Sie ein weiteres Fenster öffnen können, in dem alle Klassen und Methoden aufgelistet sind. Nach der Wahl einer Methode (durch das grafische *m* vor dem Namen gekennzeichnet) sehen Sie im rechten Fensterteil die Deklaration der Methode.

Zahlreiche Methoden sind doppelt aufgeführt. Dies sind die Methoden zur Änderung der Eigenschaft. Im Text finden Sie entweder die Angabe *propput* oder *propget*. Erstere entsprechen den *Set...*-Methoden der Wrapper-Klasse, letztere den *Get...*-Methoden.

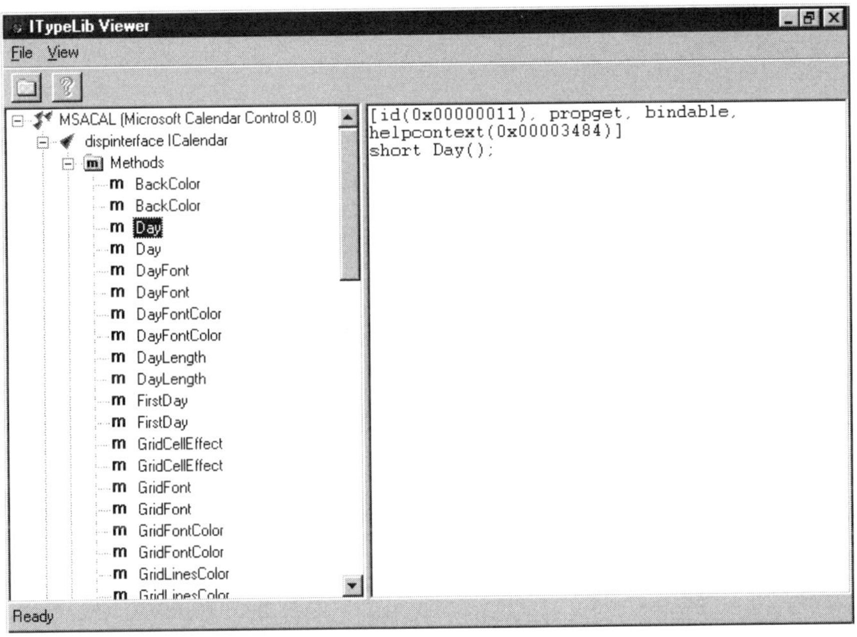

Abb. 151: Die Typbibliothek des Calender-Controls

#

.

_

A

D

E

F

G

H

I

J

K

L

M

P

T

U

V

W

Z